2011年8月26日，第43届南丁格尔奖章颁奖大会在北京人民大会堂举行。国家主席、中国红十字会名誉会长胡锦涛为武警总医院张利岩颁奖

2011年2月2日，北京市委书记刘淇、市长郭金龙等领导到东直门交通枢纽，慰问节日期间坚守一线的血液工作者和志愿者

2011年11月3日，中央巡视组组长、中央委员徐光春一行到西城区德胜社区卫生服务中心调研“着力保障和改善民生”工作

2011年7月28日，举行北京市医院管理局成立揭牌仪式。卫生部党组书记张茅，北京市市长郭金龙，国家发改委副主任、国务院医改办公室主任孙志刚和中共北京市委常委、组织部部长吕锡文共同为医管局揭牌

2011年2月28日，卫生部党组书记张茅带队到大兴区调研北京大学第一医院南院筹建情况

2011年11月3日，卫生部部长陈竺莅临国家心血管病中心——阜外心血管病医院调研指导工作

2011年3月11日，卫生部副部长陈啸宏一行在北京市副市长丁向阳陪同下到海淀区就疾病控制、基层卫生及妇幼保健等公共卫生工作进行专项调研

2011年5月30日，北京市医疗纠纷人民调解工作启动大会在金台饭店举行。司法部副部长郝赤勇和卫生部副部长马晓伟一同为“北京市医疗纠纷人民调解委员会”揭牌

2011年3月1日，国家发改委副主任、国务院医改办公室主任孙志刚在北京市副市长丁向阳等领导的陪同下，到西城区德胜社区卫生服务中心调研医改工作

2011年8月6日，通州区政府与北京中医药大学东直门医院举行合作签约仪式，通州区中医医院正式挂牌为东直门医院东区。国家发改委副主任、国务院医改办公室主任孙志刚，卫生部副部长、国家中医药管理局局长王国强出席签约仪式

2011年3月29日，中国中医科学院广安门医院南区揭牌仪式在大兴区中医医院举行。国家中医药管理局局长王国强、北京市副市长丁向阳等领导出席仪式

2011年3月17日，北京市副市长丁向阳到北京大学首钢医院就“推进公立医院改革探索企业医院发展新方式”进行调研

2011年4月18日，北京市卫生局局长方来英会见法国卫生国务秘书诺拉·贝拉女士一行

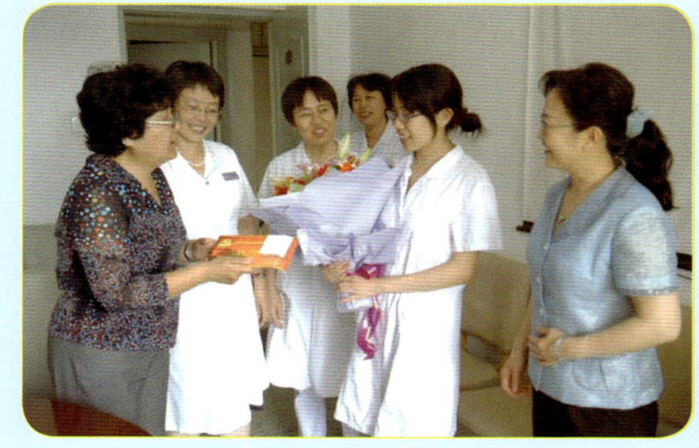

2011年6月30日，北京市卫生局党组副书记、巡视员张秀芳到北京妇产医院慰问生活困难的党员

2011年5月25日，北京市卫生局巡视员邓小虹与市经信委领导俞慈声、副主任童腾飞等到顺义区考察卫生信息化工作

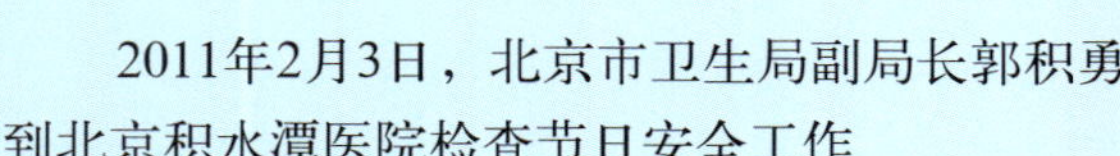

2011年2月3日，北京市卫生局副局长郭积勇到北京积水潭医院检查节日安全工作

2011年5月11日，北京市卫生局副局长赵春惠出席北京市结核病防治工作会议

2011年11月，北京市卫生局副局长毛羽率团赴几内亚调研考察

2011年3月15日，北京市中医管理局局长赵静一行到北京市中医学校参观考察校园文化建设

2011年4月22日，北京市卫生局副局长雷海潮带队进行卫生监督检查

2011年2月16日，北京市卫生局副局长于鲁明陪同卫生部保健局副局长吴军到石景山区检查全国“两会”公共卫生保障工作

2011年3月，世界卫生组织西太平洋区域办公室药物专家代表团对北京市基本药物政策的实施进行评估及实地考察

2011年9月28日，在北京市卫生局、法国驻华使馆和法国卫生部卫生合作整体框架下，中法精神卫生研讨会在京召开

2011年10月10日，市卫生局与法国驻华使馆、法国道达尔集团续签《北京中法急救医学培训中心合作协议》

2011年10月20～21日，北京市卫生局和香港卫生署共同举办第15届北京·香港经济合作研讨洽谈会卫生合作专场活动

2011年4月25日，北京佑安医院与英国牛津大学分子医学研究所签订科研合作协议

2011年6月2日，北京市红十字血液中心与新加坡卫生科学局血液服务司、中国香港红十字会输血服务中心合作协议签署仪式在京举行

2011年8月19日，美国国立癌症研究所（NCI）专家访问中国医学科学院肿瘤医院

2011年10月24日，首都医科大学口腔医学院与荷兰拉德布德大学内梅亨医学中心牙科学院签署合作协议

2011年5月9日，北京中医药大学东方医院召开中德“代谢综合征中西医结合干预策略”双边研讨会

2011年5月13日，北京大学医学部医学生访问交流团一行67人抵达台北，参加第2届海峡两岸医学生交流活动

2011年5月29日，武警北京市总队第三医院举办国际经方学术交流会

2011年5月30日，第2届京港中医药学生交流营在北京中医药大学开营

2011年9月23日，中国中医科学院终身研究员屠呦呦在美国纽约举行的2011年度拉斯克奖颁奖仪式上领取临床医学研究奖，以表彰其在青蒿素研究中的贡献

2011年9月28日，英国贝利马丁基金会主席马丁·哥顿先生荣获国家友谊奖

2011年11月19日，北京大学神经科学研究所所长韩济生院士获吴阶平医学奖

2011年12月1日，北京大学第三医院生殖医学中心终身名誉主任张丽珠获第15届宋庆龄樟树奖

2011年1月9日，国医大师路志正行医70周年学术思想研讨会在人民大会堂召开

2011年4月24日，北京安定医院蔡焯基教授荣获中国医师协会“辉瑞杯”第4届杰出精神科医师奖

2011年8月，在墨西哥城举行的第47届国际精神分析大会上，北京安定医院林涛博士成为我国首位由国际精神分析协会（IPA）认证的精神分析师

2011年9月26日，北京佑安医院举办汪俊韬教授90寿庆暨从医70周年庆典

2011年2月19日，"首届京沪国家中医药发展综合改革试验区合作论坛"在北京国际饭店举办。北京市东城区和上海市浦东新区政府签署了《京沪国家中医药"试验区"战略合作协议书》

2011年3月2日，由清华大学与北京市神经外科研究所合作、王忠诚院士担任院长的"清华大学临床神经科学研究院"成立

2011年6月28日，首都医科大学-加拿大卡尔加里大学联合肝病研究所揭牌

2011年12月7日，世界卫生组织城市卫生发展合作中心（北京东城）、北京中医药大学东直门医院在京举行中医适宜技术项目培训基地授牌仪式

2011年1月18日，中国医学科学院肿瘤医院举办第1届国家癌症中心学术年会

2011年4月8～10日，由中国医师协会心血管外科医师分会和清华大学第一附属医院共同主办的中国医师协会心血管外科医师分会第7届年会暨第4届清华大学心血管病进展国际研讨会在北京国际会议中心举行

2011年4月22～24日，由北京回龙观医院承办的第7届中国医师协会精神科医师分会年会在北京国际会议中心召开

2011年8月11～14日，由国家心血管病中心和中华医学会联合举办的中国心脏大会（CHC2011）在国家会议中心召开

2011年9月16～17日，由北京老年医院主办的全国老年医院联盟成立大会在北京会议中心召开

2011年3月30日，举行北京大学人民医院－西双版纳州人民医院对口支援签约仪式，“医疗卫生服务共同体”正式启动

2011年5月12日，北京中医药大学与河北沧州中西医结合医院正式签署教学合作协议，并举行“北京中医药大学沧州中西医结合医院”挂牌仪式

2011年12月14日，北京大学人民医院与青海省卫生厅签订共建医疗卫生服务共同体协议

2011年12月24日，北京市卫生局与内蒙古自治区卫生厅签署卫生帮扶框架协议

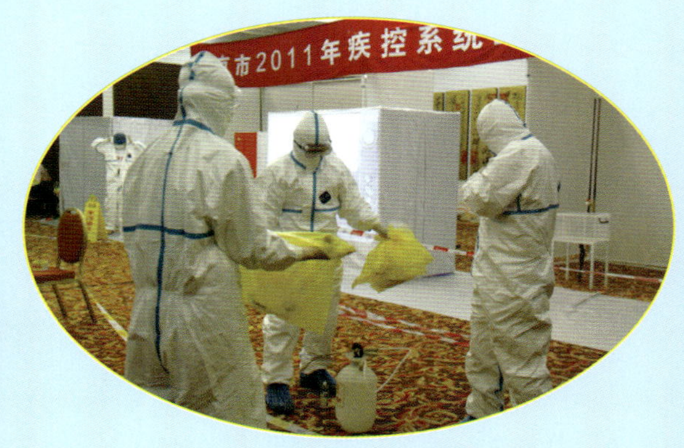

2011年5月，北京市疾病预防控制中心开展全市卫生应急技能演练

2011年7月15日，北京市120、999院前医疗急救联合指挥调度平台正式启动

2011年9月28～30日，北京市卫生监督机构食物中毒和生活饮用水污染事故应急演练在门头沟区举行

2011年10月11日，北京市红十字会999急救中心、北京首航直升机通用航空服务有限公司举行地空联合医疗急救演练，并建立首个可飞抵北京市内的固定直升机航路

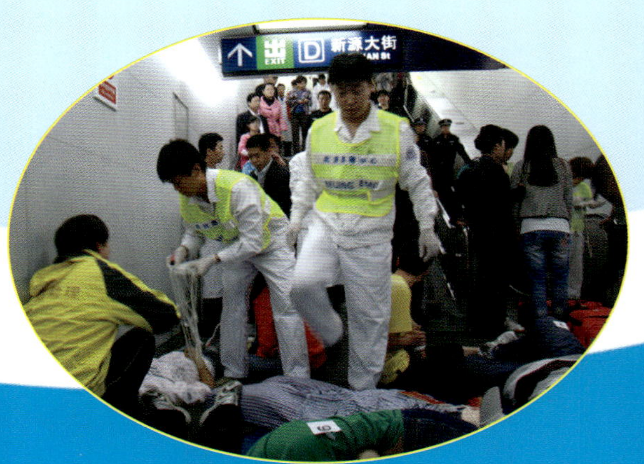

2011年10月18日，大兴区卫生局120急救分中心与北京京港地铁有限公司安指处联合举办地铁群众踩踏事件应急实战演练

2011年1月21日，武警北京市总队第三医院到驻地大瓦窑村举行警民共建、关爱百姓健康工程活动

2011年3月2日，“白衣天使关爱工程——走近白衣天使”活动全国启动仪式暨首届“天使之家”揭幕仪式在北京妇产医院举行

2011年5月13～15日，第4届北京中医药文化宣传周暨第3届地坛中医药健康文化节在地坛公园举办

2011年8月，北京市卫生局组织部分首都媒体记者及市民参加公共卫生的卫生监督岗位一日体验活动

2011年9月，北京协和医学院阜外心血管病医院携手中华慈善总会、深圳市慈善会·首彩爱心慈善基金联合开展“心莲心”少数民族贫困地区先心病儿童医疗救助行动

2011年11月24日，首都无偿献血志愿者协会和北京市红十字血液中心共同开展的第3届“温暖冬季·感恩生命·感谢有你”主题公益活动正式启动

2011年4月22日，北京中医医院院史馆正式开馆

2011年9月15日，新的北京大学第一医院妇儿病房楼竣工。改造后的妇儿楼建筑面积19997平方米，妇产科、儿科病房床位共计375张

2011年10月13日，北京中医药大学东直门医院“郭士魁名家研究室”和“郭维琴名医传承工作站”正式揭牌

2011年10月25日，北京协和医学院阜外心血管病医院“心血管疾病国家重点实验室”揭牌成立

2011年10月30日，举行北京中医药大学良乡新校区奠基仪式

2011年11月11日，北京大学医学部口腔数字化医疗技术和材料国家工程实验室获批建设

北 京 卫 生 年 鉴
2012

北京市卫生局·《北京卫生年鉴》编辑委员会　编

北京科学技术出版社

图书在版编目（CIP）数据

北京卫生年鉴．2012/北京卫生局《北京卫生年鉴》编辑委员会编．—北京：北京科学技术出版社，2012.12

ISBN 978－7－5304－6289－8

Ⅰ．①北…　Ⅱ．①北…　Ⅲ．①卫生工作-北京市-2012-年鉴　Ⅳ．①R199.2－54

中国版本图书馆 CIP 数据核字（2012）第 234112 号

2012 北京卫生年鉴

作　　者：北京市卫生局·《北京卫生年鉴》编辑委员会
责任编辑：张晓雪
责任校对：党建军　余　胜
责任印制：张　良
封面设计：樊润琴
出 版 人：张敬德
出版发行：北京科学技术出版社
社　　址：北京西直门南大街 16 号
邮政编码：100035
电话传真：0086－10－66161951（总编室）
0086－10－66113227（发行部）　0086－10－66161952（发行部）
电子信箱：bjkjpress@163.com
网　　址：www.bkjpress.com
经　　销：新华书店
印　　刷：三河国新印装有限公司
开　　本：787mm×1092mm　1/16
字　　数：1100 千
印　　张：32.25
插　　页：16 页
版　　次：2012 年 12 月第 1 版
印　　次：2012 年 12 月第 1 次印刷
ISBN 978－7－5304－6289－8/R·1545

定　价：160.00 元

《北京卫生年鉴》（2012）编辑委员会

《北京卫生年鉴》编辑部

地　址　北京市西城区北纬路59号

邮　编　100050

电　话　010－63046927

编辑说明

一、《北京卫生年鉴》是一部逐年记载北京卫生工作的资料性工具书，其内容主要综合反映北京卫生工作各方面的基本情况、进展和成就。自1991年起每年编辑出版一部。

二、《北京卫生年鉴》2012卷主要反映截止2011年底的资料。全书共分14个部类：1. 概况；2. 特载；3. 重要会议报告；4. 文件和法规；5. 工作进展；6. 军队卫生工作；7. 区县卫生工作；8. 三级医院工作；9. 医学科研与教育机构工作；10. 公共卫生及其他卫生机构工作；11. 医学学术团体和群众团体工作；12. 卫生工作纪事；13. 卫生统计；14. 附录。

三、本年鉴按条目式纲目编纂，设置部类、分目、条目三个层次。

四、为便于读者检索，除卷首目录外，对刊载内容编制了《索引》附于书末，按汉语拼音字母依次排列。

五、本版年鉴统计数字均以卫生统计年报的数字为准。

《北京卫生年鉴》编辑部

2012年10月

目　　录

概　况

特　载

重要会议报告

文件和法规

工作进展

军队卫生工作

区县卫生工作

三级医院工作

医学科研与教育机构工作

公共卫生及其他卫生机构工作

医学学术团体和群众团体工作

卫生工作纪事

卫生统计

附　录

索　引

概　　况

2011年北京市卫生工作概况

基本情况　2011年，全市有各级各类卫生机构6713个（不含部队和村卫生室），比上年增加174个，其中医疗机构6551个（含三级医疗机构52个、二级医疗机构116个、一级医疗机构597个），包括医院569个，社区卫生服务中心（站）1744个，妇幼保健院（所、站）19个，专科疾病防治院（所、站）28个，急救中心（站）13个，疗养院2个，门诊部836个，诊所、卫生所、医务室、护理站3335个，临床检验中心（所、站）5个。全市医疗机构编制床位99246张，比上年增加4665张，其中医院编制床位89420张（占90.1%），比上年增加4024张；社区卫生服务中心编制床位6302张（占6.4%），比上年增加471张。全市卫生人员23.2万人，比上年增加1.2万人，其中卫生技术人员18.2万人，比上年增加1.1万人；乡村医生和卫生员3746人，比上年增加49人。执业（助理）医师6.9万人，注册护士7.3万人。每千常住人口拥有卫生人员11.5人、卫生技术人员9.0人、执业（助理）医师3.4人、注册护士3.6人、医疗机构编制床位4.9张。全市医疗机构（含诊所、医务室和村卫生室）诊疗1.62亿人次，比上年增加0.16亿人次，增长10.96%；出院201.2万人次，比上年增加18.4万人次，增长10.07%。

2011年，全市户籍居民平均期望寿命81.12岁，较上年增加0.31岁；孕产妇死亡率从上年的12.14/10万降至9.09/10万；婴儿死亡率从上年的3.29‰降至2.84‰。上述主要健康指标达到发达国家水平。

公立医院改革试点　市属公立医院管理体制改革迈出实质性步伐。7月28日，成立市卫生局的部门管理机构——市医院管理局，负责履行市属医院的创建职责。完善预约挂号服务，重点推行实名制预约挂号等5项预约挂号服务新举措；强化医师出诊管理，医师整体出诊时间在原有基础上增加50%；医院80%的号源投入预约系统；开通启用北京联通114为全市统一预约挂号服务的公共平台，首都地区所有66家三级医院均纳入预约挂号服务平台。全市有41家地方二、三级医院和12家部队医院开展双休日全天门诊。全市所有地方三级医院和84家二级医院（占二级医院总数的79%）开展优质护理服务，分级护理到位率达80%以上，陪住及自聘护工比例由70%～80%降到20%。启动实施医师多点执业工作。临床路径管理继续稳步推进。在北京安贞医院等7家医院19个科室启动主诊医师负责制试点。在北京大学人民医院等6家医院启动按病种分组付费改革试点。进一步推进服务模式创新。创新医疗纠纷调解机制，建立市医疗纠纷人民调解委员会，调解成功率90%。

疾病预防控制与卫生应急　加强对区县疾病预防控制工作的规范管理。进一步明确医疗机构的疾病预防控制工作职能，建立有效的防治结合工作机制。针对新疆维吾尔自治区发生的脊髓灰质炎野病毒疫情，积极采取预防措施并取得防控效果，有效阻断脊髓灰质炎野病毒在北京市的传播，确保自1985年以来北京市27年维持无脊髓灰质炎状态。全市取消预防接种纸质卡，实现预防接种信息电子化管理。在全国率先推出生命全周期口腔卫生保健健康促进行动。发布"北京人健康指引"。规范健康科普传播行为，在全市遴选251人成为北京首批健康科普专家并开展相关活动。由10名院士审定推荐、1000名专家参加编写的《健康大百科丛书》出版发行。开发北京市民健康教育信息平台系统，并以

"健康北京人"双屏机器人的亲民形象走进社区，市民在家门口就能便捷地查询了解到权威、科学的健康知识。北京市成为全国首个取消地方病病区的城市。2011年全市甲、乙类传染病报告发病率226.76/10万，较2010年下降15.70%；报告死亡率1.20/10万，下降11.27%。传染病疫情得到有效控制。院前医疗急救体系建立120、999院前医疗急救联合指挥调度机制（平台），实现院前医疗急救两大系统的"信息互通、数据共享，分号受理、协调调度，双网联动、统一指挥"的功能。120与110、122、119合作建立了联动应急协作机制并运行。

卫生执法监督　加强卫生执法监督，提高公共卫生安全水平。在餐饮服务环节开展严厉打击食品非法添加和滥用食品添加剂专项工作，并取得成效。开展塑化剂污染食品的检验检测，开展餐厨垃圾和地沟油整顿行动、游泳场馆卫生状况整顿和打击非法行医等10余项专项行动。全市取缔无证行医1233户次，移送案件27件。组织职业健康专项调查，进展顺利。强化卫生监督行政指导和服务，建立并实施卫生监督约见制度，督促管理相对人切实履行主体责任。规范加强区县卫生行政部门对属地卫生监督工作的督查指导制度，落实领导责任。修订区县卫生监督工作绩效考核标准。研究卫生监督协管服务，并纳入基本公共卫生服务均等化内容。启动水质在线动态监测系统的研究与开发准备工作。

医政与药械管理　推进优质医疗资源向郊区县和新城等资源薄弱地区转移，批准北京大学第一医院在大兴区、北京友谊医院在顺义区建立新院区。进一步规范和加强社会力量举办医疗机构的审批工作。推进区域医疗服务体系建设，探索分级有序的医疗服务模式。提出在延庆县开展县域医疗服务体系建设和县级医院综合改革试点工作方案。大医院对口支援与帮扶基层医疗卫生机构的机制进一步完善。推进康复医院和护理院试点，提出北京市康复医疗服务体系试点方案。加强血液管理，血液安全得到进一步保障。制订《关于规范政府办基层医疗卫生机构基本药物采购机制的实施意见》，为下一轮基本药物的招标采购工作奠定基础。在城乡基层医疗卫生机构实施基本药物制度，惠民效果进一步显现。探索心脏（冠状动脉）介入类医用耗材集中采购。处方点评与合理用药工作扎实推进。加强抗菌药物管理，开展抗菌药物临床应用专项整治活动。全市三级医院抗菌药物使用品种按要求控制在50种以内，门诊患者抗菌药物处方比例从6月的15%降至年底的12%，好于卫生部20%的规定指标；住院患者抗菌药物平均使用率从6月的61%降到年底的54%，好于卫生部60%的指标要求。

基层卫生　以社区卫生服务团队为核心、以居民健康管理为主要内容，在全市16个区县实施家庭医生式服务。推进社区卫生服务中心延时服务，全市323个社区卫生服务中心均将门诊服务时间延长到晚8时。扎实推进基层医疗卫生机构的健康管理和公共卫生服务，建立电子化健康档案1100万份。基层医疗卫生机构与大医院转诊预约工作扩大到全市16个区县，与42家二、三级医院建立转诊预约关系。参加新型农村合作医疗277万人，农业人口参合率97.6%。在筹资标准与上年相同的情况下，通过控制医药成本和费用，使政策范围住院费用报销比例达到70%的目标。学生、儿童患白血病、先天性心脏病实行按病种付费试点。加强对13个涉农区县新农合基金管理的稽查，保证各级财政补助资金及时足额到位和专项基金安全运行。

妇幼和精神卫生　为常住孕产妇和儿童免费建立北京市母子健康档案。将新生儿疾病筛查和0～6岁儿童体检等基本公共卫生服务项目覆盖到常住人口。出台孕产妇产前检查和产后访视项目补助政策。启动儿童早期综合发展工程和促进自然分娩、保障母子安康的项目。印发《北京市人民政府办公厅关于加强北京市精神卫生服务体系建设和发展工作的指导意见的通知》。按标准为16个区县配备社区精神卫生防治工作人员1041人。重性精神障碍患者规范管理率90.2%。

爱国卫生　落实《健康北京"十二五"发展建设规划》目标要求，建立健康北京创建的工作机制，明确部门分工，细化工作目标。继续深入开展公共场所禁止吸烟工作，医疗卫生系统无烟环境建设达到97%，完成公共场所禁止吸烟法规的社会意见征求，国家卫生区创建、病媒生物防制及农村改水改厕等取得新进展。启动农村饮水健康行动，扩大农村饮用水监测范围，实现监测全覆盖。

卫生规划与基础设施建设　年内，以市政府名义发布了《健康北京"十二五"发展建设规划》，编制完成并于2012年年初正式发布《北京市"十二五"时期卫生发展改革规划》。基本完成《北京市区域卫生规划》和《北京市区域医疗机构设置规划》的起草。安排市级卫生建设项目12个，市政府基本建设投资9.93亿元，建设面积约50万平方米。安排区县级卫生建设项目10个，市政府基本建设投资9.19亿元，建设面积约40万平方米。纳入医改的北京安定医院门急诊病房楼及附属用房工程完成主体结构，北京回龙观医院门急诊综合楼建设工程完成可行性研究报告的评估。其他市属单位中，北京积水潭医院回龙观院区建设工程进入竣工验收阶段，北京肿瘤医院项目完成主体结构施工，宣武医院改扩建一期工程破土动工，北京天坛医院迁建项目完成可行性研究报告的编制，北京老年医院医疗综合楼等8个批准立项项目正推进开工前工作，北京胸科医院改扩建等5个项目向市发改委申报立项。此外，启动市疾控中心和北京口腔医院迁建，以及北京友谊医院顺义院区、首都儿科研究所通州院区和首都健康教育馆等一批建设项目的规划论证。稳步推进卫生系统房屋建筑抗震节能综合改造。开展医疗卫生用地调研并取得阶段性成果，为编制《北京市公共卫生及医疗设施空间布局专项规划》奠定基础。

中医药工作 探索公立中医医院改革新模式，促成中国中医科学院广安门医院整体托管大兴区中医医院、北京中医药大学东直门医院和通州区中医医院合并，形成由城区大医院和区县政府合作的“一院二区，统一管理”的创新模式，为引导优质中医药服务资源向城外疏解发挥积极作用。完成北京市中医药特色服务“双十”工程项目，共建成14个中医特色诊疗中心和10个中医“治未病”试点单位。被国家中医药管理局评为基层中医药工作先进省（区、市），而且是全国唯一一个行政区域内所有区县均为全国中医药工作先进单位的省市。推进中医药人才培养和科技继承创新工作，组织首届33人参加的“西学中”高级研究班，启动名医大讲堂－经方专题工作。中医药“十病十药”产品研发取得进展，首个新药——止渴养阴胶囊在北京同仁堂亦庄生产基地正式投产。大力支持中医药制剂研发，在市中药研究所建立北京市传统院内制剂研发平台。治疗新型甲型H1N1流感的研究成果——金花清感颗粒完成新药申报的一、二、三期临床试验，正在向国家食品药品监督管理局申报新药审批。推进中医药文化普及和国际交流，组织第3届地坛中医药健康文化节、第2届北京中医药膏方节和2011北京中医药国际发展与合作交流会议等，进一步扩大中医药文化的影响。北京中医药数字博物馆获2011世界信息峰会大奖，成为该届世界信息峰会中为国家争得殊荣的两个项目之一。

药品监督管理 在全国率先推进基本药物全程追溯系统建设，全市78家在产企业的477个批准文号全部加赋中国药品电子监管码，181家批发企业全部实施电子监管，实现基本药物生产批发环节100%电子监管。完成国家307种基本药物中38个品种的标准提升，数量居全国第一。储备19个基本药物短缺品种，保障公众特殊药品需求。深入开展药品安全专项整治并取得成效，与公安部门联合查处“5.26”专案、“9.14”生产销售假药案等多个大案要案，反响良好。在全国率先开展打击医疗机构周边非法收售药品等专项行动。围绕保健食品和医疗器械安全进行重点和专项整治。深入开展保健食品和化妆品安全风险监测。深化药品安全准入和退出管理，推进药品新版生产质量管理规范（GMP），北京市取得全国首张药品生产新版GMP证书，5家企业通过认证。推进医疗器械GMP，全市已有21家无菌和植入类企业通过现场检查。修订药品批发企业现代物流标准、药品零售企业开办标准。通过再注册、处方工艺核查、换发许可证等方式，把存在安全隐患的2000余家药品生产经营企业清退出市场。启动药品安全“百千万”工程，初步形成药品安全基层政府重视、企业诚信负责、群众积极参与的良好氛围。成立北京生物医药创新促进平台，鼓励和扶持创新药物研发，全年44个药品品种获得生产批件、15个品种获得新药证书。建立华北、东北八省（区、市）药品稽查执法联防协作机制。协调生产鱼精蛋白注射液、白消安片剂等短缺药品，稳定市场，受到群众好评。

卫生科教、人才和人事工作 进一步加强医疗卫生科研工作，设立26个管理类软科学项目，资助总金额755万元；启动首都重大疾病科技成果推广专项，首批重点支持26项技术推广至近400家次医疗机构；设立首都卫生发展科研专项资金，启动首批申报工作，征集建议近3000项，重点支持医疗卫生领域应用性科学研究。

适应首都卫生事业发展对高职高专层次实用性医学相关专业人才的需要，筹备组建北京卫生职业学院并取得进展。稳步推进住院医师规范化培训，在培住院医师4310人，培训规模居全国之首。在全国率先启动公共卫生医师规范化培训试点。开展以全科医生为重点的多种形式基层医疗卫生人员培训，培训近2.5万人次。编制31个学科继续医学教育项目申报指南，获批国家级继续教育项目1124个，评审认可市级继续教育项目627个。

完善公共卫生单位和基层医疗卫生机构的分配激励机制，全面落实绩效工资。提出加强以全科医生为重点的基层人才队伍建设的意见。为农村地区社区卫生服务中心招收定向免费医学生，本年度新招76人。创新机构编制管理方式，以区县为单位试行人员编制“总量控制、统筹安排、动态调整”机制。保障医疗卫生人员合理待遇，市属三级医院双休日门诊服务加班补助得到落实。加强卫生领域高层次人才和中青年人才培养，推进市卫生系统“215”高层次卫生人才队伍建设工程，完成第2批136名培养对象的遴选。加大从海外引进卫生人才的力度，全年推荐的26名专家中有9名入选北京市海外高层次人才。

卫生信息化 制订卫生信息化项目管理新规范，提高立项审批的引导性和透明度，重视发挥同行专家评议的作用，规范财政类卫生信息化项目管理。推动电子病历试点工作，10家医院进行电子病历试点，并开展评估2次。拟订推进首都地区电子病历工作意见并上报市政府。推进门急诊“医联码”系统应用，有49家医院上传“医联码”基本信息，23家医院上传门急诊就诊信息。争取到财政部和卫生部共同支持的卫生信息化综合试点项目，完成北京市基本药物集中采购系统立项。全面梳理、更新卫生事业发展核心统计指标，并协调市统计局从本年度起按新的内容对外发布。

卫生政策研究与法制工作 成立市卫生局新一届卫生政策专家咨询委员会，由北京大学等单位的31名专家学者组成，并组织了政策研讨。在全国率先开展卫生工作绩效评价研究并形成初步成果。基本完成2003～2010年卫生总费用核算，形成连续8年的首都卫生总费用数据。开展社区卫生服务条例的起草和急救立法前期调研等工作，市十三届人大常委会第104次主任会议原则同意急救立法立项论证，并建议纳入2012年立法工作计划起草项目。修订《集中空调通风系统卫生管理规范》地方标准，并由市质监局审查批准。启动全市卫生系统“六五”普法工作，扎实开展行政复议和卫生标准工作。

党建、卫生文化等工作 继续在全系统深入开展创先争优活动。以多种形式开展纪念中国共产党成立90周年庆祝活动。开展“深化医改我争先，服务群众我奉献”、“我为医改献一策”等主题实践活动，以及“亮标准、亮身份、亮承诺”、“比技能、比作风、比业绩”、“群众评议、党员互评、领导点评”等“三亮、三比、三评”活动，使广大党员的宗旨意识、工作能力和群众形象有新的提升。加大公开选拔干部力度，公开选拔市医管局副局级干部和5名处级干部。

坚持围绕医改大局，突出重点，全面加强党风廉政建设和反腐败工作。实施量化考核，落实党风廉政建设责任制，进一步落实领导干部“一岗双责”。强化医德医风宣传教育，在首都之窗网站开办“医德昭”栏目，组织102家医院展示医德医风建设和卫生改革发展成果，取得良好社会反响。将廉政风险防范管理范围延伸到系统局处级领导班子和基层拥有公共权力的部门与岗位，实现廉政风险防范管理的全覆盖。开展重点工作效能监察和民主评议并取得良好成效。结合违纪违法典型案件，深入开展自查自纠和警示教育，加强对党费、团费、工会会费和学会、协会资金运行的监管，强化对“三重一大”事项的监督检查。加强卫生内部审计监督，促进卫生经济工作健康有序发展。

年内，开展《急诊室的故事》有奖征文活动，并在《北京青年报》上刊发《急诊室的故事》系列报道。与北京电视台《身边》栏目合作制作“医患情”节目，举办《健康北京健康播报》节目，全年制作播出50期。开通市卫生局官方微博，并倡导医疗卫生单位开办微博。开展百名市民公共卫生工作一日体验活动。大力宣传首都十大健康卫士等先进事迹，增进社会各界对医疗卫生工作的理解，同时在卫生系统内营造人人崇尚先进、人人学习先进、人人争当先进的浓厚氛围。

境外交流与合作 进一步深化与法国急救医学的合作，市卫生局与法国驻华使馆、法国道达尔集团续签北京中法急救医学培训中心合作协议。与法方共同举办中法急诊急救医学论坛、抗生素耐药和医院感染防控论坛、精神卫生研讨会等。与英方开展社区卫生合作项目；中英双方共同启动北京市高级儿科专业人才培训合作计划（2011～2015），北京将派出50名综合医院儿科医师赴英培训。与泰国、俄罗斯、以色列等国家分别在精神卫生、细菌耐药机制及分子流行病学研究、公共卫生及医疗急救等方面开展了交流和合作。10月20～21日，市卫生局和香港卫生署共同举办第十五届北京·香港经济合作研讨洽谈会卫生合作专场活动，北京市医院管理局和香港医院管理局签署了合作意向书。3月，世界卫生组织西太平洋区域办公室药物专家代表团对北京市基本药物政策的实施进行评估及实地考察；市卫生局系统完成9个世界卫生组织2010～2011年度合作项目；市属11家世界卫生组织合作中心工作顺利。市卫生局系统单位与境外相关机构累计开展卫生科技合作项目70余项。

（谢辉）

特　　载

北京市2011年度卫生与人群健康状况报告

一、人口基本情况

（一）常住人口

2011年底北京市常住人口2018.6万人，比2010年增加56.7万人，增长率2.9%，其中在京居住半年以上的非京籍外来人口742.2万人，比上年增加37.5万人，增长率5.3%。在京居住半年以上的非京籍外来人口占常住人口的比例从2010年的35.9%上升到2011年的36.8%。

（二）户籍人口

1. 人口数量　2011年北京市户籍人口1277.9万人，其中男性642.4万人、女性635.5万人；非农业人口1013.8万人，农业人口264.1万人；总人口比2010年增加约20万人，自然增长7.1万人。60岁及以上老年人口250.5万人，占户籍人口的19.6%；65岁及以上老年人口180.3万人，占户籍人口的14.1%。

2. 出生和死亡情况

（1）出生：2011年北京市户籍人口出生110033人，其中男性56888人、女性53144人，性别不明1人。男女出生性别比107:100。出生人数比2010年增加19450人，其中男性增加10020人、女性增加9430人。2011年北京市户籍人口出生率8.7‰，其中男性出生率8.9‰、女性出生率8.4‰。与2010年（7.2‰）相比，出生率上升20.8%。

（2）死亡

1）全人群死亡情况：2011年北京市户籍人口死亡75125人，总死亡率5.9‰，比2010年（6.2‰）下降4.8%，其中男性死亡率6.7‰、女性死亡率5.2‰。2011年北京市居民标化死亡率2.8‰，比2010年下降8.5%，其中男性标化死亡率3.1‰、女性标化死亡率2.5‰。2011年北京市户籍人口婴儿死亡率2.84‰，比2010年（3.29‰）下降13.7%。2011年北京市户籍人口孕产妇死亡率9.09/10万，比2010年（12.14/10万）下降25.1%。

2）死亡年龄和性别分布：2011年北京市户籍人口男性死亡42409人、女性死亡32716人，男女死亡性别比130:100。在全部死亡人数中，15岁以下儿童死亡人数占总死亡人数的0.7%，15～64岁组人口占23.0%，65岁及以上老年人口占76.3%。

3）主要死因分析：2011年北京市户籍居民的主要死亡原因仍为慢性非传染性疾疾，前三位死因分别为恶性肿瘤、心脏病和脑血管病，占全部死亡的73.0%。

恶性肿瘤：2011年北京市户籍居民恶性肿瘤死亡率158.05/10万，占总死亡的26.7%，比2010年下降0.43%，已连续五年成为北京市的首位死因。2011年肺癌、肝癌、直肠和肛门癌列为恶性肿瘤死亡的前三位，分别占恶性肿瘤死亡的32.0%、11.5%和9.0%。男性恶性肿瘤死亡率189.6/10万、女性126.2/10万。男性恶性肿瘤死亡前三位是肺癌、肝癌和胃癌，占男性恶性肿瘤死亡的56.8%；而女性前三位是肺癌、结直肠和肛门癌、肝癍，占女性恶性肿瘤死亡的47.3%。

心脏病：2011年北京市户籍居民心脏病死亡率146.00/10万，占总死亡的24.6%，比2010年下降6.99%。死亡以急性心肌梗死和其他冠心病为主，占心脏病死亡的89.0%。2011年男性心脏病死亡率155.2/10万、女性136.7/10万。男性心脏病死亡中急性心肌梗死占心脏病死亡的45.1%，其他冠心病占44.1%　女性心脏病死亡中急性心肌梗死占心脏病死亡的42.6%，其他冠心病占46.2%。

脑血管病：2011年北京市户籍居民脑血管病死亡率128.59/10万，占总死亡的21.7%，比2010年下降9.63%，死亡顺位也由第二位降至第三位。脑血管病死亡以脑血管病后遗症、脑梗死、脑出血为主，占脑血管病死亡的97.1%。脑血管后遗症死亡构成比有所上升，占脑血管死亡的39.1%，比2010年上升10.5%。2011年男性脑血管病死亡率144.5/10万、女性112.5/10万。男性脑血管病前三位死因是脑血管病后遗症（占38.9%）、脑梗死（占29.9%）和脑出血（占28.6%），女性脑血管病前三位死因与男性相同，分别占女性脑血管病死亡的39.3%、29.6%和27.8%。

传染病：2011年北京市户籍居民传染病死亡率5.16/10万，其中男性7.10/10万、女性3.20/10万。2011年传染病死亡占总死亡的0.9%，死因顺位与2010年一致。传染病死亡主要以病毒性肝炎和呼吸道结核为主，占传染病死亡的77.4%。

4）死亡发生地点：2011年北京市户籍居民在医院病房死亡人数占总死亡人数的45.1%，在急诊室死亡人数占11.0%，在家中死亡人数占39.4%。院外死亡的主要原因为心脏病和脑血管病，分别占院外死亡总数的31.8%和26.3%。

3. 自然增长情况　2011年北京市户籍人口自然增长率2.6‰，男性和女性自然增长率分别为2.3‰和3.2‰。

4. 期望寿命　2011年北京市户籍居民期望寿命81.12岁，比2010年上升0.31岁，其中男性79.16岁、女性83.17岁。北京市居民期望寿命较全国平均水平高7.12岁，基本与世界高收入国家水平持平。

二、慢性非传染性疾病及相关危险因素

（一）高血压

2011年北京市18～79岁常住居民高血压患病率33.8%，与2008年（30.3%）相比上升11.6%。

1. 性别分布　男性高血压患病率40.1%、女性27.2%。

2. 年龄分布　高血压患病率随着年龄的增长而升高。70岁以下男性患病率明显高于女性，70岁以上女性患病率高于男性。50岁及以上中老年人群高血压患病率超过50%。

3. 地区分布　城区居民高血压患病率32.5%、郊区居民36.2%。

4. 变化趋势　自2002年以来北京市常住居民高血压患病率逐年升高，男性升高幅度大于女性。

（二）糖尿病

2011年北京市18～79岁常住居民糖尿病患病率8.9%，与2008年（8.6%）相比增加3.5%。

1. 性别分布　男性糖尿病患病率10.3%、女性7.4%。

2. 年龄分布　糖尿病患病率随着年龄的增长而升高。60岁以下男性患病率高于女性，60岁以上女性患病率高于男性。

3. 地区分布　城区居民糖尿病患病率9.0%、郊区居民8.7%。

4. 变化趋势　自2002年以来北京市常住男性居民糖尿病患病率逐年升高，女性居民患病率与2008年相比基本持平。

（三）血脂异常

2011年北京市18～79岁常住居民血脂异常患病率50.5%，与2008年（34.7%）相比上升45.6%。

1. 性别分布　男性血脂异常患病率64.1%、女性36.3%。

2. 年龄分布　男性血脂异常患病率60岁以下明显高于女性，女性血脂异常患病率随着年龄的增长而升高。

3. 地区分布　城区居民血脂异常患病率50.3%、郊区居民50.8%。

4. 血脂异常类型　男女性血脂异常类型均依次为：高密度脂蛋白胆固醇降低、甘油三酯升高、总胆固醇升高和低密度脂蛋白胆固醇升高。男性患病率分别为51.2%、23.4%、9.5%和4.3%，女性患病率分别为25.8%、9.9%、8.6%和3.7%。

5. 主要血脂异常

（1）甘油三酯升高：甘油三酯升高的男性中，甘油三酯水平超出正常值在50%以内的比例为58.9%，女性患者中超出正常值在50%以内的比例为69.7%。

（2）低密度脂蛋白胆固醇升高：低密度脂蛋白胆固醇升高的男性中，超出正常值10%以内的比例为57.5%，女性中超出正常值10%以内的比例为58.6%。

（四）脑卒中

2011年北京市18～79岁常住居民脑卒中患病率1.5%，与2008年（1.3%）相比上升15.4%。

1. 性别分布　男性脑卒中患病率1.8%、女性1.2%。

2. 年龄分布　脑卒中患病率随着年龄的增长而升高。60岁以上脑卒中患病率7.4%。

3. 地区分布　城区居民脑卒中患病率1.6%、郊

区居民1.3%。

4. 住院病例　2010年北京市户籍人口脑卒中住院病例85337例，其中脑梗死53367例、短暂性脑缺血发作22996例、脑出血7743例、蛛网膜下腔出血1231例。

（1）患者平均年龄：脑卒中住院患者平均年龄66.6岁，其中脑梗死67.9岁、短暂性脑缺血发作65.3岁、脑出血62.3岁、蛛网膜下腔出血59.9岁。

（2）住院病死率：脑卒中的住院病死率3.0%，其中脑梗死2.7%、脑出血11.8%、蛛网膜下腔出血13.0%。

（五）恶性肿瘤

1. 总体情况　2010年北京市户籍人口共报告恶性肿瘤新发病例37795例，发病率301.93/10万，比2009年（297.04/10万）上升1.6%。

（1）发病顺位：2010年北京市户籍人口男性恶性肿瘤新发病例中肺癌发病居第1位，其次分别为结直肠癌、肝癌、胃癌和食管癌；女性中乳腺癌发病居第1位，其次分别为肺癌、结直肠癌、子宫体癌及甲状腺癌，其中甲状腺癌发病顺位由2009年的第8位上升至2010年的第5位。

（2）性别分布：2010年北京市户籍人口恶性肿瘤新发病例中，男性19597例，发病率310.99/10万；女性18198例，发病率292.73/10万。男女恶性肿瘤新发病例性别比108∶100。

（3）年龄分布：2010年北京市户籍人口恶性肿瘤的发病率随年龄增长而升高，55岁以前女性发病率略高于男性，55岁之后男性恶性肿瘤发病率明显高于女性。儿童组（0～14岁）共报告病例145例，占恶性肿瘤总发病人数的0.38%，其中白血病比例最高，占男性儿童恶性肿瘤患者的37.8%，占女性儿童恶性肿瘤患者的36.6%。青壮年组（15～44岁）共报告病例3548例，占恶性肿瘤总发病人数的9.4%，其中肝癌（构成比14.6%）和乳腺癌（构成比30.6%）分别位居该组男、女性发病的第1位。中年组（45～64岁）共报告病例14144例，占恶性肿瘤总发病人数的37.4%，其中肺癌（构成比22.5%）和乳腺癌（构成比29.2%）分别位居该组男、女性发病的第1位。老年组（65岁及以上）共报告病例19958例，占恶性肿瘤总发病人数的52.8%，无论男女，肺癌的发病率均居第1位，在两组中所占的比例分别为27.7%和24.0%。

（4）地区分布：2010年北京市城区共报告恶性肿瘤新发病例25575例，占总新发病例的67.7%，发病率329.62/10万；郊区报告12220例，占新发病例的32.3%，发病率256.76/10万。

2. 常见恶性肿瘤

（1）肺癌：2010年北京市共报告肺癌新发病例7846例，占所有恶性肿瘤新发病例总数的20.8%，其中男性4825例，发病率76.57/10万；女性3021例，发病率48.60/10万；男女性别比160∶100。肺癌发病率由2001年的40.29/10万上升至2010年的62.68/10万，年平均增长率2.4%。肺癌的发病率随年龄的增长而升高，35岁开始人群肺癌发病率上升加速，男性发病率高于女性。

（2）乳腺癌：2010年北京市共报告女性乳腺癌新发病例3833例，占女性恶性肿瘤新发病例数的21.1%，居女性恶性肿瘤发病第一位，发病率由2001年的31.88/10万上升至2010年的61.66/10万，增长93.4%，年平均增长率6.8%。

（3）结直肠癌：2010年北京市共报告结直肠癌新发病例4250例，占所有恶性肿瘤新发病例数的11.3%，其中男性2340例，发病率37.13/10万；女性1910例，发病率30.73/10万；从40岁开始，男性结直肠癌发病率高于女性。2001～2010年，结直肠癌发病率由17.22/10万上升至33.95/10万，年平均增长率5.0%。

（4）肝癌：2010年北京市共报告肝癌新发病例2720例，占所有恶性肿瘤新发病例总数的7.2%，其中男性1988例，发病率31.55/10万；女性732例，发病率11.78/10万；男女比例272∶100。肝癌发病率由2001年的16.06/10万升至2010年的21.73/10万，年平均增长率0.86%。

（5）胃癌：2010年北京市共报告胃癌新发病例2533例，占所有恶性肿瘤新发病例总数的6.7%，其中男性1719例，发病率27.28/10万；女性814例，发病率13.09/10万；男女比例211∶100。胃癌发病率由2001年的14.79/10万升至2010年的20.24/10万，发病率增长36.9%，年平均增长率0.69%。

（6）前列腺癌：2010年北京市共报告前列腺癌新发病例1047例，占男性恶性肿瘤新发病例数的5.3%。前列腺癌发病率由2001年的5.53/10万升至2010年的16.62/10万，增长200.5%，年平均增长率9.2%，在男性肿瘤发病顺位中由2001年的第8位升至2010年的第6位。

（7）宫颈癌：2010年北京市共报告宫颈癌新发病例557例，占女性恶性肿瘤新发病例的3.1%，宫颈癌发病率由2001年的3.92/10万升至2010年的8.96/10万，增长128.6%，年平均增长率10.1%。

（8）白血病：2010年北京市共报告白血病新发病例850例，发病率6.79/10万，比2001年（4.06/10万）增长67.2%，去除年龄因素影响后，年平均增长 2.8%，其中男性 486 例，发病率 7.71/10 万；女性 364 例，发病率 5.86/10 万；男女比例 134: 100。白血病发病率在低年龄组和高年龄组呈现两个高峰。

（9）甲状腺癌：2010 年北京市共报告甲状腺癌新发病例 1099 例，占恶性肿瘤新发病例总数的 2.9%，发病率 8.78/10 万，比 2001 年（2.70/10 万）增长 225.2%，去除年龄因素影响后，年平均增长 14.2%，其中男性 252 例、女性 847 例，男女比例 30: 100。男性甲状腺癌发病率由 2001 年的 1.23/10 万上升至 2010 年的 4.00/10 万，增长 225.2%，去除年龄因素影响后，年平均增长率 13.0%，10 年间男性甲状腺癌在恶性肿瘤发病顺位中变化不明显；女性甲状腺癌发病率由 2001 年的 4.21/10 万上升至 2010 年的 13.63/10 万，增长 223.8%，去除年龄因素影响后，年平均增长率 14.6%，顺位由 2001 年第 10 位升至 2010 年的第 5 位。

（10）淋巴瘤：2010 年北京市共报告淋巴瘤新发病例 1143 例，占恶性肿瘤的 3.0%，2001～2010 年，淋巴瘤发病率由 4.37/10 万升至 9.13/10 万，增长率 108.9%，年平均增长率 4.9%。

（11）皮肤黑色素瘤：2010 年北京市共报告皮肤黑色素瘤新发病例 66 例，占恶性肿瘤的 0.18%。

（六）相关危险因素

1. 超重　2011 年北京市 18～79 岁常住居民超重率 36.5%，与 2008 年（36.1%）相比增加 1.1%。

（1）性别分布：男性超重率 41.3%、女性 31.5%。

（2）年龄分布：超重率随着年龄的增长而升高。60 岁以下男性超重率高于女性，60 岁以上女性超重率与男性基本持平。

（3）地区分布：城区居民超重率 36.2%、郊区居民 41.0%。

2. 肥胖　2011 年北京市 18～79 岁常住居民肥胖率 21.1%，与 2008 年（19.1%）相比增加 10.5%。

（1）性别分布：男性肥胖率 25.3%、女性 16.7%。

（2）年龄分布：肥胖率随着年龄的增长而升高。50 岁以下男性肥胖率高于女性，50 岁以上女性肥胖率高于男性。

（3）地区分布：城区居民肥胖率 20.5%、郊区居民 22.6%。

3. 吸烟状况

（1）吸烟率：2011 年北京市 18～79 岁常住居民吸烟率 29.4%，与 2008 年（29.0%）相比增加 1.4%。

1）性别分布：男性吸烟率 54.9%、女性 3.0%。

2）年龄分布：男性 40～50 岁组吸烟率最高，达 62.9%；女性吸烟率随着年龄的增长而升高，70 岁以上年龄组吸烟率最高，为 7.5%。

3）地区分布：城区居民吸烟率 29.2%、郊区居民 29.9%。

（2）被动吸烟率：2011 年北京市 18～79 岁常住居民被动吸烟率 50.7%。

1）性别分布：男性被动吸烟率 58.9%、女性 42.2%。

2）年龄分布：男性被动吸烟率 18～29 岁组最高，为 66.2%；女性被动吸烟率 40～49 岁组最高，为 51.3%。

3）地区分布：城区居民被动吸烟率 50.1%、郊区居民 52.1%。

4. 饮酒状况

（1）饮酒率：2011 年北京市 18～79 岁常住居民饮酒率 46.8%，与 2008 年（44.2%）相比增加 5.9%。

1）性别分布：男性饮酒率 70.3%、女性 22.4%。

2）年龄分布：男性 40～49 岁组饮酒率最高，达 74.4%；女性 18～29 岁组最高，为 29.4%，女性饮酒率随着年龄的增长而降低。

3）地区分布：城区居民饮酒率 45.1%、郊区居民 50.0%。

（2）过量饮酒率：2011 年北京市 18～79 岁常住居民过量饮酒率 16.2%，与 2008 年（6.8%）相比增加 138.2%。

1）性别分布：男性过量饮酒率 29.2%、女性 2.6%。

2）年龄分布：男女性 40～50 岁组过量饮酒率均为最高，男性 39.3%、女性 3.7%。

3）地区分布：城区居民过量饮酒率 15.0%、郊区居民 18.3%。

5. 体力活动　2011 年北京市 18～79 岁常住居民缺乏体力活动率 31.7%，与 2008 年（32.7%）相比降低 3.1%。

（1）性别分布：男性缺乏体力活动率 29.1%、女性 34.5%。

（2）地区分布：城区居民缺乏体力活动率 31.2%、郊区居民 30.3%。

三、传染病发病情况

（一）总体情况

2011 年北京市共报告甲、乙、丙类传染病 29 种，报告发病129823例。报告发病数居前10位的病种依次为：其他感染性腹泻病、手足口病、痢疾、肺结核、猩红热、病毒性肝炎、梅毒、流行性腮腺炎、淋病和风疹，占总报告发病数的98.99%。与2010年相比，猩红热报告病例数由2010年的第9位升至第5位，风疹报告病例数由2010年的第11位升入第10位；麻疹由2010年的第8位降至10位以外；其他病种位次变化不大。

2011年北京市甲、乙、丙类传染病报告发病率661.94/10万，与2010年相比下降20.1%。甲、乙类传染病报告发病率226.76/10万，与2010年相比下降15.7%。丙类传染病报告发病率435.18/10万，与2010年相比下降22.2%。

（二）常见传染病

1. 病毒性肝炎　2011年北京市报告病毒性肝炎新发病例5056例，发病率25.78/10万。其中甲肝报告115例，占2.3%；乙肝3116例，占61.6%；丙肝1278例，占25.3%；戊肝463例，占9.2%；未分型肝炎84例，占1.7%。乙肝所占比例最高。2011年病毒性肝炎总发病率与2010年相比下降15.8%，其中甲肝下降19.0%、乙肝下降12.1%、丙肝下降24.5%、戊肝下降5.2%、未分型肝炎下降40.3%。

2. 艾滋病　2011年北京市报告艾滋病病毒新发感染者及病人1823例，较2010年增加415例，其中北京市户籍376例、非北京市户籍1447例。艾滋病病毒感染者1486例，其中北京市户籍300例、非北京市户籍1186例；艾滋病病人337例，其中北京市户籍76例、非北京市户籍261例。2011年艾滋病监测哨点122家，监测41575人，总体阳性检出率0.58‰，与2010年（0.57‰）基本持平。2011年北京市报告艾滋病病毒感染者及艾滋病病人中，经性传播1645例，其中北京市户籍361例、非北京市户籍1284例；经注射吸毒传播119例，其中北京市户籍15例、非北京市户籍104例；经输血传播36例，经单采浆传播13例，经母婴传播8例和其他2例，均为非北京市户籍病例。

3. 肺结核　2011年北京市结核病防治机构新登记管理肺结核（包括单纯性结核性胸膜炎）患者4520例，比2010年减少354例，肺结核患者新登记率23.0/10万，其中户籍患者2468例、非户籍患者2052例。2011年北京市新登记管理肺结核患者中男性占66.0%、女性占34.0%；20～24岁和75～79岁年龄段为新登记率的两个高峰；登记管理肺结核患者中涂阳患者比例32.6%。2010年北京市登记管理的户籍及非户籍活动性肺结核患者的治疗成功率都达到90%以上。

4. 流感　2011年9月1日至2012年4月30日（流感流行季），北京市144家二级以上医疗机构累计监测门急诊就诊22548642人，流感样病例380251例，流感样病例百分比1.69%，低于2010～2011年同期水平（2.04%）。

5. 麻疹　2011年北京市报告麻疹确诊病例98例，报告发病率5.00/100万，较2010年（病例2488例，发病率141.80/100万）发病数和发病率分别下降96.0%和96.5%，无死亡病例。0岁组婴儿和20～34岁成人是北京市常住人口的两个主要发病人群；病例以流动人口为主，其病例数是北京市户籍人口的3.1倍。

6. 手足口病　2011年北京市常住人口中报告手足口病30843例，死亡5例，发病率157.26/10万，较2010年下降39.2%，其中男性18474例、女性12369例，5岁以下儿童占发病数的92.3%。2011年，5～11月北京市手足口病发病人数较多，呈现2个发病高峰，分别为6月及11月。

7. 水痘　2011年北京市报告水痘病例20095例，报告发病率102.50/10万，与2010年（104.50/10万）相比下降1.9%。

8. 痢疾　2011年北京市报告痢疾病例18525例，占甲、乙类传染病报告总病例数的41.7%，发病率94.45/10万，比2010年（132.37/10万）下降28.6%。2011年痢疾发病的季节分布明显，病例从5月开始快速上升，8月达到顶峰，9月开始下降，其中8月报告发病3940例，占全年病例的21.3%。

9. 猩红热　2011年北京市报告猩红热病例6152例，发病率31.40/10万，较2010年（8.8/10万）上升254.5%，其中10岁以下儿童占发病数的95.5%。夏、冬两季为高发季节，发病高峰分别出现在5～6月和11～12月。

10. 梅毒　2011年北京市共报告梅毒病例4869例，其中男性2587例、女性2282例，男女比例为1.13∶1。梅毒报告发病率24.83/10万，与2009年相比下降2.7%，其中男性报告发病率25.58/10万、女性报告发病率24.02/10万。

四、残疾人口状况

2011年北京市新增办证的残疾人35222人，累计办证的残疾人397985人。

（一）类别分布

北京市持证残疾人口中，肢体残疾比例最高，占56.1%；智力残疾占11.8%；视力残疾占10.7%；精神残疾占10.6%；听力残疾占6.4%；言语残疾占

0.6%；多重残疾占3.8%。

（二）性别分布

持证残疾人男性占57.6%、女性占42.4%。

（三）年龄分布

在持证残疾人口中，0~6岁占0.3%，7~15岁占1.0%；劳动年龄段占51.7%；残疾老年人占47.0%。

五、精神疾患

（一）总体情况

2011年北京市社区新登记建档重性精神疾病患者6223例，累计登记在档患者62004例。

（二）新确诊病例

2011年北京市开展精神疾病诊疗业务的医疗机构共上报新诊断重性精神疾病9460例，其中户籍患者7352例、非户籍患者2108例。

1. 病种分类　医疗机构上报新诊断的重性精神疾病患者以精神分裂症最多，4677例，占全部新诊断患者的49.4%；其次是双相情感障碍2219例，占23.5%。

2. 性别分布　医疗机构上报新诊断的重性精神疾病患者中，精神分裂症男性2286例、女性2391例；双相情感障碍中男性1014例、女性1205例，女性均多于男性。

3. 年龄分布　医疗机构上报新诊断的重性精神疾病患者中，20~59岁年龄段所占比例最高，占78.2%。

4. 地区分布　医疗机构上报新诊断的重性精神疾病患者中本市户籍7352人，其中城区3632人、郊区3720人。城区以精神分裂症患者为最多，占52.5%，其次为双向情感障碍，占17.8%；郊区也以精神分裂症患者为最多，占48.2%，其次为精神发育迟滞（中度及以上），占26.8%。

六、儿童及青少年健康状况

（一）学龄前儿童（0~6岁儿童）

1. 出生缺陷　2011年北京市户籍人口围产儿出生缺陷发生率14.54‰，较2010年（16.03‰）下降9.3%。围产儿出生缺陷发生率位居前三位的仍然是先天性心脏病、外耳其他畸形和多指。神经管畸形、腹裂等较严重的出生缺陷已不在顺位的前十位。

2. 新生儿先天遗传代谢性疾病　2011年北京市共筛查新生儿195166人，确诊119人，其中先天性甲状腺功能低下82人、苯丙酮尿症37人。

3. 低出生体重儿　2011年北京市户籍人口低出生体重儿发生率3.4%，与2010年基本持平。

4. 母乳喂养　2011年北京市户籍人口新生儿母乳喂养率95.6%，其中纯母乳喂养率71.0%。6个月内婴儿母乳喂养率91.1%，其中纯母乳喂养率65.7%。

5. 乳牙龋齿　2011年北京市5岁儿童乳牙患龋率68.7%，龋均为3.55颗，较2005年（58.6%，2.57颗）有所上升。5岁儿童乳牙充填率19.4%。

6. 与营养有关的常见疾病　2011年北京市0~6岁儿童与营养有关的常见疾病主要为贫血、佝偻病、营养不良和肥胖。贫血患病率：0~2岁儿童6.0%，3~6岁儿童1.1%。佝偻病患病率：0~2岁儿童0.04%。营养不良：5岁以下儿童低体重患病率0.14%，生长迟缓患病率0.15%，消瘦患病率0.14%，肥胖率2.6%。

（二）中小学生健康状况

1. 生长发育水平

（1）身高：2010~2011学年度北京市17岁组男生平均身高174.3cm，女生平均身高161.8cm。

1）性别差异：9岁之前，男生平均身高高于女生。女生在9岁时先于男生进入第二次生长发育突增，开始加速生长，10岁时身高平均水平超过男生。男生在11岁时进入第二次生长发育突增，开始加速生长，12岁时身高平均水平赶上并超过女生。12岁以后，女生身高增长趋缓，男女生身高差异逐渐加大。17岁男生平均身高比女生高12.6cm。

2）增长情况：与2009~2010学年度数据相比，北京市6~17岁男、女生身高平均增长0.27cm和0.26cm。男生身高17岁组比6岁组高51.9cm，每增加1岁，身高平均增加4.3cm。11~13岁是身高增长最快的年龄，3年分别增加了5.9cm，7.1cm，6.8cm。16岁以后男生身高增长逐渐趋于平缓。女生身高17岁组比6岁组高40.7cm，每增加1岁，身高平均增加3.4cm。10~11岁是身高增长最快的年龄，2年分别增加6.5cm，6.4cm。14岁以后女生身高增长逐渐趋于平缓。

（2）体重：北京市17岁组男生平均体重达到70.6kg，女生平均体重达到57.0kg。

1）性别差异：各年龄组男生的平均体重均高于女生，12岁以后男女生体重差距加大，17岁男生平均体重超出女生13.7kg。

2）增长情况：与2009~2010学年度数据相比，北京市6~17岁男、女生体重平均增长0.22kg和0.14kg。男生14岁组差距最大，为0.82kg；女生15岁组差距最大，为0.35kg。男生体重17岁组比6岁组增加 45.6kg，每增长 1 岁，体重平均增加 3.8kg。12~13 岁是体重增长幅度最大的年龄段，两年均增加 6.2kg。女生体重 17 岁组比 6 岁组增加 33.6kg，每增长 1 岁，体重平均增加 2.8kg。11 岁和 12 岁是体重增长幅度最大的年龄，两年分别增加 5.5kg 和 5.3kg。

（3）肺活量：北京市 17 岁组男生平均肺活量达到 4087.0ml，女生平均肺活量达到 2744.9ml。

1）性别差异：各年龄组男生的平均肺活量均高于女生，12 岁以后男女生肺活量差距加大，17 岁男生平均肺活量超出女生 1342.1ml。

2）增长情况：与 2009~2010 学年数据相比，北京市 6~17 岁男生肺活量平均增长 33.3ml，女生肺活量平均增长 35.6ml。男生肺活量 17 岁组比 6 岁组增加 3050.6ml，每增长 1 岁，肺活量平均增加 254.2ml。11~14 岁是肺活量增长幅度最大的年龄，4 年分别增加 295.1ml，309.4ml，405.7ml，393.4ml。女生肺活量 17 岁组比 6 岁组增加 1787.5ml，每增长 1 岁，肺活量平均增加 149.0ml。8 岁、10~12 岁是肺活量增长幅度最大的年龄，4 年分别增加 250.2ml，249.0ml，273.8ml，193.4ml。

2. 学生常见病

（1）沙眼：2010~2011 学年度，北京市中小学生沙眼检出率 0.32%，较 2009~2010 学年下降 0.14 个百分点。男生沙眼检出率 0.30%、女生 0.34%。

（2）缺铁性贫血：2010~2011 学年度，北京市中小学生缺铁性贫血检出率 2.0%，较 2009~2010 学年度下降 0.3 个百分点。

1）性别差异：中小学男生缺铁性贫血检出率 1.4%，女生缺铁性贫血检出率 2.6%。

2）年级差异：缺铁性贫血检出率在小学一至四年级呈下降趋势；男生小学五年级至高中三年级检出率基本持平；女生小学五年级开始随年级的增长而上升，高三女生检出率最高，为 5.0%。

3）地区差异：北京市城区学生缺铁性贫血检出率 1.2%、郊区学生检出率 2.8%。

（3）视力不良：2010~2011 学年度北京市中小学生视力不良检出率 62.99%，比 2009~2010 学年度上升 3.0 个百分点。

1）性别差异：男生视力不良检出率 59.0%、女生检出率 67.3%。

2）年级差异：小学生视力不良检出率 50.4%，初中生 74.3%，高中生 86.5%，职高学生 65.3%。

小学阶段：2010 年 9 月入学的小学一年级新生视力不良检出率 39.1%，视力不良检出率随着年级的升高迅速增长，小学六年级达到 67.6%。

初中阶段：视力不良检出率继续随年级的升高而上升。初中一年级 69.6%，初中三年级达到 75.6%。

高中阶段：普通高中学生视力不良检出率增长趋于平缓，高中一年级 85.3%，高中三年级 87.7%。职业高中学生视力不良检出率明显低于普通高中，职高一年级 65.1%，职高三年级 69.1%。

3）地区差异：城区学生视力不良检出率 67.8%、郊区学生 56.0%，城区高于郊区。与 2009~2010 年度相比城区检出率增长 4.5%、郊区增长 6.1%，郊区增长幅度高于城区。

（4）肥胖：2010~2011 学年度北京市中小学生肥胖检出率 20.7%，与上学年度相比上升 0.37 个百分点。

1）性别差异：男生肥胖检出率 25.9%、女生肥胖检出率 15.4%。

2）年级差异：小学生肥胖检出率 20.2%、中学生肥胖检出率 21.3%。中小学生肥胖检出率随着年龄的增加呈波浪式变化。

小学阶段：肥胖检出率随年龄增高而增高，六年级学生达到 25.5%。

初中阶段：肥胖检出率高峰出现在初中一年级，为 26.0%。随后，男女生肥胖检出率整体呈现下降趋势。

高中阶段：女生肥胖检出率进一步下降，在高中三年级时出现小幅回升；男生的肥胖检出率在高中阶段呈现上升趋势。

男生在小学六年级肥胖检出率最高，为 31.1%；女生在初中一年级肥胖检出率最高，为 20.9%。

3）地区差异：城区学生肥胖率 20.0%、郊区学生肥胖率 21.6%。

（5）恒牙龋齿

1）患龋率：2010~2011 学年度，北京市中小学生恒牙患龋率 18.6%，与 2009~2010 学年度（18.4%）持平。男生恒牙患龋率 15.2%、女生 22.3%。城区学生恒牙患龋率 21.5%、郊区学生 14.3%。恒牙患龋率随着年龄的增高而增高，小学生恒牙患龋率 11.7%、初中生 22.4%、高中生 30.8%。

2）龋均：2010~2011 学年度，北京市中小学生恒牙龋均为 0.40 颗，与 2009~2010 学年度（0.37 颗）基本持平。男生恒牙龋均为 0.30 颗、女生恒牙龋均为 0.50 颗。城区学生恒牙龋均为 0.49 颗、郊区学生为 0.26 颗。恒牙龋均随着年龄的增高而增高，小学生恒牙龋均为 0.20 颗、初中生为 0.52 颗、高中生为 0.80 颗。

3）龋齿充填率：2010~2011 学年度，北京市中小学生恒牙龋齿充填率 39.3%，其中男生恒牙龋齿充填率 37.2%、女生 40.7%；城区学生恒牙龋齿充填率43.5%、郊区学生27.7%；小学生37.0%、初中生35.6%、高中生46.3%。

（6）牙周健康：2010～2011学年度，北京市15岁组学生六区段牙周健康率92.4%。15岁组男生牙周健康率91.9%、女生92.9%。城区学生牙周健康率93.7%、郊区学生90.4%。

3. 青少年烟草使用情况

（1）尝试吸烟率：2010～2011学年度北京市中学生尝试吸烟报告率25.7%。

1）性别差异：中学男、女生尝试吸烟率分别为36.2%和16.2%。

2）年级差异：初中、高中和职高男生的尝试吸烟率分别为20.6%、40.6%和65.3%。初中、高中和职高女生的尝试吸烟率分别为8.2%、15.3%、32.4%。

3）学校类型差异：职业高中学生尝试吸烟率高于普通中学。

（2）吸烟率：2010～2011学年度北京市中学生报告吸烟率9.1%。

1）性别差异：中学男、女生吸烟率分别为15.2%和3.6%。

2）年级差异：初中、高中、职高男生吸烟率分别为5.2%、14.7%、39.8%。初中、高中、职高女生吸烟率分别为1.3%、2.1%、10.5%。

3）学校类型差异：职业高中学生吸烟率高于普通中学。

4. 体育锻炼情况

（1）总体状况：2010年北京市学生每天锻炼时间超过1小时的占31.3%的，每天上1次及1次以上课间操的学生占77.5%，喜欢上体育课的学生占65.4%。

（2）年级差异：学生体育锻炼时间超过1小时的比例随学习阶段的增加逐渐降低，且女生低于男生。小学阶段有26.4%的男生体育锻炼时间超过1小时，女生为24.4%；初中阶段有20.1%的男生体育锻炼时间超过1小时，女生为17.3%；到高中阶段仅有10.7%的男生体育锻炼时间超过1小时，女生为7.1%；至大学阶段，仅有6.5%的男生体育锻炼时间超过1小时，女生为4.1%。小学生每天上课间操的比例95.9%、初中生96.5%、高中生90.4%，大学阶段最低，仅14.4%。

5. 健康相关环境因素

（1）教室噪声：2011年北京市中小学校教室噪声合格率87.3%。

（2）教室二氧化碳浓度：2011年北京市中小学校教室二氧化碳浓度合格率87.6%。

（3）教室温度：2011年北京市中小学校冬季教室温度合格率93.2%。

（4）教室人均面积：2011年北京市中小学校教室人均面积合格率95.3%。

（5）消毒合格率：2011年学校医务室消毒合格率95.8%，其中压力蒸汽灭菌器、消毒剂、紫外线灯、一次性医疗用品合格率达100%，污水污物消毒合格率72.7%。2011年托幼机构消毒合格率93.4%，其中空气消毒合格率95.6%、餐饮具消毒合格率96.5%、手消毒合格率85.3%、物体表面消毒合格率95.4%。

七、医疗卫生服务

（一）经费投入

2011年北京市财政为公立医院拨款655734.79万元，比2010年增长45.6%。基层医疗卫生机构财政拨款249616.6万元，比2010年增长44.4%。公共卫生拨款222680.26万元，比2010年增长31.4%。

（二）机构及人员数量

1. 机构数量　2011年北京市有医疗卫生机构9699家，其中医疗机构9537家、疾病预防控制机构32家、卫生监督所（中心）20家、医学科研机构28家、采供血机构7家、其他卫生机构70家。

2. 人员数量　2011年北京市卫生人员总数235708人，卫生技术人员181938人，其中执业（助理）医师6.97万人，每千常住人口拥有执业（助理）医师3.46人；注册护士7.28万人，每千常住人口拥有注册护士3.61人；药师等其他卫生技术人员3.94万人。医院人员总数163503人，其中卫生技术人员128644人，占78.7%。与2010年（155172人）相比，增长5.4%。北京市社区卫生服务机构人员总数27507人，其中卫生技术人员22601人，占82.2%。与2010年（24912人）相比，增长10.4%。疾病预防控制机构现有人员3869人，其中卫生技术人员2994人。与2010年（3755人）相比，增长3.7%。

（三）诊疗服务

1. 床位数　2011年北京市医疗机构编制床位99246张，比2010年（94581张）增长4.9%；实有床位94735张，比2010年（92871张）增长2.0%，其中医院编制床位89420张，比2010年（85396张）增长4.7%；实有床位87596张，比2010年（85935张）增长1.9%。社区卫生服务中心编制床位6302张，比2010年（5831张）增长8.1%；实有床位4423张，比2010年（4238张）增长4.4%。2011年医疗机构每千常住人口编制床位4.92张，比2010年

（4.82 张）增长 2.1%；每千常住人口实有床位 4.69 张，比 2010 年（4.74 张）降低 1.1%。

2. 床位使用率　2011 年北京市医疗机构编制床位使用率 76.02%，实有床位使用率 82.02%。医院编制床位使用率 80.33%，实有床位使用率 84.39%；社区卫生服务中心编制床位使用率 22.74%，实有床位使用率 34.22%。与 2010 年相比，北京市医疗机构编制床位使用率降低 1.51 个百分点，实有床位使用率基本持平；医院编制床位使用率降低 1.59 个百分点，实有床位使用率基本持平。

3. 诊疗人数　2011 年北京市医疗机构（含诊所、医务室和村卫生室）诊疗 16159.3 万人次，出院 201.2 万人次。与 2010 年比较，诊疗增加 1553.4 万人次，增长 10.6%；出院增加 18.4 万人次，增长 10.1%。

4. 平均住院日　2011 年北京市医疗机构平均住院日 12.9 天，与 2010 年相比基本持平。医院平均住院日 13.2 天，与 2010 年相比基本持平；社区卫生服务中心平均住院日 12.3 天，比 2010 年的 11.2 天延长 1.1 天。

5. 人均医疗花费　2011 年政府办综合医院门诊病人人均医疗费用 365.7 元，住院病人人均医疗费用 16550.6 元。

6. 急救　2011 年北京市 120 网络和北京市红十字会急诊抢救中心出车 533243 次，其中急救危重病人 85448 人次、普通病人 447795 人次。

（四）公共卫生服务

1. 疫苗接种　2011 年北京市免疫规划疫苗 17 种，其中 12 种用于常规接种（卡介苗、乙肝疫苗、甲肝疫苗、脊髓灰质炎疫苗、无细胞百白破疫苗、白破疫苗、麻风疫苗、麻风腮疫苗、麻疹疫苗、乙脑减毒活疫苗、A 群流脑疫苗和 A + C 群流脑疫苗），4 种疫苗用于应急接种（水痘疫苗、流行性出血热疫苗、炭疽疫苗和钩端螺旋体疫苗），1 种疫苗用于特定人群接种（流感疫苗），可以预防 17 种疾病。2011 年北京市常规免疫共接种 5383637 人次，与 2010 年相比，接种数量和接种率均略有增加。2011 年北京市接种季节性流感疫苗 1604869 人。

2. 北京市社区卫生服务机构慢病管理　北京市社区卫生服务机构管理慢性病人 1718819 人，其中管理高血压患者 803185 人、糖尿病患者 302136 人、冠心病患者 283618 人、卒中患者 146888 人、其他慢性病患者 182992 人。

3. 计划生育　2011 年北京市已婚育龄夫妇各种避孕方法使用比例依次为：使用安全套占 59.6%，放置宫内节育器占 32.9%，女性绝育占 3.2%，口服避孕药占 2.9%，其他占 1.4%。在采取的避孕措施中，避孕套成为北京市常住育龄人群避孕节育的主要措施。

4. 癌症筛查

（1）宫颈癌筛查：2011 年北京市有 12 个区县的 203007 人参加宫颈癌筛查，宫颈癌前病变检出率 123.64/10 万，宫颈癌检出率 10.34/10 万。

（2）乳腺癌筛查：2011 年北京市有 12 个区县的 213030 人参加乳腺癌筛查，乳腺癌前病变及乳腺癌检出率 44.59/10 万。

5. 口腔卫生服务

（1）幼儿预防乳牙龋齿：2011 年北京市 53 家指定医疗机构为 1043 所幼儿园的 128601 名 3～4 岁儿童进行免费氟化泡沫预防龋齿服务。

（2）学龄儿童预防恒牙龋齿：2011 年北京市为 189428 名 6～8 岁适龄儿童进行免费窝沟封闭防龋工作，封闭牙数 258929 颗，完好率 97.3%。

（3）低保老人免费镶牙：2011 年北京市为 1036 名符合免费镶牙政策的低保老人和贫困老人免费戴上全口义齿。

6. 健康体检　2011 年北京市卫生局准予开展健康体检服务的医疗机构 177 家，比 2010 年增加 10 家。2011 年北京市专项体检中，机动车驾驶员体检 727352 人，体检合格率 98.6%；残疾人机动轮椅车驾驶员体检 983 人，体检合格率 80.6%；药品从业人员体检 14524 人，体检合格率 96.6%；教师资格认定体检 10607 人，体检合格率 96.8%。

7. 居民健康档案　2011 年北京市社区卫生服务机构共建立居民健康档案 15798276 份，其中电子健康档案 12637690 份，健康档案电子化率 64.4%；使用过的健康档案 2960945 份。

8. 居民健康知识知晓率　2011 年北京市 18～79 岁常住人口健康知识知晓率 73.7%，安全与急救、健康生活方式、传染病预防、基本医疗与保健和慢性病预防知识知晓率分别为 79.2%、74.8%、74.1%、73.0% 和 67.6%。

9. 12320 公共卫生热线　2011 年北京市 12320 服务中心共接到各类服务请求 266221 件次，其中人工受理咨询与投诉 247430 件次、自动语音咨询 15359 件次、自动索取传真资料 372 件次、语音留言 665 件次、邮件咨询 269 件次、短信咨询 1866 件次、网站留言咨询 260 件次。2011 年 12320 网站总点击量 3079136 次，其中点击量排前三位的栏目是就医查询、医院动态、咨询热点。

10. 居民医疗保险　2011 年北京市城镇职工参保 1188.01 万人，参保率 96.6%；城镇居民参保 144.87

万人，参保率93.0%，其中老年居民18.43万人、无业居民5万人、学生儿童121.44万人。城镇居民基本医疗保险制度整合后，政府资金投入由2010年的每人每年280元提高到2011年的460元。城镇老年人和无业居民的住院医疗费用年度最高支付限额由7万元提高到15万元，18.43万老年人和5万无业居民从中受益；门诊医疗最高支付额从学生儿童、城镇无业居民0元和城镇老年人500元，统一调整为年最高支付额2000元，144.87万参保人员从中受益。

11. 地方病控制　2011年北京市房山区与门头沟区燃煤污染型地方性氟中毒病区和怀柔区大骨节病病区达到卫生部病区消除标准。

12. 鼠疫传播因素调查　2009～2011年连续3年对北京市自然地理景观、鼠疫主要宿主和媒介进行调查，结果显示北京市内自然地理景观分布并不适合于鼠疫主要宿主（达乌尔黄鼠）和传播媒介（方形黄鼠蚤）的生存，其他小型兽类中虽存在可染疫动物但不能作为主要储存宿主；蚤类中缺少鼠疫重要传播媒介（方形黄鼠蚤），不适于鼠疫在北京市自然环境中传播。

八、健康环境状况

（一）空气质量

1. 空气污染指数　2011年北京市空气质量二级和好于二级天数累计286天，占全年总天数的78.4%，其中空气质量一级天数74天，比2010年增加21天。四级、五级天数5天，比2010年减少1天。

2. 大气污染物浓度　2011年北京市空气中二氧化硫年均浓度值为0.028mg/m^3，二氧化氮年均浓度值为0.055mg/m^3，均达到国家二级标准；可吸入颗粒物年均浓度值为0.114mg/m^3，超过国家二级标准14.0%。

（二）饮用水

1. 水源地水质　2011年北京市集中式饮用水水源地水质达标率在99%以上。

2. 饮用水卫生　2011年北京市市政自来水厂出厂水抽检合格率100%；末梢水水样抽检合格率95.2%，与2010年基本持平。不合格指标主要为总硬度和浑浊度。北京市二次供水水质抽检合格率94.8%，与2010年基本持平，不合格指标主要为总硬度。

（三）营养与食品卫生

1. 餐饮食品卫生安全　2011年北京市共抽检食品20大类2205件，总体合格率97.0%，比2010年略有提升。

2. 餐饮服务环节食品安全事故　2011年北京市确定发生在餐饮服务环节和家庭的食品安全事故32起，发病人数440人。第三季度食物中毒发生起数占全年总起数的53.1%，发病人数占全年总发病人数的60.7%。植物性食物中毒发生起数占全年总起数的50%，发病人数占全年总发病人数的54.6%。

3. 膳食模式　北京市城区18～79岁常住居民平均每标准人日摄入谷薯杂豆类355.3g、蔬菜类290.0g、水果类157.5g、畜禽肉类77.1g、鱼虾类22.3g、蛋类47.0g、大豆类及坚果16.4g、奶类及其制品93.2g。

4. 主要营养素摄入情况　北京市城区18～79岁常住居民每标准人日平均摄入能量1950.4kcal、蛋白质63.5g、脂肪76.2g、碳水化合物260.3g，蛋白质、脂肪、碳水化合物提供的能量分别占总摄入能量的13.1%、34.9%、52.0%。

5. 保健食品　2011年北京市保健食品生产企业345家，其中持有《保健食品批准证书》的281家，具备生产能力的64家，不具备生产能力以委托生产形式生产的219家。北京市保健食品生产企业持有《保健食品批准证书》品种611种，委托外省市生产企业生产的53种。2011年共抽检保健食品433批次，合格率96.3%。

（四）烟草控制情况

2011年北京市对130797个社会单位的公共场所进行控烟督导检查，其中1702个单位的公共场所发现违规现象，对674个单位进行警告、限期改正处罚；在禁止吸烟场所劝阻吸烟者6608人次。

（五）病媒生物密度

1. 蚊密度　2011年北京市平均蚊密度值为1.07，比2010年（1.18）下降9.3%，其中7月中旬蚊密度值达到最高峰（2.68）。在不同环境中，公园绿地蚊密度值为1.28、居民区为1.09、医院为0.83。北京市主要蚊种为淡色库蚊，占蚊总数的97.2%，白纹伊蚊居第2位，占蚊总数的2.7%，中华按蚊居第3位，占蚊总数的0.1%。

2. 蝇密度　2011年北京市平均蝇密度值为7.85，比2010年（6.75）升高16.3%，其中7月下旬蝇密度最高（14.99）。在不同环境中，公园绿地密度值为11.35、农贸市场为7.96、居民区为7.63。北京市主要蝇种为麻蝇，占蝇总数的51.3%；丝光绿蝇居第2位，占蝇总数的16.1%；厩腐蝇居第3位，占蝇总数的9.1%。

3. 蟑螂密度　2011年北京市平均蟑螂密度值为0.13，比2010年（0.12）升高8.3%，其中9月蟑螂密度最高（0.27）。在不同环境中，居民区家庭蟑螂密度值为0.42、农贸市场为0.42、中小餐饮为0.31。北京市主要蟑螂种类为德国小蠊。2011年北京市居民家庭蟑螂侵害率17.6%，较2010年（16.8%）上升4.5%；居民家庭蟑螂密度值较2010年（0.32）上升23.8%。

4. 鼠密度　2011年北京市鼠密度值为0.57，比2010年（0.70）下降18.6%，其中9月份鼠密度最高（1.09）。在不同环境与行业中，畜牧场密度值为1.08、中小餐饮为0.75、居民区为0.56。北京市主要鼠种为褐家鼠（69.79%）和小家鼠（30.21%）。

（六）职业危害

2011年北京市报告新发职业病2321人，死亡98人。发病前三位为尘肺2287例、职业性耳鼻喉口腔疾病20例和职业中毒8例。主要的职业危害因素为粉尘、物理因素和化学因素。

2011年北京市产生职业危害的生产经营单位有12118家，其中产生粉尘危害因素的生产经营单位6752家次、产生化学危害因素的生产经营单位6343家次、产生物理危害因素的生产经营单位7639家次、产生生物危害因素的生产经营单位2家次。共有职业危害作业场所51441个，实际作业人员842726人，接触职业危害的作业人员314974人。

2011年职业健康体检163611人，建立健康监护档案163679人。

（七）体育场馆与设施

2011年北京市更新2006年配建的200套全民健身工程，建设72处全民健身专项球类活动场地，其中篮球场、网球场45处，乒乓球长廊10处，笼式多功能球场7处，门球场10处；命名创建15个北京市社区体育健身俱乐部，创建首个北京健身气功俱乐部。

（八）职工开展工间（工前）操活动

2011年北京市机关企事业单位职工开展工间（工前）操活动的覆盖率52.0%，其中机关事业单位70.7%、国有企业55.4%、非公有制企业43.2%。

（九）园林绿化情况

2011年北京市林木绿化率达到54.0%，森林覆盖率达到37.6%，城市绿化覆盖率45.1%，人均公共绿地面积15.3m^2。

（十）城市环境噪声

2011年北京市市区建成区区域环境噪声平均值53.7dB（A），市区建成区道路交通噪声平均值69.6dB（A），与2010年基本持平。

（十一）农村改水改厕

2011年北京市13个涉农区县农村总户数1188431户，累计卫生厕所户数1152207户，卫生厕所普及率97.0%，无害化厕所普及率96.6%。

（十二）垃圾无害化处理

2011年北京市生活垃圾产生量634万吨，处理量623万吨，无害化处理率98.3%，其中城区100%、郊区94.6%。

2011年北京市共拥有垃圾处理设施29座，总设计处理能力16930吨/日，其中垃圾转动站9座、焚烧厂2座、综合处理厂5座、填埋场17座。垃圾处理结构进一步优化，焚烧、生化和卫生填埋比例由2010年的10:10:80调整为15:15:70。

2011年北京市新增1200个居民小区开展垃圾分类达标试点工作，累计有1800个试点小区达到分类收集、分类运输、分类处理的工作标准和要求。

2011年北京市新增再生资源回收站点300个，其中远郊区县115个。再生资源回收量持续上升，生活垃圾产生量连续3年保持下降。

（摘自人民卫生出版社《北京市2011年度卫生与人群健康状况报告》）

健康北京“十二五”发展建设规划

第一章　规划基础

过去五年，在以人为本的科学发展观指导下，首都经济社会发展跨上新台阶，步入科学发展的新阶段。未来五年是北京市建设中国特色世界城市的重要阶段，医药卫生事业和城市健康发展既面临着新的挑战，也面临着新的战略发展机遇。

（一）主要成就

大卫生理念得到确立。统筹经济社会协调发展，调动社会各方面积极因素，促进医药卫生事业又好又快发展。转变卫生工作观念，前移卫生工作重心，更加注重预防，更加注重健康促进，更加注重基层卫生发展。

居民健康水平明显提高。经过5年努力，全市人均期望寿命达到80.8岁，比2005年增加0.7岁。孕产妇死亡率降至12.14/10万，婴儿死亡率降至3.3‰。上述主要健康指标已达到或者接近发达国家水平。

公共卫生服务显著提升。传染病防控扎实有效，2010年，甲、乙类传染病发病率269/10万，较2005年下降40%。全面实施国家公共卫生项目，北京市新增免费为适龄妇女进行乳腺癌、宫颈癌筛查、为北京市60岁以上老年人和在校中小学生免费接种流感疫苗等11项重大公共卫生服务项目。公共卫生应急处置能力显著提高，有效应对甲型H1N1流感等多起突发公共卫生事件。

看病难看病贵问题有所缓解。为"一老一小"和无业居民建立医疗保险，在全国率先实现基本医疗保障制度全覆盖。新型农村合作医疗参合率超过96%，人均筹资水平达到520元。改革社区卫生体制机制，全面落实国家基本药物制度，服务能力显著提升，基层诊疗人次比重超过40%。改进医院管理，医院服务能力和效率进一步提高，出院人次和诊疗总量较2005年提升50%以上，平均住院日缩短2天。药品集中招标采购实现同城同价，药品价格明显下降。城镇医疗保险个人报付水平平均达到70%以上，新型农村合作医疗达到60%以上，个人支出占全市卫生总费用的比重降至27%以下。群众看病难看病贵问题有所缓解。

健康北京人行动初见成效。以筹办北京奥运会为契机，启动"健康奥运、健康北京"全民健康促进行动，制订发布《健康北京人——全民健康促进十年行动规划（2009－2018）》，确定11项具体健康指标，实施九大健康行动。向市民免费发放《首都市民预防传染病手册》和《首都市民健康膳食指导》各500万册、定量盐勺650万只、限量油杯510万个，创建无烟学校、餐馆和医院等7000多个。全社会健康发展意识全面提升。

城市健康状况不断改善。转变经济发展方式，调整产业结构，实施大气综合治理措施，加大生态涵养区建设保护力度，城市健康发展水平显著提升，万元GDP能耗、水耗分别降低到0.54吨和29.9立方米，全年二级及好于二级天数的比例提高到78%，污水处理率达到81%，垃圾处理率达到97%，林木绿化率达到53%，城乡环境更加健康整洁。与健康相关的体育、教育等各项社会事业取得全面进步。

（二）面临挑战

人口发展的压力进一步增加。"十一五"末，北京市常住人口达到1961.2万人，与2000年相比10年增加604.3万人，平均每年增加60.4万人。常住人口中，65岁及以上人口达到170.9万人。人口结构的持续变化对环境、交通、资源等城市服务与管理提出了挑战，也对满足广大居民不断递增的健康与医疗卫生需求提出了更高的要求。

生活方式调整是长期过程。在导致死亡的各种因素中，生活方式占60%。本市居民中29%的成人吸烟、32%的人缺乏体力活动，特别是儿童肥胖率达到20%，加上食用盐、食用油过量，这些都是引发高血压、糖尿病等慢性病的主要因素。但调整生活方式又是一个长期渐进的过程，需要一两代人坚持不懈的努力。

生态环境改善难度增加。大气污染呈现复合型特征，水资源不足与水资源浪费并存，周边地区的生态脆弱，加上食品药品安全事件与传染病发生的不确定性，促进城市健康发展、提高居民健康水平需花费更大的气力。

（三）发展机遇

健康北京是市民的新期待。健康是人全面发展的基础，未来北京将更加注重人的全面发展，更加注重经济社会协调发展，建设健康北京的思想基础进一步巩固，市民更加期待生活在和谐、宜居、健康的城市中。

北京市经济仍将保持较快发展。"十二五"期间，全市地区生产总值年均增速将保持在8%左右，地方财政一般预算收入也将保持较快增长，建设健康北京的经济基础进一步增强。

公众健康需求增加。随着经济的发展，人民生活水平的提高，市民对健康的需求越来越高，也越来越多样化。动员全社会力量，关注自身健康，关注城市健康，建设健康北京的群众基础更加强大。

第二章　发展思路和目标

（一）指导思想

以邓小平理论和"三个代表"重要思想为指导，认真贯彻落实科学发展观和中央对北京市工作的一系列重要指示精神，把建设健康北京作为转变发展方式、实现科学发展的新战略，作为落实"人文北京、科技北京、绿色北京"战略的新要求，坚持以城市健康发展为主线、以促进全民健康为落脚点，强化公共卫生，提升医疗服务，优化生活环境，促进经济社会全面协调可持续发展。

（二）基本原则

1. 以人为本，健康发展　把人民群众的健康放在第一位。从不断满足人民群众健康需要出发，解决城市发展中影响居民健康的经济、社会、环境等因素，实现好、维护好、发展好广大居民的健康权益，让人民群众真正享受到改革发展的伟大成果。

2. 政府主导，全民参与　将健康北京建设贯穿于政府各领域工作。充分发挥各级政府的主导作用，加强部门合作，加大人力、物力、资金投入和政策保障，调动社会各界积极性和主动性，共同建设健康北京。

3. 立足首都，创新机制　积极借鉴国际先进经验，结合首都实际，开拓创新，锐意进取，提高城市服务与管理的科学化水平。建立和完善健康北京工作机制，开创城市发展新局面，探索中国特色健康城市建设发展道路。

（三）发展目标

“十二五”时期健康北京发展总目标是：居民健康水平进入世界先进前列。人均期望寿命增长 1 岁，婴儿死亡率控制在 4‰以下，孕产妇死亡率控制在 12/10 万以下。

具体目标是：

1. 公共卫生服务实现全覆盖　显著提高慢性疾病防控能力，提供健康教育服务，促进居民生活方式转变，力争使心脏病、脑血管疾病、恶性肿瘤、损伤和中毒的年龄别死亡率分别降低 10%。提升精神卫生、妇幼卫生、老年保健等服务水平和能力。落实免疫预防各项措施，做好防控传染病的工作。

2. 医疗服务和保障水平提升　增加投入，健全医疗保障制度。提高郊区县诊疗能力和水平，优质医疗资源向郊区县转移。控制医药费用，提高服务效率。发展社区卫生服务，形成“社区首诊、分级就诊、双向转诊、社区康复”的就医新格局。个人卫生支出占全市卫生总费用的比例降低至 25% 以下，进一步缓解看病难压力。

3. 城乡环境更加宜居　林木绿化率提高到 57%，交通拥堵现象得到有效治理，中心城公共交通出行比例达到 50%。万元 GDP 能耗、水耗、二氧化碳和主要污染物排放持续下降，空气质量二级和好于二级天数的比例达到 80%。基本实现城市生活垃圾零增长、污水全处理。

4. 居民生命更加安全　重点食品安全监测抽查合格率达到 98%，药品抽验合格率达到 98%，农村居民饮用水水质合格率达到 90%。加强应急管理，健全自然灾害、事故灾难、社会安全事件预防预警和应急处置体系，减少居民意外伤害和死亡事件。

5. 经济社会支撑条件更加稳固　经济社会协调发展，城乡居民收入均衡增加，扩大就业，控制失业，进一步健全社会保障制度。实施教育优先发展战略，提高全民受教育水平。推进全民健身行动，增强市民体质。

“十二五”时期健康北京建设主要指标

类别	序号	指标	目标	属性
健康水平	1	出生期望寿命（岁）	增加 1 岁	指导性
	2	城乡期望寿命差距	缩小 1 岁	指导性
	3	婴儿死亡率（‰）	<4	约束性
	4	孕产妇死亡率（1/10 万）	<12	约束性
	5	损伤和中毒年龄别死亡率（1/10 万）	下降 10%	指导性
	6	恶性肿瘤年龄别死亡率（1/10 万）	下降 10%	指导性
	7	心脏病年龄别死亡率（1/10 万）	下降 10%	指导性
	8	脑血管病年龄别死亡率（1/10 万）	下降 10%	指导性
	9	成人吸烟率下降至（%）	≤25	指导性
	10	中小学生肥胖率控制比例（%）	≤18	指导性
健康服务	11	每千常住人口实有床位数（张）	5	指导性
	12	每千常住人口执业（助理）医师数（人）	4	指导性
	13	平均急救反应时间（分钟）	城市≤15 远郊区县≤20	约束性
	14	城镇职工、居民医疗保险参保率（%）	职工≥98 居民≥95	约束性

续表

类别	序号	指标	目标	属性
健康服务	15	新型农村合作医疗参合率（%）	98	约束性
	16	城乡居民健康档案建档率（%）	≥85	指导性
	17	重性精神疾病病人有效管理治疗率（%）	≥95	约束性
	18	儿童体检率（%）	100	约束性
	19	居民基本健康知识知晓率（%）	>80	指导性
	20	药品抽验合格率（%）	≥98	约束性
健康环境	21	城镇居民人均可支配收入和农村居民人均纯收入年均增速（%）	8	指导性
	22	城镇登记失业率（%）	≤3.5	约束性
	23	全市从业人员平均受教育年限（年）	12	指导性
	24	经常参加体育锻炼的人数保持比例（%）	≥49	指导性
	25	人均体育用地（平方米）	≥2.1	约束性
	26	重点食品安全监测抽查合格率（%）	>98	约束性
	27	城市市政供水合格率（%）	100	约束性
	28	农村居民饮用水水质合格率（%）	≥90	约束性
	29	生活垃圾无害化处理率（%）	城区≥99 郊区≥95	约束性
	30	全市林木绿化率（%）	57	约束性
	31	人均公共绿地面积（平方米）	≥16	约束性
	32	二级和好于二级天数的比例（%）	80	约束性
	33	中心城公共交通出行比例（%）	50	指导性
	34	年万车交通事故死亡率（1/万）	≤1.7	约束性
	35	亿元 GDP 生产安全事故死亡率累计降低（%）	>38	约束性

注：指导性指标是指努力争取实现的指标，约束性指标是指要确保实现的指标。

第三章　促进居民健康

（一）普及健康知识

通过政府搭台、媒体响应、社会参与、专业支撑的方式，面向广大城乡居民和重点人群，针对各种常见传染病、慢性病，广泛普及健康知识，积极倡导健康生活方式。实施健康知识传播“五个一”工程，即：设立一个市级电视健康频道、建立一个市级健康教育馆、办好一个健康教育网站、举办一个健康教育论坛、每个区县开辟一个健康教育基地。到 2015 年，居民基本健康知识知晓率达到 80% 以上。

（二）调整生活方式

引导居民平衡膳食。到 2015 年，居民人均日食用盐摄入量下降到 11g 以下、油脂摄入量下降到 40g 以下。鼓励厂家开发低糖、低脂和低盐食品，开设“低盐、低脂”食品专柜，建立健康食堂和示范餐馆。

强化控烟行动。党政机关、教育和医疗卫生系统等率先实现室内无烟目标，在全市公共场所禁止吸烟。降低人群吸烟率，成人吸烟率控制在 25% 以下。

提倡规律生活。保持规律的进食习惯，定时用餐。成人每天睡眠时间一般保证在 7 ~ 8 小时。每天早晚刷牙，餐后漱口，保持个人清洁卫生。

（三）开展健身行动

实施全民健身工程。全市各街乡和社区（行政村）均建有公共健身设施，具备开放条件的学校体育场地设施向社会开放率达到 70%。发展全民健身指导和志愿服务队伍，在公园、健身广场等增设健身辅导站，为居民提供健身指导。通过北京市全民健身科学指导大讲堂等形式，大力宣传推广科学健身方法。

完善全民健身体育组织网络，广泛开展全民健身活动，全市各区县创建“一区一品牌”的群众体育品牌活动，举办各种健身展示和竞赛活动。党政机关、企事业单位和社会组织大力开展工间操等健身活动，每天不少于20分钟。学生在校期间每天参加体育锻炼时间不少于1小时。到2015年，经常参加体育锻炼的人口比例达到49%以上。

（四）防控慢性疾病

针对高血压、心脑血管、恶性肿瘤、糖尿病等重点慢性非传染性疾病及其高危人群，采取综合防治措施，进行有效干预和服务，遏制发病率快速上升趋势，降低死亡率。

服务高危人群。落实35岁以上人群首诊测血压制度，提供测量身高、体重、腰围、血脂、血糖等服务。在社区启动居民健康管理工程，对超重肥胖、血压偏高、糖调节受损、血脂异常和吸烟者等慢性病高危人群实施健康指导。

启动慢性病社区管理。全市培养百名社区慢性病管理专家，每年举办千场社区健康知识讲座，配备1万台自助健康监测设备。在社区开展“卫生保健进万家”活动，免费培养10万名家庭保健员，建立群专结合的慢性病综合管理模式。35岁以上人群血压和血糖知晓率均达到80%。

开展慢性病监测。建设和完善全市主要慢性病及其危险因素监测体系，开展慢性病及行为危险因素监测工作，建立慢性病防治基础信息数据库，为科学决策提供支持依据。

（五）维护心理健康

针对不同人群开展心理卫生健康教育、心理咨询和辅导，建立心理咨询专兼职队伍，完善公益心理援助热线功能，开展心理应激救援服务。成立心理危机干预专家组，对重大灾害及突发公共事件进行人群心理危机干预。在有条件的学校、社区和单位建立心理咨询室，及时疏导和解决不同人群的心理问题。

（六）呵护老年健康

落实“九养政策”，完善“9064”社会养老服务体系，提高老年人生活质量。到2015年，每百名老人拥有养老床位数达到4张。每年免费为老年人群接种流感疫苗，为无保障的老年人免费体检，为60岁以上贫困老年人免费镶牙，65～74岁老年人有功能的牙齿数保持在20颗以上。

第四章　强化公共卫生

（一）防控传染疾病

加强能力建设。完善传染病监测、预警体系，维持北京市传染病低发病状态；密切关注周边地区和国家的传染病流行状况，对于可能的输入性疫情及时采取应对防范措施；加强人员培训，提高卫生防病人员对新发、突发以及不明原因传染病的应对能力。

做好重大传染病防控。重点做好艾滋病、结核病、鼠疫、肝炎等重大传染性疾病的防控。做好16种疾病的免疫接种，儿童免疫接种率保持在98%以上，构造良好的人群免疫屏障，做到积极防控传染病。逐步推广电子接种卡，“十二五”末，全市免疫规划接种门诊全部达到A级以上标准。深入开展爱国卫生运动工作，加强鼠、蟑、蚊、蝇等病媒生物控制，密度控制在国家标准以内。

（二）确保卫生安全

加强公共场所、职业环境危险因素监测和监督管理。提升对爆炸、生物、化学、核与辐射等突发公共事件应急处置和救治能力。做好大型集会活动和人群密集场所的公共卫生安全保障工作。最大限度减少突发公共卫生事件的发生，有效控制和处置事件的发展，增强市民公共卫生安全感。

（三）做好妇女保健

推进母婴安全行动计划。完善财政补偿和救助机制，减少因经济原因放弃抢救导致的孕产妇死亡。提高郊区县产科服务能力，畅通危重孕产妇抢救绿色通道，降低孕产妇死亡率。转变孕产期保健模式，开展孕情监测，提供孕产妇系统保健服务包，促进自然分娩，降低剖宫产率。

提供干预措施。加强妇女宫颈癌和乳腺癌筛查服务，使适龄妇女定期获得筛查服务。普及避孕节育、优生优育和生殖保健服务，提高出生人口素质。完善出生缺陷防治网络，有效落实出生缺陷三级预防措施。提高艾滋病母婴阻断水平，有效控制母婴传播。

（四）促进儿童健康

提供儿童保健服务。为0～6岁儿童提供包括生长发育监测、喂养与营养指导、早期综合发展、心理行为发育评估与指导、免疫规划、常见病防治、健康安全保护、健康教育等基本保健服务，促进儿童健康成长。保护儿童牙齿健康，每年免费为3～4岁儿童提供氟化泡沫预防龋齿服务，为7～9岁儿童提供龋齿检查和防治服务。

提高中小学生健康素质。建立中小学生健康档案，每年免费为学生进行体检，每学期对学生进行视力检查，指导学生科学用眼，降低近视眼发生率。努力控制儿童和青少年超重和肥胖问题，2015 年中小学生肥胖率控制在 18% 以下。

（五）改善精神卫生

合理增加精神卫生服务床位和人力资源，适应精神心理问题的挑战。在三级综合医院设立精神心理科，改善区县精神病专科医院服务条件，强化社区卫生机构精神卫生服务功能。到 2015 年，重性精神病患者获得有效管理治疗的比例达到 95% 。

（六）推广健康体检

提供基本体检服务。各单位落实员工定期体检制度，保护劳动者合法权益。动员居民积极参加知己健康行动，了解自己的健康状况。各社区卫生服务中心（站）、药店和计划生育服务站为市民提供免费的血压、体重和腰围测量服务以及药学、计划生育等卫生保健知识咨询服务。

引导居民主动管理健康。加强对重点人群的个体化健康指导和服务，指导居民对自身的健康危险因素进行评估和管理，降低人群健康危险因素的流行率。

（七）做好急救服务

推进院前急救体系建设。实施急救服务“五个一”工程，即：制订一个全市急救站点布局规划、建立一个全市急救车辆统一指挥平台、在全市急救系统实施一个院前急救服务标准、建立一个城乡统筹一体的急救体系、对全市急救系统实施一个预算。

提高急救效率。逐步形成指挥统一、调度科学、布局合理、服务规范、运行高效、功能完备的院前急救服务网络。到 2015 年，实现五环路以内的城市中心区按平均急救服务半径每 2 公里设置 1 个急救站，五环路以外的郊区、农村按平均每 3 万 ~5 万人密度设置 1 个急救站。接到呼叫后 10 秒钟内应答受理，城市中心区平均急救反应时间在 15 分钟以内，郊区、农村平均急救反应时间在 20 分钟以内。急救呼叫满足率达到 95% 以上。

第五章　提升医疗服务

（一）深化医药卫生体制改革

完善首都医药卫生管理协调机制，优化区域医疗卫生资源配置，推进全行业和属地化管理。成立市级公立医院管理机构，推行精细化和专业化管理，推进管办分开。探索建立公立医院法人治理结构，实行政事分开。完善公立医院补偿机制和人事分配等运行机制。鼓励和引导社会力量举办医疗机构。推进社区首诊、医师多点执业、按病种付费、医疗救助基金、商业保险参与基本医疗保险服务等改革。

（二）缓解群众看病难的问题

扩大医疗资源规模。根据北京市常住人口和外地患者的医疗服务需求以及经济社会发展条件，扩大医生、护士和医疗床位的规模。大力发展医学教育，广泛培训现有卫生人员，到 2015 年底，每千人口实有床位数达到 5 张左右，每千人口执业（助理）医师数达到 4 人左右。

提高医疗服务效率。健全综合医院、专科医院、康复医院、护理院和基层医疗机构分工协作机制，分流大医院病人，显著降低平均住院日，从目前的 14 天缩短到 10 天以内。推行门诊预约挂号，减少排队等候时间，预约挂号率提升至 80% 以上。推进周末、节假日门诊和日间手术等惠民便民利民措施，方便居民就诊。推行社区转诊服务，到 2015 年底，社区转诊预约成功率达到 80% 以上。

利用信息化技术开展便民服务。加快以居民电子健康档案为核心的区域卫生信息平台和以电子病历为基础的医院信息平台建设，利用 5 年时间，建成全市统一的电子病历信息系统，实现医疗机构之间、医疗机构与政府部门之间的互联互通，让居民感受服务便捷，使政府监管得到加强。

（三）建设国际一流诊疗中心

建设一流的卫生人才队伍。实施“215”高层次卫生人才队伍建设工程，到 2020 年，选拔和引进 20 名领军人才、100 名学科带头人、500 名学科骨干，建立 20 个以重点学科为依托、以培养两院院士等拔尖创新人才为核心的创新平台。“十二五”期间，要完成一半左右的培养和引进目标，保持和增强北京市高层次医疗卫生人才队伍的实力以及可持续发展能力。

增加全国重点专科数量。5 年内，力争使北京市的全国重点专科数量达到 100 个左右，巩固和扩大重点专科在全国和国际上的影响力，使其在医疗救治、人才培养和科学研究方面发挥更大的作用。

提升远郊区县和薄弱地区医疗服务能力。在远郊区县和亦庄新城，建成 11 个区域医疗中心，达到三级医院功能要求。通过整体搬迁、国际合作、建设分院区、原址改扩建等方式推动远郊区县、南城、新建居住区和薄弱地区优质医疗资源建设，新建、扩建 10 家三级医院。使远郊区县和薄弱地区达到和接近三级医院水平的医疗机构数量达到 21 家以上。

提高医护服务质量。扩大临床诊疗路径的实施范围，争取达到 300 种疾病以上。二级以上公立医院实行优质护理服务，显著降低患者家属陪护负担。严格控制院内感染，促进医疗安全。

发展中医药特色服务。充分发挥北京市中医药人才和技术优势，把北京打造成国际中医药技术中心、诊疗服务中心、人才培训中心和学术交流中心。开展中医药防治首都十大危险疾病的“十病十方”科技攻关。“十二五”期间，研发出1个中药新药、10个院内制剂和30项能向基层卫生系统推广的适宜技术。建设首都中医药科技条件平台，建立5个中医药产学研联盟。在基层医疗卫生服务机构建立中医健康指导室，为城乡居民提供个性化的中医医疗、膳食、起居、运动、心理等养生保健处方等服务。

鼓励社会力量办医。完善市场准入及配套经济支持政策，鼓励和引导社会力量兴办医疗机构，提供个性化和舒适化程度较高的医疗服务，与公立医疗机构形成合作互补关系。鼓励兴办外商独资和中外合资合作医疗机构。

（四）推行家庭医生式服务

着力完善社区卫生服务网络，强化社区卫生服务机构的基本医疗和公共卫生职能，显著提升服务水平。推行家庭医生式服务，使社区卫生服务机构成为居民健康的“守门人”。加强以全科医生为重点的基层医疗卫生队伍建设，提高基层医疗卫生队伍素质。完善鼓励医务人员在基层服务的政策，调动医务人员服务基层的积极性。推广社区卫生服务管理信息系统，到2015年，城乡居民健康档案建档率达到85%以上。

（五）化解群众看病贵的问题

增加政府卫生投入。政府卫生投入增长幅度要高于经常性财政支出的增长幅度，占经常性财政支出的比重逐步提高，占卫生总费用的比重逐步提高，并与经济社会发展阶段相适应，保持合理的比重。

提高医疗保障水平。“十二五”期末，城镇职工基本医疗保险参保率和新型农村合作医疗参合率均达到98%以上，城镇居民基本医疗保险参保率达到95%以上。提高基本医疗保障的缴费水平、补偿水平和经办服务水平，提高城乡医疗救助水平，推动新型农村合作医疗制度向市级统筹过渡。实现北京市参保人员每人一张“社会保障卡”，方便就诊和费用结算。

调控医药费用水平和结构。从成本形成、投入政策、财务管理、药品采购等环节控制医药费用增长幅度。推进医药价格体系改革，推广按病种付费等付费方式。加强抗生素等重点药品临床使用监管，使医药费用的增幅与经济发展水平、医疗保障基金和居民的支付能力相适应。调整卫生总费用结构，增加政府和社会等公共支出比重，降低居民个人支出负担，将比例降至25%以下。

第六章　优化生活环境

（一）改善污水处理能力

加强水污染源头防治，加快污水管网和处理设施建设，进一步提高污水处理能力，完善中心城区污水收集管网，实现城市生活污水全收集，因地制宜建设农村生活污水处理设施。2015年，全市污水处理率达到90%，中心城污水处理率达到98%，新城和重点镇污水处理率达到90%，村镇污水处理率达到60%。

（二）提高垃圾处理能力

加快生活垃圾处理设施建设，实施生活垃圾分类管理，农村地区开展生活垃圾分类达标活动，促进全市垃圾源头减量，不断提高垃圾资源化水平。“十二五”期间，努力促进生活垃圾增长率逐年降低，2015年，城区生活垃圾无害化处理率达到99%、郊区达到95%以上，生活垃圾资源化率达到55%。

（三）控制大气噪声污染

改善大气环境质量，控制生产型污染，治理机动车污染，防治扬尘污染，推进区域大气污染联防联控，2015年，力争全市空气质量二级和好于二级天数比例达到80%。严格监管建筑施工、工业、娱乐业等噪声污染，加强居民区噪声防护和道路交通噪声控制，营造更宁静的城市空间。

（四）改善交通安全状况

增加道路交通安全设施和标识，强化交通安全监管，提高管理水平，降低交通事故发生率。优先发展公共交通，加强机动车总量调控并引导合理使用，倡导文明出行，规范交通秩序，确保全市交通安全顺畅。2015年，中心城公共交通出行比例力争达到50%，年万车交通事故死亡率控制在1.7以下。

（五）整洁城乡市容环境

维护市容环境秩序，加强重点地区、环境薄弱地区的环境建设与整治，提高城乡环境卫生质量和精细化管理水平。全面开展、分类推进村庄环境建设，深入推动卫生村、镇建设，整体提升农村环境。拓展城市绿化空间，增加森林绿地面积，提升城市生态景观。2015年，城区80%居住区出行500米即可达公共绿地，全市林木绿化率达到57%，人均公共绿地面积达到16平方米。

（六）创造综合支撑条件

转变经济发展方式，完善收入分配制度，增加城乡居民收入。进一步完善社会保障体系，提高保障水平，增加就业机会，降低城镇失业率，使失业率控制在3.5%以内。加强城市应急管理，提高自然灾害、事故灾难、社会安全事件预防预警和应急处置能力，增强市民安全感。大力实施保障性安居工程，加强保障性住房管理，合理引导住房消费，改善城乡居民居住条件。5 年建设、收购各类政策性住房 100 万套，对符合保障条件的申请家庭做到应保尽保。提高全民受教育水平，全面实施素质教育，提升市民思想道德和文化素养。2015 年，主要劳动年龄人口受过高等教育的比例达到40%，新增劳动力平均受教育年限达到15 年。鼓励生态涵养区发展疗养、健身、休闲、养老服务等产业，提供更多的养生休憩健身空间。

第七章　加强行政监管

（一）让居民安全饮食

完善食品安全监管体系，实现食品链条各环节的全过程监管。严厉打击生产经营假冒伪劣食品等违法行为，开展高风险食品安全治理，全面提高食品安全整体水平。到 2015 年，全市 A、B 级餐饮单位达到55% 以上，重点食品安全监测抽查合格率高于 98%。

（二）让居民放心用药

实施基本药物生产、流通环节全过程全品种电子监管。继续加强药品安全监督网建设，在全市范围内建设 100 个药品安全示范街道（乡镇）、培育 1000 个药品质量诚信企业、发展 10000 名药品安全员，创建“药品放心城市”。建立合理用药监管平台、抗菌药物和细菌耐药监测网，提高合理用药水平。

（三）让居民安心就诊

加强医疗质量监管，推行临床路径，控制医疗事故发生率，保证医疗安全。建立健全患者投诉制度，规范就医秩序和诊疗行为。建立医疗纠纷第三方调处机制和医疗责任风险保障机制，有效化解医疗纠纷。严厉打击非法行医和“黑诊所”。加强行风和精神文明建设，推动建立健康和谐的医患关系。

（四）建立健康评估机制

在城市规划、产业结构调整、公共设施建设等方面坚持健康优先的原则，建立健康风险评估机制。在地方立法、重大公共政策制订过程中科学分析对公众健康造成的潜在影响，积极采取措施将影响控制到最低限度。推进健康政策制订公众参与机制，建立健全重大决策听证、质询、公示、论证制度，落实责任追究制度。

第八章　保障措施

（一）加强领导协调，推进规划实施

坚持全市统一领导、统一部署，以区县为单位，推进规划实施工作。充分发挥现有爱国卫生运动委员会和健康促进工作委员会的作用，加强全市健康北京建设工作的组织协调，推动健康北京建设。建设工作要充分发挥区县的作用，落实辖区目标责任，市级有关部门加强指导与协调。广泛调动各类社会组织、志愿者团体、居民参与健康城市建设的主动性和创造性，营造人人参与的良好氛围。

（二）开拓筹资渠道，增加公共投入

各级政府要把建设健康北京工作纳入财政预算，加大投入，市、区两级财政设立健康北京建设工作经费。发挥财政资金的引导作用，通过重点项目引导和奖励相结合等方式，推动健康北京建设工作有序开展。积极开拓公益事业投资融资渠道，鼓励社会各界投入和捐赠，引导企事业单位和个人参与建设，形成多渠道支持的局面。

（三）构筑法制环境，保障规划落实

以促进健康为目标，制订和完善相关地方法规和公共政策。推动相关领域法制建设工作，落实依法行政，深入开展普法教育。在深入推动建设实践的基础上，适时总结经验，制订并颁布健康北京建设条例，提供法制保障。

（四）落实建设责任，加强评价考核

各级政府和有关部门主要负责同志是建设健康北京的第一责任人。建立健全齐抓共管的领导机制和工作机制，完善目标管理，建立日常督查机制和评价考核体系。评价指标体系及考核办法另行制订。市级领导协调小组每年对各区县、相关委办局工作进行督导与考核，并作为对其年度绩效考核的重要内容。

（五）加强舆论引导，营造良好氛围

积极利用多种现代传播手段，持续不断地宣传健康北京建设的重要性、内容和进展，让广大城乡居民和全社会深刻理解健康北京建设的背景、意义和任务，提高各方面参与健康北京建设的主动性、自觉性，增强责任感和使命感。在全市城乡形成健康北京建设的浓厚氛围，凝聚多方力量，形成良好的群众参与基础和支持环境。

（六）开展交流合作，扩大内外影响

积极开展与有关国际组织和有关国家及城市间的合作与交流，创立并定期举办国际健康城市北京论坛，分享健康城市建设经验，加强传播，扩大影响。建立健康城市研究基地，加强相关理论研究，不断总结经验，创新健康城市建设理论和发展模式。利用各种有效渠道，传播健康北京建设的实践成果，让广大城乡居民和海内外人士深刻感受到健康北京发展建设的伟大成果。

树立大卫生理念　创新服务模式
构建首都医疗卫生新体系

2011年是国家三年医改任务和北京市两年医改实施方案的最后一年，也是“十二五”开局之年和医改承前启后的关键之年。北京市卫生医改工作坚持“保基本、强基层、建机制”的基本原则，树立健康北京的大卫生理念，转变服务方式，创新体制机制，努力构建首都医疗卫生服务新体系，积极推进5个转移，即资源配置向郊区转移、医疗卫生服务从重治疗向重预防转移、工作重点从抓医院向抓基层社区转移、投入机制向加大政府投入与鼓励社会资本并重转移、医院管理从传统方式向现代医院管理制度转移。在深化医药卫生管理体制改革、医疗卫生资源结构调整、医疗卫生布局战略性调整、基层医疗卫生服务能力和效率提高等重点领域取得新突破，初步探索出适合首都特色的医药卫生服务发展新模式。

一、全面贯彻落实医改任务，扎实推进公立医院改革

3月28日，市政府召开北京市医药卫生体制改革大会，部署2011年医改主要工作。会上，市卫生局与市医改领导小组签订医改责任书；5月之后，北京市卫生局与卫生部和18个区县卫生局签订了医改责任书。市卫生局医改办编制《2011年医改工作重点任务分解方案（医改折子工程）》，对每项工作落实牵头领导、责任处室和工作措施。

4月25日，中共中央政治局常委、国务院副总理李克强到方庄社区卫生服务中心和北京友谊医院考察医改工作，对本市医改工作做出重要指示。考察结束后，本市贯彻落实李克强副总理讲话精神，抓紧研究制约首都医药卫生事业发展的深层次问题，努力破解医改难题，加大推动力度，编制完成《北京市关于落实李克强副总理在京考察医改工作讲话精神有关工作进展情况的报告》。

5月1日，北京市卫生局与市人力社保局、民政局、财政局共同出台《关于对学生儿童患白血病、先天性心脏病试点病种实行按病种付费有关问题的通知》，并扩大9类疾病病种报销范围。享受此项优惠政策的参合学生儿童21人。组织研发北京市学生儿童重大疾病医疗保障信息系统。

5月，本市申报国家公立医院改革试点城市和试点医院。卫生部和国务院医改办批复增补北京市作为公立医院改革国家试点联系城市，北京友谊医院为国家联系的试点医院。

7月28日，市政府启动全市114统一挂号平台，实行“103”运行机制，首先启动三级医疗机构实行预约挂号。同日，市政府主持北京市医院管理局揭牌仪式，宣布市医院管理局正式成立，负责市属22家医疗机构人、财、物、事的管理，履行市政府办医院的职能。按照属地化和全行业管理的要求，北京市卫生局不再履行办医院的职能。构建市卫生局“管行业”和市医管局“办医院”的新型管理体制，“管办分开”取得实质性进展。

8月31日，完成本市医改中期评估，编制《北京市卫生系统医改中期评估报告》，为编制本市“十二五”时期医改规划提供科学依据。

市卫生局下发《关于规范政府办基层医疗卫生机构基本药物采购机制的实施意见》，明确规定全市基本药物集中采购、统一配送、零差率销售等政策。市卫生局印发《2011年北京市抗菌药物临床应用专项整治活动方案》和《北京市卫生局关于规范基层用药和医疗行为的通知》，明确规定基层用药，规范医疗行为，控制基层门诊输液，安全合理使用抗生素、激素。

10月9日，市卫生局作为卫生部公立医院改革国家试点联系城市“医药分开”协作项目第一牵头单位，主持召开第一次“医药分开”协作组会议，明确完善公立医院补偿机制、实行医药分开的政策建议主题。

贯彻落实卫生部等五部委公立医院改革的指导意见，探索现代医院管理制度，为实行管办分开、医药分开，建立3个机制，即财政价格补偿调控机制、医保调节机制、公立医院法人治理结构运行机制，进一步完善灵活的用人制度、以绩效考核为核心的奖励约束制度和多方监督机制。探索公立医院改革试点的新思路和新模式。

二、深化医药卫生体制改革取得显著成效

（一）新型农村合作医疗保障制度实现城乡居民全覆盖，处于全国领先水平

截至年底，本市参加新型农村合作医疗276.8万人，农业人口参合率97.65%。新农合政策范围内住院费用支付比例力争达到70%左右。

（二）继续实施国家基本药物制度

全市所有政府办基层医疗卫生机构全部实行基本药物制度，并逐步向非政府办基层医疗卫生机构推进，实现在规划范围内的2147个村卫生室全部实施基本药物制度。

市卫生局分别与16个区县卫生局、三级医院签订《北京市抗菌药物临床应用专项整治活动责任书》。本市基本药物统一运行和管理模式已经建立，基层医疗卫生机构药品全品种网上采购已经实现，基层用药信息化管理水平明显提高。

（三）基层医疗卫生机构综合改革全面推进

实施基层医疗卫生机构保障机制、全员聘用制和绩效考核制度。逐步完善财政保障机制，在政府办基层医疗卫生服务机构全部实行收支两条线，对非政府办社区卫生服务机构承担的公共卫生服务和药品零差率销售由政府予以补助。16个区县基层医疗卫生人员实行全员聘用制，逐步建立绩效考核约束机制，实施三级绩效考核，基层活力和服务效率不断增强。

稳步推进家庭医生式服务模式。截至12月31日，全市建立社区卫生服务团队3094个，累计签约72.3万户148.3万人，其中重点签约45.8万老年人、慢性病人、孕产妇、0～6岁儿童、残疾人和重性精神疾病患者（占30%）。

逐渐确立基层首诊、双向转诊、分级医疗新秩序。大医院对口支援基层医疗机构逐步走向制度化，为社区卫生服务机构提供技术和管理等支持，逐步发挥基层医疗卫生服务机构"健康守门人"的作用。全市85家城区二级和三级医院支援郊区县11家区域医疗中心及74家二级及以下医院，160家二级、三级医院（含部队医院）对口支援326个社区卫生服务中心。社区转诊预约8000人次，转诊成功率99%。初步形成基层医疗卫生服务机构与二级及以上医院上下联动、分工协作的机制。

（四）进一步完善公共卫生服务体系，推进城乡居民公共卫生服务均等化

切实增强院前医疗急救体系建设。市卫生局编制完成《北京市院前医疗急救站建设发展规划（2011－2012）》，120和999院前医疗急救联合指挥平台启动运行，实现全市联合调度、统一指挥。北京急救中心（120）与市公安局勤务指挥部（110）、市公安交通管理局调度指挥中心（122）、市消防局调度指挥中心（119）建立应急联动协作机制，首次实现资源共享和信息互通及应急处置整体管理。

不断完善精神心理疾病预防控制体系。制订《关于加强北京市精神卫生服务体系建设和发展工作的指导意见（2011－2015)》。进一步加强市和区县精神卫生机构建设，在三级综合医院全部设置精神心理科。实施区县级精神疾病专科医院与装备标准建设，服务环境得到明显改善。在北京同仁医院、北京朝阳医院、北京大学人民医院设置精神心理科门诊。将重性精神疾病纳入特重大疾病报销和救助政策范围，基本形成精神病防治体系。

进一步加强疾病防控体系。建立"纵向到底，横向到边"的疾病防控网络，市和区县疾病控制机构投入明显增加，心血管病、肿瘤、糖尿病等慢性病、老年病防控力度进一步增强，艾滋病、结核病等传染病防控和干预进展显著。逐步形成早发现、早诊断、早治疗、早控制的"四早"机制，广大群众防病意识进一步增强。

（五）公立医院新型服务模式和价格调控机制正在形成

全市所有三级医院均已纳入预约挂号平台，截至12月31日，累计110.28万人在平台注册，预约挂号率达到40%，复诊预约率70%。在此基础上，进一步完善电话、网络、医生工作站、医院窗口、社区预约等多种挂号形式，并实现全号段全号源预约。改革专家门诊服务机制，推行层级就诊模式。市卫生局下发《关于进一步加强医师出诊管理改善预约挂号服务工作的通知》，扩大诊疗资源的供给，最大限度满足群众就医需求。试点建立主诊医师负责制，充分发挥医生的团队作用，将以往以管床为核心的病人治疗管理模式转变为以病人为中心，实现门诊诊断、病房治疗、出院随访一体化的连续性诊疗模式，更加有效地提高诊疗水平，保证医疗安全，缩短平均住院日，提高工作效率。推进医师多点执业，本市已有283名医生办理多点执业注册，其中70%～80%副主任医师以上的高级医生从三级公立医院到民营医院及基层医疗卫生机构执业。市卫生局印发《北京市临床路径管理试点工作实施方案》和《北京市医疗机构审批管理暂行办法》。2011年除参加卫生部试点的11家二、三级医院外，其他各三甲综合医院均实行不少于10个病种、各二甲综合医院和二、三级专科医院实行不少于

5 个病种的临床路径管理。在市属医院设立接诊服务站、急诊绿色通道、医生工作站、护士工作站，进一步完善诊疗流程，规范医护人员医疗行为，提高服务质量。

副市长丁向阳组织有关部门研究医疗服务价格改革，成立北京市医疗服务价格调整方案工作小组，在北京友谊医院、宣武医院、北京世纪坛医院、北京儿童医院等公立医疗机构探索医疗服务价格调整、规范医疗服务质量和付费制度改革，推进按总额付费、按单病种付费、按疾病分组（DRG 组）付费等多种支付方式改革，探索建立价格、医保、财政三方联动的补偿机制，测算并制订取消药品加成政策后的补偿方案。

（六）实施健康北京大卫生理念及行动规划

本市率先出台《健康北京人——全民健康促进十年行动规划》和《健康北京“十二五”发展建设规划》，在全社会树立健康城市的大卫生理念，遴选出首批健康科普专家，发展健康教育志愿者队伍。开展健康义诊咨询、爱国卫生月、“北京健康之星”评选和全民健康生活方式等系列健康促进活动。在北京电视台推出“养生堂”和科技健康栏目，深受全国百姓欢迎，初步形成全社会参与自我健康管理的动员机制，广大居民健康素质明显提升。保护环境，保护资源，消除健康影响社会决定因素，力争使百姓不得病、少得病、晚得病，从根本上缓解看病难、看病贵问题的新的执政理念正在推广，并产生积极影响。

（七）加快推进卫生信息化建设

以居民电子健康档案为抓手，推进社区患者疾病和居民健康信息化管理，建立居民电子健康档案，并在全市社区卫生服务机构全面推广应用，实现慢病管理、儿童疫苗接种、精神疾病管理等互联互通。在 13 个涉农区县中，大兴区、平谷区、丰台区、房山区、顺义区、通州区、昌平区、延庆县等 8 个区县的 107 个社区卫生服务机构实现农民住院费用实时结算；建立大医院与远郊区县医院之间的网络远程会诊系统；在北京协和医院与平谷区医院、宣武医院与顺义区医院、北京大学人民医院与西城社区卫生服务中心、北京同仁医院与朝阳区劲松社区卫生服务中心之间开展病理、影像、疾病讨论等远程会诊试点；推进公立医院信息系统建设，探索电子病历、预约挂号、叫号、取药、收费、诊疗服务和出院后随访等信息化管理；继续完善全市公共卫生、社区卫生、疾病控制、卫生监督等信息系统，统一建设，互联互通，资源共享，为推进城乡基本公共卫生服务均等化提供技术支撑。

（高　星　吴　健）

北京市卫生局承办市政府折子工程及实事等重点工作任务完成情况

2011 年，市卫生局承办市政府折子工程、实事和社会主义新农村建设折子工程 23 件，其中实事 7 件（主办 5 件、协办 2 件）、市政府折子工程 15 件（主办 9 件、协办 6 件）、新农村折子工程 1 件（主办），全部按计划完成。

一、主办 5 项实事全面落实

1. 实事第 4 项（在 13 个试点区启动 206 个基层医疗机构与 28 家医院转诊预约工作，在全市 322 个社区卫生服务中心推广 24 小时便民服务）　在 13 个区县开展试点的基础上，进一步完善基层医疗机构与大医院转诊预约工作，建立基层医疗机构与二、三级医院之间的转诊服务平台，转诊预约工作扩大到全市 16 个区县，涉及 42 家二、三级医院与 262 个社区卫生服务中心。截至 11 月底，全市社区卫生服务机构转诊预约大医院 7203 人次。

全市 16 个区县 323 个社区卫生服务中心开展 24 小时便民服务工作，门诊时间延长至晚 8 点，社区卫生服务团队通过“健康通”手机提供 24 小时健康指导、咨询等服务。

2. 实事第 5 项（在北京同仁医院等 9 家医院启动居民电子病历试点，在东城区、西城区、朝阳区、海淀区、顺义区、大兴区等区开展全民健康生活方式行动示范区建设）　按照工作计划，北京医院、中日友好医院、阜外心血管病医院、北京大学人民医院、北京大学第三医院、北京同仁医院、北京天坛医院、大兴区人民医院、顺义区医院等 9 家试点医院完成内部原有信息系统的整合与集成，部分试点医院完成临床路径、临床知识库、合理用药等新模块的开发与整合，完成与基层医疗机构医疗信息系统衔接，为全市推广电子病历系统积累了经验。

以合理膳食和适量运动为切入点，倡导和传播健康生活方式理念，开展多种全民参与活动。制订《北京市全民健康生活方式行动2011年工作方案》和《北京市全民健康生活方式行动示范创建标准》，在东城、西城等8个区开展全民健康生活方式行动，达到了国家的标准要求；开展“减盐预防高血压”主题宣传活动。对区县技术人员开展专项技术指导方案培训，各行动区开展系列活动，推进示范单位、示范社区和示范食堂（餐厅）创建。截至11月底，21个单位通过示范创建单位集中验收。

3. 实事第6项（在全市公立医院推广优质护理服务示范工程，推出100个优质护理服务示范病区）推进优质护理示范工程，截至11月底，全市50家三级医院全部开展优质护理，89家二级医院开展优质护理，三级及二级医院开展优质护理服务的病区数占相应总病区数的79%和32%。优质护理服务取得显著成效，患者总体满意率95%，分级护理到位率80%以上，陪住及自聘护工比例由70%～80%降到20%。经过遴选，在全市推出100个优质护理服务示范病区。

4. 实事第7项（建立10个中医治未病试点单位和10个中医药特色优势专科专病中心）　经过督导考核，完成中国中医科学院广安门医院、西苑医院、眼科医院，解放军三〇二医院，北京中医药大学东直门医院、东方医院，北京中医医院、北京世纪坛医院、北京儿童医院，市回民医院等10家治未病中心的建设，组织专家编写《北京地区中医“治未病”经验汇编》，中医治未病的理念和传播平台得到进一步巩固和加强，为群众提供科学的中医药健康指导和健康服务。

建立中医儿科、妇科、肛肠科、眼科、推拿科、耳鼻喉科等14个中医特色诊疗中心，进一步丰富本市中医药特色服务的内容，促进中医传统优势专科的发展。

5. 实事第19项（完成覆盖全市的药品、保健食品、化妆品、医疗器械抽验1.2万件，并对基本药物进行全品种检验）　截至11月底，累计完成药品抽验11085件，占全年总任务的103.6%；医疗器械抽验404件，占全年总任务的101%；保健食品抽检422批次，占全年任务量的105.5%；化妆品抽检655批次，占全年任务量的100.8%。市药监局还完成基本药物和社区卫生服务药品抽验2906批次，覆盖基本药物及社区卫生服务药品品种100%。

二、9项折子工程全部完成

1. 折子第10项（做好健康体检工作，积极发展健康消费）　开发完成北京市体检信息平台，“北京市机动车驾驶员体检管理信息系统”与市公安局公安交通管理局“互联网驾驶证年度体检业务平台”全面对接，实现驾驶员年检体检的一站式服务。组织专家对全市体检医疗机构进行现场检查，177家健康体检医疗机构通过了现场审核，准予开展健康体检服务。规范北京市健康体检行业，提高体检工作质量，为创建百姓满意的体检市场、鼓励和促进健康消费发挥重要作用。

2. 折子第63项（推动“新农合”市级统筹）　成立推进新农合市级统筹工作领导小组，委托卫生部卫生发展研究中心副所长、国家新农合专家组组长王禄生等专家开展北京市新农合市级统筹研究，通过实地调研、专家论证，反复修改，形成了市级统筹调研报告，并按调研报告提出市级统筹的有关筹资补偿、管理机构、定点医疗机构监管以及政府投入等措施在内的初步方案。

3. 折子第84项（组建市医院管理机构，积极推进公立医院改革试点）　经中编委批准，市委、市政府决定成立北京市医院管理局，为市卫生局的部门管理机构，负责履行市属医院的举办职责。市医院管理局于2011年7月28日正式挂牌成立，至年底，部分内设机构负责人员已经到位，局级领导、处级领导公开招考已经结束，各项工作正按计划进行，公立医院管理体制改革迈出实质性步伐。

公立医院改革稳步推进，北京被确定为全国第17家联系指导的公立医院改革试点城市。创新医疗纠纷调解机制，建立由市卫生、司法、公安、财政、保监、法院等多部门组成的市医疗纠纷人民调解委员会。完善预约挂号服务，开通启用北京联通114为全市统一预约挂号服务的社会公共平台，全部66家三级医院纳入全市预约挂号统一平台，重点推行实名制预约挂号、全号段全号源预约、多种形式挂号服务、取消首诊点名和知名专家层级诊疗、实现3个月预约期等5项预约挂号服务新举措；医师整体出诊时间在原有基础上增加50%，医院80%的号源投入预约系统；推行双休日全天门诊，全市已有30家地方三级医院（包括所有21家市属三级医院）、11家远郊区县区域医疗中心（二级医院）和12家部队医院开展双休日全天门诊。大力推进优质护理服务示范工程，全市所有地方三级医院和84家二级医院（占二级医院总数的79%）已开展优质护理服务，分级护理到位率80%以上。启动实施医师多点执业工作。临床路径管理工作继续稳步推进。在北京安贞医院等7家医院的19个科室启动主诊医师负责制试点。在北京友谊医院等4家医院针对非北京医保人员开展“先诊疗、后结算”的试点工作。

4. 折子第85项（加快编制区域卫生规划和医疗机构设置规划，鼓励引导社会资本举办医疗机构）

组织专家起草《北京区域卫生规划》《北京市医疗机构设置规划（2011－2015）》，经市卫生局局长办公会初步讨论，做进一步修改完善后，征求有关部门意见。会同市医改办研究起草《进一步鼓励和引导社会资本举办医疗机构的若干政策》，待市政府会议审议通过后印发执行。

5. 折子第86项（建立健全公共卫生项目管理规范及考核办法，制订考核内容和标准，规范考核工作流程与方法，促进项目的科学实施；认真做好重大传染病监测与防控，开展传染病疫情风险评估，加强疫情处理检测能力培训；不断完善院前急救体系） 制订公共卫生项目考核内容、标准和方法，细化考核工作的实施和流程，公共卫生项目管理实现科学化、规范化。组织开展国家基本公共卫生服务项目考核，对各区县公共卫生服务项目的管理和实施情况进行考核和指导，确保医改近期工作目标的实现和公共卫生服务工作的整体推进。

建立每季度开展传染病风险评估和适时召开疫情形势专家分析会的疫情评估机制，增设9家市监测哨点医院、7家市网络实验室。完善传染病病人报告、症状监测、病原学监测等传染病相关监测系统。加大力度推进艾滋病防控工作，全面开展结核菌/艾滋病病毒双重感染防治工作，鼠疫、寄生虫病等自然疫源性疾病防控工作有序开展。

起草《北京市院前医疗急救站建设发展规划（2011－2012）》和《关于加强院前急救体系建设工作意见》。建立北京市120、999院前医疗急救联合指挥调度机制，7月7日起正式启用。制订下发全市统一的院前医疗急救服务标准，含13个院前医疗急救服务标准、规范和管理制度，进一步规范院前急救工作。

6. 折子第87项（健全基层卫生服务机构补偿机制，加强医护人员培养培训，推行家庭医生式服务）

研究起草《关于加强社区卫生服务机构基本医疗服务功能的意见》，明确加强农村地区社区卫生服务机构医疗职能、完善基层卫生服务体系的具体措施，待征求有关部门意见后印发执行。

进一步加强医护人员培养培训，开展全科医生等专业的社区卫生服务专业岗位培训和骨干培训，共培训3662人次，骨干82人。以“模块式培训包”的方式开展社区卫生人员继续医学教育必修课程培训，完成82个模块462学时课程的设计、制作与安排，培训14637人次。结合农村实际，对全市乡村医生进行以需求为导向的系统化岗位培训，重点开展村卫生室技术支持第一批10项急救技术培训，共培训4862人。完成1.5万名家庭保健员的培养，在慢病防治工作中发挥了重要作用。

大力推进家庭医生式服务，印发《北京市社区卫生家庭医生式服务工作方案》和《北京市家庭医生式服务工作手册》，明确家庭医生式服务的具体内涵。家庭医生式服务在16个区县全面推进，全市共建立社区卫生服务团队3119个，累计签约62万户127万人。社区医生为签约家庭提供健康评估83万人次，发放健康教育材料152万份，发送健康信息125万条，主动为居民提供健康指导服务46万人次，为空巢、行动不便的老年人提供上门健康指导服务33万人次，深受百姓的欢迎。

7. 折子第88项（完善基层医疗卫生机构基本药物目录，规范基本药物招标采购） 印发《关于规范政府办基层医疗卫生机构基本药物采购机制的实施意见》，2010年2月，完成基本药物招标采购工作，采购周期预计2年，实现国家基本药物制度全覆盖的工作目标。北京市基本药物实现了全品种网上采购。

8. 折子第90项（强化公立医院管理，在全市三级医院推广双休日全天门诊，方便群众看病就医）

创新公立医院管理体制，成立市医院管理局，实现管办分开。研究制订《北京市公立医院改革试点工作方案》，在建立现代医院管理制度、取消药品加成率的有效路径、医疗保险付费机制的改革、财政价格补偿调控机制、建立法人治理结构和运行机制、实施院长负责制等方面进行积极探索。开展临床路径试点，实施抗生素专项治理，在全市卫生系统开展“三好一满意”、“医疗质量万里行”和“优质医院创建”活动，进一步加强医院管理。

积极推行双休日全天门诊，全市已有30家地方三级医院（包括所有21家市属三级医院）、11家远郊区县区域医疗中心（二级医院）和12家部队医院开展了双休日全天门诊，截至10月底，21家市属三级医院、11家远郊区县区域医疗中心（二级医院）

双休日接待门诊患者416.5万人次，占当期门诊总量的17%，双休日日均门诊人次占工作日日均门诊人次的50.5%。近一年中，双休日门诊接诊量相当于2～3家大型三级医院全年门诊量，在一定程度上分流日常门诊的就诊压力，提高医疗服务效率，进一步满足了居民休息日就诊的需求。

9. 折子第194项（坚持用群众工作统揽信访工作，严格落实维稳责任制，完善群众利益表达机制，深入推进社会矛盾化解）　加强矛盾纠纷排查调处工作，组织两次全市卫生系统重点矛盾纠纷排查，共查出报市级和市卫生局本级以及各直属单位的重点矛盾纠纷70余起，化解一批缠访闹多年的信访积案，围绕领导干部接访、创新信访工作机制和化解信访积案，组织开展信访工作考核。总结宣扬一批先进单位和个人的事迹与经验。对群众来信来访，基本上做到了件件有去处，件件有回音。

三、1项新农村折子工程按计划完成

新农村折子第11项（进一步加强农村地区社区卫生服务机构医疗职能，完善基层卫生服务体系，提高农村地区卫生服务水平）　在深入调研的基础上，起草《关于加强社区卫生服务机构基本医疗服务功能的意见》《关于进一步加强农村基层卫生服务工作的实施意见》，从增强基本医疗服务功能、提高基本医疗技术、严抓医疗质量管理、制订保障政策等方面，明确进一步提高基层卫生服务水平的要求，进一步加强农村地区社区卫生服务机构医疗职能，完善基层卫生服务体系，提高农村地区卫生服务水平。

（北京市卫生局办公室）

重要会议报告

贯彻一法两纲　深化医药卫生体制改革　努力开创妇幼卫生工作新局面

——在2011年北京市妇幼卫生工作会议上的报告

北京市卫生局巡视员　邓小虹

（2011年4月8日）

同志们：

今年是“十二五”的开局之年。这次全市妇幼卫生工作会议的主要任务是：认真学习和贯彻全国妇幼卫生工作座谈会议精神，落实全市医改工作责任和要求，总结2010年妇幼卫生工作，部署今年妇幼卫生工作要点。下面，我代表北京市卫生局向大会报告工作。

一、全国妇幼卫生工作座谈会议主要精神

前不久，卫生部妇社司在四川成都召开了2011年全国妇幼卫生工作座谈会。秦怀金副司长在工作报告中全面总结了“十一五”期间我国妇幼卫生工作取得的显著成绩，深入分析“十二五”期间妇幼卫生工作面临的严峻形势，特别强调了妇幼卫生事业发展的四项基本要求：一要坚持妇幼卫生工作方针，把握正确的发展方向，要“以保健为中心、以保障生殖健康为目的，实行保健与临床相结合，面向群体、面向基层，预防为主”的妇幼卫生工作方针；二要贯彻“一法两纲”（《中华人民共和国母婴保健法》，《中国妇女发展纲要》，《中国儿童发展纲要》），依法推动发展；三要坚持分类指导，实现协调发展；四要加强能力建设，提高服务水平。概括了今年全国妇幼卫生工作任务主要有五项：一是全面落实妇幼重大公共卫生项目；二是积极推动妇幼卫生服务体系建设；三是做好贯彻落实新“两纲”的准备和实施工作；四是加强出生缺陷防治工作；五是加强爱婴医院管理，倡导促进自然分娩以及加强妇幼卫生信息化建设等各项基础性工作。

二、2010年全市妇幼卫生工作总结

“十一五”期间，政府采取一系列行之有效的政策措施，有力地推进妇幼卫生工作。一是本市新生儿全部享受免费先天性疾病筛查，现已累计筛查新生儿近13万人，确诊甲状腺功能低下45人，确诊苯丙酮尿症26人。二是本市户籍0～6岁儿童全部享受免费健康检查，累计接受儿童免费健康体检服务已达到45.9万人。三是全市户籍适龄妇女“两癌”筛查项目已转化成为公共卫生长效机制，累计筛查159万人，其中，接受子宫颈癌筛查89万人，乳腺癌筛查70万人。确诊宫颈癌95人，宫颈癌前病变603人，乳腺癌310人。四是为9万余名围孕期妇女增补叶酸，预防神经管畸形。五是全市8000余名农村妇女享受政府每人600元住院分娩补助等。通过五年的不懈努力，全市孕产妇死亡率从2005年的15.91/10万下降到2010年的12.14/10万，婴儿死亡率从2005年的4.35‰下降到2010年的3.29‰。实践证明，我们

妇幼卫生工作者，不仅在维护全市妇女和儿童的健康生命中起到积极作用，而且为提高全市人均期望寿命做出了重要贡献。

2010年是“十一五”规划目标落实的“收官”之年，纵观全市妇幼卫生工作，在大家的共同努力下，克服不少困难，圆满完成各项工作目标，取得显著成绩。重点抓了以下九个方面的工作。

（一）认真落实国家和本市医改任务

2010年为保证全市妇幼重大公共卫生项目的有效落实，市财政、人口计生、妇联、妇儿工委及卫生等部门联合对朝阳、海淀等7个区县项目落实情况进行综合督导评估，并逐一向相关区县书面反馈督导评估意见。通过周密安排、精心组织，动态监测、全程质控，督导评估、综合推进，确保国家和本市下达的各项妇幼重大公共卫生和基本公共卫生服务项目全面完成。

一是适龄妇女“两癌”免费筛查项目成效初显。2010年按照卫生部的工作部署，本市在朝阳、海淀等六个区县开展农村妇女宫颈癌和乳腺癌检查项目。本市全年共完成宫颈癌检查31133人，诊断宫颈癌前病变33人、宫颈癌3人；乳腺检查12085人，诊断乳腺癌6人，为国家和本市建立适龄妇女“两癌”筛查长效机制打下基础，为规范项目管理积累了宝贵的经验。

二是围孕期妇女增补叶酸预防神经管缺陷项目拓展顺利。2010年初，市人口计生委与卫生等部门共同召开项目工作会，在认真总结基层开展工作的同时，通过统一编制印发健康教材、登记本和报表，以及对区县实施项目情况进行联合督导等，不仅完成全年预定目标，全市实现享受围孕期妇女免费增补叶酸34164人，而且进一步规范了项目管理工作。

三是适时调整农村孕产妇住院分娩补助项目。根据本市年度可享受相关政策的实际分娩人数，通过卫生部积极向国家医改办公室提出调整任务指标，并建议市政府适时调整孕产妇住院分娩补助政策，在扩大享受政策受益面的同时，简化补助资金支付流程，最终使全市农村孕产妇8322人享受到住院分娩政府补助政策。

四是预防艾滋病母婴传播工作有效落实。2010年，通过预防艾滋病母婴传播工作网络，共检出孕产妇艾滋病病毒感染者22人，其中分娩18人，实施艾滋病母婴传播阻断的15人。主要采取两项管理措施：第一，以北京市疾病预防控制中心为技术支持平台，对全市涉及预防艾滋病母婴传播工作的主管医生、妇产科人员等158人进行专项技术培训。第二，对当年发现人类免疫缺陷病毒（HIV）阳性孕产妇的三个区县，重点进行预防艾滋病母婴传播工作的督导检查，在实践基础上完善防治网络，强化管理责任。为此，北京市被推荐在2010年全国预防艾滋病母婴传播工作会上交流经验。

五是妇幼基本公共卫生服务项目得到落实。继续开展“免费为新生儿进行先天性疾病筛查”和“免费对北京市0～6岁学前儿童进行健康检查”项目。2010年，新生儿先天性代谢性疾病免费筛查93360例，其中，确诊先天性甲状腺功能低下35例，先天性苯丙酮尿症16例；先天性心脏病和髋关节脱位免费筛查74568人，其中，确诊先天性心脏病270人，先天性髋关节脱位17人；免费新生儿听力筛查87432人，确诊听力异常210人。全市0～6岁户籍儿童体检总数447436人，体检覆盖率达到95.9%。检出低体重儿童819人，生长迟缓儿童613人，消瘦儿童639人，贫血患病儿童13626人，肥胖儿童17106人，3～6岁患龋儿童80501人，4～6岁视力低常儿童11463人，0～6岁听力异常儿童230人。检查出的问题儿童均得到及时干预和治疗。

（二）积极控制孕产妇死亡率

2010年，本市孕产妇死亡率为12.14/10万，创近四年来最好控制水平，为实现“十一五”期间本市孕产妇死亡率15/10万的控制目标起到决定性作用。主要采取八个方面的措施：一是组织全市助产机构参加孕产妇死亡率控制工作专题会议，全面分析本市孕产妇死亡情况，针对孕产妇死亡控制薄弱环节，部署综合控制措施。二是完善并坚持全市产科主任工作例会制度，建立孕产妇死亡控制的预警机制。三是认真落实助产技术人员培训计划。四是规范孕产妇死亡评审和危重孕产妇抢救病例评审工作，建立孕产妇死亡通报制度。五是严格把握助产技术服务机构评估标准，依法开展校验工作。六是深入区县现场调研，协调解决危重孕产妇转、会诊工作中出现的问题。七是整合医疗服务资源，开展产科对口支援及学科共建工作。八是重申国际爱婴医院理念，强化爱婴医院管理责任，对11家助产机构爱婴医院制度执行情况进行抽查，并将抽查结果通报全市。

（三）规范5岁以下儿童死亡评审工作

2010年，本市婴儿死亡率为3.29‰，5岁以下儿童死亡率为4.16‰，婴儿死亡率及5岁以下儿童死亡率总体控制居全国领先水平。本市规范儿童死亡评审工作提上日程，重点包括五项内容：一是制发《北京市5岁以下儿童死亡评审规范》。二是完成评审规范培训。三是规范早期新生儿死亡评审相关内容。四是举办儿童生命监测和死亡评审工作座谈会。五是完成监测数据的质控检查。

（四）强化出生缺陷三级预防能力建设

一是推动孕前保健项目的开展。开展婚前保健机构依法管理工作。举办了婚检人员复训班；完成了对11所婚前保健机构的现场审核工作。二是切实依法做好产前筛查和产前诊断技术的管理工作。完成全市产前筛查和产前诊断专业人员的培训与考核。组织召开产前诊断专家组会及6家产前诊断机构工作例会。组织完成了对5家产前诊断机构和18家产前筛查机构的质控检查。三是落实出生缺陷监测责任，不断提高监测质量。按时完成对全国出生缺陷监测办公室人群出生缺陷监测网的社区婴儿随访表及出生缺陷儿信息上报、数据网上审核工作，共计6000余例。收集了北京市出生缺陷监测个案信息3000余例，并完成网上数据录入的审核工作。制定了《北京市出生缺陷诊断管理制度》。完成了对23家出生缺陷监测机构的质控工作。

（五）加强计划生育技术服务质量管理工作

2010年北京市共提供367101例次节育手术服务（不含中期引产术）。2010年手术量较2009年减少20280例。全市除输卵管结扎术外，各类手术在2010年均呈下降趋势。2010年本市提供节育手术时发生节育手术并发症6例，较2009年同期相比减少8例。发生并发症的术种也局限在人工流产4例（人流不全1例，漏吸3例），无痛流产2例（出血2例）。

2010年针对麻醉镇痛技术开展人工流产负压吸引术及剖宫产子宫瘢痕妊娠存在的问题进行了督导检查。通过检查，北京市的计划生育技术服务工作人员能力和服务质量都在不断完善提升。在常规工作和管理的基础上，不断应对新挑战。在满足广大育龄夫妇需求的同时，不断完善自身服务，为他们提供安全高效而满意的服务。

增设了“应用麻醉镇痛技术实施负压吸宫术”为计划生育技术行政审批项目。对于“应用麻醉镇痛技术实施负压吸宫术”及“瘢痕子宫妊娠的诊断及处理”的相关知识进行了专题培训。应用麻醉镇痛技术实施负压吸宫术的术者操作普遍比较熟练。参与应用麻醉镇痛实施负压吸宫术的麻醉师已经纳入全市计划生育技术服务管理与考核范畴，保证了应用麻醉镇痛技术实施负压吸宫术的麻醉安全。

（六）推进托幼园所卫生保健管理工作

一是协助教委认真做好托幼园所业务指导与检查评估。全年共完成24所园所早教基地验收工作、19所卫生保健示范园视导、42所园所的分级分类验收。二是以点带面，组织了主题为“托幼园所卫生保健信息资料的收集、分析和应用”的观摩活动。三是加强对基层的培训和反馈。四是努力做好2010年全市儿童体质监测工作，通过制定方案、组织协调、技术培训、配发器材、加强质控，完成了本市45所幼儿园的5828名儿童的现场测试。2010年北京市儿童保健工作被卫生部推荐在全国儿童保健工作会议上做大会交流发言。

（七）完善妇幼保健信息系统建设工作

积极争取市财政局、市信息部门支持，落实妇幼卫生信息化二期建设项目经费。结合医改工作要求，初步完成全市妇幼保健个案信息采集、统计、上报、分析等管理工作需求的论证，并以妇幼保健信息系统为基础，进一步规范出生医学证明管理工作。

（八）依法开展妇幼卫生行政许可工作

全市年内共完成市级行政许可申请受理、审核、审批和制证发证172件次，其中，产前诊断（遗传病诊断）技术服务机构许可1次；人员许可26次；婚前保健技术服务机构许可19次；人员许可126次。

（九）抓好规划编制及项目管理等相关工作

去年年底前，配合市妇儿工委、市发改委等部门初步完成《北京市“十二五”妇女发展规划》《北京市“十二五”儿童发展规划》及《北京市“十二五”妇幼卫生发展规划》编制工作。

充分发挥北京市妇幼卫生项目管理办公室对行政管理的辅助作用，积极开展工作并取得实效。一是承接卫生部和儿基会委托的孕产妇产后抑郁及促进自然分娩、降低剖宫产等项目管理工作。鉴于本市妇幼卫生项目管理工作模式创新，被中国妇幼保健协会推荐在全国会议上介绍经验；二是市妇幼卫生项目管理办公室各成员单位认真履行职责，全力推动“健康北京人——母婴健康行动（妇幼卫生）项目”在16个区县规范开展，使专家面对基层妇幼保健专业人员、基层妇幼保健专业人员面对社区居民的两级健康教育质量得到“双提高”。三是积极开展北京市妇幼保健机构现状及运营情况调查，初步完成市、区两级妇幼保健机构实行绩效工资改革可行性论证工作，并提出相关政策建议。

三、“十二五”妇幼卫生面临的形势

“十一五”时期，全市推进妇幼卫生工作所付出的努力为实现“十二五”的工作目标打下坚实基础。进入“十二五”，各级政府以保障和改善民生为目标，对深化医药卫生体制改革提出“保基本、强基层、建机制”的具体要求。今年，全国妇幼卫生工作总体形势趋好，但压力巨大。一方面，新一轮妇女、儿童发展纲要即将颁布，将对妇幼卫生工作产生积极影响；另一方面，卫生事业滞后于经济社会发展，妇幼卫生体系建设严重滞后于卫生事业发展已经成为不争的事实，加之，百姓日益增长的妇幼保健服务需求，必然使妇幼卫生工作面临前所未有的巨大压力和严峻挑战。具体分析本市妇幼卫生工作面临的问题，突出表现在以下三个方面：

一是孕产妇死亡率控制工作难度加大。“十一五”期间，北京市常住人口孕产妇死亡率为14.6/10万（户籍人口孕产妇死亡率为13.9/10万），虽然实现了“十一五”期间控制在15/10万以下的目标要求，但是，当前北京市孕产妇死亡率在全国排在第十位，与控制在10/10万以下的江苏、上海、浙江等兄弟省市相比，与“十二五”规划中确定的孕产妇死亡率控制在12/10万以内的工作要求相比，与北京建设世界城市的工作目标相比均存在一定差距。市级孕产妇死亡病例评审结果表明：北京市各区县经济发展水平与卫生资源分布差异显著，近郊区流动人口增长过快、情况复杂，孕产妇死亡率控制工作能力不均衡；围孕、围产期管理水平仍有待提高；孕产妇危重症抢救措施有待完善；孕产妇危重症产科处理能力有待加强；孕产妇危重症产生的社会因素值得重视。

二是妇幼卫生服务资源严重不足。随着妇女儿童医疗保健需求的日益增长，由于妇幼保健机构职能定位不清所造成的重临床、轻保健，重有偿服务、轻公共服务，重经济效益、轻社会效益的现象突出；市、区妇幼保健机构普遍存在工作用房不足，严重影响妇幼保健项目开展；妇幼保健专业人员匮乏、流动性过大，甚至出现岗位人员长期得不到休息，超负荷工作，严重影响保健工作正常开展。一些区县妇幼保健机构设备陈旧、配置不全，不能满足为妇女儿童提供重大公共卫生、基本公共卫生以及基本医疗服务的职能要求。

三是落实医疗卫生体制改革方案任重道远。2011年，全国医改工作进入“深水区”。北京市医改工作目标明确，责任清晰，要求更高。其中，适龄妇女“两癌”筛查、围孕期妇女增补叶酸预防神经管缺陷等重大公共卫生项目将在全市开展；新生儿先天性疾病筛查和0～6岁儿童免费健康体检等基本公共卫生服务项目将覆盖到常住人口；一些妇幼保健服务项目的实施机构从妇幼保健专业机构下沉到城乡基层卫生机构等具体变化，确实给妇幼卫生项目落实与管理增加了一定难度。在下一阶段工作中，面对妇幼卫生工作的严峻挑战，必须给予足够的重视，积极研究制定和实施破解对策。

四、2011年妇幼卫生工作思路

2011年北京市妇幼卫生工作的总体思路是，以深化医药卫生体制改革为动力，推进国家基本医疗卫生制度建设，全面落实妇幼公共卫生项目，积极推动妇幼卫生服务体系建设，做好贯彻落实新“两纲”的准备和实施工作，加强妇幼保健管理与能力建设。

（一）全面落实妇幼公共卫生项目

依据卫生部实施妇幼重大公共卫生服务和基本公共卫生服务项目的预期目标和工作要求，结合本市医改工作方案，认真落实管理责任。

1. 农村孕产妇住院分娩补助项目　按照《北京市农村孕产妇住院分娩补助项目管理方案》，各郊区县卫生、财政、妇联、人口计生、民政等部门协调配合，以提高住院分娩率和降低孕产妇死亡率为核心，优化孕产妇住院分娩补助服务流程，保证孕产妇住院分娩补助经费，加大宣传力度，确保农村孕产妇住院分娩补助政策的落实。

2. 增补叶酸预防神经管缺陷项目　实施《北京市增补叶酸预防神经管缺陷工作实施方案（试行）》，各区县充分发挥广播、电视、报纸等广泛的社会宣传作用，卫生、民政、人口计生、妇联等部门，通过婚姻综合服务、基层卫生服务、孕期保健服务等形式，最大程度满足围孕期妇女增补叶酸的需求。

3. 适龄妇女宫颈癌及乳腺癌筛查项目　各区县根据两年一周期，户籍人口适龄妇女自愿接受宫颈癌、乳腺癌筛查的工作要求，合理调配医疗服务资源，认真执行本市适龄妇女宫颈癌、乳腺癌筛查技术服务规范及管理工作要求，结合妇女生命周期保健管理，有效控制妇女宫颈癌、乳腺癌导致死亡的发生。

4. 预防艾滋病、梅毒母婴传播项目　根据本市疾病控制工作实际，统筹协调做好预防艾滋病、梅毒母婴传播工作，强化预防艾滋病、梅毒母婴传播管理单位责任，做到网络通、信息准、用药足、服务实、效果好。

5. 0～6岁学前儿童体检和新生儿先天性疾病筛查项目　按照北京市卫生局、北京市财政局《关于开展北京市0～6岁学前儿童免费健康体检和免费为新生儿进行先天性疾病筛查工作的补充通知》要求，扩大服务对象、保障工作经费、明确工作职责，认真组织实施。

（二）积极推动妇幼卫生服务体系建设工作

积极配合卫生部制订《妇幼保健机构建设规划和标准》《妇幼保健机构评审办法》工作，争取政府尽快支持妇幼保健机构建设；落实《全国县级妇幼卫生工作绩效考核实施方案》，积极组织开展区县级妇幼卫生绩效考核，进一步推动基层妇幼卫生工作全面落实；推进落实服务项目，完善服务网络，标准化服务设备，配齐服务队伍，提高保障水平，提升管理能力，规范考核指标，理顺责任分工等八项工作。

为加强本市区县级妇幼保健机构儿科工作，满足儿童享有安全、有效、方便、价廉的基本医疗卫生服务需求，市卫生局决定加强三级医院对口支援区县级妇幼保健机构儿科工作。各支援医院和受援单位要在各有关区县卫生局的组织下，根据《北京市卫生局关于加强三级医院对口支援区县级妇幼保健机构儿科工作的通知》要求，认真研究工作计划，并按时组织实施。

（三）做好贯彻落实新“两纲”的准备和实施工作

贯彻落实《中国儿童发展纲要（2011－2020）》和《中国妇女发展纲要（2011－2020）》及《北京市“十二五”时期妇女发展规划》《北京市“十二五”时期儿童发展规划》，制定卫生部门实施方案并组织实施。进一步加强对全市妇幼保健工作的行政许可和监督执法工作。

（四）加强妇幼保健管理及服务能力建设

1. 妇女保健工作

（1）加强孕产妇死亡控制工作：提高助产机构产科水平，降低北京市孕产妇死亡率。一是制定管理办法，推行高危孕产妇区域化分级管理。二是建立北京市严重产科并发症评审制度。三是切实落实北京市高危孕产妇转、会诊及抢救管理工作要求，保障转、会诊工作有效运行。今天，北京市卫生局为市级高危孕产妇转、会诊指定医院授牌，各单位要高度重视，形成全院通力合作的工作机制，有效落实工作责任。四是对产科对口支援工作情况进行督查。五是定期举办全市产科主任工作及医务科长工作例会，加强基层产科学科带头人的培养。

加强围产保健管理，提高孕产妇系统保健水平。一是加强人员培训。二是继续做好孕产妇死亡评审及通报工作。三是加强孕产期合理营养与膳食指导。

（2）提高出生缺陷防治工作水平

1）出生缺陷一级预防：做好对婚前保健机构的重新审核换证工作。修订婚前保健工作规范，优化婚前保健服务流程。开展孕前保健服务工作规范制定及管理模式的探索工作。加大宣传力度，提高群众婚检意识。

2）出生缺陷二级预防：一是继续组织专家修改《北京市〈产前诊断技术管理办法〉实施细则》《北京市产前筛查技术管理办法》和《北京市产前诊断与产前筛查工作规范》。二是完善产前筛查与产前诊断转诊网络，不断规范产前筛查与产前诊断转、会诊管理，使高危孕妇转诊更加方便有序。三是继续组织全市二级以上医疗保健机构人员产前咨询和产前超声筛查技术的培训与考核。四是对6家产前诊断机构的技术人员、服务与管理质量进行监督检查。五是严格产前筛查机构管理，加强质控。六是做好首发基金《北京市产前超声筛查技术管理模式研究及效果评价》项目。七是制作健康教育材料及展板，在孕妇中进行广泛宣教。

3）出生缺陷监测三级预防：对出生缺陷诊断及标准进行培训，提高出生缺陷诊断水平。对全市10%以上的出生缺陷监测医院进行监测质量控制检查。加强市级出生缺陷儿诊断管理。

（3）规范爱婴医院管理工作：加强爱婴医院管理，倡导促进自然分娩。切实加强对爱婴医院的管理和监督，根据卫生部工作部署，在试点的基础上，全面开展爱婴医院复评估工作，推动母乳喂养工作开展。会同相关部门，开展剖宫产专项调研，重点加强非医学需要的剖宫产管理，深入开展“促进自然分娩，保障母子安康”活动，降低剖宫产率。

（4）规范妇女常见病防治及全市计划生育技术管理工作：制定、印发《北京市妇女常见病防治工作管理与技术规范》。根据不同年龄段妇女多发病患病趋势，制定防治手册。

组织专家进行专项技术检查与督导。继续组织做好市级计划生育手术并发症评审、反馈。开展有剖宫产史再育妇女状况调研。继续开展岗前培训和继续教育培训。

2. 儿童保健工作

（1）婴幼儿保健管理工作：制发《北京市儿童保健工作规范》。修订《北京市散居儿童保健工作常规》。研究制定《北京市儿童早期发展工作规范》《北京市儿童保健门诊规范》。组织召开市级5岁以下儿童死亡评审会。继续开展婴幼儿保健技能培训及婴幼儿保健管理与5岁以下儿童生命监测年报质控。组织儿童保健人员参加新生儿髋关节脱位筛查、先天性心脏病筛查等专项工作研讨，开展儿童常见疾病管理工作观摩等活动。

（2）学龄前儿童保健工作：研究落实卫生部、教育部《托幼园所卫生保健管理办法》，制定北京市实施细则。继续做好托幼园所业务指导与检查评估。加强对基层人员业务培训。按照市教委、市发展改革委、市公安局、市卫生局《关于印发北京市举办小规模幼儿园暂行规定的通知》要求，履行各级监管职责。对45所幼儿园（监测点）开展的幼儿体质测试工作进行质控，并与北京市体科所合作研发和推广体质评价系统。

（3）儿童精神心理发育管理工作：加强技术质量指导，进行社区家庭相关健康知识的培训，完善儿童神经心理发育保健的服务网络，开展脑瘫儿童监测及早期康复研究。修订《北京市高危新生儿智力监测常规》。完善培训教材，系统化题库内容。继续开展丹佛发育筛查技术（DDST）、格赛尔发育诊断量表、发育落后儿童干预等技术培训。组织开展专项工作研讨与观摩。

3. 完善妇幼卫生信息化建设工作　积极推进妇幼卫生信息化建设项目。配合北京市公共卫生信息中心开展妇幼卫生信息化二期建设，建立基于个案的妇幼卫生信息系统，实现社区、医院与妇幼保健机构信息共享，卫生与其他相关部门妇幼保健信息共享，提高妇幼保健信息的利用率和工作效率、服务质量和管理水平。

做好全市妇幼保健信息的收集、整理、上报、分析、质控等管理工作，保证各项数据，特别是全市医改工作数据及时、准确报送。推进全市妇幼保健信息的规范化管理。继续做好全市出生医学证明的发放和数据管理。

4. 进一步做好妇幼卫生项目工作　以项目带管理，以管理促服务。深入开展健康北京人——母婴健康行动项目，组织区县现场会，推广先进经验。积极推进产后抑郁、围产期母婴人性化服务等项目的理论研究与管理实践工作。

同志们，妇幼卫生工作是维护妇女儿童生命健康，关乎民族素质与经济社会发展的神圣使命，也是关乎千家万户幸福安康，体现保障和改善民生重要政府责任的崇高事业。让我们在统一思想、坚定信心、振奋精神的基础上，抓住机遇，努力奋斗，为开创北京市妇幼卫生工作的新局面和全面提高妇女儿童健康水平做出新的、更大的贡献！

建立机制　创新模式
全面推进首都中医药事业科学发展

——在2011年北京市中医药工作会议上的报告

北京市中医管理局局长　赵　静

（2011年4月12日）

同志们：

这次中医药工作会议的主要任务是：全面贯彻落实全国卫生和中医药工作会、北京市医改工作会会议精神，总结“十一五”首都中医药工作成就和2010年全市中医药工作，部署2011年中医药工作重点任务。下面，我代表北京市中医管理局向大会作工作报告。

一、“十一五”首都中医药事业发展取得新成就

2008年，市政府《关于促进首都中医药事业发展的意见》的制定与实施，通过完善扶持政策、改革体制机制、创新管理模式、激励中医药传承与人才成长、推动科技创新与产业培育、扩大中医药文化传播与对外交流等，推动了首都中医药事业科学发展，在全国起到了引领和示范作用。

（一）中医医院补偿机制得到实施

全市中医医院建立了新的财政补偿机制和有利于发挥中医药特色优势的鼓励考核制度，通过对中医医院特色进行绩效考核，中医医院基本工资和国家规定的津贴全部由政府支付，扶持中医医院积极开展中医诊疗技术项目和非药物中医治疗方法，开发使用中药制剂和中药饮片，提高中医药诊治技术水平。新政策的实施，使我市中医医疗机构中草药使用比率由2007年的4.47%增加到17.22%；中成药使用比率由2007年的13.56%增加到43.84%，重点专科开展的特色疗法由绩效考核前的137项增加到172项。中医医院补偿机制的建立，使“简、便、验、廉”的特色优势得到充分发挥，减轻了百姓负担。

（二）中医药服务能力显著提升

“十一五”期末，全市卫生机构提供中医类服务的达到3980所，中医药人员达到14193人，万人口中医执业（助理）医师6人、万人口中医床位7张，100%的社区卫生服务中心、80%的乡镇卫生院应用中医药技术和方法预防传染病、防治慢性病。中医类别执业医师占全市执业医师的8%，提供的医疗服务

占全市总量的23%。服务总量比“十五”期间提高了9个百分点。中医药在服务奥运、参与重大疾病防控、应对甲流、抗震救灾等方面发挥了重要作用。

（三）中医药科技与传承实力不断提升

实施“十一五”中医药科技51510工程，通过重点学科、重点研究室、重点实验室等科研平台建设，完善了中医药科研支撑条件，提高了科技创新能力。成功开发了“金花清感方”制剂，启动了“十病十药”研发工程，创新了中医药产学研用一体化的科研模式。通过表彰12名首都国医名师，重奖40名老中医药专家学术传承指导老师，建立了中医药传承与人才成长激励机制。

（四）中医药文化传播得到加强

通过建设“国家中医药发展综合改革试验区”、举办地坛中医药文化节、完善北京中医药数字博物馆、建立“中医药传统文化青少年教育基地”、试点推广青少年中医药文化知识读本（小学版）、“中医健康大课堂”、编印中医药科普知识读本、举办中医药国际论坛等活动，扩大中医药文化在国内外的传播范围。

二、2010年中医药工作取得新进展

2010年北京中医药工作全面贯彻落实深化医改和《北京市政府关于促进首都中医药事业发展的意见》提出的任务和要求，以“政策落实年”和“特色回归年”为抓手，圆满地完成了各项任务和工作目标。

（一）2010年北京市医改中医药任务圆满完成

全市二级以上68家公立综合医院已经全部设置了达标的中医临床科室和中药房。部署了二级以上中医医院全部恢复并加强中医儿科的工作，建立了3个中医儿科诊疗中心，缓解了儿童看病难问题。组织开展首个中医药“十病十药”研发项目，并通过成果推介会的形式，将首批遴选的12个项目与中医医疗机构数百个院内制剂向中药企业进行推介，达成33项合作意向。完成了甲型H1N1流感中医药防治的科技攻关成果——金花清感颗粒的临床前研究。完成了2010年公立中医医院中医药特色服务绩效考核，并督促市各级财政部门全面落实财政补偿。协调相关部门做好基本药物目录中药品种的调整遴选工作，在北京市的基本药物中，中药品种有244种，占到47%。推进“小膏药”等中药传统制剂重现临床，设置了小膏药专台，首批推出30个质优价廉的“小膏药”服务首都市民。开通了集健康教育、指导和管理于一体的“青少年近视中医药防治网”。

引导城区三级甲等中医医院的优质服务资源向郊区县延伸，由中国中医科学院广安门医院整体托管大兴区中医医院，使大兴区能够尽快拥有三级医院水平的中医医院。允许中医类别执业医师到社区、农村基层多点执业。积极推进东城区国家中医药发展综合改革试验区建设，召开“试验区”推进大会，建立首批中医药产业发展示范基地，成功召开了京沪两地试验区合作论坛。

（二）“特色回归年”建设取得进展

制订了“特色回归年建设”工作方案，将中医药文化、品牌、传承、基本功、护药结合五个回归26条措施纳入医院管理年检查和中医特色绩效考核工作的内容，采取循环互查的方式，完成了国家中医药管理局医院管理年检查评估工作。完成了第三批综合医院示范中医的验收和第四批启动工作。创建了12个首都军地共建综合医院中医药工作示范单位和示范建设单位。完成了中西医结合医院扩建项目的申报立项工作。举办了首届“回回医学论坛”和首届“首都民族医文化论坛”。中医药全行业标准化建设进一步加强。进一步规范中医药类广告的审批和信访工作。明确了中药泡洗、足底反射等中医药传统疗法的诊疗常规。制定中医医院开展现代技术管理办法；组织《北京市中医医院护理工作标准》全员培训和考核，发放了管理制度等4个部分的护理工作标准口袋书，开展了“北京市中医特色护理示范岗”评选活动；修订完成了新版《北京市中药调剂规程》。

（三）中医药应对突发事件的优势得到发挥

我市组建的医疗救援队，充分发挥中医药特色优势，在青海玉树地震造成的外伤、骨折等疾病以及甘肃舟曲泥石流灾区“烂裆病”等疾病的治疗中发挥了较大的作用，积极完善中医药应对突发公共卫生事件的应急预案，把中医药在突发灾害医疗救治的成绩和经验机制化、标准化、规范化，形成良好的应急反应机制。

（四）社区卫生中医药服务内涵建设得到加强

实施了“2345”工程和人才培养“回归扎根”工程。完成了3个中医类别全科医师岗位培训基地的建设和600余名中医类别全科医师的岗位培训。2010年新创建1个国家级、2个市级社区卫生服务先进区县，创建20个社区特色诊区，评选50个社区中医慢病防治试点单位，创建了10个乡镇卫生院示范中医科；创建3个全国农村中医工作先进区和20个农村医疗机构针灸理疗康复特色专科；建立了3个基层中医药适宜技术推广培训基地，培养100名中医适宜技术推广员。

夏季三伏期间，全市25家中医医院和113个社区卫生服务站点开展的“冬病夏治”统一行动，为社

区广大群众提供了科学、规范、优质的“三伏贴”服务，受益人群达23万；秋季举办的“北京首届中医药养生膏方节”活动，为百姓提供了规范的膏方养生保健服务；中医药预防保健服务示范区的社区卫生服务中心全部成立了“岐黄馆”，并建立中医预防保健服务指导室，为社区居民建立有中医内容的健康档案并提供规范的中医体质辨识等服务。

（五）中医药人才培养和继承工作成效显现

继续实施北京中医药薪火传承“3+3”工程，今年新增加7个名老中医工作室站，室站总数已达82个，实现了“3+3”室站的对外开放，多数室站都接收了外来进修人员的培训学习。完成了第四批全国老中医药专家学术经验继承工作的年度考核。举办了北京第四批全国老中医药专家学术经验继承理论研修班和学位课程班。举办了首届北京市西学中高级研修班；开展了中医对口支援内蒙古、河北的工作，组织全市12家中医医疗机构对口支援内蒙古56家医院的60个学科，并通过多种途径加强受援医院卫生人员实践技能培训；选派北京地区的名院名医支援河北省，承担了河北省入选全国优秀中医临床研修项目优秀人才的14个专业57名学员的带教工作。

依托“北京市中医管理局协作与培训网络平台”组织了“温病学”名医大讲堂，编辑、发放《温病经典必读》口袋书；依托“首都中医药实训网”，开发完成了“北京中医住院医师规范化培训管理系统”，实行了报考电子化、集中培训网络化，依托东城区“试验区”平台，由北京中医药大学与北京宏志中学合作开办中医药特长实验班，探索推进中医院校教育改革的新措施。

（六）中医药文化普及和国际交流取得实效

“五一”期间，成功举办了第3届北京中医药文化宣传周暨第2届地坛中医药健康文化节，通过中医文化展示体验区、养生保健操互动坛、中医药养生文化园、百姓养生大讲堂、中医药文化长廊、中医药博览大道六大主题区域活动，向社会全方位展示中医药健康文化的魅力，首都市民近6万人次到地坛公园参与了活动。

与东城区“试验区”共同打造了国内第1个中医药养生文化园。自“五一”向社会开放以来，已接待咨询近万次，发放宣传材料万余份，接待各级参观团10余个，组织义诊咨询和健康讲座各8场，集游憩、中医药养生知识科普、中医药文化宣传为一体的地坛中医药养生文化园，成为北京市中医药文化宣传的重要基地。多形式、多内容开展中医药健康文化活动，提高群众健康生活素质。积极开展了中医药“五进”活动，进一步扩大了中医药在群众中的影响；在“中医中药中国行”的总结展演活动中，向社会全面展示了首都中医药的建设成果。

积极推进名医文化建设，弘扬大医精诚的职业精神。先后主办国医大师方和谦逝世一周年纪念活动暨铜像落成揭幕仪式、国医大师颜正华教授行医执教70周年、首都国医名师金世元教授从业70周年庆典，为施汉章、孙树椿、鲁兆麟等多位名老中医工作室举行揭牌仪式，进一步在行业内掀起学习名医精神、传承名医学术的良好氛围。

成功举办了“2010北京中医药国际论坛”。围绕“开放的北京，发展的中医”主题，通过“中医药与人类健康”等四个分论坛的学术交流和对北京中医药医疗、教学、科研机构的实地考察，向来自美国等14个国家和地区200余名中外学者展示北京中医药行业的总体实力。加强了对台中医药合作与交流。认真落实国务院台办关于加强海峡两岸中医药交流的文件精神，组织了两批共87名北京市中医专家赴台开展中医药学术交流。

（七）科学编制中医药发展“十二五”规划

启动《北京市发展中医条例》的修订工作，多次组织专家进行调研和论证，现已形成条例修订的初稿和可行性论证报告。完成了北京地区中医基本现状调查，为“十二五”规划的制定奠定了基础。“十二五”期间首都中医药事业将围绕以促进居民健康为中心，坚持产业与事业、健康与文化两个联动，创新人才培养机制、科技创新机制和管理运行机制，实施中医药多元发展工程、中医药基层提升工程、中医药健康促进工程、中医药人才提升工程、中医药科技创新工程、中医药产业融合工程、中医药文化普及工程、中医药国际化推进工程八大工程，全面推进“十二五”中医药事业持续协调快速发展。

以上成绩的取得，是市委、市政府正确领导、科学决策的结果，是国家中医药管理局和各级党委、政府和相关部门高度重视、大力支持的结果，是中国中医科学院和北京中医药大学等中央在京单位共同努力的结果，更是广大首都中医药工作者团结奋斗、艰苦努力的结果。在此，我代表北京市中医管理局，向与会的领导和代表并通过你们向各级党委、政府、各有关部门、社会各界、新闻媒体和首都中医药工作者表示衷心感谢，并致以崇高的敬意。

三、2011年北京中医药工作重点

2011年北京市中医药工作的总体要求是：全面贯彻2011年全国卫生及中医药工作会议精神，落实北京市深化医药卫生体制改革会议要求，按照全市卫生工作的总体部署，围绕“推进发展、提高效率、减轻负担、促进健康”的北京市医改四项工作目标，以推动实现首都中医药事业科学发展为主题，以在深化医改中全面贯彻落实《意见》为主线，以“质量提升年”和“传承创新年”为抓手，着力加快调整中医药资源布局，着力持续推进基层中医药服务能力建设，着力不断提升中医药全行业服务质量管理水平，着力最大限度地发挥中医药在市民健康促进过程中的重要作用，保证首都中医药事业在“十二五”期间开好局，起好步。

（一）统筹协调，加快调整中医药服务资源布局

充分发挥首都中医药服务资源丰富的优势，以缓解群众“看病难”，让群众就近享受中医药优质服务为目标，转变思路，创新工作机制和发展模式，逐步实现城乡中医药服务均等化。

1. 引导城区优质中医药服务资源向郊区疏解　在推进公立中医医院改革的进程中，总结中国中医科学院广安门医院托管大兴区中医医院，实现“管理融合、学科融合、技术融合、人才融合”的经验，鼓励城区大型中医医院采取多种方式在远郊区拓展服务空间。落实北京中医医院新址建设项目，在资源薄弱地区，打造国家中医药临床研究基地。支持北京中医药大学在新校区建设的过程中，整合临床教学和医疗服务资源，提升当地中医药服务能力。

2. 推动形成区域中医药多元化发展格局　在“十二五”期间，按照中医药医疗、教育、科研、保健、文化、产业和国际交流“七位一体”协调发展的总体要求，结合各区县经济社会发展和区域功能定位，分类指导各区县中医药综合发展目标的科学定位，提升区域中医药发展综合实力，推进“国家中医药发展综合改革试验区”建设，形成中医预防保健服务体系示范建设、中医药旅游文化休闲开发、中医药国际化示范推进、中药产业化发展、中医生态健康养生促进、社区中医心理健康服务基地建设、中医药文化进大学校园、农村中医药一体化管理体系建设等特点鲜明、多元错位的区域中医药发展格局。针对全市针灸、肿瘤、康复、骨伤等专科医院缺乏的实际，支持针灸医院、骨伤医院和康复医院等专科专病品牌医院的建设。

3. 支持促进中医药社会力量办医的健康发展　要进一步完善落实中医执业医师多地点执业政策，出台“北京市关于鼓励名老中医开办中医诊所的意见”，鼓励名老中医在基层居民身边开办诊所，缓解群众看病难、看专家难的问题。要按照促进与规范并重的原则，加强对社会力量办医的引导与服务。在东城区“国家中医药发展综合改革试验区”开展中医药社会力量办医服务与管理模式试点工作，扶优扶强，发挥好社会力量办医作为政府办医的有益补充，满足群众多层次医疗服务需求的重要作用。

（二）重心下移，提高城乡基层中医药服务能力

2011 年要以北京市创建首个“全国基层中医药工作先进省（区、市）”工作为契机，加强对农村、社区中医药工作的指导和管理，在项目投入、人才培养和工作评价三方面重心下移，夯实首都中医药基层服务网底，最大限度满足基层群众中医药服务需求。

1. 开展中医药基层服务优秀单位建设工作　推动区县中医医院在基础建设、专科专病建设、急诊服务能力建设、示范中药房建设、继续教育基地建设、适宜技术推广能力建设、中医药科技开发能力建设、区域辐射能力建设、人才队伍建设、医院管理能力建设等 10 个方面发挥“龙头”作用。促进社区卫生服务机构在中医基本医疗、慢病防控、治未病开展、适宜技术推广和文化普及等 5 方面的“内涵更新、外延拓展”，整体提升服务能力。

2. 切实把中医药人才工作的重点转向基层　继续实施好基层中医药人才培养“回归扎根工程”，完成 700 名社区医疗卫生机构在岗中医师的岗位培训工作。继续推进“基层老中医工作室”建设。做好与高等院校合作开展为乡镇卫生院定向免费培养一批大专和本科毕业生工作。在第四批北京市老中医药专家学术思想和临床经验继承工作中，启动“百名基层人才拜名师”工作，为基层培养中医药传承型人才。组织开展以“优秀中医药人才在基层”为主题的系列培训、培养工作，充分调动基层高学历中医药人才的积极性，营造“名医出基层”的舆论氛围、政策环境和工作模式。

3. 实现城市大医院专科建设与基层无缝对接　依托全市二级、三级中医医院的国家级、市级重点学科和 55 个国家级、21 个市级重点专科（专病），持续深入开展专科专病“携手网络工程”建设，把中医专科专病的优势辐射到基层，使“携手网络工程”不但覆盖到区县中医医院，同时通过“联手建设”延伸到社区服务中心和乡镇卫生院，实现建设 100 个携手工程网点的工作目标。各级重点专科专病建设项目科室，都要派专家到“联手建设”基层网点坐诊带徒，并把此项工作完成情况作为医院级别评审及管理年考核的重要内容。

（三）质量提升，提高中医药服务体系功能效率

要在继续深入开展以“发挥中医药特色与优势”为主题的中医医院管理年的基础上，进一步完善以公益性和中医药特色为核心的公立中医医院绩效考核制度，总结 2010 年“特色回归年”建设的经验，开展

“质量提升”年建设工作，制定工作方案，坚持“利民、惠民、便民”的主旋律，坚持以病人为中心，强化质量和效率意识，持续推进“名院、名科、名医”三名工程建设。

1. 提升中医药特色服务资源供给质量　在2010年建设3个市级中医儿科诊疗中心，有效缓解儿童看病难的基础上，开展空间布局合理的中医药特色服务“双十”建设工作，即建设妇科、肛肠科、耳鼻喉科、眼科、推拿科等10个中医药传统特色诊疗中心和10个中医药“治未病”中心，缓解群众看中医专科专家难的问题。在2010年实施“小膏药重现工程”的基础上，2011年启动“中医药优秀传统技法百人百项”工程，建立北京市优秀传统技法名录，树立中医药优秀传统技法传承弘扬典型，开展中医药从业人员优秀传统技法培训，发挥其在中医药特色优质服务中的重要作用。

2. 提升全行业和中医医院质量管理水平　加强全行业质量管理标准化、规范化、制度化、信息化建设。开展中医优势病种协作中心建设。积极推进中医临床路径的实施，探索按病种的收费方式，减轻群众医疗负担。推进国家中医药标准研究推广基地（试点）建设。启动中医医院二级以上诊疗技术的准入管理。建立健全北京市中医医疗质量安全控制评价体系和各级各专业医疗质量控制评价组织，加强医疗质量安全评价控制。开展示范中药房建设工作，开展中医、中药从业人员《调剂规程》的全员培训，开展西医从业人员合理使用中成药培训，推进全市医疗机构中药饮片服务质量和合理使用中成药水平的提升。

3. 提升综合医院示范中医工作建设水平　启动开展第四批综合医院示范中医工作建设项目，持续推进“首都军地共建军队综合医院中医工作示范单位”建设，促进前三批综合医院示范中医工作单位在中西结合、综合服务、技术辐射、学科发展、自主创新等五方面取得新进展。开展推进综合医院中医药工作的“优秀院长”、“优秀科主任”和“优秀中西合作专家”的评选工作，推进综合医院与综合医院、综合医院与中医医院重点优势学科联合发展，整体提升综合医院中医工作水平。建设好“北京藏医民族医诊疗和研究中心”和“北京回回医和民族医诊疗和研究中心”。

（四）促进健康，加强中医药预防保健体系建设

我市“十二五”规划明确提出打造“健康城市”的目标，建设“健康城市”对中医药服务模式的创新提出了新的要求，要不断满足市民多样化的健康需求，发挥中医药“治未病”在疾病预防、健康促进方面的优势，努力让广大市民不得病、少得病、晚得病。

1. 不断加强中医药预防保健服务网络建设　完成市政府折子工程10个中医药“治未病”中心建设任务，以三级中医医院的中医“治未病”中心为指导，扩大“治未病”基地建设，政府举办的中医医院要设立中医预防保健服务科室，100%社区卫生服务中心要建立中医药“治未病”健康指导室，培养家庭中医药预防保健指导员。在促进基本公共卫生服务逐步均等化方面，重点抓好中医药服务内容的落实。推广10项中医药适宜技术。组织专家筛选10种疗效突出、有区域特色的中医药适宜技术，实施分层分类推广，鼓励基层卫生服务机构广泛使用。进一步加强中医预防保健服务技术方法及相关产品研究开发，形成服务项目，建立服务规范。

2. 大力开展中医药文化普及宣传活动　举办好第四届北京中医药文化宣传周暨第三届地坛中医药健康文化节。编制市民四季中医药预防保健方案，持续开展夏季三伏贴统一行动、秋季膏方节统一行动。推出一批北京市中医药文化宣传示范基地。在东城区试点推广北京市《青少年中医药文化知识普及读本》（小学版）的基础上，向其他区县推广，普及中医药文化从娃娃抓起。举办好以“世界城市、健康北京”为主题的第二届北京中医药国际论坛，打造首都中医药对外交流的品牌。配合国家中医药管理局启动国家中医药博物馆建设项目。

3. 提高中医药应急救治的能力和水平　完善中医药参与重大疾病防治与突发公共事件卫生应急工作的机制，建立多学科参与的中医药应急预案，健全中医药参与突发公共事件应急网络，训练一支中医药应急队伍；继续抓好中医药防治传染病临床基地建设，提高中医医院传染病防控和应急救治能力；继续做好流感、手足口病等传染病的中医药防治，抓好扩大中医药治疗艾滋病项目规模的任务落实。

（五）传承创新，加强科技和人才支撑体系建设

牢固树立科学技术是第一生产力，人才是第一资源的理念，2011年要以筹建北京中医药研究院和首都名医研修院为契机，整合首都中医药优质科技和人才资源，坚持体制创新、制度创新和模式创新，探索建立攻关、研发、转让、产业化等产学研用一体化的中医药科研发展机制，探索建立院校教育与师承教育相融合的人才培育模式，强化制度建设，为首都中医药事业“十二五”规划的顺利实施提供强有力的科技和人才支撑。

1. 推进“十病十药”研发专项取得阶段性成果　以筛选30个项目为基础，做好“十病十药”项目的后续研发和管理，完善各相关委办局对“十病十

药”具体政策和互相衔接的畅通流程，建立院内制剂研发、新药研发培训、转让与产业化等技术平台，鼓励社会资金尤其是药品生产企业参与各技术平台建设，以技术平台为载体促进产学研用一体化形成，依托科技促进中药产业升级。完成“金花清感颗粒”三期临床试验研究及新药申报工作。

2. 加强学科建设和科学研究共享平台建设　整合北京地区中医药各重点学科、重点研究室和三级实验室的中医药科研人才、特色技术等优势资源，建成北京地区中医药科研网络合作平台，并向全市开放，为承接国家级重大项目打好基础。依托北京地区各重点学科和重点实验室建立中医药科研培训中心，开展基层医疗卫生机构科研能力培训。建设好一批市级重点研究室。

3. 推动中医药人才培养和传承工作再上新台阶　持续推进中医药薪火传承“3+3”工程建设，扩大规模、完善内涵。推广北京中医医院“团队带团队”人才培养模式。开展第四批市级老中医药专家学术经验继承工作。办好“北京首届西学中高级研究班”。启动第三期“北京市中医药人才培养计划”（简称“125”人才计划）工作。开展中医药继续教育基地、适宜技术推广基地和技能培训基地建设工作，提高中医药继续教育质量和覆盖率。

同志们，完成好今年的中医药工作任务，对于实现医改阶段性目标、为“十二五”中医药事业发展开好局具有十分重要的意义。让我们在国家中医药管理局、市委、市政府和北京市卫生局的正确领导下，坚定信心，振奋精神，锐意进取，扎实工作，牢牢把握医改机遇，进一步发挥中医药的特色优势，强化中医药服务能力建设，为促进首都全民健康做出更大的贡献。

谢谢大家！

进一步深化医药卫生体制改革
努力开创首都卫生事业科学发展新局面

——在2011年北京市卫生工作会议上的报告

北京市卫生局局长　方来英

（2011年4月13日）

同志们：

现在我代表北京市卫生局向大会报告“十一五”及2010年北京卫生工作主要任务的完成情况和2011年首都卫生工作的主要任务，请提出意见。

一、“十一五”及2010年工作回顾

在市委、市政府的坚强领导下，2010年及“十一五”期间北京卫生系统广大干部职工，锐意进取，攻坚克难，统筹推进，首都卫生事业改革和发展取得了新的重大进展和成效，“十一五”规划的目标得以顺利实现。

（一）“十一五”主要成绩

1. 居民健康水平显著提高　2010年，全市人均期望寿命达到80.81岁，比2009年增加0.34岁，比“十五”末期的2005年增加0.72岁。与2005年相比，孕产妇死亡率从15.92/10万降至12.14/10万；婴儿死亡率从4.35‰下降至3.29‰，上述健康指标均处于全国领先，已达到发达国家水平。

2. 卫生资源总量显著增加　到2010年底，全市卫生机构数达6539家，较2005年增加35.7%。卫生技术人员171093人，较2009年增加6.6%，较2005年增加42.7%。执业（助理）医师65954人，较2009年增加5.8%，较2005年增加30.3%。注册护士67308人，较2009年增加9.3%，较2005年增加56.9%。全市医疗机构实有床位数达92871张，较2009年增加3.1%，较2005年增加17.5%。

3. 医疗服务能力和服务效率显著提高　2010年，全市医疗机构诊疗总量达14606万人次，较2009年增加8.0%，较2005年增加51.1%。出院人数182.8万人次，较2009年增加7.0%，较2005年增加51.2%。医疗机构平均住院日13.7天，较2009年减少0.2天，较2005年减少1.9天。

4. 公共卫生安全环境显著改善　2010年，全市

甲、乙类传染病发病率为268.99/10万，较2009年下降20.86%，较2005年下降39.7%。抽样调查显示，自1993年实施乙肝疫苗接种政策以来到2010年，全市至少有约45万人因接种乙肝疫苗而免于乙肝病毒的感染，有约11万人避免成为乙型肝炎患者，由此所节约的直接医疗费用大约为14亿元。而自2007年我市为60周岁及以上老年人和在校中小学生减免费接种流感疫苗以来，全市每年减少流感样病例的发病人数约64万人，累计节约直接医疗费用10亿元。

5. 基层卫生体系建设显著提升　全市建成了由社区卫生服务中心（站）、村卫生室等各级各类基层医疗卫生机构9183家单位、5.6万卫生工作者组成的基层卫生服务体系。农村居民中有278.53万人参加了新型农村合作医疗，参合率达到96.7%，人均筹资520元，市、区县、乡镇三级政府筹资比例达到85.62%。新农合政策范围内患者住院费用报销比例达到60.02%，比2009年提高12.43%；门诊报销达到41.05%，比2009年提高6.86%；农民的医疗保障问题得以初步解决。

（二）2010年主要工作

1. 积极推进医药卫生体制改革　正式组建成立了首都医药卫生协调委员会，为从首都层面上更好地推进对区域内所有医疗卫生机构的全行业和属地化管理奠定了有效的组织基础。抓紧开展市医院管理机构组建工作，探索实施管办分开的卫生管理体制。完善公立医院补偿机制工作有了新进展，北京市财政已对符合国家政策规定的市直属医疗卫生单位退休人员费用实行财政全额保障；市直属医疗单位实施总会计师制度的工作方案已编制完成；在12家医院开展了项目成本核算工作；在4家医院开展了以公益性为核心的公立医院绩效考核试点工作，为建立医院绩效考核体系奠定了基础。完成了北京地区卫生总费用报告，个人现金支出比例已经在卫生总费用中降至26%。全面完成政府主导的网上药品集中采购工作，26292个药品中标成交，相同药品较市场平均价格下降16%，全年可减轻百姓用药负担36亿元；2010年2月底，我市顺利实现了从“社区零差率药品”到实施国家基本药物制度的转变，基层社区卫生服务机构使用的国家基本药物及我市补充药品共计519个品种1500余个规格，中标价格在国家基本药物最高限价的基础上降低了30%以上，并全部实行统一配送、零差率销售，每年可减轻百姓用药负担4.56亿元。建立了住院医师规范化培训属地化管理和统一培训模式，成立了“北京市毕业后医学教育委员会”，整合了以北京大学、北京协和医学院、首都医科大学和军队系统等的多种培训体系，基本实现“应培尽培”的阶段目标。推动医疗卫生单位实施和完善能进能出的人员聘用制，加强公立医院人员配备，研究测算了医院的人员编制需求，为解决医疗卫生单位人员编制不足问题奠定了基础。全年共接收998名大学毕业生到基层工作。公共卫生和基层医疗卫生机构实施绩效工资的工作已启动实施。卫生统计和信息化工作水平不断提升，积极探索并启动了电子病历和居民电子健康档案的建立工作，为深化医药卫生体制改革工作提供了有力的支撑和保障。

2. 强化医疗机构、医疗技术准入和质量管理，改善医疗服务模式　印发并实施了《北京市医疗机构审批管理办法》和《北京市首批第二类医疗技术目录》。制定了《手术分级标准目录》和《北京市医疗机构手术分级管理办法》。医疗质量管理进一步加强，在成立了北京市急诊抢救质量控制和改进中心、重症医学质量控制和改进中心之后，全市已经初步形成了以18个质量控制和改进中心为载体的医学质量控制和改进体系。我市49家三级医院预约就诊比例总体达到20.13%；复诊预约比例整体达到40.57%，出院病人复诊预约比例整体达到60%，产科复诊预约比例整体达到90.34%，口腔科复诊预约比例整体达到93.56%。预约诊疗工作已逐步被社会接受，受到居民欢迎。在30家地方三级医院和12家部队系统三级医院试点实施了双休日全天开设门诊，法定节假日根据患者就诊需求，动态调整门诊时间的措施。区域内远程会诊试点稳步推进。全市目前已有48家三级医院、60家二级医院启动了优质护理服务，对3025名护理员进行了免费培训。实施了医师多点执业工作。在11家试点医院20个专业99个病种开展了临床路径管理。

3. 加强疾病防控和健康促进　为162万60周岁及以上老年人和在校中小学生免费实施了流感疫苗接种工作；为160万人8月龄至14周岁的适龄儿童开展了麻疹疫苗强化免疫接种。在4275家集中用工单位为14万多外来务工人员实施了流脑、麻疹疫苗接种工作。《健康北京人——全民健康促进十年行动规划》得到有效贯彻落实，建立了首都地区人群健康报告制度，发布了《北京市年度（2009）卫生与人群健康状况报告》。居民健康知识知晓率由2009年的43%提升到71%。为1526名贫困白内障患者免费开展了复明手术。在30个社区开展了脑卒中筛查工作。实施“镶上牙齿，摘下眼镜，稳定血压，减轻体重”四项健康促进措施，对全市15万适龄儿童开展了窝沟封闭免费服务。对艾滋病人及艾滋病感染者随访干预病例从2009年的58.9%提升到92.2%。预防艾滋病母婴传播工作得到有效落实，艾滋病、结核病等重大传染病防控工作稳步前进。

4. 积极开展卫生立法工作，奠定依法行政的坚实基础　《北京市社区卫生服务条例》已列为2011年北京市地方性法规调研项目；市政府常务会议审议通过了《北京市集中空调通风系统卫生管理办法》，并已于2011年4月1日起施行。会同有关部门制定了《关于加强医疗纠纷人民调解工作的意见》，为本市探索建立医疗纠纷第三方处理机制提供政策支持，为制定北京市医疗纠纷处理办法提供了实践基础。全年对公共卫生、医疗卫生共实施监督检查177484户次，合格率为99.22%。全市共立案3153件，进行行政处罚2787件。2010年本市食物中毒、生活饮用水污染事件保持较低水平，没有发生重大食物中毒和饮水污染事件，餐饮环节食物中毒起数和人数同比分别降低44.4%和30.5%。生活饮用水污染事件同比减少13起，发病人数减少409人。卫生监督工作的保障、指导、服务功能进一步体现。

5. 推进基层医疗卫生机构工作机制和服务模式创新　在相关区县开展了家庭医生式服务、功能社区卫生服务和社区卫生诊断试点；城六区社区卫生服务中心门诊服务时间延至晚八时；社区卫生服务团队通过“健康通”手机24小时提供健康指导与咨询，24个社区卫生服务中心提供24小时医疗应急处置服务。从2010年7月开始试点到年底，已在全市13个区县搭建了基层医疗机构与二、三级医院之间的转诊预约服务工作平台。修订了《北京市慢性病管理规范》，全市社区管理的高血压、糖尿病、脑卒中、冠心病等慢性病人达到165万，为慢性病家庭培养了家庭保健员2.5万人。与2009年相比，2010年公众对社区卫生服务机构的认知度、使用度、满意度评价结果有所上升，满意度提高9.5%。

6. 加强妇幼和精神卫生工作　全年为1.2万适龄妇女免费开展乳腺癌检查、3.1万妇女开展宫颈癌检查，为3.4万城乡生育妇女免费增补叶酸。农村孕产妇住院分娩率达到99%。为9.3万名新生儿免费开展了先天性疾病筛查，为44.7万名0～6岁学前儿童免费开展了健康检查。依据《北京市精神卫生条例》，研究制定了本市精神卫生服务体系建设规划。开展了北京市精神疾病流行性调查，建立了我市重性精神疾病患者登记、管理服务制度，圆满完成了重性精神病人排查工作。开设了“北京市心理援助热线”。

7. 积极推进爱国卫生工作　启动了2010～2012年全市城乡环境卫生整洁行动。继续深入开展全市家庭集中灭蟑活动，和2008年相比全市居民家庭蟑螂侵害率下降64.3%，蟑螂密度下降85.7%，有效缓解了居民家庭蟑螂困扰的问题。以此为基础，建立了全市居民家庭有害生物监测体系和适用于城市大规模病媒生物控制的工作体系。创建国家卫生区和北京市卫生镇、卫生村取得新进展，年内有3个镇成为市卫生镇、135个村成为市卫生村。全年完成无害化户厕改造17.4万户，全市无害化户厕覆盖率达到90%。改水项目171个，水质消毒工程项目34个。

8. 加强对口支援工作　2010年全市卫生系统向青海玉树地震灾区和西藏、新疆、内蒙、四川等对口支援地区、向几内亚国际医疗队派出医护人员877名，40余辆救护车和大量医疗救助物资，体现了市委、市政府和首都人民对受灾地区人民和对口支援地区人民的关爱支持，体现了国际人道主义精神。

9. 加强药品监督管理工作　启动实施了对本市生产的基本药物进行全品种电子监管的工作。建立了华北五省（区、市）药品监督稽查执法联防协作区。实施了“百万家庭安全用药行动计划”。开展了对非法买卖含麻黄碱类复方制剂行为的专项整治。加强对“黑诊所、黑药店”的治理，全市治理覆盖率达到100%。探索药品、医疗器械、保健食品广告监测综合监管模式。开展了非药品冒充药品和“网络售药”专项整治行动。侦破了“北京普益堂中医药研究院制售假药案”等一批大案要案。全力落实药品再注册工作，启动了医疗机构制剂再注册和标准整顿工作。

10. 加强中医药工作，弘扬传统优秀文化　在全市68家二级及以上公立综合医院设置了中医临床科室和中药房。在二级以上中医医院恢复中医儿科的工作得到有效落实。启动了中医药“十病十药”研发及成果转化工作。以北京中医医院为试点，积极推广中医传统适宜技术的开发与应用，启动了“小膏药”等中药传统制剂重现中医医院工作。开展了首都军地共建综合医院中医药工作示范单位创建活动，实现了首都中医药服务全覆盖。经国家中医药管理局批准，东城区正式成为“国家中医药发展综合改革试验区”。

11. 加强精神文明、党风廉政建设和安全生产工作　按照属地原则在全市范围内广泛深入地开展了创先争优活动和医疗卫生模范人物及先进事迹的宣传工作，联合首都地区的卫生单位组织开展了第3届首都十大健康卫士评选工作，并将于近日进行颁奖，有力地推动了医改任务及其他各项卫生工作的落实。党风廉政建设和反腐败工作及行风建设深入开展。与市检察院合作，建立了北京市医药卫生系统与市检察院预防职务犯罪联席会议制度。以落实“三重一大”制度和廉政风险防范管理制度，开展“小金库”专项治理，狠抓厉行节约，开展效能监察等为重点的专题活动，进一步强化了对领导班子和领导干部的监督管理。

同志们，2010年首都卫生事业改革和发展取得的新成就和新进展，是卫生部精心指导和市委、市政府坚强领导的结果，是全市各区县、各部门和社会各界大力支持的结果。特别应该指出的是，全市22万卫生工作者在医改工作中做出了突出贡献，起到了医改主力军的作用。在此，我谨代表北京市卫生局向支持我们工作的卫生部等中央有关部委、向北京市各区县和各兄弟部门、向社会各界、向首都卫生界的所有干部职工表示崇高敬意和衷心感谢！

同时，我们也应清醒地看到，我们的工作还存在不少差距，还面临许多挑战和问题。这些差距、挑战和问题突出表现在：一是卫生的服务能力和服务效率离首都城市功能发展和首都人民过上更好新生活的期待仍然相对不足，医疗服务供需矛盾仍然较大。二是卫生资源在区域、城乡之间的配置仍然处于不均衡的状态，多层次的卫生需求对多样化的服务模式、多元化的供给结构的发展要求有待满足。医疗资源的内部均衡问题也日益凸显。三是医疗卫生管理体制复杂，全行业和属地化管理水平有待进一步提高。特别是公立医院管理体制和运行机制改革有待进一步深化等等。所有这些，都要求我们要始终保持清醒的头脑，进一步增强责任心、使命感和紧迫感，加快深化医药卫生体制改革步伐，转变卫生发展方式，促进首都卫生事业科学发展，更好地为保障和增进广大人民群众健康服务。

二、2011年主要任务

2011年的全市医改工作会议已经召开，市政府对医改工作的要求、卫生部等中央部委的有关指示都已明确；就具体卫生工作来说，各专业会议也已经召开或即将召开，做出工作部署。总体来说，全市卫生工作的主要任务就是要动员卫生系统广大干部职工，以科学发展观为指导，以深化医药卫生体制改革为主线，以确保首都公共卫生安全和缓解群众“看病难、看病贵”为核心，进一步完善医药卫生管理体制和新型农村合作医疗制度，不断提高城乡医疗服务水平和服务效率，积极推进公立医院改革试点，继续加强公共卫生工作，深化实施国家基本药物制度，扎实推进健康城市建设，推动首都卫生事业实现又好又快发展，把全国和北京医改工作会议提出的各项任务和要求精神落实到位、任务执行到位、指标完成到位，开创首都卫生事业改革和发展新局面。为此，我们在市医改会议和专业工作会议的基础上，再次重点强调下列几项工作。

（一）继续推进医药卫生管理体制改革

充分发挥已成立的首都医药卫生协调委员会的功能，探索完善属地化和全行业、全区域管理的具体实现形式；推动完成市医院管理机构的组建工作，确保市医院管理机构顺利启动运行，并以市医院管理机构成立为契机，加强对市属公立医院人、财、物、运行的规范化、精细化管理，进一步提高市属公立医院的工作效率和服务水平，实现“管办分开”，最终形成责权清晰、职能统一、工作协调、运转高效的新的卫生管理体制。

（二）扎实推进健康城市建设

“十二五”开局之年与以往相比的一个显著特点就是，首都北京要在继续实施《健康北京人——全民健康促进十年规划》的基础之上启动健康北京城市建设。这项工作是市委、市政府着眼于首都未来经济社会发展，为更加全面地改善居民生产生活环境，提高全民健康水平，促进人的全面发展而做出的重大战略决策。按照即将出台的《健康北京“十二五”发展建设规划》的设想，这项工作将以政府主导、多部门配合、全社会参与的方式展开。这项工作的实施对卫生系统是个新的挑战和机遇，同时也对卫生系统提出了比以往更高的工作要求。为此，全市卫生系统各部门、各单位要将卫生事业改革和发展的各项工作自觉地融入到健康城市的建设中来，加强统筹协调，加强与各相关部门的沟通配合，切实发挥好在健康城市建设中的主力军作用。

（三）进一步完善医疗服务体系和新型农村合作医疗制度

更好地方便群众看病就医，完成《北京区域卫生规划》《北京市区域医疗机构设置规划》的编制工作，发布《北京市“十二五”时期卫生发展改革规划》，探索开展本市医疗卫生机构建设标准的制定工作。启动医疗卫生设施空间布局规划研究，推进医疗资源调整，为城市功能调整服务。完善新型农村合作医疗制度。坚持有效减轻参合农民医疗负担，缩小城乡居民基本医疗保障和公共卫生服务的差距，新农合政策范围内住院费用补偿比例力争达到70%左右，并与市相关部门联合，共同做好北京市学生儿童部分白血病、先天性心脏病按病种付费的医疗保障工作。推进区域医疗中心建设，积极探索，上下联动，有效遏制医药费快速增长的势头。

（四）积极推进公立医院改革试点工作

继续深入开展康复医院、护理院试点工作。启动医院等级评审工作。健全医疗、护理评价指标体系以加强对医疗机构在医院管理运营、医疗质量服务等方面的监督检查和考核评价，全市各级各类医疗机构平均住院日要实现压缩一天的目标。深入探索利用DRG指标体系，开展医疗质量绩效评价。印发《第二类医疗技术管理规范》和《北京市医疗机构手术分级管理办法》。进一步改善医疗服务，预约挂号比例总体提高到35%；再推出100个优质护理服务示范病区；在区域医疗中心推行双休日及节假日门诊；制定《医学影像X线检查造影图像共享规范（2011）》，拓展检验结果互认范围。鼓励社会资本进入高端医疗服务领域及发展有特色的专科医院、康复医院与护理院。深化医疗机构成本核算，探索建立政府对医疗服务价格的信息监控体系，推进公立医院补偿机制的建立和改革与绩效考核机制的实施。加强对医师多地点执业工作的监督管理和评估工作，根据工作进展情况适时调整和完善相关政策。发布并与有关部门密切配合，全面贯彻落实《关于加强医疗纠纷人民调解工作的意见》，积极构建健康和谐的医患关系。

（五）加强基层卫生工作

认真贯彻落实《关于进一步推进社区卫生工改革与管理工作的意见》的有关要求和部署，采取有效措施，着力提升社区卫生服务能力和水平。一是发挥社区卫生服务功能，为居民提供主动、便捷的服务，在全市推行家庭医生式服务。启动社区居民健康管理工程，着手培养社区慢病管理专家；开展“健康社区行”活动，举办千场社区健康知识讲座；年内再完成为2万个慢性病家庭培养家庭保健员的任务。调整农村地区社区卫生服务机构的功能定位，根据群众需求和机构服务能力确定社区卫生服务中心相关专科和病房设置。在全市社区卫生服务中心推行延长服务时间的工作制度。从鼓励社区卫生工作人员积极性出发，完善社区卫生服务收支两条线政策，对社区卫生服务承担的职责和任务进行精细化界定和测算，协助落实社区卫生服务机构公用经费标准。加强大医院与社区卫生服务机构支持协作力度，共同提高基层诊疗水平，在十二个区开展社区与区域医疗中心的双向转诊工作。按照以电子病历为核心、实现医疗卫生信息区域共享的原则完成市级顶层设计。

（六）加强疾病预防和健康教育工作

建立并完善我市慢性病及其行为危险因素监测体系，制定《北京市慢性病防治工作规范》，发布北京地区重大疾病防控专项行动计划。开展高血压自我管理方式推广工作。建立健康促进工作督导和评估考核机制。广泛深入开展健康宣传、营造健康大环境。发布《北京市2010年度卫生与人群健康状况报告》。建立健全传染病疫情风险评估和控制的工作机制。完善并全面启用《中小学生传染病早期预警监测系统》。认真组织实施国家免疫规划，确保预防接种安全，发布北京地区疫苗预防接种异常反应补偿办法，实现全市冷链设备统一规范管理。

（七）进一步强化卫生应急能力建设

编制并实施卫生应急体系建设和发展规划，进一步完善卫生应急管理和指挥决策系统，完善卫生应急预案和工作规范，开展卫生应急大练兵活动。按照统一规划布局、统一标准要求等五统一的原则建立健全全市紧急医学救援网络，进一步完善卫生应急物资储备和调运系统。

（八）加强卫生法制建设和卫生监督工作，确保公共卫生和医疗安全

制定北京“十二五”期间卫生法制建设计划，完成社区卫生条例的起草工作和急救立法的前期调研工作，推动卫生行政审批制度改革和依法行政的建设。加强卫生监督机构和监督队伍建设。启动建立北京地区食品安全标准体系建设，完善餐饮服务监管制度，修改和制定有关餐饮服务管理办法。制定直饮水卫生管理办法。严厉打击非法行医，加大对传染病防控的执法检查力度。完善消毒产品卫生监督工作规范，提高监管水平。做好《公共场所卫生管理条例实施细则》《北京市集中空调通风系统卫生管理办法》的宣传和贯彻落实工作。组织编制修订公共场所相关地方卫生标准。

（九）进一步加强妇幼和精神卫生工作

在全市普及围孕期妇女增补叶酸、适龄妇女宫颈癌及乳腺癌筛查等重大公共卫生服务项目，面向常驻人口免费开展新生儿先天性疾病筛查和0～6岁儿童健康体检等基本公共卫生服务项目。加强围产保健和助产机构产科质量管理，强化高危孕产妇转诊会诊责任，控制和降低孕产妇死亡率及婴儿死亡率。贯彻实施《重性精神疾病管理治疗工作规范》，落实精神疾病患者救治救助政策，保证重症精神疾病的治疗与康复，开展重点人群的心理行为问题干预，预防和减少精神障碍的发生。

（十）进一步加强爱国卫生工作，迎接爱国卫生运动60周年

推广健康城区全国试点经验，巩固国家卫生区成果，推广东城区和西城区工作经验，在已建成的国家卫生区中开展建设健康城区的工作，确保明年复审的区县顺利通过。启动健康单位工作，提高广大职工健康素质。全面开展城乡环境卫生整洁行动，会同相关部门在全市开展爱国卫生月、城市清洁日等主题活动，加强监督检查，改善城乡环境卫生面貌。继续做好改水改厕工作。在全市启动蚂蚁家庭危害防控行动。

（十一）深入贯彻国家基本药物制度，加强药品器械使用管理

启动北京地区基层医疗机构药品目录编制工作，颁布新目录并按照新目录的要求组织实施基层用药招标采购工作。以医疗机构合理使用抗生素监测工作为重点，全面开展合理用药监测。进一步加强医疗器械使用管理，按照卫生部有关要求，进行全市动员、培训，开展医疗器械临床安全使用工作。开展全市二级及以上医疗机构医用耗材使用情况调研，适时出台高值医用耗材集中采购的政策措施并组织实施。

（十二）进一步加强药品监督管理

切实保障药品、保健食品、化妆品和医疗器械等“三品一械”质量安全。进一步加强相邻省际之间药品监督稽查执法机构协作联防工作，建立优势互补、资源共享、协同监管、长效发展的药品监督稽查执法联防协作体系。严格市场准入，加强对药品、医疗器械的质量监督检查。组织开展保健食品、化妆品整顿工作，完成保健食品生产企业检查覆盖100%，2年内完成保健食品经营企业检查覆盖100%，重点检查特殊用途化妆品未经审批，盗用冒用批准文号等违法产品。大力开展药品安全宣传教育，提高公众的自我保护意识和自我保护能力。加强药品监管技术检验能力和信息化体系建设。根据国家有关法律法规，及时修订我市各项保健食品监管配套法规、制定相应的审批程序。

（十三）以“质量提升年”和“科技创新年”为抓手，进一步加强中医药工作

推动完成《北京市发展中医条例》的修订工作。整合首都中医药服务资源，推进中医药服务资源城乡均等化。以创建“全国基层中医药工作先进省（区、市）”为目标，进一步普及社区基层中医药服务，全面提高基层中医药服务能力。推进首都中医药“名院、名科、名医、名药”四名工程建设，打造具有国家先进水平的中医名院、重点中医名科、新一代中医名医和中药名药。着力推进中医师承工作及人才培养，加强全市名老中医“两室一站”建设和开放，开展市级名老中医学术思想传承。加强中医药全行业管理，推进药品零售企业举办中医坐堂诊所工作，研究协调中医养生市场规范化管理与标准化建设，净化北京中医药保健市场。创新科技模式促进中医药产业发展，筹建北京中医药研究院，进一步推进“十病十药”研发工作，加强中医药文化普及与国际传播。抓好东城区“国家中医药发展综合改革试验区”建设。

（十四）进一步加强卫生科教、人才人事和信息化工作

集中财力物力促进首都地区重点学科、专科的建设与发展，运用多种形式和机制推动适宜技术和科研成果向应用转化，形成一支高层次人才队伍，推动首都卫生人才协调发展和卫生科技水平不断提升的格局建设。认真贯彻落实国家关于建立全科医生制度的有关政策和本市《以全科医生为重点的基层医疗卫生队伍建设规划》要求，通过转岗培训、规范化培训、继续教育和定向免费学历教育等多种模式，加强基层卫生人才培养。积极配合有关部门，启动实施全科医生临床培养基地建设方案。探索以“先培训、再择业”模式进行住院医师规范化培训的工作机制，拟定完善住院医师规范化培训制度相关文件，力争实现政策突破。积极做好为基层医疗机构引进人才等工作。完善事业单位聘用制度和岗位管理制度，深化职称制度改革。研究基层医疗卫生机构编制标准，加强三级医院编制管理，采取有效措施充分调动医务人员的工作热情和积极性。

按照统一规划、统一标准、统一建设、统一管理的原则，研究卫生信息化顶层设计，积极探索区域卫生信息集成工作，推进电子病历的建设工作，9家试点医院要取得初步成效，推动信息互通互联工作，提升信息资源共享利用水平，加强信息化对卫生管理与服务的支撑。

（十五）启动实施卫生绩效评价工作

构建北京全市和区县区域的卫生系统绩效评价指标体系和评价方法，并开展试点评价。总结经验，探索实施对各区县卫生的绩效评价工作，并以此为基础，形成定期评价制度，发布评价结果，健全促进卫生工作科学发展的长效机制。

（十六）开展系列活动，迎接建党90周年

开展精神文明创建活动，大力宣传卫生系统的先进人物和先进事迹，为首都卫生事业改革发展营造更加良好的社会氛围。深入开展创先争优活动。进一步加强党风廉政建设和反腐败工作，推动行风建设不断迈上新台阶。高度重视并做好安全生产和维护稳定工作，确保全市卫生系统安全稳定，为保证首都经济社会发展和安全稳定大局积极贡献力量。

同志们，2011年首都卫生工作的方向、目标和任务已经明确，我们要统一思想、坚定信心，团结奋斗、迎难而上，顽强拼搏、扎实工作，确保“十二五”开局之年卫生工作起好步，不断开创首都卫生事业改革和发展的新局面，努力谱写保障和增进人民健康的新篇章，以首都卫生改革和发展的优异成绩迎接建党90周年！

加强疾病控制体系建设　提高综合服务能力 努力开创首都疾病控制工作新局面

——在2011年北京市疾病控制工作会上的报告

北京市卫生局副局长　赵春惠

（2011年4月18日）

各位领导、同志们：

受方来英局长的委托，我代表北京市卫生局总结“十一五”及2010年北京市疾病预防控制工作主要任务的完成情况，部署2011年我市疾病控制工作的主要任务，下面我向会议做工作报告。

一、“十一五”及2010年工作回顾

“十一五”时期是我市卫生改革与发展的关键时期，在市委、市政府的坚强领导下，首都公共卫生体系经历了重要的考验。首都疾病预防控制战线的卫生工作者克服各种困难，锐意进取，面对复杂的疾病防控形势和人民群众日益增长的卫生服务需求，围绕大局认真履行职责，兢兢业业、无私奉献，在防控重大疾病，成功保障奥运会和建国60周年大庆及处置突发公共卫生事件中已经和正在发挥越来越重要的作用。在强化重大疾病防控，确保疫情平稳；积极开展广泛深入的健康教育，促进全民健康；完善疾病预防控制体系建设和能力建设等方面开展了大量工作，全面提升了首都疾病预防控制工作水平和综合服务能力，为维护人民群众健康和经济社会平稳运行做出了贡献并取得了明显成效。

（一）疾病预防控制工作取得明显成绩

“十一五”期间，我市成功应对了甲型H1N1疫情，有效控制了霍乱和手足口病，积极组织疾病控制专业人员参与四川汶川地震救援和灾后卫生防疫工作，对各区县疾病预防控制工作实施绩效考核，各项工作取得显著成绩。2010年全市疫情平稳。截至2010年12月31日，全市共报告法定传染病26种144811例，死亡266例。全市甲、乙类传染病发病率为268.99/10万，较2009年下降20.86%，较2005年下降39.7%。传染病防控效果明显。

1. 重大传染病防控工作成效显著

（1）艾滋病防控工作取得重大突破：“十一五”期间，我市依法全面落实各项综合防治措施，探索了“关口前移、重心下沉、四位一体、全民参与”的新模式。一是对艾滋病病人及感染者的流调关口前移，在各医疗机构中开展流行病学调查，减少了新检出艾滋病感染者及病人的失访。二是建立了疾病预防控制部门、医疗机构、特殊场所（羁押监管场所、社区药物维持治疗门诊）、非政府组织“四位一体”的对艾滋病感染者/病人管理的工作模式，真正实现了对感染者的无缝隙管理机制，减少了艾滋病的二代传播风险。三是充分发挥社区卫生服务中心作为基层卫生堡垒的作用，将高危人群的艾滋病干预工作落实到社区，实现了以关口前移和重心下沉为载体的艾滋病综合防治措施。四是积极探索我市社区药物维持治疗工作的新模式，建立了社区药物维持治疗门诊延伸服药点，进一步扩大了我市美沙酮维持治疗工作的覆盖面。2010年我市各项指标取得重大突破。其中流调完成率从2009年的88.1%提升到96.3%（国家规定为75%），艾滋病感染者及病人配偶HIV抗体检测率从2009年的34.83%提升到78.4%（国家规定为50%），艾滋病感染者及病人随访干预比例从2009年的58.9%提升到92.2%（国家规定为70%），艾滋病感染者及病人CD4细胞检测比例从2009年49.6%提升到68.5%（国家规定为50%），男男同性性行为人群月均干预覆盖率从2009年的7.6%提升到77.6%（国家规定为50%），女性性服务人群月均干预覆盖率从2009年的9.4%提升到83.1%（国家规定为70%），取得明显成效。

（2）结核病防控工作稳步推进：北京市结核病控制工作水平位于全国前列，是全国结核病疫情最低的地区之一。随着流动人口结核病发病的增加，我们重点将流动人口肺结核管理纳入全市结核病防治规划管理，并享受与户籍人口相同的政策，同时强化对流动

人口肺结核的全程管理。登记非户籍系统化管理率达到97%，治疗成功率达到85%，以区县为单位，DOTS策略覆盖率达到100%，新涂阳肺结核病人发现率达到90%，治愈率达到92%。目前首都结核病防治工作形成了紧抓两个关键环节（肺结核患者的发现和转诊）、突出四个重点领域（肺结核疫情监测与处置、流动人口结核病控制、学校结核病的控制、耐药结核病控制）的结核病防控策略，积极推进社区管理，防控工作取得显著成效。

（3）病毒性肝炎防控工作成效凸显：最新调查显示，我市人群中乙肝表面抗原流行率已经由1992年的5.76%下降到了3.02%。15岁以下儿童的乙肝表面抗原流行率已达到1%以下。自1993年实施乙肝疫苗接种政策以来到2010年，全市至少有约45万人因接种乙肝疫苗而免于乙肝病毒的感染，有约11万人避免成为乙型肝炎患者，由此所节约的直接医疗费用大约在14亿人民币左右。

2. 全面落实免疫规划，构建人群免疫屏障

（1）构筑了覆盖全市的计划免疫预防接种网络："十一五"期间依托全市各级医疗机构设置了667家免疫接种门诊、46家狂犬病免疫接种门诊，形成了覆盖全市（包括流动人口在内）、科学完整的计划免疫服务网络体系。

（2）规范免疫预防门诊建设，全面落实扩大免疫规划各项措施："十一五"期间，我市制定下发了《北京市规范化免疫预防门诊基本标准》，使我市及时实现免疫接种服务规范化、标准化。2009年以后我市常规免疫疫苗接种率始终保持在95%以上的较高水平，位于全国前列。

（3）建立起常规免疫为主和常规查漏补种、强化查漏补种为辅的免疫策略，确立了以政府为主导的模式，向流动人口提供了大量的免疫预防服务。将初中学生注射乙肝疫苗纳入计划免疫接种工作中。

2010年，全市医疗卫生人员克服困难，积极开展医改重大项目，完成71235名15岁以下儿童乙肝疫苗补种工作，超额完成既定工作目标（68679人）；周密组织，仅用10天时间为162万名适龄儿童（包括外来流动儿童）实施了北京市有始以来最大规模的麻疹疫苗集中强化免疫接种，接种效果凸显。外来儿童强化查漏补种率均达到99%以上，居全国首位。连续25年无脊髓灰质炎病例，连续14年无白喉病例，麻疹、百日咳、流脑等传染病发病率和病死率均控制在历史最低水平，有效地控制了计划免疫相关传染病的发生和流行。

我市自2007年在中小学生和60岁以上老年人中免费接种流感疫苗以来，每年减少流感样病例的发病人数约为64万，累计节约医疗费用10亿元。

3. 地方病防治工作成绩显著　加强碘缺乏病防控工作，碘盐合格率、碘盐覆盖率和合格碘盐食用率连续3年达90%以上，实现了持续消除碘缺乏病的阶段目标。通过改水等措施，目前水质监测表明大兴区高碘地区饮用水碘含量符合国家饮用水标准。燃煤型氟中毒和大骨节病历史病区目前致病因素已经消除，病情得到有效控制，已低于国家病区划分标准。

4. 慢病防治工作积极推进　连续5年为7~9岁儿童实施免费窝沟封闭治疗，累计为67万名儿童、122万颗恒磨牙实施了免费窝沟封闭治疗，被卫生部列为全国示范。我市幼儿和青少年的牙病得到了有效的控制，口腔健康状况有了明显提高，幼儿乳牙龋齿患病率由1982年的89.72%，下降到58.60%；12岁青少年恒牙龋齿平均每人控制到了一颗以下，达到了世界卫生组织确定的最低程度。青少年的龋齿治疗率也由10年前的18%提高到33%；2010年在全国率先开展社区脑卒中筛查和防控项目，对社区20279名45岁及以上户籍人口进行了脑卒中筛查，早期发现危险因素并出台《北京市社区脑卒中项目高危人群规范化管理方案》，及时对高危人群进行规范化管理，提高市民健康生存质量；为1526例55岁以上贫困白内障患者免费开展复明手术，积极推进基本公共卫生服务均等化。

5. 全面实施健康促进战略，市民健康意识显著提升　《健康北京人——全民健康促进十年行动规划（2009-2018）》于2009年5月27日正式发布实施，成立了北京市健康促进工作委员会。2010年我市在全国率先发布"居民健康状况白皮书"。围绕《健康北京人——全民健康促进十年行动规划》中"普及健康知识，参与健康行动，提供健康保障，延长健康寿命"的目标及11项指标，全面实施系列健康行动。通过在全市各行各业全面推广工间操；在北京电视台科教频道"健康北京"栏目开展每周一期的健康宣传；在北京人民广播电台体育台开设"百姓健康大讲堂"，在北京晚报、法制晚报开设健康专版，在地铁、车站等公共场所开展了大量的卫生防病知识宣传，在236条公交线路的8700辆公交车载电视上播放卫生防病健康科普宣传片等一系列活动为百姓普及健康知识；特别是2010年推出了"争做健康北京人——北京市民健康知识与健康技能竞赛活动"和"健康北京人"主题歌曲歌咏大赛活动，让"健康北京人"的理念深入人心，在社会掀起了市民关注和参与健康促进活动的热潮。全市市民广泛参与，高度称赞"政府关注百姓健康"。通过在报纸、网络上开展有奖征文、

知识竞赛等一系列广泛、深入的寓教于乐的健康促进活动以及向全市每一户家庭免费发放限盐勺、油壶、腰围尺、《营养膳食指南》等措施，提升了全民防病意识。经抽样调查显示：本市居民健康知识知晓率由43%提升到71%。

（二）疾病预防控制体系进一步完善

“十一五”期间，我市疾病预防控制体系建设不断加强，疾病防控能力显著提高，各级政府加大财政投入，完善疾病控制的基础设施和防治系统建设及设备的购置，我市传染病监测体系不断完善，形成了以市疾控中心、结控所为龙头，16个区（县）疾控中心、结控所为骨干，各级医院、社区卫生服务中心、乡镇卫生院为网底的“纵向到底，横向到边”的疾病控制网络。在全市二级以上医疗机构中建立了疾病控制处（科）室，加强疫情报告、健康教育、肠道门诊和传染病诊室建设。重大疾病预防与控制、突发公共卫生事件应急处置、疫情报告及健康相关因素信息管理等工作能力和水平得到了进一步提升。以首都公共卫生体系建设为主线，从预防、监测、控制三个关键环节，构筑起了防控重大传染病的三大防控体系，即：以对广大市民进行健康知识教育、大力开展爱国卫生运动、疫苗接种为主的传染病预防体系；以症状监测、病原微生物检验、传染病信息上报为主的传染病监测体系；以病人救治、高危人群监测、切断传播途径为主的传染病控制体系。通过这些防控体系的建设，使得我市对重大疾病的早发现、早识别、早控制、早治疗能力显著提高，为确保人民身心健康和首都公共卫生安全奠定了牢固的基础。按照“关口前移、全面监测”的原则，建立健全了各类重大传染病、病媒生物及公共卫生早期预警监测网络；建立了北京地区疾病预防预警分析报告体系，实时、适时发布预警信息。“十一五”期间建立了包括355家肠道传染病监测哨点、67家流感监测点、36个流动人口和高危职业人群禽流感监测点、7个鼠疫监测点、648个碘盐监测点，18个饮用水污染物监测点，8家食品污染物监测点、54个蚊虫密度监测点，90个蝇密度监测点，108个蟑螂密度监测点和108个鼠密度监测点等公共卫生监测哨点。

1. 传染病病原微生物实验室检测能力显著提高　“十一五”期间，全市建立了包括SARS、人禽流感、麻疹、流脑等在内的传染病网络实验室53家、艾滋病初筛实验室190家，网络涉及到在京大专院校、部队、医院及区县疾控中心。目前，政府投入了7000万元为各区县疾控中心和医疗机构配置了聚合酶链反应检测仪器，投入了1600万元为市疾控中心购置了一流的大型工作站，全面提升了我市疾病预防控制能力。市疾病预防控制中心已具有中国合格评定国家认可委员会、卫生部认定的51类、790个项目的检测能力，具有农业部、建设部等机构颁发的室内空气质量检测、化学品毒性鉴定、农药兽药残留、转基因食品检测等12项检测机构资质。

2. 全市重大法定传染病报告网络得到进一步健全　全市667家一级以上医疗机构全部实现了传染病疫情网上直报，疫情直报率达到100%，居全国前列。法定传染病平均报告时间从原来的7天缩短到目前的10小时。

3. 建立北京市肠道传染病监测预警系统和中小学生传染病早期预警监测系统　对中小学生缺勤原因进行监测，及时发现可疑的传染病疫情，提高我市对中小学生传染病疫情的预防控制能力。

4. 构筑了覆盖全市的结核病监测网络　在全市所有一级医院、社区卫生服务中心、乡镇卫生院开展发热、腹泻、皮疹、黄疸、结膜红肿五种症状监测和报告制度。我市流感样病例监测网络由原来的二级以上医院扩展至全市一级以上所有医疗机构。

同志们，“十一五”首都疾病控制事业建设发展取得的新成绩和新发展，是卫生部精心指导和市委、市政府坚强领导的结果，是全市各区县、各部门和社会各界大力支持的结果，特别是首都疾病预防控制战线上的全体医疗卫生工作者做出了突出的贡献，在此，向支持我们工作的卫生部、中国疾病预防控制中心、向北京市各区县和各兄弟部门、向社会各界以及首都疾病预防控制战线上的全体医疗卫生工作者表示崇高的敬意和衷心的感谢！

同时，我们也认识到，疾病防控形势依然严峻，公共卫生事业任重道远。随着首都社会经济的发展，人们生活方式的改变，慢性非传染性疾病已经逐渐成为影响人们生命和健康的最大威胁，人民群众对生命安全和身体健康更加关注；作为国际化大都市，大量流动人口的增加以及国际国内的广泛交流，我市面临着各种传染性疾病暴发、流行的风险，公共卫生管理工作更加艰巨，这些都对我们的疾病预防控制工作提出了更高要求。我们深感使命在肩、责任重大、任务艰巨，要更加努力学习，更好地为首都公共卫生安全和人民健康服务。

二、2011年疾病控制主要任务

2011年，全国卫生工作会、疾病控制工作会及北京市卫生工作会议、北京市医改工作会已经召开，任务明确。我市疾病预防控制工作总的要求是，坚持科学发展的主题，把握深化医改与谋划发展、健全体系与提高能力两个基本，坚持预防为主，全面做好疾病预防控制工作，积极推进“健康北京人”健康促进十年规划，干预、控制健康危害因素，不断提高人民群众的健康水平。主要任务是：

（一）完善机制，全面推进疾病控制体系和能力建设

提高疾病控制能力建设是疾病控制体系建设的核心，也是基础，我们要继续强化疾病预防控制工作规范化、科学化、制度化建设；全力推进疾病预防控制绩效考核工作，结合北京特点，制定符合我市实际的绩效考评指标体系；继续推进疾病预防控制工作信息化建设，加强信息收集、分析；进一步强化医疗机构的公共卫生职能，防治结合，提高实验室检测能力，真正实现早发现、早诊断、早治疗、早控制。注重疾病控制人才培养，更好地提升服务能力和水平。

（二）突出重点，切实做好疾病预防控制工作

开展传染病疫情风险评估工作，完善传染病疫情风险评估和控制的工作机制、工作流程，完善并全面启用《中小学生传染病早期预警监测系统》，进一步强化传染病的监测预警。

继续加大艾滋病防治政策、知识宣传覆盖面，提高市民艾滋病防治知识知晓率；继续推进社区内开展艾滋病性病重点人群宣传干预工作；充分利用非政府组织及社团，提高男男危险行为干预覆盖面；与公安部门密切配合，提高社区药物维持治疗人数。

进一步强化社区抗结核治疗管理绩效考核，推广社区抗结核“家庭督导员”制度；稳步推行结核病防治“三位一体”的新型服务模式，完善结核病防治服务体系；探索有效途径，积极开展结核与艾滋病双重感染防治工作。

（三）强化疫苗管理，确保预防接种安全

进一步强化安全接种，今年起用两年时间分批对全市冷链系统进行更新；以免疫预防门诊为单位，全市取消预防接种纸质卡，实现预防接种信息电子化管理；组织制定《规范化门诊管理规范》，促进基本达标门诊向A级以上门诊的提升。发布北京地区疫苗预防接种异常反应补偿办法。今年国家要对扩大国家免疫规划和疫苗管理工作进行全面检查，各区县卫生局、市、区疾病预防控制中心要加强督导、严格管理，确保疫苗管理安全有效，预防接种工作规范安全。

（四）巩固地方病防制成果，努力实现取消病区

在充分自评基础上向国家申报，完成门头沟区、房山区燃煤型氟中毒和怀柔区大骨节病区消除工作；继续加强碘缺乏病的监测与防治；组织实施全市育龄及妊娠妇女碘营养状况和重点区县学龄儿童碘缺乏病现状的调查工作。

（五）综合防治，积极开展慢性病高危人群干预和规范化管理

整合利用首都的医疗卫生优势资源，建立以市卫生局统一领导，市区两级疾控中心和医疗机构、各慢性病专病防治办公室为技术支撑，社区卫生服务中心为网底的慢性病防治工作体系和网络，推动形成以政府为主导、部门协作为依托、专业机构为指导、家庭和社区为基础、社会广泛参与的慢性病预防控制格局；建立并完善慢性病及其行为危险因素监测体系，制定《北京市慢性病防治工作规范》，发布北京地区肿瘤防治、心脑血管病防治以及心理健康等三项重大疾病防控专项行动计划，开展高血压自我管理方式推广，推进生命全周期口腔保健健康促进工作，从控制慢性病危险因素、疾病筛查、规范化管理入手，对严重影响我市居民身体健康的主要慢性病进行分类预防、干预和管理。

（六）全民动员，积极推动健康促进工作全面、深入开展

制定并发布《北京市2010年度卫生与人群健康状况报告》及《北京人健康指引》；组织开展健康科普专家遴选及管理工作，建立一支首都健康传播专家队伍；开展“健康教育社区行”试点工作；编辑出版《健康大百科》系列丛书；举行第二届首都健康之星评选活动，全方位开展健康知识的普及，营造人人争做健康北京人的社会大氛围；制定健康促进督导和评估考核方案并组织实施，全面推进“健康北京人——全民健康促进十年行动”顺利实施。

同志们，全面加强疾病预防控制工作，是落实科学发展观、构建和谐社会的重要内容。今年是“十二五”开局之年，也是深化医改的关键一年，疾病预防控制工作面临着难得的历史机遇和挑战。我们要认真贯彻党的十七届五中全会的会议精神，以科学发展观为指导，团结奋进、努力拼搏，以求真务实的工作作风和奋发有为的精神，为保障广大人民身体健康与生命安全，提高人民健康水平做出不懈的努力！

在 2011 年北京市医政工作会议上的讲话

北京市卫生局巡视员　邓小虹

（2011 年 4 月 29 日）

同志们：

今天我们在这里召开 2011 年北京市医政工作会议。这是“十二五”开局之年北京市医政工作的第一次重要会议。这次会议的主要任务是：贯彻落实 2011 年全国卫生工作会议、医疗管理工作会议、北京市深化医药卫生体制改革工作会议和北京市卫生工作会议精神，总结 2010 年医政工作情况，分析全市医院管理和医疗服务综合运行状况，研究部署 2011 年医政工作任务。

一、全市医疗资源及工作量现状

（一）医疗资源现状

截至 2010 年底，全市拥有医疗机构共 6377 家，编制床位共 94581 张，全市卫生技术人员共 171093 人，包括执业（助理）医师 65954 人，注册护士 67308 人。

截至 2010 年底，按 2009 年常住人口计算，每千人口拥有编制床位 5.39 张（实有床位 5.29 张），卫生技术人员 9.75 人，执业（助理）医师 3.76 人，注册护士 3.84 人。

（二）医疗工作量情况

1. 门、急诊工作情况　全市 2010 年总诊疗人次工作量比 2009 年增长 7.99%；增幅最高的是二级医疗机构，为 11.63%，约占全市总诊疗人次工作总量的 25.69%；增幅居第二位的是三级医疗机构，为 11.41%，约占全市门、急诊工作总量的 33.86%。

2. 出院工作情况　2010 年，全市出院总人次 182.8 万，比 2009 年增长 11.87%。

二、医院管理指标监测情况

（一）医疗资源利用效率指标（床位使用率和平均住院日）

2010 年全市医疗机构编制床位使用率 77.53%，较 2009 年提高 3.1%；平均住院日较 2009 年缩短 0.23 天，下降到 13.7 天；其中使用效率最高的是郊区县二级医疗机构，其次是三级医疗机构；城区二级医疗机构和全市一级医疗机构使用效率低下。

（二）医院感染管理指标

2010 年，北京市参与医院感染监控管理系统监测的上报率、上报数据质量和监测病例数较 2009 年均有大幅提高，覆盖了北京市二级以上医疗机构出院人数的 80%（132 万/165.7 万例）。

1. 医院感染发生率和病死率　发生医院感染 22880 例，医院感染发生率为 1.73%，低于 2009 年（1.85%，$P<0.05$）。2007～2010 年，三级医院感染发生率显著高于二级医院（$P<0.05$）。

由医院感染导致死亡病例 2074 例，医院感染病死率为 9.06%，高于 2009 年（9.01%，$P<0.05$）。2007～2010 年，三级医院感染病死率显著低于二级医院（$P<0.05$）。

2. 医院感染病例平均住院日　医院感染的发生在不同程度上延长了患者的住院时间，增加了患者的负担。2010 年，全市医疗机构出院患者平均住院天数为 13.7 天，医院感染患者为 34.16 天（除精神病专科外），比正常出院患者延长住院时间 20.46 天，多负担诊疗费用 21838.88 元。

此外，为规范医院感染暴发报告和处置的管理，市卫生局于 2009 年下发了《北京市医疗机构医院感染暴发控制方案》，建立了“医院感染暴发上报工作平台”。平台建立一年来收到良好成效，在此，特对北京大学第三医院等 9 个监测上报先进单位（北京大学第三医院、北京大学人民医院、北京老年医院、北京华信医院、中国中医研究院广安门医院、北京市海淀区妇幼保健院、北京市垂杨柳医院、北京市和平里医院、北京复兴博爱眼科中心）提出表扬，希望其他医疗机构要以先进单位为榜样，积极开展医院感染的监测工作，建立医院感染的预警机制，有效预防和控制医院感染的暴发流行。

（三）心、脑血管意外病例的“周末效应”

当前，心、脑血管意外疾病严重威胁我市居民的健康，持续占据居民死因排序第一、二位。2010 年，全市死于心、脑血管意外疾病的户籍居民共计 37462 人，占全部死亡的48%。通过对这两类疾病出院病例进行分析，发现存在着明显的“周末效应”，即周末死亡病例数显著高于周一至周五；疾病预后与确诊后开始静脉溶栓治疗的间隔时间长短有显著相关，时间越短预后越好。

（四）医疗服务质量绩效评价

通过连续 4 年督导检查和规范，我市医疗机构出院病历首页填写及编码、上报质量有了很大提高。在此基础上，我局利用 BJ－DRGs 体系，选择医疗服务产能、效率和质量三个评价维度，先期对 11 家远郊区县医院进行了绩效评价，取得了很好的效果，继而我们又对 2009、2010 两年全市 79 家病历首页质量合格的二、三级综合医院（包括三级综合医院 26 家，二级综合医院 53 家）的住院医疗服务绩效进行了评价，按照其综合指标结果进行了排名。

1. 医疗服务产能　医疗服务产能包括治疗疾病的病例、病种范围、疾病的复杂程度以及提供的技术服务难度。

治疗疾病范围最广的是北京朝阳医院（556 个 DRG 组），其次是北京大学第三医院（553 个 DRG 组）。有 39 家医院收治病例的 DRG 组数在 400 组以上。治疗疾病范围最窄的是北京小汤山医院（63 个 DRG 组）。

“病例组合指数（CMI）”反映了医院医治病例的总体技术难度。79 家综合医院中，首都医科大学附属北京安贞医院 CMI 值最高（1.936），其次是首都医科大学附属北京天坛医院（1.591）。除上述两家医院外，还有 32 家医院 CMI 值在 1.0 及以上。北京市上地医院 CMI 值最低（0.472）。

为反映综合医院的综合能力，对综合医院 2010 年收治的病例数量和技术服务难度进行了分专业评价。BJ－DRGs 共包含 26 个“主要疾病分类（MDC）”，不同的 MDC 反映了不同的医学专业，其中 20 个 MDC 涵盖综合医院的基本职能。如果综合医院的综合水平较高，收治的病例应该涵盖 20 个 MDC，且诊治这些病例的技术难度达到中等以上水平，故以各 MDC 收治病例数量和 CMI 值共同构建“能力指数”。若医院一年中未收治某一专业的病例，定义为“专业缺失”，若某医院各 MDC 中能力指数排名在后 5 位的专业较多，则认为该医院缺乏综合诊治能力。

三级综合医院中，有 13 家没有专业缺失。北京朝阳医院、首都医科大学宣武医院、北京大学第一医院、北京大学人民医院等 4 家医院，既无专业缺失，能力指数落后的专业也较少，因而技术力量较为全面。

二级综合医院中，北京市仁和医院、房山区第一医院、中国航天科工集团七三一医院、航空工业中心医院（361 医院）、延庆县医院、通州区潞河医院、房山区良乡医院、大兴区人民医院等 8 家医院，专业全面，也无低分专业，技术能力较为全面。

2. 服务效率　“服务效率”用于评价同类疾病患者在不同医院接受治疗时，医疗费用和住院时间的差异。如果医院的费用低、住院时间短，则反映该医院的服务效率高；反之，则反映服务效率低。评价指标是“费用效率指数”和“时间效率指数”。指数值等于 1 时为全市平均状态。无论是费用效率指数还是时间效率指数，指数值小于 1 为高效率的表现，而指数值大于 1 为低效率的表现。

三级医院中北京大学第三医院、北京协和医院同组疾病费用较低、住院日较短，占三级综合医院总数的 7.69%；二级医院中良乡医院、顺义区医院等 21 家医院同组疾病费用较低、住院日较短，占二级综合医院总数的 39.62%。

3. 医疗质量　采用“低风险组病例死亡率”来评价医疗质量。所谓“低风险组”包括“阑尾切除术，不伴合并症与伴随病”、“流产，刮宫”等病情并不危重、临床死亡几率很低的病例。一旦发生死亡，其原因很可能不在疾病本身，而在于临床或管理过程存在问题。

综合以上医疗服务质量绩效评价结果进行排名，北京大学第三医院名列全市第 1 位，三级医院之间拉开了距离。可喜的是，房山区第一医院名列全市二级医院第 1 位，郊区县医院的总体综合实力大大提升，部分医院已经跻身于三级医院的行列中，为今后新一轮等级医院评审奠定了良好的基础。这也反映出近年来城区三级医院对口支援郊区县医院、政府向郊区县区域医疗中心给予多种政策倾斜取得了实效，基本实现了郊区县居民“大病不出县”的建设目标。

北京市卫生局将在“北京市卫生局医院管理平台”中定期发布上述医院评价结果。请各医院登录平台进行查询，了解全市医疗机构、同级同类医院各项指标的平均水平及本院的排序位置，促进医院管理水平的持续改进和提高。

三、2010 年工作回顾

2010 年，北京医政工作按照医药卫生体制改革重点任务要求，紧扣解决突出问题和创新体制机制，在完善基本医疗服务体系建设、提高医疗质量、改善医疗服务等方面稳步推进各项工作，基本取得预期效果。

（一）加强行政审批管理

一是印发了《北京市医疗机构审批管理办法》，自2010年6月1日起实施。《办法》进一步明确了各级卫生行政部门的审批权限，医疗机构名称、诊疗科目的准入标准以及设置审批的公示时限和内容。

二是加强技术准入规划，完善准入管理机制。印发了《北京市首批第二类医疗技术目录》，要求各医疗机构提出第二类医疗技术临床应用能力技术审核申请。截至目前，北京市共有84家医疗机构向市卫生局提出了390项二类医疗技术申请，待下一步《第二类医疗技术管理规范》完善后开展评估工作。同时，制订了《手术分级标准目录》，将4459种手术纳入分级管理目录。

三是配合编制《十二五卫生事业发展规划》，按照“十二五”卫生发展规划的总体思路，开展了《北京市区域医疗机构设置规划》的修订工作。

（二）完善区域医疗服务体系建设

1. 落实医改关于加强县级医院和县域医疗服务体系建设的要求，加强郊区县区域医疗中心建设　继续大力推进11家大型三级甲等医院对口支援10个郊区县11个区域医疗中心，重点帮扶心脑血管意外、创伤和急重症抢救等有关的学科和人才队伍建设。2009和2010年连续两年运用DRG方法对区域医疗中心服务能力进行评价，并制订了与财政奖励资金挂钩的分配方案。10个郊区县11个区域医疗中心的医疗技术服务能力、水平与绩效均有不同程度的提高。

2. 探索建立有序转诊服务模式　自2010年7月起分两批在13个区县启动了大型医院与基层医疗机构定向转诊预约试点工作。按照划片医疗和分级就诊的原则，确定了28家二、三级医院与206家社区卫生服务中心建立定点转诊预约关系。对于不能诊治的患者（不包括急诊），由社区医生根据病情负责预约到指定转诊的大医院相应科室。试点大医院设立专门机构，负责安排社区转诊预约的患者在3个工作日内分时就诊。通过社区转诊预约的患者，可以在约定时间直接到大医院预约窗口接洽就诊事宜，并免收预约挂号服务费。截至2011年3月底，全市试点区域完成社区转诊预约2687人次，转诊成功2680人次，转诊预约成功率达到90%以上。为进一步引导群众首诊在社区，建立分级诊疗的有序医疗服务体系，缓解群众看病难积累了宝贵经验。

3. 开展康复医院、护理院试点，积极探索发展中间性医疗服务机构　2010年制定完成了康复医院、护理院相关出入院、转诊、服务及评价等标准，分别在4家试点单位运行实施，并开展了试点效果评价。目前试点推进困难主要体现在：一是医院全部或部分转型为康复（护理）医院后，原有专业技术人员的业务转型或分流需要相关政策支持；二是保障康复（护理）医院良性健康发展的相关物价、付费政策需要调整完善。

4. 进一步完善基本医疗学科建设　首先是加强儿科建设，印发了《北京市卫生局关于加强综合医院儿科建设工作的通知》，要求各医疗机构承担公立医院职责，将儿科的建设发展纳入到医院整体发展规划中，未设置儿科的16所综合医院应于2011年底前完成儿科设置工作；只开设儿科门诊、尚未设置儿科病房的29所综合医院应于2012年底前开放儿科病房，儿科病房床位数不得少于编制床位数的2%，并保证儿科急诊24小时开放。同时，对加强队伍建设、开展院际支援等相关工作做出部署。此外，通过对口支援形式，在传染病专科医院设置儿科，满足患传染病的儿童就医需求。其次是加强精神科、康复科建设。在北京大学人民医院、北京朝阳医院和北京同仁医院等三家综合医院设置精神心理科，满足合并躯体疾患的精神病患者医疗需求。鼓励在二级以上综合医院设置康复科。

5. 持续开展卫生支农，加强农村基层医疗服务能力建设　印发了《北京市城乡医院对口支援工作实施方案》，在前期卫生支农基础上，新《方案》明确了以需求为导向和逐级支援的原则，即城区三级医院支援郊区县二级医院；二级医院支援郊区县乡镇卫生院（或社区卫生服务中心）；乡镇卫生院支援村卫生室。同时突出了经费补贴与支援工作绩效挂钩的机制，严格考核评价。2010年，共有2016人参与支农工作，诊疗10万人次，完成手术1618台次，疑难病例会诊2317次，教学查房1861次，学术讲座800次，接收进修144人。

6. 继续推动对口支援社区卫生工作，提高社区卫生服务能力　2010年，全市有160家二、三级医院（含部队医院）对口支援326家社区卫生服务中心，每家支援医院都与至少一所社区卫生服务中心建立了一对一的双向转诊、技术扶持、管理辐射、人员双向交流和大医院医生定期下社区服务的对口支援制度。有4493名中高级医务人员18366人次到受援的社区卫生服务中心（站）开展了对口支援工作，其中正高职称人员1169人次，副高职称人员4873人次，中级职称人员12324人次。

7. 启动医师多地点执业试点工作　制订了《北京市医师多点执业管理办法（试行）》，并于2010年12月召开了启动会议。首先规范已经存在的多点执业行为，尽快完善审批；此外鼓励符合条件的儿科、精神科、康复科等医师开展多地点执业，尤其是到基层医疗机构执业。从2011年3月1日起，符合条件的具有中级及以上职称的执业医师经注册，可在本市行政区域内2至3个医疗机构依法开展诊疗活动。

（三）以多种手段措施加强医院质量管理

1. 完善医疗质量控制和改进体系　对北京市麻醉、重症质控中心进行了改选，新成立了北京市重症医学和急诊急救2个质控中心，使我市医院质量控制中心总数已经达到18个。各质控中心结合行业特点，积极开展工作。如病案质控中心开展了病案评比活动；检验质控中心开展了血铅检测实验室评估，共有21家实验室血铅检验结果实现互认，并在原宣武区开展了社区卫生服务机构检验结果互认的基础性工作；体检质控中心完成全市体检机构综合检查等。

2. 积极推进临床路径　按照卫生部的工作部署，北京市共有11所医院（三级9所、二级2所）参加临床路径管理试点工作。截止到2010年12月31日，北京市11所试点医院共有20个专业、99个病种进入临床路径管理。共有15163例病例进入临床路径，2067例病例发生变异，1436例病例退出路径管理。完成路径管理13727例，变异率9.47%。

3. 加强人体器官移植管理　按照《卫生部办公厅关于人体器官移植诊疗科目登记工作的通知》，将核准的器官移植项目和10所具备相应资质的医院名单向社会进行了为期两周的公示，并组织开展了器官移植工作专项监督检查。

4. 开展医院医疗质量督导检查　2010年对5个三级综合医院、5个专科医院、5个民营医院和16个区县属公立医院、北京市血液中心和3个中心血站进行了“医疗质量万里行”活动督查。其中北京友谊医院是唯一一家超过950分的综合医院，延庆县医院居各区县医院之首，位列全市第3名，北京肿瘤医院在专科医院中得分最高，美中宜和妇儿医院位列民营医院首位。同时对北京友谊医院、北京朝阳医院进行了为期1个月的大型公立医院公益性巡查。

5. 推动临床重点专科建设　根据《卫生部关于开展国家临床重点专科评估试点工作的通知》及相关配套文件要求，2010年8月、11月及12月，市卫生局对北京市申报国家临床重点专科的医院进行了初评，共涉及20家医院，33个专科，采用现场审查、材料审核和DRGs评估结合的方式进行评审上报；经卫生部评审，市属医院共有北京友谊医院等8家医院的11个专科获得国家临床重点专科项目补助资金，共计5200万元。

6. 利用我市DRG研究成果，建立评价指标体系，对医院医疗服务绩效进行评价　近两年已经连续进行了二级以上综合医院评价、郊区县区域医疗中心评价及临床重点专科的评价等工作。尤其在重点专科的评价中，将基于客观历史数据的DRGs评估结果和基于专家经验及现场观察的测评结果进行了比较研究，验证了DRGs评估结果的可靠性。

7. 启动医师定期考核工作　按照《北京市医师定期考核管理暂行办法》规定，2010年6月正式启动了医师定期考核工作，2010年为考核年度，各区县均成立了考核领导机构，并向社会公示了考核机构名录。各考核机构完成了组织建设与实施方案，经过考核管理与技术培训，10月份正式启动了考核，目前考核工作基本完成，进入审核阶段。马上我们将对此专项工作进行督导检查，为下一轮考核工作做准备。

（四）以解决突出问题为切入点，改善医疗服务

1. 推动预约诊疗工作　自2009年9月启动预约挂号工作以来，建立了预约挂号日报制度和指标通报制度，开展了预约挂号社会监督员日常巡查和专项集中检查工作。截至2011年3月，我市49家三级医院就诊患者的预约就诊比例为24%。复诊预约比例整体达到47.5%，出院病人复诊预约比例整体达到62.4%，产科复诊预约比例整体达到94%，口腔科复诊预约比例整体达到95.3%。

2. 深入开展优质护理服务　印发了《北京市“规范护理服务，争创优质护理服务示范标兵”工作方案》，提出试点医院公示服务项目、三级医院病区床护比达到1∶0.5以上、试点病区陪住率力争控制在10%以下等要求，并首次提出了规范使用护理员的管理思路，控制病区内患者自聘护工数量。北京地区共47家三级医院（450个病区）、60家二级医院（96个病区）申报为试点医院。其中卫生部重点联系医院11家，省级重点联系医院10家。免费培训3025名护理员。

经过考核评价，宣武医院等15家医院在全市65家首批申报医院中名列前茅，在此提出表扬。（宣武医院、北京协和医院、北京大学第三医院、北京友谊医院、北京天坛医院、北京佑安医院、中日友好医院、北京大学第一医院、航天中心医院、北京大学人民医院、北京积水潭医院、阜外心血管病医院、北京医院、北京肿瘤医院、北京朝阳医院）

（五）推动建立医疗纠纷人民调解制度

与市司法局共同制订了《关于加强医疗纠纷人民调解工作的意见》，利用现有资源组建医疗纠纷人民调解机构，协调市财政局、北京保监局、市公安局、市高级人民法院等部门共同做好医疗纠纷人民调解机制建立工作。

（六）推动医院信息工作建设

在全市三级医院及11家郊区县医院实施了医联码为载体的门急诊信息采集上报系统，为非医保患者

建立统一的识别条码，通过此条码采集门急诊就诊信息，加强就诊人群疾病症状监测，完善门急诊工作管理机制。在9家医院启动了电子病历试点工作，完善并制定了全市统一的电子病历标准体系，推进医院电子病历与居民电子健康档案有效衔接，促进区域医疗信息交换与共享。

（七）推动院前急救工作

加强急救网络建设，开展院前急救机构质量评价。完成对全市院前急救机构考核评估，包括120、999两个体系，共193个急救站，占全部运行急救站的88%，有效提高了急救网络管理能力。今年按照相关工作职能调整意见，院前急救管理工作已划归市卫生局应急办管理。

（八）保证血液供应，提高血液质量

2010年，全市共采集血液总量（含全血、机采成分血、阴性血等）共计709738单位（200毫升/单位），约142吨，比去年增长4.65%。为临床医疗供血701710单位，同比增长5.44%。

全市二级以上医疗机构每台手术平均用血2.2个单位，比去年增长1.85%；每出院病人平均用血1.2个单位，比去年增长39.5%。部队医院用血量占全市供血量的21%，地方三级医院用血量占全市供血量的49.6%。2009年和2010年连续两年医疗工作量（出院病人数和手术量，不含部队医院）增长而用血量零增长或负增长的三级医院有：阜外心血管病医院、北京胸科医院；二级医院有：航空工业中心医院（361医院）、北京中医药大学第三附属医院、清华大学玉泉医院。

制订了《北京市2011－2015年采血点设置指导意见》。2010年新增设街头采血屋1处，新增设采血点4个。目前本市已建成布局合理的街头流动采血点40处。西单献血屋是本市第一家献血屋，既可以采集全血又可以采集成分血。自6月10日起运行至12月31日，日均采血量87单位。进一步推动献血应急队伍建设，着力做好高温高寒献血淡季应急献血工作。2010年，全市共有1500余个单位、46984人，应急无偿献血53022单位。

（九）积极推进京蒙省际医疗对口支援工作

联合内蒙古自治区卫生厅赴内蒙古兴安盟和通辽市对支援项目开展情况进行了实地督导和调研，看望和慰问了支援人员。2010年，我市26家支援医院共向内蒙古受援旗县医院派出了141批次共815人次的医疗队员到当地开展支援工作。接收受援医院进修人员384人次，确定重点建设学科138个，在受援医院开展手术1919例，疑难病例会诊和抢救2405人次，开展新技术新业务328项，专题讲座1220次，教学查房2340次，手术示教1208次，讲授健康教育362课次，义诊患者13210人次，捐款捐物153万元。北京协和医院、北京世纪坛医院、北京大学第三医院、北京朝阳医院、北京医院、北京大学首钢医院、复兴医院等在落实卫生部长期派驻支援要求方面做得较好，医务人员驻扎当地连续支援时间都超过了3个月，在此提出表扬。

对于京蒙省际医疗对口支援项目中央和北京市财政没有经费补助。经与内蒙古自治区卫生厅协商，由自治区财政将中央财政对“国家扶贫开发工作重点县、陆地边境县、少数民族自治县和中西部地区省定贫困县”等四类受援地区的支援工作补贴，按照中央财政补助标准拨付北京市支援医院。补贴标准为2.2万元/人年（2011年调整为2.4万元/人年），按每年派驻5人计算。目前，2010年和2011年补助经费共计598万元已由内蒙古自治区卫生厅拨付到位。

为做好补助经费发放工作，切实体现“多支援、多补助”的原则，经与内蒙古自治区卫生厅协商，2010年支援补助经费的发放将采用论量计酬的方法进行分配，即根据各支援医院派出支援人员的支援工作量和接收进修人员的培训工作量情况进行分配。其中，支援人员的支援工作量由内蒙古自治区卫生厅组织受援医院统计填报，接收进修人员的培训工作量由支援医院统计填报。补助经费用于发放支援人员生活补贴、交通及适当的工作补助以及补助支援医院接收受援医院医务人员进修、培训等对口支援工作所需费用。补助支援工作时间范围为2009年10月10日京蒙省际对口支援工作启动至2010年11月30日期间的支援工作，经费发放的有关通知将于近期下发。

四、2011年工作要点

2011年首都医政工作将结合“十二五”卫生事业发展规划的制定和深化医疗卫生体制改革重点工作，继续研究探索完善医疗服务体系建设、提升医院管理水平和方便群众就医的措施，推进医政管理工作科学、规范发展。

（一）严格依法管理医疗机构、技术科目及人员

（1）严格落实《北京市医疗机构审批管理暂行办法》和《卫生部办公厅关于进一步做好医疗机构校验工作的通知》，完善医疗机构准入和退出机制。

（2）完善《第二类医疗技术管理规范》，推进《北京市医疗机构手术分级管理办法（试行）》的临床应用。

（3）按照卫生部的统一部署，配合做好国家临床重点专科建设和专科医师准入试点工作。

（二）跟进医改，持续推进医疗服务体系建设

（1）按照《“十二五”卫生事业发展规划》原则与思路，修订《北京市区域医疗机构设置规划》，进一步优化调整医疗资源结构，按每30～50万服务人口建立区域医疗服务体系。充分利用辖区内现有医疗资源，规范各类医疗机构设置与功能定位，避免医疗机构无序竞争发展。科学确定“十二五”期间重点规划项目的布局，促进各区域医疗中心的均衡发展。

（2）贯彻落实《国务院办公厅关于印发2011年公立医院改革试点工作安排的通知》，在延庆县开展县域医疗服务体系建设和新型农村合作医疗付费制度综合改革试点工作。配合人力社保局在部分三级医院开展DRG付费制度改革。

（3）进一步推进康复医院、护理院试点工作，结合城市二级医院转型，盘活效率低下的医疗资源，探索中间性医疗机构与大医院及社区建立紧密联系的相互转诊机制和服务模式，协调相关委办局的配套政策支持。

（4）加强民营医疗机构管理，支持和引导社会资本进入高端医疗服务领域，发展门诊部、有特色的专科医院、康复医院与护理院，作为公立医院的补充，满足不同层次的医疗服务需求。

（5）继续推动医师多地点执业工作，促进不同医疗机构之间人才的纵向和横向交流，提高医疗资源使用效率。结合医师多点执业，推动综合医院儿科、康复科和精神心理科建设。

（三）不断加强质量管理，保证医疗安全

（1）利用DRGs相关指标体系，开展医疗质量绩效考核与评价和优质医院创建活动，适时启动医院等级评审复核工作。按照卫生部的统一部署，做好“三好一满意”活动和“医疗质量万里行”活动的组织实施。

（2）进一步完善医疗质控体系建设，今年成立临床营养和放射治疗两个质控中心，督促各医疗质控中心积极开展工作，提高行业管理水平。

（3）继续完善医学检验部分结果互认工作，及时调整相关项目，确保互认质量。探索大医院和基层卫生服务机构之间的部分检验结果互认工作。同时，积极探索医学影像结果互认前期准备工作，制订《医学常规胸部摄影图像共享规范》。

（4）制订鼓励夜班、周末、节假日值班人员的激励和奖励机制，提高医务人员积极性，统筹兼顾门诊、急诊和病房的医务人员调配，加强周末急诊和病房值班力量，降低二级以上医疗机构心脑血管住院病例死亡的周末效应。

（5）建立医患纠纷人民调解制度，完善医疗责任保险工作机制，推进平安医院建设，加强医患沟通，努力构建和谐医患关系。

（6）建立医院门、急诊信息报告制度，通过医联码完整、准确、及时上报患者实名就诊信息。2010年9月，我市召开了关于建立医联码信息采集系统和医院门急诊信息报告制度的会议，要求全市三级医院和11家远郊区县医院从今年1月1日起通过网络直报医院门急诊信息。截至2011年4月21日，已有44家医院完成医联码接口改造工作，有36家医院开始发放医联码，已发放40.3万条。北京朝阳医院、北京妇产医院、北京大学人民医院、北京大学第三医院、中日友好医院等21家医院已上报门急诊信息，共计161万条。这项工作将弥补我市门急诊就诊信息空白，对科学制订卫生政策，调整医疗资源、评价医疗绩效，对公共卫生事件进行症状监测等工作具有重大意义，各医院要给以足够的重视。近期，卫生局将组织人员对这项工作进行督导，从下半年开始，从网络直报数据对各医疗机构门、急诊工作量进行统计。

（四）改善医院服务，方便患者就医

1. 继续推进预约挂号工作　推行分时段预约挂号、就诊，强化实名制就医，全市三级医院就诊患者预约挂号比例力争达到35%。推行以预约为手段、以诊疗团队为支撑的专家门诊层级诊疗管理模式和按职称挂号的专业专科门诊，逐步取消专家点名门诊。继续推动大型医院与基层医疗机构定向转诊预约试点工作，完善分级诊疗和双向转诊制度，引导患者分级有序就医、缓解优质医疗资源供需矛盾。

2. 继续规范医院护理服务，推动护理事业健康发展　在全部三级医院及列为区域医疗中心的二级甲等医院开展优质护理服务，其中50%的三级医院优质护理服务覆盖50%以上的病房，其余50%的三级医院优质护理服务覆盖30%以上的病区；50%以上的二级医院开展优质护理服务，其中30%的医院优质护理服务覆盖30%以上的病房。持续督导考核，并开展第三方评价，年底评选100个优质护理服务示范病区。

持续开展专业化护士培训。继续开展护理员培训，扩大试点区县，增加培训机构，年底培训护理员3000人。

完善护理院设置、转诊及服务标准，研究护理院运行机制，探索护理院绩效考核办法。

3. 完成电子病历试点工作任务　试点医院实现院内所有HIS系统功能的集成，实现患者个人基本信息、疾病诊断以及医嘱信息在院内各相关科室间的存储、传输和再现，并与区域卫生信息交换平台对接，参与居民电子健康档案的构成。完善电子病历应用管理制度、工作模式、运行机制、安全管理模式及持续改进体系。方便患者就医，减轻医务人员工作负担，

提高工作效率。

（五）努力完成各项政府指令性工作任务

（1）下发《北京市卫生局关于统筹医疗资源做好各项对口支援工作的通知》，统筹各项对口支援工作，把医疗援外、参加抢险救灾、援疆、援藏、支援内蒙、支援其他中西部地区、参加本市内卫生支农、支援社区卫生服务、参加院前急救轮岗、轮转值守北京心理援助热线等统一纳入到基层服务范围，实行与医务人员职称晋升挂钩的考评政策。

（2）持续推进卫生支农工作，完善支援考核评价指标和奖励机制。落实医改关于加强区（县）域医疗服务体系建设的要求，重点提升郊区区县级医院服务能力、技术水平和发展潜力，使农民小病不出村，大病不出区县。继续做好对口支援社区卫生工作，加强管理和考核，建立长效机制，充分发挥支援、受援双方和医务人员的积极性。

（3）继续做好对口支援内蒙古自治区旗县医院工作，按照卫生部的统一部署，全面实施县级医院骨干医师培训项目，有计划地安排120名内蒙古旗县医院骨干医师到我市三级医院培训。

（六）加强血液管理工作，保证临床用血安全

（1）贯彻落实《北京市献血管理办法》，制定《关于本市献血者免费用血报销管理办法》《北京市献血工作纳入市精神文明评选的标准及考核办法》《北京市2011～2015年采血点设置指导意见》等配套文件要求，保障自愿无偿献血工作顺利开展。

（2）加大无偿献血宣传力度，继续加强献血应急队伍建设，做好街头献血点的设置、维护和管理工作，努力实现区域内血液采集和使用平衡。

（3）继续推进“北京市血液管理信息系统”的使用，各用血医疗机构要加强临床用血申请、输血信息的填报、分析和利用，进一步完善北京市血液预警系统。

（4）制订《北京市临床输血管理指南（试行）》，进一步规范临床科学合理用血。普及自体输血、无输血手术技术，降低异体输血比例，制订评价指标，鼓励医疗机构用血零增长。进一步推进全市输血科（血库）机构建设。

同志们，今年是“十二五”规划的开局之年，也是推进医疗卫生体制改革重点工作的关键之年，我们要进一步按照医改重点任务的要求，不断完善医疗服务体系建设、持续不断地强化医院管理，提高医疗服务质量，确保医疗安全，改善患者就医体验，让人民群众切实感受到医疗卫生改革的成果。

扎实做好卫生法制监督工作
切实维护人民群众健康权益

——在2011年北京市卫生法制监督暨严厉打击食品非法添加和滥用食品添加剂工作会议报告

北京市卫生局副局长　雷海潮

（2011年5月5日）

各位领导、同志们：

我代表北京市卫生局总结“十一五”及2010年北京市卫生法制监督工作主要任务的完成情况，部署2011年我市卫生法制监督工作和严厉打击食品非法添加和滥用食品添加剂专项行动的主要任务。

一、“十一五”及2010年工作回顾

（一）卫生法制建设有序推进

1. 加强立法和行政规范性文件管理工作　2006年颁布实施了《北京市精神卫生条例》，2008年出台了《北京市公共场所禁止吸烟范围的若干规定》，2009年颁布实施了《北京市献血管理办法》。《北京市社区卫生服务条例》被列为2011年北京市地方性法规调研项目；《北京市集中空调通风系统卫生管理办法》于2010年11月27日颁布，并于2011年4月1日施行；2010年12月会同有关部门制定了《关于加强医疗纠纷人民调解工作的意见》。建立了行政规范性文件定期清理制度，2010年共清理出市卫生局现行有效的行政规范性文件317个；先后制订了《北京

市医疗机构不良执业行为积分管理暂行办法》等行政规范性文件。奠定了依法行政的坚实基础。

2. 梳理执法依据，界定执法职责　对市卫生局作为行政执法主体执行的现行有效的116部法律、法规、规章和1100项行政执法职权进行梳理，明确责任，理清职权，推动行政执法责任制的落实。2010年积极贯彻落实《北京市行政执法与刑事司法衔接工作办法（试行）》及联席会议制度，建立工作程序，摸索工作经验。

3. 建设电子办公系统，推进网上审批，卫生许可工作不断规范和发展　以《行政许可法》为依据，在市卫生局和16个区县卫生局推广使用了"一窗式"电子办公系统，实现了市区两级信息资源共享。2010年调整了市卫生局行政许可中心的管理体制，并依法对行政许可事项和非许可行政审批事项进行清理和合法性审查，进一步完善行政许可程序。

4. 行政复议和行政诉讼工作不断加强　通过现场调查、专家论证会、案情分析会、发出复议建议书等多种形式，强化对具体行政行为的监督。2010年对近三年来的行政复议应诉工作进行了系统总结，针对反映出的卫生行政管理工作中存在的信访投诉答复、政府信息公开、制定卫生行政规范性文件等方面的问题，积极开展对策建议研究。

5. "五五"普法成效明显　紧紧围绕"五五"普法规划要求，全市卫生系统宣贯各项卫生法律、法规、规章。各区县卫生局相继成立了由主要领导任组长的领导小组，制定了普法规划和年度计划，有关单位将"五五"普法工作列入目标管理责任制，明确了领导及各部门（处室）的责任。2010年对"五五普法"工作进行了全面验收，领导干部依法决策、行政执法人员依法行政的能力有了显著增强，在普及法律知识、提高法律意识等方面也收到了较好的效果。

（二）卫生监督工作富有成效

1. 卫生监督体系建设成效明显　全市卫生监督机构编制增至2012人，实现了"参公"管理。初步形成由市、区（县）卫生监督机构和派出机构组成的覆盖全市、城乡一体的三级卫生监督网络构架。截至2010年底，全市共有8个区（县）设立了69个卫生监督派出机构。成立了医疗卫生综合执法队伍，推行执法权下移，实施属地管理，探索网格化监管。

2. 建立具有首都特色的卫生监督工作模式　率先全面实施电子辅助执法。2006年1月1日起正式运行"北京市卫生监督执法综合管理信息系统"，涵盖了10个卫生监督专业领域。实现了全市卫生监督信息的实时共享，进一步规范了执法程序和尺度。推行餐饮业卫生量化分级管理。依照量化分级、动态管理的理念，着重加强对C级餐饮服务提供者的监督检查，根据检查结果进行升降级，并向社会进行动态公示。截至2010年底已完成31754家餐饮单位的量化分级管理工作。率先开展公共场所量化分级管理。截至2010年底，已对全市98.9%的住宿场所（5883户）和95.6%的游泳场馆（645户）进行了量化分级。

3. 医疗执法工作成效显著　积极协调有关部门建立联动工作平台，开展打击非法行医、非法采供血专项工作，依法引导和规范医疗机构执业行为，整顿了全市医疗服务市场。依法开展传染病防控工作，做好人感染高致病性禽流感、甲型H1N1流感、手足口病等一系列突发、重大传染病疫情防控和应急的执法工作。

4. 突出重点，专项整治取得明显实效　顺利完成两年食品安全整顿工作。2010年重点开展了地沟油、一次性餐具、餐饮具集中消毒单位、建筑工地、学校食堂及校园周边餐饮服务食品安全专项整治行动，提高了餐饮服务环节食品安全保障水平。建立无证餐饮服务单位台账，分类开展清理整治。在2010年百日整治和社会治安重点地区排查整治工作中，采取市、区两级联动机制，有效遏制了非法行医和依托门店非法经营"大排档"的行为。全市共取缔无证行医1282户次，罚款36.6万元。会同有关部门开展医疗广告专项整治行动。2010年抽查16380个版面，对违规发布医疗广告的医疗机构实施警告39户次。集中向社会曝光违规发布医疗广告的医疗机构名单及违规广告内容24期，取得了良好的社会效果。

5. 圆满完成重大活动公共卫生保障工作　保证了奥运会、残奥会、国庆六十周年等重大活动不出现重大食物中毒、饮用水污染事故，公共场所保持良好状态。国际奥组委医学委员会主席评价奥运、残奥公共卫生保障"精彩出色、令人惊叹"。

6. 全面履行卫生监督职责　2010年对公共卫生、医疗卫生共监督177484户次，合格率为99.2%。全市共立案3153件，进行行政处罚2787件，罚款金额381.1万元。全面完成卫生监督抽检任务。餐饮食品抽检合格率95.5%；市政水厂和二次供水抽检合格率97.2%；农村水厂抽检合格率64.6%。洗浴场所抽检合格率为92.2%；住宿场所抽检合格率为94.7%；游泳场所抽检合格率为57.4%。湿巾、消毒剂、血液样品抽检全部合格。加强生活饮用水卫生监督。重点规范了全市生活饮用水的日常监测工作。组织开展中小学供水设施专项检查。城市饮用水卫生监测网络试点工作顺利通过卫生部验收。完成国家基本职业卫生服务试点工作。顺利通过了卫生部对海淀区、大兴区基本职业卫生服务试点工作的现场评估检查。积极推进食品安全风险监测能力建设。组织开展了化学污染物及有害因素、食源性致病菌监测工作。在12家试点医院开展了疑似食源性异常病例/异常健康事件报告工作。初步摸清了我市食品污染“家底”，食品安全风险监测能力得到了提高。餐饮环节食物中毒起数和人数同比分别降低44.4%和30.5%。生活饮用水污染事件同比减少13起，发病人数减少409人。卫生监督工作的保障、指导、服务功能进一步体现。

“十一五”期间，卫生法制监督工作又迈上了一个新台阶，跨越了新水平。上述工作成绩的取得是市委、市政府正确领导的结果，是卫生部、国家食品药品监管局等中央部门及北京市有关部门大力支持的结果，是全市卫生法制监督系统全体同志们共同努力奋斗的结果，是新闻界朋友和市民热情协助的结果。我代表北京市卫生局向所有关心帮助和支持卫生法制监督工作的领导、朋友和单位表示衷心的感谢！向全市卫生法制监督工作者表示崇高的敬意和诚挚的问候！

二、充分认识卫生法制监督工作的形势与要求

回顾“十一五”时期卫生法制监督工作进程，可以看出，卫生系统依法行政能力不断增强，卫生监督作为一支重要力量，在维护社会公共卫生和医疗服务秩序，严厉打击各种违法行为，保障人民群众健康权益方面发挥了越来越重要的作用。

同时，我们也必须清醒地看到，卫生法制监督工作面临新的挑战，与满足社会发展和人民群众的健康需求还有一定的距离，主要表现在以下几个方面。

（一）卫生法制建设任务繁重

建设法治政府是行政管理工作的基本任务，卫生工作的社会性强，密切联系民生，是人全面发展的基础。2010年，胡锦涛总书记在中央政治局第20次集体学习重要讲话中要求各级党委和政府要把人民健康放到第一位，体现了以胡锦涛同志为总书记的党中央对人民健康的极端重视。落实这一要求，必须全力推进卫生法制建设，为保障和促进人民健康和卫生事业科学发展提供坚强的法制保障。“十二五”时期，是我市建设中国特色世界城市和健康北京建设的重要阶段，城市管理、公共服务、基础设施等各方面都要跨上新台阶，迈出新步伐。从卫生立法、依法行政和普法教育等方面来看，仍有不少亟待健全完善的领域和环节，尤其是如何从保障和增进居民健康的角度出发来推进法制工作的重心转变显得更加紧迫，与首都地位相适应的卫生法制建设任务十分繁重。要进一步适应建设法治政府和依法行政的需要，不断加强卫生立法和制度建设，加大法制宣传工作力度，推进行政许可、行政处罚程序化、规范化，加强依法保障群众健康权益的力度。

（二）执法能力有待进一步加强

各级领导关切、人民群众关心、新闻媒体关注的，与人民群众健康和切身利益息息相关的问题时有出现。如果处理不好，将会直接影响到人民群众的健康、社会的稳定和政府的公信力。而我们做好这些工作的能力与水平与实际需要还有不小的差距。

（三）部分管理相对人的主体责任落实不到位

以餐饮业为例，多、小、散、低的特点仍较为突出，无证餐饮还有一定数量的存在。部分餐饮单位责任意识、诚信意识和法制意识淡薄，违法违规现象时有发生。需要通过加强培训和警示教育、监督检查、宣传、建立制度规范等多种方式督促企业落实好主体责任。

（四）餐饮环节食品安全形势不容懈怠

餐饮环节的食品安全问题汇聚了食品生产、加工、流通等环节所有可能的风险，矛盾突出，问题尖锐。在此环节，不法分子的手段更加隐秘，追根溯源工作更加复杂，处置、处罚工作更加艰难，社会影响更加直接，监管工作更加艰巨，我们须臾不能懈怠。

（五）管理相对人对监管信息和工作形势及要求的获取不够及时全面

近年来，有关部门针对餐饮食品安全、饮用水和公共场所、学校卫生监管等不断提出新要求。但是管理相对人对一些监管要求和信息存在不知情、不了解或者时间滞后的问题，给监管工作留下了隐患。我们强调企业要承担主体责任，企业有义务及时全面了解政府有关部门的要求和工作部署，政府部门也要及时将该公开的信息在第一时间传递给公众和参与企业。在双向信息传递方面亟须改进，才能形成政府监管与企业落实责任的良好局面，卫生监督工作才能更加主动积极。

（六）正确面对职责调整的机遇与挑战

卫生监督工作需要依法、依政府职责的要求不断加以调整和完善。食品安全、职业卫生等职责的调整要求卫生部门更好地发挥专业技术优势，把有限的监管资源和专业技术力量用在为广大群众、劳动者提供专业服务上，用在科学分析、评估危害形势上，用在法律法规规定必须履行的监管职责上。调整后的职责对我们的要求更高、更具体，责任更重。以现有的卫生监督力量和队伍，要完成这些任务仍然存在资源不足、能力相对不强的问题。这也要求我们要转变观

念，进一步加强能力建设，落实职责，将监管工作做实、做细、做好。

（七）卫生监督执法体系需要进一步加强和完善

经过10年来的努力，我市卫生监督执法体系已经基本建立并有效运转。但是，基层卫生监督队伍建设尤其是农村卫生监督网底建设需要加强，触角和覆盖范围需要延伸和扩大，管理模式需进一步调整，市级卫生监督机构对区县的指导能力需要进一步增强，卫生监督队伍亟需充实，监管能力需要再提高，监管人员的激励约束机制需要健全完善。

（八）群专结合的监管模式需要探索

长期以来，我们强调卫生监督工作的专业化建设，并组建了一支履行首都卫生监督职责的精干队伍。但是，必须看到，卫生监督工作还需要社会各界群众和新闻媒体的广泛参与。只要建立起强大的群专结合的卫生监督网络，我们就能更加耳聪目明，监管效果才能更加稳固，监督工作才能更加受到理解和欢迎。

三、扎实推进“十二五”开局之年卫生法制监督工作

2011年是“十二五”开局之年，也是完成深化医药卫生体制改革近期重点工作的攻坚之年，做好卫生法制监督工作意义重大，任务紧迫。

（一）加快医药卫生法规体系建设进度

制订“十二五”期间卫生立法计划，积极开展社区卫生服务条例的起草工作和急救立法的前期调研工作，积极参与《北京市食品安全条例》修订工作。做好《北京市集中空调通风系统卫生管理办法》的宣贯工作，完成相关地方标准的修订工作。逐步开展公共场所禁止吸烟、中医发展、母婴保健等方面法规规章的修订完善工作。

（二）建立健全依法行政长效机制

加强全面推进依法行政工作的组织领导、提高制度建设质量、认真履行行政执法职责、规范行政执法行为、强化对具体行政行为的监督、继续加强“两法”衔接工作，启动“六五”普法工作，积极推进卫生系统依法行政建设。通过建立沟通协作机制，充分发挥区县卫生法制队伍在法制建设上的积极作用。

（三）进一步梳理工作职责，依法全面履职

随着医药卫生体制改革的持续推进以及政府机构改革和职能转变的不断深化，卫生监督工作职责发生了较大变化。要根据法律法规和地方政府确定的“三定”规定，进一步梳理职责，明确任务，细化责任，形成履职的机制和制度，切实落实各项工作任务的要求。积极开展卫生监督体系建设和“十二五”规划编制和实施工作。

（四）加强人才队伍建设，强化卫生监督队伍管理

突出卫生监督队伍专业化建设，强化高层次专家、复合型人才等卫生监督各类适宜人才的培养。建立北京市卫生监督专家库，开展卫生监督人员层级培训，建立全市卫生监督人员交流学习机制，逐步形成市和区县、区县之间交流学习的动态管理。充分发挥卫生监督机构层级稽查和内部稽查作用，建立健全卫生行政执法工作的各项规章制度和标准，完善工作流程，使各类行政行为有章可循、程序清晰、行为规范，努力提高办案的质量和水平。特别重视推进基层卫生监督职能的落实，鼓励和引导更多的区县创造条件，壮大城市社区和农村乡镇等基层卫生监督力量。要积极推进卫生监督机构绩效考核工作，根据卫生部有关要求，强化岗位责任，注重效果考评，改善监管绩效。有条件的区县和单位，要结合卫生监督工作特点和规律，学习借鉴公安、海关等其他系统的经验，探索建立卫生监督队伍等级管理办法，加强队伍管理和正规化建设。在做好专业监督队伍建设的基础上，积极探索群专结合的监管模式，发展社会协管队伍，在重点企业建立卫生管理员制度，完善社会监督员工作机制。

（五）探索建立卫生法制监督工作的咨询和支撑机制

卫生法制监督工作的政策性、专业性和社会性特点都很明显，做好法制监督工作除了依靠各级政府的坚强领导和工作队伍的辛勤劳动之外，还必须探索建立决策咨询机制以及行业协会。今年，要首先在市级层面建立专家咨询队伍和工作机制，筹备建立卫生监督协会，积极鼓励和推动区县成立决策咨询机制和行业协会，努力营造更加良好的卫生法制监督工作基础和局面。

（六）强化餐饮服务食品安全监管

当前餐饮服务食品安全监管面临业态多样、产业基础薄弱；安全风险累积；公众高度关注；监管能力亟待提升等众多挑战。2011年要积极开展北京市餐饮服务食品安全监管难点及对策研究。重点做好学校食堂、旅游景区等餐饮服务食品安全整治以及严厉打击违法添加非食用物质和滥用食品添加剂专项整治工作。修订完善量化分级动态管理办法，贯彻实施食品安全等级动态管理。积极推动餐饮服务食品安全责任人约谈制度，落实食品安全责任。搭建监管部门与餐饮单位主体责任人风险交流平台，第一时间将风险预

警信息与食品安全要求传递到餐饮服务企业。坚持政府领导、疏堵结合、综合治理、逐步规范的原则，积极开展小餐饮整治试点。积极推动餐饮服务食品安全百千万示范工程建设活动。制订北京市餐饮服务食品安全监管五年行动计划。启动建立北京地区食品安全标准体系建设，组建食品安全地方标准专家委员会。

（七）进一步做好生活饮用水卫生监督工作

开展北京市城市饮用水卫生安全监管关键点及其风险管理研究，探索建立北京市城市饮用水风险管理体系，全面加强我市饮用水卫生监督监测水平，有效预防和控制饮用水污染事件发生。制定北京市生活饮用水卫生监督五年行动计划，推进生活饮用水监管工作。制定直饮水卫生管理办法。做好饮用水在线监测试点工作，推进饮用水卫生监测网络建设。

（八）加强公共场所卫生监督

做好《公共场所卫生管理条例实施细则》的宣传、贯彻、落实工作。推进公共场所量化分级管理。开展大型洗浴场所、低端业态“四小”公共场所（小理发美容、小旅店、小洗浴、小歌厅）的专项监督检查。加强奥运经验在日常监管中的运用，在全市40个大型商场超市、10个地铁站和142个宾馆饭店开展室内空气质量在线监控，初步探索建立公共场所室内空气质量卫生指数评价体系。

（九）做好学校卫生监督

建立健全学校卫生监督工作机构，加强学校卫生监督业务和执法能力建设。把农村等薄弱环节作为学校卫生监督的重点地区，把加强对学校饮用水卫生的监督指导作为重点环节，加大对学校食堂食品安全、传染病防控及学习生活环境的监督检查，积极与教育行政部门建立协调工作机制。

（十）继续加强职业和放射卫生监督管理

进一步明确本市职业病防治监管职责分工，积极会同有关部门开展北京市职业卫生健康状况调查。做好北京市医用辐射防护监测网试点工作。开展医疗机构放射诊疗防护情况调查，对全市放射治疗医疗机构和放射卫生技术服务机构进行专项监督检查。

（十一）加强医疗监督执法

深入开展打击非法行医行动，对非法行医进行全面整治。借鉴上年度全市“百日整治”工作经验，把打非行动扩大化，集中各部门及乡镇力量，实现属地负责，进行全面综合治理。规范医疗机构和医务人员执业行为，继续开展好医疗机构积分管理与公示，加强医疗服务市场的监管。组织开展打击非法发布医疗广告、医疗美容服务、医疗废物管理、医师多点执业等专项监督检查工作。

（十二）加强传染病消毒监管

按照《传染病防治监督日常工作规范》的要求，认真履行监管职责，强化职责定位，规范各环节监督管理。进一步规范我市医疗机构传染病疫情报告、疫情控制措施、消毒隔离制度执行、医疗废物处置以及疾病预防控制机构的菌毒种管理工作，开展专项监督检查。加强采供血机构管理，依法规范采供用血行为。开展消毒产品生产企业专项监督检查和抽检。

（十三）做好突发公共卫生事件应急处置工作

依据《食品安全法》和我市餐饮服务食品安全事故调查处置职责分工，修订食品安全事故调查处理程序。对全市卫生监督应急人员进行培训，同时对责任报告人（餐饮业从业人员）开展突发事件报告等相关培训与宣传。积极开展以大学食堂为重点的食品安全事故隐患排查和风险控制工作。

（十四）加强卫生监督信息化建设

健全北京卫生监督管理相对人基本信息库，实现管理相对人档案电子化管理，启动和推进监管信息电子化传递工作，落实监管工作要求，适应社会需求。初步建立医疗机构评分管理信息系统及无证行医人员监督管理系统。

（十五）充分发挥疾病预防控制系统对卫生监督工作的技术支撑作用

卫生监督工作与疾病预防控制系统有力的技术支持密不可分。2011年要通过饮用水卫生监测网络、食品安全风险监测和“医疗质量万里行”放射诊疗防护等工作，积极促进疾控机构提升饮用水质监测、食品检测和放射卫生技术服务能力，适应当前卫生监督工作的新形势和新要求。

四、深入推进严厉打击食品非法添加和滥用食品添加剂专项行动

4月21日，国务院召开了严厉打击食品非法添加和滥用食品添加剂专项工作电视电话会议，近日卫生部、国家食品药品监督管理局和北京市也就做好专项工作提出了要求。市卫生局已经印发了《北京市卫生局关于严厉打击餐饮服务环节食品非法添加和滥用食品添加剂专项整治工作实施方案》，要求卫生行政部门迅速组织落实、扎实推进专项整治工作，有效维护首都公众的身体健康和生命安全。这里，我再突出强调几点要求。

（一）科学把握形势，提高思想认识

国务院电视电话会议，深刻分析了当前食品安全面临的严峻形势，全面部署专项整治工作。李克强副总理在会上特别强调，食品问题无小事，保障安全是

大事。违法违规使用非食用物质和滥用食品添加剂，已成为当前影响食品安全的突出矛盾，是食品安全恶性事故频发多发的领域。各地区、各有关部门必须本着对党和国家高度负责的精神，对人民高度负责的态度，把严厉打击食品非法添加和滥用食品添加剂放在更加突出的位置，重拳出击，全面推进，切实改善食品安全状况，促进食品安全形势稳定好转。要全面排查隐患，治理突出问题，坚决取缔无证无照的生产加工企业和地下“窝点”，决不允许出现“潜规则”业内人人皆知，而监管部门却不知情，甚至视而不见的现象；要保持高压态势，加大对违法违规行为的惩处力度，切实改变“违法成本低”的问题，让不法分子付出高昂的代价，甚至是付不起的代价，真正起到震慑作用。李克强副总理的重要讲话，充分体现了党中央、国务院坚持以人为本，保障公众饮食安全的坚强决心。我们必须从深入贯彻科学发展观，全面建设小康社会，促进社会和谐发展的高度，深刻认识当前严厉打击食品非法添加和滥用食品添加剂的必要性和紧迫性，认真履行监管职责，采取强有力的措施，将专项整治工作快速引向深入，取得扎扎实实的成效。

食品安全是老百姓最为关心、最为直接、最为现实的民生问题。近年来，我们按照党中央、国务院、北京市委和市政府的部署，坚持科学发展观，大力践行科学监管理念，不断完善监管体制机制，着力强化日常监管，餐饮安全水平稳步提高。但是在部分监管领域，食品安全基础仍然薄弱，食品安全形势不容乐观，特别是食品非法添加和滥用食品添加剂的现象仍然存在。当前，仍有少数不法企业缺乏责任意识、诚信意识和法律意识，唯利是图，丧尽良知，违法违规生产经营，严重损害了广大消费者的身体健康和生命安全。餐饮服务环节是从农田到餐桌食品供应链的最后环节，上游各环节累积的风险都有可能在餐饮服务环节凸现出来，使得餐饮服务环节的食品安全风险更为复杂，更为广泛，更为直接。因此，保障餐饮服务食品安全，责任极其重大，任务复杂艰巨，既要打攻坚战，又要打持久战。对此，全市卫生行政部门必须保持清醒的头脑，进一步增强忧患意识和责任意识，认真履行职责，按照国务院和国家食品药品监督管理局的统一部署和要求，在以往工作基础上更大规模、更加深入、更加持久地推进专项整治工作，切实解决食品领域存在的突出问题，坚决打好这场维护人民群众生命安全和身体健康、维护国家和首都食品安全信誉的特殊战役。

（二）突出整治重点，狠抓任务落实

严厉打击食品非法添加和滥用食品添加剂行为，是国务院确定的今年食品安全六项重点综合治理中最为突出的一项任务，也是目前餐饮服务监管部门的首要任务、重点工作。各区县卫生局要在属地政府的统一领导下，抓紧制定具体工作方案，抓紧部署安排，抓紧组织实施，确保专项整治工作目标明确、重点突出、任务具体、责任落实、效果显著。当前，要重点做好两个方面的工作。

1. 督促企业切实落实主体责任　企业是食品安全的第一责任人，必须依照法律、法规和标准从事生产经营活动，对社会和公众负责，保障产品安全，接受社会监督，承担社会责任。各区县要迅速组织召开餐饮服务单位法定代表人或者负责人会议，传达国务院和国家食品药品监督管理局电视电话会议精神，要求各餐饮服务单位切实做到：一是公开做出承诺。严格执行法律法规和标准，严格落实采购索证索票规定，严格规范食品添加剂采购和使用行为，不使用食品添加剂以外的任何可能危害人体健康的物质，不使用标识不规范、来源不明确的食品添加剂，维护消费者切身利益。二是彻查安全隐患。各餐饮服务单位要针对生产经营各环节，尤其是关键环节和重点部位，认认真真地开展自查，要做到不留盲点、不留死角、不留空档，对查找出来的突出问题和薄弱环节，要切实进行整改。原因没查找出来的，问题没彻底解决的，绝不放过。三是严格备案公示。为强化餐饮服务食品安全，自制火锅底料、自制饮料、自制调味料的餐饮服务单位应及时向辖区卫生部门备案所使用的食品添加剂名称，并在店堂醒目位置或菜单上予以公示。对消费者询问食品添加剂使用情况时，各餐饮服务单位有义务如实告知。四是规范采购使用。餐饮服务单位在采购食品和食品添加剂时，应认真查验食品和食品添加剂标签标识和相关票据，做到不购买、不使用、不销售标识不规范、来源不明的食品和食品添加剂。要按照相关法律法规和标准规范使用食品添加剂，不得虚假宣传、欺骗消费者。

2. 切实落实监管责任　各区县必须积极履行监管职责，全面加强餐饮安全监管，知难而进，重拳出击，形成声势。一要加大监督抽检力度。要认真执行《2011年北京市餐饮服务食品安全监督抽检计划》，同时，将餐饮服务单位自制饮料、自制调味料增加为国家监督抽检的必检品种，加大对各类必检品种的监督抽检力度，提高抽检频次，强化不定期抽检和随机性抽检，以便及时发现问题、及早解决问题。二要加大监督检查力度。各区县要按照属地管理原则，实行网格化监管，分片包干，责任到人，消除监管死角和盲点。要重点对提供火锅、自制饮料、自制调味料等服务的餐饮单位、集体用餐配送单位、中央厨房使用食品添加剂情况进行监督检查。各区县要根据实际，确定检查的频次、方式和内容，增强检查的针对性和实效性。三要加大惩处力度。各区县态度要坚决，手段要强硬，要始终保持高压态势，对各类食品非法添加行为要按照法定幅度规定的上限进行处罚，要让不法分子付出高昂的代价，真正起到震慑作用。对故意非法添加非食用物质的，一律吊销相关许可证，一律依法没收非法所得，一律没收用于违法经营的相关物品，一律移送司法机关。对存在安全隐患的，各区县要按照国家食品药品监督管理局《关于建立餐饮服务食品安全责任人约谈制度的通知》要求，加大约谈力度，起到惩处一个、警示一批、教育一片的作用。四要加大宣传力度。各地要加强正面宣传、主动宣传，积极发挥主流新闻媒体作用，有计划地组织编发相关新闻稿件，同时采取形式多样、喜闻乐见的方式，向社会积极宣传专项整治工作的措施和成效，广泛普及餐饮服务单位食品安全知识，尤其是食品添加剂相关知识。要公布投诉举报电话及电子邮箱，广泛发动群众参与监督，组织开展案例警示教育，进一步提高食品安全意识。对重大案件、舆论热点问题要有序有力地做好信息发布和宣传报道。

（三）创新监管机制，务求取得成效

对于如何打好这场攻坚战和持久战，国务院、卫生部、国家食品药品监督管理局的部署已经十分明确，市卫生局的要求也十分具体，要确保专项整治取得积极成效，全系统必须齐心协力，真抓实干。当前和今后一段时间，要认真做好以下几项工作。

1. 加强组织领导　严厉打击食品非法添加和滥用食品添加剂行为，是当前的重要任务。各区县卫生局领导必须高度重视，讲政治，讲大局，进一步增强责任感和使命感，把维护食品安全、严厉打击食品非法添加作为一件大事来抓，毫不懈怠地加以推进。一把手要亲自抓，深入基层，深入一线，加大投入，靠前指挥，确保责任落实，监管到位。要把此次会议精神传达到每一个监管人员。各区县要迅速制定具体实施方案，逐项任务去细化，逐个环节去落实，确保每项任务有布置、早见效。同时，也要按照国家食品药品监督管理局关于今年餐饮服务食品安全重点工作安排实施方案的要求，统筹兼顾，全面推进，认真做好其他各项食品安全工作。

2. 加快建章立制　当前，餐饮服务食品安全相关标准还不够完备，要积极参与和推进相关标准的研究工作，为规范餐饮服务经营行为，强化安全监管提供依据。同时，各区县也要结合本地实际，积极创新监管机制，在推动落实“地方政府负总责，监管部门各负其责，企业是第一责任人”的安全责任体系上下功夫，确保专项整治工作取得实效，整治成果得到巩固和深化，最终实现标本兼治。

3. 强化督导检查　各区县要不折不扣地落实专项整治任务，要切实履行监管责任，做到守土有责、守土尽责。要深入餐饮服务单位现场加强监管，特别是在易发多发问题的地方，要扩大检查范围和频次。还要更多地采取明察暗访、突击检查等形式，获得真实可靠信息，逐一解决那些长期存在的“老大难”问题。为保障专项整治工作扎实推进，市卫生局将对区县专项整治工作进行动态抽查和考核，加大督导力度，深入基层，发现问题，总结经验，推进区县专项行动取得扎实成效。

4. 推动行业自律　生产安全的食品，是企业生存和发展的基本前提，是企业必须履行的法定义务。监管部门要充分利用监管手段，推动行业自律，强化企业树立安全发展理念，自我约束，规范经营。要加大开展餐饮服务食品安全百千万示范工程建设力度，通过建设一批示范单位，树立一批先进典型，推广一批先进经验，推动食品企业不断增强安全意识和责任意识，推动行业自律，推动行业健康发展。要充分发挥行业协会的积极作用，引领食品生产经营企业自觉抵制违法违规行为，自觉承担社会责任，积极探索新的管理方式和发展模式，推动实现全行业守法诚信经营。

做好餐饮安全监管工作，不仅是我们的职责所在，也是全面建设小康社会的基本要求。我们要以更加坚决的态度、更加有力的措施、更加扎实的作风，全面完成严厉打击食品非法添加和滥用食品添加剂专项工作的各项任务，为有效提高食品安全保障水平、确保公众饮食安全付出不懈的努力，做出新的贡献。

同志们，站在“十二五”新的起点上，我们迎来了大有作为的战略机遇期，同时也深感肩负的责任与使命重大而光荣。我们要深入贯彻落实科学发展观，紧紧围绕我市经济社会发展和深化医药卫生体制改革的大局，以改革创新的精神和求真务实的作风，坚持不懈，扎实工作，深入推进科学监管、依法监管、规范监管和有效监管，为人民群众营造平安和谐幸福的环境，为保护人民健康和促进首都经济社会又好又快发展做出不懈的努力，奉献应尽的义务，创造更好的业绩。

文件和法规

北京市重性精神疾病信息报告管理办法

京卫妇精字〔2011〕4号
（2011年1月18日）

第一条　为做好本市精神疾病的预防和控制工作，根据《北京市精神卫生条例》，结合卫生部《重性精神疾病管理治疗工作规范》和本市实际，制定本办法。

第二条　本市行政区域内，下列13种重性精神疾病的确诊信息应当按照办法的规定进行信息报告工作：

（一）痴呆；

（二）癫痫所致精神障碍；

（三）颅脑损伤所致精神障碍；

（四）慢性酒精中毒所致精神障碍；

（五）精神分裂症；

（六）持久的妄想性障碍；

（七）分裂情感性障碍；

（八）躁狂发作（伴有精神病性症状和冲动行为）；

（九）双相情感障碍；

（十）抑郁发作（伴有精神病性症状和自杀行为）；

（十一）复发性抑郁障碍（伴有持续和严重社会功能损害）；

（十二）精神发育迟滞（中度及以上）；

（十三）精神发育迟滞伴发精神障碍。

第三条　市卫生行政部门建立精神疾病信息分类报告和管理系统，负责指导、监督和管理精神疾病信息报告工作。

区县卫生行政部门应当按照办法规定做好辖区精神疾病信息报告及相关保障工作。

第四条　市精神疾病预防控制机构具体负责精神疾病信息报告工作，负责收集、汇总、分析全市精神疾病数据信息，并定期向市卫生行政部门报告。

区县精神疾病预防控制机构具体负责以下工作：

（一）收集、汇总并及时上报辖区精神疾病信息；

（二）及时将相关信息分发至患者所在地社区卫生服务机构；

（三）为重性精神疾病患者建立档案，指导社区卫生服务机构收集整理辖区内重性精神疾病患者信息；

（四）指导社区卫生服务机构定期对辖区重性精神疾病患者进行医学访视。

第五条　社区卫生服务机构将精神疾病纳入社区卫生服务管理，并做好以下工作：

（一）在核实患者身份的基础上，收集整理辖区重性精神疾病患者信息；

（二）在所在地区县精神疾病预防控制机构的指导下定期对辖区重性精神疾病患者进行医学访视；

（三）选派专兼职人员负责精神疾病信息收集、汇总、报送工作，并将病人的一般资料及每次访视内容及时录入到北京市精神卫生信息管理系统中。

第六条　重性精神疾病报告单位必须同时具备以下条件：

（一）具有精神病诊疗科目；

（二）具有两年以上精神疾病诊断、治疗工作经验的精神科医师。

第七条　重性精神疾病报告单位，应当按照以下规定做好信息报送工作：

（一）建立重性精神疾病信息报告制度，选派专人负责重性精神疾病信息报告工作；

（二）建立《重性精神疾病报告卡》的登记及档案管理制度，选派专兼职人员妥善管理精神疾病相关档案；

（三）将重性精神疾病诊断相关信息于确诊之日起5个工作日内通过北京市精神卫生信息系统填报到《重性精神疾病报告卡》上；

（四）将重性精神疾病患者的住院信息于患者出院之日起7个工作日内通过北京市精神卫生信息系统填报到《重性精神疾病患者出院信息单》上。

第八条 报告人员应当完整填写《北京市精神疾病报告卡》，并根据主要诊断结论填写一个疾病名称。

第九条 各级各类医疗卫生机构及其工作人员应当妥善保管、使用精神疾病信息，不得泄露涉及个人隐私的信息和资料。

第十条 违反规定泄露精神疾病患者隐私的，由卫生行政部门按照《北京市精神卫生条例》的有关规定进行处罚。

第十一条 本办法自2011年3月1日起实施。2007年2月16日北京市卫生局发布的《北京市精神疾病信息报告管理办法》（京卫疾控字〔2007〕22号）同时废止。

北京市中医类别医师多点执业管理实施办法（试行）

京中医政字〔2011〕30号

（2011年2月10日）

第一条 根据《北京市卫生局关于印发<北京市医师多点执业管理办法（试行）>的通知》（京卫医字〔2010〕281号），结合本市中医类别医师的实际情况，制定本实施办法。

第二条 中医类别医师经多点执业注册并在《医师执业证书》上新增执业地点后，方可在新增执业地点从事相应的中医医疗、预防、保健活动。

多点执业是指中医类别医师受聘在本市行政区域内2至5个医疗、预防、保健机构及其登记注册的地址依法开展中医医疗、预防、保健活动的行为。

中医类别医师包括中医、中西医结合和民族医执业医师。

未办理多点执业注册的中医类别医师不得开展多点执业活动。

第三条 各级卫生、中医药行政部门按照各自职责负责中医类别医师多点执业的注册及监督管理工作。区县卫生、中医药行政部门负责其登记注册医疗机构聘用中医类别医师多点执业的申请和审批，北京市中医管理局负责市卫生、中医药行政部门登记注册医疗机构聘用中医类别医师的多点执业申请和审批。

第四条 申请多点执业的中医类别医师必须同时具备下列条件：

（一）经注册取得《医师执业证书》，具有中级及以上专业技术职务任职资格；

（二）能够完成主执业地点（申请多点执业前已注册的执业地点为主执业地点）与新增各执业地点医疗机构的工作，并取得主执业地点医疗机构的书面同意；

（三）身体健康，能够胜任多点执业工作；

（四）不担任医疗机构的法定代表人或主要负责人；

（五）执业范围在拟聘用申请人的医疗机构登记注册的诊疗科目范围内，且与主执业地点一致。

（六）医师定期考核合格。

第五条 申请多点执业的中医类别医师须向负责其新增执业地点医疗机构中医类别医师执业注册的卫生、中医药行政部门申请注册，并提交下列材料：

（一）北京市中医类别医师多点执业注册申请审核表；

（二）申请人身份证明、《医师资格证书》、《医师执业证书》、《专业技术职务任职资格证书》的原件及复印件；

（三）北京市中医类别医师主执业机构同意新增执业地点证明；

（四）市、区（县）卫生、中医药行政部门委托的中医类别医师定期考核机构出具的申请人上一考核周期的定期考核合格证明，考核机构由北京市中医管理局在北京中医药信息网进行公告；

（五）北京市中医类别医师多点执业聘用证明；

（六）拟新增执业地点医疗机构的《医疗机构执业许可证（副本）》原件及复印件；

（七）北京市中医类别医师多点执业工作任务表；

（八）申请人本人医疗责任保险凭证。

医疗机构可以为本机构中的医师集体办理注册手续。

第六条 中医类别医师与聘用其执业的医疗机构解除聘用关系时，应在解聘之日起15个工作日内到相应的卫生、中医药行政部门办理取消在该地点执业的手续。申请取消多点执业地点的中医类别医师应当到原注册的卫生、中医药行政部门申请取消该执业地点，并提交以下材料：

（一）北京市中医类别医师取消多点执业注册申请审核表；

（二）申请人身份证明原件及复印件；

（三）申请人《医师执业证书》原件及复印件；

（四）申请取消的执业地点医疗机构的解聘证明。

第七条 中医类别医师变更注册主执业地点、执业范围的，应当按照《医师执业注册暂行办法》的规定办理，变更后其多点执业注册同时失效。

变更后需要继续开展多点执业的，中医类别医师应当按照办法第五条的规定重新申请多点执业。

第八条 卫生、中医药行政部门应自收到材料之日起20个工作日内，对申请人提交的材料进行审核。审核合格的，予以登记。对不符合条件的，应当自收到申请之日起20个工作日内，书面通知申请人，并说明理由。

第九条 开展多点执业的中医类别医师在诊疗活动中应当依法执业，严格遵守执业规则，并按照卫生、中医药行政部门核定的执业地点、类别和范围开展诊疗活动。

第十条 医疗机构应当按照有关法律法规和聘用合同，明确多点执业中医类别医师的工作任务，建立多点执业中医类别医师的管理档案，规范中医类别医师执业行为，做好中医类别医师考核工作，确保医疗安全和医疗质量。

医疗机构解除与多点执业的中医类别医师的聘用关系，应当及时告知具有管辖权的卫生、中医药行政部门，并督促解聘医师及时办理取消多点执业注册。

第十一条 中医类别医师多点执业发生医疗争议事件的，由发生争议的医疗机构按照相关规定处理。

第十二条 开展多点执业的中医类别医师发生违法行为的，由违法行为发生地的县级以上卫生、中医药行政部门依法予以处罚，并由做出行政处罚的卫生、中医药行政部门在10个工作日内书面通知为其注册的其他相关卫生、中医药行政部门。

医师依法被处以暂停执业活动的，应当同时停止在其他所有地点的执业活动。

第十三条 中医类别医师执行政府指令任务，如卫生支农、支援社区和急救中心（站）、医疗机构对口支援，由所在医疗机构批准的会诊、进修、学术交流、义诊、急救出诊、对病人实施现场急救者，不适用本办法。

军队中医类别医师在非军队医疗机构执业或者非军队中医类别医师在军队医疗机构执业不适用本办法。

第十四条 多个医院（社区卫生服务中心）以整合医疗资源、方便患者就医和提高医疗技术水平为目的，通过签订协议等形式，开展横向或纵向医疗合作的，拟聘用合作单位已注册中医类别医师的医疗机构应向具有管辖权的卫生（中医）行政部门进行备案。备案时应提交以下材料：

（一）北京地区中医类别执业医师多点执业申请备案表；

（二）医院（社区卫生服务中心）间签署的合作协议；

（三）合作方医院（社区卫生服务中心）的《医疗机构执业许可证（副本）》原件及复印件。

卫生（中医）行政部门应当做好备案医师执业注册信息管理，便于查询和监督。

第十五条 各区县卫生、中医药行政部门可根据本办法制定本辖区中医类别医师多点执业的实施细则。

第十六条 本办法自2011年3月1日试行，《北京市中医管理局关于中医类别执业医师多点执业有关问题的通知》（京中医政〔2009〕32号）同时废止。

北京市中小学校卫生防病工作规划（2011 - 2015）

京卫疾控字〔2011〕68 号

（2011 年 7 月 5 日）

一、背景

儿童青少年时期是人体身心健康和综合素质发展的关键时期。为全面维护儿童青少年身心健康，提高广大学生综合素质，近年来，北京市各级政府、卫生和教育部门先后出台了《中共北京市委北京市人民政府关于加强青少年体育增强青少年体质的实施意见》和《北京市学校卫生防病工作规划（2006 - 2010）》，加大了学校卫生工作的投入，加强了基层学校卫生队伍的建设，着力改善教学和生活环境，落实促进学生身体健康的政策和干预措施，我市青少年健康水平不断提高，促进学生健康工作取得了显著成效。但近年来的学生体质监测数据显示，学生肥胖、视力不良检出率逐年上升，健康危险行为、学生心理健康出现新的问题。为进一步贯彻落实《国家中长期教育改革和发展规划纲要（2010 - 2020）》，不断提高儿童青少年健康水平和综合素质，为国家培养德、智、体、美全面发展的高素质接班人，特制订本规划。

二、指导思想

贯彻落实党的十七大关于“建设人力资源强国”的战略和《国家中长期教育改革和发展规划纲要（2010 - 2020）》，促进学生身心健康、重视生命教育等主题思想；紧紧围绕《中共中央、国务院关于加强青少年体育增强青少年体质的意见》要求和精神，以培养学生健康能力、提高学生健康水平为目标，通过政府主导、全社会动员、社会资源整合等手段，创造有利于学生健康的支持性环境，开展促进学生健康工作。

三、目标

（一）总体目标

通过本规划的实施，建立完善的学校卫生防病工作的制度体系、组织体系、工作网络和保障机制，为学生提供促进健康的环境和卫生服务，培养学生树立健康理念，养成良好的生活习惯，改变不良的健康行为，促进学生全面健康成长，为提高民族素质和建设人力资源强国奠定基础。

（二）具体目标

1. 学校卫生工作目标

（1）中小学校校医或专兼职保健教师配备达标率达 100%；

（2）创建健康促进学校的覆盖率达 70% 以上，达标率达 70% 以上；

（3）在册中小学生健康体检覆盖率达 100%，学生健康档案建档率达 100%，体检结果反馈及时率达 90% 以上；

（4）成年期疾病高危学生建档率达 100%，学生肥胖干预策略实施学校覆盖率达 80%；

（5）视力不良防控措施落实的学校覆盖率达 100%，视力分级管理学校覆盖率达 80%；

（6）学生恒牙龋齿充填率不低于 70%，8 岁学生窝沟封闭覆盖率不低于 70%；

（7）青少年行为危险因素监测每两年一次，监测点校完成率 100%；

（8）开展教学环境卫生监督、监测的学校年覆盖不低于 50%，两年覆盖 100%；教学环境卫生合格的学校不低于 90%；

（9）学校传染病、食品、饮用水卫生监督管理每年不低于两次，学校的监督频次达 200%；

（10）实施传染病防控措施的学校达 100%，开展学生症状监测的学校达 100%；

（11）健康教育课开课率达 100%，学时达标率达 100%，内容达标率达 100%；

（12）开展体育课卫生监督的学校达 100%。

2. 健康及疾病控制目标

（1）中小学生《国家学生体质健康标准》达标率达 90% 以上；

（2）控制学生肥胖检出率的上升趋势；

（3）学生营养不良检出率降低3个百分点；

（4）降低学生视力不良率的增长幅度；

（5）学生恒牙龋齿检出率降低3个百分点，12岁恒牙龋均控制在1.0以下；

（6）学生缺铁性贫血检出率控制在5%以下；

（7）学生沙眼检出率控制在1%以下；

（8）控制学校重点传染病的暴发、多发和突发疫情的发生。

四、主要措施

（一）完善学生健康监测体系

进一步加强学生健康监测工作，完善学生生长发育与体质健康、常见病、传染病、健康相关危险行为、教学生活环境卫生等监测体系建设，探讨学生心理健康监测模式，及时掌握北京市中小学生身心发育变化规律、体质与健康状况及其影响因素。

健全中小学生健康档案，整合资源，优化系统，强化监测数据的利用，全面实现学生健康及相关信息的网络化管理。

逐步建立健全卫生与教育、学校与学生和家长的健康信息反馈机制，形成涵盖卫生、教育、学校、家庭的全方位的学生健康管理与促进网络，推动知己健康行动。

（二）全面实施学生营养状况综合干预

各区县、各类中小学校建立健全学校体育卫生工作机制，建立学校、社区、家庭相结合的青少年体育卫生工作网络，充分利用学校体育课和课外活动时间，广泛开展群众性青少年体育活动和竞赛，确保学生在校每天1小时体育锻炼时间。各学校建立体育卫生监督监测工作制度，校医和体育教师密切配合开展学校体育课的卫生监督工作，确保体育课的质量和效果。各区县疾控中心、中小学卫生保健机构做好学校体育卫生监督工作的培训和指导。

各级疾控中心、中小学卫生保健机构要加强对学生饮食行为、营养状况的监测、评估，加强对学校及学生的营养指导，以宣传普及营养知识，全面开展青少年营养教育和营养干预。凡有学生集体就餐的学校，均应推广实施“学生营养午餐”，有条件的区县应在寄宿制学校逐步推广“学生营养早餐”和“学生营养晚餐”。各学校还要加强对学生家长、食堂炊管人员和教师的营养指导，为学生创建良好的健康饮食环境。

（三）全面开展学生视力保护工作

各级教育行政部门、各级各类学校提高对保护学生视力工作的认识，端正办学思想，减轻学生课业负担。

各区县、各学校严格实行视力监测制度，至少每学期开展一次视力检查，可根据实际情况增加视力检查的频率，认真做好患病率、发病率、恢复率等各类情况的统计分析。各级教育、卫生部门充分利用监测结果，对视力不良检出率高、增长快的区县、学校进行警示和重点督导，督促其加强视力不良防控工作。

各学校要认真落实眼保健操、课间操、体育课，保证学生每天2次眼保健操，1小时校园体育活动；并将视力保护工作下沉到班级，责任到每一位教师，随时纠正学生读写姿势。学校全面实施视力分级管理，重点加强对近视高危学生和短期内视力下降迅速的学生的管理，班主任应及时与家长沟通视力检查结果和防病措施，在家庭中积极推广眼保健操、家庭护眼按摩操及学生自我管理活动，将视力保护工作深入到家庭，建立家校携手共防近视的防病工作模式。各区县教委组织开展对设施设备管理人员的培训，及时对课桌椅进行调配；同时，卫生部门要指导教育部门和学校按照《中小学校教室照明标准安装规范》及《国家学校体育卫生条件试行基本标准》进行改造安装、改善教室照明条件。

（四）加强口腔保健工作

各级卫生、教育行政部门，做好中小学生口腔卫生保健的组织协调工作，有效整合辖区内卫生防病资源，充分利用辖区内的医疗卫生机构及社区卫生服务中心，逐步建立方便学生和家长的口腔健康防治网，为学生口腔疾病防治提供优质便利的服务，形成学校—社区—家庭口腔保健防治模式。

各区县继续做好7~9岁和12~14岁适龄学生的第一、二恒磨牙窝沟封闭工作，降低学生龋齿患病率。学校应积极配合牙防办做好窝沟封闭工作的宣传和动员，保证窝沟封闭防龋工作的顺利实施。在推广“窝沟封闭”的基础上，各区县可根据实际情况，按照世界卫生组织推荐方法，开展防龋工作。

各中小学保健机构、疾控中心结合学生体检，每学年对学生进行一次免费的口腔健康检查，掌握学生口腔健康状况及动态。各学校在区疾控中心、中小学卫生保健机构的指导下，建立学生口腔健康档案，并把检查结果及时反馈给家长，督促家长及时带孩子开展龋齿防治，提高龋齿充填率，降低学生龋坏程度。学校还应积极开展口腔健康的宣传教育，每学年至少要举办一次口腔卫生知识讲座，教会学生从小养成良好的口腔卫生习惯。

（五）加强学校传染病防控及突发公共卫生事件管理

按照国家法律、法规和卫生部、教育部等有关部门相关文件，各级政府、卫生行政部门、教育行政部门、社区、学校应加强学校传染病防控及突发公共卫生事件管理工作，落实北京市政府关于传染病防控的“四方责任”，完善学校传染病等突发公共卫生事件的监督、监测、预警、报告和应急处理工作，在全市范围内实施中小学校传染病症状监测，实现覆盖全市、区县、街乡和学校的四级传染病早期预警网络，落实学校传染病防控和突发公共卫生事件安全责任制度和责任追究制度，加强健康教育，防止学校传染病疫情暴发，减少突发公共卫生事件的发生。

教育行政部门负责对全市各级各类学校传染病防控工作的行业管理，完善学校传染病和突发公共卫生事件的预防和控制体系，部署落实各项传染病防控措施，加强督导，协助和配合疾病预防控制机构做好全市教育系统传染病的疫情监测、报告和处理工作。

卫生行政部门依据有关法律、法规，加强学校传染病防控协调和监督执法工作，督促疾病预防控制机构开展监测、预警、疫情报告和疫情防控工作，组织技术力量对教育系统开展的宣传教育和防控工作给予技术指导。

（六）加强学校生活与学习环境监督、监测和指导

各区县学校卫生防病工作领导小组根据新时期学生健康问题，结合国家卫生标准，制定教学环境改善方案，通过加强学校的自身管理和卫生部门的监督、监测与技术指导，确保学校建筑设备和周围环境的卫生安全。

各区县疾控中心、卫生监督所对辖区学校定期开展教学和生活环境的卫生监督监测，根据专项监督监测结果和学校卫生监督综合评价结果，及时通报区县教委，并上报上级卫生、教育主管部门，督促学校全面改善教学、生活环境。

各学校在卫生部门的指导下全面改善教室照明、课桌椅、黑板等设备设施，加强医务室（卫生室）的配置，规范食品安全和饮用水卫生管理，确保食品饮用水卫生安全，创建有利于学生健康成长的学习和生活环境。农村地区的学校要按照爱国卫生委员会办公室的统一安排，加强改水改厕工作。寄宿制学校要依据国家有关标准和各级教育、卫生行政部门的有关要求，加强宿舍的卫生建设与管理，确保寄宿生的卫生安全。

各中小学校在新建、改建、扩建之前要向当地卫生监督部门申报，卫生监督部门依法进行预防性卫生评估。

（七）开展成年期疾病早期预防

各区县应在中小学校中全面启动成年期疾病早期预防工作。各级疾控中心、中小学卫生保健机构定期开展青少年健康相关危险行为监测，及时掌握学生慢病相关危险行为的发生、发展状况，有针对性地开展慢病监测与干预，指导学校开展慢性病防治健康教育和高危学生管理，重点控制肥胖的发生。

各学校在学生健康监测基础上，开展慢性病高危学生的筛查工作，对高危学生建立健康监测档案。校医（保健教师）负责每学期每个月对血压偏高、肥胖超重学生测量一次血压，并将检测结果及时通知家长，督促家长带学生到医院进行复查和诊治，追踪复查和治疗结果，完善健康档案。校医在卫生部门的指导下，对高危学生开展个性化干预工作，提供膳食和运动处方，协助家长改变学生不良的饮食模式和生活方式，促进其养成健康生活方式，降低儿童成年期疾病发生风险。

（八）全面开展学校控烟行动

根据卫生部、教育部《关于进一步加强学校控烟工作的意见》，中小学校及托幼机构室内及校园全面禁烟，高等学校教学区、办公区、图书馆等场所室内应全面禁烟。各级各类学校校园内主要区域应设置醒目的禁烟标志，校园内不得张贴或设置烟草广告和变相烟草广告，并禁止出售烟草制品。

各类中小学校将控烟宣传教育纳入学校健康教育计划，向师生传授烟草危害、不尝试吸烟、劝阻他人吸烟、拒绝吸二手烟等控烟核心知识和技能。充分利用每年的“世界无烟日”，集中开展控烟主题宣传活动，强化学生的控烟知识、态度和行为，促进学生养成良好的文明行为和习惯。教师在学校应以身作则，不在校园内吸烟，发现学生吸烟，及时劝阻和教育，并带头戒烟，摒弃不健康行为。

（九）加强学校健康教育与健康促进

各级教育、卫生行政部门、各中小学校应进一步提高对学校健康教育与健康促进工作的认识，建立健全由教育、卫生行政部门领导，各级疾控中心、卫生监督所、中小学卫生保健机构、社区卫生服务机构、学校卫生社团、学校卫生室及相关部门共同参与的学校健康教育工作网络，完善多层次、多渠道的学校卫生专业人员培训机制，提高学校卫生专业队伍和管理

队伍的整体素质。各学校建立对教职员工的健康教育和健康传播技能的培训制度，在提高教师健康素养和自身健康管理能力的同时，增强教师健康教育与健康宣传能力，帮助学生养成良好的健康行为及生活方式。

各区县教委深化中小学健康教育，规范学校健康教育课程设置，制定标准化教育内容，实现健康教育教师岗前培训制度。各类中小学校落实每周 0.5 课时健康教育课，指导学生养成良好的健康习惯。

通过课堂教学、专题教育和专题讲座向学生传授预防艾滋病知识和技能。按规定落实课时。到 2015 年 90% 以上的学生掌握艾滋病综合防治知识。

各学校积极创建健康促进学校，调动一切有利于促进广大师生健康发展的社会资源，改善学校的物质和社会环境，促使国家相关的法律法规以及各项学校卫生标准得以贯彻实施，努力给学生创造健康的学习环境和活动场所。不断加强对学生正确的健康指导和行为干预，帮助学生养成健康的行为习惯，最大限度地提高广大师生的健康水平。

五、保障措施

（一）组织保障

1. 组织网络　市卫生局和市教委与有关部门联合组成学生防病工作领导小组，全面负责北京市学校卫生防病工作。由市卫生局和市教委牵头，建立卫生、教育、体育、财政、人事、妇联等相关部门的联席会制度，定期研究全市学校卫生防病工作，协调解决学生防病工作中的难点和焦点问题，保证学校卫生防病措施的有效实施。

各区县建立并完善由政府主导，教育行政部门、卫生行政部门组织和协调，卫生、教育、体育、财政、人事、妇联等多部门合作和社会团体参与，各负其责的学校卫生工作体制和组织管理、协调机制。各区县将学校卫生工作列入政府的重要议事日程，制订年度实施计划，积极推进相关工作的开展，确保各项工作顺利实施。

各学校应建立由校长任组长的学校卫生防病领导小组，全面负责学校的卫生防病工作。领导小组成员应包括有关部门的领导和工作人员，校医（或卫生老师）是校长在学校卫生工作的参谋助手。

2. 部门职责　明确有关部门的学校卫生工作职责和任务，分工协作，共同做好学生健康维护工作。

（1）教育部门：负责学校卫生工作的行政管理。各级教育行政部门应当在卫生部门指导下把学校卫生工作纳入学校工作计划，作为考评学校工作的一项重要内容。

各学校建立校长负总责、分管校长具体抓的防控工作责任制，并将责任分解到部门、落实到人；配合卫生部门对校医（保健教师）等有关人员进行学校卫生工作相关知识培训；组织本校学生健康体检和学校卫生监测；开展学生和家长的健康教育，落实各项防病措施；在卫生部门的指导下，做好学校传染病和突发公共卫生事件预防和应急处置等工作。中小学校医、保健教师负责落实各项学校卫生工作的开展。

中小学卫生保健机构负责调查研究本地区中小学生体质健康状况，开展中小学生常见疾病的预防与矫治，开展中小学卫生技术人员的技术培训和业务指导。

（2）卫生部门：负责对学校卫生工作的监督、指导，提供技术服务。各级卫生行政部门应将学校卫生与学生防病工作纳入年度工作计划，并作为考核各区县防病工作的重要内容。

各级疾病预防控制中心负责组织开展学校卫生监测，掌握学生生长发育、健康状况及其相关健康危险行为发生情况，掌握学生常见病、传染病流行状况；制订学生常见病、传染病的防治方案和年度工作计划；开展科学研究，探索适宜防病技术；协助卫生局和教委开展辖区内中小学校卫生技术人员的技术培训，指导学校开展防病工作。

各级卫生监督所对新建、改建、扩建校舍的选址、设计实行卫生监督；对学校内影响学生健康的学习、生活、环境、食品等方面的卫生和传染病防治工作实施卫生监督；对学生使用的文具、娱乐器具、保健用品实行卫生监督。

各专病防治办公室、各社区卫生服务中心（站）协助卫生局和教委开展相关学生防病工作，落实各项防病工作计划。

社区卫生服务机构要积极配合辖区内的学校开展健康教育和健康促进工作，为学校的卫生防病工作提供技术指导。社区卫生服务中心卫生监督协管员配合卫生监督所对学校卫生工作的监督和指导，并配合学校对学生、家长和教师开展健康宣教，普及健康知识，提高儿童青少年健康水平。

（二）政策保障

依照《学校卫生工作条例》《中华人民共和国传染病防治法》《中华人民共和国食品安全法》《突发公共卫生事件应急条例》《中共中央、国务院关于加强青少年体育增强青少年体质的意见》、《国家中长期教育改革和发展规划纲要（2010－2020）》以及《中共北京市委北京市人民政府关于加强青少年体育增强青少年体质的实施意见》等法律、法规，建立并完善学校卫生工作的各项制度，制订工作规范，完善学校教学卫生、生活卫生等相关标准，规范全市学校卫生防病工作。

各级教育行政部门要积极协调有关部门，完善校医室设备及药品配备，落实校医配备及编制需求；全面实施校医和保健教师岗前培训制度；规范学生健康体检、常见病防治、传染病防控等各项工作制度。各学校结合素质教育的实施，将学校卫生、健康教育和健康促进工作纳入学校年度工作计划，并加强各项制度建设，落实保障措施。

（三）经费保障

各级教育、卫生行政部门要积极协调财政部门，根据当地国民经济和社会发展水平及学校卫生工作的需要，保证学校卫生防病工作必需的经费，确保学生健康体检、体质健康及影响因素监测、教学与生活环境改造、学生常见病与传染病防控、突发公共卫生事件应对、健康教育和健康促进等工作的顺利开展。

各级疾病预防控制机构和相关卫生医疗机构应根据国家和行政区域的有关工作要求，核算所需学校卫生防病工作经费，列入财政专项经费支付范围，以确保辖区内学生预防保健、学生健康及相关影响因素监测、食品卫生、饮用水卫生管理、学生常见病和传染病防控等学校卫生防病工作的有效落实。

学校要切实保证学校卫生工作的正常开展，建立和完善青少年意外伤害保险制度，推行由政府购买意外伤害校方责任险的办法，中小学生健康体检的费用纳入教育经费保障机制，所需经费从公用经费中提取和安排。各中小学校还可通过财政资助、社会捐助等方式提高农村寄宿制学校家庭经济困难学生伙食补贴标准，保证必要的营养需要。

（四）队伍建设

各区县教委协调有关部门，落实学校卫生队伍建设相关人事政策，加快基层学校卫生人员配备，各学校按照《学校卫生工作条例》要求配齐校医和专（兼）职保健教师，稳定队伍。

卫生部门积极协助教育部门对新校医（保健教师）进行岗前培训，严格执行考核合格上岗制度，并定期开展校医（保健教师）岗位培训、新理论新技术培训、技术练兵和经验交流，全面提高基层学校卫生专业人员的业务水平和工作能力。

各区县卫生监督所应加强学校卫生监督队伍的建设，设立专门的科所、配备专职学校卫生监督员。各区县疾病预防控制中心应加强学校卫生科室建设，增加人员配备，充实学校卫生专业队伍。

（五）技术保障

针对学生的主要健康问题，市卫生局、市教委组织专业机构、科研机构开展科学研究，重点加强学校卫生防病适宜技术的应用性研究，依靠科技进步促进学校卫生工作的整体发展，促进学生身心健康。

各级卫生防病机构在工作中要不断吸取、借鉴和推广国内外先进技术及成功经验，积极争取国际机构在信息、技术、资金等方面的交流、合作和支持；并跟踪国际技术发展动态，参考国际有关学生健康研究成果，修订完善我市学生健康标准体系。

（六）监督检查

各级教育、卫生行政部门依据《规划（2011－2015）》及工作方案，每年组织疾控中心、卫生监督所、中小学卫生保健所以及相关机构对辖区内学校卫生防病工作进行全面视导，对于视导中发现的问题指导学校进行有效整改，视导覆盖率达到100%，整改合格率达100%。

根据年度学校卫生工作计划和防病工作需要，各级教育、卫生行政部门应不定期开展专项督导检查，并把学生健康状况纳入到教育督导工作指标中，对各区县、各学校在学校卫生防病工作中取得优异成绩、做出突出贡献的先进集体和个人给予表彰。

六、考核与评估

北京市学校卫生防病工作领导小组每年利用视导、健康促进学校验收、专项检查等途径，结合学生健康信息管理系统的评价结果对各区县学校卫生防病工作进行考评，并在2015年组织《规划（2011－2015）》的终期考评。终期考核评价方案由市学校卫生防病工作领导小组办公室制订并组织实施。

各区县学校卫生防病领导小组结合《规划（2011－2015）》目标，制订对辖区学校的年度考核办法，考核工作可与视导、健康促进学校验收、专项检查结合，重点检查各项防病措施的落实情况以及防病效果。年度防病工作计划应在考核评估结果的基础上进行调整，确保《规划（2011－2015）》各项目标的落实。对于学校的终期考评方案，区县应在市级终期考评方案的基础上制订。

北京市医疗机构门诊预约诊疗服务管理规范（试行）

京卫医字〔2011〕225号
（2011年8月31日）

第一章　总则

第一条　为进一步规范医疗机构门诊预约诊疗服务，提高门诊服务质量和效率，改善医疗机构就诊秩序，缓解看病难，结合本市实际情况，制订本规范。

第二条　本规范适用于本市行政区域内医疗机构门诊预约诊疗服务及其管理工作。

第三条　本市倡导就诊者通过电话预约、网络预约、现场预约、诊间预约、社区转诊等方式提前向医疗机构预约诊疗服务。

第四条　就诊者通过北京市预约挂号统一服务平台（以下简称统一平台）挂号的，享受免交预约挂号服务费的优惠政策。

第二章　职责

第五条　市卫生行政部门负责本市门诊预约诊疗服务的管理工作，负责规范本市门诊预约诊疗服务，组织建立统一平台。

区县卫生行政部门负责指导辖区医疗机构开展预约诊疗服务工作。

第六条　市卫生行政部门按照公平、公正、择优的原则，通过遴选的方式产生统一平台的运行机构，监督统一平台的服务，建立准入和退出机制，定期开展评估工作。

第七条　医疗机构应当合理划分专病或专业门诊，以患者需求为导向合理安排不同职称医师出诊，逐步将所开展的各类门诊纳入门诊预约诊疗服务范围，并做好以下工作：

（一）建立健全门诊预约诊疗服务管理制度；

（二）完善门诊预约诊疗服务系统，提供多种方式的预约挂号服务；

（三）在门诊大厅设置预约咨询服务台和规范、清晰、易懂的服务标识，配备方便患者预约的公用设备；

（四）在分诊台设置连接本单位预约和挂号系统的工作站，配备分诊人员。

第八条　医疗机构提供门诊预约诊疗服务时，应当根据准入的诊疗科目，公示各专业不同级别出诊医师的数量与出诊时间，但不得公示医师姓名。

第九条　医疗机构开展预约诊疗服务时，应当按照本规范的要求提供号源：

（一）至少将全部号源的80%用于各种方式的预约；

（二）将除前项以外的其余号源投放到本单位挂号窗口；

（三）预约号源应分时段。

第十条　统一平台的运行机构应当按照本规范的要求，保障统一平台服务的公益性质和非营利性质，统筹管理医疗机构提供的可预约号源，建立并完善统一平台与医疗机构门诊预约诊疗服务系统之间的数据交互机制。

统一平台的运行机构应当建立完善的内控管理制度，强化工作人员的业务培训和职业素质培养，确保号源管理和预约服务的规范、公平和高效。

统一平台的运行机构应当接受投诉和建议，不断提高服务效率和服务质量，并会同医疗机构逐步建立健全不诚信预约制约机制。

第三章　预约挂号

第十一条　本市实行门诊首诊按专业、按职称的挂号制度。

第十二条　本市实行实名制挂号和就诊。就诊者应当凭有效身份证明进行挂号和就诊。

第十三条　预约诊疗服务时，预约人应提供以下信息，并确保信息的真实性和完整性：

（一）预约就诊者的姓名；

（二）预约就诊者的居民身份证、军官证、有效护照或港澳通行证的号码；

（三）预约就诊者的联系方式。

非就诊者本人预约的，还应当提供预约人的姓名和联系方式。

第十四条 就诊者可以通过各种预约方式预约3个月以内的门诊诊疗服务。

就诊者通过统一平台预约门诊诊疗服务应当遵守以下规则：

（一）同一预约就诊者，同一就诊日的预约总量不得超过2次，且在同一医疗机构的同一科室只能预约1次；

（二）同一预约就诊者，同一科室连续七日内的预约总量不得超过3次。

第十五条 预约成功的，提供门诊预约诊疗服务的单位应当告知预约人就诊时段、就诊科室、医师的职称、取消预约的方式以及对不取消预约且未按时就诊者的制约机制。

第十六条 统一平台运行机构应当将就诊者成功预约信息及时准确地反馈给相应的医疗机构。

第十七条 就诊者通过社区转诊方式进行转诊预约的，享受优先预约、3日内安排就诊的优惠政策。

第十八条 开展转诊服务的社区卫生服务机构应当按照本规范要求做好以下转诊预约工作：

（一）为确需转诊至对口医疗机构的患者预约所需相应诊疗服务；

（二）填写并留存转诊预约需求通知；

（三）及时通过转诊预约通道将转诊预约需求通知送达对口医疗机构；

（四）收到对口医疗机构转诊预约回执单的，应当及时将转诊预约结果通知患者。

社区卫生服务中心负责其派出的社区卫生服务站的转诊预约工作。

第十九条 开展社区转诊服务的医疗机构应当为对口社区卫生服务中心开通转诊预约通道，指定专人负责安排社区转诊预约服务、填写转诊预约回执单、反馈预约结果等工作。

第二十条 接诊医师应当按照以下规则，为就诊者提供诊间预约服务：

（一）对需要复诊的，为其预约下次就诊号源；

（二）对需要本科室上级医师诊治、需到相关专业科室就诊或者需要会诊的，为其预约相应就诊号源。

第二十一条 预约就诊者因故不能按时就诊的，应当提前取消预约。

第四章 就诊

第二十二条 预约成功的就诊者应当凭预约时使用的身份证件，在预约就诊时段，经过分诊台分诊后就诊。

第二十三条 在就诊分诊过程中，分诊人员应当认真核对就诊者身份信息是否与预约信息一致。

就诊者身份信息与预约信息不一致的，当次预约作废。分诊人员应当告知其按照所在医疗机构的规定就诊。

第二十四条 分诊人员应当按照就诊者预约信息，根据出诊医师职称及专业进行准确分诊。

第二十五条 开展门诊预约诊疗服务的医疗机构原则上不得以医师停诊为由取消已预约的诊疗服务。

医师确需停诊时，医疗机构应当安排同一专业同级职称的其他医师出诊。

如同一专业没有其他同级别医师的，医疗机构应当及时与预约者协商调整预约时间。

第五章 附则

第二十六条 本规范所称电话预约是指通过拨打统一平台的预约电话号码预约门诊诊疗服务的方式。

本规范所称网络预约是指通过登录统一平台预约挂号网站预约门诊诊疗服务的方式。

本规范所称现场预约是指通过医疗机构在院内开设的预约挂号窗口或设置的自助服务机预约非当日门诊诊疗服务的方式。

本规范所称诊间预约是指接诊医师通过医师工作站为就诊者预约门诊诊疗服务的方式。

本规范所称社区转诊预约是指经社区医生诊疗，对确需转诊的就诊者，按照相关程序预约对口医疗机构的专科医师诊疗服务的方式。

第二十七条 本规范自公布之日起施行，2009年8月27日北京市卫生局印发的《北京市预约挂号管理暂行办法（试行）》（京卫医字〔2009〕186号）同时废止。

北京市人民政府
关于进一步加强艾滋病防治工作的通知

京政发〔2011〕58号
（2011年10月10日）

各区、县人民政府，市政府各委、办、局，各市属机构：

为贯彻落实《国务院关于进一步加强艾滋病防治工作的通知》（国发〔2010〕48号）精神，进一步做好本市艾滋病防治工作，有效遏制艾滋病的蔓延，针对当前和今后一段时期艾滋病疫情和防治工作需要，现就有关工作通知如下。

一、统一思想、坚定信心，增强做好艾滋病防治工作的责任感和使命感

1. 认清形势，统一思想　艾滋病防控工作关系到经济社会持续协调发展、国家安全和民族兴衰。市委、市政府始终高度重视全市艾滋病防治工作。近年来，各区县、各有关部门认真贯彻有关部署和要求，积极落实各项防控措施，基本形成了“政府组织领导、有关部门各负其责、全社会共同参与”的防治格局。但是，当前全市艾滋病防治形势仍然严峻，面临一些新情况、新特点和新问题。许多感染者和病人尚未发现；艾滋病传播方式更加隐蔽，性传播已成为主要传播途径，男男性行为传播上升明显；高危人群和流动人群防控工作难度加大，高危人群向普通人群传播的危险因素在上升。各区县、各部门要进一步提高对艾滋病防治工作重要性、复杂性和艰巨性的认识，加强统筹协调，增强做好艾滋病防治工作的责任感和使命感，本着对人民健康高度负责的态度，积极主动开展工作，有效遏制艾滋病流行蔓延。

2. 明确目标，坚定信心　目前世界上还没有治愈艾滋病的药物和预防疫苗，但国内外实践证明，艾滋病完全可以预防和控制。艾滋病防治是一项复杂的社会系统工程和长期任务。本市的艾滋病防治工作，始终要坚持预防为主、防治结合，依法防治、科学防治的原则，继续落实国家现行艾滋病防治政策，并与性病防治工作相结合，进一步采取措施，加大工作力度，力争到2015年实现艾滋病新发感染数减少25%，艾滋病病死率下降30%，到2020年全市疫情得到较好控制，继续保持在全国低流行水平。

二、广泛开展宣传教育，营造良好社会氛围

1. 加强大众宣传教育　宣传教育是预防控制艾滋病的首要环节。广播电视、新闻出版等部门要坚持艾滋病宣传教育公益性，制订刊播艾滋病防治知识和公益广告的指令性指标，在主要媒体、重要时段和主要版面开展艾滋病专题公益宣传。各区县、街道（乡镇）政府及居委会（村委会）要采取宣传栏、墙报、标语等多种形式，定期开展面向大众的艾滋病防治宣传教育，全面普及艾滋病、性病防治知识和政策，努力形成全社会共同应对艾滋病挑战的良好局面。

2. 加强重点场所的宣传教育　交通、旅游、出入境检验检疫和机场等部门和单位要加强机场、火车站、汽车站、地铁站、港口码头、公共交通工具和宾馆饭店等主要场所艾滋病防治知识的宣传。

3. 加强重点人群的宣传教育　各级领导干部要带头学习和掌握艾滋病防治政策，正确认识艾滋病。要将防治政策纳入市、区两级党校、行政学院等机构的培训内容，增强培训针对性。各级政府、机关、企事业单位要组织开展对本单位、本系统的干部培训，宣讲国家及北京市有关艾滋病防治政策，宣传防治知识。教育部门要建立预防艾滋病宣传教育工作机制，切实落实初中及以上学生学习艾滋病防治知识的规定。人力社保部门要利用劳动力就业培训和技能培训平台，开展艾滋病防治知识的宣传教育。住房城乡建设部门要将艾滋病防治知识作为对外地来京建筑施工人员宣传教育的重要内容。公安、司法部门要加强对看守所、劳教所、强制隔离戒毒所及监狱等场所内被监管人员预防艾滋病知识宣传教育。人口和计划生育

部门要充分利用人口计划生育管理服务网络，向育龄人群、流动人群宣传艾滋病防治和预防母婴传播知识。工会、共青团、妇联等部门和团体，要针对有关人群开展多种形式的预防艾滋病知识和关爱艾滋病病毒感染者及艾滋病病人的宣传教育活动。

三、健全艾滋病监测检测体系，提高服务水平

1. 完善艾滋病检测网络　合理规划和建设艾滋病检测实验室网络，完善艾滋病五级实验室检测网络建设，加强各级艾滋病实验室质量控制，健全质量考核体系。要依托现有医疗卫生资源，配备必要的设备和人员，扩大检测服务范围，推广使用快速、简便的检测方法，提高检测可及性。

2. 加强咨询检测工作　进一步完善免费自愿咨询检测（VCT）网点建设，每个区县自愿咨询检测点必须覆盖辖区疾控中心、综合医院、妇幼保健机构；在医疗机构逐步建立医务人员主动提供的艾滋病咨询检测（PITC）机制，各级各类医疗卫生机构要主动开展艾滋病病毒、梅毒检测咨询；提供检测前后咨询、相关健康教育信息和转诊服务。

3. 加强口岸艾滋病监测工作　出入境检验检疫部门要加强对口岸艾滋病监测与咨询工作，制订口岸艾滋病防控工作措施，与卫生部门和疾病预防控制机构密切合作，共同做好口岸艾滋病预防控制的监控工作。

四、扩大综合干预覆盖面，认真落实艾滋病干预措施

1. 做好高危人群综合干预工作　要在严厉打击卖淫嫖娼、聚众淫乱等违法犯罪活动的同时，重点加强对有易感染艾滋病病毒危险行为人群的综合干预力度。在全市全面推广社区开展艾滋病、性病重点人群宣传干预工作，提高预防艾滋病、性病宣传教育、行为干预工作质量及艾滋病、性病预防服务措施覆盖面。加强对艾滋病病毒感染者和病人的随访和管理，督促其将感染或发病事实及时告知与其有性关系者。卫生、旅游、文化、住房城乡建设、公安、工商、商务、人口和计划生育、广播电视等部门要继续做好全市全面推行安全套使用工作，落实推广使用安全套预防艾滋病的干预措施。

2. 扩大预防母婴传播覆盖面，有效减少新生儿感染　卫生部门要开展预防艾滋病母婴传播和先天梅毒工作，各级各类提供孕产期保健及助产技术服务的医疗卫生机构要结合孕产期保健服务，为孕产妇提供艾滋病病毒、梅毒检测，对感染艾滋病病毒、梅毒的孕产妇及其所生婴幼儿免费提供治疗、预防性用药、随访等系列干预措施。

3. 加强美沙酮社区药物维持治疗工作　卫生、公安、药监部门要密切配合，立足强制隔离戒毒所、自愿戒毒所等场所，动员社会组织的力量，加大对吸毒人群及其家属在美沙酮社区药物维持治疗方面的宣传工作力度，积极引导强制隔离戒毒、社区戒毒、社区康复的阿片类物质成瘾人员参加药物维持治疗。完善门诊奖励、激励机制，避免病人脱失，提高病人保持率。加大美沙酮社区药物维持门诊建设，积极探索特殊场所内美沙酮药物维持治疗工作模式，使吸毒人员最大限度纳入药物维持治疗机构进行治疗。

4. 充分发挥非政府组织、社会组织在高危人群工作中的作用　大力发展和支持有能力的“同伴志愿者”加入到高危人群综合干预工作中，发挥其优势，深入有关公共场所和流动人口集中场所开展深入细致的宣传干预活动。

五、加强血液管理，保障临床用血安全

加大采供血管理力度，在血站开展并逐步扩大核酸检测试验，提高血液筛查能力。大力推动无偿献血工作，广泛开展无偿献血公益广告宣传，积极建立无偿献血志愿者组织。卫生部门要加强对医疗卫生机构临床用血和院内感染管理，完善并落实预防艾滋病医源性传播的工作制度和技术规范，加强病人防护安全和医务人员的职业防护。

六、做好救治关怀工作，维护艾滋病病毒感染者和病人合法权益

1. 扩大抗病毒治疗覆盖面，提高治疗水平和可及性。抗病毒治疗是挽救艾滋病病毒感染者和病人生命、有效减少艾滋病传播的重要措施。要做好免费抗病毒治疗和减免费用抗机会性感染治疗工作，加强对感染者和病人的定期检测，为病人提供及时、规范的治疗服务。要充分发挥中医药在艾滋病治疗中的作用。卫生部门要加强对医务人员特别是基层医疗机构人员的培训，提高诊疗质量。

2. 落实“四免一关怀”政策　要深入贯彻落实

国家“四免一关怀”政策，加强关怀救助，提高艾滋病病毒感染者和病人生活质量。加强医疗保障，减轻艾滋病病毒感染者和病人医疗负担。人力社保、民政部门会同卫生部门制订北京市艾滋病病人、感染者治疗救助政策和艾滋病遗孤、孤老生活救助政策，使为感染者、病人及其家庭提供关怀、支持和服务的比例达到100%。为受艾滋病影响的未成年人提供基本生活费保障，积极落实困难补助政策，有效救助艾滋病病人，做到应保尽保，应补尽补。

3. 加强权益保护，促进社会和谐　认真落实相关政策，消除社会歧视，保障艾滋病病毒感染者和病人及其家庭成员在就医、就业、入学等方面的合法权益。积极发挥妇联组织作用，切实维护好女生艾滋病病人、感染者的合法权益。加强对强制戒毒人员关爱力度，做好其回归社会后的治疗、救助等衔接工作。定期对艾滋病感染者和病人进行随访，询问其生活、身体状况并进行劝导，消除其心理顾虑。依法打击故意传播艾滋病的违法行为。

七、加强性病监测，规范医疗服务行为

建立健全性病监测网络，规范性病医疗服务。要做好性病监测工作，加强和完善性病检测实验室的建设和质量控制。医疗卫生机构要规范性病医疗卫生服务行为，及时治疗性病病人，加大对性病病人的综合干预力度，控制性病发病率。按照《中国预防与控制梅毒规划（2010－2020）》，将梅毒和艾滋病防治有效结合，建立健全梅毒控制工作机制，落实各项防治措施，有效降低性病病人感染艾滋病病毒的风险。

八、强化保障措施，健全防治工作长效机制

1. 加强组织领导，落实工作职责　各区县政府要对本辖区艾滋病防治工作负总责，实行主要领导负责制，健全联防联控机制，结合医药卫生体制改革科学制订防治规划，落实目标管理责任制；要将艾滋病防治纳入政府工作的重要内容，摆到突出的位置抓紧抓好。各区县防治艾滋病工作委员会要加强统筹协调，明确成员单位职责，建立例会和信息通报制度，定期开展督导检查。各有关部门要将艾滋病防治纳入本部门日常工作，制订年度工作计划，建立考核和报告制度，相互支持、密切配合，切实落实防治责任。

2. 增加政府防治资金投入，提高资金使用效益　市、区财政部门负责制订艾滋病防治工作相关项目经费预算，保证必要的药品采购、健康教育、行为干预、母婴阻断、监测检测、防治能力建设和患者关怀与救治经费支持。加强对艾滋病防治专项经费的管理与作用的监督检查，严审支出计划，确保专款专用，提高资金使用效率。各区县财政要落实艾滋病、性病防治工作经费，统筹各项可支配财力，加大经费投入力度。积极鼓励、动员和引导企业、基金会、有关组织和个人为艾滋病防治工作捐赠，广泛筹集社会资金用于艾滋病防治工作。

3. 加强防治队伍建设，保障职业安全　加强艾滋病防治工作人员的队伍建设，加强对医务人员、公安司法干警、科研人员等职业暴露人员的保护。卫生、公安、司法等有关部门要加强职业防护知识培训，配备必要的设施及装备，对职业暴露的突发事件实行及时有效的处理，免费提供预防性用药，切实保障工作人员的职业安全。

4. 加大科研力度，夯实艾滋病防治技术支撑　充分发挥北京医疗资源优势，加大艾滋病防治科技攻关力度。将艾滋病重点科研项目纳入科技攻关计划和社会发展科技计划，鼓励和支持对艾滋病、性病的监测、检测、流行病学调查、医疗救治、应急处置等方面的科学研究和先进技术的推广使用。开展男性同性恋早期筛查模式评估研究，探索早期诊断方法和急性期早期治疗研究。积极对接国家“艾滋病和病毒性肝炎等重大传染病防治”科技重大专项，探索适合北京的艾滋病综合防治模式。注重中医药发展，开展“十病十药”的研发。

5. 动员社会力量，促进广泛参与　充分发挥工会、共青团、妇联、红十字会、工商联等人民团体和社会团体、基金会、民办非企业单位以及居委会（村委会）等有关基层组织在艾滋病防治工作中的作用，通过购买服务等方式，积极鼓励和支持其在宣传教育、预防干预、关怀救助等方面开展工作。动员企业并鼓励志愿者积极参与艾滋病防治工作。加强对社会力量开展艾滋病防治工作的指导和管理，民政部门要支持相关社会组织注册登记，有关部门要认真履行业务主管单位职责。

北京市应征公民体格检查工作实施细则

京卫医字〔2011〕242号
（2011年10月14日）

第一条 为规范本市应征公民体格检查工作，确保兵员体检质量，依据《征兵工作条例》《北京市征兵工作条例》《应征公民体格检查办法》《北京军区征兵工作规范》的规定，结合本市实际情况，制订本细则。

第二条 应征公民体格检查是指应征公民按照征兵办公室的安排，由承担应征公民体格检查的医疗机构进行的体格检查（以下简称征兵体检）。

第三条 本市行政区域内征兵体检工作应当遵守本细则规定。

第四条 市人民政府征兵办公室领导本市征兵体检工作，负责制订年度征兵体检计划和实施方案。

区县人民政府征兵办公室统一组织辖区征兵体检工作。

各级人民政府征兵办公室设立体检指导小组（以下简称体检组）。

第五条 市和区县卫生行政部门依法负责行政区域内征兵体检的有关管理工作。

第六条 各区县武装部负责组织辖区应征青年病史调查工作，填写并妥善保管《应征公民走访调查表》。《应征公民走访调查表》应作为区县体检定兵时的重要依据。

第七条 北京市卫生局、北京卫戍区后勤部组成市体检组。市体检组办公室设在北京市体检中心，具体承担以下工作：

（一）指导并监督检查本市征兵体检工作开展情况；

（二）组织开展本市征兵体检技术骨干培训；

（三）按照国家和本市有关规定开展征兵体检复查和抽查工作；

（四）收集、统计、管理征兵体检信息和数据；

（五）协调处理本市身体原因退兵的有关工作；

（六）其他有关征兵体检工作事宜。

第八条 区县体检组由区县人民武装部、区县卫生局组成，负责做好以下工作：

（一）指定并组织医疗机构承担辖区征兵体检工作；

（二）按照市征兵体检工作计划制订辖区征兵体检年度工作计划；

（三）开展征兵体检医务人员培训；

（四）开展征兵体检宣传工作；

（五）配合市体检组做好征兵体检抽查、复查工作；

（六）做好辖区征兵体检工作的统计上报、体检档案管理及体检总结工作；

（七）做好因身体原因退兵的相关工作；

（八）完成市体检组交办的其他工作。

第九条 具备以下条件的机构可以被指定为承担征兵体检的医疗机构（以下简称征兵体检机构）：

（一）二级以上医疗机构；

（二）具有相对独立、条件良好、设施完善的适合设置征兵体检站的场所；

（三）拥有符合《应征公民体格检查办法》和《应征公民体格检查标准》要求、适合开展征兵体检工作的仪器设备。

第十条 征兵体检机构应当做好以下工作：

（一）成立由主管院长担任组长的征兵体检领导小组，建立并落实岗位责任制；

（二）选拔政治素养良好、业务水平较高的医务人员承担征兵体检工作，其中有征兵体检经验的技术骨干不少于三分之一；

（三）组织医务人员参加全市征兵体检技术骨干的培训，开展单位内部征兵体检培训；

（四）对体检站点实行封闭管理，确保体检站内移动通讯信号能被屏蔽；

（五）确保征兵体检所用仪器设备按时年检并能够正常使用；

（六）按照国家和本市要求，推进征兵体检信息化工作，指定专人负责信息统计工作，及时、准确地向市体检组和辖区征兵办公室报告当日体检数据；

（七）在体检站点内，采取多种方式宣传爱国主义，鼓励适龄公民投身军营，报效祖国。

第十一条 征兵体检机构应当按照《应征公民体格检查办法》的规定安排征兵日体检量。

未参加本单位培训或者考试不合格的医务人员，不得参加征兵体检工作。

第十二条 征兵体检医务人员应当熟练掌握征兵体检标准和方法，确保征兵体检工作做到"方法统一，标准统一，记录统一，结论准确"。

征兵体检医务人员应当在体检前认真核对照片，逐项逐部位进行检查。单科体检医师当场填写体检结论，遇到疑难问题应交由主检医师会同有关科室专家处理。

征兵体检医务人员应当衣着整齐、挂牌上岗。

第十三条 征兵体检的主检医师应当由经验丰富的具有副高级及以上专业技术职务任职资格的人员担任。

第十四条 征兵体检表应当编号并且附有应征公民照片。

第十五条 本市建立并完善征兵体检管理责任制度。

对因身体原因发生责任退兵的区县，取消该区县当年参加评选征兵工作先进的资格。

征兵体检机构在征兵体检工作中管理不力，经整改仍存在影响征兵工作的严重问题的，市征兵办公室予以通报批评，直至撤销其承担征兵体检工作的资格。

第十六条 本细则自2011年10月31日起执行，《北京市卫生局北京市人民政府征兵办公室关于印发〈北京市征集新兵体格检查工作实施细则〉（试行）的通知》（京卫医字〔1998〕62号）同时废止。

首都卫生发展科研专项管理办法（试行）

京卫科教字〔2011〕23号

（2011年11月14日）

第一章 总则

第一条 为促进首都医疗卫生事业可持续、协调发展，全面提升医疗卫生服务能力，提高防病治病的水平，本市设立首都卫生发展科研专项（以下简称首发专项）。为实现首发专项的规范化、科学化管理，结合本市实际情况，制订本办法。

第二条 首发专项支持推动本市医疗卫生领域的培育性、实用性和应急性的应用研究和应用基础研究工作，分为重点攻关项目、自主创新项目、普及应用项目、青年项目。

第三条 首发专项的申报、评审、立项、实施以及监督管理等工作遵循公开、公平、公正的原则，根据需求定位和指南引领，实行专家评审与政府决策相结合，单位管理、项目负责人负责与第三方机构监督评价相结合的管理模式。

第四条 市卫生行政部门主管首发专项管理工作，负责以下工作：

（一）建立并完善首发专项管理制度，协调并处理项目实施过程中的重大问题；

（二）组织首发专项的申报、评审、立项、实施、验收、绩效考评及监督管理等工作，监督并指导项目承担单位和项目负责人使用项目经费；

（三）组织建立首发专项评审专家库，制订并完善专家遴选机制；

（四）建立项目和成果数据库。

第二章 项目申报

第五条 市卫生行政部门应当根据行业发展规划和医疗卫生需求，在调研的基础上，定期发布《首都卫生发展科研专项申报指南》（以下简称《申报指南》），原则上每两年组织一次项目申报立项工作。

第六条 首发专项的项目申报人应当具备以下条件：

（一）北京地区具有独立法人资格的医疗机构、市属医学科研院所、市和区县卫生机构的在职人员；

（二）年龄不超过57周岁；

（三）具有良好的道德修养、较强的组织管理能力和较高的学术水平；

（四）具有较好的科研工作基础，有充足的时间从事研究工作。

申报青年项目的项目申报人年龄不得超过40

周岁。

第七条 项目申报人应当按照《申报指南》的要求编制申报材料，并对所申报材料及内容的真实性负责。

项目申报人应当通过所在单位向市卫生行政部门申报首发专项。市卫生行政部门不受理个人申报。

第八条 申报单位应当在对申报材料进行全面审核的基础上重点审核以下内容：

（一）是否符合《申报指南》的要求；

（二）科研设计的合理性、可行性、新颖性及科学意义；

（三）是否符合医学伦理；

（四）项目产出的预期效果。

审核通过的，申报单位按照《申报指南》的规定，向市卫生行政部门报送项目申请书和项目预算。审核不通过的，申报单位应当向项目申报人说明原因。

第九条 申报首发专项实行限额申报制度。

项目申报人每次限牵头申报一项，参与项目不超过两项。尚未结题的在研项目的项目负责人不得申请新项目。

申报单位申报项目的数量应当符合《申报指南》的规定。

第十条 已经获得其他政府财政资助的研究项目不得申报首发专项项目。

申报首发专项前已经通过其他渠道申请资助同一研究项目的，申报时，应当按照《申报指南》的要求进行特殊说明。

在研首发专项项目又获得其他政府资金资助的，项目负责人应当选择一种资助渠道，所在单位应当予以协助。

第三章　项目评审

第十一条 首发专项的项目评审应当按照形式审查、专家评审、部门审议等环节依次进行。

专家评审应当包括函评、会评和预算评审。

第十二条 接到申报材料，市卫生行政部门应当对项目申报人和申报单位的资格、申报材料的完整性等进行形式审查。审查通过的，进入专家评审环节。审查不通过的，应当书面向申报单位说明原因。

第十三条 市卫生行政部门应当按照有关专家遴选规则，产生评审专家。

第十四条 符合以下条件的个人经单位推荐可以成为首发专项的评审专家：

（一）具有高级专业技术职称；

（二）具有良好的职业道德和较高的学术水平；

（三）学风严谨、办事公正。

第十五条 首发专项的专家评审实行回避制度。

参与首发专项专家评审工作的专家，与被评审项目存在利益相关的，应当在专家评审环节开始前主动回避。

申报项目时，申报人可以在申报材料中提出至多2名评审专家回避的申请。

第十六条 市卫生行政部门根据专家评审意见，审议并初步确定首发专项资助项目数量与资金额度。

第十七条 首发专项专家评审实行保密制度。

参与评审的专家未经许可不得复制、透露或引用项目相关内容，不得对外泄露评审和评估过程中的意见以及尚未公布的评审或评估结果。

第四章　项目公示

第十八条 首发专项项目实行公示制度。

市卫生行政部门应当对通过审议的拟批准立项的项目名称、项目承担单位、项目负责人等内容进行为期14日的公示，并将相关内容通报市科技主管部门。

第十九条 市卫生行政部门应当公开投诉举报方式。

第二十条 公示期内任何单位、个人均可以通过公开的投诉举报方式向市卫生行政部门提出异议及理由。

市卫生行政部门应当调查核实并公布调查核实结果。

第二十一条 公示期满无异议或异议不成立的，市卫生行政部门批准立项。

批准立项的，项目承担单位、项目负责人应当与北京市卫生行政部门签定项目任务书。

第五章　项目实施与管理

第二十二条 首发专项的实施实行项目承担单位和项目负责人双重负责制。

第二十三条 项目负责人应当做好以下工作：

（一）按要求填报项目任务书、项目预算和决算；

（二）根据项目任务书开展研究工作；

（三）按照批复的预算使用项目经费；

（四）保存原始实验资料；

（五）配合项目承担单位、市卫生行政部门做好年度自查、年度评估、结题验收和绩效考评等工作；

（六）项目进行过程中出现重大问题及时向项目承担单位报告，并提出解决方案；

（七）做好研究成果的普及推广等其他工作。

第二十四条 项目承担单位应当做好以下工作：

（一）建立并完善本单位科研与财务管理制度，指定专兼职人员负责首发专项管理工作，为完成首发专项项目提供必要的支撑条件；

（二）审核并报送项目任务书、项目预算和决算；

（三）按照项目任务书要求组织并管理项目实施工作；

（四）协助市卫生行政部门做好年度评估、结题验收和绩效考评工作；

（五）项目进行过程中出现重大问题及时向市卫生行政部门报告，并提出解决方案。

第二十五条 项目负责人和项目承担单位应当于每一自然年度末对所承担项目的实施情况进行自查。

项目承担单位还应当结合自查情况编制年度计划执行情况报告并按要求报市卫生行政部门。

市卫生行政部门根据项目实施总体情况组织开展重点抽查工作，必要时可以委托第三方机构进行评估。

第二十六条 项目实施期满，市卫生行政部门应当进行结题验收，必要时可以委托第三方机构参与结题验收工作。

结题验收依次经过财务审计、财务验收和任务验收。

第二十七条 项目实施过程中或结题验收时，卫生行政部门应当对项目研究计划完成情况、项目实施效果、研究成果的水平与创新性、研究队伍创新能力、优秀人才培养情况、项目组织管理情况等进行绩效考评，必要时可以会同有关单位一同进行。

第二十八条 项目实施过程中，确需对项目任务书的任何内容进行调整的，项目承担单位应当至少于项目任务书规定的结题时间前3个月向市卫生行政部门申请调整项目任务书内容，并提出调整理由。

市卫生行政部门对调整申请及理由进行审核，审核同意的，项目承担单位可以调整项目任务书。审核不同意的，项目承担单位应当协助项目责任人按照原项目任务书要求完成研究项目。

申请延期结题的，市卫生行政部门原则上至多可以批准延期1年。

第二十九条 首发专项实施中形成的论文、专著、专利、软件、数据库等研究成果，应标注“首都卫生发展科研专项”（英文标注：“The capital health research and development of special”）资助及项目编号。

第三十条 市卫生行政部门依据《北京市专利保护和促进条例》《关于加强国家科技计划成果管理的暂行规定》等的规定，与项目承担单位就项目可能产生的成果及其形成的知识产权在项目任务书中进行书面约定。项目产生的科技成果，项目承担单位按照国家科技成果登记的有关规定进行登记。

第三十一条 项目产生的科技成果涉及保密、转让、科技奖励等内容的，按照相关规定执行。

第三十二条 实施首发专项过程中形成的固定资产属于国有资产，由项目承担单位管理和使用。

项目承担单位应当按照国家和本市有关规定开放共享实施首发专项过程中形成的固定资产。市卫生行政部门有权调配其用于其他相关科学研究和开发。

第六章 监督管理

第三十三条 市卫生行政部门对单位和个人参与首发专项的申报、评审、立项、实施以及管理工作的情况进行客观记录，并将该记录作为其参与首发专项活动的重要依据。

第三十四条 任何单位和个人均有权对首发专项申报、评审、立项、公示、实施过程中存在的违反本办法规定的行为进行举报。

第三十五条 项目申报人或项目申报单位违反本办法规定的，市卫生行政部门应当中止项目申报并责令其限期改正；情节严重或逾期不改正的，取消其当次及下一次申报资格。

第三十六条 项目负责人或项目承担单位违反本办法规定的，市卫生行政部门应当中止项目实施并责令其限期改正；情节严重或逾期不改正的，撤销其所承担的项目，追回已拨经费，并取消其下一次申报资格。

第三十七条 项目申报人或项目负责人有剽窃或侵夺他人研究成果、伪造或编造申请材料、提供虚假财务资料，截留、挤占或挪用项目经费等学术不端行为的，市卫生行政部门永久取消其申报资格、撤销其资助项目、停止拨款并追回已拨经费，并对其进行通报批评；涉嫌犯罪的，移交公安司法部门依法追究刑事责任。

第三十八条 评审专家不遵守本办法的规定，不公正评审或谋取不正当利益的，市卫生行政部门给予通报批评，取消其评审专家资格。

第三十九条 参与首发专项的卫生行政部门工作人员或其他人员，违反本办法规定谋取不正当利益，或者泄露相关信息的，按照国家和本市有关规定予以处理。

第七章　附则

第四十条　重点攻关项目是指针对首都卫生行业发展中的关键、共性和重点问题，通过多家医疗卫生机构的合作，特别是大型医疗机构与基层医疗卫生机构、专业公共卫生机构之间的合作，联合开展的多学科、多中心的科学研究项目。要求每个项目必须至少包括3家具有独立法人资格的医疗、卫生机构或市属医学科研院所等作为合作单位。

第四十一条　自主创新项目是指卫生专业技术人员针对临床诊疗、疾病防控和公共卫生管理等实际工作中遇到的问题，开展的新技术、新方法等原始创新或引进消化吸收再创新的科学研究项目。

第四十二条　普及应用项目是指针对农村和城市社区卫生服务特点和需求，开展的适用于基层医疗卫生机构的实用、适宜技术的研究、开发与示范应用等科学研究项目。鼓励城市医疗、卫生、科研机构与基层医疗卫生机构合作开展。

第四十三条　青年项目是指为北京地区储备科技队伍后备力量，支持医疗卫生领域具有科研发展潜力的优秀青年医务工作者开展的科学研究项目。

第四十四条　本办法自2011年12月1日起实施。

关于加强北京市精神卫生服务体系建设和发展工作的指导意见

京政办发〔2011〕70号

（2011年12月15日）

为进一步完善精神卫生工作体系，保障群众的身心健康，预防和减少精神疾病及各类不良心理行为问题的发生，依据《北京市精神卫生条例》《全国精神卫生工作体系发展指导纲要（2008－2015）》和国家发展改革委有关精神卫生防治体系建设与发展规划，现就加强本市精神卫生服务体系建设与发展工作提出以下意见。

一、指导思想

深入贯彻落实科学发展观，坚持以人为本，认真落实《中共中央国务院关于深化医药卫生体制改革的意见》（中发〔2009〕6号），坚持预防为主、防治结合、重点干预、广泛覆盖、依法管理的工作原则，建立政府领导、部门协助、社会参与的工作机制，实行全程干预、个案管理、应治尽治、应管尽管的工作方法，建立与首都定位和首都经济社会发展和功能定位相适应的、可持续发展的精神卫生服务体系，保障市民的身心健康。

二、建设目标

2015年前，构建起符合首都经济社会发展要求的精神疾病预防、医疗、康复体系，加强对重性精神疾病、重点人群的防治和救援工作，推动我市精神卫生工作进一步向前发展。

（1）到2015年，所有区县建立起运转良好的精神卫生服务网络，并在精神卫生工作中发挥主导作用。建立重性精神疾病管理、治疗和康复服务网络，为登记在册的重性精神疾病患者建立治疗康复管理档案。2015年区县登记重性精神疾病患者获得规范管理的比例达到95%；2015年，城市中小学建立心理健康辅导室、设置专兼职教师并配备合格人员的学校比例达到75%，农村达到40%；2015年，开展精神疾病社区康复和心理健康咨询服务的街道、乡镇达到85%。

（2）市、区县要建立健全政府领导、多部门合作的精神卫生工作体制和组织管理、工作协调机制。加强精神卫生预防控制体系建设，完善市、区县两级精神疾病预防控制机构。加强精神疾病信息报告制度建设，与居民健康档案和医疗卫生信息采集系统衔接，实现全市数据交互共享的精神卫生信息管理系统。拓展综合医院的服务领域，在全市传染病专科医院和综合医院普遍设立精神心理科，开展门诊及必要的住院服务。为合并传染病、躯体性疾病的重性精神疾病患者提供医疗服务。

（3）加大心理行为问题预防和心理危机干预工作力度。政府举办公益性心理援助热线，开展日常心理危机干预工作，针对各级各类人员开展心理健康促进工作。建立重大灾害及突发事件后心理危机干预预案，开展灾后人群心理救援工作。

（4）通过精神病专科医院基本建设项目的实施，完成以市属安定医院、回龙观医院等为龙头，以区县精神专科医院为骨干的精神卫生专业机构标准化建设，提高硬件设施条件和水平，改善医疗服务环境。

（5）完善北京市重性精神疾病患者免费服药制度，建立社会医疗保险基金、医疗救助、残疾人保障金、财政投入等多渠道筹资机制，提高重性精神疾病患者的治疗率，降低疾病复发率。

（6）鼓励社会和个人举办精神疾病医疗和康复机构，探索投资主体多元化、投资方式多样化的精神卫生投入机制。

三、主要任务

（一）建立精神疾病预防控制体系

建立市精神疾病预防控制机构统筹下的、以区县精神疾病预防控制机构为主体、基层卫生机构为基础的精神疾病预防控制体系，加强精神疾病监测、预防、控制等工作。

加大北京市精神疾病预防控制机构建设力度。在卫生行政部门领导下，落实精神疾病和心理行为问题的监测、预防、控制和健康教育等项工作。

各区县结合实际工作需要，进一步完善精神疾病预防控制组织机构，健全精神疾病预防控制体制。做好辖区精神疾病的监测、预防、康复、健康教育，管理社区精神疾病的预防工作。

加强基层卫生服务机构的精神疾病控制工作，强化社区卫生服务机构精神卫生服务功能。全面落实我市有关社区卫生服务中心（站）设置与建设规划的文件要求。在精神卫生医疗机构指导下，为辖区精神疾病患者提供药物治疗、康复技术指导、入户随访和社区精神卫生知识宣传教育等精神卫生防治服务。

（二）建立精神疾病医疗救治体系

建立以精神病专科医院为主体，综合医院为辅助，基层卫生服务机构和精神疾病社区康复机构为依托的精神卫生防治服务体系，促进精神病专科医院和社区卫生服务机构的有效衔接，对精神疾病患者实施分级管理。三级精神病专科医院、区县级精神病专科医院、精神疾病社区康复机构及综合医院精神心理科共同组成分工明确的医疗救治体系，其中：

三级精神病专科医院是集精神疾病医疗、教学、科研、社会（心理卫生）服务为一体的学科基地，承担全市各类精神疾病患者急性期和慢性精神疾病急性发作的诊断、治疗及转诊；承担疑、难、急、重症精神疾病患者的诊断、治疗；承担对各类人群的心理治疗与咨询服务；承担对其他医疗机构的联络会诊工作；承担为区县级精神病专科医院、综合医院及社区卫生服务中心的精神卫生专业培养、专业技术人员培训任务；完成法律法规规定的以及受政府有关部门委托办理的其他工作。

区县级精神病专科医院提供门诊诊疗、急诊住院治疗、康复治疗及心理咨询等服务；负责将本辖区精神疾病患者按相应转诊标准和区域规划转至三级精神病专科医院或基层卫生服务机构；承担本辖区内社区居家康复患者的巡回医疗和会诊任务；完成法律法规规定的以及受政府有关部门委托办理的其他工作。

基层卫生服务机构应当设置专（兼）职精神卫生工作人员，负责对居住在本区域内重性精神疾病患者建立档案，并对重性精神疾病患者进行定期访视；在精神科医生的指导下，根据精神疾病患者的疾病需要，指导其进行家庭康复。

综合医疗机构和其他专科医疗机构精神科，开展门诊心理咨询服务；承担常见精神疾病的诊断、治疗及转诊工作；承担从精神病专科医院转诊的伴有严重躯体疾病、妊娠及传染性疾病的精神疾病患者相关诊疗专业的医疗救治任务。

北京市安康医院负责收治有肇事肇祸行为的重性精神病患者；北京市民康医院负责收治本市户籍的“三无”重性精神疾病患者；北京市昌平区华一医院负责收治外省市户籍的“三无”重性精神疾病患者。

（三）建立健全精神疾病护理康复体系

逐步建立以社区、居家康复为主体，机构康复为补充，精神卫生服务机构提供专业技术指导的精神疾病康复体系。大力发展精神疾病社区康复服务模式。在各级政府统一领导、各相关部门共同协作下，充分利用社区、乡镇现有场地资源，为辖区内病情稳定的重性精神疾病患者提供集中康复训练和服务。一旦发现患者病情明显波动或病情复发时，及时转诊至区县或市属精神病专科医院。

完善北京市精神残疾康复护理机构建设，以满足精神残疾、智力残疾合并精神残疾患者中不适于在社区康复或居家康复的患者长期集中康复护理需求。

（四）建立重大灾害及突发公共事件后心理危机干预工作机制

政府举办公益性心理援助热线，为居民提供日常心理危机干预。建立重大灾害及突发公共事件的心理危机干预机制，预防和处置因重大灾害及突发公共事件引起的群体心理问题。市、区县成立心理危机干预专家组，制订相应的突发公共事件的心理危机干预预案，进行人员培训和演练。开展灾后人群心理救援工作。

四、保障措施

深入贯彻执行《北京市精神卫生条例》，落实各部门职责及保障措施，建立北京市精神卫生工作部门联系会议制度，积极有效地开展精神卫生工作。

（一）建立稳定的投入保障机制

财政部门要根据本地区经济社会发展水平和精神卫生工作需要，建立稳定的精神卫生工作投入机制。保证本级精防机构基本办公条件，保证信息报送所需网络、计算机设备、车辆以及信息系统建设与运行维护的经费。配置必要的教学、培训设备，安排必要的工作经费。统筹安排重大灾害及突发公共事件引起的群体心理问题和精神疾病患者肇事肇祸事件处置所需物资、资金，保证各项业务工作的开展。

鼓励社会资本参与精神疾病防治工作。鼓励社会团体开展对精神残疾康复机构有针对性的捐助活动。

（二）加强精神卫生基础设施建设

加大对市、区县两级精神卫生专科医院基本建设项目的投资力度。完成安定医院门诊病房楼及附属用房工程、回龙观医院门急诊综合楼和丰台、怀柔、密云、平谷、顺义、门头沟、延庆等区县精神病专科医院标准化建设；解决全市精神疾病预防控制机构业务用房问题。

（三）加强社区精神病人康复机构能力建设

各区县民政、残联部门根据本辖区的实际需求，充分利用社区、乡镇内现有场地资源，为精神疾病康复者提供功能训练、技能培训等职业及生活康复服务。政府鼓励企业将适合精神疾病康复者生产的产品安排给社区康复机构生产，帮助维持社区康复机构正常运转。

（四）将精神健康教育纳入学校教学计划

教育部门要针对不同年龄阶段学生的特点，开展精神卫生健康教育、咨询、辅导，促进学生身心健康。在有条件的区（县）配备专业人员，建立心理健康辅导室，为教师接受精神卫生知识培训提供必要条件。

（五）加强信息化基础设施建设

信息化管理部门负责增加政务外网覆盖面，确保承担各级各类精神卫生防治与管理工作机构的专网联接，覆盖所有精神卫生专科医疗机构、精神疾病预防控制机构、设有临床心理诊疗科目的综合医疗机构、基层卫生服务机构及集中关押精神病罪犯的监狱医院。

（六）大力推进精神卫生人才队伍建设

卫生部门要制订精神卫生专业人才的人力培养规划，重视精神病专业医师的培养；通过在职人员继续医学教育，提高岗位人员业务水平及工作能力，增强其开展心理健康教育、心理健康指导、预防心理行为问题和心理危机干预工作的能力；积极开展非精神卫生专业医务人员培训，提高常见精神疾病和心理行为问题的识别和处理能力；积极开展相关公共卫生专业人员从事心理健康教育工作等的能力培训。

人力资源与社会保障部门应研究制订优惠的人事政策，鼓励、吸引医务人员在我市精神卫生岗位就业。

（七）大力开展心理健康促进、心理行为问题预防、心理危机干预等工作

积极推进政府多部门合作和社会各方广泛参与；以社区和企事业单位为基础，在各级各类人员中广泛开展各种心理健康促进活动，加强健康宣教，普及心理、精神卫生知识，通过综合考虑社会心理、环境因素，建立常态化的心理评估、心理干预、社会救助工作机制，干预控制影响人群心理健康的危险因素。

工作进展

疾病控制

【概述】 2011年，全市报告各类传染病129823例，报告发病率661.93/10万，比上年下降20.099%，其中甲、乙类传染病44474例，死亡235例，报告发病率226.763/10万，比上年下降15.699%；丙类传染病85349例，死亡7例，报告发病率435.175/10万，比上年下降22.215%。

（罗培林）

疾病控制综合管理

【开展疾病预防控制工作考核】 2月23～25日，6个专家考核组对全市16个区县上年度疾病预防控制工作情况进行现场督导考核。考核包括卫生行政部门疾控工作指标和疾病控制14个专业指标共167项1600分。各区县在自查基础上进行工作梳理，考核组对各区县现场考核发现的问题给予反馈，取得良好效果。（杜 红）

【加强农民工疾病预防控制工作】 3月11日，卫生部疾控局副局长雷正龙带领传防处、艾防处、结防处、免疫处等部门领导及中国疾控中心有关同志赴北京市调研农民工疾病预防控制工作情况。市卫生局副局长赵春惠主持汇报工作，局疾控处、市疾控中心、结防所等单位负责人以及朝阳区卫生局、疾控中心、妇保院负责人30余人参加座谈与现场调研。卫生部疾控局领导肯定北京市在推进该项工作中取得的成绩，表示将在进一步调查研究的基础上出台国家工作方案和保障措施。（杨 扬）

【召开疾病预防控制工作会】 4月18日，召开北京市疾病预防控制工作会。市卫生局副局长赵春惠回顾上年度全市疾病预防控制工作，对本年度疾病预防控制工作做了部署。卫生部疾控局监察专员肖东楼对北京市在疾病预防控制工作中的成绩和贡献给予充分肯定与高度评价。市卫生局党组书记、局长方来英从加大重点传染病防控工作，做好慢性非传染性疾病的预防控制；提高老百姓人均期望寿命；广泛开展健康教育，创造支持性环境；全面实施国家免疫规划，统筹协调；形成北京疾病防控大的策略、体系等5个方面对2011年疾病预防控制工作提出具体要求。各区县卫生局、市区疾控中心、市区结控所、市卫生监督所和50家三级医院的主要领导，北京预防医学会、北京性病艾滋病防治协会、北京市健康教育协会，心血管病等6个防治办公室负责人，以及市卫生局有关处室、信息中心、宣传中心、社管中心、12320等有关单位负责人参加会议。卫生部、中国疾控中心、各区县政府、总后卫生部防疫局、武警总部后勤部卫生部、市教委、市商务委、市中医局、北京出入境检验检疫局、北京铁路局、民航华北管理局等部门的领导以及新闻媒体的记者近300人出席会议。

（徐 征）

【出台二级以上医院疾控工作考核标准】 年内，市卫生局制订《北京市二级以上医院疾病预防控制工作考核标准（试行）》。该标准对医疗机构应当承担的疾病预防控制工作职责、工作内容，以及怎样规范管理和开展各项疾病预防控制工作进行了明确规定。8月4～5日，市卫生局组织全市二级以上医疗机构对《标准》进行培训和逐条解读，二级以上医院全部试行该《标准》。（李顺丽）

【调研疾病预防控制系统建设标准】 年内，市卫生局启动北京市疾病预防控制系统建设标准的调研及编制工作。首先在市、区两级疾控中心开展疾病控制能力的现状调查，包括对人员编制、财务情况、基础设施建设、仪器设备、检测能力等进行评估。在此基础上，结合市、区两级疾控系统的职能定位，组织相关专家研究编写北京市疾病预防控制系统建设标准。（李顺丽）

【召开首都创新卫生防病工作研讨会】 11月10日，市卫生局召开首都创新卫生防病工作研讨会。市卫生局副局长赵春惠，中国疾控中心主任助理冯子健、副主任杨维中，北京铁路局卫生处处长张钢，市卫生局疾控处、北京老年医院、北京胸科医院、市疾控中心和市结控所的专家和领导，部分区县卫生局、疾控中心领导参加会议。市疾控中心主任邓瑛介绍本市卫生防病工作现状和成绩，从建设全方位公共卫生服务体系、强化绩效考核、机构建设、提升监测能力等9个方面介绍“十二五”时期北京市卫生防病工作的思路和目标。（李顺丽）

计划免疫

【北京市免疫接种896.2万人次】 免疫规划疫苗16种（不包括流感疫苗），其中12种用于常规接种（卡介苗、乙肝疫苗、甲肝疫苗、脊髓灰质炎疫苗、无细胞百白破疫苗、白破疫苗、麻风疫苗、麻风腮疫苗、麻疹疫苗、乙脑减毒活疫苗、A群流脑疫苗和A+C群流脑疫苗），4种用于应急接种（水痘疫苗、流行性出血热疫苗、炭疽疫苗和钩端螺旋体疫苗），预防16种疾病。常住儿童乙肝疫苗接种率99.91%、脊髓灰质炎疫苗接种率99.98%、百白破疫苗接种率99.98%、白破疫苗接种率99.73%、麻风二联疫苗接种率99.98%、麻风腮疫苗接种率99.98%、麻疹疫苗接种率99.86%、A群流脑疫苗接种率99.98%、A+C群流脑疫苗接种率99.90%、乙脑疫苗接种率99.98%、甲肝疫苗接种率99.95%。全年常规疫苗接种5214695人次、大规模疫苗接种（务工、流感等）1889656人次、应急接种132662人次、二类疫苗接种1725081人次。（罗培林）

【更新冷链设备】 12月，投入1251万元对全市所有预防接种门诊冷链设备进行更新。

（罗培林）

【预防接种信息电子化管理】 12月，全市基本取消预防接种纸质卡，实现预防接种信息电子化管理。（罗培林）

【全国儿童预防接种宣传月活动】 在全市学龄前流动儿童强化查漏补种调查的442228名儿童中，补建预防接种卡11721人，补建预防接种证2182人，为21182人补种脊髓灰质炎、麻风、麻风腮、流脑、百白破等5种疫苗，疫苗补种率均达97%以上。为4032人补种（预约）乙脑和乙肝疫苗，疫苗补种（预约）率99%以上。（罗培林）

【为外来务工人员接种流脑、麻疹疫苗】 在5633个集中用工单位为外来务工人员接种流脑、麻疹疫苗14万人，其中建筑工地1007个、大型餐饮企业964个、集贸市场319个、大型建材城77个，新增生产企业923个、医疗机构158家、其他单位2185个。接种A+C群流脑疫苗141864人，接种麻疹疫苗142923人。外来务工人员集中单位未发生流脑暴发疫情，流脑、麻疹发病率均呈下降趋势。（朱建华）

【预防接种异常反应处理培训】 5月27日，区县卫生局、疾控中心、医学会医鉴办相关负责人约90人参加北京市预防接种异常反应处理培训班。培训内容主要是预防接种异常反应调查诊断流程、鉴定程序和预防接种异常反应损害程度分级评定的有关规定等。（王艳春）

【《北京市预防接种异常反应补偿办法（试行）》】 为保护人民群众的健康权益，根据《疫苗流通和预防接种管理条例》，市卫生局、市财政局制订《北京市预防接种异常反应补偿办法（试行）》。自8月1～31日，向社会公开征求意见。今后，在本市行政区域内因接种国家免疫规划疫苗或市政府在执行国家免疫规划时增加的疫苗，以及市政府、各区县政府或者其卫生行政部门组织的应急接种或者群体性预防接种所使用的疫苗，引起预防接种异常反应造成受种者死亡、严重残疾或者器官组织损伤的，适用《办法》规定申请一次性补偿。（王艳春）

【国家扩大免疫规划和疫苗管理工作检查】 7月31日～8月3日，卫生部指派辽宁省卫生厅厅长助理王天宇、北京生物制品研究所院士赵铠一行作为检查组对北京市国家扩大免疫规划和疫苗管理工作进行督导检查。检查组现场抽取通州区、延庆县作为被查单位，听取市卫生局、市疾控中心及2个区县卫生局的汇报，查阅相关资料，现场检查4个预防接种门诊，入户调查150名儿童的免疫接种情况。市卫生局副局长赵春惠、疾控处处长谢辉及有关人员陪同检查。检查组肯定了本市的成绩：一是政府重视，二是部门协调落到实处，三是财力保障十分充足，四是免疫规划真正成为与疾病防控的系统组成，五是疾控队伍展现了良好的精神风貌和高水平的职业素质，六是在免疫规划的信息化建设、免疫预防门诊的规范化管理、流动人口的管理、二类疫苗的管理、冷链运行、异常反应的管理、疫苗可预防疾病的全面监测等方面取得了突破。同时，检查组对北京市下一步工作中可持续发展、信息化工作进一步完善等提出了建议。

（罗培林）

【防控新疆输入性脊髓灰质炎疫情】 8月26日，新疆维吾尔自治区卫生厅通报，新疆和田地区发生一起脊髓灰质炎野病毒疑似输入性疫情。这是我国自2000年证实无脊髓灰质炎状态以来首次发生脊髓灰质炎野病毒输入事件。北京市卫生局快速反应，措施果断，行动迅速，多次组织召开专家工作会议进行风险评估，并开展全员培训、重点人群摸底排查、脊髓灰质炎疫苗强化免疫、AFP病例回顾性调查检测等多项工作，采集671名新疆和田地区来京学生和人员的样本进行病毒病原学检测和监测，及时发现3名野毒株携带者并有效控制了形势，阻断脊髓灰质炎病毒的传播，确保自1985年以来北京市27年维持无脊髓灰质炎状态。（罗培林）

传染病防治

【建立传染病风险评估和疫情评估机制】 年内，建立每季度开展传染病风险评估和适时召开疫情形势专家分析会的疫情评估机制。在每季度进行传染病风险评估的基础上，结合传染病季节流行特点，于1月18日召开北京市今冬明春呼吸道传染病防控工作会；于3月1日和3月2日，召开春季传染病专家分析会和春季传染病防控视频会；于7月22日和7月25日，召开夏季传染病专家分析会和夏季传染病防控视频会。通过分析不同季节传染病流行特点，提出重点防控措施，提高传染病预警监测的灵敏性。

（罗培林）

艾滋病防治

【防治结核菌/艾滋病病毒双重感染】 3月10日，召开北京市结核菌/艾滋病病毒（简称TB/HIV）双重感染防治工作启动暨培训会。市卫生局疾控处处长谢辉、北京结核病控制研究所所长洪峰、市疾控中心副主任贺雄出席启动会，各区县卫生局、结核病防治所、疾控中心以及北京佑安医院、北京地坛医院、北京协和医院、解放军三〇二医院等艾滋病治疗定点医院的负责人120余人参加会议。会议解读了《北京市结核菌/艾滋病病毒双重感染防治工作实施方案（试行）》，并对TB/HIV双重感染工作中艾滋病防治系统和结核病防治系统的工作内容进行培训，北京市TB/HIV双重感染防治工作全面展开。（徐　征）

【加强艾滋病防治工作】 6月15日，召开北京市防治艾滋病工作委员会全体会议，33个成员单位主管局长（主任）、16个区县主管区县长，以及市疾控中心、市性病艾滋病防治协会、4家艾滋病定点医院、市禁毒办等单位领导参加会议。市防治艾滋病工作委员会主任、副市长丁向阳，国务院防治艾滋病工作委员会办公室主任、卫生部疾控局副局长郝阳出席会议并讲话。市卫生局局长方来英代表市防治艾滋病工作委员会做2010年北京市艾滋病防治工作报告；郝阳通报全国防治艾滋病工作主要进展，对北京市艾滋病防治工作取得的进步表示肯定，并希望北京市坚持政府组织领导，部门各负其责，发挥社会组织和公众个人在艾滋病防治工作中的作用，全面贯彻国家艾滋病防治“五扩大、六加强”新政策；丁向阳对艾滋病防治工作提出3点要求：一是要加强艾滋病筛查和普查，摸清全市艾滋病底数情况，做到数字清，情况明；二是要加大艾滋病防治宣传力度，制作宣传折页进社区；三是通过电视广告、杂志、报纸等媒体，普及艾滋病防治知识，形成全社会参与艾滋病防治的良好局面。（徐　征）

【加强艾滋病反歧视宣传】 年内，市防治艾滋病工作委员会办公室、市卫生局组织相关成员单位开展北京市艾滋病反歧视宣传教育活动，在北京电视台、北广传媒移动电视、北广传媒城市电视和北广传媒地铁电视等媒体，每日多次滚动播放艾滋病反歧视纪录片《在一起》和艾滋病反歧视公益广告及公益歌曲光盘。利用传统、移动媒体多方位、多层面、多角度开展艾滋病防控和反歧视宣传，扩大艾滋病防治宣传教育的覆盖面，效果显著。（徐　征）

【新版“首都红丝带”网站上线】 年内，市防治艾滋病工作委员会办公室和市卫生局结合本市当前防艾宣传工作任务和特点，对“首都红丝带”网站进行改版设计并上线。新版“首都红丝带”增添艾滋病防治知识和技能学习的趣味性，加强防治学习和工作的规范性；提高志愿者招募、注册、培养和发展的时效性、长期性和系统性，有利于加强艾滋病防治志愿者队伍的建设、培养与发展。（徐　征）

【推进艾滋病综合防治示范区工作】 自2009年卫生部批准本市西城区、海淀区、丰台区、大兴区4个区为中央与省（区、市）艾滋病综合防治共建示范区以来，4个示范区工作稳步推进。区内76家医疗机构均建立艾滋病抗体初筛实验室，按国家检测方案要求开展艾滋病、丙型肝炎和梅毒检测工作；100%完成哨点监测任务；建立15家自愿咨询检测门诊；羁押人员检测率100%，羁押人员接受艾滋病防治知识宣传教育覆盖率100%；设计、制作98个种类的宣传品，包括口袋书、宣传折页、宣传手册、宣传笔、安全套摆放架、便签本等；开展针对妇女人群的“面对面”艾滋病防治知识宣教工作；开展吸毒人群干预；开展多种形式的综合干预，预防经性途径传播；预防艾滋病母婴传播，孕产妇人群HIV抗体检测率和梅毒抗体检测率均达到99%以上；4个共建示范区临床用血100%来自义务献血；加强艾滋病病毒感染者、病人的关怀管理力度，扩大艾滋病病人治疗覆盖面，提升病人生活质量。（徐 征）

【有效开展社区药物维持治疗】 11月3日，市卫生局、市公安局、市药监局联合召开北京市社区药物维持治疗工作总结会，全市6个社区药物维持治疗工作组、秘书处以及10个药物维持治疗门诊的有关人员参加会议。会议介绍北京市社区药物维持治疗工作开展情况，通报2011年社区药物维持治疗工作督导情况，再次解读《关于进一步做好我市社区药物维持治疗工作的意见》；石景山区社区药物维持治疗工作组和东城区公安分局经验介绍；市卫生局副局长赵春惠对下一步工作提出6点要求：一是进一步完善协调机制，提高对推广社区药物维持治疗工作重要意义的认识；二是树立以人为本的科学发展观，将社区药物维持治疗工作与禁毒工作有机结合起来；三是进一步探索模式，加大工作力度，提升工作水平；四是进一步加大宣传力度，提高门诊的影响力；五是加强门诊治疗和综合服务工作，拓展治疗工作的内容，提高服务工作质量；六是加强交流和学习，提高工作技能，拓宽工作思路。（徐 征）

【李克强考察北京市防治艾滋病工作】 1月18日，中共中央政治局常委、国务院副总理、国务院防治艾滋病工作委员会主任李克强来到北京市疾控中心，看望慰问艾滋病防治医务人员和民间组织志愿者，实地调研防艾工作。（徐 征）

【世界艾滋病日主题宣传活动】 12月1日，举办“防艾路上我和你”第24个世界艾滋病日主题宣传活动。卫生部卫生监察专员肖东楼局长，北京市防治艾滋病工作委员会副主任、市卫生局局长方来英，副局长赵春惠，北京市教育委员会副主任郑萼以及联合国艾滋病规划署驻华办、美国疾病预防控制中心驻华办官员亲临活动现场。市防治艾滋病工作委员会成员单位、各区县政府、卫生局、教委、首都医疗卫生系统领导以及首都高校“青春红丝带”社团代表、首都防艾志愿者代表参加了活动。同时，16个区县的防艾工作机构围绕宣传主题开展了形式多样的世界艾滋病日主题宣传活动。（徐 征）

【首都高校“青春红丝带”社团蓬勃发展】 12月17日，市卫生局、市委教育工委、市教委、团市委、市红十字会联合召开首都高校“青春红丝带”社团工作会。有80所高校建立了“青春红丝带”社团组织，3年累计发展会员43933人，在校会员27707人。各高校以实施“四大工程”为核心，通过规范内部建设、参与红丝带健康包“百校进千企”项目、举办防艾主题参与式培训师资培训班、赴实践基地参与社会实践、参与世界艾滋病日宣传等活动，为全市艾滋病防治宣传工作做出了贡献。（徐 征）

结核病防治

【结核病突发疫情处置培训及演练】 3月14～15日，市卫生局组织16个区县卫生局、结防机构及京煤集团上岸医院的科（所）长、实验室专业技术人员进行血清结核分枝杆菌抗体和现场模拟标本泄漏事故处置的演练。通过演练，参演人员对结核病突发疫情应急处置工作中实验室检查活动有了深入了解，为各区县、各有关单位进一步修改、完善应急预案提供了参考和指导。（杨 扬）

【世界防治结核病日宣传活动】 3月24日，第16个世界防治结核病日，18～25日为宣传活动周，市卫生局在全市开展以“遏制结核，共享健康”为主题的系列宣传活动。3月23日，市卫生局、北京结核病控制研究所、北京晚报举办2011年世界防治结核病日北京市主题宣传活动，对北京市2010年结核病健康促进先进单位以及在北京市首届结核病防治公益作品征集活动中获奖的个人进行表彰。各区县结核病防治专业机构、医疗机构、专科医院采取专家义诊咨询、有奖问答、知识竞赛、专题讲座、发放宣传品、招募志愿者等形式，宣传结核病危害、结核病防治知识和国家防治政策，呼吁全社会积极参与结核病防治工作。（杨 扬）

【召开结核病防治工作会】 5月11日，召开北京市结核病防治工作会。会议对“十一五”期间及2010年本市结核病防治工作的策略、措施及主要成果进行回顾，提出2011年北京市结核病控制10项重点工作，包括：建立健全结核病防治服务体系，进一步规范结核病防治工作，积极应对耐多药结核病的挑战，推进结核菌/艾滋病病毒双重感染的防治工作，提高流动人口结核病管理水平，加强实验室能力建设，深入开展健康促进工作，做好中国全球基金结核病项目工作，强化结核病专项督导与考核，落实结核病防治专防合作等。同时，对8个北京市2010年度结核病防治工作先进集体进行表彰。（杨 扬）

【参加全国结核病临床诊疗技能竞赛】 11月17～18日，由市卫生局疾控处带队，北京胸科医院、北京老年医院、顺义区结核病防治中心的3名选手组成北京市代表队，在卫生部疾控局、中国疾控中心举办的全国结核病临床诊疗技能竞赛中荣获佳绩。北京胸科医院陈效友名列全国第一，获个人一等奖；北京老年医院陈雪林获个人三等奖；由陈效友、陈雪林和顺义区结核病防治中心王伟组成的北京市代表队获团体三等奖。（杨 扬）

【耐多药结核病控制项目效果良好】 北京市2008年1月启动耐多药肺结核控制项目，4年来，投入资金280余万元，通过做好耐多药肺结核患者的发现、制订合理的治疗方案、强化患者管理、落实相关免费政策、建立激励机制等一系列措施，取得了明显的效果。2008年3月～2011年12月期间，发现疑似耐多药患者858人，通过送检一线抗结核药物敏感性检测，确诊登记耐多药患者212例，其中非户籍常住人口耐多药患者73例，占34.4%。在上述确诊患者中，112例按项目要求使用免费抗耐多药方案进行治疗，其他100例患者采取积极的管理措施，有效控制了耐药结核菌的传播。有治疗转归的57例患者的治愈率57.6%，治疗成功率59.6%。（杨 扬）

肠道传染病防治

【肠道门诊监测与症状监测】 4月1日，全市335家医院的肠道门诊准时开诊。6月14～16日，市卫生局组织市疾控中心、市卫生监督所对各区县的34家肠道门诊开诊和肠道传染病防控情况进行抽查。肠道门诊对发现的霍乱病例及密切接触者采取严格的隔离、治疗措施，没有发生续发病例，未出现暴发和流行。（罗培林）

【防范输入性肠出血性大肠杆菌感染】 5月，德国发生肠出血性大肠杆菌O104∶H4暴发疫情。市卫生局制订防制输入性肠出血性大肠杆菌感染方案与北京市肠出血性大肠杆菌O104∶H4可疑病例排查方案，并开展人员培训和检测试剂等物资准备。同时，针对肠道门诊对北京市肠出血性大肠杆菌O104∶H4的防控情况进行督导检查。6月，排查可疑病例2例，经检测，均排除了肠出血性大肠杆菌O104∶H4感染。（罗培林）

流感、人禽流感防治

【流感防控知识健康教育效果调查】 年内，市卫生局组织市疾控中心采用分层抽样的方法，对16个区县的2817名60岁以上老年人、2999名中小学生及其家长进行有关流感防控知识健康教育效果的问卷调查。调查结果：①老年人、学生家长及学生的流感知识知晓率保持在80%以上，处于较高水平。三类人群采取开窗通风、洗手、锻炼身体、打喷嚏捂口鼻、使用肥皂消毒剂等保护性行为有大幅度提高，总体行为改变率63.3%。②电视、报纸、广播、网络等主流媒体宣传流感防控知识和疫苗接种政策覆盖90%的老年人和学生家长。学生流感疫苗接种率由2007年的37.1%增长到49.9%，增长12.8%。③老年人和学生中未接种流感疫苗的主要原因为不良反应影响、疫苗作用不大和禁忌证，不良反应的影响从2007年的第3位升至第1位。④在出现流感症状后，大部分老人选择社区卫生服务机构就诊，而大部分家长则选择到二级以上综合医院或专科儿童医疗机构就诊。针对调查中发现的问题，市卫生局将继续加强社区健康教育，进一步提高人群防病知识，促进人群保护性行为更广泛形成；严格落实疫苗接种工作流程，加强疫苗监管，降低不良反应发生率，同时进一步开展关于疫苗不良反应的健康教育，增强人们对于疫苗不良反应的正确理解；继续加大宣传，引导患者正确就医。

（罗培林）

【完成季节性流感疫苗接种】 10月15日～11月30日，为北京市户籍60周岁以上老年人和在校中小学生、中等专业学校学生继续集中免费接种流感疫苗，全市累计接种流感疫苗1602733支，其中免费疫苗1435191支（60岁以上老人625269支、学生809922支）。（罗培林）

【监测人禽流感】 全年监测人禽流感高危人群18247592人次，未发现人禽流感疑似病例。

（罗培林）

狂犬病防治

【狂犬病发病5例】 全年接种狂犬病疫苗180840人次，比上年下降5.30%，排序前三位的是朝阳区、海淀区、大兴区。发生狂犬病5例，死亡5例，朝阳区、丰台区、海淀区、大兴区、密云县各1例，比上年下降44.44%。（杨 扬）

鼠疫防治

【鼠疫自然疫源性调查中期总结暨培训会】 3月14～15日，市卫生局疾控处召开北京市鼠疫自然疫源性调查（2009－2011）中期总结暨培训会。会议总结近两年鼠疫自然疫源性调查情况，分析存在的问题及薄弱环节，讨论2011年工作目标和进度安排。市疾控中心专家就国内外鼠疫发病和流行形势、鼠疫防控知识与技术、鼠疫应急处理规范以及其他自然疫源性疾病监测等开展了培训。（杨 扬）

【应急响应与现场处理演练】 12月20日夜间，为检验医院发现和诊断“急热待查”病例能力、报告流程、病例初步隔离和处理能力，考查疾控中心接报后应急响应和现场处理能力，对北京积水潭医院等医疗机构进行暗访并对辖区疾控中心进行应急拉练。门诊医生能够正确诊断病例、关闭诊室隔离病例，并对陪同人员开辟专室隔离；各区县疾控中心接报后1小时内消毒、流调和检验人员全部到达，所有人员能够按照要求进行流调、消毒等疫情处置工作。

（杨　扬）

【更新鼠疫防控技术】 年内，市疾控中心更新了《北京市鼠疫防控技术口袋书》，更新内容包括鼠疫疫情动态、城市鼠疫病例防制工作方法、疫情防控指导原则等，并发放到鼠疫防控人员手中，指导本市鼠疫防控。（杨　扬）

地方病防治

【北京市成为全国首个取消地方病病区的城市】 4月18日，卫生部签发有关北京市消除大骨节病和燃煤污染型地方性氟中毒危害的批复函。根据批复意见，从2011年起，怀柔区大骨节病病区和门头沟区、房山区燃煤污染型地方性氟中毒病区不再作为病区对待，市卫生局可不再上报《全国地方病防治工作调查表》。北京市成为全国首个取消地方病病区的城市。病区地方病危害消除之后，市卫生局要求当地卫生部门每隔5年要对历史病区进行一次回访，重点督导病区改炉改灶后期管理、学龄前儿童实行寄宿制以及儿童氟斑牙病情消长等综合干预措施巩固成效的情况，确保地方病防治取得长远成效。（杨　扬）

【饮水型地方性氟中毒防治项目终期考核】 4月19~21日，市卫生局、市教委、市水务局、市疾控中心等相关单位人员组成市级考核组，对朝阳区、大兴区、昌平区、顺义区、延庆县等区县的饮水型地方性氟中毒防治项目进行考核，共调查15个降氟改水工程及工程所在村的459名五年级学生、150名家庭主妇。调查结果：5个区县均按照卫生部《全国重点地方病防治规划（2004－2010）》的要求开展地方病防控工作，如期实现规划目标，现场考评的15个降氟改水工程全部正常运转，水氟含量均低于1.0mg/L的标准；各区县学生和家庭主妇的水氟防控知识知晓率均高于90%，满足规划目标要求。

（杨　扬）

【防控发热伴血小板减少综合征】 5月5日，市卫生局副局长赵春惠主持召开发热伴血小板减少综合征防控工作会。会上，讨论卫生部《关于做好发热伴血小板减少综合征等防控工作的通知》精神，并制订发热伴血小板减少综合征的监测和督导方案，进一步加强监测工作，防止疾病传播；各级疾控机构进一步完善送检程序，积极开展实验室病原学检测，做到及早诊断以利于及早治疗；加强信息报告和医疗救治工作，对医务人员开展培训；加强对社会公众的健康教育，提高市民的防范意识，维护群众身体健康和社会稳定。（杨　扬）

【防治碘缺乏病日宣传活动】 5月15日是我国第18个防治碘缺乏病日，市卫生局和市商委在朝阳区安贞华联广场举行北京市防治碘缺乏病宣传活动，主题是“坚持科学补碘，预防碘缺乏病”。市疾控中心、中盐北京市盐业公司和朝阳区疾控中心的专家在现场回答市民的咨询，专业人员向市民讲解碘缺乏病的防治知识，解答市民的提问，使老百姓增强对碘缺乏病的防治意识。（杨　扬）

【监测重点地区碘盐食用状况】 3~5月，市卫生局组织市疾控中心及各区县疾控中心对全市居民食用盐碘含量进行监测。结果显示，居民合格碘盐食用率高于90%的碘缺乏病控制目标，但仍有少数区县合格碘盐食用率低于90%。调查中还发现，仿冒中盐北京市分公司包装的精制盐主要购买途径为小型私人超市、早市或菜市场菜摊，说明在上述地区存在销售仿冒碘盐（非碘盐）的不法商贩。针对监测中发现的问题，有关区县卫生部门向相关单位通报情况，联合采取加强碘盐市场的监督管理，防止无碘盐对于碘盐市场的冲销，开展居民碘缺乏病健康教育等综合防控措施，效果已初步显现。通过对存在问题地区的再调查，发现相关区县居民合格碘盐食用率上升到91.32%，碘盐覆盖率和碘盐合格率也分别达到94.07%和97.08%。（杨　扬）

学校卫生

【在部分幼儿园试点安装自动洗手分配器】 为改善卫生条件及卫生设施，加强幼儿家长和托幼机构老师的防护意识，教育孩子养成良好卫生习惯，减少手足口病发生风险，在朝阳区手足口病高发街乡的50所打工子弟幼儿园安装了自动洗手分配器，用温和无刺激的杀菌型洗手液辅助洗手。结果显示：使用该装置的幼儿园儿童手足口病发病率比对照园下降60%。3月25日，朝阳区将自动洗手分配器推广到十八里店乡的所有幼儿园。市卫生局将在朝阳区试点的基础上逐步向全市推广。（郭　欣）

【防控中小学生视力不良和肥胖】 6月7日，市卫生局召开会议，与市教委共同研究遏制中小学生视力不良和肥胖上升的趋势。会议通报全市884所中小学2244间教室照明情况的评价结果，分析课桌面照度和黑板照度不达标原因，对中小学生视力不良和肥胖的形势以及干预措施进行了讨论。（郭　欣）

【学生眼保健操效用评估基线调查】　为了解《2008新版眼保健操》实施状况，评估其视力保护效果，查找学校近视眼防控工作存在的问题，市卫生局疾控处组织市疾控中心、市防盲办于10~11月在海淀区和丰台区的7所学校开展眼保健操效用评估基线调查。1000名小学生接受操作评估、穴位探查以及问卷调查。调查发现，学生寻找穴位点的正确率和力度掌握有待进一步提高。疾控处要求项目组进一步分析调查结果，并做好眼保健操干预效果的追踪研究。

（郭　欣）

慢性非传染性疾病防治

【开展全民健康生活方式行动】　自2007年11月国家发起以“和谐我生活，健康中国人”为主题的全民健康生活方式行动以来，本市在东城区、西城区、朝阳区、海淀区、顺义区、大兴区、丰台区、怀柔区等8个区全面启动相关工作。2011年，各行动区开展全民健康生活方式示范创建工作，有47家单位参评，其中42家通过验收，包括12家示范社区、10个示范单位、9个示范食堂、7家示范餐厅、4个示范超市，各类示范机构在其所在行业发挥了模范带头作用。12月2日，市卫生局召开全民健康生活方式行动工作会，对全市工作情况进行阶段总结，并将口腔健康教育纳入行动。（郭　欣）

【加强心脑血管疾病防控】　结合脑卒中患病率随着年龄增大而升高、当年龄超过50岁时患病率明显增高的特点，北京市采取整群抽样的方式对50岁以上户籍居民开展脑卒中风险筛查及相关检查，共筛查4万人。10月29日是世界卒中日，主题是“每6秒钟，就有1人死于卒中，不论年龄、性别”，市卫生局、市脑血管病防治办公室和北京天坛医院举行主题宣传和义诊活动，为居民普及脑卒中防治知识，促进健康行为。（郭　欣）

【开展户籍肿瘤患者社区随访】　为核实北京市2002~2005年期间发病的肿瘤患者信息，了解患者生存状况，提高肿瘤监测信息质量，对2002~2005年登记的户籍肿瘤患者开展社区随访，这是本市第一次大规模针对肿瘤患者生存状况开展的社区随访。随访历时2个月，共核实28074名2002~2005年确诊的肿瘤患者的相关信息，覆盖新城六区户籍人口约700万人。北京市肿瘤登记的系统建设和数据上报质量在全国位居前列，此次工作进一步规范了管理，提高了肿瘤患者信息的准确性。（郭　欣）

【推进口腔疾病防治】　牙防工作连续3年作为北京市医改重大公共卫生服务项目的重要内容，各项工作取得积极进展。2005~2011年，为86万余名适龄儿童实施窝沟封闭预防龋齿服务，将12岁儿童患龋水平控制在世界卫生组织规定的最低流行水平；开展为低保老人免费镶牙项目，为2000余名生活困难的全口无牙低保老人免费镶上全口义齿；年内，本市新开展儿童乳牙保健项目，为近13万名学龄前儿童提供免费氟化泡沫涂布，为有效控制乳牙龋病奠定了基础；此外，继续开展口腔健康哨点监测，通过对100个抽样点的调查，获得本市居民口腔健康状况的最新数据。本市已将“免费为幼儿提供氟化泡沫预防龋齿服务、为学生提供龋齿检查和防治服务及为贫困老年人免费镶牙”纳入《健康北京“十二五”发展建设规划》。（郭　欣）

【全国爱眼日主题活动】　6月6日是第16个全国爱眼日，主题是“关爱低视力患者，提高康复质量”。6月3日，市卫生局在北京同仁医院举办主题宣传活动。北京市一直高度重视防盲和眼保健工作，开展了贫困白内障患者复明工程、推广《家庭护眼按摩操》、制订《中小学校教室照明标准安装规范》等。同时，人口老龄化使新发盲人数不断增加，不良用眼习惯和学业压力等原因导致视力不良成为学生常见病且呈上升趋势，眼科优质医疗资源分布不均，尤其是远郊区县基层眼病防治力量很薄弱。市卫生局将突出工作重点，有计划、有步骤地推进“视觉2020，享有看见的权利”全球性战略目标的实现。

（郭　欣）

【联合国糖尿病日主题宣传义诊活动】　11月14日是第5届联合国糖尿病日，口号是“应对糖尿病，立即行动”。11月12日，由市卫生局主办、市糖尿病防治办公室和北京同仁医院承办的糖尿病主题宣传和义诊咨询活动在地坛公园举行。市卫生局组织专家参照现代中医对于糖尿病的治疗原则编创了一套健身操——糖友养生保健操，以培养元气、调节肝脾为主要特色，动作简单易学。活动当日，兴化社区的30名居民现场表演了养生操。（郭　欣）

【北京市国家级慢病综合防控示范区通过考核验收】　朝阳区代表北京市参评国家级慢病综合防控示范区。11月3日，卫生部疾控局副局长孔灵芝带领国家级慢病综合防控示范区验收专家组到本市进行现场考核验收。市卫生局副局长赵春惠陪同评审组听取报告、查阅材料，并到7家单位进行现场考察。经考核，朝阳区被评为国家级慢病综合防控示范区。

（郭　欣）

【创建市级慢病综合防控示范区】 年内，制订《北京市慢性非传染性疾病综合防控示范区创建管理办法》，新增东城区、西城区、房山区3个区参与创建慢病综合防控示范区。11月23日，市卫生局组织朝阳区、东城区、西城区和房山区4个区卫生局和疾控中心的主管领导及科室负责人召开北京市慢性病综合防控示范区培训暨启动会，对慢病综合防控示范区创建工作进行经验交流，对北京市慢病示范区创建工作的具体内容、标准和流程进行培训。（郭　欣）

精神卫生

【制订精神卫生服务体系发展规划】 12月，市政府印发《关于加强北京市精神卫生服务体系建设和发展工作的指导意见》，要求本市精神卫生工作坚持以人为本、预防为主、防治结合、重点干预、广泛覆盖、依法管理的方针，建立政府领导、部门合作、社会参与的工作机制，确立应治尽治、应管尽管的工作目标，实行全程干预、个案管理的工作方法，明确本市“一个制度、三个体系、一个机制”的精神卫生工作基本框架。确定在5年内建立起与首都定位和北京市社会经济发展相适应的、可持续发展的精神卫生服务体系，为首都社会经济发展和人民群众的心身健康提供保障。（贾培旗　黄庆之）

【印发《北京市重性精神疾病信息报告管理办法》】 2月23日，市卫生局副局长邓小虹主持召开《北京市重性精神疾病信息报告管理办法》培训会。出席培训会的有医政处、妇幼与精神卫生处、公共卫生信息中心。参加培训的部门及单位包括全市16个区县卫生局的主管局长、主管科长，区县精保所（院）主管所（院）长，51家三级医疗机构主管院长、门诊部主任、医务科科长、信息中心主任，共约300人。（贾培旗　黄庆之）

【改进重性精神疾病管理治疗服务质量】 年内，制订《北京市2011年度重性精神疾病管理治疗项目实施方案》《北京市重性精神疾病管理治疗项目工作流程图》，并制订执行进度，统筹管理，规范程序，强化区县加强已纳入管理患者的社区基本公共卫生服务管理意识，要求各区县组织社区卫生服务中心经过培训的精防工作人员按照《国家基本公共卫生服务规范（2011）》中重性精神疾病患者管理服务规范的要求，对应“686”项目管理的重性精神疾病患者开展健康管理服务，为尽早实现“人人享有基本医疗卫生服务”战略目标打下了基础。

（贾培旗　黄庆之）

【举办社区精防工作人员培训班】 1月17～29日，举办北京市精神卫生防治工作人员培训班。全市16个区县的650余名社区专兼职精防工作人员参加培训，提高了社区精神卫生防治工作人员的精神科专业知识、技能及使用精神卫生信息管理系统的水平。

（贾培旗　黄庆之）

【举办心理援助热线培训班】 1月23日，北京回龙观医院、北京心理危机研究与干预中心、北京市心理援助热线的专家为本市16个区县18个精保（院）所从事和即将从事心理援助热线工作的35名专业人员进行心理援助热线接听程序、心理援助热线自杀来电危险评估、自杀来电的处理原则与技巧、高危来电随访注意事项等心理援助热线工作专业技术培训，为下一步统一及规范管理全市的心理援助热线机构和人员做了铺垫。（贾培旗　黄庆之）

【精神卫生专业人员支援四川省地震灾区】 2月13日～7月15日，17家精神卫生专业机构选派20名有心理咨询和社区管理工作经验的精神心理专科医师（含2名副高级职称以上临床医师）分2批对四川省成都市大邑县，雅安市芦山县、宝兴县、石棉县等4个对口重灾地区进行灾后心理援助建设工作。完成心理援助工作任务的专家队员获得卫生部领导和四川省卫生厅及援建区县卫生部门的高度评价。

（贾培旗　黄庆之）

【“686”项目规范化治疗及个案管理培训班】 为进一步加强重性精神病防治工作，提高本市精神卫生服务能力和专业技术水平，切实做好2010年度“中央补助地方重性精神疾病管理治疗项目”（简称“686”项目）工作，市卫生局于3月29～30日举办“686”项目规范化治疗及个案管理市级培训班。邀请北京回龙观医院院长杨甫德等专家为全市16个区县社区卫生服务中心的700余名专兼职精防医务人员进行培训。（贾培旗　黄庆之）

【卫生部疾控局领导调研社区精神卫生工作】 3月11日，卫生部疾病预防控制局为了更全面地了解社区精神卫生工作情况，了解基层精神卫生工作特色，以及面临的实际困难，副局长王斌带领精神卫生处处长等一行4人，对北京市社区精神卫生工作进行实地调研。（贾培旗　黄庆之）

【精神卫生管理人员赴上海参观学习】 4月14日，市卫生局妇幼与精神卫生处邀请市民政局、市公安局相关负责人及区县精神卫生管理人员赴上海进行交流、学习、参观。此次考察主要围绕上海市2010年中央六部委重性精神病人排查行动情况，社区精神病人管理工作，社区精神疾病信息化工作，贫困精神病人救助、治疗管理工作及精神病人突发事件应急处置等工作内容展开。（贾培旗　黄庆之）

【探索“一三三”工作模式】 为了在本市尽早实现精神疾病“应治尽治、应管尽管”的工作目标，市卫生局探索并逐步推行精神卫生“一套机制、三个抓好、三方配合”的“一三三”工作模式，并以朝阳区为试点，通过实践逐步推广，在社区中用“爱心、耐心、责任心”着力打造出由社区（居委会）干部、社区干警、精防医生和社区志愿者组成的精神卫生工作团队，使地区的精神病人更好地康复，更好地回归社会。该模式被卫生部作为社区重性精神疾病管理治疗工作优秀经验在全国范围内推广。

（贾培旗　黄庆之）

【心理行为问题预防和心理危机干预培训班】 4月27～29日，举办北京市社区精防工作人员心理行为问题预防和心理危机干预培训班。邀请北京回龙观医院院长杨甫德、德国慕尼黑大学高璇博士等7名心理专家为16个区县社区卫生服务中心的近700名专兼职精防医师就心理行为问题预防、心理危机干预等进行培训。（贾培旗　黄庆之）

【推广应用精神疾病康复适宜技术】 市科委、市卫生局设立重大学科项目“精神分裂症和抑郁症适宜技术研究”，并责成北京安定医院负责项目实施。5月23～27日，举办项目培训班，北京安定医院院长马辛教授、翁永振教授和向应强博士授课。市卫生局决定将项目实施工作作为加分项目纳入到本年度精神卫生工作绩效考核。此项目以精神疾病患者社会功能康复为目的，以新技术开发、推广为手段，以科技保障市民健康为宗旨，把成熟的精神康复技术推向基层，使基层精神卫生工作人员熟练掌握并应用。

（贾培旗　黄庆之）

【张文康调研北京市精神卫生工作】 6月17日，全国政协常委、全国政协教科文卫体委员会副主任张文康率考察组一行12人调研北京市精神卫生工作，市卫生局妇幼与精神卫生处处长吕璠等参加调研。调研过程中，张文康对首都精神疾病防治工作给予充分肯定。（贾培旗　黄庆之）

【完成重性精神疾病患者排查行动患者信息交换工作】 年内，市卫生局与市公安局治安管理总队在市经信委和市公共卫生信息中心的协助支持下，建立重性精神疾病患者排查行动患者信息实时传输机制，完成重性精神疾病患者排查行动信息交换工作。

（贾培旗　黄庆之）

【全国人大常委会法工委调研精神卫生工作】 7月7日、8日、15日，全国人大法工委主任信春鹰率全国人大法工委行政法室主任王超英及卫生部汪建荣司长、王斌副局长等一行12人组成的调研组到本市开展精神卫生专项调研考察。市人大、市卫生局、市公安局、市民政局、市财政局等相关负责人参加调研。（贾培旗　黄庆之）

【重性精神疾病患者免费服药】 2011年，16个区县为重性精神疾病患者提供免费服药和免费住院费用超过1000万元。财政部门为北京市重性精神疾病患者免费服药工作安排资金预计6000万元，已列为2012年的额度财政预算并通过北京市财政重大事项事前评估。（贾培旗　黄庆之）

【三级医院门诊医生精神科专业知识再教育培训】 北京市三级医院门诊医务人员应具备一定的精神科基础专业知识、技能。8月15～24日，举办市属三级医院门诊医务人员精神科专业知识再教育培训班3期。邀请北京回龙观医院杨甫德教授、吉中孚教授、刘华清主任，北京安定医院崔永华主任，北京大学第六医院郭延庆主任等精神科专家对本市18家市属三级医院的600余名门诊医务人员就联络会诊精神病及精神病人的转诊、精神分裂症的诊断与治疗、精神科症状学及急诊处置、抑郁症和双相情感障碍的诊断与治疗、心理治疗技术等进行了培训。

（贾培旗　黄庆之）

【世界预防自杀日宣传活动】 9月6日，由市卫生局主办，北京回龙观医院、北京心理危机研究与干预中心承办的第9个世界预防自杀日宣传活动“生命！预防自杀是全社会的责任——关注特殊人群走进监狱”，在北京市监狱管理局清河分局柳林监狱举行。其主题是通过多个部门共同参与和开展宣传培训，有效预防自杀，促进精神健康。市卫生局副局长毛羽、市监狱管理局副局长张志明、市监狱管理局清河分局局长王金平、市卫生局妇幼与精神卫生处、北京回龙观医院等相关领导和10余名精神卫生专家、监狱干警以及1000余名服刑人员参加活动。

（贾培旗　黄庆之）

【创建干警、工作人员和服刑人员心理健康与精神卫生服务新模式】 9月6日，市卫生局、市司法局制订《关于服刑人员精神疾病预防控制合作方案》。充分保障服刑人员健康权益，维护首都社会稳定，做好服刑人员精神疾病防治工作和精神病服刑人员释放后顺利与社区精神病管理衔接工作。同时，签订《心理健康与精神卫生服务共建合作协议》，为司法战线的干警、工作人员提供心理健康服务创建了平台。

（贾培旗　黄庆之）

【按标准配备专兼职社区精防工作人员】 9月15日，社区精防工作人员应按照服务人口的1:20000

配置标准，以户籍人口 1257 万人为基数，配备 1041 名精防专兼职工作人员。为辖区内重性精神疾病患者提供药物治疗，社区、家庭康复技术指导、随访和社区居民精神卫生知识宣传教育等精神卫生服务。

（贾培旗　黄庆之）

【精神卫生信息管理系统 CA 数字证书使用及信息安全培训班】　为进一步加强北京市精神卫生信息管理系统数据使用安全能力及规范 CA 数字证书使用，9 月 19 日，市卫生局举办北京市精神卫生信息管理系统 CA 数字证书使用及信息安全培训班，全市 1041 名精防专兼职工作人员参加培训。

（贾培旗　黄庆之）

【世界老年痴呆日宣传活动】　2011 年世界老年痴呆日，主题是“认识痴呆，不懈努力”。由市卫生局主办，西城区卫生局、西城区平安医院承办，围绕“关注老年痴呆，宣传老年痴呆的相关知识”等展开各项宣传活动。活动形式分为大型咨询主会场活动、宣传讲座会场、北京电视台宣传报道、西城报宣传报道及科普文章和平安医院心理门诊、精神科门诊免费测查及免费咨询等。（贾培旗　黄庆之）

【全国人大调研北京精神卫生立法工作】　9 月 23 日，全国人大教科文卫委员会主任委员白克明率调研组来京，就精神卫生立法工作进行调研，并召开精神卫生立法工作座谈会。卫生部、市人大、市政府、市卫生局和各级精神卫生机构代表参加调研座谈。全国人大教科文卫委员会副主任委员唐天标、全国人大教科文卫委员会委员吴忠泽参加调研，市人大常委会副主任吴世雄、市政府副秘书长朱炎等陪同调研。调研组对北京市精神卫生工作给予充分肯定。

（贾培旗　黄庆之）

【世界精神卫生日主题宣传活动】　2011 年世界精神卫生日的主题为“承担共同责任，促进精神健康”。卫生部和市政府在北京奥林匹克公园联合主办、市卫生局和朝阳区政府承办宣传活动。卫生部、公安部、民政部、中国残联、北京市政府及相关部门的负责人，以及北京市精神卫生医疗机构专家、社区工作人员、精神康复者及家属和在京新闻媒体代表参加活动。活动现场设有各种宣传小屋和展板，向大众宣传精神卫生知识，百名精神心理卫生专家为现场群众提供心理咨询和精神健康指导。本次活动还在北京回龙观医院设置分会场，开展北京市第 2 届精神康复者职业技能大赛，22 家精神卫生医疗机构的患者参加大赛。　　（贾培旗　黄庆之）

【开展大学生心理危机预防与干预】　10 月 18 日，市卫生局与市教工委共同开展大学生心理危机预防与干预活动，并举办以“挑战与发展”为主题的北京高校“大学生心理危机预防与干预”医校合作专题论坛。北京心理危机研究与干预中心、北京回龙观医院与市教工委签订“北京高校大学生心理危机预防与干预”医校合作协议，并率先在全国成立首家北京高校大学生心理危机预防与干预指导中心。市卫生局副局长、市医院管理局副局长、党委副书记毛羽和市教委副书记王民忠为中心揭牌并讲话。北京高教学会心理咨询研究会、首都师范大学、北京安定医院、北京安康医院的精神卫生专家以及首都 70 所高校的学生工作处处长和心理咨询中心主任 140 余人出席专题论坛。　　（贾培旗　黄庆之）

【专家为退伍战士开展精神健康体检】　按照北京军区卫生部的相关工作要求，北京安定医院、北京回龙观医院选派 7 名专家到北京军区为退伍战士开展精神健康体检工作。　　（贾培旗　黄庆之）

【市卫生局赴法国、瑞士交流考察】　11 月 30 日～12 月 9 日，市卫生局妇幼与精神卫生处正处级调研员贾培旗及昌平区、房山区、门头沟区、平谷区及延庆县等区县 6 名精神卫生保健院的精神卫生领域资深管理专家赴法国、瑞士等欧洲发达国家进行访问、交流、学习。考察团参加由法国卫生部举行的医疗体制和公立医院改革研讨会，实地了解法国精神卫生工作的历史及现状，与法国 Perray – Vaucluse 医院、巴黎社区等进行交流，访问、考察了瑞士的精神疾病医疗保障情况。　　（贾培旗　黄庆之）

【探索精神疾患康复模式初见成效】　市卫生局将海淀区作为全市精神疾病患者享受医改成果、解决实际困难的试点示范区，着力打造“海淀区全程干预个案管理，医院社区一体化”的康复管理体系模式，将传统的社区精神病管理模式逐步转为人性化的、个体化的社区精神卫生康复服务模式。建立 24 家社区精神康复站，有 663 名康复者在各康复站接受有针对性的医疗康复服务。同时，在总结意大利模式玫瑰园运行的基础上，开发多种社会资源，建立牡丹园、水仙园、百合园、月季园 4 个居住机构，有 39 人在各个园中康复生活。　　（贾培旗　黄庆之）

【完善对重性精神疾病患者的社会救助政策】　年内，制订《关于资助低收入家庭中重病、重残等特困人员参加城镇居民基本医疗保险或新型农村合作医疗有关问题的通知》及《关于进一步加强城乡特困人员重大疾病医疗救助有关问题的通知》，将重性精神疾病纳入特重大疾病范围，资助患者参加城镇居民基本医疗保险或新型农村合作医疗。同时，这些患者在扣除职工基本医疗保险、城镇居民基本医疗保险、新型农村合作医疗以及补充医疗保险等现行医疗保障制度报销后，对于医保或新农合报销目录范围内的个人负担部分，由民政部门按70%的比例给予重大疾病救助，全年累计救助总额不超过8万元。两个政策的出台，极大地缓解了重性精神疾病患者生活困难家庭因病致贫、因病返贫的发生。（贾培旗　黄庆之）

【心理服务热线工作】 2011年，北京市心理援助热线接听来电30829人次，20～39岁来电者占71.7%，83.1%为高中及以上学历者，无工作者占20.8%，未婚者占51.0%。接受自杀危险评估的来电者中有自杀危险者占35.0%，其中高危来电占6.4%。前三位来电的主要咨询问题是家庭关系问题、人际关系问题、精神心理问题。通过热线干预来电者的希望程度增加7.5%，痛苦程度减低16.8%，自杀倾向程度减低11.1%。（贾培旗　黄庆之）

【重性精神疾病管理治疗工作】 截至年底，北京市登记在档的重性精神障碍患者62780余人，新建档5213份，重性精神疾病患者规范管理率90.2%。根据市公安系统统计显示，精神疾病患者肇事肇祸发生情况为2008年180例，2009年171例，2010年122例，2011年93例，呈明显下降趋势。

（贾培旗　黄庆之）

【心理健康促进工作】 截至12月31日，为全市600个社区提供健康教育讲座301次，受众17200余人次，内容涉及小学生、中学生心理健康知识，老年人心理健康知识，妇女心理健康知识，社区居民心理健康知识，社区居干、民警心理减压等，发放宣传知识手册239500册，使心理健康知识贴近社区、贴近百姓，精神卫生宣传走向常态化、普及化。

（贾培旗　黄庆之）

职业卫生

【启动农民工健康关爱工程】 4月29日，由市卫生局主办、海淀区卫生局承办、北京北冶功能材料有限公司协办的《职业病防治法》宣传周暨北京市农民工健康关爱工程启动会在北冶公司厂区举行。农民工健康关爱工程主要包括5个方面的内容：一是开展农民健康教育，提高农民工传染病防治等卫生防病知识知晓率，为农民工开展慢性病“三个一”工作，即免费测量一次血压、发放一本《生活方式与慢性病科普知识手册》、开展一次慢性病预防与营养知识讲座；二是建立完善农民工健康档案；三是开展农民工结核病防治及其子女免疫规划工作；四是开展农民工艾滋病、梅毒、乙肝母婴阻断项目；五是开展农民工职业病防治关爱工程。该项目在海淀区、大兴区举办系列健康大讲堂、健康防病知识巡展、慢性病义诊服务，并在媒体进行职业病防治知识系列宣传。

（王艳春）

【职业病防治管理信息系统试点】 为加强职业病防治信息收集和统计工作，提升职业病防治管理信息化水平，市卫生局委托市化工职防院开发“北京市职业病信息系统”。6月13日，市卫生局疾控处召开职业病防治管理信息系统工作会，选择北京市、海淀区、朝阳区、大兴区疾控中心开展职业病防治管理信息系统的试点工作。（王艳春）

环境卫生

【启动重金属污染监测】 市卫生局制订《北京市重金属污染监测行动方案》和《北京市重金属污染环境因素监测方案》。5月20日，召开会议启动全市重金属污染监测工作。（杜　红）

健康教育与健康促进

【健康北京人主题歌曲歌咏大赛颁奖典礼】 1月27日，由中国医药卫生事业发展基金会、北京市健康促进工作委员会、市委宣传部、市卫生局主办的“健康歌曲大家唱”健康北京人主题歌曲歌咏大赛颁奖典礼在国安剧院举行。各区县、市委办局、社会团体、幼儿园以及学校的85支队伍参赛，有30个参赛团队获得奖项。（刘　英）

【第5届全民健康促进大型公益游园会】 6月4～5日，中国医药卫生事业发展基金会、首都精神文明建设委员会办公室、市委宣传部、市卫生局和北京日报报业集团在地坛公园共同主办第5届全民健康促进大型公益游园会。市卫生局组织20家医疗卫生机构的百余名专家为百姓提供现场义诊咨询服务，130名专家接待义诊咨询约10480人，发放健康宣传品8类56种32195份。（刘　英）

【发布《北京人健康指引》】 年内，编写并出版《北京人健康指引》，包括拥有健康的行为与生活方式、保持心理平衡与良好的社会适应和实现基本生理健康目标3个部分34条指标。（刘　英）

【发布《北京市2010年度卫生与人群健康状况报告》】 7月4日，市卫生局举行新闻发布会，局长方来英发布《北京市2010年度卫生与人群健康状况报告》。2010年度健康白皮书从人口基本情况、慢性非传染性疾病及相关危险因素、传染病发病情况、残疾和精神疾病情况、儿童青少年健康状况、医疗卫生服务和健康环境状况等8个方面展现2010年居民健康状况的变化和卫生事业的发展情况。（刘　英）

【“健康北京人”双屏机器人走进社区】 年内，开发制作了为市民提供集卫生资讯、保健常识、疾病自诊、药品查询、用药指导、市内医疗资源查询等功能服务于一体的多媒体触摸屏计算机系统——北京市民健康教育信息平台，并以“健康北京人”双屏机器人的亲民形象走进社区，市民在家门口就能便捷地查询和了解到最权威、最科学的健康知识。 （李顺丽）

【首批健康科普专家251人】 为充分发挥医疗卫生系统健康科普传播主渠道的作用，引导群众树立科学正确的健康观念，在全市开展健康科普专家的遴选工作。251名临床、公共卫生和中医专家成为本市首批健康科普专家，通过统一的动态管理与培训，进一步规范健康科普传播行为。 （李顺丽）

【编制《健康大百科》系列丛书】 年内，市卫生局从关注人的生命全周期出发，以满足市民的健康需求为目标，由10名院士审定推荐、1000名专家参加编写的《健康大百科丛书》出版发行。丛书分为孕育篇、0～6岁篇、7～14岁篇、中青年篇、老年篇、口腔保健篇、家庭急救篇、传染病防治篇、心理健康篇、心脑血管篇共10个分册200余万字，以问答形式解答生活中6000个健康问题，体现出权威性、科学性和实用性的特点，为市民提供了一套高水平的健康科普读物。 （王艳春）

【第2届北京健康之星评选】 7月，市卫生局启动第2届北京健康之星评选（大赛）活动。经过个人报名、区县推荐、市预赛、复赛、决赛的比赛阶段，通过自我健康评估、健康知识技能测试、体质测试、健康体检、现场答题、健康风采展示等比赛环节，30名北京健康之星脱颖而出，成为北京人健康精神风貌的代表。 （王艳春）

卫生监督

【概述】 创新管理制度，从预防性监督入手，加强宣传和警示教育，促进管理相对人积极履行主体责任，推行卫生监督约见制度。健全餐饮服务食品安全事故调查处置工作衔接机制。成立北京市卫生监督专家库和咨询委员会。对128496户有证单位监督261853户次，行政处罚5437户次，罚款894.5万元，没收违法所得37.2万元。开展食品安全、生活饮用水、公共场所、集中空调通风系统、消毒产品等卫生抽检。开展餐饮服务食品安全、夏季游泳池卫生状况、打击非法行医、规范医疗美容市场、规范社区卫生服务行为等专项监督检查。举办卫生监督员资格培训班，15个区县的卫生行政部门和卫生监督机构共93人参加培训，其中考试合格并取得卫生监督员证件88人。针对卫生监督执法人员和管理相对人举办卫生监督快速检测、传染病防治监督规范及标准、医政执法监督、医疗机构监督协管员、全市采供血监督管理、消毒产品卫生监督、餐饮单位消毒产品等培训班。创建3所食品安全示范校。完成74项重大活动保障任务，未出现突发公共卫生事件。开展卫生监督执法责任制稽查132次，提出稽查意见3684项，下发稽查文书1824份，对8711名卫生监督员进行着装风纪稽查（合格率98.5%），开展严厉打击餐饮服务环节食品非法添加和滥用食品添加剂专项整治及国庆期间餐饮服务食品安全卫生监督专项稽查。

（郑宏杰 赵 婧）

卫生监督管理

【实行卫生监督约见制度】 12月，北京市从预防性监督入手，加强宣传和警示教育，促进管理相对人积极履行主体责任，实行卫生监督约见制度。春节前夕，市卫生局副局长雷海潮首次集体约见中国大饭店、眉州东坡等90多家餐馆、酒店、商超负责人，市、区两级卫生行政部门和监督机构领导累计约见1000多家大型餐饮、公共场所企业的法定代表人或其委托的主要负责人，告知春节期间餐饮服务食品安全、公共场所卫生工作要求。 （李德娟）

【餐饮服务食品安全事故调查处置衔接机制】 年内，市卫生局按照“属地负责，分级管理”的原则建立相关工作衔接机制，进一步明确卫生行政部门、疾病预防控制机构、卫生监督机构的主要职责。

（赵 婧）

【成立卫生监督专家库和咨询委员会】 年内，成立北京市卫生监督专家库（44名专家）和咨询委员会（16名专家），为卫生监督事业的发展提供智力支持。 （李德娟）

【探索多种途径提升宣传效果】 本市首次运用官方微博与公众进行互动交流，开展食品安全宣传周、职业病防治法等主题宣传活动。利用报刊、广播、电视、网站等媒体宣传相关法律法规和科普知识，加大卫生监督工作动态及时报道，鼓励社会公众参与，营造良好舆论氛围。 （李德娟）

公共卫生

公共卫生类行政许可

【公共卫生类许可 478 件】 公共卫生类行政许可全年受理627 件，许可478 件，咨询4549 件，其中餐饮受理25 件，许可8 件；饮用水受理45 件，许可34 件；消毒企业受理85 件，许可50 件；职业卫生受理148 件，许可119 件；健康相关产品受理51 件，许可51 件；放射诊疗受理273 件，许可216 件。

（邵建强）

日常监督检查

【全年监督检查情况】 全市监督餐饮服务单位69265 个，监督覆盖率 92.28%；监督 166877 户次，监督频次 2.41，有效监督 148611 户次，合格 146438 户次，合格率 98.54%。监督公共场所 30043 个，监督覆盖率 91.1%；监督 45968 户次，监督频次 1.53，有效监督 42043 户次，合格 41886 户次，合格率 99.63%。监督生活饮用水单位 7957 个，监督覆盖率 94.82%；监督 14862 户次，监督频次 1.87，有效监督 14662 户次，合格 14557 户次，合格率 99.28%。监督职业卫生 3129 户，监督覆盖率 74.89%；监督 3465 户次，监督频次 1.11，有效监督 2900 户次，合格 2796 户次，合格率 96.41%。监督学校卫生 1558 户，监督覆盖率 72.13%；监督 2097 户次，监督频次 1.35，有效监督 1948 户次，合格 1944 户次，合格率 99.79%。 （智 春）

【启动水质在线动态监测系统】 为提高北京市处理生活饮用水事故反应速度和控制事故危害程度，建立北京市饮用水卫生在线监测预警网络。本年度初步建立 20 个监测点，多分布在市政水厂周边和重点地区。监测点将在线监测水质的浊度、余氯、pH、电导率、总有机碳、耗氧量等数据，全天候实时向市级监控中心传送数据信息，并随时对管网中水质变化做出反应，确保监督部门及时采取措施，最大限度降低饮用水污染的风险。 （吴志敏）

【加强公共场所卫生监督】 继续推进公共场所量化分级管理。完成轨道交通空气质量检测验收。加大公共场所集中空调通风系统监管力度，抽检结果显示公共场所集中空调卫生状况明显好转。

（李德娟）

【加强职业和放射卫生监督管理】 完成北京市医用辐射防护监测网试点工作。开展医疗机构放射诊疗防护情况调查，对全市放射治疗医疗机构和放射卫生技术服务机构进行专项监督检查，放射工作人员岗前培训 1783 人，考试合格后颁发北京市放射工作人员放射防护知识培训合格证。（李德娟 李宝欣）

【学校卫生监督】 将农村等薄弱环节作为学校卫生监督的重点地区，把加强对学校饮用水卫生的监督指导作为重点环节，开展学校生活饮用水状况的摸底调查。加大对学校食堂食品安全、传染病防控及学习生活环境的监督检查，与教育行政部门建立协调工作机制，探索新的工作模式。 （李德娟）

【餐饮业量化分级管理和食品安全管理员制度】 截至 12 月底，全市量化分级管理等级评定的餐饮服务企业共计 35969 个，其中 A 级 2833 个（占 7.9%）、B 级 16171 个（占 45.0%）、C 级 16961 个（占 47.2%）、D 级 4 个（0.01%）。继续推进食品安全管理员制度，起草《北京市食品安全管理员考试大纲》及考试要求，建立题库，1.2 万名餐饮服务食品安全管理人员参加了全市统一考试。 （李德娟）

专项监督检查

【节日期间餐饮服务食品安全检查】 市卫生局制订餐饮服务食品安全保障工作方案，组织全市卫生监督机构对餐饮服务提供者开展重点监督检查。春节期间，全市出动卫生监督员 1307 人次、执法车 426 车次，检查 6982 户次，合格率 99.98%。春节期间群众投诉数量较上年持平，所有投诉举报受理案件均落实相关区县卫生监督机构进行处理。国庆节期间，全市出动卫生监督员 1585 人次、车辆 399 车次，检查 2758 户次，合格率 99.67%。针对节日期间检查发现的餐饮单位内外环境不洁、库房内有杂物、操作间内有苍蝇、垃圾桶未加盖、餐饮服务人员未持有健康证明上岗工作等问题，卫生监督员均依法做出相应处理。 （汪思玉）

【食品非法添加和滥用食品添加剂专项整治】 年内，全市召开餐饮服务食品添加剂专项整治工作会议和培训 250 余次，培训餐饮从业人员近 10 万人次，发放宣传材料近 40 万张，其中宣传画 6.2 万套。完成餐饮服务单位自制火锅底料、自制饮料、自制调味料备案 8656 户，食品添加剂公示在餐饮单位得到落实。全市出动监督员76560人次，检查各类餐饮单位72553户次，查出不合格单位5657户次。对19家餐饮服务提供者进行立案行政处罚，没收非食用物质和滥用食品添加剂案值12.05万元。（李德娟）

【“瘦肉精”专项整治】 开展餐饮服务环节“瘦肉精”专项整治活动，共出动监督员6914人次、车辆2303车次，检查餐饮单位10965户次，未发现来源不明、无检疫证明和使用病死牲畜肉现象。

（胡克强）

【葡萄酒和白酒质量安全专项整治】 年内，出动监督人员495人次、执法车142车次，对900个餐饮服务单位，特别是小餐馆和酒吧，使用葡萄酒和白酒的进货渠道、索证情况、食品安全情况进行专项检查。未发现来源不清或超过保质期限和假冒伪劣的葡萄酒和白酒。针对检查中发现个别餐馆索证台账不齐全，卫生监督员依法提出责改意见，对5户给予警告的行政处罚。（徐亚东）

【调查北京肯德基有限公司】 对媒体报道的北京肯德基有限公司销售醇豆浆情况和现场卫生状况进行调查。经查，北京肯德基有限公司在京开设的254家餐厅售卖的醇豆浆是用豆浆浓缩液按一定配比调制而成，豆浆浓缩液产品包装标志齐全，有QS食品市场准入标志。现场随机监督检查北京肯德基有限公司部分餐厅门店，其食品烹调制作过程基本符合食品安全要求，未见违法违规行为。（徐亚东）

【夏季游泳池专项检查】 6月，开展游泳场馆卫生大检查。8月，再次开展为期两周的游泳池专项整治行动，全市监督检查游泳场馆556个，总体情况良好。对检查中不符合卫生标准要求的单位责令整改77个、停业整顿6个；行政处罚29个，其中经济处罚24个，罚款7.95万元。通过北京卫生监督网向社会公开，引导公众参与监督。（李德娟）

【学校食堂食品安全专项检查】 市卫生局联合市教委在秋季开学前和11月两次对全市所有学校食堂（含托幼机构）、供应学校的集体用餐配送单位开展全面强化监督检查。2436名学校食堂负责人、8920名食堂从业人员参加培训。2598个学校食堂完成食品安全自查自纠，检查总体情况良好。对109个学校食堂存在的违法行为进行行政处罚，罚款9.9万元。

（李德娟）

【轨道交通5条新城线空气质量检测验收】 大兴区、丰台区、通州区、朝阳区等区完成轨道交通5条新城线22个地下站台等候区空气质量和集中空调通风系统卫生状况的检测，完成地铁亦庄线次渠和次渠南2个地下站台等候区6个空气质量检测点和2套集中空调通风系统卫生状况的检测验收。

（高旭东）

【经济技术开发区职业病防治专项检查】 年内，对北京经济技术开发区内存在职业病危害因素的企业进行以建立职业健康体检和职业健康监护档案、完善职业卫生制度为重点的专项监督检查。共出动卫生监督员350余人次、车辆150车次，检查86家企业，制作现场检查笔录103份、当场行政处罚决定书16份、责令改正通知书18份、卫生监督意见书4份。被处罚的企业均按要求进行了责改。（黄自和）

【医用辐射监测网试点工作】 北京市是2011年全国医用辐射监测网试点地区，按照卫生部要求，召开试点地区35家医疗机构培训会议，网上申报医院的基本信息，并进行设备检测，按时完成监测试点工作。（李宝欣）

卫生监督抽检

【食品抽检21大类】 全市抽检食品21大类2115件，总合格率93.7%；现场快速检测4041件，合格率98.1%。（赵　婧）

【公共场所卫生抽检】 全市抽检游泳场所606个（检测结果部分未出），总合格率48%；抽检洗浴和理发美容场所160个，合格率83.75%；抽检集中空调176户，合格率90.91%；抽检商场超市的室内空气85户（样品1512件），合格率80%；抽检影剧院的室内空气21户（样品297件），合格率85.71%。

（李德娟　汪思玉）

【生活饮用水、涉水产品抽检】 全市抽检市政水厂28个，合格率100%；抽检市政供水末梢水190件，合格率74.74%；抽检二次供水单位177个，合格率100%；抽检80所学校自备水源水样品82件，合格率64.63%；抽检供水管材样品销售单位5个，全部合格；抽检水质处理器生产单位7个、销售单位4个，抽检水质处理器样品5件，对2家无卫生许可批件的生产销售单位进行罚款的行政处罚，对1家产品标签不符合规定的生产企业责令整改。

（李德娟　汪思玉）

【集中空调通风系统的卫生状况逐年改善】 7～9月，对177个宾馆、饭店及大型商场、超市等场所的集中空调通风系统的风管表面积尘量、细菌总数、真菌总数、冷却水嗜肺军团菌等进行监督抽检，合格146个，合格率82.49%，明显好于上年。除大型商场、超市冷却水嗜肺军团菌合格率相对偏低外（89.53%），其他的合格率均在95%以上。

（赵　婧）

医疗卫生

日常监督检查

【日常监督检查结果】 全市传染病消毒监督8482户，监督覆盖率62.47%；监督13961户次，监督频次1.65，有效监督13099户次，合格13007户次，合格率99.3%。医疗机构监督6894户，监督覆盖率72.61%；监督13229户次，监督频次1.92，有效监督12220户次，合格12122户次，合格率99.2%。血液管理监督153户，监督覆盖率92.17%；监督187户次，监督频次1.22，有效监督186户次，合格185户次，合格率99.46%。母婴保健监督213户，监督覆盖率59.66%；监督267户次，监督频次1.25，有效监督264户次，合格262户次，合格率99.24%。 （智 春）

专项监督检查

【开展打击非法行医行动】 借鉴上年全市“百日行动”工作经验，集中各部门及乡镇力量，实现属地负责，进行全面综合治理。依托全市打四黑除四害专项行动，开展打击非法行医违法活动，全市取缔无证行医1233户次，查处案件160件，罚款46.07万元，没收器械2114件，没收药品1704箱，没收违法所得8.67万元，移送案件27件，追究刑事责任2人；检查医疗机构、计划生育机构7379户次，查处违法案件167件，警告94户次，责令改正121户次，罚款35.34万元，没收违法所得1.84万元，吊销医疗机构执业许可证2件。印发《安全就医手册》4000册，在北京卫生监督网上微博宣传打击非法行医工作1期。 （李德娟 郭 丽）

【规范医疗美容行业执业行为】 年初，按照卫生部统一部署，对176家具有医疗美容执业许可资质并开展医疗美容诊疗活动的医疗机构进行医疗美容专项监督检查。全市医疗美容依法执业情况总体良好，针对个别从事医疗美容的机构仍存在悬挂标牌不规范、未设置独立医疗美容科室等现象，卫生监督员下达卫生监督意见书，要求违规机构立即整改，并给予不良执业行为积分处理。 （赵 婧）

【健康体检机构专项检查】 4～6月，对全市177家开展健康体检服务的医疗机构的执业条件、执业规则、外出健康体检和乙肝项目检测等4个方面进行专项监督检查。此次检查分为法规培训、自查自纠、监督检查和分析汇总等4个阶段，共出动卫生监督员507人次、执法车206车次，监督检查医疗机构187户次，下达《责令改正通知书》和《卫生监督意见书》63件；警告3户次，并处罚款9000元，对7家医疗机构累计不良执业积分13分。 （赵 婧）

【医疗机构消毒供应室卫生监督监测】 6～8月，对全市11家二级以上医院和3家社区卫生服务中心的消毒供应室开展卫生监督监测。采集物体表面涂抹样品70件，检测项目均符合《医院消毒卫生标准》的规定。被检查的医疗机构均建立岗位责任及操作规程等管理制度，但被查的医疗机构均未达到器械、器具和物品集中清洗、消毒、灭菌的要求。 （赵 婧）

【人体器官移植专项监督检查】 6～12月，对北京市取得人体器官移植资质的10家医疗机构进行专项监督检查，未发现超范围执业行为。检查发现，人体器官移植活动存在尸体器官捐献来源无法证实、人体器官移植技术临床应用与伦理委员会对尸体器官捐献的审查流于形式等问题。此次监督检查分为区县检查和市级督查两个阶段，共出动卫生监督员990人次，检查医疗机构644户次，下达《卫生监督意见书》5份。 （刘 虹 赵 婧）

【社区卫生服务机构专项检查】 10～11月，以467家社区卫生服务机构为重点，对1003家社区卫生服务机构执业资质、机构性质、等级、名称等执业情况进行专项监督检查。绝大部分社区卫生服务机构和社区卫生服务人员具有执业资质，登记诊疗科目基本符合国家规定，个别机构存在诊疗科目、床位设置等不符合国家规定，设置医学检验诊疗科目未配备相关专业技术人员，具有社区卫生服务机构和乡镇卫生院名称的医务人员未将本人执业地点注册在社区卫生服务机构等问题。针对上述问题，卫生监督人员下达了《卫生监督意见书》或《责令改正通知书》，指导社区卫生服务机构进行整改。 （赵 婧）

卫生监督抽检

【抽检消毒产品】 全市共抽检消毒剂、湿巾和卫生湿巾、卫生巾和卫生护垫、抗菌剂、纸巾（纸）及纸质餐饮具等5类消毒产品720件，总合格率87.06%。其中6家消毒剂生产经营单位10个品牌的10种消毒剂产品中有1种产品不合格；6家湿巾和卫生湿巾经营单位19个品牌的20种湿巾、卫生湿巾产品全部合格；2家卫生巾和卫生护垫生产单位13个品牌的15种卫生巾、卫生护垫产品均未超过产品保质期，微生物学指标检测结果均符合国家卫生标准，产品标签说明书均符合《消毒产品标签说明书管理规范》的要求；被抽检的1家生产单位、6家经营单位

20个品牌的20种抗（抑）菌剂产品中5种不符合《消毒管理办法》和说明书规范，4种卫生质量不合格（9种不合格产品均为外地产品）；被抽检的17个品牌的20种纸巾（纸）、纸质餐饮具均未超过产品保质期，微生物学指标检测结果均符合国家卫生标准，但有1种产品的标签说明书不符合说明书规范的要求。市卫生局依法将抽检结果告知抽检中不合格产品的生产、经营单位，责令有关单位立即停止销售并改正违法行为，同时将有关案件移交生产厂家所在地卫生行政部门处理。（赵　婧）

【抽检采供血机构全部合格】　全市检查采供血机构5户次、街头流动采血车32辆、临床用血医疗机构186户次，对采供血机构随机采样600份，检测相关指标，结果全部合格。（刘　虹）

卫生监督投诉举报

【卫生监督投诉举报11930件】　全市接到卫生监督投诉举报11930件，受理11618件，其中办结11374件，结案率97.9%；进行咨询服务1689件；接待来访人员42人次；处理来信76件次。

（吴晓钟）

突发事件处理

【及时处理突发事件39件】　全年市卫生监督所收到各区县卫生监督机构上报的发生在餐饮服务、集体食堂、家庭的食物中毒报告32起，发病440人。与上年相比，发生起数上升28%，发病人数增加11.1%。总体情况平稳，未发生特别重大和重大食物中毒事故。接到生活饮用水污染事件报告7起，其中直接参与处理4起、指导区县处理3起，7起事件涉及4个区县，影响1900余户7200余人的正常饮水，未造成人员发病。与上年相比，发生起数多3起，影响人数增加1900余人，继续保持无人因饮水污染发病。（王立华　魏向东）

医疗服务

【概述】　截至年底，全市拥有医疗机构9537家，编制床位99246张，卫生技术人员181938人，包括执业（助理）医师69749人，注册护士72812人。按2011年北京市常住人口计算，每千人口拥有编制床位4.92张，实有床位4.69张，卫生技术人员9.01人，执业（助理）医师3.46人，注册护士3.61人。全市2011年总诊疗16159.3万人次，比上年增长10.64%；出院201.2万人次，比上年增长10.07%。全市编制床位使用率76.02%，较上年降低1.51%；平均住院日12.9天，与上年相同。发生医院感染23249例，医院感染发生率1.16%。

2011年是北京市深化医药卫生体制改革3年任务的收官之年。

抓服务创新，改善群众就医体验。一是以预约诊疗服务为抓手，多途径完善门诊服务机制。首先，重点推行实名制预约挂号、全号段全号源预约、多种形式挂号服务、取消首诊点名和知名专家层级诊疗、实现3个月预约期等5项预约挂号服务新举措。第二，建立全市预约挂号统一平台，本市全部66家三级医院接入该平台。第三，推进社区转诊预约，覆盖全市的基层医疗机构与二、三级医院之间转诊预约工作平台初步形成，全市有42家二、三级医院与262个社区卫生服务中心建立固定的转诊预约关系，凡通过社区转诊的患者均优先就诊。三级医院整体预约就诊比例达40%，复诊预约比例70%，社区转诊预约成功率99%，门诊就医排队现象明显好转。二是以优质护理服务为突破，优化住院服务模式。以“把时间还给护士，把护士还给病人”为目标，在全市所有二级以上医院推动优质护理服务示范工程。优质护理服务取得“三提高、三下降”的显著成效，即患者满意度提高、患者表扬增多、护士责任感提升，患者投诉降低、自聘护工比例降低、不良事件数量降低。三是以患者需求为导向，通过内部挖潜为患者提供更多优质医疗服务资源。第一，强化医师出诊管理，严格专家停诊审批，执行停诊后补诊制度和同级医师替诊制度，树立医师临床医疗任务为本的工作意识和责任意识，保证患者诊疗需求。第二，在全市30家地方三级医院、11个规划为区域医疗中心的郊区县二级综合医院和12家部队医院开展双休日全天门诊。第三，通过对口支援与多点执业的方式盘活医疗资源，促进医疗机构间人员和技术交流，满足资源不足地区医疗服务需求。2011年，双休日门诊量占门诊总量的

17%，日均门诊量占工作日日均门诊量的50.5%。全年双休日门诊接诊量相当于2～3家大型三级医院全年门诊量。有283名医生办理多点执业注册，其中70%～80%的医师由公立三级医院到民营医院及基层医疗卫生机构执业。

抓质量管理，强化医院评价和质量监控。构建多角度、多层次的医疗质量管理和评价制度，进一步推动建立科学量化的考核评价体系、质量监控平台和风险防范机制。一是通过开展“三好一满意”、“医疗质量万里行”、“优质医院创建”和抗生素专项整治等活动，完善医院评价的常态手段和督查机制。二是依托质量控制和改进中心建立工作平台，通过制订标准规范，开展专家督导、技术培训、专业数据监测等完善质量控制和管理体系。三是推进临床路径管理，通过环节管控规范诊疗行为。2011年，除参加卫生部试点的11家二、三级医院外，其他三甲综合医院均实行不少于10个病种、二甲综合医院和二、三级专科医院实行不少于5个病种的临床路径管理。四是以DRG方法作为评价工具，对全市二级以上综合医院的医疗质量进行综合评价，进一步优化DRG评价工具的适用性。五是注重医师的执业考核和评价，持续开展医师定期考核工作，从服务前端确保医疗服务质量和医疗安全。六是完善医疗技术管理规范，特别是人体器官移植、人类辅助生殖技术、临床基因扩增检验等高风险技术的准入管理，确保医疗安全。七是完善医疗风险防范机制，建立医疗纠纷人民调解制度，组建北京市医疗纠纷人民调解委员会，为分担医疗风险、和谐医患关系创造制度保障。

抓体系建设，探索分级有序服务模式。在资源布局调整的基础上，开展区域分级有序服务体系的试点探索，为从根本上缓解看病无序和就医难提供实践积累。一是研究论证在延庆县开展县域医疗服务体系建设和县级医院综合改革试点工作方案，探索实现农民群众小病不出乡镇、大病不出区县的分级有序服务模式。二是进一步完善本市区域内和与外省、市区域间的医疗服务协作平台，85家城区二、三级医院支援郊区县11家区域医疗中心及74家二级及以下医院。160家二、三级医院（含部队医院）对口支援326个社区卫生服务中心，26家三级医院对口支援36家内蒙古自治区旗县医院。进一步推进双向转诊、远程医疗等分级就医新模式。三是以康复医院和护理院试点为切入点，探索区域医疗中心和专科医院、康复医院和护理院以及基层医疗卫生机构之间分工协作的区域医疗服务模式。（陆　珊）

医政综合管理

【春节期间燃放烟花爆竹致伤525人】 市卫生局对春节期间全市燃放烟花爆竹致伤医疗救治、信息统计和医疗服务保障等工作进行部署，其中259家医疗机构和16个区县卫生局作为网络直报单位，将就诊伤员的信息实时上报。北京同仁医院、北京积水潭医院、北京大学第三医院重点加强应对燃放烟花爆竹致伤的医疗救治值班力量，3家医院在除夕夜安排547名医生值守。北京同仁医院眼科安排有丰富救治经验的50名医生和11名高年资护士在一线值守，并要求备班医生春节期间不离京，随时增援一线。2011年除夕0时到正月十六早6时，共收治在北京市燃放烟花爆竹致伤就诊人员525人，其中眼外伤58人、外伤（头面、躯干、四肢）149人、烧伤23人、复合伤295人，无死亡。摘眼球1人、截肢1人（截拇指1人），住院治疗21人。在外埠燃放致伤来京就诊91人，其中眼外伤10人、外伤19人、复合伤60人、烧伤2人；摘眼球1人、截肢4人（截拇指2人），住院治疗11人。（龚文涛）

【召开医政工作会】 4月29日，市卫生局召开北京市医政工作会。卫生部医管司、总后卫生部医疗局、武警总部后勤部卫生部、北京大学医学部、中国医学科学院、首都医科大学的领导以及市卫生局、市中医局的领导和相关处室负责人出席。各区县卫生局，全市二、三级医疗机构，驻京部队和武警部队医院的领导，市献血办、各采供血机构、市卫生局所属各质控中心的负责人等400余人参加会议。会议从医疗质量、医疗安全、医疗服务、医疗效率等角度对2010年全市医政管理工作进行总结和分析，并结合落实深化医药卫生体制改革重点任务的要求，对2011年医政管理重点工作进行部署。

（刘　艳）

【电子病历试点工作】 2010年10月，市卫生局启动电子病历试点工作，中日友好医院、北京天坛医院和顺义区医院等9家二、三级医院承担试点任务。2011年3月，市卫生局制订《北京市以电子病历为核心的医院信息化试点工作实施方案》。7月，对9家医院电子病历试点工作进行中期评估。评估发现，试点工作过半，试点医院进程不一。8月30日，召开北京地区电子病历试点工作中期评估总结会。包括电子病历试点医院在内的全市三级医院及远郊区县中心医院主管领导和相关工作人员参加会议。市卫生局巡视员邓小虹、副局长雷海潮等出席并讲话。11月，试点医院完成任务，并撰写绩效报告，总结试点工作中

发现的问题、取得的经验以及可以在全市推广的方式方法等。（刘　艳）

【落实吸毒成瘾认定工作】　为贯彻落实公安部、卫生部《吸毒成瘾认定办法》，4月1日，市公安局、市卫生局联合下发《关于落实吸毒成瘾认定办法相关工作的通知》，提出由市公安局、市卫生局联合对市公安局符合条件的执法民警开展吸毒成瘾认定培训，同时指定北京安定医院、房山区精神卫生保健院、大兴区精神病院、北京市监狱管理局中心医院为承担吸毒成瘾认定工作的医疗机构。市公安局与市卫生局组织吸毒成瘾认定培训班，北京安定医院专家和禁毒总队领导分别就如何开展吸毒成瘾认定进行培训。市公安局属部分执法办案单位及16个区县分局预审、法制、禁毒等部门320余名执法办案民警分2批参加培训。（张　涛）

【12家二、三级综合医院设置儿科门诊】　北京医院、北京积水潭医院、北京市普仁医院等12家二、三级综合医院克服困难，因地制宜，增加儿科诊室，招聘医务人员，培训儿科人才，采购儿童药品，增加儿童检验项目和儿童影像学检查等，从7月开始陆续开设儿科门诊并接诊患儿。12家综合医院中的8家医院还开设了儿科专家门诊。诊疗范围包括儿童呼吸系统、消化系统、血液系统、泌尿系统、皮肤病等专业，既有西医治疗，也有中医治疗。门头沟区斋堂医院、怀柔区第二医院还提供儿科急诊服务。

（刘　艳）

医疗机构设置规划

【完成北京市医疗机构设置规划】　年内，完成《北京市医疗机构设置规划（2011－2015）》，基本明确“十二五”期间医疗资源配置的目标、原则和指标，并逐步开始调整资源布局。一是以卫生支农等对口支援工作为载体推进城市周边区和远郊区县11个区域医疗中心建设。二是通过新建、迁建等形式使城市核心区优质医疗资源向城南及医疗资源薄弱地区转移，促进医疗服务公平和中心城人口疏解。三是通过加强综合医院儿科建设、开展精神科对口支援、鼓励二级以上综合医院建立康复科等措施强化薄弱专科建设，满足群众就医需求。四是加强准入政策对资源配置的引导作用，制订《北京市卫生局关于进一步鼓励和引导社会资本举办医疗机构规范和加强审批工作的通知》，完善和优化鼓励社会资源办医的政策环境。

（龚文涛）

准入管理

机构准入

【鼓励社会资本办医】　7月15日，印发《市卫生局关于进一步鼓励和引导社会资本举办医疗机构规范和加强审批工作的通知》，要求各级卫生行政部门在审批过程中依法依规合理确定社会资本举办医疗机构的类别、诊疗科目、床位等。对符合申办条件、具备相应资质的，应予批准执业许可，不得无故限制其执业范围；对社会资本举办的医疗机构在医疗技术准入、医师准入、护士准入等方面，依法依规办理，不得擅自设置法律、规范以外的限制条件。（张　涛）

【办理医疗机构许可183件次】　全年办理医疗机构许可183件次，其中医疗机构设置审批33件次、医疗机构申请执业登记注册6件次、医疗机构变更78件次、医疗机构校验66件次。救护车前置审查46件次，其中许可32件次、不许可14件次。

（张　涛　杨　琴）

人员准入

【医师资格考试】　全年北京市有9045人参加医师资格实践技能考试，其中临床类别5928人、口腔类别710人、公共卫生类别404人、中医类别2003人。7月2～3日为考试日，市卫生局副局长毛羽、医政处处长邱大龙、副处长路明对北京大学第三医院、中日友好医院、北京同仁医院、北京口腔医院、市疾控中心等5个考试基地进行巡考指导。医师资格实践技能考试合格6706人，合格率74.14%。9月11～12日，全国医师资格考试综合笔试，报名6706人，其中临床类别4535人、中医类别1248人、口腔类别548人、公共卫生类别375人。市卫生局副局长毛羽、医政处处长邱大龙进行巡考指导。考试合格3966人，其中临床类别2439人、口腔类别346人、公共卫生类别259人、中医类别922人，合格率59.14%。医师资格考试总通过率43.85%。（张　涛）

【医师多点执业进入具体操作阶段】　3月7日，市卫生局召开医师多点执业实施工作会，部署医师多点执业的工作流程、效果评估、信息系统的建立和维护等，并印发《北京市关于做好医师多点执业实施工作的通知》。北京大学第六医院等5家医疗机构的精神科、康复科等学科的医师与医疗机构代表进行多点执业签字仪式，市卫生局局长方来英到会并讲话。医师多点执业工作重点一是要监督存在院外兼职情况的医师按规定办理多点执业注册，规范医师执业管理。二是要鼓励儿科、精神科等紧缺专业的医师到有需求的医疗机构多点执业，促进薄弱学科发展。三是要鼓励大医院的医师到基层医疗卫生机构多点执业，推动基层机构整体医疗水平的提高。截至12月31日，有283名医师办理多点执业注册。（陆　珊）

【医师定期考核】 北京市医师定期考核实行分级管理的模式。本轮医师定期考核，全市报名67190人，考核合格66610人，合格率99%；不合格4人，均为职业道德考核不合格；缺考576人。

（陆　珊）

【境外医师在华行医】 全年受理外国医师和港澳台医师短期行医及学术交流申请263件，许可239件；受理港台医师内地医师资格认定165件。

（陆　珊）

【执业医师注册管理】 全年完成医师注册4769人次，其中医师执业注册1531人次、变更执业注册2791人次、重新执业注册20人次、军队换领地方《医师资格证书》341人次、补办《医师资格证书》33人次、医师备案53人次。（张　涛）

【执业护士注册管理】 全年完成护士注册13551人次，其中首次注册5933人次、变更注册7543人次、重新注册3人次、证书补办72人次。

（刘　艳）

技术准入

【审核医疗技术、医疗广告和网站】 完成医疗技术临床应用审核283件次。接收医疗类广告审核申请667条次，比上年增长30.53%；审查未受理301条次；受理366条次，其中审核合格301条次，占82.24%；不合格广告65条次，占17.76%；撤销医疗广告审查2条次。接收互联网保健服务类网站申请144个次，其中不受理37个次，受理审核通过85个次，未通过15个次，7个次在审核过程中。协调通信管理局关闭5个违规开展服务的网站。

（张　涛　杨培蔚）

医疗质量与安全管理

【质控中心管理】 1月18～19日，18个医疗质量控制和改进中心的主任就2010年开展质控工作情况进行汇报，专家对各质控中心工作进行评估，市卫生局副局长邓小虹出席评估会并对每个质控中心的汇报进行点评，逐一提出发展目标及工作要求。2月28日，市卫生局组织专家对本市血液透析、体检、病案等14个医疗质量控制和改进中心上年度工作进行考核评价。根据评价专家意见，经市卫生局研究决定，涉及的12家医院继续担任2011年质控中心主任委员单位：北京大学第一医院为北京市血液透析质量控制和改进中心主任委员单位，并更名为北京市血液净化质量控制和改进中心；北京大学人民医院为北京市医院感染管理质量控制和改进中心主任委员单位；北京医院为北京市医学检验质量控制和改进中心主任委员单位；北京市体检中心为北京市体检质量控制和改进中心主任委员单位；中国医学科学院整形外科医院为北京市医疗整形美容质量控制和改进中心主任委员单位；北京口腔医院为北京市口腔医疗质量控制和改进中心主任委员单位；北京友谊医院为北京市护理、消化内镜、重症医学质量控制和改进中心的主任委员单位；北京朝阳医院为北京市病案质量控制和改进中心主任委员单位；中国医学科学院阜外心血管病医院为北京市心血管介入质量控制和改进中心主任委员单位；首都医科大学宣武医院为北京市医学影像质量控制和改进中心主任委员单位；中国医学科学院肿瘤医院为北京市核医学质量控制和改进中心主任委员单位；北京协和医院为北京市急诊质量控制和改进中心主任委员单位。10月21日，市卫生局对申请“北京市脑卒中治疗质量控制和改进中心”的北京医院、首都医科大学宣武医院的申请材料进行审阅，专家进行现场评估。10月25～26日，市卫生局对申请“北京市放射治疗质量控制和改进中心”的北京医院、北京协和医院、中国医学科学院肿瘤医院、北京肿瘤医院的申请材料进行审阅，专家进行现场评估。首都医科大学宣武医院、北京协和医院分别以总分第一成为北京市脑卒中治疗质量控制和改进中心主任委员单位、北京市放射治疗质量控制和改进中心主任委员单位。

（齐士明）

【急诊运行管理】 3月24日，市卫生局委托北京市急诊质量控制和改进中心对部分二、三级医院急诊的院前，院内衔接专线电话设置，病人登记簿病人信息登记情况或紧急医疗救援信息共享系统使用情况，急救车转运病人交接单等进行检查，并发布检查通报。（齐士明）

【临床路径管理】 全年北京市11家试点医院有21个专业的107个病种37266例病例进入临床路径管理，平均入组率68.97%。11058例病例发生变异，38119例病例完成路径管理。3744例病例退出路径，变异退出率10.05%。7月6日，市卫生局召开“医疗质量万里行”活动暨临床路径管理工作启动部署会。各区县卫生局主管局长、医政科长，各二、三级医院主管院长及医务处（科）长360人参加会议。市卫生局副局长毛羽到会并讲话。会上，市卫生局医政处副处长路明传达《北京市2011年“医疗质量万里行”活动方案》和《北京市医院开展临床路径管理工作实施方案》，解读《2011年北京市“医疗质量万里行”、“三好一满意”活动督导检查标准检查表》，对下一步开展“医疗质量万里行”活动和临床路径管理工作进行部署。（齐士明）

【结直肠癌规范化诊疗】 4月15日，市卫生局举办结直肠癌规范化诊疗培训班。58家二、三级医院的内科、外科、病理科、放疗科259名医务人员参加培训。此次培训面向临床一线，将进一步规范北京市结直肠癌诊疗行为，提高医疗机构结直肠癌诊疗水平，改善结直肠癌患者的预后，保障医疗质量和医疗安全。7月27日，市卫生局举办结直肠癌病例信息登记工作培训会，全市80家医院90余人参加培训。

（齐士明 刘 艳）

【批准10家医院开展人类辅助生殖技术】 3月25日~4月1日，市卫生局对北京市批准开展人类辅助生殖技术和设置人类精子库的机构进行校验、转正评审和专项检查。专家组对批准开展上述技术的单位执行卫生部相关技术规范、技术标准和伦理原则的情况进行检查并提出整改意见。经市卫生局审核并公示后，批准开展人类辅助生殖技术和设置人类精子库的机构有：开展人类辅助生殖技术的机构（10家）——北京大学第三医院：正式运行常规体外受精-胚胎移植、卵胞浆内单精子显微注射、植入前胚胎遗传学诊断、夫精人工授精、供精人工授精技术；北京妇产医院：正式运行常规体外受精-胚胎移植、卵胞浆内单精子显微注射、夫精人工授精技术；北京协和医院：正式运行常规体外受精-胚胎移植、卵胞浆内单精子显微注射、夫精人工授精技术；北京大学人民医院：正式运行常规体外受精-胚胎移植、卵胞浆内单精子显微注射、夫精人工授精技术；北京大学第一医院：正式运行常规体外受精-胚胎移植、卵胞浆内单精子显微注射、夫精人工授精技术；北京家恩德运医院：正式运行常规体外受精-胚胎移植、卵胞浆内单精子显微注射、夫精人工授精技术；国家人口计生委科学技术研究所计划生育生殖健康技术服务中心：正式运行夫精人工授精、供精人工授精技术；北京朝阳医院：正式运行夫精人工授精技术；海淀区妇幼保健院：正式运行夫精人工授精技术；北京中医药大学东方医院：正式运行夫精人工授精技术。批准设置人类精子库的机构：国家人口计生委科学技术研究所。（陆 珊）

【开展“三好一满意”活动】 4月12日，卫生部召开全国医疗卫生系统开展“三好一满意”活动视频部署会议（“服务好、质量好、医德好，群众满意”活动）。市卫生局制订《北京市“三好一满意”活动2011年度实施方案》，并提出具体要求。在4月29日的医政工作会上，对“三好一满意”活动进行全面部署，并创建《市卫生局“三好一满意”活动简报》。8月2日，市卫生局举办“医疗质量万里行”暨“三好一满意”活动督导检查专家培训会，宣传、法监、监察、门诊、急诊、医务、重症医学、血液净化、医疗美容、实验室、医学影像、病理、临床输血、护理、院感、药事、安全生产、总务等18个专业的190余名专家参加督导检查前的综合培训。第一阶段：8月9~23日，成立4个督导检查专家组，分别由18个专业的专家组成，对20家二、三级医院进行现场检查。第二阶段：11月1~3日成立2个督导检查专家组，对2010年接受过“医疗质量万里行”检查的20家二、三级医院的整改情况进行“回头看”检查，重点检查门急诊、医务管理、护理管理、院感防控、检验等的整改情况。（齐士明）

【医疗美容监管】 5月23~25日，卫生部医疗美容服务专项督查组一行5人，在天津市卫生局医管处处长葛乐带领下，对北京市医疗美容服务机构进行专项督导检查。督查组成员分别来自上海、湖南、黑龙江等省、市三甲医院及中国整形美容协会等单位。卫生部督查组听取市卫生局医疗美容服务监管工作的专题综合汇报，检查北京协和医院、北京炫美医疗美容诊所、北京美联臣医疗美容医院、北京济华医美医院、北京伊美尔长岛医学美容门诊部等5家医疗机构医疗美容科室依法执业、人员资质、设备设施、流程设置、广告宣传等情况，并进行现场问卷调查。督查组肯定了北京市医疗美容管理工作，并指出督查中发现的问题。（齐士明）

【试点主诊医师负责制】 5月11日，市卫生局党组书记、局长方来英带队到浙江大学医学院附属邵逸夫医院，考察学习开展主诊医师负责制工作的经验和做法。7月14日，市卫生局正式批准首都医科大学宣武医院、北京同仁医院、北京友谊医院、北京口腔医院、北京朝阳医院、北京安贞医院、北京胸科医院等7家市属三级医院开展北京市主诊医师负责制试点工作。7家医院设置152个诊疗组，试点工作计划2012年6月结束。9月23日和26日，市卫生局两次召开主诊医师负责制试点医院院长联席会，研究讨论主诊医师试点工作。（齐士明）

【抗菌药物专项整治】 3月31日，市卫生局与法国梅里埃研究院召开中法抗生素耐药和医院感染防控论坛。市卫生局局长方来英、副局长于鲁明出席论坛开幕式，50家三级医院的主管院长、感染控制科、检验科负责人约150人参加会议。全球耐药机制检测权威专家Patrice Nordmann教授等就抗生素耐药性的最新研究进展进行交流，特别是对“超级细菌”的防控提出独到的见解。5月13日，市卫生局召开16个区县卫生局及51家三级医院主要领导和有关部门参加的北京市医疗机构抗菌药物临床应用专项整治工作动员大会。整治活动分为部署摸底、清理整治、制度完善、专项检查、总结巩固5个阶段，市卫生局与各区县卫生局、各三级医院签订《北京市抗菌药物临床应用专项整治活动责任书》。9月10～12日，卫生部组成7个督导组对全国抗菌药物临床应用专项整治活动实施情况进行督导检查。卫生部医政司付文豪带领督导专家组一行6人对北京医院、北京友谊医院、北京同仁医院、北京积水潭医院、北京儿童医院、大兴区人民医院等6家医院进行督导检查。11月9日，市卫生局召开北京市抗菌药物临床应用专项整治活动推进工作会，16个区县卫生局局长、医政科长，全市二级以上医院院长、医务处（科）长、药剂科主任等共360余人参加。会上，转发《卫生部办公厅关于开展全国三级医院优质护理服务检查评价的通知》，下发《市卫生局关于严格医院评审延迟审评申报有关事项的通知》。副巡视员郭晋和通报开展专项整治活动情况，并指出专项整治效果初步显现。各医疗机构抗菌药物品种数量达到限定范围，结构趋于合理，三级医院抗菌药物品种全部达到限制规定的50种以内；住院患者抗菌药物使用率、使用强度明显下降；清洁切口手术预防使用抗菌药物不断规范；医院抗菌药物使用有下降趋势，全市专项整治活动朝着预期目标稳步推进。11月17日，市卫生局召开卫生部医疗质量万里行暨抗菌药物临床应用专项整治活动督导检查组情况反馈会。各区县卫生局局长、医政科长，各三级医院院长、医务处长，各区县妇幼保健院院长、医务科长等210余人参加。卫生部“医疗质量万里行”督导组专家分别就医疗质量万里行、抗菌药物临床应用专项整治活动、放射诊疗防护的督导情况进行综合反馈。北京地区督导组由国家卫生监察专员王雪凝任组长，卫生部医政司、国家疾控中心、其他兄弟省、市的医院管理、临床、护理、药事、院感、财务、物价、设备、信息等专家一行24人，于11月12～17日，分3个检查组对北京地区14家三级医院的“医疗质量万里行”、抗菌药物临床应用专项整治活动、放射诊疗防护情况等进行督导检查，并反馈检查结果。（齐士明　刘　艳）

【检查结果互认】 5月25日，为避免不必要的重复检查，降低患者就诊费用，市卫生局推动本市三级医院间医学影像检查互认工作，并下发《北京市医学影像X线检查及造影图像资料共享指南（2011版）》。要求接诊医院应根据患者病情和疾病发生、发展规律，在不影响疾病诊断治疗的前提下，对患者提供的可互认的医学影像资料，原则上予以认可，不再进行重复检查。市卫生局负责北京市医学影像X线检查及造影图像资料共享互认工作的组织领导、安排部署和监督评估，对达到互认条件的医院进行公示。8月24日，市卫生局举办放射科技师长培训班，对二级以上医院放射科技师长进行培训，二、三级医院80名技师或技师长参加培训。（齐士明）

【按病种分组（DRGs）付费试点】 8月4～12日，市卫生局组织专家对北京大学第三医院等6家试点医院开展临床路径及病案质量的督导审核。6家试点医院结合108个试点病种组分别制订试行病种临床路径、梳理制订相关诊疗规范或常规。市卫生局对试点医院病案数据信息上报流程、上报质量及医疗收费信息质量进行现场检查。10月14日，市卫生局委托北京市病案质控中心举办DRGs理论培训班，全市各三级医院医务处主管人员，各医院内科、外科、妇科、儿科等临床科室病案质控医师及病案科管理人员等310人参加。（陆　珊）

【癌痛规范化治疗示范病房】 9月27日，结合《癌痛规范化治疗示范病房标准（2011版）》，市卫生局组织全市各级医疗机构开展创建活动。市卫生局推荐24家医院参加卫生部第1批示范病房的申报，其中三级综合医院11家：北京医院、北京协和医院、中国医学科学院肿瘤医院、北京大学人民医院、北京友谊医院、首都医科大学宣武医院、北京肿瘤医院、北京世纪坛医院、北京胸科医院、北京老年医院、复兴医院；三级中医医院4家：望京医院、广安门医院、东直门医院、东方医院；二级综合医院8家：中关村医院、海淀医院、丰台区第一医院、房山区第一医院、房山区良乡医院、大兴区人民医院、顺义区医院、石景山医院；二级中医医院1家：大兴区普祥中医肿瘤医院。（齐士明）

【体检管理】 1月21日，召开第6届北京健康管理研讨会暨北京健康管理协会第3届年会。北京市将分批公布经审核合格的医疗机构名单，未申请或未通过审核的不准开展健康体检工作；医疗机构健康体检的管理将纳入医院评审、巡查和医疗质量万里行指标体系。首轮现场审核183个医疗机构的184个体检中心，其中167个合格。截至年底，合格机构179个。8月17日，市卫生局召开北京市体检信息平台应用和管理工作会，并对北京市体检网信息采编、体检统计系统的使用、CA数字认证证书的使用进行了培训。3月1日，全市开始高招体检。3月15日，开始中招体检。市卫生局委托北京市体检质控中心对承担高招体检的7家医疗机构和中招体检的6家中小学卫生保健所（站）进行飞行检查。5月25日，市卫生局召开机动车驾驶员体检工作会。机动车驾驶员年审体检将全面取消纸质体检表，实现《机动车驾驶员身体条件证明》的网上提交。10月19日，召开征兵体检工作暨业务培训会。传达《北京市应征公民体格检查工作实施细则》和《市卫生局关于做好2011年冬季征兵体检工作的通知》。（刘　艳）

医疗服务管理

【推进预约挂号】　截至3月底，本市三级医院就诊患者的预约就诊比例达21.79%，复诊预约比例44.82%，出院病人复诊预约比例59.38%，产科复诊预约率92.43%，口腔科复诊预约率94.02%。5月23日，市卫生局副局长毛羽带队到北京朝阳医院、北京同仁医院、北京儿童医院、首都儿科研究所附属儿童医院进行实地督导和调研。7月，启动预约挂号统一平台试点，全市30家三级医院率先使用统一平台提供电话预约和网络预约服务。自7月28日起，启动北京市预约挂号统一平台试运行，通过电话和网站面向公众提供服务。统一平台运行后将实现“103”，即1个电话号码和网络对外挂号，群众可拨打统一预约电话114或登录预约挂号网站（www.bjguahao.gov.cn）预约上线医院的普通号、专科号和专家号号源；坚持公益服务，预约服务零收费；除个别医院、个别专业外，预约周期3个月。此外，上线医院将增加50%出诊量，普通号预约不限号，并取消首诊点名挂号，统一平台提供的预约挂号服务只显示可预约医院科室的专业和职称号。北京联通将为此项目提供全新的呼叫中心场地，座席职场面积16000平方米，座席容量4000席以上。预约挂号网站能够支持12.5万人同时在线，150万人次/天的访问量。9月底，启动统一平台第2阶段试运行，除第1阶段上线的30家三级医院外，其余36家三级医院从10月中旬开始分6批逐步接入统一平台。截至12月31日，累计110.28万人在统一平台注册使用。各上线医院投入到统一平台的号源累计481万个，日均投放3.3万个，累计预约成功134万个。其中普通号和专科号源投入311万个，成功预约46万个；专家号源投入160万个，成功预约82万个；特需号源投入10万个，成功预约6万个。北京协和医院、阜外心血管病医院、北京妇产医院的大部分科室，北京同仁医院的眼科和耳鼻喉科，北京积水潭医院的骨科等号源预约成功率超过90%，电话预约与网上预约比例约为2.5∶1。一是医院80%的号源投入到各种预约方式中，其中投入到统一平台的号源达到医院总号源的30%。二是强化医院诊间预约和复诊预约服务，减少统一平台热门专家号源的预约压力。三是提供普通号、专科号、专家号和特需号等全号段全号源预约，满足群众多种就医需求。四是推动分时预约，实行先诊疗后付费和移动取号等多种措施减少排队取号。五是严格执行实名预约和就医制度，在分诊、就医等环节核实患者实名身份信息。12月22日，市卫生局和北京联通公司举行北京66家三级医院全部接入预约挂号统一平台仪式，卫生部党组书记张茅、副市长丁向阳等领导出席，标志着统一平台覆盖本市所有三级医院，实现全面正式运行。

（龚文涛）

【推行双休日全天门诊】　全市30家地方三级医院、11个规划为区域医疗中心的郊区县二级综合医院和12家部队医院开展双休日全天门诊。双休日门诊量占门诊总量的17%，日均门诊量占工作日日均门诊量的50.5%。全年双休日门诊量相当于2~3家大型三级医院全年的门诊量，为群众就医提供更多选择，有效提升了医疗服务能力。（龚文涛）

突发公共卫生事件医疗救治

【平谷区重大车祸处置】　6月2日，平谷区发生重大车祸，河北省承德市来京人员梁某驾驶一辆长安微型面包车，行驶至事故发生地，因车辆失控，冲向路边正常行走的马昌营中心小学学生和行人，造成2名小学生和1名行人死亡；21人受伤，其中小学生20人。市卫生局迅速组织全市会诊，北京友谊医院、北京儿童医院等7家三级医院派出普通外科、胸外科、神经外科、骨科、眼外伤、儿科重症、小儿神经外科等专业11名专家前往平谷区医院参加紧急抢救。

（刘　艳）

【部署蜱虫叮咬防治】　7月18日，我国部分省市发现以发热伴血小板减少综合征为主要临床表现的疾病，蜱虫叮咬是此类疾病的主要传播途径之一。市卫生局要求本市医疗机构组织医务人员学习卫生部《发热伴血小板减少综合征防治指南（2010版）》，加强相关知识的业务培训。严格执行首诊医院、首诊医师负责制，不得随意推诿患者。对于蜱虫叮咬的皮肤创面，请各级医院皮肤科或外科按照专业诊治原则进行处理。（刘　艳）

【部署脊髓灰质炎防治】　9月14日，市卫生局医政处组织本市卫生行政部门及二级以上医疗机构参加卫生部召开的脊髓灰质炎视频培训会，市卫生局副局长毛羽出席会议并对脊髓灰质炎防控及救治工作提出要求。卫生部医政司副司长郭燕红介绍全国脊髓灰质炎疫情和形势研判，要求各卫生行政部门及医疗机构提高警惕，加强防治培训，对脊髓灰质炎要“早发现、早诊断、早隔离、早治疗”。专家对脊髓灰质炎临床诊断与治疗、医院感染防控进行了培训。北京分会场各区县卫生局主管局长、医政科长，二、三级医疗机构急诊科、儿科、内科、神经内科、医院感染科等科室医护人员620余人参加。（刘　艳）

护理管理

【召开护理质量工作会】　3月18日，市卫生局召开全市护理质量工作会。医政处副处长陈静围绕优质护理服务示范工程，通报全市工作进展及专项工作评价结果，表示年底在全部医院开展优质护理服务，50%的三级医院优质护理服务覆盖50%以上的病区，30%的二级医院优质护理服务覆盖30%以上的病区，并在全市创建100个优质护理服务示范病区。卫生部医政司副司长郭燕红出席会议并讲话，卫生部医院管理研究中心主任幺莉介绍了香港护理管理的先进经验，5家全国优质护理服务示范工程先进单位的主任及护士长介绍了经验。各区县卫生局护理专干、中国协和医科大学护理学院、北京大学护理学院、首都医科大学护理学院、北京护理学会、北京护理工作者协会、北京护理质控中心、全市三级医院及部分二级医院护理部主任及护士长260余人参加会议。（杨　琴）

【培训护理员2609人】　根据《关于继续做好2011年护理员培训试点工作的通知》，5月24日，市卫生局、市人保局联合召开护理员培训工作会，市人保局、北京卫生学校、北京护士学校、北京医药卫生学校培训部负责人，16个区县人保局职业能力建设科及卫生局医政科的相关负责人40余人参加会议。全年免费培训护理员2609人。（杨　琴）

【国际护士节主题展览】　5月12日，市卫生局主办的“天使在身边”暨纪念“5.12”国际护士节主题展在北京规划展览馆开幕。市卫生局局长方来英宣读李克强副总理的批示，卫生部医政司副司长郭燕红代表卫生部问候北京卫生战线的护理工作者，副市长丁向阳出席开幕式并讲话。到场的领导向首都护理工作者代表献上鲜花表示慰问，并共同揭晓本次主题展的两个核心词“专业”和“关爱”，正式拉开主题展的帷幕。展览期间，全市有护理工作者及市民2000余人次参观。（杨　琴）

【优质护理服务示范工程】　5月，经市卫生局考核推荐、卫生部复核，确定北京协和医院、北京大学人民医院、北京大学第三医院、首都医科大学宣武医院、北京友谊医院为2010年优质护理服务考核优秀医院，北京医院神经内科（耳鼻喉）病房等20个病房为优质护理服务考核优秀病房，中日友好医院消化内科主管护师乔敬等41人为考核优秀个人，受到表彰。7月22日，市卫生局召开上半年优质护理服务工作总结及推进会，市卫生局副局长毛羽、卫生部医政司副司长郭燕红出席并讲话。上半年患者总体满意率95%，陪住及自聘护工比例由70%～80%降低到20%，分级护理到位率80%以上，优质护理服务工作在全市公立医院中扎实推进，效果良好。会上，市卫生局与北京协和医院、北京友谊医院等7家项目医院签署《优质护理服务共建任务书》。各区县卫生局主管局长、医政科长、护理专干，二、三级医院主管院长、护理部主任，部分试点医院护士长，北京大学护理学院、中国协和医科大学护理学院、首都医科大学护理学院、北京护理学会、北京护理工作者协会、北京护理质控中心有关领导等近400人参加会议。年内，市卫生局在全市医疗机构全面推广优质护理服务示范工程，开展100个优质护理服务示范病区创建活动。截至10月底，全市50家三级医院的939个病区、89家二级医院的244个病区开展优质护理服务，占三级医院病区总数的79%、二级试点医院病区总数的32%。市卫生局医政处分别于5月和10月在全市优质护理服务示范工程的试点病区开展创优评价工作。每轮评价均经过医院按比例申报、专家现场检查、第三方满意度调查等3个评价环节，共评价病区273个次。根据督导考核结果，市卫生局确定考核优秀的前100个病区为本年度北京市优质护理服务示范病区，并向社会公示。（杨　琴）

血液管理

【规划本市采血点】　7月6日，市卫生局、公安局、交通委、社会建设工作办公室和城市管理综合行政执法局共同制订《北京市2011－2015年采血点设置指导意见》，并经市政府批准，下发至区县卫生局、公安分局、交通委、社会办和城管监察大队。该意见旨在贯彻落实《北京市献血管理办法》，保证本市医疗临床用血需要和安全，提高献血服务水平和血液保障能力。2011～2015年，北京市采血点设置总量50～69个。（杨培蔚）

【丁向阳率队调研献血工作】　10月19日，副市长丁向阳率市政府办公厅、市委组织部、市委宣传部、市编办、首都文明办、市总工会、团市委、市教委、市公安局、市财政局、市人力社保局、市政市容委、市交通委运输局、市卫生局、市社会办、市国资委、市城管执法局、市工商联等有关部门领导，到北京市红十字血液中心调研首都采供血工作并召开座谈会。副市长丁向阳视察了血液检测实验室、献血服务科、供血科和无偿献血志愿者协会等科室，察看呼叫中心、短信平台工作情况，听取市卫生局副局长毛羽关于首都采供血情况的汇报，与参会的市卫生局，密云县、通州区、延庆县3家卫生局，市血液中心，通州区、密云县、延庆县4家采供血机构部分领导代表就街头采血点设置规划、临床用血管理、献血宣传、采供血机构人员编制、血液应急保障与血液安全等工作交流座谈，听取市委组织部、市公安局、首都文明办等有关部门领导对推进首都无偿献血工作的意见和建议。年内，北京市新增6个街头采血点。4月1日起，北京市实施血费返还首接负责制，方便献血者及其亲属报销血费。在世界献血者日主题活动中，在医院、社区、采血车、繁华商圈等开展“感谢有你”系列宣传活动。

（杨培蔚）

大型活动医疗保障

【北京国际自盟场地自行车世界杯赛医疗保障】 1月21～23日，2010～2011北京国际自盟场地自行车世界杯赛在石景山区老山自行车馆举行，美、英、日、中等42个国家和地区的529名运动员参加比赛。市卫生局成立医疗卫生保障指挥组，指定北京急救中心（120）17名医务人员承担比赛现场运动员、官员及观众伤病员的救治和转运工作，现场设立医疗急救指挥部、运动员医疗站、观众医疗站及流动医疗站3个医疗组。同时，指定航天中心医院、北京积水潭医院、北京大学第三医院、北京天坛医院为伤员接收医院。共接诊伤病员43人，其中外伤14人、上感23人、其他疾病6人，有2名重伤员转运至指定医院救治，就诊人员以外籍运动员、教练员、比赛官员为主。（齐士明）

【春节晚会医疗保障】 1月27～30日，老干部迎春联欢文艺晚会、首都春节联欢文艺晚会在人民大会堂举行。市卫生局指定北京友谊医院、北京世纪坛医院、北京天坛医院、北京同仁医院、北京急救中心（120）共同担负联欢活动现场医疗急救保障任务。5家单位选派经验丰富、责任心强、政治素质好的医务人员组成医疗组，共接诊17名患者，40余名观众咨询。（齐士明）

【亚太旅游协会庆典暨年会医疗保障】 市卫生局指定北京急救中心（120）承担亚太旅游协会成立60周年庆典暨年会的医疗保障工作。4月10日的晚宴及4月11日的开幕式，分别派出3辆车、8名医务人员，现场设置2个医疗站，每个医疗站由医生1名、护士1名、司机1名和急救车1辆组成。北京朝阳医院、北京友谊医院、北京安贞医院、中日友好医院、海淀医院为定点接收医院。期间接待医疗咨询12人次，救治1人次。（齐士明）

【北京国际长跑节医疗急救保障】 4月17日，本市举办北京国际长跑节。市卫生局指定北京急救中心承担活动现场和沿线运动员及工作人员的医疗急救保障任务，并在活动沿线设置5个医疗站，派出6辆急救车和4辆急救摩托车，25名医务人员参加医疗保障。北京天坛医院、北京友谊医院为伤病员指定接收医院。保障期间共救治运动员5名，其中1名运动员被送往医院救治，有26名运动员进行现场医疗咨询。

（齐士明）

【北京铁人世锦赛医疗保障】 9月6～11日，北京铁人三项世界锦标赛在昌平十三陵水库举行。市卫生局组织北京急救中心（120）、昌平区医院、昌平区中医医院参加医疗保障的80余名医务人员进行综合培训。比赛期间救治受伤运动员101人次。

（齐士明）

【北京马拉松比赛医疗救护】 10月16日，北京马拉松赛，有近3万名中外运动员参加5公里、10公里、半程和全程马拉松赛。市卫生局从北京紧急医疗救援中心（120）、北京红十字会紧急救援中心（999）抽调医务人员96人、救护车27辆、救护摩托车6辆参加救护。全程设立23个固定医疗站、4个流动医疗站和6辆摩托车救护组。指定北京大学第一医院、北京大学人民医院、北京大学第三医院、北京同仁医院、北京协和医院（西院）、北京世纪坛医院、北京安贞医院、北京市第二医院、海淀医院、中关村医院、航空工业中心医院、解放军三〇六医院等为赛事后备医院，并指派北京急救中心培训部对400多名志愿者进行医疗急救培训。本次赛事主要采取定点保障与流动保障相结合、专业人员与志愿者相结合、现场急救与送院治疗相结合的方式，对马拉松赛实施全程医疗急救保障。共为1514人次提供救助服务，为152人次的肌肉拉伤、关节扭伤、肌肉痉挛、皮外擦伤、低血糖等患者提供治疗服务。

（齐士明）

【环北京自行车赛医疗保障】 10月5～9日，本市举办环北京自行车赛，来自UCI旗下的18支职业队及中国队的152名参赛车手参加比赛。设置医疗站7个、医疗点10个，抽调北京大学第三医院、北京急救中心医务人员34人、救护车7辆，并为每辆救护车配备简易呼吸机、除颤仪等急救设备和急救药

品。共接诊伤员和患者165人次。（齐士明）

医疗对口支援工作

【城市卫生支援农村卫生】 全年派出卫生支农医务人员2937人，其中管理人员422人、副主任及以上职称医师1063人、主治医师及以下人员1435人，累计支农38071天；免费接收医务人员进修194人，进修14156天。下拨支援经费279.09万元、工作补贴232.62万元，共下拨卫生支农工作经费511.71万元。（齐士明）

【支援内蒙古自治区】 8月10～14日，市卫生局巡视员邓小虹和内蒙古自治区卫生厅副厅长欧阳晓晖共同带队，率督导调研工作组赴内蒙古自治区锡林郭勒盟和赤峰市，对京蒙对口支援项目开展情况进行实地督导和调研，并看望和慰问支援医务人员。工作组走访锡林郭勒盟锡林浩特市医院、西乌珠穆沁旗医院，赤峰市巴林右旗医院、宁城县医院、喀喇沁旗医院。北京市26家支援医院继续按照京蒙省际医疗对口支援工作计划开展对内蒙古自治区36家旗县医院的支援工作。部分支援医院派出医疗队长期驻扎受援医院开展工作，部分支援医院结合自身实际和受援医院的需求以短期派驻医疗队、接收受援医院医师进修和建立疑难重症会诊、转诊绿色通道、开展远程会诊和教育培训等为主要形式开展支援工作。（龚文涛）

平安医院建设

【平安医院366家】 年内，审核通过北京市第二医院、民航总医院等9家单位为首都平安示范医院。至此，全市共认定平安医院366家、首都平安示范医院63家。年初，市卫生局局长方来英与各区县卫生局、各三级医院、各直属单位党政一把手签订《社会治安综合治理责任书》，副局长郭积勇与局直属单位法人签订《交通安全管理工作责任书》《消防安全责任书》《烟花爆竹安全管理责任书》。全年保障重要首长参观、就医警卫任务110人次，协助解决治安事件274起，提供线索或协助抓获盗窃嫌疑人46人次，协助处理号贩子1万余人次、医托222人次、弃婴77人次。配合公安机关处置医托、号贩子138人，其中行政拘留124人、警告7人、罚款7人，打掉团伙5个。对确定的二类地区重点医院20家、三类地区重点医院15家进行重点治理，共安排交通民警20人、交通协管员59人、宣传员56人上岗执勤。全年召开卫生系统消防安全工作会8次，举办消防安全管理干部培训班1期。各三级医院组织消防知识竞赛118场次，18553人次参加；消防知识答卷85次，66343人次参加；印发宣传手册41900份、板报专栏642次。医疗卫生单位共投入2612.2万元，其中用于各类安全隐患整改542.5万元。

年内，组建独立于行政机关和保险公司的北京市医疗纠纷人民调解委员会。5月30日，召开全市医疗纠纷人民调解启动大会，市医疗纠纷人民调解委员会正式挂牌成立。截至12月31日，医调委共接待来电来访2000余例，接到调解申请1118件，受理994件，结案571件，调解成功513件，调解成功率89.84%。7月，接受卫生部工作检查，得到好评。

2011年医疗责任险将采用2套方案并行供医疗机构自主选择投保。一是继续按2010年费率标准承保剔除死亡赔偿金的医疗执业风险，二是合理调整费率水平承保包含死亡赔偿金在内的医疗执业风险。本年度应参加保险医疗机构705个，实际参加医疗责任保险单位473个，参保率67%，共收缴保费7499万元，通过医责险结案600余例。（杨培蔚）

卫生应急

【概述】 本年度是“十二五”规划开局之年，进一步完善卫生应急体系，巩固联防联控工作机制，加强各项卫生应急准备，提高应急处置能力，有效应对各类突发公共卫生事件，完成突发事件紧急医疗救援任务。卫生应急“一案三制”建设取得进展；妥善应对各类突发事件，突发事件卫生应急处置能力不断提高；推进风险管理长效机制建设；推进应急队伍建设，物资储备能力明显提升；院前医疗急救体系建设取得突破。（高　燕）

卫生应急体系建设

【完善卫生应急管理体制】 年内，重新核定市突发公共卫生事件应急指挥部及其相关成员单位、日常办事机构的职责，调整市指挥部领导成员。市指挥部共有46个成员单位，确立联络员制度，进一步明确突发事件紧急医疗救援、流感大流行等应对指挥决策机构及其职责。（高　燕）

【巩固联防联控机制】 初步建立部门工作会商、信息共享、日常联络和联合训练等工作机制。建立120、999院前医疗急救联合指挥调度平台，启动120、999突发事件紧急医疗救援联合指挥协调调度机制；120与110、119、122建立4台资源共享和应急联动协作机制；举办京津冀餐饮业食品安全联席会议，通过了《京津冀餐饮服务食品安全事故卫生应急处置合作联动机制》，不断深化三地餐饮业食品安全事故协查、突发事件紧急医疗救援等协作联动机制；与武警北京市总队建立卫生应急协作机制，将武警卫勤力量纳入本市卫生应急体系统筹使用。在卫生部指导下，举办北方九省（市、区）鼠疫联防工作会暨专家咨询组成员会，组织专家组成员分赴陕西、辽宁两省，对当地鼠防工作进行督导检查和经验交流。（高　燕）

【《北京市急救服务条例》立项】 配合相关部门和处室开展急救立法调研与专家论证，《北京市急救服务条例》的立项申请通过了市人大主任会议的审查批准。（高　燕）

【开展预案体系建设】 按照《市级专项应急预案修订指导意见》的要求，组织专家全面梳理市级卫生应急预案和部门工作方案，完成3个市级专项预案和7个部门工作方案的修订。针对新疆维吾尔自治区出现脊髓灰质炎野毒株输入病例，完成《北京市脊髓灰质炎野毒株输入性疫情和疫苗衍生病毒相关事件应对工作方案》。本次预案方案修订强调应对工作流程和现场处置机制，增强了针对性与实操性。

（高　燕）

【实施“十二五”卫生应急规划】 按照“十二五”卫生应急体系发展规划，制订实施方案，推进体系建设和发展规划的实施。优化、整合各类资源，合理安排主要任务和重点项目建设时序，合理规划应对突发事件的日常准备、预测预警、风险评估、应急处置等工作。重点加强应急体系薄弱环节和相关基础设施建设，稳妥推进各项工作的落实。（高　燕）

【推进卫生应急信息体系建设】 制订《关于进一步做好突发事件紧急医疗救援信息报告工作的通知》，规范信息报送内容和工作流程。为加强各单位和部门之间卫生应急信息交流，全年编辑《北京卫生应急（半月刊）》简报24期。（高　燕）

【加强对外交流合作】 全年接待兄弟省、市卫生应急管理考察交流4批次20余人。参加香港圣约翰救护机构内地交流协作10周年回顾与前瞻研讨会，实地考察了香港院前急救运行模式。参与中法在急救领域方面的交流合作。（高　燕）

风险管理长效机制建设

【完善风险管理体系建设】 组织专家完成市级重点专项——传染病风险管理体系和示范项目——实验室生物安全风险管理体系的建设，形成长效管理、动态更新机制。每季度末总结本季度突发公共卫生事件应对工作，分析和研判下一季度公共卫生安全形势，提出针对性应对方案和措施，提前做好充分准备。（高　燕）

【应急培训演练注重实效】 逐步规范卫生应急培训。举办了120网络骨干培训班、120网络应急培训班，全市120网络的300余人参加。受卫生部委托，举办卫生应急风险沟通项目培训班，区县卫生局和相关专业机构80余人参加。餐饮业食品安全卫生应急人员培训班，疾控系统160余人参加。制订《卫生应急培训规划（2011－2015）》，规范和指导培训演练工作，提高培训质量和效率，逐步建立卫生应急培训体系。

卫生应急演练更加实用。按照《突发事件应急演练实施指南》，规范应急演练的组织与实施。120、999首次展示直升机空中医疗救援能力。全年组织市级演练5次，并突出了实战效果。（高　燕）

应对突发事件

【增强服务保障意识和能力】 重要节日、重大活动和敏感事件等重要时期，全市启动卫生应急工作机制已成常态。全市卫生应急系统各单位增强责任意识和敏感性，完成全市和全国两会、国际电影季、科博会、建党90周年、十七届六中全会等重大活动卫生应急保障任务，并确保黄金周及清明祭扫、全国高考等重点时段医疗卫生服务保障万无一失。配合相关部门，完成永定门西甲二号、久敬庄接济服务中心大批量上访人员的卫生应急保障任务，得到市领导的表扬。（高　燕）

【不断提高突发事件卫生应急处置能力】 全年未发生较大突发公共卫生事件，妥善应对一般突发公共卫生事件24起，较上年下降25%；发病253人，较上年减少35.6%；无死亡病例。其中传染病疫情9起，发病26人；食物中毒事件15起，发病227人。高效应对5起突发事件：“3.18”和平东街燃气泄露爆炸、“4.25”大兴区旧宫火灾、“6.2”平谷区马昌营重大交通事故、“6.3”上访人员群服农药事件、

"7.5"地铁4号线动物园站电梯事故等，出色完成紧急医疗救援任务。

按照卫生部要求，全年派出专家组5批次16人支援兄弟省、市开展重特大突发事件致伤人员的医疗救治，如"3.11"新疆维吾尔自治区喀什特大交通事故、"7.22"京珠高速信阳明港段客车起火事故、"7.23"甬温线特大铁路交通事故、"7.30"新疆维吾尔自治区喀什恶性案件、新疆维吾尔自治区脊髓灰质炎输入性野毒株疫情等。得到卫生部领导的充分肯定。

此外，在敏感和特殊时期派出联络员进驻市反恐指挥部，加强院前反恐、生物反恐力量备勤，做好各项应对准备，提升对政治核心区等重点区域和大型活动的综合卫生应急服务保障能力。　　（高　燕）

妇幼卫生

【概述】　北京市妇幼卫生以贯彻《中华人民共和国母婴保健法》及其实施办法、《中国妇女发展纲要（2011－2020）》和《中国儿童发展纲要（2011－2020）》，以落实北京市妇女儿童"十二五"发展规划为重点，履行部门职责，完成年度妇幼卫生工作目标，在控制孕产妇死亡率和儿童死亡率以及提高出生人口素质等方面成效显著。通过依法规范建设、深入调查研究、强化专业培训、加强质控管理等措施，切实维护妇女儿童生命健康权益，为深化医药卫生体制改革做出贡献。本年度荣获全国妇女儿童工作先进集体奖、北京市国民体质监测工作优秀组织奖和3项第六届宋庆龄儿科医学奖和组织奖。　（吕　播）

妇幼保健体系建设

【加强妇幼保健机构建设】　妇幼卫生体系建设是工作的重点，一方面，加强妇幼卫生行政及业务管理干部的能力和水平，组织大家走出去，到工作先进的省、市交流学习，拓宽思路，启迪思维，并举办培训研讨；另一方面，加强市级妇幼保健机构的内涵建设，并推进区县妇幼保健机构的能力建设。西城区、丰台区、大兴区、房山区、门头沟区、通州区等妇幼保健院均在异地新建及改扩建，更好地为辖区妇女儿童提供优质服务。　（郗淑艳）

【完善妇幼卫生信息化建设】　配合市公共卫生信息中心开展妇幼卫生信息化二期建设，完成二期信息化项目的招标、评标及业务需求调研，并推进全市妇幼保健信息的规范化管理及全市《出生医学证明》的发放与数据管理。　（郗淑艳）

【区县妇幼卫生绩效考核和重大公共卫生项目督导】　9月13～29日，市卫生局组织妇幼卫生及财务管理专家就区县妇幼卫生工作进行绩效考核，同时联合市财政局、妇联、计生委、妇儿工委等对重大公共卫生项目进行督导。区县妇幼卫生绩效考核围绕政府保障、妇幼保健网络建设、妇幼保健服务、妇女儿童健康水平等对区县级卫生行政部门及辖区内提供妇幼卫生服务的医疗保健机构和城乡基层医疗卫生机构进行考核。国家重大公共卫生服务项目妇幼卫生项目督导评估，围绕组织管理、项目实施、项目实施效果等方面对"增补叶酸预防神经管缺陷"、"农村孕产妇住院分娩补助"及"农村妇女宫颈癌、乳腺癌检查"等项目进行督导评估，并将结果反馈各区县。

（郗淑艳）

【依法行政工作】　一是继续对本市妇幼规范性文件进行清理。二是重新修改妇幼卫生行政许可程序，报法制部门备案。三是完成妇幼卫生文件汇编，收集整理市卫生局2008～2010年妇幼卫生政策性文件，编发《北京市妇幼卫生文件汇编》。四是举办妇幼卫生许可培训，对6家产前诊断机构进行行政许可专项培训。五是依法开展具体行政许可，全年完成行政许可申请的受理、审核、审批137件次，补正32件次。六是迎接卫生部妇社司母婴三证督导检查。督导组充分肯定了本市工作，并对进一步做好母婴证件管理和办理提出了建议。　（陈　云）

【办理人大建议和政协提案】　办理妇幼卫生人大建议7件、政协提案5件，其中主办和单独办理共8件，代表委员满意4件，同意办理意见4件。为提高人大建议和政协提案的办理质量，对3年来的妇幼卫生建议、提案情况建立台账和结果追踪制度，并根据办理要求，围绕出生缺陷防控、妇女两癌筛查等社会关注焦点问题，定期督促工作的开展、落实，并采取自查、抽查和检查相结合的管理方式，定期撰写工作报告。　（陈　云）

【成立妇幼卫生专家委员会】　为加强本市母婴

保健技术管理工作，提高母婴保健技术水平，保障母婴安康，在各单位提名推荐的基础上整合本市孕产期保健、预防艾滋病母婴保健、计划生育、产前诊断、婚前保健、儿童听力保健等专家指导组，成立北京市妇幼卫生工作专家委员会，以提高妇女保健、儿童保健、计划生育和行政管理等工作水平。（郗淑艳）

【妇幼保健获科学研究成果3项】 本年度颁布的6项宋庆龄儿科医学奖中，北京市占3项，并获优秀组织奖。市卫生局参与卫生部“中国儿童心理保健技术规范”项目组调研，初步完成卫生部、世界卫生组织委托的《产后抑郁障碍防治指南》的编辑等工作，并通过科学研究带动妇幼卫生工作的发展。

（郗淑艳）

妇女保健

【控制孕产妇死亡率】 2011年，户籍孕产妇死亡率9.09/10万，常住人口孕产妇死亡率10.97/10万，较上年有所降低。主要采取以下措施：一是进一步规范围产保健管理制度，推进高危孕产妇区域化分级管理。二是开展助产新上岗人员和产科骨干技术培训。三是完善北京市严重产科并发症评审制度，根据评审结果，总结、分析、整理、印发《北京市2011年控制孕产妇死亡干预措施方案》，进一步提高产科危重症的抢救技能。四是继续做好孕产妇死亡评审及通报工作。对本年度孕产妇死亡逐一进行市级评审，将评审结果每半年向区县政府、区县卫生局及有关医疗机构通报，并督促落实整改措施。五是召开全市产科主任工作例会。六是协调落实北京市高危孕产妇转会诊及抢救工作。增设危重孕产妇抢救定点医院及会诊中心，为全市19家市级高危转会诊医院授牌，并进一步明确职责。协调基层危重孕产妇转会诊不畅问题，落实各方职责，并对基层产科超负荷工作进行现场调研，提出解决办法和建议。七是开展产科床位和分娩量调查。撰写调查报告，制订孕产妇分娩分流方案并加强宣传，引导没有高危因素的孕产妇到一、二级助产机构分娩，高危孕妇到区级或市级高危孕产妇转会诊定点助产机构分娩。八是对卫生部危重孕产妇监测项目进行质控督导。九是召开北京市流动人口项目终期总结会，总结推广本市流动人口管理中的成功经验，并在全国妇幼卫生工作会上进行经验交流。

（郗淑艳）

【户籍妇女免费宫颈癌、乳腺癌检查】 将适龄妇女两癌筛查项目由6个项目区县扩大到全市，提前完成国家农村妇女两癌检查项目。按照就近筛查、方便群众的原则，确定两癌筛查机构140家。组织专家对各区县的检查环境、硬件设施、人员操作等进行现场考核。编印技术与管理手册及各类表、卡、册。建立区县骨干培养计划，并开展全员培训。制发两癌宣教手册70万份、宣传折页8万份。重新设计两癌筛查信息系统，提高数据录入速度及准确性。全年完成妇女宫颈癌筛查185096人、乳腺癌筛查178967人，其中筛查出乳腺良性疾病11869人、乳腺癌前病变14人、乳腺癌45人，宫颈癌前病变146人、宫颈浸润癌6人。（郗淑艳）

【生育妇女免费补服叶酸】 增补叶酸预防神经管缺陷项目由农村地区扩大到全市。加大健康教育力度，印制宣传折页30000份、宣传画5000张，统一规范全市项目登记表、卡、册。落实项目培训。44038人免费享受到政府资助的叶酸。（郗淑艳）

【农村孕产妇住院分娩率99%以上】 全年完成农村孕产妇住院分娩补助12128例。农村孕产妇住院分娩率达到99.95%。（郗淑艳）

【继续实施艾滋病母婴传播阻断项目】 根据卫生部《预防艾滋病、梅毒、乙肝母婴传播疾病工作实施方案》要求，制订本市实施方案。完成全市预防母婴传播疾病“冷链”运行情况的调查，结合区县资源分布及实际任务量确定乙肝免疫球蛋白的存储站点，为落实预防工作目标做好准备。同时，修订并印制VCT告知单42万份。艾滋病检测189162人，其中阳性孕产妇32人；孕产妇梅毒检测187075人，确诊304人；乙肝表面抗原检测182586人，阳性6650人。

（陈　云）

【免费建立《北京市母子健康档案》】 为贯彻落实新医改方案，进一步加强流动人口孕产妇围产保健管理，促进公共卫生服务均等化，市卫生局、市财政局制发《关于落实北京市孕产妇产前检查和产后访视项目补助政策的通知》，没有生育险及公费医疗保障的孕产妇享有规范的5次产前检查和2次产后访视服务后给予695元补助，并为本市常住孕产妇和儿童免费建立《北京市母子健康档案》。（郗淑艳）

【加强出生缺陷防治】 2011年，北京市出生缺陷发生率14.54‰，较上年有所下降。一是婚检及孕前保健：完成婚检人员初训及《母婴保健技术合格证书》的换发及婚检机构的现场审核；修订《北京市婚前保健工作规范》及《北京市婚检转会诊制度》；深入分析近年婚检开展情况，撰写分析报告，为下一步决策提供依据；简化婚检工作的表、卡、册及信息上报流程。二是出生缺陷二级预防：完成产前筛查与产前专业技术培训及相应的考核；修改北京市产前筛查及产前诊断工作规范；进一步优化北京市产前筛查与产前诊断转会诊网络，印发《北京市产前筛查与产前诊断超声转会诊制度》；对21家产前筛查机构开展监督质控；协调解决产前筛查高危孕妇的转诊工作。三是出生缺陷三级预防：制发《北京市出生缺陷诊断管理制度》；完成国家人群出生缺陷监测；撰写《北京市出生缺陷监测与管理模式研究数据分析报告》，并加强基层单位出生缺陷诊断业务的学习。

（陈 云）

【妇女常见病防治】 建立以妇幼保健系统为基础、以区县医院门诊为主要场所的综合性预防试点体系。建立女性生殖道感染性疾病的监测防治系统。规范北京地区女性生殖道感染性疾病的诊断、治疗、随访。确定北京市女性生殖道感染性疾病防治工作监督、指导、检查方法，定期开展逐级的监督指导与检查。编写健康教育宣传册，加强健康教育，提高早期就诊率。编写《北京市妇女多发病防治指导手册》。

（郗淑艳）

【规范爱婴医院管理】 年内，召开启动会，成立领导小组，确定专家队伍，编写培训教材，组织市级抽样评估，撰写上报工作总结，完成卫生部交办的爱婴医院评估预试验工作，并于11月在全国会议上就爱婴医院管理进行经验交流。世界母乳喂养周期间，配合卫生部，围绕“倾听、诉说、分享”的主题，举办大型宣传活动。加强对爱婴医院的管理和监督，根据《爱婴医院监督管理指南》的要求进行抽查，并全市通报抽查结果。（郗淑艳）

【促进自然分娩，保障母子安康】 为促进自然分娩，有效控制剖宫产率，按照卫生部要求，召开项目启动会，组建专家队伍，编制培训教材。对21家医疗机构进行产科质量抽查，依据检查结果，分析总结出北京市控制剖宫产率的干预措施，在全市推广。

（郗淑艳）

【世界母乳喂养周宣传活动】 2011年是第20个世界母乳喂养周，主题是“母乳喂养——倾听、诉说、分享”。8月1日，市卫生局承办由卫生部妇社司、联合国儿童基金会和世界卫生组织共同举办的世界母乳喂养周宣传活动。卫生部妇社司等相关司局、联合国儿童基金会、世界卫生组织、全国妇联、北京市卫生局等有关领导及各区县卫生局、妇幼保健机构、社区卫生服务中心等代表150余人参加活动。联合国儿童基金会中国大使、著名媒体人杨澜女士也应邀出席活动。市卫生局副局长郭积勇致词，联合国儿童基金会驻华代办荣明达先生、联合国儿童基金会中国大使杨澜女士、世界卫生组织资深项目官员裴雷博士、卫生部妇社司司长秦怀金讲话，并共同启动宣传活动。宣传活动邀请北京协和医院、北京大学人民医院等医疗保健机构的专家对正确的母乳喂养观念、方法和技巧开展讲座，并通过妈妈介绍母乳喂养成功经验、母乳喂养有奖知识竞赛，以及支持母乳喂养百人签名等形式大力宣传母乳喂养。同时，围绕主题，采取多种形式，广泛开展母乳喂养、儿童营养与喂养知识传播活动，拓宽母乳喂养内涵，创造爱婴、爱母的良好社会氛围。（郗淑艳）

儿童保健

【控制儿童死亡率】 2011年，婴儿死亡率2.84‰，5岁以下儿童死亡率3.41‰，较上年有所下降。一是根据本市2010年儿童死亡状况，召开市级5岁以下儿童死亡评审会。通过评审发现在病儿的早期识别、转运、治疗方面存在的问题，提出干预措施，并及时对基层医生进行有关专业培训。二是为准确掌握儿童死亡资料，减少儿童死亡漏报，针对问题提出解决措施，对8个区县的10家医院进行5岁以下儿童生命监测工作质量控制检查，针对发现的问题提出整改措施。三是开展三级医院对口支援区县级妇幼保健机构儿科工作，提高儿科工作水平。（郗淑艳）

【免费筛查新生儿先天性疾病】 北京市将新生儿疾病筛查服务项目由户籍人口扩大到常住人口。继续开展听力、髋脱位、先心病筛查等技术培训及专项工作研讨会、观摩会。完成新生儿耳聋基因筛查试点工作。9月，完成筛查结果短信平台的开发应用，开始应用短信方式通知筛查结果。开发设计新筛电子病历系统。全年接收标本188900人，确诊104人，其中先天性甲状腺功能减低症（CH）71人、苯丙酮尿症（PKU）33人。确诊患儿大多定期复查，近期疗效良好。社区新生儿访视管理103806人，确诊先心病357人、先天性髋脱位11人。产科活产191448人，听力初筛180954人，其中未通过18847人；复筛14035人，其中未通过2276人。（郗淑艳）

【儿童免费健康体检】 北京市将0～6岁儿童体检项目由户籍人口扩大到常住人口。继续开展新生儿访视、儿童定期体检、血氧仪操作、儿童体检与体格测量等技术培训及研讨、观摩。完成社区儿童体检与体格测量技术抽查及北京市儿童先心病筛查脉搏血氧仪使用质量控制检查。全年0～6岁儿童体检747768人，其中贫血22272人、佝偻病161人、肥胖22660人、低体重1121人。（郗淑艳）

【学龄前儿童保健】 年内，修订《北京市托儿所幼儿园卫生保健实施细则》。与市教委、发改委联合印发《关于印发北京市举办小规模幼儿园暂行规定的通知》。召开托幼园所管理工作经验交流会。举办全市托幼园所卫生保健人员岗前培训、考核及卫生保健观摩活动。协助市教委完成幼儿园早教基地验收及幼儿园分级分类督导、验收视导和验收，进一步规范托幼园所的办园行为，提升工作质量。（郗淑艳）

【儿童精神心理发育管理】 完善儿童神经心理发育保健的服务网络，开展脑瘫儿童监测研究。修订《北京市高危新生儿智力监测常规》。完善 DDST、Gesell 培训教材，系统化题库内容。开展 DDST 筛查、Gesell 评估诊断、发育落后儿童干预技术培训。组织发育落后儿童干预病例管理、监测质控、脑瘫儿童监测干预等专项工作研讨会和观摩会。（郗淑艳）

【启动儿童早期综合发展工程】 10 月，印发《北京市儿童早期综合发展工作方案》及《北京市儿童早期综合发展技术规范》，并于 12 月召开全市儿童早期综合发展专题工作会，以市、区县儿童早期综合发展服务中心建设为抓手，启动儿童早期综合发展工程，作为改善儿童保健服务质量和公平性的重要载体及有效措施。（郗淑艳）

【争取社会资金支持苯丙酮尿症患儿】 年内，通过中国扶贫基金会共同启动"希望花开"项目和北京市慈善协会"为生命续航——PKU 儿童救助项目"，争取社会资金支持，为苯丙酮尿症患儿家庭提供救助，一定程度减轻苯丙酮尿症患儿家庭的经济负担。（郗淑艳）

计划生育技术管理

【计划生育技术管理】 年内，北京市开展培训、专项技术检查与督导、市级计划生育手术并发症评审、剖宫产史再育妇女状况调研，并协助市计生委开展调整节育手术收费标准的调研。（郗淑艳）

基层卫生

【概述】 2011 年，基层卫生工作以落实医药卫生体制改革相关任务和全局重点工作为主线，以贯彻《关于进一步推进社区卫生改革与管理的意见》提出的任务目标为切入点，按照"保基本、强基层、建机制"的要求，进一步完善工作机制，强化服务功能，转变服务模式，规范服务内容，推进基层卫生各项工作深入开展。重点工作包括：全面推行家庭医生式服务，延长社区卫生服务时间，扩大基层医疗卫生机构与大医院转诊预约，创建全国社区卫生服务示范中心，加强社区公共卫生和健康管理服务，提高新型农村合作医疗保障水平，推进新型农村合作医疗市级统筹和乡村医生队伍建设等。

（李志敏）

社区卫生

【社区卫生服务网络】 截至年底，全市正式运行的社区卫生服务中心 324 个、社区卫生服务站 2484 个（含标准化建设的村卫生室）。基本实现城镇、远郊平原、山区居民分别出行 15、20、30 分钟可及社区卫生服务的目标。（李志敏）

【推行家庭医生式服务】 年内，在北京市全面推行以社区卫生服务团队为核心、以居民健康管理为主要内容的家庭医生式服务。召开社区卫生家庭医生式服务工作推进会，印发《北京市社区卫生家庭医生式服务工作方案》。举办家庭医生式服务·北京论坛，来自国内和境外的社区卫生工作者、管理者、专家学者通过高端对话方式进行互动式研讨。在充分告知、自愿签约、自由选择、规范服务人前提下为居民提供主动、连续、综合的健康责任制管理。截至年底，全市共建立社区卫生服务团队 3094 个，张贴发放家庭医生式服务联系卡、宣传海报、《致居民一封信》等宣传材料 606.7 万份，签约 72.3 万户 148.3 万人，其中老年人、慢性病人、孕产妇、0～6 岁儿童、残疾人、重性精神疾病患者等重点人群 45.8 万人，占签约人数的 30.88%。为签约家庭提供健康评估 94.3 万人次，发放健康教育材料 184.4 万份，发送健康信息 146.1 万条，主动为居民提供健康指导服务 55 万人次，为空巢、行动不便的老年人提供上门健康指导服务 36.4 万人次。（李志敏）

【社区卫生服务中心延时服务】 在城区社区卫生服务机构延时服务试点的基础上，年底在全市范围内开展社区卫生服务中心延时服务。市卫生局、市人力社保局、市财政局共同印发《关于全市社区卫生服务中心延长服务时间的通知》，明确在服务内容和经费保障等方面的要求。截至年底，试点区县延长社区卫生服务时间增加工作人员投入 76.9 万人次，延长门诊服务时间段内门诊 102.1 万人次，免费测血压

36.9 万人次，“健康通”咨询 24.5 万人次，为 33.3 万人次提供应急处置服务。（李志敬）

【扩大基层医疗机构与大医院转诊预约】 市卫生局制发《基层医疗卫生机构与大型医院转诊预约服务手册》6 万册，使转诊预约关系一目了然。通过《转诊预约工作信息专报》，督促各区县做好转诊预约服务。印发《关于全面开展大型医院与基层医疗卫生机构转诊预约工作的通知》，将社区转诊预约扩大到全市 16 个区县，社区卫生服务机构与 42 家二、三级医院建立转诊预约关系。截至年底，全市社区卫生服务机构转诊预约累计 8000 人次。（李志敬）

【推进老年人集中居住区社区卫生】 首批开展的老同志集中居住区（西城区南沙沟小区和复兴路 24 号院小区、海淀区翠微西里小区和万寿路甲 15 号院）社区卫生工作成绩显著，4 个社区卫生服务站诊疗服务 3.2 万人次，其中门诊 2.3 万余人次、急诊 1191 人次、出诊 1575 人次、咨询 5976 人次，输液、留观等 1.5 万人次，上转病人 146 人次，下转病人 108 人次。组织健康教育大课堂 39 次，受益居民 762 人次。4 个社区站均开展家庭医生式服务，提供健康签约管理，已签约 413 户，管理 954 人。

（李志敬）

【继续开展功能社区卫生服务试点】 重点在国家发改委、人力社保部、卫生部等 8 个功能社区试点社区卫生服务工作。一是开展人员健康状况和需求调查，完成健康状况调查 1454 人次，新建/完善健康档案 671 份，筛查出慢病患者 218 人、高危人群 304 人。二是组织有针对性的健康宣教活动，根据功能社区需求开展健康教育专家功能社区巡讲行活动。三是医疗卫生服务上门。根据需求，提供中医门诊服务或咨询服务；对慢性病患者进行规范化管理；建立功能社区医务室与大医院及社区卫生服务机构转诊关系，畅通转诊途径。四是技术帮扶，组织功能社区医务室人员业务培训 10 次。（李志敬）

【创建国家示范社区卫生服务中心】 制订北京市申报标准，在 16 个区县开展示范社区卫生服务中心创建活动。开展创建工作培训、市级评估考核员培训、复核评估工作研讨、迎检工作准备会等。经过区县推荐、市级考评和全国复核评估等环节，西城区展览路社区卫生服务中心、朝阳区高碑店社区卫生服务中心、丰台区方庄社区卫生服务中心、东城区体育馆路社区卫生服务中心、海淀区北太平庄社区卫生服务中心、房山区琉璃河镇社区卫生服务中心、昌平区回龙观社区卫生服务中心、怀柔区桥梓镇社区卫生服务中心等 8 个社区卫生服务中心成为本市第一批全国示范社区卫生服务中心。（李志敬）

【加强社区慢性病综合管理】 截至年底，全市累计建立城乡居民健康档案 1579.8 万份。同时，充分利用健康档案开展社区慢病综合管理，并修订《北京市慢性病管理手册（2011 版）》，涉及高血压、糖尿病、冠心病、脑卒中、慢性肾病、慢性肝病和健康知己管理。全年慢性病规范化管理骨干培训 1292 人。社区管理慢性病人 171.9 万人，其中高血压 80.3 万人、糖尿病 30.2 万人、冠心病 28.4 万人、脑卒中 14.7 万人、其他慢性病 18.3 万人。（李志敬）

【家庭保健员培训】 继续开展家庭保健员培训工作，全年完成 2.1 万名家庭保健员的培训任务，并发挥以往培养的家庭保健员的社区健康骨干效应，在居民健康生活中起到引导传播作用。（李志敬）

【全市社区卫生服务工作量】 北京市社区卫生服务机构全年诊疗 3943.68 万人次；传染病家庭访视 9.6 万人次；免疫接种 644 万人次，其中规划内免疫接种 465.7 万人次；孕产妇保健 38.5 万人次；儿童保健 121.9 万人次；开展健康教育讲座 16992 次，69.9 万人次参加；健康体检 204.9 万人次，其中为符合优待政策的老年人体检 26.8 万人次；妇女病普查 56 万人。发放各类宣传材料 517 万份。

（李志敬）

【社区卫生管理干部及慢性病管理人员岗位培训】 年内，举办社区卫生服务管理干部岗位取证班和管理干部领导力训练班 5 天 40 学时，共培训 606 人。社区慢性病规范化管理培训 2000 余人，均为基层医疗机构的社区医生及社区护士。（李志敬）

【对口支援和返聘专家进社区】 全年有 145 家大医院支援全市社区卫生服务机构，涉及 35 个专业类别，支援 2.2 万人次。返聘大医院退休医学专家近 1000 名到社区卫生服务机构提供出诊、带教等服务。

（李志敬）

【开展中英社区卫生交流】 年内，有近 30 名管理与业务人员赴英国参加社区卫生交流与培训，实地了解英国全科医学发展情况。接待英方 5 名全科医学专家深入社区卫生服务机构进行培训、交流和带教，提升本市社区卫生服务水平。（李志敬）

【社区卫生纳入医改评估考核】 3 月 15 ~ 17 日，市医改办牵头开展本年度全市医改综合考核评估，将社区卫生服务纳入其中。考核组对 16 个区县政府推进社区卫生服务进行考核评估，针对各区县社区卫生服务政策落实、网络建设、人才队伍建设、综合评价等进行现场考核。专家组评出各区县在考核中的最终成绩，并兑现考核经费 2000 万元。同时，撰写《2010 年区县政府社区卫生工作绩效考核综合分析报告》。（李志敬）

【社区卫生服务第三方评价】 年内，委托永润禾（北京）信息咨询有限公司开展社区卫生服务第三方评价，重点围绕社区居民对社区卫生服务的认知、使用和满意度开展调查。16 个区县社区卫生服务综合评价指数排名前三位的是东城区、西城区、海淀区。 （李志敬）

【社区卫生成本测算】 为建立科学合理的政府投入和补偿机制，不断完善、调整和制订社区卫生相关政策提供参考和依据，以 17 个社区卫生服务中心为样本，收集相关数据，测算每服务人口公共卫生服务项目的平均成本，以及与目前工作任务相匹配的人力资源配置。根据研究成果，在调整服务项目时可同步确定投入水平。 （李志敬）

新型农村合作医疗

【提高新农合保障水平】 2011 年，北京市参加新型农村合作医疗 276.8 万人，农业人口参合率 97.65%，筹资标准仍为人均 520 元。截至年底，新农合筹集基金 17.6 亿元，其中中央财政补助占筹资总额的 1%、地方财政拨付补助资金占 85%、农民个人缴纳及村集体资金占 14%。启动实施学生儿童患白血病、先天性心脏病试点病种实行按病种付费工作，进一步减轻患病学生儿童家庭的医药负担，全年享受优惠政策的参合学生儿童 21 人。为规范新农合基金监管，开展管理人员培训，对 13 个涉农区县新农合基金管理情况进行稽查。新农合基金支出 17.7 亿元，启动风险基金 4000 余万元。门诊补偿 608.7 万人次，补偿金额约 5.5 亿元；住院补偿 22.7 万人次，补偿金额约 11.6 亿元。 （宗保国）

【开展新农合市级统筹研究】 为做好新农合市级统筹框架的整体设计，在文献研究的基础上，深入涉农区县开展现场调查，邀请已经实行地市级统筹的地区（内蒙古自治区包头市、陕西省榆林市、安徽省淮北市和云南省怒江州）以及部分国家新农合专家就实践经验进行研讨，提出本市实施新农合市级统筹的基本思路，起草《北京市新型农村合作医疗市级统筹实施方案》。 （宗保国）

【商业保险参与新农合的研究】 为探索商业保险参与基本医疗保险服务的方式、运行机制，对平谷区的管理模式进行调研。平谷区与人保健康北京分公司合作，试点引进第三方保险公司联合经办新农合业务，实行“共保联办，风险同担”模式。同时，借鉴其他省市的实践经验。经研究，对北京市如何实施商业保险机构参与新农合经办提出建议。（宗保国）

乡村医生管理

【制订乡村医生相关政策】 对村卫生室和乡村医生状况进行专题调查。落实国务院关于加强乡村医生队伍建设的精神，围绕加强农村基层卫生统筹管理、解决农村卫生人员匮乏、完善乡村医生政策等，开展一系列调查研究，并提出加强本市农村基层卫生服务的初步举措。 （李志敬）

老年卫生

【老年人健康管理和优待服务】 市卫生局与市老龄办共同印发《关于落实医改要求共同做好老年人健康管理工作的通知》，提出对辖区 65 岁以上常住老年人每年提供 1 次健康管理服务，包括生活方式和健康状况评估、体格检查、辅助检查和健康指导，并提出具体工作要求。本市社区卫生服务机构全部为老年人提供优先就诊服务，免收普通门诊挂号费 910 万人次，优先出诊 22.6 万人次，优先建立家庭病床 964 张，免费查床 4009 次，为符合老年优待政策的老年人免费体检 26.8 万人。 （李志敬）

【老年保健培训和健康状况调查】 市卫生局委托北京老年医院组织老年医学专家对社区医务人员进行老年保健适宜技术培训。以老年人常见健康问题为主要培训内容，如跌倒、痴呆、抑郁、失眠、尿失禁、压疮、便秘、营养不良等老年综合征的治疗和护理，以及老年人综合健康评估等。全市 260 余名基层医务人员参加 3 天的培训并取得相应学分。同时，委托北京市老年保健及疾病防治中心开展老年人健康状况和需求调查。此外，市卫生局被市政府评为 2010 年度北京市敬老爱老为老服务先进单位。

（李志敬）

爱国卫生

健康北京

【启动《健康北京"十二五"发展建设规划》】 1月30日，市卫生局局长办公会对《健康北京"十二五"发展建设规划》进行讨论，并原则通过。2月17日，局长方来英带领编制组成员与中国医药卫生事业发展基金会等专家座谈，再次征求意见。3月18日、3月28日，副市长丁向阳2次听取编制组关于《健康北京"十二五"发展建设规划》的汇报，并提出调整修改意见。6月1日，市委常委会审议通过了《健康北京"十二五"发展建设规划》，并同意将此规划列入市级综合专项规划，以市政府名义发布。7月16日，市政府下发《北京市人民政府关于印发健康北京"十二五"发展建设规划的通知》，要求在全市开展健康北京建设。（张　冲）

【宣传健康北京】 5月31日，由市委办公厅主办的北京信息分2期对东城区和西城区建设全国健康城区试点工作进展情况进行专题报导，副市长鲁炜专项批示，要求公开总结宣传，为健康北京营造舆论氛围。6月15、16日，市委宣传部组织多家在京媒体对东城区、西城区开展全国健康城区试点建设以来的工作情况和取得的成绩进行采访和报导。8月22日，市爱卫会、市健康促进委员会、市卫生局联合召开《健康北京"十二五"发展建设规划》颁布实施新闻通气会。（张　冲）

【落实健康北京工作】 市爱卫会和市健康促进工作委员会联合下发《关于落实〈健康北京"十二五"发展建设规划〉工作的通知》，在体制、机制、措施上明确具体实施要求，并以区县为单位推进规划实施工作。12月22日，召开"做健康北京人，创健康北京城——健康北京建设"大会，市爱卫会和市健促委成员单位、各区县政府、市各委办局、市属三级医院以及各区县卫生局、卫生监督所、疾控中心主管领导等约500人参加。会上总结本年度各项工作，对2012年重点工作进行部署，并通过宣传短片表达全市各界群众对健康北京的期盼。（张　冲）

城市清洁日、爱国卫生月活动

【落实城乡环境整洁各项工作】 2011年是全国城乡环境整洁行动具体实施年，全市各区县结合创建国家卫生区、国家卫生区复审以及病媒生物孳生地清理等各项工作开展活动。5月，市爱卫办对各区县进行档案资料督导。督导结果显示，东城区、西城区、门头沟区、密云县等区县分别于2010年底制订并下发本地区的行动方案，大部分区县和地区于5月前制订了本地区的方案，结合城市清洁日、爱国卫生月等活动开展各项工作，并与地区环境办、农委等部门共同推动城乡环境整洁行动。（张　冲）

【开展环境卫生保障工作】 开展全市性环境卫生大扫除4次，并与城市清洁日活动结合，推动市容环境精细化管理。两会期间、五一、七一、十一前夕，开展了环境卫生保障工作。针对社区卫生薄弱环节，市爱卫办与市政市容委、首都文明办、市社会办等部门联合开展加强社区宠物粪便管理活动，此项工作也纳入到社区爱国卫生工作要求中。（张　冲）

【开展爱国卫生工作交流】 爱国卫生月期间，市爱卫办组织窗口单位进行爱国卫生工作交流，首都机场地区爱卫办各成员单位、北京铁路局各成员单位、地铁总公司爱卫办等主要人员对市公交总公司的场站和单位环境卫生、爱国卫生宣传、食品卫生等进行了考察交流。（张　冲）

病媒生物控制

【全市性病媒生物防控】 全市开展春季和冬季两次灭鼠工作，使全市鼠密度控制在国家标准范围内。夏季，开展全市灭蚊蝇活动，市爱卫办进行重点地区的检查督导，并在活动结束后进行专项检查，对区县消杀效果进行综合评比和通报。（张　冲）

【调查家庭蚂蚁侵害】 通过市爱国卫生网站、12320公共卫生热线以及入户问卷调查等形式对全市2万余户家庭进行蚂蚁侵害情况调查，收集居民家庭蚂蚁侵害率现状信息。抽样调查显示，蚂蚁家庭侵害率41.19%，居民对全市性蚁害控制工作有较高的期望。在此基础上，组织市疾控中心、军事医学科学院、中国农业大学等专家对本市蚊害现状以及防控策略进行研讨，开展蚊害防治药物的筛选及实验，并拟订《2012年全市居民家庭统一灭蚊实施方案》。

（张　冲）

农村改水改厕

【建立农村改水改厕长效管理机制】　“十一五”期间，全市农村卫生厕所覆盖率达96.59%，农村改厕工作逐步进入维护管理阶段。市爱卫办初步拟订《北京市脚踏式户厕年度维修数量预测统计表》《北京市农村脚踏式户厕维护管理办法》《北京市农村户厕管理标准》。改水工作以实施农村饮水健康行动、提高农村饮用水水质为重心，市改水办、市农委、市财政局、市卫生局共同制订《关于开展农村饮水健康行动工作的通知》，并编写完成《北京农民饮水健康手册》（核定稿）。市改水办修改并编制《农村改水工程计划项目书》，发至各区县改水办。改水办与市卫生局联合印发《2011年北京市农村饮用水水质卫生监测技术方案》，在全市部署监测点700个，检测样品2800个，实现监测全覆盖。

（张　冲）

控烟工作

【创建无烟校园】　4月2日，市爱卫会、市教委、市卫生局联合下发《关于落实<教育部、卫生部办公厅关于进一步加强学校控烟工作的意见>的通知》，将控烟工作纳入学校年度工作计划，制订校内控烟管理规章制度。托幼园所、中小学校、中等职业学校、高等院校和其他教育、培训机构的教学区域内禁止吸烟，禁止出售烟草制品，禁止烟草广告或变相烟草广告，在年底前实现无烟学校的目标。5月28日，市爱卫会、市教委、市卫生局联合召开北京市建设无烟校园活动启动会，就学校创建无烟环境工作进行部署。会后，各区县、各有关部门和各类学校分别进行动员和部署，市爱卫会办公室印发《北京市建设无烟校园工作指南》，指导学校开展创建工作。9月20～29日，市爱卫会、市教委、市卫生局联合对普通高校和民办高等教育机构建设无烟校园工作进行中期督导检查。查高等院校109所，达标83所（85分以上），占76.1%。其中普通高校75所，达标55所，占73.33%；民办高等教育机构34所，达标28所，占82.35%。12月中旬，检查组对本市94所高校控烟工作进行效果评估检查，达标87所，占92.6%。结果显示，各高校控烟工作基本常态化，建立控烟组织网络，制订控烟管理制度，张贴禁止吸烟标志，外环境设置合理吸烟区，并开展多种形式的控烟宣传活动，无烟校园的创建工作取得初步成效。

（张　冲）

【督查医疗卫生系统控烟工作】　继续加大对医疗卫生机构控烟工作的监督检查，市爱卫会、市卫生局开展督查活动2次。6月，卫生部组织专家对本市医疗卫生机构的控烟工作进行抽查，综合得分98.9分（满分100分）。10月，市爱卫会、市卫生局对83个医疗卫生单位进行暗访评估，其中达标单位57个，占68.7%。　（张　冲）

【营造良好的社会控烟氛围】　结合5月1日、5月15日法规、规章实施日和5月31日世界无烟日，4～6月，在公交候车亭、公交车厢、地铁车站、单位内部、社区等重点场所进行控烟法规和烟草烟雾危害的宣传，并印制、发放宣传折页，宣传劝导烟民不在公共场所吸烟。5月31日，第24个世界无烟日，市、区县爱卫会开展多种形式的宣传活动。5月28日，市爱卫会以创建无烟校园为题，向全市广大师生发出不在校园吸烟的倡议；5月30日，与北京铁路局在北京西站开展宣传活动，向旅客发放控烟宣传材料和宣传品，强化窗口单位的控烟意识。5月31日，首都机场3座航站楼内全面禁止吸烟，36个吸烟室全部关闭，成为国内首个无烟大型国际机场。　（张　冲）

【开展禁烟监督检查】　全年对130797个社会单位公共场所禁止吸烟情况进行监督检查，其中129096个单位能较好贯彻公共场所禁止吸烟的规定，基本符合“两个规定”的要求，1702个单位的公共场所发现违规现象，674个单位受到警告、限期改正的处罚，劝阻在禁止吸烟场所吸烟者6608人次。

（张　冲）

【落实人大代表和政协委员控烟建议和提案】　两会期间，吴守伦、沈梦培、阚坚力等人大代表和政协委员就进一步推动公共场所禁止吸烟工作等提出建议和提案11个。7月11日，副市长丁向阳主持办理市人大代表建议专题研讨会，市人大、市政府、市有关部门以及吴守伦等12名代表出席。会议听取市爱卫会关于办理建议、提案和公共场所禁止吸烟工作的汇报，市人大吴守伦、沈梦培等11名代表发表了意见。丁向阳强调：“控烟工作对于保障人民健康、促进经济社会发展、建设和谐社会等都有非常重要的意义，各级政府和领导要坚定不移地做好有益于人民身心健康的控烟事业，进一步明确政府、行业、单位、个人的四方责任；要着力解决环境、体制、责任、执法等主要因素的影响，明确控烟目标，矢志不移地把本市的控烟工作不断地向前推进”。10 月 13 日，市爱卫会办公室、市政协教文卫体委员会、新探健康发展研究中心联合召开北京市控烟工作座谈会，邀请部分市政协委员和控烟专家就加强北京市控烟工作座谈。市爱卫会办公室介绍本市控烟工作情况，中国政法大学卫生法特邀研究员于秀艳介绍国内外控烟立法与控烟工作进展，新探健康发展研究中心主任王克安介绍新探健康控烟工作研究成果，政协委员发言表示支持控烟工作。（张　冲）

创卫工作

【创建国家卫生区、卫生镇】　年内，北京市创卫工作以平谷区、通州区进入国家卫生区为目标，以怀柔区、天安门和燕山地区通过国家卫生区复审为目的。市爱卫办组织专家对上述五区（地区）的创卫和巩固工作进行暗访调研和考核验收，并向全国爱卫会进行了申请。年底，平谷区、通州区被全国爱卫会正式命名为国家卫生区，怀柔区等 3 区通过了全国爱卫会的复审检查。延庆县千家店镇巩固北京市卫生镇的工作基础，继续开展国家卫生镇创建工作；通州区张家湾镇也启动了北京市卫生镇的创建工作。6 月，市爱卫办组织专业人员对上述乡镇的创卫工作进行综合验收和预调研。（张　冲）

爱国卫生健康细胞工程建设

【开展健康细胞工程建设和培训】　第一季度和第四季度，市爱卫办分别对健康社区和示范村的建设工作进行工作培训。8 月中旬，全市开展健康教育工作中期督导。市爱卫办、市健康教育所联合对各区县健康社区、健康促进示范村的建设工作进行检查指导，并针对检查中发现的问题提出建议。年内，中央国家机关爱卫办开展健康食堂评比工作，评选出 17 个部级单位食堂为健康食堂。市爱卫办分别组织海淀区、东城区、西城区、朝阳区爱卫办负责人对健康食堂的建设进行考察交流。继续开展第 3 届社区健康风采活动，在各区县初赛的基础上，选拔 302 件作品参加市级决赛，并配合健康北京建设大会同步展出参赛作品，取得良好的效果。全年开展农村健康大课堂 7679 场，受益 363927 人次。全市创建爱国卫生健康社区 1169 个、健康促进示范村 764 个、爱国卫生红旗单位 446 个。（张　冲）

中医工作

【概述】　市中医局率先推进中医医院探索公立医院改革之路。中国中医科学院广安门医院和大兴区中医医院、北京中医药大学东直门医院和通州区中医医院整合后取得明显成效，形成由城区大医院和区县政府合作的“一院二区，统一管理”的新模式。推进中医药服务网络的建设。全市 16 个区县实现基层医疗机构中医科、中药房全覆盖，基本满足了居民的中医药服务需要。推进中医药特色服务资源合理布局，实施政府折子工程——北京市中医药特色服务“双十”工程项目，完成中医儿科、妇科、肛肠科、眼科、推拿科、耳鼻喉科等 14 个中医特色诊疗中心的建设；扩大北京市中医“治未病”试点单位，从原来的 7 家增设至 10 家。建立各委办局“十病十药”工作定期会商制度和中介平台，“十病十药”项目的首个新药——止渴养阴胶囊在同仁堂集团正式投产。出台《北京市中医类别医师多地点执业管理办法》和《关于鼓励名老中医开办中医诊所的意见（试行）》。

通过了全国基层中医药工作先进省（市）的评估验收，成为全国唯一一个实现全国社区中医药工作先进单位和农村中医药工作先进单位 2 个 100% 的省（市）。启动北京市第 4 批师承“双百工程”，遴选百余名指导老师，为基层培养 100 名老中医学术继承人。实施中医药适宜技术分层分类推广工作，加大中医适宜技术的应用。完成北京地区中医类别全科医师 1546 人的岗位培训。设立北京市中医药科技提升专项项目。做好京蒙对口支援工作，落实北京地区 12 家中医、中西医结合医院对口支援内蒙古自治区 62 家医院的任务，完成 86 名中医骨干医师一对一培训，为内蒙古自治区选拔的 30 名优秀中医药人员举办为期半年的中医骨伤培训班。

完成北京地区 28 家二、三级中医医院管理年检查评估，在国家中医药管理局抽检验收中，本市管理年活动综合得分排在全国首位，中医药特色服务指标监测数据均比上年有明显增长。北京市推荐的 6 个重点专科全部入选国家临床重点专科项目（中医药），55个国家中医药管理局“十一五”重点专科（专病）项目全部通过验收和新入选的27个项目一起纳入“十二五”重点专科建设。加强综合医院示范中医工作，新增4家成为国家中医药管理局综合医院示范中医工作建设单位，全市累计13家；启动第4批北京市综合医院示范中医工作，确定12家综合医院示范中医工作建设单位。评选示范中药房，确定10个示范中药房和15个示范中药房建设单位。实施中医药传统技能百人百项工程。加强中医药特色护理的管理，推广开展中医特色护理示范岗建设。建立和完善医疗质量监测等6个中医医疗质量管理组织。将北京市回民医院定位为民族特色医院，给予绩效考核人员基本工资政府全额支付的扶持政策，北京市回民医院成为全市唯一一家享受中医医院政府绩效考核扶持政策的综合医院。

印发《北京市中药饮片调剂规程》《关于促进首都中医药工作军民融合发展指导意见》。起草《国家基本公共卫生服务中医药服务技术规范》，修订《北京市突发公共卫生事件中医药应急预案》，编制冬春季流感中医药预防方案和《中医药四季养生》。开展全市膏方医师培训，做好突发公共卫生事件应急和突发新发传染病的防治工作。

完成第4批全国老中医药专家学术经验继承结业考核，72名继承人结业出师。启动北京市第4批师承双百工程，由106名指导老师带教247名继承人。开展中医住院医师规范化培训考核。11名中医药人才纳入市卫生局“215”高层次人才培养计划。首届西学中高级研究班吸引33名优秀西医临床医师系统学习中医。对2个国医大师工作室和7个全国名老中医药专家传承工作室进行年度绩效考评，新增10个全国传承工作室。北京中医药薪火传承“3+3”工程两室一站第1批58个立项经过3年建设全部通过验收，批准北京杏园金方国医医院立项建设北京名医师承教育基地。开展网上平台建设。启动名医大讲堂——经方专题，并在首都中医药实训网和北京国医网播放。

北京市中医药科技一般项目、青年研究项目、院内制剂研发专项和科技提升专项等4个科研项目共评审立项120项，资助金额550万元。全市有17家医疗机构建设重点学科22个。支持10余个北京市传统外用医疗机构制剂的研发。治疗新型甲型H1N1流感的研究成果——金花清感颗粒完成新药评审的申报工作。组织首都第2届中青年名医评选。

开展中医药书画征集、评选十年十事和100个精彩瞬间、中医医院院歌合唱比赛、征集中医医院院徽、院训等一系列文化建设活动，举办“精诚仁和·国医京韵”——《北京市发展中医条例》实施10周年文艺晚会。举办第四届北京中医药文化宣传周暨第3届地坛中医药健康文化节、第2届北京中医药膏方节，营造传播中医药文化的良好氛围。

北京中医药数字博物馆获得2011世界信息峰会大奖，成为本届世界信息峰会中为祖国争得殊荣的两个项目之一。举办2011北京中医药国际发展与合作交流会议。（高　彬）

医政管理

【获全国基层中医药工作先进单位称号】　12月28～29日，国家中医药管理局组织专家对北京市基层中医药工作进行间接评估检查。12月29日，市中医局召开基层中医药先进单位建设研讨会。全市社区卫生服务中心、乡镇卫生院100%设置了中医科，社区卫生服务站100%能提供中医药服务，16个区县各建立1个中医适宜技术培训基地，基层重点推广的中医适宜技术实现全覆盖。各区县在群众健康服务中也形成各自的特色，如西城区创建中医健康自测小屋、东城区成立社区健康之家、丰台区建立中医健康心理疏导平台、房山区中医流动医院开进山区。16个区县全部成为全国农村中医药工作先进单位和全国社区中医药工作先进单位，是全国首个实现所辖区县100%获得全国基层中医药工作先进单位的城市，北京市被评为全国基层中医药工作先进单位。（赵建宏）

【广安门医院（南区）揭牌】　3月29日，大兴区政府与中国中医科学院广安门医院签订委托管理大兴区中医医院的协议，中国中医科学院广安门医院（南区）正式挂牌。在大兴区政府对其投入机制不变的情况下，广安门医院（南区）将由中国中医科学院广安门医院一体化管理，实行单独核算的运营机制。大型三级甲等医院的先进管理模式、学科优势和服务品牌直接传输到区县医院，在有效改善当前城区大医院普遍存在发展空间局限困境的同时，推动区县医院充分利用城区三甲医院管理和技术优势，落实中医药服务基层的医改政策，推广使用中医药适宜技术，实施培养名医、创建名科、建设名院及中医药服务进乡村、进社区、进家庭的“三名三进”工程，带动中医药服务能力的整体提升。（赵建宏）

【东直门医院（东区）揭牌】　8月6日，北京中医药大学东直门医院与通州区中医医院签订合并协议，通州区中医医院正式挂牌——北京中医药大学东直门医院东区，两院进行实质性整合。实行“管办分开、政事分开，一院两区、统一管理，资源共享，业务整合”的合作模式，两院将在人力资源、医疗、科

研、教学等方面实施合并重组，资源共享，平台共用，但两院仍保持资产归属不变，所有权与经营权分离。（赵建宏）

【“双十”工程建设】 市中医局将10个中医治未病中心和10个中医特色诊疗中心工程建设纳入市政府为民办实事折子工程。建设中医特色诊疗中心14个，新增北京友谊医院为北京市中西医结合儿科诊疗中心、广安门医院（南区）为中医儿科特色诊疗中心建设单位，基本完成中医儿科特色服务的地域布局，形成中医、中西医结合、西医并存的完整儿科服务体系。组织专家制订中医妇科、肛肠科、眼科、推拿科、耳鼻喉科5个特色诊疗中心的建设标准，遴选12个特色诊疗中心。在原有7家治未病中心的基础上，新增北京儿童医院、解放军三〇二医院、北京市回民医院3家单位为治未病试点单位。完成10家治未病中心的建设，并对其进行工作督导和考核。

（赵建宏）

【公布中医类别医师定期考核机构名单】 各区县卫生局均成立中医类别医师定期考核机构，完善了医师定期考核制度。将北京市中医类别医师定期考核机构名单公布在北京中医药信息网上，请有关中医医疗机构重视医师定期考核工作，通过对职业道德评定、工作成绩和业务水平测评来加强中医执业医师队伍的建设。（赵建宏）

【创建全国综合医院中医药工作示范单位】 经过创建单位自评、省级评估推荐、专家审核、社会公示等程序，北京医院、中日友好医院、北京地坛医院、北京佑安医院、北京市回民医院5家单位被命名为全国综合医院中医药工作示范单位。8月10～17日，市中医局组织专家对本市4家综合医院进行全国综合医院中医药工作示范单位评估。参加评估的单位有北京同仁医院、北京世纪坛医院、北京大学第一医院、北京市第二医院。（赵建宏）

【中医医院管理年绩效考核及检查评估】 5月11日～6月1日，市中医局开展2010年中医医院管理年检查评估，全市28家二、三级中医医院、中西医结合医院、民族医医院接受检查评估，同时部分区县财政局对辖区所属的二级中医医院进行绩效考核。专家组针对各医院存在的问题提出改进建议，就突出中医特色优势的基本原则进行强调和工作部署。

（赵建宏）

【召开北京中医医政工作会】 5月4日，市中医局召开北京中医医政工作会。国家中医药管理局、总后卫生部医疗管理局、市药监局、中国医学科学院、中国中医科学院、北京大学医学部、北京中医药大学、首都医科大学的领导以及市卫生局相关处室负责人出席，各区县卫生局、全市二、三级中医医疗机构以及综合医院示范中医单位300余人参加会议。市中医局做了2011年北京市中医医政（基层卫生）工作报告，对“十一五”期间和2010年北京市中医医政、基层卫生工作进行总结和分析，对2011年重点工作进行部署。会议表彰延庆县、密云县、怀柔区、平谷区、通州区卫生局，授予上述单位北京市农村中医药工作先进单位；授予北京同仁医院、北京大学第一医院等9家医院中医科（或中西医结合科）为北京地区综合医院示范中医科；北京中医医院等11个中医医疗机构获中医医院管理年绩效考核优秀奖。会议通报2010年北京市中医医疗质量监控工作情况，部署2010年中医医院管理年活动检查评估。

（赵建宏）

【“十一五”重点专科（专病）建设评审验收】 6月19～23日，国家中医药管理局对25家中医医院、民族医医院以及综合医院的国家中医药管理局“十一五”重点专科（专病）建设项目进行评审验收。专家组就专科建设发展规划体现中医特色、诊疗方案体现3个以上确实优势病种、建设周期内开展科研和创新工作、制订并实施发挥中医药特色优势的具体措施等进行评审验收。51个国家级重点专科（专病）通过验收，通过率92.7%。（赵建宏）

【京蒙蒙中医药对口支援】 7月22日，召开北京市－内蒙古自治区蒙中医药对口支援工作会。北京地区15家支援医院的院长、医务处长，内蒙古自治区卫生厅、锡林格勒盟以及52家受援医院的院长参加会议。内蒙古自治区和北京市总结2010年京蒙蒙中医药对口支援工作，并对2011年的对口支援工作提出新要求和工作部署。北京中医医院等5家支援和受援医院进行经验交流，支援、受援医院分别就下一步合作进行探讨。2011年，京蒙蒙中医药对口支援工作实施“163”行动计划，即突出“做强一个专科，带出一支队伍”的工作重心，落实好“一对一”结对子、人员派驻、技术帮扶、人员进修、巡诊医疗、远程会诊等6项内容，实施北京市对支援医院、内蒙古自治区对受援医院和支援、受援医院内部3项考核。（赵建宏）

【“冬病夏治”社区统一行动】 7月14日，在西城区什刹海社区卫生服务中心举行“冬病夏治”三伏贴启动仪式，全市三伏贴工作正式开展。本年度的三伏贴有以下特点：统一药物，规定医疗机构开展三伏贴必须选用中药制成的帖敷膏；统一制剂，组织专家研究三伏贴药物处方；统一宣传，组织编写宣传页，免费发放市民；统一价格，保证群众利益；统一方案，制订《技术操作规程》；统一培训，编写培训教材，组织专家讲师团培训；统一指标，明确三伏贴的适应证等；统一上报，更好地对三伏贴进行疗效评定。全市446家医疗机构开展三伏贴诊疗项目，其中各区县社区卫生服务中心（站）累计帖敷3.5万人次。（赵建宏）

【军地中医药融合发展战略】 9月28日，总后卫生部医疗管理局与北京市中医管理局签订首都中医药工作军民融合发展战略合作框架协议。首批21家军民中医药战略合作单位分别签署11个项目的合作协议，将首先在共建科技创新平台、人才培养融合发展以及优势专科等方面进行合作。尤其是在中医医疗服务方面，中国中医科学院广安门医院等9家地方医院将和海军总医院等7家部队医院分别在心理科、急诊科、呼吸科等9个专科开展合作，建立疑难病会诊中心，拥有全国知名皮肤科的北京协和医院、北京中医医院、空军总医院将共同创建中西结合皮肤科疑难病会诊中心，合力攻克疑难病症，造福患者。10月31日~11月4日，市中医局会同总后卫生部医疗局联合组织北京地区和驻京部队的中医药专家，分别对海军总医院、空军载人离心机医学训练基地（解放军四六六医院）等8家首都军地共建综合医院中医工作示范建设单位进行实地检查。（赵建宏）

【规范基本公共卫生服务中医药服务项目】 年内，市中医局组织区县全面启动开展中医药服务项目的试点工作。经过申报、审核等程序，东城区、西城区、顺义区、丰台区、海淀区、房山区、石景山区、昌平区、大兴区等区被确定为基本公共卫生服务中医药服务项目试点。为此，市中医局组织专家开展规范的编写和修订。此次规范的制订主要涉及老年人健康管理服务、2型糖尿病患者健康管理、高血压患者健康管理、0~6岁儿童健康管理、健康教育、孕产妇健康管理及城乡居民健康档案等6项中医药服务项目，充实了服务内容，规范了中医药健康干预，明确了健康管理要求。该规范被国家中医药管理局采用并推广至全国。（赵建宏）

【通州等区县通过国家局检查评估】 9月24~29日，国家中医药管理局组织专家对本市通州区、怀柔区、平谷区、昌平区、密云县、延庆县等6个区县开展下半年全国基层中医药工作先进单位候选地区实地检查评估。国家中医药管理局副司长蒋健、处长严华国部署工作并提出要求。市中医局局长赵静、副局长边宝生及区县负责人出席创建工作汇报会及反馈会，同专家组一起深入乡镇、村。经过查看资料、实地检查、患者访谈、抽查等程序，专家组给予认可和肯定，并对北京市中医药事业的发展提出建设性意见。经过专家组的评估检查，6个区县达到创建工作要求，通过了评估验收。（赵建宏）

【北京市社区（农村）先进单位创建】 8月18~19日、9月16日、11月29日，市中医局组织专家分别对通州区和昌平区基层中医药工作先进单位创建工作进行现场复核。经过专家评议、网站公示等程序，通州区、昌平区、门头沟区分别被命名为北京市社区中医药工作先进单位和北京市农村中医药工作先进单位。（赵建宏）

【盲人医疗按摩人员考试】 9月24~25日，北京市举办第2届盲人医疗按摩人员考试。考试分为综合笔试和实践技能2个部分，有86名盲人考生参加考试。国家中医药管理局现场巡考，中残联、市残联及相关委办局领导亲临现场检查考试各个环节，确保考试顺利进行。21人通过考试，考试通过率34%。（赵建宏）

【评选示范中药房】 10月，市中医局在全市医疗机构开展示范中药房评选工作。制订《北京市示范中药房建设实施方案》，要求相关医疗机构高度重视中药房工作，建设良好的中医药工作基础，加强中药房标准化建设并开展多种形式的中药服务。北京中医医院、北京中医药大学东直门医院、北京医院等10家单位被评为北京市示范中药房；北京大学第三医院、北京市宣武中医医院等15家单位成为北京市示范中药房建设单位。（赵建宏）

【和平里医院转型为中西医结合医院】 经东城区卫生局及和平里医院申请，市中医局在以东城区“国家中医药发展综合改革实验区”为平台的基础上，坚持中西医并重，促进区域卫生资源整合与协调发展，经过研究，同意和平里医院从综合医院转型为中西医结合医院。（赵建宏）

【中医药治疗艾滋病】 12月23日，市中医局组织中医药治疗艾滋病定点医院的中医药人员召开中医药治疗艾滋病工作会。北京地坛医院、北京佑安医院、中国中医科学院广安门医院汇报2011年中医药治疗艾滋病试点项目的工作情况，3家医院在项目实施过程中注重发挥中医药的优势和特色，在减轻艾滋病患者对Haart的毒副作用、提高机体的免疫力、改善症状等方面取得较好的效果。（赵建宏）

【建设中医特色护理示范岗】 12月9日，市中医局、市中医护理质量控制中心联合召开中医特色护理示范岗建设工作会。本市10个中医特色护理示范岗建设单位的护理部主任和中医护理质量控质中心委员20人参会。市中医局组织专家以互查的形式，从组织领导、人员设备、环境布局、质量管理与服务、人才培养以及护理科研等方面检查，及时发现问题，提出改进建议。（赵建宏）

科教工作

【中医药“十病十药”第2批项目专家审评会】 1月13～14日，召开北京中医药“十病十药”第2批项目专家审评会。第2批审评项目28项，12个优秀项目入选，项目的数量和质量均比首批有较大程度的提高。“十病十药”项目筛选委员会专家组在首批审评经验的基础上对审评原则、标准、方法作较大修改，并取得很好的效果。 （赵玉海）

【国家中医药管理局检查北京市中医药知识宣传普及项目】 3月7～15日，国家中医药管理局对北京中医药知识宣传普及项目工作进行检查，给予高度评价，并推选北京为华北片区最佳实施省市。检查组认为北京有以下几点表现：①建立北京市中医药文化科普宣传专家库，和电视台、报纸专栏等媒体合作，建立传播渠道，为民众正确了解中医药知识提供了渠道和来源；②编印《首都市民中医健康手册》《中医治未病丛书》等，使中医药防治知识和健康生活理念深入民心；③在中小学建立“百草园”，并编印《中医启蒙三字经》等，使中小学生从小了解中医药相关知识；④打造首都中医药文化宣传周，成为北京市民心目中的中医药宣传品牌。北京市民对中医药的认知度和满意度的比例达到73.3%。 （孟　娟）

【第4批全国老中医药专家学术经验继承培训与经验交流会】 3月26日，召开第4批全国老中医药专家学术经验继承工作培训与经验交流会，第4批全国继承工作继承人、各带教单位主管领导和管理人员90余人参会。北京市第4批全国继承工作专家组成员孙霈教授、北京中医药大学研究生院常务副院长王伟对结业考核与学位授予相关要求及政策作了讲解并答疑，市中医局对第4批全国继承工作的结业考核和学位授予进行布置安排。会议为每位继承人发放《中医四部经典注评》和《北京第4批全国老中医药专家学术经验继承工作结业考核和学位授予工作手册》。

（刘　娟）

【举办首届西学中高级研究班】 3月14日，市中医局委托中国中医科学院研究生院举办北京首届西学中高级研究班开学，录取学员35人，开始脱产学习。市中医局局长赵静，中国中医科学院常务副院长刘保延、副院长黄璐琦，中国中西医结合学会秘书长穆大伟参加开班仪式。 （孟　娟）

【回归扎根工程全科医师岗位培训】 4月，启动本年度回归扎根工程全科医师岗位培训。培训分2期，由中国中医科学院、北京中医药大学、首都医科大学3个基地牵头，采取理论培训、临床实践、社区实训相结合的方式进行。4月8日～7月6日，第一期岗位培训，451人参加。9月～11月，第二期培训报名464人。经过3年培训，北京市将完成全部全科医师岗位培训任务，有效提升基层人才水平。

（刘　娟）

【验收薪火传承“3+3”工程两室一站项目】 5月7日，市中医局组织专家对北京中医药薪火传承“3+3”工程两室一站第1批58个建设项目进行验收。各室站经过3年建设，在学术继承平台、特色服务平台、人才培养平台、学术交流平台、文化展示平台建设和“五个一”品牌建设中均取得可喜成绩，58个室站均获得专家认可，全部通过验收。陈彤云名老中医工作室、董建华名家研究室、王永炎名医传承工作站、贺普仁名老中医工作室、陈可冀名医传承工作站、任应秋名家研究室成绩突出，获得优秀。6月，市中医局为通过验收的58个室站授牌。

（刘　娟）

【第4届北京中医药文化宣传周暨第3届地坛中医药健康文化节】 5月13～15日，第4届北京中医药文化宣传周暨第3届地坛中医药健康文化节在地坛公园举办。此次文化节以“健康、文化、创新”为主题，开展中医药非物质文化遗产宣传、适宜技术体验、专家义诊咨询、中医药社区特色展示、科普大讲堂等系列活动。同时，推出新措施：一是在东城区试点开展中医药特色健康管理社区创建工作，使中医药文化成为和谐社区建设的重要支柱。二是树立一批市民身边的健康榜样——社区健康之星。三是推出中医健康养生谣，便于指导首都市民健康养生。四是向中国中医科学院等4家单位颁发首批北京中医药文化宣传教育示范基地牌匾，启动全国中医药文化科普巡讲——北京行活动，为市民提供权威的中医药科普专家和科普场所。在为期3天的活动中，27家权威医疗机构的100多名中医、中西医结合专家为市民提供专业义诊咨询9000余人次。鲁兆麟、杨晋翔等6名中医药养生专家举办健康科普讲座，5000余人次听讲。发放《首都市民养生保健操手册》9000本、《中医药养生小常识》9000本、《首都市民中医医院就医指南》7000本、《中医健康养生谣》7000本。7000余人次体验针灸及社区适宜中医技术，39家单位及企业进行中医药相关产品的展示展卖，500余种北京中医药薪火传承“3+3”工程名老中医工作室站出版的专著和中医药精品科普图书供群众开架阅读。参与养生园猜谜、找穴位、中药辨识等活动3600余人次。

（孟　娟）

【5个名老中医工作室立项建设】 6月16日，北京中医药大学东直门医院等4家单位的6个名老中

医工作室站申请立项建设。初审和前期调研后，组织专家对项目进行评审论证，分别从传承条件、基本条件、支撑条件、预期效益、建设内容的学术价值、必要性、可行性等方面进行评审。经论证，决定对郭士魁名家研究室、廖家桢名老中医工作室、郭维琴名医传承工作站、高忠英名医传承工作站、许彭龄名医传承工作站进行立项建设。至此，北京市共建成两室一站86个。（刘　娟）

【启动中医住院医师规范化培训】 5月5～20日，全市1063人通过首都中医药实训网住院医师管理系统进行培训和考核科目的报名。经审核，培训和考核1721人次，其中第一阶段临床考核507人、第二阶段临床考核372人。在北京中医药大学完成医古文、中医内科、英语、统计学、博士笔试的集中理论考试，共计448人632人次参加考试。391人取得住院医师规范化培训第一阶段合格证书，315人取得住院医师规范化培训第二阶段合格证书。

（刘　娟）

【市人大代表调研中医药文化建设】 7月8日，市人大代表一行20余人对市中医局办理的第Y213号关于“建议整合北京中医药文化资源，启动北京中医药文化保护工程”的议案办理进展情况进行调研。市人大常委会副主任吴世雄、市政府副秘书长侯玉兰参加调研。代表们参观考察中国医史博物馆，并听取市中医局局长赵静的汇报。（孟　娟）

【北京中医药“十病十药”第2批项目推介会】 7月21日，市中医局和国家中医药综合改革发展试验区联合主办北京中医药“十病十药”第2批项目推介会。15个项目持有方代表、北京10多个三甲医院院长和院内制剂负责人、全国30多家企业研发负责人参加。本次推介会项目持有方与参会企业达成36项交易意向书，推介会还公布了北京市中医药“十病十药”第1批、第2批入选项目名单。同时，市中医局、市科委、市经信委、市药监局介绍了“十病十药”的部门工作流程和有关政策，为项目方和企业的下一步工作开展提供便利和思路。（赵玉海）

【第4批老中医药专家学术经验继承拜师大会】 8月30日，召开北京市第4批老中医药专家学术经验继承工作拜师大会。市中医局从中国中医科学院、北京中医药大学和全市各三级中医医院遴选104名老中医药专家作为指导老师，选配241名继承人，其中社区卫生服务中心继承人86人。百位老中医药专家从9月开始每月至少到相应社区机构出诊一次，直接为基层患者提供中医药服务，3年内到基层服务将达7500个工作日。（刘　娟）

【举办中医药科研能力提高培训班】 9月2日，市中医局科教处举办第1期中医药科研能力提高培训班（区县中医医院临床科研能力提高培训班），培训内容侧重中药科研能力提高和院内制剂研发能力提高。区县中医医院分管副院长、中药临床科研骨干等100人参加培训。中国中医科学院望京医院原院长胡荫奇、中国中医科学院临床基础研究所教授何丽云、中国中医科学院广安门医院教授冯兴华、北京市中药研究所教授战嘉怡讲授中药研发政策和院内制剂的研究方法。同时，培训班邀请区县卫生局中医科研工作的负责人参加，就如何提高基层中医药科研能力和加强基层中医药科研管理进行了研讨。11月1日，举办第2期中医药科研能力提高培训班（区县、社区针灸、推拿临床科研能力提高培训班），区县医院和社区服务中心120人参加。培训内容侧重非药物临床研究随机化设计与统计分析、针灸临床试验设计要点与案例分析、推拿临床科研常用方法、针灸临床研究的思路与方法介绍。中国中医科学临床研究所临床评价中心白文静，中国中医科学院望京医院张军，北京中医医院王麟鹏、刘存志教授主讲。（赵玉海）

【第2届北京中医药膏方节】 10月22日，第2届北京中医药膏方节，以“普及秋冬保健知识，宣传传统膏方文化”为主题，以形成健康北京人为工作目标，传播集传统中药文化、现代膏方保健于一身的中医药健康文化理念。全市具有膏方处方及加工服务能力的医疗单位有8家，具有膏方处方服务的医疗单位有12家，具有膏方加工服务的企业有4家。在地坛公园方泽坛内设立名院膏方门诊专家咨询、膏方传统工艺制作体验、膏方体质保健咨询、名院名科名药展示四大特色主题活动，免费发放《膏方调理小常识》10万份。（孟　娟）

【中医药科技基金项目评审】 11月4～5日，市中医局召开北京市中医药科技基金项目评审答辩会，分10个专家评审答辩组完成项目评审工作。77家单位共申报局基金237项，比上年61家单位申报的157项多出80项，增长51%。系统内（市、区、县属）62家单位申报180项、系统外（中央在京）15家单位申报57项。经过专家评审，共立项96项。

（赵玉海）

【中医药重点学科年度考核】 11月10日，市中医局召开北京市中医药重点学科年度考核工作会，分2个组对22个中医药重点学科进行监督考核。除填报《北京市中医药重点学科建设项目进展及绩效报告表》外，各学科单位还要报送《2012年北京市中医药重点学科发展计划与工作方案》，内容包括学科发展目标、研究方向、基层辐射作用、学科纵向横向联合等。22个中医药重点学科通过年度考核，对北京中医医院等11个优秀重点学科进行资助。

（赵玉海）

【中医药青年项目立项评审】 11月11日，市中医局召开北京市中医药青年项目立项评审会。本年度申报北京市中医药青年课题50项，通过专家评审、讨论，共资助15个青年优秀课题开展研究。

（赵玉海）

【中医药科技能力提升专项项目评审】 11月17日，市中医局召开北京市中医药科技能力提升专项项目评审会。本次招标的专项每个项目总投资不低于20万元，其中市中医局给予每项10万元的立项资助经费，其余项目经费由项目各承担单位分别匹配。经过专家评审论证，18个项目获得立项资助，资助金额180万元。（赵玉海）

【“十病十药”首批新药生产启动仪式】 12月16日，在北京同仁堂股份有限公司亦庄生产基地举行首都十大危险疾病北京中医药“十病十药”项目首批新药——止渴养阴胶囊生产启动仪式暨新闻发布会。副市长丁向阳、市卫生局局长方来英、市药监局局长丛骆骆、市中医局局长赵静，以及“十病十药”相关委办局领导出席。（赵玉海）

中医国际交流与合作

【首都中医药代表赴台参加中医药论坛】 6月24日~7月1日，市中医局组织部分区县卫生局主管中医工作的领导，二、三级中医医院院长等44人赴台湾参加由中华中医药学会和海峡两岸中医药合作发展交流协会、商工统一促进会联合举办的2011年第三届海峡两岸中医药合作发展论坛，大陆和台湾的中医药界代表600余人共同研讨两岸中医药发展及合作。论坛分为主论坛和两岸医药卫生教育及法令探讨论坛、中医研究及临床论坛、中草药及生物技术论坛等6个分论坛，北京代表参与各个分论坛的研讨，并有2名代表获邀在论坛上做专题发言。与会代表参观台中医院和慈济医院，深入了解台湾医疗机构运行及中医药发展等情况。（高　彬）

【北京中医药国际发展与合作交流会】 10月30日，市政府、国家中医药管理局、中国医药卫生事业发展基金会共同召开2011北京中医药国际发展与合作交流会。卫生部部长陈竺，卫生部副部长、国家中医药管理局局长王国强，副市长丁向阳，中国医药卫生事业发展基金会理事长王彦峰，世界卫生组织驻华代表处总代表蓝睿明等出席开幕式。世界卫生组织以及英国、美国、法国、新加坡、澳大利亚、中国香港等19个国家和地区的40多名卫生官员及专家学者出席会议，外国在京留学生、中医药社区卫生服务人员、中医药科技工作者和文化学者等400余人参会。大会以中医药在社区卫生中的发展为主题，以专题演讲、展览展示、参观考察等形式进行交流。此外，大会还以中医药文化传承与科技发展为题，就中医药在有关国家和地区的文化传承和科技发展进行了交流；以中医药健康服务为主题，探讨世界各国中医药的发展和中医药在海外发展遇到的机遇和出现的问题。市中医局、英国保柏公司与中国中医科学院广安门医院三方签署合作谅解备忘录，中国中医科学院与英国伦敦南岸大学签署谅解备忘录。（高　彬）

医学科研与教育

【概述】 根据全市卫生工作总体要求，结合北京市医改进程，进一步加大卫生专业人员培训力度。稳步推进住院医师规范化培训，率先试点公共卫生医师规范化培训。严格规范继续医学教育管理，开展以全科医生为重点的多种形式基层卫生人员培训。筹备组建北京卫生职业学院。启动实施首都卫生发展科研专项、首都重大疾病科技成果推广专项，成为首都卫生科技资源的重要组成部分。（宋　玫）

科研管理

科研项目管理

【申报首都卫生发展科研专项】 首都卫生发展科研专项由市政府财政科技经费支持，市卫生行业主管部门运作，项目类型包括重点攻关、自主创新、普及应用和青年项目。印发《首都卫生发展科研专项管理办法》，完成北京地区科研需求调研，汇总分析建议项目书3000余项，确定30个学科领域作为支持重点，组织专家撰写了申报指南，共受理申报项目1284项。（宋　玫）

【首都医学发展基金设立管理类项目26项】 完成首都医学发展科研基金管理类项目的建议征集、申报、评审和立项，14家医院的26个管理类软科学项目获得立项，资助总金额755万元。研究内容涉及慢病和传染病社区管理模式、医疗和护理质量管理、医院集中处方点评、卫生工作绩效评价、岗位绩效工资制度、住院医师规范化培训管理等。（宋　玫）

【首都医学发展科研基金过程管理】 年内，对首都医学发展科研基金支持的1500余项结题项目进行回顾性追踪调查和绩效评估。对首都医学发展科研基金支持的2005年度联合攻关和重点支持项目54项进行结题审计，总体经费使用较合理，收回结余经费3.08万元。对2007年的295项进行任务验收，其中290项通过验收、4项延期、1项终止。

（宋　玫）

【国家科技重大专项“十二五”计划北京报告会】 年内，召开国家“重大新药创制”科技重大专项“十二五”计划北京报告会。“重大新药创制”科技重大专项技术总师桑国卫院士、“重大新药创制”科技重大专项实施管理办公室主任何维教授做主题报告，介绍国家“重大新药创制”科技重大专项“十一五”实施情况和“十二五”计划。在京科技、医药界的部分全国人大代表、全国政协委员，部分列入国家“千人计划”、北京市“海聚工程”的科技工作者代表，北京地区各大医院、大学的专家、学者，部分医药研发和制药生产企业代表等近600人参加。

（宋　玫）

【举办知识产权培训班】 市卫生局与市知识产权局、市中医局联合印发《北京市医疗卫生知识产权培训实施方案》，开展为期6天的知识产权培训班。全市二级以上医疗机构、市和区卫生机构、市属医学科研院所以及区县卫生行政部门科研管理人员和科研骨干500多人参加培训。（宋　玫）

科技奖励和成果推广

【获生物医药领域国家科学技术奖13项】 本年度北京市获得13项医学科技成果奖，其中国家自然科学奖二等奖1项：北京大学顾江等开展的基础医学类研究项目“新发传染病的分子病理学和免疫学发病机制研究”；获国家科技进步奖12项，包括一等奖1项：中国人民解放军军事医学科学院曹务春等的内科与预防医学研究项目“新发传染病综合防控技术体系的建立与应用”，二等奖11项：解放军三〇二医院王福生等“人体免疫应答影响乙型肝炎临床转归及抗病毒疗效”，北京同仁医院王振常等“眼耳鼻咽喉疾病CT和MR技术创新与应用”，中国中医科学院中药研究所、中国医学科学院药用植物研究所黄璐琦等“道地药材形成机理研究及应用”，中国中医科学院广安门医院仝小林等中医中药研究项目“代谢综合征的中医认识及整体治疗”，北京中医药大学、中国中医科学院研究生院、中国中医科学院广安门医院、北京中医药大学东直门医院、北京中医药大学东方医院、北京世纪坛医院高思华等“肝脾肾同治法辨证治疗2型糖尿病临床研究”，解放军三〇二医院肖小河等“面向临床的中药药性与品质评价模式和方法”，中国食品药品检定研究院王军志等“大流行流感疫苗、诊断试剂评价关键技术的创新和应用”，中国医学科学院医药生物技术研究所蒋建东等“我国抗感染药物临床前药效评价平台关键技术的建立及应用”，北京大学第三医院乔杰等“不孕症病因及治疗方法的研究与临床应用”，中国医学科学院阜外心血管病医院胡盛寿等“冠心病外科微创系列技术的建立及应用推广”，解放军总医院第一附属医院姚咏明等“严重烧、创伤脓毒症免疫功能障碍机制及临床诊断、防治新策略”。

（宋　玫）

【医疗卫生适宜技术推广项目立项26项】 年内，市卫生局与市科委联合启动首都重大疾病科技成果推广专项。首批征集到37家单位申报的73项。经过专家评审，重点推广应用26项技术，涉及心、脑血管疾病，糖尿病，慢性肾病，骨科疾病，肿瘤，呼吸，眼科，妇科及儿科疾病，急救等11个领域的诊疗技术，将推广至各级医疗机构近400家次，推广形式包括进修学习、临床观摩、技术帮扶、培训等。

（宋　玫）

卫生科普工作

【北京科普写作、创作、创意大赛】 北京科普写作、创作、创意大赛收到各类参赛作品1216件(套)，大赛官方博客点击超过20万次。参赛作品来自全市149家医疗卫生机构和医学院校，涉及健康生活方式的养成、疾病的发生发展机理与防治、健康社会环境的营造等。经过三轮评审，评选出各类获奖作品24篇，15家单位获优秀组织奖。

（司雪峰）

【开展科普能力培训】 年内，在丰台区、顺义区、密云县、宣武区、房山区等区县及北京医院开展多种形式的医疗卫生专业人员科普能力培训，培训内容包括基层人员科普沟通演讲、简易健身操讲解等，参加培训200余人次。（司雪峰）

【科技周系列活动】 5月14～21日，全国科技周，主题是“携手建设创新型国家——科技让生活更美好”。市卫生局组织“提升科普能力，服务公众健康”主题宣传活动，局各直属单位也开展了相关科普活动。（司雪峰）

【参加公众科学素质大赛】 7月30日，市卫生系统代表队参加北京市全民科学素质纲要实施工作办公室举办的北京公众科学素质大赛，并获团体二等奖、个人最佳表现奖。（司雪峰）

实验室生物安全管理

【制订实验室生物安全监督检查内容与要求】 制订《北京市病原微生物实验室生物安全监督检查内容与基本要求（试行）》，提出北京市病原微生物实验室生物安全监督检查按照实验室自查、单位检查、区县督查、市级抽查4个层面开展，进一步明确四方责任、督查内容和督查工作要求。（司雪峰）

【生物安全专项监督检查】 市卫生局对5家重点涉源单位进行实验室生物安全专项督查2次，通过监督检查提高重点单位实验室生物安全工作管理，落实各项法规制度，促进生物安全体系进一步完善。（司雪峰）

【实验室生物安全师资培训】 年内，开展实验室生物安全市级师资培训，共培训全市各三级医院（部队系统除外）、各区县卫生局、各实验室生物安全管理重点单位及部分二级医院实验室生物安全管理骨干近200人。培训内容涉及实验室生物安全相关的法律法规、设施设备管理，并通报我国脊髓灰质炎疫情信息以及医疗卫生机构实验室在面对脊髓灰质炎疫情时需注意的实验室生物安全问题等。（司雪峰）

【依法做好行政审批工作】 对各项行政审批事项进行梳理，进一步明确办理范围、办理流程，依法做好生物安全管理的行政许可及非行政许可事项审批工作。全年办理医用特殊物品准入境证明871件、准出境证明31件，办理市内高致病性病原微生物运输准运证730份、跨省运输申请初审32份。（司雪峰）

医学教育

毕业后医学教育

【住院医师规范化培训1300余人】 9～12月，完成住院医师规范化培训招录工作，1300余名住院医师进入45家医院的286个培训基地进行最长3年的住院基师规范化培训。（石菁菁）

【全科医师规范化培训310人】 全市36个全科医师规范化培训基地招收310名来自社区卫生服务机构的本科毕业生进行最长3年的全科医师规范化培训。（石菁菁）

【住院医师理论培训和临床技能考试考核】 全年完成20个学科（23个专业）1406名住院医师的理论考试，以及23个专业1325名住院医师规范化培训第一阶段临床技能考核和36个专业1051人第二阶段临床技能考核。97人获北京地区专科医师培训（普通专科）合格证书，956人获北京市住院医师规范化培训第一阶段合格证书，796人获卫生部住院医师规范化培训合格证书。（石菁菁）

【编制住院医师规范化培训配套文件】 年内，市卫生局组织专家编制住院医师规范化培训（1＋12）配套文件，包括主文件《北京市关于推进住院医师规范化培训制度建设的意见》和《北京市住院医师招生录取办法》《北京市参加住院医师规范化培训年限的规定》《北京市住院医师规范化培训基地管理办法》《北京市住院医师规范化培训结业考试教务工作管理办法》《北京市住院医师规范化培训期间人事管理暂行办法》《北京市住院医师规范化培训经费管理办法》等配套文件。至年底，基本完成文件的编制及修订。（石菁菁）

【评审住院医师规范化培训基地】 市卫生局组织专家对申请住院医师规范化培训基地的单位进行评审，新认可49个规范化培训基地，住院医师规范化培训基地总数达286个。（石菁菁）

【评审公卫医师规范化培训基地】 市卫生局组织专家对申请公共卫生医师培训基地的单位进行评审，认定6家疾控中心（市疾控中心、昌平区疾控中心、朝阳区疾控中心、海淀区疾控中心、顺义区疾控中心、西城区疾控中心）的16个公共卫生医师规范化培训基地。（石菁菁）

【启动公共卫生医师规范化培训】 年内，市卫生局启动公共卫生医师规范化培训。12月，完成招录工作，14人进入6家疾控中心的16个培训基地进行最长3年的公共卫生医师规范化培训。

（石菁菁）

【编制住院医师规范化培训师资带教基本功教材】 年内，市卫生局组织北京地区3所医学高等院校的专家编制住院医师规范化培训师资带教基本功培训系列教材，完成《接诊病人》《病历书写》《穿刺技术》《课堂教学》和《外科基本操作》等。

（石菁菁）

继续医学教育

【继续医学教育项目和学分管理】 完成国家级和市级继续医学教育项目实地督察124个。通过网上申报和评审，本年度认可的国家级项目1124个、市级项目627个。对126家医疗卫生机构（三级医院46家、16个区县卫生局各抽5家）的5961名卫生技术人员（医师3439人、医技282人、护师及以上2240人）获取的Ⅰ类和Ⅱ类学分进行网上审验，通过5766人，合格率96.7%。（石菁菁）

【编制继续医学教育项目指南】 年内，北京医学会、北京护理学会、北京药学会和北京医学教育协会组织编制《继续医学教育项目指南》。《指南》分为基础、学习提高、前沿进展3个层次，涉及31个学科、专业。（石菁菁）

【急诊急救医疗人才培养】 举办中法急诊急救医学论坛，各区县卫生局、各三级医院180余人参加。依托北京市中法急救医学培训中心完成对各级医疗机构700名医生的高级模拟人训练及急救技能等专项知识培训。（叶　纯）

【建设学习型城市】 在全市医疗卫生单位开展“首都学习之星”推荐评选，13人当选“首都学习之星”，其中6人来自市属医疗单位、3人来自社区卫生单位、4人来自中医单位。（石菁菁）

【对诊治脊髓灰质炎培训情况进行督导】 年内，对全市脊髓灰质炎临床诊断与治疗、脊髓灰质炎医院感染防控培训情况进行督导。通过督导发现，各区县各级领导高度重视培训工作，有专门培训部门、培训计划、培训记录，培训率80%～100%。此次督查抽取574名医务人员进行考试，平均70.5分。

（叶　纯）

基层卫生人才培养

【培养农村卫生人才】 继续开展乡村医生岗位培训，内容包括传染病防治知识、急诊急救理论与技能以及相关症状诊疗知识等。开展村卫生室技术支持第1批10项急救技术培训，共培训4862人，通过10项急救技术技能大赛的形式，选拔出技能突出的乡村医师43人。同时，对在“十一五”期间参加乡村医生岗位培训并表现突出的优秀乡村医生137人进行表彰。（叶　纯）

【培养全科医学人才】 岗位培训：开展全科医师、护理、防保、康复、口腔、放射、超声诊断、药学、检验、心电图等专业社区卫生服务岗位的培训及考试考核，3662人通过了理论考试和技能考核，取得岗位培训合格证书。全科医生转岗培训：10月，启动本市第5期全科医生骨干暨全科医生转岗培训班，16个区县社区卫生服务机构在全科医生岗位工作的70名医师按照新的培训方案参加14个月的脱产转岗培训。骨干培训：在开展社区卫生服务康复、口腔、超声诊断以及放射、防保医师等专业骨干培训的基础上增加药学、检验和心电图等7个专业的骨干培训，对85名来自社区卫生服务机构的卫生人员进行以技能操作为主、脱产与半脱产相结合的骨干培训。继续医学教育必修课程：以“模块式培训包”的形式培训全市社区卫生专业技术人员，共设计82个模块，462学时的课程设计、制作与安排，完成培训14637人。全科医师规范化培训：新招收全科医师规范化培训46人。全科医学研究生课程教育：市卫生局委托首都医科大学公共卫生与家庭医学学院为全科医师规范化培训基地的带教师资和社区卫生服务机构的全科医师开设全科医学研究生课程进修班。课程包括卫生统计学、医学科研方法、社区慢病管理、社区医学服务与全科医学概论等，特别是注重加强社区卫生工作人员科研及临床分析处理能力的培养。本年度录取23人。

（叶　纯）

【区县级医院学科骨干培养】 全年有16个区县105名学科骨干和学科带头人到三级医院参加为期1年的导师制“一对一”临床、科研和教学等方面的强化培训。（叶　纯）

药械管理

【概述】 进一步落实国家基本药物制度，促进基层合理用药。全市基层医疗卫生机构采购药品44.51亿元，初步建立起北京市基本药物制度监测评价体系。全市二级及以上医疗机构有157家通过网上交易平台采购，累计采购金额250亿元。探索医用耗材集中采购。按照卫生部整体部署在北京市全面推开抗菌药物专项整治工作。开发了北京市卫生局医疗器械信息管理系统。制订《2011－2015年北京市乙类大型医用设备配置规划》。承办第15届北京香港经济合作研讨洽谈会卫生合作专场活动，主题是“变革，让未来更美好”。 （杨　旸）

药品及医疗器械集中采购

【促进基层合理用药】 据市社区卫生服务药品采购平台数据显示，2011年全市基层医疗卫生机构采购药品44.51亿元，其中零差率药品31.78亿元、非零差率药品12.73亿元。基层药品的丰富保证了双向转诊等措施的实现，对慢性病人和急性期病人在社区的后续康复治疗提供支持。随机选取26家社区卫生服务中心作为首批监测点，初步建立北京市基本药物制度监测评价体系。此外，成立社区处方点评工作组，由19家社区卫生服务中心组成，再分层辐射到相应的社区医院和站点，以点带面，推进基层药学管理水平。 （杨　旸）

【推进医疗机构全品种网上采购】 5月，北京市医药集中采购监管平台开通实时监管功能，向北京市医疗机构药品集中采购领导小组办公室成员单位发放电子账号并开展培训，成员单位可远程登陆监管平台，对医疗机构药品网上采购情况进行实时监控。全市二级以上医疗机构有157家通过平台采购，累计采购金额250亿元。通过药品集中采购，规范医疗机构药品采购行为和药品流通秩序，药品配送集中度大大提高。在药品网上交易平台中，被委托的配送企业有185家，实际发生配送业务的企业有91家。排名前20的配送企业的配送金额占总配送金额的94%。 （杨　旸）

【医用耗材集中采购】 北京市积极探索医用耗材集中采购工作。本次集中采购采用“统筹规划、突出重点、分批分类、滚动实施”的方式，目标是逐步规范医用耗材集中采购行为，降低医用耗材产品的虚高价格，减轻患者的医疗费用负担，推进建立北京市各职能部门密切协作、综合管理的长效机制。9月28日，在《健康报》《中国医药报》刊登集中采购公告，启动北京市医疗机构心脏（冠状动脉）介入类医用耗材集中采购工作。 （杨　旸）

医疗机构药事管理

【加强抗菌药物管理】 3月，市卫生局下发《关于进一步加强抗菌药物临床应用管理的通知》。5月起，按照卫生部的整体部署，通过全员培训、逐级签订责任书、专项检查、与等级评审挂钩等手段，全面推开抗菌药物专项整治工作。通过整治，全市三级医院抗菌药物使用品种已按要求控制在50种以内；门诊患者抗菌药物处方比例从6月的14.97%降至年底的11.89%，低于卫生部20%的规定指标；住院患者抗菌药物平均使用率从6月的61.39%降到年底的53.72%，低于卫生部60%的指标要求；抗菌药物使用强度平均值从6月的70.37DDD降至年底的35.58DDD，低于卫生部40DDD的3年总目标，抗菌药物的合理使用日趋规范。利用药事管理专家委员会平台，“重点突破，分享经验，持续改进，全面推广”，推动北京市医疗机构药事管理工作的发展。①在全国率先开展“用药错误报告”制度：鼓励上报，分享经验，降低风险，保障安全，在22家试点医院初步建立用药错误监测评价体系。②在全市开展细菌耐药监测：本年度首次总结二、三级医院临床耐药监测同期结果，为掌握北京地区细菌耐药状况提供数据，为进一步控制医院感染、制订相应抗菌药物管理制度提供依据。③推动北京市处方点评工作的开展：制订《北京市处方点评实施细则（暂行）》，建立规范化点评模式，开展集中培训，探索有效可行的管理与实践方式，建立和推动集中点评和专项点评相结合的工作模式。④加强特殊药品的管理：规范医疗机构麻醉药品和第一类精神药品的采购、保管、使用行为，专业培训650人。⑤加强合理用药的宣传教育。 （杨　旸）

医疗器械管理

【健全医疗机构器械管理体系】 年内，开发北京市卫生局医疗器械信息管理系统，制订《2011－2015年北京市乙类大型医用设备配置规划》。按照《大型医用设备配置与使用管理办法》和《北京市〈大型医用设备配置与使用管理办法〉实施细则》的规定，结合配置规划及配置指标等综合因素，完成甲类大型医用设备之一 PET－CT 4家医疗机构共4台的初审；全年召开乙类大型医用设备专家评审会4次，审批65家医疗机构92台乙类大型医用设备的配置申请，其中通过了64家医疗机构91台乙类大型医用设备的申请，合理控制了医疗机构的配置数量及区域分布。 （杨　旸）

规划与建设

【概述】 完成"十二五"卫生事业发展规划的编制，北京区域卫生规划编制工作取得阶段性成果。全年安排政府投资19.12亿元，涉及建设项目22个，建设面积约90万平方米。启动卫生系统房屋建筑抗震节能综合改造工作。开展卫生用地调查研究，成果显著。监管全行业医疗废物的管理水平进一步提高。 （樊世民）

编制卫生发展规划

【完成《北京市"十二五"时期卫生发展改革规划》】 在对征求意见稿进一步修改完善后，完成《北京市"十二五"时期卫生发展改革规划》送审稿的编制。9月16日，市卫生局局长办公会原则通过；10月，报市发改委进行规划衔接评审；12月，报市政府审批。2012年1月5日，市政府批准《北京市"十二五"时期卫生发展改革规划》。2012年2月9日，市卫生局和市发改委联合印发《北京市"十二五"时期卫生发展改革规划》。 （樊世民）

【编制区域卫生规划】 2月，启动编制《北京区域卫生规划》。与北京大学课题组研究，共同制订《北京区域卫生规划编制工作方案》《区域卫生规划课题研究体系》《北京区域卫生规划框架》等，对区域卫生规划的编制工作进行整体谋划部署。11月，形成《北京区域卫生规划》初稿。12月15日，市卫生局局长办公会进行审议。经进一步修改后，送相关部门征求意见。 （樊世民）

【研究医疗卫生用地规划】 由市卫生局发起，市规划委、市城市规划设计研究院和北京卫生规划与工程学会参与研究编制《北京市公共卫生及医疗设施空间布局专项规划》。完成对现有医疗卫生设施的区域分布和用地规模等基本情况的调查统计，并按照城市总体规划、中心城规划和各新城规划，对现行规划中拟新增的医疗卫生用地情况进行了梳理。在此基础上，绘制出全市医疗卫生机构布局图和医疗卫生用地规划图，并形成分析报告，为编制《北京市公共卫生及医疗设施空间布局专项规划》奠定了基础。 （樊世民）

基本建设投资与进展

【安排基本建设资金19.12亿元】 中央和北京市政府安排市、区县两级卫生系统建设资金19.12亿元（其中中央投资4299万元），比上年增长44%。涉及建设项目22个，建设面积约90万平方米，其中市级卫生项目12个，建设面积约50万平方米，安排投资9.93亿元（含中央投资4299万元），比上年增长65%；安排区县级卫生项目10个（区域医疗中心项目3个，妇幼卫生项目2个，疾控、监督项目2个，中医项目1个，其他卫生项目2个），建设面积约40万平方米，安排投资9.19亿元，比上年增长27%。 （马小荧）

【市属（管）单位基本建设项目建设进展情况】 10月，纳入医改任务的北京安定医院门急诊病房楼及附属用房工程完成主体结构施工，北京回龙观医院门急诊综合楼建设工程完成可行性研究报告的评估。其他市属（管）单位中，北京积水潭医院回龙观院区建设工程进入竣工验收阶段；北京肿瘤医院地下车库及放射用房工程完成主体结构施工；宣武医院改扩建一期工程、市卫生监督所业务用房装修改造工程、北京积水潭医院回龙观院区红线外市政配套工程、北京积水潭医院门诊楼扩建及地下车库工程等4

个建设项目破土动工；完成编制北京天坛医院迁建项目的可行性研究报告；另有北京老年医院医疗综合楼、北京儿童血液肿瘤中心项目、北京口腔医院王府井部门诊楼、北京朝阳医院京西院区改扩建工程、北京同仁医院经济开发区院区扩建工程等5个已批准立项项目正推进各项前期工作；北京胸科医院改扩建、北京安贞医院病房楼翻扩建、北京市疾控中心业务楼翻扩建、北京佑安医院儿科门诊和传染病筛查中心楼工程、北京护士学校教学综合楼工程等4个项目向市发改委申报立项。此外，启动北京市疾控中心和北京口腔医院迁建，以及北京友谊医院顺义院区、首都儿科研究所通州院区和首都健康教育馆等一批建设项目的规划论证。完成卫生系统房屋建筑抗震节能综合改造现状调查统计、鉴定机构遴选和试点单位房屋鉴定等工作。（马小荧）

【区县重大卫生建设项目建设进展情况】 区域医疗中心8个建设项目中，门头沟区医院急诊综合楼、平谷区医院新建病房楼、通州区潞河医院手术病房楼、昌平区医院综合病房楼及配套设施等4项工程完工。顺义区医院急诊病房综合楼、密云县医院迁建、怀柔区医院和延庆县医院改扩建工程分别进入维护结构砌筑和主体结构施工阶段。区县精神卫生体系6个建设项目中，平谷区精神病医院、怀柔区安佳医院改扩建项目正在评估可行性研究报告，密云县精神卫生保健院正在编制项目可行性研究报告，顺义区精神病医院建设项目正在进行立项评审。门头沟区和延庆县精神病院建设项目进行立项前规划调研。区县疾病预防控制和卫生监督体系的8个建设项目中，大兴区疾控中心、卫生监督所和延庆县疾控中心建设工程均完工；西城区（原宣武区）公共卫生大厦开工；昌平区、怀柔区两区建设项目进行可行性研究报告的编制；房山区疾控中心和卫生监督所建设工程完成初步设计和投资概算的评估；顺义区公共卫生业务综合楼项目建设方案经区政府批准，准备向发改委申请立项；通州区公共卫生大厦建设项目处于前期规划调研阶段。

（马小荧）

【卫生系统房屋建筑抗震节能综合改造】 年内，市卫生局积极推进房屋建筑抗震节能综合改造前期准备和试点工作。完成局直属单位房屋鉴定机构的遴选，确定中国建筑科学研究院等5家抗震鉴定设计单位。10月，开展局直属（管）单位房屋现状的调查，完成调查面积197万平方米。北京积水潭医院和北京妇产医院东院作为试点单位完成房屋鉴定工作。

（土肥坚）

医疗废物管理

【医疗废物管理水平进一步提高】 上半年，市卫生局成立由副局长毛羽为组长的监督检查领导小组，对北京市医疗卫生机构医疗废物管理情况进行监督检查。制发《北京市医疗卫生机构医疗废物监督检查方案》，将规章制度建立情况，设施、设备使用情况，收集、运送、暂存情况，人员防护情况，人员培训情况，向专门机构转交情况，内部监督管理情况，资料保存情况等8个方面作为重点监督检查的内容。监督检查分为自查自纠、实地检查、市卫生局抽查3个阶段。据统计，市、区县两级卫生行政和监督部门共检查医疗卫生机构8638家，卫生监督部门对其中113家医疗卫生机构进行处罚。通过监督检查，全行业整体管理水平进一步提高，总体达到安全、规范的要求。12月27日，召开北京卫生行业医疗废物管理工作会，通报监督检查情况。（杨　辉）

财务与价格管理

【概述】 继续以“提高科学理财能力，服务卫生发展大局”为指导原则，围绕深化医药卫生体制改革工作中确定的各项任务，贯彻落实市委市政府的工作部署，在继续完善和推进以往所开展的医疗项目成本核算、卫生总费用核算、公立医院绩效管理、补偿机制改革等多项重点工作基础上，在争取财政加大投入、预算绩效管理、医改资金监测、公立医院综合改革方案制订等项工作中取得新的进展和突破。

（袁　毅）

财务管理

【北京地区卫生总费用核算】 初步完成2000～2006年及2010年卫生总费用的核算工作，形成连续11年的北京地区卫生总费用数据。

完成2010年北京地区卫生总费用的核算研究报告以及时间序列核算，其中筹资来源法核算、机构流向法核算时间跨度为2000～2010年。核算结果：①北京市卫生总费用继续平稳增长，筹资结构更加合理。2010年，北京卫生总费用筹资总额813.64亿元（不含军队），比上年增长12.08%；人均卫生总费用4147.20元，处于全国最高水平，增速5.54%，在全国属于增速较慢地区；卫生总费用占北京地区生产总值的比重为5.76%，与2009年基本持平。卫生总费用中，政府卫生支出223.98亿元，占总费用的27.53%；社会卫生支出386.86亿元，占47.55%；个人现金卫生支出202.80亿元，占24.9%。与2009年相比，社会卫生支出构成增长4.59个百分点，个人现金卫生支出构成降低2.95个百分点。②个人现金卫生支出占总费用比重距世界卫生组织提出的降低患者直接支付费用的目标更加接近，居民相对就医负担逐步减轻。2010年，个人现金卫生支出占卫生总费用的比重由上年的27.87%下降至24.9%，提前实现卫生部“十二五”末达到30%的目标，接近世界卫生组织提出的15%～20%的目标。③社会卫生支出增速明显，卫生筹资可持续性增强。社会卫生支出比上年增长24.04%，远快于政府卫生支出增长的5.78%，政府卫生支出占总费用的比重比上年降低1.64个百分点。社会卫生支出的快速增长，主要是社会医疗保障支出快速增长，达到31.76%，提高抗风险能力，增强了卫生筹资的可持续性。④广义政府卫生支出（国际口径，含财政投入与社会医疗保险筹资）占GDP比重上升，距离世界卫生组织提出的实现全民覆盖的新目标更近一步。2010年，北京市广义政府卫生支出占GDP比重为3.78%，比2009年提高0.28个百分点，距离世界卫生组织提出的5%的新目标更近一步。⑤政府卫生投入的公平性、合理性进一步改善。政府卫生投入中，区县、市级、中央财政投入分别为113.95亿元、63.41亿元和46.61亿元，其中主要面向供方的医疗卫生服务支出126.24亿元，占政府卫生支出的56.36%；面向需方的医疗保障支出78.02亿元，占34.83%。⑥人均卫生总费用区县流向不平衡，政府卫生投入规律性不明显。2010年的核算结果显示，各区县间卫生费用差距较大，西城区最高，达到163.43亿元，是最低延庆县的24倍。区县政府卫生支出占一般预算支出比重最高的10.85%（延庆县），最低的5.70%（海淀区），人均财政投入与人均地方生产总值、人均地方财政收入没有明显相关关系，政府卫生投入的规律性不明显。

（袁　毅）

【财务制度建设】　年初，财政部、卫生部联合印发新的《基层医疗卫生机构财务制度》《基层医疗卫生机构会计制度》《医院财务制度》和《医院会计制度》。基层医疗卫生机构于7月1日开始实施新制度，公立医院于2012年1月1日起全面实施。市卫生局与市财政局联合举办多期培训班，分别对新制度、新旧衔接及软件进行培训，范围涉及区县卫生局、财政局、社管中心、社区中心、二级医院及市卫生局直属医院，累计培训4000余人次。在执行新制度前，对医疗机构的资产和负债进行清查、盘点和核实。市卫生局直属22家医院由会计师事务所进行清查审计，核实医院资产近252亿元，涉及会计差错调整1.1亿元，报损0.53亿元。对现有医疗机构、基层医疗卫生机构的会计核算软件进行升级，并完成在试点医院的试运行和医院的培训。（袁　毅）

【预决算管理】　2011年决算显示，市、区县两级包括医疗、卫生、科研、教育和行政机构在内的所有单位总收入551.5亿元，其中各项事业收入397.4亿元，占总收入的72%；财政基本经费补助收入76.5亿元，占总收入的14%；财政项目经费补助收入77.6亿元，占总收入的14%。总收入较上年增长18%，其中各项事业收入增长12%，财政基本经费补助收入增长63%，财政项目经费补助收入增长18%。

全年总支出544.1亿元，其中各项事业支出470.2亿元，占总支出的86%；财政项目补助支出73.9亿元，占总支出的14%。总支出较上年增长18%，其中各项事业支出增长20%、财政项目补助支出增长9%。

全年收支结余7.4亿元，其中事业收支结余3.8亿元，占总结余的51%；财政项目补助结余3.7亿元，占总结余的49%。（袁　毅）

【公立医院运行机制改革】　年内，市卫生局与市财政局研究制订建立在医院成本核算基础上的全新的政府补偿方案，并在3家直属医院启动试点工作。新方案将原来的基本经费按人头补助方式调整为根据医院实际医疗项目成本核算结果对医院政策性亏损予以界定并进行补助。为配合公立医院财政补偿机制改革，在直属公立医院启动绩效考评体系的建设，完成医院绩效考评系统应用实施项目。通过搭建公立医院绩效考评与薪酬分配体系构架，设立政府对医院绩效管理的一级考评指标体系。考评体系从医院的运行效率、社会效能、医疗质量与内部流程管理、科研与教学4个维度，选择与医院绩效关联度较高的关键指标，引导医院完成政府既定工作任务和实现医院总体发展战略目标。同时，实施对院长的业绩评价。考评结果还将作为财政对医院补偿、医院对职工薪酬分配的依据。（袁　毅）

【医疗机构成本核算】　年内，首次在市卫生局直属的20家医院实现医疗项目成本核算工作全覆盖，掌握全部直属医院在同一时期包括4138个医疗项目的成本构成、盈亏状况、无保本点项目分析等重要数据信息。部分医疗项目成本核算数据成为此次医药分开试点改革方案中价格制订的重要参考依据。

（袁　毅）

【开展统一结算系统试点工作】　为落实“先诊疗，后结算”工作，进一步缩短患者费用结算时间，优化就诊流程，规范医院结算系统，市卫生局与北京银行联合进行直属医院统一结算系统建设，建立统一的系统平台，实现就诊卡的跨院结算。经过近半年时间的工作，“京医通卡”于12月在北京友谊医院上线试运行。（袁　毅）

【开展公共卫生机构全额保障经费测算】　为落实国务院《关于印发医药卫生体制改革近期重点实施方案（2009－2011）的通知》精神，市卫生局对市属疾控中心、血液中心、急救中心、结核病控制研究所、精神卫生保健所等5家专业公共卫生机构开展财政全额保障标准的测算工作，其中部分项目的定额标准已经报市财政局审批。（袁　毅）

【新技术、新产品推广采购】　2011年，市政府下达市卫生局新技术、新产品推广采购3亿元的任务。以中关村国家自主创新区企业为核心的新技术、新产品推广应用工作一直是本市经济工作的重点。市卫生局在药品试剂等采购中采购中关村企业生产的新技术和新产品超过8亿元。（袁　毅）

价格管理

【开展医药卫生服务价格大检查】　年内，国家发改委等六部委在全国开展医药卫生服务价格大检查。国家发改委价检司从上海、陕西和湖南、国家发改委药品价格认证中心等处抽调专家组成检查组，检查北京中医药大学东直门医院、医科院肿瘤医院、海军总医院、首钢医院和北京妇产医院等5家三级医院。同时，责成北京市重点检查包括53家三级医院在内的90家医疗机构，安排19家医疗卫生单位开展自查。6月底，六部委还组成督查组对北京市检查工作的开展情况进行督查。市卫生局与市物价检查所共同组织全市卫生系统医药价格检查工作，并组织培训、互查、情况沟通会和专项检查进点工作会。

（袁　毅）

审计与监督

经济审计

【概述】　完成17家市卫生局直属单位领导干部经济责任审计、2家直属单位财务收支审计，对8家直属单位上年度经济责任审计报告中披露问题的整改情况进行后续审计，建立《北京市卫生局直属单位内部控制制度规范与标准》，培训内审人员160人次。在市审计局举办的2010年度“双先”评比活动中，市卫生局审计处被评为先进集体，邓盼被评为先进个人。（高小佳）

【领导干部经济责任审计】　市卫生局对17家直属单位进行领导干部经济责任审计，提出问题203条，提出审计建议108条。对17家直属单位法定代表人进行任内经济责任审计，实现审计关口前移，从经济管理工作的合法性、合规性等方面进行评价，肯定工作业绩，指出存在的问题，并提出整改建议。

（高小佳）

【财务收支审计】　市卫生局对首都医科大学宣武医院和北京肿瘤医院的财务收支进行遵循性审计。通过审计，指出2家医院经济管理工作中存在的不足，并提出整改意见。（高小佳）

【后续审计】　7月4～12日，市卫生局对北京朝阳医院、北京安贞医院、北京同仁医院、北京回龙观医院、北京中医医院、北京妇产医院、北京口腔医院、北京世纪坛医院等8个直属单位2010年经济责任审计报告中披露问题的整改情况进行后续审计。各审计组听取医院有关整改工作的汇报、查看账簿和现场、审阅整改说明资料。从审计情况来看，大多数单位专门召开办公会对审计报告中提出的问题和建议进行讨论研究，并组织人员限期落实整改。除少数历史遗留问题多的单位确因客观原因难以及时整改外，其他问题基本得到整改，整改率90%以上。（高小佳）

【制度建设】　全年4次组织50余人次开展起草和研讨，7次修改，参阅近10个法规和管理性文件，建立19章180余条的《直属单位内部控制制度规范

与标准》。这套规范与标准操作性强，对规范直属单位内部经济管理工作起到推动作用。（高小佳）

【审计人员培训】 3月24日，市卫生局举办以“如何当好审计科、处长”为内容的市卫生系统内部审计人员业务培训班；9月6～7日，举办以“新医院会计制度解读与衔接”为内容的全市卫生系统内部审计人员业务培训班，16个区县卫生局和市直属36家医疗卫生单位的160人次参加培训。（高小佳）

【理论研讨】 组织全体审计人员分别就“内部审计在事业单位内部控制中的地位和作用”和“经济责任审计理论与实务”2个课题开展理论研讨，各直属单位积极参与，进行推荐和报送，共征集上述2个课题的论文20余篇，其中6篇论文分获北京市内审协会二、三等奖。（高小佳）

【表彰内审先进单位和先进工作者】 10月18日，在市审计局举办的2010年度“双先”评比活动中，北京市卫生局、北京友谊医院、北京同仁医院、北京积水潭医院、北京大学肿瘤医院、北京地坛医院被评为内审先进单位，市卫生局审计处邓盼、北京朝阳医院吴光清、北京安贞医院康俊花、首儿所欧洪珍、北京佑安医院裴智娟、北京中医医院李健华、北京胸科医院吕秀丽等8人被评为先进工作者。（高小佳）

政风行风监督

党风廉政建设

【落实党风廉政建设责任制】 市卫生局召开全系统动员部署大会，制发任务分工方案，将37项任务落实到牵头局领导和责任处室。制发《关于加强党风廉政建设和反腐败工作检查考核的意见》，将各项任务细化为21项考核指标，逐项明确量化考核标准。强化年中督导，局纪委书记听取45家直属单位和各区县卫生局的汇报，协调解决工作中的问题。年终，局领导班子全体党员带队检查考核，抽调25名基层骨干与14名行风评议员组成13个考核组，直属单位党政一把手汇报，一岗双责真正落到实处。

（沈传新）

【深化廉政风险防范管理】 将廉政风险防范管理的范围延伸到市卫生局处级领导班子和基层拥有公共权力的部门与岗位，查找各单位、各处室、各岗位权力运行中的风险点，将权力划分为A，B，C 3个等级，A级权力全部制作风险防控流程图。加强分类指导，制发《北京市卫生局机关处室行政权力确认表》《北京市卫生局直属医疗机构行政权力参考表》《北京市卫生局其他直属单位权力确认参考表》，制作相应的工作模板供基层单位参考使用，形成符合基层实际的工作体系，实现廉政风险防范管理的全覆盖。

（沈传新）

【严肃党纪政纪】 结合白宏违纪违法案件，开展自查自纠和警示教育，加强对党费、团费、工会会费和学会、协会资金运行的监管，强化对“三重一大”事项的监督检查。落实干部任职前征求纪检监察意见的规定，对所有新任领导干部进行任前谈话，对存在苗头性问题进行诫勉谈话。开展《廉政准则》自查自纠和公款出国（境）旅游、公务用车、小金库、庆典论坛研讨会过多过滥等专项治理，严肃核查商业贿赂的投诉举报。全年办理各类举报112件，直查23件，向上级报结果25件。投诉举报件件办理，有具体线索的件件核实。（沈传新）

【加强纪检监察自身建设】 年内，举办卫生系统纪检监察干部培训班，讲授行政问责、治理商业贿赂等前沿理论，总结交流经验，解决队伍能力水平的实际问题。开展卫生系统纪检监察组织建设问卷调查，查找自身建设中的突出问题，提出加强和改进的意见建议。坚持系统各单位分组协作制度，定期召开片会沟通信息、交流体会。围绕药品集中采购、行政审批权限下放、廉政风险防范管理信息化等主题开展调查研究，提交调研报告16篇。编发纪检监察工作信息52期，被市纪委采用7篇。（沈传新）

政风行风建设

【强化医德医风宣传教育】 加强正面引导，在首都之窗网站开办“医德昭”栏目，组织102家医院展示医德医风建设和卫生改革的成果，推出北京儿童医院贾立群等医德典型，围绕不同主题制作直播访谈20余期，宣传科普知识和健康生活方式，取得较好的效果。卫生部党组成员、纪检组长李熙对栏目提出“医德昭共创三好，大家评群众满意”的期望。中国纪检监察报等数十家媒体给予关注报道。该栏目被评为首都医药卫生文化建设创新成果奖。（沈传新）

【推进政风行风建设】 重新聘请14名社会人士担任卫生系统政风行风评议员。通过明察暗访、问卷调查、座谈研讨、参与工作等形式，重点评议行政许可大厅、公共卫生热线、政务网站、各三级医院及局属单位，查找管理漏洞，纠正突出问题。组织评议员参加重点工作的效能监察，将民主评议情况纳入大型医院巡查和“三好一满意”活动中，与创先争优活动紧密结合，引导干部员工改进服务，提高群众满意度。在全市纠风工作座谈会上作题为“坚持纠建并举、树立行业新风”的经验介绍。（沈传新）

卫生信息化

【概述】　开展卫生部电子病历试点工作，下发以电子病历为核心的医院信息化试点工作实施方案和技术方案。北京地区10家电子病历试点医院取得进展。推进新社区卫生服务综合管理信息系统，完成电子健康档案建档任务。下半年，北京市成为卫生部基于电子健康档案、电子病历、门诊统筹管理的基层医疗卫生信息系统建设试点，并获财政部补助资金。建立以电子病历为核心的市级卫生信息平台，并在部分试点区县开展以信息互联互通和业务协同为标志的信息化建设探索。出台《卫生信息化建设项目申报与立项审查和资金管理的有关规定》，加强项目申报的指导，规范立项审查流程，强化信息化项目的资金管理。北京市妇幼保健网络信息系统二期、医联码系统、卫生人力资源信息系统、卫生统计平台三期等重点应用系统建设取得实效。北京120，999急救指挥调度系统实现互联互通和协同工作，初步解决长期以来困扰本市急救服务体系管理与组织协调的难题。

（张世红）

规划管理

【编制卫生信息化“十二五”建设发展规划】组织专家学者和有关医疗卫生机构集中力量编制“十二五”卫生信息化建设目标和方案、任务，为今后卫生信息化工作打下基础。（张世红）

项目管理

【项目前置审核】　年内，市卫生局印发《卫生信息化建设项目申报与立项审查和资金管理的有关规定》，加强卫生信息化项目的前置审核评审工作。全年审核项目49项，其中市属医院信息化项目22项，涉及资金1.48亿元，公共卫生及其他方面信息化项目27项，涉及资金3427.43万元。（顾晓晖）

【新社区卫生服务综合管理信息系统】　截至12月，14个区县221个社区卫生服务中心636个社区卫生服务站全面推广使用新社区卫生服务综合管理信息系统。各基层机构结合应用不断完善该系统，如西城区德胜社区卫生服务中心将家庭医生式服务及有关管理落实到信息系统，辅助提高服务水平和管理水平。4月25日，李克强副总理到方庄社区卫生服务中心视察，对社区的转诊平台给予肯定和高度评价。已经部署的社区卫生服务机构均与医保系统进行对接，实现医保病人看病实时结算报销，在延庆县和顺义区等试点社区卫生服务中心实现与新农合系统的对接，新农合病人看病实时结算报销。截至年底，市级电子健康档案平台采集能够全市共享的电子健康档案1101万份。

（顾晓晖）

【市卫生局办公自动化系统】　市卫生局办公自动化系统自3月1日上线运行以来，行政办公真正实现无纸化，系统的应用提高了行政业务办公效率和行政办公信息化水平。该系统共有647个用户，包括市卫生局、市中医局、市卫生局直属事业单位及全市所有三级医院，其中办理数字证书的用户587个。截至12月，市卫生局OA中已办理收文3849份，发文1258份，建议提案188件，呈批件320件，政务信息2309条。（顾晓晖）

【医联码发放及门急诊信息采集】　完成全市49家医院的接口改造，其中45家医院已发放医联码，22家医院开始上报门急诊信息。截至12月31日，上传医联码信息143万条、门急诊信息553万余条。

（史　森）

【卫生人力资源管理信息系统】　该系统是为整合现有的医疗卫生人力资源信息，建立医师、护士等医疗技术人员的全执业周期信息库，实现医师定期考核、退休人员工资管理，为领导和业务部门提供决策支持和综合查询的管理信息系统。2011年，完成该系统的开发、测试、试运行等，并于10月24日通过项目终验。（史　森）

【新型农村合作医疗管理信息系统】　为了新农合信息系统的升级，市公共卫生信息中心组织多次论证。12月底，取得经信委对该升级项目申报书的批复。（史　森）

【医政管理信息系统】　3月，签订医政管理信息系统合同。年底前，完成该项目硬件的验收和硬件环境的搭建，并走访19家质控中心进行需求调研。

（史　森）

【卫生统计信息平台三期建设】　11月8日，卫

生统计信息平台三期在完成前期立项、财政批复等的基础上公开招标。（史　森）

【北京地区电子病历试点工作】 1月，市卫生局下发《关于印发<北京市以电子病历为核心的医院信息化试点工作实施方案>的通知》，明确电子病历试点的指导思想、工作目标、组织管理、实施步骤及工作要求。3月，编制《北京地区电子病历试点技术方案》。《北京地区电子病历系统总体方案》作为电子病历五年规划，进一步明确北京市电子病历项目的总体建设目标、建设内容、技术方案、组织框架、投资预算等。6月，制订北京市电子病历试点工作中期评估方案，并组织医院自评和专家现场评估。11月，对试点医院进行终期评估，完成2011年电子病历试点工作。（周　丹）

【卫生部试点工作进展】 7月，北京市被列为卫生部基于电子健康档案、电子病历、门诊统筹管理的基层医疗卫生信息系统试点项目省份，并获财政部、卫生部资助。试点工作主要包括建立以电子病历为核心的市级卫生信息平台以及西城区等5个试点区县的信息化建设。将试点工作与下一阶段卫生信息化和电子病历整体工作相结合，建立市级层面的推进工作机制，拟订《关于推进首都地区电子病历工作的意见》。11月，市卫生局与卫生部统计信息中心签订试点项目任务书。制订以电子病历为核心的市级卫生信息平台一期项目技术方案；完成北京市基本药物集中采购信息系统项目方案，获发改委批准；完成北京市新型农村合作医疗管理信息系统升级改造项目方案，获经信委批准；完成北京市基层医疗卫生服务管理信息系统项目方案，并报送发改委。完成市卫生局落实卫生部试点项目的管理制度和实施要求的初稿。

（张世红）

【妇幼保健网络信息系统二期项目】 年初，完成该项目的招投标并签订合同。4月，到北京妇幼保健院、大兴区和海淀区妇幼保健院等调研，并召开专家需求研讨会，完成需求调研报告书。9月开始，分别在海淀区、朝阳区和大兴区部分机构开展出生证子系统的试点，并在12月底与北京妇幼保健院开展全市出生证子系统的培训。（周　丹）

【北京市政务地理空间信息资源需求目录】 完成《2011年度北京市政务地理空间信息资源目录》中市卫生局政务地理空间信息资源目录的数据汇交。完成《2011年度北京市政务地理空间信息资源需求目录》中市卫生局政务地理空间需求目录的更新，新增21类最新的需求目录。完成市卫生局政务地理空间信息资源共享目录的变更，涉及八大类资源。

（刘会霞）

网站建设

【完善网站评测考核体系】 北京市开展医疗卫生系统网站考核评议工作，以评促建，加强对行业网站的指导。共测评区县卫生局、医疗机构等三大类75家单位网站，其中区县卫生局网站综合得分平均59.5分、市卫生局直属单位及卫生学校类网站平均得分63.9分、医疗机构类网站平均得分65.5分。

（姜　冰）

【网站前置审批及监管】 全年前置审核提供医疗保健信息网站335家。同时，持续进行网站日常监测工作，每两周整理一次违法网站监测报告。（姜　冰）

【北京卫生信息网获奖】 11月，北京卫生信息网“健康e站”栏目获电子政务理事会颁发的中国政府网站在线办事类精品栏目奖。在第六届中国特色政府网站评选活动中，北京卫生信息网获中国社会科学院信息化研究中心颁发的用户满意奖。（姜　冰）

【改进北京卫生信息网】 进一步加强市卫生局官方网站宣传和服务公众作用，重点建设北京市公共卫生综合服务平台项目。该项目以北京卫生信息网为依托，对原有网站栏目架构进行优化和调整，更加突出服务功能，开辟“公众服务区”，将面向公众服务的功能整合到一个服务区，便于公众的信息获取。同时，对网上许可大厅栏目进行改版，新增网上表格填写和提交功能，提高行政审批事项的服务效率，方便申请人的事项办理。（姜　冰）

信息安全

【加强信息安全保障】 年内，要求各单位按照“谁主管谁负责、谁运行谁负责、谁使用谁负责”的原则，落实领导责任制，主要负责人要亲自过问信息安全工作，听取情况汇报，研究解决重大问题；分管领导要靠前指挥，督促落实信息安全规章制度，及时协调处理重大信息安全事件；要建立健全信息安全工作机制，明确工作机构，加强安全手段建设，提高安全保障能力；要进一步落实信息安全责任制，把责任具体分解到科室、岗位和人员，层层分解任务，层层落实责任，层层抓好落实，确保领导到位、机构到位、人员到位、责任到位、措施到位、监管到位。

（郑　攀）

【信息安全检查】 市卫生局与市公安局联合印发《关于北京市卫生行业信息安全检查工作的通知》，对卫生行业开展信息安全联合检查。5月1日～10月30日，市公共卫生信息中心与市公安局文保处组成联合检查组，对卫生行业8家单位进行信息安全现场检查。重点检查各单位信息安全责任的落实情况、信息系统等级保护工作的落实情况。对检查中发现的问题提出整改意见，并以书面形式进行反馈，各单位根据检查结果进行整改。针对检查中发现的安全隐患、漏洞等风险制订技术整改和管理措施，最大限度地降低网络与信息安全风险。（郑 攀）

卫生法制建设

【概述】 年内，着力于卫生法制体系及制度建设，稳步推进《北京市社区卫生服务条例》的调研起草工作，成功申请制订《北京市急救医疗服务条例》地方性法规的立项，参与《北京市食品安全条例》的修订，开展北京市控制吸烟和发展中医立法前期调研论证工作。完成北京市地方标准《集中空调通风系统卫生管理规范》的修订。结合行政强制措施清理和组织卫生普法工作。继续开展卫生行政处罚案卷的评查。依法办理行政复议和行政诉讼案件。

（赵 婧）

立 法

【《北京市急救医疗服务条例》立项】 11月9日，在调研的基础上，起草《北京市急救医疗服务条例》立项报告，向市政府法制办申请地方性法规立法立项。11月11日，市政府法制办召开《北京市急救医疗服务条例》立项论证会。刘莘（中国政法大学）、李元起（中国人民大学）、王亚东（首都医科大学）、李春盛（中华医学会急诊分会）等专家对立项报告提出意见。12月8日，市人大常委会第104次主任会议讨论并同意《北京市急救医疗服务条例》立项，要求按照立项意见书的意见组织调研起草，条件成熟后列入市人大常委会立法计划。（赵 婧）

【完善《北京市社区卫生服务条例（草案）》】 为推进北京社区卫生服务可持续发展，保障居民人人享有基本医疗卫生服务和基本公共卫生服务，提高居民健康水平，《北京市社区卫生服务条例（草案）》明确了各级政府及其组成部门的职责，提出社区卫生工作是卫生体系建设的重要组成部分，应当纳入国民经济和社会发展规划，应当根据经济社会发展水平和社区卫生工作需要，建立社区卫生工作经费保障制度，完善社区卫生服务网络，推动社区卫生事业发展。同时，草案还对规划设置、人才培养、信息共享、绩效考核以及监督管理等进行了规范。（赵 婧）

【修订《北京市食品安全条例》】 市卫生局配合市食品办参与修订《北京市食品安全条例》。在条例规定的分段监管为主、品种监管为辅的框架下，在法律、法规授予的权限内，结合餐饮服务监督管理的实际和既往历史经验建言献策。（冯悦红）

【贯彻《北京市集中空调通风系统卫生管理办法》】 该办法于2010年10月19日市人民政府第75次常务会议审议通过，2011年4月1日起施行。1月14日，市卫生局联合市政府法制办召开新闻发布会，向新闻媒体介绍该办法的立法背景和意义、主要内容以及如何实施，强调本市集中空调通风系统的管理责任单位是第一责任人，具有确保空调系统卫生质量符合卫生标准的责任，同时通过共同努力，保障空调系统的卫生安全，防止传染病的传播，更好地保障公众身体健康。3月1日，市卫生局联合市政府法制办、市规划委、市住房城乡建设委等部门召开宣传贯彻大会，并提出具体工作要求。市质监局等部门、各区县建委、区县卫生局、相关物业管理单位、建筑设计单位、房地产开发单位及部分新闻媒体参加会议。

（赵 婧）

清理法律法规

【开展行政强制清理工作】 行政强制法将于2012年1月1日施行。9月22日～11月31日，遵循“谁实施、谁负责”的原则，市卫生局开展清理卫生法规和文件中行政强制规定的工作。共清理市卫生局负责起草并组织实施的市政府规章6件，其中1件涉及行政强制措施，且符合行政强制法的规定。其他市政府文件及市卫生局制发的行政规范性文件均不涉及行政强制措施和执行的规定。此次共清理出市卫生行政部门作为行政强制实施主体113项，铁路食品安全监督机构作为实施主体1项，乡镇人民政府和街道办事处作为实施主体1项，医疗机构作为实施主体3项，托幼机构作为实施主体1项，中医行政管理部门作为实施主体2项，突发事件应急处理指挥部作为实施主体1项；提出修改建议28项，删除建议8项。

（赵　婧）

【其他清理工作】 按照市政府部署，开展不利于民间投资、拆迁、营业税、阻碍企业发展等规范性文件的清理工作，未发现不利于民间投资、阻碍企业发展的情况。此外，市卫生局还针对医疗机构缴纳营业税的现状提出清理意见，建议保留相关制度规定。

（赵　婧）

制发行政规范性文件

【制订行政规范性文件6件】 全年市卫生局制订行政规范性文件6件，均按规定备案，分别为《北京市重性精神疾病信息报告管理办法》《北京市医疗机构门诊预约诊疗服务管理规范（试行）》《北京市应征公民体格检查工作实施细则》《首都卫生发展科研专项办法（试行）》《北京市卫生局关于加强中央厨房餐饮服务许可审查工作的通知》《北京市卫生局实行卫生监督约见制度的通知》。（赵　婧）

行政复议与应诉

【行政诉讼与复议20件】 市卫生局全年办理行政诉讼4件、行政复议16件（其中作为被申请人1件）。（赵　婧）

案卷评查

【恢复行政处罚案卷现场评查】 夏季，对全市1月1日~3月31日期间结案的按照一般程序实施行政处罚的案件进行现场评查。4个案卷评查小组赴各区县进行现场评查，平均每区抽取3卷，现场抽取的案卷全部合格，其中90分以上的优秀卷50件，占总数的98%。石景山区、西城区、朝阳区、昌平区、大兴区和密云县等区县成绩优秀。（赵　婧）

【集中评查行政处罚案卷】 11月下旬，市卫生局对本年度卫生行政处罚案卷进行集中评查，评查已经结案的按一般程序实施的卫生行政处罚案卷282件，合格率99.3%；其中优秀卷273件，占96.8%。综合集中评查和现场评查的成绩，各区县卫生局在案卷评查工作中均为优秀单位，海淀区、朝阳区、昌平区、房山区和大兴区的案件数量排前5位，海淀区、昌平区、朝阳区、大兴区、通州区的行政处罚数额排前5位。（赵　婧）

【行政处罚案卷4578起】 本年度全市做行政处罚案件4578起，比上年增加50.89%；罚没款690万元，比上年上升55.41%。经过评查，发现行政处罚案卷仍然存在法律适用错误和对外文书涂改及按指纹现象普遍等问题。（赵　婧）

【集中评查行政许可案卷】 市卫生局首次开展行政许可案卷集中评查。由于全市没有统一的卫生行政许可案卷标准，参加评查的行政许可案卷存在相同审批事项各区县书写名称不一致、各区县对许可事项需提交材料掌握不一致、卷内复印件没有申请人签字认可等不符合档案立卷归档基本要求等问题。

（赵　婧）

普法

【“五五”普法表彰总结】 11月1日，卫生部对2006~2010年卫生法制宣传教育工作中表现突出的优秀单位和个人予以通报表扬。海淀区卫生监督所、北京中医医院等2家单位，任静（北京儿童医院）、杜淑英（宣武医院）、郑宇同（北京口腔医院）、范茂槐（首都儿科研究所）、朱兴明（平谷区卫生监督所）、钟锐（石景山区卫生监督所）、葛红瑞（海淀区卫生监督所）、张明（东城区卫生局）等8人通报表扬。（赵　婧）

【制订普法宣传教育第六个五年规划】 10月，市卫生局制订《北京市卫生系统开展法制宣传教育工作的第六个五年规划（2011－2015）》，提出“六五”普法要注重加强对公务员的普法培训，增强依法行政意识；要认真研究对医务人员的普法宣传教育的形式和重心；要研究卫生法律对公民、企业赋予的义务和权力，研究适宜的宣传方式。（李德娟）

卫生标准

【申报北京市地方标准制修订计划】 成功申请制修订北京市地方标准立项6项，其中制订公共卫生应急培训规范、建设项目职业病危害放射防护评价规范、卫生应急队伍组建通则和中小学普通教室照明设施设置规范等4项为一类推荐性项目，制订护理员建设规范、中小学校晨午检技术规范和中小学校卫生防病技术规范等3项为二类项目。（赵　婧）

【修订集中空调通风系统卫生管理规范】 4月1日，正式实施《北京市集中空调通风系统卫生管理办法》。为此，市卫生局对《北京市公共场所集中空调通风系统卫生管理规范》进行修订，制订《集中空调通风系统卫生管理规范》，于12月1日实施。新规范扩大适用范围，将非公共场所管理条例规定的其他公

共建筑和居住建筑的集中空调通风系统纳入适用范围当中。（赵　婧）

依法行政

【依法行政】　年内，对市卫生局近年来制订的行政处罚案卷评查等配套工作制度进行补充和调整，组织有许可或非许可审批职能的处室对本局承担的30项许可和17项非许可审批事项的程序等进行梳理，重新修订《卫生行政许可文书》和《卫生行政执法文书》。（李德娟）

组织宣传和群众工作

组织建设

【概述】　2011年，组织工作以深入开展创先争优活动为契机，围绕首都医药卫生改革发展，加强统筹协调，狠抓工作落实，完成党建、干部、人才和对口支援等各项工作任务。

在党建方面，制订《关于围绕卫生改革与发展的中心任务进一步深入开展创先争优活动的实施意见》，以实施领航工程、聚力工程、先锋工程为载体，开展“深入医改我争先、服务群众我奉献”等主题实践活动及“三亮、三比、三评”活动。在全系统评选表彰10个先进党委、50个先进党支部、300名优秀共产党员和50名优秀党务工作者。不断推进党内民主，制订下发党务公开目录，组织党务公开培训班，在北京同仁医院等3家单位11个基层党支部试点基层党组织负责人公推直选。完善基层党建工作百分考核制度，开展党建工作责任制落实情况的检查考核。

在干部管理方面，制订并完善市属医院院长、副院长《职位说明书》。加大处级领导班子调整和干部选拔任用工作力度，全年共任免干部67人次，完成33名处级领导干部试用期转正。一批年纪轻、素质高、能力强、作风硬的优秀干部补充到各单位领导班子中，进一步改善了领导班子和干部队伍的结构。加大竞争性选拔干部力度。面向社会公开选拔2名副局级干部和5名处级干部。加强干部监督和管理，在全系统开展“一报告两评议”工作。组织各单位开展后备干部调整和补充工作，完善后备干部库。举办赴澳大利亚高级卫生行政管理人员培训、井冈山党性教育培训等5个班次，培训404人次。指导直属单位开展各种管理类、专业技术类培训20余万人次。

在人才管理方面，继续推进“215”高层次卫生人才队伍建设工程，对首批入选的99名专家进行考核，完成第2批136名培养对象的遴选。下拨专项培养经费3986万元。开展“高层次卫生人才评价指标体系研究”。全年推荐的26名专家中有9名被批准为北京市海外高层次人才。组织北京朝阳医院等5家医院参加北美洲中国学人国际交流中心在哈佛大学等高校举办的巡回招聘会。加强对优秀青年人才的培养，对26个直属单位推荐的160名候选人进行审核，有20个单位的40人获资助192.5万元。加强对已资助的134个项目的服务和管理。安排12个单位向8个郊区县派出14名干部执行“人才京郊行”任务。

在对口援助方面，完成63名援藏、援疆、援青干部的选派。完成新疆、西藏83人的来京培训任务。派出8批医疗队148名专家赴和田、拉萨、西宁、赤峰等地区开展首都医疗专家“情系边疆行”活动。通过就地培训和来京培训等形式，为受援地培训卫生人员2120人次，受到当地政府和广大群众的欢迎和赞誉。（智利平）

【局级领导班子年度考核】　1月10日，市卫生局召开局级领导班子2010年度工作述职报告会，局机关各处处长和直属事业单位主要领导参加。局党委书记、局长方来英代表局党委对2008年以来工作进行总结，特别是向参会的各单位领导报告3年来局党委选拔任用干部的情况，各位局级领导干部按照职责分工从德、能、勤、绩、廉5个方面总结2010年的思想、工作、学习和廉政建设等方面情况。参加会议的领导干部在听取局领导述职后，对每名局级领导干部履职情况进行民主测评，并对局党委选拔使用干部情况和提拔的正处级领导干部进行民主评议。

（王昊旻）

【市委组织部检查执行条例情况】　1月12日，由市委组织部干部监督处、市委第一巡视组联合组成检查组，对市卫生局贯彻执行《干部任用条例》情况进行检查指导，重点对2007年以来干部选拔任用工作进行检查。市卫生局组织处处长武凤玉向检查组介绍北京市卫生系统2007年以来执行《条例》的情况，4年来共提拔任用158名干部，任职干部平均年龄44.9岁，具有博士、硕士学位47人，高级职称82人。检查组抽查40本提拔任职干部的档案，查看党委会议纪录和干部任免文书档。检查组认为市卫生局党委做到了把握标准严格、工作程序规范、干部制度健全、基础材料完整。同时，希望进一步加大干部任前培训工作力度。（王昊旻）

【召开第6批卫生援疆干部座谈会】 1月26日，市卫生局召开第6批卫生援疆干部座谈会，市卫生局党委副书记、巡视员张秀芳出席，选派单位领导和近期完成支援任务返京的第6批第2期卫生援疆干部20余人参加会议。会上，卫生援疆干部领队王洪学汇报了第6批援疆干部在和田工作、生活及学习的情况，援疆干部谈了在新疆工作的体会，并为今后做好援疆工作提出建议。（张建国）

【召开卫生系统对口援助什邡总结慰问会】 1月28日，市卫生局召开北京市卫生系统对口援助什邡总结慰问会。市卫生局党组书记、局长方来英出席会议并讲话，市卫生局党组副书记、巡视员张秀芳主持会议，市卫生局副局长毛羽、市纪委驻卫生局纪检组组长何群、市卫生局副巡视员赵涛、市药监局副巡视员初云海等领导出席。援助什邡医疗队全体队员、赴什邡挂职干部与支援什邡有关单位的领导参加会议。会上，领导向医疗队员代表颁发援什纪念杯，向受北京市表彰的援助人员颁发援什纪实画册。播放北京市卫生系统援什工作纪录片《什邡历炼，浴火重生》，并慰问市卫生系统援助什邡做出贡献的单位和个人。在近3年的援助什邡工作中，北京市卫生系统共派出9批389名医疗卫生技术人员到灾区开展技术援助，并派出4名干部到什邡挂职，在京培训288名什邡各类卫生人才。（张建国）

【遴选市卫生系统高层次人才】 2月18～19日，3月18～19日，召开北京市卫生系统高层次领军人才、学科带头人和学科骨干答辩评审会。市卫生局局长方来英出席，局党组副书记张秀芳、副局长于鲁明主持。市卫生局组织处、科教处、人事处，市中医局科教处及北京市卫生人才交流服务中心组织会议。遴选出领军人才7人、学科带头人9人、学科骨干100人。（智利平）

【落实党建工作责任制】 3月22日，市卫生局召开落实党建工作责任制评审会。市卫生局巡视员、党组副书记张秀芳出席会议并讲话，卫生部直属机关党委组织处处长鹿文媛、市委组织部组织处副处长刘敏华作为评委出席会议，局直属各单位党组织负责人、党办主任、局机关政工处室负责人、市药监局直属机关党委负责人150余人参会。会上，市卫生局直属各单位党组织负责人汇报2010年党建工作责任制的落实情况，考评组按照评审标准量化评分，并根据前期自查自评、互查互评和本次集中评审的结果，评选出2010年落实党建工作责任制优秀单位10个：北京友谊医院党委、首都儿科研究所党委、北京天坛医院党委、北京同仁医院党委、北京积水潭医院党委、北京安贞医院党委、北京地坛医院党委、北京朝阳医院党委、北京佑安医院党委和北京妇产医院党委。（袁兆龙）

【对口支援医疗卫生人员来京培训工作】 3月28日，市卫生局召开对口支援地区医疗卫生人员来京培训工作协调会，研究本年度对口支援地区来京培训计划。局党组副书记张秀芳出席会议并讲话。组织处、疾控处、医政处、科教处、宣传处、市中医局科教处负责人参加会议。会议明确新疆、西藏、内蒙古卫生人员来京培训的主要任务，以及各处室负责的具体工作。（张建国）

【市卫生局系统引进海外高层次人才】 4月和9月，推荐引进的9名海外专家被批准为北京市海外高层次人才。9月，与美国北美洲中国学人国际交流中心签订委托招聘协议，组织北京朝阳医院、首都儿科研究所、北京市结核病胸部肿瘤研究所、北京妇产医院和北京佑安医院等5家直属单位参加该中心在美国哈佛大学等4所高校举办的首届美国巡回招聘会。（智利平）

【40人获北京市优秀人才资助】 4月，市卫生局推荐26个直属单位的160人申报北京市优秀人才资助，其中20个单位的40人获资助，资助金额192.5万元。（智利平）

【召开卫生对口支援工作座谈会】 4月7日，北京市卫生局与拉萨市卫生局召开卫生对口支援工作座谈会，研究“十二五”期间北京市卫生局对拉萨市卫生系统援助项目。北京市卫生局党组副书记张秀芳，拉萨市卫生局党组副书记、局长扎西德吉出席并讲话。会议明确了“十二五”期间北京市卫生局对拉萨市卫生系统援助的总体思路和基本框架，强调在西藏自治区和平解放60周年之际，北京市卫生局将加大对拉萨卫生的智力援助，并长期、有效地做好卫生援藏工作。（张建国）

【召开创先争优活动推进会】 4月27日，市卫生局召开北京市卫生系统创先争优活动推进会。副市长丁向阳，市卫生局党组书记、局长方来英，副书记张秀芳等市卫生局、药监局、中医局领导出席会议并讲话。市卫生局机关及直属医疗卫生机构的党政负责人150余人参加会议。会上，与会领导向北京友谊医院、北京天坛医院、北京积水潭医院等10个党建责任制优秀单位颁发奖牌，表彰其在2010年落实党建工作责任制所取得的成绩。 （袁兆龙）

【行政管理人员赴澳大利亚培训】 5月23日，市卫生局召开赴澳大利亚高级行政管理人员培训团组总结汇报会。市卫生局党组书记、局长方来英，党组副书记、巡视员张秀芳出席会议。培训团团长肖珣及各学习小组组长围绕赴国外培训的主要任务做汇报。4月9～28日，培训团按照学习专题分成4个小组展开学习、交流、考察。分别在澳大利亚蒙纳什大学医学院和拉筹伯大学管理学院、公共卫生学院进行医疗卫生管理课程的学习；考察维省的公立医院、私立医院和私人诊所；与当地华人医学协会和专科医生座谈交流，了解澳大利亚的卫生保健体制、医院管理、病人安全管理与医疗质量持续改进，卫生绩效考核和医生多点执业等。 （张建国）

【庆祝建党90周年暨表彰大会】 6月16日，市卫生局举行庆祝中国共产党成立90周年暨表彰大会。卫生部直属机关党委常务副书记姚晓曦、市委宣传部副部长傅华、市直属机关党委副书记杨公鼎、首都精神文明办巡视员尹学龙、市委组织部部务委员韩昱等，以及市卫生局领导班子成员，各直属单位党政领导、工会主席、党办主任、团委书记及受表彰的单位、个人代表1000余人参加会议。会上，播放题为《践行宗旨、守卫健康》的党建工作电视片，对市卫生局系统在各项工作中表现突出的60个先进基层党组织、300名优秀共产党员和50名优秀党务工作者进行表彰，并颁发奖牌或荣誉证书。 （袁兆龙）

【首都党员专家医疗队“情系青海西部行”】 七一前夕，北京积水潭医院等7家市属三甲医院的首都党员专家医疗队50余人到青海开展“情系青海西部行”活动。6月18日，首都党员专家医疗队在西宁市新宁广场参加“首都百名医师青海行”启动仪式，青海省省委书记强卫出席，并为医疗队的7名专家颁发特聘证书。青海省卫生厅厅长马海莉、北京市卫生局党组副书记张秀芳分别讲话。首都党员专家医疗队与当地各家对口医院的医学专家在新宁广场开展大型义诊活动，当日诊疗4220人次。部分专家分赴各家医院开展两场学术讲座和一场干部健康知识讲座，听课1000余人。19日，首都党员专家医疗队到海晏县人民医院，开展义诊、查房、会诊、专题讲座等系列活动，诊疗580人次。医疗队还专门组建一支小分队到农牧民家中提供医疗服务。 （张建国）

【新疆和田地区医疗卫生骨干北京培训班】 6月28日，新疆和田地区医疗卫生业务骨干北京培训班正式启动。和田地区来京培训34人，其中医疗骨干26人，卫生管理干部、公共卫生业务骨干8人，在京培训3个月。 （张建国）

【新疆和田地区人民医院考察团来京学习考察】 6月17～22日，新疆和田地区人民医院党委书记、院长路秋海一行19人来北京学习考察。考察团在北京天坛医院、北京朝阳医院、北京积水潭医院、北京安贞医院考察医院管理、信息化建设、病房与门诊流程管理、手术室建设、ICU建设和临床路径等，并与有关科室人员进行交流。 （张建国）

【首都医疗专家“情系和田行”活动】 7月9～11日，北京积水潭医院院长田伟、党委书记辛有清及13个专科的16名专家赴新疆和田开展义诊、骨科论坛、疑难病例查房等工作，效果很好。7月19～22日，市卫生局组织处处长武凤玉带领医疗队赴新疆和田开展第2批“情系和田行”系列活动。北京安贞医院、北京天坛医院的14名专家在和田地区开展疑难病例查房24例，完成壶腹部肿瘤、胶质瘤手术等10例，诊治患者150余例。开展“颅内血管闭塞性脑病的外科治疗”等讲座3次。8月28日～9月1日，市卫生局副局长郭积勇带队的第3批首都医疗专家到和田开展“情系和田行”活动。来自北京口腔医院、首都医科大学宣武医院的14名专家在和田地区开展学术讲座、技术培训和义诊等活动，其中疑难重症患者查房会诊30余例，义诊接诊患者30余人，培训专业技术人员近400人。10月12～14日，北京友谊医院党委书记魏玫带领消化内科专家一行8人赴和田开展第4批首都医疗专家“情系和田行”——“友谊消化直通车万里行”活动。8名专家开展“消化系早癌的诊治策略”、“肝硬化食管胃静脉曲张出血诊治策略”等讲座，实施逆行胰胆管造影及其相关治疗（ERCP）5例，培训指导消化科医师20余人，并向和田地区人民医院捐赠价值72万元的胶囊内镜以及10万元的耗材。 （张建国）

【第6批援藏干部第2期专业技术干部赴藏】 8月7日，市卫生局第6批援藏干部第2期专业技术干部赴西藏开展技术援藏工作。本期援藏干部13人，来自北京同仁医院、北京妇产医院和石景山区、通州区、平谷区卫生局的6家医院，全部为中高级职称，在拉萨市、当雄县、尼木县、堆龙德庆县开展为期1年的技术援藏工作。 （张建国）

【第6批援藏干部第1期专业技术干部返京】 8月11日，市卫生系统第6批援藏干部第1期专业技术干部完成援藏任务返京。援藏干部在当地完成冠脉介入、ERCP等介入手术23例，填补了拉萨市卫生系统相关技术的空白，完成胆囊切除术、骨科手术等百余例，诊治患者8400余人次，开展消化内窥镜检查820余例。组织大型下乡义诊5次，接诊1200余人次，发放健康宣传资料万余册。培训专业技术人员72人。争取资金95万元、药品5万元，支持发展拉萨市医疗卫生事业。王红石、吴东方、张晶、蒋红清、陈颖、苗杰等6名医疗队员被拉萨市委组织部评为优秀援藏干部。本期援藏干部13人，来自北京朝阳医院、海淀区妇幼保健院等9家医院，援藏1年。

（张建国）

【调整市卫生局、市医管局党组织设置】 9月14日，市卫生局召开领导干部大会。市委组织部副部长闫成、宣教政法干部处处长张彤军到会，宣布市委市政府有关决定，撤销市卫生局党组，成立任命制党委和纪委，方来英任党委书记，张秀芳任党委副书记、巡视员，何群任党委委员、纪委书记，郭积勇、赵春惠、毛羽、雷海潮、丛骆骆、赵静任党委委员。市医院管理局成立党委和纪委，方来英任党委书记（兼），毛羽任党委副书记（兼）。王松灵任市卫生局副局长（挂职锻炼至2012年12月），郑晋普任市卫生局副巡视员。（农定国）

【市医院管理局公开选拔领导干部】 经市委市政府批准，市医院管理局面向社会公开选拔7名局、处级领导干部，分别是副局长2人，科研学科教育处处长、医疗护理处副处长、药事处副处长、财务与资产管理处（审计处）副处长、党群工作处副处长各1人。9月15～22日，完成网络报名，7个职位434人报名。136人通过资格初审，具有“三高一低”的特点，即学历高，46人有博士学位，占33.8%；职称高，55人有高级职称，占40.4%；层次高，40人来自中央单位，占29.4%；年龄低，35岁及以下53人，占39%。10月15日，121人参加笔试，参考率89%。10月29～30日面试，2个局级职位、5个处级职位笔试成绩前6名且通过资格复审的应试者参加。参加面试的42名考生具有“两高一低”的特点，即学历高，20人有博士学位，占47.6%；职称高，24人具有高级职称，占57.1%；年龄低，平均年龄为38.1岁，40岁及以下的33人，占78.6%。各职位总成绩前三名进入面试体检和组织考察阶段。

（农定国）

【赤峰市和乌兰察布市医院院长培训班】 9月14～20日，市卫生局举办内蒙古自治区赤峰市和乌兰察布市医院院长培训班。两市49家医疗单位的54人参加培训，其中卫生行政部门人员1人、院长34人、副院长16人、中层干部3人。北京大学肿瘤医院顾晋、北京大学公共卫生学院马谢民教授等从不同角度对医改政策、医院管理和发展做辅导。培训中既有理论讲座，又有实地教学，并考察了北京安贞医院、顺义区医院的信息化建设、科室管理。（张建国）

【拉萨市卫生人员北京培训班】 10月17日，拉萨市卫生系统人员北京培训班开班。拉萨市来京培训30人，其中卫生行政部门7人、医疗13人、公共卫生8人、计生部门2人，在京集中培训21天。市卫生局邀请北京大学、北京安贞医院等高校和医疗机构专家学者就医患法律关系与医患权利义务等知识做专题辅导。组织学员实地考察北京朝阳医院、市疾控中心等5家医疗卫生单位的特色科室。（张建国）

【加大对内蒙古智力援助力度】 为更好地落实《北京市人民政府、内蒙古自治区人民政府区域合作框架协议》，市卫生局进一步加大智力援助力度，在原有援助项目的基础上，增派临时医疗队。10月19日，“情系内蒙北京医疗专家赤峰行”在赤峰市人民医院正式启动。赤峰市委书记王中和等市委市政府领导出席。北京市卫生局党委书记、局长方来英出席并讲话。北京朝阳医院、北京安贞医院、北京儿童医院和北京妇产医院等4家医院的10名专家在赤峰市医院和喀喇沁旗医院开展耳鼻喉科、呼吸内科、内分泌科、儿科、妇科、心外科等7个学科义诊，免费示范心脏手术2例，举办4个专题学术讲座和技术指导，义诊800余人次，培训医疗卫生技术骨干300余人。

（张建国）

【市医管局公开选拔领导干部】 11月15～21日，市医院管理局对公开选拔领导干部进行考察。抽调20人组成5个考察组，通过发布考察预告、民主测评、个别谈话、与考察对象面谈、查阅档案、公示个人工作业绩报告、听取相关纪检部门意见等，对5个处级职位的14名人选进行组织考察（党群处副处长职位有1名考察人选临时放弃）。组织470人进行民主测评，与292人进行考察谈话，在较大范围内听取干部群众对考察对象的评价和反映。（农定国）

【举办基层党务干部实务培训班】 11月10～11日，市卫生局举办基层党务干部实务培训班。从如何实施基层党务公开、规范干部任免流程、加强干部教育培训等方面，对市卫生局34个直属单位的党办主任进行系统培训。局党委副书记、巡视员张秀芳出席培训班总结会并讲话。（袁兆龙）

【14人赴郊区县“人才京郊行”】 12月，市卫生局选派12个单位的14名干部赴北京市8个郊区县开展“人才京郊行”。14人全部为本科以上学历，其中硕士以上占86%，副高级以上职称占86%，共产党员占79%。（智利平）

【京蒙区域合作签署卫生帮扶框架协议】 12月24日，市卫生局党委书记、局长方来英出席京蒙区域合作及对口帮扶工作座谈会，与内蒙古自治区卫生厅党组书记、厅长毕力夫签署《北京市卫生局直属医院对口支援内蒙古蒙医中医医院协议》。同时，北京肿瘤医院院长季加孚与内蒙古自治区卫生厅副厅长兼国际蒙医医院院长乌兰签署《北京肿瘤医院对口支援内蒙古国际蒙医医院合作协议》。市委常委、常务副市长吉林和内蒙古自治区党委常委、副主席潘逸阳等领导出席签约仪式。按照协议，市卫生局15家直属医院的中医科等科室对口帮扶内蒙古自治区15家蒙医中医医院，促进内蒙古蒙中医药事业全面、协调、快速发展，进一步提高医疗资源利用效率和医疗服务水平。同时，北京肿瘤医院与内蒙古国际蒙医医院建立合作关系，进一步提高内蒙古国际蒙医医院在治疗肿瘤方面的专业技术水平。（智利平）

宣传工作

【中心组报告会和领导干部读书班】 市卫生局党委围绕纪念建党90周年、落实“十二五”规划、推进首都医改等工作，邀请国防大学少将金一南、国家发改委宏观经济学院主任吴晓华、中国劳动关系学院教授欧阳骏等专家为中心组做报告。全年举办报告会12场，听众2400人次。7月、11月，局党委举办领导干部读书班2期，请市委宣传部副部长傅华、中央党校文史部教授梅敬忠等就胡锦涛总书记的“七一”讲话和党的十七届六中全会精神进行辅导。局党委书记方来英、副书记张秀芳与学员共同学习并带头宣讲，参加理论培训的院处级干部420人次。方来英被市委宣传部评为理论宣讲先进个人。（孙庆瑞）

【筹办党史展览】 为纪念中国共产党成立90周年，市卫生局参与由市委组织部、市委宣传部等主办的“一切为了人民——北京市纪念中国共产党成立90周年展览”活动。4～6月，在北京卫生系统47家单位征集文字、图片、影像资料和实物510件，有31件参与布展。乡村卫生室的实物，人民好医生韦加宁、国家最高科学技术奖获得者王忠诚院士的影像资料，反映抗震救灾中白衣战士红心向党的特殊党旗等展品，展示了卫生系统党员救死扶伤、无私奉献的精神风貌。6月26日～8月31日，市卫生局系统组织6000人参观，5000余名干部职工在现场填写“心语卡”，踊跃参与到“对党说说心里话，百万党员寄心语”活动中。（孙庆瑞）

【学习型党组织示范点和品牌评选】 7月25日，市卫生局召开学习型党组织工作示范点和品牌活动申报评选会。北京天坛医院、北京同仁医院、北京安贞医院、北京回龙观医院、北京地坛医院、北京口腔医院、北京佑安医院、北京积水潭医院、北京友谊医院、北京中医医院、北京儿童医院、北京朝阳医院以及市疾控中心13个单位申报并参加评选。经过基层单位党委和局系统建设学习型党组织协调小组办公室成员投票，局学习型党组织建设工作的示范点是：北京积水潭医院党委、北京同仁医院党委、北京地坛医院党委；局学习型党组织品牌活动是：圣洁的“心”——安贞医院学习传承吴英恺精神系列教育活动，“青年创新工场”——天坛医院青年成长的摇篮，创新“师带徒”人才脱颖出，党员佑安医疗联盟行。北京同仁医院党委、北京天坛医院“青年创新工场”被评为北京市建设学习型党组织工作示范点和品牌活动。（彭英姿）

【医院文化建设考核标准研究实践活动】 年初，市卫生局宣传处与北京胸科医院、北京医药卫生文化协会等携手申请首都医学发展基金软科学课题，开展“首都医院文化建设考核标准的研究”。5月，课题获批。经过座谈、调查、问卷、整理、分析、归纳以及征求意见等研究实践，于12月结题，制订《首都医院文化建设的考核标准（试行）》，此课题成果已开始应用于全系统文化建设和精神文明建设的量化考核评选工作中。（彭英姿）

【向王振义、吴孟超等学习】 年初，市卫生局转发《卫生部关于在全国卫生系统开展向王振义同志学习活动的通知》《中宣部等五部门关于开展向吴孟超同志学习活动决定的通知》《中共中央宣传部等四部委关于向庄仕华同志学习活动决定的通知》，组织全系统干部职工观看王振义事迹报告会，开展向王振义等的学习宣传活动。（彭英姿）

【建立英模榜】 3月31日，精心设计制作的英模榜在市卫生局党校亮相，丰富了全市卫生系统市级爱国主义教育基地的内涵，形成了院士墙、圣手墙、英模墙、救死扶伤纪念坛的“三墙一坛”格局，供人们参观学习。此次纳入英模榜的是新中国成立以来市卫生局系统白求恩奖章、国医大师、南丁格尔奖章、全国先进工作者获得者。（彭英姿）

【“党在我心中”职工演讲比赛】 为纪念建党90周年，市卫生局开展以“党在我心中”为主题的职工演讲比赛。4月14日，举行预赛，局系统33个单位的93名选手参加。经过评选、培训，5月3日，举行决赛，并在此基础上，组建市卫生局系统“党在我心中”宣讲团。由于成绩突出，宣讲员、市卫生局党校职工于晓姝入选北京市“党在百姓心中”宣讲团第一分团，在全国各地巡回宣讲。同时，市卫生局系统宣讲团被市委宣传部、市委讲师团批准组建北京市“党在百姓心中”宣讲团第9分团。在局系统巡回宣讲的基础上，6月9～14日，宣讲团前往东城区、丰台区、石景山区、西城区、顺义区、海淀区、朝阳区、宣传系统等机关、街道、部队单位巡回宣讲15场，听众4000余人次。（彭英姿）

【“医者仁心，援爱无疆”职工演讲比赛】 8～12月，市卫生局在首都卫生系统开展以“医者仁心，援爱无疆”为主题的职工宣讲活动。区县卫生局、三级医院、疾控中心、血液中心等卫生机构的医务人员138人参加10月20日的演讲预赛，医务人员用自己亲身经历讲述援藏、援疆、援蒙、援外工作情况，展示首都医务工作者讲政治、顾大局、不畏艰险、勇于担当、真情奉献的风采。有2名医务人员被市委讲师团选中，参加全市“北京精神”宣讲。经过复赛、决赛，市卫生局组建了“医者仁心，援爱无疆”宣讲团。12月1日，宣讲团9名成员做首场报告，首都卫生系统100余个医疗卫生机构550名医务人员出席。2012年1月10～12日，2月23日，由9名医护人员组成、以援助工作为主要内容并被命名为“践行北京精神”的白衣天使宣讲团在全市巡回宣讲。前往朝阳区、门头沟区、海淀区、市宣传系统、丰台科技园等社区、机关、企业宣讲，深受好评。（彭英姿）

【参加第3届端午文化节活动】 6月4日，以“弘扬端午健康文化，建设人文北京”为主题的第3届端午文化节在顺义区奥林匹克水上公园举行。市卫生局组织以“健康的北京人”为主题的摄影展，同时，组织百名医学专家开展义诊、咨询活动。摄影展由市卫生局、市中医局主办，市医药卫生文化协会协办，摄影展长60米，分为健康快乐北京人、传统中医文化遗产和北京市卫生系统部分为群众服务的品牌项目、精品活动等3个部分。在义诊区，北京同仁医院、北京儿童医院、北京口腔医院、市疾控中心、顺义区医院等20多家医疗机构100多名专家进行义诊、咨询活动。（彭英姿）

【百名市民公共卫生工作一日体验活动】 8月1日～9月2日，市卫生局组织开展百名市民公共卫生工作一日体验活动。有158名市民分别前往市疾控中心、市卫生监督所、市血液中心、市急救中心、市12320公共卫生热线服务中心等5个公共卫生服务机构，参加为期1天的市民公共卫生工作一日体验活动。他们中既有教师、学生、现役军人、媒体记者，也有公司职员、国家公务员；既有普通市民，也有影视明星；既有本地居民，也有外地来京务工人员。年龄最小14岁，最大69岁。这次体验活动，加深了市民对公共卫生服务的了解和对卫生工作者的理解。

（彭英姿）

【《急诊室的故事》有奖征文活动】 市卫生局在北京青年报开办专栏，开展《急诊室的故事》有奖征文活动。3月2日～9月底，收到稿件数百篇。《北京青年报》副刊健康守望版刊登92篇。8月31日，卫生部党组书记、副部长张茅参加《急诊室的故事》栏目作者与记者、编辑的座谈会，并给予充分肯定。市委宣传部副部长张淼、团市委副书记于庆丰等领导出席座谈会。《急诊室的故事》真人真事、真情实景，展示首都医院的良好形象，凸现医学的人文精神，体现首都医务人员的良好风貌。出版《急诊室的故事》，张茅为本书作序。（彭英姿）

【首都卫生系统文明单位创建评选活动】 第3批全国文明单位的评选推荐工作经过层层推荐，北京地坛医院、北京协和医院和北京佑安医院被评为第3批全国文明单位，北京天坛医院、北京急救中心经过复查继续当选全国文明单位。10月23～25日，市卫生局召开2011年首都卫生系统文明单位评选会。经过集中汇报、层层打分、评选，产生出文明单位的排序名单。经过公示，推荐北京大学人民医院、北京天坛医院、北京协和医院等12家单位为首都文明单位标兵，首都医科大学宣武医院、北京安贞医院、北京积水潭医院等48家单位为首都文明单位。

（彭英姿）

【《生命缘》系列宣传活动】 市卫生局与北京电视台《身边》栏目共同策划拍摄反映医患情的节目，于12月1～3日连续播出3集特别访谈节目：“生命缘”——抉择，“生命缘”——担当，“生命缘”——感恩。《身边》栏目从传播医患情主题出发，关注百姓最为关心的民生热点，以正面引导为切入，客观颂扬普通医务工作者的形象，深入展现积极健康的医患关系。“生命缘”系列访谈节目中推出一批典型人物，如北京地坛医院急诊科副主任王宇险些遭艾滋病病毒感染、北京儿童医院外科病房12年坚持为患儿洗肠、煤炭总医院成功挽回甲状腺癌症晚期患者生命等故事。（张正尤）

【创先争优活动宣传报道】 年内，在《北京日报》《健康报》《首都医药》大篇幅宣传报道第三届首都十大健康卫士的先进事迹。全年编写创先争优活动情况简报58期，被中央简报转发1期、综合摘发1期，北京市简报转发10期，卫生部简报转发2期，卫生部网站转发11期。重点宣传北京天坛医院放射科主任高培毅、首都儿科研究所党委书记卢平、北京妇产医院主任医师黄醒华、北京积水潭医院副院长蒋协远、房山区张坊卫生院乡村医生王金海、北京儿童医院影像中心副主任贾立群等先进个人和北京中医医院、北京友谊医院、首都儿科研究所、北京大学人民医院、平谷区卫生局、门头沟区卫生局等先进单位。

（张正尤）

【开展网络文明传播工作】 6月，北京卫生系统建立由6名（8月扩充为8名）宣传干部、医务人员组成的网络文明传播志愿者工作队伍，每人在新浪网、腾讯网注册微博，在人民网、新浪网、中国文明网注册博客。此外，还主动在搜狐网、网易网、新华网、人民网等网站增加注册多个微博。志愿者在微博里发表大量原创和转载信息，参加评论，回答网友提问，传播精神文明，正确引导网上舆论，收到较好的效果。在首都文明办举办的中国共产党成立90周年博文征集传播活动中，市卫生局获组织奖，北京老年医院医生乌兰的《我的党员父亲》被中宣部、中央文明办评为二等奖，北京友谊医院医生魏威、市卫生局宣传处主任科员张正尤获优秀奖。（张正尤）

【健康报网——北京频道的新闻和科普宣传】 9月1日起，市卫生局宣传处正式负责健康报网北京频道稿件的编发工作。全年编发新闻和科普稿件1977篇，有的稿件被千龙网、中国日报网等知名大网站转载，有的稿件进入健康报网24小时点击排名前十名。另外，还从编发的大量稿件中筛选出有较大价值的稿件直接转发到博客或缩写发到微博里，进一步扩大宣传范围和增强宣传效果。北京频道为宣传北京卫生系统先进典型人物和集体、医疗卫生体制改革、卫生事业发展、科技成果、科普知识等发挥了作用。10月8日起，要求每周给健康报社报送《医改快讯》，全年编辑报送《医改快讯》43条，其中被转发10条。

（张正尤）

【医改工作中的新闻宣传】 2011年，是本市医疗改革的攻坚之年。市卫生宣传中心围绕医改组织记者采访近百次，如医改大会、预约挂号统一平台开通试运行仪式、市医管局成立等。此外，还组织媒体采访世界防治结核病日和世界无烟日活动、执业医师资格考试、建党90周年纪念大会等。全年召开各类新闻发布会24场，内容包括医疗资源布局、消除地方病、集中通风空调清洗、《北京人健康指引》征求意见、社区卫生改革与管理情况等。组织记者系列采访活动6次：家庭医生式服务、双休日门诊、预约挂号、公共卫生一日体验、迎峰度暑、盘点医改等。安排局领导参加直播节目10余次，如市卫生局局长方来英参加城市管理广播《对话一把手》节目，参加北京电视台《身边》栏目录制《做健康北京人》《预约挂号》《一升一降话医改》等；副局长郭积勇在北京电视台《健康北京》栏目介绍家庭医生式服务；副局长毛羽参加北京人民广播电台《城市管理服务广播》直播节目，在北京电视台《健康北京》栏目介绍预约挂号、冬季无偿献血情况；副局长雷海潮参加《首都之窗》和北京电视台《健康北京》栏目，介绍《健康北京城“十二五”规划》的直播节目。共制作《健康播报》节目49期，在北京电视台科教频道《健康北京》栏目播出。（马彦明）

【加强卫生舆情监测】 4月起，市卫生局将电视媒体纳入卫生舆情监测范围。至此，市卫生局的舆情监测已覆盖报纸、电视、网站、论坛以及WEB2.0区域的博客、微博等。审核发布《每日卫生舆情》351期、舆情监测月度分析报告12期，搜集汇总春节、五一、十一等节日期间舆情，监测1～4月媒体对医改的负面报道，对开展预约挂号以来舆情反映的问题进行汇总分析等。（琚文胜）

【首届院报展评】 年内，举办首届北京市卫生系统优秀院报展评活动。共收到参赛作品22件，分别从文字编辑、版面设计、图片编辑等3个方面投票，最终综合评出十佳院报。会上，宣传中心汇报了各单位院报的调查结果。北京日报社会新闻部副主任李学梅、北京晚报资深美术编辑吴薇、原中国卫生画报社执行总编杨玉凯讲课并点评。（田　昀）

【新闻宣传干部培训】 全年组织各类新闻宣传培训7次，1200人次参加，培训内容涉及新闻危机处理、电视片制作、院报编辑制作、医改等。3月18～19日，由卫生部新闻办和北京市卫生局主办、清华大学公共关系与战略传播研究所承办的和谐医患关系与战略传播高级研讨班开班。市卫生局各处室、三级医院、区县卫生局和直属有关单位的负责人和新闻发言人150余人参加。（琚文胜）

【制作电视片】 2011年是宣传中心制作电视工作片最多的一年，主要的工作片有6部，其他各种工作记录片26部。年初，督导检查公立三级医院医疗管理的《寻找瑕疵，精细管理》在市医改培训班播放，各单位在电视片中找到自己的问题积极整改。反映卫生系统党建工作的《践行宗旨，守护健康》在卫生系统庆祝建党90周年大会上播放，介绍北京市开展预约挂号成果的《开启就医直通车》在卫生部预约挂号推进会上播放，反映卫生系统援疆、援藏、援外等工作的《医行天下》在卫生系统“践行北京精神，为了人民健康”大会上播放。市卫生局安保处的《回头看，找亮点》、计划发展处的《医院废弃物管理》等电视片在专项会议上播放。（陈文克）

【第20届“杏林杯”电视片汇映】 以“党在我心中”为主题的第20届“杏林杯”电视片汇映征集作品38部，其中17部入选终评。经过评选，北京积水潭医院《骨肉相连》、北京天坛医院《让国产脑起搏器造福患者》获一等奖，首都医科大学宣武医院

《彭水林不疼了》、北京同仁医院《中非光明行纪实》、北京朝阳医院《为了一个民工的生命》、北京中医医院《我爱我家》获二等奖，北京安贞医院《致命妊娠》、北京胸科医院《重生》、北京妇产医院《为了母亲的微笑》等8部作品获三等奖，顺义区医院《竖起的大拇指》等3部作品获优秀奖。

（马彦明）

【第10届卫生好新闻评比活动】 本次活动共收到38家单位报送的240篇作品，其中新闻类86篇、科普类154篇，评出一等奖5名、二等奖11名、三等奖22名、优秀奖42名、组织奖10名。参赛作品比上年增长55%，其中新闻类作品增长32%、科普类作品增长71%。 （项春梅）

【第六届卫生摄影作品大赛】 比赛以“党在我心中”为主题，收到作品944幅（组），比上年增长45%，报送单位比上年增加7家。本届摄影比赛获奖作品在市卫生局党校文化橱窗中集中展出。

（李敬福）

【北京卫生系统14部电视片获奖】 在中国电视艺术家协会行业电视委员会第15届行业电视节目展评活动中，北京市卫生系统有14部电视片获奖，市卫生宣传中心获最佳组织奖。6月18日，宣传中心马彦明被市直机关工委评为优秀共产党员。 （琚文胜）

统战工作

【市卫生局系统政协委员、人大代表座谈会】 1月12日，市卫生局召开局系统市政协委员、人大代表座谈会。市卫生局党组书记、局长方来英主持会议，党组成员、副局长郭积勇，副局长邓小虹参加，局有关处室负责人和市卫生局系统人大代表、政协委员27人参会。方来英通报2010年重点工作情况和当前卫生工作所面临的难点问题等，郭积勇介绍社区卫生工作和医疗卫生单位建设规划情况和存在的困难，邓小虹介绍医疗价格定价存在的问题及医疗急救立法等方面的情况。 （张秀芬）

【春节前慰问困难归侨】 根据国侨办等9部委联合下发的《关于做好散居困难归侨侨眷扶贫救助工作的意见》，市卫生局统战处对直属单位的困难归侨进行摸底调查。春节前，统战处代表局党组对7名困难归侨进行了慰问。 （张秀芬）

【侨联委员座谈会】 2月15日，市卫生局召开局侨联委员座谈会，传达学习市委、市政府《关于加强新形势下侨联工作的意见》，总结2010年侨联工作，研究2011年侨联工作。局党组副书记、正局级巡视员张秀芳到会并讲话。 （张秀芬）

【北京医疗队“健康光明博乐行”】 6月8～15日，市侨联、市卫生局“健康光明博乐行”医疗队到新疆维吾尔自治区博尔塔拉蒙古族自治州博乐市，为当地贫困白内障患者实施复明手术109例。北京同仁医院防盲办主任胡爱莲为医疗队准备医疗器械、人工晶体等约450千克。患者中大部分都是年龄在60～70岁的农牧民，很多白内障到了成熟期，甚至过熟期，条件不好，手术难度较大。北京同仁医院的专家克服困难，每天工作12个小时以上为患者施行手术。

（张秀芬）

【党外人士通报会】 8月5日，市卫生局召开党外人士通报会，局属单位的全国及市人大代表、政协委员、基层民主党派支部负责人、无党派人士代表等40人参加。市卫生局党组副书记张秀芳主持会议，副局长、党组成员毛羽通报市卫生系统医药卫生体制改革的进展情况。 （张秀芬）

【赴平谷区金海湖镇义诊】 10月24～28日，市卫生局和市侨办赴平谷区金海湖镇卫生院联合举办“侨爱工程——送温暖医疗队”定点义诊活动。市卫生局统战处挑选局直属三级甲等医院的心脑血管、糖尿病、中医、妇科等副主任医师以上职称的5名专家参加义诊活动。义诊持续5天，惠及镇属28个村的村民。 （张秀芬）

离退休干部工作

【走访慰问】 春节、七一前夕，市卫生局走访慰问局机关及本系统老红军、老领导、老党员、困难职工160余人次，并发放慰问金和慰问品。

（陈志明）

【召开离退休干部工作会】 3月16日，市卫生局召开离退休干部工作会。贯彻落实北京市第24次老干部座谈会议精神，总结2010年全系统离退休干部工作的成绩，明确本年度工作重点：一是围绕建党90周年开展纪念活动，二是着力加强离退休干部思想政治建设，三是加强“双高期”离休干部服务工作。局党委副书记张秀芳参会并讲话，市直机关工委边伟芳肯定了市卫生局系统的离退休干部工作。卫生系统主管领导、工作人员及离退休干部160余人参加会议。 （陈志明）

【开展创先争优活动】 根据创先争优活动新要求，市卫生局探索创新离退休干部党支部的学习活动方式。组织离退休党员学习胡锦涛总书记“七一”讲话及党的十七届六中全会精神，开展学习杨善洲先进事迹活动，进一步推进学习型离退休干部党组织建设。北京朝阳医院退休干部司堃范被评为北京市离退休干部老有所为先锋、创先争优旗帜。

（陈志明）

【纪念建党90周年】 上半年，市卫生局开展以“颂党恩抒豪情”为主题的征文活动，选出77篇整理汇编成文集。举办以展示中国共产党90年辉煌历程为主题的书画摄影作品展，以座谈会、歌咏、征集微博等形式开展“向党说说心里话”主题活动。开展争做“健康有为老寿星”活动，评选出60名年满70周岁、身体健康、贡献突出的老同志。6月20日，召开全系统离退休干部“健康有为老寿星”表彰会，对60名“健康有为老寿星”进行表彰。市卫生局党委副书记张秀芳到会并讲话，市卫生局直属单位离退休干部工作主管领导及工作人员、离退休干部代表280余人参加。（陈志明）

【提出“3个转变”新思路】 年初，针对离休干部普遍进入“双高期”的实际情况，市卫生局提出“3个转变”新思路：由大型活动向小型活动转变，由坐等上门向主动上门服务转变，支部活动由集中向分散转变。经过一年实践，明显提高为老干部服务的质量和服务水平，取得很好的效果。（陈志明）

【开展“老少携手，朝夕相伴”活动】 年内，市卫生局在离休干部和团员青年中开展“老少携手，朝夕相伴”主题互助活动。五四前夕，召开离退休干部及团委书记20余人参加的座谈会。局党委副书记张秀芳要求团员青年学习传承老同志艰苦奋斗、服务人民健康的优良传统和作风，树立正确的人生观、世界观和价值观，争做一支让党放心、让老干部放心的青年队伍。此项活动被评为北京市优秀离退休干部党支部建设工作创新项目。（陈志明）

【落实离退休干部工作领导责任制】 8～10月，市卫生局系统各单位对贯彻落实《北京市离退休干部工作领导责任制》的情况进行自查，在自查的基础上对10家单位进行了检查。检查方式一是听取单位离退休干部工作汇报，查阅有关责任制落实情况的文字材料和工作记录。二是依据量化考核标准对贯彻落实责任制情况进行考核。三是检查小组向各单位党委主管领导通报对该单位贯彻落实责任制的检查情况，并针对发现的问题，提出改进意见。9月26日，市直机关工委领导参加、局党委副书记张秀芳率领检查组，在北京朝阳医院召开现场会。市直工委领导对市卫生局老干部工作给予肯定。（刘星梅）

【离退休干部体检】 6月7～8日，市卫生局组织局机关离退休干部118人到小汤山疗养院健康体检，并向22名离休干部发放“小帮手”服务器。

（刘星梅）

【举办老干部兴趣学习班】 9～11月，举办市卫生局2011年秋季老干部兴趣班，开设了声乐、书法、绘画学习班，累计学习60课时，100余人次参加。（刘星梅）

【召开工作人员经验交流会】 4月14日，市卫生局召开离退休干部工作人员会议，总结点评本年度工作计划，细化和具体部署重点工作；北京友谊医院、北京世纪坛医院和北京回龙观医院进行了交流。市卫生局党委副书记张秀芳到会并讲话。（刘星梅）

【离退休工作人员培训】 5月24日，市卫生局离退休干部处党支部组织全体党员学习，邀请北京市卫生系统思想政治工作研究会会长齐敬宁以“学习党史、学好党史”为题讲党课。7月29日，组织卫生系统离退办主任收看由国防大学吴杰明副主任讲授的《胡锦涛总书记“七一”重要讲话精神解读》录像。8月16日，市卫生局离退休干部处党支部组织党员到中华世纪坛参观“一切为了人民”北京市纪念中国共产党成立90周年展览。8月31日，离退休干部处与市直机关工委老干部处党支部联合过支部生活，共同研究探索做好新时期老干部工作的新途径和新举措。10月27～28日，组织离退办主任学习习近平在全国老干部工作“双先”表彰大会上的讲话精神。11月22日，组织系统离退办主任18人到湖南省卫生厅离退休干部处、湖南省肿瘤医院及湘西自治州卫生局等单位，就创新“双高期”离休干部服务管理、离退休干部党支部建设等课题进行交流和研讨。12月19～20日，举办系统离退休干部工作人员“学先进、见行动、争优秀、促工作”活动培训班，市直机关工委老干部处处长魏建合做辅导报告。组织观看李林森先进事迹专题片《燃尽生命写忠诚》，收看文化部政法司司长韩永进《学习贯彻党的十七届六中全会精神》辅导报告录像。（刘星梅）

【开展调研工作】 年内，围绕加强离休干部“双高期”服务管理、离退休干部社区“四就近”服务管理情况及加强离退休干部党支部建设等课题开展调研，重点以北京友谊医院、北京朝阳医院、北京世纪坛医院、北京同仁医院、北京老年医院及羊坊店街道铁医社区、温泉社区为试点，通过发放问卷、召开座谈会、个别访谈等形式，基本掌握好的经验做法，对存在的问题提出对策和建议，形成《如何发挥离退休干部优势建立和谐社区》《离退休人员“四就近”工作开展现状的调研与思考》《新时期加强和改进离退休干部党支部建设的实践与思考》调研报告，并被评为年度市直系统优秀调研报告。（刘星梅）

【宣传推荐先进典型】 年内，市卫生局被评为市直系统离退休干部信息工作先进单位，北京友谊医院离退办被评为市直系统离退休干部工作先进集体，北京同仁医院离退休党支部开展评选“钻石级党员”活动被评为北京市优秀离退休干部党支部建设工作创新项目，北京中医医院离退办主任李梅被评为北京市离退休干部工作先进个人。（刘星梅）

工会工作

【评选推荐先进】 经市卫生局党委同意、局工会推荐，市疾控中心获第12届全国职工职业道德建设标兵单位及全国五一劳动奖状，市红十字血液中心获全国五一劳动奖状，北京积水潭医院工会被评为全国模范职工之家，北京朝阳医院医技分会病理科工会小组委员会被评为全国模范职工小家，北京地坛医院重症内科护理组被评为全国五一巾帼标兵岗；北京安贞医院张兆光获全国五一劳动奖章，北京口腔医院孙正、首都儿科研究所张霆、北京协和医院刘鹏举、北京友谊医院华鑫、北京小汤山医院刘雅平获首都劳动奖章。（张　宇）

【举办医药卫生职业技能比赛】 年内，市卫生局、市中医局、市总工会联合举办北京市医药卫生职业技能（中药鉴别）比赛，纳入北京市第二届职工技能大赛。北京地区二级以上公立医疗机构及有关单位的190余名中药专业技术人员参加。经过初赛、复赛、决赛，北京积水潭医院徐保海获第一名。（张　宇）

【开展北京卫生系统文体活动】 年内，组建北京卫生足球队，参加由市总工会、市体育局共同主办的“2011蓝色·风尚杯”第2届北京市职工足球联赛，获精神文明奖。此外，还举办北京卫生系统职工登山比赛、第7届北京卫生系统职工乒乓球比赛、首届北京卫生系统职工台球比赛。（张　宇）

【开展职工互助保险工作】 2011年，发展新会员2860人，办理各险种41316人次，投保金额216万元。185人次得到赔付慰问，金额51.3万元。增加新推出的险种——职工住院津贴互助保障计划，为职工建立起抵御风险的屏障。（张　宇）

共青团工作

【团员青年积极参与医疗改革】 市卫生局团委组织团员青年响应医改各项措施，主动参与配合双休日门诊、优质护理服务、预约挂号等医改举措，开展志愿服务进医院等活动，为推动医改新政策贡献力量。组织百余名卫生网络宣传志愿者针对挂号不点名、电话网络预约挂号等在各大门户网站和论坛上与网友互动。8月17日，局团委与宣传处、宣传中心联合举办市卫生局宣传干部、团干部医改宣传培训班。北京地区三级医院、市卫生局所属各单位、各区县卫生局宣传工作负责人及工作人员，直属单位团委书记、团干部（团支部书记）及网络宣教志愿者200余人参加培训。（刘　念）

【开展志愿服务活动】 年内，落实《“人文北京、科技北京、绿色北京”卫生青年行动计划（2010－2012）》，北京青年健康使者火炬行动首次尝试组织87家医疗卫生机构与102个团建百强街乡进行对接，签署医疗卫生支援协议书，促进属地资源整合。全市87家医疗卫生机构组织9900余名青年医务志愿者分赴607个社区、街道（乡镇村），72家公益机构，286家基层医疗机构和1089户困难家庭开展义诊咨询、科普宣传、扶贫济困等卫生志愿服务活动。全年义诊咨询171902人次，发放健康书籍、科普宣传材料541185册，捐赠药品和日常用品总价值68万元。志愿者累计服务时间147706小时。受益群众较上年增长2~5倍。

6月10日，局团委、北京市红十字血液中心召开卫生系统无偿献血志愿服务表彰暨世界献血者日志愿服务工作会，向团员青年发出《预约献血，科学用血》的倡议书。6月14日，局团委、市红十字血液中心组织市属医疗卫生机构近200名医疗卫生专业志愿者分赴17个街头采血点及西单献血屋开展无偿献血志愿服务活动。

8月8日，局团委与北京回龙观医院团委组织局直属单位120余名团员青年参加第4届中国国际青年艺术节“生命的艺术”主题论坛。

11月11日，局团委组织系统内200余名志愿者参加由世界卫生组织艾滋病治疗与关怀综合管理合作中心和香港艾滋病基金会等专家主讲的“相互关爱，共享生命”青春红丝带百名骨干志愿者培训班。12月1日，局团委与北京地坛医院等多家单位承办“行动起来，向‘零’艾滋迈进”——2011年世界艾滋病日主题宣传活动。卫生部部长陈竺出席。

大力开展禁烟控烟、征集低碳医院环保小创意、“3510·我是步行族”等活动，号召团员青年为建设节约型医院做出贡献，倡导绿色出行，传播绿色生活理念。（刘　念）

【加强组织建设】 4月28日，召开“创先争优”——2010年度北京市卫生局五四红旗团委评比工作会。5月18日，召开卫生系统党建带团建工作暨共青团五四表彰会，下发《关于加强新形势下北京市卫生系统党建带团建工作的意见》。10月，局团委组织市属卫生系统团员青年参与“为民服务创先争优”主题实践活动。完成对北京天坛医院、北京小汤山医院、北京急救中心和北京友谊医院等单位共青团换届改选的指导工作。新增北京市卫生公共热线服务中心团支部。各单位团组织全年推优入党77人。

（刘　念）

【探索青年工作新途径、新载体】　年内，局团委组织各级团组织通过形势宣讲、理论学习、主题社会实践等培养团员青年热爱祖国、热爱事业、热爱人民的高尚品德。5月，局团委联合搜狐网、搜狐健康等单位举办纪念中国共产党成立90周年“说句心里话”微博征集评选活动。共征集微博3536条，组委会评选出100条优秀微博编辑成册。与局老干部处联合开展“老少携手，朝夕相伴”系列活动，通过座谈会、“激情难忘”——口述历史老党员访谈等活动，激发团员青年爱国爱党爱事业的热情。“北京精神”发布后，召开直属单位团委书记工作会，以“北京精神与青年责任”为主题，运用微博等新媒体，结合卫生中心工作，在青年中推广宣传北京精神，加深卫生青年对北京精神的理解，激发思想共鸣。

（刘　念）

【获得的荣誉】　年内，北京安贞医院心内科/房颤中心主任医师刘兴鹏获市人事局、团市委授予的第25届北京市青年五四奖章，北京积水潭医院团委被评为北京市五四红旗团委，北京回龙观医院临床一科团支部为北京市五四红旗团支部，北京天坛医院团委书记陈皞和北京卫生学校团委副书记柳丽娜当选北京市优秀团干部，北京儿童医院住院医师王伟被评为北京市优秀共青团员。在2009～2010年度全国青年文明号、青年岗位能手评选活动中，北京天坛医院神经外科三病区、北京积水潭医院烧伤科、北京儿童医院五官科、北京胸科医院综合科被评为全国青年文明号，北京中医医院针灸研究室主任刘存志、首都儿科研究所中心仪器室助理研究员权力当选全国青年岗位能手，北京同仁医院团委获“号、手”创建活动优秀组织奖。

（刘　念）

国际和港澳台交流

【概述】　2011年，全市卫生国际与港澳台的合作交流工作呈现出全方位、多层次、宽领域特点，在提升首都国际功能和影响、服务国家总体外交、强化服务管理和促进医药卫生体制改革等方面取得新进展：通过中英社区医疗卫生合作、高级儿科专业人才培训合作以及中法急救医学合作等国际合作项目，学习境外先进技术和管理方式，培养和引进卫生管理和专业技术人才；通过签署合作意向书，促进务实合作，扎实推进京港两地医疗管理机构合作发展；围绕建设中国特色世界城市，实施重点项目调研，提升首都卫生系统国际合作水平；通过因公出国（境）工作的量化管理、分类指导，在确保总量零增长的基础上，有保有压，服务和支持各部门各单位对外交流与合作，保证重点因公出国（境）任务的完成；通过设立援外医疗队员之家等工作，稳步推进援外医疗队建设，加强创新与管理。

（鲍　华）

国际交流与合作

政府间交流与合作

【中法急救医学合作项目】　10月，市卫生局与法国驻华使馆、法国道达尔集团续签3年的《北京中法急救医学培训中心合作协议》。继续开展中法北京市中学生急救培训项目，市卫生局和法国道达尔集团共同向全市中学捐赠3000本《中学生参与式急救技能培训指南》，推动中小学开展急救技能教育。年内，市卫生局领导分别会见法国劳动、就业和卫生部部长贝特朗先生，法国卫生国务秘书诺拉·贝拉女士及法国卫生部国际合作司海外项目主管施曼笙先生等。5月，继续派遣专家技术团组赴法，就区域卫生规划及急救立法进行考察交流。市卫生局与法国相关单位共同举办中法急诊急救医学论坛、中法抗菌素耐药和医院感染防控论坛、中法精神卫生研讨会等。对促进中法双方在急救、细菌耐药和院感以及精神卫生领域的交流合作起到积极作用，成为双方管理者和专家长期交流的品牌论坛。

（高　路）

【中英社区卫生合作项目】　年内，邀请英国伯明翰大学黄国汉医生一行为本市社区卫生工作人员进行为期2周的学术培训；邀请英国皇家全科医师学院的专家来京交流，并举办多个社区卫生交流与培训项目，介绍英国社区卫生服务的运行机制、服务模式和绩效考核等，探讨北京社区卫生的发展模式与服务特色。中英双方共同启动北京市高级儿科专业人才培训合作计划（2011～2015）。该项目将通过培训儿科管理团队和医师，开展学术交流和科研合作，扶持和发展北京市儿科事业，培养临床骨干，增加儿科吸引力，破解公立医院改革难题。经本市二、三级医院等医疗机构推荐，有26名儿科专业医师参加雅思测试。经选拔，18人符合条件，将分3批赴英国培训。

（高 路）

【中泰精神卫生合作项目】 继续与泰国卫生部精神卫生司互派精神卫生管理者和专家开展精神卫生重点工作的交流与合作。3月，市卫生局副局长于鲁明会见泰国卫生部精神卫生司代表团。双方就精神卫生工作现状、改革进展以及人员培训等进行交流。8月，市卫生局派专家代表团访泰并参加第10届精神卫生国际论坛，了解和学习世界精神卫生发展趋势、管理模式等。（高 路）

【中俄合作项目】 为落实第10次中俄卫生合作分委会的会议纪要，北京儿童医院与俄罗斯巴斯德研究所继续在细菌耐药机制及分子流行病学研究等方面开展合作，并签署合作协议。中俄合作项目还获得国家自然科学基金的资助，取得一批科研成果。

（高 路）

【中以合作项目】 2011年，继续与以色列驻华使馆、MASHEV中心等机构合作，组织本市医疗卫生领域专业技术人员和专家赴以培训，由以方全额资助。（高 路）

国际组织交流与合作

【与世界卫生组织的合作】 3月，世界卫生组织西太平洋区域办公室药物专家代表团对北京市基本药物政策的实施进行评估及实地考察。世界卫生组织评估团专家表示，北京市基本药物制度实施工作目标明确、重点突出、成效显著，有许多值得学习和借鉴之处。年内，召开2次“健康城市项目”工作会，做好“健康城市项目”与世界卫生组织的沟通协调工作，推动工作的进展。市卫生局系统承担的9个世界卫生组织2010～2011年度合作项目全部完成并结题。市属11家世界卫生组织合作中心也分别承担着数十项政府间合作研究项目，成果显著。（刘 畅）

民间交流与合作

【国际卫生科技合作项目70余项】 2011年，市卫生局系统国际卫生科技合作培育成熟众多品牌和典型项目，累计70余项，重点项目如下表。

国际科技合作基地	
科技部认定的国际科技合作基地	北京安贞医院——国际心血管疾病研究北京市国际科技合作基地
北京市国际科技合作基地	北京佑安医院——传染病转化医学北京市国际科技合作基地 北京安定医院——精神分析与认知行为心理治疗北京市国际科技合作基地
主要国际科技合作项目	
北京朝阳医院与英国诺丁汉大学开展的PRIDE研究项目	
北京朝阳医院与美国CDC开展的埃及MRSA合作项目	
北京朝阳医院与美国哈佛大学Brigham&Women医院开展的ROCK在皮肤血管炎发病中的作用机制研究项目	
北京朝阳医院与日本北海道大学肿瘤病理学科开展的远程病理会诊体系合作项目	
北京朝阳医院与美国哈佛大学开展的牙周炎与慢性阻塞性肺疾病的相关关系研究项目	
北京口腔医院与荷兰拉布拉德大学内梅亨医学中心合作项目	
北京天坛医院与美国克利夫兰医学中心开展的临床肿瘤颅底技术培训和住院医培训项目	
北京天坛医院与加拿大蒙特利尔大学附属圣加斯汀医院合作项目	
北京天坛医院与比利时布鲁塞尔大学合作项目	
北京市神经外科研究所与法国巴斯德研究所开展的显微外科结合基因治疗修复面神经损伤项目	
北京市神经外科研究所与美国华盛顿大学医学院开展的脊髓与大脑半球胶质瘤生物学行为差异的分子病理机制的研究项目	
北京市神经外科研究所与美国北德克萨斯医学中心开展的亚甲硝基蓝对缺血性脑卒中的治疗作用研究项目	
北京市神经外科研究所与香港中文大学开展的癫痫人口遗传学研究项目	
北京市神经外科研究所与巴西Samaritano医院开展的脑血管病介入新技术应用以及栓塞材料项目	
北京老年医院与澳大利亚悉尼市宾士镇医院开展的北京老年医疗连续性服务的构建策略及其应用研究	
北京友谊医院与丹麦临床与基础研究中心的合作项目	
北京市红十字血液中心与香港红十字输血服务中心开展的学习培训项目	
北京妇产医院与英国剑桥大学开展的21世纪胎儿与新生儿生长发育标准研究合作项目	

续表

北京妇产医院与德国图宾根大学开展的激素类药物对乳腺癌影响的合作和研究项目
北京妇产医院与美国辛辛那提儿童医院的合作项目
北京儿童医院与意大利梅耶儿童医院捐赠造血干细胞实验室的合作项目
北京儿童医院与俄罗斯圣彼得堡实验医学研究所开展的链球菌中心的合作项目
北京儿童医院与俄罗斯巴斯德研究所开展的分子微生物研究室合作项目
北京儿童医院与美国圣吉德儿童研究医院的合作项目
北京儿童医院与澳大利亚 Westmead 儿童医院的合作项目
北京儿童医院与德国 Brauchsweig 霍尔姆兹感染疾病中心的合作项目
北京儿童医院与丹麦 Aarhus 大学的合作项目
北京儿童医院与苏黎世大学医院的皮肤科合作项目
北京儿童医院与美国田纳西州纳什维尔市范德堡大学医学中心合作项目
北京儿童医院与美国疾病预防和控制中心的合作项目
北京儿童医院与美国亚利桑那健康科学中心的合作项目
北京世纪坛医院与蒙古耳鼻喉研究教研中心"EMJJ"医院开展的技术合作项目
北京世纪坛医院与美国加州大学旧金山分校的妇科合作项目

（刘　畅）

【为国际合作项目提供支持和指导】　一是资金支持重点单位国际合作项目。如为北京朝阳医院与哈佛大学的合作项目提供启动资金，该项目年内结题，累计发表SCI论文3篇、中文核心期刊论文10篇，获得多项国家和地方科研基金，建立起学术和科研梯队，取得较高的经济效益和社会效益。二是为民间合作项目牵线搭桥。如北京口腔医院在与荷兰、加拿大和比利时等医疗机构的合作中，组织医务人员出访进行联合培养。王松灵教授课题组的研究项目"口腔颌面组织修复及功能重建技术的研究及应用"获得国家科技进步二等奖。三是利用社会资源为医改重点工作服务。市卫生局领导分别会见德国贝朗蛇牌事业部全球首席执行官、新西兰保健公司国际副总裁、美国美可公司和日本德洲会医疗法人集团等代表团，就基本医疗保健、电子病历、社区医疗服务及老年医学等领域的合作进行洽谈。（刘　畅）

港澳台交流与合作

【与香港互访加强合作】　3月，市卫生局副局长于鲁明会见香港医院管理局联网服务总监张伟麟先生一行；5月，张伟麟总监一行来京，与北京市卫生局就药品采购管理进行交流；6月，市卫生局局长方来英赴港参加香港医院管理局研讨大会，做《"十二五"规划下北京市的医改策略方向》的演讲，并考察香港圣约翰救伤队。10月20～21日，市卫生局和香港卫生署共同举办第15届北京·香港经济合作研讨洽谈会卫生合作专场。北京市医院管理局和香港医院管理局签署合作意向书，通过高层人员交流、专业技术合作和信息资源共享等推动两地卫生事业发展。京港双方还围绕"医药卫生体制改革中药事政策与管理"的主题，就医药卫生体制改革中药事政策与管理、公立医院改革等进行研讨交流。10月30～31日，香港卫生署署长林秉恩、助理署长黎洁廉等一行4人出席北京中医药国际发展与合作交流会，介绍中医药在香港的发展情况、当地传统医学发展现状以及社区卫生服务的管理经验。（鲍　华）

【接待台湾夏令营医学生】　7月19日，市卫生局统战处在基层卫生处的协助下，带领台湾阳明大学、中国医药大学、辅英科技大学、嘉南药理科技大学的本科、硕士及博士研究生一行34人到北京市月坛社区卫生服务中心参观和座谈。通过参观座谈，台湾医学生对大陆社区卫生服务中心有了一定的了解，并产生浓厚的兴趣。（张秀芬）

【探讨台湾医师在大陆申请医师资格】　8月18日，台湾医务管理学会理事长石曜堂先生到北京市卫生局，就台湾医师在大陆申请医师资格事宜进行沟通和探讨。卫生部台港澳办相关人员、市卫生局副局长毛羽及医政处、办公室等处室领导参加会议。副局长毛羽介绍了台湾医师在大陆申请医师资格的认定管理办法、程序等。台湾医务管理学会理事长石曜堂先生对北京市卫生局办理台湾医师在大陆申请医师资格的认定工作表示理解和满意。（张秀芬）

卫生援外

【赴几内亚调研考察】　年内，市卫生局分别由副局长毛羽和北京天坛医院领导率团赴几内亚实地调研考察，为援外医疗队员解决实际困难。期间，拜会中国驻几内亚使馆大使，召开医疗队员座谈会，听取援外医疗队员对进一步做好援外工作的建议。市卫生局国际合作处通过与卫生部研讨、药械运输、争取预

算外资金等多种措施不断提高援外医疗队员工作和生活条件，取得切实成效。（刘　畅）

【探索援外医疗工作新模式】　市卫生局以中几友好医院开业为契机，探索专职队长选派机制，扩大援外医疗队影响，创出援外医疗队品牌。经局党组和卫生部批准，推荐北京天坛医院工会主席徐燕玲作为第22批援几内亚医疗队新任专职队长。9月，又选派北京世纪坛医院孟锋医师作为总统保健医，赴几内亚执行援外任务。

市卫生局建立援外医疗队员之家，为管理援外医疗队日常事务性工作的机构，也是援外医疗队员长期交流的平台，主要承担开展培训、展览展示、举办活动和储备人才等工作。完成第23批援几内亚医疗队的组建，全体医疗队员在北京语言大学开始进行为期8个月的法语全脱产培训。（刘　畅）

【援外医疗工作成果丰硕】　第22批援几内亚医疗队克服当地政局动荡、传染病肆虐以及医疗条件落后等困难，精心为几内亚人民解除病痛，普及医疗知识，并为大使馆和中资机构工作人员提供医疗服务，获得几内亚政府、几内亚人民、卫生部和中资机构的赞扬和高度评价。在中几友好医院尚未开诊的情况下，开展驻地门诊，累计诊治355人次，外出会诊14人次，服务使馆和中资机构112人次，赴总统府出诊23人次。7月19日，几内亚总统官邸遇袭，医疗队即接到为总统医疗保健的任务，并成功完成任务。开展义诊活动，接诊约270例，免费发放药品20余种300余盒，发放关于高血压、疟疾、伤寒等宣传资料400余份。（刘　畅）

建设中国特色世界城市

【重点项目调研】　年内，市卫生局与清华大学合作，完成“北京市卫生系统国际合作现状、需求及趋势研究”的调研。该调研围绕医疗卫生国际合作的主题，利用网络及图书馆资源，查阅数十万字的国内外研究资料，对全球化卫生发展现状、全球卫生治理等基础资料进行总结，借鉴发达国家的全球卫生战略及其他世界城市的健康城市建设经验。提炼出北京市卫生国际合作事业发展战略的基本框架。走访在京的29个世界卫生组织合作中心以及外资合资医院，了解卫生国际合作工作的开展现状、取得的成果、面临的问题以及长期的发展规划。总结出北京市卫生国际合作工作的现状及发展需求。拜访卫生部国际合作司司长、世界卫生组织专家等管理和专业技术人员，探索全球卫生外交、卫生资源共享及提升国际竞争力的途径。选择2家外资合资医院进行典型调研，探讨外资医院在北京市公立医院改革、国际卫生人才流动、卫生资源分布、国际化医疗市场形成过程中的作用和发展趋势。最终形成三大成果：《北京市卫生系统国际合作现状、需求及趋势研究报告》《北京市世界卫生组织合作中心发展研究》《北京市外资合资医院发展研究》。（鲍　华）

【国际语言环境建设】　市卫生局作为首都国际语言环境建设工作牵头部门之一，扎实推进首都卫生系统国际语言环境建设工作。主要包括：一是制订本系统国际语言环境建设工作实施方案：《首都医疗卫生系统国际语言环境建设工作实施方案（2011－2015）》。二是继续与北京外国语大学合作，做好北京多语言服务平台的建设。进一步完善北京急救中心（120）、北京市红十字会紧急救援中心（999）和北京市公共卫生服务热线（12320）涉外救援和咨询电话的三方转接机制和工作流程，与多语言服务平台合作稳步推进。三是分阶段、分重点、分层次地开展医疗卫生系统窗口行业讲外语和外语培训工作，启动医疗卫生窗口行业外语培训教材的编写工作，继续组织医务人员参加北京英语水平考试（BETS）等。四是协助做好北京市民讲外语活动组委会专家顾问团巡讲活动。五是进一步充实首都医学外语人才储备库，强化外语人才建设与储备。六是建立外籍人员就医保险试点，创造良好的涉外就医环境。七是继续做好规范英语标志的工作。（刘　畅）

【引进国外专家智力和技术】　市卫生局以提高北京市卫生技术人员的业务素质和技术水平为目标，邀请各国专家来华交流，涉及基础科学、临床应用和预防医学等多方面。通过专题培训、交流研讨、合作研究以及现场技术示范等形式，引进国外专家智力和技术，促进国际合作项目的开展，提高重点学科建设水平，培养一批中青年学科带头人和业务技术骨干，形成一套符合北京市实际的医学学科建设和人才培养机制。3月，北京妇产医院邀请德国绝经学会主席、德国图宾根大学妇产医院内分泌、绝经和妇女健康中心主任Alfredo. Mueck教授开展学术讲座，并进行疑难病例讨论。5月和9月，北京安定医院与国际精神分析学界最高专业水准的国际精神分析协会（IPA）继续合作，举办精神分析师培训项目。进行120学时的理论讲课和40学时的案例督导，开展86人次的个人体验工作。有60名学员和外籍教师7人次参加培训。北京急救中心、北京急救医疗培训中心正式成为国际创伤生命支持术（ITLS）联合会中国分部，代理ITLS课程在中国急救系统的认证与拓展。3月30日，英国贝利马丁基金会主席马丁·哥顿先生获北京市外国专家长城友

谊奖。9月29日，马丁·哥顿先生获中国政府友谊奖。（高　路）

【外事干部队伍建设】　1月10～11日，市卫生局召开首都卫生国际合作领域成果交流会。市政府外办副主任胡东出席并讲话。北京佑安医院院长李宁等19家医疗机构代表分别就本单位近年来国际合作与交流成果转化进行汇报。11月22～23日，市卫生局召开局系统因公出入境工作培训交流会。市政府外办有关领导作中央和北京市因公出入境管理原则和总体情况、国际国内形势以及外事信息和调研报告撰写等内容的报告；市卫生局开展因公出国（境）任务申报、审批，因公出访人员政审和因公临时出国用汇管理等事项的培训，并为各直属单位重新升级安装了D类程序，使局系统因公出国（境）任务申报工作更加规范。市卫生局与外交学院合作编写《外事管理知识读本》和《外事管理实务手册》，作为本系统外事工作人员在实际工作中的理论和实践指导。（刘　畅）

外事综合管理

【因公出入境管理】　按照"统筹协调、量化管理、突出重点、分类指导、注重实效"的总体要求，进一步规范因公出国（境）各项工作。全年市卫生局系统因公出访366批667人次，其中自组团339批616人次、随团27批51人次，比上年分别增长24%和39%。市卫生局机关（含参公人员）出访团组29个47人次。出访团组中，国际会议214批340人次，科技交流51批90人次，考察29批93人次，培训7批26人次，友好访问9批33人次，长期进修36批43人次，短期进修18批40人次，援外医疗2批2人次。实现出国团组数和人数零增长及党政机关人员压缩10%的量化管理要求，并确保涉及医改、社区卫生服务等重点团组占团组总数50%以上。专业科技人员参加国际高水平学术会议的比例为50%以上。在各单位自查的基础上，对局系统30余家单位证照管理进行清理、核查。（陈　宇）

【接待重要党宾国宾】　全年完成中央及各单位党宾国宾、境外专家代表团接待任务91批703人次，包括韩国保健福祉部代表团、澳大利亚卫生与老龄部部长代表团、法国卫生国务秘书代表团、法国劳动、就业和卫生部部长代表团、英国卫生部政务次官代表团等。（高　路）

【综合服务与管理】　年内，市卫生局协调北京同仁医院组团出访执行"光明行"任务，为非洲患者提供免费眼科治疗，取得良好的社会反响和丰硕的外交成果；协助安排北京朝阳医院为几内亚驻华大使亲属安排治疗事宜等服务中央单位和驻京部队事项5项，主动服务2次。处置涉外突发事件10件，如处理日本地震中国人员撤离和拟定核泄漏口径事件、俄罗斯前驻华大使抢救以及多起境外人员紧急救治和照会质询等。进一步加强各单位举办国际会议的审核与服务力度，优化审批时限、审批流程和咨询建议等环节，强化学术安全，国际会议水平和质量得到进一步提高。主办、承办的高端国际会议、论坛和研讨会情况见下表。

序号	举办单位	会议名称
1	市卫生局、北京市中医管理局	2011北京中医药国际发展与合作交流会议
2	北京地坛医院	第5届地坛国际感染病会议
3	北京安贞医院	第6届北京五洲心血管病研讨会
4	北京儿童医院	2011年北京儿科呼吸论坛
5	北京妇产医院	北京市新生儿疾病筛查国际学术会议
6	北京妇产医院	第3届更年期及妇科内分泌国际研讨会
7	北京安定医院	第3届精神病学与临床心理学国际新进展论坛
8	北京友谊医院	第8届北京国际消化疾病论坛
9	北京天坛医院	颅底外科（天坛）国际论坛
10	北京天坛医院	亚太立体定向和功能神经外科会议
11	北京天坛医院	2011天坛国际神经外科麻醉论坛
12	北京朝阳医院	急性冠状综合征研究和介入治疗国际研讨会
13	北京朝阳医院	首届中法移植免疫耐受研讨会
14	北京朝阳医院	全国移植与HLA（人类白细胞抗原）高峰论坛
15	北京朝阳医院	多发性骨髓瘤高峰论坛
16	北京世纪坛医院	首都国际癌症论坛·2011
17	北京中医医院	2011年北京针灸国际研讨会

（刘　畅）

人事与干部

【概述】 以医药卫生体制改革为主线，深入开展调查研究，挖掘自身潜力，不断创新思路，承担市政府折子（实事）工程主办1项、协办3项，承担医改折子工程主办6项、协办11项。此外，进一步推进卫生系列职称制度的改革，落实市直属三级医院双休日门诊服务加班补助办法，适当延长综合医院临床正高级专家退休年龄，研究探索公立医院改革中的人事政策等。（王 宗）

卫生专业技术人才队伍建设

【为山区、半山区定向培养医学专科生】 年内，北京市继续采取"定向招生、定向培养、定向就业"形式，为山区、半山区培养医疗卫生人才。首届录取的72名学生中有71人可按期毕业，1人由于学习成绩不合格暂缓1年毕业。截至9月1日，71名毕业生均到岗，投身到北京远郊区县的42个山区或半山区乡镇卫生院工作。（陈志航）

【非北京生源进京333人】 经协调市人力社保局，市卫生局直属单位接收非北京生源毕业生333人，其中研究生332人、本科生1人。（陈志航）

【军转干部安置工作】 6月1日，市卫生局召开军队转业干部安置会，对40余家直属事业单位部署本年度的安置任务。与往年不同，市级单位接收转业干部不再举办大型现场安置双选会，而是改为网上双向选择，同时市级机关事业单位将纳入北京地区接收军转干部统一笔试。全年接收军转干部47人，比上年多22人。（陈志航）

【解决夫妻分居及人才引进工作】 全年为市卫生局直属单位解决夫妻分居问题30人、人才引进4人。（陈志航）

【留学人员科技活动择优资助】 根据市人保局《关于开展2011年度留学人员科技活动择优资助和高层次留学人才回国资助试点工作的通知》精神，市卫生局收到12个直属单位56人的推荐材料。4月初，召开专家评议会，对56名申报人员进行排序。经局党组会研究，同意将杨娅作为高层次留学人才回国资助候选人、焦伟伟等31人作为留学人员科技活动择优资助候选人上报市人保局。6月初，焦伟伟等12人获得北京市留学人员科技活动择优资助经费85万元，其中北京朝阳医院李中秋、李先亮以及北京儿童医院焦伟伟等3人被推荐到国家级资助的申报中。（陈志航）

【"十百千"卫生人才培养专项经费资助】 7月18日，市卫生局向各区县、直属单位下发通知。8月，完成申报材料的收集审核。9月22日，召开2011年度北京市"十百千"卫生人才培养专项经费资助评审工作会。经局长办公会研究，确定孙立忠等10人为"十"层次人选，刘春红等50人为"百"层次人选。（李国珍）

【新世纪"百千万"人才工程人选培养跟踪】 4月，市人保局布置加强对新世纪"百千万"人才工程人选培养跟踪工作。培养跟踪的对象是历年来获得"百千万"人才工程国家级人选和市级人选；以自然年度为周期，每年进行一次；内容主要是个人技术工作、科研成果、科研项目、专著、论文、学术活动等；跟踪方式以填报调查表为主。全年完成跟踪调查49人。（李国珍）

【7人获卫生部有突出贡献中青年专家称号】 2009~2010年度，北京地区（不含卫生部、中国医学科学院、中国中医科学院、驻京部队所属医疗机构）有7人获卫生部有突出贡献中青年专家称号，其中市卫生局直属单位4人（北京安定医院马辛、北京天坛医院王拥军、市疾控中心庞星火、北京友谊医院张忠涛）。（李国珍）

【新疆、西藏学员特培工作】 按照人保部及市人保局关于做好特培工作的要求，市卫生局系统各直属单位共接收10名新疆维吾尔自治区特培学员和3名西藏自治区特培学员学习。（孟 雪）

【深化卫生系列职称制度改革】 年内，市卫生局会同市人力社保局共召开4次职称改革工作座谈会，研讨卫生系列专业技术职务申报条件、评价要素、评价方法及评价机制，在调研基础上提出深化卫生系列职称制度改革的意见，建立以业绩、能力为核心的人才评价机制，侧重对申报人临床能力的评价，在答辩环节将专业技术工作业绩分值从30分提高到60分，坚持以人为本，公平、公正、客观地进行职称评审，依据申报人的工作岗位，实事求是、分级分类对待其论文水平，对全科、预防医学专业以及基层申报人重在实际能力。全年有1700人申报卫生系列高级职称，其中申报正高级职称426人、副高级职称1274人。经答辩评审，1348人取得高级职称，其中正高级职称364人、副高级职称984人。

（王　宗）

【完成北京考区卫生专业技术资格和护士执业资格考试】 2011年，北京考区有29588人参加卫生专业技术资格考试，其中报考中级资格10201人、初级资格19387人（初级士3039人、初级师16348人），共117个专业。北京考区设置8个考点644个纸笔考场及42个人机对话考场。此外，有6067人参加全国护士执业资格考试，共设11个考点187个考场。缺考1218人，缺考率4.12%。在实际参加考试的考生中，初级士3038人，通过1219人，通过率40.13%；初级师16240人，通过8105人，通过率49.91%；中级9092人，通过5004人，通过率55.04%%；总体通过14328人，通过率50.50%。护士执业资格考试缺考94人，缺考率1.54%，实际参加考试的考生中合格3803人，合格率63.67%。（王　宗）

【技工培训和考核】 年初，完成2010年度市卫生局直属单位报考技术工人的审查、培训和鉴定工作。初次报名520人，去除放弃报考40人、尚未培训10人，470人完成培训和鉴定，通过466人，通过率99.15%。（王存亮）

事业单位人事制度和工资制度改革

【进一步规范直属单位公开招聘工作】 年内，市卫生局印发文件，明确公开招聘有关政策规定，强调严格招聘信息发布制度、严格考试考核制度以及严格招聘人员核准制度等。同时，指导直属单位开展公开招聘自查，并接受市委组织部、人力社保局的检查，得到检查组的肯定。（王　宗）

【推进公共卫生与基层医疗卫生事业单位实施绩效工资】 市卫生局指导各直属公共卫生单位做好本单位绩效工资实施办法的制订。配合市人力社保局对区县上报的关于公共卫生和基层医疗卫生机构绩效工资实施方案提出审批意见。指导各区县完善分配激励机制，落实绩效工资实施方案，调研主要做法、经验和存在的问题；按照卫生部、人保部和财政部的要求，多次召开座谈会，调查各区县基层单位绩效工资实施进展情况，对进展较慢、实施过程中有困难的区县提出指导意见和建议。除东城区外，15个区县公共卫生与基层医疗卫生事业单位绩效工资方案已落实到位，年人均收入水平达到6.95万元，相对于实施绩效工资前人均增加约1.7万元。（王存亮）

【推进其他类事业单位实施绩效工资】 根据市人力资源与社会保障局、市财政局《北京市关于推进其他事业单位实施绩效工资工作的意见》，结合市卫生局其他直属卫生事业单位实际情况，撰写《北京市卫生局其他直属卫生事业单位绩效工资工作实施办法（征求意见稿）》。通过召开座谈会等多种形式，征求市人力社保局、直属单位等对推进事业单位实施绩效工资工作的意见和建议，形成汇报材料并报局长办公会讨论。（王存亮）

【直属三级医院双休日门诊加班补助办法】 年内，市卫生局向市人力社保局申请为参加双休日门诊服务的医务人员按人均580元/天的标准发放加班补助，并得到批准。市卫生局及时将此政策传达到开展双休日门诊服务的各直属三级医院，并多次召开会议进行研讨和培训。各三级医院根据本单位情况，制订并落实双休日门诊服务加班费发放办法。

（王存亮）

【核增直属单位工资总额】 在人员增减、岗位调整和全市统一核增绩效工资等因素外，根据对市卫生局直属单位的服务质量、服务数量和社会效益以及双休日门诊服务等情况，与市人力社保局沟通，年初为直属事业单位核增工资总额4.56亿元，占全年事业单位工资总额的14.87%，职工人均收入较2009年增加9.0%。（王存亮）

【增加事业单位退休人员补贴和绩效工资托底】 年内，市卫生局下发《关于做好2011年直属事业单位收入分配有关工作的口头通知》，召开会议，布置直属事业单位退休人员增加补贴的工作。结合年初事业单位工资额度批复情况，对部分事业单位绩效工资发放情况进行调查，将结果报送市人力社保局。完成潮白河医院、中医药对外交流与技术合作中心年人均绩效工资低于4.8万元的事业单位绩效工资托底工作。（王存亮）

【推进直属单位退休费数据库网络版的建设】 结合卫生人力资源及综合服务平台项目的建设，配合市公共卫生信息中心，推进退休费网络数据库的建设。选择北京儿童医院、北京肿瘤医院、北京世纪坛医院开展对数据库网络版的试运行。10月，该项目通过终验。（王存亮）

【适当延长综合医院临床正高级专家退休年龄】 为缓解群众看病难、挂号难的矛盾，在调研的基础上，拟定北京市属综合医疗机构高级专家延长退休年龄有关条件，并获市人力社保局的批准。

（王存亮）

【住院医师规范化培训改革】 年内，完成

《2009－2011年医疗卫生机构接收毕业生情况调查表》，提出取得住院医师规范化培训合格证书作为报考中级职称的必备条件之一，研究设立住院医师规范化培训管理机构，起草了《北京市住院医师规范化培训人事管理暂行办法》。（王　宗）

【公共卫生信息中心纳入工资规范管理】　2月，市人保局召开全市会议，宣布批准市公共卫生信息中心成为纳入工资规范管理单位。根据会议精神，信息中心核查现有工作人员档案情况。在职人员中，除1人通过考试过渡划转，其余人员均通过培训进行划转。全部人员情况经公示后无异议，报市人保局考试录用处审批。（孟　雪）

机构编制管理

【改革试点医院核定事业编制控制数额】　为缓解市属公立医院人员编制紧缺的现状，开展对医院工作量、工作效率、人员配备等工作的调研，与市编办沟通，对核定医院人员编制工作提出意见。9月，市编委印发《关于核定市公立医院改革试点医院事业编制控制数额的通知》，为5家公立改革试点医院核定事业编制控制数额17680人，比现有人员编制增加3285人。市卫生局制订了《关于市公立医院改革试点医院使用事业编制控制数额的指导意见》。（王　宗）

【确定基层医疗卫生机构人员编制】　为进一步提升基层医疗卫生机构服务能力和水平，满足“按照服务团队与服务家庭户数1∶600”的要求以及农村地区基本医疗需求不断增长的需要，市卫生局协调市编办，研究制订北京市《基层医疗卫生机构人员编制标准》的初稿。11月初，市编办起草《基层医疗卫生机构人员编制标准》的修订意见。市卫生局在征求16个区县卫生局意见的基础上，向市编办反馈修改意见，基本达成一致。（王　宗）

【全市二级以上医院设立医院感染管理处（科）】　为加强全市二级以上（含二级）医疗机构医院感染的预防控制和首都公共卫生体系建设，率先在全市二级以上医院设立医院感染管理处（科），并纳入职能管理处室，得到卫生部的肯定。（王　宗）

【北京市医院管理局挂牌成立】　经副市长丁向阳对医管局组建方案初稿进行审阅、修改，市卫生局局长方来英等对方案多次提出完善意见，7月28日，北京市医院管理局正式挂牌成立。（王　宗）

【分类推进事业单位改革】　作为改革的试点单位，一是认真学习文件，认识分类推进事业单位改革的重要性和必要性，进一步提高认识、统一思想，健全领导体制和工作机制。二是总结卫生系统近年来事业单位改革的主要工作。8月，市编办调研组听取市卫生局事业单位改革的汇报。9月，中编办调研组来北京市调研事业单位改革工作，听取文化、卫生系统的汇报。三是按照市编办《关于开展本市事业单位清理规范工作的通知》精神，开展直属事业单位清理规范工作，对各单位报送的方案进行审核汇总，提出清理规范的整体方案，并按照规定权限和程序报请市编办批准。（王　宗）

公务员队伍建设

【完成市卫生局机关工资调整】　年初，在核对离退休人员基本情况的基础上，在1月份工资中为离退休人员增加离退休补贴，并补发2010年1月以来的工资差额。2月，为局机关2006年以来接收的原在部队担任副团及以上实职人员调整并补发了工资。10月，将部分绩效管理奖金按月发放，每人每月834元，并补发2010年1月以来的工资差额。

（孟　雪）

【六部委抽查市卫生局、中医局机关工资】　6月14～18日，中纪委、中组部、监察部、财政部、人力社保部、审计署等六部委组成联合检查组对北京市各机关单位开展机关工资制度执行情况进行抽查，市卫生局为4家被抽查单位之一。此次检查通过听取汇报、查阅人事资料、财务账册等方式进行，检查局机关是否存在津贴补贴发放超标、违规设立津贴补贴名目，以及津贴补贴资金来源等情况。此次清理检查，局机关工资执行情况良好，没有出现自行提高离退休占比、自行出台并发放加班费、自行设立津贴补贴项目或调整津贴补贴标准、自行设立改革性补贴项目及提高标准等违规违纪现象。（孟　雪）

【完成公务员招考工作】　2月底前，完成公务员招考的资格复审、面试、专业科目考试、考察、体检等工作，市卫生局机关招录2名公务员，市中医局招录3名公务员，市卫生监督所招录1名公务员，并办理录用手续，核定了职务。此外，为市卫生监督所面向应届毕业生招考1名公务员，于7月底前完成资格复审、面试、专业科目考试、考察、体检等工作，并办理录用手续，核定了职务。（孟　雪）

【完成2010年度机关公务员考核奖励】　根据2010年制订的《北京市卫生局公务员考核奖励暂行办法（试行）》，结合2010年上半年的考核结果，把定量考核与定性考核结合起来，平时考核与年终考核结合起来，个人业绩与处室业绩考核结合起来，本处室的民主测评与全局范围内的评议结合起来，完成2010年度机关公务员考核奖励工作。

（孟　雪）

【局机关公务员培训】　年内，市卫生局、市中医局9名正、副处级公务员参加市人保局组织的新任职正处、副处培训，市卫生局、市中医局3名新录用公务员参加市人保局组织的初任公务员培训。此外，市卫生局、市中医局50岁以下公务员120余人分3批参加为期3天的电子政务培训并考试。培训采取集中授课培训、上机辅导和个人自学相结合的学习方式，培训内容包括电子政务、信息安全、信息技术3个模块。（孟　雪）

2011年局管干部任免情况

2011年上半年

陈兴德　任北京安定医院党委书记、副院长，免去北京安定医院纪委书记职务

任玉良　免去北京安定医院党委书记、副院长职务（到龄退休）

宋　玫　任北京市卫生局科教处副处长（试用期1年）

郗淑艳　任北京市卫生局妇幼与精神卫生处副处长（试用期1年）

王丽娟　任北京市结核病胸部肿瘤研究所副处级干部

杨　健　任首都儿科研究所党委副书记、纪委书记，免去首都儿科研究所副所长职务

边宝生　任北京市中医管理局副局长

屠志涛　免去北京市中医管理局医政处（基层卫生处）处长职务

赵晓兰　任北京积水潭医院党委副书记、纪委书记，免去北京积水潭医院副院长职务

那　佳　免去北京积水潭医院党委副书记、纪委书记职务（到龄退休）

马　英　任北京卫生学校党委副书记、纪委书记

田建新　免去北京市卫生监督所副所长职务（调出）

杜亚北　免去北京市卫生局机关后勤服务中心副调研员职务（到龄退休）

段长霞　任北京市卫生局办公室（信访办）副主任

王洪学　任北京市卫生局办公室（信访办）副主任（试用期1年）

赵建宏　任北京市中医管理局医政处（基层卫生处）处长（试用期1年）

厉将斌　任北京市中医管理局科教处处长（试用期1年）

孟庆玲　任北京安定医院党委副书记、纪委书记

钱文红　任北京市体检中心副主任（试用期1年）

姜　丽　免去北京市中医管理局科教处副处长职务，任北京市卫生局工会专职副主席（副处级）

陈博文　任首都儿科研究所副所长（试用期1年）

戴苏娜　免去北京市红十字血液中心党委书记、副主任职务（到龄退休）

王星火　免去北京结核病控制研究所党总支书记、副所长职务（到龄退休）

郭玉明　免去北京佑安医院副处级职务（到龄退休）

万立东　免去北京急救中心副主任职务，保留副处级待遇

吴永浩　免去北京市卫生人才交流服务中心（北京市卫生人员考评中心）主任职务，调北京市新型农村合作医疗服务中心工作（保留正处级待遇）

吴中学　免去北京市神经外科研究所副所长职务（到龄退休）

张建利　任北京市红十字血液中心党委书记、副主任，免去北京地坛医院党委副书记、纪委书记职务

胡　爽　任北京市公共卫生热线（12320）服务中心副主任（试用期1年）

刘　英　任北京市卫生局疾病控制处调研员

高　星　任北京市卫生局卫生应急办公室（突发公共卫生事件应急指挥中心）调研员

黄　健　任北京市卫生局机关后勤服务中心副调研员

张秀芬　任北京市卫生局统战处副调研员

王艳春　任北京市卫生局疾病控制处副调研员

张　伟　任北京市卫生局安全保卫处副调研员

张　骥　任北京市农村改水领导小组办公室副调研员

刘红梅　任北京急救中心副主任（试用期1年）

王　晖　免去北京市公共卫生信息中心副主任职务（调出）

李跃凌　任北京市卫生局统战处处长（试用期1年），免去北京市保健委员会办公室副主任职务

2011年下半年

王会玲　任北京市中医管理局办公室调研员

祝　静　任北京市中医管理局医政处（基层卫生处）副调研员

蔡　杰　任北京市中医管理局规划财务处副调研员

刘　英　免去北京市卫生局疾病控制处调研员职务（到龄退休）

陆美霞　免去北京市卫生局人事处副调研员职务（到龄退休）

吴国安　任北京市结核病胸部肿瘤研究所副所长兼北京胸科医院副院长（试用期1年）

庞　宇　任北京回龙观医院副院长（试用期1年）

孙桂珍　任北京佑安医院副处级干部

郝美华　免去北京市卫生局药械处副调研员职务（到龄退休）

吴正刚　免去北京市卫生人才交流服务中心（北京市卫生人员考评中心）副主任职务，调北京市社区卫生服务管理中心工作（保留副处级待遇）

周雪金　免去北京市卫生局安全保卫处副调研员职务（调出）

李长水　免去北京市潮白河骨伤科医院副院长职务（调出）

姜　丽　任北京市卫生局工会专职副主席（正处级）

孙振革　任北京市中医管理局规划财务处副处长

沈传新　免去北京市卫生局办公室（信访办）副主任职务（转任）

卫生界人物

郎景和

郎景和，吉林人，1940年4月出生。1964年毕业于白求恩医科大学，后在中国医学科学院北京协和医院工作至今。任北京协和医院妇产科主任，主任医师，博士生导师。任中华医学会妇产科分会主任委员、妇科内镜学组组长、女性盆底学组组长、《中华妇产科杂志》总编辑，中国医师协会妇产科分会会长，并受聘多所大学的名誉教授和客座教授。

郎景和教授从事妇产科医疗、教学、科研近50年，临床经验丰富，技术全面。对子宫内膜异位症发病机制进行深入研究，提出“在位内膜决定论”和“源头治疗说”；对于卵巢癌淋巴转移的研究及对妇科内镜手术、子宫颈癌防治、女性盆底障碍性疾病的诊治及基础研究均有突出贡献。发表学术论文600余篇，主编（译）著作30部，个人专著10部。获国家科技进步奖，卫生部、教育部、中华科技进步奖及北京科技奖等8项，并获2004年度何梁何利科技进步奖、2005年北京市劳动模范、全国五一劳动奖章及全国高校教学名师称号等。2011年当选为中国工程院院士。

徐建国

徐建国，山西人，1952年4月19日生于山西平陆。医学微生物学家。1976年毕业于山西医学院，1982获中国预防医学科学院医学博士学位。现任中国疾病预防控制中心传染病预防控制所研究员。

徐建国及其团队长期在第一线从事新发、突发、重大、不明原因传染病疫情的病原学研究，主持完成9起在我国有较大影响的传染病疫情或事件的病原学调查。通过这些工作，在我国发现2种新发传染病：大肠杆菌O157：H7感染，人粒细胞无形体病；发现3种发生变异的病原菌：脑膜炎萘瑟菌4821序列群，福氏志贺菌Xv血清型，序列7型猪链球菌；发现嗜吞噬细胞无形体的人－人传播方式，提出猪链球菌二阶段致病机制假设，发现大肠杆菌O157：H7一种新的流行模式。发起建立中国病原菌分子分型网络。所取得的科研成果，提高了传染病疫情应急处置的科技水平和控制效果。1997年获国家科技进步二等奖，2001年获何梁何利奖。2011年当选为中国工程院院士。

詹启敏

詹启敏，江西人，1959年1月22日生于江西省乐平市，分子肿瘤学家。1982年毕业于苏州大学医学院，1987年毕业于中国协和医科大学研究生院。1989～2003年先后在美国加州大学旧金山、德州大学西南医学中心、国立癌症研究所、匹兹堡大学医学院学习和工作。现任中国医学科学院副院长、中国协和医科大学副校长，国家“863”计划生物医药领域专家组专家，分子肿瘤学国家重点实验室主任，中国微循环学会理事长，“973”肿瘤转移研究项目首席科学家。

詹启敏在国际上率先发现和系统揭示了细胞周期监测点关键蛋白的作用和机制，报道抑癌基因p53最重要生物学功能是调控细胞周期监测点和维持基因组稳定性；发现第一个p53调控靶基因，揭示p53的功能主要是通过对其下游基因调控来实现；发现抑癌基因$BRCA_1$调控细胞分裂期的新机制；阐明多个重要细胞周期调控蛋白在细胞癌变和肿瘤诊断与个体化治疗中的作用。主编（译）学术著作4部，发表SCI论文125篇，SCI引用超过9500次。获国家杰出青年科学基金、教育部“长江学者”特聘教授、教育部自然科学一等奖和科技部“十一五”国家科技计划执行突出贡献奖。2011年当选为中国工程院院士。

张学敏

张学敏，江西人，1963年11月生于湖北省武汉市。肿瘤分子生物学家，军事医学科学院研究员。1986年毕业于第三军医大学军医系，1989年获军事医学科学院硕士学位，1995年获军事医学科学院博士学位。国家“973”项目首席科学家。

张学敏主要从事炎症与肿瘤发生关系的研究。关于“炎症诱发肿瘤”一系列重要分子事件的发现，是该领域国际上的突破性进展，对将肿瘤防治阵线前移到针对“炎症诱发肿瘤”阶段进行干预具有重要价值。在此研究中，首次鉴定了$CUEDC_2$等新的炎症和免疫调节因子及其在肿瘤发生中的作用机制；揭示了癌基因Gankyrin介导Akt信号通路激活，是肺癌等发生的重要机制；发现$CUEDC_2$过量表达导致乳腺癌对内分泌治疗产生耐药性，并证明它是乳腺癌耐药的新标志物。2008年获国家自然科学奖二等奖。2011年当选为中国科学院院士。

赵玉沛

赵玉沛，1954年7月生于吉林长春。外科学教授，博士生导师。1982年毕业于白求恩医科大学，1987年获中国协和医科大学医学硕士学位。现任北京协和医院院长、中华医学会副会长、外科学分会主任委员、全国胰腺外科学组组长。

赵玉沛教授重视科研工作，在胰腺癌早期诊断和综合治疗的临床与基础研究方面进行了系统性和开创性工作，牵头制订了中国胰腺癌诊治流程和国家行业标准。提出胰腺癌高危人群概念，使更多早期患者得到及时诊治；通过建立多学科协作会诊中心、开辟快速诊治绿色通道、建立术前可切除性评估体系、规范手术切除范围、创立经空肠胃造瘘术等，缩短确诊时间，为更多病人赢得手术机会，也使无法切除者避免了不必要的手术，改善了患者生活质量，并使北京协和医院的胰腺癌手术切除率、术后并发症发生率和病人生存时间等综合指标明显优于国际同期水平；报道了国际上最大一组单中心胰岛素瘤的外科治疗，施行了国内首例腹腔镜胰岛素瘤切除术。其研究成果获国家科技进步二等奖等多个奖项。2011年当选为中国科学院院士。

屠呦呦

屠呦呦，女，浙江省宁波人，1930年12月出生。药学家，博士生导师，中国中医科学院终身研究员和首席研究员。现任中国中医科学院中药研究所青蒿素研究中心主任。1955年毕业于北京大学药学系，分配至正在筹建中的卫生部中医研究院中药研究所。1959年参加卫生部举办的全国第3期西医离职学习中医班，成为中国较早期的具有中西医两门知识的中西医结合科技工作者。1969年2月起，主持中药抗疟疾新药的研究。在长期从事青蒿和青蒿素的相关研究工作中，她和她的团队先后发现了青蒿抗疟的活性化学部位和活性化合物青蒿素。该研究成果于1978年获全国科学大会奖，1979年获国家发明奖，1986年获一类新药证书。1984年被人事部授予中青年有突出贡献专家，1987年被世界文化理事会授予阿尔伯特·艾因斯坦世界科学奖状。1992年她主持的“双氢青蒿素及其片剂”研究被评为全国十大科技成就，并获一类新药证书。1994年被国家机关授予“十杰妇女”称号，1995年当选全国先进工作者，1996年青蒿素和双氢青蒿素的研究成果获香港求是科技基金及中国广州仲景中医药奖励基金会授予的杰出成果奖，2009年获中国中医科学院唐氏中药发展奖。2002年获国家知识产权局“首届新世纪巾帼发明家”称号，2003年获泰国玛希顿皇家医学贡献奖，2011年获中国中医科学院杰出贡献奖及年度中医药新闻人物。2011年，“因为发现青蒿素——一种用于治疗疟疾的药物，挽救了全球特别是发展中国家的数百万人的生命”，获美国拉斯克临床医学奖。

吴欣娟

吴欣娟，女，硕士研究生导师，主任护师，现任中国协和医科大学护理学院副院长、北京协和医院护理部主任，中华护理学会副理事长、行政管理委员会主任委员、继续教育委员会主任委员，北京护理学会副理事长、外科专业委员会主任委员，北京护理质量控制与改进中心副主任委员，教育部留学回国人员科研启动基金评审专家。1981年毕业于北京协和医院护士学校，分配至北京协和医院外科从事临床护理工作，历任外科护士、护士长、总护士长等职，并于1991年赴美国LOMA LINDA医学中心进修半年。1996年担任北京协和医院护理部副主任，自1998年12月起担任护理部主任。2009年申报的“经外周静脉置入中心静脉导管（PICC）整体管理模式的建立与研究”获首届中华护理学会科技奖二等奖。率先在国内探索枕骨大孔畸形、布加氏综合征、垂体瘤、肾移植等多项技术的围手术期护理规范，无论是在抗击非典的第一线，还是在支援四川汶川地震的关键时刻，无论是北京奥运会、国庆保障等重大事件，还是在挽救病人生命的抢救现场，她都勇挑重担，亲力亲为。她在改革工作模式、完善质量体系建设、加快人才培养以及学科建设等方面独树一帜，带领整个团队一直走在我国护理工作的前列。2011年获第43届南丁格尔奖章。

张利岩

张利岩，女，硕士研究生导师，武警总医院副院长兼护理部主任，中国国际救援队首位女性首席医疗官，中华护理学会常务理事。主要从事医院管理、医院服务、救援护理等方面的研究和创新。率先推行基于网状管理理论的护理专业委员会管理体系，不断拓宽护理专业范围，深化护理专业内涵，在全国首创“感动服务”品牌，为国内护理工作者起到了示范和引领作用。建立了适应处突、反恐及灾害救援需要的护理体系，培训了大批临床护理及护理救援人才。12次组队赴印尼、巴基斯坦、海地及四川汶川、青海玉树等地执行医疗救援任务。曾亲自带队参与巴基斯坦洪灾救援。所带领的护理部集体于2005年、2009年两次被国家卫生部、全国妇联授予“巾帼文明岗”称号。在核心期刊发表论文80余篇，著书及编撰教学光盘近30部，并获中华护理学会科技一等奖1次，武警科技进步二等奖2次、三等奖5次。2011年获第43届南丁格尔奖章。

张兆光

张兆光，主任医师，教授，硕士研究生导师，现任北京安贞医院院长。1968年毕业于中国协和医科大学医疗系，从事胸心外科研究多年，对心脏病的诊断特别是复杂先心病的诊断有丰富的经验，完成了各种类型的胸心外科手术数百例。自1989年任北京安贞医院院长至今，带领全院职工实现了又好又快的跨越式发展，把安贞医院建设成为融医疗、科研、预防、教学和国际交流为一体的学科齐全、具有专业特色、以治疗心肺血管疾病为重点的三级甲等医院，心脏手术、冠脉造影及冠脉支架手术例数等多项指标居国内综合医院首位，也是国内唯一一家能够完成心脏、肺、肝、肾四大器官移植的医院。先后荣获全国优秀院长，北京市先进工作者，北京市有突出贡献科学、技术、管理专家，全国卫生系统抗击非典先进个人，全国卫生系统先进工作者、优秀党员领导干部，奥运立功“首都劳动奖章”等。2011年获全国五一劳动奖章。

杨永强

杨永强，东城区卫生系统引进的管理人才，现任北京市第六医院院长兼党委副书记，主任医师，北京市东城区人大代表，北京医学会理事会理事，北京市东城区医学会副会长、北京医院协会城市医院委员会常务委员，北京市东城区预防医学会常务理事，《中国医院管理》杂志全国理事会理事。在工作中勇于创新，提出“123”医院发展战略。带领全院职工积极推进医药卫生体制改革，重视人才培养及学术学科建设，积极开展与国内外医院的合作。2010年1月与日本樱花透析病院签订了互派医务人员交流学习的友好合作协议，2010年3月与北京安贞医院签订了医疗合作协议，通过与安贞医院心外科、肾内科、神经介入治疗科的合作，使医院得到了全方位的发展。先后获首都经济技术创新标兵、优秀医院管理干部、首都文明职工、奥运立功标兵、北京市东城区第5届有突出贡献的优秀人才等。2011年获全国五一劳动奖章。

杨　明

杨明，主任医师，医学博士，硕士生导师，现任首都医科大学附属复兴医院心脏中心主任。1985年毕业于第三军医大学临床医学系，1991年获北京医科大学第一医院心血管内科硕士学位，1998～1999年赴美国芝加哥大学心导管室进修学习，2002年获首都医科大学内科学博士学位。20世纪90年代初，开始从事心导管介入诊治工作，在冠心病介入诊治，尤其是在急性心肌梗死的急诊介入治疗方面积累了丰富的经验，取得了多项科研成果，为此项技术在国内的开展和普及做出了贡献。2001年任心脏中心主任后，参与完成了多项国际、国家及省部级联合科研项目，在冠心病、慢性心力衰竭、高血压、血脂异常及心律失常诊治方面，积累了丰富的临床经验。完成冠脉介入治疗2000余例、永久起搏器植入300余例、快速心律失常射频消融500余例。获卫生部及北京市科技进步二等奖各1项，获国家科学技术进步二等奖1项。先后获西城区劳动奖章和首都劳动奖章等。2011年获全国五一劳动奖章。

王永光

王永光，荷兰阿姆斯特丹大学哲学博士和德国汉堡大学医学博士。北京市垂杨柳医院微创外科主任，主任医师，外科学教授，博士研究生导师，同济大学微创医学研究所所长，同济中德微创技术培训中心主任，吴阶平医学基金会微创医学部主任，北京医学奖励基金会微创医学委员会主任，中德医学协会副理事长，《微创医学》杂志执行主编。主要从事内镜外科及微创医学理论与实践的医疗、科研和教学工作，作为“微创医学理论体系”的创立者和具体实践者，提出了“医生围着病人转、方法根据病情选”的医疗模式，被裘法祖院士称之为“中国微创医学第一人”。在国际、国内发表内镜外科技术专业论文以及微创医学理论与实践研究论文80余篇，其中SCI收录4篇。将《内镜外科技术》编写入全国统编教材《外科学》和外科权威书《黄家驷外科学》。“经内镜胃石碎石器”和“可固定压舌圈”分别获得国家实用新型专利，“无X线透视食管狭窄扩张术”获省级医药卫生科技进步三等奖。2011年获全国五一劳动奖章。

郭金成

郭金成，博士研究生，主任医师，北京市通州区潞河医院导管室主任。1990年毕业于河北医科大学，同年分配到潞河医院内科工作。1997年获北京市心肺血管疾病研究所硕士学位。2005年于首都医科大学宣武医院心内科获博士学位。2004年7月～2005年7月在澳大利亚墨尔本Epworth（维多利亚）心脏中心做访问学者。擅长冠状动脉疾病的诊断和介入治疗。中国冠心病介入沙龙会员，长城心脏病学会议、中国冠心病介入心脏病学大会（CIT）、冠脉介入和影像新技术会议、中国冠心病介入沙龙会议主席团成员，国际会议Summit TCTAP，LUMEN主席团成员。以第一作者身份发表学术论文50余篇，参与编写学术专著4部，其中1部为副主编。2005年被评为通州区十大杰出青年、北京市技术创新标兵，2006年被评为北京地区百名优秀青年医师，2007年获得北京市卫生系统先进个人称号，2008年荣获首都劳动奖章，曾获得北京市卫生局科技进步二等奖1项，北京市卫生局青年科技论文优秀奖1项，通州区科技进步一等奖1项、二等奖5项、三等奖2项。2011年获全国五一劳动奖章。

（北京市公共卫生信息中心整理）

北京市卫生局党政领导名单

局　长　方来英
副局长　郭积勇
　　　　　赵春惠
　　　　　邓小虹
　　　　　于鲁明
　　　　　毛　羽
　　　　　雷海潮

党委书记　方来英
副 书 记　张秀芳
纪检组长　何　群

北京市中医管理局党政领导名单

局　长　赵　静
副局长　屠志涛　边宝生

军队卫生工作

中国人民解放军总医院

医疗工作 全年院本部门急诊344.22万人次，比上年增长12.24%；入院12.99万人次，比上年增长20.97%；手术6.74万例，比上年增长17.75%；平均住院日9.21天，比上年缩短1.24天；药费比例37.76%，比上年下降2.08%；医院感染率1.97%，比上年下降1%；床位使用率95.04%，周转34.78次；治愈好转率99.24%；危重症抢救1322人次，抢救成功率90.80%；入出院诊断符合率99.90%，临床与病理诊断符合率99.83%。门急诊医保患者66.24万人次，比上年增长31.92%；次均费用19558.93元，比上年增长3.20%；自费比例9.61%，比上年下降5.7%。

为军服务 组建国家应急医疗救援队，进行理论、装备培训和实战演练。组织机动卫勤分队，参加野战部队军事对抗演练，丰富实战条件下卫勤保障经验。在全国率先实行365天无假日门诊。开设军人独立诊区，实现军人就诊“六集中”，急诊收治“零待床”。对住院军人做到100%床旁访视和出院随访。安排专家到总部门诊部上门出诊，对8个干休所进行查房巡诊。开展军师职干部查体2888人次。医院被评为为军服务先进医院、全军药材工作先进单位。

保健工作 组派25批保健组完成两会等保健任务，完成重点保健对象医疗救治工作。南楼服务满意率保持100%，被评为全国保健工作先进集体和全军保健工作突出贡献集体，黄志强、盛志勇、卢世璧院士获保健工作终身荣誉奖。

学科建设 制订《百人出国研修计划》，全军保健人才培训基地挂牌。陈香美院士领衔的肾脏病实验室被批准为医院首个国家重点实验室。新增全军院校重点实验室1个，全军专科、专病中心和研究所10个，遴选“百项优势、百病秘诀”150项。成立康复医学中心、中医院（院中院），新增麻醉门诊、病理门诊等专科、专病门诊。建成心血管介入诊疗平台。袁慧军获国家杰出青年基金，4人入选全军创新人才工程，9个单位和个人被评为全军医学科技先进单位和个人，军医进修学院更名为解放军医学院。

5人当选全国各专业委员会主任委员，高长青当选亚洲胸心血管外科学会中国大陆唯一执行理事和美国胸外科学会会员。医院现有21人次担任国际学术机构常务理事以上职务，19人次担任中华医学会、中国医师协会专业委员会主任委员，27人次担任军队、北京市专业学会主任委员。

医学教育 引进清华大学、南开大学等院外优秀师资力量，提升教学质量。组织全员岗位技能练兵。招收研究生592人、进修生1182人、实习生228人、北京市专科医师45人。毕业研究生188人，授予博士、硕士学位236人，获国家优秀博士学位提名论文1篇。结业进修生1223人。新增博士生导师、硕士生导师106人，增列南开大学博士生导师16人。新聘名誉教授、客座教授28人。新增一级学科博士学位授权点1个，通过军队“2110工程”初评学科2个。

申报、承办省部级以上继续医学教育项目128项，其中国家一类项目78项，居全军各单位之首。获全军院校教学保障项目8项，支持经费385万元。获北京市重点学科建设经费50万元。

科研工作 获省部级以上课题224项，资助经费近3亿元。获省部级科技成果二等奖以上奖励24项，其中国家科技进步二等奖2项，省部级一等奖3项。《老年心脏病杂志》被SCI收录，实现零的突破。在国际、国内发表论文数和被引用次数排全国第一，发表 SCI 论文 303 篇，影响因子最高 53.48 分。Medline、SCI 收录论文数跃居全国医疗机构的第二、第三名。付小兵团队获国家自然科学基金创新群体基金。

其他工作 在 2011 年全国公立医院社会贡献度综合评估中排名第一，被国家卫生部授予医院改革创新奖，获全国卫生系统文化建设创新奖，重症监护科被授予全国“巾帼文明岗”称号，住院管理科被评为全军先进基层党组织。院士专家群体、创建研究型医院被作为全国重大典型集中宣传。

标准年主题建院活动 完成《医疗质量与安全标准》434 项，修订完善规章制度 22 项。分层次进行标准培训 1000 余人次，对 10 个部门 23 个科室进行专项督导。完成 ERP 系统财经一体化信息平台、人力资源管理系统、全成本核算系统建设。研发应用感染监控系统、教学科研管理系统、新药引进评审系统，编写《数字化医院建设理念与实践》。依托信息化手段优化诊疗流程，制订临床路径表单和 150 个病种费用标准，修订 1306 个病种临床路径方案。成功运行 301 模式“一卡通”工程。

海南分院建设 海南分院 38.3 万平方米的工程建设基本完成，4.5 亿元医疗设备调试就绪，首批 200 余名骨干进驻，全面调试运行，展开病人救治工作。贾庆林、贺国强、李源潮、徐才厚等领导先后视察，给予充分肯定。

对外交流与合作 出国参与国际学术会议、新技术培训、进修学习、商务谈判、考察访问等 860 人次，涉及五大洲 53 个国家和地区。邀请 600 余人次外籍知名学者来院参加学术交流、顺访参观、合作研究、授课或手术演示。接待外军代表团 12 批 530 人，承办大型国际学术会议 40 余次，接待外宾就诊或住院治疗的涉外医疗 380 人次。

与美国费城医院、英国曼城医院、俄罗斯圣彼得堡电子信息大学在科技创新、医院运营、市场运作等方面开展合作研究。与英国格拉斯大学、俄罗斯莫斯科大学、美国斯坦福大学在智力结构、人才培养、医院管理等方面建立人员交流机制。与英国利兹医院、英国曼彻斯特大学医学院、加拿大多伦多大学医学院、丹麦国家医院签订人才培训合作协议，取得交往成果，拓展了国际合作渠道。

对口支援 医院分别对新疆军区乌鲁木齐总医院、四川宣汉县人民医院等 13 家建立帮带关系的军地医院进行技术帮带，全年组派专家医疗队 11 批 139 人次，免费培养进修生 114 人，开展教学查房 1300 余次，手术示教 67 例，学术讲座 98 场次，危重病例讨论 96 例次。

分别与宋庆龄基金会、儿童社会救助工作委员会签署“神华－爱心行动”、“母婴平安－天使救助行动”合作协议。按照协议约定，由对方筹集资金，医院负责肢残儿童和白血病患儿的医疗救助。

（解放军总医院）

中国人民解放军第三〇二医院

基本情况 中国人民解放军第三〇二医院是全军唯一、总后直属的三级甲等传染病医院，集医疗、教学、科研、保健和信息中心于一身，承担着驻京 40 万官兵的传染病诊治和全军疑难重症传染病转诊、会诊任务。床位 1161 张，设有包括 8 个省部级重点学（专）科在内的 30 个学科中心，是传染病硕士、博士学位授权点和博士后流动站，是北京大学等军地 10 余所院校的教学实习医院和全军传染病防治技术临床培训基地。医院在肝炎、肝硬化、肝癌、肝衰竭、肝移植、艾滋病、各类感染性腹泻和中枢神经系统感染等疑难病症的诊治及研究方面处于国内领先水平。拥有亚洲首台第四代射波刀、国内首个正负压切换式病理解剖室等先进设施设备，总值近 4 亿元。拥有国家“973”项目首席科学家、国家杰出青年基金获得者、全军科技领军人才、总后院士后备人选等大批传染病专家。近 5 年来，医院获得包括 3 项国家科技进步二等奖在内的高等级科研成果 59 项，国家重大专项等军地科研项目 150 余项，资助经费 2.5 亿元，发表包括 130 余篇 SCI 论文在内的学术文章 1437 篇。

医疗工作 落实《军队医院管理若干规定》，开展“三好一满意”活动、单病种临床路径试点以及抗菌药物合理应用专项整治等。全年门诊 47.78 万人次，入院 2.73 万人次，分别比上年增长 15.83% 和 24.66%。医保门诊突破 8 万人次，入院 2196 人次，分别比上年增长 80.24% 和 13%。手术 945 例。开展射波刀肿瘤放射治疗 3558 人次。平均住院日 16.82

天，比上年缩短1.76天。地方病人满意率99.66%。（新增大型医疗设备3820台（套）。医院被评为全军药材工作先进单位、全军为部队服务先进医院）。

开展“健康社区行、服务为人民”义诊活动。派出21批次医疗队300余名专家、护士，利用周末休息时间，深入海淀区、丰台区、石景山区等21个社区，开展义诊巡诊、健康查体、心理咨询、科普讲座等，累计接诊8000余人次，免费发放药品价值6万余元，开展健康大讲堂5场，为贫困家庭入户送医送药价值2.5万元，保障经费7万元。

学科建设。新开设普通外科中心、妇产中心、新生儿疾病诊疗中心、肿瘤放射治疗中心和医学影像中心介入科等新科室。新增眼科、内分泌科等门诊医疗服务，开展射波刀精确放疗、内镜下组织胶治疗、胰十二指肠切除等新技术。通过HIV确认实验室评审，成为全军首家具有艾滋病确认资格的医院。累计开展CIK细胞治疗肝癌490例，应用自体细胞免疫疗法治疗慢性乙型、丙型肝炎154例，肝移植总数409例。

医学教育　编写《全军传染病防治技术临床培训基地教案》，制订各级各类医务人员个性化培训方案。投资1500万元，新建数字化模拟培训中心。申报全军医学继续教育Ⅰ类项目4项，举办全军第3期传染病临床防治技术培训班。组织专科医师规范化培训和进修学习29人次，对300余名医务人员进行业务考核，组织护理技术比武和初级护理人员技术操作培训与考核。举办第8届亚太肝病学会肝病转化医学专题研讨会和第四届全军肿瘤放射学会议。全年组织49批次115人次出国培训与学术交流。接待南非军事医学代表团来院访问。与香港中文大学、美国阿肯色大学医学院、美国罗切斯特大学等建立合作交流关系。组织科级继续教育活动50余期，举办前沿论坛等学术活动28期，邀请国内外知名专家60余人来院交流讲学。新增研究生联合培养单位6个，新增博士生导师7人、硕士生导师15人。

科研工作　获省部级二等奖以上成果6项，其中王福生课题组和肖小河课题组牵头完成的课题分获国家科技进步二等奖。获专利25项。发表专著13部，统计源期刊论文363篇，其中SCI论文58篇。获国家科技重大专项、国家自然科学基金、军队“十二五”等科研计划课题35项，资助经费7000余万元。开展药物临床试验30项、器械临床试验8项，完成4项自制制剂审核及立项管理，获临床研究批件1个。严格落实中期检查和科研会诊制度，完成20项国家、北京市和军队课题的结题，10项重大专项课题通过结题验收。医院被评为“十一五”全军后勤科研管理先进单位。

卫勤保障　借助“三好一满意”活动的推动，进一步落实为兵服务“四零”承诺和“八个一”服务内容，开辟军队患者“联勤就医绿色通道”，实现师级干部门诊就医“一卡通”。落实军地患者同病同治要求。对军队伤病员开展院前、院中、院后用药咨询和心理卫生服务。在军综网开设为兵服务专栏，开展疑难病例远程会诊。深入新疆、内蒙、西藏6家部队医院和基层连队开展“健康军营行”、“健康大讲堂”服务。成功申建军队传染病保健专科医院，再次被评为为部队服务先进医院。

派遣人员参与“和谐使命-2011”医院船任务，牵头组成军援考察团，代表中国军队赴尼泊尔军队总医院进行技术考察。组队参加东盟地区论坛救灾演练，这是我军首次由专科医院抽组卫勤力量执行国际救援任务。

信息化建设　以感染综合楼和科训楼“智能化”建设为牵引，整合医院现有网络平台，运行新版电子病历系统，引进手术麻醉系统、重症监护信息系统、血液透析信息系统、网络数据库审计系统、上网行为管理系统和车辆调度系统，上线第三代LIS系统和第二代体检管理系统，启动医院感染监测预警分析系统，自主研发经费标准一体化系统。开发新版数字图书馆网站平台，引进循证医学数据库。加入北京市114预约挂号平台。率先运用后勤业务通用办公平台，实现无纸化办公，被总后评为后勤业务通用办公平台应用先进单位。

基本建设　平战结合、军民共用、医研训兼备、内外科并重的感染综合楼暨科训楼完工并投入使用。第二期经济适用住房、射波刀机房和门诊东区扩建工程按期完工并投入使用，完成幼儿园用房改造搬迁、水塔拆除，传染病防治技术临床培训基地配属用房工程建设正式启动，后勤保障中心用房工程建设前期准备工作就绪。（三〇二医院）

中国人民解放军第三〇六医院

医疗工作 门急诊110万人次，比上年增长11.22%；住院2.6万人次，比上年增长8.13%；手术8000例；床位使用率89.18%；平均住院日12.7天；对外医疗创收7.4亿元，比上年增加4434万元，增幅6.4%。全年抢救急危重症2839例，危重病人占11%，危重病人抢救成功率89%。开展抗生素专项整治，加强院内感染监控，医院感染发生率控制在3%以内，通过了全军医院感染检查。强化临床合理用药，住院病人药占比控制在40%以下。

医疗质量。建立健全《医疗核心制度质量考评标准》《军队合理医疗用药管理实施细则》《护理核心制度》和医疗查房、医疗日巡、院长大查房等制度，健全医疗质量管理委员会、护理质量管理委员会等8个医护管理组织，组建医疗质量管理控制办公室和疑难病会诊中心，形成医院、机关、科室三级医疗质量管理网络体系，规范医疗秩序，保证医疗安全，医疗纠纷数量比上年降低19%。严格落实医保费用指标管控，医保病人就诊量明显上升，全年门急诊接诊和住院收治医保病人增幅分别达到41%和28%。在全军师级医院率先推行新电子病历系统，完成医保病人门诊工作站升级改造，推进数字化管理平台一期工程，在全院范围内应用病区配液系统。对在用医疗设备进行全面核查、评估和备案，制订《医疗设备采购工作规范》，完成66台（套）价值2493万元的医疗设备购置。坚持每季度召开质量分析会，对各科室死亡病历、在院病历质量等医疗核心质量指标进行讲评，落实医德医风监督考评制度，深入开展“三好一满意”活动，促进科室医疗质量不断提升。开展优质护理服务活动，实行责任制整体护理模式，基础护理、危重大手术护理及病房管理全部达标。干部病房一病区和护士长林洁被国家卫生部和总后卫生部评为优质护理服务考核优秀病房和个人。

全年军队人员门诊19.8万人次，住院2660人次；师以上干部门诊6万余人次，住院1200余人次；新增师干“一卡通”伤病员980人次，军队伤病员综合满意度98%以上。完成对总装驻京40个单位3200名师职干部的体检，检出早期恶性肿瘤7例。组派临床专家到总装机关办公区开展机关干部健康体检报告解读暨医疗咨询活动。完成航天员、兵团以上首长、两院院士的体检和重点项目复查。完成10余次大型会议的驻会医疗保障任务。

为军服务 基地官兵到医院就诊，不分体系内外，一律享受免费医疗；不分设备来源，只要诊疗需要一律对官兵免费开放；不分目录内外，只要病情需要，一律免费用药。年内，从26个专科抽调临床骨干近百人次，组成16支医疗服务队，携带药品器材赴基地边远点位和总装驻京院校、科研单位、干休所开展“健康军营行”，与4家基地医院及5个驻京基层医疗机构、2个干休所建立业务帮带关系。推行“集中式管理、派出式保障”模式，完成天宫一号、神州八号首次交会对接期间驻航天城部队、四子王旗主着陆场及远望号测控船等医疗遂行保障任务。制订《为部队服务管理暂行办法》《为部队服务新举措》《为部队服务实施细则》等制度，优化诊疗流程，体现军人优先，开设军人专用诊区、军人超声室和心电图室，按标准设置159张军人病床，落实病床预留，实现军人收治“零待床”。实行军人入院24小时领导访视制度，为住院伤病员提供“五个一”服务（一次床旁访视、一套生活用品、一本健康手册、致军队伤病员一封信、一次满意度调查）。制订《干部保健工作规定》，继续推进军师职干部门急诊“一卡通”、离休干部同城“双体系”工作。干部病房被评为全军保健工作先进集体，口腔科被评为全军为部队服务先进科室。

学科建设 分2批完成13个科室的学科评估，遴选推荐神经内科、耳鼻喉科申报总装临床神经医学中心和总装耳鼻喉中心，总装医学影像中心申报全军航天医学影像中心，全军脊柱外科中心申报全军脊柱外科研究所。中医科成为总装备部中医药技能培训基地，以及全国综合医院示范中医科；检验科通过了住院医师规范化培训基地评审，成为医院第3个国家级规范化培训专业基地。开展新业务、新技术80余项，其中心血管内科王守力、呼吸内科王萍、骨科马华松和肾内科那宇开展的多项新技术达到国内领先水平。

医学教育 新增研究生导师2人，研究生导师达45人。新招研究生40余人，完成学业20余人。完成8所院校120余名实习生和30多家基层卫生单位80余名进修生的教学任务。组织医院历史上首次成系统、成规模、长时程、全覆盖的“岗位大练兵，技术大比武”专项继续医学教育活动，邀请国内军内10余名专家来院授课，组织全院性典型病例讨论教学沙龙10余次，刻制发放视频教学光盘8套，购置模拟操作训练模型40余台（套），举办医疗法规、规范知识竞赛6场，全院医务人员参训率和考核合格率均接近100%，评出技术标兵10人、技术能手36人。

科研工作 获国家自然科学基金、“973”、“863”、全军“十二五”医药卫生重大重点项目及总装后勤部重点科研课题17项，院级课题30项，获资助经费850万元。全军口腔疾病诊治中心主任医师牛忠英主研的“航天试验活动口腔医学防护技术研究及应用”获军队科技进步二等奖，另有7项成果获军队科研成果三等奖。全年在统计源期刊发表学术论文210篇，SCI收录5篇。有52名专家在全军第九届医学科学技术委员会各专业委员会中担任委员以上职务，其中副主任委员以上5人、常务委员12人。医院承办的《总装备部医学学报》全年收稿260篇，送审210余篇，发表151篇（基层部队占61%），完成4期48万字的编辑出版发行任务，向基层部队发行7200册；在中国学术期刊网络出版总库中，有北京中医药大学、中国医科大学、中国科学院、第二军医大学、第四军医大学、香港大学、澳门大学、哈佛大学等3198个机构用户订阅《总装备部医学学报》。

公益活动 组织医院25个临床科室的72名医生（其中科室主任、副主任14人）、6名检验人员和22名护士到社区、街道及院校进行专家义诊活动11次，共接诊3450人次。在院内组织12个科室开展世界睡眠日、世界卫生日等10次健康日的义诊、咨询活动，接待咨询992人次，发放各类宣传资料2840份。开展社区、军休所健康知识讲座3次。安排11个科室举办健康大讲堂51次，51名主治医师以上人员参与授课，受众5000余人次。

属地管理 通过了朝阳区综合医院结核病督导检查和朝阳区卫生局三级急救网络急救绿色通道等级评估暨质量控制考核的检查。组织118人参加国家环保部培训中心在本院举办的辐射安全防护知识授课和考试，并全部通过考试。组织有关科室完成北京马拉松赛的院内急救保障任务。（张轶杰）

中国人民解放军第三〇七医院

医疗工作 门诊68.4万人次，比上年增加52.9%，其中地方病人占90.4%；医保门诊237935人次，比上年增长100.6%；入院36679人次，比上年增加28.8%，其中医保收治6078人次；手术7298例，比上年增加19.4%。床位周转27.2次，平均住院日比上年下降2.1天，药品比例比上年下降6个百分点。引进系列电子内窥镜、全自动生化仪等诊断治疗设备185台（件），价值2562万元，医院设备总值达到4.2亿元。

心内科介入导管、妇科介入内镜获总后卫生部诊疗执业许可。神经外科开展介入治疗635例次，比上年增长13.6%；心内科开展介入治疗327例次，比上年增长41%。开展经内镜胰胆管扩张术+支架置入术（ERCP）、喉罩气道导管、半导体激光治疗静脉曲张等新技术54项。全军放射病研究所原创性地开展微移植治疗白血病245例，比上年增加27%。全军中毒救治中心开展连续性静脉血液滤过（CVVH）和血液灌流等技术，全年诊治中毒患者4500余例，比上年增加34%。全军造血干细胞研究所开展细胞免疫治疗肿瘤750例次，全年完成各类移植314例次，比上年增加35.4%。开展射波刀、氩氦刀、各类介入治疗以及细胞免疫治疗等前沿治疗技术，肿瘤中心全年收治患者21223例次。核磁诊断和放疗人次比上年增长90%以上。细菌学、生化免疫学、基因扩增检验等5个实验室通过了国家卫生部室间质控认证，输血科、检验科开展ISO15189医学实验室质量认证。血液实验室研发3个细胞治疗产品用于血液病和心脏病治疗，肿瘤学实验室开展靶向治疗及化疗敏感性检测新技术4项，与急诊、消化、4个肿瘤内科、肿瘤微创科等14个临床科室合作开展基于临床的基础研究。

为军服务 年内，接收师职干部“一卡通”体系人员来院门诊就诊，保障人群较“十一五”增长2倍。修订《合理药品目录》和《为部队服务耗材目录》，在军队病人用药目录以外放开40余种药品用于军人常规治疗。严格执行“四零”政策（零待诊、零待床、零审批、零自费）。医院投入经费400余万元，完成体系部队官兵查体任务。在全军首批与3所干休所建立帮带共建关系，参与开展“戍边行动”、“边疆海岛行”、“健康军营行”等活动，深入边疆海岛基层，走访训练场驻训部队，了解部队医疗需求，开展送医送药下基层活动。全年为军补贴医疗费用1600余万元，为历年来新高。造血干细胞移植科被评为全军为部队服务先进科室，陈虎、徐建明被评为全军保健工作先进个人。

卫勤保障 总部配发毒伤救治专业病区急救装备约300万元，以及野战伤员洗消车、医疗机动保障平台，自筹经费为洗消车配备进口洗消帐篷，补充3M防毒面具等个人防护装备。医院自主研发的“三防”医学平战时管理系统、电子伤票系统正式投入使用，实现现场与后方指挥中心的实时对接，卫勤保障能力不断提升。医院派出专家30余人次、队员150人次，动用装备物资200余台（套），完成日本核泄漏事故医学救援保障、神舟卫星发射医学保障、深圳大运会、中国－亚欧博览会等安保任务，首次承担南京周边地区日本遗留化学武器移动销毁运输医疗保障任务，处置河北固安疑似汞中毒、滦平“3.20”化学烧伤等突发公共卫生事件10余起。

学科建设 实施加强学科全面建设的“五个一”工程，间充质干细胞治疗、分子靶向治疗肿瘤、超声聚焦刀治疗良恶性肿瘤、烟雾病治疗等居国内领先水平。放射病、造血干细胞移植、肿瘤、中毒急救、烟雾病及甲亢等专科优势进一步增强。放射病中心、造血干细胞移植中心分别晋升为全军放射病研究所和全军造血干细胞研究所，实现医学研究所“零”的突破。获批全军日遗化武毒伤救治中心和全军脑血管病中心，全院医学专科中心数量增加到7个。在新一届全军专业委员会中，获选9名副主任委员、7名常委、49名委员。聘请孙燕院士、丁健院士等22名国内外专家为客座教授，口腔科、肾内科及泌尿外科等多名客座教授开展教学查房、病例讨论等方式促进科室技术水平的提高。

医院管理 依托“三好一满意”活动的开展，狠抓核心制度的落实，开展合理用药考评和住院患者医疗服务回访，神经内科、呼吸内科、心内科等4个科室开展7个病种的临床路径、单病种管理试点工作，增加床位周转，缩短平均住院日，医疗质量明显进步，医疗投诉、医疗纠纷较上年稳步下降。在总后卫生部贯彻落实《医院管理若干规定》的督导检查和医院“三好一满意”活动检查中获得好评。制订优质护理细节服务标准，倡导“亲情式、超前式”感动服务。培养PICC导管维护专业护士76人，临床护理教员117人，ICU、急诊、肿瘤等专科护士13人。组织全院护理骨干进行护士心理技能培训和考核，212名护士取得护理心理技能证书。

科研工作 全年获批国家、军队、省部级以上课题25项，经费2473万元。其中首次获批国家支撑计划重大项目1项、国家自然科学基金重点课题1项、北京市自然科学基金重点项目1项，获批国家“863”课题2项、国家自然科学基金面上项目7项、北京市自然科学基金面上项目3项。2项成果被评为“十一五”全军后勤重大科技成果。获批专利2项，其中国际专利组织PCT专利1项。全年发表学术论文269篇，高等级论文发表率97.77%，其中SCI论文21篇，影响因子50.279，单篇最高10.55。完成“十一五”军队科研课题14项和首都医学发展基金课题4项。

医学教育 举办第二届全国器官移植免疫学学术会、CSCO乳腺癌高峰论坛、北京T细胞淋巴瘤国际研讨会等全国、全军性学术会议6次。出国参加学术交流88人次，江泽飞主任成为中国第一位参加St. Gallen国际乳腺癌治疗专家共识主席团成员。加强临床“三基”培训考核力度，举办院内学术讲座30余次，邀请外院专家来院开展临床技能培训等15次。

信息化建设 举办全军新版电子病历骨干培训班，启用新版电子病历系统。进一步完善PACS系统，覆盖全部临床科室及病理、影像诊断科室。实施采供血管理系统、医院感染实时监测预警系统，落实医院感染“早预警、早发现、早干预”的工作理念。实施数字化药库管理系统。启动数字化监护病区管理系统，实现诊疗数据实时采集。

对口支援 与河北省邯郸市磁县人民医院、河南省周口市中医医院、新疆生产建设兵团农四师医院等10家地方医院签订技术帮带协议。继续加强对国家和军队指令性任务的宁夏同心县医院和新疆额敏人民医院的帮带力度，捐赠救护车、医疗病床等医疗装备价值20万元，通过接收进修学习、业务培训等形式提高帮带医院的医疗技术水平。 （三〇七医院）

中国人民解放军第三〇九医院

医疗工作　门急诊124.5万人次，住院4.04万人次，平均住院日14.1天，床位使用率93%，床位周转26次，治愈好转率98%。住院手术1.61万例。危重症抢救575人次，抢救成功率71%。院内感染率2.6%。入出院诊断符合率99%，临床与病理诊断符合率98%，七日确诊率98.8%。无孕产妇、新生儿死亡，围产儿死亡率5.2‰。伤病员综合满意率98%以上。对外医疗收入12.05亿元。医疗设备总价值4.6亿元。北京医保门诊28.2万人次，出院1.45万人次，住院医保患者总费用2.02亿元，次均费用13864.5元。全年军队人员门急诊16万人次，入院2905人次，补贴军人医疗费用7680万元。被总后勤部评为全军为部队服务先进单位。

学科建设　制订《“十二五”前期学科设置调整意见》，从数量规模向质量内涵转变。编撰《医院规章制度汇编》，规范医院管理，开展研究型医院建设。全军器官移植中心和骨科晋升为全军医学研究所和医学专科中心。器官移植研究所石炳毅主任获何梁何利基金科学与技术进步奖。推行临床路径和单病种管理，引进感染监测、质控管理等信息系统。激励新技术、新业务的研发应用，建立新技术、新业务申报、评审、验收及推广应用的激励性体制机制。建立旃坛寺门诊部血液净化中心、小西天中心门诊部工伤康复中心，带动直属门诊部发展。全年引进各类人才38人，有73人在国家和军队学术机构新任常委以上学术职务。获国家卫生部和健康报社“2011医院改革创新奖”、中国宋庆龄基金会和北京市红十字基金会“共铸中国心”爱心医疗单位、中国电子学会医药信息学分会和中国医药信息学会中国医药卫生信息金鼎奖，被中国医院协会医疗保险管理专业委员会评为全国医院医保管理先进单位。

科研工作　召开科技大会，总结“十一五”期间科研工作，启动“3个5”工程计划。获国家自然科学基金面上项目8项，军队“十二五”重点课题2项、面上课题7项、军事后勤学术研究重点课题1项，首都特色基金课题4项、北京市自然科学基金面上项目3项，获科研经费1047万元。重大传染病专项课题7项（经费5600万元）验收结题，并获继续滚动支持。获全军科技进步二等奖1项、三等奖2项，全军医疗成果二等奖3项、三等奖8项，华夏科技二等奖1项。建立无锡、石家庄2个转化医学基地，确定6个转化研究项目。与清华大学和有关生物技术公司协作建立3个联合实验室、中试实验室，与中国农业大学共享国家重点实验室，成功申报北京市器官移植与再生医学重点实验室，新建整形美容中心实验室。全年发表统计源论文613篇，SCI期刊收录24篇。

与《中华临床医师杂志》（统计源期刊）签约成为合作单位。北京市科协在本院设立分支机构。被中国医学装备协会确定为CT工程技术专业委员会常务办公单位。

医学教育　召开教学工作大会，对医院“十一五”期间教学工作进行总结，对“十二五”期间工作进行部署。继续完善教学制度体系建设，新建临床教研室6个、研究生教学基地2个，新增导师35人；在院研究生76人、博士后8人；编印教材10余种。器官移植研究所的“传承、奉献、坚持、计划、平衡”教学经验和精品课程教学法在全院推广。接收军内外和帮带医院医师进修75人、实习生439人。新增全国继续教育项目4项、北京市继续教育项目3项、全军继续教育项目3项。举办高层次学术交流论坛20余次，举办徐州医学院北京地区本科教学会。被总后勤部确定为全军中医药技能培训中心，被第四军医大学评为教学先进单位。派员参加世界军事医学大会、中德和中波军事医学研讨会。

护理工作　按照优质护理服务病房建设标准改革临床护理排班模式，实施护理部垂直管理的绩效考核及护士薪酬分配制度。编制《护理规章制度与护理工作规范》，修订《护理服务标准》，细化服务流程。获军队医疗成果奖三等奖2项，获国家专利1项。全年发表统计源期刊论文110篇。增列护理专业硕士生导师4人。被评为全国优质护理服务考核先进医院、全军优质护理服务示范医院。获批全军呼吸道传染病护理示范基地，1人被评为全国优质护理服务考核先进个人。完成军队高级干部驻地保健任务，开展肺肾联合移植及小肠移植整体护理新业务。危重病人基础护理合格率98.8%，病区管理合格率99.73%，护理文书书写合格率99.89%，护理服务满意率98.10%。

新增全军、北京市继续教育项目6项，承办继续教育项目2项。举办以“加强制度文化建设，深化优质护理服务”为主题的护理规章制度知识竞赛。探索“院、校合作订单式选人育人”的教学模式，与天津医学高等专科学校共同创建第1届军护方向班。完成总参第2期文职护士培训50人，临床带教满意率94.36%。全年接收高级护理进修生47人、护理实习生220人、见习学员120人。

信息化建设 筹资1500万元，建设移动医疗系统建设、新版电子病历试点和药学信息服务体系，被中国医药信息学会评为信息化建设先进医院，被中国医院协会评为医院信息化创新医疗服务模式十佳医院。

基本建设 完成干部医疗保健楼主体工程，门急诊楼改扩建工程主体结构获北京市工程建设质量协会结构“长城杯”奖，被中国医院协会建筑分会评为绿色医院建筑示范工程先进单位。

文化建设 制订《医院基层建设要则》，编印《军队党支部工作手册》。获全国医保知识竞赛二等奖和全军共同条令知识竞赛优秀奖，急救部被总参管理保障部树为先进典型。代表总参管理保障部参加总参纪念建党90周年歌咏大会。以宣传医院建设成就、先进典型和新技术、新业务为重点，在《解放军报》等各级媒体发稿1082篇。组织编写《院志》和反映医院文化建设的文集、画册，被健康报社评为军队新闻宣传先进单位，《三〇九院报》被中国卫生思想政治工作促进会评为全国优秀医院报刊，医院获中国企业文化研究会中国医院文化创新奖、全军卫生系统“走向人文管理”高层论坛医院文化建设创新奖。

（徐燕杰　赵学伟）

中国人民解放军第三一六医院

医疗工作 门急诊187482人次，平均住院日10.67天，床位使用率91%，床位周转34.3次，治愈好转率98.65%，住院手术484例，危重症抢救119人次，抢救成功率75.63%，院内感染率1.05%，入出院诊断符合率99.86%，临床与病理诊断符合率98.6%，七日确诊率98.75%，无孕产妇、新生儿和围产儿死亡。对外医疗毛收入6913万元，比上年增长25.8%。医疗设备总价值2967.7万元，年内新增医疗设备71台，总值298万元，其中新增10万元以上设备3台。医保门诊47962人次，住院1033人次，住院医保患者总费用1130.2万元，次均费用11188元。军人门诊52584人次，住院1402人次，补贴军人医疗费用200.47万元。

教学工作 组织院内讲课46次，远程网学习12次，举办护理技能比武1次。外出培训35人。

科研工作 新增全军医学科研“十二五”课题1项。全年发表论文38篇。（李　晋）

中国人民解放军海军总医院

医疗工作 门急诊117万人次，住院3.16万人次，手术9354例。床位1224张，床位使用率100.37%，床位周转27.87次，平均住院日13.23天。门诊与出院诊断符合率99.67%，入出院诊断符合率99.87%，入院三日确诊率97.63%。院内感染率0.87%，无菌手术切口感染率0.06%。对外医疗收入10.03亿元。北京医保患者门诊34.5万人次，住院5918人次，住院医保患者总费用1.16亿元，次均费用19670元。

医疗设备总值超过5亿元，年内新增医疗设备438台，价值5000余万元，其中新增10万元以上设备81台。

围绕创建研究型军种总医院目标，开展学科建设深化年主题活动，成立肿瘤联合会诊中心、疼痛诊疗中心，发挥多学科联合作用。开展脑干内肿瘤显微手术切除、腹腔镜下肾盂输尿管成形术等新技术、新业务 25 项。

推行精细化管理和数字化医院建设，持续加强医疗质量管理。发挥机关、职能科室、专家督导组和临床科室的四级质量管理职能，抓好基础、环节、准入、监控 4 个质量建设重点，强化基础医护质量的环节管理和终末考评。继续深化优质护理服务示范工程，将责任制整体护理包干到组、细化到人，成立临床护理技术操作指导组，加强护理带教；组建王文珍志愿服务队，为困难群众义务服务。举办首届国际伤口护理学术高峰论坛和第 3 届全军神经疾病护理示范基地培训班。护理部总护士长王文珍被评为第 3 届全国道德模范。

为军服务 全年接诊军队伤病员 23.8 万人次，出院 4519 人次，补贴军人医疗费 1.2 亿元。医院被评为全军为部队服务先进医院、军队优质护理服务示范医院。延伸为军服务保障范围，派出 5 批次医疗队 120 余人次赴护航部队、体系单位以及小远散基层单位送医送药，累计巡诊官兵及家属 2 万余人次，赠送药品总价值 50 余万元。参与多样化军事任务卫勤保障，抽组 80 余名医护人员组成海上医院，随八六六医院船远赴古巴、牙买加等拉美四国执行“和谐使命－2011”人道主义医疗服务任务。医疗队 2 次横跨太平洋，通过巴拿马运河，穿越加勒比海，历时 105 天，总航程 2.4 万海里，巡诊、治疗拉美四国人民 1.08 万余人次，开展各类手术 165 例，学术交流 25 场。

干部保健 在体系部队 5 个干休所开设专科门诊，方便老干部就医咨询；推行全军师职干部门诊就医“一卡通”，完成两会代表医疗保障任务；采取来院体检、上门补检相结合的方式改进师以上干部体检工作，师以上干部年度体检率超过 98%。干部保健科被评为军队干部保健工作先进集体。

教学与科研 年内，开展科主任教学查房、精品课程及优秀病历评比、知识竞赛和战救技术比武等系列活动，提高医务人员“三基”技能。围绕强化初级医师规范化岗位培训，推行住院医师“333”制使用、培训和管理模式。全年组织全员岗位练兵医师培训 6 次、名家讲堂讲学 2 次、三类项目 16 次，出国培训和学术交流 44 人，招收研究生 50 人，接收进修生 167 人。

全年发表论文 635 篇，其中统计源论文 566 篇、SCI 收录论文 16 篇。获军队科技进步及医疗成果奖 10 项，其中二等奖 3 项；北京市发明专利三等奖 1 项。与清华大学合作开展舰载机飞行员心理保障研究，“舰载机飞行员军事作业能力医学保障研究”获总后“十二五”重大课题资助。全院在研课题 112 项，新增包括国家自然科学基金在内的新课题 49 项，科研经费总额 1600 余万元。《海军总医院学报》经国家新闻出版总署批准更名为《转化医学杂志》。

其他工作 年内，组建急救部、肿瘤综合诊治中心、疼痛中心等跨学科诊疗中心，推进神经外科“院中院”建设、全军微创神经外科研究所申报工作，全院 19 个科室、20 个专业通过了国家临床药物试验机构认证。妇产科辅助生殖中心项目通过了总部验收。康复理疗科以王燮荣为首席专家的针刀团队社会影响力大增。中医科被评为全国示范中医科。数字化医院建设稳步推进，制订《医院数字化建设三年规划（2011－2013）》，新版电子病历系统逐步代替原医护工作站，门急诊“银医一卡通”推广运用初见成效，部分自费患者实现全程持卡就医。深化卫生经济改革，将经济管理科与财务科整合组建为财经管理中心，医院财力资源配置得到优化。开拓医疗市场，全年派出 21 批专家医疗队，赴西藏林芝、云南会泽等 10 余家合作医院开展技术帮扶，召开部分驻京办领导座谈会，与 10 家地方医院新签合作协议，取得良好社会效益。加快基础设施建设，完成门诊楼 8 个专科、儿科层流病房等 30 余项改扩建工程，医疗工作环境和干部住房条件得到进一步改善。配合三期工程指挥部，完成内科医疗楼周边供水、污水管线和电缆改造，确保大楼顺利封顶。坚持按制度法规抓好饮食、被服和车勤保障，被评为北京市交通安全管理先进单位。

（海军总医院）

中国人民解放军空军总医院

医疗工作 门急诊 1536999 人次，比上年增长 10.81%。其中军队病员门诊 213559 人次；地方病员 1323440 人次，比上年增长 12.82%。住院 27402 人次，增幅 11.73%。其中收治军队伤病员 5402 人次，增幅 1.89%；收治地方病员 22000 人次，增幅 14.45%。各类手术及较大有创技术操作 14546 例次，比上年12960例次增幅12.24%。其中麻醉科手术室手术6580例次，同比增加669例次，增幅11.32%；麻醉科外其他手术或较大操作7966例次，同比增加917例次，增幅11.51%。清洁手术切口甲级愈合率100%，医院感染现患率3.58%，床位使用率92.67%，床位周转24.05次，平均住院日15.03天，危急重症抢救成功率89.08%。

全院医疗收入11.41亿元，其中军人计价1.25亿元、地方收入10.16亿元。医保门诊380198人次，比上年增加106669人，增幅39%，收入12188万元；其中门诊特殊病人1068人，增幅3.29%；医保住院6670人次，增幅8.03%。年内引进640层CT、TOMO刀、3.0T磁共振等价值1亿元的医疗设备。

医院以应急质量、门急诊质量为重点，全面检查急救点建设、医疗值班、急会诊、外出抢救、门诊出诊情况和服务质量等环节质量，开展临床路径试点工作中期评估，规范医疗技术准入和抗菌药物合理使用。围绕优质护理服务示范工程活动，开展以“携手绿色健康”为主题的健康教育和优质护理服务先进病房、优质护理服务先进护士长、微笑天使、十佳健康教育护士等评比表彰活动，医院护理质量得到明显提升。通过了海淀区和北京市两级爱婴医院评审。

为军服务 医院始终把为部队服务作为根本职能、根本职守和根本职责。在执行空军专机赴利比亚撤离我人员遂行空运医疗后送任务中，既锤炼空运医疗队快速反应和保障能力，又赢得国际舆论和撤离群众的赞誉，得到胡锦涛主席、温家宝总理、军委及空军各级首长的肯定。在“医疗专家部队行”活动中，组织医疗专家6批次44人次赴重点任务部队和边远艰苦部队开展巡回医疗服务，巡诊26个团以下单位5000余人次，行程1万余公里，累计赠送药品5万余元。特别是在空军边远艰苦连队官兵体检工作中，医疗队行程6000公里，远赴广空雷达1旅14个雷达站，体检官兵500余人，开办健康教育、心理辅导28场次。医院再次被评为全军为部队服务先进医院，空勤科被评为先进科室。年内，完成13个省市12个少数民族182例先心病患儿的救治任务。

学科建设 在总结“十一五”临床航空医学发展的基础上，起草《“十二五”临床航空医学建设发展规划》。召开北京国际航空航天临床医学学术会议，编印《航空卫生工作规定》，编写出版《临床航空医学进展（2010）》。同时，以学科建设3年发展规划验收为牵引，采用主观评价与客观评价相结合，组织50余名院内外专家对全院40多个专业科室进行评估，制订6个专项计划、6个专项措施，为实现医院学科技术跨越式发展奠定基础。

医学教育 成立内科、外科、医技、诊断学教研室，召开医院第二届临床教学工作会议和首届优秀教师讲课大赛。博士研究生导师15人、硕士研究生导师80余人，接收研究生200余人、进修生190人，举办国家、军队和北京继续医学教育学习班13个、全国性学术会议8个，参加培训近1600人次。

科研工作 申请国家自然科学基金、首都临床特色项目120余项，有2项列入全军“十二五”重大计划，10项列入重点和面上计划，6项列入北京市计划，其中重大项目数是全军医学重大项目总数的八分之一，共获科研经费超过3000万元。有2人在中华医学会专科分会任副主任委员，2人在军队和北京医学会专科分会任主任委员，30人次在军队和北京医学会等专科分会任副主任委员。全年在统计源期刊发表论文398篇，排名全国医院第78位，全军总医院第7位，SCI收录论文10篇，论文总量首次突破400篇。申报军队科技进步二等奖2项、军队医疗成果二等奖2项。

信息化建设 按照“突出卫勤、服务临床，强化管理，方便患者”的原则，提出11个建设项目，明确全面建设数字化医院的路线图和时间表，分步有序地推进医院信息化建设进程。同时，完成新版住院医生工作站的研发和药品协同管理信息系统的建立。试点“一卡通”就诊，升级高清的军队远程会诊系统，满足全军各单位远程会诊需求，升级质量管理直报系统，提升基础临床信息化建设水平。 （沈 炜）

中国人民解放军第二炮兵总医院

医疗工作 门急诊804169人次，比上年增长33.44%；出院22469人次，比上年增长22.57%；住院手术6185例；医疗毛收入8.73亿元，效益1.9亿元。

为军服务 年内，医院被总后勤部评为全军为部队服务先进单位，肛肠外科被评为全军为部队服务先进科室。医院设立1000万元为部队服务专项基金，按照开展“基层服务年”活动的要求，派出6支专家医疗队共78人次赴二炮驻京医疗体系单位开展“健康军营行”活动，累计巡诊官兵900余人次，赠送药品价值60余万元，发放健康宣教手册4000余册，开展健康知识讲座17场次。军人门诊77478人次，住院1712人次，体检5000余人次，补贴军人医疗费用2917万元。

学科建设 10月，通过了由北京市中医管理局、总后勤部卫生部的联合评审，成为北京市综合医院中医药工作示范单位。在巩固现有3个全军专科（病）中心建设的基础上，通过了全军脑卒中医疗救治研究中心的评审，完成全军心理中心建设与申报工作。完成胃肠镜中心整合优化方案的研究论证，并于11月18日正式启动运行。

医学教育 承担苏州大学、武汉大学、山西医科大学、辽宁医学院、北方学院、湖北中医药大学等院校的研究生培养工作，现有博士生导师6人、硕士生导师33人。录取研究生48人，接收进修生25人。

科研工作 年内，3项重点课题和15项面上课题通过了总后评审，参与研究的1项重大课题获总后立项。获批国家自然科学基金3项，其中面上项目2项、青年科学基金1项，资助经费119万元。申报首都卫生行业发展科研专项28项、北京市科技新星计划2项、教育部留学归国人员科研启动基金1项。获军队医疗成果二等奖2项、三等奖15项，获二炮医药卫生成果一等奖9项、二等奖5项。发表学术论文298篇，其中SCI 5篇、核心期刊201篇。主编专著4部、参编专著17部，获实用新型专利4项。

信息化建设 制订《“十二五”信息化建设发展实施方案》，创新开发数字减影血管造影术（DSA）数字化示教系统。2月，正式启动全军数字化诊断系统应用试点工作。召开全军远程医学数字化诊断试点总结及专家鉴定会，并通过了评审。建成HIS系统硬件平台，解决数据存储、容灾备份等难题，实现医院信息化建设史上最大规模的服务器升级。自主研发门诊医生工作站升级包、医院医保管理信息系统、门诊医保患者次均费用统计查询软件、门诊患者退费统计查询软件。自主研发“军字一号”系统与预约挂号统一平台对接软件。建成远程双流高清视频系统平台，开展远程会诊50余次，保障全军会议20余次，实现信号对接稳定、声像传输高质的良好效果。

（二炮总医院）

北京军区总医院

医疗工作 门急诊148.83万人次，其中医保病人51.1万人次；出院5.31万人次，其中医保病人14066人次。平均住院日13.18天，床位使用率94.06%，治愈好转率98.33%。住院手术1.83万例。危重症抢救3936人次，抢救成功率89.23%。院内感染率1.1%。入出院诊断符合率99.12%，临床与病理诊断符合率99.03%，手术前后诊断符合率98.36%，入院七日确诊率97.69%。无孕产妇死亡。全年对外医疗毛收入13.72亿元，其中医保患者总费用4.13亿元，医保病人门诊次均费用371.55元、住院次均费用19921元。年内，新增移动CT、术中3.0T核磁、血管机、便携式彩色超声等10万元以上大型设备19台（件），医疗设备总价值4.6亿元。

以打造医院文化品牌为目标，提出“三严三省”总要求，要求全院工作人员塑造严整的仪容仪表和环境秩序、培养严谨细致的工作作风、强化严格遵守和落实规章制度，从而为病人“省时、省力、省钱”。分别组织老专家、科主任和中青年技术骨干召开座谈会，制订实施方案。利用5个工作日组织57个科室汇报对工作的整改方案，促进医院服务层次、内涵质量和人文素质的提升。规范诊疗行为、落实规章制度，编发医务人员应知应会《医疗核心制度汇编》口袋书，以科室为单位组织集中学习，采取随机抽点、分批测试、全员普考的方法，对学习掌握情况进行考核，参考的1200名医务人员全部达到规定要求。组织医生参观北京协和医院举办的病历展览和院史展览，体会北京协和医院深厚的历史文化底蕴，感受协和医院众多医学泰斗在医学研究和治病救人方面秉持的深入钻研的态度和严谨求实的作风。以优化流程、提高质量为目的，瞄准技术前沿领域，设立包括微创、介入、显微外科等在内的82项技术建设学习标杆，采取请进来、走出去等多种形式开展学习实践，部分技术诊疗流程、诊治质量和规范化程度得到提高。制订《临床路径实施方案》，在9个临床科室选择16个病种推行临床路径管理。

2011年，医院被国家卫生部评为全国改革创新医院、全国医保管理先进单位，医疗保险办公室主任李伟光被评为全国医保管理先进个人。

为军服务 门急诊接诊军队伤病员26.24万人次，收治5854人次，补贴军队伤病员医疗费1.03亿元。持续开展“健康军营行”、“边防万里行”和“生育关怀进军营”等活动，组织9批次华益慰医疗队，携带胃镜、彩色超声、口腔治疗仪、生化仪器、血球检测仪等设备，深入内蒙古边防一线连队，京、津、冀、晋等地偏远山区部队和内蒙古演习驻训部队共147个基层单位巡诊、送医、送药，接诊基层官兵、家属和驻地群众3万余人，并为近9000余名基层官兵健康体检，为99对军人不孕不育夫妇诊治，捐赠和使用药品、耗材价值264.7万元。医院被总后勤部卫生部评为全军为部队服务先进医院、军队优质护理服务示范单位。华益慰医疗队先进事迹得到中央军委副主席郭伯雄的肯定，并被北京军区评为践行当代革命军人核心价值观新闻群体，受到表彰。

学科建设 打造全国一流的数字化品牌专科，以院中院模式组建北京军区总医院附属八一脑科医院，于4月正式开科运营。按照平战结合的需要，合理调整布局，改善支撑条件，将全军创伤骨科中心从3个病区扩展到5个病区，为建设创伤外科中心奠定基础。1月，心理医学科通过总后勤部卫生部验收，晋升为全军心理卫生服务中心。10月，生殖医学科开展的人类辅助生殖技术通过总后勤部卫生部评审，获得准入资质。11月，在总后勤部卫生部组织的全军医学专科中心评审中，附属八一儿童医院晋升为全军儿科研究所，皮肤科晋升为全军皮肤创伤修复研究所，附属八一脑科医院晋升为全军神经外科中心，神经内科晋升为全军神经内科中心。

科研与教学 获国家、军队及地方各类基金课题44项，获资助5500余万元。获军地各类科技进步、医疗成果二、三等奖11项。全年发表论文1137篇，其中SCI论文51篇、统计源期刊1086篇。新增研究生导师26人，其中博士生导师5人；研究生导师89人，其中博士生导师19人。在读研究生306人。副院长杨蓉娅当选中国女医师协会副会长，附属八一脑科医院主任徐如祥当选中国神经科学学会副理事长。与南方医科大学共同举办的研究生课程班正式在院内开课，已有70人注册。召开国际学术会议2次，全国、全军、军区及北京市学术会议31次，举办院内大型学术活动及疑难病例讨论会16次，累计参会5100余人次。结合全军为部队服务工作会议和军区医院工作会议精神，针对新大纲的变化和要求，医院将新大纲规定的医疗、药学、医技、护理等25个专业164个教学专题纳入训练科目。此外，将医院临床、辅助诊室等58个科室2539个教学专题纳入军事训练教学责任制范畴。分阶段、分步骤组织专题辅导、自学自练和专家考核，共完成10个专业13个科目270学时的培训，累计培训2864人次，考核1461人次。

在本年度北京军区基础训练比武竞赛中，医院取得后方医院野战外科手术第一名，医疗业务尖子一、二、三名，护理业务尖子第一名，心肺复苏技术能手第二名和静脉输液技术能手第三名。在解放军第四军医大学组织的首届实习学员临床技能竞赛中，医院代表队取得团体第三、个人第二的成绩。在解放军第二军医大学优秀教员及教学先进集体评选中，1名医生被评为A级优秀教员，5名医生被评为教学先进个人，1个科室被评为教学先进集体。

行风建设 继续开展学习践行华益慰“两高”精神（高尚医德、高超医术）系列活动。修建华益慰广场，举办华益慰雕像揭幕仪式，组织医护人员集体宣誓，开展凝聚在“两高”精神旗帜下主题演讲。探索弘扬“两高”精神、推动医院建设的新途径、新办法，其经验做法两次在军区介绍，被《解放军报内参》刊发。尊师重教、尊重人才。总结骨科老专家胥少汀教授扎根临床、无私奉献的先进事迹，开展胥少汀从医70周年纪念活动，进一步强化尊师重教、尊重人才的良好氛围，胥少汀教授被联勤部评为“2011为你骄傲新闻人物”。11月20日和12月3日，接受“天使阳光救心行”活动16名云南和12名青海先心病患儿的救治任务。

信息化建设 开通感染监控软件，对住院病人实施医院感染实时监控。为医疗东区门诊开通医生工作站系统，为附属八一脑科医院开通手术麻醉和重症监护系统。将放射、超声、病理、内窥镜进行系统整合，实现医院大PACS系统。建立并完善军人电子健康档案系统和军队人员费用审核管理系统。拟订影像楼、新外科大楼的信息网络设计方案，影像楼网络实现万兆传输。医院被军区评为信息化建设先进单位。

（任昊远）

北京卫戍区

帮建卫生机构 年内，北京卫戍区为各师团申请配发团野战医疗箱组、野战急救车、军医背囊等野战卫生装备601台（件），价值200余万元；为卫戍区机关门诊部、干休所医疗保健中心配发CR数字影像系统、全自动血细胞分析仪、全自动尿液分析仪、除颤监护仪、牙科综合治疗装置、频谱治疗机等医疗设备52台（件），价值300余万元；投入资金9万元，为6个直属小散远单位新建卫生室，配发医疗器械156台（件）、药品86种。

规范化管理 3次组织师、团卫勤领导召开专题研讨会，对部队医疗活动、疾病防控、战备训练、药材管理、伤病残管理、经费管理等6个方面从标准制度和工作程序进行统一规范，制订《卫戍区部队卫生工作规范》。5月，召开由各师团分管领导、科（院）长、卫生队（所）长、卫戍区机关各部职能处长等近80人参加的全区部队卫生建设工作会，总结“十一五”全区部队卫生工作，明确“十二五”全区卫生建设任务。

信息化建设 在继续抓好部队卫生信息系统常态化管理、确保信息数据各项考评指标稳步提升的基础上，突出抓军人电子健康档案信息管理系统的运行。投入资金30余万元，为卫戍区直属单位配发专用电脑，在66400部队医院举办该系统安装与应用培训班；筹措专项经费10余万元，分别在66400和66055部队医院建立专用服务器。

药材监督管理 按照“以整顿促规范，以严管保安全”的思路，在全区开展药品安全管理清查活动，在对制度、账目、实物进行全面检查的基础上，集中回收过期毒麻药品片剂9种4272片、针剂9种3581支，并集中销毁。按照《师以下部队战备药材基本标准》，指导各单位完成战材轮换更新。督导各单位落实卫生装备管理制度，全区部队卫生装备完好率保持在98%以上。

专业技术培训 4月，卫戍区采取“小专业、大集中，统一计划、分级实施”的办法，在66400和66055部队医院分别举办B超、检验、放射、药剂专业实用技术培训班，为基层部队培养卫生小专业技术骨干40余人。举办全区卫勤领导干部暨防疫骨干集训班，邀请军地专家围绕卫勤理论与实践、卫生信息资源开发利用以及部队卫生防疫工作的组织实施等专题进行授课辅导。选派23名业务干部分别参加全军举办的野战内外科、老年急救、心理等专业的培训，提高基层卫生机构一线救治水平和能力。

爱国卫生 年内，召开爱卫会全体委员会议，部署“十二五”发展规划和本年度工作任务。利用第23个爱国卫生月和重大活动、重大节日等，指导部队开展以“净化、绿化、美化”营区环境为目的的综合整治活动，对食堂、垃圾收容场、厕所等重点部位进行全面治理，营区卫生环境得到较大改善。投入2万余元购买灭蟑药品，组织机关公共服务和炊管人员进行专题培训，集中对办公场所、仓库和食堂等处进行全方位的灭害行动，效果显著。

健康管理 召开推行全员健康管理暨军人电子健康档案系统任务部署会。督导各单位建立健全包括健康责任军医制度、健康形势分析和例会制度、健康分析报告制度在内的各项健康管理制度，深化“军医包干到连，干预指导到人”的管理机制和服务举措，实现军区提出的“退役官兵人手一份纸质和电子健康档案”的目标和要求。

新兵检疫和体格复查 针对新兵卫生防病的特点和规律，加强工作指导和检查督导。在新兵入营前组织各单位筹措流脑、乙肝、破类疫苗，并及时组织新兵接种，新兵适宜人群接种率100%。指导各单位成立医疗体检队，对所属新兵进行体格复检，新兵体检率100%，并在规定时限内为14名体检不合格新兵办理退兵手续。

饮食卫生监管 卫戍区采取集中时间、统一标准、同步展开，拉网式自查与抽查相结合，现场实地检查与微观检测相结合的形式，在全区开展夏季饮食卫生安全专项检查活动。对部队饮食卫生安全管理工作进行督导检查，对存在问题及时组织整改，防止和杜绝食物中毒、集体性食源性疾病以及肠道传染病的发生，有效降低常见传染性疾病的发病率。

医疗作风建设 在全区卫生机构开展医德医风教育和学习华益慰活动，深入学习总部、军区关于加强医德医风建设的指示和先进典型模范事迹，督促各单位深入查找在服务意识、服务态度和服务水平方面存在的差距和不足，开展批评与自我批评，制订整改措施，促进医务人员服务意识和服务质量的提升。

伤病残人员调研 采取普遍摸底、分类疏理、个别调查、集体会商等方法，对当前滞留部队伤病残和服役期内患疑难病症人员情况进行专项调查，统计各单位滞留伤病员人数。经过对全区54名长期滞留伤病残人员进行病情讨论、诊治评价、愈后分析，研究制订办理评残病退手续、强化心理健康服务、强化康复治疗管理、加大专业技能培训等一系列诊疗意见和解决措施，最大限度地减少滞留伤病员的后顾之忧，切实保障官兵利益。

医疗保障 全区各级卫生机构完成各类体检15000余人次，下部队巡回医疗230余批次，为官兵上卫生课、开展心理咨询800余课时。到执勤部队、新训部队和驻训演习部队进行巡回医疗10余次，赠送药品6万余元。为77名伤病残战士办理评残手续，为100余名复员士官审批医疗补助。

干部保健 年内，安排20名在职团职干部和150余名离退休干部分别赴北戴河、天津疗养院集体疗养。对全区干休所老干部医疗保健工作进行调研，针对老干部反映的配齐医疗器械、协调体系看病等6个问题进行梳理，并逐一解决。投入资金90万元，为全区干休所更新卫生信息系统和紧急呼救系统，统一标牌制度。

献血工作 在66194部队组织400余名官兵开展无偿献血宣传、志愿签名、献血及医疗服务等。举办驻京部队献血管理骨干培训班，邀请军地专家就献血组织管理进行经验交流。制作宣传展板100余套、《献血工作效率手册》5000余册下发部队。一次献血量>200毫升者55.4%，连续3年超额完成计划。

（撰稿：殷宏刚　审核：杨雪峰）

中国人民武装警察部队总医院

医疗工作 门诊超过85万人次，比上年增长22.2%。住院3.56万人次，比上年增长22.1%。手术1.5万例，比上年增长22.6%。总收入超过13亿元，比上年增长28.7%，经济收益率增长13.6%。进一步规范门诊出诊、围手术期管理、流程衔接等医疗秩序，诊治重点从一般疾病向疑难重症转变。平均住院日缩短1.06天，药占比下降1.5%。

随着警种部队和部分直属院校纳入医疗保障体系、总部门诊部归建，以及退休干部逐渐增加，在首长保健上呈现出保障基数增大、就诊人数增多、年龄越来越高、疑难病症增多等4个特点。首长保健门诊19469例，比上年的5896例增长230.2%。团以下部队伤病员住院1749例，比上年增长13.1%。

5个B超室合并为1个科，技术整合。肝移植科加强学术研究，注重临床转化，其成果获国家科技进步二等奖。加快人才培养，出台《学科创新人才分层次培养实施办法》。

细化质量指标，完善考评机制，加大奖惩力度，落实各项医疗规章制度和技术操作规范。坚持术前讨论、手术指征把握等技术要求，提高手术质量和使用效率。实行主诊医师负责制，实施手术分级管理，开展医技科室检查零预约，制订单病种临床路径和病例筛选方案，不断规范疾病的诊断、治疗和预防。采取全院统一组织和科室自行组织相结合的方法，加强5个讨论，即疑难、死亡、病理、术前、出院病例讨论，特别是疑难病例及死亡病例讨论，临床诊治重点从一般疾病向疑难重症转变。

利用基于因特网的疑难危重病例会诊网络平台，与全国网络合作医院推广到500家左右。与中国红十字会、中华慈善总会联合发起“扶贫救肝”、“天使奔跑”、“天使屹立”等公益项目，建立捐赠器官储存库。定期派医疗队到军休所、社区、周边县市，开展健康教育和知识讲座、义诊，并指导基层医疗机构建设。

10月，田村山南路家属院正式开工建设，房山区分院建设用地280亩，完成规划设计。

与中华慈善总会合作，启动“为了我们的孩子——救治千名少数民族贫困家庭先心病患儿”活动。全年筛查先心病患儿4450例，收治230例，手术222例。

卫勤战备和国际救援 完善战备预案和各级指挥流程，累计战备41天。开展“基层万里行”医疗巡诊。各科专家7批次分赴直属支队、新疆、西藏、四川、陕西、河北、内蒙古等地基层部队开展巡诊和送医送药活动，共巡诊7300人次，赠送医疗设备、药品8万余元，为基层官兵提供健康普查、心理测试、健康知识讲座等医疗服务，对基层卫生人员进行部队常见病和多发病基础理论、实践技能、医药管理等培训。执行总部大型会议活动保障16次。充实救援力量，积极参与国际救援：从中国地震局争取价值600余万元装备、经费1700余万元，并迅速转化为卫勤救援能力；3月11日，日本发生特大地震和海啸，救援医疗队在6小时内将救援设备、药品、耗材准备完毕，并赴日参与现场搜救。5月17日，中南海举行中国国际救援队成立10周年庆典，本院32名救援队员受到国务院副总理回良玉接见。

制订《救援队员选拔标准》，对70名救援队员进行急救技能培训。医院获国家和军队颁发的救援工作突出贡献奖和国家级应急专业力量建设先进单位。

教育与科研 对700余名初、中级医师进行“三基”培训和考核，分科系开展疑难病症讨论和死亡病例分析，规范临床秩序，提升诊治水平。坚持每月进行全院性医疗质量和经济效益分析讲评，并与经济管理和个人成长进步挂钩。新增博士生导师、硕士生导师24人。有24人担任武警部队医学专业委员会主任委员。获军队医疗成果奖6项、武警部队科技进步奖13项。全年在统计源期刊发表论文243篇，连续3年跻身全国医疗机构100强。院长郑静晨当选中国工程院院士，实现武警部队院士零的突破。

卫勤保障 整合首长保健临床部和超声诊断科。开设第二军人病区，解决团以下干部住院难问题。7次派出医疗队赴边远地区送医送药，开展远程会诊775例，补贴部队医疗费用1.7亿元。

护理工作 推广优质护理服务示范工程试点经验，改进护理工作标准体系，加强护士礼仪培训，推行基础与专科相融合的整体护理模式，规范护理专家选拔和全方位监督评价机制，护理整体水平有了新的提升。7个护理单元和9人分别受到全国、全军和武警部队的表彰。副院长张利岩获第43届南丁格尔奖章。

打破身份限制，实施岗位管理，将护理岗位划分为三线六级，评优、晋级向临床一线倾斜。提高聘用护士待遇，ICU等特殊岗位按岗位工龄增加月工资。建立与岗位绩效考核挂钩的超劳务补贴分配制度，实现多劳多得、优劳优得。建立公开、公平、公正的竞争机制，为各级各类护士搭建护理管理、护理专家和专科护士培养发展的平台。

重点培养、合理使用护理专家，使护理专家能够独立解决疑难护理问题，实时指导临床。畅通压疮预防与处理、糖尿病专科护理、危重病护理、PICC穿刺与维护等护理会诊渠道，开设造口及糖尿病专科护理专家门诊。护理部2次举办全国护士基础职业礼仪师资培训班。制订加强专科护士的管理规定，规范专科护士培训管理。护理部选送骨干参加全国和全军专科护士培训，培养专科护士25人、PICC专项技能护士17人。

信息化建设 年内，3次派人外出学习取经，制订“三步走”建设规划，确立在2015年实现数字化、智能型医院的建设目标。投资2000万元，完成机房改造和一期工程建设。 （高重阳）

中国人民武装警察部队北京市总队

医疗工作 总队和3家医院投入近3000万元，用于官兵的日常医疗保健、大病救治、官兵家属免费健康普查和协议移交慢性病人，官兵看病就医难的问题得到有效解决。深入开展医德医风教育整顿活动，启动优质护理示范工程，倡导医务人员变坐诊服务为上门服务、变治疗服务为保健服务，构建“先救人、后说钱”的大（特）病救治机制，坚持合作医疗项目免费向官兵开放，扩大官兵合理医疗用药范围，部队伤病员住院实现“零”待床率。加大对偏远部队的帮扶，为“两看”目标、偏远执勤点下拨社会化就医经费100余万元；投入20余万元，为偏远执勤小点药箱补充药品；深入开展“健康警营行”活动，坚持每季度覆盖巡诊一遍，把医疗服务送到班排、哨位、训练场，接诊患者近万人次，发放药品3万余元。

卫勤保障 适时对卫勤应急的组织指挥、力量梯次配置、物资器材储备、伤病员后送渠道等关键环节进行修订完善，做到未雨绸缪。注重以练促战，采取方案演练与情况预想相结合的方法，加强对指挥要素、人装结合、立体后送的演练。9月，总队组织3家医院卫勤应急分队在安定训练基地集中训练。各卫生队的伴随保障力量、各医院的机动救治力量均能在指定时限内完成平战转换。贯彻落实《国家卫生部、武警部队卫生应急协作机制》，与北京市卫生局联合召开卫生资源共享与应急联动协作机制座谈会，拟订《北京市卫生局、武警北京总队卫生应急协作机制》，完善北京地区处突维稳工作卫勤保障预案，共同建立警地卫勤应急协同保障机制。

疾病防控 邀请军地专家为官兵进行以防中暑、防食物中毒、防传染病为重点的健康知识授课。全年为官兵接种各类疫苗3万余支，艾滋病病毒抗体检测2万余份。严把新兵体检关，指导3家医院对万余名新战士进行体格复检和心理测查，对120名不合格新兵办理退兵手续，为400余名患有慢性疾病的官兵建立健康档案，实施跟踪治疗。完成近万名官兵的健康检查、80名干部的疗养保健。

难题治理 一是稳妥推进合作医疗项目清理工作。开展合作医疗项目专题调研，下发医院合作医疗项目治理文电，终止合作医疗项目3项，对合作医疗项目的规模控制、审批程序、合作时限、合作方式、收益分配、人员聘用、经费管理、医疗广告、档案管理和签订责任书等关键环节进行规范，做到有法可依、有章可循。二是慎重开展残疾等级评定工作。对官兵伤病残情况进行调查摸底，下发《关于规范军人残疾等级评定的通知》，对实施时间、对象、程序进行规范，对申请人员的病案资料进行审核。采取总队统一组织，区分骨科、外科、内科、五官科等，抽组伤病残鉴定专家进行集中鉴定，确保公平、公开、公正。三是探索伤病残人员管理机制。破解“慢性病号多、要求评残多、超期滞留多、医疗经费投入大、大病特病移交安置难”等难题，建立控制源头、跟踪治疗、大病救治、经费统筹、终结鉴定、移交安置和兑现奖惩等综合管理措施，伤病残人员长期滞留部队的问题得到缓解。

基础工作 狠抓人才队伍建设。采取培训、进修、交流、参加考试等培训卫生专业学兵207人，安排18名卫生队军医和20名医院医师双向任职交流，选拔14名基层优秀军医和卫生员到医院进修和培训，组织182名卫生士兵进行职业技能鉴定，对续任中初级、晋升初级的86名技术干部进行任期考评，安排54名医师参加卫生高级专业技术资格答辩评审，聘请军地专家对30名心理医生进行业务培训。做好医师资格换证工作。为526人办理和换发医师资格证书和执业证书。超额完成驻京部队献血管理委员会下达的4000人份义务献血的指标。

（撰稿：贾斯全　审核：尹毅）

中国人民武装警察部队北京市总队医院

基本情况 武警北京市总队医院位于朝阳区东三环长虹桥西北侧使馆区中心，是一家集医疗、科研、教学、预防、保健于一体的综合性三级甲等医院。其前身为北京卫戍区二师医院。1983年3月，随武警部队的组建改编为武警北京市总队医院；1996年2月，更名为武警北京市第一总队医院；1999年2月，再次更名为武警北京市总队医院。

医院占地29000平方米，是北京市基本医疗保险定点医院，北京市公费医疗定点医院，北京市新农合定点医院，平安保险、太平洋保险等多家保险公司定点医院，朝阳区紧急医疗救援绿色通道网络医院，朝阳区工伤鉴定合作医院，北京市爱婴医院，武警部队创伤急救技术中心，武警部队周围血管病治疗中心，武警医学院教学医院，江西中医学院教学医院和北京市急救中心东区分中心。

有卫生技术干部400余人，其中教授、副教授45人，中级职称以上105人，博士、硕士40余人，大学专科以上人员占95%，多人享受国家政府特殊津贴和军队优秀专业技术人才特殊岗位津贴，60人被武警医学院、江西中医学院聘为客座教授，近百人被中华医学会、解放军或武警部队相关专业学术委员会、北京医学会、朝阳区医学会聘为专业委员和专家库成员。

医疗设备总价值1亿元。年内新增医疗设备158台，总价值200万元，其中10万元以上设备4台。总后支持配备价值150万元的生化仪，投入200万元购置120导脑电图机、呼吸机等医疗设备。医院拥有核磁共振，64排CT，数字摄影CR、DR系统，GE C臂血管造影系统，影像传输PACS系统，钼靶乳腺机，骨密度仪，全自动生化分析仪，全自动免疫分析仪，血气分析仪，急诊干化学检验系统，彩色多普勒超声诊断仪、电子阴道镜，膀胱镜，电子胃肠镜系统，椎间盘镜，体外碎石机，眼科超声波诊断仪，准分子激光治疗仪，彩色多普勒B超系统，脑电图等各种大型高精尖医疗仪器；外科重症监护中心（ICU）、心内科重症监护中心（CCU）设备精良，血液透析中心拥有血液透析机26台，高压氧舱、导管介入治疗中心24小时开放。

医院连续多年被评为北京市基本医疗保险先进单位、北京市“总量控制，结构调整”先进单位、首都文明建设先进单位。

机构设置 床位400张。设有内一科（神内、消化、血液、内分泌、中毒）、内二科（呼吸、心内、免疫、肾内）、内三科（高干病房、老年病）、内四科（高干病房、老年病）、外一科（普外、泌尿）、外二科（骨创、烧伤、手外、脊柱外、整形）、外三科（心、胸外科）、外四科（神经外科及脑功能治疗中心）、妇产科（妇科、产科）、五官科（耳鼻喉、口腔科、眼科）、中医科（周围血管病）、麻醉科、急诊科、检验科、特诊科（心电图、B超、肺功能）、病理科、高压氧、理疗科、放射科（X线、CT、核磁共振、钼钯乳腺机）、皮肤科、感染科、心理咨询科等33个科室50余个专业。拥有武警部队创伤急救技术中心、周围血管病治疗中心等全国性中心2个，功能脑病外科中心、心脏外科中心、创伤骨科中心、中医诊疗中心、导管介入中心、血液透析净化中心、医学影像中心、腔镜中心、重症医学治疗中心、妇产中心、碎石中心、临检中心、心理咨询中心等院级专科中心13个，与北京急救中心联合开通心血管、脑血管、创伤急救、中毒等急救绿色无障碍通道。医院各项常规医疗项目齐全，综合急救、面神经减压术、神经干细胞移植、癫痫外科治疗、心胸微创手术、脊柱外科治疗、腹腔镜肝胆手术、中医治疗脉管炎、心脏外周介入等特色专科实力雄厚。

医疗工作 门急诊188976人次，住院10242人次，平均住院日16天，床位使用率98%，床位周转28.03次，治愈好转率95%，住院手术5225例，危重症抢救1110人次，抢救成功率92%。院内感染率为0。入出院诊断符合率98%，临床与病理诊断符合率100%，七日确认率95%。无孕产妇、新生儿、围产儿死亡。对外医疗收入2.56亿元。

全年医保住院3038人次，总费用650万元，次均费用21396元。

坚持“院有重点、科有特色、人有专长”的学科发展思路，围绕特色专业，突出重点，发展强项，扶持特色。在巩固原有的技术品牌和核心竞争力的基础上，继续坚持可持续发展的长效机制，提升医院综合实力。全年干细胞移植1000余例，癫痫手术治疗突破100例；设置心脏监护室、神内监护室，开展脑血管溶栓、急诊介入治疗；建立手外科、中医治疗中心；核磁功能的开发、CT引导下的介入、心脏64排技术的提升保证了临床医疗的安全；脑血管、心血管、创伤、中毒、综合5条朝阳区指定绿色通道受到地方卫生部门和专家考核的肯定。脑血管内外联合救治成为朝阳区急救组长单位。

组织医院专家组20批次100余人次到北京周边地区和街道社区进行义诊及医疗业务咨询。

教学工作 全年接收军地进修实习学员40余人次。对全院医务人员开展“三基”、病历管理规定、医保知识、处方管理规定以及相关卫生法规考试20余次，组织院内学术讲座15次，参加军地培训200余人次。

科研工作 申报科研课题11项，获批首都医学发展基金项目1项。全年外投稿件120余篇，刊登110篇，其中在核心期刊或统计源期刊90篇。投入科研经费22万元，鼓励医护人员结合临床实际开展科研活动，并促使科研成果向临床应用的转化。年内，2人申报军队优秀专业技术人才岗位津贴，16人在武警部队各专业委员会中任委员，2人任江西中医学院研究生导师，19人被北京市、朝阳区聘为专业技术委员会、劳动能力鉴定等专家，获国家发明专利1项。

信息化建设 对全院信息系统进行评估，配齐科室信息终端，推行电子处方、电子化验单、门诊一卡通，建立PIAC系统与LIS系统融合平台。完善sec-Copy软件，不仅实现对病历的每日增量备份，更使信息化工作得到进一步拓展。

（撰稿：贺晶晶　审核：王松涛）

中国人民武装警察部队北京市总队第二医院

基本情况 医院职工578人，其中卫生技术人员491人，包括正高级职称22人、副高级职称40人、中级职称115人、初级师155人、初级士159人。医疗设备总价值19443万元。年内购置医疗设备总值73.80万元，其中10万元以上设备2台。

医院前身为武警北京市总队一支队卫生队。1995

年，由卫生队编制为医院。1996年8月，正式组建运行。是一家集医疗、预防、保健、科研及教学于一体的三级甲等综合医院，有全军针刀医学临床教学中心、武警部队创伤骨科治疗中心。2011年，医院被武警部队评为十佳优质护理示范单位，被评为首都文明单位、敬老爱老为老服务示范单位，特检科分别被总后勤部和武警部队评为医疗科研先进单位。

改革与管理 医院被列为精细化管理试点单位，投资80余万元，建成信息、物流、经济管理和人力资源4个中心，使财务和资产管理达到网络化、可视化、精准化和规范化要求。本年度医疗成本和行政消耗比上年下降440余万元，其经验在武警部队医院推广。

医疗工作 门诊191902人次，急诊18275人次，急诊危重症抢救1825人次，抢救成功率99.45%。床位379张。入院10285人次，出院10273人次，床位周转27.3次，床位使用率99.13%，平均住院日13.1天，治愈率16.85%，好转率80.35%，死亡率2.8%。住院手术7115例。

病历质控。院、科和经治医生三级病历质控，每月进行一次交叉互审，每季度开展一次病历展评，并纳入绩效管理，使甲级病历率保持在95%以上。

医院感染管理。落实空气消毒、物表消毒和医护人员手消毒效果监测和院内感染的防控工作，及时通过网络向西城区疾控中心填报传染病报告卡37人次。

医保工作。全年医保出院2578人次，总费用5497.68万元，次均费用21325元。

4月20日，检验科副主任医师王顺涛结束支援武警青海总队医院建设回院。

卫勤保障 修订《部队伤病员门急诊特殊检查及用药规定》，对大型仪器检查全部放开，简化就诊流程，畅通绿色通道。全年接诊部队病员32292人次，收治336人次，体检4788人次，伤病残鉴定128人，巡诊38组次，减免警种部队诊疗费用6.3万元，为部队服务经费1290万元，官兵满意度99.2%。

护理工作 结合优质护理服务工程的开展，把基础护理21项内容细化分解入《护理工作科级质控细则》，并依据《护理工作绩效平衡记分卡》扣分，护理质量明显提高。制订《皮肤护理记录单》《压疮危险因素评估表》《基础护理质量督导表》等表格，减少护理文书的书写，做到把时间留给护士、把护士留给患者。护理文书书写合格率98.7%，基础护理合格率99.3%，特级、一级护理合格率99.2%，技术操作合格率99.9%，安全护理合格率100%，急救物品完好率99.6%。

全年发表护理论文5篇。护理带教158人，140人参加西城区卫生培训中心组织的继续教育课程，参加培训班12次，开展专业培训36次，59人参加学校在职教育。5月29日，在广西南宁召开武警部队优质护理服务表彰大会，医院被评为十佳单位，内一科被评为示范病房，护理部主任林娜和内二科护士长陆敏被评为先进个人。

科研工作 申请国家自然科学基金1项并获批准。获武警部队科技进步一等奖1项、二等奖1项、三等奖1项，医疗成果三等奖5项。发表论文84篇，著作3部。4月17～19日，在湖北武汉召开武警部队医学科技大会，院长蒋均远介绍医院“借力军地融合，助推科研创新”的经验，得到与会首长和代表的好评。

医学教育 接收山西医科大学、石家庄医学高等专业学校、大庆医学高等专科学校28名学生实习。举办院内学习12班次，1300人次参加。派出1人到院外进修学习。

国际交流与合作 8月，美国纽约传统医学研究生院学生团一行16人学习推拿、针灸、药罐、熏蒸和贴敷等中医治疗技术。10月，理疗科主任张秀芬赴巴西进行针刀学术研究交流。

信息化建设 硬件建设上，为4个中心铺建HIS网络。软件建设上，配合北京市医保中心实现医保病人就医实时刷卡和费用控制，开通全市114平台预约挂号系统，实现检验标本条形码管理，升级科级成本核算系统，新增门诊护士站系统，规范门诊收费数据。

基本建设 投资10万元，进行科室正规化建设。10月，移动公司投放140万元设备，自主投资20余万元，改造通信机房，电话通信实现市话联网。

医院文化 开展以“在党旗下成长”为主题的演讲比赛。全年编辑出版《武警二院院报》《医学检验通讯》《药学通讯》各4期。（赵运芳）

中国人民武装警察部队北京市总队第三医院

基本情况 中国人民武装警察部队北京市总队第三医院是一家集医疗、教学、科研、预防、保健于一体的综合性医院。2010年9月，被武警总部评为三级乙等医院。设门诊部、急诊科、内科、外科、妇科、儿科、口腔科、耳鼻喉科、眼科、中医科、重症医学科、皮肤科、心理科、麻醉手术科、老年保健科等15个临床一级科室；有心血管内科、消化内科、神经内科、血液、呼吸内科、肾内科、内分泌、普外科、神经外科、肿瘤外科、胸外科、骨科、泌尿外科、烧伤整形等23个二级临床学科；设药剂科、医学工程科、放射科、电生理科、超声科、检验科、经济管理科、信息中心、财经管理中心等医技和职能科室。医院正式编制职工125人，聘用职工近300人，其中主任医师19人、副主任医师42人、中级技术职称180余人。

医疗设备总价值7417万元，拥有10万元以上设备30余台（件）、100万元以上设备12台（件）。

医疗工作 展开床位316张。门急诊396737人次，入院10892人次，手术4809例。入院三日确诊率92%，平均住院日10.7天，治愈好转率95%，门急诊处方、检查申请单合格率98%，业务总收入2.6亿元。主要担负武警北京市总队第三师及所属单位的卫勤保障任务和人民群众医疗保健业务。

普外科微创保胆取石术恢复快，创伤小，不留疤痕，全年手术1000余例；神经外科开展颅脑损伤的急诊救治、颅内良恶性占位病变手术切除、脊髓病变的手术治疗、功能神经性疾病等的手术治疗，全年手术200余例；利用128导脑电图进行癫痫、非癫痫性抽搐的监测和癫痫病人术前定位，全年监测1000余例，其中阳性98%以上，手术治愈100余例，药物控制300余例。

骨科开展关节置换、骨折固定、四肢创伤急救技术、手足显微技术断指（肢）再植取得良好效果，全年手术600余例；胸外科开展胸部、肺部、纵膈良恶性肿瘤手术治疗，并与介入技术相结合，效果显著，全年手术300余例；烧伤整形科的瘢痕修补术、外耳道改造术、歪鼻修补术、吸脂术、自体脂肪移植术、毛发移植术、隆胸术、面部精细整形术等技术成熟，全年手术600余例；内分泌科开展干细胞治疗技术，主要治疗内分泌系统的糖尿病，免疫系统的红斑狼疮、风湿、强直性脊柱炎等，神经系统的脑瘫、帕金森综合征、脊髓损伤后遗症等效果显著，全年治疗1000余例。

由中华中医药学会主办，武警北京市总队第三医院、北京中医医院承办了首届国际经方学术会议暨第2届全国经方论坛；中医科承办第2届冯世纶教授经方师承带教班、举办半表半里暨胡希恕学术思想研讨会，并参加市中医局举办的经方专题系列讲座，宣传本院的经方学术实力，冯世纶教授、陈建国主任应邀参加北京电视台“养生堂”节目。中医骨病技术成熟，解决了骨刺、腰椎间盘突出、风湿等手术效果不好的疑难杂症；武警部队研制、医院制剂室生产的金砂和胃散对萎缩性胃炎、糜烂性胃炎效果显著。

医疗质量管理。健全并落实各项规章制度，包括首诊负责制度、三级医师查房制度、疑难病例讨论制度、会诊制度、危重患者抢救制度、术前讨论制度、死亡病例讨论制度、查对制度、病历书写基本规范与管理制度、交接班制度、技术准入制度、科主任审查病历制度。通过强化环节控制和过程控制，加强对医疗质量的监控。每月第一周的周四上午组织院领导集体行政查房，查看各项规章制度的落实情况和科室运行存在的问题，对科室提出的建议现场办公。医疗文书质量采取不定期检查，处罚到人。强化全员医疗安全意识、依法行医和自我保护意识。强化专业岗位技能演训，组织全院医、药、技人员定期进行“三基”理论考试和医师处方权考核认定。严格新入院医师的面试、资格审查、培训、考核上岗制度。医疗服务质量有了明显提高。

医保工作。全年医保住院396人次，总费用311.37万元，次均费用7863元。加强医保政策的宣传、培训和考核。对医保住院患者费用进行监控。协调并指导合理用药，规范抗生素的合理使用。指导各科室合理收费。搞好单病种管理、生育险及特殊病的管理。坚持医保处方的审核制度。

病历质控。甲级病历率98%。由专人负责审核病历，加强重点环节的质量管理。强调入院告知书、授权书、各种诊疗知情同意书的规范书写。制订考核细则，做到日有检查、周有讲评、月有通报。发挥病案管理委员会和质控小组的作用，做到全程管理病历质量。

医院感染管理。成立院感管理小组，不定期检查规章制度的落实情况，严格落实医疗垃圾处理制度和消毒措施，多次邀请丰台区疾控中心到医院开展学术讲座并指导院感工作。

1月5日，胡希恕名家研究室通过市中医局审批，正式成立，建设周期为3年，是全军驻京部队医院首家中医A类室站。

医疗支援。1月21日，选派中医专家和内科专家赴卢沟桥乡大瓦窑村为居民进行义诊和医学知识、健康保健常识的宣传，发放医学知识、健康保健手册800余册和免费药品3000余元。4月17日，与大瓦窑村举办“警民共建，关爱百姓健康工程”活动。

护理工作 开展优质护理服务示范工程活动。实行护理部-总护士长-病区护士长三级目标管理责任制，下设15个护理单元；成立护理质量管理委员会，下设9个护理管理小组。护理工作实行制度化能级管理，根据三级能级分层次组织管理，遵循一级管一级的原则，指导和协调各项护理工作的开展。新增《在职护士继续教育管理规定》《值班护士长查房制度》《护理人员继续教育管理制度》《医院院感管理制度》等。实行目标管理，加强护理质量监督，9个护理质控小组定期和不定期地检查监控环节质量。

卫勤保障 年内，成立地质灾害医学救援队。大力加强遂行多样化卫勤保障能力建设，30人应急医学救援队初具规模并形成战斗力，参加总队集中驻训并取得优异成绩。继续完善为兵服务措施，落实军人门诊“一站式”服务和“五优先”措施，主动为小点官兵发放医疗卡，免费提供午餐，组织医疗专家组21批85人次深入全师72个偏远执勤点为官兵送医送药送知识，为住院患者免费发放个人洗漱用品，免费就餐，并保证早上有牛奶、中午晚上有水果。700余万元用于为兵服务，投资150余万元建造封闭式休养员娱乐场。

科研工作 医院鼓励各科室邀请军地学科带头人开展学术讲座，推广学习新技术、新理论。同时，形成良好的学习风气，培养医院自己的技术、管理人才。全年派出15人外出进修学习，参加学术会议、短期培训50余人次，各科室举办小讲座330余课时。“遂行首都多样化任务卫勤保障任务”被武警总部评为医疗成果三等奖。全年发表医学论文61篇，其中中华级杂志3篇、核心期刊19篇；出版学术专著1部。

信息化建设 新增医疗影像系统、手术麻醉系统，医疗各类软件56套，覆盖全部医疗业务，医疗工作数字化率96%。利用信息化手段增加为兵服务新途径，建立网络综合医疗信息平台，面向基层提供医疗咨询、查询、教学服务，使官兵足不出户就可获取健康信息。

基本建设 年内，新建、扩建医疗用房1650平方米，并投入使用。（何光伦）

区县卫生工作

东城区

概况　设街道办事处17个、居委会205个，常住人口919253人。有医疗机构521个，其中营利性机构199个、非营利机构322个。卫生技术人员22137人，其中执业（助理）医师8692人、注册护士8764人。床位10022张。平均每千常住人口拥有卫生技术人员24.33人、执业（助理）医师9.55人、注册护士9.63人、床位11.01张。

生命统计。出生7217人，出生率7.53‰；死亡6138人，死亡率6.40‰；人口自然增长率1.13‰。因病死亡6079人，占死亡总人数的99.04%。死因顺位前十位依次为：恶性肿瘤，心脏病，脑血管病，呼吸系统疾病，消化系统疾病，内分泌、营养及代谢疾病，损伤和中毒，神经系统疾病，传染病，泌尿、生殖系统疾病。人均期望寿命86.18岁，其中男性84.06岁、女性88.32岁。

卫生改革　制订并实施《深化医药卫生体制改革2011年主要工作任务责任分解书》，落实基层医疗卫生机构清理化解债务工作，完成国务院医改中期评估，完成改革的各项任务，被市医改办评为社区卫生工作优秀第一档、医改创新工作第二档，获医改激励资金662.5万元。

社区卫生　全区有5个社区卫生服务中心、57个社区卫生服务站，医务人员1208人。164支家庭医生式服务团队累计签约管理居民109206户300286人，其中重点人群126135人。建立居民个人电子健康档案760920份，健康档案电子化率88%。居民社区卫生服务满意度第三方调查列全市第一。为1952名60岁以上无社会养老保障的老年人进行免费体检。规范管理高血压患者54361人，高血压控制率60.83%；规范管理糖尿病患者21224人，血糖控制率62.09%。开展慢病防治、预防保健、传染病防治、残疾人康复、中医养生等健康教育活动908次，惠及社区居民6万余人次，开展中医体质测评1.4万人。培养家庭保健员1100人。朝阳门医院转型为朝阳门社区卫生服务中心，完成东花市社区卫生服务中心的改扩建工程，新建前门社区卫生服务站。

疾病控制　乙类传染病报告发病率230.51/10万。落实疫情监测、疫情报告责任制，实施疾病预防控制绩效管理，完善医疗机构疾病预防控制考核标准。进一步加强重点传染病防控，及时规范处置各种传染病疫情。继续开展对外来务工人员免费接种流脑和麻疹疫苗，完成60岁以上老年人及中小学生流感疫苗免费接种。加大艾滋病防控力度，落实“四免一关怀”、“三项工程”等艾滋病防治措施，开展高危人群干预。做好结核病人的报告、转诊及追踪，确保结核防治“五率”全面达标。

精神卫生。有精神病人5322人。重性精神疾病患者统一登记建档，贫困精神病人免费用药4690人次，投入经费29万元。家庭护理教育2376人次。开展康复活动31次。开展以“承担共同责任，促进精神健康”为主题的宣传活动，普及普通人群心理健康知识，提高精神疾病预防知识知晓率。

学校卫生。监测点学校学生体检13025人，贫血患病率0.92%；视力不良71.73%，其中小学生54.07%、中学生82.30%、职业高中学生76.03%；龋齿患病率19.07%，其中小学生9.38%、中学生22.96%、职业高中学生28.55%；营养不良18.11%，其中小学生14.28%、中学生19.24%、职业高中学生25.81%；肥胖率20.96%，其中小学生21.30%、中学生20.03%、职业高中学生24.35%。针对学生营养不良、超重和肥胖，开展“快乐十分钟”、体育卫生监督等活动。开展学校控烟、健康教育和健康促进、急救知识培训，传染病症状监测调查，教学环境检测等工作。

慢病防治。继续对社区重点人群实施动态监测与管理、慢性病患者分级分层规范化管理，制订高血压、糖尿病患者中医健康管理规范。被国家中医药管理局确定为国家中医药慢性病管理试点组长单位，开展中医药特色的基本公共卫生服务项目探索。开展市级慢性病综合防控示范区创建工作，完成基本和重大公共卫生服务项目。

计划免疫。基础免疫规划疫苗接种率100%。推进规范化门诊验收和取消纸质卡验收工作，对5168名外来儿童进行强化查漏补种调查，未发现漏管儿童。完成133个单位外来务工人员流脑A+C疫苗4382针次、麻疹4344针次的接种；完成免费流感疫苗接种77035人，其中在校学生50491人、60岁以上京籍老人26544人。对辖区免疫门诊、学校、托幼园所督导104次。

公共卫生监测与评价。完成公共场所检测755家，检测样品12224件，合格11431件，合格率93.51%。二次供水检测302家，检测样品740件，合格723件，合格率97.70%。食品卫生委托检测50户次，检测样品585件，合格571件，合格率97.6%。全区有职业病危害因素单位89家，监督检查覆盖率100%。完成放射医用诊断设备状态检测18台。对辖区48家单位进行个人剂量检测542人次，未发现超剂量照射。

健康教育与健康促进。开展全民健康促进行动宣传教育，增强居民健康意识和自我保健能力，组织健康大课堂557场，受众22137人次。利用区内《生活与健康》季刊和人人健康网站资源开展全方位健康知识普及，发放健康宣传品24.78万份。围绕《健康十年行动规划》，开展全民健康生活方式行动征文、第2届“北京健康之星”评选、《北京人健康指引》推广普及等活动。继续扩大全民健康生活方式行动的覆盖范围，开展全民健康生活方式行动示范社区和示范单位的创建活动。与市卫生局、北京健康教育协会联合在中粮集团有限公司和东城区政府员工餐厅启动“健康食堂项目”。

卫生监督 全区有餐饮服务单位4668个，监督检查11823户次；二次供水单位468个，监督检查963户次；公共场所1340个，监督检查1819户次。继续开展打击餐饮服务环节食品中违法添加非食用物质和滥用食品添加剂专项工作，发放张贴宣传品4000余套；完成409家自制火锅底料、自制饮料、自制调味料的餐饮单位的备案、公示；签订、公示食品安全承诺书3451份。开展打击地沟油非法提炼加工使用行为、餐饮服务环节“瘦肉精”、餐饮服务环节酒类质量安全、打击假冒劣质烤鸭和“打四黑除四害”等一系列专项行动。

医疗卫生专项检查。对辖区医疗机构及其他机构（如美容院、专卖店等）开展监督检查853户次。对北京协和医院、北京天坛医院等辖区医疗机构临床输血质量进行血液安全专项检查，对问题较多的个别医院重点督查。对辖区325家医疗机构医疗废物进行监督检查，对存在的问题进行现场指导，责令限期整改。

公共卫生投诉举报。全年接到投诉举报785件，其中餐饮服务占78.60%、医疗服务占13%、公共场所占7.30%、生活饮用水1.10%。投诉举报处理率100%，回复率100%，满意率100%。

大型活动卫生保障。承担大型活动公共卫生保障任务26次，其中驻会保障8次、巡回保障18次。

卫生监督人员培训。年内，开展证据采集、行政执法文书书写、打击非法滥用添加剂等专项执法培训4次，400人次参加。

爱国卫生 对传染病疫源地消毒21起，消毒面积38200平方米，空气消毒110100立方米，消毒效果采样120件，合格率100%。完成蟑、鼠、蚊、蝇等病媒生物密度监测。开展控烟宣传工作及戒烟干预技巧研究培训。开展无烟医疗卫生单位创建工作，卫生部控烟督导组于7月12日对东城区3家无烟医疗卫生创建单位进行检查并给予高度评价。

妇幼保健 管理孕产妇7144人，其中系统管理6967人，系统管理率97.52%；产后访视6984人，产后访视率97.76%。孕产妇死亡1例，孕产妇死亡率13.99/10万；新生儿死亡率2.07‰。抢救危重孕产妇229例，全部抢救成功。举办大型“健康北京人——母婴健康行动”项目宣教活动和第四届健康宝宝大赛，儿童健康生长发育学校第一批学员顺利毕业。

儿童保健。新生儿疾病免费筛查和0～6岁儿童免费体检的范围扩展到常住人口，管理儿童28208人，儿童保健覆盖率98.2%。5岁以下儿童死亡率3.05‰，婴儿死亡率2.63‰。对辖区43家托幼园所的卫生保健工作进行统一管理，确保在园儿童健康。

计划生育技术管理。完成13家计划生育技术服务机构的行政服务许可和151人次计划生育技术服务的审批项目，计划生育技术服务单位管理率100%。全年计划生育手术18465例，发生并发症2例。

妇女保健。适龄妇女宫颈癌筛查11317人、乳腺癌筛查11642人，确诊宫颈癌4人、乳腺癌15人，确诊人群做到了早发现、早诊断和早治疗。启动增补叶酸预防神经管缺陷工作，为363人免费发放了叶酸。婚前医学检查率6.18%，婚前卫生指导率100%。

医疗工作 门诊15495655人次，急诊782687人次，留观119377人次，危重症抢救（门诊、病房）27197人次，入院238089人次，出院237872人次，病床使用率85.47%，治愈率62.89%，好转率32.73%，死亡率1.47%，平均住院日11.6天，住院病人三日确诊率86.13%，出入院诊断符合率99.82%，住院手术136636例。

继续深入开展医院管理年、医疗质量万里行和“三好一满意”医院创建活动，加强医疗质量安全管理控制，加强核心制度落实，优化医疗服务流程，开展二级医院临床路径管理和病历、处方专项检查。

开展抗菌药物临床应用专项整治，进一步完善抗菌药物临床应用管理相关制度、指标体系。与9家二级医院签订《抗菌药物临床应用专项整治活动责任书》，对抗菌药物应用重点环节开展督查，边整边改。完成34家医疗机构麻醉药品、第一类精神药品购用印鉴卡的换发。参与市院感中心组织的区县院感专项互查，指导医疗机构完善院内感染监测和预警机制，对医务人员进行院感监测和消毒隔离培训。

护理工作。深化“以病人为中心”的服务理念，落实优质护理服务示范工程，辖区二级医院共开展优质护理服务病房24个。

血液管理。加强对各采血点的日常维护和重点督查，超额9.4%完成年度献血任务，无偿献血132599人次。医疗机构用血56944单位，其中成分血56941单位。辖区采血超出医疗机构用血的132%。开展辖区医疗机构血液安全专项检查，南片区妇幼保健院、东四中医医院、京坛医院通过了增设血库的审核评价。

医疗卫生对口支援。与平谷区和昌平区卫生局签订对口支援协议，对其14个乡镇卫生院进行对口支援。对内蒙古自治区乌兰察布市集宁区、新疆维吾尔自治区和田墨玉县开展对口支援。派出医务人员参加“同心·共铸中国心——2011西藏行大型志愿服务活动”，接收3名青海省医师进修。对口支援赠款1.211万元，赠物折款3.325万元。

医疗设备总资产4.37亿元。

医学教育 全年举办区级继续医学教育350项1176讲，188084人次参加，局属单位卫技人员继续教育达标率98.83%。选派15人参加市卫生局区县级医院专业骨干培训，选送3名社区技术骨干（药学2人和检验1人）到北京市培训基地参加市级全科医学骨干培养，选送10名二级医院急诊骨干医师参加中法急救培训中心高级模拟人专项培训。本年度招收的40名临床大学本科及以上毕业生到三级医院参加规范化培训。51名社区卫生服务人员通过北京市社区岗位培训考试取得合格证。落实中医药人才培养回归扎根工程，完成54名中医全科医师岗位培训。

科研工作 完成市、区级科研项目22项，在市级及以上期刊发表论文210余篇。完成东城区科技计划立项评审，8家医院15个项目被列为东城区科技计划项目，共获资助15万元。面向辖区各医疗单位征集中医药科技发展项目14项，其中鼓楼中医医院的2项获批立项。申报市卫生局首都卫生行业发展科研专项2011～2012年项目，第六医院等11家单位共申报38项。年内，区政府颁发2003～2004年度及2005～2008年度东城区科学技术奖励，第六医院、和平里医院、隆福医院、鼓楼中医医院、疾控中心（北）等单位分别获奖。

财务管理 财政补助收入投入6.89亿元，其中离退休经费投入2.97亿元、卫生事业投入3.92亿元。全系统收入21.68亿元，支出22.14亿元。

基本建设 共有在建项目7个，竣工项目1个（南片口腔医院），正在施工项目6个（北片妇幼保健院、鼓楼中医医院改造、建国门医院改造一期工程、普仁医院医技综合楼新建、东花市社区卫生服务中心、东直门社区卫生服务中心）。

其他工作 国家中医药发展综合改革试验区建设。东城区成立试验区建设委员会办公室（设在区卫生局），召开首届京沪国家中医药发展综合改革试验区建设合作论坛，区政府与上海市浦东新区政府签署试验区建设合作框架协议书。在地坛公园分别举办第4届北京中医药文化宣传周暨第3届地坛中医药健康文化节和第2届北京中医药膏方节。启动中医药特色健康管理社区建设工作，已建成39个。被国家中医药管理局评为国家基本公共卫生服务项目中医药服务试点地区，并被确定为高血压和糖尿病试点项目的组长单位和健康教育项目的副组长单位。和平里医院被批准转建中西医结合医院。与北京中医药大学附属东直门医院合作，成立中医适宜技术培训基地。组建中医药科普知识专家宣讲团，编写中医养生读本和宣传材料，开展中医药科普知识“六进”活动。与市中医局共同主办“精诚仁和·国医京韵”中医药文艺演出，组织专家申报并获批国家公益行业科研专项课题“社区中医慢病管理模式研究”；获批市中医局科研项目“东城区中医药养生机构行业管理办法”；获批国家中医药发展政策专题调研课题“地方中医药发展实政研究”；获批世界卫生组织双年度专项课题“改善儿童视力低下的中医适宜技术推广模式研究”。在国家级核心期刊《中国中医药信息杂志》和《中医药管理杂志》上，分别发表了《北京市东城区国家中医药发展综合改革试验区建设模式初探》和《国家中医药发展综合改革试验区中医药文化建设的四重境界》两篇论文。　　（撰稿：赵　鹏　审核：李莉莉）

东城区卫生局领导名单

党委书记　张　明（至10月）　赵茂杰（10月起）
副 书 记　张家惠
局　　长　李亚兰（至10月）　张　明（10月起）
副 局 长　孙振革　徐工学　林　杉（赴内蒙挂职）
林　刚　吴礼九　刘清华

西城区

概况　设15个街道办事处、255个居委会，常住人口124万。有卫生机构616个，其中医疗机构583个，包括营利性197个、非营利性386个。卫生技术人员29991人，其中执业（助理）医师10396人、注册护士12649人。床位13831张。平均每千常住人口拥有卫技人员24.2人、执业（助理）医师8.4人、注册护士10.2人，床位11.15张。

生命统计。出生10014人，出生率7.36‰；死亡9146人，死亡率6.72‰；自然增长率0.64‰。因病死亡8743人，占死亡总人数的95.59%。死因顺位前十位依次为：恶性肿瘤，心脏病，脑血管病，呼吸系统疾病，消化系统疾病，内分泌、营养和代谢及免疫疾病，损伤和中毒，神经系统疾病，泌尿、生殖系统疾病，传染病。

获奖情况。被市政府评为北京市敬老爱老为老服务示范单位，获市卫生局健康科普写作、创作、创意大赛优秀组织奖、北京市卫生统计先进单位一等奖，被评为疫苗接种优秀单位、北京市爱国卫生红旗单位、北京市无烟单位和北京市重大动物疫病防控工作优秀单位，获北京市第8届全民健身体育节组委会优秀组织奖。

卫生改革　围绕西城区卫生事业发展规划目标，构建“三横四纵两平台”的新型医疗卫生服务格局，坚持“保基本、强基层、建机制”的基本原则，推进卫生改革。成立医改工作推进办公室，协调医改相关工作，落实医改方案的实施，督促、监测医改工作进度。完善基本医疗保障制度，继续落实特困人员住院押金减免和出院即时结算工作。实施国家基本药物制度，全部社区药品实行政府集中采购、统一配送、统一结算。各医疗机构严格规范用药和医疗行为，按照要求控制门诊抗菌药物使用，开展抗菌药物临床应用专项整治活动。14个社区卫生服务中心实现收支两条线管理，完善分配激励机制，在公共卫生事业单位和基层医疗机构落实绩效工资。公共卫生单位人均绩效工资6.3万元，平均增幅1.7%；基层医疗卫生机构人均绩效工资5.88万元，平均增幅29%。完善考核机制。

结合社区卫生综合配套改革，继续深入开展家庭医生式服务，有257支社区卫生服务团队，并实现社区卫生服务团队对居委会的全覆盖。25家二、三级医院与社区签订对口支援协议。利用医疗信息应用整合与共享技术平台，实现双向转诊、预约挂号、预约检查和视频会诊，提高患者的就医效率，促进有序就医格局的形成。二级及以上综合医院开展双休日全天门诊，通过大型医院与基层医疗卫生机构转诊预约、对口支援及双向转诊和建立区域医疗共同体等3种模式，推进基层医疗机构与大医院转诊预约工作，逐步形成基层首诊、分级医疗、双向转诊的服务模式。有序推进卫生监督机构整合，建立适合本区特点的卫生监督工作指标体系。协助整合优化120、999急救资源。开展落实全民健康生活方式行动。推进卫生行政许可改革，全部卫生行政许可事项实现“一站式”集中办理，明确审批环节，缩短办事期限，部分项目立等可取，形成更加规范、高效、便民的行政许可服务体系。

推进公立医院改革，推广优质护理服务示范工程，扎实推进执业医师多点执业工作，落实各项医改保障措施。提高医疗服务整体能力和效率，合理配置医疗、康复、护理等资源，展览路医院承担北京市试点建立康复护理病区，投入使用。回民医院的北京市回医药研发基地发挥回族老中医在一些疑难杂症的诊疗优势，以民族医疗特色的办院理念与服务要求做好医疗资源整合。

社区卫生 市、区财政投入经费对社区卫生服务机构进行标准化建设改造和标准化设备配置，社区卫生服务条件明显改善，构建社区居民的“15分钟健康圈”。强化质量监管，提高社区卫生服务质量和服务水平。为60岁以上老年人实现“三优先”服务111万人次，免挂号费83万人次，家庭病床免费查床1233人次。在德胜社区卫生服务中心成立西城区生命关怀咨询服务中心，对82名癌症晚期病人开展居家临终关怀服务，以照料为中心，提高临终生活质量，维护人的尊严。牛街社区卫生服务中心成立社区护理志愿者队伍，为牛街地区74名老人入户提供全方位护理服务3750余次。推动“安全社区”，有7个社区卫生服务中心、46个社区卫生服务站启动监测网络，实现医院伤害监测信息化管理。开展和谐社区心理指数测评，及时疏导社会情绪，引导社会心态良性变化。试点开展功能社区服务，进行个性化的健康评估和有针对性的中医养生保健指导和评价。利用返聘专家的经验技术优势，在社区开展咨询、带教、会诊、康复指导和健康讲座等。累计培养家庭保健员1.42万人，将家庭保健员计划与功能社区卫生服务和家庭医生式服务相结合，走进功能单位发展家庭保健员。深化慢病综合管理，深入推行“知己健康管理”。打造西城区社区卫生中医特色品牌，建立居民健康监测区试点，配备医务人员辅助居民进行自助式体检等服务。形成由居民、家庭、卫生保健机构、政府共同参与的慢性病长效管理机制。全年社区卫生服务291万人次，基本医疗服务227万人次，提供公共卫生服务63万人次，个人电子健康档案19万份。

疾病控制 传染病防治。法定传染病发病9563例，发病率769.15/10万，其中乙类传染病3450例，发病率277.48/10万；丙类传染病6113例，发病率491.67/10万。居住在西城区的肺结核发病837人，DOTS覆盖率100%。新登记肺结核161人，其中本市106人、外埠55人。医疗机构病人报告率100%、转诊率96.70%、追踪总体到位率96.95%、系统管理率96.9%、病人家属筛查率100%。性病发病684例，发病率55.01/10万；HIV/AIDS发病99例，发病率7.96/10万，全区29个艾滋病抗体初筛实验室进行艾滋病抗体检测384462份，检出HIV抗体阳性146人，各艾滋病自愿咨询检测门诊开展自愿咨询检测3168人。全年处理手足口病聚集性疫情42起、暴发疫情1起。未报告人感染高致病性禽流感和狂犬病病例。

地方病防治。随机抽取、监测600户居民，采集、检测食用盐标本600件，合格碘盐568件，合格碘盐食用率94.67%；非碘盐22件，非碘盐率3.67%；不合格碘盐10件，占1.67%。碘盐覆盖率96.33%，碘盐合格率98.23%。对宾馆饭店、配餐公司及小学校和幼儿园的食堂用盐情况现场调查，用半定量检测方法，未发现非碘盐。

精神卫生。全区在册精神病人6774人，其中重性精神疾病患者5315人，由社区管理缓解期等精神疾病患者3290人，免费服药650人，住院治疗873人。精神病发病率0.0072‰，患病率5.45‰，建立家庭病床11张。

学校卫生。中小学生应体检106824人，实体检98529人，体检率92.23%。其中营养不良率19.51%，肥胖率18.32%，沙眼检出率0.67%，贫血2.12%，视力不良率74.28%，恒牙患龋率27.05%、充填率62.42%。继续加强学校传染病防治工作，督导学校传染病疫情报告制度、晨午检制度、学生因病缺勤病因追查、登记制度、新生入学接种卡（证）查验制度、师生健康档案的建立及落实情况。以创建特色校、星级校模式探索学校和托幼园所的健康促进工作，完善考评标准及制度，搭建园所儿童与校园学生健康状况追踪评价平台。健康促进学校创建率100%。在辖区学校开展保护视力、控制体重、预防龋齿等干预。对学校推广新版眼保健操及爱眼体操工作开展情况进行督导检查。开展牙病防治，继续开展窝沟封闭预防龋齿项目及儿童乳牙口腔保健与健康促进项目，对托幼园所3～4岁儿童开展氟化泡沫防龋保健宣教工作。结合爱牙日宣传活动，发放爱牙宣传材料25000份。继续开展学校卫生工作专项视导及教学环境卫生学检测工作，检查覆盖率100%。

慢性非传染性疾病防治与管理。管理高血压100131人，规范管理率70.2%；管理糖尿病37361人，规范管理率70.4%。在6个社区继续开展社区脑卒中筛查和防控项目，共筛查3616人。进一步做好慢病综合干预，开展全民健康生活方式创建工作，年内有3个创建点通过了市级验收。申请创建国家级慢性病综合防控示范区，落实各项创建工作。开展成人慢性病及其危险因素监测。

计划免疫。全年常规免疫接种143008人次，一类疫苗接种率均100%。本市儿童、外来儿童建卡建证率均100%。继续加强流动儿童计划免疫工作，调查流动儿童13632人，补卡率、补证率均100%。继续开展在校中小学生免费接种流感疫苗工作，共接种疫苗51227支。

公共卫生监测与评价。全区有57家接触毒害物质单位，接触职业危害因素职工1919人。采集检测样品204件，其中不合格28件；收到职业病报告32

例，其中尘肺26例、农药中毒6例；对51家用工单位共120人开展防治职业病知识培训。开展各类公共场所、生活饮用水经常性和预防性卫生监测60893项件。

健康教育与健康促进。全年开展健康大课堂1429场，受众69819人次。在各种卫生日举办宣传活动31次，出版《卫生与长寿报》8期，发放宣传材料40余种20余万份。组织第2届“北京健康之星”评选，26人进入北京市复赛获得“健康先行者”称号，13人进入市级决赛获得“健康大使”称号，4名选手获北京市“健康之星”称号。启动新一轮健康促进医院的创建，创建符合《烟草控制框架公约》要求的100%无烟医院，督导检查辖区一级以上医疗机构创建无烟环境的工作。开展医院、社区、工作场所健康教育，组织社区开展健康生活方式征文活动，共征集作品600余篇。在本区市级健康促进工作场所试点单位开展8场健康知识系列讲座。在辖区8个居委会开展“健康教育进家庭”项目，12个社区推广健康促进社区创建工作。编写并下发《健康技能手册》，指导职业人群提高健康水平，保护劳动力人群的健康。

卫生监督 有各类管辖单位9298个，完成日常性卫生监督14859户次，实施卫生行政处罚72起，罚没款168235元。

食品卫生。开展对火锅底料、建筑工地、地沟油、打击食品非法添加和滥用食品添加剂、旅游食品、瘦肉精等安全关键点的专项整治，与公安、城管、街道办事处联合执法，依法对138户无证经营的商户采取取缔、没收并查封扣押违法经营工具及食品原料的行政处罚。全部餐饮单位签订承诺书，全区498家餐饮单位对添加剂使用情况进行备案公示。重点整治无证餐饮，与工商、城管、街道等部门开展联合执法、夜查等56次，培训43次，对无证单位督促整改到位取得许可证41家，对544家无证单位全部关停。全年实施卫生行政处罚45件，罚没款16万余元。

公共场所卫生。开展夏季游泳池、发廊、足疗场所的专项检查和整治。继续开展集中空调通风系统专项监督检查。联合区公安分局、区安监局、区体育局对游泳馆场所和地下人防设施开展联合专项督查。

饮用水卫生。完成对市政供水末梢水、二次供水卫生状况、自备水源供水卫生安全和学校饮用水卫生监督4个专项检查。在城市饮用水卫生监测中，完成20个监测点120件水质采样监测。结合创建全国文明城区工作，进一步加强供水设施的规范化管理，发放《生活饮用水卫生监督信息栏》600余块。

医疗卫生专项检查。重点开展打击非法行医专项行动、医疗美容服务专项整治、产前诊断技术专项监督执法检查和人类精子库、人类辅助生殖技术监督检查等。全年完成日常监督379户次、监督检查814户次。开展临床用血医疗机构专项监督检查25户次，覆盖率100%；母婴保健专项督查28户次，覆盖率100%；医疗废物管理专项监督检查252户次。

公共卫生投诉举报。全年受理571件，结案率99.65%，群众满意率100%。接到疑似食物中毒案件15起，排除14起，有1起“3人食用家庭自制餐的扁豆中毒事件”被确认为食物中毒事故。

大型活动卫生保障。完成全国两会、第1届北京国际电影季、清华大学百年校庆、全国天然林资源会议等15次大型活动公共卫生保障任务。在两会保障工作中，保障接待代表驻地及送餐单位20家，食品抽检99件，现场快速检测样品288件，食品留样3580件，确保25295人次的公共卫生安全。

卫生监督人员培训。组织230名具有执法资格的执法人员学习《行政强制法》并考试。按照卫生监督员“一专多能”的要求，“专业执法与综合执法”相结合的思路，建立内部培训制度，引入“逢训必考”机制和“评教评学”机制，将参培成绩与个人年终考核结合，确保培训收到实效。

妇幼保健 孕产妇系统管理9721人，孕产妇系统管理率97.32%；孕产妇死亡2人，死亡率19.97/10万；新生儿死亡率1.79‰；婴儿死亡率2.69‰；6个月内母乳喂养率89.35%。

儿童保健。全区0~6岁儿童40314人，保健管理40141人，儿童保健覆盖率99.57%。系统管理37959人，儿童保健系统管理率94.16%。

女工保健。妇女病普查105764人，患病53171人，患病率50.27%。其中阴道炎6043例、宫颈炎8982例、子宫肌瘤1385例、乳腺增生32163例、乳腺良性肿瘤8909例、乳腺癌11例、卵巢癌1例。婚前检查2792人，婚检率7.05%；检出疾病480人，疾病检出率17.19%。全年计划生育手术29728例，发生手术并发症2例。

医疗工作 门诊22254036人次，急诊1355310人次，留观271440人次，危重症抢救（急诊、住院）104085人次，入院386685人次，出院386908人次，病床使用率91.55%，治愈率53.92%，好转率42.73%，病死率1.2%，住院病人三日确诊率88.69%，出入院诊断符合率99.6%。住院手术179954例。

院内感染管理。23家医院应用医院感染管理监控系统进行监测，共监测住院病例131600例，其中发生医院感染1630例，感染发生率1.24%；感染死亡病例98例，感染病死率6.01%。利用监测系统对各医院数据统计分析预测，全年未发生院感暴发事件。

病历质控。结合“医疗质量万里行”和“三好一满意”等活动督导，加强医疗机构病历质量管理，严格按照《病历书写基本规范》和《医疗机构病历管理规定》的要求，掌握病历书写规范及要点，坚持规范书写病历，保障医患的权益。

护理工作。向患者公开护理分级制度，落实各项等级护理，规范护理服务，夯实基础护理。继续开展优质护理服务示范工程，二级以上医院开展优质护理服务病区51个。结合“三好一满意”、“医疗质量万里行”及“中医管理年”活动，对护理质量进行自查、实地检查，做好护理质量控制和管理工作。注册护士12649人，首次注册3869人。组织护理人员参加培训，完成护理继续教育及学分管理。

对口支援。年内，二、三级医院支援2296人，其中高级职称122人，带教1072人，门诊27051人次，会诊540人次，上转病人1734人次，下转病人1488人次。

血液管理。完成自愿无偿献血141299人次，其中街头无偿献血136989人次、团体无偿献血4310人次。6月，在西单文化广场组织世界献血者日宣传活动。12月，在新华百货广场建立街头献血点。监督检查15家医疗用血单位。全年医疗用血151279单位。

完成区内42家持有麻醉药品和第一类精神药品印鉴卡的医疗机构的实地检查，换发新卡38家，注销4家。

万元以上医疗设备总价值638110万元，比上年的562878万元增加75232万元。本年度新增万元以上设备7888台。

医学教育 卫生技术人员5037人，全部参加继续教育学习，达72学时者99.8%，其中参加“四新”教育33867人次，任职晋职培训327人次，骨干、学科带头人培训208人次。社区举办“中英（北京）社区卫生合作交流项目”全科医学讲习班，邀请6名英国社区卫生专家进行专题讲座，建立2个中英（北京）社区卫生研究与培训基地，派16人赴英国参加全科医学与社区卫生管理培训。建成全国中医类别全科医师培训基地1个、卫生部培训中心全科医师培训基地1个、全国社区护理培训基地1个、北京市中医类别全科医师岗位培训社区实践基地1个，为3000多名社区医师提供培训和交流平台。

科研工作 全年开展地方科技项目38项、其他科技项目9项，其中市自然科学基金项目1项。建设市重点学科4个，申请实用新型专利1项。在中国科技论文统计源期刊或中国科技核心期刊发表论文180篇。获省（市）科学技术奖1项、社会力量科学技术奖1项、其他科学技术奖励3项。

社区中心申报并立项国家级课题2项、省部级和市级课题8项、区级课题15项，参与协作课题26项。

财务管理 全年财政拨款93423.18万元，拥有固定资产114803.67万元，新购置11646.39万元。区属医疗卫生单位业务收入211894.94万元，医疗收入比重34%，药品收入比重58%。支出275409.96万元。

基本建设 组建重大项目推进办公室，加强对资源调整项目的指导与服务。为保证工程进度和质量，引进专业组织。建立信息反馈机制和例会制度，及时协调解决项目建设过程中的问题，保证重点项目的正常推进。年内，卫生系统推进建设项目17个，占“十二五”期间卫生建设项目的70.83%；市、区政府总投资4.85亿元，完成投资2.8亿元。牛街公共卫生大厦破土动工，肛肠医院竣工。整合后的卫生监督所迁入白云观西里新址办公。2个社区卫生服务中心、7个社区卫生服务站的标准化建设工程进展顺利。宣武中医医院一期改造工程的病房楼投入使用，二期改扩建以及护国寺中医医院新门诊楼、丰盛医院金融街E1地块、复兴医院门诊楼置换（与八中分校）等项目正在推进。

（撰稿：马　蕊　审核：刘同利）

西城区卫生局领导名单

工委书记　陈　新
副 书 记　安学军　徐建明　安　梅
局　　长　安学军
副 局 长　宋　青　董杰昌　刘劲松

朝阳区

概况 设街道办事处24个、居委会200个、地区办事处19个、行政村155个，常住人口354.5万人。卫生机构1201个，其中科研、教学、防疫机构25个。区属卫生机构61个，其中全民46个、集体15个。卫生技术人员34987人，其中执业（助理）医师13628人、注册护士14613人。床位16107张。平均每千常住人口拥有卫生技术人员9.56人、执业（助理）医师3.73人、注册护士3.99人、实有床位4.40张。

生命统计。出生16816人，出生率8.81‰；死亡12207人，死亡率6.39‰；自然增长率2.42‰。因病死亡11794人，占死亡总数的96.62%。死因前十位依次为：恶性肿瘤，心脏病，脑血管病，呼吸系统疾病，损伤和中毒，内分泌、营养和代谢性疾病，消化系统疾病，神经系统疾病，传染病，泌尿、生殖系统疾病。本区平均期望寿命83.42岁，其中男性81.54岁、女性85.41岁。

获奖情况。朝阳区获全国慢性病综合防治示范区称号。高碑店社区卫生服务中心成为第1批全国示范社区卫生服务中心。

卫生改革 继续完善基本医疗保障制度。对特困人员实行住院押金减免和出院即时结算，在垂杨柳医院和朝阳区第二医院按相关标准为低保人员提供减免服务，全年减免2人次，医疗费用15277.16元。

年内，公共卫生管理单位进行国家基本公共卫生项目成本测算，研究补偿机制；对基层社区卫生服务机构进行政府统一配备医疗设备。规范基层用药和医疗行为。对全区各社区卫生服务中心抗生素使用情况进行专项检查2次，共抽查处方840张，完成《2011年朝阳区社区抗生素处方分析报告》。完善基层医疗卫生机构绩效考核管理机制，坚持客观公正、科学评价、按劳分配、效率优先、工作质量与工作数量兼顾、过程与结果相结合、平时与定期相结合的原则。

深入推进家庭医生式服务，开展延时服务，做好夜间应急处置。安排7名基层医疗卫生机构在岗人员进行全科医生转岗培训。加快建立居民电子健康档案。所有二、三级医院双休日全天门诊。

完善院前急救体系，初步建立院前急救与999急救中心、朝阳区消防支队的联动机制。开展全民健康生活方式行动。有效落实增补叶酸、两癌筛查和农村孕产妇住院分娩补助等重大公共卫生服务项目，进一步提高儿童保健、孕产妇保健、精神疾病治疗管理康复等基本公共卫生服务质量，发现的重性精神疾病患者全部纳入规范管理范围。为5070名50岁以上居民进行脑卒中危险因素筛查，发现高危人群4083人，颈动脉狭窄254人。

推进公立医院改革。借鉴北京朝阳医院经验，研究制订区属二级医院实施全成本核算的工作方案，继续加强医疗服务行为和质量监管。结合卫生部的“三好一满意”、“医疗质量万里行”，对辖区31家一、二级公立医院的医疗服务和医疗质量及临床路径开展情况进行实地督导检查。9名区级医疗机构骨干到三级医院进修学习。辖区三级医院全部接入北京市统一平台提供电话预约和网络预约服务。16家三级医院开展优质护理服务示范病区184个，11家二级医院开展优质护理服务示范病区29个。三级医院160个病种、二级医院56个病种开展临床路径管理。

社区卫生 推广实施朝阳区全模式社区服务管理体系——区域卫生信息化建设项目，建立以居民健康档案为核心的生命全过程管理信息平台。运行社区卫生服务机构238个，其中社区卫生服务中心42个、社区卫生服务站196个。全年销售零差率药品1372种，收入5.62亿元，占药品收入的59.40%。建立家庭医生式服务团队537个，覆盖全区503个社区（村），覆盖率100%，家庭医生式服务累计签约30138户52985人。城乡居民健康档案累积建档2475287人，电子健康档案2138828人。60岁以上老人健康管理322133人，高血压规范管理28257人，糖尿病规范管理16114人。为60岁以上低保老人免费健康体检511人。全年门急诊6426960人次。举办健康促进活动1143次，健康教育讲座2348场，发放各类宣传材料870468份、健康处方431517份，制作宣传栏2243期，为居民提供健康咨询444653人次。完成15个专业803人的岗位培训和567人的技能考试。

农村卫生 年内，运行3个村卫生室。享受乡村医生基本待遇14人，补助标准为每人每年9600元。

新型农村合作医疗。每人每年筹资720元，其中大病统筹420元、基本医疗300元，最高支付限额17

万元。参合120877人，参合率99.24%。共筹集资金9496.98万元，其中大病统筹资金5077.09万元、基本医疗资金4419.89万元。大病统筹报销7564人次，支出5703.74万元；基本医疗报销83.39万人次，支付5561.53万元。

疾病控制 报告甲乙类传染病7730例，发病率218.05/10万，比上年下降24.49%。病毒性肝炎866例，发病率24.43/10万；痢疾2814例，发病率79.38/10万；麻疹17例，发病率0.48/10万；流行性出血热4例，发病率0.11/10万；急性肠道感染2例；无野毒株引起的麻痹病例。属地肺结核网报1642例（涂阳380例）。登记管理595例，其中肺结核594例、结核性胸膜炎1例。594例肺结核病人（涂阳237人）中，本市153人（涂阳69人）、外地441人（涂阳168人）；初治563人（涂阳217人）、复治31人（涂阳20人）。上年本市新发涂阳肺结核40例中治愈34例，治愈率85%。新生儿卡介苗接种27126人，接种率90.1%。监测7323人，成功接种7199人，成功率98.3%。大学生PPD监测18216例，其中强阳性1596例，发现活动性肺结核1例。报告性病2669例，其中淋病383例、尖锐湿疣433例、梅毒1577例、生殖道沙眼衣原体感染221例、生殖器疱疹55例。艾滋病病毒感染者500例，其中艾滋病72例。

精神卫生。重性精神病患者登记建档11112人，检出建档率（按户籍人口193万计算）5.8‰，新建档760人，死亡67人。享受精神科门诊治疗费用补助1754人，享受精神科住院费用补助170人，慰问贫困精神病人230名。385人参加社区职业康复站活动，社区精防医生随访32662人次，区三院收住院472人次。开展精神卫生知识讲座73场，受众4500余人。制作宣传栏408期，开展宣传活动456次，43846人次参加，发放科普材料90991份。朝阳区社区居民心理健康和精神疾病预防知识知晓率67.5%。

学校卫生。学生发育评价分析：身高受检129234人，其中上等32685人，占25.29%；中等92089人，占71.26%；下等4460人，占3.45%。体重受检129116人，其中上等44095人，占34.15%；中等82116人，占63.6%；下等2905人，占2.25%。学生营养评价分析：受检125207人，其中轻度营养不良18748人，占14.97%；中度营养不良2254人，占1.80%；重度营养不良65人，占0.05%；极重度营养不良42人，占0.034%；超重16008人，占12.79%；肥胖23998人，占19.17%。学生疾病监测情况：视力受检129928人，其中视力不良80128人，占61.67%；贫血受检129199人，贫血2869人，占2.22%；龋齿受检126368人，龋齿32919人，患病率26.05%。

慢性非传染性疾病防治。开展高血压自我管理小组长师资培训，培训社区医生100余人。举办慢性病防控培训班6期，培训医院专职慢病防控人员、社区医生、街乡卫生专干500余人次。建立社区脑卒中筛查及防控工作试点。倡导健康生活方式行动，开展健康生活方式日、全国高血压日、世界糖尿病日等宣传活动，5家示范餐厅、5家示范食堂、6家示范社区、5家示范单位、4家示范超市共25家单位获北京市全民健康生活方式行动示范称号。开展朝阳区慢性病及危险因素监测、首诊高血压病人登记等。继续开展“北京市社区常见慢性病人及高危人群干预管理”项目。

计划免疫。0～6岁常住儿童131402人，抽样调查210人，四苗全程合格接种率100%，五苗全程及时接种率96.67%。完成86493名外来儿童强化免疫。对794所学校、托幼园所进行儿童预防接种证查验和疫苗补种，查验73751人。为外来务工人员接种麻疹疫苗26312人次、流脑疫苗26252人次。

公共卫生监测与评价。监测有毒有害作业单位60余家，调查接触苯作业者500人。对7家单位168人进行职业健康检查，涉及粉尘、噪声、苯系物、酸碱、硫化氢等5项有毒有害因素。

健康教育与健康促进。制作各类宣传品45.44万份，发放至全区各居/村委会、中小学校、托幼园所。健康科普讲师团增至401人，完成健康教育知识讲座1709场。利用朝阳社区卫生服务电视网络系统开展医院健康教育宣传。完成12家创建中的北京市健康社区中期评估督导及市级验收。累计通过健康社区、健康示范村56个。27所学校通过北京市健康促进学校验收，累计有健康促进学校141所。在全区所有医院推广“北京市健康促进医院”理念。

卫生监督 食品卫生。有餐饮服务单位12569个，监督检查34648户次，合格率99.82%；行政处罚187起644683.76元。应量化餐饮单位7598个，完成7514个，占98.89%。其中A级500个、B级2909个、C级4105个。开展餐饮具、凉拌菜、碘盐、小麦粉、啤酒、食用油等26类421件的监督抽检，合格率98.3%。开展打击食品非法添加和滥用食品添加剂、瘦肉精、地沟油、河豚鱼等食品专项活动19个。

传染病与消毒。传染病防治监督检查1806户次，其中医疗机构679户次、区疾控中心4户次、采供血机构31户次、其他1092户次。处罚7家医疗机构，罚款1万元。消毒产品生产经营单位监督检查197户次，其中消毒产品生产企业22户次、消毒产品经营单位175户次。

公共场所卫生。监督检查13670户次，其中旅店业2376户次，文化娱乐场所464户次，公共浴池441户次，理发店、美容店9460户次，游泳场（馆）652户次，体育场（馆）10户次，展览馆、博物馆、美术馆、图书馆24户次，商场（店）、书店240户次，其他3户次，处罚452户36.21万元。

生活饮用水卫生。监督检查4930户次，其中自备水源供水110户次、二次供水4691户次。处罚65户16.7万元。

学校卫生。区内有学校745所，全年监督2922户次。

职业（放射）卫生。监管单位485个，监督543户次，合格率91%。职业卫生技术服务机构5家，检查5户次，合格率100%。放射卫生监管单位303个，监督343户次，合格率92%，实施行政处罚17起，其中警告11起，罚款5起5000元。

医政执法。医疗机构卫生监督检查1704户次，其中一级医院187户次、二级医院14户次、三级医院29户次、其他1474户次。处罚各级各类医疗卫生机构35家，罚款7.5万元，没收违法所得1289.4元。开展打击非法行医联合执法行动48次，出动执法人员308人次，执法车辆172辆次，取缔非法行医黑诊所373户次，没收药品器械359包，价值7.2万元，罚没5.4万元。对辖区开展临床用血的31家医疗机构和4辆流动采血车进行监督检查。

公共卫生投诉举报。全年受理包括卫生监督平台、投诉电话、信访以及政民互动系统举报案件共4615件，比上年上升30%。其中食品卫生3598件、医政666件、公共场所271件、生活饮用水74件、传染病与消毒3件、职业卫生2件、母婴保健1件。

大型活动卫生保障。承担全国和市区两会以及环北京职业公路自行车赛、国际排联沙滩排球世界大满贯北京赛、中国网球公开赛、北京国际啤酒节、北京朝阳国际旅游文化节等共33项大型活动保障任务，采样检测1068件，快速检测1883件。

卫生监督人员培训。参加培训16次，其中食品卫生类2次、医政卫生类8次、生活饮用水卫生类1次、公共场所类3次、应急培训1次、初任培训1次。举办内部培训9次。

妇幼保健 妇女保健。孕产妇16685人，建册16600人，建册率99.49%；系统管理16569人，系统管理率99.30%。围产儿死亡72人，死亡率4.27‰；产妇死亡2人，孕产妇死亡率11.89/10万。0～6个月母乳喂养率92.17%。24家医院开展出生缺陷监测，监测围产儿42364例，出生缺陷发生843例，发生率19.90‰。为农村地区2000名妇女完成免费乳腺癌和宫颈癌筛查。婚前医学检查2624人，婚检率5.69%。检出疾病102人，疾病检出率3.89%。为农村地区适龄妇女免费发放叶酸4000多人。计划生育手术65513例，无痛人流不全2例，并发症发生率0.34/万。

儿童保健。活产儿16816人，新生儿访视16075人，访视率95.59%。0～6岁在册儿童166438人，儿童保健覆盖率97.32%；系统管理155358人，系统管理率93.34%。婴儿死亡率2.97‰，5岁以下儿童死亡率3.81‰。大体检158681人，体检率95.34%。管理托幼园所415个，入托儿童63972人。有263个园所发生传染病，发病1342例，以手足口病为主。传染病暴发128例。保教人员体检12876人，体检率99.55%。

医疗工作 全年诊疗28954269人次，其中急诊1866289人次，家庭卫生服务172509人次，急诊观察124450人次。其中区级医院诊疗7927325人次、急诊386473人次、家庭卫生服务113251人次，急诊观察1549人次；住院危重症抢救906人次，急诊抢救成功率98.2%，病房抢救成功率79.58%；住院32233人次，出院32217人次，病床使用率75.89%，病床周转17.21次，治愈率42.58%，好转率30.69%，病死率2.16%；出入院诊断符合率99.78%，入院三日确诊率92.72%，临床与病理诊断符合率97.12%，手术前后诊断符合率99.85%，无菌手术化脓率0.26%，院内感染发生率1.27%；住院手术19976例。

行政许可。对有效期届满未申请延续的29家医疗机构予以注销《医疗机构执业许可证》。依法颁发医疗机构设置批准书55份，医疗机构设置备案6份，受理医疗机构执业登记注册50家，颁发医疗机构执业许可证50份，变更许可379份、校验许可1086份、注销许可37份。医师执业注册和变更注册3915人。申请注销2家医疗机构印鉴卡，新申请印鉴卡9家，变更30家。医疗机构变更378项，其中法定代表人89项、主要负责人61项、医疗机构名称变更28项、其他变更200项。完成全区146个社区卫生服务机构中872名执业医师增加全科医学专业作为第一执业范围，其中中医医师176人。

医政管理。拉网式筛查和实地督导检查298家医疗机构。完成朝阳区医疗机构电子地图查询系统。推进直属医院信息化建设，推进二级医院预约诊疗服务。办理执业医师多点执业42人，其中西医29人、中医13人。对申请医疗广告的医疗机构执业情况实行动态管理，受理广告申请86件，初审合格52件。

80家机构（公立机构57家、民营机构23家）11345名医务人员参加医疗责任保险。

创建平安医院。对确定为平安示范医院、平安医院的36家单位进行复核，并将民航总医院、区中医医院、北京英智眼科医院推荐为首都平安示范医院。对新申请朝阳区平安医院的区第二医院、航空总医院、北京众安康中医骨科医院、北京和睦家医院进行实地验收。

医疗事故鉴定及纠纷管理。受理医疗纠纷69例，申请医疗事故技术鉴定54例，其中鉴定为非医疗事故51例、医疗事故3例。

医院感染管理。院感培训8场次，学术活动及院感研讨会各1次，培训医疗机构1303户次、医护人员1878人次，发放培训教材1200余份。召开朝阳区口腔医疗质量管理督导检查标准培训及经验交流会，43人参加培训；口腔医疗卫生机构诊疗器械消毒灭菌与口腔科四手操作技术培训，296家医疗机构340人参加；医院感染病例临床讨论会，110家单位125人参加；脊髓灰质炎防控培训会，177家单位306人参加；抗生素合理使用培训会，78家单位110人参加；血液净化质量控制与改进中心与民航总医院联合举办海峡两岸血透学术交流会，国内35家医疗机构80余名血液透析管理人员参加。对240名区医疗废物管理检查督导人员进行检查标准统标培训。全年组织专项检查5次，协助参与检查1次，检查医疗机构1018次。对辖区40家口腔医疗机构进行飞行检查，42家美容整形医疗机构进行实地督导检查，903家医疗卫生机构进行医疗废物管理实地督导检查，对设有肠道门诊的17家医院进行肠道门诊防控督导检查。朝阳区医疗质量万里行及“三好一满意”督导检查，共查医疗机构144家。

病历质控。聘请病案质控中心专家及律师对108家一、二级医院和有病床的社区卫生服务中心、美容医疗机构共163人进行《病历书写基本规范》和《侵权责任法》等培训。组织病案质量控制与改进中心的13名市、区级专家对12家二级医院病案管理质量及终末病案书写质量进行检查。

护理工作。举办首届护理操作技能师资全脱产培训班，42人参加培训；护士长管理系列培训班，197人参加培训；组织17家医疗机构的57人到区内的北京市优质护理服务示范病区实地观摩学习；与血透质控中心联合举办腹膜透析质控标准培训班和海峡两岸血透技术交流会；免费培训护理员1600人。对申报朝阳区优质护理服务示范病区的10家医疗机构的28个示范病区进行实地督查。

中医药工作。11月16日，区卫生局设置中医科。全区161个社区卫生服务站设立中医科，提供中医药适宜技术服务，深入开展中医中药进社区、乡村、家庭活动。开展中医质量管理年检查，检查结果作为年度医疗机构校验参考。9月27日，在麦子店社区卫生服务中心为外籍人士免费开办首期中医药文化精品讲座班。11月23日，承办国家中医药管理局中医药文化科普巡讲使团专场活动。

对口支援。协调驻区二、三级医院免费接收受援地区进修61人次。朝阳区卫生局与内蒙古自治区丰镇市卫生局签署卫生对口帮扶协议，捐赠医疗设备价值127.9万元，向农一师八团医院捐赠医疗设备价值80.7万元。区内8家医院与怀柔区、延庆县受援乡卫生院签署3年卫生对口支援协议书。

医疗救助。年内，为5573人次低保人员减免医疗费用55376.39元，为2294人次低保人员垫付医疗费用443670.79元。

血液管理。全年自愿无偿献血72150单位，其中街头自愿无偿献血62576单位，占86.73%，比上年下降27.45%；单位团体自愿无偿献血9574单位，占13.27%，比上年提高27.33%。驻区39家医疗机构用血125421单位，比上年下降8.48%。俪婴妇产医院、和美妇儿医院、麦瑞骨科医院通过了血库验收。

年内，首次进行过期麻醉、精神药品以及过期普通药品销毁，集中处置过期麻醉、精神药品124.2千克，过期普通药品1482千克。麻醉药品、一类精神药品购用印鉴卡换发91家。11月29日，组织麻醉药品处方权培训和考核，302人参加，298人考试合格，合格率98.68%。

3月7日，《朝阳区卫生局医疗设备采购内部管理制度（暂行）》正式实施。年内，朝阳区卫生系统各单位专用设备（含医疗设备）总资产56605.4万元。

急救工作　院前急救网络运行45个急救车组，院前急救岗位从业人员135人。完成国际啤酒节、国际跑车赛（GTI）、亚洲冰球联赛、国际排联沙滩排球赛等国际赛事保障116项，保障车组540个，1625人参加，累计保障21791小时。完成各类突发公共事件救援251件次，救治伤者433人，其中CO中毒16件次，救治39人。完成市民日常救治33800件次，较上年增加8%，其中中心直属站救治转运20998件次，占全区网络62%，救治危重症患者4575人次，救治率22.07%。

医学教育　参加继续医学教育16410人，达标13961人。其中区属继续医学教育5124人，达标5094人；继续医学教育学分达标率93.11%。30个继续教育基地承担区级项目648项，培训70000人次。

科研工作 开展科研课题32项，其中地方科技项目3项、其他科技项目29项。二级及以下医疗单位承担科研项目7项，其中市级3项，批准经费156.86万元。科研成果获奖1项。发表论文169篇，其中SCI收录6篇、CSPTCD收集163篇。出版著作7部。

财务管理 全年收入276814万元，其中财政拨款74250.66万元、事业收入190955.201万元、其他收入11608.24万元。支出270655.17万元。

基本建设 投资1700万元，完成双井和八里庄第二社区卫生服务中心及龙爪树、郎家园和驼房营社区卫生服务站共6686平方米的标准化建设。

（撰稿：姚 雯 审核：韩 静）

朝阳区卫生局领导名单

党委书记 苏 民

副 书 记 师 伟 刘元春

局 长 师 伟

副 局 长 苏 民 罗 晓 陈开红 杨 桦 李海丽

海淀区

概况 有7个镇、22个街道办事处、564个社区居民委员会、84个村民委员会，常住人口340.2万人。有卫生机构964个，包括非营利性540个、营利性420个、其他卫生机构4个。卫生技术人员25333人，其中执业（助理）医师9739人、注册护士10399人。床位9942张。平均每千常住人口拥有卫技人员7.45人、执业（助理）医师2.86人、护士3.06人、床位2.92张。

生命统计。出生15703人，其中男性8193人、女性7510人，出生率7.06‰；死亡9349人，其中男性5363人、女性3986人，死亡率4.20‰；自然增长率2.86‰。因病死亡9027人，占死亡总数的96.56%。死因顺位前十位疾病依次为：恶性肿瘤，心脏病，脑血管病，呼吸系统疾病，消化系统疾病，损伤和中毒，内分泌、营养和代谢性疾病，神经系统疾病，传染性疾病，泌尿、生殖系统疾病。本区人口期望寿命85.68岁，其中男性83.90岁、女性87.49岁。

获奖情况。年内，被评为北京市疫苗接种优秀单位，北京市节水型单位，无偿献血工作突出贡献先进单位，北京市基层中医药服务监测成绩突出奖，2010年北京市首届世界武博运动会贡献奖，2010年度卫生行政许可与监督执法考核先进单位，医疗卫生执法专业论文写作先进单位，北京市全民健康生活方式行动示范单位，北京市2010年疾病预防控制工作先进集体，在“争做健康北京人”北京市民健康知识与健康技能竞赛中获优秀组织奖，获2011年健康科普写作、创作、创意大赛优秀组织奖，2010年公共场所控烟和家庭灭蟑工作优秀组织奖，社区慢性病规范化管理知识竞赛组织奖，2010年北京市百个优秀防艾创意大赛优秀组织奖，“健康歌曲大家唱”健康北京人主题歌曲歌咏大赛优秀组织奖。

社区卫生 全区设社区卫生服务中心50个、社区卫生服务站178个，其中政府办社区卫生服务中心29个、社区卫生服务站93个。政府办的5个社区卫生服务机构实行院办院管的运行模式，其余政府办社区卫生服务机构实行收支两条线管理。北太平庄社区卫生服务中心被评为全国示范社区卫生服务中心。

全面推进家庭医生式服务，建立和完善社区卫生服务团队436支，覆盖29个街道（乡镇）628个居（村）委会，累计签约107641户181731人，其中重点人群签约162908人。平均每个团队签约家庭246户，居民416人。功能社区签约216458人。总共签约398189人，占辖区常住人口的12.1%。培养家庭保健员1523人、校园健康使者1920余人，在全市率先启动家庭保健员工作站。

推进新社区卫生服务综合管理信息系统上线，完成27个区属社区卫生服务中心、16个非区属社区卫生服务中心、24个独立社区卫生服务站上线。建设海淀区健康吧试点工作，在花园路社区卫生服务中心设立健康吧，将社区的健康服务、健康检测和检查系统、自测系统相结合，形成一体化医疗与居民健康服务体系，实现居民全方位的健康状况监测，逐步实现与上级医院远程医疗服务联网，建立医院－社区－个人的三级医疗服务体系。

年内，获批成为第1批全国基本公共卫生服务中医药服务项目试点单位。征集16个中医药服务项目；开展冬病夏治三伏贴工作，全区贴敷约15500人次；

开展第4批北京市级老中医药专家学术经验继承工作，评选北京市级老中医药专家1人，继承人17人；举办社区中医药适宜技术系列培训班2期，培训中医药骨干100余人次；遴选永定路和北太平庄社区卫生服务中心为本区利用信息系统软件开展中医体质辨识工作的试点单位，尝试建立中医预防保健服务体系。

农村卫生 有村级医疗机构80个，覆盖率100%。卫生技术人员943人，其中乡村医生375人。

新型农村合作医疗。参加新型农村合作医疗82302人，参合率99.4%。人均筹资902元，其中市、区两级财政补助550元，乡（镇）财政平均出资232元，个人和村集体出资120元，人均筹资标准居全市首位。一、二级医院住院报销比例60%，三级医院报销比例55%，住院补偿封顶线18万元。自5月1日起，对新农合保障对象中的学生、儿童白血病和先天性心脏病实施按病种付费报销机制，报销比例70%，对于特困对象报销比例90%。年底，对新农合住院病人中的9类重大疾病患者提高补偿标准，补偿比例70%；另外，对在一、二级医院住院或门诊特殊疾病的参合农民患者给予二次补偿，补偿比例提高到70%。全区新农合年度总筹资7423.39万元，住院资金5514.234万元，其中市、区两级财政补助4526.61万元，个人和村集体出资966.18万元，区民政和区残联资助21.444万元，门诊资金2320.67万元。全年住院补偿7549人次，住院基金总支出4985.15万元；门诊补偿253251人次，支出门诊补偿款3273.76万元。

疾病控制 全区有地段预防保健科54个，计划免疫工作人员407人。设立预防接种门诊108个，其中AAA级2个、AA级7个、A级28个，81个实现信息化网络化管理。全年免费接种疫苗715577人次（不含免费流感、甲乙肝疫苗、卡介苗接种。2010年免费接种疫苗868304人次）。接报疑似预防接种反应101例，组织区级专家鉴定会1次，对3例接种疫苗后较严重疑似预防接种反应病例进行区级诊断。有0～6岁户籍儿童78613人、流动儿童48070人。计划免疫调查建卡率100%，卡介苗、脊髓灰质炎疫苗、百白破混合制剂调查接种率均100%，麻疹疫苗调查接种率98.37%，乙肝疫苗调查接种率100%，流脑多糖菌苗调查接种率99.48%，乙脑疫苗调查接种率100%。报告麻疹347例，发病率13/10万。儿童预防接种强化免疫建证率99.35%，麻风腮疫苗补种率98.81%，流脑疫苗补种率99.37%，百白破疫苗补种率97.60%，乙脑疫苗补种预约率100%，乙肝疫苗补种预约率100%。为60岁以上老人免费接种流感疫苗85649支（其中医保24088支、非医保61561支），接种率26.77%；学生免费接种流感疫苗130838支，接种率67.79%。处理计划免疫相关疫情4002例，其中暴发疫情3起，接报急性弛缓性麻痹病例5例。

传染病防治。甲、乙类传染病发病6623例，发病率201.86/10万，比上年下降20.37%。其中痢疾2866例，发病率87.35/10万，占43.27%；肺结核1200例，发病率36.57/10万，占18.12%，病死1人，病死率0.08%；猩红热1129例，发病率34.41/10万，占17.05%。暴发疫情6起，其中水痘3起、手足口病3起，疫情调查处理率100%，及时报告率100%。肠道门诊初、急诊15530人次。开展传染病督导708次。

结核病防控。新登记管理肺结核829人（含外地病人406人），占全市新登记管理肺结核病人的18.3%，居全市16个区县之首。412例纳入社区管理。非结核病防治机构疑似肺结核病报告1913人（2010年为1813人），比上年上升5.52%；综合医疗机构肺结核报告率和转诊率均100%；高校登记肺结核病人系统管理率100%。综合医疗机构痰结核菌检验结果误差率在5%以下。为19531名本地新生儿和17952名外地新生儿接种卡介苗，新生儿卡介苗接种和补种率95.1%。启动第8轮中国全球基金结核病项目，对非本地户籍人口的肺结核患者开展免费服务，全年向区内88名流动人口肺结核病患者发放生活补助共计65943.3元，平均每人749.36元。本区涂阳55例，监化55例，监化率100%。流动人口涂阳105例，监化105例，监化率100%。对全区医务人员开展专业培训12场714人次。对全区居民开展防治结核病健康宣传活动220场，受益10万人次。

性病艾滋病防治。开展哨点监测6559人。4家VCT门诊为2030人提供咨询和HIV免费检测。完成在押人员艾滋病病毒抗体筛查2657人，无阳性。美沙酮替代门诊为251名吸毒成瘾者提供替代治疗。对高危人群开展干预，干预男男同志人群67322人次、暗娼47103人次。清洁针具发放33500支，回收34300支（上年度余交一部分），回收率100%。新发艾滋病感染者163例、患者68例，累计报告艾滋病感染者663例、患者264例。流调216人，随访617人985人次；CD4检测270人；抗病毒治疗199人。全年报告性病1274例，其中梅毒621例、淋病113例、尖锐湿疣378例、生殖道疱疹31例、生殖道沙眼衣原体感染131例。全区30家二级以上医疗机构共检测血标本866592份，检测出HIV/AIDS 231例，阳性率0.027%。中盖项目监测男男同志732人，其中阳性感染者20人，阳性率2.73%。

人畜共患疾病防治。对上庄村西郊一场、西郊二场及周边个体散户52名畜牧养殖人员进行血清学检测，检测出抗体阳性3人，阳性率5.77%，其中新发抗体阳性感染者1人。

地方病管理。居民户碘盐监测288件，碘盐覆盖率92.01%，碘盐合格率95.09%，合格碘盐食用率87.50%。对378名育龄妇女及257名孕妇进行尿碘监测，尿碘中位数分别为132μg/L，176μg/L。对200名8～10岁儿童进行甲状腺触诊和尿碘含量检测，甲状腺触诊均为阴性，尿碘中位数111μg/L。对西北旺镇、苏家坨镇、上庄镇、温泉镇的35口历史高水氟井出口水及末梢水进行枯水期、丰水期饮用水水氟监测，各采集70件水样。枯水期除上庄乡西马坊南水井2件出口水及末梢水水氟超标外，其余68件水样水氟合格；丰水期除上庄乡西马坊南水井2件出口水及末梢水水氟超标、聂各庄乡聂各庄村污水厂2件末梢水水氟超标、北安河草厂村村北学校水井2件出口水及末梢水水氟超标外，其余64件水样水氟合格。检查7～12岁学生605人，未发现氟斑牙。

慢性非传染性疾病防治与管理。全年进行慢病督导/指导258人次，较上年上升0.7%，管理慢病患者19.6万人，其中高血压管理9万人，规范管理4.2万人，规范管理率47%；糖尿病管理3.2万人，规范管理1.5万人，规范管理率47%；冠心病管理2.7万人；脑卒中管理1.2万人。全区建立电子健康档案209.5万人，占总人口的63.9%。脑卒中筛查45岁以上人群4244人，发现颈动脉狭窄829人，占19.53%，对上年发现的脑卒中高危人群2620人进行随访管理，管理率98%以上，全部纳入到慢病管理中。开展为农民工送关爱活动，开展讲座138场，发放健康图书23731本，免费义诊、测血压31601人。完成6246例户籍肿瘤患者社区随访，搬迁68例，失访907例，总体失访率13.4%。开展成人慢病及危险因素监测3500人。

精神卫生。有重性精神病7850人。新发现199人，新发病25人，迁入5人，迁出23人，死亡28人。管理病人中，疾病期29人、波动期45人、缓解期1514人、慢性期2059人。治疗1638人，未治疗441人。有精神发育迟滞和单纯痴呆1789人。社区精防人员57人，其中精神科主任医师6人、主治医师7人、副主任医师1人、临床医学硕士3人。已审批精神病人2357人，平均每人每年享受免费服药费用816元。区精神卫生防治院为本区精神残疾人康复教学基地，累计成立25个社区康复站。1月7日，成立海淀精神康复服务协会。在社区开设社区康复居住之家，并增加职业康复项目。对重性精神病5428人进行梳理，重点排查6类重性精神病3191人。

卫生监督 公共卫生专项检查。全区有餐饮服务单位8872个，其中餐馆5379个、快餐店121个、小吃店358个、饮品店734个、集体食堂1687个、集体用餐配送单位37个、其他556个。经常性卫生监督检查23230户次，合格22768户次，累计监督覆盖率99.09%。审批卫生许可证2152个。食物中毒10起140人，发病率6.39/10万。餐饮单位量化分级管理，其中A级391个、B级3157个、C级1817个。卫生行政处罚542户次，其中警告277起，没收违法所得25起17939元，罚款261起865500元。有宾馆饭店1155个，经常性监督覆盖率99.13%。有各类公共场所4614个，其中年内审批开业1797个，经常性监督检查5982户次，监督覆盖率98.18%。有自备井307个，新办证监测38户，复验办证监测33户，经常性监测430户次。高层建筑生活饮用水新办证监测117户，复验办证监测474户，经常性监测2890户次。生活饮用水污染事故3起。

医疗卫生专项检查。检查928个单位，发现违法行为27个单位，均责令改正并进行处罚。取缔非法行医点322个，罚款334500元，没收违法所得5882元。组织各种监督检查2511户次，合格2483户次，合格率98.88%。行政处罚27户次40500元。对辖区医疗机构监督2511户次，其中三级医院9家39户次、二级医院14家52户次、一级医院36家181户次、无级别医疗机构869家2239户次。卫生投诉举报2974起，受理2886起，结案2886起，结案率100%。

大型活动卫生保障。完成19项大型活动卫生保障任务，其中驻会保障8次。全年保障20297人次；出动监督员3625人次，监督3086户次，培训从业人员1080人次；处罚14户次，罚款49124元；监测465件，合格465件，合格率100%；快速检测4775件，合格4652件，合格率97.42%。

卫生监督人员内部培训12次，1700人次参加，涉及食品、公共场所、饮用水、医政等各专业的日常监督和应急处理，以及投诉举报、信息宣传等。

爱国卫生 继续开展健康细胞工程建设活动，共创建健康社区39个、健康促进示范村5个和卫生村4个，全部纳入区政府为民办实事项目。累计创建健康社区260个，占全区社区的46.2%；创建健康促进示范村30个，占全区行政村的35.7%；创建卫生村51个，占全区行政村的60.7%。创建爱国卫生红旗单位3个。

开展农村健康教育大课堂讲座49场。城乡环境卫生整治及爱国卫生月、城市清洁日活动，12.3万人次参加。清理蚊蝇孳生地524处、垃圾733吨，清理污水沟及公厕环境31处。新建固定灭鼠站1.2万个，开展春秋季灭鼠，布放鼠药9.2吨、粘鼠板3.5万张。统一投药和喷洒消杀灭蚊蝇4次。建立居民家庭蟑螂密度监测机制，对22个街道的52个社区5200户居民家庭进行检测。发放家庭灭蟑药品3.5万支，对164个单位的灭蟑情况进行检查。

继续开展公共场所禁止吸烟工作。启动建设“无烟校园”活动，区内高校、中小学、托幼机关全面建立控烟机制，基本达标。对124家医疗卫生机构控烟工作进行检查督导。

妇幼保健 孕产妇系统管理率97.95%，0~6岁儿童系统管理率92.38%，节育手术并发症发生率0.62/万，新生儿遗传代谢性疾病筛查率99.09%，0~6岁儿童听力筛查率88.15%。无孕产妇死亡，婴儿死亡率3.25‰，5岁以下儿童死亡率3.63‰。0~1岁儿童神经心理发育迟缓筛查率69.54%。婚前医学检查5102人，婚检率8.02%，其中3473人享受免费婚检，区财政共投入43.3万元。为婚前保健人群和孕产妇进行艾滋病免费检测3564人。0~6岁儿童免费体检101934人次，新生儿免费听力筛查28081人次。为246名符合条件住院分娩的农村孕产妇补贴14.76万元，免费发放叶酸3611人。对2041名适龄妇女进行乳腺临床筛查，乳腺彩超771人，乳腺钼靶336人，确诊乳腺癌2例。

出生缺陷综合防治。一是简化免费婚检流程，提升婚检服务质量，提高婚前医学检查率。二是加强产前筛查和新生儿先天性、代谢性疾病筛查管理，做好对筛查阳性对象的追踪随访和出生缺陷报告。三是开展常住人口新生儿先天性疾病免费筛查、0~6岁儿童免费体检和预防艾滋病母婴传播工作，加强宣传、管理和质控。

完善妇幼保健健康教育体系。以区妇幼保健院为中心，构建区域妇幼保健健康教育管理工作网络。通过选拔、训练、培养等方式扩大妇幼保健健康教育的师资队伍，开展孕期保健、母乳喂养、儿童安全、儿童营养、计划生育及生殖道感染综合防治、艾滋病母婴传播等知识的宣传教育。

建立区域妇幼保健信息平台。完成海淀区妇幼保健信息系统建设，实施妇幼卫生信息、数据网络直报，促进妇幼保健工作规范化管理。

医疗工作 门诊1952.7万人次，急诊119.35万人次，急诊抢救14697人次，抢救成功14289人次，抢救成功率97.22%。入院258236人次，出院259057人次，病床使用率86.65%，治愈率63.72%，好转率33.13%，病死率1.26%，出入院诊断符合率99.79%。住院手术101230例。

全年办理行政许可相关事项2270项。设置批准33项，执业登记42项，校验802项，变更203项，注销31项，停业14项，现场勘验210余次。处理医疗纠纷36起，答复信访21件。完成医师变更执业注册1706人次、首次注册241人次。507人获得医师执业证书。

完善医疗服务体系建设。修订完善《海淀区区域医疗机构设置规划》，调整海淀区医疗机构设置，科学规划医疗机构布局。加快优质医疗资源向北部地区发展，推进建立北部地区区域医疗中心和苏家坨医院建设；推动有条件的二级医院向康复、护理医院转型；促进多元化办医，支持和引导社会资本发展医疗卫生事业，鼓励社会资本进入高端医疗服务领域，举办有特色的专科医院、康复医院与护理院，满足不同层次的医疗服务需求。完善医药卫生管理体制和协调机制，建立驻区三级医院院长联席会议制度，促进医疗卫生服务资源配置优化。

推进中医中药事业发展。制订《海淀区中医药发展“十二五”规划》，提出“十二五”期间中医药发展的主要任务及保障措施；做好中医相关信息整理维护，管理维护北京地区中医、中西医结合、民族医医疗机构医疗服务信息网上查询系统，增加本区中医医疗机构信息的透明度，方便群众查询与选择，在年终评估中获得市级一等奖。

围绕“三好一满意”、“医疗质量万里行”、抗菌药物专项整治等开展专项整治工作。要求各级医疗机构围绕本单位抗菌药物使用中存在的问题和关键环节进行梳理整治，与辖区医疗机构法人签订抗菌药物临床合理应用责任书。分别组织专家对辖区二级医院开展“医疗质量万里行”、“三好一满意”工作督导检查。

深入开展优质护理服务示范工程。辖区有7家二级医院开展优质护理服务示范工程工作。各医院结合自身实际，制订工作计划，把推广优质护理服务列为“一把手工程”，在临床护理模式、护理管理方式、绩效考核等方面进行尝试。

血液管理。完成无偿献血85355单位，其中街头献血73802单位、团体无偿献血11553单位，团体无偿献血完成市献血办需求量的131.4%。

医学教育与科研 审核继续教育学分7220人。开展社区卫生岗位培训和岗位理论、技能操作考试，理论考试平均合格率86.2%，技能操作考试平均合格率93%。52名新入职医务人员参加北京市医师规范化培训。选派7名医疗单位骨干参加区县级医院专业骨干培训班。264名乡镇医务人员参加急诊急救10项技能培训和技能考试，合格率95.6%。10名优秀乡镇医务人员参加北京市基层医务人员10项技能大赛，获团体优胜奖。

全年开展科研课题11项，其中国家级7项、区级4项。完成课题6项。通过了全球基金结核病项目、全球基金艾滋病项目等24个专项的审计。

精神文明建设 开展“做文明有礼的北京人”主题活动；做好信息宣传工作，加强舆论引导；开展辖区医疗机构精神文明单位的创建活动。严格落实领导班子和科室负责人“一岗双责”，坚持“一把手”负总责、分管领导各负其责的原则。签订党风廉政建设责任书，形成一级对一级负责的党风廉政建设工作机制。制作《中国共产党员领导干部廉洁从政若干准则绘画本》，发放到全局600名干部手中，人手一册。

财务管理 全年收入6153.55万元，其中财政拨款6001万元，其他收入152.55万元。支出5135.98万元，其中医疗卫生支出4654.16万元。

（撰稿：张　炜　审核：张　寰）

海淀区卫生局领导名单

党组书记 张希俊

局　　长 潘苏彦

副 局 长 黄春明　刘永泉

丰台区

概况 有16个街道办事处、271个居委会、5个乡镇、68个村委会，全区常住人口217万人。有卫生机构502个，其中医疗机构498个（营利性131个、非营利性367个）。卫技人员14006人，其中执业（助理）医师5233人、注册护士5774人。床位7999张。全区平均每千常住人口拥有卫技人员6.45人、执业（助理）医师2.41人、注册护士2.66人、床位3.69张。

生命统计。出生7761人，出生率7.24‰；死亡6883人，死亡率6.42‰；人口自然增长率0.82‰。死因顺位前十位依次为：恶性肿瘤，心脏病，脑血管病，呼吸系统疾病，内分泌、营养和代谢等其他疾病，消化系统疾病，损伤和中毒，神经系统疾病，传染病，泌尿、生殖系统疾病。

获奖情况。年内，被评为首都文明单位，北京市敬老爱老为老服务示范单位，北京市无偿献血先进单位，卫生部决算工作先进单位，北京市贫困白内障复明项目组织奖，北京市新型农村合作医疗基金管理创优奖，北京市免疫规划工作先进集体，北京市疾病预防控制工作先进集体，“共铸中国心”——内蒙古行动突出贡献单位，中央补助地方烟草控制项目工作优秀组织奖，北京地区中医、中西医结合、民族医医疗机构医疗服务信息网工作二等奖，北京市安全保卫集体三等功，北京市节水型单位，北京市乡村医生十项急救技术竞赛一等奖。卢沟桥社区卫生服务中心中医副主任医师杨若濒当选第3届首都十大健康卫士。

卫生改革 落实《丰台区深化医药卫生体制改革2011年主要工作任务责任书》，完成60项重点任务，完成率100%。

社区卫生 社区卫生服务中心23个、社区卫生服务站134个。有社区卫生工作人员2896人，其中在全科医生、社区护士和防保医师岗位工作的分别为459人、478人和219人，分别占社区卫生服务工作人员总数的15.85%、16.51%和7.56%。全年门诊432万人次，比上年增长17.1%；医疗总收入2.00亿元，比上年增长18%；医疗和药品总收入11.64亿元，比上年8.74亿元增长33.18%。社区卫生服务机构和农村卫生所共销售零差率药品4.63亿元。区财政对政府购买服务单位所减少的合理收入3974万元（除外收支两条线管理单位的补助经费2977万元）给予补偿。

为老年人提供“三优先”服务1005396人次；免收挂号费1080332人次，减免540166元；为14226名无社会养老保障的老年人提供免费体检，减免1384870元。

健康教育。制作健康知识宣传栏1350期；发放健康教育宣传材料37.89万份、健康处方23.9万份；开展健康教育讲座1659次，5.65万人次参加；健康促进活动1003次，54.35万人次参加；健康咨询17.34万人次。

全区社区卫生服务机构共建立家庭健康档案55.02万份、居民个人健康档案170.16万份，建档率80.56%。其中电子健康档案132.26万份，个人电子健康档案建档率62.62%，已上传至市信息平台的电子健康档案115.12万份，上传率54.51%。

对口支援。选派专家支援社区卫生服务中心1064人次，支援专家门诊诊治患者79791人次，疑难病会诊564人次，带教医务人员591人次，开展健康大课堂讲座98场次。

家庭医生式服务。建立社区卫生服务团队255个，签约27895户52118人，其中重点人群31241人。发放家庭医生服务联系卡、《家庭医生式服务指南》、宣传海报277269份，发放《致居民一封信》50万份。对签约居民进行健康评估17705人次，发放针对性健康教育材料92255份，发送告知信息83031人次，提供主动服务29991人次，提供上门服务8609人次。

卢沟桥、方庄等8个社区卫生服务中心与大型综合医院建立预约转诊关系，包括电话预约、网络预约或传真病历预约。共计成功预约转诊社区居民616人次。23个社区卫生服务中心持续延长门诊工作时间，在延长的门诊时间内至少提供全科医疗、药房、化验等诊疗服务项目。全年在延长的门诊服务时间内投入工作人员38606人次，诊治门诊病人102996人次，免费测量血压29374人次。11月16日，方庄社区卫生服务中心被卫生部评为全国示范社区卫生服务中心。王佐镇社区卫生服务中心被评为北京市社区中医治未病预防保健指导室建设单位。

农村卫生 乡级医疗机构5个，其中区政府办2个、乡政府办2个、社会办1个；村级医疗机构74个，均为村集体办，覆盖率100%。注册乡村医生380人，其中314名在岗乡村医生参加岗位培训，309名乡村医生参加理论考试并全部通过。

新型农村合作医疗。参合126672人，参合率97.5%。筹资6586.94万元。报销补偿138964人次，补偿支出10262.68万元。其中住院（含特病）补偿11899人次，支出6958.13万元；门诊补偿127065人次，支出3304.55万元。

疾病控制 完成全区医疗机构及200余个托幼园所工作人员的手足口病防控知识培训，在医疗机构开展手足口病等重点传染病防控互查。参与全市肠道疾病等多种应急演练，2名工作人员入选国家中毒应急队伍。开展重点职业病哨点监测、重金属污染监测和职业健康状况调查专项活动，重点职业病哨点监测包括9家单位503人体检资料汇总和21个工作岗位42件样品的采集汇总，完成129家职业健康状况调查的技术指导和资料汇总，重金属污染监测包括2家铬污染企业的工作场所检测和6名劳动者职业健康检查。

传染病防治。报告法定传染病29种19232例，发病率910.61/10万，比上年下降31.38%；报告死亡25例，报告死亡率1.18/10万，比上年下降44.23%。甲、乙类传染病22种6271例，发病率296.92/10万，比上年下降20.95%；死亡25例，死亡率1.18/10万，比上年下降42.69%；痢疾2773例，发病率131.30/10万；肺结核1332例，发病率63.07/10万；猩红热878例，发病率41.57/10万。丙类传染病7种12961例，发病率613.68/10万，比上年下降35.50%。其他感染性腹泻8007例，发病率379.12/10万；手足口病4279例，发病率201.18/10万；流行性腮腺炎480例，发病率22.73/10万。17个肠道门诊共开诊214天，自11月1日起，保留北京航天总医院和东铁营医院继续监测，门诊19351人次，比上年提高2.1%；其中初诊18896人次、复诊455人次。

结核病防治。新登记管理肺结核病311例，其中菌阳90例，占28.9%；本区户籍133例（42.8%），外地患者178例（57.2%）。对本区新登记311例肺结核病人全部进行免费监化治疗和管理。新生儿接种卡介苗12712人。

性病防治。报告HIV/AIDS 235例。5种性病1210例，分别为梅毒545例、淋病148例、尖锐湿疣359例、生殖器疱疹41例、生殖道沙眼衣原体感染117例。艾滋病流调371例。完成3066例高危人群的HIV抗体筛查，检出HIV抗体阳性8例。

狂犬病防治。报告狂犬病1例。报告输入病例15例，其中北京佑安医院11例、解放军三〇二医院4例，户籍分布河北14例、山西1例。人狂犬病免疫预防门诊开诊7家，疫苗接种16292人次，比上年降低6.31%。

报告手足口病4249例，发病率201.18/10万，占丙类传染病总数的32.79%，无死亡病例。男性2621例，占61.69%。以1～4岁患儿为主，占82.56%。散居儿童、托幼儿童及学生3种人群3562例，占99.34%。

地方病管理。对樊家村小学、岳各庄小学、槐房小学的210名8～10岁儿童进行甲状腺触诊和尿碘水平监测，其中甲状腺肿大1人，肿大率0.48%；尿碘中位数为155.4μg/L。孕妇与育龄妇女尿碘监测423人份，其中孕妇尿碘中位数131.9μg/L，育龄妇女尿碘中位数132.7μg/L。居民户碘盐监测288户，非碘盐率9.7%，碘盐覆盖率90.3%，碘盐合格率96.9%，居民合格碘盐食用率87.5%。对23名养殖行业从业人员进行血清布氏杆菌抗体检测，无阳性病例。全年发生布氏菌病8例。

精神卫生。有精神病患者3650人，检出患病率3.38‰；管理率96.7%；6类重性精神疾病规范化建档 2824 人，规范化管理 2776 人，规范管理率 98.3%。免费投药 346 人。发生精神病人重大肇事肇祸事件 2 例，其中扰民 1 例、自杀 1 例。

学校卫生。中小学生健康监测 86897 人，沙眼检出率 0.02%，蛔虫感染率 0.3%，贫血检出率 0.63%，营养不良 14.39%，龋齿患病率 10.63%，肥胖 14.95%，视力不良 66.29%。重点加强学生读写姿势的纠正和用眼卫生知识的宣传，在全区强化推广《我的爱眼日记》和眼保健操。加强学生一小时运动强度的监管，开展饮食均衡健康教育等并取得初步成效。对全区 119 所学校的 238 间教室进行物质环境监测，教室人均面积合格率 96.64%，课桌椅配套符合率 41.60%，黑板卫生合格率 50.42%，教室采光合格率 23.53%，教室照明合格率 7.56%，微小气候合格率 87.39%，教室噪声合格率 58.82%。为全区小学低年级配备 10000 套合格的课桌椅。对全区 143 所学校开展学校卫生视导工作，视导覆盖率 100%，整改合格率 100%。抽取 11 所学校 1400 名学生进行烟草监测调查，中学生尝试吸烟率 20.5%，中学生现在吸烟率 3.7%。

慢病管理。管理 4 种慢性病 24.81 万人，其中管理高血压 11.47 万人，规范化管理 7.16 万人，规范化管理率 62.42%；管理糖尿病 4.82 万人，规范化管理 3.73 万人，规范化管理率 77.39%；管理冠心病 4.33 万人、脑卒中 2.19 万人、其他慢性病 2 万人。开展第一次具有丰台区代表性的慢性病及其危险因素监测，抽取 20 个功能单位、10 个村/居委会，涉及 15 个街道和乡镇、23 个社区卫生中心，完成 3839 人份的问卷调查和体检。

计划免疫。抽查 210 人，建卡率 100%，建证率 100%，卡证符合率 100%，五苗全程合格接种率 96.2%。基础免疫接种 438121 人次，加强免疫接种 199347 人次。基础免疫接种：卡介苗 100%，脊髓灰质炎 99.1%，百白破 98.6%，麻疹 98.6%，乙肝 99.5%、首针及时率 95.2%，风疹 100%，流腮 99.1%，流脑 96.5%，乙脑 99.1%，甲肝 91.6%。加强免疫接种：百白破 96.3%，麻疹 97.2%。本市户籍常规免疫接种率监测：基础免疫接种率 99% 以上，加强免疫接种率 99% 以上；外省户籍常规免疫接种率监测：基础免疫接种率 99% 以上，加强免疫接种率 99% 以上。

职业卫生。接触职业病危害因素单位 192 个，职工 29563 人，其中接触职业病危害因素 4386 人。对 2 家单位委托的 2 个项目开展职业病危害评价。完成 25 个单位职业病危害因素检测，累计采集 433 个作业点 2089 件样品，超标点数 47 点，超标率 10.85%。对 110 个单位 4865 人进行职业健康检查，检出职业禁忌证 299 人，疑似职业病 10 人，需要有职业健康检查资质机构复查 432 人，其他异常 1367 人，总异常 2108 人，总异常率 43.33%。

放射卫生。放射工作单位 109 个，其中医用诊断 X 射线应用单位 63 个、工业探伤 16 个。放射工作人员 599 人，其中医疗卫生机构 499 人、工业探伤 100 人。检测医用 X 射线机 14 家 26 台，完成放射工作人员个人剂量监测 4 次，完成监测 414 家次 2270 人次，完成 6 家单位共 6 人的大剂量核查。

健康教育与健康促进。开展手足口病预防、结核病预防、流感预防等重点传染病的健康教育宣传工作，联合开展丰台区第 2 届健康之星评比活动，4 人被评为北京市健康之星。组织健康促进沙龙、全民健康生活方式示范创建、健康家庭创建、脑卒中早期筛查等多项惠民工程。创建健康社区 160 个，健康促进示范村 42 个，健康促进学校 101 个，健康促进医院 11 个，健康促进工作场所 2 个。

卫生监督　各类餐饮服务单位 4812 个，其中餐饮业 3668 个、集体食堂 1121 个、集体用餐配送单位 23 个。餐饮业监督检查 5976 户次，合格率 96.93%；集体食堂监督检查 2479 户次，合格率 98.31%；集体用餐配送单位监督检查 182 户次，合格率 97.25%。

公共场所卫生。有公共场所 3452 个，监督 3863 户次，监督覆盖率 97.22%，合格率 98.78%。

饮用水卫生。完成对 58 套新建、改建二次供水设施的预防性监督，其中新建设施 44 套、改建设施 14 套。完成生活饮用水卫生监督 751 户（有证监督），监督 827 户次，监督覆盖率 97.91%。对 37 家无证供水单位的 60 套设施进行监督检查。

医疗卫生专项检查。监督 1224 个单位，其中医疗机构 497 个、临床用血机构 16 个、采血车 4 辆、母婴保健机构 44 个、医疗机构传染病与消毒 621 个、医疗机构食堂 42 个。医疗机构监督覆盖率 84.71%，其中医疗机构风险较大单位覆盖率 100%。医疗机构传染病与消毒监督覆盖率 73.84%。医疗机构临床用血监督覆盖率 100%，采血车覆盖率 200%，临时采血点检查 2 次。出动监督人员 874 人次、执法车辆 180 车次，查处、取缔黑诊所 155 个，没收药品 89 箱、医疗器械 27 件。联合执法 46 次。下发打非协办单 126 份。

公共卫生投诉举报。受理电话投诉 1420 件，其中食品卫生 1043 件、医政 241 件。A 级案件 22 件，办结率 100%；B 级案件 220 件，办结率 100%；C 级案件 1178 件，办结率 99.74%。

年内，完成全国两会、共青团王佐论坛、北京国际电影放映季等8项大型活动食品安全保障任务。卫生监督人员集中式培训26次，培训1820人次。

妇幼保健 本区户籍活产7761人，孕产妇7691人，孕产妇系统管理率99.17%，高危妊娠管理率100%，住院分娩率100%。本区户籍孕产妇死亡1例，孕产妇死亡率12.88/10万。新生儿死亡率1.93‰，婴儿死亡率2.71‰，围产儿死亡率（户籍）3.34‰（26/7776）。剖宫产率49.27%。

儿童保健。新生儿访视7623人，新生儿访视覆盖率98.22%。母乳喂养率93.85%。出生缺陷发生率16.52‰。

计划生育手术26193例，并发症1例，并发症发生率0.38/万。婚前检查2038人，婚检率7.93%。

医疗工作 门诊10381559人次，急诊860793人次，留观402235人次，急诊抢救14446人次，入院131481人次，出院130880人次，病床使用率82.58%，治愈率49.52%，好转率45.34%，死亡率2.74%，出入院诊断符合率99.75%。住院手术39541例。

院内感染管理。3月，举办卫生系统院感专项培训班。8～9月，组织辖区内二、三级医院院感专家对10家一、二级医院进行现场督导检查。区内6家二、三级医院接受北京市医院感染质量控制与改进中心院感专项检查。加强对医院感染的监督检查力度。

护理工作。4家三级医院、8家二级医院全部参加优质护理服务示范工程的创建，二级医院的27个病区参与争创优质护理服务示范工程。举办护理管理培训班2次。对8家二级医疗机构进行优质护理服务评价。北京佑安医院普外科一病房、重症肝病科和北京电力医院神经内科病区被评为北京市优质护理服务示范病区。

对口支援。16家医院257名医务人员为农民义诊1101人次，健康咨询1201人次，发放宣传材料48936份，捐赠器械17.37万元，爱心捐款800元。8家二、三级医院的117名医务人员赴房山区农村对口支援，为农民义诊430人次，健康咨询295人次，发放宣传材料1010份，捐赠书籍、药品、器械价值129079元，为特困家庭入户送温暖400元。34名医护人员赴内蒙古自治区旗县医院开展对口支援，举办讲座29次，参加学习700余人次，免费接收培训医师14人、护师37人。

血液管理。全区170家单位完成应急献全血5660单位，比上年增长31%。机采血小板167单位。4个街头献血点献血40916单位。临床用血37141单位，其中全血55单位；成分输血37086单位，成分输血率99.85%；自体输血1534单位，自体输血率11%。对19家医疗机构临床用血进行督寻检查，全部达标。11月，经北京市输血质量控制和改进中心专家验收，批准北京华博医院增设血库。

完成麻醉药品、第一类精神药品购用印鉴卡许可35项，医师麻醉药品处方权资格备案467人。

全区万元以上医疗设备11396台，总资产167295万元，其中医院拥有万元以上设备9871台。

医学教育 在26个继续医学教育基地举办医疗部分区级认可项目348项、护理部分区级认可项目106项、医院自管项目683项，12000名卫生技术人员中有11750人参加继续医学教育培训，参加率97.9%，达标11357人，达标率94.6%。15名区级师资参加市卫生局师资培训。5个乡314名乡村医生参加培训，其中309人参加考核，全部通过。1名乡村医生获北京市乡村医生10项急救技术竞赛个人项目优秀奖。48名农村卫技人员到区属二级医院及社区卫生服务中心参加临床轮训。

科研工作 科研立项214项，获资助1538.35万元。其中国家级课题17项，获资助640.5万元；市级课题25项，资助374万元；区级课题18项，资助35.5万元；其他154项，资助488.35万元。全年发表论文837篇，其中SCI收录11篇。

财务管理 卫生事业专用基金收入12317.77万元，支出12398.44万元。业务收入144501.23万元，总支出166847.99万元。对本系统79项基建工程进行审计，送审金额1431.15万元，审定金额1377.66万元，审减金额53.49万元，审减比例3.74%。

基本建设 8月22日，南苑医院翻扩建综合楼等2项工程竣工。12月28日，南苑医院开业。该工程规划建设用地12838.35平方米，总投资18147.38万元，总建筑面积30925平方米，其中地上21851平方米、地下9074平方米，由综合楼和传染科2个单体建筑组成，地上10层，局部11层，地下2层，为乙类建筑物，耐火等级一级，抗震烈度按8级设防，建筑耐久年限50年。

（撰稿：吕媛媛　审核：于晓莉）

丰台区卫生局领导名单

党委书记　张　杨（至6月15日）
毕永丰（6月15日起）
副书记　张　杨（6月15日起）　李　梅
局　长　张　杨
副局长　金跃文　赵　勇　肖立新（2月22日起）
谷守贺（8月4日起）

石景山区

概况 设8个街道办事处、1个街道级社区行政事务中心、139个居委会，常住人口63.4万人。有卫生机构196个（含朝阳医院京西院区、矿山医院及矿山地区医务室2个），其中医疗机构192个，包括营利性65个、非营利性127个。卫生技术人员6544人，其中执业（助理）医师2233人、注册护士2878人。实有床位3515张。平均每千常住人口拥有卫生技术人员10.32人、执业（助理）医师3.91人、注册护士4.54人、床位6.27张。

生命统计。出生2589人，出生率7.11‰；死亡2297人，死亡率6.31‰；自然增长率0.80‰。死因顺位前十位依次为：恶性肿瘤，心脏病，脑血管病，呼吸系统疾病，内分泌、营养和代谢性免疫疾病，损伤和中毒，消化系统疾病，传染病，神经系统疾病，肌肉、骨骼疾病。本区人均期望寿命83.35岁，其中男性81.87岁、女性84.96岁。

获奖情况。被市中医局、北京中医协会评为北京地区中医、中西医结合、民族医医疗机构医疗服务信息网工作三等奖，被北京市健康促进工作委员会、市卫生局评为第2届北京健康之星评选（大赛）活动优秀组织奖，被市卫生局评为卫生监督、疾病预防控制工作绩效考核优秀单位。

卫生改革 对2010年全区医改工作进行评估；区医改领导小组成员单位由26个增加到39个；成立石景山区医院管理委员会；制订《社区卫生家庭医生式服务工作方案》《社区卫生服务中心理事会工作方案》《区属公立医院近期改革实施方案》《区属公立医院目标管理考评细则》等。至年底，《医改责任书》中6个方面的29项重点工作任务全部完成。

3月21日，区动物卫生监督所和动物卫生监督科整建制划入区卫生局。5月20日，在区卫生局举行石景山区动物卫生监督管理局挂牌仪式。

社区卫生 门诊1100305人次，急诊46381人次，出诊6915人次，急诊抢救22人次，观察病人122243人次。双向转诊9532人次，其中执单转诊6505人次。法定传染病报告1532例，传染病家庭访视2612人次。0~6岁儿童免疫接种172438人次；孕产妇建卡3944人，产前检查8921人次；0~3岁儿童保健33854人次。建立社区卫生家庭医生式服务团队83个，累计签约24056户60345人。区内9个社区卫生服务中心和25个社区卫生服务站实行药品零差率销售，销售总额13730万元。

疾病控制 报告法定传染病17种5006例，发病率812.66/10万；报告死亡5例，均为乙类传染病，包括艾滋病1例、乙肝4例，死亡率0.81/10万，病死率0.10%。甲类传染病1种1例（霍乱），发病率0.16/10万，无死亡。乙类传染病10种1353例，发病率219.65/10万，死亡5例。丙类传染病6种3652例，发病率592.86/10万。流感样病例监测1093255人次，其中流感样病例25169人次。无脊髓灰质炎野病毒病例发生，接报处理急性弛缓性麻痹（AFP）病例7例。新增艾滋病病毒感染者36例，其中艾滋病7例。现住本区艾滋病病毒感染者/艾滋病病人累计131人。筛查检测艾滋病抗体95350人份，阳性58人，检出率0.06%；艾滋病哨点监测1604人，检出艾滋病抗体阳性9人，阳性率0.6%。艾滋病高危人群干预61025人次；艾滋病抗体检测1517人，阳性37人，检出率2.4%。3个艾滋病自愿咨询检测门诊共接待艾滋病咨询检测1067人，检出艾滋病抗体阳性36人，检出率3.4%。社区药物维持治疗门诊累计治疗372人，在治211人，维持治疗率91.3%。开展中盖艾滋病项目、全球基金艾滋病防治项目及北京市吸毒人群干预项目等工作，建立健全性病艾滋病防治网络，对各级各类医疗机构性病艾滋病防治情况进行督导检查。世界戒毒日、世界艾滋病日，开展艾滋病防控宣传活动。全年发放宣传资料57942份、免费发放安全套168945只。

计划免疫。辖区20个预防接种门诊实现预防接种管理信息电子化，电子卡取代纸质卡。儿童基础免疫接种96530人次，接种率99.97%；加强免疫接种49266人次，接种率99.99%（均含外来流动儿童接种）。学校、托幼园所补种疫苗10种6026人次，补种率95%以上。为60岁以上老年人和学生免费接种流感疫苗36300支。外来务工人员接种流脑A+C疫苗1650人、麻疹疫苗1655人。调查适龄儿童13776人，补卡250人，补证76人，补种7种疫苗443针次。

结核病防治。门诊2255人次，免费查痰1218人次，涂片1218人次，其中涂阳215人次；培养773人次，其中培阳98人次。登记管理92人，其中本市38人、外地54人，监化率100%，共投药16860人次，DOTS覆盖率100%。对大学新生5104人进行结核菌素监测，其中强阳性319例，未发现活动性肺结核。新生儿卡介苗接种758人，接种率100%；PPD监测4415人次，阳转率99%。对5家二级及以上综合医院开展专项监督检查。3月24日，组织有关医疗卫生单位开展结核病防治宣传活动。

精神卫生。登记在册精神病人2376人，其中享受免费服药285人。2013例重性精神病人纳入中央补助地方重性精神疾病管理治疗项目（“686”项目）管理。五里坨医院精神科门诊5087人次，免费发药1502人次，该院与中国政法大学签订合作协议并成为中国政法大学法律与精神医学研究中心首个临床基地，共同举办法律与精神医学论坛，精神卫生心理干预咨询热线进行心理疏导500余人次。完成“北京市精神疾病流行病学综合调查研究”，入户调查460人。世界精神卫生日，组织50名社区居民参加市卫生局举办的主题为“承担共同责任，促进精神健康”活动，选派4名住院精神疾病康复者参加在北京回龙观医院举办的北京市第2届精神障碍患者职业康复技能大赛，组织6家医疗机构开展“沟通理解关爱，心理和谐健康”的主题宣传活动。

慢性非传染性疾病防治与管理。对筛查出的高危人群510人进行随访管理，全年督导7次。在3个社区卫生服务中心（站）对肥胖、高血压、糖尿病共301人开展干预项目。慢性病及其危险因素监测职业人群468人、居家人群127人。建立居民健康档案481027份，完成电子档案录入360147份。管理高血压8716人、糖尿病3293人、冠心病3677人、脑卒中2237人。开展高血压日、糖尿病日等宣传活动15次，发放宣传材料17种12万余份。

公共卫生监测与评价。有101家厂矿企业。检测职业危害场所12家，检测样品267件，合格231件，合格率86.5%。网络直报尘肺病、职业病、疑似职业病和农药中毒28例。开展医院职报人员培训2次，对部分医院开展职业病网络直报绩效考核。医疗单位射线装置和机房防护检测113台，合格112台，合格率99.12%。工业X线探伤机专用探伤室防护检测合格率100%。5台非医用射线装置防护检测，合格率100%。48个单位放射工作人员外照射个人剂量应检1089人次，实检1065人次，检测率97.8%；检出大剂量2人次，检出率0.2%。完成食品委托检测426件，其中419件样品因与卫生标准不符，无法进行合格与否的判定；可判定的7件样品中合格6件，合格率85.7%。食品现场抽检11件；餐具现场抽检30件，合格率93.5%。对801个公共场所进行办证和审证的监测，监测22867件，合格22864件，合格率99.99%。检测自备井和二次供水405件，合格360件，合格率88.9%；检测末梢水120件，合格101件，合格率84.2%；检测地下水18件，合格12件，合格率66.7%。食品从业人员体检38345人，公共场所从业人员体检14519人。

学校卫生。制订《石景山区学生防控近视眼工作规划（2010－2015）》《石景山区学生防控超重与肥胖工作规划（2010－2015）》，制订超重肥胖学生干预方案和自我管理手册。定期对中小学校医进行二级培训，发放折页、手册、挂图、光盘等宣传品共3万余份。对32所中小学校开展传染病管理状况调查。完成3万名学生健康体检和既往病史的筛查和整理。组织40余所学校5000余名学生参加“爱眼知识考考你”知识竞赛，征集“爱眼护眼小征文”近千篇。对25所中小学校教学物质环境卫生学指标进行检测。

健康教育与健康促进。与区爱卫会联合开展健康促进示范社区创建活动，9个社区获得健康促进示范社区称号。开展健康讲座468次，18953人次参加；健康促进活动153次，37699人次参加。推广使用健康科普知识示范课件及教案，组织讲座7次。开展流感知识调查150人，肠道传染病健康知识调查100人。开展各类卫生主题日宣传活动15次，发放宣传品17种12万余份，咨询2500人次。在《石景山报》刊登健康教育科普文章45篇，石景山卫生信息网发表科普文章19篇，《首钢报》刊登健康知识13篇，石景山电视台播放控烟、预防流感等FLASH动画公益广告6期，与区广电中心联合制作《健康新干线》节目30期，制作公益广告、检测数据公示和疾病提示各10期。

卫生监督 卫生行政许可咨询2600余人次，现场审查1966户次，其中现场指导限期整改376件。受理卫生行政许可申请1341件，其中发放卫生许可证1002件、不予许可93件。执业医师注册许可270件，母婴保健许可36件。

公共卫生专项监督检查。有餐饮单位1256个，其中餐馆688个、食堂352个、现场制售74个、小吃店70个、饮品店37个、快餐店26个、集体用餐配送单位6个、临时许可证2个、未分类1个。餐饮单位建档率100%。监督检查餐饮服务单位4381户次，合格率94.59%；行政处罚180户次（警告154户次、罚款26户次），罚款85200元。883个餐饮单位实施量化分级管理，其中A级123个、B级370个、C级346个，量化分级完成率95.02%。有公共场所经营单位655个，监督检查1540户次，合格率98.51%。对309个公共场所经营单位进行量化分级管理，其中A级153个、B级103个、C级53个，量化分级完成率100%。行政处罚23户，其中简易程序7户（警告）、一般程序16户，罚款8400元。有供水单位185个，其中集中式供水24个、二次供水161个。监督检查供水单位475户次，合格率94.95%。自备井监督覆盖率100%以上，市政供水、二次供水监督覆盖率200%以上。行政处罚23户，其中简易程序22户次（警告）、一般程序1户次，罚款5000元。

医疗卫生专项监督检查。全年监督检查3034户次，合格2919户次，合格率96.21%。行政处罚15户次（一般程序13户次、简易程序2户次），其中警告6户次，罚款38200元；古城阳光妇科医院超范围执业，吊销其医疗机构执业许可证；向区人民法院申请强制执行1起。查抄取缔非法行医79户次。

全年受理公共卫生投诉举报249起，其中食品卫生类205起、生活饮用水类11起、公共场所10起、医政23起，结案率100%。

大型活动卫生保障。完成节日、全国两会及国际动漫周等大型活动卫生保障。出动监督员256人次、监督车130车次，监督检查营养餐配送单位3户次、餐饮服务单位760户次、庙会摊点790户次、公共场所单位27户次、生活饮用水15户次、医疗机构78户次，取缔无证餐馆5户。制作现场检查笔录80份，出具卫生监督意见书25份，现场快速检测368件，均合格。

年内，开展有针对性的全员系统培训、监督员培训20项21次，包括食品安全法，大型活动保障，学校、托幼机构传染病防控监督要点，医疗机构监督，突发事件处置等法律法规及专业培训。

动物卫生监督。区防治重大动物疫病指挥部办公室与区防治重大动物疫病成员单位21家签订动物防疫责任书。修订《石景山区重大动物疫情应急预案》。动物和动物产品监督检查1058户次，查处违反动物防疫法案件63件。其中现场处罚32件、立案处罚31件；结案31件，罚款0.59万元；销毁假劣兽药60盒，查扣并无害化处理违法销售的动物产品5485千克。加强“风险分级、量化监督、档案管理”的长效监管，对具备资质的245个单位进行量化监督，其中A级44个、B级182个、C级19个。举办依法注册文明养犬宣传活动，发放宣传品1000份；开展“文明养犬进社区”宣讲活动8次。

妇幼保健 妇女保健。产妇分娩5036人，活产5021人，围产儿死亡17例，死亡率3.37‰。监测围产儿5036人，其中本市户口3132人，出生缺陷43例，包括本市户口22例，本市户籍出生缺陷发生率7.02‰。无孕产妇死亡；孕产妇系统管理2527人，孕产妇系统管理率98.29%。围产儿死亡18人，死亡率6.92‰。计划生育手术6956例，无手术并发症。婚前检查1049人，其中男性543人、女性506人；检出疾病55人，疾病检出率5.24%。妇女病应查11832人，实查11358人，普查率95.99%；患妇女病4958人，患病率43.65%；未发现妇科及乳腺恶性肿瘤。

儿童保健。新生儿疾病筛查率99.84%，新生儿死亡率3.48‰；婴儿死亡率4.25‰；5岁以下儿童死亡率4.63‰；4个月内婴儿母乳喂养率93.12%；儿童保健系统管理率98.7%；0～6岁儿童听力筛查率89.51%；高危儿智力监测覆盖率100%。0～6岁儿童免费体检24927人次。新生儿免费疾病筛查5201人次，新生儿访视6187人次，智力筛查2805人次，听力筛查9140人次，视力筛查339人次，口腔检查6997人次，血红蛋白检查10039人次，为集体儿童氟泡沫防龋8290人次。

医疗工作 门诊4500025人次，急诊297018人次。急诊危重症抢救4389人次，抢救成功率97.52%；住院危重症抢救1130人次，抢救成功率76.02%。入院79588人次，出院79529人次，病床使用率83.22%，病床周转20.40次，平均住院日13.78天，治愈率51.68%，好转率45.20%，病死率1.84%，临床与病理诊断符合率99.71%，手术前后诊断符合率99.78%。住院手术35442例。健康检查157824人次。

全年办理医疗机构许可225件；审批医疗机构10个，其中门诊部2个、社区卫生服务机构5个、诊所1个、医务室2个；医疗机构变更登记27家37项；换发一级以下医疗机构执业许可证165个，吊销1个，注销5个，停业10个，年检不合格暂缓校验7

个。办理执业医师注册 87 人次、变更注册 337 人次。接待医疗纠纷来信、来访、来电 217 人次，受理委托鉴定 2 起。

医疗质量管理。召开医疗机构管理工作会，并对上年度医疗机构病历处方评比活动获奖单位及口腔医疗质量管理评估检查中成绩优秀单位进行表彰；联合区人力社保局对辖区二、三级医院医疗和医保工作进行督导检查；对一、二级医院进行“医疗质量万里行”专项检查和现场评估；对民营医疗机构管理进行现场督导检查。实行医疗机构不良执业行为积分管理，对 37 家医疗机构不良执业行为予以积分 46 起。开展重大节日紧急医疗救治演练 5 次。对一级医院、门诊部、社区卫生服务中心（站）的 500 名医务人员进行心肺复苏新指南培训 2 期。

医院感染管理。对设有感染性疾病科的医院的院感管理进行检查及考核评价，对二级以下医疗卫生机构的医疗废物管理进行现场监督检查。辖区 22 家一级以上医院全年出院 79274 人次，医院感染 1129 例，医院感染率 1.42%。

病历质控和处方管理。辖区一级以上医院开展病历质量评比，共计 85 份，其中优秀病历 35 份。对 62 家医疗机构的处方质量进行评比并通报评比结果。

护理工作。年内，对 8 个区优质护理服务先进病房进行表彰，开展全区优质护理服务工作培训会，对 4 家二级医院进行优质护理服务检查评价。至年底，首钢医院、石景山医院等 12 家医院的 72 个病区创建了优质护理服务示范病房。

对口支援。年内，转诊预约 2357 人次，转诊预约成功率 100%。选派 3 名医务人员到西藏进行为期一年的医疗技术支援。

区内有麻醉药品、第一类精神药品购用印鉴卡的医疗机构 14 个，监督其每月汇总药品使用情况网报并上报纸质报表。

全区有万元以上设备 4604 台（套），总价值 70158 万元。本年度新增万元以上设备 231 台。

血液管理。全年无偿献血 9444 单位，其中团体无偿献血 2147 单位、街头献血 7297 单位。医疗用血 8286 单位，其中成分血 8257 单位，成分输血率 99.65%；血浆 4395 单位。解放军总医院在石景山万达广场设立了街头献血点。获市级无偿献血先进单位 150 个、先进个人 159 人。

医学教育 审批区级继续医学教育 331 项，局属医疗卫生机构获批 2012 年市级继续医学教育 9 项。开展全区卫生人员传染病防治知识培训，培训 4916 人。本区“十一五”继续医学教育工作接受卫生部、市卫生局专项评估检查，得到肯定。市继续医学教育办公室抽检 168 人，学时和学分达标率均 100%。全区继续医学教育学分达标率 98.41%，局属医疗卫生机构继续医学教育学分达标率 98.97%。

年内，参加市卫生局学科骨干和学科带头人强化培训 1 人，参加卫生部适宜技术进社区专项师资培训 3 人，参加北京市住院医师规范化培训 9 人，62 人通过考核取得全科医师、防保医师等专业岗位培训合格证书。

科研与科普工作 年内，承担首都医学发展科研基金 14 项，申报 2012 年首都卫生行业科研项目 18 项。区属医疗单位 1 人获批北京市“十百千”卫生人才培养之“百”层次培养对象。开展“名医进社区”活动，2010 年北京地区医疗卫生机构科技调查，首都重大疾病科技成果推广，北京市 2011 年科普写作、创作、创意大赛入选人员培训等。完成市、区科技周活动 2 项：卫生管理干部现代知识研修班、社区中医药大型科普咨询义诊活动。编辑出版《石景山医药卫生》科技专刊，刊载论文 40 余篇。

财务管理 上年结余 4585.8 万元，其中 17.4 万元为新增单位——石景山区动物卫生监督所的结余。全年收入 95667.8 万元，其中财政拨款 21566.4 万元（不含基本建设拨款）、上级补助 9 万元、事业收入 65300.7 万元、其他收入 8791.7 万元；总支出 90557.6 万元；收支结余 9696 万元。基本建设拨款 6924.5 万元。

基本建设 石景山医院新医疗楼工程 1～4 层内部装修正在进行中，5～13 层竣工。新建的区结核病防治所（区疾控中心应急业务保障用房建设）工程竣工并投入使用。进行新建、改建居住区涉及 4 个社区卫生服务站配套用房的规划设计、选址确认等工作。推进五里坨精神病专科医院移址新建项目、西部医院建设项目和区中医院移址新建项目的相关前期准备工作。（撰稿：赵超英　审核：徐晓光）

石景山区卫生局领导名单

党委书记　李俊岭
副 书 记　葛　强　朱昌领
局　　长　葛　强
副 局 长　王颖玲　刘　鹏　李凤芹

门头沟区

概况 有街道办事处4个、居委会99个，镇9个、行政村178个，常住人口29.4万人。有卫生机构255个（不含村卫生室），其中医疗机构246个，包括营利性30个、非营利性216个。卫技人员3176人，其中执业（助理）医师1128人、注册护士1313人。床位2653张。平均每千常住人口拥有卫技人员10.80人、执业（助理）医师3.84人、注册护士4.47人、床位9.02张。

生命统计。出生1691人，出生率6.86‰；死亡1775人，死亡率7.20‰；人口自然增长率-0.34‰。因病死亡1688人，占总死亡的95.10%。死因顺位前十位依次为：心脏病，恶性肿瘤，脑血管病，呼吸系统疾病，损伤和中毒，消化系统疾病，内分泌、营养和代谢性疾病，传染病，神经系统疾病，泌尿、生殖系统疾病。

获奖情况。年内，区卫生局被评为首都文明单位标兵，北京市人口和计划生育工作先进集体，北京市第7届农民运动会、昊华能源杯第2届北京国际山地徒步大会、首届环北京职业公路自行车赛最佳保障单位，北京市第8届全民健身体育节先进单位，市疾病预防控制工作先进集体，第2届北京健康之星评选（大赛）活动优秀组织奖。

卫生改革 基本医疗保障体系逐步完善，覆盖面不断扩大，保障水平不断提高。全面实施基本药物制度，基层医疗机构运行机制、补偿机制不断完善。基本医疗服务体系和公共卫生服务体系得到加强。区医院、京煤集团总医院等不断深入医院改革，完成6类32项医改任务，全区医改工作向着“推进发展、提高效率、减轻负担、促进健康”的目标不断推进。

区医院不断创新机制体制，建立医院法人治理结构、多元监管体系、内部绩效考核管理机制，初步实现政事分开、管办分开。服务能力明显提升，完成病房楼改造，急诊中心、120急救中心、口腔中心、血透中心、影像中心投入使用，诊疗环境得到明显改善。“以患者为中心”的服务理念通过推行JCI标准、实施“5S”管理得到进一步强化，通过专家资源共享、高端人才引进、学科专业化建设，诊疗能力不断提高。公益性得到进一步强化，门急诊人次、次均住院费、平均住院日等业务指标实现五升五降。为山区患者开通绿色就诊通道，完成援藏、重大活动保障、两癌筛查、白内障手术等政府指令性任务，初步实现了改革预期目标。

社区卫生 有社区卫生服务中心11个、社区卫生服务站35个。启动基层卫生服务机构提升改造工程，开展示范社区卫生服务中心（站）创建和环境优化美化专项活动，通过调整内部格局、优化服务流程、推行“5S”管理，基层就医环境有了较大改观。推行家庭医生式服务，加强健康档案使用和管理，推动社区慢病管理，基层医疗机构诊疗总人次占全区总量的25.8%，比上年增长27.1%。

信息化建设 以医生工作站和电子病历为支撑、以居民健康管理为核心的新社区卫生服务综合管理系统基本建成，系统覆盖全区11个社区卫生服务中心，基本实现社区中心及社区站的全覆盖。该系统的使用，增强就诊的连续性、治疗的合理性，同时保障医保基金的安全，为就诊患者及时报销提供方便。

继续推进电子健康档案制度，促进健康档案电子化，实现健康档案市级平台上传率68.79%，比上年度增加65.88%。

农村卫生 有村卫生室143个，全部为集体全资非营利性医疗机构；在岗乡村医生165人。各卫生院对15个无医疗机构的村全年巡诊313次，医务人员下乡717人次，受益群众4000余人次。实施网上预约挂号、城镇医院与基层医疗卫生机构转诊预约，为山区患者开辟绿色通道，有效缓解了山区群众到大医院“看病难”问题。开展乡村医生十项急救技术培训，在北京市十项急救技术应用项目技能竞赛中，本区乡村医生张久良取得个人第1名的好成绩。

新型农村合作医疗。进一步健全复审工作制度，完善复审工作流程，有效把住基金使用关。加强对定点医疗机构的监管，健全准入、退出制度。开展社区卫生服务机构“门诊随诊随报”试点工作，引导参合村民有序就医。参合55100人，参合率98.6%，筹资总额2865.2万元。提高门诊补偿和住院补偿比例，门诊报销由上年全年报销200元调整到全年报销400元，京煤集团总医院住院报销由上年40%调整到50%。

疾病控制 全年报告法定传染病14种1850例，发病率637.93/10万，报告发病数比上年下降14.86%；报告死亡14例，死亡率4.83/10万，报告死亡数比上年下降26.32%。加强流感、霍乱、手足口病等重点传染病的监测，全年无传染病暴发疫情，散发传染病病例得到及时有效处置。

艾滋病防治。一是完成各项监测检测指标。疾控中心、妇幼保健院、区医院3家门诊共完成咨询检测648人，性病门诊、社区暗娼、流动人口3个哨点共完成监测814人，监管场所被监管人员艾滋病抗体检测485人。二是加强艾滋病防治宣传教育，对外来务工人员开展性病艾滋病防治宣传，进行“预防结核菌和艾滋病病毒双重感染”的宣传活动，联合多部门开展“珍爱生命，抗击艾滋，走进建筑工地”门头沟区预防艾滋病大型宣传活动。三是拓宽思路，行为干预。开展娱乐场所、男男高危人群的干预工作。四是加强艾滋病监测，完成娱乐场所艾滋病综合监测、流动人口艾滋病知信行调查和监测。五是落实“四免一关怀”政策，加强对病人的管理和治疗。

地方病防治。燃煤污染型地方性氟中毒病区致病因素已经消除，通过了国家级复核验收。碘盐合格率、碘盐覆盖率和合格碘盐食用率连续7年达90%以上，实现了持续消除碘缺乏病的阶段目标。

精神卫生。有精神病人1952人，其中监护1726人，监护率88.4%；显好精神病人1131人，显好率57.9%；重性精神疾病患者管理率69%。启动“686”重性精神疾病管理治疗项目，重性精神疾病患者实现规范化管理。全年免费投药4000余人次，金额19.7万元。为300余名精神病人免费体检，及时掌握患者病情变化，提高对精神障碍患者的管理水平。

学校卫生。中小学学生21501人。沙眼检出率0.07%；患龋率25.4%，12岁学生龋均0.62；视力不良检出率48.72%；缺铁性贫血1.34%；营养不良14.72%；肥胖21.53%。

慢性非传染性疾病防治与管理。推进慢病社区干预项目，依托社区举办慢病知识讲座、慢病干预趣味运动会、家庭医生式服务宣传活动、“让糖尿病朋友运动起来”登山活动及门头沟区“全民健康生活方式”行动有奖征文及演讲活动。继续开展社区脑卒中高危人群规范化管理，与门城社区联合举办社区脑卒中规范化管理暨老百姓相约健康俱乐部启动仪式。完成脑卒中筛查及防控项目。

计划免疫。学龄前儿童预防接种建卡17487张（本市10889张、外省6598张），建卡率100%。一类疫苗报告接种率均100%。继续开展学龄前流动儿童强化查漏补种及外来务工人员流脑、麻疹疫苗接种，16个免疫预防门诊全部取消预防接种纸质卡，实现预防接种信息电子化管理。

公共卫生监测与评价。全区接触毒害物质单位88个，职工12883人。全年监测12个单位。职工应体检8370人，实检2694人，合格2306人，合格率85.60%。举办接触毒害物质人员知识培训班1期，130人参加。继续开展托幼机构、医疗机构消毒效果监测与指导、生活饮用水污染物监测及食品安全风险监测等工作。不断完善质量管理体系，开展管理评审和内审，通过了计量认证复评审和监督检查。

健康教育与健康促进。开展全国高血压日、联合国糖尿病日等系列宣传活动，创建健康社区及健康促进示范村、U能健康教育系列讲座、健康促进学校等活动。制作《相约健康》电视片22期，开展健康知识讲座200余场，制作宣传材料9种17万份。

卫生监督 全年监督5339户次，处罚158起，罚款54起102400元，没收违法所得2308元。

公共卫生专项检查。食品卫生监督2360户次，卫生行政处罚36户次，罚款34户次84900元，没收违法所得2308元，没收违法经营工具34件。开展禁止餐饮服务单位采购和使用台湾部分企业生产的食品和食品添加剂、地沟油、餐饮服务环节瘦肉精、酒类质量安全、学校食堂食品安全、“打四黑除四害”打防管控一体化、禁止餐饮服务单位经营河豚鱼、进一步加强餐饮服务单位销售定型包装烤鸭监督管理等专项整治行动。监督公共场所569户次，卫生行政处罚16户次，罚款7500元。开展美容美发、足疗经营场所的专项整治。监督生活饮用水231户次，做出卫生行政处罚94户次。开展学校生活饮用水、桶装水、现场制售饮水机等专项检查。监督检查学校卫生118户次。监督检查职业卫生260户次，行政处罚3户次。监督检查放射卫生28户次，行政处罚2户次，罚款1户次3000元。

医疗卫生专项检查。全年监督1773户次，卫生行政处罚7户次，罚款3户次7000元。开展打击侵犯知识产权和制售假冒伪劣商品、医疗废物管理、违法发布医疗广告、健康体检、中药饮片、非药品冒充药品、血液安全、消毒产品、医疗美容、社区卫生服务、人体器官移植等专项整治行动。与药监、公安、城管等部门联合对本区非法行医重点地区进行巡查，共联合执法9次、日常巡查6次，取缔黑诊所12个，没收药品6箱，没收器械5件，没收横幅、牌匾13个，张贴取缔公告10份，立案8起，召开联席会2次。

公共卫生投诉举报。全年接到投诉举报91起，其中食品卫生42起、公共场所3起、生活饮用水4起、医疗卫生14起、职业卫生28起，调查处理率100%。

大型活动卫生保障。完成北京青少年科技创新大赛、第2届国际山地徒步大会、首届环北京职业公路自行车赛等10余次重大活动保障，确保近6万人次的公共卫生安全。

卫生监督人员培训。组织监督员理论知识培训、法律法规培训及业务培训21次710人次，内容涉及政治理论知识、突发食源性疾患和生活饮用水污染事故的调查处理、卫生监督应急指挥平台的使用、卫生监督执法文书的制作等。

爱国卫生 年内，创建北京市卫生村3个、健康社区2个。本区共创建北京市卫生村145个，占全区行政村总数的81.46%；北京市健康社区75个，占全区社区总数的75.76%。开展春冬季灭鼠和夏秋季灭蚊蝇活动，确保主要病媒生物密度控制在较低水平。开展以“共建公共环境，共享美好生活”、“清洁环境，促进健康”为主题的爱国卫生月活动。启动校园无烟环境建设，加强对医疗机构督导检查，实现全区医疗卫生机构全面禁烟。

妇幼保健 宫颈癌筛查6164人，乳腺癌筛查6371人，实施阴道镜和钼靶转诊410余人。全区开展妇女病普查的单位12家，共普查16321人，普查率65.57%；患病5535人，患病率33.91%；治疗率100%。

母婴管理。对母婴保健技术服务50名人员实行准入，7家单位复验合格。在婚前、孕期和产时接受HIV抗体检测共2679人次，无HIV抗体阳性产妇，无HIV抗体阳性新生儿娩出。

孕产妇管理。更新准爸爸、准妈妈学校授课内容，完成准爸爸、准妈妈学校教育3000余人次。产后家庭访视率60%以上，电话访视率84.3%。增强对“增补叶酸项目”人群的追访力度，向正常待孕妇女发放叶酸1157人次。扩大农村孕产妇住院分娩补助范围，为287名产妇共补助17.22万元。进一步规范产前筛查工作，户籍人口发生出生缺陷21例，发生率12.42‰，无严重畸形发生。全区产妇1679人，孕产妇系统管理率98.21%，早孕检查率98.93%，产后访视率98.21%，高危孕产妇筛查率和管理率均100%。提高产科管理质量，全年危重孕产妇成功抢救5例，及时转会诊20余例，无孕产妇死亡，剖宫产率由上年54.22%降至51.27%。

儿童保健。增加儿童免费体检项目，0~6岁儿童体检14485人次，新生儿疾病筛查1854人次，新生儿听力筛查1655人次。0~6岁儿童保健覆盖率99.97%，系统管理率98.27%，听力筛查率99.89%，新生儿访视率99.29%，新生儿疾病筛查率98.25%，6个月内纯母乳喂养率86.61%。5岁以下儿童死亡率2.96‰，婴儿死亡率2.37‰。

计划生育技术管理。全区有7家计划生育技术服务单位，管理率100%。计划生育手术6383例，无手术并发症。

女工保健。婚检277人，婚检率4.10%；患病14人，患病率5.05%；治疗率71.43%。

医疗工作 全年诊疗191万人次，其中急诊16万人次、留观59448人次。门诊危重症抢救7540人次，病房抢救1075人次。入院25566人次，出院23186人次，病床使用率94.32%，治愈率50.52%，好转率44.41%，死亡率2.22%，出入院诊断符合率99.69%。住院手术5796例。

医院感染管理。各医疗机构使用医院感染暴发信息系统，根据相关规定按时上报医院感染事件。开展专项检查，丰台区专家组对二、三级医院进行检查，本区专家组检查房山区二、三级医院。

病历质控。通过“医疗质量万里行”、“三好一满意”活动对病历质量进行检查。二级医院开展临床路径的病种包括结节性甲状腺肿、子宫肌瘤、老年性白内障等20个。进入路径病例142例，入组率64.8%，完成率93.7%。

抗菌药物临床应用专项整治。各医院确定抗菌药物品种、医疗机构住院患者抗菌药物使用率、门诊患者抗菌药物处方比例、I类切口手术患者预防使用抗菌药物比例、接受抗菌药物治疗住院患者微生物检验样本送检率和抗菌药物使用强度等应用抗菌药物的重点控制指标。从7月起，每月将全区情况信息和控制指标完成情况进行统计上报。

护理工作。全年基础护理合格率96.18%，一级护理合格率95.71%，护理事故发生率和住院病人压疮发生率均为0。出院病人满意率97.8%以上。开展规范护理服务争创优质护理服务示范标兵、创建优质护理服务示范病房活动，落实各项基础护理工作，持续提高护理质量和技术水平。

医疗卫生对口支援。宣武医院、广安门医院、复兴医院、护国寺中医医院、展览路医院、京煤集团总医院、北京市第二医院、平安医院和北京工人疗养院对本区各级医疗机构开展对口支援工作，全年派驻13家医院、卫生院123人，诊疗7000余人次，开展学术讲座40余次，业务培训300余人，支援设备价值2万余元。

血液管理。全年组织采血12次，无偿献血699单位，超额33%。全区用血量比上年下降34.8%，临床用血100%来自自愿无偿献血。

完成10家医疗机构麻醉药品、第一类精神药品购用印鉴卡的换发。

医疗设备总资产25979万元。本年度新增万元以上设备2059台。重点对第三类医疗器械的使用管理提出要求，并限期医疗机构自查自纠。

中医创建工作 各基层单位加大基础设施建设，合理配置中医药资源，完善中医药服务网络，通过师带徒等多种方式培养中医药适宜人才，推广中医药适宜技术。11月，分别通过了北京市中医管理局、国家中医药管理局专家评估组验收，获北京市农村中医药工作先进单位和全国农村中医药工作先进单位称号。

医学教育 强化继续教育和规范化培训，首次完成全区193项区级学分项目网上申报。2773名卫技人员参加继续医学教育学习，学分达标率99.23%。组织社区卫生服务岗位培训72场次，2042人次参加。453人完成社区卫生继续医学教育必修课20学时的学习，培训率位于全市第3。经过全科医师岗位培训，124人完成全科医学专业注册，符合条件的全科医师注册率100%。

卫生队伍建设 完成卫生系统人员编制调研报告。全年招聘106人，其中博士研究生1人、硕士研究生38人，占招聘总人数的36.8%。继续与首都医科大学合作培养定向毕业生，13名专科定向生回区工作，18名专科和5名本科定向生签订到山区定向培养协议。完成9个社区卫生服务中心、5个公共卫生机构绩效工资改革，在职职工绩效工资较改革前提高37.7%，在绩效工资的分配上加大对山区医务人员的倾斜力度。

科研工作 在区政府召开的科学技术奖励大会上，区卫生局属医疗机构2008～2010年申报的110项科技项目中有49项获区级科技进步奖和科技成果推广奖，其中科技进步奖一等奖2项、二等奖13项、三等奖25项，科技成果推广奖一等奖1项、二等奖3项、三等奖5项。在区科协组织的科技交流学术月《科技人员建议》征集活动中，卫生系统专业技术人员提出对策与建议30篇，其中获二等奖1篇、三等奖2篇、纪念奖9篇。

财务管理 卫生事业上级拨款17800.22万元，业务收入34117.51万元，支出55416.92万元。

基本建设 区中医医院新建医疗用房716.2平方米；疾控中心新楼投入使用，面积7500平方米。改造提升军庄、妙峰山、门城、清水社区卫生服务中心和齐家庄卫生服务站医疗用房共计4413平方米。投入20.09万元，为卫生室购置设备。

（撰稿：张　莹　审核：宋利宁）

门头沟区卫生局领导名单

党委书记　顾　宏
副 书 记　宋利宁
局　　长　赵国章（至8月）　野京城（8月起）
副 局 长　野京城（至8月）　王俊义　杨立新　张　斌

房山区

概况 设街道办事处8个、乡镇20个、村民居委会462个、社区居委会120个，常住人口96.7万人。辖区内卫生机构1006个，其中医院30个，门诊部38个，社区卫生服务中心、站209个，个体诊所、医务室177个，村卫生室537个，其他卫生机构15个。卫生技术人员6962人，其中执业（助理）医师2657人、注册护士2580人。床位6152张。平均每千常住人口拥有卫生技术人员7.20人、执业（助理）医师2.75人、注册护士2.67人、床位6.36张。

生命统计。出生5683人，出生率7.37‰；死亡4214人，死亡率5.46‰；人口自然增长率1.91‰。因病死亡3970人，占总死亡人数的94.21%。死因顺位前十位依次为：心脑血管病，心脏病，恶性肿瘤，呼吸系统疾病，损伤和中毒，消化系统疾病，内分泌、营养和代谢性疾病，传染病，泌尿、生殖系统疾病，神经系统疾病。本区人均期望寿命79.40岁，其中男77.05岁、女81.64岁。

获奖情况。琉璃河社区卫生服务中心成为全国示范社区卫生服务中心。

卫生改革 推进基本公共卫生服务均等化。新生儿免费先天性疾病筛查6765人次，4种慢病筛查覆盖20个乡镇及3个街道40万农民，免费供药5.25万人，发放药品价值680.1万元。计划免疫五苗接种率继续保持99%以上，预防接种30.4万人次。贫困精神病患者免费供药7326人次。

区内20个社区卫生服务中心与房山医院、良乡医院、房山中医医院、妇幼保健院、北京朝阳医院、北京电力医院等14家区内外二级以上医院签订对口支援协议，实行双向转诊。区内20个乡镇社区卫生服务中心及燕山地区社区卫生服务中心分别与房山区第一医院、良乡医院、北京燕化医院签订服务协议，对需要转诊患者，由接诊医生或专人负责，向对应大医院提出转诊预约申请。探索建立区、乡医疗共同体，选择良乡医院与河北社区卫生服务中心、房山医院与长沟社区卫生服务中心结对作为试点单位，区级医院在社区卫生服务中心建立住院病区，派出骨干力量长期进驻，百姓不仅就近享受区级医院的优质服务，还降低了住院费用。

1月，选派13名医师；9月，选派42名医师参加住院医师规范化培训。为基层医疗卫生机构招聘32名大学毕业生。在岗培训基层医疗卫生机构人员1600人次，培训中医类别全科医师71人。

社区卫生 零差率药品销售比例70%以上。举办社区医生专业技术公益性培训3场，共培训135人次；培养家庭保健员1560人；与6.4万户14.8万人签订家庭医生式服务协议书；电子健康档案建档率70%。管理高血压50165人、糖尿病15099人、冠心病22855人、脑卒中9651人。

农村卫生 村卫生室537个，其中村办480个、卫生院设点2个、联合办1个、私人办53个、其他1个。乡村医生847人，全年培训2676人次。

新型农村合作医疗。参加新农合406414人，参合率100%，筹集资金23203.2万元，支出23113.8万元。全年享受合作医疗补偿115.5万人次，补偿费用22514.6万元，住院报付率70.2%，门诊报付率43.1%。

疾病控制 计划免疫。全区27个免疫规范化门诊完成预防接种电子卡取代纸质卡的申请、审核、批准及公示，门诊常规接种304279人次，其中一类疫苗238102人次，接种率分别为：卡介苗99.27%、乙肝疫苗98.86%、脊灰疫苗99.85%、百白破疫苗99.83%、麻风疫苗99.88%、流脑A群疫苗99.89%、乙脑疫苗99.87%、麻风腮疫苗99.85%，流脑A+C疫苗98.98%、麻疹疫苗100%、甲肝疫苗99.90%、白破疫苗97.56%，二类疫苗接种66177人次。外来务工人员接种麻疹疫苗4525人次、流脑A+C疫苗4578人次。应急接种153次5395人次，其中麻疹疫苗3次138人、麻风6次131人、麻风腮23次207人、水痘疫苗121次4919人次。流感疫苗免费接种83372人，其中60岁以上老年人44783人（医保2061人、非医保42722人），学生接种38589人；自费接种1116人，其中老人34人、其他人群1082人。初一学生乙肝加强针接种4932人，开展乙肝母婴阻断血清学监测33人，病毒性肝炎规范化诊断及报告培训117人。报告疑似预防接种异常反应31例，其中一般反应20例、异常反应9例（过敏性休克1例、血管性水肿1例、荨麻疹3例、过敏性皮疹4例）、偶合2例（幼儿急疹1例、病毒性胃肠型感冒1例）。全年发生水痘暴发疫情3起，病例33例。

传染病防治。传染病发病7160例，发病率757.67/10万；死亡15例，死亡率1.59/10万。其中手足口病2452例，发病率259.47/10万。完成法定与非法定传染病主动与被动监测40种。完成幼儿园手足口病聚集性疫情126起、暴发疫情16起，猩红热聚集性疫情2起的应急处理；流行性脑脊髓膜炎2起、狂犬病病例2例的调查处理。布鲁菌病高危人群血清学监测189人，没有无症状感染者。麻疹发病5例，发病率0.439/10万；风疹发病30例，发病率2.632/10万。对6家二级以上医院进行AFP病例主动搜索，对29家医院进行AFP病例及麻疹病例主动搜索，共查处方1555824个，无迟报、漏报发生。

艾滋病防治。报告艾滋病感染者及病人10例，其中艾滋病感染者7例、艾滋病病人1例、孕妇2例；本地户籍3例、外地户籍7例。完成性病门诊就诊者行为监测216人份，无HIV抗体阳性，梅毒抗体阳性31例，阳性率14.4%；梅毒RPR阳性26例，阳性率12.0%。采集房山区看守所、拘留所被监管人员血样953份进行HIV抗体检测，无HIV抗体阳性。全区各医院实验室共检测HIV抗体48116人份，阳性13份，阳性率0.27‰。提供免费咨询729人，接受HIV抗体检测716人。完成暗娼人群监测100人份，无HIV抗体阳性，梅毒抗体阳性9例，阳性率9.0%，梅毒RPR阳性2例，阳性率2.0%；吸毒人群行为监测15人份，HIV抗体、梅毒抗体、梅毒RPR无阳性，丙肝抗体阳性11例，阳性率73.3%。

地方病防治。抽取十渡、石楼、燕山街道办事处、良乡、拱辰、大安山、韩村河、浦洼、佛子庄9个乡镇（街道）288户居民家庭使用的碘盐进行监测，其中碘盐269份，合格碘盐263份，不合格碘盐6份，非碘盐19份，碘盐覆盖率93.40%，非碘盐率6.60%，碘盐合格率97.76%，居民合格碘盐食用率91.32%。选择琉璃河、周口店2个乡镇8～10岁学龄儿童422人进行甲状腺触诊检查，无甲状腺肿大。

房山区达到了碘缺乏病消除标准。

学校卫生。中小学生应体检6416人，其中营养状况检查5914人，营养不良943人（15.95%），超重752人（12.72%），肥胖1373人（23.22%）；视力检查6157人，视力不良3712人（60.29%），沙眼2人（0.03%）；龋齿检查6217人，龋患438人（7.05%），龋齿充填率28.20%；贫血体检6084人，贫血96人（0.99%）。

慢性非传染性疾病防治。高血压患者建档50165人，规范化管理34086人，规范化管理率67.95%；糖尿病患者建档15099人，规范化管理10629人，规范化管理率70.40%。

公共卫生监测与评价。全区接触有毒有害物质单位44家，职工14811人。全年监测44家，其中合格43家、不合格1家。职工体检3003人，无职业病发生。培训63家单位241人。

健康教育与健康促进。制订了《房山区健康教育与健康促进十年行动规划》，组建房山区健康教育讲师团143人。开展健教知识培训9场，培训1200余人次。全年组织宣传活动13次，覆盖人群3万余人，发放宣传材料64种3万余份。开展健康大课堂366场。在房山电视台《今日卫生》栏目中，播放宣传片11期；在广播电台“养生我知道”栏目播放防病知识2期；在《房山报》进行防病知识宣传2期。利用中国移动平台，向群众发送健康提示等短信13条4万余人次。制作卫生防病宣传展板94块，印发卫生防病宣传信息简报30期。

卫生监督 卫生监督检查11648户次，其中检查食品8528户次、公共场所1062户次、生活饮用水169户次，覆盖率92.4%。处罚258户次，罚款53.2万元。

医疗卫生专项检查。取缔无证行医53户次，立案查处12起，罚款46900元，没收、暂扣药品95箱。

公共卫生投诉举报。受理260件（260户），调查处理率100%，回复率100%，结案率90.4%。

大型活动卫生保障。完成大型活动卫生保障26次，保障43677人次，现场快速检测样品402件，实验室检测146件。

妇幼保健 婚前医学检查675人，婚检率3.36%。出生缺陷监测率100%，出生缺陷发生率18.94‰。全年节育手术12753例，节育手术单位管理率100%，节育手术并发症发生率1.57/万。妇女病普查49562人，普查率50.28%。孕产妇系统管理率88.46%，住院分娩率99.93%，孕产妇死亡率17.60/10万。

儿童保健。0～6岁在册儿童35464人，儿童保健覆盖率97.45%，儿童保健系统管理率94.13%，新生儿疾病筛查率95.78%，6个月内母乳喂养率94.81%。婴儿死亡率4.75‰，5岁以下儿童死亡率5.10‰。高危儿童智力监测覆盖率37.5%，0～6岁儿童听力筛查率81.72%。

医疗工作 门诊6951138人次，急诊460977人次，观察室留观173644人次，危重症抢救14146人次（门诊、病房），入院98611人次，出院98996人次，病床使用率71.1%，治愈率35.24%，好转率60.86%，死亡率1.19%。住院手术25202例。

进一步规范医疗机构的审批管理和人员资质准入。全年审批医疗机构26家、变更医疗机构80家、注销医疗机构2家、校验医疗机构857家。组织医师资格考试680人，完成医师执业注册、变更435人次，并开展了全科医师注册工作。护士注册216人次、变更50人次。

重点加强2个区域医疗中心的建设，加快功能升级，提升综合服务能力；优化医院门急诊环境和流程。落实各项便民、利民措施；开展无假日医院服务；在二级医院继续推广电话、网络预约挂号、就诊，强化实名制就医制度，完善分级诊疗和双向转诊制度，合理分流引导病人就医；加强医疗卫生专业志愿者队伍建设，志愿者队伍不断壮大；开展《侵权责任法》全员培训，构建和谐医患关系，创造和谐、平安的就医环境。

二级医院积极开展临床路径试点工作，规范诊疗服务。区第一医院开展12个病种、良乡医院16个病种、中医医院6个病种、妇幼保健院5个病种、四〇一医院7个病种的临床路径。其他医院正逐步开展试点工作。

制订《房山区卫生局关于加强医疗质量建设，建立院领导门诊、查房机制的通知》，各二级医院正、副高级职称，各一级医院和卫生院中级以上职称的院领导，每周一上午无特殊原因一律根据个人专业出门诊或参加院内病房查房。院领导通过亲自参与门诊、查房工作，了解医院业务发展情况、临床医务人员的工作现状和群众的需求，查找不足，现场办公，完善各项措施，全面提高医疗服务质量。

年内，90余人参加房山区护理骨干培训班。举办房山区优质护理服务示范病区培训班，辖区二级医院主管院长、护理部主任、病区护士长及基层护理骨干200余人参加。二级医院深入开展优质护理服务示范工程，4家区属二级医院63个病区中有29个病区开展优质护理示范工作，占全部病区的46%；2个区域医疗中心均达到50%。区卫生局与区总工会联合举办房山区护理技能大赛，一、二、三等奖各1人，优秀奖12人。

发放《医疗废物管理文件汇编》2000册，开展医疗卫生机构医疗废物督查，制订《房山区开展医疗卫生机构医疗废物监督检查工作方案》，由区卫生监督员、区内院感专家和属地医院、卫生院管理人员等30余人组成2个督查组，对全区900余家医疗机构进行有针对性的检查、指导。

开展抗菌药物临床应用专项整治。成立由区卫生局局长任组长的抗菌药物临床应用专项整治活动领导小组，制订《房山区2011年抗菌药物临床应用专项整治活动方案》，明确工作目标，落实工作重点，完善管理制度。全区各医院抗菌药物使用各项指标明显下降。

年内，开展《侵权责任法》和《北京市医疗纠纷调解规程》全员培训和考核。举办医患纠纷防范管理培训班，区内33个单位的主管业务院长、医务科长、医调办主任、科主任等60余人参加。开展以“查找我身边引发医疗纠纷的潜在风险”为主题的教育活动。全年接待来访1000余人次，及时回复信访17件，处理医疗纠纷97起。

组织全区二级以上医院及8个社区卫生服务中心开展三伏贴冬病夏治保健服务，共治疗9528例。发放《中成药临床使用读本》1227册，并对医疗机构的临床医生进行全员培训。开展高血压患者中医健康干预试点工作。参与申报市中医局中医药优秀传统技法百人百项工程项目4项：“调中排石汤”、“中药泡洗熏治法”、“中医学寸口在临床的实践与发展”、“用舌象数码相片比对‘八纲舌象’判断病机指导辨证论治”。

对口支援。制订并下发《房山区卫生局关于做好2011年对口支援工作的通知》。调整房山区卫生对口支援工作领导小组，明确了区外医院对口支援关系和区内医院对口支援关系（含社区卫生服务机构），提出了具体工作要求。丰台、石景山两个区的13所二、三级医院对口支援本区22家一、二级医疗机构。区内6家二、三级医院对口支援区内9家卫生院。支援单位通过选派业务骨干到受援单位坐诊、会诊、出诊、查房，组织学术讲座，扶持完善重点学科、免费接收进修人员、捐赠设备等方式对提升本区医疗水平、管理能力等方面起到了重要作用。区第一医院与长沟卫生院、良乡医院与河北卫生院在完成对口支援任务基础上，还利用医疗集团的优势针对双向转诊进行试点，取得了一定经验。

血液管理。开展大型献血活动10次，无偿献血1574人份。

医学教育　完成65个区级项目讲座立项、9个教学基地继续医学教育区县级项目96项的申报和审批。全区完成298项43486人次的培训，其中全科医师79人、社区护士99人、社区药学专业68人的理论培训，选派62名中医类别全科医师、6名社区7个专业骨干参加培训，传染病师资培训3次150余人，以及传染病全员培训。

毕业后教育和继续教育共7367人，其中达标7330人，达标率99.50%。培训乡医师资100余人，完成847名乡村医生的培训和考核，达标率100%。

科研工作　全年申报科研课题65项，其中首都卫生发展科研专项27项、中医药科技资金项目5项、市科委科技星火项目和计划项目15项、区科委科技星火项目和计划项目3项、与上级单位合作项目15项。结题验收3项。

财务管理　卫生事业费上级拨款82984.41万元，其中专项经费48094.18万元、中医事业费2177.33万元、社区卫生服务机构补助费22416.76万元。卫生事业费总收入250271.3万元，总支出246772.68万元，其中医疗单位业务收入164006万元、业务支出204019.91万元。

基本建设　区妇幼保健院门诊病房楼完成主体工程建设，正在进行室外配套工程施工。区疾控中心及卫生监督所业务用房项目，建设地点位于良乡镇黑古台村，用地面积31436.15平方米，其中建设用地面积19000.17平方米、代征公共绿化用地9566.63平方米、代征河道用地2869.35平方米，总建筑面积20076平方米，总投资11004万元，其中市级投资7703万元、区级投资3301万元，计划2012年6月开工建设。

（撰稿：侯　婧　谢　超　审核：贾廷义）

房山区卫生局领导名单

党委书记　吴卫星
副 书 记　李秀梅　王立平
局　　长　张建国
副 局 长　王　东　张金兵　杜国栓　张文艳
　　　　　　张淑云

大兴区

概况 有5个街道办事处、14个镇、119个居委会、527个村委会，常住人口142.9万人，其中户籍人口60.1万人。有卫生机构711个。卫生人员10042人，其中卫技人员7913人，包括执业（助理）医师3097人、注册护士2916人。床位4693张。平均每千常住人口拥有卫生技术人员5.54人、执业（助理）医师2.17人、注册护士2.04人、床位3.28张。

生命统计。出生6035人，出生率9.98‰；死亡3172人，死亡率5.25‰；自然增长率4.73‰。因病死亡3011人，占死亡总数的94.92%。死因前十位依次为：脑血管病，心脏病，恶性肿瘤，呼吸系统疾病，损伤和中毒，内分泌、营养和代谢及免疫疾病，消化系统疾病，神经系统疾病，传染病，泌尿、生殖系统疾病。本区人口期望寿命79.36岁。

获奖情况。被评为2009年卫生部决算工作先进单位，北京地区中医、中西医结合、民族医医疗机构医疗服务信息网工作二等奖，2010年度北京市医疗卫生行业网站考核评议在线交流奖，2010年度北京市卫生统计工作先进单位，2010年度北京市计划生育工作先进集体，2010年度北京市基层中医药服务监测工作成绩突出奖，2009年中央补助地方烟草控制项目工作先进单位，第2届北京健康之星评选（大赛）活动优秀组织奖，北京市社区卫生系统首届统计分析报告评比活动总成绩二等奖，合理使用抗感染药物海报比赛三等奖，“健康歌曲大家唱”健康北京人主题曲歌咏大赛优秀组织奖等。

卫生改革 年内，委托中国中医科学院广安门医院管理区中医医院，成立中国中医科学院广安门医院南区；实行理事会领导下的院长负责制，广安门医院院长同时作为广安门医院南区法人代表，对医院进行一体化管理，接受中国中医科学院和大兴区政府共同监督。

全区23家医疗卫生机构全部纳入北京大学人民医院医疗卫生服务共同体，投入70余万元完善硬件设施建设；开展讲座、病历讨论113次，参与远程会诊12例，预约挂号65例。在旧宫镇中心卫生院开展药库委托管理试点，初显成效。制订并实施《大兴区一级以下医疗机构设置规划（2011－2015）》。

完善绩效考核管理机制，实施公共卫生与基层医疗卫生事业单位绩效工资办法，出台镇卫生院（医院）奖励性绩效考核办法，开展定期检查，将重点工作进展、日常管理等纳入考核范围。

社区卫生 组建167个服务团队开展家庭医生式服务，宣传53万人次，制度宣传覆盖率100%，签约12874户33165人。实现转诊预约507人次；双向转诊上转3566人次、下转363人次。建立居民电子健康档案81万份，建档率59.3%。管理4种慢病患者4.5万人，培养家庭保健员1600人。为无社会养老保障的老年人免费体检3.33万人。零差率药品销售收入414.58万元，让利居民62.2万元。完成19家社区卫生服务中心和46个社区卫生服务站新社区卫生服务综合管理信息系统的推广。亦庄镇社区卫生服务中心成为本市第一批示范社区卫生服务中心。开展社区卫生诊断，采集26616名居民样本，形成全区社区卫生诊断报告。社区卫生服务机构返聘高级职称专家55人、中级职称专家20人。开展岗位练兵68场次，950人次参加。

全年有137人取得岗位培训合格证书，其中取得全科医师证书32人、社区护士证书42人、防保医师证书7人。举办社区全科医师公益性培训2次787人次。落实市级中医药“回归扎根”工程，23名中医师取得全科医师岗位培训证书。

农村卫生 236个村卫生室有乡村医生291人，全年诊疗231660人次。乡村医生岗位培训1254人次。对356名（含社区服务站）在岗乡村医生考核，落实承担公共卫生任务的乡村医生岗位待遇。

新型农村合作医疗。参加新型农村合作医疗30万人，参合率99%。每人筹资520元，其中个人负担60元，市、区两级政府负担460元。8.91万人次报销医药费20039.9万元，资金使用率128.4%；报销5000元以上10779人次12644.3万元；住院补偿率70.1%。

疾病控制 传染病防治。报告乙、丙类传染病19种6806例，发病率498.61/10万。其中乙类传染病2225例，发病率163.00/10万；丙类传染病4581例，发病率335.60/10万。报告性病419例，发病率30.70/10万；艾滋病病毒感染者和患者78例，发病率5.71/10万。成立传染病疫情处理小分队5支，全年处理疫情157起。在区人民医院、北京仁和医院设立腹泻、手足口病病原学监测点，采样453件，检出致病性大肠杆菌6株、副溶血性弧菌4株、沙门菌17株、志贺菌42株和创伤弧菌1株；采集手足口病标本50件，阳性率40%。监测病毒性腹泻，采集便标本96件，检出轮状病毒9件、杯状病毒8件；监测食品及外环境急性肠道感染，采样1100件，阳性标本2件。高频次对手足口病疫情进行分析，调查重症病例28例，停班30个，停园1所，手足口病暴发疫情1起。区疾控中心对3起学校水痘暴发疫情进行调查处理。为紧急应对新疆和田地区发生的输入性脊髓灰质炎野毒引起的疫情，开展培训、主动搜索、工作督导、强化免疫和新疆和田地区学生脊髓灰质炎带毒调查，接种疫苗907人次，采集便标本22人，检测结果均为阴性。接种流感疫苗93001人。

人畜共患疾病防治及管理。处理犬咬伤16622人，接种狂犬疫苗、血清/球蛋白104453人次。监测人禽流感高暴露职业人群9类238.73万人次；监测建筑工地流动人口54.24万人次，未发现不明原因肺炎、人禽流感医学观察病例。开展人群、禽类及环境禽流感病毒监测，采血299人，采集禽类及环境标本402件，未发现人群感染，禽类与环境无循环情况。布病监测采血50人，结果均为阴性。

地方病防治。枯水期和丰水期监测水氟含量，各采样84件，合格率均为97.62%。宾馆饭店、托幼机构、中小学校等碘盐监测合格率100%，居民户碘盐监测合格率96.87%；孕妇尿碘中位数168μg/L、育龄妇女156μg/L、8~10岁学生161.5μg/L，无甲状腺肿大。

精神卫生。全区精神病患者2926人，其中重性精神病2289人。全年免费给药559人，访视17116人次。开展全国重性精神疾病管理治疗项目，新入组667人，累计入组筛查2027人，随访453人，应急处置17人，紧急住院治疗20人。

学校卫生。对77所中小学校开展传染病、常见病、食品安全、学校物质环境等视导检查。开展校医、保健老师业务培训2场。开展65所学校照明检测。开展有声读物“远离烟草，清新健康”和“小手拉大手，减少烟草的危害”控烟活动；“我的视力我做主，健康用眼每一天”——爱眼日记保护视力活动，20所学校获组织奖，40人当选先进个人。开展大兴区学生健康监测、学校教学环境监测、中小学校传染病管理状况监测调查和学校人群烟草监测工作。

慢性非传染性疾病防治与管理。慢病干预管理各类人群909人。开展全民健康生活方式行动，青云店镇政府、镇政府食堂和大东社区通过了市卫生局的验收，年内此行动在全区展开。在黄村镇、安定镇、旧宫镇和亦庄镇开展脑卒中筛查与防控项目，共筛查2426人；对上年筛查出的862名高危人群进行规范化管理。完成“农民工关爱工程”，发放宣传手册12942本；免费测血压11859人，血压测量率91.63%；开展健康知识讲座15次，2549人次参加。完成成人慢性病及其危险因素监测，抽取功能单位6家和2个村，共监测864人。

计划免疫。预防接种建卡36263人，建卡率100%。卡介苗接种率100%，脊灰疫苗99.99%，百白破100%，麻疹100%，乙肝疫苗99.92%，风疹100%，流腮疫苗100%，乙脑疫苗99.99%，流脑疫苗100%。开展学龄前流动儿童强化查漏补种，共调查53230人，补种疫苗3314针次，通过了北京市质量评估。为集中用工单位40岁以下外来农民工接种麻疹、流脑疫苗31972人次。

公共卫生监测与评价。职业病有害因素单位检测40家，其中检测点数303点、检测702件，合格点数257点，合格率84.82%。开展建设项目职业病危害控制效果评价3个。对574个有毒有害因素单位的689名从业人员进行培训。完成剂量笔更换1364人次，开展21个单位个人大剂量核查24人次；完成放射天然本底监测；对9家医疗单位的14台放射设备进行状态检测。完成重金属监测、重点职业病哨点监测专项工作。职业健康体检221个单位4621人。接报职业病发病报告11例，其中尘肺3例、职业性噪声聋7例、汞及其化合物中毒1例。开展大兴区职业健康状况调查，调查企业473家、在岗工人24723人、接触职业病危害8473人，其中接触煤尘、矽尘、正己烷、铅、镉、苯等6种重点职业病危害因素1047人。

健康教育与健康促进。指导全区77所学校健康教育工作，已挂牌健康促进学校36所，缓验或新申报学校25所，本年度通过市级验收健康促进学校5所。开展医疗机构简短戒烟干预技术推广培训。区疾控中心和林校路街道办事处作为工作场所健康教育示范点，开展U能健康教育系列讲座6次，受众472人次。开展“三下乡”为农民送健康、科技周、北京人健康指引推广宣传等系列活动11次；举办社区健康知识讲座197次，受众13328人次。自制并发放宣传品21种18.44万份，市级配送并发放宣传材料23种5.16万份。开展5项专项调查评估及宣传推广。开展北京市居民健康知识知晓率水平监测调查，知识知晓率71.93%，行为形成率65.23%。

卫生监督 公共卫生专项检查。办理许可1887个，其中新办903个、延续697个、变更143个、注销144个。开展公共卫生专项整治行动30余项。监督餐饮服务单位10836户次，行政处罚176起，罚款101.54万元；评审食品量化分级单位1844个，其中A级93个、B级896个、C级855个。监督公共场所1649户次，行政处罚21起，罚款2.76万元；完成202个公共场所量化分级，其中A级20个、B级107个、C级75个；完成全部游泳场馆、住宿场所和57%的沐浴场所量化分级评审。监督生活饮用水495户次，行政处罚9起，罚款4.6万元。监督职业卫生单位388户次，行政处罚3起。监督放射卫生64户次，行政处罚1起，罚款0.3万元。完成食品抽检566件，合格率98.23%；公共场所抽检258件，合格率93%；生活饮用水抽检190件，合格率100%。对餐饮单位食品卫生，生活饮用水等现场快速检测1109件，合格率100%。

医疗卫生专项检查。开展医疗机构血液透析和临床用血安全、肠道门诊、麻疹疫苗接种、临床试验室、违法医疗广告和消毒产品等专项检查8次。监督医疗机构1322户次，行政处罚96起，罚没款36.2万元；检查传染病与消毒815户次，母婴保健45户次，血液管理29户次。受理非法行医投诉153件，取缔非法行医121户次，收缴非法药品5000余千克、医疗器械240余件，立案处罚88户次，已缴纳罚款13户，罚没款5.54万元；向法院申请强制执行47件，已强制执行20件；向公安部门移送非法行医刑事案件5件。对医疗废物分类、运转、处置等环节开展监督检查1352户次。

全年卫生监督投诉举报395件，处理率100%，处理及时率100%，反馈率100%。

完成春节、全国两会、大兴区三会、第23届大兴西瓜节、大兴区桑椹节等重大活动保障12项。

卫生监督人员培训。组织突发事件调查处理程序、餐饮服务监督管理办法、医疗机构执业规范、非法行医现场处理要点、公共场所量化分级管理要点等培训20余次。参加行政强制法培训67人次。

爱国卫生 创建健康示范社区5个、健康促进示范村3个。把除四害、环境综合整治、城市清洁日和爱国卫生月活动有机结合，发放宣传材料10万余份；开展病媒生物控制，共投药3吨，发放“毒鼠站”400余个。开展健康讲座337场，义诊咨询40场，受众4万余人次。建立特约禁烟监督员制度，全面落实卫生系统和教育系统禁烟。新建、扩建联村水厂3座，改造单村水厂10座。

妇幼保健 妇女保健。产妇6311人，产前检查率100%，建册率99.60%；高危孕产妇发生率45.67%，管理率100%；住院分娩率100%；产后访视率98.49%；孕产妇系统管理率98.43%；0～6岁儿童母乳喂养率93.86%；围产儿死亡率3.13‰。强化危重孕产妇管理，制订产科质量管理规定，成立产科质量管理专家委员会。推广妇幼保健综合信息系统。管理儿童32502人（含流动人口）、孕妇16640人（含流动人口）。为4116名孕妇免费发放叶酸，农村孕产妇住院分娩补助2738人。完成27家计划生育技术服务机构及213名工作人员的评估。全年计划生育手术19053例，手术并发症2例，发生率1.05/万。在民政部门设置婚前健康咨询室，婚前医学检查746人，检查率3.93%，疾病检出率15.55%。妇女宫颈疾病筛查率60.88%，确诊宫颈癌1例；妇女乳腺癌筛查率63.40%，确诊乳腺癌7例。

儿童保健。儿童保健覆盖率100%，儿童系统管理27704人，管理率98.16%；体弱儿管理率100%；新生儿疾病筛查率98.40%，访视率98.40%，听力筛查率99.94%；新生儿母乳喂养率96.66%，6个月内母乳喂养率93.86%，6个月内纯母乳喂养率78.09%。新生儿死亡率1.10‰，婴儿死亡率2.67‰，5岁以下儿童死亡率3.14‰。

医疗工作 继续加强8个区级重点学科建设，完成阶段性评估。9名大兴卫生首席专家全部通过年度考核，评选出37名大兴优秀中青年医疗卫生工作者，辖区7家二级以上医院完善电话预约挂号服务。在全市率先完成《2010年美国心脏协会心肺复苏与心血管急救》翻译出版工作。

全年门诊601.58万人次、急诊60.42万人次、留观11.39万人次、健康检查42.44万人次，冬病夏治社区服务3.29万人次。急诊抢救12784人次，住院危重病人抢救948人次。住院91656人次，出院92051人次，病床使用率76.31%，治愈率51.02%，好转率43.79%，病死率1.17%，出入院诊断符合率99.81%。住院手术35645例，住院手术前后诊断符合率99.91%，病理检查与临床诊断符合率91.13%。

院内感染管理。开展医院感染管理自查，与顺义区、通州区互查，区内检查2次。完成区内各级各类医疗机构医疗废物的检查，通过了市卫生局现场督查。

病历质控。开展“修订住院病案首页”培训150人次。结合医疗质量检查对各单位病历书写进行两轮检查。区人民医院完成电子病历和电子医嘱上线推广工作（卫生部电子病历试点）。

护理工作。创建优质护理服务示范病区，本区6家二级以上医院全部开展优质护理服务。表彰15个护理先进集体和72名优秀护士，为22人颁发卫生部护龄30年证书、证章。开展护理临床技能培训，培训考核骨干29人。

对口支援。8家单位援助19家基层单位7470人次4.5万天。采育镇、榆垡镇中心卫生院二级助产能力建设初见成效，顺利接生胎儿3例，成功实施剖宫产手术2例。引进市三级医院15名专家与社区医生结一对一帮扶对子。

血液管理。原星城商厦采血点迁至火神庙国际商业中心东侧广场，新增亦庄上海沙龙临时采血点，运行良好。全年街头无偿献血17969单位、团体无偿献血2001单位，临床用血15987单位。

年内，完成31家医疗机构麻醉药品和第一类精神药品购用印鉴卡的换发，办理印鉴卡变更16次，麻醉药品处方权培训203人。

医疗设备总价值40588.01万元，新增万元以上设备580台（件）。

医学教育和人才培养 全年送出进修骨干129人，住院（专科）医师培训35人，全科医生转岗培训4人，中医类别全科医师转岗培训28人，参加北京中法急救培训中心急诊模拟专项培训5人。培养美国心脏协会心肺复苏培训导师6人，遴选第四批北京市级老中医药专家学术经验继承人9人，通过北京市传统医学确有专长考核7人。在岗培训基层医疗卫生机构人员6.9万人次，培训合格率95%。

科研工作 在研区级以上课题31项，获批市级课题3项、区级12项，科研基金总计77.725万元。开展新技术、新业务11项。发表核心期刊论文89篇。青云店镇中心卫生院成为北京医学会第二批科普示范基地。

信息化建设 完成新社区卫生服务综合管理信息系统的区级平台软、硬件设备采购和系统搭建调试。完成卫生三合一综合楼机房建设和政务网络、金财网、光纤迁移。完成本单位及辖区医疗卫生单位信息系统自查和安全定级备案核实。

财务管理 7月1日起，各基层医疗卫生单位开始执行新会计制度，取消药品支出，新增公共卫生支出，强化对各项资金来源及项目核算。卫生事业费上级拨款43322.07万元，支出42950.42万元。业务收入130910.85万元，业务支出136760.48万元。基层医疗卫生机构债务全部清偿，严格制止发生新债。

基本建设 卫生三合一综合大楼投入使用，支付部分标准化社区卫生服务中心新建、改扩建工程款2190万元，完成北臧村镇社区卫生服务中心新建工程初步设计，参与北京大学第一医院南区工程、北京同仁医院开发区院区扩建工程和广安门医院南区（原大兴中医院）二期工程前期筹备工作。

（撰稿：周海清　审核：杨福祥　马燕珠　刘　华）

大兴区卫生局领导名单

党委书记　李颖华
副 书 记　刘　华　李振新
局　　长　刘　华
副 局 长　杨福祥　焦　昕　马燕珠　李爱芳　牛祥君

通州区

概况 有11个乡镇、4个办事处、475个村民委员会，常住户籍人口67.29万人。卫生机构593个，其中营利性45个、非营利性548个。三级医疗机构1个，二级医疗机构6个，一级医疗机构25个（含18个乡镇卫生院），村卫生室343个，门诊部39个，诊所、卫生所、医务室90个，社区卫生服务站81个，其他8个。卫生技术人员6329人，其中执业（助理）医师2433人、注册护士2359人。床位2593张。平均每千常住人口拥有卫生技术人员5.06人、执业（助理）医师1.95人、注册护士1.89人、床位2.07张。

生命统计。出生5856人，总出生率8.77‰；死亡3899人，死亡率5.84‰；人口自然增长率2.93‰。前十位死因顺位依次为：心脏病，脑血管病，肿瘤，呼吸系统疾病，损伤和中毒等外部原因，内分泌、营养代谢和免疫系统疾病，消化系统疾病，泌尿、生殖系统疾病，传染病和寄生虫疾病，神经系统疾病。

卫生改革 开展以次渠卫生院为试点建设的医药管理综合服务系统取得成功，基本实现了数字医疗、智能医疗新理念。

引进优质资源，创新管理模式。8月6日，通州区政府与北京中医药大学东直门医院举行签约仪式，通州区中医医院正式挂牌为“北京中医药大学东直门医院东区”。

制订《通州区基层医疗机构绩效考核方案》，根据方案4个部分内容及144项考核指标对18家基层医疗卫生机构进行考核。

全年引进副高级以上职称专业技术人员4人。接收应届毕业生379人，其中北京生源284人、非北京生源95人；本科以上学历155人（博士12人、硕士85人、本科58人），占40.9%。

社区卫生　全区19个社区卫生服务中心和68个社区卫生服务站全部开展家庭医生式服务，共组建128个社区卫生服务团队，由164名全科医生、129名社区护士、97名社区防保人员组成。累计发放家庭医生服务联系卡、宣传海报、《致居民的一封信》等宣传材料421253份，签约48585户102372人，健康评估55204人，发放健康教育材料64010份，告知健康信息60161人次，主动服务23358人次，上门服务1812人次。建立家庭健康档案266095份、居民电子个人健康档案664601份，档案全部录入并上传至北京市社区卫生电子健康档案管理系统。

年内，转诊专业涉及消化内科、呼吸内科、心内科、肾内科、神经内科、普外科、骨科、泌尿外科、心胸外科、妇科、眼科、耳鼻喉科共12个专业。累计转诊预约31人次，转诊成功30人次，转诊预约成功率97%。

为60岁以上无养老保障的老年人免费体检45935人。全区实行收支两条线管理的社区卫生服务机构对60岁以上老年人免收普通门诊挂号费506979人次，为享受低保及生活困难补助的老年人免收家庭病床查床费182次。

为加强社区常见病脑卒中、儿童哮喘、血脂异常等诊治水平，组织全科医师公益性培训3场、社区在岗人员培训12场，1200人次参加。33名全科医生、33名社区护士、13名防保医师及防保人员、49名其他岗位人员培训、考核，并取得社区11个岗位的资格证。

农村卫生　完成502名乡村医生年度考核、基本待遇统计及经费分配发放，4名乡村医生执业地点变更。乡村医生急救知识技能培训522人，全部通过了理论知识和技能考核。

新型农村合作医疗。参加新农合332707人（包括低保人员6712人、优抚人员775人），参合率99.5%。人均筹资578元，筹资总额19428.27万元。本年度报销30.4万人次，发放报销款18739.34万元，基金结余688.93万元。

疾病控制　报告法定传染病3类21种10511例，发病率887.75/10万；死亡9例，死亡率0.76/10万；病死率0.09%。与上年相比，发病率下降32.29%，死亡率下降41.54%，病死率下降10%。痢疾1170例，发病率98.82/10万。手足口病3357例，其中重症21例，无死亡病例，发病率283.53/10万。25家流感样病例监测哨点医院共监测病例1617761例，其中流感样病例15275例，流感样病例就诊比例为0.94%。

地方病防治。完成碘盐、水氟含量、布鲁菌病、自然疫源性疾病病例的监测。开展居民碘盐、重点单位食用盐碘含量、育龄及妊娠妇女碘营养状况调查。督导7家孕检门诊，完成150份孕妇碘缺乏病健康教育问卷调查，知晓率80.0%。

学校卫生。对58所中小学校开展联合督导检查。开展学校人群烟草监测、学校传染病防控督导、《我的爱眼日记》、学校教学环境检测、学校校医和卫生教师培训等，为大中小学生营造健康的成长环境。

职业卫生监测与评价。报告法定职业病30例，其中尘肺15例，包括石棉肺5例，矽肺、陶工尘肺各1例，电焊工尘肺2例（均为疑似），其他尘肺6例（1例疑似）；其他职业病15例，包括中毒性肝病、接触性皮炎、砷及其化合物中毒各1例，有机氟中毒6例（均为疑似），职业性苯中毒3例（均为疑似），职业性噪声聋2例（均为疑似），电光性眼炎1例（疑似）。农药中毒71例，死亡11例。接受100个用人单位委托进行粉尘、苯系化合物、盐酸等23个项目的职业病危害因素现场采样、检测，共检测样品2997件，超标样品161件，超标率5.37%。

慢性病管理。完成社区高血压患者及高危人群规范化管理、高血压自我管理、社区糖尿病患者及高危人群规范化管理、健康体重干预管理。全区共管理高血压41176人，规范管理高血压2728人；管理糖尿病25655人，规范管理糖尿病2563人。开展送健康知识进社区活动，结合本区特点，完成3个国家项目、3个北京市疾控项目。

计划免疫。全年接种一类疫苗569238人次、二类疫苗125554剂次。接种流感疫苗102372人次，其中免费接种97365人次（学生55067人次、60岁以上老人42298人次）、自费接种5007人次。为建筑工地、生产企业等214家集中用工单位的工作人员接种麻疹疫苗13905人次，接种率97.69%；A+C流脑疫苗13221人次，接种率97.68%。

结核病防治。24家医疗机构发现可疑肺结核558例，报告率100%。确诊结核病281例，全部进行登记管理，监化治疗率100%。除3例断药15天内追回、2例外出未返回外，其他病人都得到及时、规律的治疗，规律治疗率98.2%。完成结核菌素（PPD）监测12462人次，补种卡介苗3057人次，微量元素检查4042人次。完成确诊5名学生、2名教师痰菌涂片阳性（传染源）所在的6所学校755名密切接触者常规筛查及疫情监测。

精神卫生。全区有重性精神病1667人，免费给药375人。

健康教育与健康促进。完善健康教育网络，成立通州区健康促进领导小组，印发《通州区健康北京人——全民健康促进十年行动规划（2009－2018）》。开展健康讲师建设与评比、医院管理与健康促进、科普宣传、监测与评价等活动，举办健康大课堂311场，受益12975人次，覆盖9个乡镇、4个街道办事处。健康教育讲座295场，受益8458人次。专业讲座134场，受益2846人次。发放健康教育宣传材料63000份。

卫生监督 有各类管理单位8017个，其中餐饮单位3975个、公共场所1816个、生活饮用水206个、职业卫生390个、学校卫生104个、传染病与消毒单位873个、放射卫生17个、卫生机构593个、血液管理23个、母婴保健20个。监督各类单位12778户次，有效监督11988户次，合格11752户次，合格率98.03%。

全年受理申请行政许可材料1842件，其中餐饮服务1045件、公共场所635件、生活饮用水90件、放射诊疗72件。接待咨询2万余人次。

医疗卫生专项检查。监督检查各类医疗机构1037户次，发现8家医疗机构存在聘用非卫生技术人员、超范围开展诊疗活动等问题，及时立案查处，警告7户次，没收违法所得2062元，罚款66000元。取缔非法行医119户次，立案处罚30户次，罚款86850元，没收各类器械38件、药品216箱。开展联合执法7次，向公安机关移送案件6件。

公共卫生投诉举报。受理举报投诉咨询267件，其中食品卫生安全168件、公共场所16件、生活饮用水20件、医政61件、传染病消毒2件，处理率100%。

爱国卫生 年内，18个村通过了北京市卫生村创建验收。开展灭鼠除害活动，投放鼠药16.5吨。2011年是户厕改造后实施管理和维护的第一年，投资200万元，完成农村户厕管护。

控烟。区内23家医疗机构开展世界无烟日控烟宣传活动，发放各类宣传品1万余份，受益5000余人，组织控烟讲座9场，上街宣传7场，学校控烟教育5场，张贴控烟海报150张，自制控烟宣传品2种。

妇幼保健 妇女病普查应查100156人，实查45393人，普查率45.32%。其中患病18806人，患病率41.43%。乳腺癌6人，全部治疗。孕产妇5820人，系统管理5800人，管理率99.66%；高危孕产妇住院分娩率99.98%；孕产妇死亡1人，死亡率17.08/10万；享受农村孕产妇住院分娩补助1164人；为待孕妇女免费发放叶酸增补剂5882人。

儿童保健。围产儿死亡率3.24‰，出生缺陷发生率7.05‰，婴儿死亡率3.07‰，5岁以下儿童死亡率3.42‰，0～6岁儿童保健管理率95.00%，儿童保健覆盖率98.60%，高危儿智力筛查覆盖率100%。

计划生育技术管理。全年计划生育手术18323例，无并发症。婚前检查登记17680人，实检755人，婚检率4.27%。

医疗工作 门诊4740447人次，急诊605973人次，急诊抢救6558人次，抢救成功6402人次，抢救成功率97.62%。入院66801人次，出院66913人次，病床使用率84.19%，治愈率58.75%，好转率35.7%，病死率1.45%。住院手术19071例。住院危重病人抢救2068人次，抢救成功1658人次，抢救成功率80.17%。

院内感染管理。院感专家组对区内二、三级医疗机构进行医院感染管理质量综合评价检查，平均80.8分，排全市区县第五名。

病历质控。11～12月，组织一、二级医院开展《病案书写基本规范》和“新病案首页填写说明”培训讲座，240人次参加。

医疗质量管理。加强口腔、院感、血透等质量控制，以区内7个质量控制与指导组为依托，有针对性地开展专业知识培训。制订本年度医疗质量万里行、“三好一满意”活动方案，成立领导小组，并组织专家进行督导检查。

护理工作。区内5家二级医院开展优质护理示范病房16个，其中潞河医院33.3%、中医医院15%、骨伤医院50%、妇幼保健院37.5%、老年病医院33%。住院患者满意度由95.88%上升至99.79%，病人健康知识知晓率由80%上升至90%，病人的呼叫率由41%下降至19%，患者对护士投诉率为0。

医疗机构审批。全年审批新医疗机构4家，机构校验424家、变更88家。对辖区内医疗机构进行清理整顿，注销医疗机构8家。完成《通州区医疗机构设置规划（2010－2015）》。

对口支援。潞河医院接收市级医院支援医师19人，其中副主任医师8人、主治医师11人；妇幼保健院接收市级医院支援医师24人。接收受援医院进修9人，举办学术讲座8次，教学查房500次。

血液管理。全年采血147210单位，其中全血132237单位、成分血14973单位。检验血液标本

87493人次，标本合格率96.80%。制备悬浮红细胞99829单位、洗涤红细胞2248单位、去白悬浮红细胞33021单位、冰冻红细胞237单位、解冻去甘油红细胞237单位、浓缩血小板5420单位、冰冻血浆130906单位。

医学教育 参加继续医学教育5530人，达标率98.08%。举办区级继续医学教育69项，培训15986人次，其中卫生系统6848人次、社会办医疗机构9138人次。卫技人员参加学历教育498人，其中专科147人、本科182人、硕士163人、博士6人。临床进修106人，其中市级进修75人、区级进修31人，投入资金606151元。选送79名大学本科毕业生参加市级中医、西医住院医师3年全脱产规范化培训，其中全科医师6人、专科医师73人。

科研工作 申报国家级科研项目2项，省、部级10项，市级18项，区级9项。全年发表论文191篇，其中SCI3篇、国家级142篇、省级36篇、市级10篇，投入资金227859元。建设重点学科18个，投入资金90万元。

财务管理 全年总收入211072万元，其中财政补助收入60184万元、上级补助收入2152万元、事业收入147747万元、其他收入989万元。总支出204175万元，其中财政补助支出53794万元、医疗卫生事业支出150381万元。

（撰稿：田剑韦　审核：朱立新）

通州区卫生局领导名单

党委书记　马月明
副 书 记　许华芳（7月起）
局　　长　白玉光
副 局 长　田春华　蔡力凯　李凤苹（8月起）
陈长春（12月起）　马春光（至11月）
纪智礼（11月起）

昌平区

概况 设10个镇、2个街道办事处、5个地区办事处、177个社区居委会、303个村民委员会，常住人口166.1万人。区内卫生机构849个，其中营利性261个、非营利性584个、其他机构4个。卫生技术人员8491人，其中执业（助理）医师3414人、注册护士3258人。床位7982张。平均每千常住人口拥有卫生技术人员4.89人、执业（助理）医师1.96人、注册护士1.87人、床位4.59张。

生命统计。出生5090人，出生率9.41‰；死亡3190人，死亡率5.90‰；自然增长率3.51‰。死因顺位前十位疾病为：心脏病，脑血管病，恶性肿瘤，呼吸系统疾病，损伤和中毒等外部原因，内分泌、营养和代谢系统疾病，消化系统疾病，神经系统疾病，泌尿、生殖系统疾病，传染病和寄生虫病。

获奖情况。被评为2010年度北京市贫困白内障复明项目组织奖、北京市疾病预防控制工作先进集体、北京市人口和计划生育工作先进集体、第2届北京市健康之星评选（大赛）活动优秀组织奖。

卫生改革 年内，成立昌平区卫生局中医药专家组，推广应用中医药适宜技术。在区中医医院设立昌平区基层中医药适宜技术推广项目培训基地，举办中医药适宜技术培训推广班。通过建立医疗卫生服务共同体、三级医院社区直通车等医疗服务新模式，初步形成“分级就诊、双向转诊、康复在社区”的医疗服务格局。

社区卫生 社管中心、社区卫生服务管理干部44人。完成社区卫生服务15类岗位考试合格146人、全科医生公益性培训450人、继续教育9500人次、临时性培训19人次、全科医生转岗培训3人。以高血压、糖尿病规范化管理为重点，举办2次昌平区慢病技能培训，共134名社区卫生服务中心业务骨干参加。中医全科医师培训49人次。

农村卫生 注册村卫生室313个，均为村委会办，分布在194个行政村，覆盖率64%。

新型农村合作医疗。参加新农合19.94万人，占应参合农业人口的99%。筹集统筹资金11527.532万元，报销48.8万人次13451.27万元。全区新型农村合作医疗定点的二级医院（除区妇幼保健院外）全部出院即报。全年出院即报、随诊随报38.32万人次，报销审核资金5821.80万元。

年内，成功创建北京市农村中医工作先进区和全国农村中医药工作先进单位。

疾病控制 全年召开防病工作例会5次，完成基础医疗卫生机构卫生防病专业培训64次5544人次，开展各类督导检查21项32次，对基层医疗机构卫生防病考核2次。

传染病防治。报告传染病发病2类20种10835例，报告发病率652.32/10万，比上年下降61.14%；死亡12例，死亡率0.72/10万，病死率0.11%。乙类传染病发病13种3632例，丙类传染病发病7种7203例。

结核病防治。疑似肺结核报告卡片1887张，确诊937例，需追踪核实281例，追踪到位170例，追踪到位率60.50%。入学新生结核病监测4.6万人，发现活动性肺结核43例。全区治疗管理488人，其中涂阳84人，治愈80人。

性病、艾滋病防治。3家艾滋病自愿咨询检测门诊全年完成艾滋病咨询690人次，其中HIV检测672例，阳性检出率2.68%，梅毒抗体阳性率1.62%。全年对13263名孕产妇进行母婴阻断筛查，筛查率100%，未发现艾滋病阳性病例。9个艾滋病市级监测哨点全年完成监测5626人，HIV阳性检出率0.04%，梅毒检出率0.27%，丙肝检出率0.41%，哨点监测完成率100%。完成监管场所被监管人员艾滋病及梅毒抗体筛查2638人，其中男性2254人、女性384人。HIV检出率0.15%，梅毒（ELISA）检出率1.78%，梅毒（RPR）检出率0.23%。10家初筛实验室和1家中心初筛实验室完成HIV检测41096人次，检出HIV阳性41例，检出率0.10%。

狂犬病免疫预防。9家狂犬病免疫预防门诊接种动物致伤者15752人次。

人感染高致病性禽流感监测1721382人次，无流感、禽流感、不明原因肺炎病例报告。22家医疗机构开展流感样病例监测1379592例，其中流感样病例2141例，比上年下降26.1%。

手足口病防治。全年发病3730例，死亡2例。报告手足口病多发及暴发疫情64起173例。采集手足口病门诊病例、聚集性疫情病例咽拭子标本302件，病原检测阳性69件，阳性检出率22.85%。

地方病防治。采集居民户食用盐288份，碘盐覆盖率100%，合格碘盐食用率99.65%。完成育龄妇女、孕妇、哺乳妇女、学龄儿童、婴儿等重点人群碘营养状况监测406件，监测人群尿碘水平均达到国家标准。枯水期和丰水期共采水84件，饮用水中氟含量均符合标准。对小汤山镇马坊小学4个高氟村和后白虎涧小学的学生进行氟斑牙检查224人，氟斑牙患病率29.90%。

精神卫生。全区有精神病患者4092人，患病率8.7‰，治疗826人，管理率100%。

学校卫生。中小学生健康体检53928人，体检覆盖率100%，其中营养不良检出率较上年有所下降，而超重和肥胖呈上升趋势。对38所中小学校的教室环境卫生检测596件，与上年相比，黑板反射系数、采暖温度、二氧化碳浓度、环境噪声、课桌面照度及黑板照度合格率均有所提高。

慢性非传染性疾病防治与管理。全年规范化管理糖尿病62人、糖尿病高危人群108人，高血压及高危人群149人。

计划免疫。全区接种一类疫苗526467人次，接种率99.98%。入托、入学儿童接种证查验30554人，查验率100%，漏种5038人，补种5017人，补种率99.58%；补证1157人，补证率100%。调查学龄前流动儿童251164人次，无卡14人，无证6人，补卡补证率100%；漏种58人，累计漏种125针次，预约补种率100%。强化查漏补种2696人次。应急接种8758人。

公共卫生监测与评价。开展职业病危害因素检测65个单位1547件样品，点合格率75.4%，样品合格率88.1%。职业健康检查177个单位244厂次3854人，其中上岗前体检232人、在岗体检3583人、离岗体检39人，检出职业禁忌证55人、其他异常1716人，未检出疑似职业病人。完成放射卫生检测25个单位40台设备38个场所，其中状态检测40台，一次合格率100%；场所检测38个，一次合格率100%。完成66个单位298人的个人剂量检测。完成各类生活饮用水检测1592件，生活饮用水总体合格率81.34%。公共场所卫生检测15591件，合格15064件，合格率96.62%。食源性致病菌监测样品122件，检出食源性致病菌3件，检出率2.46%。化学污染物及有害因素监测195件，其中重金属污染物135件，21件样品检测值超出国家卫生标准限值，超标率15.56%。60件农药残留监测样品（均为蔬菜）中，有8件检出农药残留成分，检出率13.33%，检出有机磷类农药1种、拟除虫菊酯类农药5种。一次性餐饮具蒸发残渣监测50件样品中，超标13件，超标率26%。市售即食非发酵性豆制品165件，合格46件，合格率27.88%。全年接收卫生行政抽检、大型会议保障样品6类455件，合格418件，合格率92.0%。

全区开展健康大讲堂486场，20867人次参加。在《昌平周刊》刊登科普文章及信息118篇，发放自制宣传品46种30.2万份，在昌平电视台做专题节目3次、播放流感疫苗接种电视温馨提示7天，利用建成区电子滚动屏播放13条4512小时，组织大型宣传活动14次。

应急处置。处理多发疫情和聚集性疫情105起，疫情调查处理率、及时报告率和疫情规范处置率均100%。

卫生监督 全年经常性监督执法检查20756户次，其中餐饮服务单位11788户次，公共场所3113户次，生活饮用水781户次，学校卫生94户次，传染病、消毒隔离监督3009户次，职业卫生413户次，放射卫生72户次，医疗服务监督1486户次。实施行政处罚543起129.30万元。将没收物品分5批共679件违法加工食品、非法行医使用的器具及5000千克药品上缴国库。将21起给予2次行政处罚后继续从事非法行医执业活动的当事人移送公安机关处理。餐饮消费环节实行量化分级管理及复审工作，其中A级148家、B级1290家、C级1491家，占已评餐饮服务单位总数的50.90%。628个住宿、游泳场馆、公共浴室经营单位进行量化评级，其中住宿场所401个，评出A级单位56个、B级157个、C级164个、未予评级24个；游泳场馆69个，评出A级26个、B级34个、C级1个、未予评级8个；公共浴室经营单位158个，对其中114个进行等级评定，评出A级19个、B级53个、C级42个。

公共卫生投诉举报。全年接报并受理各类来电、来访、来信541件，其中信访件65件。办结520件，办结率96.12%；21件正在处理中。其中食品安全359件（占66.36%）、医政116件（21.44%）、公共场所24件（占4.44%）、生活饮用水38件（占7.02%）、母婴保健2件（占0.37%）、传染病与消毒2件（占0.37%）。

大型活动卫生保障。完成昌平区两会、全国两会、春节、清明、第1届北京国际电影季、五一、端午、北京铁人三项世界锦标赛、中秋、国庆、全国高考、北京市中考、首届北京昌平古玩艺术品收藏文化节、第11届中国（北京）国际工程机械、建设机械及矿山机械展览与技术交流会等重大活动公共卫生保障任务15次，出动监督员1742人次、监督车辆617车次，监督检查2366户次，对检查中存在问题的单位给予依法处理，共处罚21户29400元。

全年开展业务技术培训19次76学时。

爱国卫生 创建北京市卫生村5个，北京市健康促进示范村3个、健康社区4个。组织城市清洁日活动11次，3000余人参与环境治理。春、秋两季统一灭鼠，共投放溴敌隆毒饵1540箱、鼠粑1吨。对4家宾馆饭店、6个居民社区、16个餐饮单位和4个建筑工地的蚊、蝇、鼠、蟑防制工作进行专项检查。制发禁烟标志8000块、禁烟桌牌700块和立式、横式标牌300块，自制控烟宣传折页2种，共发放20000余份。走访21所高等院校的无烟学校建设工作，发放控烟宣传小折页5种14000张、控烟宣传画2种800余张、控烟牌20000余个。监督检查辖区单位1090个，其中合格1019个，合格率93.5%；不合格71个，不合格率6.5%。

妇幼保健 产妇5044人，孕产妇保健管理率100%，孕产妇系统管理率98.39%。活产5090人，新生儿访视覆盖率97.84%。新生儿纯母乳喂养率58.79%，母乳喂养率94.52%；0～6个月婴儿纯母乳喂养率68.23%，母乳喂养率90.15%。无孕产妇死亡，新生儿死亡率1.77‰，婴儿死亡率2.36‰。

儿童保健。常住人口儿童保健覆盖率92.57%，其中本市95.89%；常住人口儿童系统管理率78.49%，其中本市86.88%。

全年计划生育手术20210例，无手术并发症。妇女病普查率67.14%，妇女病检出率50.08%，妇女病治疗率100%。婚前检查1245人，婚检率8.81%。

医疗工作 门诊660.03万人次，急诊54.32万人次，留观18万人次，危重症抢救4620人次（门诊3714人次、病房906人次），住院6.11万人次，出院6.71万人次，病床使用率70.52%，治愈率51%，好转率45.34%，死亡率1.37%，出入院诊断符合率99.26%。住院手术13764例。

院内感染管理。医院感染率1.5%，无菌手术切口感染率0.05%，医疗器械消毒灭菌合格率100%。

病历质控。医院甲级病历率98%。

护理工作。危重患者护理合格率97%。开展优质护理的医院6家，优质护理示范病区10个。护理人员培训22149人次。

对口支援。返聘退休医学专家27人，累计下社区1597人次，门诊20650人次，健康教育29场，1492人次参加，健康咨询1991人次，上转病人452人，下转病人50人。

血液管理。无偿献血7379单位，其中街头采血2388单位、团体无偿献血4991单位；全血6852单位、成分血527单位。用血3314单位，其中全血2单位、成分血3312单位。对区内8个血库进行市、区级督查2次。

15家单位有麻醉药品、第一类精神药品购用印鉴卡。

医疗设备总资产83676万元。本年度新增万元以上设备价值12124万元。

医学教育 参加继续教育7411人。注册乡村医生383人，参加为期5年的乡村医生岗位培训371人。医务人员进修148人，培训34573人次。

财务管理 卫生事业经费42069.96万元，专项资金22185.14万元。总收入192735.23万元，其中财政拨款46647.03万元；总支出187744.51万元，其中财政拨款支出45365.83万元。专项拨款22255.65万元。财政专项支出23169.88万元，其中基本建设资金1227.38万元。

基本建设 完成区医院综合病房楼的主体及内部装修，总建筑面积2.10万平方米，预计总投资12500万元。完成昌平区华一医院门诊楼的建设并投入使用，总建筑面积1.91万平方米，总投资1.08亿元。 （撰稿：韩 雪 审核：谭光剑）

昌平区卫生局领导名单

党 委 书 记 杨群群
副书记兼局长 杜高潮
副 局 长 刘保坚 左 晨 李富和 刘慧勤

顺义区

概况 有19个镇、6个街道办事处、426个行政村，常住人口90.6万。有医疗机构492个（含社区卫生服务站及村卫生室），其中营利129个、非营利363个。卫生技术人员5448人，其中执业（助理）医师2319人、注册护士1916人。床位3252张。平均每千常住人口拥有卫生技术人员5.95人、执业（助理）医师2.53人、注册护士2.09人、床位3.55张。

生命统计。出生5577人，出生率9.54‰，其中男婴2906人、女婴2671人；死亡3890人，死亡率6.65‰，其中男性2122人、女性1768人；人口自然增长率2.89‰。因病死亡3682人，占总死亡人数的94.65％。死因顺位前十位依次为：脑血管病，心脏病，恶性肿瘤，呼吸系统疾病，损伤和中毒，内分泌、营养和代谢系统疾病，消化系统疾病，泌尿、生殖系统疾病，神经系统疾病，传染病。

社区卫生 全区所有社区卫生服务机构全部供应零差率药品，零差率药品销售额11524万元，比上年增长57％。全部实行收支两条线，全年上缴收入21642万元，比上年增加6.25％；拨付公用经费4045万元，比上年减少29.5％；财政拨付人员经费10213万元，比上年增长15.5％。年底，25个社区卫生服务中心有24个设置了中医科，占96％。其中20个社区卫生服务中心和9个社区卫生服务站分别建成市级标准的中医特色诊区和中医药服务特色站，可以开展针灸、拔罐、熏蒸、泡浴等中医适宜技术；20个社区卫生服务中心能提供中药饮片服务，中药饮片服务率80％。完成10个中医特色诊区和10个中医特色站的建设。

农村卫生 年内，全区331名乡村医生分别在14个乡村医生教学点和顺义区卫生学校参加理论、技能培训，经考核全部合格。

新型农村合作医疗。参加新农合29.85万人，参合率99.8％。筹集资金总额2.01亿元，支出1.87亿元，累计补偿受益46.99万人次。其中住院和特殊病门诊补偿1.99万人次1.1亿元，普通门诊补偿45万人次7637.7万元。全区领取报销金万元以上2882人，最高领取报销资金18万元。

疾病控制 报告乙、丙类传染病20种7425例，发病率846.64/10万；死亡18人，死亡率2.05/10万；总病死率0.24％。其中乙类传染病14种1414例，发病率161.23/10万；死亡18人，死亡率2.05/10万；病死率1.27％。丙类传染病6种6011例，发病率685.40/10万，无死亡报告。淋病、梅毒、尖锐湿疣、生殖器疱疹、生殖道沙眼衣原体感染等5种性病报告372例，发病率42.42/10万。

地方病防治。检测居民户食盐288件，其中碘盐283件，合格279件，不合格4件；非碘盐5件，碘盐覆盖率98.26％，碘盐合格率98.59％，合格碘盐食用率96.88％，非碘盐率1.74％。

精神卫生。全区在册重性精神病3331人，其中精神分裂症1494人、双相情感障碍76人、癫痫所致精神障碍72人、慢性酒精中毒所致精神障碍18人、持久妄想型障碍13人、躁狂发作（伴有精神病性症状和冲动行为）28人、复发性抑郁障碍（伴有持续和严重的社会功能损害）11人、精神发育迟滞（中度及以上）1443人、精神发育迟滞伴发精神障碍38人、其他重性精神障碍138人。本年度新发现和新发病重性精神疾病144人，重性精神疾病发病率0.164‰。571人享受免费服药，为其中131名服用奋乃静的患者换服新型抗精神病药物，服药金额29.4万元。

学校卫生。全区有中小学生66957人，体检

56735 人。小学生乳牙患龋率 23.39%，恒牙患龋率 10.35%，沙眼检出率 0.01%，蠕虫感染阳性率 2.33%，视力不良检出率 60.29%，贫血检出率 8.64%，超重 16.56%，肥胖 24.13%。

慢性非传染性疾病防治与管理。实施脑卒中筛查及防控项目，累计开展脑卒中筛查调查问卷 2200 人，颈动脉彩超检查 1913 人，筛查出高危人群 1828 人，累计管理高危人群 677 人，随访 5135 人次。举办世界高血压日等慢病主题宣传活动 6 场次，1600 余人次参加，发放宣传材料 11 种 2400 余份。25 家医疗机构累计管理高血压 54661 人，其中规范化管理 42893 人；管理糖尿病 24246 人，其中规范化管理 15929 人。

计划免疫。本市和流动儿童建卡、建证率均 95% 以上。本市儿童常规免疫接种基础免疫 76939 人次、加强免疫 51701 人次，报告接种率均 99% 以上。流动儿童基础免疫 77612 人次、加强免疫 47514 人次，报告接种率均 99% 以上。

公共卫生监测与评价。全年接受 120 家涉及有毒有害生产单位的委托进行职业健康检查 3657 人，发现职业禁忌证 8 人，疑似职业病 2 人，其中 1 人确诊为电焊工尘肺；接受 26 家用人单位委托进行职业病危害因素检测与评价，其中 18 家存在不同程度的超标现象，共检测样品 892 件，超标 186 件，合格率 79.1%。

营养与食品卫生。全年接受日常委托食品样品 1188 件（含 215 件餐具涂抹），监测 8496 项次，其中不合格样品 69 件，合格率 94.2%。受理食源性疾患投诉 11 起，其中采集剩余样品 18 件、涂抹公用具 14 件、肛拭子 23 件。完成公共卫生从业人员健康体检 62820 人，其中食品卫生 60074 人、公共场所 2134 人、化妆品 263 人、生活饮用水 206 人、有毒生物防制 7 人、卫生用品 136 人。总体检合格率 99.77%。

健康教育与健康促进。召开主管区长、区健康促进委员会各成员单位领导参加的全区健康教育与健康促进工作会，明确各成员单位职责分工。举办第九届健康知识竞赛，覆盖全区 8 万余名学生。组建 157 人的讲师队伍，制作专题节目、专题报道 300 余期次；在《顺义时讯》《潮白天地》报纸开设健康科普专栏，刊出 26 期；在顺义广播电台设立健康快车栏目，累计播出 80 期次；创建健康促进示范村、示范社区 7 个，健康促进学校 27 所。开展大型宣传咨询活动 10 次，开展大课堂活动 683 场，受众 2.9 万余人次。政府投入专项资金，制作、发放健康教育材料共 35 种 45.6 万份。

卫生监督 食品卫生监督。有餐饮服务单位 4880 个，监督 10333 户次，其中有效监督 9999 户次，合格 9696 户次，合格率 96.97%。抽检食品、餐具 184 件，合格 172 件，合格率 93.48%。实施食品卫生行政处罚 424 起，其中警告 290 起、罚款 134 起，罚款金额 32.15 万元。未发生食物中毒事件。

公共场所卫生监督。有公共场所 1934 个，监督 2121 户次，监督覆盖率 86.19%，合格率 99.57%。公共场所抽检 311 件，合格 264 件，合格率 84.89%。公共场所行政处罚 29 起，其中警告 4 起、罚款 25 起，罚款金额 1.69 万元。

饮用水卫生监督。有生活饮用水供水单位 638 个，监督 563 户 1003 户次。生活饮用水抽检 132 件，合格 109 件，合格率 82.58%。实施生活饮用水卫生行政处罚 7 起，其中警告 4 起、罚款 3 起，罚款金额 2.55 万元。未发生生活饮用水污染事故。

职业卫生监督。年内，发放放射诊疗卫生许可证 4 家，监督职业、放射危害企业 280 家。6466 名接触职业危害因素的员工进行职业健康体检，检出疑似职业病 23 人、职业禁忌证 9 人，并下达建议到上级职业病诊断机构复查的卫生监督意见书和调离通知书。处理职业卫生投诉 6 起。

医疗卫生监督。有传染病消毒医疗单位 473 个，医疗保健机构传染病防控监督率 200%，监督覆盖率 100%。对医疗、妇幼、血液机构、消毒产品生产单位监督覆盖率 100%。实施非法行医行政处罚 12 起，罚没款 1.35 万元。

公共卫生投诉举报。受理各类投诉 634 起，其中区卫生监督所接报 501 起、市所转入 133 起，包括食品卫生 504 起、生活饮用水卫生 20 起、公共场所卫生 20 起、职业卫生 6 起、医政 84 起。处理率 100%，办结率 98.7%。

大型活动卫生保障。参与全国两会、中国国际建筑装饰及材料博览会、郁金香文化节、顺义区第 8 届农业博览会、北京国际网球挑战赛、北京国际网球公开赛、首届环北京职业公路自行车赛、北京国际鲜花港菊花文化节等 15 项重大活动的公共卫生保障工作。

卫生监督人员培训。开展卫生监督人员培训 14 次 42 学时，参加培训 668 人次。

行政许可。按时限发放许可证 2243 个，其中餐饮服务许可证 1456 个、公共场所卫生许可证 715 个、生活饮用水卫生许可证 62 个、放射诊疗许可证 10 个。

爱国卫生 第 23 个爱国卫生月期间，完成绿化面积 20 万平方米，树木刷白 147.3 万棵，粉刷墙体 101.4 万平方米，补植、修剪苗木 48 万株，更新文化墙 8 万平方米，更新广告牌匾 12 万平方米，治理乱堆放2400余处，治理坑塘54万平方米，治理小广告21000余处，整修边沟10万延米，拣拾白色垃圾23.8吨，清理垃圾渣土8.8万吨，清除卫生死角382处，新建铁艺围栏42万平方米。

城市清洁、环境整治中，拆迁破旧建筑3080平方米，砌临时围墙658米，建围栏563米，建筑外立面粉刷、清洗、改造8533平方米，步道铺装5120平方米，清垃圾、渣土50万方。对已进行垃圾分类的12个小区18784户41346人每户配置发放2个（厨余、其他垃圾）10升户用桶，设置小区桶站866个，贴有统一标志，同时购置3台餐厨（厨余）垃圾收集运输车。

病媒生物控制。全年使用原粮毒饵500箱、腊块500箱、鼠靶生化灭鼠剂50箱、粘鼠板300箱、卫害净150箱、高氯菊酯100箱，总投入100万元。

禁控烟工作。5月20日，正式启动创建无烟学校工作。在天竺中学举行"小手拉大手，控烟我先行"为主题的启动仪式，400余人参加。在各项禁控烟活动中累计发放宣传画1700余张、宣传折页14000余册、禁烟标志9700余个、禁止吸烟检查员证1000余个。

完成32项农村改水工程，总投资1371.38万元，受益55300人。

妇幼保健 妇女保健。孕产妇系统管理率96.03%，住院分娩率100%。助产单位共接产8290人，其中本地4964人、外地3326人，自然分娩率49.08%，剖宫产率50.7%。0～6个月母乳喂养率91.99%。无户籍孕产妇死亡，围产儿死亡率4.65‰，5岁以下儿童死亡率4.30‰，婴儿死亡率3.05‰。新生儿访视率97.22%，出生缺陷发生率9.86‰，出生缺陷监测率100%，漏报率2.96%。

儿童保健。0～2岁儿童系统管理率92.61%。0～6岁儿童免费体检27040人次，丹佛发育筛查（DDST）5216人次，血常规检测9694人次，8月龄听力筛查10768人次，新生儿听力筛查6316人次。新生儿疾病筛查8265人次，筛查率99.70%，可疑患儿追访8例，追访率100%。儿童窝沟封闭12151人次，封闭17642颗牙，氟化防龋3119人次。

计划生育技术管理。区妇幼保健院对32家计划生育手术机构进行评审，对132名计划生育技术服务人员进行模拟操作及理论考核。全年计划生育手术14518例，无手术并发症。

妇女病防治。妇女病普查7671人次，普查率51.17%；检出妇科疾病2363例，检出率30.80%；未检出妇科恶性肿瘤。免费宫颈癌筛查54348人次，检出妇科疾病18222人次，检出率33.53%，宫颈癌2例；乳腺癌筛查55887人次，其中乳腺良性疾病11139人次，检出率19.93%，乳腺癌27例。

婚前保健。全年婚前检查1843人次，婚检率15.89%。HIV筛查10039例，筛查率100%。

老年保健。低保老人镶牙筛查105人次，镶牙49人次。

医疗工作 门诊5009535人次，急诊447110人次，留观196134人次，危重症抢救13955人次（门诊、病房），入院54357人次，出院54464人次，病床使用率74.29%，治愈率57.02%，好转率38.76%，死亡率1.17%，出入院诊断符合率99.89%。住院手术22261例。

院内感染管理。一级及以上医疗机构由区卫生局专项检查小组进行检查，共检查诊所、医务室等50个，村卫生室40个及区内所有一级及以上医疗机构。

病历质控。一是基础质量监控，通过岗前培训，让全体医务人员了解医院各种规章制度，学习掌握病历书写基本规范，对常见问题举例示警。二是环节质量监控，科内随时对住院病历进行抽查，发现问题及时整改。三是终末质量监控，由医院质控组负责检查，对问题上传下达，督促整改。各医疗机构对电子处方及病历进行规范化管理，对电子病历运行及组织管理等进行自查，发现问题及时改进。顺义区医院作为卫生部开展电子病历的10家试点医疗机构之一，病历的电子信息化管理在北京市年度评价中获较高评价。

护理工作。在4家二级医院开设优质护理服务示范病房21个。护士节期间，开展以"理解、关爱、和谐"为主题的征文和演讲活动，召开护士节庆祝暨演讲大会。在北京卫生学校顺义分校举办第一期护理员培训班，参训30人，学员来自顺义区二级医院从事护理员工作的一线人员。

对口支援。区第二医院、第三医院是区内对口支援受援试点单位，支援单位顺义区医院、中医医院、妇幼保健院以门诊带教、查房、讲课教学、接收学员进修等多种方式进行支援，全年派出专家1296人次，受到受援辖区百姓的认可。

血液管理。全年无偿献血11796单位，其中街头采血5926人次11028单位、团体无偿献血768单位。医疗机构使用悬浮红细胞6824单位、血浆3128单位、血小板553个治疗量。

毒麻药品管理。一是进行资格培训，各二级医院自行组织临床医师、药师进行相关知识培训，一级医院的临床医师由区卫生局组织培训，经考核合格，获得麻醉药品和精神药品处方权资格。二是统一换证，为区内34家医疗机构统一换证，同时对人员资质、规章制度、管理档案等进行再审核。三是加强业务管理，所有医院麻醉药品的储存完全按照要求，防盗设施良好；严格执行麻醉药品、第一类精神药品的采购、验收、储存、保管、发放、调配、使用、报残损、销毁、丢失等制度，设有专职人员负责管理，使用人员均进行相关法律法规知识的培训。

院前急救。全年院前急救共派急救车辆13925次，其中列前三位的为外伤出车3061次、心血管病出车1778次、急性脑血管病出车1726次，前三位共占出车总次数的47.15%。

科研工作 申报首都卫生发展科研专项16项，其中青年项目4项。2007年首都医学发展科研基金的7项课题完成结题。全年在核心期刊发表论文163篇。

医学教育 区医院、中医医院、妇幼保健院、卫生学校等4个区级继续教育培训基地共举办区级继续教育151项200余场、市级2项16场。全区应参加继续教育4955人，实际参加4941人，学习时间达72学时4917人，参与率99.72%，达标率99.51%。区卫生学校举办社区护理和心电图2个专业培训班，取得岗位培训合格证共86人，其他专业经市级培训班培训后取得岗位培训合格证39人。区内4家二级医疗机构选送学科骨干16人到三级医院参加全日制脱产12个月的进修学习。

财务管理 全年财政投入52942万元，其中中医投入2393万元。业务收入124760万元，业务支出120805万元。固定资产总值74036万元，其中房屋17729万元、专用设备43525万元。财政专项拨款28318万元，其中较大项目有新农合14733万元、药品零差率1360万元、差额单位10%经费350万元、两癌筛查1249万元、全民体检1264万元、慢病防治766万元、预防接种402万元、社区随访331万元、急救中心人员经费517万元、改水配套工程742万元、疾控中心预防体检260万元、区医院综合楼设备3000万元等。

基本建设 区中医医院基础建设项目投资427.4万元，其中CT核磁室防护工程80.1万元、CT核磁室扩建及北综合楼加固工程150万元、新增呼吸科病房呼叫系统及氧气安装工程15.5万元、新建职工活动中心工程41.3万元、零星维修改建工程140.5万元。（撰稿：王凤忠 审核：高士伟）

顺义区卫生局领导名单

党组书记兼局长 单德智
副书记 高金龙（至10月）
副局长 高金龙（至11月） 万学志 黄建江 潘军华

平谷区

概况 有2个街道办事处、29个居委会、14个镇、2个乡、273个行政村，常住人口396503人。区内医疗机构306个，其中营利性10个、非营利性296个。卫技人员3242人，其中执业（助理）医师1304人、执业护士1201人。床位1972张。平均每千常住人口拥有卫技人员7.76人、执业（助理）医师3.12人、执业护士2.87人、床位4.72张。

生命统计。出生2910人，其中男性1527人、女性1383人，出生率7.34‰；死亡2859人，死亡率7.21‰；自然增长率0.13‰。因病死亡2644人，占死亡总人数的92.48%。死因顺位前十位依次为：脑血管病，心脏病，恶性肿瘤，损伤和中毒，呼吸系统疾病，内分泌、营养和代谢免疫性疾病，消化系统疾病，神经系统疾病，泌尿、生殖系统疾病，传染病。

获奖情况。年内，被评为第2届北京健康之星评选（大赛）活动优秀组织奖，首都全民义务植树先进单位，北京市贫困白内障复明项目特别贡献奖，北京市第四届和谐乒乓球比赛优秀组织奖，在北京基层中医药服务检测工作中获成绩突出奖，在北京地区中医、中西医结合、民族医医疗机构服务信息网工作中获二等奖。

卫生改革 10月，通过全国爱卫会专家组评审，本区进入国家卫生区行列。9月，通过了国家中医药管理局专家组对平谷区创建全国农村中医药工作先进单位的评估验收。10月，平谷区卫生职工教育学校正式搬家并入区医院管理。完成北京市2009～2011年医改五大项工作任务。年内，通过北京市2010年医改综合考核评估，并获区县医改综合评比第2名。区医院创建全国首家“模拟医院”发展医学人才培养的新途径，本区在全市率先实施“药品托管”工作。

社区卫生 年内，32 名退休医学专家和 20 名退休中级医学人才在 16 个社区卫生服务中心（站）开展门诊 81312 人次，会诊 850 人次，帮扶带教 3725 人次，健康咨询 11624 人次，健康教育 2102 人次，健康指导 6711 人次。全区常用零差率药品进药 6023 万元，品规 2082 个，销售 5143 万元，让利于民 771 万元。无社会养老保障的老年人免费体检 18585 人。18 个社区卫生服务中心预约转诊 115 人次，全部成功转诊。

二级医院全年下社区对口支援 793 人次 8640 天，门诊 21209 人次，健康讲座 19 场 427 人次。培养家庭保健员 1400 人。建立家庭健康档案 107786 份；居民个人健康档案 253328 份，占全区常住人口的 61%。

农村卫生 村卫生室 207 个，全部为非营利性医疗机构，覆盖全区 175 个行政村，覆盖率 64.1%。乡村医生 270 人，在岗培训率 100%。

新型农村合作医疗。参加新农合 234407 人，参合率 99.86%；人均筹资 520 元，筹资总额 12189.16 万元。全年报销补偿 170157 人 1386297 人次，参合人员受益率 72.59%。新农合基金补偿支出 1.57 亿元，补偿率 48.50%，其中普通门诊补偿 1361239 人次 5730.33 万元，补偿率 37.15%；住院补偿 22231 人次 9552.36 万元，补偿率 58.5%；门诊特殊病补偿 2827 人次 416.86 万元，补偿率 65.67%。

疾病控制 报告法定传染病 15 种 2946 例，发病率 708.17/10 万，其中乙类传染病 10 种 1042 例，发病率 250.48/10 万；丙类传染病 5 种 1904 例，发病率 457.69/10 万。发病数前三位的依次是其他感染性腹泻 949 例、手足口病 843 例、痢疾 662 例。

结核病防治。登记管理肺结核 110 例，其中菌阳 64 例、菌阴 46 例，全部实行监化管理。新生儿卡介苗阳转监测 2577 例。

性病、艾滋病防治。新增 HIV 阳性报告 1 例，无艾滋病病例，按要求进行规范管理。有 HIV 病毒携带者 2 例，艾滋病感染者 4 例。随访率 100%，CD4 检测率 100%，配偶抗体检测完成率 100%，抗病毒治疗率 100%。TB/HIV 双重感染的发现与管理率 100%。检测 HIV 29105 份，发现 HIV 感染者 1 例。对 2400 名暗娼进行行为干预，完成暗娼 HIV 检测 100 人，梅毒检测阳性 3 人，HIV 全部阴性。完成流动人口宣传与干预 13000 人次，其中性病就诊者干预 174 人次；发放宣传材料 12 种 20000 余份、安全套 16000 余只。

地方病防治。对 9 个乡镇 36 个村 288 户居民食用碘盐，学生、妇女碘营养状况调查采集尿样 648 份，高危人群布氏杆菌病血清学监测 53 人，枯水期高氟水村 16 件样品的水氟等监测，居民食用碘盐覆盖率 100%，其中碘盐合格率 99.65%；布氏杆菌血清学监测均为阴性；水氟检测均合格。

精神卫生。全区有精神病人 2097 人，管理 1975 人，管理率 94%。年内，将本区所有精神病人信息资料录入到计算机中，全市进行联网管理。免费投药 2222 人次。

学校卫生。对学生沙眼、视力不良、口腔健康、营养不良、肥胖等常见病干预措施覆盖率 100%，食品卫生督导、饮用水卫生监督指导覆盖率 100%。学校卫生工作视导率 100%，学生健康档案信息化管理率 100%。学生沙眼检出率 3.0%，治疗率 100%；视力不良检出率 62.74%，呈上升趋势；恒牙龋齿患病率 18.65%；营养不良干预学校覆盖率 100%，检出率 10.46%；肥胖检出率 15%。

慢性非传染性疾病防治与管理。完成平谷区脑卒中筛查，在王辛庄、夏各庄、镇罗营社区卫生服务中心对 1355 名 50 岁以上人群开展颈动脉彩超、调查问卷、体格检查等筛查，筛查出颈动脉狭窄 29 人，社区慢病防治人员对其进行随访系统管理。对 2010 年脑卒中筛查的高危人群 436 人进行随访干预，包括免费测量血压、6 次大讲堂活动，共管理 359 人，管理率 82.3%。

计划免疫。18 个免疫预防规范化门诊全年接种一类疫苗 97110 人次、二类疫苗 8747 人次。6 个狂犬病免疫预防门诊共处理犬咬伤 3263 人，接种疫苗 16315 针次。外来务工人员应种流脑 A + C 疫苗 1707 人次，实际接种 1629 人次，接种率 95.43%9；应种麻疹疫苗 1707 人次，实际接种 1628 人次，接种率 95.37%。发现学龄前流动儿童 2955 人，其中无卡 67 人、无证 20 人，补种各种疫苗 332 人次，补卡、补证、接种或预约率均 100%。为 60 周岁以上老年人接种流感疫苗 30684 人，接种率 64.54%；学生接种 23555 人，接种率 73.9%；自费接种 858 人。

公共卫生监测与评价。对 26 个放射工作单位中从事放射工作的人员进行个人剂量监测 690 人次，剂量当量：< 5msv 171 人，5msv 0 人，> 15msv 1 人，> 50 msv 0 人。为 22 个医疗单位、4 个企业的放射工作人员进行剂量笔更换 690 人次。职业卫生监测 8 家企业 198 件，检测有害因素 3 项，其中噪声 129 件、苯 26 件、粉尘 43 件，噪声合格率 56%，苯合格率 100%，粉尘合格率 100%。在岗人员体检 193 人，合格率 100%。

健康教育与健康促进。全年开展健康大课堂 175 场次，1.2 万人次参加。在计划免疫日、结核病防治日、高血压日、全民健身日，开展卫生防病知识宣传，发放宣传品10万余份。在平谷电视台开办卫生之窗栏目，通过广播、电视媒体宣传健康知识，制作专题节目48期。在北京市第2届健康之星评选活动中，本区13人被评为健康先行者、1人被评为北京健康使者。与中国移动合作在全区开通“健康提示”短信平台，定期通过短信向全区干部群众发送健康信息，全年发送短信4.5万余条。完成16所新申报的健康促进学校的验收，完成所有健康促进学校的复验，配合市疾控中心完成3个乡镇650名常住人口的健康知识知晓率调查。

卫生监督 食品卫生。有餐饮服务单位1988个，其中餐饮单位779个、现制现售159个、集体食堂340个、集体用餐配送单位3个、民俗接待户707个。量化分级管理691个单位（A级33个、B级232个、C级426个），新评A级3个、B级51个、C级106个，完成量化分级85.7%。监督检查现场制售1780户次，合格率97.4%；检查民俗接待户354户次，合格率100%。食品抽检227件，不合格16件。年内，开展了河豚鱼、学校食堂、自酿酒、瘦肉精、地沟油及食品添加剂等10项专项整治工作。

10月，本区发生一起6人因食用含农药（甲拌磷）超标的韭菜而引起的食物中毒事件，中毒人员得到了及时有效的救治。

公共场所卫生。有公共场所605个，其中住宿业107个，文化娱乐场所19个，公共浴室28个，理发店、美容店441个，游泳场馆1个，商场、书店9个。公共场所住宿单位量化评级229个，其中A级20个、B级107个、C级102个，本年度评定9个。

饮用水卫生。全区有卫生许可证的供水单位169个，其中市政供水6个、二次供水23个、农村简易自来水1个、单位自备水源139个。生活饮用水经营单位建档率100%，监督检查供水单位197户次，均合格。

卫生行政许可。行政许可窗口接待咨询2900人次，受理卫生行政许可申请1224件，准予行政许可844件，其中食品563件、公共场所251件、生活饮用水30件，不予行政许可380件。完成16家医院的放射诊疗许可校验。受理投诉、举报案件99起，结案率100%，群众满意率100%。行政处罚9起，其中一般程序6起，罚款10600元；当场行政处罚3起，均为警告。

大型活动保障。完成元旦、春节、丫髻山庙会、平谷区第13届国际桃花音乐节的公共卫生保障。

爱国卫生 在夏季全市统一除四害检查工作中，本区位列第2名。全区城乡居民健康知识知晓率70%以上，健康行为形成率突破60%。完成创建北京市卫生镇1个、北京市卫生村5个、北京市健康示范村5个、北京市健康社区3个。全区有北京市卫生镇3个、北京市卫生村106个、北京市健康示范村44个、北京市健康社区12个。完成农村改水项目15个村，受益人口16398人，工程总造价1783.28万元。

妇幼保健 产妇2894人，住院分娩率100%；系统管理2776人，系统管理率95.92%；高危产妇694例，高危管理率100%；剖宫产率52.46%。无孕产妇死亡；围产儿死亡20例，死亡率6.89‰；新生儿死亡9例，死亡率3.09‰；婴儿死亡10例，死亡率3.44‰。活产2910人，访视2786人，新生儿访视率95.74%；出生缺陷监测率100%；新生儿疾病筛查率98.90%。

儿童保健。全区0～6岁儿童18370人，管理18141人，儿童保健管理率98.75%；系统管理10788人，儿童系统管理率96.31%。5岁以下儿童死亡16人，死亡率5.50‰。0～6岁儿童检查贫血16234人，贫血患病率3.33%；检查口腔13968人，口腔保健覆盖率76.04%，患龋齿3594人，患龋率25.73%，患龋颗数15634颗，矫治832人，矫治率23.15%。4～6岁儿童在册2302人，视力检查2196人，眼保健覆盖率95.40%；视力低常128人，低常患病率5.83%。

计划生育技术管理。完成计划生育手术8744例，手术并发症2例。

妇女病应查99748人，实查44950人，普查率45.06%；妇科病患病率26.62%，细胞学检查率16.79%。年内，本区婚姻登记10042人，实际检查828人，婚检率8.25%；检出疾病186人，疾病检出率22.46%。

医疗工作 门诊2349640人次，急诊147160人次，留观74010人次，住院危重症抢救1518人次，住院45135人次，出院45096人次，病床使用率82.88%，治愈率48.63%，好转率47.85%，死亡率0.65%，出入院诊断符合率99.38%。住院手术18157例。

病历质控。甲级病历率95%以上。

护理工作。年内，继续开展优质护理服务，区医院有11个病区开展优质护理服务示范工程，占50%。5月，平谷区医院神经外科被卫生部评为全国开展优质护理服务示范工程优秀病房，神经内科二病区护士张亚军被评为全国优质护理服务考核优秀个人，神经内科二病区被市卫生局评为北京市优质护理示范病区。全年护士首次注册519人。

对口支援。市及区级医院对口支援本区413人次5548天，接收进修48人，捐款、捐物价值53.87万元，诊疗13783人次，义诊2341人次，业务培训

2134 人，手术 98 例，学术讲座 107 讲。

血液管理。全年采血 1741 单位，其中街头采血 455 单位、团体采血 1286 单位。用全血 6 单位、悬浮红细胞 4815 单位、机采血小板 370 单位、血浆 4567 单位。

12 月底，21 家医疗机构完成麻醉药品、第一类精神药品购用印鉴卡的换发。

医疗废物管理。全区产生医疗垃圾 180 吨。

医疗设备总资产 31003.16 万元，其中新增 20 万元以上设备 53 件，投资 2865.65 万元。

医学教育 参加继续教育 3076 人，其中完成 72 学时和 25 学分 3039 人，占 98.8%。参加专科住院医师规范化培训 11 人。在岗乡村医生 270 人，培训率 100%。年内，平谷区卫生职工教育学校在职本科教育招生 11 人、在职专科教育招生 41 人。

科研工作 全年开展科研课题 11 项，其中市级课题 6 项（包括合作项目 5 项）、区级课题 5 项。

精神文明建设 年内，以“服务民生保健康，群众满意促幸福”为主题，以“社区卫生家庭医生式服务”为品牌，开展为民服务创先争优活动。通过开展“1131”活动（即向居民发放一封信、一张卡、三折页指南、发送一条开展家庭医生式服务的短信）和提供 5 类个性化服务优惠措施（即健康状况早了解、健康信息早知道、分类服务我主动、贴心服务我上门、慢病用药可优惠）等进行宣传，提高家庭医生式服务知晓率，使更多的居民参与家庭医生式服务。同时，结合开展“三亮三比三评”的主题实践活动和以服务好、技术好、医德好，群众满意的“三好一满意”活动，不断创新载体，树立卫生行业新形象，掀起卫生系统窗口服务单位创先进、争优秀的热潮。

财务管理 全年收入 114534.18 万元，其中业务收入 73452.73 万元；支出 127574.3 万元。

基本建设 区医院新病房楼投入使用。4 月 7 日，精神病医院扩建工程立项，规模 11896 平方米，估算投资 5129 万元。5 月 4 日，疾控中心综合楼立项，规模 9410 平方米，估算投资 5401 万元。中医、老年病综合楼建设工程正在进行前期工作，建筑规模 25968 平方米，估算投资 13205 万元。

（撰稿：王静宇　审核：于广存）

平谷区卫生局领导名单

党委书记　王如生
副 书 记　张顺华
局　　长　王红艳
副 局 长　徐福利　张　友　赵义德　赵海燕

怀柔区

概况 有 5 个街道办事处、31 个居委会、2 个乡、9 个镇、284 个行政村，常住人口 37.1 万人。区属医疗机构 172 个，其中营利性 64 个、非营利性 108 个。卫技人员 2901 人，其中执业（助理）医师 1229 人、注册护士 934 人。床位 1534 张。平均每千常住人口拥有卫技人员 7.82 人、执业（助理）医师 3.31 人、注册护士 2.52 人、床位 4.13 张。

生命统计。出生 2436 人，其中男性 1225 人、女性 1211 人，出生率 8.80‰；死亡 1803 人，死亡率 6.51‰；人口自然增长率 2.29‰。因病死亡 1785 人，占死亡总数的 99%。死因顺位前十位依次为：脑血管病，恶性肿瘤，心脏病，呼吸系统疾病，损伤和中毒，消化系统疾病，内分泌、营养和代谢性疾病，神经系统疾病，泌尿、生殖系统疾病，传染病。本区户籍人口期望寿命 78.65 岁。

获奖情况。年内，被评为全国中医药工作先进单位、北京市口腔公共卫生服务项目组织先进单位、职工书屋、北京市节水型单位。

社区卫生 有 16 个社区卫生服务中心、88 个社区卫生服务站，按站模式正规运营 56 个，其他 32 个按村卫生室模式管理。重新组建社区卫生服务团队 87 个，聘用高、中级职称退休医学专家 23 名。社区卫生服务中心总诊疗 744737 人次，其中门急诊 727103 人次、家庭卫生服务 17634 人次，留观 25413 人次，急诊抢救 121 次，免费测血压 111116 人次，双向转诊中上转 4475 人、下转 175 人。家庭病床 36 张，为老年人健康体检 1535 人、接种流感疫苗 2669 人。社区卫生服务机构和村卫生室共销售药品 5356 万元，其中零差率药品销售 3421 万元，占销售药品的 63.87%。培养家庭保健员 1435 人，全部考核合格。开展家庭医生式服务，全区 16 个卫生服务中心共签约 22965 户 52700 人。

农村卫生 有村卫生室278个，乡村医生370人。年内，改造3家二级医院的网络系统。6月，区妇幼保健院率先实现新农合报销出院即时结算；11月，区第一医院、中医医院启动新农合出院即时结算程序。享受出院即报政策848人次，即报补偿额401.9万元。全区在册农业人口156216人，参加新农合154696人（含非农业人口2970人），参合率99.03%。人均筹资578元，筹资总额11993.88万元。享受药费补偿159299人次，补偿金额10316.17万元，其中普通住院补偿15413人次，金额7391.71万元；门诊特殊病补偿1378人次，金额341.70万元；普通门诊补偿142508人次，金额2582.76万元。

疾病控制 传染病防治。报告乙、丙类传染病15种2434例，发病率652.54/10万；死亡8人，死亡率2.14/10万；病死率0.33%。其中乙类传染病9种799例，报告发病率214.21/10万；报告死亡8人，报告死亡率2.14/10万；病死率1.00%。丙类传染病报告6种1635例，报告发病率438.34/10万。结核病发病95人，发病率25.47/10万，治疗率100%。发生各类性病292例，发病率78.28/10万。检测发现HIV感染者10例，发病率2.68/10万；淋病33例，发病率8.85/10万；梅毒174例，发病率46.65/10万；尖锐湿疣72例，发病率19.30/10万。

地方病防治。检测居民户食盐样品288份，未发现非碘盐，碘盐覆盖率100%；合格碘盐283件，碘盐合格率98.26%。采集孕妇尿碘标本202件，尿碘中位数165.9μg/L；育龄妇女尿碘标本202件，尿碘中位数201.2μg/L；学龄儿童尿碘标本200份，尿碘中位数229.6μg/L。对40名学龄儿童进行甲状腺B超检测，未发现甲状腺肿大。继续对地方性饮水型氟中毒病区改水后的5个乡镇8个自然村进行饮用水丰水期、枯水期水氟含量监测，监测水样56件，水氟含量>1.0mg/L水样2个村8件。完成九渡河村等6个村629人氟斑牙患病情况调查，其中30岁以上成年人500人，检出各型氟斑牙患者127人，患病率25.4%；学龄儿童129人，检出疑似氟斑牙患者4人，患病率3.10%。4月，卫生部取消怀柔区大骨节病病区评估工作。

精神卫生。建档精神病1581人，发病率0.005%。为469名精神病患者办理了免费服药手续。

学校卫生。全年监测学生27915人，其中肥胖5749人，肥胖率20.59%；视力不良15293人，检出率54.78%；恒牙患龋3431人，龋患率12.29%；龋齿充填率33.61%；沙眼43人，沙眼患病率0.15%；贫血412人，阳性率1.48%；蛔虫卵检查14人，未检出阳性。完成37所学校视导检查，视导覆盖率100%。完成全区37所中小学校教学环境检测，覆盖率108%。

慢性非传染性疾病防治与管理。管理高血压17598人，高血压规范管理13123人，规范化管理率74.57%；管理糖尿病4883人，规范管理3272人，规范管理率67%。2个社区卫生服务中心对667名脑卒中患者开展了规范化管理。

计划免疫。完成接种17.55万人次，其中常规接种12.99万人次、外来务工人员接种3710人次、应急接种1788人次、二类疫苗接科2.43万人次、犬苗接种1.58万人次。学龄前外来儿童强化查漏补种共调查5703人，其中无卡267人、无证22人，补卡补证率均100%。全区16家接种单位查漏补种共调查316村次，村覆盖率100%；调查25.61万户次，户调查覆盖率100%；调查适龄儿童4.14万人次，其中流动儿童1.47万人次、本地儿童2.67万人次。

公共卫生监测与评价。对100家单位开展检测项目18项，采集样品2029件，合格1689件，合格率83.24%。完成50家重点企业的监测；完成8家企业重金属污染的监测、监护及环境因素监测，采集铬、铅、水、土壤、大气、食物样品148件，合格130件，合格率87.84%；完成231家企业职业健康状况调查；新检出职业病7例，其中急性重度中毒性肝病1例，职业性耳鼻喉口腔疾病（噪声聋）2例，矽肺Ⅰ期1例、Ⅱ期1例、Ⅲ期2例。接报农药中毒21例，其中死亡1例；接报并核实非职业性一氧化碳中毒111起143例，其中死亡3例。完成建设项目职业病危害控制效果评价2项，其中独立完成1项。完成8家医疗机构16台医用诊断X线机的检测，568人次的个人剂量计更换。完成辖区土壤、空气和水体放射性本底监测采样。建立放射性污染检测站1处，购置表面污染监测仪1台，开展辐射知识培训1期。

健康教育与健康促进。录制广播、电视节目108期，《怀柔报》投稿30篇，利用宣传日开展宣传咨询活动50场次（其中大型宣传活动10场），发放宣传材料20种20万份。更换宣传橱窗3期641块。举办2期健康教育师资及全民健康生活方式行动演讲比赛。完成1600人份的手足口病评估问卷调查。健康促进示范社区（农村）108个，完成632场健康大课堂讲座。开展U能健康知识系列讲座8场次。

卫生监督 全年接待2855人次，现场咨询1260人次。发放各类许可证2536个，其中餐饮服务1529个、公共场所475个、生活饮用水24个、医疗498个、射线诊疗10个。

公共卫生专项检查。全区有各类经营单位6353个，全年监督检查各类网点7943户次，其中餐饮服务单位3694个，监督5405户次，合格5332户次，合格率98.65%；公共场所909个，监督1340户次，合格1338户次，合格率99.85%；生活饮用水单位357个，监督362户次；职业卫生176户次，合格162户次，合格率92.05%；放射卫生25户次，合格24户次，合格率96%；公共场所控烟监督检查2623户次，合格2413户次，合格率91.99%。1110个餐饮单位全部进行量化评级，其中A级40个，占3.60%；B级735个，占66.22%；C级335个，占30.18%。

医疗卫生专项检查。全年监督检查884户次，其中医政监督215户次，合格205户次，合格率95.35%；传染病防治监督检查400户次，合格398户次，合格率99.5%；母婴保健17户次；血液监督15户次；其他237户次。医疗机构不良执业积分14户次28分。取缔非法拔牙经营场所（地摊诊所）5户次，没收不明药品、器械等；取缔非法行医场所（有房屋）2户次；行政处罚9户次，其中警告3户次、罚款6户次7000元，没收医疗器械2件。全年接到投诉举报3件，其中无证行医2件、其他1件。监督检查临床用血医疗机构4户次，合格率100%。

公共卫生投诉举报。全年受理投诉举报91件，其中食品卫生88件、生活饮用水2件、公共卫生1件。罚款2户次4200元。

大型活动卫生保障。承担中央领导在宽沟招待所举办的活动、琉璃庙全国汽车场地越野锦标赛、北京市青少年自行车锦标赛、怀柔区三届五次人大会等卫生保障13次，出动监督员100人次，现场快速检测农药残留、甲醛、过氧化值和油脂酸价等150件，消除卫生安全隐患5起。

全年培训卫生监督员7期900人。发放各种宣传材料3000份。

爱国卫生 爱国卫生月、爱国卫生周期间，全区出动9000人次，清理绿地9万平方米，捡拾白色垃圾200千克，清理乱堆乱放、卫生死角200处，擦拭公共电话亭、果皮箱300个，清除小广告3万处，清垃圾渣土、废弃物9600方。发放宣传材料20万份，利用电子屏幕、宣传展板800块，悬挂横幅、宣传标语500条，张贴宣传画1万张。

年内，在居民区及公园绿地安装灭蚊蝇灯箱100个，灭蚊蝇用安备650千克、列喜镇72升、悬浮剂1000千克、水乳剂1400千克；在大街小巷、绿地、公园等放置毒鼠站12000个，投放鼠药21吨、粘鼠板2800块；投放灭蟑胶饵200支、烟剂1000余个、杀蟑饵剂3700袋、粘蟑纸5000张；灭蚊用药1237袋。监督检查五小行业586家、行政事业单位60家和所有居民社区，覆盖14个乡镇、2个街道办事处。完成改水项目村11个，受益人口8149人，新建标准化泵房10间，安装消毒设备5套。开展农村生活饮用水水质检测16项，检测农村水厂（站）173个，被市改水办评为北京市农村改水先进单位。对3005家单位进行控烟监督检查，劝阻13人，查出不合格单位15家，发放宣传资料3000余份。对26家卫生行政部门和医疗卫生机构举办创建无烟医疗卫生环境培训班。

妇幼保健 妇女保健。孕产妇系统管理率93.22%，儿童系统管理率96.49%，母乳喂养率88.23%。孕产妇死亡率0.32‰，婴儿死亡率4.11‰，新生儿死亡率2.46‰，5岁以下儿童死亡率4.52‰。筛查宫颈癌19439人，确诊宫颈癌1例；乳腺癌检查9540人，确诊乳腺癌6例。妇科常见疾病中，生殖道感染7164例，占首位，其次是妇科其他良性疾病4916例，子宫肌瘤2294例。婚姻登记7178人，婚前医学检查1052人，婚检率14.66%。全年计划生育手术11862例（包括无痛流产手术3100例），无手术并发症。

儿童保健。全区0~6岁儿童15713人，保健管理15183人，保健管理率96.63%；完成0~6岁常住儿童免费体检15435人，访视4589人次。0~6岁儿童系统管理14636人，系统管理率93.15%。听力筛查14654人，筛查率93.26%。

医疗工作 门诊2009394人次，急诊218009人次，留观119890人次，危重症抢救6177人次，住院29388人次，出院29363人次，病床使用率77.90%，治愈率44.65%，好转率52.34%，死亡率1.13%，出入院诊断符合率99.61%。住院手术10615例。

院内感染管理。全区有各级各类医疗机构455家，对431家单位的医疗废物进行监督检查，检查率94.73%。3家二级医院医院感染率1.21%。

病历质控。住院病历检查率100%。甲级病历率100%。

护理工作。年内，组织3家二级医院和安佳医院护士长赴湖南省人民医院、中南大学湘雅医院考察学习优质护理服务经验。全区有11个病区开展优质护理服务，第一医院、中医医院、妇幼保健院优质护理服务示范病区覆盖率分别为53.8%、60%、50%。

对口支援。年初，辖区11家乡镇卫生院与朝阳区7家医院签订对口支援协议。支援医院共派出专家完成门诊7816人次，接收进修38人次，在受援机构开展教学查房25次，帮助受援医院完成手术16例，义诊1131人次，开展学术讲座37次，培训1220人次。11月18日，怀柔区中医医院与西城区护国寺医院签订对口支援协议；第一医院与西城区复兴医院达成框架协议，与二龙路医院接洽对口支援工作；启动妇幼保健院与西城区复兴医院对口支援工作的洽谈。

血液管理。团体无偿献血1100单位，街头采血461单位。医疗机构临床用血1813单位。有临床用血医疗机构4个，对其进行监督检查，未发现违法用血现象。

年内，为19家医疗机构换发印鉴卡。所有具有麻醉药品和精神药品处方权的医师均考核并备案。为长期使用麻醉药品和第一类精神药品患者建大病历并进行网上登记，处方量基本符合规定。

有万元以上设备2061台，总价值29051万元。新增万元以上设备201台。

医学教育 住院医师20人、学科带头人和骨干医师16人到上一级医院学习。“卫生人才在线考试系统”应用于“三基”考核、医师定期考核、住院医师/专科医师出科考试、卫生技术人员继续教育考试、卫生专业技术人员考前练习、医师定期考核等。对383名乡村医生进行考核与培训。获批区级继续医学教育项目122项。

科研工作 年内，获区级科学技术奖一等奖4项、二等奖7项、三等奖16项。

财务管理 卫生医疗机构总收入96777万元、支出88297万元，其中业务收入/事业收入63936万元、业务支出/事业支出78582万元。

基本建设 全年新建1630.8平方米。3月6日，怀柔医院工程正式开工；4月，汤河口社区卫生服务中心新建工程竣工；8月，杨宋、北房、庙城、九渡河、渤海、怀北、雁栖等7个社区卫生服务中心中医科改造项目竣工，9月，通过市中医局验收并投入使用；长哨营、宝山社区卫生服务中心消防改造工程竣工；安佳医院病房楼消防改造工程竣工，7月，验收合格并投入使用。

（撰稿：王利东　审核：沈玉玲）

怀柔区卫生局领导名单

党委书记 金亚平
副 书 记 王丽娟
局　　长 高永革
副 局 长 杜秉利　王爱军　高国庆

密云县

概况 有18个乡镇、2个街道办事处、334个行政村、65个居委会，常住人口47.1万人。县属医疗卫生单位31家、民营医院9家。卫生技术人员3193人，其中执业（助理）医师1375人、注册护士961人。床位1440张。平均每千常住人口拥有卫生技术人员6.78人、执业（助理）医师2.92人、注册护士2.04人、床位3.06张。

生命统计。出生3072人，出生率7.17‰；户籍死亡2568人，死亡率6.00‰；自然增长率1.17‰。死因顺位前十位依次为：脑血管病，恶性肿瘤，心脏病，损伤和中毒，呼吸系统疾病，内分泌、营养和代谢及免疫疾病，消化系统疾病，泌尿、生殖系统疾病，传染病和寄生虫病，神经系统疾病。本区户籍人口期望寿命78.11岁。

卫生改革 3家二级医院完成预约挂号41522人次，双向转诊92人次。实施双休日相应辅助检查科室应诊，实行双休日全天门诊科室44个。3家二级医院31项检验结果互认，共有14个科室25个病种进入临床路径管理。采取诊后访视措施，征求患者意见。妇幼保健院成立后医疗服务科，设置2名工作人员，对门诊及出院患者进行随访。24家公立医疗机构均建立医生工作站，重点改善挂号、收费等窗口服务，采取综合措施，进一步优化服务流程，改善服务设施，缩短病人等候时间。17家卫生院进一步创新服务模式，建立巡诊制度，开展农民免费体检，完善农民健康档案。县城社区卫生服务中心24小时应诊。利用新农合报销等相关政策正确引导患者分级就诊。强化家庭医生式服务模式，合理设置社区卫生服务团队125个、成员510人。

全县公立医疗机构、合作医疗定点村卫生室全部配备使用《国家基本药物目录》内的药品，并列入新农合报销目录。购销药品实施网上招标采购，实行药品购销微机化管理，社区卫生服务中心销售零差率药品485种1228个品规、非零差率药品521个品规。

社区卫生 有社区卫生服务中心19个、筹建1个，社区卫生服务站27个，正式职工1275人，其中卫生技术人员973人。19个社区卫生服务中心全年门诊1146762人次，急诊119617人次，留观74958例，入院 355 人次，出院 354 人次，病床使用率 6.36%，治愈好转率 96.05%。

年内，19 个社区卫生服务中心、27 个社区卫生服务站均开展家庭医生式服务，累计张贴、发放各类宣传材料近 8 万份，签订家庭医生式服务协议书 0.98 万份（户），签约 1.6 万人，签约率 3.45%。健康评估 8349 人次，发放健康教育材料 14226 份，告知信息 9247 人次，主动服务 6528 人次，上门服务 1540 人次。

农村卫生 村卫生室 478 个，其中村办 300 个、私人办 178 个，乡村医生 523 人。171 个村卫生室完成乡村医生聘任，247 个政府购买服务的村卫生室全部实行药品统一配送、统一管理、药品零差价销售及新农合报销等职能。

新型农村合作医疗。参加新农合 275492 人，参合率 99.6%。除在二级医院实行出院直报外，将村卫生室纳入新农合报销体系，247 个政府购买服务的村卫生室纳入新农合定点医疗机构。此外，3 家二级医院对阑尾炎等 4 种常见病、多发病试行单病种定额付费管理。全年报销金额 1 万元共 3088 人、10 万元 47 人、18 万元 5 人。

疾病控制 全年报告乙、丙类传染病 16 种 2490 例，报告发病率 446.54/10 万。其中乙类传染病 11 种 828 例，报告发病率 148.49/10 万；丙类传染病 5 种 1662 例，报告发病率 298.05/10 万。

地方病防治。对穆家峪等 9 个乡镇 36 个村进行食盐碘含量监测，检测居民食盐样品 288 份，碘盐覆盖率 97.92%；检测幼儿园、学校等重点单位食盐样品 53 份，全部合格。孕妇和育龄妇女尿碘检测 1704 件，合格率 90.72%。按要求开展了布氏杆菌病、水氟、鼠疫的监测。

性病、艾滋病防治。开展免费咨询检测，接待咨询 744 人，免费 HIV 抗体检测 743 人，检出 HIV 抗体阳性 2 人。全年监测高危人群 1067 人，HIV 抗体阳性 1 人，梅毒酶联免疫（ELISA）抗体检测阳性 32 例、梅毒血清学检测（RPR）阳性 19 例。开展高危人群干预 30072 人次，发放宣传折页 3261 份。

精神卫生。建档管理重性精神病人 1399 人，全部录入北京市精神卫生管理信息平台。纳入色块分级管理 1270 人，其中红色块一类管理 201 人、橙色块二类管理 1067 人、黄色块三类管理 0 人、绿色块四类管理 2 人。将所有符合精神分裂症、双相情感障碍、偏执性精神障碍、分裂情感性精神障碍、癫痫所致精神障碍、严重精神发育迟滞等 6 类患者纳入到中央补助地方重性精神疾病管理治疗工作中，纳入“686”管理的患者累计 1236 人。全年免费投药 700 人，金额 9 万元。

学校卫生。在完成学生常规监测的基础上，开展各项学校卫生专题调查，完成全县 52 所中小学校传染病管理状况监测调查、中小学校人群烟草监测调查等。36 所小学筛查适龄学生 7981 人，窝沟封闭 6753 人，封闭第一恒磨牙 9216 颗；20 所中学筛查适龄学生 7410 人，窝沟封闭 6520 人，封闭第二恒磨牙 11135 颗。

慢性非传染性疾病防治与管理。完成高血压、糖尿病患者的随访和录入工作，随访 10318 例高血压患者和 3120 例糖尿病患者，规范化管理率分别为 65.2% 和 63.1%。

计划免疫。全年接种 220101 人次，其中常规接种 104275 人次、外来务工人员接种 10141 人次、应急接种 5274 人次、二类疫苗接种 40774 人次、流感疫苗接种 59637 人次。全县 21 个免疫预防门诊共调查 515260 户次，户覆盖率 98.14%，调查适龄儿童 55904 人次，发现无卡 5 人，补证、补卡、补种率均 100%。强化查漏补种共调查外来儿童 5778 人，其中无卡 352 人、无证 17 人，漏种 278 人次，均进行补卡、补证、补种。

公共卫生监测与评价。全年接受 37 家单位 1219 件样品进行检测，合格率 69.4%。完成 297 家企业的职业健康状况调查，并对 3 家涉及重金属铅、铬的企业开展重金属污染调查和监测。接到职业病与职业中毒、尘肺病、农药中毒病例 99 例，均按照要求审核、上报，并对确诊的职业病病例进行访视。检测 3 台射线医用设备，开展全县放射工作人员个人剂量监测，监测 41 个单位 146 人 534 人次的个人射线剂量。

对食品生产、加工、销售、饮食服务行业开展卫生学评价及换证监测，全年换证监测 146 户。完成食品安全风险监测和行政抽检，餐饮服务业食品行政抽检共采集 4 类食品 110 件，合格 104 件，合格率 94.5%。完成公共场所委托现场评价复验 437 户。在政府服务大厅窗口，与食品生产经营企业及公共场所等签订卫生学评价委托书 300 家，发放办理卫生学评价报告须知 300 份，咨询服务 400 次。

健康教育与健康促进。通过上门入户、门诊看病等方式获取健康档案基本信息，健康档案建档率 92.7%。全县 11 个单位开展健康促进医院创建工作，有 16 个村和 5 个社区申请创建健康示范村、健康社区，并全部验收达标。开展健康知识系列讲座 483 场，受众 23231 人次。利用世界卫生日、计划免疫日、结核病日、世界无烟日、县科技周等开展宣传活动，发放各种宣传品 91044 份，制作宣传板和宣传栏共 244 块，安装白求恩取阅书架 61 个，开展各种咨询活动384场，受众15065人次，自制宣传品3种25400份。

卫生监督 日常监督检查7713户次，合格7332户次，合格率95.06%。其中餐饮服务单位4696户次，合格4415户次，合格率94%；公共场所1079户次，合格1066户次，合格率98.8%；生活饮用水534户次，合格512户次，合格率96%；职业卫生340户次，合格302户次，合格率89%；学校卫生50户次，合格50户次，合格率100%；传染病与消毒790户次，合格776户次，合格率98.2%；放射卫生55户次，合格53户次，合格率96%；医疗卫生738户次，合格724户次，合格率98.1%。

量化分级管理。对区内1316家餐饮服务单位予以评级，完成1268家，其中A级61家、B级417家、C级790家。对229家公共场所进行分级，完成198家，其中A级13家、B级55家、C级130家。

卫生行政许可与举报投诉。全年受理资料2081件，发放卫生许可证1681件，其中餐饮服务1160件、公共场所440件、生活饮用水49件、放射诊疗许可（认可书）31件、职业病危害建设项目卫生审查1件。不予许可217件，注销卫生许可证85件，补发许可证2件。接报公共卫生投诉184件，办结率100%。其中食品151件、医疗卫生25件、公共卫生1件、生活饮用水7件。全年一般程序行政处罚149件，其中食品111件、公共场所14件、生活饮用水3件、医政18件、职业病3件；简易程序行政处罚346件，其中警告328件、罚款18件。全年罚没金额519158元，其中食品罚没款444808元、生活饮用水15000元、职业卫生15000元、医政37750元、公共场所6600元。

大型活动卫生保障。完成节日和重大活动的食品卫生、公共场所、生活饮用水卫生保障，全年未发生食物中毒和水污染事件。

卫生监督员培训。对餐饮经营单位、厂矿、机关企事业单位、学校托幼园所、工业开发区企业等单位负责人和从业人员共培训33场次4560人，发放《食品安全法》等法规资料1500余套。

妇幼保健 妇女保健。产妇3057人，系统管理3001人，系统管理率98.17%；住院分娩率100%。高危孕产妇1832人，高危孕产妇筛查率59.53%，高危管理率100%。出生3095人，其中活产3072人，围产儿死亡28例，死亡率9.05‰。无孕产妇死亡。

截至年底，在6个乡镇开展户籍适龄妇女两癌普查。宫颈癌筛查4510人，可疑57人，无宫颈癌患者；乳腺癌筛查4948人，可疑175人，无乳腺癌患者。全年计划生育手术10498例，无手术并发症。

儿童保健。5岁以下儿童死亡13例，死亡率4.23‰；婴儿死亡11例，婴儿死亡率3.58‰。新生儿疾病筛查3329人，筛查率99.58%。为户籍0~6岁儿童免费体检5795人次，免费访视1974人次。新生儿疾病免费筛查2500人。

医疗工作 门诊2642659人次，急诊286607人次，留观118891例。急诊危重症抢救9470人次，抢救成功率99.23%；住院危重症抢救257人次，抢救成功率61.48%。入院25530人次，出院25561人次，病床使用率63.09%，平均住院日12.10天，治愈好转率80.27%，死亡率1.69%，出入院诊断符合率99.85%。住院手术7333例。

全年审批许可新医疗机构30家，受理医疗机构变更登记申请126家，医疗机构校验560家，注销医疗机构16家，变更医疗机构126家，医师执业注册142人、变更162人。

医院感染管理。开展二级医院院感专职人员培训。加强抗生素使用管理，开展抗菌药物临床应用专项整治，二级医院抗菌药物少于35种。全年发生医院感染206例，医院感染率0.81%。

病历质控。结合抗菌药物临床应用专项整治，检查住院病历2808份，合格率95%；门诊处方28159张，合格率98%。

护理工作。县医院开展优质护理服务的病区5个、中医医院2个、妇幼保健院1个。县医院与北京大学第一医院结为共建单位，5名护士长到北京大学第一医院进修学习。

对口支援。全县24家医疗机构与其他区县32家医院确立对口支援关系，支援医师512人，诊疗23729人次，手术1506例，接收本县进修8人。捐款、捐物25.66万元。

血液管理。全年无偿献血1760人次2325单位。未发生血源性疾患和输血反应。

22家医疗机构完成麻醉药品、第一类精神药品印鉴卡的变更注册。销毁过期失效麻醉、精神药品针剂3664支、片剂5862片。

万元以上医疗设备1996台，总值21603万元。年内，购置医疗设备50台（件）。

人才培养 引进外埠高级人才1人；外埠大学以上毕业生18人，其中硕士研究生10人、本科8人；招录本地毕业生141人，其中硕士研究生1人、本科24人、大专69人、中专47人。加强人才培养力度，乡镇卫生院21人到县级医院进修、30人到市级医院进修。从城内以及平原、半山区医疗单位抽调162名医务人员到山区医院开展定期支援工作，缓解山区卫生院人员严重不足的状况。

医学教育 开展县级继续医学教育168场，听课39892人次。全县参加继续教育3144人，合格3072人，合格率97.71%。选送专业骨干6人参加市卫生局组织的为期1年的进修培训。结合年内乡医培训重点——急救技术，对603名在岗乡医开展培训，合格率100%。6个进修基地共接收乡镇卫生院进修39人。

科研工作 引进科研成果4项，分别是疼痛的注射和神经阻滞治疗技术、女性不孕不育诊疗技术、耳聋和听力障碍防治技术、儿科重症早期识别及急救。申报首都卫生科研发展专项12项、北京市中医药科技发展资金项目4项，已批准立项9项，获科研经费46.71万元。申报县级科学技术奖11项，其中一等奖1项、二等奖2项、三等奖4项、优秀奖4项。在省市级及国家级医学期刊发表论文79篇。

精神文明建设 年内，全系统开展民主评议政风行风活动，3家二级医院向患者发放问卷76894张，满意76271张，满意率99.19%；19家乡镇卫生院发放问卷2320张，满意2297张，满意率99%。6家单位获批县级精神文明单位，2家单位获首都文明单位称号。

财务管理 全年财政补助收入27189万元，上级补助收入1682万元，医疗单位业务收入71384万元、业务支出91989万元。

基本建设 县医院新建工程投资4.73亿元，完成结构主体工程量的60%。投资300万元，完成鼓楼社区卫生服务中心等10家单位的修缮工程。

（撰稿：邢　颖　审核：王　桦）

密云县卫生局领导名单

党委书记　肖兴起

副 书 记　任向宏　王文平

局　　长　任向宏

副 局 长　毛久成　肖兴起　张　利

延庆县

概况 有15个乡镇、376个行政村，常住人口28.7万人。有卫生机构257个，其中村卫生室177个，个体诊所34个，一、二级医院19个，社区卫生服务站5个，医务室21个，门诊部1个。其中营利性34个、非营利性222个、非政府办非营利1个。有卫生技术人员2024人，其中执业（助理）医师872人、注册护士689人。床位1048张。平均每千常住人口拥有卫技人员6.34人、执业（助理）医师2.73人、注册护士2.16人、床位3.29张。

生命统计。出生2169人，出生率7.77‰；死亡1739人，死亡率6.23‰；人口自然增长率1.54‰。因病死亡1608人，占总死亡人数的92.47%。死因顺位前十位疾病依次为：脑血管病，恶性肿瘤，心脏病，呼吸系统疾病，损伤和中毒，内分泌、营养和代谢性疾病，消化系统疾病，神经系统疾病，传染病，泌尿、生殖系统疾病。本区人均期望寿命77.91岁，其中男性76.75岁、女性79.22岁。

获奖情况。共获市级以上奖项11项。

卫生改革 4月，县卫生局首次组织各单位报送公共卫生类信息。4～12月，共收集各单位报送信息233条，采用144条，撰写和上报《公共卫生简报》9期。

社区卫生 全县社区卫生服务机构销售零差率药品360种905个品规，占全部药品的72.4%；零差率药品收入3913.13万元，占药品总收入的69%；让利1017.41万元。业务收入6447.2万元，比上年增长27%。门急诊67.6万人次，比上年增长9%。根据15个社区卫生服务中心医务人员的数量以及辖区覆盖人口，合理分配家庭保健员的培养名额，共培养1400人。组织各种培训140余次，考核发证1400人。组建家庭医生式服务团队64个，累计签约7274户44182人次，其中发放健康教育材料及告知信息29575人次、主动服务12886人次、上门服务1721人次。

农村卫生 村卫生室177个，均为非营利性集体所有制；农村社区卫生服务站59个，均为非营利性全民所有制。注册乡村医生290人。

新型农村合作医疗。全年参合181611人，参合率99.63%。96247人次报销医药费用11194万元；各定点医院为245064名农民减免116.6万元，下乡巡诊1115次，派出医务人员4695人次，服务群众28005人次，免费健康体检10933人。

疾病控制 报告法定传染病16种1172例，发病率369.72/10万。其中乙类传染病10种696例，发病率219.56/10万；丙类传染病6种476例，发病率150.16/10万。完成应对新疆维吾尔自治区和田地区的输入性脊髓灰质炎野毒株疫情的防控；首次开展艾滋病“男男人群”干预和检测，填补了本县检测空白；完善鼠疫联防联控机制，预防和控制鼠疫的发生、蔓延和远距离传播。

结核病防治。新发现结核病64人，监化督导率100%，治愈率95%。新生儿卡介苗接种率100%。大中小学PPD监测8266人，结核菌感染1161人，结核菌感染率14%；查出肺结核3人，全部免费治疗。

地方病防治。完成288份居民碘盐监测，202份育龄妇女、200份孕妇和213份小学生尿碘监测。开展水氟监测、学生氟斑牙患病情况监测。全县无地方性氟中毒、碘缺乏病。监测发现布氏杆菌病隐性感染者2人，无新发病例。

精神卫生。有重性精神病人1214人，系统治疗289人，间断治疗387人，未治疗538人。

学校卫生。中小学生应体检29016人，实体检26198人，其中营养不良2872人、肥胖3206人、视力不良15213人、患龋3679人、贫血744人、沙眼15人。采用讲课、黑板报、知识竞赛、广播、展览、文艺活动等形式向学生传授常见病防治知识，培养良好的卫生习惯，提倡户外活动和合理膳食。

慢性非传染性疾病防治与管理。规范化管理高血压541人、糖尿病330人、超重肥胖61人。脑卒中筛查1350人，成人慢性病相关危险因素监测414人。首次开展高血压患者自我管理小组技能培训，完成3个自我管理小组活动。

计划免疫。脊髓灰质炎、百白破、白破、麻风、麻风腮、流脑、流行性乙脑、乙肝、甲肝疫苗应接种63884人次，实接种63747人次，接种率99.79%。脊髓灰质炎监测387633人次，麻疹监测484601人次。60岁以上老人应免费接种流感疫苗38082人，实接种16417人，接种率43.11%；在校学生应免费接种流感疫苗24670人，实接种14137人，接种率57.30%。

公共卫生监测与评价。全县有接触毒害物质单位111个，职工5201人，其中接触职业危害因素职工1498人。监督检查135户次，合格130户次，监督频次1.43次/户；监督覆盖率100%。应体检2499人，实体检2499人，体检率100%，各单位均按规定建立了职业健康监护档案。没有职业病新发病例，无疑似职业病人。职业禁忌42人，全部调离。

健康教育与健康促进。全年开展健康知识大课堂110场、宣传咨询活动10次，发放宣传品50800份。

应急处置。处理各种疫情761起，制订传染病应急预案26份、工作方案27份。组织传染病疫情控制、食物中毒处理、水污染事故处理、职业和放射事故处理等培训21期，基层应急培训20期1045人次，参加市、县应急演练2次。5月，开展卫生应急技能大比武；9月，开展建筑工地食品安全事故应急救援演练。

卫生监督 公共卫生专项检查。有食品生产经营单位2085个，从业人员6810人。监督检查5348户次，合格5133户次，合格率95.98%。实施行政处罚151户次，其中罚款57户次60500元；没收并销毁违法加工食品及原料577.31千克，处理食物中毒事件1起。有各类公共场所411个，监督检查496户次，合格483户次，合格率97.4%。领取卫生许可证的供水单位44个，监督65户次，合格51户次，合格率78.5%；监测各类水质22件，合格20件，合格率90.9%。

医疗卫生专项检查。全年出动卫生监督员492人次、监督车辆191车次，取缔非法行医8家，没收医疗器械45件，价值0.8万元。

公共卫生投诉举报。全年接到投诉举报76件，其中食品类61件、医政类15件，处理率100%。

大型活动卫生保障。完成重大活动食品卫生监督41次，出动卫生监督员293人次、保障车辆134车次。

妇幼保健 妇女保健。孕产妇2155人，孕期建卡2154人，建卡率99.95%；产前检查2155人，产前检查率100%；早孕检查2146人，早孕检查率99.58%；产后访视2134人，产后访视率99.03%；孕产妇系统管理2124人，系统管理率98.56%；住院分娩率99.95%。高危产妇503人，高危产妇管理500人。围产儿死亡8例，围产儿死亡率3.68%；出生低体重儿83例，发生率3.83%。危重孕产妇抢救22例，未发生医院孕产妇死亡。产科围产儿2167人，出生缺陷14例，出生缺陷发生率6.46‰。

儿童保健。活产2169人，系统管理2144人，管理率98.85%，筛出高危新生儿179例；0～6岁儿童13409人，管理13326人，管理率99.38%。6个月母乳喂养应有1673人，实际喂养1473人，母乳喂养率88.05%。检查贫血12029人，患病392例，其中中、重度贫血18例，贫血患病率3.26%。5岁以下儿童死亡6例，死亡率5.53‰；婴儿死亡2例，死亡率4.15‰；新生儿死亡1例，死亡率3.23‰。

妇女病防治。城、乡妇女病普查应查101456人，实查8862人，普查率8.73%；患病率22.29%。婚前检查283人，婚检率5.54%。计划生育手术7083例，无并发症。

爱国卫生 开展春季爱国卫生月和城市清洁日活动，2.5万人次参加，擦拭小广告430条，清洁广告牌190块，清理卫生死角1300处，清运垃圾污物80吨，整治绿地110万平方米。灭鼠活动期间，用鼠药0.5吨、腊块1.5吨、鼠盒1300个，发放宣传材料1.2万份；灭鼠投药到位率100%，投药覆盖率100%，城市鼠密度下降到0.26%。检查300家食堂、餐饮单位，无蝇无蟑达标率93%以上。完成农村户厕改造3681套；完成改水21个村，受益人口1.06万人。

控烟。监督检查150家单位，劝阻公共场所吸烟行为100人。发放各种宣传材料1万份，制作展板4块，悬挂横幅2条，设立宣传咨询站（点）4个，张贴标志牌2000块。

医疗工作 门诊1631709人次，急诊91984人次，留观25696人次，住院危重症抢救876人次，入院18338人次，出院19890人次，病床使用率67%，治愈率48.6%，好转率70.5%，出入院诊断符合率99.7%，病死率0.83%。住院手术5322例。

院内感染管理。加强对临床科室消毒隔离、感染监控的管理，对临床重点科室医务人员的手表面、物体表面、重点部门空气、消毒剂、紫外线灯强度、高压灭菌包等进行生物监测。全年抽查重点科室空气培养1122份，合格率97.35%；手培养133份，合格率90.45%；无菌物品194份，合格率100%；物体表面126份，合格率99.2%。

医疗质量。确立“以人为本，诚信服务，精益求精，满意放心”的质量方针，增强质量体系的规范和科学性，有效控制医院质量管理的各个环节，提高医疗管理的质量和水平。开展岗位大练兵，狠抓基本医疗质量，共培训77次5716人次，医疗质量明显提高。不定期对科室病历质量进行抽查，重点检查终末病历质量，并检查运行病历，开展病历评比和优秀病历观摩，有问题及时向科室反馈并沟通，明显问题在每月通报中公布。

护理工作。完善护理三级质控管理，规范护理行为，不断提高护理质量，保障医疗安全和人民健康。以患者满意、社会满意、政府满意为目标，继续巩固和扩大优质护理服务覆盖面，县医院开展优质护理病区5个、中医院1个。改革临床护理工作模式，实施责任制整体护理，全面落实护理职责。

对口支援。年内，有15个医疗单位与城区医院建立对口支援关系。支援单位派出兼职、挂职医务人员278人次，到受援单位义诊的专家109人，咨询诊治19942人次，健康教育讲座242次，受益31656人次，捐款、药、设备总价值2.5万元。优先减免费用接收受援单位进修17人。

血液管理。自愿无偿献血1475人次1729单位，其中团体无偿献血149人次223单位，机采血小板586人次1058单位，街头自愿无偿献血1506单位。

有麻醉药品、精神药品购用印鉴卡的医疗单位9个，其中二级医院3个、一级以下医疗单位6个；有处方权备案医师158人。使用麻醉药品10种，采购金额31.5万元。

科研与教育 参加全科医师培训17人、社区护士岗位培训21人，通过全科医生考试16人、社区医生理论考试16人。1724名专业技术人员参加好医生网上学习，达标率97.74%。按照市卫生局要求开展乡村医生培训。全年在国内核心期刊发表论文58篇。

财务管理 卫生事业财政拨款41063.57万元，其中专项拨款26699.9万元，基本建设拨款8400万元。上级补助收入40.45万元，卫生事业收入43988.65万元，其他收入246.66万元。卫生事业支出81687.74万元，其中专项支出24248.4万元、基本建设支出8400万元、合作医疗支出9861.43万元。

基本建设 完成新建疾控中心工程，投资3487万元，建筑面积6118平方米。完成县医院改扩建工程的病房楼主体建设，总投资12323.39万元，总建筑面积29606平方米。完成县医院改扩建工程的后勤科研办公楼主体工程地下及地上一层建设，总投资3748.89万元，总建筑面积16894平方米。

（撰稿：周宝平　审核：刘凤云）

延庆县卫生局领导名单

党 委 书 记 杨东海
副书记兼局长 王丽敏
副 局 长 杨东海　尹文强　鲁金芳　韩永祥

三级医院工作

卫生部北京医院

（东城区东单大华路1号）
邮编：100730　电话：85132266
网址：www. bjhmoh. cn

基本情况　职工2669人，其中医生645人，护士1010人，医技人员366人，其他技术人员157人，行政、后勤人员491人。有正、副高级职称448人，中级职称939人、初级职称1003人。

北京医院有320排640层CT、宝石CT、双向数字减影心血管造影机、超导3.0T核磁共振成像设备、ECT、PET/CT、立体定向适形调强放疗加速器、多功能手术导航设备、流式细胞仪、全自动血库系统等，医疗设备总值130591万元。本年度新增医疗设备总值13343万元，其中10万元以上设备111台、100万元以上设备29台。

获奖情况。北京医院被评为中央国家机关文明单位标兵、全国2011年医院改革创新奖、全国卫生系统卫生文化建设先进单位。

机构设置　成立医院感染管理处（疾病预防控制处）、医疗保险管理处。撤销心胸外科，成立心血管外科和胸外科。单独划分外科ICU科室。

改革与管理　调整职能部门、业务科室。保健处更名为保健医疗部（老年医学部），设立心血管内科、呼吸和危重症医学科、肾脏内科、神经内科、肿瘤内科和血液内科5个专业病区。麻醉科和手术室合并为手术麻醉科。体检中心并入特需医疗部。完成北楼B座内外装修改造、医技楼二层放射科装修改造、医技楼四层核医学科装修改造、E10、D10病房装修改造、南楼热力站4台热交换器的更换改造、核医学科衰变池工程、移动核磁的停泊地整改工程、科教楼临床技能实验室教学监控系统的安装改造、配合新PET－CT更换相关工程。

全面开展电子病历和临床路径工作。在全院所有病房启用电子病历系统，同时病历随访模块、临床路径模块嵌入电子病历系统，部分科室开始试点工作。在全院各临床科室开始全面实施临床路径工作，截至年底，临床路径开展病种71个，出院病例600余例，52%的病种达到入组率≥50%、完成率≥70%的目标。

开展抗菌药物专项整治。多部门协作举办抗菌药物知识系列培训，全院医师培训覆盖率98%。根据职称对每名医师授权，确定抗菌药物使用权限，杜绝越权开药。通过对抗菌药物的使用进行实时监测，及时纠正医师用药偏差，提供合理用药建议，规范抗菌药物的使用。整治效果明显，各项指标明显下降。同时，开展清洁手术及单病种管理手术抗菌药物合理使用的实时监测与干预，加强外科手术部位感染的监测与预防管理。清洁手术及单病种管理手术预防性使用抗菌药物比例下降至41.2%。

组织240名副高级职称以上专家对全院119名主治医师进行查房考核。通过评委对查房过程进行点评，进一步明确主治医师的查房规范与流程，主治医师的查房水平大幅提高。

优化医疗工作流程。通过开展专项调查，进行工作量测算，并多次组织放射科、超声科及相关处室召开协调会，制订合理的奖励制度，取消核磁检查预约等待时间，缩短超声检查预约等待时间，为患者提供方便快捷的医疗服务。实现114平台预约挂号服务，实现急诊、住院患者持卡实时结算。

建立科学合理的预算管理工作体系，严格执行批复的预算，规范追加和调整预算管理，实现年度内财务收支事前计划、事中控制、事后分析的预算管理模式，实行专人专管、动态监控，确保全院预算工作执行到位，加快推进财政预算执行进度。坚持实行“三定一查”，将内部控制贯穿于财务管理的始终，绘制13个工作流程图。规范经济活动决策机制和程序，建立起医院采购的申请－审批－价格比较－质量控制－验收入库－付款的管理体系。加强药品、卫生材料、设备等物资的管理，严格履行政府招标采购，进行院外公开招标和院内招标，加强合同管理，对合同实行分类管理，按业务职责范围由职能管理部门各负其责，合同审批的授权实现由财务的被动执行到财务监督的前移。

医疗工作 门诊1608776人次，日均门诊5686人次；急诊117236人次，抢救成功率97.2%。床位1023张。入院25870人次，出院25920人次，病床周转29.4次，病床使用率96.1%，平均住院日12天，七日确诊率97.7%，出入院诊断符合率99.4%，治愈率63.9%，好转率32.6%，死亡率1.9%，手术前后诊断符合率99.6%，病房抢救成功率82.5%。住院手术17661例。

医疗质量持续改进。重新整理、修订医疗管理规定、规章制度，并根据“三好一满意”和“医疗质量万里行”、三甲医院复审、大型医院巡查等，完善、补充规章制度60余项。规范医疗行为，落实核心规章制度。深入病房检查核心规章制度的落实情况，并及时将存在的问题反馈至科室进行整改。组织新技术、新疗法、新项目准入，经评审，15项准入应用于临床，1项未通过。对一线医师、二线医师夜间在岗值班情况抽查2次，严格落实值班制度。

病案管理。检查出院病历21911份，检查环节病历40科次。甲级病历率98.95%。病历准时回收率较上年明显提高。

多种措施实现医疗资源利用最大化。对床位实行动态管理，每天下午定时对全院空床进行统计，对空床实行统一调配，有效提高病床使用率。开设E10妇产科日间病房，入院病人可当天出院。调整T02病区的床位，使病床使用率达到最大化。提高会诊质量，确保医疗安全。组织联合会诊140人次，请院外会诊74人次，院外请院内会诊86人次。加强医疗质量指标反馈。每季度出版一期《医疗质量简报》，对平均住院费用、药品比例、平均住院日、床位使用率、危重病人抢救情况、治疗效果、院内感染及围手术期抗生素使用监测、临床用药及退药等进行总结、分析，反馈至相关临床科室、职能部门，不断加强医疗质量管理，提高医疗质量水平。坚持医师大会制度，以DRG组相关知识、抗菌药物使用情况点评和优秀病历为主题，不断提高医师素质。举办合理使用抗菌药物系列培训3次，培训覆盖面99%。对实验室相关工作人员进行实验室生物安全培训，并对爱玛客物流运送人员进行生物安全培训，保证生物标本的安全运送。

医保工作。全年医保住院10456人次，次均费用20325.80元，自费比例2.80%。在参保人员实名就医、代开药、持卡结算、开药量管理等方面，进行政策宣传，对医务人员开展各种形式的培训并实施奖惩措施；利用信息化的提示和锁定功能来强化医保政策的执行；加强与市、区医保中心的沟通交流，及时发现和解决医院政策执行中的问题。

对外支援与医疗保障。派出医生支援社区卫生工作106人次；支援平谷区中医院117人次，其中会诊手术58人次；接收进修33人次。组织2批医疗队共6人支援内蒙古自治区莫旗人民医院，免费接收进修16人。派出医疗保障7次13人次。

5月，卫生部启动第二批国家临床重点专科评估。心内科、中医科、血液科、内分泌科、耳鼻喉科进行申报，心内科、中医科获国家临床重点专科称号。12月10日，召开评审会，评选心内科、中医科、神经内科、呼吸内科、泌尿外科、骨科、放射科和药学部为医院重点学科。

医院感染管理。清洁手术及单病种管理手术预防性使用抗菌药物比例由92.6%（1～6月）下降至51.2%（11月）。开展医院感染与细菌耐药实时监测，共监测287689例，其中前瞻性监测3499例。医院感染率1.36%。

护理工作 继续开展优质护理服务示范工程活动及国家临床重点专科临床护理专业项目。全院各病房推行责任制整体护理工作模式。转变原有的功能制排班方式，采用责任制、扁平化管理模式。每一位病人都有相对固定的负责护士照护，每一位责任护士都有负责的病人。制订和实施《北京医院护理人力调配制度》，发挥《护士长危重患者护理指导规定》，给予护士重点突出、条理清晰、前瞻性、专业性的护理指导。推行患者信息记录卡，为病人提供全程、全面的护理服务。设立优质护理服务奖励基金，每月向优质护理服务示范病房增加投入20余万元。

编印《北京医院护理常规》，涉及35个专科367项。调整《护理质量评价标准》的结构和项目，增加《优质护理服务评价标准》项目，增加满意度调查结果在质量评价体系中的权重。建立住院－门诊患者快捷通道，大幅提升无缝隙服务能力。基础护理合格率98%，病人满意率95.4%。

初步搭建护士能级分层管理体系框架，满足护理人员职业发展需求。注重专科护士培养，选派2名护士参加北京大学医学部造口治疗师学习，参加北京护理学会急诊专科护士培训2人、糖尿病专科护士培训2人、ICU专科护士培训1人、静脉治疗专科护士培训4人、护理管理师资认证培训4人、护理领导力培训2人。4名护理骨干申请加入美国老年学学会。30名护士参加护理科研认证培训，60余名护士长完成护理管理认证培训。

举办国家级继续教育项目——中美老年研讨班；区级继续教育项目15次，5472人次参加。500余名护士完成2学时的静脉治疗理论培训和实际操作，120名护士参加急救考核并达标，新入职护士完成3个月以上的基础护理实践。接收北京大学医学部、首都燕京医学院、香港理工大学生产实习学生114人次。全年在核心期刊发表护理论文15篇。获市科协第12届北京青年学术演讲比赛三等奖；急诊护士撰写的《一张特殊的生日照片》获市卫生局、北京青年报社、北京医药卫生文化协会主办的《急诊室的故事》有奖征文活动三等奖。与北京地坛医院、垂杨柳医院成为优质护理服务合作共建医院。继续接收平谷区中医院护士进修，派出4名护士长授课；接收进修20人。完成中组部1名西部之光访问学者为期1年的进修培训。医院D06、C03、D03、D09、C09、A7护理单元被评为北京市优质护理服务示范病区。

科研工作　获院外科研经费4774万元，在研课题109项，结题56项。全年在统计源期刊发表论文392篇。开展药物临床试验17项、医疗器械临床试验5项、体外诊断试剂临床试验5项、伦理审查86项。

医学教育　承担北京大学医学部临床专业八年制2005级、2006级、2007级、2008级共77名学生的教学任务。招收研究生42人，其中硕士生36人、博士生6人。毕业研究生38人，就业率100%。获北京大学医学部博士生导师资格2人，获中国协和医科大学博士生导师资格4人，其中耳鼻喉科学为新增博士学位授权点。进入基地培训的新住院医师75人，其中非培训基地住院医师47人，医院在培第一阶段住院医师254人。北京市住院医师培训第一阶段专业理论考试，本院参加考试67人，64人通过，通过率95.52%；第一阶段技能考核，68人参加，66人通过并取得合格证书，合格率97.06%。北京市住院医师培训第二阶段技能考试，21名专科医师参加，20人通过考核并取得合格证书，合格率95.24%。北京大学住院医师规范化培训第二阶段考试，本院25人参加，24人通过，通过率96%。检验医师、检验技师基地通过市卫生局评审取得合格证书。医院获批成为中国医师人文医学执业技能培训基地。举办国家级继续教育项目22项、区级49项。全院职工继续教育学分达标率100%。11月29日，北京医院临床技能模拟培训中心正式投入使用。承办第3届北京大学医学部临床能力大赛以及北京医院首届临床能力大赛。

建立《北京医院教研室教学状态评估指标体系》，并对教研室进行首次评估。举办庆祝医院承担北京大学医学教育20年系列活动。

国际交流与合作　全年接待8个国家和地区的16个团组81人次专家来访。派出241人次出国学习、交流，其中长期出国学习5人次。

后勤与基建　完成北楼B座内外装修改造、医技楼二层放射科装修改造、医技楼四层核医学科装修改造、E10、D10装修改造、北楼A座外墙清洗、南楼热力站4台热交换器的更换改造、核医学科衰变池工程、2号住宅楼无障碍通道及卫生间改造、后局大院3号院一期翻修改造、移动核磁的停泊地整改、科教楼临床技能实验室教学监控系统的安装改造、配合新PET－CT更换相关工程、北楼A座地下停车库出入自控系统改造工程等。

信息化建设　不断拓展图书馆教育和信息的功能，全方位展示图书馆的电子资源，方便读者使用。编写《北京医院图书馆电子资源使用手册》，并制作图书馆新版网页。

（撰稿：孙　可　审核：马　燕）

领导名单

党委书记　王建业
副 书 记　刘秀琴　田家政
院　　长　林嘉滨
副 院 长　王建业　汪　耀　王　辰　奚　桓

卫生部中日友好医院

（朝阳区樱花园东街）
邮编：100029　电话：84205566
网址：www.zryhyy.com.cn

基本情况　职工3277人（在编2528人、合同制749人），其中卫生技术人员2682人，包括正高级职称229人、副高级职称262人、中级职称982人、初级师971人、初级士238人。

医疗设备总价值74700万元。新购置医疗设备总值10300万元，其中10万元以上设备174台、100万元以上设备26台。

获奖情况。医院被评为全国百姓放心示范医院，2009～2011年度全国卫生系统青年文明号，中国青年志愿者优秀组织奖等3个国家级奖；首都卫生系统文明单位，促进中医药事业发展贡献奖，卫生部直属机关巾帼建功先进集体，北京青年健康使者火炬行动组织贡献奖，卫生部直属机关先进基层党组织，北京中医药薪火传承贡献奖，卫生部人口与计划生育工作先进单位，卫生部人防工作先进单位，首都医药卫生系统文化建设创新成果奖，优质护理考核优秀病房等10个省部级奖；2010年度北京市医疗卫生行业网站考核评议优秀网站奖、卫生好新闻评选组织奖，中国图书馆学会医院图书馆委员会2008～2011年度先进集体，中国营养学会临床营养分会中国临床营养示范单位，健康报社2010年度医院改革创新奖、2011年度医院改革创新奖，健康时报社健康中国2011年度影响力医院，39健康网2010中国健康年度总评榜10家最受欢迎的全国三甲医院。国家级个人奖13个：国家科技进步二等奖（林江涛，呼吸内科），北京市科学技术奖二等奖〔李友林，国家中医药管理局重点研究室（肺病慢性咳喘）〕、北京市科学技术奖三等奖（阎小萍，中医风湿病科；李光伟，内分泌科），中华医学科技奖二等奖（李光伟，内分泌科），中华中医药学会科技奖一等奖〔李友林，国家中医药管理局重点研究室（肺病慢性咳喘）〕，中国中西医结合学会科技奖一等奖（阎小萍，中医风湿病科），华夏医学科技奖一等奖（谭明生，脊柱外科），全国先进工作者王国春（风湿免疫科），全国医药卫生系统先进个人徐潜（感染疾病科），新世纪“百千万”人才工程国家级人选于炎冰（神经外科），全国卫生援疆工作先进个人郭万首（骨关节外科），全国老干部工作先进个人黄铁群（干部保健科），中国青年志愿者优秀个人徐宏（党办）；省部级个人奖9个：首都健康卫士王国相（神经内科），首都精神文明建设奖王国相（神经内科），北京市优秀护士宁玉文（护理部），北京医学会医学成就奖辛育龄（胸外科）、杜学海（肾内科），卫生部2010年度支援西部地区农村卫生工作优秀医疗队员李振玲（血液科），中国医院药学创新奖张相林（药学部），中华中医药学会科技之星贾立群（中西医结合肿瘤内科）、徐浩（中西医结合心脏内科），卫生部直属机关巾帼建功先进个人李月君（儿科），卫生部2010年优质护理服务考核优秀个人王薇（神经外科）、乔敬（消化内科）。市卫生局2010年度卫生好新闻评选（科普类）优秀奖晁恩祥（中医肺病科）。团中央、卫生部“两优一先”奖项：卫生部直属机关先进基层党组织5个、优秀共产党员27人、优秀党务工作者9人，中央国家机关优秀共产党员1人、优秀团干部1人、优秀团员1人，卫生部优秀团支部2个、优秀团干部2人、优秀团员3人。

机构设置　临床机构：3月1日，物理康复科更名为康复医学科。4月2日，设立体检中心；国家中医药管理局风盛脏损（肺病）重点研究室更名为国家中医药管理局重点研究室（肺病慢性咳喘）。6月23日，重症医学科（ICU）分为东病区、西病区。10月10日，中医呼吸科更名为中医肺病科。11月7日，干部保健科病区调整为干部保健一病区、二病区、三病区。行政后勤部门：1月7日，成立医院评审办公室。6月16日，成立宣传办公室，党委办公室的下设副处级机构。7月29日，信息中心更名为信息处。8月29日，成立医疗保险办公室，不再保留医疗保险与发展办公室的机构设置；成立医疗发展办公室，是医院办公室的下设副处级机构；成立学科建设办公室，挂靠在科研处。11 月 25 日，成立对口支援管理办公室。

改革与管理 累计制订各类规章制度 82 项。指定专人督导医疗 13 项核心制度的落实情况，将关键医疗任务或指标纳入电子病历。成立医院评审工作领导及办公机构，制订《优质医院创建工作实施方案》，印发《中日友好医院评审任务书》，将医院等级评审工作落实到个人。内分泌科、胸外科、中医风湿病科、中西医结合肿瘤内科、中医肺病科、临床护理专业被评为国家临床重点专科建设项目。中医妇科、眼科被评为北京市中医特色诊疗中心，“综合医院中医药工作示范单位”正式授牌，入选北京市示范中药房。拓宽医疗空间，改善患者就医环境和就医感受。全面开通医生工作站的复诊预约和医师间互约。节假日门诊科室 25 个，日均门诊 2700 人次。3 月 24 日，含 24 个现代手术间的新手术楼正式运营。8 月 22 日，全面开设夜间门诊和医技夜间检查。制订《专病门诊若干规定》，专病门诊 140 个。临床路径试点病种扩大到 47 个，开始试点的病种有 36 个（含中医临床路径），单病种管理 9 个，制订 13 个专业 35 个病种的护理临床路径表单。电子病历系统中建立临床路径 61 条。优质护理服务病房覆盖率 100%，增加质控检查次数，做到 24 小时基础护理质控不间断。定期召开护理问题审定委员会例会，讨论不良事件。对供应室进行专项检查。

成立对口支援办公室，制订《对口支援工作管理办法（暂行）》。援疆、援藏及对口支援内蒙古、陕西、青海、北京顺义和延庆等地 17 家医院和北京市 6 家社区卫生服务中心。为陕西省神木县、府谷县人民医院组织专家讲座及手术视频演示等系列远程教育教学活动。与日本国际协力机构（JICA）共同举办第 13 届中日合作卫生技术人员培训项目，对基层医疗机构管理人员及医务人员进行培训。组织专家赴云南景东彝族自治县等边远地区开展义诊、送医送药活动。

建立总会计师制度。作为卫生部设立总会计师试点医院之一，在医院领导班子中增设总会计师职位，协助院长组织领导本单位的财务管理、成本管理、预算管理、会计核算和会计监督等方面的工作，参与医院重要经济问题的分析和决策。试点工作自 2010 年 11 月开始，至总会计师人选任职满 1 年为止。

制订国家应急救援队员遴选方案，实现危急重症培训在线考核，完成 2200 余人次的急重症培训。百余名医师参加《2010 年版美国心脏协会心肺复苏指南》及心血管急救培训，组织国家应急救援队第 1 批队员 15 人赴西京医院参加应急培训，部分队员参加朝阳区三级急救网络培训。

患者满意度调查。医院所有病区和服务窗口安装 110 余台壁挂式触摸屏和 7 台落地式触摸屏，医生站、护士站系统增加“临床科室对医技科室满意度测评”模块，背靠背式满意度测评，数据可实时统计与监控。

7 月 27 日，与西京医院签署战略合作协议。9 月 8 日，与和平里医院签订战略合作意向书。9 月 23 日，与对外经济贸易大学签订战略合作协议。

医疗工作 门诊 1841015 人次，急诊 218211 人次，急诊危重症抢救 7542 人次，抢救成功率 97.07%。床位 1303 张。入院 40239 人次，出院 40283 人次，床位周转 30.95 次，床位使用率 94.58%，平均住院日 11.20 天，七日确诊率 93.14%，出入院诊断符合率 99.29%，治愈率 52.28%，好转率 44.45%，死亡率 1.31%。住院手术 22347 例。孕产妇死亡率 6.55/万，新生儿死亡率 5.77‰，围产儿死亡率 3.21‰。24 国驻华使馆的大使或夫人就诊国际医疗门诊 88 人次。

全年开展新技术 12 项。

病案管理。甲级病历率 99.93%。

医院感染管理。印发《医院感染知识手册》，督促和开展手卫生、抗菌药物使用等多项培训。启动医院感染宣传周，加强重点科室感染控制，制订《预防手术部位感染的质量控制措施》等文件。发生院内感染 660 例，感染率 2.16%。

医保工作。全年医保出院 16392 人次，总费用 28985.28 万元，次均费用 17683 元。

医疗支援。累计派出医务人员 263 人次，其中京外对口支援单位 63 人次、京内 200 人次。帮助受援单位开展新技术、新业务、新项目近 40 项，门诊 8000 余人次，义诊近 1800 人次，开展各类手术 700 余例，教学查房 100 余次，各类学术讲座、讲课近 200 次。接收受援单位近 150 名骨干免费进修学习。

医疗纠纷处理。申请加入医疗责任保险。共接待投诉 357 件，处理医疗纠纷结案 55 件，赔付 230 余万元。

护理工作 修订《护理部工作汇编》，编制《2011 年度护理工作纲要》和《医院护理临床路径》，制订《护士长工作手册》。护理文件书写合格率 100%，护理病历书写合格率 99.80%，基础护理、特级护理、一级护理、技术操作合格率均 100%，急救物品完好率 100%。

年内，开展院级护理课题 10 项，其中“医护人员手卫生认知、依从性调查及干预效果研究”邀请日本东邦大学辻明良教授指导。参与卫生部“三级综合医院护理人力资源配置标准”的研究。在统计源期刊发表文章 23 篇。

作为中华护理学会、北京护理学会专科护士培训基地，在培专科护士107人。接收中南大学等6所医学院校实习生139人，芬兰实习生1人，北京大学、北京中医药大学见习护士91人次。接收北京中医药大学护理学院志愿者56人，内蒙古自治区海拉尔医院等8家对口支援单位进修护士38人，以及其他13个省、市进修护士38人。

申报国家级继续教育项目2项、市级6项、区级10项、院级10项。组织各类讲课36次。为全院139名护士长、带教老师进行心肺复苏术（CPR）、6项无菌操作的培训指导。140余名新入院护士完成培训考核。ICU、急诊、经外周静脉植入中心静脉导管（PICC）、手术室、助产士、血液透析、腹膜透析、糖尿病健康教育、肿瘤等9个领域选拔27名护理骨干参加中华护理学会、北京护理学会的专科护士培训。新开展优质护理服务试点的病房护士长、带教老师重点专项培训30人次。

科研工作 获国家级、省部级以上科研课题49项，其中“973”、“十二五”支撑计划、国际科技合作与交流专项、重大新药创制专项等国家级重大项目10项，国家自然科学基金17项，获院外科研经费11500万元。获国家科学技术进步奖二等奖1项，北京市科学技术奖二等奖1项、三等奖2项，中华医学科技奖二等奖1项，中华中医药学会科技奖一等奖1项，中国中西医结合学会科技奖一等奖1项，华夏医学科技奖一等奖1项。全年发表论文843篇，其中SCI收录26篇，总影响因子67.0。

医学教育 作为北京市住院医师培训基地，在培住院医师322人，其中外院146人。新增口腔、病理、康复医学等3个基地。接收院外进修108人。开展国家级继续教育项目31项、省级10项、区县级87项、院级132项。协助康复医学科、口腔医学中心、肛肠科、消化内科、内分泌科等完成国家级继续医学教育项目6项，培训约300人。组织98名住院医师完成美国心脏协会基础生命支持课程的培训与考核。

完成北京大学医学部、北京中医药大学4143学时的教学任务。招收研究生58人，其中硕士生41人、博士生17人，研究生招生规模比上年增加14.30%。研究生毕业46人，其中硕士生28人、博士生18人，就业率99%。新增研究生导师19人，其中博士生导师6人、硕士生导师13人，较上年增加13.50%。申报北京中医药大学校级课题3项。

国际交流与合作 全年接待国际访问团组82个547人，邀请境外专家35人来院讲学（8个国家、地区，13所大学，9家医院）。派出297人次前往32个国家（地区）参观访问、交流学习，其中医技人员230人次、护理人员13人、行政人员54人次。出国参加学术会议及考察访问等219人次。举办各类国际学术会议25次，参会2000余人次。

签署国际科技交流与合作协议12个，分别是日本东京大学、京都大学、名古屋大学、国立癌中心、庆应大学，英国剑桥大学，德国洪堡大学，法国国家亨利蒙多医院，荷兰马斯特里赫特大学医疗中心，澳大利亚悉尼科技大学、康平国际医疗集团。

信息化建设 1月，电子病历系统在所有住院科室投入使用；PACS系统在医生站上线，临床医生可实时调取放射影像。4月，统计系统上线；麻醉监控中心项目上线，监控影像通过16块无缝拼接屏展示。5月，PACS三期核医学系统、桌面安全和管理健康软件上线。6月，远程会诊系统上线，该系统在远程试点医院中评价排名第一；手术示教系统上线，实现手术间视频信号实时转播；心电管理系统上线；完成服务器虚拟化部署，节省硬件成本。7月，教学管理系统与科研系统上线；完成网络监控管理系统部署，对网络交换机、拓扑进行实时监控及维护；门急诊及住院输血系统上线；完成患者满意度评价系统的软硬件部署。8月，ICU系统投入使用；手术麻醉系统上线，将围手术期的医疗活动规范化、电子化，为手术室日常管理及物资管理提供技术平台。9月，门诊输液室输液管理系统上线；HIS数据库审计系统、协同办公系统、ITIL系统上线；完成HIS系统容灾备份部署。10月，完成入侵防御管理系统部署。12月底，中日友好医院官方网站新版上线。

基本建设 新建、扩建医疗用房9192平方米，完成综合楼改建门诊用房、心脏重症监护室（CCU）改扩建、急诊改建、A栋地下室改造、门诊中西药房改造等重点工程。11月8日，《医院基本建设十年规划》获北京市规划委员会批准；12月19日，获卫生部批准。

其他工作 全面使用集就餐、门禁、就医、会议签到等功能于一体的员工人事卡。发放网上学习卡2500余张。9月1日，出版第1期新改版的《中日友好医院院报》（8个版面）。

（撰稿：张何明　审核：郭丽萍）

领导名单

党委书记　李　宁
副 书 记　许树强　顾玉芝
院　　长　许树强
副 院 长　李　宁　姚树坤　王云亭　高海鹏　彭明强
总会计师　董立友

中国医学科学院北京协和医院

（东城区帅府园1号）
邮编：100730　电话：69156114
网址：www.pumch.cn

基本情况　职工4030人，其中专业技术人员3545人，包括卫生专业技术人员3357人、其他专业技术人员188人。正高级职称237人、副高级职称345人、中级职称1141人、初级职称1822人。院士6人，有突出贡献专家20人（其中在职12人），享受政府特殊津贴专家143人（其中在职25人），“百千万”人才国家级人选5人。

获奖情况。北京协和医院被评为全国文明单位、首都卫生系统文明单位标兵、北京市消防先进单位、卫生部2010年优质护理服务考核优秀医院，获全国医院人文创新奖。国际/保健医疗部获全国青年文明号称号，基本外科一病房等8个病房当选北京市优质护理服务示范病区，内蒙古对口支援医疗队被评为2010年度北京青年使者火炬行动优秀志愿服务集体、健康快车获优秀志愿项目、医务处获优秀组织奖，保卫处获市公安局集体三等功。赵玉沛、郎景和分别当选中国科学院和中国工程院院士，吴欣娟获第43届南丁格尔奖章，王爱霞获中华预防医学会公共卫生与预防医学发展贡献奖，吴东被评为2009～2010年度全国青年岗位能手。

改革与管理　将“三好一满意”落实到3项重点工作中，做到5个结合：与推进医院发展相结合，与优化服务流程、改善就医环境相结合，与医院和科室建设相结合，与协和工程建设、优化医疗布局相结合，与党风廉政、纠风、治贿工作相结合。医院提出“待病人如亲人，提高病人满意度；待同事如家人，提高员工幸福感”的新办院理念。加强文化建设，传播和传承协和文化，组织《心术》读书报告会，开展多项志愿者活动。新建院史陈列馆，整理文字100余万字、图片3000余张及文物书籍近500件，全年接待参观近万人次。出版院报18期，超过80万字。开通医院官方微博。

完善党风廉政建设长效机制，修订《惩治和预防腐败体系基本制度建设参考手册》《党风廉政建设和纠风工作任务分工意见表》，党风廉政、纠风与中层干部聘期目标、绩效考核、职称评审、创先争优、干部考察任命、职工转正挂钩，与业务工作同部署、同落实、同检查、同考核。坚持院务公开，畅通信访渠道，在院长信箱、书记信箱稳态运行的基础上，又在院外网开通建议、投诉、咨询、表扬四大院务信箱，打造网络信访。坚持科主任管理例会制度，全年召开主题例会6次。

继续招聘管理实习生，在临床科室首次设置行政助理。改革临床医技类毕业生招聘流程，实行分委会两级面试。扩大博士后招聘，规范编外医辅人员社会招聘。制订专业技术职务聘任条例，简化技术职务聘任流程，副高级职称的聘任首次实行分委会通过后报高聘委审查。提高临床一线及年轻工作人员的待遇，细化全员年终考核指标。设立全员培训基金，启动培训项目的申报工作。完成“百人计划”第2批学员的考试、遴选。开展独具协和特色的新员工入院教育系列活动，举办新员工宣誓、授牌、全家福合影等。完成“十二五”人才规划的调研。制订《编外人员管理办法》和《人才引进委员会工作条例》，修订《职工休假制度》和《综合绩效考核办法》。

加大预算执行力度，实行周汇报制度，预算执行进度99.76%。完成新会计制度信息系统的升级转换。开展资产清查，清查房屋建筑面积和设备使用年限，落实账实相符，并将实物核算到使用科室。完善物价管理相关制度，制订《物价管理手册》；完成兼职物价员考核及物价自查；及时跟进新项目的物价申报和物价库的梳理。

坚持“一帮二审三促进”的原则，继续做好院内在建和修缮工程的全过程跟踪审计及医疗设备购置审计监督。创新开展效益审计，对大型医疗设备PET/CT，从使用率、物价执行、收入、人员及设备与耗材成本进行综合绩效评价。对门诊收费处、住院收费处的现金进行监盘，完成2011年预算执行情况的自查。

参与卫生部《卫生系统内部审计工作指南》的审编。完善防治“小金库”的长效机制，按计划对“小金库”专项治理工作进行复查。

建立设备采购前论证、调研和集体询价机制，院内自主采购参照公开招标采购流程执行。完善供应商评价机制，对多家耗材供应商资质及临床满意度重新进行审定和评价，建立设备和耗材的合格供应商名录。对新购设备强化性能、参数验收。继续加强设备预防性维护和巡检。

落实消防安全“四个能力”建设，继续加强院区综合治理。东院区试行分区管理，9个区域分设专人负责。将保卫工作模式由静态等候变为动态巡查、由被动接报变为积极寻找、由消极反应变为主动沟通、由事后处置变为事前干预，做到抓早、抓小、抓苗头。引进安防专业人才，加大宣传力度，实行警情提示周发布和高危事件预警制度。

通过ISO 9001质量管理系统年度复审。

医疗工作 门诊2483333人次，急诊146433人次，急诊危重症抢救3241人次，抢救成功率90.6%。床位1863张。住院67990人次，出院68025人次，床位使用率95.6%，平均住院日9.5天，七日确诊率99.9%，出入院诊断符合率100%，治愈好转率88.2%，死亡率0.9%，甲级病历率98.2%。住院手术31924例。国际医疗部门诊95079人次。药品收入占业务收入的38.57%。组织院内危重病人多科会诊617次；受邀接受院外会诊425例，其中京内会诊71例、京外会诊354例。

开通电话、网络、银医卡、诊间等多种预约挂号途径，全年实现预约102万例。向台基厂、外交部街、苏州社区卫生服务站提供社区转诊预约服务。5月，门诊护士工作站上线，安装护士工作站28台，实现医师授权加号、诊室动态管理。增设挂号、取药、收费窗口9个，部分楼层实现同层挂号收费。咨询台、肝炎门诊增加条码打印。药房增加语音呼叫，取药高峰期等候时间缩短到半小时内。提供24小时建卡服务。常规检查预约时间普遍缩短，无需特殊准备的CT、核磁、超声心动、TCD检查实现零预约。骨科、基本外科、神经科、眼科等20个科室实行全天主治医师不限号，增开专病门诊11个。特需疑难病会诊中心筹备新增疑难垂体腺瘤和肥胖症会诊。

西院区实施预警管理，主动排查医疗安全隐患。收集医疗安全隐患及建议107项，逐项整改落实。重点解决东西院区间病人转运安全管理和会诊管理。新增病人转运专用车辆，完善救护车急救物品的配置。启动远程会诊系统。门诊标本集中转运。加强外包人员培训，提升服务意识和服务能力。

组织47个科室完成50.1万字562个医疗制度的制订。制订《加强运行病历质量控制的规定（试行）》，修订《病历内涵质量检查标准》和《住院患者满意度调查表》等。汇编2011年度《医疗工作手册》《护理工作手册》和《规章制度汇编》。

申报卫生部临床重点专科，新增内分泌科、心内科、血液科、耳鼻喉科、中医科5个重点专科，全院国家临床重点专科达到14个。改革医院药事制度，药物遴选制度更加公开、公正、科学、便捷。新项目实行分类审批，缩短等待审批时间，简化审批流程，完成新技术、新项目初审63项，实际新增21项。启动修订再版《诊疗常规》系列丛书46套。办理医院执业许可增项2项，办理医师执业注册、变更84人，办理产前诊断技术资格19人、助产技术9人。257人接受麻醉药品处方权培训。举办第6届病历展，展出病历997份，分为协和人成才之路、协和医学发展、医疗制度建设、当代协和风采4个主题。全年接待参观6650人次、团体150余个。继续开展合理用血的研究与宣传，举办“关爱生命，合理用血周”大型活动。

医疗运行监管。新增质控专家15人，达到22人。全年检查住院病历2977份，实施质控专家月例会，检查结果月反馈、月公示制度，督促科室开展运行病历自查。4月，启用体现“关心、爱心、细心”等服务理念的新版《住院病人满意度调查表》，全年回收调查表9257份，并建立满意度的月反馈、月公示制度，对满意度调查结果进行分析，为临床改进提供参考。规范医务人员诊疗行为，继续推进临床路径管理，全年有27个科室成立临床路径管理工作小组，制订71个病种的临床路径文本与表单；截至12月，全院共有19个专科52个病种1693个病例进入临床路径管理。以绩效为导向，进一步缩短平均住院日、检查预约等待时间。实行服务临床定点联络人制度。

医疗风险与病人安全管理。制订《高风险诊疗项目开展前评估制度》《重大事件告诫谈话制度》和《高风险患者预警制度》，与《医疗安全事件评估会议制度》共同构成医疗风险防范体系，重在“关口前移”与“事后警示”。继续构建院科两级病人安全管理体系和病人安全文化，收集和处理不良事件与病人安全隐患523例，其中系统改进33例、安全警示41例。处理新发医疗投诉131件，其中诉讼31件、调解29件。

医院感染管理。扩大重点部位医院感染持续监测点，每周对14个重点科室进行横断面监测。加强耐药菌监测力度，全年检出多重耐药菌943株，在病房设置《耐药菌患者登记本》，建立耐药菌处理的标准流程，及时干预，做好防护隔离。年底，在全院进行感染现患率横断面调查，达到国家规定医院感染现患率≤10%的标准。继续开展手术、导管相关性感染监测，共监测手术9954例，CVC（中心静脉导管）及PICC（经外周植入中心静脉导管）3652根，新增尿管相关性感染监测，在对监测数据进行分析的基础上，遴选部分危险因素在重点部门实施干预。继续加强抗菌药物的使用与管理，对抗菌药物目录进行清理，加强Ⅰ类切口围手术期用药管理，将抗菌药物合理应用纳入医院质量控制体系，实施专家小组评估模式对特殊使用抗菌药物处方进行合理性评估，同步举办多层面、多模式培训。继续关注手卫生，全面梳理手卫生设施，每月监查刷手后效果，手卫生依从率53%，比上年提高3%。进一步完善《血源性职业暴露后处理流程》及《流感职业暴露后预防性用药申请流程》，全年接待锐器伤暴露咨询53起。完成网络直报传染病2821例，完成市卫生局医院感染质量改进中心数据录入上报1832例。

医保工作。继续实施门诊医保费用拒付告知机制，自费比例、次均费用、单病种超支等重点数据的监测常态化。医保人员次均费用仍保持北京市较低水平。获北京市2010年度医疗保险管理一等奖。举办了第4届全国医疗保险政策研讨班。

医疗支援。派出专家73人次支援平谷区医院，接诊244人次；举办学术讲座及培训52次745人次；教学查房97次；手术7例；指导、参加疑难病例讨论62次；免费接收进修7人次、医疗管理培训6人。支持社区医疗，为社区开通预约挂号。完成10个社区医疗人员的派遣，全年派出123名医师下社区，接诊1084人次，开展健康教育讲座、专业讲座9次，咨询249人次，转诊33人次。5名医护人员赴西藏自治区人民医院开展为期3个月的医疗工作，3名医师赴青海省人民医院开展为期1年的医疗工作。13名医护人员分赴托克托、和林格尔县医院，开展为期10个月的医疗工作，手术485例，举办学术讲座169次，教学查房693次，疑难病例讨论273次，开展新技术、新项目135项，建立特色专科12个。由本院医护人员组成的第三列健康快车，完成白内障复明手术2700余例。受卫生部指派，36名医护专家参加6省18个县、市医院巡诊；15名专家参加矿难、“7·23”甬温线特别重大铁路交通事故等多项救治工作。配合民政部“明天计划”，完成孤残儿童手术11例，救助贫困病人6人次。

国际医疗部与ICU、MICU、ECU协作，全年救治外籍疑难危重患者30余例。新增一段七病房，制订国际医疗部手术准入管理规定、消化内镜检查流程，增加预约号源，尝试开设夜门诊，开通国际医疗部呼叫中心。

健康管理。年初，成为市卫生局第1批准予开展健康体检服务的医疗机构。5月，获机动车驾驶员体检资格。全年发现早期无症状恶性肿瘤患者近90例。满足多元化、多层次医疗服务需求，体检人数显著增加。完成2000余名本院职工的健康体检。完成健康体检部新址布局及流程方案的设计。与营养部、工会共同完成健康管理调查问卷的设计，首次调查样本量3500份。

护理工作　新增3个特需医疗病房为优质护理服务试点病房。与首都儿科研究所附属儿童医院、平谷区医院开展优质护理服务共建活动，完成第一阶段共建计划。开展以“我身边的感人故事”为主题的优质护理服务征文活动。接受上级优质护理服务示范医院复审、优质护理服务病房检查及卫生部三级医院优质护理服务工作检查，均获好评。承担卫生部岗位管理试点工作，制订试点实施方案，完善分层护士岗位工作职责、任职资格、培训及考核指导原则。探讨专科护师岗位设置。开展第三方满意度调查，每季度对住院病人及出院病人进行护理工作满意度调查，公示调查结果，分析护理服务薄弱环节和问题并督查落实。将满意度与科室质控成绩和绩效考核挂钩。与药剂科配合，扩大送药科室。对全院270余名护理员进行专业培训4次，合格率100%。全年完成特级、一级护理13万余人次，输血、输液197.1万人次，病危病重护理近4.4万人次，护理会诊558人次。基础护理及危重患者护理合格率100%，急救药品、急救物品完好率99.31%。

新增和修订护理制度17项。在月度质控中督查新建制度的落实，对毒麻药余量处理进行登记，输血核对后操作人与核对人签字确认。制订住院患者跌倒告知书，在入院护理评估单上增加跌倒教育内容，在病房醒目位置粘贴“住院患者跌倒预防”告示，跌倒发生率比上年下降23.1%。伤口及皮肤护理小组对全院护士长、教学老师和护理骨干进行皮肤压伤专科培训，压伤发生率比上年下降71.24%。加强手术室与临床科室的沟通、协作和追踪监测管理，压伤不良事件显著减少。提高用药安全，在患者床头卡粘贴药物过敏标志；统一全院抢救车规格，规范抢救车药品和物品的种类和摆放位置；细化交班内容，特别要进行用药情况交接；改进核对方式，将正确核对方式粘贴在治疗室或治疗车上；针对其他医院的“假药事件”进行警示教育。改进患者肢体约束器，强化护士安全意识，增加高危患者巡视，管路滑脱较上年下降51.47%。护理不良事件分析常态化，及时向临床发出护理安全预警，护理差错发生率比上年下降21.4%。

全年组织护理大查房4次、新护士培训20次、护士业务季度考试3次。举办第3届临床护理教学授课大赛及首届英文临床护理教学授课大赛。首次组织全院护士技术操作分层考核。全年发表论文247篇，均发表在核心期刊。编写《北京协和医院临床护理常规》，编辑《协和护理》季刊3期。筹备《协和护理杂志》创刊及对外发行工作。

接收护理实习生1741人次、进修护士及专科培训672人，接待外宾来访交流20人次，接待国内其他医院护理同行参观1152人。举办国家级、市级继续教育项目5项，全院护士继续教育讲座36次。选派64名护理骨干赴国内外进行学术交流。筹建临床护理技能培训中心，启动PICC护理培训项目。

科研工作 现有中华医学会、北京医学会及其他学会前任主委、现任主任、副主任委员及候任主任60人，中文核心杂志正副总编及名誉主编60余人。

获省部级科技奖4项。在国内核心期刊发表论文1490篇，SCI收录271篇。国家自然科学基金项目中标53项。申报纵向课题481项，中标101项。加强Ⅰ、Ⅱ、Ⅲ期临床试验过程监管，提升临床试验质量，更新质控标准操作流程。

确定协和转化医学中心短期、中期和长期目标。多次举办转化医学相关讲座，普及知识，传播理念，吸引部分临床科研人员参与到转化医学研究中。扩大合作，与基础医学研究所就转化医学研究合作达成共识。举办第4届协和转化医学研究国际论坛。筹建临床生物标本库项目。继续举办科教周活动。举办协和名家讲坛系列讲座7期。

医学教育 有在职博士生导师135人、硕士生导师221人，博士点14个、硕士点21个。有6个国家级继续医学教育基地、14个二级学科住院医师培养基地、14个三级学科专科医师培养基地。在院学习八年制医学生292人（共4个年级，含“七转八”学生），研究生430人。组织研究生毕业论文答辩145人次。制订并实施导师招生资格遴选标准，完成研究生考核数据库建设。

本科生教育。招收第2批标准化病人，进一步加强培训和管理。组织专家、教授参加第2届全国医学生临床技能比赛裁判和督导工作。加强诊断学教学和督导工作。

住院医师教育。193名本院住院医师参加北京市3次阶段考核，平均通过率91.7%。招收深圳优秀住院医师33人。招收市卫生局派遣基地住院医师56人。承担急诊科专业54人、内科专业27人的北京市第一阶段临床技能考核和整形外科专业4人的北京市第二阶段临床技能考核。

举办国家级继续教育项目77项、区级161项、院级49项、科室继续医学教育活动980项。招收进修医师844人，接收基层医院及新疆、西藏受援医院特培生36人。临床模拟培训中心及高级技能培训中心完成模拟腔镜培训100次、眼科和支气管镜培训96次、血管外科培训4次。

国际交流与合作 出国学习、考察、参加学术会议640人次。接待国外来宾13批145人次，聘请客座教授8人。成立北京协和医院国际合作智库，首期招募30人，组织外事相关培训4次。

信息化建设 完成西院区网络和机房改造。建成总面积近1300平方米、达到国家信息机房建设A级标准的数据中心并投入运行。建立全院统一呼叫中心、监控系统和运维管理平台。年初，完成新HIS选型，启动客户化定制及开发工作；9月，完成门诊HIS开发和测试；年底，完成住院HIS定制开发，进入全面测试。9月1日，电子化办公系统（OA）正式上线。建立医疗信息集成显示平台（UIS）并推广使用，实现跨系统、跨平台的医疗信息共享。建成号源平台与北京市114电话预约系统对接实现电话预约挂号，实现基于银医卡的银行自助机挂号。完成急诊留观、住院、财务等系统的改造。启动远程医疗项目建设，完成系统需求分析和软硬件采购。新增保健科子系统、护士分诊子系统。进一步完善医院网站建设，病人通过互联网可查询检验检查结果。加强医疗信息化领域科学研究，获得“863”信息化课题基金。

基本建设 9月16日，学术报告厅、新院史馆投入使用。门急诊及手术科室楼工程（北区工程）正在进行中。完成教授餐厅改造、院区路面翻新、老楼公共楼道粉刷、老楼西门彩绘、东西两院区26间卫生间改造、直线加速器一期改造等工程。完成其他修缮工程98项。

其他工作 建院90周年系列活动。制作《北京协和医院建院90周年纪念画册》《北京协和医院院介片》；新闻出版总署原副署长李东东为建院90周年创作《协和赋》。9月16日，举办第6届病历展；组织学术论坛、高端管理论坛、座谈会、学术报告会等；与香港医院管理局签署战略合作协议，探索深度合作；举办院友联谊会。9月17日，全院170余名专家参加百名专家周末大型诊疗活动。

院区建设发展总体规划。3月，成立规划办公室。经过院内调研、征求意见、召开职代会等，医院总体规划方案支持率94.25%。确定北京市建筑设计研究院承担医院总体规划方案的编制。9月6日，《北京协和医院建设发展总体规划方案（2011－2020）》上报市规划委。11月3日，市规划委通过总体规划规模地上约34.3万平方米、总建筑面积约53万平方米，并征求卫生部意见。12月22日，卫生部规划财务司提出完善总规文本建议。

（撰稿：常　青　审核：马　进）

领导名单

党委书记　姜玉新
副 书 记　陈　杰
院　　长　赵玉沛
副 院 长　于晓初　王以朋　柴建军　李冬晶　张抒扬
总会计师　向炎珍

北京协和医学院阜外心血管病医院
中国医学科学院心血管病研究所
卫生部心血管病防治研究中心

（西城区北礼士路167号）
邮编：100037　电话：88398265
网址：www.fuwai.com

基本情况　职工2551人，包括在编及在编待遇1657人、其他用工形式894人。卫生技术人员2058人，其中正高级职称118人、副高级职称139人、中级职称576人、初级师577人、初级士446人，其他人员202人（含见习、初工和高工）。

医疗设备总价值57802.61万元。新购置医疗设备1209台，总值3258.29万元，其中10万元以上设备45台、100万元以上设备5台。

获奖情况。11月，医院被评为“共铸中国心”爱心（医疗）单位；12月，四病房被评为北京市优质护理服务示范病房；医院在2010年度中国最佳医院及最佳专科排行榜的评选活动中获第1名2项；急诊室护理组当选2009～2010年度全国青年文明号。院长胡盛寿教授获2011亚洲胸心血管外科医师协会杰出贡献奖；11月，副院长王希振当选西城区第15届人大代表；高润霖院士获全球介入心脏病学Ethica Award终身成就奖及“共铸中国心”爱心大使；6月，放射科赵世华教授当选亚洲心血管影像协会执行委员，院报办公室寿宇红当选“共铸中国心”优秀医务志愿者；陈在嘉教授、高润霖院士获中央保健工作杰出专家和突出贡献者称号；杨跃进教授当选2009～2010年度卫生部有突出贡献中青年专家；新疆生产建设兵团农业建设第一师授予援疆干部窦克非、贾玉和三等功。

机构设置　3月，成立疑难病会诊中心，周宪梁为主任；7月，成立胸痛中心，杨艳敏为主任；9月，设立国家重点实验室办公室，张雪燕为主任；10月，设立国家心血管病中心医学研究统计中心，李卫为代理主任；11月，成立内分泌与心血管病诊治中心，李光伟为中心首席专家，任代理主任；成立血脂异常与心血管病诊治中心，李建军为常务副主任；设立国家心血管病中心心血管生物样本资源中心，蒋立新为代理主任；12月，设立网络管理办公室，孙宏涛为代理常务副主任。

改革与管理　改革传统的心血管病专科诊治模式，对学科进行战略性规划与部署，新成立多个中心，全面建设“大专科、小综合”新诊疗体系。

加强住院流程管理与监控，注重环节质量。全院11个病种实行临床路径，30余个病房参与路径管理，纳入病例1523例。

注重质量控制，完善责任明确、分工合作、责权到人的医疗质量控制格局。重点对死亡、严重并发症病例督导检查，并对抗生素使用、院内感染控制等进行严格管理；采用病房医疗质量月报等形式，强化医疗质量控制工作；建立病房与各级医师技术档案，年终各病房评比硬指标；坚持处方点评制度和医疗核心制度督查，进一步强化医院终末质量的监控与安全。

实现114平台预约挂号。调整门诊布局，增设门诊便民设施，开设周六特需门诊，扩大患者就诊区域，开展急重症大交班等，方便患者就医。

继续完善和执行科学的物流管理和物价管理体系，建立治贿长效机制，并加大监管力度，督导整改落实。

全年新增医疗收费77项。对经济运行数据进行归纳、汇总、分析，重点分析临床科室经济运行缺陷及潜力、医疗项目、病种收入成本等，帮助科室进一步降低成本，提高效益。

根据心血管病专科医院特点，调整患者满意度调查问卷内容和方式，并定期更新问卷内容。门诊和急诊采用抽样方式，住院患者采用全样本调查方式，全年收集有效调查问卷7000份，门诊患者满意率96.73%，急诊患者满意率96.59%，住院患者满意率（含小儿患者家属）98.28%。

医疗工作 门诊470403人次，急诊25024人次，急诊危重症抢救14031人次，抢救成功率99.30%。床位967张。入院41529人次，出院41518人次，床位周转42.80次，床位使用率101.50%，平均住院日8.60天，七日确诊率97.40%，出入院诊断符合率99.90%，治愈好转率99.20%，病死率0.30%。介入治疗29905例，住院手术10107例。外宾就诊115人。

医疗新技术取得重大突破。8月1日，全球首款可接受磁共振检查的心脏起搏器成功植入患者体内；12月，为体重5千克以下的重症复杂先心病患儿完成国内首例复杂先心病“无血”心脏直视手术。

病案管理。新建住院病历34035人次，归档再次住院病历3449人次，整理出院病历并分类编目37484册，抽查病历质量8857册，甲级病历率99.88%。

医院感染率0.90%。完善消毒灭菌的中心化管理；完成医院感染病例的在线筛查与预警提示，实现医院感染现患率的实时在线监控；基本完成感染病原微生物实验室的建立。完成物品、空气、手的培养，分别为696、1173、191人次，合格率分别为98.71%、99.12%、95.81%。感染病例的细菌培养512株。

医保工作。全年医保住院7511人次，比上年增长51.%。医保患者住院总费用29768.91万元，次均费用39633.75元。

医疗支援。完成医科院第18批援藏医疗队对口支援任务，内科牛国栋医师、超声科朱振辉医师赴西藏自治区人民医院技术支援3个月，心外科杨秀滨医师赴西藏自治区人民医院技术支援1个月，并帮助该院心外科完成科室“十二五”发展规划。为新疆维吾尔自治区和内蒙古自治区的23名少数民族先心病患儿免费手术治疗。

护理工作 以优质护理服务示范工程为主线，探索心血管专科医院的护理管理模式，不断完善护理规章制度、工作流程，提高护理管理水平，做到“贴近患者、贴近临床、贴近社会”。制订并实施《供应室交接班制度》《应急物品灭菌流程》《碘造影剂抽取流程》《二次封存医嘱流程》《出院带药流程》《移动护理站配套腕带打印流程》等管理制度及工作流程；修改《住院患者跌倒（坠床）护理评估表》《压疮危险因素评估表》《住院患者安全须知》《CT室造影剂外渗处理流程》《介入术后接患者流程》等安全管理规定；对护理记录的修改进行多次论证及讨论，制订体现心血管专科特点的改进方案；建立适合心血管专科特点的护士排班模式、分层次使用方法、岗位管理及绩效考核方案；设立优质护理服务专项奖励基金，加大对临床一线护士的奖励力度；统一健康教育标准；为患者及家属开展多种形式的贴心服务；临床物流、陪检及内勤护理员工作实施社会化管理。

全年培训护士长18次，外派护士长70人次在港、澳、台及国内外接受培训，外派临床教师29人次及危重症部门护士骨干28人次参加院外的学习及交流；临床教师资格认证74名护士；修订《临床带教老师手册》《护理技术操作及专科技能培训考核标准（第2版）》；完成国家级继续教育1项10学分、市级4项11学分、区级17项67学分的授课，护士全员继续教育达标率100%；完成103名新护士的培训及389人次的考核。完成中华护理学会、北京护理学会82人ICU护士资格认证以及34人手术室护士资格认证的临床实践带教，完成北京护理学会举办的河北地区ICU专科护士资格认证培训15人的临床培训任务，完成246名进修护士的培训。

外投护理论文57篇，刊出24篇，其中护理核心期刊23篇；3项专项科研基金支持的护理科研项目结题；举办中国心脏大会及中华医学会第11届全国心胸外科学术会议护理分论坛。临床护理专业获得国家临床重点专科建设项目。护理部的“心血管专科病人安全管理体系的研究与建立”获第2届中华护理学会科技奖二等奖。

科研工作 全年申报各类课题196项，中标54

项，其中国家自然科学基金21项，科研经费1113万元；高校博士点基金4项，经费40万元；首都临床特色应用研究专项3项，经费45万元；北京市自然科学基金1项，经费11万元；协和青年科研基金2项，经费18万元；中央级公益性科研院所基本科研业务费项目21项，经费106.80万元；教育部留学回国启动基金2项，经费7万元。委托“十二五”支撑计划项目6项。全年到位科研经费12634.93万元。在研课题213项，其中按期结题78项。获成果奖5项，其中国家科技进步二等奖1项、教育部科技进步一等奖1项、北京市科学技术奖二等奖和三等奖各1项、中国医院协会医院科技创新三等奖1项。获国家发明专利2项。

全年发表科技论文334篇，其中SCI收录126篇，最高影响因子14.429，影响因子大于5的有16篇，平均影响因子2.89。发表在中国科技论文统计源期刊/中国科技核心期刊的论文197篇。根据中国科学技术信息研究所2011年公布的数字，2010年国际论文被引用篇数中阜外心血管病医院在全国医疗机构中排名第5位，2001～2010年国际论文累计被引用篇数中排名第12位，2010年国际会议论文数量排名第8位。主编学术著作12部。

心血管病医院获批成立我国第1个心血管疾病国家重点实验室和4个国家临床重点专科建设项目：重点实验室、心血管内科、心脏大血管外科、临床护理专业。10月25日，召开心血管疾病国家重点实验室启动会，心血管疾病国家重点实验室正式挂牌成立。

医学教育　参加继续教育1343人。医技和管理人员1234人纳入市卫生局继续教育管理系统。医技人员学分达标率95.68%，参加率100%；管理人员学分达标率95.02%，参加率100%。举办短期学习班45次，20000余人次参加；为职工举办学习班156次，15000余人次参加。

承担北京协和医学院心血管病内科学学位课程教学、八年制学生临床听诊见习教学。录取研究生94人，其中硕士研究生43人、博士研究生51人，接收进修452人，到院外进修14人。

国际交流与合作　全年接待国外来访43次81人。到美国、法国及澳大利亚等国家进修、学习12人；315人出国考察和参加国际学术会议。改进并完善了长、短期出国人员数据库。举办中国心脏大会暨2011北京国际心血管病论坛。

信息化建设　完成电子病历改版、门诊流程再造、出院带药流程修改以及配液室处方流程改造等；建立电子医嘱系统、ICU感染统计系统、临床路径管理系统等；所有病房及科室均上线移动护理系统，保证患者就医的安全性，提高了医护人员的工作效率和临床决策的响应率。建立抗生素使用管理、电子病历感染监控系统等，确保病程过程中的用药安全；实现检查报告、知情同意书、介入手术记录单等的电子化。8月30日，北京地区电子病历试点中期评估总结会在院内召开。阜外心血管病医院信息中心主任赵韡就医院电子病历试点工作进行了介绍，得到市卫生局领导的肯定。

后勤与基建　完成地下3层结构工程，实现正负零。扩建建筑面积88987平方米。西山阜外心血管病医院心血管医学研究中心建设工程完成一期工程（国际项目合作中心、资源标本库），主体结构封顶，进行外装修。新建建筑面积10135平方米。

其他工作　编辑出版《中国心血管病报告(2011)》，为心血管病防治的政府决策和专家学术交流提供依据。立足社区，开展全国高血压社区规范化管理，签署协议达2500余家社区卫生服务机构，涉及22个省份，协议管理57万人。打造心血管疾病咨询平台，探索社区防治转诊模式。启动实施功能社区职业人群心血管疾病防控管理项目。继续实施燎原计划，推广宣传《基层高血压防治指南》，全年举办20场，培训社区医生3000人。完成卫生部“十年百项”专项，开展血脂防治技能培训，宣传推广《中国成人血脂异常防治指南》，并通过了由卫生部组织的专家评审。完成持续3年的全国社区疾病管理模式培训，于5月11～13日在山东省乳山市召开全国心血管病社区防治工作经验交流会，主题是：落实医改，深化社区高血压规范化管理。

（撰稿：于梅子　审核：吴文斌）

领导名单

党委书记　李惠君
副 书 记　丑承璋
院　　长　胡盛寿
副 院 长　杨跃进　王希振　顾东风

中国医学科学院肿瘤医院
中国医学科学院肿瘤研究所

（朝阳区潘家园南里17号）
邮编：100021　电话：67781331
网址：www.cicams.ac.cn

基本情况　职工1851人（含合同制），其中卫生技术人员1295人，包括正高级职称97人、副高级职称109人、中级职称462人、初级职称627人。

医疗设备总价值58771.79万元。本年度购置医疗设备总值5803.66万元，其中10万元及以上设备60台，价值1824.99万元；100万元及以上设备7台，价值3247.83万元。

获奖情况。医科院肿瘤医院获复旦大学医院管理研究所2010年度中国医院最佳专科声誉排行榜肿瘤科、胸外科第1名，中华全国总工会五一劳动奖状，北京市医疗保险管理工作二等奖，北京市教育工会模范职工之家优秀建设单位。孙燕院士当选第3届首都健康卫士，屠规益获全国卫生系统职工职业道德建设标兵称号，乔友林获WHO/IARC荣誉奖章，李春甲被评为全国优秀老干部工作者，韩玥被市卫生局评为首都学习之星，高黎当选朝阳区人大代表，内科护士长张淑香被评为全国卫生系统优质护理服务先进个人。

机构设置　新建神外-骨科病房，床位43张。

改革与管理　按照"医疗质量万里行"、大型医院巡查、"三好一满意"、北京地区18家三甲医院试评审等活动标准开展自查，并完成上级检查。7月22日，实行专家不点名挂号制度。7月28日，纳入北京市114预约挂号平台，将总号源的80%用于预约，预约形式包括电话、网络、窗口、复诊等。普通门诊和特需门诊增加出诊专家672人次。周末门诊3013人次，节假日门诊1000余人次，并增加周末和节假日住院值班人员，办理住院235人次、出院304人次。启用自助预约挂号服务机、多媒体自助费用查询机。推进"银医卡"项目的实施，实现所有门诊患者可持卡结算，一般患者出院次日、特殊患者出院当日即可清账结算。

筹建国家癌症中心并开展肿瘤预防工作。建立国家癌症中心基本框架，将肿瘤预防工作增加到主要工作中。拓展肿瘤预防工作内涵，完善肿瘤登记随访、淮河流域癌症早诊早治、慢性病防治等工作，完成各专项课题/项目。12月23日，卫生部部长陈竺与主要司局领导对筹建情况进行调研，并提出具体要求。

推进科室精细化管理。年底，召开临床工作会，综合评定1856个基础指标，对21个临床科室实行现场打分进行绩效考评。年中，召开医疗质量工作会，正副主任、总支书记、职能处室负责人、副高职称以上专家、护士长等200余人参加，并邀请相关行业专家做专题报告。

加强干部人员管理，提供人才发展平台与扶植机制。领导班子换届，任命赫捷为院长。选拔任用干部8人，引进人才1人，选派12名优秀中青年骨干赴海外进修学习。詹启敏教授当选中国工程院院士，本院院士增至5人，包括3名资深院士。

坚持行政查房制度，由院领导带队，每季度进行全院范围内的综合行政查房，每月进行医疗、科研、后勤行政查房，不定期由院领导及相关部门负责人现场办公，并开通院长信箱，解决实际问题，提高工作效率。修订《推行院务公开的实施意见》，更新院务公开领导小组。定期召开行政事务管理委员会、职工代表大会、中层干部例会、朝会等。

制订《医德医风奖惩办法》等规章制度，继续开展医德考评工作。改版《纪检之窗》专刊，开展多种形式的廉政文化宣传教育活动。住院患者满意率98.73%。配合卫生部完成全国患者满意度调查问卷800份。本年度收到表扬信、锦旗694件，2585人次得到表扬。

医疗工作　门诊610814人次，急诊6319人次，急诊危重症抢救84人次，抢救成功率70.24%。入院43337人次（含合作医院），出院43275人次，病床周转32.54次，病床使用率95.26%，平均住院日10.56

天。出入院诊断符合率99.90%，临床与病理诊断符合率99.91%，治愈率60.09%，好转率27.75%，死亡率1.27%。住院手术13572例。

病案管理。进一步完善病历质控三级管理体系，并对住院病历进行全程监控。改进病历管理模式，基本完成向“以电子影像病历为主、纸质病历补充”的现代化、信息化管理模式过渡。重点确保病历影像扫描工作完整及时。年内，质控病历38681份，其中甲级病历37937份，甲级病历率98.1%。

医院感染管理。将目标性监测的重点放在无菌手术切口感染的监测，动态监测耐药菌的存在，每季度发布数据。每周对全院Ⅰ类手术切口患者的抗生素使用情况和所有临床科室接受抗生素治疗患者微生物的送检率进行统计并公布。加强手卫生，提高手卫生的依从性。医院感染率1.62%。

医保工作。全年医保出院14119人次，总费用27099.27万元，人均费用1.92万元。召开医疗保险管理委员会会议2次，遇到问题随时召开专题会议。通过加强对门诊处方、门诊特病和住院病历的审核管理，对临床医师进行专项培训和百分考核，规范单病种费用管理及诊疗流程等措施，有效降低医保拒付金额。

临床路径。出台一系列临床路径管理文件，定期召开会议，确定6个病种，完成相应的信息系统建设。自6月正式实施后，累计869例。

医疗支援。派出医师支援重庆万洲肿瘤医院、西藏自治区人民医院、新疆维吾尔自治区人民医院和肿瘤医院等，对口帮扶青海省和徐州市肿瘤医院。完成“西部之光”2010年3名访问学者的考核和2011年4名访问学者的安排。

护理工作　加强护理质量控制管理，重视护理基础培训和岗前培训，落实护理相关法律法规。护理文件书写合格率99.8%，基础护理合格率98.5%，特级、一级护理合格率99.9%，技术操作合格率96.3%，急救物品完好率99.7%，护士行为合格率99.6%，药物管理合格率98.4%，重症护理合格率99.9%，消毒隔离合格率98.7%。

在研护理课题9项，其中新立项3项。有12篇护理论文在护理核心期刊上发表，全国护理学术大会交流论文7篇，获朝阳区护理论文三等奖1篇。

继续教育合格率99.8%，北京市级继续教育项目2项，2181人次参加；单位自管护理继续教育项目110个，5834人次参加。“三基三严”训练2800余人次参加。

创建优质护理服务示范工程，获批卫生部重点联系医院，示范病房比例55.56%，护理服务满意率99.3%，基础护理服务满意率100%，25项基础护理质量均合格。

科研工作　申报“973”专项课题、“863”计划专项课题、国家自然科学基金、卫生公益性行业科研专项课题等176项，中标53项。在研课题170项。到位外来经费6812.44万元，其中外拨经费955.42万元。基本科研业务费获资助192万元，全部用于青年基金课题，拟立项30项。本年度签订科技开发协议11项，合同金额118万元；开发收入110.18万元。

全年发表论文406篇，其中SCI收录71篇，影响因子247.62，最高影响因子36.377，平均影响因子3.49。科学著作25部，其中主编8部、合著17部。申请发明专利8项，获授权2项。

1月18日，召开第1届国家癌症中心学术年会。征集2010年发表的研究论文83篇，分别评出基础组、临床组、预防组论文特等奖、一等奖、二等奖、三等奖。

病因及癌变研究室研究员林东昕等的“一些免疫及炎性基因遗传变异对基因功能和肿瘤易感性的作用”获高等学校科学研究优秀成果奖自然科学奖一等奖，流行病学研究室研究员乔友林等的“适合于发展中国家的宫颈癌快速筛查技术研究”获二等奖。放射治疗科研究员戴建荣等的“调强放疗技术的优化设计及简化应用”获中华医学科技奖。分子肿瘤学国家重点实验室接受科技部和国家自然科学基金5年一次的评估，评估结果为良好。

医学教育　获批国家级继续教育项目28项，完成24项，完成率85.7%。院级继续教育讲座56场，邀请专家84人，授课156小时，听课4496人次。

招收硕士研究生103人，毕业53人，转博24人，84人获得学位，在校生233人。毕业班发表第一作者论文89篇，SCI收录31篇。毕业班12人获市教委北京地区高等学校毕业生支援西部地区荣誉证书。3篇博士毕业论文被评为北京协和医学院优秀博士学位论文。成立肿瘤细胞生物学教研室（含遗传学）、肿瘤病因学教研室等10个教研室。不断完善试题库及考试在线系统，深化肿瘤学国家重点学科建设。

接收进修生214人，进行入院教育、考试和满意度评价，208人获结业证书。医师外出进修3人次，短期学习158人次。

石远凯、李晔雄、赵芳辉分别被市教育工会评为教育先锋管理育人标兵、北京市师德先进个人、北京高校青年教师优秀教学科研成果奖。程书钧和冉宇靓分别被北京协和医学院评为教学名师、协和学者特聘教授，肖汀和张玉倩当选北京协和医学院“协和新星”。

国际交流与合作　全年接待外宾10余批次，包括美国NCI、世界卫生组织、国际抗癌联盟、霍普金斯大学、德意志银行等。组织中层干部访问考察韩国NCC，临床业务人员赴 M. D. Anderson 进修。国际合作立项15项，到位经费303.93万元。外专局项目到位经费20万元，申请重点项目9项、普通项目2项。办理出国200余人次，其中参加国际会议133人、访问考察25人、学习进修12人。

信息化建设 完成自助挂号和自助检验单系统、核医学系统、病理主系统、临床路径系统、办公自动化系统的上线运行。完成市卫生局医联码项目、非实名制挂号和预约挂号项目、医保实时结算系统自动控制。完成电子病历系统、护理病历和护理管理系统、感染管理系统的调研与准备工作。网站发布信息916条，访问量343775人次。

后勤与基建 市卫生局批准本院增加执业地点。完成综合楼工程、放疗改造工程二期收尾工作。完成连接廊工程二次施工设计并进行施工招投标。完成体检中心项目施工立项报批手续。严格执行采购流程，降低采购成本、物流成本以及设备管理中的隐形成本。完善各项节能减排制度，多种形式开展节能宣传周活动。开展安全生产月活动，完善消防检查巡查制度，开展消防教育和培训，提高消防"四个能力"。

其他工作 1月14日，组织员工无偿献血，21人参加。6月14日，以"捐献更多血液，挽救更多生命"为主题的世界献血者日，发放宣传材料2000余份。

4月23日，举办以"远离癌症，重在预防"为主题的肿瘤防治宣传周活动，约3000人参与防癌健康查体、专家咨询、健康科普讲座等。

9月24日，举办以"为希望奔跑，为克癌募捐"为主题的第13届北京希望马拉松——为癌症患者及癌症防治研究募捐义跑活动，5000余名社会爱心人士参加，募集善款400余万元，全部用于中国癌症防治研究事业。

开展志愿服务在医院活动。自2008年8月起，已有1268名志愿者注册，平均每年志愿服务万余小时，满意率100%。继续开展门诊志愿者服务、抗癌乐园康复交流咨询志愿者、新职工志愿者体验活动等，创新开展"爱心进病房，志愿为患者"活动、走进农民工子弟学校、医务工作者志愿服务1小时等活动。8月12日，召开3周年总结大会。

完成媒体宣传报道164次，开展科普讲座、专家访谈、专题报道等科普推广活动，出版《院所报》14期。组织参加北京市2011健康科普写作、创作、创意大赛，北京市健康科普专家遴选，5名专家获北京市健康科普专家称号。

（撰稿：杨　军　审核：付凤环）

领导名单

党委书记　董碧莎
副 书 记　付凤环
院　　长　赵　平（至7月）　赫　捷（自7月起）
副 院 长　赫　捷（至7月）　王明荣

中国医学科学院整形外科医院 整形外科研究所

（石景山区八大处路33号）
邮编：100144　电话：88964826
网址：www. zhengxing. com. cn

基本情况 职工637人，其中在编职工450人、派遣制员工168人、合同制临时工19人。卫生技术人员480人（含派遣制员工113人），包括正高级职称32人、副高级职称57人、中级职称180人、初级师105人、初级士96人、未转正10人。

医疗设备总价值4602万元。新购医疗设备480万元，其中10万元以上设备9件。

获奖情况。医科院整形外科医院被评为首都卫生系统精神文明单位、北京市药械不良事件监测工作先进单位、北京市消防安全先进单位。北二病区被评为北京市优质护理服务示范病区。

机构设置 11月14日，成立门诊公关部和安全科。

改革与管理 以创先争优活动为契机，积极参加卫生部"医疗质量万里行"、"三好一满意"、抗菌药物专项整治等活动。定期举行处方点评和病历质量点评，对重大手术实行院内和院际专家会诊制，共组织院内危重、疑难等病例讨论28人次，外请专家会诊24次。完成专业委员会会议及各类专题讲座、交流、培训20次。11月，确定并启动第一批进入临床路径的9个试点病种。

医疗工作 门急诊84867人次，比上年增长13.65%；住院9820人次，比上年减少1.49%；床位使用率83.04%，平均住院日9.73天；门诊手术22658例，比上年增长16.63%；住院手术9366例，比上年减少1.53%。七日确诊率100%，出入院诊断率100%，治愈率66.91%，好转率33.08%，无死亡。

参加市卫生局114统一预约平台和全国网络预约平台，对原有咨询电话进行智能化改造，方便患者就医。全年有效咨询97005人次，预约22999人次，预约后实际到医院就诊14305人次，预约患者手术9129例，预约患者手术治疗费5852万元。

病案管理。完成病历质量检查20265份。甲级病历率97.8%。

医院感染管理。为医院开展抗生素合理使用整治工作提供及时、准确的监测数据。病历抽查率100%，无菌手术切口甲级愈合率99.97%，医院感染率0.58%。

医疗支援。与门头沟妙峰山镇社区卫生服务中心达成协议，帮助其开展口腔科诊疗项目，并资助医疗设备1万元，定期派医护人员赴诊。接收医师进修56人。与中华少年救助基金会天使妈妈“爱耳义动”公益项目、中华少年儿童基金会“西部救助基金”、濮存昕基金会“让孩子笑起来”等慈善组织联合开展公益项目，收治唇腭裂、尿道下裂、两性畸形、鼻缺损等贫困家庭患儿31人，并为其筹措救助基金。

护理工作 以患者为中心，开展全程责任制护理。护理部采用多项措施，实施疑难病例护理会诊讨论制；坚持护理查房，组织护理交流会；护理教学委员会采取集中授课、PPT材料讲授、视频演示等多种形式。以表格形式的入院评估单取代护理记录单，简化并规范护理病案的书写。护理文件书写合格率100%，安全护理合格率99%，特、一级护理合格率100%，急救物品完好率100%。通过设立优质护理服务专项奖励基金，患者平均满意率由93%提高到98%。组织护士长赴天津第三中心医院、台湾坜新医院和佛教慈济医院参观访问，学习先进的护理管理理念。选派年轻的护理骨干到外院进修学习。全年发表护理论文16篇，其中SCI收录1篇。

科研与教学 中标国家自然科学基金3项、北京市自然科学基金2项、北京协和青年基金4项、北京协和教育基金1项、市科委首都医疗特色项目1项、高校博士点基金1项、高等学校继续教育示范基地项目和医学相关专业毕业后培养及继续教育网络培训项目1项、外国文教专家经费5项，总计304万元。完成市卫生局“卫生行业发展科研专项需求建议书”申报9项、卫生部专项行业建议申报1项。完成科技体制改革和科研业务经费的申报，经费106.24万元。

研究生毕业24人，其中博士生11人、硕士生13人。获批院校博士生、硕士生导师各6人，并批准口腔临床医学硕士学位授予点1个，招收硕士生、博士生40人。

在核心期刊发表论文100篇，其中SCI收录86篇，最高影响因子7.882，平均影响因子2.2693。出版论著、译著3部。申请国家、区县级继续医学教育44项，培训卫生技术人员2800人次。

国际交流与合作 接待参观、访问外宾9批68人次。举办第3届国际美容整形外科高级研讨会暨第1届中欧整形美容外科会，40余个国家和地区的近400名医师参加。举办亚洲乳房美容整形学习班和乳腺癌术后乳房再造及上肢淋巴水肿治疗新进展高峰研讨会。接待中国台北世界贸易中心医疗服务访问团和阿富汗卫生官员培训团来访。

信息化建设 实施病案扫描管理软件系统，方便临床人员调阅患者病历。在HIS系统内开发麻醉科医师门诊处方系统和药房摆发药系统；更改PACS系统，使本院照相室可以通过信息系统将数码相机拍摄的电子照片直接上传服务器，供各临床科室及时调阅。

后勤与基建 补充、修改并报送《改扩建工程可行性研究报告》。雨污水管线及污水处理系统更新改造工程通过四方验收投入运行。完成变配电改造工程的竣工结算审计。查找、修补和更新病房楼、医技楼等屋面防水层2152平方米。完成卫生部“整形外科疑难杂症综合治疗综合平台建设”项目的申报和CT配置证的申请，并得到1400万元的资助。建立手术室二级库，实现临床科室成本核算。完成“6.23”特大暴雨的抢险任务。

（撰稿：郝亚利　审核：王建国）

领导名单

党委书记　王建国
院　　长　曹谊林
副 院 长　吴　念　赵振民　赵唯萍

中国中医科学院西苑医院

（海淀区西苑操场1号）
邮编：100091　电话：62835678
网址：www.xyhospital.com

基本情况　职工1379人，其中卫生技术人员1022人，包括正高级职称80人、副高级职称120人、中级职称294人、初级师514人、初级士14人；其他人员357人。

医疗设备总价值4071.79万元，其中10万元以上设备35台、100万元以上设备4台。

改革与管理　结合整体改扩建工程，完善医院"十二五"发展规划，坚持"一个中心，两个基本点"和"三位一体"的工作思路。结合医院文化建设、医院管理年与"三好一满意"活动，继续以"为医院发展做贡献，共产党员在行动"为主题，在改扩建施工过程中充分发挥共产党员的先锋模范作用。召开4次门诊医技楼内部装饰和外部景观设计方案论证会，把西苑医院整体改扩建工程做成精品工程和样板工程。

成立客户服务中心，为患者提供集"诊前、诊中、诊后"一体化、全面、完善及高品质的医疗服务，并由门诊部垂直管理，整合原有咨询台、咨询电话资源，充分利用信息化技术，改变传统的柜台式服务，培养主动服务意识，实行首问负责制，设立灵活的巡回导诊和移动护士站，承担的工作包括门诊管理、咨询服务、就诊引导、纠纷处理、协同医疗、健康宣教、特殊人群服务、信息发布与更新、各种医疗证明办理、自助检查单查询、药品邮寄服务等。

医疗工作　门诊1443621人次，急诊51835人次，急诊危重症抢救1505人次，抢救成率97.41%。床位558张。住院13076人次，出院13076人次，床位周转23.4次，床位使用率110.5%，平均住院日17天，三日确诊率99.39%，出入院诊断符合率99.54%，治愈率19.1%，好转率77%，死亡率2.7%。住院手术2565例。

全过程质控，保证患者用药安全。完善各项规章制度和岗位操作规范，特别是落实各项规章制度的实施并定期检查，严格执行药品采购、验收、在库养护、调剂、煎煮等全过程质量控制，确保患者获得高品质的药品和药学服务。提高医务人员的风险意识，全年组织相关科室、专家进行纠纷病例讨论24次，查找原因，总结教训。全年接待医疗投诉192起，法院结案1起，协议解决12起，参加区、市级医疗事故鉴定2次，诉讼鉴定调解中1起；共计赔偿434196元。

病案管理。住院病历终末质控率100%，甲级病历率100%，全院中治率79.48%。加强环节医疗质量管理与综合目标考核，对危急重病人、手术病人、新入院病人等重点环节、重点流程督促检查，保证医疗质量和医疗安全。三级查房合格率92.11%，病例讨论合格率97.32%。

医院感染管理。医院感染率1.31%，漏报率2.87%。

医保工作。全年门诊医保639219人次，住院医保6748人次，医保门诊次均费用330.1元，医保住院次均费用16511.64元。

医疗支援。对口支援内蒙古自治区通辽市库伦旗蒙医医院、锡盟蒙医研究所、内蒙古民族大学附属医院、包头市蒙中医院、呼和浩特市中蒙医院及乌兰察布市化德县中医院，并签订为期3年的对口支援协议。组织2批专家赴内蒙古自治区6家对口支援单位开展讲课、巡诊、考察，了解各受援医院的服务人群、常见多发病、硬件设施、人员水平等情况后，制订具体工作计划，将支援工作落到实处。

治未病工作。以老年病科、脾胃病科、肺病科、心血管科、肿瘤科、血液病科、耳鼻喉科、气功推拿科、药剂科为主要技术力量，组成中医预防保健服务技术队伍，分膏方保健、慢性病愈后防复、心脑血管病预防、药膳调理等几支队伍，以体检中心为主要服务平台开展工作。举办西苑医院第2届膏方养生文化节，免费进行健康评估及膏方咨询500余人次。在特需门诊设立膏方诊室及咨询电话，并新增膏方寄送服务。完成膏方加工240余料，比上年增长20%，成为北京地区膏方服务量最大的医院。举办北京市首届膏方医师培训，全市20余家医院的200余名副主任医师以上职称的医师参加培训，并成功申报北京市膏方医师培训基地建设项目。开展药膳干预亚健康的临床研究、亚健康慢性疲劳的临床研究，完成对心脾两虚型慢性疲劳患者40余例的临床观察，开展高血压前期征候研究。

护理工作 以优质护理服务示范病区建设牵头，加强护理服务质量优质化工作的落实。开展优质护理服务的病区占全院病区总数的50%。门诊部加强中医药健康教育宣传活动和就医导诊服务，增设健康教育专栏，根据患者需求和医疗特色丰富宣传内容，提供健康教育资料100余种。基础护理合格率100%，重一级护理到位率99.2%，文件书写合格率99.6%，技术操作合格率100%，急救物品合格率100%，消毒隔离合格率100%，健康教育合格率100%，住院病人满意率99.5%。

科研工作 中标课题23项，其中国家自然科学基金12项、科技部国际科技合作计划1项、“十二五”重大新药创制课题5项、重大传染病专项课题1项、首都特色医疗项目1项、“十病十药”1项、北京市重点实验室1项、首都特色医疗项目1项。纵向科研经费新增合同额3110万元，到位经费600.1万元。在研中药新药临床研究、临床前研究、保健食品研究等横向课题56项，横向经费新增合同额981.4万元，到位经费770.5万元。获各级各类成果奖10项，其中获2010年度中国中医科学院科学技术奖二等奖2项、中华中医药学会2010年度科学技术奖三等奖2项，获发明专利3项。全年发表论文341篇，其中SCI收录15篇。出版专著6部。

医学教育 研究生工作。招收博士研究生12人、硕士研究生46人；毕业博士研究生12人、硕士研究生43人。通过开展“我和我的导师”系列活动，加强师生之间的交流与沟通，解决部分研究生培养过程中的问题，收到满意效果。

全年举办继续教育讲座15次，2000余人次参加。派出医技人员参加专科专病短期学习或专科进修30人次，其中临床医师专科进修18人。参加住院医师规范化培训30人。22人参加中科院临床专业学位基础及专业课程的学习，毕业临床专业硕士生4人、博士生1人。招收项目博士后5人，6名博士后出站。第一批中国中医科学院“传承博士后”出站，第二批“传承博士后”8人完成进展考核。

临床教学与培训。完成2005级七年制医管班36名研究生的第1阶段临床实习，进入选导师进行跟师学习的第2阶段；北京中医药大学七年制留学生2005级14人进入跟师学习阶段，2006级七年制留学生10人进入临床实习阶段，2007级七年制留学生13人完成理论课的学习，进入跟师阶段。接收进修61人，经过岗前培训后，分配到相应的科室学习；接收北京市“回归扎根”工程社区医师35人进行短期培训。

西苑医院有全国第4批名老中医专家7人，继承人13人。根据国家中医药管理局要求，制订《结业考核方案》。西苑医院的市中医局薪火传承“3+3”工程全部通过专家验收，其中获北京中医药薪火传承优秀奖1项、北京中医药薪火传承贡献奖3项。

国际交流与合作 外事办与教育处联合举办英语应用能力培训班，全院近百名医务人员参加，每周一次，聘请知名外语教授讲座，计划用一年半时间，提升科室外事接待能力与综合实力。

全年接待澳大利亚、英国、美国、德国85人次参观考察，日本、俄罗斯、韩国32人次访问交流，包括俄罗斯紧急救灾部医疗心理保障局Shalskaya Svetlana副局长等。另外，波斯尼亚和黑塞哥维那驻华使馆阿梅尔·科瓦切维奇先生应邀出席发展中国家中医药技术培训班结业典礼并发言。开办6个长、短期国际班，接收美国、澳大利亚、德国、非洲发展中国家的学员84人次。9月1~28日，完成由商务部主办、西苑医院承办的发展中国家中医药技术培训班，招收蒙古、孟加拉等16个国家的学员41人。

与香港医院管理局的“访问学者计划”项目，派出8名中医专家赴香港讲学，每人2周，开展临床带教和学术报告。同时，初、高级进修班结业。另外，以香港初、高级中医师进修项目为依托，完成2名香港职业中医师博士后进站工作。与外交部欧亚司合作，于9月14日承办上海经合组织成员国协调员会议的中医药文化宣传与体验活动。派出专家6人，由院长唐旭东率队，覆盖针灸、推拿、肿瘤、疾病预防及中药材等中医药对外交流主要领域，并签订2012年上合组织国家中医药文化与养生培训班项目。

信息化建设 完成门诊医生工作站的上线，并开展全体医师培训。升级住院医生工作站的病历首页，在住院医生工作站嵌入病历扫描系统，落实临床科研一体化，在病房和门诊全面应用结构化电子病历。

后勤与基建 定期组织相关班组建立对一线医疗科室的查房制度，坚持定期到门诊、病房进行巡视。

开展安全生产月活动，发放《“节能减排之夏”共创低碳环保工作环境倡议书》。病区公共走廊全部安装应急照明灯；在院内醒目位置悬挂宣传标语，聘请消防中队干警给西学中班学生进行安全生产知识培训，组织全院在岗人员完成消防安全知识答题。

（撰稿：陈　晋　审核：夏海萍）

领导名单

党委书记　曹　云

院　　长　唐旭东

副 院 长　黄尧洲　刘建勋　史大卓　何　军

中国中医科学院广安门医院
中国中医科学院第二临床医药研究所

（西城区北线阁5号）

邮编：100053　电话：83123311

网址：www.gamh.com.cn

基本情况　职工1347人（在编945人、合同制402人），其中卫生技术人员1105人，包括正高级职称87人、副高级职称145人、中级职称357人、初级师323人、初级士193人。

医疗设备总价值2.19亿元。年内购置设备233台（件），价值5208万元，其中10万元以上54台（件），价值4898万元。

获奖情况。广安门医院获“十一五”国家科技计划执行优秀团队奖、医院管理年和绩效考核优秀奖、北京地区中医医院医疗质量监测工作一等奖、中医中药中国行活动最佳科普作品奖、第2届北京市职工健身健康博览会优秀组织奖，被评为北京市药品不良反应监测工作先进单位、北京市医疗器械不良事件监测工作先进单位、市卫生局健康促进医院、健康传播十佳医院，2008～2011年度医院图书馆建设先进集体。

改革与管理　在保基本、强基层、建机制，扩展医院优势资源，提高人民群众满意度，有效缓解“看病难”现象等方面探索医院持续发展的新路。

3月29日，由北京市中医管理局牵头，受大兴区委、区政府委托管理大兴区中医医院，广安门医院（南区）正式挂牌。5月16日，双方正式合为一院，开始统一领导、同一法人、一体化管理。8月29日，广安门医院（南区）作为大兴区唯一一家三级甲等医院正式开诊。按照“同一医院、同一品牌、同一文化、同一水平”的目标，组建医院（南区）管理团队，修订规章制度36个，规范操作流程、应急预案29个；培训8次；规定科主任定期赴南区会诊、查房、业务指导；增设肿瘤科、肾病科病区，病床由310张增至400张；选派肿瘤、脾胃病、糖尿病、心血管、皮肤、神经内科等专家70余人赴南区出诊；组织南区患者190余人次到本部进行核磁、CT、核医学等检查，填补南区大型医疗设备的空白。年内，南区门急诊455405人次，增长50.33%；入院6879人次，增长12.26%；病床使用率81.73%，增长6.98%；平均住院日14.26天；病床周转21.00次，增长6.54%；门诊、住院手术3818例，增长11.60%。业务收入19240.26万元，增加48.09%，其中医疗收入6991.57万元，增加45.98%；药品收入12166.91万元，增加52.79%。

1月9日，广安门医院与中华中医药学会联合主办国医大师路志正从医70周年学术思想研讨会。全国人大原副委员长许嘉璐，卫生部党组书记张茅，卫生部副部长、国家中医药管理局局长王国强，国家中医药管理局副局长吴刚，卫生部保健局副局长吴军，中国中医科学院党委书记王志勇、院长张伯礼，北京市中医管理局局长赵静，广安门医院院长王阶及部分国医大师、两院院士、各级领导及路老弟子300余人参会。

拓宽中医药服务领域和提高服务水平，加强医疗质量和医疗安全管理，通过了北京市中医管理局医院管理年的检查评估。

正式启动JCI国际医院评审工作。成立工作领导小组、办公室和14个功能小组，组织培训11场，编写完成医院JCI文件初稿，并着手进行基础设施改造。

继驻中央纪委监察部机关门诊、驻审计署门诊部开诊之后，驻中国石化门诊部、驻公安部门诊部相继挂牌，门诊量合计7500余人次。与中国石油青海油田公司签署战略合作备忘录，实现优质医疗资源向青海延伸，提升油田职工医院医疗水平。新华社、中国外文局确定广安门医院为其开展按需服务、中医养生保健讲座及中医适宜技术服务。

加强药事管理。为特需药房采购特制小包装药柜33个、调剂台12台、发药柜1套。9月，试行开展配方颗粒调剂工作，改变传统的煎煮过程，提出信息系统药学模块优化建议，加强日常药品信息的维护，提高调剂速度，缩短候药时间，增加患者满意度。11月，通过了示范中药房的验收。

医疗工作 门诊2393097人次，急诊45559人次。床位609张。入院14933人次，出院14943人次，床位周转24.5次，病床使用率106%，平均住院日15.9天，中药处方比例73.18%。门诊和住院患者满意率99.87%。

第2批优势病种临床研究项目结题，推进第3批研究项目；7个国家中医药管理局“十一五”重点专科建设项目通过验收，11个科室申报国家中医药管理局“十二五”重点专科建设项目；肿瘤科、心血管科及风湿病科被卫生部确定为国家临床重点专科建设项目；妇科、肛肠科分别被列为北京市中医妇科诊疗中心和北京市中医肛肠科诊疗中心；广安门医院被定为北京市中医治未病中心。

中医临床研究基地建设。拟搭建临床研究门诊和病房、临床研究室、高层次名老中医经验继承等9个共享平台，以满足开展和支撑中医临床研究的需要。投入130万元设立国家中医药临床研究示范基地专项资金，申报92项，入围52项，其中普通类课题14项、青年/博士类课题18项、管理类9项（含南区2项）、共性技术专项5项、中医护理专项6项。

病案管理。继续推行手写病历制度，细化考核要求，专项检查病历书写及时性与环节病历书写质量，增设手写优秀病历的评选。严格病历涉及中医内涵质量、患者安全目标管理和患者知情同意权等内容。甲级病历率100%。

医院感染管理。落实抗生素综合治理，加强培训，科室自查与医院监控相结合，推动抗菌药物计算机监控干预系统的改进，通过了抗菌药物管理检查。落实多重耐药菌感染控制措施，借助信息化平台加强医院感染监测及预警机制。医院感染率3.08%。

医保工作。门诊医保就医较上年增加23.61%，出院医保增加5.95%，平均住院日由18.3天降为16.2天，药费比例下降0.96%。

医疗支援。赴门头沟区中医医院开展教学查房13次，学术讲座13次，免费培养进修医师3人；为宣武区7个社区卫生服务站提供诊疗服务，接诊4000余人次；接收内蒙古自治区进修医师5人，组织7名专家赴内蒙古自治区赤峰市元宝山区中医医院、林西县中蒙医院挂牌、义诊；免费培养西藏自治区藏医院医师进修3人；为新疆维吾尔自治区“特培”2名少数民族中青年科技骨干；组织专家赴北京八中进行义诊咨询讲座。

中央保健和两院院士保健。完成重要外事会诊3次。国医大师、第4届中央保健会诊专家路志正教授被授予中央保健工作突出贡献者称号，其承担的中央保健科研课题“祛湿化浊法对老年血脂异常的干预研究”进展顺利。建立中国科学院院士医疗保健绿色通道，并为其开展中医养生防病健康讲座及专家咨询义诊。全年提供绿色通道服务7次，接待工程院院士71人。

护理工作 完成中医专科护理检查340人次，合格率100%；级别护理检查732人次，合格率97.27%；文件书写检查病历1566份，合格率99.36%；考核护理技术操作10项445人次，合格率100%。

推进优质护理服务示范工程建设。加强护理质量检查，落实责任制护士工作职责，细化工作流程。骨科、急诊示范病房通过了检查。12月，新增心血管科与内分泌科病房为优质护理服务病房。细化护理质量检查标准，全面开展护理质量检查与考核，提升基础护理质量水平。举办优秀护理病历评选和护理教学授课评比活动。申报市中医局课题“特色优势病种中医护理规范化实施再评价研究”，中标所级课题5项。

培训工作。为计划出国学习的护理人员开展英语培训。5名护士参加中国中医科学院研究生院的护理硕士进修班学习，培养专科护士5人。举办护士长学习班，培养护理人员论文写作及科研思路，264人参加。全年开展继续教育32讲，2872人次参加。

科研工作 申报课题21类201项，中标课题37项，其中国家自然科学基金27项、中医药行业科研专项1项、北京市自然科学基金2项、市科委首都临床特色应用研究2项、北京市自然科学基金对外交流项目1项、国家中医药管理局课题2项、卫生部政策法规司1项、国家体育总局乒乓球羽毛球运动管理中心项目1项，经费1420万元。在研所级以上课题122项，其中国家级课题80项，包括科技重大专项5项、“973”计划6项、国家科技支撑计划2项、国家自然科学基金57项、科技部国际合作5项、综合性中药新药研究开发5项；省部级项目25项；地市级项目

17 项。通过结题鉴定 44 项，其中国家自然科学基金 7 项、“十一五”国家科技支撑计划项目 12 项、国家中医药管理局 19 项、卫生部中央保健专项资金 2 项、北京市自然科学基金 2 项、北京中医协会课题 1 项、教育部课题 1 项。

获各级科技成果奖 17 项，其中国家科技进步奖 3 项、北京市科学技术奖 2 项、中国中西医结合学会科学技术奖 2 项、中国针灸学会科学技术奖 1 项、中华中医药学会科学技术奖 2 项、中华中医药学会学术著作奖 2 项、解放军医疗成果奖 1 项、中国抗癌协会科技奖 1 项、中国体育科学学会科学技术奖 1 项、中国中医科学院中医药科学技术进步奖 2 项。

全年发表科技论文 591 篇，其中核心期刊论文 487 篇、SCI 收录 36 篇（含摘要论文 8 篇）、Medline 收录 33 篇，最高影响因子 8.435，平均影响因子 1.49。出版学术著作 8 部。

新药基金立项 1 项，申报新药基金 4 项；申报技术专利 7 项，取得技术专利 1 项；转让科研成果 1 项，转让经费到位 25 万元；签订技术服务合同 41 项；获新药临床试验服务经费 350 万元；在研科技部国际合作项目 5 项，经费 332 万元。

医学教育　接收住院医师规范化培训 33 人。2008 级统招硕士研究生 44 人、博士研究生 8 人，在职临床医学专业硕士研究生 3 人，同等学力硕士研究生 2 人。57 人完成毕业论文答辩，其中 8 人获博士学位、47 人获硕士学位。新入学在职博士研究生 13 人、硕士研究生 1 人。承担医、药、技等专业学生实习 90 人，其中北京中医药大学 71 人、泰山医学院放射专业 5 人、其他院校 14 人。录取硕士研究生 45 人、博士研究生 14 人（含港澳台 1 人），录取免推硕士研究生 2 人；招聘 10 名博士后进站工作。第 17 期西学中班进行临床实习、毕业论文答辩，14 名学员结业。承接北京中医药学会学术讲座 10 次。肛肠科、肿瘤科、心身医学科、肾内科等获批国家级继续教育项目 4 项。办理中华医学会继续教育注册 292 人、中医药学会继续教育注册 249 人。派出专科进修学习 10 人次。继续教育达标率 99.27%。选拔 14 名青年医师、4 名护理人员赴美国梅奥医学中心等地进修学习。国家第 4 批师承结业考核结束，16 名师承人通过了结业考核。启动北京市第 4 批师承工作，7 名专家成为师承导师。

国际交流与合作　接待英国卫生部副部长安妮·米尔顿女士、黑山卫生部部长米奥德拉格·拉杜诺维奇先生、越南卫生部副部长高明光先生 3 个卫生部长级代表团；接待 5 个国外政府代表团：坦桑尼亚卫生和社会福利部政策计划司雷格纳·凯库里司长，俄罗斯紧急救灾部医疗心理保障局（Shalskaya Snentlanan）副局长，越南军队传统医院代表团，世界卫生组织分类术语及标准处主管官员和西班牙补充替代医学委员会；接待 5 家世界 500 强企业的副主席和副总裁来访。接待外国医学专业交流团体 50 个 782 人，比上年增加 108 人次；安排 46 名外国学员学习，分别来自日本、美国、加拿大、以色列、澳大利亚等国家；受卫生部委托，接收世界卫生组织选派的 4 名朝鲜高丽医学管理官员及专家考察和培训。

与北京市中医管理局、保柏集团签署三方合作协议，旨在中医服务质量评价标准、国际中医保健、科研和教育方面建立战略合作。

获批中国·东盟公共卫生基金项目“中国·东盟传统医药和谐政策与操作规范研讨会”——中国·东盟传统医药纳入国家医疗卫生体系考察培训项目第 1 期。

10 月，与北京市中医管理局合作，举办北京中医药国际发展与合作交流会议。

信息化建设　建设信息服务管理（ITIL）系统，构架 IT 管控体系，建立 IT 服务管理系统，对 ITIL 服务管理所涉及的服务范围、服务等级、监控要素和资产数据进行分析，完成平台搭建，进入试运行及知识库的建立阶段。推进综合运营管理体系建设，建立财务、统计、药品等 13 个主题数据库。绩效管理系统采用平衡计分卡，确定医疗、护理、财务、科研、院感等考核单元，正在进行考核方案和指标体系的建立。启动电子病历系统的建设。

基本建设　落实“平安单位”建设；围绕“节能我行动，低碳新生活”，因地制宜，完善节能减排机制，严格控制能耗增量；创建无烟医院，签订《创建无烟科室责任书》，设立控烟监督员、巡查员，设置禁烟警示牌和禁烟标志。完成新门诊楼扩建工程前期审批手续，施工单位及监理单位进驻现场，进行基础护坡桩施工。完成中央保健病房的装修改造。

（撰稿：尹　璐　关　玲　审核：陈振酉）

领导名单

党委书记兼院长　王　阶
副　书　记　殷海波
副　院　长　汪卫东　仝小林　花宝金　王映辉　胡元会　樊俊芝

中国中医科学院望京医院

（朝阳区花家地街）
邮编：100102　电话：84739000
网址：www. wjhospital. com. cn

基本情况　职工867人，其中卫生技术人员785人，包括主任医师（含相应职称，下同）54人、副主任医师94人、主治医师210人、医师125人、护士302人；行政人员65人；工勤人员17人。

医疗设备总值11389万元。本年度新增医疗设备总值1633万元，其中10万元以上设备21台、100万元以上设备5台。

获奖情况。望京医院被评为首都文明单位、中央国家机关文明单位、首都公共卫生文明单位、朝阳区社会领域和谐建设先进单位，获中央国家机关团工委青年文明号，2009～2011年度中央国家机关五四红旗团支部，风湿科护理单元当选第2届全国中医特色护理优秀科室。朱立国教授被评为“郭春园式的好医生”。

机构设置　2月，成立脾胃病科；10月，设脾胃科病房。8月，成立治未病科。9月，成立疾病预防控制科。

改革与管理　调整临时工勤人员的工资标准，普通工勤人员由每日55元调至60元，技术工勤人员由每日57元调至62元。

将骨伤医疗中心创伤二科、关节四科病区搬到望京医院本部。

促进科学化管理，加强监督，查找漏洞，杜绝隐患。物资库升级完善，建立对供应商、生产厂商的管理监督系统，院领导查询系统，以及管理制度和工作流程。

加强对重点部门（设备处、药剂科、物资科、基建办）、重点岗位（物资采购、财务处、物价办、房管科等）、重点环节（工程招标、材料设备供应、项目洽商、工程承包等）的监督管理，针对重点岗位检查2次，发现问题并提出整改意见。纪检监察部门参加院内各项招标会5次，并与科主任、护士长签订廉洁行医承诺书。向院领导、职能部门、支部书记、重点岗位、重点部门的58人发放《廉政准则》、党风廉政建设知识答卷等学习资料。

医疗工作　门急诊1088278人次，日均门急诊4247人次；急诊抢救1016人次；门诊手术3493例，住院手术5674例。床位643张。入院13040人次，出院13049人次，床位周转20.4次，床位使用率91.2%，平均住院日16.4天，治愈好转率95.3%，七日确诊率98.7%，死亡率2.4%，院内感染率0.4%。

开展“以病人为中心，以发挥中医药特色优势”为主题的中医医院管理年活动，市中医局组织专家对本院进行评审检查，医院根据专家评审意见进行改进。

突出中医药特色，调动临床科室及医生使用中药饮片等中医特色疗法的积极性，制订相关制度并实施。举办望京医院第1届“百草杯”中医基本功知识竞赛，采取住院医师与主治医师以上职称人员组队参赛形式，考察方剂、中药掌握应用情况，营造“读经典，用经典，背方歌，用中药”的氛围。组织专家到外院考察，制订《望京医院治未病中心建设规划》。

抗菌药物专项整治。每月进行抗菌药物相关指标监测，制订《抗菌药物临床应用专项整治活动方案》《处方点评制度》《抗菌药物分级管理制度》，院长、科主任、临床医师分别签署三级目标责任书。

接受中国中医科学院第2批临床优势病种验收，“中药及针灸治疗突发性耳聋诊疗规范的临床研究”、“调理脾胃灸法改善尿毒症血透患者生存质量的临床研究”2项课题通过验收。

对口支援。与内蒙古自治区通辽市蒙医整骨医院、额济纳旗中蒙医院、鄂尔多斯市中医院、克什克腾旗中蒙医院结成对口帮扶关系，与鄂尔多斯中医院签订《双向转诊协议书》。与新疆生产建设兵团农二师库尔勒医院建立对口支援关系。与宁夏回族自治区石嘴山中医院初步建立对口支援合作关系。接收西藏自治区免费进修医师5人、内蒙古自治区鄂尔多斯中医院免费进修医师8人。9月，派出1名援疆干部赴新疆维吾尔自治区医院任副院长，为期3年。接收21名社区医务人员进行为期40天的全科医师岗位培训，全部通过考核。

完善医院感染管理规章制度，制订《医务人员手卫生标准操作规程》《导尿管相关尿路感染防控标准操作规程》《隔离技术标准操作规程》及《围手术期预防性使用抗菌药物指导原则》，组织16次院感知识培训。全年未发生耐药菌感染聚集性事件及医院感染暴发流行事件。

重新编写《药品目录》和《中成药处方集》。开展药物咨询工作，设专职药师全天为医患人员进行药物咨询。筹建自动化中药配方颗粒药房和中药小包装饮片药房。

对新成立的科室进行医疗质量与病历书写培训，并开展优秀病历书写评比活动。邀请法律专家围绕《侵权责任法》为医务人员开展法律讲座。

医保工作。全年医保出院9173人次，总费用16628.1万元，次均费用18127元。通过了北京市、朝阳区医疗保险10余次的明察暗访。在医院外网宣传各类医保政策，方便患者；在内网按月公布各科室医疗保险拒付明细，警示全院医师。

护理工作　招聘新护士18人。制订并完善《患者腕带标志管理制度》《管路管理制度》《手术患者交接制度》等。通过进一步简化护理文件书写，取消一般护理记录，修订《护理文件管理制度》《护理文件书写规范》等相关护理文件。规范中医护理查房流程，开展有中医特色的护理操作。为卧床患者统一制作特殊病号服，既方便护理，又保护患者隐私。

各临床护理单元启动“以患者为中心，提高护理服务质量”为主题的评选活动，评选出10名患者心中最美的护士并进行表彰。

探索护理教学实践新模式，对护生岗前培训进行改革。全年接收8名外省护理骨干来院进修。

科研工作　申报科技部、国家自然科学基金、北京市自然科学基金、北京市科委首都特色临床医学应用发展基金、北京市中医药科技发展资金、望京医院院级课题等134项。获批部局级以上课题8项（行业专项3项），资助经费756.5万元；院级课题立项43项，资助经费46.6万元。

组织进行11项课题的结题和验收，其中“十一五”国家科技支撑计划中医药重大疑难病项目2项、国家自然科学基金4项。申报北京市科学技术奖1项、2010年度中国中医科学院科技进步奖1项、中国药学发展奖1项。完成国家自然科学基金课题4项：“三七凝胶预防硬膜外瘢痕粘连的机理研究”、“中西医结合治疗拇趾外翻生物力学机理的有限元分析”、“动态现实虚拟互动技术对旋提手法作用机理的生物力学研究”、“中药髓复康促进脑缺血损伤轴突再生的机理研究”，完成在研国家自然科学基金课题的年度进展和管理报告10项。完成“十一五”国家科技支撑计划课题“中医综合疗法治疗神经根型颈椎病及氟骨症的疗效和安全性研究”及“中医正骨推拿基本手法技术标准的研究”的结题验收。开展2004～2007年度国家中医药管理局中医药科学技术研究5个专项的结题验收。全年在各类学术期刊发表论文132篇，出版学术专著5部。孙树椿教授主编的《临床骨伤科学》、冯利教授主编的《简明中西医结合肿瘤病学》荣获2011年中华中医药学会学术著作奖一等奖。朱立国教授获全国优秀科技工作者、中华中医药学会科技之星，并当选为中国科协第8次全国代表大会委员。

专科专病建设。骨伤科重点专科、肾病重点专科、风湿重点专病、颈椎病重点专病、急诊临床基地专科（专病）均通过国家中医药管理局的检查验收，其中骨伤科和肾病科被评为国家临床重点专科。10月，组织骨关节病、脊柱病、骨坏死病、妇科、针灸科、风湿病科、药剂科、脾胃科、心血管科、呼吸科、肿瘤科、重症医学科等12个科室申报国家中医药管理局“十二五”重点专科，其中10个科室通过中国中医科学院评审上报到国家中医药管理局。

药物临床试验机构认证。完成药物临床试验机构的申报。组织全院9个专业100余人参加国家食品药品监督管理局的培训，取得GCP培训合格证书；院内GCP培训4次；抽调专业人员、质控人员、伦理人员、数据管理人员及档案管理人员，在调研的基础上，开展各类SOP的制订、修订工作。

启动院内制剂研发，完成院内制剂“骨伤胶囊”的再注册，在全院征集医院制剂处方。

年内，分别在北京、福建、大连、南京举办北京中医药学会骨伤专业委员会、中华中医药学会骨伤专业委员会、世界中医药联合会骨伤专业委员会、中西医结合骨科微创专业委员会学术交流大会。

医学教育　招收硕士研究生14人、博士研究生5人。在院研究生87人，其中硕士生65人、博士生22人；在站博士后11人。有科学学位博士生导师9人、硕士生导师10人，临床学位博士生导师3人、硕士生导师 10 人。承担北京中医药大学七年制学生 226 人的教学及实习任务。

中标国家级继续教育项目 7 项，完成 5 项。完成尚天裕学术思想研究室建设的各项工作，通过北京中医药薪火传承“3+3”工程项目验收。申报孙树椿名医传承工作站，并获批准。对 15 名骨干进行第 2 年度考核；第 4 批老中医药专家学术继承人进行出师考核；组织专家讲座 30 次，派出进修学习 15 人，参加培训班 26 人。

国际交流与合作 接收中国中医科学院培训中心、北京中医药大学、北京脉搏科技公司的国外学员来院临床实习、见习 114 人 1564 人次，分别来自法国、丹麦、美国等 21 个国家。与香港医院管理局中医部就港方提出的“北上奖学金培训及南下访问学者计划”初步达成一致。

信息化建设 4 月，实施门诊医生工作站。启动 114 预约挂号平台。提高 LIS 系统运行速度，实现 LIS 与 HIS 系统的互联互通。

后勤与基建 为门诊楼六、七、九层病区配置家具、呼叫系统。完成门诊放射科、肿瘤科射频治疗和超声聚集治疗室、消化科内窥镜室的装修、水电、空调改造工程，完成小包装饮片室的装修改造和病理科扩建装修。对院内停车场管理进行改革，采取公开招标的形式，引进专业停车管理公司对院内停车场进行社会化管理。 （撰稿：姜韫霞 审核：侯小兵）

领导名单

党委书记 程爱华
副 书 记 赵秋玲
院 长 陈珞珈（至 9 月） 朱立国（10 月起）
副 院 长 高 云 朱立国（至 10 月） 俞东青

中国中医科学院眼科医院

（石景山区鲁谷路 33 号）
邮编：100040 电话：68688877
网址：www.ykhospital.com.cn

基本情况 职工 291 人，其中在编 151 人、合同制 140 人。卫生技术人员 219 人，包括正高级职称 10 人、副高级职称 24 人、中级职称 46 人、初级师 81 人、初级士 58 人。

医疗设备总价值 5784 万元，其中 10 万元以上设备 117 台（套）、100 万元以上设备 6 台。新购医疗设备总值 266 万元，其中 10 万元以上设备 9 台（套）。

获奖情况。中医科学院眼科医院被评为中央国家机关平安单位、先进无烟中医医院，获北京地区中医医院医疗质量监测工作三等奖；医疗第一党支部荣获国家中医药管理局直属机关先进基层党组织、中国中医科学院先进基层党组织称号；眼科医院携手工程项目被评为北京青年健康使者火炬行动优秀志愿服务项目。

机构设置 11 月，成立采购供应科；将综合外科分为骨科、外科、疼痛科、皮肤科、耳鼻喉科、妇科，综合内科分为针灸科、内科、睡眠科。

改革与管理 多次召开“十二五”发展规划论证会，形成了“十二五”规划中的重大科学问题和研究项目。制订并修订医疗相关管理制度 20 余项，完善《管理制度汇编》《应急预案管理汇编》《公文处理管理办法》等，恢复老专家牵头的疑难病讨论制度、名老中医专家查房制度。实行科主任全面负责制。成立处方点评专家组及处方点评小组，针对中药饮片使用比例较低的问题提出整改方案，各科室设计常用的中药汤剂模版。采取对中药饮片的绩效鼓励措施，饮片处方每月统计并公示。科主任指导临床医师合理使用抗菌药物，发现问题及时纠正，监督医师修正治疗方案。坚持每月发放院感通讯，每月公布抗菌药物耐药情况，为临床使用抗菌药物提供依据。强化内部审计工作，完善监督保障机制，继续开展事前审计。

加强医德医风建设，制订医德医风绩效考核指标，并纳入考核体系，与个人、科室奖金分配和年终评优相结合。加强医务人员职业道德教育，大力倡导“尊重患者，关爱患者，方便患者，服务患者”的人文服务理念，提高医务人员主动服务患者的意识。患者满意度保持在 90% 以上。全年收到锦旗 36 面、表扬信 58 封，拒收钱物百余次。

医疗工作 门诊 172412 人次，急诊 3208 人次。床位 204 张。入院 3422 人次，出院 3386 人次，床位周转 16.6 次，床位使用率 76.4%，平均住院日 16.4 天，三日确诊率 99.8%，出入院诊断符合率 99.2%，治愈率 57.56%，好转率 40.1%。住院手术 6512 例。

病案管理。5 个病区共查运行病历 2800 份，甲级病历率 100%。培训 2 次，每月出病历质控简报。

院内感染管理。无医院感染漏报。全年监测 3014 人，发生医院感染 5 人，感染率 0.17%。年内，调整了医院感染委员会及科室医院感染管理小组；每月逐项检查和平时抽查相结合，发现问题要求各科室及时整改；完成医院感染工作的输机、上报及数据汇总；每月对重点部门的空气、物表、手进行轮转监测，并将监测结果汇总、分析，通过《院感通讯》反馈给各科室；全年培训 203 次。

医保工作。全年医保出院 1835 人次，总费用 1877.1 万元，次均费用 10229.4 元。坚持按月考核各科室，并上报绩效办；按季度出版《医保通讯》；印制《北京市基本医疗保险药品目录》，做到医生人手一册。

医疗支援。派主任医师刘成源赴新疆维吾尔自治区开展为期 3 年的援疆工作。继续与 10 家远郊区县中医院开展中医药携手网络工程工作，构建北京地区中医、中西医结合眼科医教研一体化网络平台。参加市中医局组织的北京－内蒙古中医携手工作，与呼和浩特国际中蒙医院和满洲里中蒙医院结成帮扶对子，扩大服务范围。继续支援革命老区——湖北麻城乘马岗医院。

护理工作 进一步开展优质护理服务，注重实效性，重视护理服务的内涵建设。参加区卫生局优质护理服务研讨会，由护士长组织召开本科室深化“以病人为中心”服务理念的座谈会。修订护理岗位制度与职责 30 余项。创新临床服务模式，改变功能制护理为责任制整体护理。探索适合眼科医院科室发展的工作模式，实行小组责任制和护士责任包干制。重点做好患者的入院教育、住院护理、出院指导。对晨间护理、晚间护理、饮食护理、术前术后护理等进行细化。规范中医特色专科护理，初步开展特色病种的辨证施护，科室开展中医护理技术操作不少于 2 项。

加强重点环节、安全、质量督导检查考核力度，针对共性和重点问题进行跟踪检查，现场指导。各病区晨会交接班 45 次。重点科室护理质量会议 10 余次。护理质量安全查房 400 余人次，开展夜查房 58 次，护理质量分析会议 12 次，护理技术操作检查考核 205 人次。护理文件书写合格率≥95%，护理病历书写合格率 100%，基础护理合格率≥90%，特级护理合格率≥90%，一级护理合格率≥90%，技术操作合格率≥95%，安全护理合格率 100%，急救物品完好率 100%。全年培训 30 余次，1500 余人次参加。首次举办国家级护理继续教育学习班 2 次。全院护士接受 8 项中医护理技术培训，合格率 100%。全年护士理论考试 2 次。送出进修 6 人次。在核心期刊发表论文 8 篇。

科研工作 申报课题 32 项，中标 5 项，其中国家自然科学基金 1 项、市科委首都临床特色应用研究专项 1 项、市中医药科技发展基金项目 1 项。获奖 2 项，唐由之研究员的“凉血化瘀方抑制老年性黄斑变性新生血管生长及分子机理研究”和高健生研究员的“密蒙花川芎对糖尿病视网膜病变血管内皮细胞增殖与凋亡的影响”分别获北京市科学技术三等奖。眼功能实验室梁丽娜获首届中西医结合优秀青年贡献奖。全年发表论文 43 篇，SCI 收录 1 篇，影响因子 2.54。

医学教育 成立继续医学教育管理委员会，制订《继续医学教育管理办法及实施细则》。参加继续教育 210 人，100% 完成 25 学分。录取研究生 6 人，其中硕士生 5 人、博士研究生 1 人。接收进修 14 人。举办国家级继续教育学习班 9 项，1580 人次参加；区级继续教育学习班 26 项，每次约 50 人。脱产学习 1 人，到院外进修 3 人。

国际交流与合作 全年公派出国（境）7 人次，其中 1 人赴香港参加医院管理培训、3 人赴台湾参加中医优势病种与循证医学研讨会、3 人赴台湾考察学习。接收外籍住院患者 17 人次，主要来自美国、马来西亚、印尼、菲律宾、日本等国家和中国香港地区；门诊诊疗外籍患者 70 余人次，主要来自朝鲜、印尼、俄罗斯、坦桑尼亚、德国、日本、荷兰等国家和中国香港、台湾地区；接待参观 73 人次，主要来自巴西、新加坡、马来西亚、越南、俄罗斯，其中部级及部长以上级团组 2 个：巴西卫生部长代表团，越南国防部传统医院代表团；接待学员 39 人次，分别来自新加坡、马来西亚、芬兰、美国。

信息化建设 2 月，门诊医生工作站上线。开展医院档案信息化管理系统建设的先期工作。实施合理用药软件和 OA 系统。医院信息系统与 114 预约挂号系统实现对接。开展医院网站建设，督促相关科室配合及二期建设中用友软件的应用。

基本建设 完成新建热力站设计论证和施工、自备电源改造并通过验收、污水站改造与管道工程的改造。

其他工作 《中国中医眼科杂志》国际国内机构用户3198个，比上年增加118个。影响因子排序：在中医类杂志上升5位，全部117种杂志中排名68，在专业类杂志上升2位，在眼科和耳鼻喉科25种杂志中排名12。（撰稿：陈结凤 审核：李 静）

领导名单

党委书记 张菊敏
院　　长 刘成源（至8月） 范吉平（9月起）
副 院 长 康建平 亢泽峰（8月起）

北京大学第一医院

（西城区西什库大街8号）
邮编：100034 电话：83572211
网址：www.bddyyy.com.cn

基本情况 职工3056人，其中卫生技术人员2622人，包括正高级职称196人、副高级职称312人、中级职称881人、初级师855人、初级士266人、见习112人。工程院院士1人（郭应禄）。

医疗设备总价值64526.53万元。年内购置医疗设备总价值11950.93万元，其中10万元以上设备92台（件）、100万元以上设备19台（件）。

获奖情况。北京大学第一医院被市卫生局评为2010年度北京市卫生统计工作先进单位、北京市肿瘤登记报告先进单位，获2010年医疗保险管理一等奖，获中国企业文化研究会医药卫生委员会医院文化建设创新奖，内科楼工程项目被中国投资协会评为国家优质投资项目。被北京特种设备行业协会评为北京市安全与节能管理标杆锅炉房，药剂科获“阿斯利康杯”中国医院药学奖优秀团队奖。院长刘玉村当选北京市教育先锋标兵、全国卫生系统职工职业道德建设标兵。

医疗工作 门诊1856071人次，日均门诊6874.34人次；急诊128397人次，日均急诊351.77人次；急诊危重症抢救8124人次，抢救成功率96.62%。入院52729人次，出院52665人次，病床周转34.75次，床位使用率95.84%，平均住院日10.01天，出入院诊断符合率99.80%，治愈率44.95%，好转率49.69%，死亡率0.87%。住院手术22993例。

加强干部保健服务管理，连续6年圆满完成院士体检工作。全年为106名院士专家进行健康体检，满意率100%。编印科普材料《科技工作者常见疾病防治》，并组织专家定期为保健对象进行健康宣教活动。5月，与中科院签订《中国科学院院士医疗保健绿色通道合作协议》。住院收治正部级医疗待遇人员3人次、副部级干部139人次、院士42人次，组织院外专家会诊10余人次、院内专家会诊40余人次，安排住院50余人次，陪同保健对象就诊检查100余人次。参加卫生部保健局组织的医疗保健任务19次，派出医生、护士62人次，服务63天。

病案管理。加大对运行病历的检查力度，加强全院培训，加强日常监督。组织2场病历书写基本规范培训，近500人参加。检查运行病历、终末病历36000份。开展优秀病历评比：上报病历353份，经过3轮专家评比，选出个人优秀病历30份、优秀病房10个；同时，对电子病历实施跟进管理。

医院感染管理。共监测47420人。开展各类ICU和外科单病种医院感染的目标性监测，监测3058例，并及时反馈、沟通和改进控制措施，收到良好效果。监测病原菌1449株，其中多重耐药菌713株。全年传染病监测上报3386例，漏报检查62331例。监测AFP131700例，报告14例；HIV/AIDS监测52083例，报告14例；流感样病例监测492521例，报告17960例；肺结核病例监测32次；国家流感中心监测上报甲型H1N1流感15例、流行性感冒22例。

医保工作。医保病人出院18858人次，总费用35695.08万元，次均费用18928元。

对口支援。接收内蒙古自治区乌兰浩特市人民医院进修10人，培养骨干医师3人，派医务人员下乡或参加医疗队、远程会诊；派6人赴新疆乌鲁木齐妇幼保健院，接收进修9人；接收河南县级医院骨干医师进修7人；派34人赴密云县医院、密云县妇幼保健院，门诊2365例，手术370例，带教246人，讲课150次，听课1340人次。派240人赴什刹海和德胜社区，门诊334人，转诊118人，会诊带教117人，健康咨询209人。北京大学深圳医院主任培训2批5人。

医疗纠纷处理。全年处理医疗纠纷16例，其中协商解决7例、法院民事调解和法院判决2例、医调委协议解决5例。

护理工作 修订14项、建立30项护理规章制度和标准，对原有的规章、标准、流程进行完善、补充和修订并汇编成册。护理部强化三级护理质量管理：每两周组织全院科护士长、质控组护士长对病房进行随机督导检查，全年完成383护理单元次；每季度一次对10余名代理护士长进行护理质量检查，安排全院护士长每周一次夜查房及周末查房，总计涉及522护理单元次；组织全院护士长每季度进行一次护理安全项目地毯式检查，共计212护理单元次。对于重点岗位科室，每月一次质控组及专业组护士长共同参与互查。同时，强化二级护理质量管理，科护士长每月组织本科室护士长进行互查，当病房出现危重病人时，科护士长在第一时间到病人床旁进行专科护理及管理指导，全年访视危重患者255人次、一级护理患者25290人次。

全年发表护理论文44篇，其中核心期刊38篇。申报护理科研基金43项，获批5项。参加学术会议242人次，参加专科培训94人次。腹膜透析中心的“以责任护士为主体提高腹膜透析治疗质量的系列研究”获第2届中华护理学会科技奖一等奖。

培养见习大专生377人、本科生76人；实习大专生788人、本科生100人。全年组织护理理论考试3次、操作考试9次，参加考试2755人次，平均92.62分，合格率95.45%。成立护士培训中心，下设继续教育、岗前及晋升培训、管理培训、进修教育、护生教育、技能实训等六大模块。完成全院1300余名护士的继续教育、100余名新护士的岗前培训、200余名进修护士的培训以及47名核心管理人员的管理培训。

科研工作 获批各类科研课题107项、合作项目24项，获科研经费14610.60万元；横向课题立项74项，获科研经费594.31万元；申报院级各类基金56项，资助院级归国人员启动基金10项、引进人才1项、青年基金25项、管理基金1项、护理科研基金5项，资助经费82.55万元。

申报科研成果24项，其中获奖12项、待批1项。申报专利6项，授权发明专利2项、实用新型专利1项。发表论文1083篇，其中SCI收录172篇，国内期刊898篇、国外期刊185篇。出版书籍22部，其中专著14部。参加国内外学术会议1570人次，主办国内外学术会议47次。国际论文被引用篇数位居全国第3，2001~2010年国际论文累计被引用篇数名列北京地区医疗机构第1位、全国医疗机构第6位，2010年国内论文被引用次数位列北京地区医疗机构第3位、全国医疗机构第4位。

医学教育 继续深化完善“以器官系统为主线”教学体系。承担北京大学医学部体系内规范化课程设置等教学改革任务。完成第1轮8个系统的封闭式集体备课，对相关课程进行梳理，并初步修订教学大纲。启动并大力推进“团队式教学”和“Mini-CEX”评估，在11个科室开展团队式教学130余次，培训30名考官并对42人次的学生进行Mini-CEX评估。充实医院教学专家委员会，吸收部分在职教学专家。初步建立教研室教学团队和骨干教师队伍。

不断提高教学质量，补充教学专家参加带教以加强桥梁课教学；进行课堂教学、“Mini-CEX评估”等教师培训；组织参加讲课比赛的教师赛前辅导等，并取得优异成绩，5名教师分别在北京市和北京大学讲课获奖，2人获北京市讲课比赛一等奖。教育处正副处长和教学专家参加科室试讲25人次，大课及见习专家督教125人次，督教不及格率低于5%。

国际交流与合作 接待各类来访外宾13批80余人次。9月，加拿大皇家内科及外科医师学会代表团来访，初步洽谈住院医师规范化培训项目合作意向；11月，比利时玛蒂尔德王妃为中国抗癫痫协会在院内设立的癫痫儿童活动中心成立剪彩。因公长期出国10人次，短期出国415人次。主办国际会议11次，来宾来自10余个国家。8月、9月，行政管理人员团队分别受美国德克萨斯医学中心和英国剑桥邀请，到当地顶尖医院学习交流医院管理经验。

基本建设 国家批复新门诊楼工程投资24519.3万元，建筑面积40266平方米，单方造价6089元/平方米，截至年底累计支出投资25170万元。地下通道工程受门诊楼施工工期的影响，部分装修工程及2号竖井的施工不具备条件，弱电系统、消防报警系统以及强电电缆的铺设工程均未完成。6月14日，科研楼工程竣工并交付使用。9月15日，妇儿病房楼竣工并投入使用。保健中心工程项目建议书通过卫生部上报国家发改委，进行该项目的立项评审。

（撰稿：张惺惺　审核：张　静）

领导名单

党委书记　刘新民
副 书 记　杨　柳　刘玉和
院　　长　刘玉村
副 院 长　丁　洁　李敬伟　潘义生　李海潮　金克荣

北京大学人民医院

（西城区西直门南大街11号）
邮编：100044　电话：88326666
网址：www.pkuph.cn 或 www.pkuph.com.cn 或 www.phbjmu.edu.cn

基本情况　职工2388人（编制人员），院士1人，专业技术人员2387人，包括正高级职称206人、副高级职称293人、中级职称840人、初级师757人、初级士102人、未聘17人、管理（未考职称）38人、工人134人。

医疗设备总值92404.45万元。本年度购置医疗设备总值6056.3万元，其中10万元以上设备107台、100万元以上设备10台（套）。

获奖情况。北京大学人民医院再次被推荐为首都文明单位标兵，被评为全国城市医院思想政治工作先进集体、改革创新医院、北京市先进基层党组织、北京市高校先进基层党组织、健康中国2011年度影响力医院、中国健康年度总评榜“北京十佳三甲医院”等30个奖项。

机构设置　新增客服部、女性盆底疾病诊疗中心。

改革与管理　承担卫生部、国家审计署等19项医改试点工作，中央政治局委员、中组部部长李源潮，国家发改委副主任、国务院医改办公室主任孙志刚，卫生部部长陈竺、党委书记张茅对医院工作给予高度评价。

创建整合型医疗服务体系，有效配置医疗资源。由北京大学人民医院主持设计的医疗卫生服务共同体历经4年，已发展成为有206家成员单位的大家庭，与社区全科医生共同组成以慢性病为主的疾病管理团队，建立全科医师可持续发展终身培训体系，使慢性病患者在社区就可以得到全面、系统、规范的治疗和康复服务。同时，复制医疗卫生服务共同体到边疆，携手边疆医院，共同改进医疗质量和服务质量。在借鉴和复制医院共同体模式的基础上，建立符合地方特点的地区性共同体，并将此服务模式进一步向周边地区辐射，利用该平台服务广大的受援地区。目前覆盖到新疆、云南、青海、山东、山西、湖南、哈尔滨等省（市、自治区）。

实现医务社会工作及志愿者工作的常态化，促进医疗机构服务质量提升。将人文志愿精神纳入医院整体工作范畴，满足患者对于诊疗活动的更高层次需求。有志愿者2167人，为患者提供16项志愿服务项目，填补常规医疗服务的不足，将“生理－心理－社会”医学模式和“全人照顾”理念落在实处。

利用现代化信息手段，助力优质护理服务。6月，移动护理在住院病区全面上线，实现病人打印有条码的腕带、采集病人入科时间、床边健康教育、进行入院评估和每日评估、血标本采集核对确认、护理记录和监护记录、配置输液核对、输液确认、生命体征床边采集、手术病人交接确认、各种注射执行确认、护理交接班、巡视记录等多项功能，并将移动护理工作站引入门急诊、感染科门诊管理信息系统。同时，建立移动中心供应室质量追溯系统，并进行系统功能完善和工作流程梳理。

探索实践文明服务缺陷管理体系，实现“监督－管理－持续改进”一体化。历经3年，该体系运用高效的问题处理机制进行全程管理、优化流程、纠正和预防缺陷，共调整管理制度和流程546项。其首都医学发展基金课题通过了验收。

全年进入临床路径36078人次，占出院总人数的69%，其中完成路径18446人次，路径覆盖病种1820个。医院在用路径618个，字典中临床诊断数量7848个。11月18日，作为本市首批DRG组－PPS试点单位正式启动工作，对在医院进行诊疗活动的本市职工和城镇居民医疗保险参保人员的108组疾病进行试点。

医疗工作　门诊2035507人次，急诊158086人次，急诊危重症抢救5465人次，抢救成功率94.4%。入院52131人次，出院52190人次，床位周转32.7次，床位使用率91.2%，平均住院日10.2天，七日确诊率87.4%，出入院诊断符合率99.7%，治愈率52.2%，好转率44.7%，死亡率0.8%。住院手术23650例。孕产妇死亡率4.4/万，新生儿死亡率2‰，围产儿死亡率11.47‰。

病案管理。通过网上审核病历的信息系统，实时监控运行病历情况。全年抽查终末病历2536份，合格率92.9%，甲级病历率58.20%。将住院病历质控的重点前移，加强环节病历的检查。启动病历24小时归档、急诊病历归档管理，并对门诊病历进行质控，涉及31个科室。

医院感染管理。加强对Ⅰ类切口手术预防使用抗菌药物的监测，Ⅰ类切口手术抗菌药物预防使用时间和品种符合率由37.36%提高到88.68%。同时，建立医院感染流行暴发预警监测系统，实时监测各病区医院感染高危病人情况。继续开展耐药病原体的监测和信息报告工作，通过检测、针对性措施，有效控制感染。

医保工作。11月18日，DRG组－PPS试行工作正式运行。全年门诊持卡结算2147561笔；医保出院17201人次，自费部分占8.47%，次均费用21319.76元；审核公费医疗单位费用104家50798人次。

医疗支援。全年有11个科室支援展览路社区，其中主任医师4人、副主任医师6人、主治医师8人。加强慢病管理，根据社区居民需求，在不同季节安排健康教育讲座。每年坚持乳腺义诊活动，乳腺外科专家讲座、体检和咨询受到社区居民的欢迎；男性生殖与健康知识讲座、大型宣传日讲座及咨询活动等，取得很好的社会效应。第9次参加“健康快车”白内障复明扶贫工程，完成白内障手术2027例，超过96%的患者成功脱盲。年内，正式成为北京市健康促进医院，负责本市健康科普专家的遴选及协调健康科普专家相关的工作，6名专家成为首批健康科普专家。利用电视、广播、网络等将健康科普知识传播到基层医院、社区、学校、幼儿园、企事业等24家单位，全年组织活动234次，授众20300余人次，较上年分别增长27.2%和31.6%。

护理工作 全年优化和再造护理工作流程88条，制订《优质护理病房评价标准》《护士长工作评价标准》，培训责任护士212人并覆盖全院所有病房，被评为卫生部优质护理服务考核优秀医院。举办“深入·持久·开拓·创新”——2011年国际护理管理论坛，美国、中国台湾和大陆的护理专家共同探讨推进优质护理服务可持续发展的做法。

改变传统实习模式为优质护理服务的“责任制整体护理”模式，修订教学计划和教学管理制度，完成护生生产实习225人。不良事件主动报告意识比上年增加77.9%。接收进修护士244人次，西部人才培养3人次，专业护士培训134人次，组织岗前培训4期。医院优质护理示范工作取得实效，全年接待国内参观访问1430人次。全年发表论文41篇。

科研工作 负责、参加院外科研课题155项，获科研基金6286万元。“十二五”重大新药创制项目“自身免疫性疾病和病毒性肝炎等重大疾病的国际化新药临床评价研究技术平台建设”，资助经费1200万元；中标国家自然科学基金41项；北京市自然科学基金12项；教育部高等学校博士学科点专项科研基金14项。北京大学人民医院研究与发展基金资助课题69项，金额189万元。

作为第一完成单位获科研奖励18项，其中高等学校科学研究优秀成果奖（科学技术）科技进步一等奖2项，北京市科学技术奖二等奖1项、三等奖3项，中华医学科技奖二等奖1项、三等奖3项，中华预防医学会科技奖三等奖1项，吴阶平－保罗·杨森医学药学奖4项，北京大学实验技术（医学）成果奖一、二、三等奖各1项。22项专利获得授权，其中发明专利7项、实用新型专利15项。

全年在统计源期刊发表论文531篇，其中SCI收录114篇（论著94篇，最高影响因子10.746）。出版学术专著5部。

医学教育 全年培训12类别3039人。有专科医师培训基地15个、亚专科医师培训基地10个，北京市专科医师培训考核基地3个，卫生部内镜诊疗技术培训基地和心血管介入诊疗培训基地。招收全日制研究生118人，其中硕士研究生62人、博士研究生56人。

在培专业医师123人，参加继续教育922人，接收进修707人，培养各类国内访问学者39人。举办短期学习班40次，10917人次参加。举办本院职工讲座135讲，11640人次参加。举办国家级继续医学教育项目32项，16300人次参加；市级继续医学教育项目17项，2560人次参加。

北京大学人民医院作为教育部医学教育临床教学研究中心，对教学模式、课程设置、教学方法、考试方法及素质教育进行全面、系统、科学的教学改革。继续承办第2届全国高等医学院校大学生临床技能竞赛，覆盖全国高等西医医学院校94%的112所院校。12月19日，启动第3届全国高等医学院校大学生临床技能竞赛。

国际交流与合作 全年接待10个国家外宾32批次、国内302家医疗机构来访。医院建立培养基金3项，9人获得资助。4名外籍教授被聘为访问教授，接收5名留学生进修。出国进修28人，参加国际学术会议339人。承办国际骨与软组织肿瘤专业全球规模最大的第16届国际保肢大会（ISOLS）。

信息化建设 信息系统覆盖到所有科室，启动集成平台项目是医院信息化建设的重要决策。进一步完善基础设施建设；不断优化门诊信息系统，提高服务质量；同时，加强住院信息系统建设，通过移动护理系统的上线，实现对不良事件全程跟踪，最大限度保障病人安全；住院组实施电子病历系统的功能改善，加上 Bio - bank 和伦理系统的建设，完成三位一体的电子病历系统，并应用到医、教、研等。

后勤与基建 一是倡导环保新理念，使用新型节能墙体及保温隔热材料，安装双层中空断桥铝合金门窗，更换节能照明光源、环保空调，使用太阳能路灯等再生能源；二是加大监管力度，细化管理措施，从经验型粗放管理到制度型合同管理，实现社会化管控；三是坚持推行阳光工程廉政建设机制，实现多方监督的全过程控管，修订各项管理制度 64 项、操作流程 19 项，完善各种检查标准及参数 11 项，制订突发事件应急预案 11 项。

全年竣工基建项目 28 项，改造面积 34400 平方米；在建项目 14 项，改造面积 6000 平方米。

（撰稿：钟艳宇　审核：陈红松）

领导名单

党委书记　陈　红
副 书 记　赵　越　陈红松
院　　长　王　杉
副 院 长　魏　来　刘玉兰　毛　汛

北京大学第三医院

（海淀区花园北路 49 号）
邮编：100191　电话：82266699
网址：www. bysy. edu. cn

基本情况 职工 3428 人，其中卫生技术人员 3139 人，包括正高级职称 187 人、副高级职称 301 人、中级职称 969 人、初级师 793 人、初级士 889 人；工勤人员 156 人；其他人员 133 人。

医疗设备总值 86434 万元。新购置医疗设备 8878 万元，其中 10 万元以上设备 1496 台、100 万元以上设备 109 台。

获奖情况。耳鼻喉科、心血管分子生物学与调节肽重点实验室获卫生部国家临床重点专科建设项目。在北京市优质护理服务示范病区评比中，有 7 个病区当选。在中国卫生经济学会“医院实施全面预算管理研究”课题的招标中，北京大学第三医院以第 1 名的成绩中标。在中国医院协会组织的对北京市各大医院综合评审中，又获总评第 1 名。在复旦大学对全国 842 家三级医院的综合排名中，北京大学第三医院连续 2 年排名第 14 位。获卫生部医院改革创新奖。

医疗工作 门诊 2761136 人次，急诊 217465 人次，急诊抢救 5321 人次，抢救成功率 94.7%。床位 1284 张。入院 65060 人次，出院 65069 人次，病床周转 50.68 次，病床使用率 95.47%，平均住院日 6.87 天，三日确诊率 76.8%，出入院诊断符合率 99.7%，治愈率 51.3%，好转率 24.2%，死亡率 0.49%。住院手术 37461 例。无孕产妇死亡，新生儿死亡 11 人，围产儿死亡 10 人。

临床路径管理。进行临床路径试点的 27 个临床专业 368 个病种，共创建临床路径 371 个，实施路径 272 个，其中卫生部下发路径 168 个、自创路径 104 个。全院累计实施临床路径 22821 例，完成 20348 例，超额完成市卫生局的规定例数。有 DRG 诊疗组 551 组，CMI 值为 1.0897，医院感染发生率 0.92%，中低风险疾病组死亡率 5.52/万，出院患者非计划 1 周内再次入院率 0.57%。

申报国家临床重点专科建设项目。医院参与第 2 批国家临床重点专科的申报，耳鼻喉科、心血管分子生物学与调节肽重点实验室入选。至此，医院共有 11 个学科获得国家临床重点专科建设项目。医院匹配资金 5500 万元，用于设备购置、技术创新和人才培养，并制订《国家临床重点专科建设项目管理办法》，对项目进行跟踪管理。

加强中青年骨干培训。对医院评选出的学术带头人后备人选及青年学术骨干一期人选进行有计划的培训，参加由澳大利亚拉筹伯大学公共卫生学院专家为医院中层干部开展的管理及科研能力培训等。制订《优秀人才引进支持计划实施办法（试行）》，有计划地对几个学科的学术带头人及学术骨干岗位进行院外公开招聘。7月，首次对教授队伍进行量化考核，总合格率93.7%，优秀率18.1%。

医保工作。市政府决定在部分三级医院开展按病种组合付费，北京大学第三医院被列为首批试点医院。全年有1246人按DRGs结算，占可入组病例总数的40%。12月28日，人社部姚宏司长带队来医院调研，认为试点工作开端良好，运行稳定，初步证明了按照DRGs进行结算的可行性。

对口支援。全年派出6批34名医务人员到对口支援医院开展工作，1人作为中组部挂职干部赴新疆医科大学第二附属医院工作，70名西部骨干人才来院培训。同时，与16家社区卫生服务机构实行双向转诊，全年支援社区门诊出诊医师71人，其中正高级职称4人、副高级职称24人、主治医师43人，共计出诊165次。完成远程医学中心的建设，与延庆县医院、陕西省人民医院、陕西省子长县人民医院、宝鸡市中心医院等建立远程会诊平台。

护理工作　在重点病房增添移动护理工作站。同时，修订护理工作制度与流程，优质护理病房开展率100%。8月，在全国卫生系统第三方满意度调查结果中，责任护士知晓率99.3%，护理服务相关满意率均高于96%。

医院管理　全面开展预约诊疗服务，推进就医新模式，改善就医体验。完善电子病历管理，提升医疗服务质量和效率，全院所有病房均应用电子病历。

加强预算管理，向科学化、精细化发展。形成特有的财务预算管理模式，得到行业的高度认可。年内，根据卫生部管理规定和医院发展的需求，将预算目标层层分解，使之与各部门管理和项目实施紧密结合，切实发挥医院预算管理服务与医院发展战略和规划的功能，确保资金安全。

信息化建设　全年完成信息系统改造升级工程31项。与IBM公司合作，启动商业智能项目（BI）的建设，构建侧重医院运营数据分析的数据库，基本完成门诊和住院运营数据的分析体系框架。

科研工作　连续7年投入1000万元用于学科重点项目建设，连续3年评选技术创新奖、优秀青年医师奖。获国家自然科学基金资助37项，1178万元；“985”工程三期临床医院合作专项中标4项，480万元。获国家科技进步奖、何梁何利基金科学与技术进步奖、北京市科技进步奖、中国女医师协会五洲女子科技奖、中国青年科技奖各1项，教育部科技进步奖3项。妇产科、骨科、放射科被评为北京市重点实验室，妇产科获医院第3个教育部创新团队项目。2010年科学引文索引扩展版（SCIE）收录本院论文169篇，在全国医疗机构排名中列第20位。

医学教育　加强资金的投入，对临床技能培训中心进行改扩建，新增面积97平方米，改建临床技能培训室6间。各科室教学培训共计1800学时，培训2900余人次。新门急诊楼启用，又有21间共计1075平方米的示教室投入使用，提升了教学平台的硬件环境。

继续加强对青年教师的遴选、培训和评估，对教学质量进行全过程监督管理，从制度上保障教师队伍的高素质、高水平，实现教师队伍的可持续发展。在全国及北京市举办的各项教学比赛中，1人获中华医学会首届青年教师教学基本功比赛临床组第1名，2人获北京市第7届青年教师教学基本功比赛一等奖、2人获二等奖。临床硕士研究生阶段考核通过率83.7%，居北医系统各附属医院之首。八年制医学生蝉联北京大学医学部临床技能大赛团体第1名，并有2名学生荣获第2届全国医学生临床能力大赛一等奖。

国际交流　全年接待来访外宾16批114人。1月13日，美国哈佛大学公共卫生专家刘远立教授带领18名研究生就有关医疗体制改革、医院管理、公共财政、医疗保险、社区服务、绩效考核和医疗质量与安全等进行交流。5月6日，比利时*Spinal Cord*杂志主编、比利时安特卫普大学Jean Jacques Wyndaele教授访问医院康复医学科。5月10日，荷兰“中－荷大骨节病暨四川震后康复培训项目”历时3年闭幕。5月15日，韩国眼成形协会会长朴大焕教授参观访问成形科病房、眼科和中心实验室。6月2日，泰国马依多尔大学附属诗里拉吉医院一行5人到普外科、儿科、眼科、骨科参观交流。9月22日，美国诺贝尔生理或医学奖得主巴里·马歇尔一行3人就该领域幽门螺旋杆菌研究的最新进展与呼吸科进行研讨。10月17日，美国哈佛大学教授David C. Christiani访问危重医学科。10月18日，美国国际著名器官移植专家一行5人访问普通外科。10月20日，美国密歇根大学医学院一行8人访问呼吸内科。

基本建设　12月，新门急诊楼和运动医学楼竣工并启用，新门急诊楼建筑面积44278平方米，地下2层，地上8层，是老门诊楼的4倍，其主要功能包括门诊、急诊、放射检查、核医学检查、血液与体液检验、肿瘤放疗、病案科、腔镜中心和生殖医学中心等，还设有5间净化手术室和23张床的日间病房。运动医学楼建筑面积32800平方米，地下2层，地上15层，设11个护理单元，床位358张。同时，设国家级核辐射医疗救治基地病床20张、数字化手术室3间和体疗中心等。

（撰稿：齐　红　审核：王　鹏）

领导名单

党委书记　贺　蓓

副 书 记　乔　杰　李树强

院　　长　陈仲强

副 院 长　刘晓光　王　薇　樊东升　金昌晓　王　军

北京大学第六医院
北京大学精神卫生研究所
北京大学精神卫生学院

（海淀区花园北路51号）
邮编：100191　电话：82801984
网址：www. pkuh6. cn

基本情况　职工358人，其中在编267人、合同制91人，正高级职称26人、副高级职称30人、中级职称105人、初级职称148人。

获奖情况。在复旦医院管理研究所颁布的中国2010年度最佳医院和最佳专科排行榜上，北京大学第六医院以8.31的专科平均声誉值获精神医学专科第1名。被评为首都文明单位，以北京大学第六医院为首的中央补助地方卫生经费重性精神疾病管理治疗项目办公室获中国医师协会杰出医师集体奖。

改革与管理　取消初诊数量限制，增加中午连班，调整主治医生出诊单元，制订科学的目标管理，根据就诊流量，制订和调整平均单元诊治数，满足患者基本医疗需求。10月20日，正式上线市卫生局统一预约挂号平台。加大预约服务力度，采取电话预约、网上预约及现场专家预约等多种方式，出院病人复诊预约率100%。

1月1日，全面开展整改工作。提高病床使用率，加快病床周转，平均住院日比上年缩短近15天，以往存在“病人排队候床”现象的科室有较大的改善，一定程度上缓解了“住院难”。

全院病房开展优质护理服务，不断深化优质护理服务内涵，重点在夯实基础护理，注重患者对护理服务的感受，持续提高护理质量，以服务好、质量好、医德好、群众满意为目标，为患者提供人本护理服务。

制订《关于晋升临床医师高级职称前到基层服务的补充规定》《主治医师培训条例》《五年人才晋升梯队建设计划》《科研经费管理办法》《关于科研用实验试剂的购置及使用规定》等规章制度。

全年门诊病人平均满意率91.3%，比上年提高2.3个百分点（问卷随机发放）；住院病人平均满意率97.3%，比上年提高0.8个百分点。

医疗工作　门诊184773人次，其中普通门诊104526人次、专家门诊59382人次、特需门诊20865人次，日均门诊742人次。入院2116人次，出院2058人次，平均住院日34.84天，床位使用率92.78%，床位周转9.66次，出入院诊断符合率99.24%，陪护率38.33%，治愈率22.19%，好转率70.71%。

病案管理。甲级病历率100%。

医院感染管理。完善医院感染管理制度。3月，接受海淀区卫生监督所对医疗废弃物的检查；5月，接受市卫生局对医疗废弃物管理工作的检查；9月，接受海淀区卫生监督所的检查；10月，接受海淀区疾控中心对特诊科的抽查。院内感染率5.25%。

医保工作。7月1日，执行新版基本医疗保险药品目录，制订和修订《持卡结算管理制度》《实名就医管理制度》《医疗照顾人员结算管理办法》《市属公务员结算管理办法》等13项。全年医保出院586人次，总费用833万元，人均费用1.42万元。

对口支援。派出9人赴海淀区精防控制中心（八里庄分中心）、青海省第三人民医院、华一医院（原北郊医院），开展查房、授课和科研合作等。接收基层医院培训8人。协调安排与北京胸科医院、青龙桥医院、大兴区精神病医院的对口支援工作，派遣4人到大兴区精神病医院锻炼。9月27日，与北京大学人民医院成为医疗合作共同体，派遣医生在人民医院异地执业。

护理工作 通过三级护理质量考评体系，每季、月、日按标准考评护理质量。贯彻“两个中心”的人本管理理念，实施人性化护理服务及护理管理。护理风险管理关口前移，优化工作流程，规范护理行为，严格执行诊疗护理常规，重视日常工作中微小隐患的管理，培养护士不良事件主动上报的意识，规避和减少护理不良事件的发生。修订各级护士岗位职责及流程；根据工作量、专业技术要求等实施弹性排班；实行责任小组包干制，保证护理工作到位；建立患者与护士联系卡，为患者提供持续服务；简化护理记录书写。病区管理合格率97.5%，感染管理合格率96.3%，护理文件书写合格率98.6%，理论考试合格率88.7%，技术操作合格率90%，安全护理合格率98.9%，急救物品完好率98.9%。

在核心期刊发表护理论文1篇。在研省部级课题2项，院级青年基金项目结题，申报市级项目1项。

完成北京大学医学部护理本科生授课24学时、护理大专生授课69学时，护理本科实习45人、大专生实习181人、研究生1人；培训进修护士34人次，培训全国精神专科护士临床实践37人次160学时；院外授课110学时。护士继续教育合格率100%。外出学习进修20人次。

科研工作 获批国家自然科学基金5项，其中面上项目2项、青年科学基金3项，资助178万元。司天梅获批新药创制国家科技重大专项1项，经费637.31万元。黄悦勤教授获卫生部公益行业专项资助2022万元。有3项获市科委首都特色临床医学应用发展项目资助，总计83万元。张岱、黄悦勤和于欣分别获北京大学“985”工程三期临床医院合作专项项目，总资助480万元。张岱获北京大学医学部专利发明奖和“十一五”北京大学医学部重大项目组织实施奖。

全年发表学术论文102篇，其中英文24篇；SCI收录23篇，其中发表在*Nature Genetics*上的文章影响因子36.377，累计影响因子112.053。主编、主译或参编著作11部，其中主编《意识现象与热力学》《呵护孩子心灵成长》《精神科住院医师培训手册》《别让坏情绪毁了你》，主译《特殊人群中抑郁障碍与自杀的预防》《躯体疾病与抑郁障碍》《抑郁障碍概述》《抑郁障碍教育和培训方法》和《Stahl精神药理学精要：神经科学基础与临床应用》，参编专著2部。

医学教育 启用北京大学医学部教育处设立的课程中心网络教学平台。完成5个临床教学医院（北京大学第三医院、北京大学人民医院、积水潭医院、航天中心医院、世纪坛医院）319名学生213学时的大课及116学时的见习。承担北京大学医学部临床医学八年制、六年制医学导论课程精神病学相关内容的授课。

招收研究生37人，其中硕士生24人、博士生13人。继续举办第12期研究生课程班，招生31人。在培北京市专科医师18人。招收各种专项研修52人，30人结业。接收北京大学医学部国内访问学者2人、学科骨干3人，市卫生局基层学科骨干2人。

申报国家级继续医学教育项目16项，举办13项，培训732人次；市级继续教育项目1项，25人次参加；区县级项目（原医学部校级项目）28项，2668人次参加；单位自管项目82项，培训2649人次。参加继续教育220人，学分合格217人，合格率98.6%。举办主治医师培训15次，约500人参加。

国际交流与合作 医院与美国的哈佛大学、密歇根大学、加州大学、罗彻斯特大学、杜克大学，英国的伦敦国王学院，澳大利亚的悉尼大学、墨尔本大学，香港大学、香港中文大学，日本东京大学等合作，并与世界卫生组织总部和西太区办公室、美国精神病协会、世界精神病协会、美国国立卫生研究院等国际组织和机构保持密切联系，开展多领域的合作研究和学术活动。以项目承担单位新建国际合作项目3项，经费合人民币107.89万元。

9月13～17日，主办国际预防自杀协会第26届世界大会，49个国家的425名代表参加。派专家参加的学术会有：美国精神病学年会；第3届中国焦虑障碍年会，并在大会交流报告；中国神经科学会基础与临床精神病学分会年会，进行专题会交流；德国马普学会精神病学研究所学术年会，进行墙报交流；第3届国际ADHD大会；美国儿童青少年精神病会议；第9次世界精神卫生调查协作组年会；第5届阿尔茨海默病伊比利亚美洲会议；第2届亚洲精神分裂症论坛，进行分会发言；国际阿尔茨海默病大会、国际老年精神病学会国际大会、亚洲抗痴呆学会第5届年会等，大会专题会与分组会论文交流3人次，墙报交流6人次。

主办中国心理卫生协会心身医学学术会议；参加中华医学会精神病学分会第9次全国学术会议，大会发言2人次，分会发言20余人次；参加中国神经科学学会精神病学基础与临床分会第8届学术会议、行为与分子研讨会、中国神经科学学会第9届全国学术会议、中国医师协会精神科医师分会第7届年会、第3届全国焦虑障碍学术会议、香港神经精神药理认证课程等。

卫生部、商务部、澳发署项目（AUSAid卫生政策项目）获前三轮中唯一免评进入第4轮的荣誉，在该项目的年终总结会上进行经验介绍。全年获新立项的国内横向科研课题22项，到账243.73万元。

信息化建设 与市卫生局114网上预约挂号平台对接，实现公共平台的网上挂号。启用无线医护系统，实现医生护士无线查房。使用无线定位，通过无线网络和定位识别器，护士可以判断患者的地理位置，以避免危险发生，减少医患纠纷。实现LIS与HIS系统对接，使医生第一时间查看患者化验结果，提高工作效率。通过VPN网络与北京大学人民医院直通。

基本建设 完成精神病患者安全保障及活动场所改造项目。

公共卫生服务 继续担任中央转移支付地方重性精神疾病管理治疗项目（686）国家项目办工作，负责管理全国的项目执行、培训、技术指导及相关工作，全年承担卫生部全国会议2次、全国培训2次。承担国家重性精神疾病基本信息采集系统建设及管理；参加盈江地震心理影响评估及《关于加强灾后心理危机干预工作的指导意见》的起草，技术支持国际减灾中心开办东盟灾后心理危机干预培训班。

举办第4个世界孤独症日特别活动，包括讲座、“爱在蓝天下”全国自闭症儿童绘画作品展开幕式暨电视剧《守望的天空》发布会。9月21日，世界阿尔茨海默病日（老年痴呆日），举行“关爱老人·关注记忆”患者教育活动。10月10日，参加由卫生部、市政府联合主办的世界精神卫生日宣传活动。

（撰稿：胡　瑜　审核：张　霞）

领导名单

党委书记 黄悦勤
副 书 记 董问天
院　　长 于　欣
副 院 长 黄悦勤　王向群　唐宏宇　董问天

北京大学口腔医院

（海淀区中关村南大街22号）
邮编：100081　电话：62179977
网址：ss. bjmu. edu. cn

基本情况 事业编制835人，自筹编制100人。实际在岗1837人，其中编内员工757人；人才派遣制员工565人；合同制聘用人员中，总院21人、第一门诊部146人、第二门诊部180人、第三门诊部80人；临时聘用86人。正高级职称100人、副高级职称116人、中级职称293人、初级职称141人、未定职52人、无职称55人。

医疗设备总值21782.14万元。本年度购置医疗设备总值3495.56万元，其中10万元以上设备1682.68万元、100万元以上设备1084.03万元。

获奖情况。北京大学口腔医院被评为北京市卫生统计先进单位，获北京市公安局集体三等功。服务患者口腔健康志愿服务获团市委、市卫生局党组优秀志愿服务项目，颌面外科一病区当选全国优质护理服务考核先进病房，颌面外科四病区被评为北京市优质护理服务示范病房。蔡娟当选全国优质护理服务考核先进个人，姬爱平被北京市教育工会评为教育先锋教书育人先进个人。

机构设置 成立纪委监察办公室、口腔颌面外科激光美容整形门诊、第四门诊部、第五门诊部。

改革与管理 组织全部临床医技科室、相关职能处室编写本科室发展中长期规划，形成《北京大学口腔医学院中长期发展规划》。修订《党风廉政建设责任制主要任务分工》，深入开展创新争优活动，大力推进学习型党组织建设。

修订、完善医疗质量和安全管理相关制度、流程，构建医疗不良事件预警系统，加强医疗纠纷管理。北京大学口腔医院获评口腔专业所有的国家临床重点专科建设项目。

继续完善人才培养制度，通过人才培养基金资助25人出国研修、学习，16人学成归来。对第1届科研人才梯队成员进行年度考核，成绩显著；22名青年医师进入第2届科研人才梯队培养。

树立“大学科”的概念。以总院各专业科室为核心，带动分支机构相关学科的发展，提升各学科的综合实力，使各学科均有足够的资源承担日益增长的教学任务。

院级科研平台——中心实验室试运行第1年，为300余人次提供技术服务，并开设2门实验课程。筹建本院生物医学伦理委员会，建立健全章程及制度。将38名新入职主系列的博士生纳入院内博士后培养，启动导师制培养制度，并设立种子基金作为青年医师的起步基金。

4月，口腔数字化医疗技术和材料国家工程实验室专家组对本院拟建设的6个技术平台进行实地考察。10月，口腔数字化医疗技术和材料国家工程实验室获批建设。

医疗工作 门诊1007863人次，日均门诊3399人次；急诊71686人次，日均急诊196人次。入院4643人次，出院4567人次，手术4409例，床位使用率102.9%，平均住院日9.7天，床位周转38.8次。承接党和国家领导人及其他重要人员会诊、手术401人次，组织首长保健病例讨论15例次。协调解决医疗纠纷投诉540余件，其中协议赔偿7件，金额27.9万元（不含科室退费及免费治疗）；提起海淀区医疗事故技术鉴定1件；司法鉴定2件。经法院审理后原告撤诉1件，海淀法院裁定结案2件。

病案管理。检查各种病历3959份，甲级病历率99.8%。

医院感染管理。医院感染率1.29%。受卫生部医政司委托开展口腔专科医院院感管理培训讲座。

医保工作。全年本市医保门急诊233632人次，总费用6452.13万元，人均费用276.17元；住院医保721人次，总费用801万元，人均费用11109.57元。接诊外省住院医保956人次，总费用1653万元，人均费用17291元。

医疗支援。4月，作为项目牵头单位启动口腔卫生公益性行业科研专项经费项目。10月，北京大学口腔医院支援西部——青海行小分队赴青海省海南藏族自治州开展义诊咨询、业务培训和设备捐赠等活动。11月，举行赴昌平区卫生机构定期工作签约仪式，沙河医院为定点医院。12月，成立北京大学口腔医院密云会诊中心，并举办学术论坛。成立北京大学口腔医院黑龙江省牙周病诊疗合作基地，全年赴基层服务人员4批29人。

护理工作 成立护理质量管理委员会，定期开展护理质量与安全检查。5月，召开以“护理工作主动性”为主题的护理质量研讨会，定期邀请专家进行文明礼仪、院感、防范纠纷等知识培训。分批派出24名护士赴香港菲腊牙科医学院、6名护士赴日本、4名护理人员赴美国参观学习。22名护士参加医院青年教师讲课技能培训。召开护理临床带教工作会，成立护理教学小组。举办护理青年教师讲课比赛。

科研工作 申报13类158项课题及建议书47项，获资助39项5788万元。国家自然科学基金22项（面上项目8项、青年科学基金9项、主任基金5项），659万元；北京市自然科学基金2项，15万元；北京市科技计划2项（首都特色、市民健康培育各1项），30万元；北京市科技新星1项，8万元；支撑计划3项，1900万元；重大科学研究计划项目1项，425万元；“863”1项，1569万元；“985”工程三期2项，1100万元；新世纪人才项目1项，50万元；教育部博士点基金4项，32万元（博导类2项、新教师类2项）。获北京市科学技术三等奖1项。

全年发表论文294篇，其中英文67篇（SCI收录57篇）、中文227篇；中华系列85篇、北医学报41篇。出版著作18部，其中专著2部。获得专利5项（发明专利1项、实用新型专利4项）。举办国际性学术会议5个、全国性学术会议10个、海外校际交流学术会议2个。

医学教育 完成八年制本硕博连读193人、五年制海外班14人、口腔修复工艺大专班14人共221名学生的教学任务。录取硕士研究生49人、博士研究生33人，接收在职申请博士学位6人、在职申请硕士学位2人。在培住院医师127人。接收进修118人。

结题教改项目12项。新申报教改项目27项，其中10项被列为重点项目。青年教师培训120余人，并组织讲课比赛。

召开教学工作研讨会，对大学科建设、学生工作、继续教育、住院医师培训等进行研讨。筹建新的教学基地，并进入国家规划。

国际交流与合作 全年接待外宾来访74批次273人次。举办外国专家讲学80余场次。短期公派出访293人次。与4家院校签署校际交流协议，瑞典卡罗琳斯卡牙科研究所2名学生短期研修，日本姊妹校交流，台湾学生短期研修，颌面外科接收印度、菲律宾、俄罗斯医师前来培训等。

3月，在美国举行第2次北京大学口腔之夜招待会，世界各地牙医学校院长、著名学者、海外校友共200余人参会。10月，成立北京大学口腔医学院北美校友会，80余人为母校的发展献计献策。

信息化建设　优化和完善HIS系统，配合基础建设完成相关信息网络的改造。7月，签订影像（PACS）系统建设合同；申请电子病历专项基金获卫生部批准，投资500万元。

后勤与基建　完善后勤各项突发事件应急制度并落实演练。将医疗楼电梯及扶梯的运行管理服务外包，并采取为自动扶梯增加节能装置等措施。

3月，老年医学研究室及老病房工程开工。8月，第一门诊部门诊楼抗震加固改造工程开工；9月，第四门诊部正式开工。

其他工作　开展口腔保健知识宣传、口腔健康检查、涂氟、窝沟封闭及治疗。加强对幼儿园地段工作的管理，由半天改为全天诊疗，幼儿园地段收入和人次增长明显。

10月，作为世界卫生组织科研与合作培训中心，在北京举办国家级继续教育学习班——口腔公共卫生新进展高级研讨班，全国32个单位60人参加。

作为支撑单位，继续支持中华口腔医学会和中国牙病防治基金会的工作。组织修订口腔专科医院评审标准，继续完成口腔临床路径标准；完成《口腔诊疗器械消毒灭菌卫生标准》的修订；组织中国医师协会口腔医师分会的相关工作；完成卫生部医疗服务标准委员会的标准审核，完成本院标准立项的申报工作；参与北京市口腔质量控制和改进中心的工作。

承接市卫生局和民政局孤残儿童手术康复明天计划和中华慈善总会的微笑列车惠民服务工作，完成残疾儿童唇裂、腭裂及唇腭裂手术49例，北京市卫生系统为孤残儿童送温暖、送健康活动患儿手术2例。

（撰稿：李　威　审核：张祖燕）

领导名单

党委书记　李铁军
副 书 记　张汉平　张祖燕
院　　长　徐　韬
副 院 长　李铁军　张　伟　郭传瑸　罗　奕
林　野

北京大学肿瘤医院
北京大学临床肿瘤学院
北京市肿瘤防治研究所

（海淀区阜成路52号）
邮编：100142　电话：88121122
网址：www.bjcancer.org

基本情况　职工1619人（含合同制613人），其中正高级职称74人、副高级职称116人、中级职称429人、初级师338人、初级士292人；其他技术人员118人；管理人员74人；工人178人。

医疗工作　门诊332322人次，日均门诊1312.6人次，比上年增长14.4%；床位703张，入院26721人次，出院26688人次，比上年增长8.8%；住院手术6814例，比上年增长4.4%。床位周转39.1次，床位使用率109.4%，平均住院日10.3天。

围绕“持续改进质量，保障医疗安全”加强内涵质量建设。开展服务好、质量好、医德好、群众满意的“三好一满意”活动。

制订临床路径管理工作目标和实施方案，成立临床路径管理委员会、临床路径管理指导评价小组，由点到面、稳步推进、科学管理、实事求是地在甲状腺癌、胃癌、支气管肺癌、乳腺癌、结肠癌的治疗上开展临床路径工作。

质量安全管理。提高院科两级、全员参与医疗安全经营意识。每月定期召开医疗工作例会，通报医疗安全重要事件，强调医疗质量与患者安全的重要性。构建以医疗质量管理为核心的绩效考核机制，全年进行36次督导检查。制订《医疗质量安全事件报告制度》，加强医疗质量安全事件的上报。组织临床及医技科室急救理论和技能的培训与考核，完善急救制度和流程等，加强临床和医技科室急救功能建设。加强高风险科室、重点患者的质量控制。督导检查《手术安全核查表》执行情况；制订麻醉科督导方案，加强麻醉科的质控；通过建立预警机制，实施对重点患者的分步骤医疗预警管理，加强重点患者监控。针对二次手术重点患者进行监控、质量控制和绩效考核。重点监控161人，包括二次手术62人、纠纷倾向35人、危重患者31人、外籍患者22人、干部保健7人、心理障碍4人。全年组织医疗突发事件应急演练和夜查房各10次，重点检查值班医师在岗情况、资质、急会诊到岗时间和急救技能。修订疾病诊断书、会诊记录单、病危通知书、病重通知书等4种电子文书，规范出院记录模板，规范知情同意书范本，利用HIS系统对运行病历进行实时监控，建立终末病历反馈互动机制，将质检结果纳入绩效考核。

推行门诊预约挂号。通过114电话预约、窗口预约、网络预约、医生诊间预约等多种途径进行挂号预约；分配号段，引导患者看病先预约；建立新流程：实行预约后即交费；严格医师出诊管理，保证预约患者就诊。全年预约门诊比上年增加1倍，专家号预约率超过50%。

加强门诊管理，提供优质便利服务。压缩门诊非医疗用房，扩大门诊诊室，缓解诊室紧缺矛盾。妥善处理门诊纠纷40余件次。根据患者反映的问题简化看病流程。3月，开设双休日全天门诊。完成数字化门诊病案管理系统并投入使用。17万份历史病历于上半年扫描完毕，每日新增各种病历资料在当日扫描并上传，保证数字化门诊病历信息的完整性。

护理工作　肝胆胰外一、肝胆胰外二和头颈外科3个病房被评为北京市优质护理服务示范病区，全院100%病区为试点病房。各病房采取有效措施推进优质护理服务，切实落实责任制整体护理。

成立配送陪检中心，建立ICU电子化护理记录系统，实现全院护理病历电子化，完善PDA扫码、输液条码打印，网上预约检查等，减少护士非护理工作时间，提高工作效率。

根据卫生部《分级护理标准》，制订各科室分级护理标准和基础护理服务项目并公示。继续向患者发放“星语－心愿卡”，患者满意率99%。表扬护士13113人次。护理部根据患者意见和建议与护士长及时解决问题，改善病室环境，加强护理管理。加强护理不良事件管理，增强风险防范意识。

科研工作　申报院外课题170项，获批59项，资助经费人民币5000余万元、美元7.9万元。完成院外结题25项，管理在研院外课题130余项、院内课题98项。以北京市肿瘤防治研究所为依托单位的恶性肿瘤转化研究北京市重点实验室通过市科委认定，成为北京市重点实验室。

3月初，召开国家“863”重大专项课题“胃癌分子分型和个体化诊疗”结题验收学术与工作会；国家“973”项目课题“胃癌预警和早诊大规模人群研究”召开4次课题研讨会；7月，召开北京大学“985－3”临床医院合作专项暨学科交叉研究研讨会。10月，举办35周年院庆系列学术报告会11场，涉及肿瘤临床诊疗、基础和转化研究、肿瘤人文、医学生教育、医患关系等，邀请演讲104人次，其中国外专家6人、院外专家59人，受众3000余人次。组织或协助组织全院性学术活动10次，邀请国外专家9人做学术报告。

申报中华医学奖2项，通过初评1项；高等学校科学技术奖1项；北京市科学技术奖1项，通过初评；华夏科技奖2项通过初评，正在公示中；中国抗癌协会科技奖2项；中国青年科技奖1项；茅以升青年科技奖1项。

发表论文233篇，其中SCI收录73篇，总影响因子203.814。影响因子大于3的论文27篇，影响因子大于5的论文12篇。李萍萍教授主编《肿瘤是可以预防的》、游伟程教授主编《肿瘤流行病学》、唐丽丽副主任医师主编《心理社会肿瘤学》、张乃嵩主任医师主编《甲状腺肿瘤标准化手术图谱》分获北京大学医学部科学出版基金资助。

申报发明专利7项（其中PCT专利2项），国家专利授权1项。2010年申请的2项PCT专利获专项资金6万元；2011年办理PCT专利资金申请2项。

教学工作　招收研究生72人，其中博士生35人、八年制二级学科培养3人、硕士生34人。研究生毕业59人，其中博士生30人、八年制7人、硕士生22人。获学位60人，其中博士学位36人、硕士学位24人。在院研究生（包括在职申请学位）222人，其中研究生208人、在职申请学位14人。具备博士生指导教师资格者32人。

全年71人参加住院医师规范化培训，其中15人为新入院住院医师。23名住院医师通过第一阶段培训获得合格证书，通过率95.6%。17名住院医师通过住院医师第二阶段培训及考核，通过率94.4%，获得主治医师任职资格。1名博士后进站，在院博士后2人。接收进修医师126人，接收国内访问学者8人。短期参观学习33人。

开设研究生课程12门309学时。“三基”培训311次515学时。举办国家级继续教育项目7项、市级继续教育项目1项，院外参加学习600余人次。举办校级继续教育104次200余学时，10000余人次参加。

宣传工作 通过首都十大健康卫士表彰、北京电视台“生命缘”系列节目，继续对陈敏华优秀事迹进行宣传。协助各电视栏目策划和制作专题科普节目114期，其中CCTV《健康之路》4期，BTV卫视《养生堂》3期、《身边》11期，BTV科教《健康北京》8期、《生活实验室》4期，《魅力科学》3期，《健康大智慧》3期。全年出版《院所通讯》82期，彩报17期，采用稿件1042篇次，各类报刊发表科普稿件252篇。

院庆35周年宣传活动。在网络、电视、广播及平面媒体做科普宣传，并首次在搜狐、新浪、腾讯等网站开办网络系列访谈和微博访谈，11名专家参加“搜狐健康马拉松”视频访谈，腾讯健康系列微访谈12期。在北京大学肿瘤医院网站首页开设“健康大讲堂”、“患者在线答疑”等。利用医院内部网络系统及时发布文件、通知、院务会纪要等，将新的院徽设计方案挂在OA上，让职工直接投票，参与医院文化建设。

后勤与基建 深入开展“安全生产年”和“安全生产月”活动；在建设“防火墙”工程的同时，不断强化4个能力建设。执行巡检制度，开展隐患自查、整改等，及时发现问题、解决问题，把隐患消灭在萌芽状态，做到设备运行平稳，通讯保持畅通，交通、消防无事故。9月，地下车库及放射用房封顶，二次结构部分基本完成，完成投资3496万元，财政资金到位2000万元。

（撰稿：章 玉 审核：薛 枋）

领导名单

党委书记 朱 军
副 书 记 杨 跃 郭 军
院　　长 季加孚
副 院 长 郭 军 沈 琳 苏向前

北京大学首钢医院

（石景山区晋元庄路9号）
邮编：100144 电话：57830827
网址：www. sgyy. com. cn

基本情况 职工1709人（在编1229人、合同制480人），其中卫生技术人员1459人，包括正高级职称32人、副高级职称103人、中级职称519人、初级师349人、初级士154人、无职称302人。

医疗设备总值21578万元。新购置医疗设备总值4673万元，其中10万元以上设备50台（套）、100万元以上设备8台（套）。

获奖情况。北京大学首钢医院被评为首都公共卫生文明单位，2010年度北京市药品不良反应监测工作先进单位，2010年度北京市医疗保险管理二等奖，市卫生局临床安全用药工作组先进集体奖和个人奖。团委被评为2010年度北京青年健康使者火炬行动优秀志愿服务集体。院长那彦群教授获EAU荣誉会员称号和AUA荣誉会员称号。

机构设置 1月28日，成立胸心血管外科，床位39张；3月1日，吴阶平泌尿外科医学中心正式启用；3月23日，成立科研处和教育处；6月3日，成立营养科；6月15日，成立中心实验室，承担医院基础科学研究；血管医学中心门诊新增特色专业门诊——血管病变早期评估门诊。

改革与管理 12月12日，举行首钢总公司与北京大学医学部共建医院合作协议签字仪式。韩启德应邀担任新一届医院理事会名誉理事长。12月31日，首钢总公司党委宣布医院新一届领导班子名单。

将“三好一满意”活动作为北京大学首钢医院的品牌工程。通过整章建制、人员培训、强化管理、持续改进，促进医院整体建设，提高医院管理、医疗质量、医疗安全、医院服务的水平。

修订各种规章制度及完善各类应急预案，制订《抗菌药物临床应用专项整治活动方案》，与市卫生局及临床科主任签订《抗菌药物临床应用专项整治活动责任状》，对全院执业医师进行抗菌药物临床应用的培训及考核，下发临床科室各项使用指标，并监督考核。加强毒麻药品的管理，通过培训及考试，新增部分医师的麻醉处方权资格。

开展廉政风险回头看和“学讲话、明规则、做表率”活动。全年医务人员拒收红包21人次20800元，收到表扬信131封、锦旗74面。

医疗工作 门诊626197人次，急诊66920人次，急诊抢救1552人次，成功率97.10%。床位794张。住院21102人次，出院21081人次，床位使用率91.47%，床位周转26.41次，平均住院日12.59天，七日确诊率97.99%，出入院诊断符合率99.97%，治愈率43.56%，好转率52.84%，死亡率3.29%。住院手术7303例。无孕产妇死亡，新生儿死亡率1.21‰，围产儿死亡率4.81‰。

病案管理。以运行病历实时监控为主，对检查中发现的问题随时反馈。定期抽查终末病历及门急诊病历，甲级病历率94.05%。

医院感染管理。医院感染发生率2.68%。完善医院感染控制的规章制度，制订《细菌耐药监测与预警管理制度》《细菌耐药监测与预警管理流程》等，并进行相应的培训和现场督导检查。

医保工作。全年医保出院14375人次，总费用22028.34万元，次均费用15324元。对医保出院病人的费用实施总量控制。

医疗支援。全年组织医疗队5支共21人赴内蒙古自治区丰镇市医院、凉城县医院进行为期3个月的支援，主要开展临床诊疗、教学培训、重点学科建设等，并开展学术讲座和查房、会诊等。开展专题讲座56次，临床手术175例，参与疑难病例会诊70余次，义诊约750人次。泌尿外科主治医生周哲参加市卫生局为期1年的第7批援疆工作，在新疆维吾尔自治区和田县人民医院开展门诊、会诊、带教、专题讲座、健康知识讲座、健康咨询等。医院每月安排各科室医务人员对口支援社区卫生服务工作，保证古城、苹果园、老山、金顶街4个社区卫生服务中心每天都有本院主治医师以上人员出诊。医院定期安排医务人员前往河北省曲阳县第二医院及首钢矿山医院，开展医疗支援工作。6月17日，党委书记刘慧琴带领消化中心主任冯晓宏、骨科主任张光武、血管医学科主任王宏宇等15人组成的医疗小分队，到顺义区首钢冷轧公司开展义诊和健康咨询活动。

全年为首钢公司领导干部健康体检277人，为医院女工健康体检892人，为首钢职工健康体检6495人。开展各类宣传义诊活动31次，发放健康教育处方6439张，自制宣传材料15000余份，患者参加17334人次。为医务人员举办健康教育讲座18次。

医疗纠纷处理。本年度保险缴费656250.91元，保险赔付276231.43元。截至年底，法院遗留案件9起正在审理中，医调委遗留案件5起正在调解中。

社区医疗。社区卫生服务共管理63871户215862人。家庭病床服务床日1460个，上门医疗健康服务804人次。管理高血压29708人次、糖尿病6881人次、冠心病3797人次、脑血管病3085人次、精神病12964人次、恶性肿瘤429人次，建立健康档案175761份。预防接种41867人次，Ⅰ类疫苗接种率100%，新生儿管理覆盖率100%。完成4个社区卫生服务中心医院管理信息系统的调试，医生工作站实现电子处方等基本医疗、慢病管理和预约转诊等功能。4个社区卫生服务中心相继成立家庭医生式服务团队，老山社区卫生服务中心签约5998户19549人，古城签约1676户5028人，苹果园签约593户1183人，金顶街签约2419户7318人，共计10686户33078人。

护理工作 修订完善护理流程和护理制度5项。开展优质护理服务示范病区工作，不断探索和创新以病人为中心的护理模式、绩效考核及护士分层管理。护理文件书写合格率100%，护理病历书写合格率99.02%，基础护理合格率98.24%，特级护理合格率98.75%，一级护理合格率98.75%，技术操作合格率99.02%，急救物品完好率100%。全年发表论文21篇，其中统计源期刊12篇。在研课题2项，申请首都医学发展基金项目2项。首次举办市级继续教育项目，并通过了抽查；举办区级继续教育项目6次、院级继续教育讲座12次。护理人员继续教育学习达标率100%，通过了北京市的抽查。

全年接收护理实习生300余人。护士岗前培训96人。制订轮转人员规范化培训手册。对新上任的10名护士长进行护理管理相关理论的培训与考核，考核合格率100%。派出护士长和护理骨干参加各种培训41人次。2名护理人员攻读北京大学医学部护理学院在职硕士研究生。

科研工作 在研课题67项，结题3项。申报课题43项，中标课题4项，其中国家自然科学基金1项，55万元；市科委项目2项，22万元；市中医局项目1项，10万元。有2项科研成果获首钢科学技术奖二等奖，1项获三等奖；获中华医学科技奖二等奖1项；获石景山区科技奖三等奖1项。全年发表论文93篇，其中SCI收录2篇、核心期刊80篇。

5月23日，血管医学科主任王宏宇获首钢技术专家称号，神经内科二病区主任高伟获首钢技术带头人称号。5月，中华医学会北京分会病理专业委员会举行病理免疫组织化学技术质量控制比赛，病理科技术组组长王淑芳获第2名。7月15日，院长那彦群连任北京医学会泌尿外科学分会主任委员。12月，神经内科二病区主任高伟当选北京医学会脑电图及神经电生理学分会委员。

1月12日，举办前列腺增生诊治健康讲座。1月，成为中国药学会“医院处方分析”课题组协作项目医院，参与医院合理用药研究及医药市场分析。2月20日，那彦群教授主持第3届全国前列腺增生高峰论坛，泌尿外科医学中心副主任张祥华教授做《Ⅰ型与Ⅱ型5α还原酶与前列腺疾病》的学术报告。3月24～27日，第14届全国介入心脏病学论坛，心内科主任唐强作为大会主席团专家在与专家面对面病例研讨会上主持并交流2例疑难手术病例。3月25日，阜外医院高血压研究所副所长、周围血管介入室主任蒋雄京教授来医院血管医学科参观并做专题讲座。4月13日，召开医院和石景山区医学会共同主办的2011北京西部医学论坛。4月20日，北京大学第三医院药剂科副主任药师刘芳做关于《循证医学与临床用药》的学术报告。7月29～31日，召开第8届中国国际血管医学大会，血管医学中心主任、国际血管学会中国分会主席王宏宇教授出席并主持会议。10月13日，CUA－AUA联合中国泌尿外科专科医师培训计划开班。10月14日，上海交通大学医学院附属瑞金医院张瑞岩教授来医院血管医学科进行学术交流。12月20日，召开肺癌分子靶向治疗研讨会。

医学教育 完成北京大学医学部2007级生物医学英语专业临床教学和2008级口腔专业教学共40人929学时，完成2007、2008级辽宁医学院临床教学130人2058学时。培养硕士研究生7人。

参加市卫生局专科医师规范化培训的住院医师114人，其中一阶段78人、二阶段36人。参加继续医学教育的医疗、医技人员550人，护理人员720人。接收进修25人。举办短期学习班7次，575人参加。为本院职工举办学习班40次，其中新职工岗前培训班47人。脱产学习78人，到院外进修12人。完成各类业余学历教育22人，其中取得硕士学位4人、本科学历18人。录取研究生42人，其中硕士研究生35人、博士研究生7人。

国际交流与合作 全年接待国外来访7次15人。外出进修2人，参加各种国际学术交流40人。1月20日，澳大利亚西澳大学泌尿外科教授何布朗来中心参观并讲学。5月15日，世界泌尿肿瘤联合会执委会会议在美国华盛顿AUA年会期间举行，李宁忱教授出席。5月22日，第3届中美血管论坛在美国纽约举行，血管医学中心主任王宏宇作为大会主席与美国心脏协会、美国高血压学会前任主席Suzanne Oparil教授主持论坛。7月8日，欧洲泌尿外科学会创始人Frans M. J Debruyne教授和欧洲泌尿外科学院院长Hein Van Poppel教授来吴阶平泌尿外科医学中心访问。8月3日，台湾阳明大学校长邱文祥教授来吴阶平泌尿外科医学中心参观。8月9日，意大利泌尿外科学会主席访问吴阶平泌尿外科医学中心。10月13日，美国埃默里大学Eaton教授来医院进行学术交流，并做《酒精与高血压》专题讲座。

信息化建设 完成医院HIS系统与北京市114预约挂号统一平台的对接；完成医联码及门急诊信息采集系统的HIS系统改造；建立4个社区卫生服务中心及所属保健站门诊医生工作站系统；完成物流管理系统的前期调研及与HIS系统的接口改造；完成劳资、人事处的人力资源管理系统的前期筹备，使劳资、人事、财务共享一个信息平台；完成住院医生站、门诊医生站以及LIS系统的升级改造；完成金顶街社区卫生服务中心新址的网络建设及信息设备的搬迁、调试工作。

后勤与基建 完成金顶街社区卫生服务中心装修改造工程，建筑面积3500平方米。进行手术室改造、十四层特需病房改造、妇科东西段粉刷、外科系统装修、电力改造、院内增设停车场、体检科改造、住院大楼屋面防水等。

（撰稿：吴妍彦　审核：杨布仁）

领导名单

党委书记　刘慧琴
院　　长　那彦群
副 院 长　刘慧琴　刘京山　王促松

北京中医药大学东直门医院

（东城区海运仓5号）
邮编：100700 电话：84013212
网址：www.dzmyy.com

基本情况 职工1196人，其中卫生技术人员985人，包括主任医师87人、副主任医师100人、主治医师146人、医师28人，副主任护师4人、主管护师101人、护师80人、护士254人，副主任药师3人、主管药师42人、药师及药士38人，主任技师1人、副主任技师9人、主管技师36人、技师及技士56人。引进高级专业技术人才6人。

医疗设备总价值13869.55万元。本年度购置医疗设备总值3746.4万元，其中10万元以上设备47台、100万元以上设备9台。

获奖情况。东直门医院被北京中医药学会评为先进团体会员单位，获北京地区中医医院医疗质量检测一等奖、北京协作者优秀志愿服务团体奖、北京市无偿献血突出贡献奖、中医医疗机构绩效考核评估优秀奖、北京地区“中医医院管理年”活动优秀奖、第2届北京市职工健身健康博览会优秀组织奖、CCTV音乐“歌声与微笑”最佳组织奖，2008教改团支部被团市委评为首都大学、中专院校“先锋杯”竞赛优秀团支部。

改革与管理 全年院长查房42次，业务院长查房12次，医务处参加科室交班、查房等20次。召开医疗例会6次、重点专科会议12次、各种专题会议28次。主持院内会诊16次、院外会诊37次。完成夏季贴敷1.08万人次。

创新医院发展模式，举办京冀院长论坛，20余家中医院院长参会。涿州中医院正式挂牌成为东直门医院分院。注册国际医疗部；成立市委门诊部；与通州中医院正式合并，结束了通州没有三级甲等中医院的历史。为联盟医院举办名老中医讲座全国高级研修班。被批准为世界卫生组织中医适宜技术培训基地。与近40家中医院结为合作联盟，进行管理、医疗技术指导，提升了医院的行业知名度。

开展“三好一满意”活动，改进医疗服务质量，弘扬高尚医德，加强行业作风建设，实现服务意识明显增强、服务环境明显优化、服务行为明显规范、医患关系明显和谐、患者满意度明显提高，行业形象明显提升。继续开展以细节管理为重点的科学管理年活动，使管理逐步规范化、精确化；开展低碳生活年活动，厉行节约，节支近千万元。全年收到表扬信61封、锦旗103面，退还红包30人。

医疗工作 门诊1457115人次，急诊41567人次，急诊危重症抢救886人次，抢救成功率97.7%。床位574张。入院14550人次，出院14515人次，床位周转24.9次，床位使用率93.5%，平均住院日13.5天，中医出入院诊断符合率98.6%，西医出入院诊断符合率99.8%，治愈率34.4%，好转率62%，死亡率2.3%。住院手术3853例。3月6日，本院首家分院——涿州分院暨涿州市中医院正式开业。

病案管理。对出院病历进行质量控制，复印病历68558张，甲级病历率100%。

医院感染管理。实行三级传染病监控，传染病实行零报告制度。全年监测上报传染病489例，无漏报，其中乙类传染病213例、丙类传染病173例、其他传染病103例。监测门诊急诊病例497304例，其中流感样病例337例。监测住院病历14333份，其中院内感染179例，医院感染率1.25%。

医保工作。制作固定宣传医保政策展板、医保指南小册、医保宣传栏和社保卡自动查询机等，及时宣传社保卡等相关政策。全年医保出院9527人次，总费用174911254元，次均费用18359.5元。

社区工作。进一步推进中医药进社区活动，开展健康大讲堂35场次，受益3000余人次；贴敷技术进社区，“三伏贴”服务近2万人次；宫廷理筋术防治颈椎病，培训居民及家庭保健员近万人。派5名中高级职称医师赴东城区社区卫生服务站工作1年。双向转诊通畅，化验单直通便民惠民，与东城区社管中心联合，建立社区慢病管理及预防保健体系。

对口支援。年初，医院“十二五”发展战略规划中提出“十二五”期末形成3家分院、50家合作医院的中医医疗战略联盟的目标。3月6日，成立涿州分院。6月16日，国际医疗部注册。6月20日，成立市委门诊部。8月6日，医院东区揭牌。至年底，本院与全国近30家医院建立了合作关系。

医疗纠纷处理。全年处理各类医患纠纷254件，比上年（132件）增长92.4%，其中医疗质量占55.1%（上年62.1%），服务质量占23.6%（上年28.8%），医院管理12.2%（上年4.5%），就医环境1.2%（上年3.0%），其他/求助7.9%（上年1.5%）。全年赔偿969454.06元，与上年（1039921.56元）相比，减少70467.5元。

护理工作　至年底，50%的护理单元成为优质护理服务示范病房。首次完成41名合同制护士职称晋升工作。护理质量控制指标合格率分别为：药品使用管理99.75%，急救用品100%，消毒隔离99.37%，危重及一级护理99.50%，基础护理99.56%，护理文件书写99.54%，护理技术操作96.32%。健康教育覆盖率100%，病区服务质量满意率99.89%。

完成151名实习生临床实习、4名护士进修、62名本科生临床见习。完成386名在职执业护士的理论、技术学习及考核，继续教育合格率100%。3名护士取得护理专科认证资格。获批校级护理科研课题5项。在核心期刊发表论文6篇。脾胃科被评为第2届全国中医特色护理优秀科室。护理部被评为院级先进集体，护士李俊、苏怡、李婷被评为院级劳动模范。

医学教育　完成22个班1243名本科学生课程、实习、答辩、考核、学位申请等临床教学任务，其中五年制临床课212人（2008级五年制含留学生、台港澳学生、教改班）、七年制临床课218人（2007级、2008级）。临床毕业实习319人（2007级五年制含留学生、台港澳学生、教改班，2006级七年制本科阶段实习），分别在14家医院实习。七年制二阶段培养95人（2005级）。毕业论文答辩与学位申请271人（2004级七年制、2006级五年制、留学生、台港澳）以及新加坡学士班2个年级共40人的临床实习。毕业生316人，其中研究生251人、本科生65人，研究生就业率94.82%，本科生就业率89.23%。

获批北京市中医药薪火传承“3+3”工程2项：郭士魁名医研究室、郭维琴名医传承工作站。完成在建室站的中期验收，医院现有“五室三站”。

科研工作　跟踪生物医药及相关领域发展动态，以重大疑难疾病及常见多发病为突破点，提高科技持续创新能力。申报各级课题208项，中标国家级科研课题7项，其中国家重点、重大项目1项，国家自然科学基金6项，北京市课题12项，校级课题35项，中标课题经费1760.64万元。

启动东直门医院优势病种建设计划。选定13个优势病种（痴呆、痔病、银屑病、中风、糖尿病肾病、下肢难愈性溃疡、肝硬化、股骨头无菌性坏死、乳腺增生、心力衰竭、面瘫、贴敷咳喘、推拿减肥），经过专家论证，确定9项为首批资助的病种。

本年度署名重点学科实验室公开发表论文32篇，SCI收录4篇。以实验室专职工作人员为项目负责人的各级科研课题13项，总经费400万元。承担国家级课题5项（项目负责人1项）、北京市自然科学基金1项（项目负责人）、自主创新课题2项（项目负责人1项），SCI收录论文2篇（第一作者1篇），核心期刊第一或责任作者论文4篇。

完成教育部科研基金和科技奖励评审专家库、市科委生物医药处项目评审专家库、北京市科学技术奖励评审专家库以及北京市自然科学基金项目评审专家库等，其中推荐各类专家20余人次，4名专家当选北京市首批健康科普专家。

国际交流与合作　与德国巴伐利亚州魁茨汀中医医院的合作已满20年，魁茨汀中医医院作为国家中医药管理局国际交流合作基地，本院年内派出4名医务人员赴德。7月，魁茨汀中医医院20周年庆典，中国、德国及欧洲、大洋洲国家的近200名嘉宾参加。

基本建设　完成规划项目调控及方案中市政规划道路的调整。医院二部自主经营为国际医疗部，并由深圳晶宫（南京）设计装饰工程公司承担设计任务。

（撰稿：郎丰琪　审核：尹　丹）

领导名单

党委书记　李澎涛
副 书 记　叶永安
院　　长　王耀献
副 院 长　田金洲　高　颖　刘清泉　王成祥

北京中医药大学东方医院

（丰台区方庄芳星园一区6号）
邮编：100078　电话：67618444
网址：www.dongfangyy.com.cn

基本情况　职工1197人，其中在编640人、合同制557人。卫生技术人员976人，包括正高级职称69人、副高级职称120人、中级职称284人、初级职称503人。

医疗设备总值17160万元。新购医疗设备总值2306万元，其中10万元以上设备27台、100万元以上设备4台。

在医疗特色方面，重点专科建设取得以下成果：承担丰台区中医住院医师规范化培训的轮转与考核；承担丰台区薪火传承“3+3”名医大讲堂的视频授课任务，每周组织全院医师参加；发挥中医特色，组织全院参加中医文化节、膏方节、小膏药回归等活动；以亚健康科为核心，开展“一人一方”膏方服务；门诊办、后勤保障处等在医院公共场所免费提供夏日解暑茶、冬日养身茶等。大规模开展“冬病夏治”贴敷工作，达2万余人次。对全市100余个社区卫生服务中心的医务人员进行培训，并向全市医疗机构提供“芥子咳喘膏”2万余份。脑病科和妇科通过卫生部临床重点专科的遴选，本院国家级临床重点专科增至3个。8月，新增4个北京市中医特色诊疗中心：耳鼻喉、妇科、推拿和肛肠。完成重点专科（病）验收和评估：脾胃、呼吸、皮科、儿科、肿瘤、耳鼻喉、重症医学、预防保健和护理学，终审正在进行中。

获奖情况。在中医医院管理年活动及中医医疗机构绩效考核评估中，东方医院被市中医局评为优秀奖。在“共铸中国心”内蒙古行动中，被评为突出贡献单位。获北京地区中医医院医疗质量监测工作一等奖。保卫处获市公安局集体嘉奖。

机构设置　6月21日，医院正式接管原二七机车车辆厂医院，按“两院一体，做大做强”的思路，出台长远规划和改造方案，调整干部队伍，定岗定编，先期进入急救系统、重点和特色科室。

改革与管理　年初，把量化考核纳入日常工作，考核内容涉及执行各项医疗制度、科主任行政管理、门诊管理、病案质量管理、中医药特色指标、医疗业务指标、医保管理、院内感染控制、价格管理、护理质量管理等15个方面，分为月考核、季度考核、年度考核。

定期对住院和门诊患者进行满意度调查，公布投诉电话，设立意见箱。对患者提出的问题和建议，及时与相关部门联系并督办。全年住院患者满意率97.3%、门诊患者满意率97.8%，均高于往年。

医疗工作　门诊1389987人次，急诊55357人次，急诊危重症抢救1826人次，抢救成功率96.4%。入院14532人次，出院14496人次，床位周转20.6次，床位使用率94.3%，平均住院日16.7天，治愈率40.4%，好转率53.0%，死亡率4.6%。住院手术3512例。

病案管理。甲级病历率97.5%。市中医局命名东方医院质控办为北京市中医病案质控中心。

医院感染管理。利用医院信息系统，对在院病人进行监测，重点查对应用抗生素患者，杜绝漏报，并做到院感病例的早发现、早预防、早控制。医院感染率3.7%。

医保工作。全年医保出院8801人次，总费用20550.78万元，次均费用23350.5元。把“为参保患者提供高效优质的服务”放在第一位，提高参保满意度。

对口支援。网络携手对口支援除已有协作单位外，签署了山东省日照市中医医院、新疆医科大学第一临床医院、湖北省恩施中医医院、安徽省泾县中医医院、河北省三河县中医医院等。签署协议或达成意向并确定挂牌携手的有蒲黄榆、方庄、卢沟桥、龙潭、永外等社区卫生服务中心。与6家内蒙古自治区医疗单位合作，3次到各家医院进行交流、讲座、查房等支援活动，共派遣专家授课6人次12学时、查房8人次、管理交流6次，接待市中医局与内蒙古自治区卫生厅组织的基层人员中医适宜技术学习班8人。全年接收进修62人次，比上年增长15%；接收对口支援单位进修18人。

医疗纠纷处理。全年经市医疗纠纷调解中心审结案件17起，赔偿45289元；经法院诉讼审结医疗行为损害赔偿案件8起，赔偿30809.52元。

护理工作 护理质量控制指标合格率：抢救用品99.8%，消毒隔离98.8%，危重病、一级护理99.6%，护理文件书写92%，护理技术操作96%。健康教育覆盖率99.90%，病区服务质量满意率100%，护理人员参加各种考试、考核100%。

参与申报校级课题4项，中标2项。全年发表论文3篇，参加学术交流6人次。

接收护理实习生140人，其中本科生20人、大专生76人、中专生44人。学生院前培训1周，完成院前培训课程20次（2批次）、每月大讲课10次（2批次）。组织区县级继续教育项目20次，全院405人参加，达标率100%。完成全院季度理论考核4次175人，及格140人，合格率80%；中医理论考核3次128人，及格78人，合格率61%；岗前理论考核1次69人，合格率100%。

科研工作 申报科研项目24类253项，其中国家自然科学基金57项，中标8项。获批立项51项，其中省部级以上课题26项，首批市中医局立项资助的5个薪火传承"3+3"工程名医工作室站建设项目全部通过了验收。

结题验收132项。申报各级各类科学技术奖14项，获高等学校科学研究优秀成果奖二等奖1项、中华中医药学会李时珍医药创新奖1项、北京中医药大学科学技术三等奖3项、丰台区科学技术奖3项，通过北京市科学技术奖初审1项。到位科研经费1305万元。

医学教育 申报国家级中医药继续教育项目10项，获批7项。申报2012年继续教育项目7项。

本年度录取硕士生47人、博士生33人。推荐授予硕士学位49人，其中外籍5人、同等学力2人；推荐授予博士学位20人，其中同等学力2人；6名考核成绩优秀的硕士生直接升入博士阶段学习。

北京中医药大学－南洋理工合作双学位班教学情况：完成2006级毕业实习，完成53名学生毕业技能考核与中医临床思维考核，完成全部学生的毕业审核与学位审核，并对其进行新加坡注册中医师考前系统训练。完成2004级13名学生的二级学科培养及临床答辩，并通过审核。完成2005～2007级七年制科研方向学生培养方案的修订，从2005级开始实行本科阶段结束后的分流培养。2005级24名学生结束8个科40周的临床实习，完成中医临床思维考核、西医临床思维考核、床边考核、临床技能考核，进入分流培养阶段，其中22名学生选择留院进行临床方向的培养。

医师继续教育参与率99.8%，合格率98.39%。完成市级继续教育6次、区县级继续教育18次。完成全院医护人员传染病培训及考试7次。完成院内自管项目20次。

国际交流与合作 举办首届中德代谢综合征中西医结合干预策略双边研讨国际会议。8人完成与国外医疗机构合作继续教育学习和19人申请参加继续教育学习。全年接待欧洲、美洲、东南亚等11个国家的学术团体访问16个216人。

信息化建设 上线OA、院感、手术、输血、医技开药等模块，并参与设计体检系统、病理系统的方案论证和招标。完成物资供应系统与HIS系统的接口。

基本建设 完成二七院区"十二五"基本建设规划，总建筑面积76250平方米，其中地上建筑面积51800平方米，规划床位400张，项目总投资6.39亿元。（撰稿：孙银屏　审核：赵永烈）

领导名单

党委书记　庞　鹤
副 书 记　杨晓晖
院　　长　张允岭
副 院 长　王　琦　林　谦　刘金民　李元文

北京中医药大学第三附属医院

（朝阳区安外小关51号）
邮编：100029　电话：52075369
网址：www. zydsy. com

基本情况　职工579人（含合同制136人），其中卫生技术人员525人，包括正高级职称24人、副高级职称58人、中级职称191人、初级师106人、初级士146人；其他人员54人。

医疗设备总价值6855.32万元。本年度购置医疗设备总值1407.75万元，其中10万元以上设备19台、100万元以上设备1台。

获奖情况。北京中医药大学第三附属医院获北京地区中医、中西医结合、民族医医疗机构医疗服务信息工作二等奖及北京地区中医医院医疗质量监测二等奖。骨伤科护理单元被中华中医药学会评为第2届全国中医特色护理优秀科室，手足外科病区被市卫生局和朝阳区卫生局评为优质护理服务示范病区，西医内科教研室当选北京中医药大学教育先锋先进集体。唐启盛院长当选中华中医药学会郭春园式的好医生，获教育部新世纪优秀人才1人，中华中医药学会科技之星1人，朝阳区优质护理服务示范标兵1人，北京教育工会教育先锋管理育人先进个人1人，北京中医药大学教书育人先进个人1人、服务育人先进个人1人、十佳辅导员1人、优秀研究生干部1人、张仲景奖学金1人。

机构设置　心血管科变更为心内科，药剂科变更为药学部。成立预算科、审计科、学生管理办公室。

改革与管理　制订北京中医药大学第三附属医院"十二五"规划，深入开展中医医院管理年、特色回归年和"三好一满意"等活动。举办医院服务专题系列讲座，开展中层干部培训和年度考核。全年收到表扬信51封、锦旗31面。

反商业贿赂。建立和完善检查、考核、评价指标体系，明确责任目标，抓好责任分解、责任考核和责任追究。规范招投标工作程序，加大各种经济活动、新门诊楼、基本建设、药品、卫生材料、办公用品采购等的监督检查，加强对外经济活动的监督与管理，规范经济合同的签订程序。对基建、医疗设备、药品卫材采购等实行公开招标，纪检监察、审计等职能部门全程参与、全程监督、事后审计。

医疗工作　门诊335703人次，急诊18531人次，急诊危重症抢救172人次，抢救成功率99.33%。住院4567人次，出院4566人次，床位周转14.61次，床位使用率86.93%，平均住院日21.83天，七日确诊率98.21%，出入院诊断符合率99.9%，治愈好转率90.01%，死亡率8.15%。住院手术1169例。

首次以三级中西医结合医院的身份接受市中医局中医医院管理年的检查。年初，成立管理年检查领导小组，将工作分解到各职能部门及临床科室，进行自查、互查、院内检查。刊印管理年工作简报3期，准备备查制度、数据等材料17项。5月31日，通过市中医局专家组的检查，获973分；"三好一满意"获91分；特色回归年获95分。8月26日，北京中医药大学第三附属医院被市中医局评为北京地区中医医院管理年活动优秀奖。北京中医药大学第三附属医院被国家中医药管理局确定为第3批重点中西医结合医院的建设单位，骨伤科成为国家级临床重点专科，唐启盛院长为第4批北京市级名老中医药专家学术经验继承指导老师。

成立抗菌药物临床应用专项整治活动领导小组，制订《抗菌药物临床应用专项整治活动方案》，对抗菌药物使用进行分级管理。对全院医师进行抗菌药物使用知识和规范化管理培训和考核5批次，与临床科室签订了抗菌药物使用责任书。

新技术、新项目。肾病科开展床旁连续血液净化，眼科新进超声诊断仪、离子导入治疗仪、视野分析仪，儿科新添儿童健康测评系统、经皮黄疸仪，妇科引进了宫腔手术数字化B超仪等。脊柱关节科开展经皮椎体成形术（PVP）、经皮椎体后凸成形术（PKP），普外科开展经皮胆道镜保胆取石术。

全年举办健康讲座35场，听课4160人次。举办卫生宣传日活动11场，义诊咨询2776人次，测血压

1202 人次，测血糖 674 人次，红外线乳透 60 人次，骨密度检测 290 人，按摩 165 人次，耳穴埋豆 559 人次，制作宣传展板 93 块，发放宣传资料 6240 份。

病案管理。全年召开医疗质量管理委员会会议 4 次，组织临床医师参观北京协和医院病历展。各科病案质控员继续对科室病历进行环节质控，重点在病历书写及医师签字的及时性上。终末病案质控重点放在病历内涵建设上，主要抓上级医师查房内容，以及中医诊疗方案在病历中的落实，中医理法方药的一致性等。甲级病历率 99.93%。

医院感染管理。院内感染率 2.65%。进一步完善医院感染管理的各项制度。手术切口目标性监测 32 例。抗生素合理使用调查 4150 例，抗生素使用 2588 人，抗生素使用率 62.36%。医院感染培训 4 次 349 人次，出简报 4 次。

医保工作。全年医保出院 2800 人次，总费用 4200 万元，次均费用 1.5 万元。加强环节管理，对非适应证用药、超医保报销范围用药、临床常见改变用法的药品重点审核，对医保运行病历网络审核，全年网络审核在院医保病历 2600 余份。获批成为朝阳区、怀柔区新农合定点医疗单位。

医疗支援。继续支援渤海镇卫生院和怀柔区雁栖医院，派出 376 人次，涉及 9 个专业，专题讲座 15 次，手术示教 15 次，业务培训 500 人次，诊治、查体 3300 人次。3 月，在雁栖医院举办义诊活动，派出专家 14 人，义诊咨询 400 余人次。继续承担对口支援内蒙古自治区 3 家医院的任务，接收内蒙古自治区对口支援单位人员到医院学习 13 人、西藏藏医院 1 人，呼伦贝尔市蒙医院进修护士 5 人。与大庆中医院为共建单位。接管教育部医务室。

护理工作 开展中医特色护理示范岗活动，制订并规范外周静脉置入中心静脉导管（PICC）维护流程。增加中医护理管理的内容，如开展中医护理操作、护士掌握中医辨证施护及技术操作、中医护理查房等。开展中医特色健康教育，印制中医饮食宣传册，并带领慢性病人做八段锦，指导病人中医穴位按摩。建立健康宣教记录本、输液巡视卡、卧床病人翻身卡，落实关键环节的护理安全。完善并实施护理文件书写标准，心内科 2 份危重护理记录参加了朝阳区优秀护理病历展。修改《护理人员紧急替代预案》，重新规范急诊病人入院交接记录制度。

护理文件书写合格率 98.84%，基础护理合格率 98.51%，特级护理合格率 100%，一级护理合格率 98.69%，护理技术操作合格率 96.18%，急救物品完好率 100%，责任制护理合格率 98.92%，消毒隔离合格率 99.83%。

中标北京中医药大学护理科研课题 1 项。

接收北京中医药大学研究生、本科生、专科生实习、见习 92 人次。70 人通过带教老师资格考试。召开护理论文交流会，交流论文 8 篇。组织 6 场管理经验、专科护理等护士长经验交流会。9 篇论文发表在国内核心或统计源期刊上。4 名护士被评为优秀带教老师。

选派 2 名护士长参加实用型高级护理管理培训班。2 名护士参加北京市 ICU 专科护士认证培训及考核，4 名护士进修学习连续肾脏替代疗法（CRRT）技术。全年组织护士长、护士考试 17 次 458 人次。参加中西医理论、基本技能和急救技能操作考试，组织中医基础知识竞赛。护理人员Ⅰ类继续教育学分达标率 100%。

科研工作 获批国家中医药管理局“十二五”重点专科 4 个。中标课题 67 项，其中国家自然科学基金 2 项，博士点基金 1 项，新世纪优秀人才支撑计划 1 项，市中医局提升科研能力项目 1 项，北京市传统外用医疗机构制剂研发与重现研究 1 项，北京中医药大学教育教学课题 1 项、精品课程 1 项、第三批教学质量工程 2 项，高等中医药临床教育教学研究课题 1 项，北京中医药大学自主选题（中青年教师资助项目）11 项、自主选题（在读研究生项目）14 项，民族医药研究专项课题 2 项，科研创新团队 1 项，研究生综合素质拓展项目 3 项，“我和我的导师”系列活动 2 项，党建课题一级项目 1 项、二级项目 5 项、三级项目 17 项。本年度获北京市科学技术奖一等奖 1 项、三等奖 1 项，中华中医药学会科学技术奖三等奖 1 项，北京中医药大学科技进步一等奖 2 项、三等奖 2 项。

全年发表学术论文 51 篇，其中核心期刊 34 篇。担任国家中医药高等教育“十二五”卫生部规划教材主编 1 部、副主编 4 部、编委 2 部，参加编写人民卫生出版社教育部“创新教材”1 部。

医学教育 7 月 15 日，组织西学中人员参加中药、方剂理论考试，考试合格的 26 名医师授予中药饮片处方权。12 月 7 日，全体住院医师、主治医师参加中药方剂知识考核。完成区级继续教育 18 次，听课 3413 人次。传染病培训 12 次 36 学时，完成答卷 9 次。全年开展院内自管项目 41 次。举办学习沙龙 5 期，听课 128 人次，讲课 23 人。继续教育达标率 100%。短期进修和参加学习班 4 人，到外院进修半年以上 7 人，接收进修 2 人。派出 2 人参加在顺义区 CERT 国际紧急救援训练中心进行的北京市突发公共事件中医药应急预案的培训演练。组建医疗保障队，并进行系统培训。派出医生、护士、司机 50 人次，参与北京联合大学运动会医疗保障1次，国家奥林匹克体育中心赛事医疗保障5次，北京中医药大学、教育部会议医疗保障10次。

完成大学中医、针灸推拿、骨伤专业本科、七年制学生16门临床课程共2272学时理论课教学任务，完成2006级中西医结合五年制本科生临床实习和毕业考核，完成国际学院、人文学院、针灸推拿学院291名学生的临床实习和见习带教。招收博士研究生5人、硕士研究生30人。有博士研究生13人、硕士研究生73人。

信息化建设 定期升级医保服务器和客户端程序，保障住院处实时刷卡工作的正常进行。实施建设门诊医生工作站项目、健康体检项目，对门诊、诊室、体检中心进行网络培训布线，门诊医生站通过了北京医保中心和朝阳区医保中心的联合验收。调试安装合理用药服务器及70余台门诊诊室使用的终端电脑和打印机。培训260余人次。

北京中医药大学第三附属医院网站发表医院新闻动态78篇。上传信息131条，更新信息163条，在线答复患者提问231人次，定期上传保健常识15条。

后勤与基建 完成住宅楼防水、粉刷、应急加固和电路改造。增配干粉灭火器36具、二氧化碳灭火器40具。举行消防灭火演练，60余名医护人员参加。组织防火讲座2次，对全院中层领导、义务消防员和医护人员等200人次进行消防培训。全年对新分配人员、合同护士和实习学生集中培训5次。

其他工作 全年出版院刊6期。5月13～15日，参与市中医局在地坛公园举办的第4届北京中医药文化宣传周暨第3届地坛中医药健康文化节活动，开展医疗咨询及义诊。8月，组织第2届首都群众喜爱的中青年名中医评选，上报市中医局3人，其中李全主任医师被评为第2届首都群众喜爱的中青年名中医。10月，报送中医药优秀传统技法百人百项工程，上报骨伤科1项。第5次作为学术节的分会场，开展以中西医结合为主题的专题讲座：中医药科研“十一五”总结及“十二五”规划建设、澳大利亚国民保健体系、科研课题申报存在的问题和申报技巧、抑郁症中医证候学规律的研究、医院科研现状与存在的不足、中医临床科研方法与实践等。

（撰稿：张进宏　审核：王凤琴）

领导名单

党委书记 杨晋翔
院　　长 唐启盛
副 院 长 王庆甫　赵海滨　张友林

首都医科大学宣武医院
北京市老年病医疗研究中心

（西城区长椿街45号）
邮编：100053　电话：83198899
网址：www.xuhosp.com.cn

基本情况 职工3063人（含老年病医疗研究中心75人），其中在编2351人、合同制712人。卫生技术人员2102人，其中正高级职称136人、副高级职称213人、中级职称547人、初级师717人、初级士489人。

医疗设备总价值83511万元。新购医疗设备总值13073万元，其中10万元以上设备109台、100万元以上设备28台。

获奖情况。宣武医院被市药监局、市卫生局评为北京市医疗器械不良事件监测工作先进单位、北京市药品不良反应监测工作先进单位。通过了市教育工会“中国教科文卫体系统模范职工之家”复查验收。获《健康时报》健康传播十佳医院奖，北京市高校系统好新闻一、二等奖，三九健康网年度医院宣传奖。《宣医信息》被中国卫生思想政治工作促进会医院报刊分会评为全国优秀医院院报、被中国医院协会医院文化专业委员会评为第4届全国医院宣传与文化创新优秀报刊。获中国医院协会医院文化专业委员会“第4届全国医院宣传与文化创新优秀网站”称号。获北京市民讲外语网络评选活动优秀团体奖。

机构设置 将原临时机构“医院规划建设办公室”变更为正式职能部门。成立信息管理办公室和循证医学中心。

改革与管理 继续深入推进中层干部管理培训，配合医改，组织全院中层干部赴台北医院参观访问。逐步建立健全绩效管理机制，试行主治医师负责制，探索对科室和各诊疗组实施质量监控与绩效考核。召开绩效管理座谈会5次、绩效管理学术交流会1次。成为北京市首批按病种分组（DRG组）试点单位、首批社区转诊试点单位、首批主诊医师负责制试点单位和北京市脑卒中诊疗质量控制和改进中心。

继续开展临床路径试点，共实施24个专业32个病种，其中卫生部临床路径试点专业有神经内科、肾内科2个专业7个病种。入径8313例，入径率81.63%。神经内科临床路径信息系统投入试运行，取得阶段性成效。在卫生部临床路径试点医院中期评估中排名第一。

开放全部号源，实现全市统一平台，全时段、多形式实名制预约挂号，预约挂号比例上升至41.4%。

医疗工作 门诊2068395人次，急诊161353人次，急诊危重症抢救7139人次，抢救成功率95.24%。床位1127张。住院39572人次，出院39573人次，床位周转35.12次，床位使用率94.90%，平均住院日9.85天，七日确诊率99.58%，出入院诊断符合率99.82%，治愈率48.05%，好转率47.36%，死亡率1.52%。手术25319例，其中特大手术3752例、大手术8816例、中手术5772例、小手术6979例。成功抢救危重孕产妇44例，其中由多科共同抢救成功极危重疑难孕产妇受到市卫生局奖励。

病案管理。加强运行与终末病历监控与管理，提高病历质量，全院运行病历总合格率95.3%，甲级病历率93.47%，终末病历抽查平均92.58分。

医院感染管理。医院感染发生率1.51%，感染漏报率8.91%。采取综合措施，强化合理用药，制订抗菌药物专项整治方案，修订《多重耐药菌监控方案》《儿科肠道－隔离诊室消毒隔离制度》《洗衣房消毒隔离制度》。制订《非结核分枝杆菌医院感染预防与控制措施》。全年对各临床科室感染防控工作检查督导50余次。获2010年度卫生部全国细菌耐药监测工作优秀奖。

医保工作。全年医保出院20330人次，总费用38011.97万元，次均费用18697元。获北京市医疗保险管理工作一等奖。

对口支援。完成援蒙、援藏、援郊区县任务。派出11批31人次专家支援内蒙古自治区宁城县医院和喀喇沁旗医院；第7批援疆干部赴和田地区医院，接收新疆2名医师进修学习，完成新疆和田地区骨干医师进修项目。派出专家14人次赴门头沟区医院、门头沟区妇幼保健院和房山区第一医院，接收对口支援单位24名业务骨干进修。完成卫生部和市卫生局组织的应急救援工作：神经内科医生参加山东枣庄矿难事故医疗救助，神经外科医生参加支援青海玉树干部车祸的救援。

协调医患关系，践行“大信访”工作理念，加强信访队伍建设。进一步提高公共卫生热线12320的服务质量，全年接单22例，均及时处理并回复。

落实卫生部“医疗质量万里行”和“三好一满意”活动方案，以“持续改进质量，保障医疗安全”为主题，开展主治医师临床查房及ICU技能考核评比、优秀病历质量评比、单病种质量控制和合理用血宣传、评比、表彰等活动。制订并落实手术医师分级管理制度、手术部位标示制度和手术管理专家委员会工作制度。在本年度卫生部/中国医院协会组织的北京地区18家三级甲等医院综合检查中，本院获病种结果指标排序第二、“6个单病种”29项问责指标排序第四、院感管理评价排序第五、住院患者调查结果第六、综合评价第七的成绩。神经外科被评为国家临床重点专科，胸外科、心脏大血管外科、血液科、内分泌科和心血管内科被北京市推荐到卫生部进行评审。市卫生局批准宣武医院为北京市脑卒中诊疗质量控制和改进中心主任委员单位。

护理工作 建立推动优质护理服务常态化和持续发展的长效机制，制订《实施护士岗位管理试点工作方案》，逐步推动公平公正的用人机制。明确护理岗位工作总量，制订各级各类护理人员《岗位说明书》，界定各岗位责任和职责，优化工作流程，明确工作关系和任职条件，并根据《岗位说明书》修订护理质量评价细则，规范护理行为，初步构建以岗位管理为中心的护士人力资源管理模式。修订《护士绩效管理实施方案》，明确各级护理岗位的绩效管理及分析评价。继续落实护理专业三级查房制度。医院责任制整体护理达100%，并逐步向门急诊系统、手术室系统等特殊科室延伸。

合作研发网络平台医院护理质量管理系统，包括护理工作量统计系统、护理质量管理系统、护理警讯通报系统、护士在线考试系统等。护理病历甲级率94.1%，基础护理合格率94.9%，特级护理合格率90.9%，一级护理合格率89.7%，技术操作合格率99.6%，急救物品完好率99.4%。

制订《关于完善临床护理教研室建设方案》。举办第3期护理师资培训班，68名护理新教师参加培训。制订《护理岗位分层培训实施方案》，依托临床护理培训中心，形成护士规范化培训长效机制。规范新入职护士培训及专业轮转机制，制订《新入职护士轮转培养方案》，并进行为期2年的专业内科室轮转培养。邀请国内外专家对护士长进行护理风险管理培训和行政办公能力培训，5名护理管理人员参加卫生部护理管理培训班。派出330人次参加国内外学习进修、培训及学术交流。接收共建医院护士长、骨干护士到护理部、神经科、外科等9个科室25人次的进修学习，并完成专题培训4次。接收内蒙古自治区赤峰市宁城县医院护理骨干进修和培训13人次，派出指导组实地指导护理管理工作3次。接待国内医院参观学习120余人次，接收各地医院护士进修130余人次。

“重症脑损伤患者亚低温治疗复温速率与并发症相关性研究”等4项课题获首都中医药及护理学研究专项立项，其中重点课题1项。“老年痴呆护理模式的研究”获中华护理学会科技二等奖，“神经科护理理论与实践教学‘四步教学法’模式的实施与评价体系研究”获首都医科大学教育教学成果二等奖。出版护理专著2部，在统计源期刊发表护理论文119篇。

宣武医院被卫生部评为优质护理服务示范工程考核优秀医院，3名护士为优质护理服务考核优秀个人。护理部被全国妇联、全国妇女巾帼建功活动领导小组授予全国巾帼文明岗称号，神经内科卒中病房等7个病区被市卫生局评为北京市优质护理服务示范病区。

科研工作　申报上级课题331项，新立项纵向上级课题112项、横向课题42项。纵向课题中，国家级课题33项，其中科技部重大项目7项、“十二五”国家科技支撑计划2项、国家自然科学基金24项。省部级课题26项，局级课题51项。有131项科研课题进行中期或结题检查。“MR应用技术创新在隐匿性脑损伤机制研究和脑重大疾病诊疗中的应用”获教育部科技成果一等奖，“综合医院学科建设十年持续创新与实践研究”获中国医院协会医院科技创新三等奖。聘请美国哈佛医学院放射学与神经科学教授罗英豪为宣武医院特聘教授。申报海聚人才项目获批准。入选市科技新星培养计划2人、市委组织部优秀人才2人。主编专著7部；获专利授权8项，受理国际专利2项。12月2日，中国科技论文统计结果发布，2010年在国内统计源期刊发表论文836篇，在全国医疗机构排名第19位；SCI收录99篇，在全国医疗机构排名第39位。全年在中文统计源期刊发表论文824篇，SCI收录110篇。

继续开展引进国外先进智力（引智）示范项目。成立脑功能疾病调控治疗北京市重点实验室，合作成立脑血管病转化医学北京市重点实验室。

北京市老年保健及疾病防治中心从老年卫生服务的管理、老年常见疾病防治、老年医学队伍建设及老年病防治策略研究等开展老年卫生服务工作。完善北京老年健康服务体系建设，组织老年医学管理人员及专家走访国内主要老年医学机构进行调研；与黑龙江省齐齐哈尔市和平医院建立老年病防治合作基地；完善北京市老年保健体系网站；协助政府部门制订老年健康服务技术规范及卫生部老年卫生工作“十二五”规划；参与中国老年卫生工作行动规划框架（2011－2015）的讨论和制订。继续开展社区老年病防治工作，到顺义区中医医院、门头沟区疾控中心等单位考察、交流、培训，并组织老年病专家与基层医生共同诊疗。通过开展网上教育、举办培训班、培养老年病学研究生等方式加强老年医学队伍的建设，年初，与澳门执业医师工会合作举办澳门家庭医生老年医学培训班。对北京市老年人卫生服务需求进行抽样调查，完成市卫生局北京市老年卫生服务需求的现场调查2800余例。完成教育部神经变性病重点实验室研究中关于老年人认知障碍与老年人健康寿命相关研究的数据收集、数据库建立及初步统计分析。

医学教育　完成本、专科生临床医学、护理学、生物医学工程3个专业20个班级1184名学生的临床教学，完成首都医科大学国际学院2007、2008级留学生的教学。临床药理学课程被评为首都医科大学双语示范课程。

新增药理学博士培养点1个；新遴选研究生导师7人，其中博士生导师5人、硕士生导师2人；现有导师122人，其中博士生导师36人、硕士生导师86人。录取研究生126人，其中硕士生88人、博士生38人。开设首都医科大学研究生课程8门，完成由教育部主办、首都医科大学承办的“转化神经科学全国研究生暑期学校”中宣武医院分会场4天的课程。临床药理学教研室被评为首都医科大学优秀教学团队，并获教育教学先进集体二等奖。研究生教材《老年医学》被评为北京市精品教材，5部教材获首都医科大学第7届优秀教材奖。“建立临床教研室综合评估体系的研究”获首都医科大学教育教学成果一等奖，“建立研究生、七年制学生和住院医师联合出科考核方法的研究”获二等奖。全年发表教学管理论文38篇。

举办第2届全国高等医学院校（华北赛区）大学生临床技能竞赛。承办教育部第3届高校临床技能教学青年骨干教师高级研修班，国内23所高等医学院校131名青年教师（包括内科、外科、妇产科、儿科）参加研修。

完成国家级继续教育项目36项，包括神经内科国家级继续医学教育基地5项、技能型8项；完成市级继续教育项目8项、区级22项。通过了卫生部对医院“十一五”继续医学教育的评估。神经内科国家级继续医学教育基地通过卫生部继续医学教育委员会评估，复审合格。全科医师培训基地组织北京市社区全科岗位技能培训实践技能291人考试；完成市卫生局7个专业社区卫生骨干的培训，并通过了市卫生局的巡查。

完成北京地区住院医师第一阶段5个专业（内、外、皮肤、病理、药剂）168人、第二阶段8个专业（心内、血液、风湿、神内、普外、皮科、病理、药剂）278人的临床技能考核。完成218名住院医师培训，其中24名外培住院医师结束3年的专科医师培训。完成各教育层次十大类66项5713人次的临床技能培训和考核。

国际交流与合作 举办大型国际会议3次，参会1600人次。邀请国外专家讲学20人次。出国考察、学习、参加国际学术会议202批284人次，其中大会发言56人次。

信息化建设 制订医院信息建设“十二五”规划，以患者和管理需求为主线，构建索引唯一、信息完整、功能覆盖面广、安全保障机制健全的现代化医院信息体系。明确信息建设分期方案和全院信息管理体系，建立健全《信息管理规章制度》。制订计算机打印病历管理制度。建立临床路径信息系统，制订并采用临床路径医嘱模板。完善临床路径实施监测、记录和评价功能。继续完善门诊信息系统各项功能。

后勤与基建 完成改扩建一期工程基坑范围内的拆迁，完成改扩建一期工程施工总承包的招标。完成火灾报警系统的升级更新。完成药剂科楼装修、临床药理基地及一日病房工程、改建新CT检查室、改造专项实验室、新增儿科病房改建等。

以提高医院能源利用效率为核心，建立节能减排工作管理组织，开展技术革新，推广技术节能，最大限度地发挥能源综合效益。建立科室成本汇集及分析的工作机制，强化科室成本意识。完成2010年度医疗项目成本数据的作业模型重建，并进行盈亏项目分析及评价。连续12年获市卫生局年度财务决算工作一等奖、财务日常报表工作一等奖。

（撰稿：丁秀娟　审核：吴宇彤）

领导名单

党委书记　王香平
副 书 记　张国君
院　　长　张　建
副 院 长　王力红　贾建国　吉训明　孟亚丰

首都医科大学附属北京友谊医院 北京市临床医学研究所

（西城区永安路95号）
邮编：100050　电话：63014411
网址：www.bfh.com.cn

基本情况 职工2575人，其中专业技术人员2298人（含卫生技术人员2142人），包括高级职称345人、中级职称581人、初级职称1200人、工勤技能人员172人。

医疗设备总值74795.36万元。新增医疗设备总值14348.5万元，其中10万元以上设备177台（件）、100万元以上设备19台（件）。

获奖情况。北京友谊医院被评为2010年度北京市卫生统计工作先进单位，北京市2010年全科医师规范化培训基地帮扶组织奖。党委被评为北京市思想政治工作优秀单位，市委组织部授予党委办公室“讲党性、重品行、作表率”带头创先争优先进集体，团委当选北京市五四红旗团委，审计处被评为2008～2010年度北京市先进集体。夏月、刘西华当选全国优秀护士；李桓英获第3届全国道德模范奖提名，入选中国老科学家学术成长资料采集工程；贾继东获市级教学名师奖；唐海当选首都健康卫士。

改革与管理 4月25日，中共中央政治局常委、国务院副总理李克强及国务院、中央、北京市各有关部门领导来院视察和调研医改工作，宣布友谊医院为北京市以及全国公立医院试点改革重点试点单位。5月25日，市发改委委员、医改办主任韩晓芳，市卫生局局长方来英等宣布友谊医院正式成为全国和北京市医改试点单位。医院召开动员会、职工代表大会，提出全体医务人员要由“被动改革”向“主力军”转变。

实现电话、网络、医生工作站和社区转诊等预约挂号形式。取消专家号首诊点名预约，实施就诊实名制，做到电话和网络预约患者后付费。截至年底，全院可预约号源比例超过90%，预约挂号率提高3倍，达到32.5%。

继续优化门诊流程，为患者提供更优质服务。分诊台、挂号处、门诊治疗室每早抽血等提前20～30分钟开放；实施双休日全天门诊，增加出诊科室和专家出诊次数，并严格医师上岗前培训制度和门诊危机值报告制度。

建立以公益性为核心、以岗位工作量为基础的科学绩效考核体系，重点对技术难度、诊断符合率、人均接诊数量、平均住院日、药占比、成本核算和患者满意度等进行考核，发挥收入分配在调动医务人员积极性方面的作用，增设急诊岗位奖励、节假日及双休日专家和门诊诊疗量的奖励机制。同时，增加优质护理岗位奖励，激励护士的积极性，提高护理质量。适当调整工勤保障系统人员的奖金额度，根据同工同酬政策，逐步调整技术合同制人员的工资外收入，基本实现与正式工绩效待遇一致。

启用医院预算管理系统，实现通过计算机对预算进行程序化管理。发挥审计监督职能，完成基建工程项目结算审计22项，审减金额270余万元，审减率11%。实施大型医疗设备效益审计，完成对36个科室163类375项医疗设备的购置论证。

通过多种渠道收集信息，包括日常投诉接待、科室信息员上报、出院患者随访平台、院长接待日、院长信箱、12320服务热线工作单、社会监督员反馈、媒体记者沟通会等形式，了解群众对改进医疗服务、提高医院管理水平的意见和体验，形成“信息收集－调查处理－分析反馈－整改提高”的闭环反馈系统，对发生问题的科室和责任人落实处罚制度。

医疗工作 门诊1953118人次，急诊236568人次，急诊抢救1240例（比上年的1275例下降了2.75%），抢救成功率88%。入院39927人次，出院41815人次，床位周转36.29次，床位使用率98.6%，平均住院日9.93天，七日确诊率98.70%，出入院诊断符合率99.83%，治愈率56.40%，好转率39.90%，死亡率1.90%。手术39574例，比上年增长22.86%。孕产妇死亡率5/万，新生儿死亡率1.3%，围产儿死亡率9‰。

开展新技术、新疗法16项：普外科保留乳头乳晕复合体的乳腺癌改良根治术、腔镜乳腺手术、自体组织移植乳腺癌术后乳房再造术，骨科骨小梁金属重建棒植入治疗早期股骨头坏死、全镜下半月板缝合术，胸科胃肠电图、食管括约肌压力测定、胸腔镜（扩大）切除术，心内科开展压力导丝测量冠状动脉血流储备分数（FFR）、经皮冠状动脉内斑块旋磨术（PCCRA）、体外膜式人工肺氧合技术（ECMO），耳科中耳植入系统（SOUND BRIDGE）；肝病中心床旁干化学微扩散法快速血氨检查，国际医疗部和呼吸科合作开展心肺运动风险评估，麻醉科髓核化学溶解疗法（臭氧治疗）及经皮穿刺射频疼痛治疗。

建立检验、超声和透析统一质控平台。完善检验质量委员会制度，设立首席检验专家，在全院各实验室推行ISO15198管理规范，开展新的检验项目28项，并实现统一外送检验标本。通过国家百家优质医院评选活动，对3个透析室建立统一的透析管理信息平台，实现透析技师的互助。成为首批北京市血液透析培训基地、卫生部首批认证的腹膜透析培训示范中心。

超声科和检验科率先承诺24小时完成住院患者检查，在病房及门诊取消超声检查预约，保证当日完成检查。检验科通过组合检验项目，减少患者抽血量，减轻患者痛苦。放射科克服CT室、核磁室装修改造带来的困难，力保24小时完成住院患者检查。神经内科门诊TCD检查由原来的1个月余缩短至1周，急诊随时检查。核医学科增加急需者的报告速度，提高SPECT代谢显像，核素治疗的增长达到64.5%。病理科成立北京市临床医学研究所淋巴瘤诊断研究中心，外检率超过18%，全国各地淋巴瘤会诊病例2610例。骨科与神经外科合作，开展对脊柱疾病的治疗。眼科与神经内科、神经外科合作，建立眼缺血综合征诊疗的绿色通道。外科系统引入1～4级手术概念，提出3、4级手术比例的要求。内科系统引入CMI概念，重点考核临床科室的中低风险死亡率、外埠患者比例和急诊入院率。呼吸科、骨科等探索施行主管医师负责制，取得初步成效。

成立友谊医院抗菌药物专家委员会，将抗生素品种由56种缩减到47种，授予不同级别医师抗生素处方权，采取信息化手段对权限进行控制，对违规医师采取处罚措施。至年底，治疗用药细菌检测送检率大于30%，门诊抗生素使用率低于20%，住院抗生素使用率低于60%，清洁切口预防抗生素使用率由81.1%降至23%，抗生素使用强度从80.4降至52。

完善外科住院总医师培养制度。采取“受训医师值守急诊一线、各科室二线技术支持、住院医师轮转辅助”的培养模式，培养年轻外科医师多专业急救处置能力，增强急诊外科的首诊负责制，畅通医院复合创伤绿色通道，提高医院群死群伤的应急救治能力。

作为北京市综合医院传染病管理试点单位，强化医务人员“早发现、早诊断、早报告、早隔离、早治疗”的防范意识，落实重点人群和重点环节的各项防控措施。加强传染病信息报告与管理，初步建立 HIS 传染病信息报告系统。对新建、改建和搬家的科室在布局流程、制度建立及医院感染要求等进行检查，随时指导整改或就地培训。对血透、手术室、供应室、导管室等重点科室，以及耐药菌感染控制、抗生素合理使用、手卫生、消毒隔离的重点环节加强监控管理。

市卫生局授予友谊医院为北京健康促进医院。积极参与社会教育，选派专家参加全民健康促进十年行动大型公益活动，荣获优秀组织奖，5 名专家当选首批北京健康科普专家。

探索医保付费方式的改革，变按项目付费为按病种分组定额预付和总额预付（DRG 组）。结合 DRG 组付费试点工作的 108 组疾病，补充编制 55 个临床路径，在用临床路径达到 180 个。完善信息系统，不断提高首页信息填写的及时性、完整性和准确性。付费制度改革促使医药收入比例更趋合理，医疗行为更加规范，患者治疗更加有效。

发挥三级医院设备、技术和人才资源优势，为二级医院提供技术支持、辅助检查服务、疑难危重患者转诊绿色通道等诊疗服务，实现从医疗到康复、护理的有序衔接，逐步使周边二级医疗机构向常见病、多发病、普通病、慢性病的康复功能转变。与东城区第一人民医院和丰台区南苑医院签订区域医疗合作协议。启动与东城区第一人民医院的双向转诊，开展检验与放射影像信息的互联，并与东城区第一人民医院的社区卫生服务中心建立社区转诊关系，办理 2 名退休专家和 1 名在职专家到丰台区南苑医院和东城区第一人民医院进行多地点执业。运转 4 个月，有 70 余名患者转入东城区第一人民医院，大部分患者好转出院后对两家医院的医疗服务给予肯定。

组建应急医疗队 17 次，完成外派任务 5 次。副院长阴赪宏参加北京市第 7 批援疆医疗队，开展为期 3 年的援疆工作，血液内科医师黄达勇赴新疆，开展 1 年的医疗支援。参加第 4 批首都医疗专家“情系和田行”活动，“友谊消化直通车万里行”实现和田医务工作者和首都知名消化专家面对面交流，解决工作中的疑难问题。新疆和田地区 4 名业务骨干来院接受为期 3 个月的培训。从危重孕产妇抢救入手，加大对房山区妇幼保健院的支援。从争创三级医院入手，加强对房山区第一医院的管理帮扶。新增对丰台区妇幼保健院儿科的支援。继续做好援助内蒙古旗县级医院，确立 2 家受援医院各自的 3 个重点发展专科，通过派遣医疗队和接收骨干进修的形式进行帮扶，共派出医疗队 6 批 23 人次，门诊 2310 人次，手术 210 例，疑难病会诊 344 例，开展新技术和新项目 18 项，专题讲座 49 次，教学查房 69 次，接收进修 20 人次；转诊绿色通道接收疑难患者 11 人；开通临床、教学与放射远程诊断会诊，得到上级部门及受援单位的好评。

护理工作　作为卫生部优质护理服务示范工程第 1 批重点联系医院，本年度实现所有科室的优质护理服务，多个病房成为全国优质护理服务示范病房。建立机动护士库，采用“不固定科室，岗位轮转”的方式，对新入院护士以多科轮转的培养方式提高其综合能力和技术水平。逐步实现护理部对全院护理人员的垂直动态管理，合理使用人力资源。护理模式实行扁平化管理，减少护士层级划分，充分落实责任制护理工作职责，使患者体验到真正意义上的优质护理服务，自聘护工数量减少 25%，每病区责任护士分管患者数量平均降到 8 人以下。

建立绩效考核分配体制，体现多劳多得、优劳优得的激励政策，护士平均收入比上年增长 10%。充分发挥临床护理重点专科的指导作用，对 1 家三级医院和 3 家二级医院进行“传、帮、带”，以帮扶共建形式推进优质护理工作。发挥北京市护理质控中心的作用，建立质量评价体系，在全市启动护理不良事件自愿报告系统。

搭建人才梯队培养层次，采取请进来走出去的方式培养护士长和护理骨干，全年派出近 30 名护士长赴英国、德国、韩国等国家学习。

科研工作　本年度获国家级资助课题 21 项，经费 692 万元。获市科委资助课题 8 项，其中 1 项为重点项目；北京市自然科学基金中标 14 项。王宝恩教授的“多器官功能障碍综合征中西医结合诊治，降低病死率研究”、张澍田的“降低肝硬化上消化道出血病死率临床与基础系列研究”获北京市科学技术三等奖。获发明专利 3 项。

在统计源期刊发表论文 761 篇，SCI 收录 65 篇，平均影响因子 1.986，最高影响因子 6.973。肝病中心主任贾继东的论文《替比夫定或拉米夫定抗乙型肝炎病毒的疗效预测探讨》获 2010 年度中国百篇最具影响国内学术论文。肝病中心助理研究员王萍、通迅作者尤红教授的论文发表在 *Journal of Hepatology*，影响因子 9.334，被评为首都医科大学 2010 年十佳 SCI 论文。

整合全院科研平台资源，进行布局调整、人员配置和项目带头人制度。热带病防治研究和消化系癌前病变获批北京市重点实验室。12 月 16 日，北京市中西医结合研究所正式挂牌，初步形成中西医结合临床、科研及教学的方法和模式。继王宝恩、宗修英国家级名老中医专家工作室通过国家和市中医局的验收后，又获批国家级李贵名老中医专家工作室。热带医学研究所的地方病获国家临床重点专科。儿科被批准为北京市中西医结合儿科诊疗中心，中药剂科被评为北京市示范中药房。

加强青年科研骨干的培养。邀请国家自然科学基金委、医学科学部、教育部等专家、领导开展学术讲座，举办国家自然科学青年基金交流论坛、SCI 论文交流论坛，形成科研联系网络，提升科研管理水平。规范各类基金课题的管理，首次从医院层面对本年度所有在研课题进行中期/结题考核。检查历年启动基金课题的完成情况，对未能按期完成的课题不再给予经费支持。

第 2 批“215”高层次人才入选 9 人，其中学科带头人 1 人、学科骨干人才 8 人；入选卫生部中青年突出贡献专家 1 人；入选“十百千”卫生人才工程 1 人；入选留学回国择优资助优秀类人员 1 人。3 人获北京市优秀人才培养项目资助，总额 20 万元。副院长张澍田当选西城区突出贡献人才。李桓英医学基金会人才培养基金、资助出国学习项目进展顺利，第 6 批 18 人已成行，第 7 批人员完成选派。调入人才 12 人。选送 4 名高级职称人员参加西学中高级人才学习班。

医学教育　本年度模拟教学设备获市财政局和市卫生局资助 561 万元。组织首都医科大学系统的研究生技能大赛和外科学硕士统考，并对考试模式进行改革与创新，得到学校的肯定。首次尝试增加外科基本技能操作的考核，对首都医科大学 144 名外科学专业硕士考生进行外科学临床能力统考。举办第 2 届首都医科大学研究生临床技能大赛及汇报展示会，本院研究生获团体一等奖，个人一等奖 1 人、二等奖 1 人。

护理教研室 6 门课程完成试题库建设，率先在教学过程中推行考教分离。首次承担首都医科大学护理本科教学，完成临床导师及毕业论文指导老师的遴选。加强师资培训，举办北京市全科医师规范化培训基地穿刺师资培训班、首都医科大学心电图师资培训班和内科常见穿刺术师资培训班。组织教学干事参加 PBL 导师培训班，推进 PBL 教学模式，在内、外、妇、儿主干课程课间见习中大胆尝试，提高学生的临床技能和临床思维能力的训练。贾继东教授获市级教学名师奖。田野、贺文荣获首都医科大学优秀导师奖，蔺莉、张忠涛、李继梅、苏建荣获首都医科大学优秀教师奖。新增博士生导师 5 人、硕士生导师 7 人，其中新获首医系统超声专业唯一一名博士生导师。新增血液病学博士研究生培养点。

《外科学》获批首都医科大学校级精品建设课程，《医学影像学》《外科护理学》成为校级精品课程，《临床免疫学》为校级双语教学示范课程；教学改革获批校长基金 7 项；2 项教学成果分获一等奖、二等奖；外科教研室被评为首都医科大学优秀团队。

眼科成为第 15 个住院医师规范化培训基地。提高社区基地的带教质量，对医院全科医师培训的社区基地进行教学指导与质量监控。探索大型综合医院全科基地的带教模式，搭建全科与专科住院医师培训的交流平台，开展专科与全科联合教学查房 2 次。

本年度录取研究生 81 人，其中硕士研究生 60 人、博士研究生 21 人。接收进修医师、技师 254 人。

完成国家级继续医学教育项目 28 项，其中中医 3 项；市级继续医学教育项目 4 项；首都医科大学继续医学教育项目 2 项。申报 2012 年国家级继续医学教育 42 项、市级 4 项，其中医技 25 项、护理 13 项、中医药 4 项，涵盖 23 个科室。举办短期学习班 32 次，2846 人次参加。为本院职工举办学习班 28 次，3744 人次参加。脱产学习 5 人

承接首都医科大学为国际学院第 1 届留学生友谊班 34 人的内外科床旁见习，带教老师语言水平及业务能力得到留学生好评。5 个教研室作为首都医科大学联合教研室主任单位，编写翻译检体诊断学、内科学、医学影像学、麻醉学、儿科学教学大纲和实习指导，完成学校委派的美国布法罗大学、澳大利亚昆士兰大学对外交流留学生的临床见习和访问。

国际交流与合作　公派出国 20 人次，其中参加会议、学术交流 8 人次，访问、考察 5 人次，研修、留学 7 人次。参与承办国际会议 3 次。接待上级单位委派、顺访的国外专家、学者、留学生来院参观、讲学、见习及学术交流 10 个国家 12 批 100 人次。

2 月 25 日，接待韩国国民健康保健公司理事长郑亨根一行，就北京市参保人员支付比例、公立医院运行情况等进行沟通。5 月 20 日，接待美国总统委员会白宫实习生代表团，就人口老龄化的医疗保障制度、临终关怀体系建设、如何应对突发公共卫生事件、中西医结合治疗效果等进行交流。2 月、11 月，接待美国纽约州立大学布法罗医学院交流项目第 17 期留学生团、澳大利亚昆士兰大学交流学生的临床见习和友好访问。

举办第 8 届北京国际消化疾病论坛，美国、英国、德国、日本、韩国和中国的 1200 余名消化疾病专家和学者参会，就有关消化疾病的 50 余个专题和 51 个病例的内镜诊治进行研讨。欧洲肝病学会和中

华医学会肝病学分会主办中欧肝病学院项目在友谊医院举行，世界肝病学领域的专家和国内肝病科医师共80人参加。

医院与丹麦临床与基础研究中心（CCBR）签署新1轮为期6年的合作协议，增加在消化系统疾病、肝纤维化领域及心血管疾病等的药物临床研究。

热带医学研究所申报的“对甘肃省包虫病高发地区人群实施综合防治措施”获世界卫生组织资助4.5万美元。李桓英医学基金会人才培养基金、资助出国学习项目本年度资助出国留学7人、新遴选17人。

7月，完成10余名俄罗斯遭遇车祸游客的救治。

信息化建设 投入资金721万元进行信息化建设，搭建集人力资源、财务预算、科研教学、物资设备和药品耗材等全方位全覆盖的信息管理平台，逐步实施精细化管理，达到信息资源共享。

启动“京医通”项目，与北京银行、首信共同完成开发、研制和试运行，实现与二代社保卡的平稳对接和社保卡的金融功能。新建、新增透析医生、膀胱镜、超声科工作站，急诊大厅增装叫号程序。实现检验报告、病理报告的自助打印，增设医保费用查询、患者满意度调查以及预约挂号自助取号等功能。

后勤与基建 完成临床技能培训与考核中心、核磁室改造及手术室扩建等基建项目20项。4月，国际医疗中心启用。调整门诊楼五层、六层和八层的科室布局并进行改造。扩建后的口腔科门诊牙椅数量由原来的18张增至35张。经市卫生局批准，立项筹建北京友谊医院顺义院区。

（撰稿：王志奇　审核：刘　建）

领导名单

党委书记　魏　玫
副 书 记　张仲民
院　　长　刘　建
副 院 长　魏　玫　张澍田　严松彪　张　健　谢苗荣　李　昂

首都医科大学附属北京朝阳医院

（本部：朝阳区工体南路8号）　（京西院区：石景山区京原路5号）
邮编：100020　电话：85231000　邮编：100043　电话：51821114
网址：www.bjcyh.com.cn

基本情况 职工3868人。院本部职工2921人，其中卫生技术人员2685人，包括正高级职称124人、副高级职称231人、中级职称600人、初级师948人、初级士782人。京西院区职工947人，其中卫生技术人员789人，包括正高级职称33人、副高级职称60人、中级职称165人、初级师320人、初级士211人。

医疗设备总价值78028万元。本部医疗设备价值67262万元，本年度购置医疗设备总值8345万元，其中10万元以上设备94台、100万元以上设备16台。京西医疗设备总价值10766万元，本年度购置医疗设备总值1103万元，其中10万元以上24台、100万元以上1台。

获奖情况。朝阳医院被评为首都卫生系统精神文明单位，获卫生部医疗服务监管司医院改革创新奖。急诊科医生梅雪获首都精神文明建设奖，翁心植院士获第12届吴阶平－保罗·杨森医学药学奖中最高奖项——特殊贡献奖。

机构设置 本部：质量控制与评估办公室、病案科并入医务部，均为二级科室，由医务部统一管理；成立神经介入科，为神经学科下属二级科室。京西院区：新增肝病科（消化内二科）。

改革与管理 推进新型诊疗流程和管理模式，简化就诊环节；完善双休日门诊服务工作；深入开展抗菌药物临床应用专项整治活动；稳步落实DRG组试点临床路径工作；推进优质护理服务工程。

创建人民满意医院。在复旦大学医院声誉榜中，本院排名全国第47位，呼吸科排名第4位。在2010年全国41家大型三甲医院住院患者体验与满意度调查中，获总体满意北京市第1名、全国第7名。

医疗工作 本部：门诊2996167人次，急诊239016人次，急诊危重症抢救9368人次，抢救成功率97.04%。床位1860张。住院64159人次，出院64230

人次，病床周转34.57次，病床使用率93.61%，平均住院日9.82天，七日确诊率97.25%，出入院诊断符合率99.47%，治愈率44.34%，好转率52.03%，死亡率1.92%。住院手术24835例。无孕产妇死亡，新生儿死亡率1.49‰，围产儿死亡率7.39‰。京西院区：门急诊664704人次，急诊危重症抢救1918人次，抢救成功率98.02%。床位460张。住院14830人次，出院14841人次，床位周转32.33次，床位使用率93.29%，平均住院日10.53天，七日确诊率98.79%，出入院诊断符合率99.91%，治愈好转率96.25%，死亡率1.97%。住院手术7349例。无孕产妇死亡、新生儿死亡，围产儿死亡率1.7‰。

医政管理。把医疗工作与“三好一满意”活动常态化。推进预约挂号及相关医疗服务，门诊患者预约挂号率47%，复诊预约率78.84%。完善双休日门诊，制订《专家门诊管理的各项规定》，扩大门诊科室和辅助科室的出诊安排。以DRGs-PPS为契机，推进临床路径管理，规范医疗行为。完善抗菌药物临床应用管理。

病案管理。本部：对疾病编码6万余条、操作编码5千余条进行逐一核对，将医院病历、HIS、统计等部门使用的不同版本ICD编码统一为北京市编码标准。重新规范医生对病历首页的填写，修订回收病历的有关制度。修订和理顺医院病历回收、质控、审核、上报、医保上传的全部流程，对信息流程进行改造。实现信息流程的优化（入院登记、费用采集、出院结算）、医生工作站病例分组查询、结算清单和住院数据的上传。京西院区：作为石景山区病历质控与改进主任单位，对区属医疗机构病历进行质量控制改进。按《医院质量考核考评标准》进行绩效考核，对近1.48万份出院病历进行质量控制，确保上架病历甲级率达到99%以上，杜绝丙级病历，甲级病历率96.88%。

医院感染管理。本部：医院感染率2.6%。落实抗生素使用的管理措施，加强细菌耐药性监测与防控。参与医疗质量控制，重视医院感染管理相关指标的量化管理。京西：修订医院感染管理制度。组织朝阳医院第3届医院感染防控宣传周活动，召开医院感染管理委员会会议，明确各部门在预防和控制医院感染工作中的责任。医院感染率1.65%。

医保工作。本部：医保出院28215人次，总费用48221万元，次均费用17090.55元。新举措：实行医保后台系统审核及医保付费制度改革（总额预付费制及按病种分组付费制）。京西：医保出院10047人次，总费用15523万元，次均费用15450元。新举措：实施医保住院类业务持卡实时结算，重点开展北京市职工基本医疗保险总额预付试点工作，做到历史数据分析到位、数据监管到位、后期数据预测到位、异常数据干预到位。

医疗支援。支援内蒙古自治区满洲里市第一人民医院、新巴尔虎左旗人民医院、新巴尔虎右旗人民医院，派出第3、4批专家医疗队共12人驻守受援医院8个月；支援满洲里市第一人民医院，派出两批6人专家医疗队；接收受援医院36名医护人员进修学习。完成7个社区的对口支援，医院西区完成对房山区阎村镇中心卫生院及社区卫生服务中心的对口支援。完成支援四川什邡市人民医院及援疆、援藏工作，接收新疆维吾尔自治区和田地区医院19人学习及业务骨干3个月的学习。

医疗纠纷处理。全年发生医疗纠纷69件，其中调解52件、诉讼17件。京西：接待投诉97件，处理非诉讼纠纷31件，其中解决纠纷22件。

护理工作　根据新版《临床护理实践指南》，完成护理部管理文件的修订，其中修订护理部管理、护理质量管理、护理教育科研管理、各级各类护理人员岗位职责、护理安全管理、关键流程以及紧急风险预案198项。新增护理制度44项。本部：护理文件合格率97.7%，基础护理合格率98.1%，特级护理合格率98.4%，技术操作合格率98.5%，急救用品完好率99.2%。京西：护理文件书写合格率98.1%，基础护理合格率98.4%，技术操作合格率100%，急救物品完好率100%。

本部：全年发表护理论文70余篇。召开护理科研年会，对优秀护理论文进行表彰。申报首都医科大学校长基金教改立项课题7项，获批3项。筛选3篇护理论文参加朝阳区护理学术年会征文，内科科护士长刘晓娟获一等奖并在大会发言，妇产科护士王娜卿获三等奖。京西：成立护理教学科研小组，进一步规范临床教学。发表论文15篇，其中核心期刊14篇。

接收实习护生153人临床实习，其中中专45人、大专90人、本科18人。作为首都医科大学护理学院第三临床部，协助护理学院举办第1届首都国际护理大会，并承办母儿分会场。京西：接收护理实习生84人，其中中专生46人、大专生38人。护理进修10人。举办护理继续教育各类培训14次，参加1613人次。选派23名护士参加ICU、急救、产科、妇科等专科护士培训。

全年举办国家级继续教育项目1项、市级3项、区院级28项，继续教育授课133场次。护理人员继续教育参与率99.92%，达标率100%。继续开展第4期院内ICU专科护士培训，34人参加（西区9人）。选送12名护理骨干参加北京护理学会ICU、急诊、肿瘤、手术室、静脉输液治疗专科护士培训。实施护士分层次培训，组织全院护理人员进行2010版美国AHA心肺复苏技术培训与演练2次，1457人次参加。完成操作培训1235人次，其中护士长546人次、带教老师334人次、毕业第1年护士124人次、新护士岗前教育培训82人次，实习护生进科前培训149人次。全年技术操作考核755人次，其中毕业第1年护士420人次、应聘护士308人次、合同护士入编考试27人次。

科研工作 作为牵头单位申报各类科研项目280余项，合作申报60项。获批各类科研基金90项，经费3543万元，获合作及社会基金项目77项（西区1项），其中国家自然科学基金15项、面上项目9项（西区1项）、青年科学基金6项，总资助671万元。申报专利6项，专利授权6项。发表SCI论文106篇（西区4篇）。获中国医院协会医院科技创新奖三等奖1项，北京市科学技术奖一等奖1项、三等奖1项（西区），教育部高等学校科学研究优秀成果奖科学技术进步奖一等奖1项、二等奖1项（西区）。

教学工作 全年参加教学培训257人（西区53人），参加考核31人，取得授课资格证书25人（西区6人）。1名教师获全国医学院校青年教师讲课比赛二等奖，2名教师获北京市青年教师教学基本功比赛二等奖。外科教研室被评为校级优秀教学团队，妇产科教研室获校级教学先进集体一等奖，内科学教研室张麟教授获首都医科大学吴阶平优秀教师奖。获批《外科学》《妇产科学》2门校级精品课程，《皮肤与性病学》1门双语课程；获批市级及校级教改课题14项；获批耳鼻喉头颈外科、临床药理、临床病理3个住院医师培训基地。获校级优秀博士论文二等奖1篇；申报研究生教育质量提高项目4项；新增骨科学和消化内科学2个博士培养点，新增博士生导师5人、硕士生导师7人，全院博士生导师33人、硕士生导师90人。招收博士研究生49人（统招17人、在职32人）、硕士生92人（统招59人、在职33人）。

参加继续教育837人，25学分达标率98.2%。获批国家级继续教育项目20项（西区2项）、市级5项。派出参加继续医学教育培训99人次，培训经费10万元。举办短期学习班25次，培训6300人次；为本院职工举办学习班22次，2900人次参加；脱产学习47人，院外进修5人。

国际交流与合作 全年公派出国40人次，参加国际学术会议、学术交流、考察和研修。接待国外来访60余人次，如罗马尼亚布加勒斯特市长代表团、美国加州参议院临时议长代表团、印尼内政部代表团、英国保柏集团代表团、加拿大多伦多Baycrest集团代表团。

世界卫生组织烟草或健康合作中心承担世界卫生组织多个项目。北京呼吸疾病研究所国际肺血管疾病研究院（PVRI）中国中心在肺血管疾病的研究和临床治疗方面开展了多项合作研究项目。感染与微生物科与英国University of Nottingham大学开展PRIDE研究项目。参与国际监测项目，作为地区负责人参与亚太地区的感染病流行病学检测和耐药监测等。参与美国疾控中心牵头埃及合作项目，试验结果得到美国疾控中心的认可。皮肤科进一步深化与美国哈佛大学Brigham & Women医院心血管中心建立的科研合作关系。病理科和日本北海道大学肿瘤病理学科商谈建立远程病理会诊体系，并建立科研合作关系。口腔科与美国哈佛大学合作。麻醉科、神经内科、高压氧科、血液科、妇产科等科室都与国际医学机构和学术组织有着不同形式的合作与交流。

信息化建设 对多个信息服务系统进行改造升级，包括预约诊疗服务系统、DRG组试点系统、总额预付试点系统、医保服务系统、医院体检服务系统、医保拒付系统、医保升级管理系统、医院薪资管理系统、药事部采购管理系统、实验室信息系统、本部与西区的信息系统硬件等。开发多个信息系统，包括门急诊输液管理信息系统、自动摆药机系统（院本部2台、西区1台）、营养科订餐系统、抗菌药物管理系统、门诊医保管理平台。与工商银行合作开发工商银行北京朝阳医院医疗卡，实现先诊疗后结算。开发自助打印程序、手术排班系统。

基本建设 完成病理实验楼改造工程，包括病理科、药事部、心导管室、血液科骨髓移植病房、营养科的改造。完成介入导管室改造工程。完成实验研究中心改造工程的前期设计、施工、监理的招投标。完成污水处理站改造工程。完成改扩建一期工程的维修保养。京西区完成麻醉科第六手术间的改造。污水改造工程竣工并投入使用。改造周边停车场，完成住院楼前和污水站绿化及照明路灯的改造。

（撰稿：黄维佳　审核：吴家峰）

领导名单

党委书记　信　彬
副 书 记　陈　勇
院　　长　封国生
副 院 长　侯生才　沈雁英　高　黎　魏永祥
陈　航

首都医科大学附属北京同仁医院

（东城区东交民巷1号）
邮编：100730　电话：58269911
网址：www. trhos. com

基本情况　职工3299人（含眼科研究所、耳鼻咽喉科研究所），西区2407人、东区155人、南区737人。卫生技术人员2692人，包括正高级职称188人、副高级职称292人、中级职称938人、初级师916人、初级士282人、见习期76人；其他专业技术人员171人，包括正高级职称1人、副高级职称13人、中级职称42人、初级职称及以下115人；工勤人员327人；其他人员109人。

医疗设备总价值79107万元。购置医疗设备总值8668万元，其中10万元以上设备150台（件）、100万元以上设备15台（件）。

获奖情况。3月，在市卫生局基层党建工作责任制落实情况集中考评会上，同仁医院获优秀奖。4月，歌舞节目《光明行》在首都卫生系统庆祝建党90周年文艺汇演上获一等奖；《同仁院讯》获中国卫生思想政治工作促进会医院报刊专业委员会第5届全国优秀医院报刊。5月，被中国卫生思想政治工作促进会评为卫生文化建设先进单位；团委被评为2010年度市卫生局五四红旗团委，外科团支部为五四红旗团支部。6月，党委被市卫生局评为先进党委，眼科中心、耳鼻咽喉头颈外科中心、干部医疗科党支部为先进党支部。7月，同仁医院被中国企业文化研究会医药卫生委员会授予医院文化建设创新奖；2010年度北京市医疗保险管理工作一等奖。8月，在市卫生系统第20届“杏林杯”电视片汇映评比中，《光明使者——非洲光明行纪实》获二等奖，《一个老共产党员的追求》《格桑花的‘心’生》获三等奖。9月，同仁医院被中国营养学会临床营养分会评为中国临床营养示范单位。6月，焦树玲、陈晓燕被市卫生局评为优秀党务工作者，刘国樑、朴颖实等20人被评为优秀共产党员，骨科张建中当选第3届首都健康卫士。7月，传统医学科主任支楠成为第4批北京市老中医药专家学术经验继承工作指导老师。10月28日，泌尿外科主任陈山教授获吴阶平泌尿外科医学奖。11月，刘芳、朴颖实分别以《用生命传承光明》和《显微镜下写人生》在本市“医者仁心，援爱无疆”主题宣讲活动中获二等奖和三等奖；风湿免疫科高圆在卫生部“质量万里行”——骨质疏松专题经典病例讲演比赛中获最佳风采奖。12月，在全国优秀博士学位论文评选中，眼科王宁利教授指导的博士研究生任若谨的论文获提名奖；在亚太眼科年会（APAO）、世界青光眼大会（WGC）上，眼科王宁利教授以在眼科学临床、科研及教学方面的贡献分别获Arthur Lim奖和世界青光眼联合会杰出高级临床科学家研究贡献奖WGA Research Recognition Award 2011。杨金奎、王雪、王吉云获中央文明办、卫生部全国“相约健康社区行”巡讲专家证书。王宁利、张罗、秦明照、胡爱莲、龚树生、王军（喉科）、房居高、韩杰等获市健康促进工作委员会、市卫生局北京健康科普专家称号。眼科护士刘琳被评为全国优质护理服务考核优秀个人。

改革与管理　作为本市首批5家公立医院改革试点医院之一，以“创先争优”、“三好一满意”、“医疗质量万里行”、“优质护理服务示范工程”等专项工作为抓手，扎实推进医院管理专业化、精细化、科学化，以严格、完善的制度作为管理依据，力争在体制机制综合改革、提高医疗质量和医疗效率等难点问题上取得突破，并探索使人民群众得实惠和医务人员受鼓舞的医改方案。以深化医改为契机，加强2个建设（内涵建设、院区发展建设），实现3个满意（政府满意、患者满意、员工满意），营造4种氛围（临床实践与科研教学并重、质量管理与作风建设同举、学科建设与引才引智相济、秉承传统与锐意创新兼备），努力铸就百年同仁。

创建人民满意医院。从改革门诊服务模式、缓解看病就医“三长一短”和诊疗秩序混乱的顽疾入手，实施医改惠民利民措施。完善预约诊疗服务体系，对出诊排班方式与挂号系统进行改造，开通医生工作站复诊预约和诊间转诊预约。7月22日，与北京市预约挂号平台对接，全院所有科室号源全部开放预约，全年预约就诊比例达到32.6%，7月起每月预约就诊率均超过35%。复诊预约比例43.3%，下半年实现产科、口腔科复诊预约率100%。社区转诊预约率达95%以上。推行“先诊疗，后结算”模式，实现错峰、分时段诊疗。强化实名挂号、实名诊疗，设立严格的黑名单制度，防范恶意占用号源的倒号行为。开展双休日及节假日门诊，合理调配人力资源，引导、鼓励医务人员充实门诊力量。双休日日均门诊1508人次，占工作日日均门诊的19.6%。调整专家上下午出诊比例，全院整体由1:0.5提高到1:0.8。执行全院统一换停诊管理原则——“停诊必须先替诊，或停诊后须补诊，能换诊尽量不停诊”，在原有的基础上使医师整体出诊时间提高50%，达到主任医师出诊次数每周不少于3个半天、副主任医师出诊次数不少于5个半天。推出暑期领导带班、职能处室咨询服务、增开摆渡车、增设电子信息屏等多项新举措，延长门诊时间，提高诊疗效率，以最大努力满足患者就医需求。发放门诊住院患者整体就医满意度调查问卷800份，药房满意度调查问卷门诊200份、住院部120份，全国住院患者满意度调查问卷200份，院内主诊医生住院满意度调查问卷35份，门诊、病房满意率均在85%以上。

医疗工作 门诊2195842人次，急诊249087人次，急诊危重症抢救4142人次，抢救成功率93.51%。床位1462张。入院48381人次，出院48245人次，床位周转30.45次，病床使用率85.44%，平均住院日10.30天，七日确诊率99.05%，出入院诊断符合率99.89%，治愈率77.83%，好转率20.47%，死亡率0.82%。住院手术32124例。无孕产妇、新生儿死亡。

3月，体检中心通过市卫生局专家组的材料审核及现场评估，成为首批准予开展健康体检服务的医疗机构。8月1日，检验科的自动化流水线检验系统正式启用。11月23日，成立伤口治疗中心/造口护理中心。年内，医院多次为巴基斯坦驻华使馆大使和克罗地亚驻华使馆参赞等高级外交官员安排门诊、住院等。

全年申请院级新技术、新项目12项；完成新技术、新项目评审10项，其中可临床应用2项、暂缓临床应用1项、待完善正在审核流程进行中7项。完成足踝外科的经皮氧/二氧化碳分压检测技术的评审。

病案管理。全年检查运行病历1260份，其中合格1249份、不合格11份，合格率99.13%。检查终末病历47022份，初审合格46164份，甲级病历率98.18%。

医院感染管理。继续应用HIS系统抗菌药物监测模块、感染监测软件以及护士工作站信息系统实施动态监测院内感染数据。医院感染率1.12%。

医保工作。作为总额预付试点医院之一，按照定额标准主动适应改革。全年医保出院14851人次，总费用22037万元，次均费用14839元。平均住院日12天。

医疗支援。派出2支医疗队分赴2家受援医院，进行教学查房35次，重症疑难疾病会诊21次，手术示教24次，参加病例讨论9次，专题讲座22次，技术培训8次，门诊接诊1562人次。外派医师还帮助受援医院完善三级查房、病例讨论、急诊留观等制度，完善胸腔穿刺、泪道探查术、纤维鼻咽喉镜的消毒及临床应用等技术操作规范，帮助开展Ⅱ期义眼植入术、斜视矫正术、泪道插管术、纤维鼻咽喉镜下取病理及异物取出术、内镜系统探查鼻科及耳科疾病等新技术和新业务。妇产科主任医师段仙芝在阿尔善牧区收治病人334人，为宫颈癌疫苗的推广在准格尔旗开展2000人的HPV筛查。对口支援大兴区医院稳步推进，第9批35名医疗队员于6月底完成支援任务；下半年，又派出第10批医疗队，其中37人赴大兴区医院、2人赴大兴区妇幼保健院，医疗队成员涵盖14个临床科室和4个医技科室。

医疗纠纷处理。全年处理医疗纠纷76件；完结医疗纠纷案件38件，其中通过法院诉讼途径18件、人民调解委员会调解19件、鉴定1件，包括无赔付5件、不良事件2件。医疗责任险报险20例，调解中心沟通8次，签署协议18次，保险公司理赔18例。开通网络咨询及投诉途径，其中病情咨询39000条、投诉37000条，回复率100%，回复后病人满意率94%以上。配合12320投诉热线解决投诉53件。

护理工作 将优质护理服务与全过程质量管理紧密结合，从结构质量、环节质量、终末质量3个环节把控，实施多维度护理质量控制体系，做到严管与扶持并举。落实责任制护理模式，将传统的功能制转变为新型的责任制，提高护理安全管理意识。全年优质护理服务开展率100%，患者平均满意率99.71%。护理单元管理合格率99.69%、等级护理合格率99.33%，护理药品管理99.88%、护理消毒隔离合格率99.35%，护理文件书写合格率99.50%，护理技术操作合格率99.55%，护理健康宣教合格率99.94%。举办国家级继续教育项目1项、市级19项、区级6项（共66讲）。申报国家级继续教育项目2项（备案1项）、市级56项。

科室内以护士站为单位组建科研小组，专人负责，明确职责。申报护理科研课题11项，获批首都医科大学校长基金4项，首都中医药与护理研究专项课题“应用知识信念行为模式提高阻塞性睡眠呼吸暂停综合征患者遵医行为的临床研究”，卫生部医疗服务标准的制订计划项目“手术室质量控制”。全年在核心期刊发表论文86篇，主编书籍4部：《全国高职高中护理专业“十二五”规划教材——眼耳鼻喉口腔科护理学》《眼耳鼻咽喉头颈外科特色护理技术操作》《眼科护理健康宣教指南》《眼科护理知识及测试题集》。

坚持带教老师聘任制。现有带教老师190人，实行持证上岗制度。完成2010～2011年度33名中专、38名大专、40名高职、6名本科护生的带教任务。接收2011～2012年度32名中专、36名大专、40名高职、12名本科护生的带教工作。完成ICU、急诊、手术室、糖尿病等46名专科护士的实习带教，其中中华护理学会28人、北京护理学会18人。参与首都医科大学护理学院护理本科实践教学，以教学促进学科建设，促进本院护理教学层次的提高。严格生产实习出科考核，加强临床教学过程的检查和督导，保证教学质量。接收20个省、市、自治区进修护士83人。10月28日，首都医科大学临床护理学院成立，本院成为首都医科大学临床护理学院同仁护理学系。

科研工作 申报科研课题352项，比上年增长44%。获批立项83项，其中国家级31项、省部级24项、局级28项，获资助3559万元。重大国际合作项目“中澳学龄儿童近视相关危险因素的队列研究”，获经费270万元；“新医改形势下公立医院职业化医院管理者培养模式研究”获市科委批准（省部级）。

本院获批国家眼科诊断与治疗设备工程技术研究中心，成为我国唯一一家眼科国家工程中心。借助该平台完成“十二五”国家科技支撑计划“眼用功能与结构综合成像相干光断层扫描仪关键技术及工程化研究”的论证与评审，获科技部资助1200万元。6月，北京市人工听觉工程技术研究中心通过市科委的评审与实地考察，获得立项。

医学影像中心王振常教授与中国医学科学院肿瘤医院、上海交通大学医学院附属第九人民医院共同完成的“眼耳鼻咽喉疾病CT和MR技术创新与应用”获教育部高等学校科学研究优秀成果奖科技进步类一等奖、科技部国家科学技术进步二等奖，眼科王宁利教授等的“原发性闭角型青光眼防治技术及推广”获中华医学科技一等奖，“基于远程医疗的农村基层防盲体系研究与建设”获北京市科技进步二等奖，耳鼻咽喉科徐文教授获中国青年科技奖。全年获专利5项，其中发明专利1项、实用新型4项。

全年发表科技论文662篇，其中SCI收录144篇，最高影响因子5.956，平均影响因子3.97。根据中国科学技术信息研究所12月发布的统计结果，本院2010年被SCIE收录的论文数量增幅明显，以114篇在医疗机构排名榜中位列第31位，在首都医科大学附属医院中名列第一。参编专著17部。

医学教育 内科教研室被评为首都医科大学校级优秀教学团队。获批首都医科大学校长基金教育学组项目12项，较上年增加20%；党建学组项目1项、管理学组项目1项。获首都医科大学教学成果二等奖2项；首都医科大学第7届优秀教材自然二等奖1项，医院自评奖励21部。推荐2名专家入围国家“十二五”高职高专教材主编，分别为刘跃新任《外科学》主编，翟建军任《妇产科学》主编。投标卫生部和人民卫生出版社医学视听教材、CAI课件3项。全年发表教学论文28篇，其中核心期刊27篇，较上年增加108%；投稿首都医科大学教育年会论文18篇。全年各项教育奖励近55万元。

在院学生586人，其中大中专学生9个班级274人、硕士研究生198人、博士研究生114人。毕业203人，其中大中专105人、硕士76人、博士22人。本专科学生就业率100%，研究生就业率97.2%，被评为首都医科大学2011届毕业生就业工作先进集体。改革临床医学生实习入科培训教学计划，加强实践教学，入科前组织基本技能操作统练，部分专业的出科考核设置量化要求，并将出科考核与技能竞赛相结合，保证出科考核质量。临床医学专业统考，2个教学班通过率分别为100%和94.11%。在内外妇儿教研室开展课间实习PBL教学活动，并组织教学观摩，完成PBL标准教案19例。加大研究生入科培训力度，建立培训合格方可入科制度。应用同仁在线学习考试系统，进行在线学习和考试，推进教育教学信息化进程和教学手段创新，降低教学成本，提高教学效率。启动首都医科大学五年制护理本科的临床医学课教学，首次承接护理本科教学任务。

加强导师队伍建设，重视研究生创新能力培养。新增影像医学博士后培养点、神经病学博士培养点、外科学（神外）硕士培养点。博士生导师3人、硕士生导师4人通过了学校答辩程序。眼科学王宁利教授指导的博士研究生任若谨的论文获全国优秀博士学位论文提名。应届博士研究生获得学位比例69.2%，应届硕士研究生获得学位比例96.1%。

医院继续教育学分达标率100%。全年举办国家级继续教育项目16项、市级19项、区县级28项、院级881项。接收进修医生259人次。

药剂科、病理科成为北京市住院医师培训基地。全年培训住院医师216人，其中外院71人。全院住院医师培训合格率为：第一阶段87.09%，第二阶段90.56%。

国际交流与合作 接待美国、日本、法国等专家学者18批100人次参观交流讲学。德国慕尼黑海德堡（Heidelberg）大学眼科学JOST B. JONAS教授年内5次来眼科研究所指导眼科流行病学调查、眼科动物实验及眼科干细胞研究。全年派出35批61人次赴美国、德国、希腊、澳大利亚、日本、巴基斯坦、赞比亚等国家及中国香港和澳门地区，其中参加国际会议51人次，双跨团组7人次，赴英国、美国访问学者3人次。

院长韩德民与奥地利因斯布鲁克大学应用物理学院克莱蒙斯·奇教授合作的国家级国际合作项目“使用细微结构编码策略的人工耳蜗对于语调语言的研究”完成汉语普通话声调识别测试素材的选取、测试素材原始声音文件录制、原始声音文件的语谱分析以及响度平衡测试，模拟听力正常人声调识别函数曲线，初步开发了声调识别测试软件和信度效度评估研究。韩德民与世界卫生组织防聋合作中心开展的国际合作项目“中国耳疾病和听力障碍医学调查方案”完成国内耳和听力疾病调查，建立全国耳聋流行病学调查信息数据库，为政府制订相关政策法规提供科学依据。年初，副院长徐亮与德国拜耳合作开展“多种制剂对RPE损伤的保护作用”。

信息化建设 建立基于全院电子病历系统的质量控制管理系统、院感监控系统、随访系统、临床路径系统。完成西区住院医生站的上线。完成临床路径内嵌版上线，在耳鼻喉科实施4个病种、眼科5个病种、外科4个病种及心血管4个病种。电子病历试点，实现移动查阅病历及LIS、PACS报告。预约挂号实现号源网上预约，完成包括初诊、复诊号源的分配、诊间复诊转诊预约登记、就诊签到、自助取号、医保患者先诊疗后付费等功能的改造，实现与114挂号平台的二次对接。安装自动取号触摸屏及自助打印机，实现病人自助取号、打印化验单。完成业务数据与查询数据三级分库，改善业务数据库的压力，提高系统的运行速度，节省硬件投入。

后勤与基建 完成放射科急诊CT室、检验科、屋面防水、东区病房装修等10余项改造。

全年打击号贩子16954人次，清理医托788人次，清理闲散人员19756人次，清理散发小广告人员112人次；巡逻3698次；协助处理刀扎伤人员10人，捡拾弃婴5人。

公益活动 2月，医院心血管中心与北京市儿童福利院建立救治危重先心病患儿的绿色通道，成功救治9例。4月，同仁验光配镜中心参加残疾人基金会慈善公益活动，为百年实验学校、星河双语学校、行知实验学校、蒲公英中学等4所打工子弟学校学生提供免费验光服务。5月，同仁验光配镜中心到革命老区安溪泾县、绩溪，为600名学生免费验光，为其中258名贫困学生免费配镜。

光明行动。年内，赴孟加拉国、南部非洲国家及国内新疆维吾尔自治区、云南省、湖北省、福建省等，完成手术2076例。3月18日，中国光明行医疗队携带115箱医疗物资，来到非洲津巴布韦共和国奇通亏扎小镇，6天内为514名白内障患者实施免费复明手术。6月8日，光明行医疗队来到新疆维吾尔自治区博尔塔拉蒙古族自治州博乐市，为109名贫困白内障患者实施免费复明手术。9月20日，中国光明行代表团赴非洲莫桑比克首都马普托，在马普托中心医院为当地300名白内障失明患者实施免费复明手术。10月18日，光明行医疗队来到湖北省西南部的恩施土家族苗族自治区，使300名白内障患者重见光明。

（撰稿：郑　洁　审稿：韩德民）

领导名单

党委书记　韩小茜
副 书 记　韩德民　朱慧芳
院　　长　韩德民
副 院 长　韩小茜　王宁利　徐　亮　李天佐
黄志刚　张　罗

首都医科大学附属北京天坛医院

（东城区天坛西里6号）
邮编：100050　电话：67096611
网址：www. bjtth. org

基本情况　职工2096人（含北京市神经外科研究所），其中专业技术人员1893人，包括正高级职称137人、副高级职称278人、中级职称599人、初级师740人、初级士97人、其他专业人员42人；行政人员49人，其中副高级职称1人、中级职称7人、初级职称16人、其他人员25人；工勤人员154人。

医疗设备总值50249万元。本年度购置万元以上设备328台（件）、100万元以上设备21台（件）。

获奖情况。天坛医院党委被评为第8届全国省级医院思想政治工作先进集体，北京市建设学习型党组织工作协同小组授予医院"青年创新工厂"建设学习型党组织工作品牌活动。被评为首都文明单位标兵。患者服务中心收到表扬信210封。

改革与管理　充分发挥科技手段的监控作用，做到审计先行、四分设计、突出技防，聘请社会监督员，将医德考评纳入年终考核。加强招标采购监督，做好责任追究工作。

本年度是深化医疗卫生体制改革和医疗卫生工作"保增长、保民生、保稳定"的一年。重点开展预约挂号、电子病历、临床路径、DRGs单病种付费、缩短平均住院日、抗菌药物专项治理、医保病人门急诊实时结算、优质护理服务等方面的工作。

通过公开招聘，确定18名学科带头人候选人。20人入选"215"高层次卫生技术人才建设培养计划，其中领军人才1人、学科带头人2人、学科骨干17人。获得北京市"十百千"卫生人才经费资助3人。

医疗工作　门诊1111630人次，急诊99263人次，日均门诊4394人次，急诊危重症抢救5236人次，抢救成功率90.68%。入院29845人次，出院29817人次，床位使用率93.87%，床位周转26.62次，平均住院日13.05天，出入院诊断符合率100%，七日确诊率98.92%，治愈率49.71%，好转率45.23%，死亡率1.38%。手术26786例。

神经外科成立医改工作小组，对门诊预约层级挂号、临床路径DRGs、合理应用抗生素和缩短平均住院日等工作进行重点部署，推进门诊预约挂号，全面铺开电子病历系统。全年手术9843例，复杂、巨大肿瘤病例明显增多，达到40%以上。神经外科获批卫生部国家临床重点专科建设项目。神经内科在医改工作中率先试行预约挂号，各专业组建立亚专科电子病历模板，建立临床路径，严格合理使用抗生素，为适应DRGs的需要建立病例会商制度，进一步整合绿色通道。每月门诊量超过2万人，实现医疗质量环节控制，利于医疗质量评估和绩效考核。天坛脑血管病中心在医疗工作中为患者提供标准化、多学科、高级技术含量的诊疗服务。ICU新增10张病床，全年收治3366例患者。放射科、检验科、病理科、超声科等医技科室努力提高专业技术水平和服务质量，开展新项目，为临床工作提供保障。

作为DRGs试点医院，成立了工作小组，在规范疾病诊断、完善病案首页、主诊断字典更新、信息补充、ICD－10疾病编码的查询与应用、规范医疗行为等方面做了大量工作。12月2日，院内实现全部流程试启动；12月12日，DRGs付费系统试运行。

新技术、新疗法。神经外科腓肠神经切取移植面神经舌下神经吻合治疗周围性面瘫。

病案管理。制订病案科各项工作制度、岗位责任制、工作流程，以及监督检查制度。开展病案邮递工作，并制订邮递工作制度和工作流程。对病历实行条形码管理。甲级病历率92%。

医院感染管理。开展目标性监测，推动中心静脉导管相关血流感染（CRBCI）的监测。加强重点科室院感管理，加强感染控制培训，编辑出版《天坛感染控制手册（临床版）》《天坛医院感染通讯》。参加全国或市级培训10人次。完成首都医学发展基金课题"北京市医院感染监控管理系统开发与应用效果研究"，继续开展医院青年基金"围手术期预防使用抗菌药物的管理”的研究。医院感染率3.15%。

医保工作。全年医保出院9648人次，占总出院人次的32.36%；公费医疗出院829人次，占总出院人次的2.78%。医保住院总费用16591万元，次均费用17196元。本年度医疗保险管理工作获三等奖。

医疗支援。继续对口支援昌平区长陵镇卫生院、十三陵镇卫生院，全年派出16名临床医生进驻卫生院，到偏远山区开展巡回医疗，举办健康大课堂。开展健康体检、老年病体检、妇女病普查共12次，受检9000余人次；义诊咨询10次，咨询600余人次；举办健康大课堂26次，600余人次受益。继续支援东城区、丰台区社区医疗工作，共派出926人次到5个社区卫生服务中心出诊，其中主治医师551人次、副主任医师374人次、主任医师1人次。与方庄、天坛、蒲黄榆、永外、体育馆路等5个社区卫生服务中心签订转诊预约协议。派出第7批援疆干部1人；派出神经外科、神经内科、外科、内科、妇产科等专家12人支援内蒙古自治区，接收对方进修3人。

护理工作 制订优质护理服务工作方案，全院34个病房全部开展优质护理服务。修订重点科室护理工作规章制度。护理文件书写合格率100%，分级护理合格率100%，简易呼吸操作平均95.3分，急救物品完好率100%。全年带教学生107人，其中首都医科大学第五临床医学院护理高职班40人、首都医科大学燕京医学院护理高职班31人、北京护士学校36人。接收进修护士88人。参加护理本、专科学习239人。发表护理论文40篇。

天坛医院护理被列为国家临床重点护理专科。神经外科五病房被市卫生局评为优质护理病房，神经外科五病房、神经外科七病房、外三病房、神经内科一病房被评为优质护理创优病房。

预防保健 一类疫苗接种6159人次，二类疫苗接种1269人次，其中民工接种761人次。完成脊髓灰质炎糖丸查漏补种345人次，流动散居儿童查漏125人次，甲肝疫苗查漏94人次。免费为老人接种流感疫苗2024人次，为学生接种960人次。对流动人口900余人进行查漏补种，接种率84.93%。为学生接种各种疫苗1310人，无不良反应。查漏补种（脊灰、流脑、乙脑、水痘、乙肝、麻风腮）90人次。开展“承担共同责任，促进精神健康”主题宣传活动和心理健康大课堂活动，发放宣传材料200余份。为社区开展精神卫生知识培训4次，100余人次参加。

科研工作 获批各类科研课题113项，其中国家级16项、省部级14项。对48项进行了中期或结题检查。“国人颅内动脉狭窄现状与支架成形术的关键技术和临床应用”获中华医学科技奖二等奖，“出血性脑卒中规范化外科技术推广及其血肿扩大（HE）机制和临床预测研究”获中华医学科技奖三等奖，“颅内动脉瘤的介入治疗”获高校科技进步奖（推广类）二等奖。全年发表论文468篇，其中SCI收录83篇、核心期刊385篇。

神经外科举办神经外科指南和规范推广学习班、第10届全国神经外科大会，国内外近2500名专家参会。神经内科举办天坛国际脑血管病会议、赛诺菲安万特－天坛卒中教育项目、中国卒中中心建设项目、全国言语障碍、吞咽困难培训班、中国卒中中心建设项目培训班、全国神经危重症管理培训班等，2600余人次参加。麻醉科承办天坛国际神经外科麻醉论坛、天坛神经外科麻醉高级培训班、头面部疼痛的组织化医疗进展学习班，妇产科举办了天坛妇科内镜手把手学习班，检验科举办体外诊断学进展与教学改革发展论坛、首都医科大学第6期临床检验诊断实习带教教师培训班，呼吸内科举办了全国呼吸内镜介入技术学习班，药剂科举办第6届临床药学实践与提高培训班、北京中青年药师沙龙学术活动，康复疼痛科举办第6届全国微创疼痛治疗进展研讨会。

教学工作 天坛医院正式获批急诊、全科医学和妇产科3个住院医师培训基地，并招生。本科生教学获华北地区临床技能比赛一等奖和第2届全国高等医学院校大学生临床技能比赛三等奖。研究生教学获首都医科大学就业先进集体称号。王拥军当选北京市教学名师，医学检验教研室被评为首都医科大学优秀教学团队。有博士生导师30人、硕士生导师88人。在读博士生70人、硕士生159人。本科生115人（其中五年制71人、七年制44人）。组织、协办国家级继续医学教育学习班18个、市级4个、区县级8个。申报2012年国家级继续医学教育项目14个、市级5个、区县级17个。国家级继续医学教育备案项目10个、市级3个。接收进修267人。

信息化建设 完成所有病区电子病历上线，完成CA数字认证和签名的前期准备。开通22个病种的临床路径，包括临床路径系统与东软医嘱开立系统对接和临床路径模板维护。改造门诊预约挂号系统，实现专家不点名挂号预约和各科专业组挂号预约；改造电话预约接口，与全市统一的114预约挂号平台对接；建设新的电脑分诊叫号系统，实现预约后立即预挂号，预约看诊当天无需取号直接等候电脑叫号就诊；实现门诊医生工作站、住院医生工作站、预约窗口、电话预约等多种途径的预约挂号方式；住院患者出院后的复诊预约采用医生开立出院医嘱时自动强制预约。完成抗生素使用情况自动查询和统计报表，为科室分别设定考核指标，落实动态监测。启动护理电子病历，包括PC端及PDA端体征单、一般护理记录单、出入量表、医嘱执行以及条码扫描、输液贴打印和危重护理记录单。

国际交流与合作 全年派出18批23人次分赴美国、加拿大、德国、法国、意大利、英国、日本和中国香港进行学术交流、培训考察。接待27名外国专家交流访问。举办大型国际会议6次。引进国际合作项目8项。

后勤与基建 完成3.0核磁装修、伽马刀室改造、放射楼改造等基建项目33项。5月，启动电力增容一期改造工程。

开展院容院貌专项整治活动，清理违章建筑，成立以保卫处、警务工作室民警、保安骨干为成员的清理整顿工作小组，将门急诊地区列为重点治安防范区域，坚持对“三类人员”进行日常清理与集中清理。全年消防检查768次，查出消防隐患146处，限期整改57处。

新院筹建 完成环境影响评价、交通影响评价、可行性研究、节能以及工艺流程设计的招投标，完成环评、交评报告的撰写和审批。完成大市政方案综合工作，委托市政工程设计研究院完成道路工程方案设计，完成新院长期用电方案的报审和施工临时用电方案的审查。完成勘察的招投标，并确定中标单位。4月，取得建设用地规划许可证，完成医院迁建工程项目规划及建筑设计方案的招投标，取得市规划委的批复。 （撰稿：章兰云 审核：宋茂民）

领导名单

党委书记 宋茂民
副书记 姚铁男
院长 王晨
副院长 宋茂民 王拥军 张力伟 肖淑萍 周建新

首都医科大学附属北京安贞医院
北京市心肺血管疾病研究所

（朝阳区安定门外安贞里安贞路2号）
邮编：100029 电话：64412431
网址：www.anzhen.org

基本情况 职工2578人，其中专业技术人员2402人，包括正高级职称130人、副高级职称262人、中级职称949人、初级职称975人、未定人员86人；行政人员96人，其中专业技术人员52人；工勤人员132人。

医疗设备总价值109925.48万元。购置医疗设备总值23469.03万元，其中10万元以上设备300台、100万元以上设备46台。

获奖情况。北京安贞医院被市卫生局党委评为先进党委、先进党支部，2010年度北京市人口与计划生育红旗单位，2010年度北京市卫生统计工作先进单位，2010年度北京市传染病疫情报告先进单位，获首都医科大学先进党支部二等奖。

机构设置 成立物资管理办公室和物业管理办公室。

改革与管理 修订《医疗工作制度》《临时医疗工作职责》《主要院级工作委员会工作职责》等。

继续推进人民满意医院活动，强化对医疗、护理等方面的管理。护理部对部分重点科室住院患者进行满意度调查，平均分97.33分。

医疗工作 门诊1220546人次，比上年上升20.27%；急诊82016人次，危重症抢救7921人次，抢救成功率96.12%。床位1106张。入院42189人次，出院42121人次，床位周转41.96次，平均住院日10.18天，七日确诊率98.36%，出入院诊断符合率99.48%，治愈率37.25%，好转率57.81%，死亡率1.16%，无孕产妇和新生儿死亡，围产儿死亡率6.61‰。住院手术15509例，比上年增加2246例，其中心脏手术8078例（不包括心外科覆膜支架术），比上年增加1080例，心脏手术中冠状动脉搭桥3259例。心血管内科完成冠状动脉造影17093例、PCI 8339例、永久起搏器823例、房颤射频消融772例。

病案管理。借阅和查阅纸质病历2398份。扫描病案网上调阅162989份次。封存病历74份。进修医师、实习医师、新入职医师病历书写培训6期503人次。病历首页填写及主要诊断选择培训37个科室480人次。完善三级病历监控网络的建设，制订临床科室兼职病历质量检查员工作制度和流程。

医院感染管理。前瞻性监测出院患者39947人次，其中感染304人386例次，医院感染率0.76%，感染例次率0.96%。监测CABG手术患者3122人次，其中手术切口感染10例，感染率0.32%。全年消毒隔离检查20余次，对层流手术室、供应室、窥镜室、病房等进行消毒药械、灭菌器、内窥镜的消毒流程、无菌操作、医疗废弃物处理等监督检查。

医保工作。审核医保出院病历14749人次，接待市、区医保中心检查大额费用病历47次，审核大额病历427份。应拒付21030元，经医保办沟通协调，实际拒付13708元。全面实行医疗保险门诊刷卡和住院刷卡结算，完成医保患者急诊留观视同住院的持卡结算。完成离休人员持卡结算门诊及住院费用，城镇居民包括一老一小的持卡结算门诊及住院费用。完成北京市基本医疗保险心脏移植术后抗排异治疗定点医疗机构的申报，并取得相应资格。

医疗支援。支援内蒙古、青海、新疆等地区的县医院及心脑血管病专科医院，开展各种手术，确定重点学科建设，完成疑难病例会诊。接收西藏自治区特培学员2人。支援本市郊区县医院，全年支援医生85人，涉及专业18个。组织28个临床和医技科室支援社区卫生服务机构，门诊2500余人次。

医疗纠纷处理。住院病人新发生纠纷105起；调解中心介入73起，诉讼19起，其他13起（包括院内协商解决6起、家属不再追究2起、待处理5起）。截至年底，解决纠纷（含遗留和新发）74起。审结诉讼案件16起。全年参加医院庭前案件讨论50余次，到庭参加诉讼活动、鉴定会210余次；对危重症患者术前告知事项进行律师见证20余次，并出具律师意见书。

护理工作 转变护理模式，优化分工方法，扎实推进优质护理示范服务工程。示范病房数量上半年占全院病房总数的83%，11月达到100%。6～7月，完成对全院示范护理病房的检查，质控均分75.8分，满意率均分93.78分。护理部每月进行1～2次全体护士长培训，并多次组织达标优质示范病房的护士长和骨干护士进行阶段总结和经验分享活动。

培养专科护士13人，其中危重症监护专科护士9人（心外科4人、心内科1人、内科2人、EICU 2人）、手术室专科护士1人、急诊专科护士2人、静脉专科护士1人。作为北京护理学会、中华护理学会专科护士实习基地，接收全国专科护士实习49人，其中ICU基地31人、手术室基地18人。

申报市级护理人员继续教育项目3项、区级8项，完成率100%。参加继续教育学分达标1276人，达标率99.76%。27人完成本科学历教育。全年投稿47篇，公开发表论文32篇，刊出率68%，其中53%为核心期刊。护理教研室李党香的“客观结构化临床考核在护生实习带教中的应用研究”获首都医科大学校长研究基金。

科研工作 申报各类基金300余项，中标91项，经费4730.43万元。申报国家自然科学基金94项，中标29项，中标率31%，获资助1022万元。马长生教授主持的课题“房颤病例队列和房颤血栓栓塞预测评分系统的建立”中标市科委招标项目“心房颤动治疗规范与技术优化研究”，资助690万元。杜杰教授牵头的“主动脉瘤的转化医学研究”入选教育部“长江学者和创新团队发展计划”，资助约300万元。

在2010年度中国最佳医院排行榜中，北京安贞医院列第17名，科研学术位列第4名；国际会议论文104篇，获全国医疗机构国际会议论文数量第1名。

马长生首批入选科技北京百名领军人才工程。张宏家、吴小凡入选教育部“新世纪人才”支持计划。

医学教育 招生复试130人，其中博士30人、硕士100人。毕业研究生104人，其中获博士学位31人、获硕士学位73人。56名毕业生全部就业，获首都医科大学就业先进集体奖。在读各类研究生350余人。

开展继续教育课程16次。安排住院医生轮转，制订轮转计划并按培养方案进行考核，完成住院医生第一阶段和第二阶段考试。接收区县医疗骨干培养、社区转岗的全科医师培训。完成朝阳区社区医技人员——检验、心电图的培训。

国际交流与合作 办理出国手续487人次，其中参加国际会议270人次、考察访问20人次、进修15人次、旅游探亲182人次。接待德国、法国、瑞士、美国、澳大利亚等20余个国家来访351人次。

8月19日，法国劳动、就业和卫生部长贝特朗先生等7人在市卫生局局长方来英陪同下来医院，就中法急救培训进行洽谈交流。10月10日，法国大使白林女士等8人在市卫生局局长方来英陪同下来本院，参加中法急救与灾难医学培训中心协议续签仪式。

信息化建设 完成新门诊楼内的网络环境构建，将骨干网由原来的千兆提升为万兆，存储设备采用异地容灾设计。完成符合国家标准的新门诊楼机房的建设，将医保专线、医保服务器、医联码服务器迁入新机房。完成检验科搬迁后20余台设备的联网、

BACKMAN大流水线与LIS的无缝对接。安装、调试OA系统服务器和外网安全网关，启用防火墙功能和VPN功能，保证通过手机、院内计算机、院外计算机3种方式都可以安全地访问OA系统。完成主诊医师负责制相关统计程序的设计。完成新楼叫号系统与HIS的对接及测试。扩大内部、外部网站功能，丰富网站内容。建立安贞医院官方博客并及时维护。

基本建设 新门诊楼启用，完成物资配备、运行通讯、环境美化等一系列工作。在新门诊楼东侧铺装草坪、绿化种植、景观布置、硬质铺装等，改造面积4044平方米。重新修建医院西大门。对家属区6号、9号楼之间及1号楼周边进行绿化改造。完成1号楼回迁安置。12月8日，南食堂正式营业。

（撰稿：王鹏飞　审核：许　峰）

领导名单

党委书记　伍冀湘
副 书 记　程　军
院　　长　张兆光
副 院 长　倪　鑫　陈　方　周生来　周玉杰　李　昕

首都医科大学附属北京世纪坛医院

（海淀区羊坊店铁医路10号）
邮编：100038　电话：63925588
网址：www.bjgrh.com.cn

基本情况 职工2187人，其中卫生技术人员1775人，包括正高级职称77人、副高级职称182人、中级职称514人、初级师766人、初级士236人；工人系列职称120人。

医疗设备总价值39894.08万元。本年度购置医疗设备总值7674.53万元，其中10万元以上设备24台、100万元以上13台。

获奖情况。北京世纪坛医院获第2届北京市职工健身健康博览会优秀组织奖，被评为首都卫生系统文明单位，被推荐为首都文明单位。

机构设置 开设肿瘤专家会诊门诊和胸部疑难病会诊门诊。

2011年，正式更名为首都医科大学附属北京世纪坛医院。

改革与管理 启动创建优质三级医院活动，印发实施方案，成立工作领导小组。结合卫生部新版《病历书写基本规范》、卫生部“医疗质量万里行”、“三好一满意”活动方案等，细化质控内容，加大奖惩力度。推行临床路径管理，缩短平均住院日。

全面铺开优质护理服务病区建设，持续提高护理质量；加强抗菌药物临床应用管理，保证医疗质量和医疗安全；推广预约挂号服务，缩短看病流程，节约患者时间。

调整部分临床科室床位，增加编制床位252张，全院编制床位增至1100张。

全年拒收红包96人次26300元，拒吃请120次，收到表扬信442封、锦旗162面。发放医德医风问卷38951份，综合满意率95.65%，门诊患者满意率96.36%，住院患者满意率94.94%。对1751名医务人员进行医德考评，其中优秀15.08%、良好84.81%、一般0.11%。

医疗工作 门诊1170924人次，急诊43037人次，急诊危重症抢救1172人次，抢救成功率88.99%。入院29478人次，出院29515人次，床位周转32.63次，床位使用率95.65%，平均住院日10.74天，七日确诊率100%，出入院诊断符合率99.96%，治愈率39.27%，好转率56.45%，死亡率2.96%。住院手术9557例。无孕产妇死亡，新生儿死亡率1‰，围产儿死亡率3‰。

开展新技术、新疗法8项，报市卫生局备案1项。

病案管理。将病历首页管理系统、病历示踪系统及病历扫描系统进行整合，提高工作效率。甲级病历率99.94%。

医院感染管理。全年院感知识培训550人次。印发《医院感染管理通讯》，普及院感知识。院内感染率1.21%。

医保工作。全年医保出院9863人，总费用15687.10万元，次均费用15905元。每月召开门诊医保专管员会议。优化医生工作站功能，按照医疗保险管理要求在计算机系统中作具体提示和限制功能。

医疗支援。加大城乡医院对口支援工作力度，派出3批医疗队员支援良乡医院。完成昌平区南口铁路医院两节期间对口支援及义诊工作。组建第3批及第4批医疗队对口支援内蒙古自治区通辽市奈曼旗人民医院、库仑旗医院。

医疗纠纷处理。全年接待投诉46件418人次，其中新发生投诉28件、新出险18件。

护理工作 安全护理合格率97.8%，急救药品完好率100%，病房质量安全管理、消毒隔离管理、分级护理管理均达标，全院护理综合满意率95.41%。护理部参加科室交班200余次；每月抽查运行及终末护理病历，共抽查护理文书2000余份。

北京世纪坛医院批准护理科研课题4项。

全年完成北京护士学校40人的临床教学和临床实习，哈尔滨医科大学60人、中国医科大学等在校护理专业实习学生的临床实习。汇总100名实习学生对19名教学公开课教师1915人次、对42名带教护士长1376人次、对100名带教老师1106人次的实习评价，分析评价结果并进行反馈。

完成区县级护理继续教育24次8597人次、PICC论坛和肠内营养论坛；规范全院静脉留置针的使用和维护、肠内营养的观察与护理，并下发操作流程；完成操作、理论考试500余人。

科研工作 获批课题97项，经费总计1259.89万元，其中国家级、省部级资助经费1182.39万元，其他经费77.5万元。发表科技论文275篇，其中SCI收录15篇、核心期刊177篇、统计源期刊83篇。参编著作5部。

医学教育 举办市级以上继续教育12项，4600人次参加；院级继续教育讲座34次，包括临床、科研、管理、心理学等。院内继续教育讲座136次，其中内科系统48次、肿瘤学系20次，医技36次，呼吸放射联合读片会32次。

作为首都医科大学护理教学临床基地，首届高职班36名学生毕业。完成北京大学医学部预防医学系2007和2008级130人的教学任务。招收研究生36人，其中博士生2人、硕士生34人，包括北京大学研究生20人、首都医科大学研究生16人。毕业研究生14人，其中统招生10人、在职硕士生4人。接收进修64人，外出进修18人。

国际交流与合作 与英国TOLEDO大学达成协议，每年进行学生交流学习，互派学员3~4人。与蒙古耳鼻喉研究教研中心EMJJ医院签订合同，每年接收进修4人。全年选派3人分赴美国、英国进修学习。邀请国外专家来院讲学、交流10余人次。

信息化建设 完成网站服务器空间VPS配置和迁徙，网站LOGO的设计、修改和发布。办公自动化系统正式上线使用。网站全年发稿1086篇。

基本建设 完成住院部二层病房卫生间改造、宿舍楼翻建、阶梯教室改造、教学楼采暖改造、配电室加建、配电增容改造、急诊科改造等10项工程，改造面积约5000平方米。

其他工作 召开首都国际癌症论坛，参会1000余人，该论坛正式成为中国抗癌协会常规会议，每两年举办一次。

编印《院报》14期，策划、编纂《出租车司机健康、急救手册》。

（撰稿：王 维 审核：李 凯）

领导名单

党委书记 周保利
副 书 记 刘长春
副 院 长 徐建立 刘 伟 尹金淑

首都医科大学附属北京中医医院

（东城区美术馆后街23号）
邮编：100010 电话：52176677
网址：www.bjzhongyi.com

基本情况 职工1249人，其中卫生技术人员1006人，包括正高级职称70人、副高级职称115人、中级职称260人、初级师288人、初级士273人。

医疗设备总价值21603万元。新购置医疗设备总值2115万元，其中10万元以上设备24台、100万元以上设备4台。

获奖情况。北京中医医院被评为全国中医医院管理年检查第1名、全国创先争优巾帼建功“三八”红旗集体、北京市精神文明先进单位、首都医药卫生文化建设创新成果奖、北京市医保管理工作一等奖、北京地区中医医院管理年活动特别贡献奖。针灸科被评为全国妇联“巾帼文明岗”，消化中心被评为第2届全国中医特色护理优秀科室，医学资料室获北京地区中医医院医疗质量检测一等奖，团委被评为北京青年健康使者火炬行动组织贡献奖，医学部获“健康北京人，健康北京城，抗感染药物合理使用”展板比赛二等奖。针灸中心王麟鹏当选第3届首都健康卫士，针灸中心刘存志被评为全国卫生系统2009～2010年度青年岗位能手、北京市优秀青年知识分子、第2届中国针灸学会华佗奖优秀青年科技工作者。

机构设置 门诊成立糖尿病科，为心血管科二级科室。教育处、宣传中心、声像室、国际合作中心、档案室等部门搬迁至东城区小取灯胡同5号院办公。

改革与管理 全年制订整改落实方案30项，院科两级修订完善规章制度65项、各种便民措施34项。

突出中医特色优势。制订《优质医院创建工作实施方案》《2011年抗菌药物临床应用专项整治活动方案》《2011年优质护理服务实施方案》等。加强对辨证施治优良率、辨证使用中成药率、中医适宜技术开展情况、中医优势病种诊疗常规执行情况、中医治疗率、中医参与率等中医指标的质控管理。开展运用中药饮片、中药制剂、非药物疗法的特色服务之星评比。开设传统诊疗中心，提高非药物疗法的比例。运用中医体质辨识、中医经络辨识、中医四诊与“知己健康管理”软件相结合，推出中医式健康体检。新开展7种病的临床路径。医院辨证治疗优良率96.9%，中成药辨证使用率97.8%，药品比例68.2%，中药处方占门诊处方71.3%，饮片处方占门诊处方30.6%，中药制剂处方比例9.52%，门诊非药物中医治疗比例14.29%，特色病种中医诊疗规范62项。

加强医疗质量安全管理。印发2011版的《知情同意书汇编》，含243种按卫生部要求制订的知情同意书。建立患者腕带识别，严格“三查八对”，强化输血核查，实行床边“提示标志”的使用。制订医保考核相关制度，缩短平均住院日，严格控制住院费用的不合理增长。强化病历、处方的培训并加大对不合格病历、违规大处方的监督检查和公示处罚力度。加强对中医新技术新项目、介入治疗、输血、抗菌药物合理使用、毒麻药品、术前讨论、手术安全核查、医技科室危急值、危重患者、医院感染等医疗关键环节的质控管理。

全面开展“三好一满意”活动。修订《预约挂号管理制度》，完成114电话预约公共平台的对接，并开通网络预约，预约挂号比例67%；取消专家点名挂号；继续设晚间门诊、节假日门诊；优化12项病房工作和门诊就诊流程；增设就医指南灯箱、自动化验单查询机、自动取款机；整合老专家诊区，装修门诊治疗室、心血管科、骨科、皮科门诊。开展住院患者就医感受调查、最满意医生护士评选、“文明服务之星”等评选。

加强应急防控管理。强化医疗救援队伍建设，从原来的2个分队扩建为3个分队，并全员参加规范化培训。全年组织内科系统、外科系统和防火疏散等多科室应急演练3次。

廉政建设。制订《2011年深化廉政风险防范管理“两个延伸”工作的实施方案》《加强统方管理细则》。开展培训、讲座、参观6次，征文4篇。组织监督采购招标27项，涉及资金3370万元。处理意见、建议及投诉信40封、来访8人、电话12次。医务人员谢绝患者馈赠现金38700余元、红包64个、购物卡12张、物品63件、拒吃请113次。患者对医护人员满意率99.4%，对医疗服务环境满意率97.3%，对门诊候诊环境满意率94.1%。

医疗工作 门诊1686673人次，急诊27618人次，急诊危重症抢救923人次，抢救成功率99.7%。床位610张。住院12084人次，出院12123人次，床位周转19.9次，床位使用率92.10%，平均住院日17天，七日确诊率98.00%，出入院诊断符合率99.40%，治愈率20.00%，好转率76.80%，死亡率1.50%。住院手术2888例。

修订《新技术、新项目管理办法》，批准儿科双波长光纤激光治疗机应用技术。

病案管理。甲级病历率95%。检查病历2208份，住院医师病历覆盖率100%。开展手书病历评比和优秀主治医师、主任医师查房记录评比与展示。对300份使用抗菌药物的病历进行专项检查。

医院感染管理。院内感染率1.5%。进行医护人员和护工手卫生和细菌耐药的防控、抗生素使用等基础知识的培训。利用院内短信平台对临床科室医护人员进行宣传提示。新增一间百级手术间。

医保工作。全年医保出院8581人次，总费用12934.02万元，次均费用15073元。制订《医保住院费用考核管理办法（试行）》《医保拒付费用管理办法（试行）》《临床科室告诫谈话制度》和《二线用药管理办法》。建立门诊费用总额及接诊人次考核指标，优化医保特病审批流程，出版《医保专刊》，内外网开设“医保专栏”，建立医保电子手册，印发《医保手册》口袋书。

医疗支援。全年向新疆维吾尔自治区、青海省、内蒙古自治区以及京郊区县派出兼职、挂职医务人员18人，优先、减免费用接收受援单位进修16人，累计参加受援单位义诊专家1430人次，手术20例，开展适宜新技术17项，建立规章制度58项，健康教育23次，咨询诊治13000余人次。

医疗纠纷处理。自2006年起参加医疗责任保险，全年入险费用698804元。上报调解纠纷18件，赔付132295元；诉讼结案4件，赔付420349.28元。

护理工作 制订护理人员培训制度。开展优质护理服务示范工程，创建优质护理示范病房13个，推行责任制整体护理工作模式。开展传统中医特色技术护理操作35项。采用考核、反馈、改进循环式监督检查机制，患者满意率90%，中医护理满意率95%，医院环境舒适率94%。开展第三方对优质护理示范病房调查，患者总满意率98%。中医护理查房2次。护理文件书写合格率95%，病历书写合格率95%，基础护理合格率95%，一级护理合格率95%，特级护理合格率95%，技术操作合格率95%，安全护理合格率100%，急救物品完好率100%。申报国家中医药管理局“十二五”重点专科护理学项目1项。皮肤科获北京市中医护理示范岗建设项目。完成护理论文5篇，学术交流论文10篇。

接收护理专业实习生105人、外院进修护士6人，举办实习生岗前培训6期和“中医基础理论在临床的应用”教学讲课1次。完成“好医生”国家级继续教育项目1项、区级项目3项、院级项目14项，传染病培训7项，367人参加中医药学会及“好医生”的远程学习。

科研工作 申报科研课题70项，中标国家级课题1项、省部级课题8项、局级课题12项，共获纵向科研经费228.75万元。在研课题55项，结题11项。获奖成果3项，其中消化科“慢性胃炎证候及其黏膜免疫内分泌表达的研究”、著作《药食同源》分别获2010年中国中医药学会科学技术奖二等奖、中华中医药学会科学技术奖二等奖，与中医研究所合作课题“回阳生肌外治法对慢性皮肤溃疡愈合及局部微环境作用的研究”获北京市科学进步三等奖。

全年发表科技论文249篇，其中SCI收录2篇，影响因子5.355。出版著作17部。

医学教育 完成首都医科大学及北京中医药大学中医药专业145名毕业生的实习，就业率96.5%。完成首都医科大学中医专业本科理论授课733学时、带教见习308学时，完成2007级43人授课共17门，2006级本科生57人的毕业实习和就业工作，2007级本科生43人的毕业实习，完成国际学院2008级72人“针灸学”临床见习18学时。招收硕士研究生17人。完成2008级17名研究生的论文答辩和学位授予，就业率100%。完成在院研究生51人的教育教学及培养。

完成继续教育493人，修订继续教育管理规章制度，实行专人管理。举办短期学习班8次815人，本院职工学习班48次7731人次。职工脱产学习2人，到院外进修11人。

3月，王笑民、张声生、董建勋、刘红旭入选北京市第2批“215”高层次卫生技术人才学科带头人，吕培文、夏军、王禹堂、饶燮卿、董子亮、毛克臣、王麟鹏入选北京市第4批老中医药专家学术经验继承工作指导老师，李建等12名专家入选北京市首批健康科普专家。第4批全国老中医药专家学术经验继承人毕业，11人获博士学位、15人获硕士学位。

国际交流与合作 接待美国、加拿大、日本、蒙古、菲律宾等30个国家140人次来医院学习进修、培训，马来西亚卫生部部长廖中莱等外宾代表团参观、考察280人次。承办北京针灸国际研讨会等学术报告会2次。聘请2名法国巴黎第十二大学教授为医院肿瘤中心实验室学术顾问。参加第5届北京－意大利科技经贸周活动。因公出国10人次。

信息化建设 基本完成医疗管理系统主干建设，患者全部就诊流程可通过信息系统实现，医疗资料均通过信息系统存储。信息化建设的重点逐步从医疗业务系统建设向管理系统建设转变，系统的应用范围逐步向职能部门的日常业务、关键业务拓展。在管理系统建设方面，完成短信平台建设、职称聘任系统上线、数据仓库系统的第5期建设、临床药物观察管理系统上线。在医疗业务系统建设方面，完成超声管理系统上线、门诊草药发药系统上线、化验结果显示系统上线、临床路径系统上线、卫生局医联码系统上线、114预约挂号接入、抗生素合理使用管理系统上线、门诊分诊叫号系统上线，进行急诊医生工作站、护士工作站程序调整，增加急诊电子病历系统，完成体检系统整改及医保住院类业务持卡结算。在信息化基础建设方面，内网增加防火墙、HIS及虚拟机系统磁盘扩容、扩大医院内外网接入范围、外网上网行为监测系统上线、机房环境监测系统上线，完成机房数据中心布线工程、办公区改造工程、部分接入交换机扩容、通过信息系统等级保护检查。

基本建设 完成小取灯胡同5号院整体1200平

方米、手术室（骨科百级净化室）90 平方米、病房楼一层核医学科 ECT 机房 120 平方米的装修改造。投资 300 万元，新建门诊楼院内消防水池 400 平方米。购置美术馆后街 61 号（原房地亨大酒楼），建筑面积 1716. 96 平方米，拟建“名医馆”。

其他工作 创办《北京中医医院电子报》，并出版 26 期。全年出版《北京中医医院院报》10 期、《医院信息》61 期。庆祝建院 55 周年，出版《岁月如歌——庆祝建院 55 周年新闻集锦》《薪火传承——庆祝建院 55 周年专家名录》《名老中医经验集（第二集)》，编写《北京中医医院员工手册》，制作《名医荟萃，盛誉不衰——庆祝北京中医医院建院 55 周年》电视片，举办《让历史点亮未来——庆祝建院 55 周年故事会》。专题片《我爱我家》获“杏林杯”电视片展映二等奖。《106 岁老爷子活过来了》荣获“急诊室的故事”征文一等奖。

（撰稿：刘　斌　审核：徐春军）

领导名单

党委书记 陈　譆
副 书 记 江宏才
院　　长 王莒生
副 院 长 金　玫　王笑民　王国玮　徐春军

首都医科大学附属北京妇产医院 北京妇幼保健院

（东院区：朝阳区姚家园路 251 号　西院区：东城区骑河楼街 17 号）
邮编：100026　电话：85976699　邮编：100006　电话：65250731
网址：www. bjogh. com. cn

基本情况 职工 1341 人（正式职工 1169 人、派遣 172 人），其中卫生技术人员 1231 人，包括正高级职称 52 人、副高级职称 99 人、中级职称 271 人、初级师 514 人、初级士 295 人。

经国家临床重点专科建设项目管理委员会审定，妇科、产科被确定为国家临床重点专科。

医疗设备总价值 28433. 74 万元。本年度购置医疗设备总值 3011. 70 万元，其中 10 万元以上设备 40 台、100 万元以上设备 7 台。

获奖情况。北京妇产医院被中国药学会评为药学信息工作先进单位。医院志愿者协会（团委）被评为北京青年健康使者火炬行动优秀志愿服务集体、北京青年健康使者火炬行动组织贡献奖，姚文洁被评为北京青年健康使者火炬行动优秀志愿者。“一助一”进延庆项目被评为优秀志愿服务项目。黄醒华获首都精神文明建设奖，并被评为北京市优秀共产党员。

改革与管理 深入开展“三好一满意”和“医疗质量万里行”暨抗菌药物专项整治活动。制订规章制度整理方案，开展规章制度整理工作。完善规章制度，新制订 41 项，修订 163 项，修订各类委员会章程 6 项。

依法执业，保障医疗安全。全年办理《母婴保健服务考核合格证（助产)》《母婴保健服务考核合格证（计划生育)》新领、到期换证 270 人次，办理执业医师注册、变更 40 余人次。

加强抗菌药物临床应用专项管理，成立抗菌药物临床专项整治活动领导小组，制订整治方案，明确职责，确保指标落实到位。在全市抗菌药物临床应用专项整治活动总结大会上受到市卫生局的表扬。

全面实施临床路径管理，修改《妇产科 5 种疾病临床路径流程及表单（初稿)》，对住院医师进行临床路径电脑操作培训，成立以科为单位的临床路径管理小组并制订实施方案，完成临床路径病例 168 例。

加强门急诊质量管理，修订《医师出诊管理条例》《专家门诊管理委员会工作制度》，举办预约挂号、《处方管理办法》《处方点评规范》的培训，抽查门诊处方 2500 余份、门诊病历 900 份。

7 月 12 日，完成 12580 预约挂号平台与北京联通 114 预约挂号平台的切换、对接，实现 114 统一平台电话预约、网络预约、医生站现场复诊预约与护士站集中预约等多种途径预约挂号，配合分时段预约取号、产科取消取号环节、自费患者自助取号、层级预约、非实名挂号等一系列子系统的实施，产科复诊预约率在90%以上。

开展多种形式的“三基”训练与专业培训，基本技能训练重点放在心肺复苏及伤口换药，对全院医技人员进行输血知识的培训，以及住院总医师上岗前培训、心肺复苏操作技能考核等。

继续做好医患沟通。坚持定期进行门诊患者满意度问卷调查，发放调查表2400份，满意率99.52%。继续开展院长接待日，对群众反映的问题做到及时和有效的处理，信访来访量大幅度下降。

医疗工作 门诊997311人次，急诊23714人次，急诊危重症抢救6例，抢救成功率100%。床位512张。入院29412人次，出院29432人次（其中成人28200人次、新生儿1232人次）。分娩12776人次，分娩新生儿13064人。床位周转57.46次，床位使用率93.05%，平均住院日5.89天，七日确诊率99.95%，出入院诊断符合率99.90%，治愈率78.31%，好转率21.58%，死亡率0.07%。住院抢救544人次，抢救成功率98.35%。手术76054例，其中住院手术24023例。无孕产妇死亡；新生儿死亡率0.84‰，纠正后0.38‰；围产儿死亡率6.20‰，纠正后1.15‰。

病案管理。加强病历质量管理，各科住院总医师以上人员每月自查出院病历500份，医务科每月抽查20份运行病历及终末病历，发现问题及时与临床医生沟通。聘请专职终末病历质控专家开展病历终末质量控制检查。全年甲级病历率100%。

医院感染管理。全年接受各级检查9次。传染病检查5次，结果优秀。东城区疾控中心微生物监测4次，结果合格。临床科室空气培养、物表培养等生物抽测合格率75%~86%。感染43例，感染率0.16%；无漏报；病原学送检39例，送检率90.70%。医疗器械消毒灭菌合格率100%。无Ⅰ类手术切口感染。开展手卫生宣传月活动，全院手卫生培养抽测微生物与检测合格率75%，手卫生依从性74.3%。

医保工作。全年医保出院7686人次，其中生育险3112人次、基本医疗4452人次、城镇居民122人次。出院医保总费用4159.25万元，人均费用5411.46元。审核医保病历1538份。

医疗支援。与13家具有产前筛查资格的医疗机构续签产前诊断转会诊协议。选派医师12人次赴内蒙古自治区宁城，50人次到本市延庆、房山、顺义、平谷、大兴等区县开展卫生扶贫及支援社区工作。继续与东城、西城、朝阳、丰台等城区签订对口支援社区协议，负责社区医生的培训和健康教育。产科副主任医师丁新赴新疆维吾尔自治区和田地区洛浦县人民医院工作，肿瘤科主治医师王鹏、赵辉援藏。全年接收进修医生202人，免费带教对口支援医院医生26人。

医务人员参加医疗责任保险811人。全年处理医疗纠纷35例，其中本年度8例、往年遗留27例；解决17例，其中诉讼13例、调解4例，完成率48.6%。

护理工作 护理文件书写合格率97.5%，护理病历书写合格率96.8%，基础护理合格率95.5%，特级、一级护理合格率97.3%，技术操作合格率98%，安全护理合格率99%，急救物品完好率100%。

护理质控小组每月检查1次，保证整改落实到位；护理部不定期检查各护理单元，发现问题及时整改，全年检查150次。修订夜间检查记录要求，制订值班手册，规范护士长节假日和夜间检查工作。组织母乳喂养、产后大出血、抑郁症病人妇科手术后护理等护理查房6次。

加强护理“三基”培训，每季度对全院500名护士进行10次“三基”培训和考核。加强急救技能培训，对全院护士进行成人心肺复苏理论和技能培训；对急诊室护士、重点科室和重点人员进行新生儿复苏理论和技能培训，全年500人次；组织NICU医务人员进行火灾情景下新生儿疏散演练。

举办北京市母乳喂养培训班，249名护士参加；全国母婴床旁护理学习班，96名护理骨干参加。组织编写母乳喂养知识口袋书，对产科护士长及责任护士30人进行4次母乳喂养技能培训。国际母乳喂养周期间，15名护士长多次为孕妇和家属提供母乳喂养问题咨询服务。

继续深化“以患者为中心”的服务理念，开展优质护理服务示范病房达53%，妇科三病房被评为北京市优质护理服务示范病区。

首都医学发展科研基金结题1项。在统计源期刊发表护理论文31篇，最高影响因子1.517，平均影响因子0.329。

科研工作 申报各类基金107项，其中国家级18项、部委级3项、市级23项、局级63项。局级以上课题立项34项，获资助446.471万元，其中国际3项、国家级5项、部委级2项、市级7项、局级17项。多渠道纵向合作项目9项，获资助330.3101万元，其中部委级6项、市级1项、局级2项。横向合作项目8项，获资助54.6975万元。申报院级课题36项，立项19项，资助18.3万元。

在研课题188项，对16项课题进行结题审核。作为课题第一完成单位获北京市科学技术三等奖，作为第二完成单位获北京市科学技术三等奖，此外获社会奖2项。

获发明专利1项。发表论文244篇，其中国内统计源期刊203篇、SCI收录10篇、非统计源期刊31篇。国内统计源期刊最高影响因子1.324，平均影响因子0.424。出版专著7部。

召开学术年会，首都医科大学妇产科学系各单位和16个区县妇幼保健院代表、医院职工330人参加，征集稿件170篇，会议交流优秀论文25篇，13名院内外专家开展专题讲座。

利用引智项目召开第3届更年期及妇科内分泌相关问题国际研讨会、第5届全国中美高危产科麻醉与分娩镇痛学习班、第6届全国妇科微创诊疗理论与实践论坛。作为牵头单位，举办市科委重大项目“妇女常见肿瘤——乳腺癌和宫颈癌预防控制和规范性诊疗研究”的年度进展汇报会。

全年接受药物临床试验7项，完成3项。12月，国家食品药品监督管理局授予医院药物临床试验机构资格证书，产科、妇科、计划生育、麻醉等4个专业具有承担药物临床试验的资格。

7月25日，“北京宫颈癌临床数据和样本资源库建设”项目在西院区正式挂牌启动。

医学教育 培训妇产科学住院医师82人，其中年内接收12人。完成第1阶段临床技能考核住院医师101人、第2阶段临床技能考核住院医师59人。申报国家级继续教育项目7项、市级3项、区级17项。举办第6期妇产科临床带教师资培训班，首都医科大学及北京大学医学部系统和区县医院妇产科医师28人参加。完成医技人员继续教育学分审验300人次，达标率98.6%。

招收博士研究生5人、硕士研究生14人、推荐免试生3人、七年制8人。管理统招生77人，其中七年制18人、硕士研究生48人、博士研究生11人。管理在职研究生62人。

组织开题考核58人次，论文课题中期汇报17人次。硕士研究生、七年制学生临床能力考核自考3次，博士研究生临床能力考核2次。学位论文答辩10场28人，其中21人获硕士学位、4人获博士学位、1名博士生参加秋季论文答辩。2007级39名护校学生完成4年学业毕业。

国际交流与合作 全年派出20批27名专家赴美、英、意、韩、日、德等国参加国际学术会议、学习培训及合作项目交流、考察；接待来访10批38人，在临床、保健、科研等领域进行交流。

信息化建设 以HIS系统为依托，推出产科胎心监护与B超自助短信预约排队、门诊化验单自助打印、门诊自费患者自助取号、门诊化验报告短信自助提醒等便民自助服务系统，解决了门诊就医“三长一短”问题。

在电子病历运用的基础上实现过往病历的电子化存储。完成东院外网交换机更新与西院外网的搭建。搭建内、外网办公网络环境。在东院2个病区搭建无线网络测试平台的基础上进行患者条码腕带身份识别、PDA患者生命体征采集系统与IPAD无线查房系统的小范围试用。

实施产科临床路径——剖宫产电子路径系统。取消妇科系统手写医嘱单，完成电子取代手写医嘱单的切换；自主设计、开发门诊化验单、申请单等单据“一键打印”系统，提高医生工作效率。

其他工作 全年各科专家50余人次到中央电视台等媒体和各大网站参与健康科普类节目的直播、录播。《急诊室的故事》一书中《援疆医生冒险抢救子宫破裂维族妇女》获一等奖，《6分46秒重新开启大出血孕妇生命通道》获三等奖；主治医师申南获北京卫生系统“党在我心中”职工演讲比赛二等奖；产科党支部副书记王小榕获北京卫生系统“践行北京精神、援爱无疆”主题宣讲活动二等奖；《为了母亲的微笑》专题片获市卫生局第20届“杏林杯”三等奖。

妇幼保健 2011年，全市孕产妇死亡21例，常住人口孕产妇死亡率控制在10.97/10万，其中本市户籍10例，较上年减少1例，死亡率9.09/10万；非本市户籍常住人口死亡11例，较上年减少2例，死亡率13.51/10万。完成《北京市2011年控制孕产妇死亡干预措施方案》的起草与落实。召开孕产妇死亡市级评审会，共评审23例死亡病例。制订《2011年加强北京市孕产妇系统保健管理要求》，并要求各区县严格执行。组织市级产科抢救中心对口区县助产机构进行督导、检查，推进区域抢救中心的建设。帮助通州、顺义等区制订危重孕产妇转会诊方案和孕产妇分流方案，协调全市危重孕产妇转会诊50余例。

全年举办各类培训班127期11591人次，考核6414人次。以技能操作为主，覆盖基层人员多的培训项目到区县举办，如小儿髋脱位筛查技能培训、乳腺手诊筛查技能培训等，受到好评。完善产前诊断考核题库，对产前诊断超声人员增加案例分析考核，对遗传咨询人员增加遗传学基本理论及案例分析考核，对儿科医师增加宫内转诊及出生缺陷诊治等的考核。

开展爱婴医院督导检查，产科质量抽查，产前筛查服务质量及信息质量检查，出生缺陷监测质量检查，两癌筛查各环节质量控制检查，计划生育技术服务检查评估，社区儿保医师培训效果的检查督导，新生儿筛查工作现场督导、检查、交流，国家级三网监测区县进行三网监测质控等。协助市卫生局完成对16个区县妇幼卫生绩效考核暨重大公共卫生项目的督导工作。

修订《北京市新生儿疾病筛查工作规范》，制订《北京市产前超声筛查转会诊制度》，完成《北京市预防艾滋病、梅毒和乙肝母婴传播工作实施方案》，编写《北京市妇幼保健信息管理指南——统计报表分册》，印刷5200册。

完成妇幼二期信息化项目的招标、评标，及需求调研、试点地区现场调研和区县征求意见；完成妇幼二期系统总体架构的搭建及出生医学证明管理子系统的建设，并在大兴区、海淀区的8家试点机构开展出生医学证明子系统的试运行；完善新生儿疾病筛查信息系统，完成筛查结果短信平台的开发应用，截至年底，应用短息平台完成5万余份检测结果的通知。

全年接收新生儿疾病筛查标本195166人。电话通知可疑病人2066人（CH 1805人、PKU 261人），可疑先天性甲状腺功能减低症（CH）复诊1682人、可疑苯丙酮尿症（PKU）复诊238人。确诊119人（CH 82人、PKU 37人），116人在本院门诊治疗，近期疗效良好。截至年底，完成宫颈癌筛查160731人，检出宫颈癌前病变118例、宫颈浸润癌5例；完成乳腺手诊157216人、乳腺超声检查161407人、乳腺X线摄影检查5093人，检出乳腺导管原位癌9例、乳腺微小浸润癌3例、乳腺浸润癌36例。增补叶酸预防神经管缺陷项目扩大到本市所有区县，全年为44840名待孕妇女发放叶酸。

（撰稿：于 延 潘 迎 审核：曹连元）

领导名单

党委书记 滕红红
副 书 记 曹连元 贾王彦
院　　长 曹连元
副 院 长 滕红红 张为远 李 坚 苏 跃 田宝朋 赵 娟

首都医科大学附属北京儿童医院

（西城区南礼士路56号）
邮编：100045 电话：59616161
网址：www.bch.com.cn

基本情况 职工2145人（含合同制），其中卫生技术人员1836人，包括正高级职称104人、副高级职称143人、中级职称448人、初级师670人、初级士471人。

医疗设备总值65879万元。本年度购置医疗设备总值9229万元，其中10万元以上设备110台、100万元以上设备16台、1000万元以上设备1台。

获奖情况。北京儿童医院被评为首都文明建设标兵单位、北京市人口和计划生育工作红旗单位、健康传播十佳医院、北京市民讲外语网络评选活动优秀团体奖。裴学义名老中医工作室获北京中医药薪火传承贡献奖，小儿外科专业被评为中国医院最佳专科排行榜第1名，中医专业获中华中医药学会科学技术二等奖。沈颖获宋庆龄儿科医学奖，当选西城区第15届人大代表；杨永弘被俄罗斯医学科学院实验医学研究所授予荣誉博士称号，被俄罗斯医学科学院儿童健康中心授予名誉教授称号。

机构设置 成立建卡挂号中心、外科肿瘤化疗室、皮肤科激光诊疗中心。成为首都医科大学临床护理学院儿童护理学系。

改革与管理 北京儿童医院是北京市公立医院改革试点之一，2011年为“合理用药年”，制订高危药品管理制度，定期召开药品质控会，对医务人员进行全员培训，药师深入临床指导，实行分级监管、逐层落实，定期对用药处方进行点评，对监管情况进行公示，医院抗菌药物临床应用专项整治工作取得显著成效。

创建人民满意医院。围绕“三好一满意”开展廉政宣传月活动，编辑出版《廉政专刊》。举办反腐倡廉警示教育展览，播放《反腐镜鉴治理商业贿赂专辑》和《明星区长的堕落与反思》。组织重点岗位人员参观“廉洁救灾，阳光重建”展览。召开预防职务犯罪、行风办工作会，研讨医疗服务、院务公开等工作，不定期进行抽查；举办法律法规和职业道德培训、知识答卷、专题讲座。聘请社会监督员6人、党风监察员19人。发放门诊、住院病人问卷580余份，整理意见和建议271条，综合满意率97%以上。

反商业贿赂。重新修订《致患儿家长公开信》，重新张贴卫生部的“八不准”。邀请专家作报告，组织党风监察员列席中层干部培训，组织参观、看录像，召开座谈交流会等。开展专项治理工作，签订《“小金库”专项治理承诺书》。严格医疗设备、基建工程、药品等招投标程序，制订《自筹资金医疗设备采购制度》。

医疗工作　门诊2101210人次，急诊176121人次，急诊危重症抢救45619人次，抢救成功率99.8%。床位970张。入院45343人次，出院45341人次，床位周转46.7次，床位使用率104.2%，平均住院日8.2天，三日确诊率98.7%，出入院诊断符合率99.9%，治愈率36.8%，好转率58.3%，死亡率0.2%。住院手术14095例。

新技术、新疗法。外科发明并申请专利胸肋骨压力器、微创鸡胸胸肋骨沉降手术器械、胸壁畸形微创矫形手术套用工具，开展胸腔镜手术治疗膈膨升和膈疝，使用微创悬吊胸腔镜手术治疗叉状肋和胸骨后疝；血液中心开展细胞因子检测；眼科采用美国GORE－TEX新型材料额肌悬吊术治疗儿童上睑下垂、泪道球囊扩张术、RetcamⅢ眼底照相检查；五官科开展声门下血管瘤应用普萘洛尔治疗；口腔科开展涂氟门诊、复杂埋伏牙牵引术。

病案管理。出院病历45341份，应质控29252份，实际质控17731份，质量控制率60.6%。甲级病历率100%。

医院感染管理。医院感染率1.07%。制订《抗菌药物临床应用管理规定》。开展医院感染流行趋势及突发事件的追踪与调查、病房传染病病例的追踪与调查。成立消毒供应中心，集中清洗、消毒、烘干全院的呼吸机管路及配件。部分病室内的水龙头更换为感应式水龙头，诊室、病室、治疗车等均配备快速手消毒液。举办医院感染及传染病防控知识培训10余次，环境卫生学监测4079件。

医保工作。全年医保出院4426人次，总费用3691.69万元，人均费用8340.92元。制订《医保费用拒付管理规定》《医保患者门诊退药规定》《医保患者费用拒付召回流程及规定》。承担农村儿童白血病、先天性心脏病按病种付费的医保试点医院任务，解决农村学生、儿童大病医疗费用问题。

医疗支援。卫生支农24人，讲课24次，来院进修4人。支援社区37人，讲课12次。省际对口支援18人，讲课55次，查房44次，培训790人次，来院进修14人。接收国内进修医师299人。与崇文妇幼保健院签署对口支援协议，定期派专家出门诊、查房，接收受援单位医师进修，建立就医绿色通道。疑难病会诊89例，外出会诊429例。接收新疆维吾尔自治区和田地区骨干医师培训1人，接收青海省妇女儿童医院、内蒙古自治区宁城县医院和喀喇沁旗医院等对口支援医院进修医师，每名医师进修1年，接收青海省妇女儿童医院技术人员3人、行政管理人员3人进修。

1711人参加医疗责任险。成立医患服务办公室，各种投诉、信访和市卫生局12320投诉全部归口管理。发生医疗纠纷154例，其中调解150例、诉讼4例，赔付168.9万元。

护理工作　制订《护理人员绩效管理制度》《护士长考核制度》《N1－N4级护理人员培训目标及方法》等10项，修订《各级各类人员工作职责》《执行医嘱制度》《执行医嘱流程》《执行口头医嘱制度》等9项。护理文件书写合格率98.3%，基础护理合格率97.9%，特级护理合格率98.8%，一级护理合格率98.5%，技术操作合格率100%，安全护理合格率99.99%，急救物品完好率100%。

开展“青春期白血病患儿疾病信息需求的质性研究”、“急性淋巴细胞白血病维持期患儿生存质量的研究”、“朗格汉斯细胞组织增生症患儿生存质量影响因素的调查分析”、“提高小儿手足口病咽试子阳性检出率的研究”、“新生儿桡动脉穿刺改良定位方法”、“直式安全型留置针留置时间的临床试验”等科研项目。参与首都医科大学专升本护理教材《儿科护理学新进展》《中华医学百科全书·专科护理卷》《护理大全——儿科分册》的编写。发表论文61篇，其中统计源期刊26篇。

全年接收护士实习228人、见习193人，专科护士实习和见习67人。举办国家级护理继续教育项目——儿科急诊及危重症抢救技术培训班；完成区县级认可项目67个，完成率93%。作为北京护理学会继续教育分会场，承担继续教育课程10次。参加各类培训班和学术交流会88人次。年内，有12名护士轮转急救室、PICU病房2个月。328名护士参加成人大专、本科的护理学历教育。参加北京护理学会急诊、内分泌、手术室、静脉输液专科护士培训8人。继续开展护理操作督导，护理操作督导员培训7项，帮助各科督导员完成自管项目培训及考核20项，护士长操作点评考核38人，督导员培训考核37人，护士操作考核862人次。举办以“精湛的技术，优质的服务”为主题的护理操作技能大赛，34人参加比赛。举办第5届临床带教老师讲课比赛，15名老师参加。

举办安全静脉输液周活动，静脉输液小组培训2次。

科研工作 申报并获资助课题29项，资助经费2028.88万元，其中国家自然科学基金7项，经费153万元；科技部国家级项目——新药临床评价研究技术平台建设，资助1647.87万元；教育部博士点基金资助3.6万元；北京市自然科学基金、市科委首都特色学科、市教委科技平台建设等其他地方资助项目12项，资助经费177万元；其他项目8项，经费47.41万元。

全年发表科技论文447篇，其中中国科技论文统计源核心期刊收录400篇；SCI收录38篇，平均影响因子2.531，其中殷菊为第一作者、申昆玲为通讯作者的《儿童肺泡微石症一例》（Pulmonary Alveolar Microlithiasis in a Child）发表在《新英格兰医学期刊》（The New England Journal of Medicine）上，影响因子为53.48。出版专著9部。

北京儿童医院参与的“中国儿童脑血管病临床与基础的研究”获中华医学科技奖三等奖。沈叙庄参与的“细菌对喹诺酮类的质粒介导耐药机制及其耐药性的防治策略”获教育部科技进步奖一等奖，郑胡镛的“儿童急性淋巴细胞白血病基因分型诊断芯片”获发明专利。

举办和合办北京国际儿科呼吸论坛暨儿童呼吸系统疾病新进展学习班、全球儿科影像及关怀大会、第4届全国小儿血液净化疗法学习班、神经系统疾病新进展及中日遗传代谢病学习班、儿童高级生命支持培训班等。

医学教育 毕业后教育在培189人。住院医师第一阶段考核：儿内科58人、儿外科10人，第二阶段考核：儿内科29人、儿外科7人。20余家医院的30名住院医师到儿科专科医师培训基地培训。社会化培训学员79人，有11人完成培训。非基地科室住院医师全部参加基地培训，送出住院医师10人，涉及病理、口腔、皮科、影像、药剂、检验等专业。毕业生及社会化学员岗前教育100余人次。住院医师论坛24次，71人发言。坚持社会化学员临床病例讨论的教学活动，学员进行病例报告30人次76课时，聘请专业教师25人次进行指导和点评。

参加继续教育1489人，达标率99.8%。申报国家级继续教育项目17项，其中新申报12项、备案5项。获批市级继续教育项目12项，申报区级继续教育项目100项。培养本市及石家庄地区骨干5人。举办临床教学大查房活动50期。

承担首都医科大学教学任务，2004级毕业20人，2005、2006级儿科方向学生51人，2007级临床医学、儿科方向七年制学生63人，2006级临床医学五年制学生50人。录取研究生46人，其中博士研究生10人、硕士研究生36人。北京护校2007级毕业40人，2008级49人进入生产实习，接收2009级新生48人。

举办短期学习班13次，1600人次参加。为本院职工举办学习班13次，380人次参加。

国际交流与合作 接待美国、英国、日本、加拿大、新加坡、俄罗斯、瑞士、埃及、以色列、法国、丹麦、澳大利亚、韩国等13个国家的外宾49人次，其中参观访问5人、合作项目及学术交流44人。讲座8次，500余人次参加。出国40批56人次，其中参加国际会议42人次、进修学习8人次、访问考察6人次。与外方合作及交流项目13项。

信息化建设 预约挂号系统、新型农村合作医疗系统上线。改造新挂号系统、采血室工作流程、检验中心门诊取报告流程、门诊医生站、门诊分诊台、门诊挂号系统、抗菌药物管理相关程序。重新规划医院外网IP地址的分配，将全院终端进行配置；建卡中心机房投入使用；安全平台（GEIGAM）上线。医院网站改版。办公自动化系统合理用药论坛园地、法制园地、投诉管理上线。

基本建设 氧气站负压设备增容改造，由老设备直接排放水改为由制冷机降温循环使用，节约用水1万余吨。完成老楼中部东侧房间（皮科、五官科、智测）、西药制剂局部装修改造等101项工程。对1810具灭火器和其他消防设施定期检查、更换、保养。制发《北京儿童医院安全知识手册》2800余册，张贴防火栓标签、宣传挂图、标语条幅，组织消防演练及培训2次。

其他工作 1月28日，卫生部党组书记、副部长张茅在副市长丁向阳、市卫生局局长方来英等的陪同下，慰问坚守在一线的医护人员。编辑出版《足迹2——纪念建党90周年征文集》。举办第8届金色童年儿童新年音乐会、第7届英语演讲比赛。到北京市儿童福利院、四川省什邡人民医院、西藏自治区拉萨市、新疆维吾尔自治区和田地区送医、送药。暑期为交警和特警的854名职工子女免费体检。

（撰稿：刘京艳　审核：李仲智）

领导名单

党委书记　沈　颖

副 书 记　蔡　红

院　　长　李仲智

副 院 长　申昆玲　张　建　罗　毅　谢向辉

首都医科大学附属北京安定医院
首都医科大学精神卫生学院

（西城区德外大街安康胡同5号）
邮编：100088　电话：58303078
网址：www.bjad.com.cn

基本情况　职工872人，其中卫生技术人员685人，包括正高级职称23人、副高级职称45人、中级职称181人、初级师251人、初级士100人、未定人员85人；行政人员15人；后勤人员82人；相关技术人员90人。

医疗设备总值4315万元。本年度购置医疗设备总值508万元，其中10万元以上设备23台。

获奖情况。北京安定医院在全国政协十一届四次会议的医疗卫生保障工作中获突出贡献奖，被评为全国教科文卫体系统模范职工之家，院报《安医人》被市卫生局评为十佳院报第3名；院长马辛被卫生部授予有突出贡献中青年专家称号，党委书记陈兴德获中华医学会人文管理荣誉奖，工会主席曹达洪被评为全国教科文卫体系统优秀工会工作者，院长助理王刚被评为全国卫生系统职业道德建设标兵。

改革与管理　用科学化、标准化的管理方法替代经验管理，用尊重客观规律、科学发展的管理方式替代主观意念管理，提高诊疗技术，加快床位周转，缩短平均住院日，以为临床提供优质服务为宗旨，做到依法执业、规范管理、降低消耗、提高效益。

创建人民满意医院。围绕“三好一满意”活动的各项要求，推进以医疗质量为核心、以科学管理和系统化建设为内涵的全面质量管理。强化快速综合治疗和临床路径的规范管理，发挥四级质量考核的质控作用，严格执行医疗质量督导巡查制度。进一步提高临床服务效率，缩短平均住院日。按照国家临床重点专科的评审标准，完善专病管理制度，制订专病管理办法，并对治疗机构进行调整。精神病科获国家临床重点专科建设项目，成为精神科第1批国家队单位。本年度患者满意率97.75%。

医疗工作　门诊282602人次，急诊5987人次，急诊危重症抢救89人次，抢救成功率100%。入院4704人次，出院4859人次，病床周转6.07人次，病床使用率102.44%，平均住院日82.55天。七日确诊率92.24%，出入院诊断符合率94.80%，治愈率15.31%，好转率81.68%，死亡率0.04%。

病案管理。针对住院病历常见的问题进行重点检查，尊重患者及家属的知情权，强化告知意识，减少因为病历所产生的纠纷，加强对电子病历初期常见问题的监管及整改，改变优秀病历评选的模式，由病历质量管理委员会针对常见的门诊病历等问题，提出切实可行的办法。改进病历审核模式，探索运行病历审核、督导工作模式，促进医疗质量的提高。甲级病历率95%。

医院感染管理。全年传染病知识培训12次，对梅毒、HIV和病毒性肝炎的培训年初、年底各一次；呼吸道、肠道、结核等传染病适时培训，注重与临床的沟通，每周到重点病区（指标：长期住院人数、周转快慢、年龄因素）进行传染病上报的督导。规范和科学管理抗生素的使用，主要通过日常监测和查病历回顾性监测，对存在的问题进行统计，直接与病区主任沟通。医院感染率1.2%。

医保工作。全年医保出院2197人次，总费用5340.80万元，次均费用24309.50元。培训临床科主任29人次、临床医生（包括离退休返聘专家）182人次，培训护理人员HIS操作及费用控制35人，培训门诊收费16人、住院结算17人，专题培训19人次。修改《医保内量表使用规定》《住院患者社保卡使用规定》《三大目录库升级流程》《规范住院结算的通知》，重新制订《持卡住院结算要求》《门诊患者社保卡停用规范》《门诊患者停止开取部分药品流程》等。

医疗支援。全年派6人赴怀柔、顺义、大兴、房山和门头沟等5个区，讲课、出诊等240人次。

医疗纠纷处理。全体医务人员参加医疗责任保险。发生医疗纠纷7件，其中调解5件、诉讼2件，赔付53万元。

护理工作 修订各项制度、预案、岗位职责、操作流程、质量考核指标超过100项。病房100%成为优质护理病房。逐步创建“开放治疗模式、校园式、老年大学式、分级开放式”的优质护理服务模式，突出病房管理和临床护理。完善护理质量考评体系，改进护理质控督导方式，加强临床护理督导，形成责任护士、临时管床护士共同分管患者的模式，保证患者在住院期间得到连续的个体化照料。根据专病特色，建成符合病区特色的优质护理服务。护理不良事件发生率0.34%，较上年的0.64%明显下降。护理文件书写合格率98%，护理病历书写合格率98%，基础护理合格率98.20%，特级护理合格率97.77%，一级护理合格率98.10%，技术操作合格率100%，安全护理合格率99.36%，急救物品完好率100%。

护理科研学组按人才梯队建设推进护理科研工作，联合北京大学第六医院和北京回龙观医院申报首都卫生发展科研专项“精神科护士规范化培训的设计与实施效果评价”。全年在护理杂志上发表文章8篇。

全年安排市级继续教育项目10次、区级12次、自管项目36次，每次约150人参加。完成全国精神科护士长进修班的临床带教2期。完成本学年各大专院校的理论授课，为10个班教授精神科护理289学时，其中首都医科大学护理学院6个班153学时、协和医科大学护理学院3个班96学时、北京卫生学校安贞班1个班40学时。

对13个病区及门诊的教学护士进行系统培训，涉及突发事件处理、法律法规、伦理道德、状态护理、症状识别、科研知识、沟通技巧、护理质量管理、团队训练等。2名护士长参加北京护理学会举办的护士长管理培训班，4名优质护理服务示范病区的护士长参加国内优质护理服务经验交流与培训，2名高年资护士长赴南京脑科医院参观学习，2名护士参加中华护理学会举办的全国精神科专科护士的取证学习，1名急诊护士取证学习，6名护士市内培训班学习，10名护士参加首都医科大学护理学院举办的国际护理论坛。全年专业理论考试818人次。以病区为单位组织业务学习500余次，护理操作考核1953人次。

科研工作 申报各级课题95项，获批17项，其中科技部“十二五”国家科技支撑项目1项、科技部重大新药创制科技重大专项“十二五”计划1项、国家自然科学基金3项、北京市自然科学基金1项、市科委首都临床特色应用研究专项1项、市教委科技发展计划项目1项、市教委专项科技平台项目1项、首都医学发展科研基金2项、首都医科大学基础临床项目1项、国际合作项目5项，获科研经费1600余万元（不含医院匹配经费和国际合作经费）。在研课题74项，结题6项。

全年发表论文69篇，其中SCI收录13篇，最高影响因子4.36，平均影响因子2.182。著作14部。科研成果以第一完成单位获北京市科技进步三等奖1项、中华预防医学会科学技术奖1项。

医学教育 完成首都医科大学2007级医学、2008级预防、2007级七年制13个班的常规教学运行、教务活动、教学监控482人次，理论授课340学时，课间见习292学时。接收山西长治医学院、北京师范大学、北京体育大学、首都师范大学、北京大学、中国科学院、北京理工大学、中国青年政治学院等院校297人次的理论授课20学时、见习168学时、实习17个月。

招收硕士研究生11人（统招8人、七年制3人）、博士研究生4人（统招3人、在职博士1人）。在读研究生47人，其中硕士生34人、博士生13人。培养来院进修的北京市全科医师103人次，理论授课122学时，实习27周。举办主治医师进修班2期41人，学员来自全国22个省市，理论授课144学时，临床实践9个月。

全年组织业务学习或学术活动32次，外出学习、参会245人次，接受学历教育26人。

国际交流与合作 全年接待美国、德国、英国、加拿大、泰国等国家和中国香港地区的专家、学者200余人次。出国参加国际会议、进行学术交流和考察12人次。聘请美国、英国、德国、加拿大、丹麦、挪威、澳大利亚等国家精神病学和心理学教授13人次，为本院专业人员进行专业理论及临床治疗技术的培训。

1月，与德国精神分析协会、奥地利因斯布鲁克大学合作，举办第2届北京操作化动力学诊断与评估连续培训项目。5月和9月，与国际精神分析协会（IPA）再度合作开展精神分析师培训。承担的中国—世界卫生组织年度合作项目完成2个年度连续4次的培训，得到卫生部和世界卫生组织中国合作中心的好评，并获2012～2013年度的继续支持，进一步促进认知行为治疗在我国西部精神障碍康复中的推广应用。9月，举办第3届精神病学与临床心理学国际新进展论坛，邀请美国、澳大利亚、加拿大以及国内31名专家，围绕“基础与临床：从转化医学到临床实践”的主题，对精神医学、临床心理学、行为医学的最新研究动态、新进展、新方法及研究成果进行交流研讨。

信息化建设 现有各类网络5个（内网、外网、医保网、财务专网、党员信息网）、工作站224个。进一步完善门诊电子病历系统，完成放射（RIS）报告系统、医保费用审核模块、院感模块、医生站医技检查申请单和检查报告阅览模块的招标采购及相关工作，完善13类重性精神疾病就诊的上传。

基本建设 10月15日，完成新门诊病房楼工程主体结构验收，正在进行二次砌筑和各类设备的安装。

精神疾病预防控制工作 挂靠在北京安定医院的北京市精神卫生保健所协助市卫生局起草《北京市社区精防人员工作手册》《北京市社区精神卫生绩效考核标准》《北京市实施〈重性精神疾病管理治疗工作规范〉指导意见》等文件，协助修订北京市一系列心理卫生服务与管理文件。完成北京市精神卫生管理信息系统的改造，并向全市推广新版的北京市精神卫生管理信息系统。建立重性精神疾病患者排查行动患者信息实时传输机制，完成卫生部、公安部的工作任务。开展北京市2011年度重性精神疾病管理治疗“686”项目的相关工作。实施市科委关于“精神分裂症和抑郁症适宜技术研究”在基层的示范推广应用研究。北京市精神疾病流行病学综合调查工作进入资料统计阶段。

中国心理卫生协会工作 年内，在唐山开滦煤矿林西矿区启动员工帮助计划（EAP）培训；召开第6届学术研讨会暨第2届心理咨询师大会，对全国各地近300名心理卫生工作者进行培训；为北京市公安局培训三级心理咨询师，并组织科普讲师团5次走进警营进行心理健康教育，受众4000余人次。中国心理卫生协会进行第6届换届改选，马辛、王刚分别当选理事长、副理事长兼秘书长。

（撰稿：蔡　笑　审核：马　辛）

领导名单

党委书记 陈兴德
副 书 记 马　辛　孟庆玲
院　　长 马　辛
副 院 长 陈兴德　李占江　郑　毅　田志国

首都医科大学附属北京地坛医院
北京市病毒传染病防治研究中心
北京市艾滋病临床研究中心

（朝阳区京顺东街8号）
邮编：100015　电话：84322000
网址：www. bjdth. com

基本情况 收治除结核以外的38种法定传染病，也提供呼吸内科、心内科、肾内科、消化内科、内分泌、神经内科、普通外科、肝胆外科、神经外科、泌尿外科、骨科、妇科、产科、儿科、五官科、肿瘤科、介入、心理咨询等全方位的综合医疗服务。职工1026人，其中卫生技术人员822人，包括正高级职称47人、副高级职称79人、中级职称227人、初级职称469人。

医疗设备总价值3.57亿元。年内购置医疗设备总值0.13亿元，其中10万元以上设备16台、100万元以上设备3台。

经市编办、市卫生局批复，成为首都医科大学附属医院和第十二临床医学院。卫生部批准北京地坛医院成为国家级感染性疾病医疗质量控制中心，获批卫生部中医传染病重点专科、国家中医药管理局中医肝病重点专科，并被命名为全国综合医院中医药工作示范单位。

获奖情况。被评为全国文明单位。被复旦大学医院管理学院的中国最佳医院排行榜收录，在全国80家入榜单位中位居第67位，在中国医院专科声誉排行榜中以传染科特色位居第2位。王克荣被评为全国“受百姓喜爱的白衣天使”并获“精忠奖”，李兴旺当选首都十大健康卫士，邢卉春当选朝阳区第十五届人大代表，危重症内科护理团队获全国“五一”巾帼标兵岗称号。

改革与管理 制订医院五年发展规划，确立建设

“以传染病为特色的三级甲等综合性医院”的发展目标。

调整绩效考核指标体系，从以能力定指标转变为以资源（人力资源、诊室资源和床位资源）定指标，使工作量考核更具可比性。对新开科室采取季度递增指标的方式，鼓励其不断成熟壮大。加大对医疗收入的考核，引导收入结构的良性改善。增加人员成本考核，引导科室合理使用人力，充分挖潜，提升整体绩效。完成公立医院和各科室绩效指标体系的软件开发。

成立医疗发展部，组建市场推广队伍，每周发布《市场快讯》。与朝阳区42个社区卫生服务机构、红十字血液中心、周边派出所建立联系。以孙河社区卫生服务中心为试点，建立与社区医院无缝链接的合作方式。与信诺西格纳数据技术服务（上海）有限公司签署国际医疗保险合作协议，扩大高端医疗服务。开展艾滋病日宣传、肝脏搭桥，强直性脊柱炎和类风湿性关节炎专科门诊揭牌。

医疗工作 门急诊304110人次，其中急诊28300人次，危重症抢救412人次，抢救成功率86.4%。床位598张。出院16420人次，床位周转27.49次，床位使用率99.35%，平均住院日13.11天，七日确诊率99.64%，出入院诊断符合率99.83%，治愈好转率89.56%，病死率2.98%。手术3316例。

评审准入新技术882项，其中Ⅰ类技术878项、Ⅱ类技术3项、Ⅲ类技术1项。新开设神经外科和泌尿外科，开展神经介入手术47例。消化内科、肿瘤介入科、心血管内科独立建科运行。对内一科的呼吸内科、肾内科、内分泌科进行分专业管理，明确各学科的发展方向。开设强直性脊柱炎和类风湿性关节炎专科门诊。有临床专业24个，具有开展肝脏、心脏、神经、外周血管四大介入技术。

年内，组织危重病人救治及绿色通道收治演练、宫外孕救治演练、国际赛事急救技能演练。接诊车祸群发伤8人。完成国际汽联超级跑车世界锦标赛医疗保障任务。接诊新疆维吾尔自治区脊髓灰质炎病毒野毒株医学观察病例9人，2周后病人全部出院。

质量管理。组织全院死亡病例、疑难病例和危重病例讨论，院内外专家会诊，病历书写规范竞赛，基本知识、基本技能操作比赛等。每月对重点环节质量实施绩效考核，坚持做好病历和疫情管理，继续保持传染病疫情报告市级先进单位称号，并获朝阳区死因报告生命统计工作二等奖。甲级病历率99.68%。

优化流程。通过114电话预约、网络预约、窗口预约和诊间预约向患者开放号源80%以上，就诊预约率35%。开展双休日门诊，安排节假日门诊，满足患者就医需求。在医生工作站增设检验项目申请和抽血材料费录入功能，优化门诊就诊流程。

单病种管理。将慢丙肝、急甲肝、急戊肝、急乙肝、肝硬化、麻疹、水痘、菌痢、流腮、先天梅毒、计划性剖宫产11个单病种首次纳入临床路径管理。4月，在HIS系统全面启动临床路径。单病种临床路径入组率64.7%，完成率72.3%。

医院感染管理。成立抗生素规范化管理专家委员会，将抗菌药物品种由87种减少至45种。完善抗菌药物管理制度，分级准入和管理，动态监测，定期评估。规范外来医疗器械、复用医疗器械清洗、消毒、灭菌流程和化学废弃物处置流程，对院内感染和职业暴露进行网络监控和溯源。定期召开医院感染质量控制会，组织首届医院感染控制知识竞赛，出版季刊《感染管理通讯》9期，进行不同专业学科技能培训。医院感染率1.27%。

医保工作。基本医保住院5088人次，居民医保住院442人次，生育保险343人次，金额10586.92万元。基本医保患者人均住院费19269元。

医疗支援。多次赴密云县石城镇、崔各庄乡等地开展义诊、免费体检及下乡支援活动。同时，与多家社区卫生服务中心建立支援关系，为和平社区医院送技术、送服务、送管理。

护理工作 实施专职总护士长负责制，实行护理部主任、总护士长、护士长三级管理。改变护理模式，实施责任制整体护理。实行护理岗位分层级使用与管理考核。全部护理单元均开展优质护理服务，获全国卫生系统优质护理先进病房1个、北京市优质护理服务示范病房1个。推广送病人至电梯等温馨服务。为优质病房配备护理员80人，缓解临床护理人力不足。特殊护理岗位实行准入管理、持证上岗。编写完成《传染病护理常规》《护士应知应会》，更新及完善56项护理技术操作考核标准、20余种护理记录表格。成立首都医科大学临床护理学院北京地坛医院护理学系，全年承担护理继续教育项目54项。

科研工作 获批科研立项29项。在研基金项目141项，科研经费总计7710.487万元。全年发表在核心期刊论文152篇，其中SCI收录11篇。论著4部。“甲型H1N1流感的临床和应用基础研究”以第一完成单位获北京市科技进步一等奖。北京地坛医院承办的国内第一本感染病学英文电子期刊*Infection International*（*Electronic Edition*）问世。北京地坛医院主编的杂志增至4本，其中2本为核心期刊。药物临床试验基地获国家食品药品监督管理局颁发的感染专业资格认定。

医学教育 承担首都医科大学、北京大学医学部、北京中医药大学及大连医科大学的研究生培养，设博士点1个、硕士点3个，博士生导师6人、硕士生导师13人。招收博士研究生4人、硕士研究生11人。完成国家级继续教育认可项目2项，带教实习生280人，接收进修36人。2人获北京大学医学部优秀教师奖，3人获北京大学医学部传染病系赵树馨奖励基金。

牵头百家传染病医院巡讲暨传染病医院协作网，在全国36个城市开展肝病、感染性疾病规范化诊疗讲座。全年举办各种学术活动68次、对外学术交流17次。

国际交流与合作 接待外宾9批次64人次。7月14～17日，召开医院主办、中华医学会协办的第5届地坛国际感染病会议。国际感染病学会、欧洲感染病学会、欧洲肝病学会、亚太肝病学会以及其他学术团体的感染病、肝病学界专家共同主持并参与讲座，世界各地千余名学者参会。

信息化建设 完成对网站、业务系统、办公系统、通讯及音视频系统的进一步集成。完成统方权限管理、抗生素使用管理的信息建设。完成合作医院远程会诊12人次。完成新开科室的系统软、硬件准备和人员培训。完成IT运维、院内办公平台、办公自动化上线的前期准备。

后勤与基建 完成院内流程再造施工图。完成门诊楼内二科、病房楼神经内科、病房楼蒸汽管道、热水供回水管道、病房楼生活热水供回水管道更换的改造，病房楼吊顶，PVC地面、连廊、顶面的维修，解决锅炉房工程遗留问题。完成对物业公司的重新招标并平稳过渡。实施保洁、物业、勤务组三方联动网格化管理，提高问题发现率和报修完成率。启动太阳能循环系统，利用太阳能热源给生活热水加热，使用4个月节约燃气3万余元。启动无线覆盖工程。完善生产安全应急预案，建立事故报告制度，坚持应急演练。后勤物资无纸化办公系统运行顺畅。加强“防火墙”工程、消防“四个能力”建设，组织隐患大排查，清剿火患，消防平安1、2号行动，开展全员安全技能培训、消防设施实操培训、自然灾害应急预案演练和消防应急演练。

文化建设 举办建院65周年庆典。组织“党在我心中”红色主题教育、报告会、看电影、知识竞赛。开展“迎医改、强素质、促发展”主题教育活动。制作电视片《没有共产党就没有新地坛》《飘动的红丝带》。编印文集《我们一起走过——医患情》。

（撰稿：王　蕾　审核：张永利）

领导名单

党委书记 滕秀琴
副 书 记 张建利（至7月）
院　　长 张永利
副 院 长 李秀兰　辛衍涛　成　军

首都医科大学附属北京佑安医院
北京市肝病研究所
北京市性病艾滋病临床诊疗中心

（丰台区右安门外西头条8号）
邮编：100069　电话：83997599
网址：www. bjyah. com. cn

基本情况 职工1500人，其中在编1160人、合同制340人。卫生技术人员937人，包括正高级职称65人、副高级职称89人、中级职称285人、初级师395人、初级士103人。

新增固定资产414台，共计7365万元。万元以上设备1837台，3.8亿元。

医院设计并使用现有入院记录3.0版本，实现全结构式单病种电子病案，器官功能评价及十二级分类诊断系统的在线运行，为规范病历书写和诊疗行为及实现临床科研一体化提供了系统保障。年内，建立网络化慢病管理服务系统，为会员制肝病患者的院外诊疗提供规范化服务的网络平台，实现家庭式医疗责任小组制的慢病终身管理模式。6 月 1 日起，实施预约挂号层级就诊模式。

获奖情况。北京佑安医院被评为全国精神文明单位、首都精神文明建设标兵单位、北京市卫生统计工作先进单位、北京市传染病疫情报告先进单位、北京市无偿献血工作突出贡献奖、首都卫生系统庆祝建党 90 周年文艺汇演二等奖等。院长李宁获第 6 届中华慈善奖及北京医院协会颁发的优秀医院管理干部奖；党委书记李玉梅、纪检办公室主任仇淑华被市卫生局评为优秀党务工作者；介入中心主任郑加生、保卫处处长高玉发被评为市卫生局优秀共产党员；重症肝病科主任孟庆华获首都健康卫士称号；肝胆外科主任卢实春、肝病消化科主任丁惠国、肿瘤生物科主任闫军当选学科带头人；人工肝治疗中心副主任张晶、医师郑素军、临检中心副主任赵秀英当选学科骨干；6 名专家入围市卫生系统高层次人才项目，艾滋病实验室主任陈德喜、医学影像中心主任李宏军成为市卫生局系统高层次卫生技术人才队伍建设工程第 1 批培养对象。

改革与管理 实现“定位、转型、创新、发展”的战略目标，全面打造研究创新型、资源节约型、人文和谐型医院，实现 8 个翻番：门诊量翻番，出院病人数翻番，经济效益翻番，承担的科研课题翻番，科研课题总经费翻番，科研成果翻番，发表科研论文翻番，职工人均年收入翻番。

医院战略定位是一家以感染、传染及急、慢性相关性疾病群体为主要服务对象和重点学科，集预防、医疗、保健、康复为一体的大型综合性医学中心；是国际化高新医药科技临床与转化医学研究“一二八”战略发展模式；实施 6 个转化：由单纯传染病向感染、传染及慢性相关性疾病转化，由个体/疾病向疾病群体转化，由偏重追求经济效益向为社会和病人提供优质服务转化，由偏重诊疗向防、治、保、康一体化转化，由单一医院向大型医疗联盟转化，由单一偏科型向提高个人综合能力/医院整体实力转化；搭建 6 个平台：规模化发展平台、集群化病源平台、现代化设备平台、信息化网络平台、素质化人才平台、科学化管理平台。佑安医疗联盟遍及 25 个省市（包括台湾慈济医院和慈济医学院）70 家医院，占全国传染病医院总数的 47%，床位总数 12000 张。

医疗工作 门诊 347656 人次，急诊 10348 人次，急诊危重症抢救 158 人次，抢救成功 151 人次，抢救成功率 95.57%。床位 750 张。入院 14666 人次，出院 14676 人次，床位周转 20.44 次，床位使用率 96.93%，平均住院日 17.35 天，七日确诊率 99.96%，出入院诊断符合率 99.97%，治愈率 55.68%，好转率 36.86%，死亡率 3.66%。住院手术 2099 例。无孕产妇死亡，新生儿死亡率 0.74‰，围产儿死亡率 3.7‰。

病案管理。病案质控管理中心每日质控临床终末病历，共发放质控月报 5 次。实施电子病历后，完成 3.0 版本的入院记录及 PDF 打印模式，对所有临床科室进行培训，及时监督病历书写情况，并将问题反馈给相关人员。全年甲级病历率 99.96%。

医院感染管理。修订院感管理制度。举办第 7 届全国医院感染专（兼）职人员培训班，与丰台区卫生局联合举办院感专职人员继续教育培训班，承办第 6 期首都医科大学临床带教师资医院感染控制技术培训班。全年监测 6893 人，发生医院感染 140 人，感染率 2.03%，无漏报。物体表面合格率 100%，空气培养合格率 99.58%，医护人员手培养合格率 100%，使用中的消毒剂监测合格率 100%，消毒后污水每月常规监测合格率 100%。

医保工作。健全组织机构，完善制度措施，搭建交流平台，开展医保宣传，推动医保政策的落实。医保办与网络中心及 HIS 开发商修订门诊医师工作站程序 5 次。全年医保出院 4171 人次，总费用 11995.9 万元，次均费用 28760 元。

医疗支援。派出 20 余名专家赴天津塘沽传染病医院、大兴区医院、延庆县中医医院、大兴区妇幼保健院进行义诊、查房、会诊、科研及管理等，外派专家讲授健康教育课 30 余人次。优先、减免费用接收受援医院进修百余人次。与各区建立长效对口支援机制并签署协议，全年派出 18 名医师对社区卫生服务中心卫生技术人员及居民进行传染病相关知识讲座，累计 700 余人次参加。与北京回龙观医院牵手开展对口支援携手共建精神科工作。

医疗纠纷处理。全年受理各类纠纷投诉 50 余起，解决 45 起，无新起诉到法院的案件。总计赔付 148.3 万元，其中医疗赔付 122 万元、各类意外事故赔付 26.3 万元。

护理工作 修订护理质量检查标准，定期质量检查 12 次，优质护理服务专项检查 6 次，护理工作问卷调查 12 次，病人满意率平均 98.6%。基础护理合格率 98.68%，一级护理合格率 99.5%，抢救物品管理合格率 100%，消毒隔离合格率 99.2%，护理文书书写合格率 98%，压疮发生率 0.09%。

派出 8 名护士长赴台湾慈济医院参观学习，72 名护理人员参加全球医生组织的循证护理培训班。申报丰台区护理继续教育 14 讲，完成教学护士长院内讲课 12 讲，举办护理英语培训班 2 期。承担首都医科大学护理本科及专科、北华航天工业学院护理本科、北京护士学校传染病护理的教学工作。全年护士发表论文56篇，其中核心期刊发表31篇。

科研工作 建设科学研究四大平台：循证医学顶层设计平台、临床与转化医学研究平台、科研管理网络平台、科研学术交流平台。申报课题218项，其中区级课题114项，获批36项；国家自然科学基金4项，国家国际合作课题1项，科技部科技支撑课题2项。申报院内课题115项，获批84项。国家“十一五”课题全部进入“十二五”项目。获中华医学奖二等奖1项。

全年发表科技论文318篇，其中核心期刊225篇，SCI收录35篇，IF影响因子108.105（第一作者第一单位56.205，其他51.9）。出版著作1部、译著1部。

通过美国人体研究保护项目认证协会（AAHRPP）认证，成为中国首家拿到AAHRPP人体研究保护资质的机构。

年内，成立2家重点实验室：乙型肝炎与肝癌转化医学研究北京市重点实验室、艾滋病研究北京市重点实验室。

医学教育 有研究生导师28人，其中博士生导师10人、硕士生导师18人。全年招收研究生38人。实施双语及全英文教学。完成520名临床医学专业本科生《传染病学》、36名卫生管理专业本科生《临床医学概论》、61名宣武医院夜大专升本《传染病学》、首都医科大学国际学院103名留学生《传染病学》全英文教学任务。自编英文版《传染病学》，作为内部教材使用。

全年接收进修培训234人。参加继续医学教育100%，继续教育学分完成率100%。丰台区继续医学教育项目41项、医技继续教育项目28项，市级继续医学教育项目2项，国家级继续教育项目5项。

国际交流与合作 国际交流合作重点：与国际医学科技发展前沿机构、著名学者进行专项合作；实时跟踪了解各专业学科科技发展动态，快速引进前沿高端科技项目，保持研究项目与课题的领先状态；参与海聚工程、千人计划，引进有成就的中年高端海外学者；选派与重大课题、重点专业相关的中青年骨干进行中短期海外合作机构培训；通过交流、合作及课题实施，高效优质有针对性地引进或培养学科带头人；与国际基础研究机构、医药制造企业及医疗市场之间建立起双向联合与合作机制，缔结战略性伙伴关系，搭建国际化高新医药科技临床与转化医学研究高端平台。全年因公出访8批，邀请、接待外宾来访12批56人次。与英国牛津大学，加拿大卡尔加里大学，美国华盛顿大学、匹兹堡大学、罗切斯特大学等多家医院和科研单位及5名诺贝尔奖获得者和提名者进行科研合作20余项，其中结题10余项。9月，英国贝利马丁基金会主席马丁·哥顿先生被国务院授予外国专家友谊奖，并获北京市外国专家长城友谊奖。

信息化建设 健全网络建设、网站建设、办公自动化等设施。修订管理制度、岗位职责、网络安全责任书、应急预案等33项，新上线运行物资系统、医院感染管理系统、简易门诊系统、114预约挂号系统、自费药房系统、先诊疗后结算系统等。完善在线运行的系统，新增近20项功能，铺设网线新增信息点、电话点共438个，配置并接入新网络设备6台，巡检中排除网络设备的安全隐患3处。

基本建设 二期工程全面启动前期准备：核磁共振机房建设，设备安装调试完成交付使用；E楼二期钢结构工程、地下室工程、阳光棚工程完成验收，总务处、财务处等科室迁入；手术室墙面、屋面、局部地面及卫生间装修改造；污水站改造工程经环保局验收交付使用；完成D楼结构加固、消防通道改造、装修工程，投入使用；A楼贴建方案经市卫生局审批，报市发改委立项。

北京市性病艾滋病诊疗中心 全年门诊37983人次，收入1403.4万元；入院130人次；接咨询电话3万余个；收到锦旗1面、表扬信3封。皮肤科门诊开展红蓝光治疗痤疮、微波治疗表皮赘生物、半导体激光照射、射频塑形、光动力治疗重症痤疮等项目，医疗收入增长357%，就诊患者较上年增加3908人次。新增免费服用抗病毒药物的艾滋病患者350人，较上年翻一番，免费服药800余人。该中心完成科技部“十一五”课题的子课题3项、首都医科大学基础临床项目1项、市中医局课题1项、中盖项目3项，承担“十二五”重大专项课题的子课题2项、院内课题1项。发表论文5篇。

（撰稿：顾艺星　审核：谢建华）

领导名单

党委书记　李玉梅
副 书 记　向海平
院　　长　李　宁
副 院 长　李国庆　段钟平　金荣华

首都医科大学附属北京口腔医院

（天坛部：东城区天坛西里4号　王府井部：东城区锡拉胡同11号）
邮编：100050　电话：67099114　邮编：100010　电话：67099688
网址：www. dentist. org. cn

基本情况　职工1051人（在编614人、合同制437人），其中卫生技术人员865人，包括正高级职称48人、副高级职称100人、中级职称213人、初级师296人、初级士208人。

医疗设备总价值15203.23万元。本年度购置医疗设备总值2742.45万元，其中10万元以上设备90台、100万元以上设备5台。

获奖情况。北京口腔医院被评为首都文明单位、卫生防病工作先进集体、传染病疫情报告先进单位、志愿者服务先进集体，获北京市社会保障卡工程建设定点医疗机构优秀奖。孙正获首都劳动奖章。

改革与管理　做好医改和“三好一满意”工作。成立医疗质量管理委员会各专业分会；外科病房开展主诊医师负责制；启动临床路径，向市卫生局报送11个病种进入临床路径；门诊医生工作站上线运行，取消手工处方，实现预约挂号、收费信息化管理；大幅度增加预约号源；各级专家取消点名挂号，按职称和专业进行挂号；制订《专家出诊管理办法》；接入全市统一预约平台（114），实现网络预约及工作站复诊预约。

召开第5次医院管理年会，论文集收录论文35篇。召开职工代表大会2次，就职工代表提案、院领导述职、医院年度总结等进行审议和通报。

继续推出便民措施。颌面外科、正畸科、牙周黏膜科普通号不限号；心脏监护拔牙由每周1次增加为每周2次，且不限号；关节专业增强接诊能力，由每周1天增加为4天；增加儿科号，周末全体医师出诊，并开设晚诊；增加专家每周出诊次数；增加初诊预约号，复诊预约100%；增设预约挂号中心，提供窗口预约、取预约号服务；增设患者服务中心，集建卡、激活、复印病历、打印明细等于一处，方便患者就诊；患者满意率98%。

医疗工作　门诊649465人次，急诊3784人次，入院1688人次，出院1696人次，床位周转24.94次，床位使用率77.07%，平均住院日11.33天，七日确诊率99.93%，出入院诊断符合率99.66%，治愈率97.84%，好转率2.09%，死亡率0.07%。住院手术1841例。

新技术、新疗法。根尖1/3异物取出，牙科CT（小），进口暂封材料充填术，vitallium2000PLUS合金支架义齿，种植钉植入手术（正畸），口腔黏膜脱落细胞DNA定量检测，口腔黏膜脱落细胞液基细胞学检测等。

病案管理。病历质控实现有计划、有落实、有反馈的管理模式，各科室每月进行有针对性地整改。全年检查门诊大病历5000份，甲级病历率99.10%。抽查住院病历575份，均合格。

医院感染管理。对住院病历进行前瞻性和回顾性检查约850例，院内感染发生率低于1%。手术切口目标性监测感染率4.17%。全年各种监测178件次，包括环境卫生学、水样、压力蒸汽灭菌器生物、手培养监测等，医院感染管理委员会自查16次，开展抗菌药物使用监测、传染病相关知识和院感知识培训21次，编写《口腔专业感染控制知识》。

医保工作。全年医保出院526人次，总费用354.69万元，次均费用6743元。完善医保患者退费管理规定；加强医保处方的核查，对超量开药、违反适应证用药的处方不予发药；医生工作站增设“跨科预约”功能，在牙体牙髓科和修复科试用，实现患者不间断治疗的预约。

医疗支援。全年152人次到蒲黄榆、卢沟桥、马家堡、椿树等社区卫生服务中心出诊，社区讲座31人次，接待社区转诊2人次，医疗纠纷病人会诊1人次。7名医生赴怀柔区牙防所、大兴区西红门医院和延庆县大榆树社区卫生院工作。急诊科医师张昕完成为期一年的援疆工作。

医疗纠纷处理。对全体医师、护士347人进行医疗责任保险投保。发生医疗纠纷43件，其中调解6件、诉讼2件，赔付9.7万元。

护理工作 完善《颌面外科病房护理常规》《护士礼仪服务规范》《新护士岗前培训计划》，补充《护理部护士人力调配方案》《护理质控管理组职责》《护理质控操作组职责》等6项。护理文件书写合格率98%，基础护理合格率98%，特级护理合格率100%，一级护理合格率100%，技术操作合格率99%，安全护理合格率100%，急救物品完好率100%。

20名护士参加在兰州举办的中华护理学会全国口腔护理新进展研讨会，6名护士参加北京医学教育协会护理专业委员会举办的护理研究培训班，4名护士参加北京护理学会举办的科研基本技能培训与提高护理论文质量研讨班。在核心期刊发表护理论文2篇。

完成8名护生、5名进修护士的实习带教，1名北京大学医学网络教育学院口腔专科护士的实习带教，18名新来院合同护士、30名高年资合同护士的轮科带教。10月，成立首都医科大学临床护理学院，本院成为口腔护理学系主任单位。

举办市级继续教育——口腔护理管理培训班1项、区级12项、院级自管4项。290名护士完成25学分72学时的继续教育，护士继续教育达标率100%。3人参加首都医科大学护理学院举办的专兼职授课教师教学理论与技能系列培训，23人参加首都医科大学临床护理学院成立大会暨首届首都国际护理学大会，3名消毒供应中心的护士参加压力容器作业人员培训班。新护士岗前培训4周。

科研工作 申报各类课题213项，获资助51项，经费1212.4万元，其中国家级10项，经费394万元；省部级24项，经费519.4万元；局级14项，经费231万元；合作课题3项，经费68万元。在研课题125项，结题24项。

全年发表科技论文132篇，其中中华系列期刊14篇，SCI收录21篇，最高影响因子7.882，平均影响因子2.2712，总影响因子47.696。参编著作6部。

获批北京市重点实验室——全牙再生与口腔组织功能重建实验室。王松灵课题组的“口腔颌面组织再生及功能重建临床与基础研究”获北京市科学技术奖一等奖。获实用新型专利1项。

医学教育 作为北京地区住院医师/专科医师规范化培训基地，组织225名口腔执业医师和123名口腔执业助理医师资格实践技能考试。接收毕业后教育61人，分别在临床、医技科室轮转。参加继续教育404人，医师继续医学教育合格率98.76%。

承担首都医科大学口腔医学专业五年制、七年制、成人大专、修复工艺技术高职班10个班级的教学、实习以及研究生各阶段的培养。本专科生就业率96.50%，研究生就业率100%，五年制本科生、研究生升学率35%。录取研究生18人，其中硕士研究生7人、博士研究生11人。接收进修医师124人。

完成国家级继续医学教育学习班7个，1657人次参加；市级继续医学教育学习班6个，1361人次参加；区县级22个，2899人次参加；本院职工学习班39次，5000余人次参加；脱产学习5人次。

国际交流与合作 接待外宾来访30批69人次。出访22批47人次，其中进修4人次、联合培养2人次、出国考察1人次、参加国际学术会议40人次。与荷兰拉布拉德大学内梅亨医学中心签订合作协议。“口腔生物膜及相关微生物临床基础研究”获外国专家局引进国外人才项目资助8万元。

信息化建设 完成114预约平台的对接和挂号预约子系统的建设；在牙体牙髓科和放射科建立LCD多媒体医疗导引系统；完成信息安全等级保护的定级备案，取得HIS、RIS/PACS信息安全等级保护的备案证明；新增1台“防火墙”，并升级原有防火墙系统。更新对外网站，增设院长信箱、预约挂号、药价公开等栏目。医院办公网设有全院新闻、院务公开、党务公开、月活动计划等板块。

后勤与基建 完成门诊楼、综合楼、病房楼的节能改造，总计建筑面积18000平方米；完成病房楼地下室、教学楼地下室、一层、二层教室的装修改造，总计建筑面积2140平方米；完成儿科、外科病房、特诊特需科休息室、患者服务中心等600多平方米的装修改造。完成王府井二期工程的设计招标，并通过了发改委设计概算的评审。

其他工作 继续组织全市为适龄儿童免费窝沟封闭预防龋齿项目，完成189428人次，封闭恒磨牙258929颗；开展儿童乳牙口腔保健与健康促进工作，免费氟化泡沫预防龋齿；为1036名无牙低保老人免费镶全口义齿；为参加“重生行动”、“微笑列车”公益慈善项目的300余名贫困家庭的唇腭裂患儿进行手术治疗。

编辑《口腔医苑》期刊及小报8期。12月，由药剂科负责编辑的院内刊物《口腔药讯》创刊号印刷出版。

市牙防所启动口腔健康哨点监测项目，完成全市100个抽样点的调查，其中5岁组2581人、12岁组3666人，12岁组问卷调查996份。

（撰稿：郑晓雁　审核：孙　正）

领导名单

党委书记　张振庭
副 书 记　张翠英
院　　长　孙　正
副 院 长　张振庭　郑东翔　白玉兴　赵广鸣

首都医科大学附属北京胸科医院 北京市结核病胸部肿瘤研究所

（通州区马厂97号）
邮编：101149　电话：89509000
网址：www. bjxkyy. cn

基本情况　职工1044人，其中在编891人、合同制153人。专业技术人员719人，包括正高级职称36人、副高级职称73人、中级职称272人、初级师216人、初级士117人、未定级5人。

医疗设备总价值18231万元。本年度购置医疗设备总价值3041万元，其中10万元以上设备28台、100万元以上设备4台。

获奖情况。市委、市政府授予马玙首都精神文明建设奖。

机构设置　9月，成立疼痛门诊和乳腺门诊。

改革与管理　创建人民满意医院。实现现场挂号、114电话预约和网络预约3种方式的良好结合。制订结核病的3个临床路径和1个临床规范，在试点的基础上，全院9个临床科室全面推行6个临床路径。

重视职工素质。定期举办中层干部培训班，组织中层干部进行以“创新与质量管理”和医院信息化建设为主题的考察学习，组织后勤干部管理培训班，提高干部的管理能力和综合素质；开展形式多样的党员教育活动，组织以“弘扬艰苦奋斗精神，打造人民满意医院”为主题的红旗渠红色之旅党员教育活动，提高党员的思想觉悟、道德情操；邀请多名专家学者开展职业素养——服务意识、阳光心态与沟通技巧等系列专题讲座，逐步形成渴望学习、参与学习、主动学习、应用学习的风尚，职工的综合素质有了明显改善。

推行奖金方案改革。在全院推行绩效奖金分配方案，通过前期调研、确定考核标准与考核指标、制订方案、试点运行、方案调整等环节，形成一套公平合理、科学完善的绩效管理体系。

固定资产管理。除房屋、土地和图书以外的固定资产12350件进行清查，涉及固定资产总额2.76亿元，基本做到账账相符、账物相符。盘亏固定资产149件，金额99.6万元，占固定资产总额的0.36%。

医院文化建设。打造胸科品牌，缔造胸科特色文化。开展科室团队建设，倡导科室自身学习，体现医院积极向上的科室文化；推出护理理念——“爱当先、人为本、勤为础、慎为魂”，启动胸科护士学术沙龙，促进胸科护理的学术交流；“胸心港湾”、“新欣家园”等品牌服务营造医护人员与患者之间共同构建温馨而和谐的家园文化氛围。

对外宣传。加强对知名专家、专科特色、医院文化等多方位宣传力度。同时，加强医院舆情监测，收集有关的网络舆情，建立和维护医院博客及微博。

医疗工作　门诊154782人次，急诊4765人次，急诊危重症抢救122人次，抢救成功率84.43%。入院9344人次，出院9360人次，病床周转率7.85次，病床使用率91.01%，平均住院日21.35天，七日确诊率66.84%，出入院诊断符合率99.68%，治愈率16.43%，好转率60.55%，死亡率3.51%。住院手术

1204例。

开展肺癌骨转移、结核性脑脊膜炎、膝关节炎关节镜的手术治疗；发展并改良外固定架在关节结核融合术中的临床应用，使外固定架在关节结核治疗中取得良好的效果；开展CT和MRI重建技术。

作为本市7家主诊医师负责制试点医院之一，制订《开展主诊医师负责制试点工作实施方案》，在一病区、三病区、六病区和九、十病区开展主诊医师负责制试点工作，评选11名主诊医师，制订工作考核指标和责任目标，为建立北京市主诊医师负责制长效机制积累经验。

病案管理。启动并完善病历扫描系统，能够满足部分人员在病案科进行在线阅览的需求。实行电子病历管理，制订《电子病历书写规范》，定期到临床科室抽查在院的运行病历，严格要求相关科室按照书写和打印时限操作病历书写系统。甲级病历率98.37%。

医院感染管理。院内感染发病率1.96%。通过空气采样、物体表面采样、手培养采样、高压灭菌采样等，加强对院区环境的监测，对监测数据进行关联性、回归分析，加大对结核菌传播途径及传染性的监控，为阻断结核菌的传播途径提供数据和理论支持，降低结核病及其他传染性疾病的院内感染率。增加对院内感染死亡率、导尿管使用率、PICC使用率、ICU呼吸及相关肺炎感染率、ICU中心静脉插管相关血流感染率、ICU导尿管相关的尿路感染率等6项检测。

医保工作。加强医保工作制度化管理，不断完善医保管理。本年度医保拒付35人次，经过沟通，实际拒付7人次。全年医保出院4066人次，总费用11219.78万元，次均费用27594.15元。完成医保实时结算。

医疗支援。与延庆县医院达成对口支援协议，建立由三甲专科医院对口支援县医院、由县医院对口支援社区卫生服务中心的新模式，发挥医院学科优势，促进农村医疗卫生水平的提高，使当地百姓得到高水平、高质量的医疗服务。继续派出医师支援佳木斯肿瘤结核病医院、张家口肺科医院、石家庄五院等协作医院的门诊工作、院际会诊和人员培训等。韩鸣完成一年的援疆任务。

护理工作 继续推广优质护理服务，全年接受督导检查4次。11月，试点病区覆盖率100%，拓宽工作内容10余项，病人满意率99%以上。护理质量管理采取医院质控组+病区质控组双重质控方式。护理文件书写合格率96.67%，护理病历书写合格率96.69%，基础护理合格率97.41%，特级、一级护理合格率97.41%，技术操作合格率100%，安全护理合格率99.42%，急救物品合格率99.96%。

年内，承办首届华北地区普胸外科学术研讨会。接待国际护士会改善结核患者护理质量师资培训学习班学员、北京护理学会传染病专业委员会委员、北京护理学会胸外科专业委员会委员等参观学习。被首都医科大学授予胸科护理学系。

全年发表护理论文28篇，其中核心期刊发表22篇。合作出版书籍1部。所级在研课题1项。申请课题4项，其中首都医科大学面上课题1项、所级课题2项（结果待定）、市科委子课题1项。王秀华、冯月亮被评为首届市卫生局健康科普专家。接收中华护理学会肿瘤专科护士3人进行认证实习。选派4名护理骨干参加北京护理学会的肿瘤专科认证、急诊专科认证、手术室专科护士认证和中华护理学会的PICC专业护士认证。完成继续教育培训40次，包括每月护士长业务学习、每季度护理业务查房、护士长授课、护理操作培训等。全院护士护理技术操作考核和护理理论知识考试各2次。完成2010年毕业护士半年及一年的理论考试及操作考核、2011年新毕业护士岗前培训及半年考核、12名护士ICU轮转。承担北京护士学校中专护士班45名学生临床课教学及毕业实习，承担北京中医学校、北京卫生学校11名学生毕业实习。

科研工作 承担科研课题10项，获经费资助1032.7万元，其中国家自然科学基金1项，经费15万元；市科委项目——传染源管理模式的研究1项，经费750万元；市科委计划项目中子课题“结核病适宜诊断技术转化应用研究”1项，经费100万元；中盖基金/CDC合作项目1项，经费74.2万元；首都医学发展基金1项，经费20万元；市基金协作1项，经费1.5万元；横向课题合作1项，经费20万元；优秀人才项目2项，经费10万元；学术骨干2人，42万元。在研课题36项，结题11项。“十一五”重大专项——“耐药结核病治疗方案研究”、“复发结核病治疗方案研究”进展顺利，“耐药结核病发生及预警因素研究”结题。首都医学发展基金结题2项，科技新星项目申报2项。完成结核病北京市重点实验室的申报。获授权实用新型专利1项，申请国家发明专利1项。

全年发表科技论文165篇，SCI收录9篇，影响因子总计25.2（最高影响因子4.672，平均影响因子

2.8)。著作1部。

医学教育 经首都医科大学临床教师教学职务评聘委员会评审，6人被聘为博导教授，7人为硕导副教授，1人为德育教授。招收硕士研究生7人、博士研究生6人，7名硕士生和5名博士生通过毕业答辩，在读研究生35人。接收进修47人。组织医德医风教育、法律法规培训、传染病防治知识培训、医疗护理专业知识培训等继续教育37次，参加培训1万余人次。脱产学习28人，到院外进修32人。

国际交流与合作 接待国际专家学者来访18人次。派出24人次，其中参加国际学术会议21人次、进修学习1人次、参加培训1人次、访问考察1人次，分别赴美国、法国、荷兰、葡萄牙等国家和中国香港地区。邀请医院客座教授、美国梅奥医学院任今做题为《肿瘤的临床新技术应用》的学术报告。

与美国爱因斯坦医学院、新泽西结核病中心达成合作意向，与英国Microsense公司进行结核病新诊断技术方面的合作。与国际防痨和肺部疾病联合会合作开展结核病-糖尿病双向筛查项目，并联合举办高层研讨会。和美国国立卫生研究院（NIH）变态反应性及传染病研究所（NIAID）联合举办构建结核病临床研究合作伙伴研讨会。与世界卫生组织合作编写《结核病治疗学》。

信息化建设 完成新旧HIS系统的切换，完成住院及门急诊医生、护士、医技等的模块上线，并对新系统进行功能完善和流程优化，物资及固定资产进一步上线。启动检验管理系统，并与新的HIS系统对接，实施及完善样本采集条码管理和化验单集中/自助打印等功能。

年内，医院新网站开通上线，访问量超过250000人次，比上年增加130000余人次。回复医疗咨询150条。将网站各个板块的维护权限进行拆分，增加用户权限控制，每个部门可以独立维护自己的信息板块。

基本建设 完成改扩建装修工程4项，在施工程2项，建设面积9065平方米。专家楼装修改造1087平方米，住院部主楼及东、西候诊厅装修改造2100余平方米，参比楼装修改造2464平方米，放射科装修改造974平方米。放疗机房改造完成主体结构，进行内部装修。完成肿瘤研究楼装修改造。完成绿化养护20000余平方米，改造绿化面积4000余平方米。

防治临床中心工作 挂靠在研究所的中国疾控中心结核病防治临床中心（简称临床中心）继续做好结核病防治工作。组织专家对《肺结核病临床路径》的初稿进行完善，并征求省、市、县各级人员的意见，逐级进行论证，由卫生部医政司最终定稿。本次定稿的临床路径包括初治菌阳肺结核临床路径、复治肺结核临床路径、耐多药肺结核临床路径，考虑肺结核患者多为门诊治疗，临床中心还制订了《肺结核门诊诊疗工作规范》。

临床中心组织专家编写教材，结核病培训教材包括四大模块：影像学、实验室、结核病诊疗和规划管理。影像学和实验室培训教材定稿，结核病防治和临床治疗模块完成初稿。

卫生部疾控局、中国疾控中心主办，临床中心承办全国结核病临床诊疗技能竞赛，全国30个省、自治区、直辖市和新疆生产建设兵团的93名选手参加。通过以赛代训，提高全国结核病诊疗技术水平，为构建结核病“三位一体”的防治模式起到重要作用。

由世界医学会支持、临床中心主办的结核病感染控制培训班，全国16个省25家单位的100余名学员参加。

临床中心与中华医学会结核病学分会合作召开全国结核病学术大会，500余名参会代表就结核病防治领域的临床治疗、基础研究、实验室诊断、预防控制等领域的最新进展进行交流和探讨。

其他工作 举办世界防治结核病日和全国肿瘤宣传周大型义诊活动，为1500余名前来就医的患者及家属提供免费诊断、咨询。

院报《北京胸科》在版式、内容、专栏设置等方面做了调整，并由季刊改为双月刊。

（撰稿：孟纪蕊 审核：谭红莲）

领导名单

党委书记 李燕申
院　　长 许绍发
副 院 长 李　琦　张静波　张宗德　吴国安

首都医科大学附属复兴医院

（西城区复兴门外大街甲20号）
邮编：100038　电话：88062035
网址：www.bj－fxh.com

基本情况　职工1798人，其中在编1442人、合同制356人。卫生技术人员1520人，包括正高级职称71人、副高级职称130人、中级职称394人、初级师460人、初级士465人。

医疗设备总价值19123万元。本年度购置医疗设备总值1980.38万元，其中10万元以上设备41件、100万元设备2件。

获奖情况。复兴医院获北京市职工职业技能大赛卫生系统营养治疗技能比赛团体第5名，被北京护理学会评为优秀团体会员单位，被市人力资源和社会保障局评为社会保障卡工程建设定点医疗机构服务保障奖，被市卫生局评为北京市健康促进医院。社区中心杜雪平被评为北京市劳动模范、先进工作者，副院长杨明获全国五一劳动奖章。

机构设置　8月，成立疼痛科；10月，成立康复科；11月，成立营养科；12月，成立新生儿病房。6月2日，获批高血压科普教育培训基地。

改革与管理　3月，成立三级医院评审领导小组和评审办公室，启动三级综合医院评审的准备工作，结合卫生部《三级综合医院评审标准》及“医疗质量万里行”活动，对各科室进行全面管理和建设；开设周六、日全天门诊；完善双向转诊的工作制度和流程，建立起区域医疗中心与社区卫生服务机构双向转诊的工作模式。

建立各临床科室质量管理小组，完成院级质量管理专项检查和内审2次。强化院长质量管理查房，完成院长检查3次，主管院长检查18次，不合格5项。做好质量管理监控分析，每月定期对全院医疗质控进行点评分析，每季度对全院的工作量及效率指标在全市三级综合医院范围内进行对比排名。

规范临床诊疗和技术操作，下发《临床诊疗指南》及《临床技术操作规范》；启动并开展临床路径工作，17个临床科室遴选33个病种作为第1批临床路径管理病种。

采取医疗安全培训、开通黄医生邮箱等多种方式加强医疗安全的监督与防范；制订《手术风险评估制度》等，加强手术患者的术前风险评估和手术风险防范。

做好成本管控管理，成立成本管控领导小组，召开院长专题会，制订医院成本管控改进方案。引入成本管控核算软件，为下一年度预算管理奠定基础。

创建人民满意医院工作，患者满意率92.0%。

医疗工作　门诊885639人次，急诊73126人次，急诊危重症抢救2553人次，抢救成功率98.55%。床位798张。入院15704人次，出院15775人次，床位周转19.76次，床位使用率80.11%，平均住院日15.03天，七日确诊率96.54%，出入院诊断符合率99.70%，治愈率47.22%，好转率47.59%，死亡率3.85%。住院手术7249例。无孕产妇、新生儿死亡，围产儿死亡率3.76‰。

新技术、新疗法。消化内科的消化道胶囊内镜检查，心内科的血管内超声系统检查，肿瘤科的脾动脉栓塞术，宫腔镜中心的宫腔镜高频微波子宫内膜去除术。

病案管理。出院终末病历14271份，病案室质控13892份，质控率97.34%；病历返修前甲级率99.11%。加强病历质量控制管理，成立病历质控专家组，制订《病案质量控制专家组工作制度》，提出病历质控关键在运行病历，出院病历在患者出院时由科室质控医师完成质控。组织全院医师观摩卫生部2010年全国三级综合医院病历质量评比活动病历巡展。

医院感染管理。医院感染率2.20%。细化院感综合目标考核标准，根据综合目标进行督导和反馈。加强抗生素合理使用管理和督察，开展抗菌药物专项整治。成立抗菌药物应用管理领导小组，制订《合理使用抗菌药物专项工作方案》，对处方和医嘱中抗菌药物的使用情况进行统计和分析，规范抗菌药物的合理使用。

医保工作。全年医保出院 8268 人次，总费用 13776.57 万元，次均费用 16662.52 元。完成医保特殊病审批单、转诊单的电子版申请，启动医保急诊留观操作流程，在医生工作站设立“开药政策提示”。加强医疗保险单病种管理，对单病种执行情况进行统计分析，临床科室单病种执行符合率 91%。

医疗支援。派出 3 批医疗队及 1 批专家队共 21 人前往内蒙古自治区科右前旗人民医院开展为期 1 个月的对口支援，累计支援 2520 天。完成手术 120 例，疑难病例会诊及抢救 24 例，开展新技术 12 项，专题讲座 40 次，教学查房 356 次，业务培训 840 人，健康讲课 6 次，义诊 960 人。接收科右前旗人民医院进修 13 人，累计进修 1530 天。与门头沟区斋堂医院签署新的对口支援协议，派妇科、宫腔镜中心、干部保健科、针灸科、超声影像科、病理科等多批医疗队进行 1～3 个月的帮扶，累计 454 天。超声影像科接收 1 名对口支援单位医务人员进修 6 个月。派 1 名外科专家前往新疆维吾尔自治区和田市人民医院开展为期 1 年的帮扶工作。156 名医务人员赴月坛社区卫生服务中心进行不少于 15 天的社区服务工作。

医疗纠纷处理。全年受理患者医疗投诉 58 例，构成医疗纠纷 19 例，已解决 11 例，待解决 8 例（其中法院诉讼 4 例）。解决遗留医疗纠纷 4 例。全年赔付 86.58 万元。

护理工作 开展优质护理服务示范工程，建立优质护理服务共建机制，全院示范工程病区开展率 100%。推进新型护理模式——责任制护理的实施，细化护理组织管理框架，重新制订护理岗位说明书，明确任职资格，确定岗位职责和工作标准。探索护士的能级管理，实施主责护士竞聘上岗。修订护理制度 13 个，完善临床护理标准 5 项。护理文件书写合格率 96.68%，基础护理合格率 96.03%，特级合格率 97.30%，一级护理合格率 95.09%，技术操作合格率 99.24%，急救物品完好率 99.86%。

全年在核心期刊发表护理论文 5 篇。接收首都医科大学、北京卫生学校临床见习 90 人次、临床实习 99 人次、成人带教 65 人次。新护士培训 16 次，护士长培训 11 次，院内培训 14 次。本院护士外出进修 11 人次，培训 138 人次，外院护士来本院进修 24 人次。组织教学培训 10 次。

科研工作 全年申报 18 类科研立项 105 项次，中标 21 项，其中省部级 7 项、局级 4 项、局级以下 10 项，资助经费 128 万元。在研科研课题 108 项，其中结题 23 项、执行 72 项、延期 13 项。获西城区科技进步奖一等奖 2 项、三等奖 1 项。普外科骆成玉参与完成的“乳腺癌早期诊断及微创治疗关键技术的基础与临床研究”获中华医学科技奖一等奖（第二完成单位，第三完成人）。

月坛社区卫生服务中心的“社区 4 种常见疾病适宜技术规范推广”、宫腔镜中心的“妇科微创与功能诊治技术的推广应用”、普外科的“乳腺肿瘤微创与功能手术技术”获市科委、市卫生局首都十大危险疾病科技成果推广项目资助，相关技术将在本市 20 家二、三级医院推广应用。

全年发表论文 180 篇，包括国际期刊 14 篇（最高影响因子 2.929，平均影响因子 1.636）、中华级期刊 31 篇；在各级各类学术会议交流论文 103 篇。中国科技信息情报所公布 2010 年检索数据：科学引文索引扩展版（SCIE）收录论文 2 篇（最高影响因子 2.550，平均影响因子 1.752）、文献 2 篇，科学引文索引光盘版（SCI－CDE）2005～2009 年 2 篇论文被引用 6 次，工程索引核心部分（Ei）1 篇，科技会议录引文索引（CPCI－S）1 篇，MEDLINE 收录 4 篇，中国科技论文与引文数据库（CSTPCD）收录 162 篇，被引用 516 篇次。主编著作 1 部，参编著作 3 部。

医学教育 内科学和妇产科学获批北京地区住院医师规范化培训基地。内科培训基地培训 11 人，妇产科培训基地培训 3 人。全院专业技术人员参加继续医学教育，参与率 100%，学分达标率 100%，传染病防治知识培训考核合格率 100%。

承担首都医科大学临床医学、中医学专业本科生 4 个班 171 人和护理大专班 2 个班 222 人的教学工作。新增急诊医学博士培养点，承担首都医科大学 14 个研究生培养点（专业）的教学管理工作，其中博士培养点 2 个（神经外科学、急诊医学）、硕士培养点 12 个（急诊医学、神经外科学、神经内科学、心内科学、肾内科学、血液病学、内分泌学、普通外科学、泌尿外科学、妇产科学、全科医学、影像医学）。录取研究生 37 人，其中统招博士生 3 人、硕士生 15 人，七年制研究生 6 人，同等学力博士研究生 4 人、硕士研究生 9 人。接收进修 114 人。

举办国家级继续教育项目——宫腹腔镜手术技术培训班 6 期 230 人；实施国家级继续医学教育项目 3 项：第 19 届北京·国际宫腹腔镜学术研讨会、北京第 8 届全科医学与社区卫生学术大会暨 2011 中国医师协会全科医师分会年会、第 8 届全国乳腺疾病微创与功能治疗学术会；实施市级继续教育认可项目 1 项：重症医学与急性肾损伤；4 项继续教育项目累计 1500 余人参加。为本院职工举办学习班 74 次，13701 人次参加。全年脱产学习 50 人，到院外进修 6 人。

国际交流与合作 全年接待外国专家学者来院参

观讲学11批85人，出国学习、进修7人，2人3次参加国际学术会议，公派出国考察3批22人。

信息化建设 完成电子病历（会诊记录、术前讨论、有创诊疗、死亡记录）的权限管理；医生工作站实现医保合理用药拦截程序限制；在护理管理信息系统中使用护理电子排班，提高护理管理效率；完成院部与社区卫生服务站间基于HIS系统的双向转诊的网络连接，实现患者就诊信息通过HIS系统的传输与共享；完成医院预约挂号在114预约挂号平台系统上线；完成新版病历首页修改及新旧模板的切换；完成医院门户网站的改版及切换。

基本建设 改造扩建新图书馆254平方米、供应室约800平方米；对热力系统进行改造，提高北病房楼供热温度约10摄氏度；对15部电梯进行维修，更新北楼中厅电梯。

（撰稿：张　岩　审稿：刘　静　王丽虹）

领导名单

党委副书记 张燕丽　惠春霞

院　　长 席修明

副 院 长 张进生　罗　雯　刘　静　杨　明

北京积水潭医院
北京大学第四临床医学院
北京市创伤骨科研究所

（西城区新街口东街31号）

邮编：100035　电话：58516688

网址：www.jst-hosp.com.cn

基本情况 职工2391人，其中卫生技术人员2029人，包括正高级职称88人、副高级职称155人、中级职称542人、初级师779人、初级士465人；其他专业技术人员173人；行政管理人员59人；工人130人。合同制职工224人。

医疗设备总值56033万元。本年度购置医疗设备总值3589万元，其中10万元以上设备40台，价值1004万元；100万元以上设备9台，价值1906万元。

获奖情况。北京积水潭医院被评为北京市无偿献血先进集体，《急诊室的故事》获第15届中国行业电视节目展评专题类二等奖，北京市红十字基金会授予“共铸中国心”爱心医疗单位。蒋协远当选第3届首都十大健康卫士，孙丽芳被市总工会评为女职工组织建设工作先进个人，许保海获北京市医药卫生职业技能（中药鉴别）比赛一等奖。

机构设置 临床科室39个，医技科室13个，职能处室23个。11月，成立胸外科。

改革与管理 作为北京市事业单位公开招聘的试点单位，得到市委和市人社局联合专项检查的好评。通过公开招聘接收应届毕业生75人，接收军转干部2人。批准医院事业编制3269人。完成《医院及研究所机构编制清理规范报告》，对医院及为医院提供服务的单位用工形式、人员情况、收入、合同、保险及同工同酬情况进行摸底调查，配合市卫生局完成300份的调查问卷。院长田伟入选领军人才，冯华、周一新入选学科骨干。2人获北京市优秀人才培养专项经费资助。

医疗工作 门诊1018248人次，急诊162727人次，急诊危重症抢救1550人次，抢救成功1380人次。入院32967人，出院33012人，床位周转31.47次，床位使用率98.76%，平均住院日11.56天，七日确诊率92.96%，出入院诊断符合率99.95%，治愈率74.83%，好转率21.93%，死亡率0.69%。住院手术26728例。

应急医疗救援。组织救治福建建阳森林火灾；4月，救援和平里煤气爆燃事件、大兴区旧宫镇火灾的伤员；“7.23”甬温线特别重大铁路交通事故，派出医疗专家2批；8月，“海疆召唤2011”跨区海上救援、警用直升机坠落密云水库、西城区大觉胡同京品居饭馆突发爆炸的救援；9月，北京同仁医院徐文主任被砍事件的救援；11月，贵州福泉爆炸事故的救援；12月，郑州校车翻车事故的救援。组织广东省中山医院大型义诊活动2次、地坛公园“职工健身健康”义诊1次。参与各种大型保障活动、会议5次。3月16日起，开设麻醉科门诊，接诊171人次。

医疗支援。神经外科苏亦斌和泌尿外科黄广林完成为期1年的援疆任务。分期分批派驻医疗、管理、护理等人员前往内蒙古自治区伊金霍络旗等2家医院支援，共派出62人次，接收进修14人。医疗支援延庆二院及旧县镇医院，出诊医师176人，其中副主任职称及以上医师47人、主治医师129人；出诊2078次；手术7例；疑难病会诊53次；教学查房45次；健康查体422人次；学术讲座58次；业务培训1014人次；大型义诊2次484人；接收进修2人。

医患关系协调办公室接待各类纠纷660例，其中门急诊530例、病房130例，包括医疗质量投诉239例、服务态度投诉221例、管理流程投诉200例。医疗纠纷75例，占投诉总量的11.36%；妥善解决55例，14例医调委讨论中，6例法院诉讼中。诉讼案件76例，结案40例，36例正在审理中。医患办与教育处联合举办医患沟通艺术培训，与保卫处联合开展医疗安全培训，与护理部进行新护士长培训，以及为手术室、口腔科等针对性培训，提高临床医务人员的法律意识、自我保护意识及风险意识。8月，首都医学发展基金子课题“北京地区医疗纠纷标准化处理制度的探究”提交结题报告，经医调委及市卫生局医政处认可并推广。与北京安定医院合作承担首都医学发展基金项目“首都地区卫生信访人员心理压力的调查及压力疏解方法的研究”。在中华医院管理杂志发表《医患主导型医疗纠纷协商解决方式的重建》。

病案管理。甲级病历率97.6%。召开科主任协调会5次，制订手术科室、非手术科室、门诊无床、医技科室等多个考核级别。6月，在医院电子病历系统中新增电子会诊申请专栏，完成电子会诊申请9919次。实现运行病历到终末病历的全程质控，检查终末病历29841份，发放返修单2915份。重点监管手术室运行病历及终末手术文书，抽查手术室运行病历312份，发现有缺陷52份。组织新入职医师和病历缺陷较多医师参观北京协和医院病历展。

医保工作。全年医保出院8778人次，总费用20182万元，次均费用22992元。接受上级主管部门检查14次。门诊医保拒付782人次88559.86元，住院医保拒付76人次9454.29元，共计98014.15元。

医院感染管理。医院感染发病率0.49%。I类切口19040例，切口感染24例，感染率0.13%。修订医院感染管理考核细则和传染病制度。对病房、门急诊及辅助科室进行医院感染管理消毒隔离常规考核检查1000余次；开展一次性使用无菌物品的进院资质审核，审核和备案31份。医院感染宣传培训250余人次，医院感染知识等讲课3次1000余人次，抗菌药物临床应用专项整治医师培训400余人。

护理工作 护理文件书写合格率97%，护理病历书写合格率98%，基础护理合格率97%，特级、一级护理合格率98%，技术操作合格率98%，急救物品完好率100%。

护理部提出“优雅服务、优质护理”的服务理念，要求护理工作在服务上“优”、行为上“雅”、技术上“精”。完善各项护理规章制度、标准、流程200余项，护理常规1000余项；修订疾病护理指南39项。年初，创七病房被评为全国优质护理服务示范病房，护士长陈爱玲被评为全国优质护理服务优秀个人。4月，北京积水潭医院被列为卫生部110家部级重点联系医院。西三病房、创八病房、干二病房、神外病房被市卫生局、市中医局评为优质护理服务示范病房，脊柱病房、神内病房被评为院级优质护理服务示范病房。组织全院护士操作技能大练兵，620人参加。制订《星级护士评比标准》，选出26名星级护士。有专科护士34人，进行专科护士培训24人，包括急诊、手术室、ICU、PICC、静脉输液、糖尿病等。派出护士长156人次、护理骨干外出进修学习。接收进修：骨科手术室37人、烧伤6人、ICU 9人、内蒙古自治区伊金霍络旗医院护士6人。承担北京大学护理学院、北京中医药大学、天津高等医学专科学校、北京护士学校等护理学生的教学工作，护理部组织教学情况调研7次。接收北京大学本科生实习及带教10人、大专生临床实习106人。上半年，接待新加坡40人的代表团、郑州骨科医院代表团、杭锦旗医院5名护士2个月的学习。参与组办、协办骨科学术会议，如亚太脊柱外科会议，本院80名护理人员参会，120名护士投稿，其中30名护士在大会发言。编写《骨科手术相关器械使用操作指南》，护理部组织编写《天使加油站——骨科分册》《骨科用具护理指南》。

科研工作 获得资助19项，经费692.32万元。在研课题69项，结题6项。运动损伤科冯华、矫形骨科周一新入选北京市第1批“215”高层次卫生技术人才学科骨干培养计划。“胫腓骨骨折的系列研究及其临床应用”获国家科学技术进步二等奖，手外科潘勇卫、田光磊的“拇甲皮瓣移植再造拇指造成足功能损害的关键问题及手术方法改良”获北京市科学技术进步三等奖。发明专利1项：一种医用智能测试调节负重量的鞋垫。发表科技论文461篇，其中SCI收录31篇。著作4部。

医学教育 承担北京大学医学部教学及临床实习任务，在读统招研究生20人、在职研究生20人，硕士生、博士生11人毕业，2人获聘北京大学医学部博士生导师并参加导师培训。首批招收清华大学硕士生1人、硕博连读3人、博士生2人，3人获聘清华大学兼职教授。承担北京护士学校134人，北京大学医学部护理大专98人、护理本科10人的授课和实习任务。受市卫生局委托，与密云县医院建立“手拉手”帮带活动。8个住院医师规范化培训基地（内科、外科、急诊、麻醉、影像、药学、全科、检验）招收新学员21人。举办国家级继续教育项目15次、市级21次、区县级92次。有5名医师获基金资助出国进修。批准4名医师出国进修。接收进修医师436人。培养学科骨干16人（北京大学医学部春季访问学者4人、市卫生局区县级学科骨干8人、人事部新疆维吾尔自治区特培2人、人事部西藏自治区特培2人）。

国际交流与合作 全年接待外宾来访6次，其中澳大利亚卫生部官员5人、美国RSS骨科医院2人、日本骨科协会2人、日本国立弘前大学专家2人、美国骨科技术公司2人、意大利Rizzoli医院1人。派出5批20余人次参加香港骨科学院及英国奥丁堡皇家外科学院的培训及考试。香港骨科医学院和英国爱丁堡皇家外科学院联合授予刘波、韩巍英国爱丁堡皇家外科学院和香港骨科医学院院士称号。

5月，举办第8届亚太计算机辅助骨科学术年会，中国、美国、日本、韩国、泰国和中国香港等300余人参加。5月30日，举办积水潭－郑州骨科医院院际交流会。8月12～14日，举办第8届北京骨科年会，1000余人参加。10月23日，举办积水潭－西安红会院际交流会，西安红会医院建院100周年，本院40余名临床专家和职能部门领导参加。

宣传工作 自办《积医新闻》17期，约100条。制作专题片23部，如《骨健康》《建院55周年和春节庆祝活动》《骨肉相连》《急诊室的故事》等。《骨肉相连》获北京市卫生系统“杏林杯”电视片汇映评比一等奖，《急诊室的故事》获第15届中国行业电视节目展评专题片类二等奖。完成英文页面设计和更新。为进修生开设“进修论坛”网页。发布信息3345条、图片6700余张、通知公告328条、专题版面153个。主办《积水潭》院刊12期、《积水潭》健康版12期。在市卫生局卫生好新闻评比中投稿15篇，获二等奖1篇、三等奖1篇、优秀奖3篇。

信息化建设 新上线系统或模块：预约挂号工程、临床路径管理系统、院内感染管理系统、会诊管理系统、医保患者急诊留观实时结算管理、重症监护系统、物资管理系统、病案扫描系统、配液中心管理系统等。系统升级改造并投入使用：电子病历系统、人力资源管理系统、手术申请与麻醉监护系统、合理用药与药物咨询系统、病案流通管理系统等。正在实施或测试中的系统：抗生素使用管理系统、电生理系统、骨库管理系统、患者自助增值服务系统。为内科门诊、创伤急诊等近30个部门更换老化设备，新增台式电脑85台、各类打印机76台。骨科专家门诊、内科门诊、眼科门诊增加分诊叫号屏幕。对办公楼、教学楼、后勤楼、综合楼、动物室等建筑进行网络改造，增加或更换设备，调整线路。配合门诊楼扩建，改造院区内地下网络管线（数据、语音）。

后勤与基建 门诊楼扩建工程，排查门诊楼后的水、暖、电等管线，配合施工单位完成管线改造，配合供电部门完成配电设计及外电源施工招标。完成后勤楼装修。6月30日，完成新北楼亮化工程。增加锅炉烟气余热回装置，实现节能减排。完成东路管道更换保温，西宿舍房屋防水，暖气上、下水更换，卫生间、厨房装修，公共场所粉刷。更换部分氧气分气缸。完成木工室用房的翻建。

积水潭医院回龙观院区续建工程基本完工。门诊楼扩建及地下车库工程，总投资5820万元，其中地上三层为门诊用房，3533平方米；地下四层为机械式停车库，3985平方米。

安全保卫工作 抓获号贩子129人、医托24人、散发小广告39人，处理医患纠纷100起，抓获盗窃嫌疑人17人，处理醉酒25起，发还捡拾物品47件，治安拘留44人，刑事拘留8人，处理刀砍伤12起、弃婴1起、黑护工6人。加强外来务工人员的管理，全年登记备案677人，协助办理暂住证169人。接报、受理各类治安事件并调解处理1384起。

（撰稿：陈春玉　审核：任　轶）

领导名单

党委书记　辛有清
副 书 记　田　伟　赵晓兰
院　　长　田　伟
副 院 长　贺　良　蒋协远

首都儿科研究所
首都儿科研究所附属儿童医院

（朝阳区雅宝路2号）
邮编：100020　电话：85695555
网址：www.shouer.com.cn

基本情况　职工1280人，其中在编971人、合同制309人。在编职工中，有科研、卫生技术人员773人，包括正高级职称54人、副高级职称81人、中级职称259人、初级职称354人、未定级25人；其他技术人员32人；行政管理人员90人；工勤人员76人。

医疗设备总价值：医院14423.82万元，研究所2449.78万元。医院购置医疗设备总值1106.27万元，其中10万元以上设备37台762.28万元、100万元以上设备2台258.50万元；研究所购置医疗设备总值317.11万元，其中10万元以上设备1台55万元、100万元以上设备1台228.2万元。

获奖情况。首都儿科研究所被评为北京市无偿献血先进单位、北京地区学位授予信息报送工作先进集体、北京青年健康使者火炬行动优秀志愿服务集体、北京青年健康使者火炬行动优秀志愿者服务项目、北京青年健康使者火炬行动组织贡献奖。药剂科获全国卫生系统最有特色医院科室文化建设奖，流行病室被评为北京市职工创新工作室。中心仪器室权力当选全国卫生系统青年岗位能手，张霆获首都劳动奖章，陈育智当选首都健康卫士，审计科欧洪珍被评为北京市内部审计先进工作者，杨学静被评为北京市优秀团员，丁志强被评为北京市无偿献血先进组织者，流行病研究室米杰入选首批“科技北京”百名领军人才培养工程，科研办宋明辉、明安晓获首都无偿献血志愿服务优秀者称号，内科李正莉被评为北京青年健康使者火炬行动优秀志愿者。

机构设置　感染管理科由二级科室改为一级科室。

改革与管理　完善并落实所院“十二五”规划。力争东所扩建征地，西所拆迁选址。所院财务总收入6.58亿元，比上年增长19.80%；总支出6.16亿元，比上年增长17%。

预约挂号并入市卫生局统一预约挂号平台，配备专门场所、专职人员及专线电话，开展现场预约、复诊预约、出院预约、工作站间预约等，并改变就医模式，取消医生实名挂号。6月以后，预约率32.35%，爽约率4.93%。7月1日，门诊收费处正式启动POS刷卡系统。

启动临床路径管理，在10个专业开展18个临床路径管理病种。开展抗菌药物专项整治活动，清理抗菌药物品规，现有抗菌药物49种70个品规。实行抗菌药物分级管理，门诊抗菌药物使用明显下降。I类切口使用抗菌药物比例明显下降，由上半年的95.15%下降到19.83%。

组织全所科技人员和医务人员参加第16届全国儿科学术大会，有22篇论文在大会发言，其中研究所12篇、医院10篇。17篇入选壁报展示，27篇为书面交流。

创建人民满意医院。出院患者满意率98.24%，门诊患者满意率94.75%，护理质量服务满意率94%。

反商业贿赂。在OA系统播放警示教育片10部，组织党员、中层干部学习廉政准则并测试，出版廉政教育所报专刊，开展廉政建设大家谈，进行5个层面的廉政承诺活动，落实纠风工作责任。全所职工拒收红包18万元，收到锦旗180面、表扬信51封。

科研工作　申报各类课题29项，获资助1981.236万元，其中国家自然科学基金7项、国家“863”计划子课题1项、国际合作2项、部级课题5项、首都医学发展基金3项、首都临床特色项目2项、北京市科技计划项目2项、市委组织部优秀人才专项1项、市卫生局课题4项、市中医局课题2项。2项“十二五”国家科技攻关计划进入终审阶段：“妇女、儿童健康管理研究”，预算经费1000万元；“儿童心血管疾病的预警、诊治技术研究”，预算经费

700万元。在研课题133项，经费5092.7万元。结题19项，其中国家科技支撑计划3项、“973”计划子课题2项、“863”计划子课题1项。

获得科研成果4项，其中3项为第一完成单位，李辉研究员牵头的“中国7岁以下儿童体格发育调查研究及生长参照标准建立”获宋庆龄儿科医学奖，李龙主任医师牵头负责的“腔镜外科治疗先天性畸形的应用研究”及“腔镜外科治疗先天性畸形新技术方法研究与应用”分别获北京市科学技术奖及中华医学科技奖三等奖，宋昉研究员参与的“新疆地区苯丙酮尿症的筛查、治疗及基因研究”作为第二完成单位获新疆维吾尔自治区科学技术进步奖。

全年发表科技论文123篇，其中SCI收录31篇，最高影响因子6.7，平均影响因子2.065。著作4部。

承办第6届宋庆龄儿科医学奖颁奖仪式暨2011宋庆龄儿科医学论坛。

医疗工作 检验科通过“CNAS ISO15189”认可评定后的第一次监督评审。

全年门急诊189万人次，抢救成功率89.03%。出院16128人次，床位周转39.06次，床位使用率99.12%，平均住院日9.27天，出入院诊断符合率99.91%，治愈好转率97.46%。手术10856例，其中住院手术5924例、门诊手术4932例。

新技术、新业务。眼科开展翼状胬肉切除术、眼睑结膜裂伤缝合术、虹膜伤口探查术、眼眶骨及上颌骨折复位术、严重软组织畸形眼窝成形、眶壁骨折整复术、眼分裂痣切除、上下睑疤切除、人工泪管植入术、人工义眼台植入术、活动性义眼眼座植入术，检验科开展嗜肺军团菌血清Ⅰ型IgM抗体、肺炎支原体IgM抗体、肺炎衣原体IgM抗体、腺病毒IgM抗体、呼吸合胞病毒IgM抗体、甲型流感病毒IgM抗体、乙型流感病毒IgM抗体、副流感病毒1、2、3型IgM抗体、热立克次体IgM抗体、肌酸激酶同工酶MB免疫法检测，耳鼻喉科开展听性脑干反应潜伏期、听性脑干反应阈值、听觉相关典韦反应测定、鼓膜切开置管术，保健科开展应用25-羟维生素D3、血清骨源碱性磷酸酶，口腔科开展口腔正畸门诊，输血科开展HIV新试剂检测，病理科开展肿瘤组织DNA分析，病毒研究室开展麻疹、风疹病毒IgM抗体测定。

病案管理。抽查运行病历201份，检查终末病历157份。甲级病历率99%。

医院感染管理。医院感染率2.64%。召开医院感染管理委员会会议3次，继续开展医院感染控制宣传周活动。定期组织传染病防病知识培训。

医保工作。办理医保患儿3283人次，费用2613.22万元，医保范围内金额1821.02万元，医保范围外金额792.2万元，大病基金支付1128.32万元，病人自付1484.90万元。

医疗支援。与本市6家医院开展“情系青海西部行”活动，在西宁市、海晏县开展义诊、查房、讲课等，接收青海省妇女儿童医院皮科的3名医务人员和海晏县人民医院的1名儿科医生免费进修。组织医疗队5批23人赴内蒙古自治区乌拉特前旗医院及五原县医院开展京蒙对口支援工作，进行疑难病会诊、专题讲座、教学查房、示范教学手术等，并接收五原县医院1人进修。开展“老少携手”京郊行、“山区儿童健康行”、健康使者火炬行动等。组织六一儿童节、七一所庆专家义诊咨询活动。新疆维吾尔自治区和田地区发生脊灰重大事件后，选派4名专家赴疆会诊、指导治疗。外科马强作为第7批第1期援疆干部完成为期一年的对口支援工作回京，急诊科李铁耕作为第2期援疆干部即将赴疆。

医疗纠纷处理。全年接待、处理医疗纠纷投诉967件，其中院内解决957件、调解中心解决5件、法院诉讼5件；未结案件18件，其中调解中心13件、法院诉讼5件。医疗赔偿199.1万元，其中保险公司赔付51.7万元、医院赔付147.4万元。月坛专家门诊部因拆迁过程中的失误导致本所被起诉，赔偿22.44万元。

护理工作 完善护理管理制度，增加分层培训方式与内容。继续试行护理移动工作站。与协和医院、平谷区医院搭成共建医院，风湿专业病房当选北京市优秀示范病区。通过了朝阳区对本院继续教育基地的检查。以护理缺陷分析会等方式，加强护理质量监督检查及反馈。护理文件书写合格率96%，基础护理合格率96%，特级护理合格率99%，一级护理合格率97%，技术操作合格率98%，急救物品完好率100%。

完成所级护理科研课题2项，申报所级护理课题1项。在核心期刊发表护理论文3篇。带教临床实习145人次，接收进修护士26人次。参加护理管理、专科进修、专科护士资格认证、护理学术年会58人次。组织继续护理学教育109项，9458人次参加。

医学教育 投入教育经费54万元，加强对科研、临床、管理、后勤骨干人才的培养。承办国家级继续教育项目3个、市级项目1个，组织学术活动35次，4204人次参加。选派17名中青年医师参加中法急救医学培训。医院专业培训600人次，业务进修1人次，完成学历教育25人，卫技人员继续教育学分达标率98%。在培本院住院医师176人，在培率100%，21人通过住院医师/专科医师培训阶段考核。

完成北京大学医学部、首都医科大学、北京卫生学校等721名学生的儿科教学任务，接收国内进修75人。在读研究生82人，其中博士研究生17人、硕士研究生65人；毕业博士生6人、硕士生22人。获批张霆、赵京为北京大学医学部博士生导师，张琪为硕士生导师。

国际交流与合作 接待外宾9批18人次，派出42批54人次赴国外考察及参加国际学术会议，派出3人赴国外儿童医院进修，学成后归国，开展科技合作8项。李龙当选世界小儿外科联盟理事，成为理事委员会8名成员之一，负责亚洲区工作。成功申请2013年国际小儿腔镜外科（IPEG）大会的主办权。

信息化建设 完成预约挂号流程改造、门诊医保数据规范上传的流程改造、新农合数据接口的系统改造。扩展信息系统业务覆盖面，完成各项管理目标系统建设，如东西所联网并库及业务整合、传染病监控及医生站上报传染病卡、统计系统接口等项目。参与京医通项目试点等工作。完善中文、英文网站建设，网站新建栏目22个，回复患儿家长留言2823条，发布文章498篇，有91个国家/地区43万人次点击。

后勤与基建 完成病房楼地下二层二级配电室的搬迁改装工程，进行发电机带负荷试验和双路停电事故预案的演练。改造氧气房小液氧瓶工程。更换保洁公司。组织全所院在账固定资产清查盘点。完成门诊楼大厅地面的修缮。

保卫科配合相关部门及公安机关处理纠纷100余起，发现锁定盗窃嫌疑人4人次；配合公安机关打击号贩子2次；帮助患者家长找回遗失财物18000余元、手机3部、银行卡若干。

首儿药厂 坚持“以医带药、以药促医”的经营方针，打造集产、学、研、用于一体的经营平台。落实GMP新版标准的实施，承接同仁医院制剂代加工业务，与中日友好医院等签订共建制剂室的合作协议。全年收入15800万元，利润1600万元，增长10%。列入北京市药品质量管理“百千万”工程首批增产示范企业。

文化建设 在各大媒体刊出稿件182篇，上报卫生信息208篇，卫生信息网刊登101篇，北京卫生信息刊稿7篇，出版所报22期。3月，注册并认证新浪官方微博，除发布儿童常见病及保健常识、公众关心的热点医疗卫生新闻、生活健康提示外，还及时公布所院动态、健康大课堂通知、招聘启事等信息，举办12期微访谈。吸引“粉丝”45.3万人，在北京市418个政务微博中排名第三，在新浪开设的232家医疗机构官方微博中“粉丝”数量排名第二。

（撰稿：吕凌云　马慧娟　审核：范茂槐）

领导名单

党委书记　卢　平
副 书 记　杨　健
所　　长　范茂槐
副 所 长　张　霆　凌　科　王天有　陈博文（自5月）

北京回龙观医院
北京心理危机研究与干预中心

（昌平区回龙观）
邮编：100096　电话：62715511
网址：www.bhlgh.com

基本情况 职工1242人，其中卫生技术人员886人，包括正高级职称25人、副高级职称67人、中级职称252人、初级职称490人、未定级52人；其他专业技术人员119人；行政人员80人；工勤人员157人。

医疗设备总值4316万元。全年购置医疗设备总值963万元，其中10万元以上15台。

获奖情况。北京回龙观医院被评为首都精神文明标兵单位、首都平安示范医院，被市卫生局评为卫生系统政务信息工作优秀单位、人口和计划生育工作先进集体，医院信息化创新医疗服务模式十佳医院，获北京青年健康使者火炬行动组织贡献奖，财务日常报表工作先进单位、决算比赛一等奖。老少携手志愿服务项目被评为北京青年健康使者火炬行动优秀志愿服务项目，心理危机研究与干预中心志愿服务队被评为北京青年健康使者活动行动优秀志愿服务集体；精神医学研究中心团支部被市卫生局评为五四红旗团支部；临床四党支部被评为局级先进基层党组织；临床一科二病区在全市医疗机构全面推广优质护理服务示范工程活动中被评为北京市优质护理服务示范病区；在北京市科普写作、创作、创意大赛评选活动中，《椅子舞》《频频喝酒为何故，戒酒消愁愁更愁》《流着血泪的黑暗天使》《只戴一只耳饰走秀》获入围作品奖；《心灵的雕刻师——叶明》获市卫生局“杏林杯”电视片优秀奖；《心灵的舞者》获中国电视艺术家协会行业电视委员会第15届电视片专题片类一等奖、《什邡历炼，浴火重生》获三等奖。

机构设置 4月2日，基建室从总务科分离，恢复基建科。

改革与管理 实行岗位任职资格认定，对与岗位不匹配的人员进行调整。加大职务晋升院内考核力度，将所有专业职务晋升纳入院内答辩范围。建立《医德考评工作实施方案》和相关制度，考评结果纳入医务人员晋升、晋级、评先评优、绩效考核中。继续实施绩效考核，完成绩效考核和奖金分配系统的测试与评估。委托会计师事务所对医院的资产和负债进行全面清查、盘点和核实，并进行资产清查。对二级独立经济核算单位实行财务收支审计。对经济合同和基建维修工程先行内部审计。落实《干部任期经济责任审计制度》，做到凡“离”必审。

医疗工作 门诊86079人次。床位1295张。入院2247人次，出院2249人次，床位周转1.74次，床位使用率104.25%，七日确诊率99.69%，出入院诊断符合率97.01%，治愈率12.17%，好转率84.95%，死亡率1.21%。精神医学司法鉴定238例。收治美国、英国、澳大利亚等外籍精神病患者15人次。

落实“三好一满意”工作，重点抓好预约挂号、双休日门诊、优质护理服务、抗攻、抗菌药物临床应用专项整治等。强化医疗事件报告及处理，加强对医疗事件的分析和反馈，做到关口前移。继续狠抓病历书写质量，规范、简化部分体格检查项目。继续严格落实查房制度，对临床青年医师骨干进行培训；继续做好“三基三严”技能操作培训和竞赛；完成电子病历试点并在全院推行、住院病历书写培训等。推进精神疾病患者的职业康复，艺术行为治疗中心设立造型艺术、音乐舞蹈、认知行为3个专业组，为住院精神病人进行职业康复训练治疗。全年安排住院精神病患者外出会诊206人次，联系外院医师到本院会诊7人次；安排医师到昌平区东小口卫生院支援社区；完成院内内科疾病会诊198人次，危重症抢救29人次；精神残疾评定75人次；派出精神科医师到外院会诊22人次。3月，开始为住院精神病人进行骨密度检查。

病案管理。从6月开始，病案室到病区收取出院病历，出院病历48小时内归档，同时建立住院病历首页信息库，住院病人入院时门诊病历和住院病历一同随病人到病房。甲级病历率100%。

医院感染管理。实时监控临床科室，重点对乙肝、结核病、脊髓灰质炎、艾滋病、性病进行防控。每月及特殊时期对院感及传染病防控等情况进行通报。院感办组织全院医务人员进行院内感染、传染病防治知识等培训。修订并完善《医疗废物管理制度》。对病区餐具清洗与消毒、配膳员和病人手部卫生情况进行监测。开展全院性灭蟑行动3次。院感病例257例，医院感染率1.59%。

医保工作。定期举行医保现行政策的培训。完善医保定额付费试点工作机制，门诊病人持卡就医，实时结算。全年医保出院1088人次，占出院患者的48.38%。市医保中心在该院继续实行定额付费试点，核定医保住院病人最高收费标准184元/日，实际医保住院病人每张床日均费用250元，超出部分由医院垫付，并报请市医保中心协调解决。

对口支援。继续加强与同仁医院、佑安医院的对口支援精神科建设工作，以各科为单位开展对平谷、昌平、密云等本市8个区县的社区或农村精神卫生工作的对口支援。

护理工作 落实优质护理服务示范工程，强化护士责任意识，把时间还给护士，把护士还给病人。创造更好的条件让护士多接触病人，服务病人。融入适宜的康复训练内容，并建立长期机制。强调康复训练的持续性及有效性，提高患者参与的主动性。各病区加强病人的风险评估，将各项意外事件的防治关口前移，形成完整的三级风险评估体系（重病室、主班、护士长逐级评估）。开展新病人的针对性护理，每日评估新病人情况，要求护士了解病人的动态变化，实施有效的护理措施，做到无缝隙管理。

成立4个学术小组（英语、糖尿病、疑难病、急性病），分别开展多种形式的学术活动，定期举办全院性医护联合英语比赛及急救技能比赛。医院护理质量十项标准达标率99.23%。发生意外事件23人次，比上年减少30%。

科研工作　在研政府基金科研项目40项、国际合作项目4项、与其他单位横向联合项目14项。新开展科研课题21项，包括卫生部3项、国家自然科学基金2项、市科委1项、市卫生系统高层次人才项目1项、海聚工程引进海外人才1项、“十百千”人才基金1项、中华医学会施维雅科研基金1项，获研究经费1004.3万元。

国家临床药物试验机构承接药物临床实验12项，获研究经费192万元。医院伦理委员会对院内申请开展的科研项目进行评审。10月25日，成立北京大学中国药物依赖性研究所临床研究中心。

编辑《北京回龙观医院2010年度科研论文汇编》，收录论著83篇，其中中文75篇、英文8篇。在国内外发表论文论著86篇，其中核心或核心（遴选）期刊73篇，SCI收录13篇，最高影响因子8.273，平均影响因子3.317。发表科普类文章102篇。主编著作9部。

医学教育　承担北京大学医学部、清华大学、中国人民大学、河北联合大学、齐齐哈尔医学院等高校的教学任务，是北京大学医学部和河北联合大学硕士点，北京大学医学部博士点，齐齐哈尔医学院硕士点正在审批中。全年接收198名学生实习，其中北京大学医学部八年制本硕博10批100人、五年制留学生27人，培养北京大学医学部统招研究生6人，河北联合大学研究生1人，河北联合大学精神卫生专业本科生12人、应用心理学专业本科生18人，齐齐哈尔医学院精神卫生专业本科生10人、应用心理学专业本科生16人。

派出9名精神科住院医师到综合医院轮转学习。将住院医师培训与研究生培养计划相结合，制订出国学习和申请北京大学医学部硕士学位的规定。完成国家级继续教育项目3项、市级10项、区县级8项、院内25项。卫生专业技术人员继续医学教育达标率100%。完成研究生学历教育2人、本科教育3人、大专教育4人。面向社会举办心理咨询师培训班2期。接收短期学习1180人、进修95人。

心理危机干预　作为世界卫生组织心理危机预防研究与培训中心，完成农药管理、自杀未遂对照研究和认知行为治疗计算机化等课题，部分项目按时结题。开展男男同性恋心理筛查、重庆大学生心理健康调查。建立本市各级医院门诊自杀登记系统，把预防自杀的培训作为重中之重。开展认知行为治疗培训班2期、心理危机暨热线危机干预培训班2期和严重联合免疫缺陷（SCID）培训班1期，并接收心理危机热线实习。对外开展相关培训讲座和心理危机热线培训。参加云南盈江地震心理救助、四川地震灾区心理重建等，派出干预专家10余人次，在当地开展心理危机干预知识讲座数百场，筛查患者60余人，培训医师3400余人次，协助受援地区建立精神卫生医疗网，开通心理援助热线，参与市卫生局对四川省震后灾区的心理援建工作。北京心理危机热线全年24小时向社会提供服务。在大学校园、监狱、企业、社区等开展心理健康宣传和心理危机干预工作。

北京市心理援助热线全年接听求助电话19000个，其中女性占45.3%，中青年居多，75.5%为高中以上学历，学生占10.6%，无工作者占23.6%。拨打热线电话咨询的主要问题是家庭关系、人际关系和精神心理等问题。

健康教育　与市教工委、中国政法大学、北京信息科技大学、北京市爱依家政服务有限责任公司、黑龙江省大庆市第三医院和北京市监狱管理局清河分局等单位分别签订合作协议，举办法律与精神医学论坛，成立北京高校大学生心理危机预防与干预指导中心，建立监狱警察心理健康促进基地和服刑人员心理健康重塑基地；与市公安局昌平分局建立警民共建合作单位。

参与卫生部《2009年卫生标准制（修）订项目计划》中的《国家“十二五”科技需求建议（精神卫生部分）》《重性精神病人服务机构的专业人员类别、数量及培训要求的五年规划》《国家突发事件心理危机干预应急预案》等部门规章、行业规范的撰写工作。与市人大法制办共同开展北京市哲学社会科学“十一五”规划项目之一“关于地方立法质量和实施效果关系”的研究，并撰写《〈北京市精神卫生条例〉实施效果》报告。参与由市政府牵头，市卫生局、市健康促进工作委员会组织，10名国内知名院士审定，北京10家三级医院的千余名专家共同编写的系列科普丛书《健康大百科全书》的编写工作，并主编其中的心理健康分册。主编《中国失眠防治指南》，并承担卫生部“2011年医疗服务标准制订项目（精神分裂症诊断、双相情感障碍诊断）”的起草，参与卫生部“2011年医疗机构标准制定（精神专科医疗机构基本要求）”工作。

作为北京市重性精神疾病治疗管理项目专家组组长单位、北京市精神疾病流行病学综合调查领导小组副组长单位、卫生部国家级心理危机干预专家组副组长单位，负责北京市重性精神疾病的治疗管理项目，并具体负责指导北京市8个区县的精神卫生防治工作。10月10日，在世界精神卫生日宣传活动中，本院为宣传活动的第2分会场，举办了北京市第2届精神康复者职业技能大赛。

其他工作　承办第7届中国医师协会精神科医师

分会年会，参会1450人。

国际交流与合作 全年接待外宾来访6批29人次，出国4批5人次。张向阳博士与美国贝勒大学多年合作，开展多项精神医学的生物学和药理学方面的科研，获得多项北京市科委重大研究项目和首都医学发展基金的资金支持。与澳大利亚卧龙岗大学、美国耶鲁大学、英国伦敦大学等达成互派学员学习的共识。继续保持与法国巴黎百瑞－弗律克思医院的友好合作关系，双方商定互派技术骨干到对方医院进修学习。3月，卫生部国际合作司、法国公立医院集团管理局到医院洽谈提升双方合作关系的方案，敦促中法精神卫生合作关系迈向中法政府间的友好交流项目。与日本、韩国共同探讨临床艺术治疗精神疾病的模式与效果。

信息化建设 完成与114预约挂号平台的对接，改造门诊与住院收费系统、药品库存管理系统、物资与设备管理系统等模块，进一步整合实验室信息管理系统（LIS）与医院HIS系统，调试护士模块，正式启用电子病历系统。整合医院机构网站和北京心理危机与干预中心网站，将心理危机干预中心的网站服务器迁转到计算机中心管理。对OA系统进行改版升级，完成医院工薪管理系统的研发，将职工工资、奖金、考勤、补贴等纳入该系统。自主研发摆药机接口程序和病人用药（包括抗生素使用）情况统计程序。

后勤与基建 完成十八病区平房翻新改造工程，建造并初步完成康复训练中心一期。修缮院区及家属区所有房屋房顶、雨水管，对部分屋面进行防水修补，完成病区及办公用房改造4处。新门急诊楼工程及配套工程进入前期准备阶段。

（撰稿：彭守文　审核：杨甫德）

领导名单

党委书记　张文中
副 书 记　杨甫德　刘　静
院　　长　杨甫德
副 院 长　张文中　王绍礼　庞　宇

北京老年医院

（海淀区温泉路118号）
邮编：100095　电话：62456644
网址：www.lnyy.com.cn

基本情况 职工906人（在编727人、合同制179人），其中卫生技术人员763人，包括正高级职称20人、副高级职称61人、中级职称238人、初级师224人、初级士220人；行政、后勤人员143人。

医疗设备总价值17077.02万元。本年度购置医疗设备375台，总价值2776.01万元，其中10万元以上27台、100万元以上3台。

获奖情况。北京老年医院被评为北京市爱国卫生红旗单位、北京市人口和计划生育先进集体。外科党支部被评为市卫生局先进党支部，团委获北京青年健康使者火炬行动组织贡献奖。陈雪林在全国结核病临床诊疗技能竞赛中获三等奖，超声科乌兰获市卫生系统“党在我心中”演讲比赛一等奖，院办李保英被评为北京市人口与计划生育先进工作者，工会主席杨爱民等被评为市卫生局优秀党员，党委副书记朱江华、党办主任王磊荣当选市卫生局优秀党务工作者。

机构设置 成立医学整形美容门诊、健康管理中心、针灸推拿门诊、男科门诊、中医儿科门诊。

改革与管理 北京老年医院被批准为北京市工伤康复定点医院。正式启动绩效考核，并建立绩效考核体系。成立临床路径领导小组，建立相关责任制度，确定2型糖尿病等11个病种试行临床路径。加强重点学科建设，确定康复科为一级学科，老年痴呆、呼吸科为二级学科。

开展抗菌药物临床应用专项整治，制订《抗菌药物临床应用专项整治活动方案实施细则》及其相关制度，分批分期对全院医务人员进行培训和考核，并根据考核结果核发抗菌药物处方权。同时，与临床科主任签订抗菌药物临床合理应用责任书，控制抗菌药物的使用。

医疗工作 门诊207127人次，急诊26486人次，急诊危重症抢救659人次，抢救成功率96.81%。床位440张。入院6813人次，出院6765人次，床位周转15.28次，床位使用率92.10%，平均住院日21.8天，七日确诊率99.98%，出入院诊断符合率100%，治愈率18.60%，好转率77.54%，死亡率3.86%。住院手术1237例。

新技术、新项目。正式启用64排128层螺旋CT，呼吸科开展对COPD患者的治疗－康复一体化管理，耳鼻喉科开展鼻内镜下泪囊鼻腔吻合术，眼科开展生物羊膜覆盖治疗翼状胬肉手术，妇科开展新式子宫托治疗子宫脱垂、人乳头瘤病毒（HPV）检测、超声引导下宫腔镜子宫内膜息肉摘除术，消化科开展经皮内镜下胃造瘘术，ICU开展微创血流动力学监测（PICCO），病理科开展人乳头瘤病毒基因分型定量（实时PCR－双色荧光）分子探针检测等。

病案管理。组织专家讲解病历质控中出现的问题，并提出改进措施。加大病历质量控制的奖惩力度，完善病历出科前质量审核制度。甲级病历率99.41%。

医院感染管理。进行全员培训，院感人员外出培训6次，院内举办各类人员感染控制知识培训8次，发放资料308份。出院病历6765例，感染250例，医院感染率3.70%。加强医疗废物管理，巡视督查12次，配合上级检查11次。

医保工作。医保出院3167人次，比上年增加533人次，增幅20.24%；平均住院日23.6天，比上年减少0.5天；出院医保总费用6278.16万元，次均费用19823.68元。对医保病人住院费用实行动态管理，严把抗生素、白蛋白、肠内营养液、抗肿瘤及辅助用药等的使用审批。

医疗支援。分3批派出13名专家赴内蒙古自治区乌海市第三人民医院对口支援，建立3个重点学科，解决疑难病例会诊及抢救45人次，开展新技术新业务3项，举办专题讲座、教学查房及业务培训16次，累计支援242天。接收受援医院进修7人次，乌海市第三人民医院及本市密云县结防所领导来院参观、学习3批10人次，为密云县结防所人员体检17人次。选派康复中心副主任李翔赴顺义区妇幼保健院任院长助理。对医院周边的上庄、苏家坨社区卫生服务中心，密云县冯家峪乡卫生院等的医师进行业务培训、教学查房、手术示教等。

护理工作 全面推进优质护理服务试点病房。护理文件书写合格率97.90%，护理病历书写合格率97.90%，基础护理合格率98.10%，特级、一级护理合格率98.11%，技术操作合格率98.86%，安全护理合格率100%，急救物品完好率100%。

科研工作 在研课题11项，其中院内科研基金资助5项，首都医学发展基金1项，市卫生局和中医局青年科学基金1项，北京市优秀人才资助项目1项、合作研究项目3项。全年发表论文75篇，其中SCI收录2篇。

医学教育 全年完成首都医科大学、首都体育学院、天津高等医专等34人次的临床实习，接收临床及康复专业进修72人次。完成北京护士学校等184名学生的生产实习和临床教学工作。完成33名临床住院医师规范化培训以及5名住院医师进入基地培训的申报、前期培训、院内教育等。

完成国家级继续医学教育项目1项、市级继续医学教育项目1项、北京市卫生公益项目2项。全年举办业务讲座、培训40场，5263人次参加。学分制培训达标率100%。外出参加境内各类短期培训436人次、境外培训9人次；进修学习11人次，其中6人取得专科护士资格。老研所举办北京市社区老年保健适宜技术培训班6期，培训346人次。12月24～27日，举办全国老年医院联盟多学科团队整合培训班，培训260人次。

国际交流与合作 全年接待美国、法国、德国、澳大利亚、日本、中国台湾等专家学者来访交流7批21人次。选派业务骨干、护理人员6批12人次前往德国、意大利、加拿大、澳大利亚、新西兰、韩国、日本等国家参加国际会议，进行学术交流、培训、进修和考察等。3月，选派精神心理科于佳博士前往美国马里兰州国家卫生研究院神经学研究室进修学习。6月，与中国老年学学会老年医学委员会、北京市第二医院、日本东京都健康长寿医疗中心和澳大利亚悉尼市宾士镇医院合作，申报课题“北京老年医疗连续性服务的构建策略及其应用研究”，获首都医学发展科研基金的重点支持，资助经费25万元。

信息化建设 新增体检信息系统、医院感染控制、抗生素管理、PACS系统等，并对LIS系统、医保业务、药剂业务、库房管理、财务管理、排队叫号系统等进行改造更新和维护。新增和更新各类HIS工作站68台、光缆7条，新增和更新交换机28台、打印机40台。完成门诊、住院医生站操作员、体检软件操作员培训和考试116人次。通过OA发布新闻113条，点击率28116人次。外发宣传信息31条，发布文章28篇，点击率1281人次。

信访工作 全年接待来访来电220人次，落实来访206人次，接到投诉49起，解决47起。建立医疗纠纷赔偿基金的管理办法，全年支付医疗纠纷赔偿

89921元。全年收到表扬信60封、锦旗41面，拒收现金约5万元。利用院内网络信息平台，定期发布《侵权责任法》案例，点击率约2000人次。

后勤与基建 总务处、营养科通过ISO 9001体系运行标准认证。制订后勤部门质量目标，建立健全工作制度和措施，全年安全检查54次，查处整改隐患20处。后勤服务满意率提高到92.7%。

完成综合服务小院和车队装修的招投标及改造、住院楼两部电梯更新改造的招投标，启动住宅公租房建设项目，完成科教综合楼建设项目报批手续。

其他工作 参与编写的《健康大百科丛书——老年篇·美丽夕阳红》定稿，约30万字，院长陈峥任主编，老研所宋岳涛博士、体检中心马毅博士任副主编。医院组织编写的《老年病诊疗手册》定稿，约40万字，院长陈峥任主编，老研所王进堂博士、宋岳涛博士任副主编。

（撰稿：李保英　审核：杨爱民）

领导名单

党委书记 张洪林
副 书 记 陈　峥　朱江华
院　　长 陈　峥
副 院 长 张洪林　杨　兵　王玉波　刘运湖

北京小汤山医院
北京小汤山疗养院

（昌平区小汤山镇）
邮编：102211　电话：61789012
网址：www.xtshos.com.cn

基本情况 职工664人（在编323人、合同制341人），其中卫生技术人员171人，包括正高级职称4人、副高级职称17人、中级职称72人、初级师61人、初级士17人。

医疗设备总价值6972.9万元。本年度购置医疗设备总值1397.9万元，其中10万元以上设备8台、100万元以上设备3台。

获奖情况。北京小汤山医院被评为公共卫生文明单位、首都精神文明单位、计划生育先进单位。团委获北京市青年健康使者火炬行动组织贡献奖，临床团支部被市卫生局团委评为五四红旗团支部，总务科被评为首都绿化美化先进集体。医保办燕凯被市卫生局评为优秀团员、内科吴彩霞为优秀团干部，药剂科纪亚明获北京药学年会“千红杯”优秀药师称号。

改革与管理 以“医疗质量万里行”、“三好一满意”活动为契机，开展医疗质量的监督管理及质量控制。在内外科开展医师利用业余时间参加体检的试点，制订《关于医务人员业余时间参加体检有关规定》，安排11名医师189人次参加业余体检工作。调整出具体检报告审核流程，加强体检医师的准入管理，加强新参加体检工作的医师上岗培训及考核工作。

基本形成门诊与病房、临床与康复治疗、疗养与康复相结合的业务模式。加快康复工作发展，将康复治疗室分为康复治疗组、传统康复治疗组、温泉水疗组、康复评定组、A区治疗组。成立康复内科、康复外科、贵宾康复病区。

推进党务工作规范化、阳光化，制订《医院委员会党务公开实施方案》《党务公开考核评价制度》《党务公开工作责任制》等一系列配套方案。

丰富文化内涵，凝聚核心价值观，形成以“厚德、博爱、继承、创新”为院训的医院文化。经职代会表决，通过院训、院标、院徽和院旗。

医疗工作 门诊27508人次，急诊3593人次。床位577张。入院464人次，出院457人次，床位周转0.793次，床位使用率12.97%，平均住院日47.35天，七日确诊率100%，出入院诊断符合率100%，治愈率5.80%，好转率89.79%，死亡率2.78%。

全年接待俄罗斯、日本、巴基斯坦、缅甸等国外宾12人次来院疗养。

病案管理。重点加强环节病历书写质量的监督检查，每月对科室运行病历进行检查，提高了病历书写水平。甲级病历率93.73%。

医院感染管理。医院感染发生率1.98%。完善感染控制管理体系，及时调整传染病工作领导小组和医疗废物领导小组成员。定期监测科室环境、物品消毒、灭菌效果，及时汇总、分析监测结果，并采取有效的防控措施。修订供应室、医疗废物、门诊口腔科等6个重点科室的医院感染检查标准。加强医疗废物管理，定期对收集人员进行培训。

医保工作。全年医保出院158人次，总费用251.29万元，次均费用1.59万元。每日抽查门诊实时结算信息，降低拒付风险。对出院病历进行医保审核，层层落实，严把质量关。做好医疗保险总量控制，规范医保诊疗行为，落实实名制就医。

首次开展西部健康援助行动，开展健康知识普及活动，为青海省海晏发放健康知识折页7种8.2万份，为四川省汶川印刷折页10种4万份。

护理工作 修订护理工作制度30余项，制订《护理标志和护理风险预警制度》。建立护理质量检查与考核制度，修订护理质量评价标准，印制《护理质量评价手册》。护理文件书写合格率98%，护理病历书写合格率100%，基础护理合格率100%，特级、一级护理合格率100%，技术操作合格率100%，安全护理合格率100%，急救物品完好率100%。

组织护理继续教育讲课15次、各种专业培训3次，全院护士继续教育合格率99%。全年发表护理论文5篇。

科研工作 申报各类科研课题32项，获批市保健办课题2项，资助6万元。首次设立医院科研专项资金5万元，资助院级课题10项。

全年发表科技论文49篇，其中核心期刊9篇、科技部统计源期刊40篇。

医学教育 医技人员参加继续教育115人，达标率100%。开展继续医学教育讲座31项2365人次。全年开展职工健康大讲堂4项8场次664人次。脱产学习9人，外派学习、培训、进修9人。

年内，录取研究生6人，其中硕士研究生5人、博士研究生1人。

信息化建设 更新服务器，安装知己健康管理软件，方便客户健康信息的上传。带宽从原20M升速至30M，内网杀毒更换为瑞星杀毒软件。增加体检软件的阳性体征汇总及局级数据查询功能。进行医院VLAN划分，隔绝网络广播信息，保证网络带宽和信息安全。规范信息化软件更新发布及信息化业务办理流程。对HIS信息系统、健康体检信息系统、实验室信息管理系统进行安全等级保护备案，均为二级。

后勤与基建 完成A区装修改造项目施工招标和厨具、音响、电器、家具的招标及设计。完成B区餐厅和B区报告厅的粉刷。完成C区外檐改造、门诊楼粉刷改造、体检中心康复水疗馆顶棚改造、家属院单身宿舍楼和总务科办公区的门窗改造、医院部分管线更换改造、东西院门的改造，B区、C区、D区、E区煤气间改造，武警小楼安装隔断，门诊楼北门无障碍改造等。

其他工作 接待体检27282人次，比上年上升10.4%，其中局级干部体检比上年减少1%。疗养10393人次，比上年下降5%；会议10758人次，比上年上升45%。

开展各种健康知识讲座100余次，其中面向来院疗养的首都公安干警开展健康生活方式讲座40余场次，3800余人次受益；面向来院体检的市委、市政府各级领导及普通疗养客人开展健康讲座40场次，3370余人次受益；面向外交部老干部开展健康讲座6场次，300余人次受益；到外单位举办健康讲座近20次，上万人次受益。

10月15～17日，承办中国康复医学会第22届疗养康复学术会议，康复中心专家做题为《健康管理在康复医学中的应用》的报告。

10月，为3批次89名在京院士提供健康管理服务。制订体检基础套餐8套、高端套餐4套，增设含有基因检测项目在内的价格在万元以上的高端套餐，满足不同消费群体的需求。

推进本市局级干部健康体检疾病预警方案的实施，为1926名领导干部做出预警分析。开展中医体质评估项目，并使之成为局级以上体检套餐中的体检项目。完善各项规章制度，调整体检工作流程，为客户提供个性化、多元化、人情化服务。

（撰稿：单　丹　审核：王立明）

领导名单

党委书记　李汝斌
副 书 记　张翠香
院　　长　平　昭
副 院 长　韩　萍　孙增艳　梁　英

北京市宣武中医医院

（西城区万明路甲8号）
邮编：100050　电话：63038881
网址：www. xwzy. com. cn

基本情况　职工383人，其中卫生技术人员316人，包括正高级职称9人、副高级职称26人、中级职称132人、初级职称149人；其他专业技术人员22人；行政及工勤人员45人。招聘职工23人，其中卫生专业技术人员19人、其他专业技术人员4人；包括硕士研究生3人、本科生8人。划规社区卫生中心编制103人。

医疗设备1406台（套），总价值4531万元。年内新购设备价值365万元。

西城区和宣武区合并后，经国家中医药管理局批准，于12月正式更名为北京市宣武中医医院。

获奖情况。北京市宣武中医医院获市人保局、市财政局医疗保险管理工作三等奖，市中医局“中医医院管理年”活动及中医医疗机构绩效考核评估进步奖，市中医局、市中医协会医疗质量监测二等奖，市献血办献血工作突出贡献奖，市中医局首届“同仁堂杯”北京中医药文化歌咏比赛三等奖。周围血管病科医师郭娴获市科协第12届北京青年学术演讲大赛优秀奖。全年收到锦旗14面、表扬信25封，

机构设置　8月，成立老干部科，负责369名离退休人员的管理协调工作。

改革与管理　1月，召开院级领导干部述职述廉大会，由中层干部及职工代表进行评议打分。3月25日，召开卫生工作会，提出5年内“实现一个目标、抓好两项工程、提高三个能力、增强四种意识、建好五个专科、完善六个体系”的发展思路。5月，与各临床科室主任签署抗菌药物临床应用专项整治活动责任书；6月29～30日，抗菌药物临床应用专项整治工作小组对全体临床医师进行专题培训和考核，132名医师通过考核。

6月20日，脾胃病科通过了国家中医药管理局专家组重点专科验收。制订“三好一满意”活动方案，向社会公开“以人为本、医乃仁术、大医精诚”为价值核心的6项服务承诺，推出一系列中医药预防保健服务措施。加强医务人员医疗质量和服务态度的培训与考核，每月定期上报“三好一满意”与应急工作信息。每季度在门诊、病区发放满意度调查问卷，患者总满意率96.7%。

10月1日，北京市宣武中医医院官方微博开通，当月点击率近万次。11月24日，市中医局示范中药房评审专家组来院检查，国家中药学专家金世元教授为医院题“中草药房”牌匾。12月，启动中医临床路径工作。12月7日，接受市中医局“医院管理年”活动的监督检查，达到三级医院12项核心指标的要求。12月28日，市中医局科教处对科研教学工作进行调研。

医疗工作　门诊311322人次，急诊5003人次，急诊危重症抢救32例。入院1325人次，出院1292人次，病床周转6.96次。完成高考体检2893人、门诊专项体检2690人次。

继续对临床科室及医务人员进行依法执业管理，新制订医疗制度8个、临床路径方案4个，出台抗菌药物专项整治方案。为新执业医师5人办理执业注册，未取得医师资格的6名医师参加医师资格考试。建立处方权和病历书写权的审批制度。对131名医师抗菌药物使用权进行授权管理。

派出多名医务人员参加第4届北京中医药文化宣传周暨第3届地坛中医药健康文化节的义诊活动。7月14日，三伏第一天，呼吸科、儿科为709名患者开展穴位贴敷治疗。10月22日，出席第2届北京中医药膏方节。

病案管理。全年检查出院病历1287份，医务科对终末病历进行评比和打分，并反馈到临床科室。甲级病历率96%。检查门诊处方16万张。

完善医疗救治应急预案3个，成立医疗救治小分队，并配备相应的医疗救治器械。全年派出医务人员

60人次，完成拆迁医疗保障、应急救护、义诊、医疗服务和医疗普查等27次。完成本地区突发事件医疗应急救护2次。

强化重点科室建设，各重点科室建立3种常见疾病的中医诊疗常规，开展处方汤头学习与背诵考核，并进行检查。协助周围血管病科等6个科室申报国家中医药管理局重点专科。制订儿科发展规划。

8月，体检中心经过验收复审，通过市体检中心的飞行检查。

医院感染管理。完善设备设施，加强医疗废物管理、重点科室的优化流程管理及围手术期用药管理，对耐药菌进行监测并及时分析反馈临床。完成消毒灭菌、环境卫生学、手卫生、医院感染病例等各项监测，医院感染率2.87%。

为高风险临床岗位的250余名医务人员建立医疗责任险。

医保工作。全年医保门诊292389人次，门诊医保费用7704万元；医保住院1182人次，总住院费用2130万元，次均费用18020元。接待医疗保险政策咨询和查询1126人次，区医保中心病历检查34人次。抽查出院病历620份。

护理工作 有护理人员148人，其中社区护士31人、合同护士16人。完善护理服务机制和护理工作规范，细化工作标准，进一步落实责任制护理，通过简化护理文件书写、临床护理路径的实施和后勤保障的完善，真正做到“把时间还给护士，把护士还给病人”。

11月，在北京市护理工作者协会第1届第2次理事扩大会议上，北京市宣武中医医院加入北京市护理工作者协会，李秋云、陈立军等5人为协会护理专家。

开展优质护理服务示范病区2个——心内科和老年病区，开展比例40%。11月17日，在全国三级医院优质护理服务检查中，通过了北京市卫生局三级医院联合互查组的检查。

全年完成综合质控检查21次，消毒隔离合格率100%，急救车急救物品合格率100%，药品管理合格率97%，基础护理合格率92.5%，一级护理合格率94.1%，护理文件书写合格率96.5%。护理业务查房14次，各科每月至少1次。建立护理病历讨论制度，对特殊、疑难、危重症患者定期、不定期进行护理问题和护理措施的讨论。接收铁路卫校、北京卫校实习生6人，送外院进修3人次，手术室专业护士学习1人。护理论文在核心期刊发表2篇。

社区卫生工作 下设天桥社区卫生服务中心及3个社区卫生服务站，管辖常住人口46385人、流动人口13510人。中心编制103人，实际在编72人，其中卫技人员63人。中心有8名中医医师参加中医全科医师规范化培训，并取得岗位证书。

年内，零差率药品品规由193种增至242种。

6月，全面清点中心固定资产，做到账、卡、物相符。年底，完成医保信息系统16项变更与核查。完成虎坊路社区站中医特色装饰、装修和仁民路站户外就诊通道的改造。

天桥社区卫生服务中心下设3个社区站，全年门诊30421人次，60岁以上老人免收挂号费19769人次，全科诊疗17986人次，中医诊疗10773人次，出诊诊疗769人次，静脉治疗2505人次。中心通过绿色通道向北京友谊医院预约转诊37人次。截至年底，社区服务团队与居民家庭签订服务合同5691户11948人，为家庭成员提供健康指导、慢病管理、家庭护理等服务27992人次。

6月，仁民路社区站与宝心敬老院签订协议，为敬老院老年人提供“三优先”服务，对慢性病老年人进行慢病规范管理，运用适宜的中西医药及技术，开展常见病、多发病及慢性病的诊疗服务；提供双向转诊服务；每月举行一次健康教育活动。

3个社区站均设功能社区，定期开展健康教育、生活指导、慢病干预、健康体检等服务。完成32901份健康档案的梳理和修改，建档率70.91%，居全区第6位。

全年传染病发病429人次，监测霍乱密切接触1人次；配合区疾控中心处理流行性出血热2人次；对香厂路小学水痘暴发疫情处理3次；搜索禽流感高危人群372人次；上报传染病卡78例，入户访视237人次，采样79人次；上报死亡53例；接种各类疫苗10414人次；0～6岁儿童体检1287人次，智力筛查298人次，听力筛查934人次，新生儿访视190人次；建立母子健康档案544人；入户走访精神病人1600人次。中心规范化管理高血压患者1908人、糖尿病1398人、冠心病869人、脑卒中342人、肿瘤25人。培养家庭保健员61人，分成干预组和对照组，开展为期5年的跟踪观察。

邀请区社管中心、月坛社区卫生服务中心、北京老年医院、阜外心血管病医院、宣武医院等专家教授进行培训教学，授课内容涵盖慢病管理、健康档案书写、老年综合评估、心电图、心肺复苏和体格检查等。在区社管中心年终考核中，医护配合心肺复苏技能考核取得满分，护理理论、技能考核获得满分4人。

截至年底，“舌针和言语疗法治疗中风失语”治疗466人次，“社区卫生站足浴治疗糖尿病足”治疗64人次。社区中心依托北京市宣武中医院的资源优势，与脾胃病科和中医针灸科合作实施“老年人功能性便秘的中医治疗临床研究”、“针灸丰隆穴治疗高血脂症的疗效评价”科研项目。

科研与教学 申报北京市自然科学基金1项——苏敬泽“慢性心衰（气虚血瘀证）大鼠症候表征-心脏动力学-心肌能量代谢相关变化研究”；北京市中医药科技基金1项——药剂科侯钦云“通脉活血丸的剂型改进与质量标准研究”，获资助3万元。申报宣武区科技项目2项：中医外科郭娴“糖尿病足中医辨证分型与外周血管检查指标相关性研究”，骨伤科沈文“针刀微创治疗膝骨关节病临床研究”。申报北京市中医药科技基金项目、北京市中医药优秀传统技法百人百项工程项目及西城区卫生系统科技新星项目。周围血管病科承担的市中医局科研项目“动脉硬化闭塞症坏死期保守治疗适应指标”于1月底结题。

完成2007级甲一班34名中国学生、28名留学生7门临床课教学，完成首都医科大学中医药学院中药系10名学生和北京联合大学特教学院推拿专业4名学生的实习带教。参加北京中医药大学教师讲课比赛，韩颐获优秀奖。1月28日，由4名药剂师组成的韩国鸿和药业集团参观考察团来烧伤科，学习、考察中医中药治疗烧伤技术。北京市宣武中医医院自主研发的珍珠烫伤膏入选北京中医药传统药名录。

参与北京中西医结合学会、北京中医药学会举办的第4届北京中医、中西医结合青年优秀科技论文和第11届北京青年优秀科技论文的评选活动。全年收到论文122篇，其中医药技论文97篇、护理论文25篇。

申报区级继续教育认可项目12项，完成继续教育培训17项；举办全员传染病培训8次。配合市中医局完成中医类住院医师5年培训计划和报名考试工作。成为市中医局中医药经典学习的场地，开展名医大讲堂经典学习活动，举办《温病学》讲座5次。组织健康教育主题宣传活动6次，分别为世界防治结核病日、世界卫生日、全国疟疾日、防治碘缺乏病日、世界无烟日及世界肝炎日主题宣传活动。

参加院外各种学习班和学术交流11人次，完成新招聘临床医师的岗前业务培训和新员工科研及继续教育培训47人次，4人通过第3届“上工杯”演讲比赛的院内初赛。有8名医生入选北京市第3批“125”人才计划：Ⅱ类人才——孟湧生、苏敬泽、赵立军、陶树贵，Ⅲ类人才——田颖新、牛志军、张蕊、郭娴。

信息化建设 信息科设计了计算机系统操作教学软件，对相关人员进行操作技能培训7批次，培训后方可上岗。8月，完成医院信息系统（HIS）的更新。挂号收费模块、门诊医生工作站模块通过了市医保中心的验收，信息科对120名医务人员进行医生工作站的操作培训。

参加由西城区卫生局组织的“西城区5家医院数字化项目”的申报和集中招标采购工作，其中硬件部分于8月完成招标，软件部分于11月完成招标。

7~8月，完成教学楼、体检中心等网络建设，铺设光纤2条，网络信息点135个。10月，完成新病房楼的综合布线，铺设光纤13条，网络信息点870个。10~12月，完成信息科中心机房内部配电改造工程。12月9日，医院纳入市卫生局预约挂号统一平台。

后勤与基建 2月9日，区长张建东及各委办局负责人就医院建设等进行现场调研，确定了改扩建思路。2月，暖气地下管道发生爆裂事故，后勤保障科对老旧管道进行更换，于当日下班前完成抢修。3月17日，医疗器械委员会召开会议，讨论并通过《申请、论证、审批、采购监督程序》和《一次性医用器械管理办法》等5项内容。

10月，病房装修改造工程部分竣工交付使用。自11月24日起，老住院楼的6个病区陆续搬往新病房楼；12月1日，完成搬家，病房医疗工作就绪，门诊楼装修随即开始。12月15日，在区第十五届人民代表大会的《政府工作报告》上，提出加快北京市宣武中医医院二期项目建设，改扩建二期各项准备工作开始启动。（撰稿：高健超 审核：李宏燕）

领导名单

党委书记 王连勇

副书记 田大政（至10月） 高尔勤 万 斌 田艳洁

院长 田大政（至10月） 高尔勤

副院长 李淑兰

北京华信医院
清华大学第一附属医院

（朝阳区酒仙桥一街坊6号）
邮编：100016　电话：64361322
网址：www.tufh.com.cn

基本情况　职工1370人（事业编制887人、合同制483人），其中卫生技术人员1061人，包括执业医师356人、注册护士502人、药剂41人、检验36人、放射影像17人、其他卫生技术人员109人；其他专业技术人员68人，管理、工勤人员241人。卫技人员中，有正高级职称24人、副高级职称137人、中级职称371人、初级职称513人。

医疗设备6234台（件），总价值22400万元。本年度购置医疗设备总值1838万元，其中10万元以上设备20台、100万元以上设备4台。

获奖情况。北京华信医院被评为首都卫生系统文明单位，获北京市医保管理工作三等奖。

机构设置　4月，成立患者服务中心、疾控科（隶属医务处）；消化内分泌科分设为消化科和内分泌科。

改革与管理　3月，完成医院行政领导班子的换届。完成中层干部任期述职考核及聘任工作。14个党支部换届改选。制订《临床医技科室行政管理制度》。

临床路径管理。制订《临床路径管理试点工作方案》，确定开展临床路径病种。全年开展临床路径45个病种，完成415例。

抗菌药物专项整治。制订《抗菌药物合理使用规范》，临床科室主任及有处方权的医师签订抗菌药物专项活动整治责任书，修订《抗菌药物分级使用管理规定》，通过信息系统对各级医师抗菌药物使用级别进行限制。将抗菌药物管理相关指标纳入科室绩效考核体系。住院患者抗菌药物使用率由71.30%降至62.52%，I类切口手术患者预防使用抗菌药物比例由100%降至59%，抗菌药物使用强度由71%降至58%，接受抗菌药物治疗的住院患者微生物检验样本送检率由25.60%升至31.81%。

进行"三基三严"培训考核，开展落实核心制度督导月活动，针对心肺复苏、医疗核心制度落实、支付制度、临床路径及成本控制等进行培训和考核。修订手术分级审批授权管理制度、临床危急值报告制度、医疗安全（不良）事件与隐患缺陷报告制度以及查对制度。完成产前咨询、产前健康教育、产前超声筛查和产前血清学筛查的资质备案。

加强应急管理，修订急性心肌梗死绿色通道流程；定期组织医护人员进行群伤救治演练。在一起39人群伤事件中成功救治，无死亡。

成为北京第2批进入114预约挂号平台的医院。修缮门诊无障碍通道，对部分科室门诊进行装修改造，梳理门诊标志系统，新增提示牌；调整咨询台布局；设置流动导医；延长导医人员上下班时间和抽血时间；简化退费流程；取消门诊限号等，改善门诊就医环境。优化住院流程，解决住院缴费和办理病案两楼跑的问题。新增简易门诊、风湿免疫门诊、营养科咨询门诊。

引进副高级职称专家3人，接收新员工（含合同制）110人。完善《从合同制人员中择优选聘事业编制的试行办法》，选聘19名临床及行政工作业务骨干转为事业编制。

开展患者访视工作。访视患者799人，发放住院患者满意度调查表324份，患者满意率96.3%；门诊发放100份，患者满意率96%。加强医德医风教育，对1014名医务人员进行年度医德考核。

医疗工作　门诊759735人次，急诊84922人次，急诊危重症抢救1400人次，抢救成功率94.43%。床位731张。入院16887人次，出院16830人次，床位周转23.84次，床位使用率81.32%，平均住院日12.39天，七日确诊率98.71%，出入院诊断符合率99.84%，治愈率47.08%，好转率47.99%，死亡率

2.81%。住院手术5953例。无孕产妇死亡，新生儿死亡率1.58‰，围产儿死亡率7.37‰。

新技术、新疗法。心脏中心内、外科联合诊疗模式落到实处。小儿电生理与心外科联合开展外科手术切除左心耳治疗心律失常、左心起搏器植入和心外膜起搏器植入等新技术，取得良好效果。心脏外科开展房室瓣骑跨、矫正型大动脉转位、单心室分隔、婴幼儿心内通道、三尖瓣下移合并大动脉转位等多项开创性复杂心脏病畸形矫正手术。消化内科开展胶囊内镜、经皮胃镜下胃造瘘术等新技术，在麻醉科配合下开展无痛内镜检查。泌尿外科开展原位膀胱重建尿流复道手术，采用自体组织工程学方法开展长段输尿管狭窄段修复手术，运用束带法实施肾部分切除术，取得良好效果。血透室采用静脉内膜新生物剥离及内瘘重建技术修复自体动静脉内瘘功能，全年透析19108人次。儿科开展外周深静脉置管和脐静脉置管新技术，作为朝阳区高危围产儿救治转运中心，安全转运17家助产机构的患儿554人，较上年增长29%，其中早产儿占35%。呼吸科建立睡眠呼吸监测室。骨科开展微创球囊扩张椎体成形术治疗老年人骨质疏松性脊柱压缩骨折。胸外科在晚期非小细胞肺癌的靶向治疗、全胸腔镜下（VATS）右上肺叶切除+纵膈淋巴结切除、多发性肋骨骨折（连枷胸）切开复位并钛板固定术等方面有新的突破。神经外科采用微血管减压术治疗三叉神经痛及面肌痉挛，临床疗效显著；完成巨大复发镰旁脑膜瘤的切除手术和深部巨大脑血管畸形切除等高难度手术；与血管外科合作开展全脑血管造影检查及颅内动脉瘤栓塞手术取得满意效果。妇产科作为市区级高危孕产妇及高危围产儿宫内转诊中心，全年接收危重症宫内转诊53人。急诊科开展超声引导下深静脉穿刺置管技术，提高对失血性休克患者的抢救成功率。放射科新开骨密度检查项目。检验科开展降钙素原（PCT）、脂肪酶（LPS）和血氧（HHb、COHb、MetHb）等新项目。病理科各类病理细胞学检查22235例，其中尸检27例，新开展直肠癌K-ras基因检测技术。营养科开展糖尿病治疗餐、高热能高蛋白、低蛋白、限碳水化合物、限脂肪胆固醇、调整膳食纤维、限钠、个体化的管饲膳食。核医学科于6月正式运行，开展心肌灌注显像、全身显像、甲状腺显像、肾动态显像、甲状旁腺显像等5个检查项目。

病案管理。开展病历书写质量专项整治活动。组织病历首页填写与医院评价培训。检查出院病历14365份，甲级病历率100%。完成健康体检67306人次。

医院感染管理。调整医院感染管理委员会成员，全院院感知识培训20次，并进行职业防护考试。对医疗废物、手卫生、Ⅰ类切口的手术病历进行监管，规范器械清洗流程，开展手术部位感染、呼吸机相关肺炎、导管相关性血流感染、导尿管相关性尿路感染的目标性监测。医院感染率2.64%。

医保工作。全年医保出院6064人次，次均费用18133元。审核医保病历6905份，金额约1.24亿元，占住院总收入的49.4%。门诊次均费用397元。

医疗支援。与内蒙古自治区科左后旗人民医院制订本年度骨干医师培训计划，接收3名医师进修，分3批派出9名医生开展支援服务和义诊，诊治病人329人次。选派24名中级职称以上医技人员到平谷区东高村镇和峪口镇社区卫生服务中心开展对口支援，免费接收东高村卫生服务中心进修1人。选派14名临床医生支援社区卫生服务中心工作。麻醉科副主任医师李之明作为中组部第7批援疆干部赴新疆维吾尔自治区胸科医院工作1年。5名专家参加由国家民族事务委员会组织的“中华民族一家亲”——“送医下乡”走进云南省迪庆藏族自治州活动，接诊700余人次，筛查先天性心脏病患者20余人。13人组成医疗队前往河北省望都县中医医院参加义诊，接诊120人次，并与其签订为期1年的帮扶协议。

健康教育。开展院内健康讲座65次，其中妇幼保健专题讲座34次。清华大学健康教育讲座2次。开展义诊活动6次。

预防保健。完成各类儿童健康体检10416人次，管理孕产妇381人，围产访视1296人次。收到各类传染病报卡1291张，访视传染病人144例。管理辖区精神残疾、智力残疾493人。完成各类疫苗接种27556人次。

医疗纠纷处理。受理投诉76件，处理上级转办信访9件，发生医疗纠纷21件，其中经司法途径解决6件、经第三方调解解决2件、医患双方协商解决13件，医疗纠纷赔付75.43万元。

护理工作　增加干部病房、妇科、普外科、泌尿外科、心脏成人一、心脏成人二共6个病房为优质护理服务示范病房，示范病房比例达57.9%。成立护理管理委员会，增加监管和指导机制。制订和完善《不良事件报告制度》《护理会诊制度》等7项护理制度。鼓励不良事件上报，护理不良事件上报由22例增至54例，比上年增加145%。护理文件书写合格率96.70%，护理病历书写合格率96.70%，基础护理合格率96.60%，特级护理合格率96.95%、一级护理合格率98.55%，护理技术操作合格率97.36%，安全护理合格率100%，急救物品完好率100%。

全年在统计源期刊发表护理论文7篇。接收103名大中专学生实习，接收进修护士2人，进行岗前培训4次及临床讲课5次。主办区县级护理继续教育项目12项，1980人次参加。外送进修和参加培训班18人次。组织护士业务学习12次、理论考试7次，685人次参加；操作考试8次596人次。护士继续教育达标551人，达标率100%。对全院护士长进行2010版心肺复苏培训及考核。

科研工作 申报各类基金36项，其中获批国家自然科学基金1项，资助22万元。完成首都医学发展科研基金在研项目结题2项。完成清华－裕元医学科学研究基金资助项目11项。

全年发表学术论文80篇，其中中文77篇、外文3篇。SCI收录3篇，最高影响因子14.816，平均影响因子5.512。出版科技著作5部。

医学教育 完成国家级继续教育项目2项、市级2项、区县级16项。申报国家级继续教育项目2项、省市级项目5项、区县级项目27项。参与继续教育项目70场次，2万余人次参加。完成全员传染病培训，全年培训、讲课约70次。继续教育达标率100%。

接收实习、进修72人，外出进修4人。制订《住院医师培养制度》，建立并执行教学主管制度。组织住院医师培训讲座44次、教学查房10次。10人参加北京市住院医师第二阶段理论和技能考核，合格率80%。检验科成为北京地区住院医师规范化培训基地。北京地区400余名考生完成医师资格实践技能考试。

国际交流与合作 参加国际国内学术交流会212人次。接待美国、加拿大、法国、澳大利亚、日本、印度、新加坡等专家学者来访9人，出国考察、参加国际会议23人次，出国进修学习1人次。接收21名德国医生来院学习中医针灸。

信息化建设 全面实施住院医生工作站。实现与北京市114预约挂号平台的对接。利用信息技术加强对抗菌药物合理使用的管理。进行HIS服务器和磁盘柜升级；改造北京市医联码、门急诊信息上传接口；将LIS中化验数据导入门诊/住院医生站，协助医生诊疗工作。启动临床路径软件系统的自主设计开发。基本完成PACS引进的前期准备工作。对医院OA办公系统进行局部变动和增加新功能。医院网站添加“停诊通知”、“预约挂号”栏目，开通“院长信箱”。

基本建设 完成胃肠镜室、儿科病房、儿科门诊、门诊楼公共区等15处的装修改造，改造面积4700平方米。完成污水处理站改造，日处理污水1000吨，污水处理能力提高150%。更新供暖热水锅炉2台，总供热能力提高30%。完成手术室空调的调试，解决手术室与大楼空调水系统的串通故障。改造CCU空调系统。完成较大型的设施维修29次。新装监控摄像头30多个。更新老旧家属楼暖气管道，解决多年来供暖不佳的问题。

其他工作 编辑出版《今日华信》11期，工作简报49期。在新浪网开通医院官方微博，与患者直接交流。与保定市第二中心医院签署协议，在泌尿外科领域开展技术合作。

清华百年校庆。选派6人承担清华百年校庆期间全球大学校长峰会和基金会邀请嘉宾的医疗保障任务。与中国医师协会心血管外科医师分会共同主办第7届年会暨第4届清华大学心血管病进展国际研讨会。17名国际专家和全国30多家医院的400余名代表参加。

慈善活动。继续与爱佑华夏慈善基金会等28家国际国内慈善机构保持合作关系，并与中华思源心基金、春苗基金、清华大学教育基金会等3家慈善机构建立合作关系。全年慈善基金救助患者256人。继续“爱里的心”救助西藏阿里先天性心脏病患儿活动，完成3批48名先心病患儿的救治，治愈率100%。

（撰稿：蒋立红　刘晨曦　审核：关兆东）

领导名单

党委书记　关兆东
副书记兼院长　吴清玉
副院长　关兆东　朱栓立

煤炭总医院

（朝阳区西坝河南里 29 号）
邮编：100028　电话：64667755
网址：www. mtzyy. com. cn

基本情况　职工 894 人，其中卫生技术人员 591 人，包括正高级职称 61 人、副高级职称 136 人、中级职称 248 人、初级师 138 人、初级士 8 人。

医疗设备总价值 16209 万元。本年度购置医疗设备总值 3386. 7 万元，其中 10 万元以上设备 36 套、100 万元以上设备 8 套。

获奖情况。煤炭总医院被评为 2010 年度中央国家机关文明单位、不良反应事件监测工作先进单位。

机构设置　设置职业病科，具有尘肺病诊断资质（ZJ – Z0010）及职业健康检查资质（ZJ – T0072）；职业病科病房床位 24 张，包括尘肺病临床综合治疗、尘肺病灌洗治疗、职业中毒治疗及其他职业病治疗等，开展铅及其化合物/锰及其化合物/甲苯、二甲苯/汽油/苯的氨基、硝基化合物/三硝基甲苯/无机粉尘/高温/局部振动/可能致煤矿井下工人滑囊炎的作业/紫外线（电光性眼炎）/化学物理因素（职业性白内障）/噪声/视屏作业/机动车驾驶作业/放射工作人员的岗前、在岗、离岗前及应急等多项职业健康检查。

改革与管理　坚持以病人为中心，把患者满意度作为医院工作的首要任务，尤其是窗口服务。坚持向社会公开院长、书记电话，公开各种投诉渠道，坚持召开院外监督员座谈会，完善患者满意度调查问卷，加大群众信访举报查处力度。加强医患沟通，把职业道德、职业责任、职业纪律教育融于医疗服务之中，把“以病人为中心”的服务理念真正融于医疗服务之中，把完善和改进服务内容、服务流程、服务态度和服务质量作为重要工作抓紧抓好。严格执行《关于严禁商业贿赂、收受“红包”回扣等严重违反职业道德行为的规定》等制度，加强对重要部门、重点岗位和易发生问题环节的监管。严格规范医疗服务项目和医务人员的诊疗行为，切实纠正医药购销和医疗服务中的不正之风，进一步完善医德医风档案管理。

医疗工作　门急诊（包括体检）633486 人次，比上年增长 12. 33%；入院 9627 人次，比上年增长 7. 72%；出院 9588 人次，比上年增长 6. 81%；手术 4694 例，比上年增长 9. 39%；床位使用率 97. 99%；床位周转 22. 45 次。业务收入 47762 万元。

开展小切口不停跳冠脉搭桥手术联合 PCI 治疗冠心病、心脏再同步化治疗（CRT）心力衰竭、心肌声学造影、胎儿心脏超声技术、在全腔镜下体外循环治疗先心病、CIK 的肿瘤治疗、肾穿刺病理活检、腹膜透析、内镜下逆行胰胆管造影及乳头切开取石术、内镜下黏膜剥离术（ESD）治疗消化道早癌、经皮经肝经食道胃底静脉曲张阻塞术、肿瘤患者剧痛的神经节阻滞术、内镜下胃造瘘术。部分优势技术，如贵要静脉转位、动静脉内瘘假性动脉瘤破裂修补术、动静脉内瘘血栓去除术、下肢的人造血管移植、下肢的自体血管移植手术、桡动脉表浅化肾透析血管通路重建手术等。

病案管理。深入科室检查运行病历，抓环节质量时重点检查科室衔接薄弱的病区和危重病人的管理。病历质量检查结果录入个人技术档案。对丙级病历的责任医生予以点名批评，对书写优秀门诊病历的医生和主动完善内部病历质量管理的科室予以表扬和奖励。甲级病历率 98. 3%。

医院感染管理。建立健全组织结构，编写工作方案，完成传染病报告工作。部署多重耐药菌防控，并完成院内培训。注重在日常工作中检查培训效果。医院感染率 1. 0%。

医保工作。组织院内医保、物价政策培训，规范医生行为。完善计算机信息系统，组织全院医生上机操作，既提高医生的工作效率，又大幅降低拒付金额。全年医保出院 4811 人次，总费用 11485. 8 万元，次均费用 23173 元。

医疗支援。派出专家282人次赴朝阳区常营乡社区卫生服务中心和东风社区卫生服务中心，诊治8460人次，健康宣教12次，义诊6次。在继续做好唇腭裂患儿免费治疗的同时，参加“同心——共铸中国心西藏行”活动，完成先心病患儿救治18例。继续捐助安监系统汶川地震受灾大学生，将第4年的“金秋助学”款3.5万元送到受助学生手中。

护理工作 坚持以病人为中心，加强护理质量控制，实行目标管理。从新护士入职培训到日常护理质量管理始终坚持以核心制度为标准。健全护理质控体系网，在各病区实施统一质量标准，明确护理质控小组的职责及工作方法，落实质控员责任，使环节质量控制得到明显提高。建立三级护理安全监控网，建立护理部、护士长、安全监控护士的组织体系，逐级分析、收集护理危险因素，组织护理安全讨论会，提出切实可行的防范措施。不定期开展科室检查、督促、考评，每季度组织全院护士长交叉大检查，加强监管，危险信息得到及时反馈。加强护理会诊制度的落实，发挥专科护士在护理技术熟练、专科知识扎实的优势，降低护理风险。规范医嘱查对流程、药物查对流程，制订重点环节护理管理程序及应急流程等。制订并开展优质护理服务示范工程计划，公示护理标准，细化服务流程，在6个病区开展优质护理服务示范工程。在各病区落实为危重患者、卧床患者洗头、剪甲、皮肤护理等生活及基础护理。

护理文件书写合格率100%，护理病历书写合格率98%，基础护理合格率95%，特级、一级护理合格率96%，技术操作合格率98%，安全护理合格率100%，急救物品完好率100%。发表护理论文40篇。

科研工作 启动《2011年度“128”卫生技术人才队伍建设实施方案》，着力培养10名拔尖人才、20名骨干人才、80名后备人才。使至少1~2个学科达到国家级重点专科的水平，1~2个学科或专科达到市级重点学科或专科水平。批准7名拔尖人才、3名骨干人才、30名后备人才，并与其签订资助协议书。院内科研立项20项，资助经费60万元。对2010年度临床科研成果20项给予奖励，奖励31人次54.37万元。

全年发表论文276篇，比上年增长38%，其中科技部核心期刊263篇，比上年增长62.3%。SCI收录10篇（论著6篇、文摘4篇）。《中国心血管病研究杂志》被中国科技论文统计源期刊收录。

首都医学科研发展基金2项结题。获中国煤炭工业协会科学技术奖4项，其中二等奖2项、三等奖2项。成功申报心脏中心为国家“十二五”科技支撑计划分中心。对北京市三级医院职工满意度调查的课题首次提出我国三级医院职工满意度调查模型，并在《中华医院管理杂志》《健康报》等报刊杂志上系列发表。

医学教育 举办国家级继续教育项目2项、市级28项、院级56项（传染病培训14项），培训合格率100%。接收河北联合大学、北京中医药大学、山西长治医学院、协和医科大学等院校实习学生82人，完成全院实习学生基础和临床知识大讲课、教学查房、临床技能培训。接收河北联合大学硕士研究生19人，完成河北联合大学2008级19名硕士研究生的毕业答辩。6名医师获硕士生导师资格，2名专家被卫生部聘为卫生部应急组成员。

信息化建设 完成门诊信息上报系统（医联码系统）。完成检验科、病理和血透中心信息系统的搬迁，检验系统（LIS）全面升级。完成门诊三楼新收费窗口、四楼门诊、二楼病房、总局医务室等部门的信息改造，完成医院信息系统异地容灾和电子病历的硬件方案。完成体检中心、整形美容中心的信息系统硬件规划和实施。完成ICU改扩建工程的网络需求调研。

基本建设 新扩建的透析中心以全力创建全国知名肾脏病治疗单位为目标。以打造京城第一品牌为目标，体检整形美容中心迁入新址。职业病科完成各项运行的准备，并开展职业病体检工作。向总局申报心脏中心、肿瘤微创治疗中心、呼吸内科、普外肿瘤科、中医科、影像科为重点科室，基础实验室、尘肺病实验室为重点实验室。

（撰稿：李　鹏　审核：张　帆）

领导名单

党委书记 李德清
院　　长 王明晓
副 院 长 张　斌　曾庆玉　周　正　屈　正　王洪武

民航总医院

（朝阳区朝外高井甲1号）
邮编：100123　电话：85762244

基本情况　职工1119人（含合同制人员），其中卫生技术人员938人，包括正高级职称25人、副高级职称73人、主治医师（含相应职称，下同）218人、医师303人、护士319人；行政后勤人员120人；其他专业人员61人。

万元以上医疗设备827台（件），总价值17297.3万元。新购置设备51台（件），其中10万元以上15台（件）、100万元以上6台。

获奖情况。民航总医院连续5年被评为首都文明单位、中央国家机关平安单位。

机构设置　4月18日，成立心胸外科。2月28日，心电图室、HOLTEL室划归心内科管理；5月9日，肺功能室划归呼吸内科管理。

改革与管理　坚持“服务民航、面向社会”的发展方向，坚持“医院发展以员工为中心，医疗服务以病人为中心”的发展理念，改善医疗服务品质；加强航空医学建设，走中国特色的航空医学发展之路；推进人事制度改革，完善管理体制机制；推进科教兴院和人才强院战略。

以卫生部提倡的“三好一满意”活动和创建文明城区为契机，开展有针对性的教育活动。一是利用院周会对中层干部进行医患沟通技巧培训，规范医患沟通形式，交流医患沟通技巧；针对科室特点进行个案培训，不断提高医务人员的沟通能力。二是组织医疗纠纷案例分析会，召开回忆“在我工作中病人最满意和最不满意的一件事”分析会，增进医务人员的责任感，规范执业行为和以病人为中心的服务意识。三是开展医疗服务“以病人为中心”的教育。四是开展以弘扬优良的职业道德和职业精神为主题的“问卷和答题”活动，从不同侧面把医护人员优良的服务技术、沟通技巧、解决医疗沟通中难点和问题体现在答题中。五是弘扬正风正气。全年收到表扬信195封、锦旗229面，退红包120人次113320元，受到病人表扬628人次。

航医工作　协助民航局飞标司完成民用航空人员体检鉴定专家委员会的换届，完善专家委员会各项制度，并开展常规特殊病例（特许、疑难、申述等）的鉴定工作。专家委员会全年受理各种鉴定案例62人次，其中首次特许鉴定申请54例、再次特许鉴定申请3例、疑难鉴定申请4例、体检复查申述1例；驳回再次特许鉴定申请1例。

年内，民航局飞标司和中心对13家航空体检委任单位进行调研和考察。协助民航局飞标司完成招飞体检复查工作的统计分析报告，包括组织协调专家委员会、派出专项检查组完成中国民航飞行学院体检复查的核准鉴定。参与编写《中华百科全书·航空航天医学分册》中“民航医学”词条并召开第1次编委会。参加国家出版基金资助的《航空航天医学全书》的编写组织工作，共有10个分册，航卫办参与《航空航天临床医学分册》《航空航天药理学分册》《航空航天医学史分册》和《航空航天卫生学分册》的编写。

完成招飞4941人，飞行学员入校复查1833人，招乘2507人，军转民72人，延飞187人次（其中首次延飞43人次，再次延飞144人次），招收外籍飞行员465人，特许鉴定91人153人次。

医疗工作　门诊773845人次，急诊172840人次，急诊危重症抢救4020例，抢救成功率96.4%。住院13107人次，出院13145人次，床位周转28.41次，床位使用率93.92%，平均住院日10.60天，七日确诊率98.85%，出入院诊断符合率98.11%，治愈好转率94.3%，死亡率3.17%。住院手术6131例。无孕产妇死亡，围产儿死亡率4.69‰。健康体检53337人次，其中空勤人员体检5700人次。

出台《抗菌药物临床应用奖惩办法》《抗菌药物临床应用分级管理制度》《抗菌药物临床应用医嘱、处方点评制度》和《抗菌药物临床应用信息公开制度》，每月通报，促进抗菌药物的合理应用。全年组织抗生素合理应用和大型设备在临床诊疗中的合理应用等培训5次、专题培训7次，760人次参加。新入职医师岗前培训率100%。

门诊办公室制订《退休人员出专家门诊管理规

定》，一年一聘。医务处制订《临床路径实施方案》，每月对各病区进行检查，定期在院周会上公布，并列入年度绩效考核中，有27个病种13个专业科室参与，开展522例。医务处制订《手术安全核查制度》，避免手术中医疗差错和事故的发生；制订《医疗质量量化检查表》，对10个病区15个临床专业科室进行12轮检查。全年科际间会诊6557次，未接到会诊不到位的投诉。医务处进一步细化各科室考核的量化指标，把新技术、临床路径、培训等列入考核，并建立科室电子考核档案和数据库。

11月11日，开通114预约挂号平台。至12月31日，114平台成功预约3031人次。

通过放射科X片影像首批医院互认资格。

新技术、新项目。皮科开展强脉冲点阵治疗皮肤凹陷性瘢痕，神经外科利用显微血管减压术治疗三叉神经疼痛及面神经痉挛，普通外科开展经皮下激光治疗腋臭，放射科开展CT导引下胸腹部病变穿刺活检和经皮穿刺肝肿瘤射频消融治疗，病理科开展HPV乳头瘤病毒检测，心胸外科开展美国氩氦刀冷冻消融技术，泌尿外科开展显微镜下精索静脉曲张超选精细结扎术。

病案管理。加强住院医师病历规范书写的岗前培训，在工作中做到“两个保护一个维护”（即保护自己的合法权益、保护患者的合法权益、维护医院的声誉）。甲级病历率100%。承担北京市肿瘤登记处结直肠癌的登记网报工作，并获得好评。

医院感染管理。全年督查100次。检查终末病历3451份，一类切口病历抗菌药物使用1499份。组织各类培训与考核23次12523人次。参加市、区培训21次54人次。接受北京市和朝阳区各类检查21次，并按照要求进行了整改落实。上报法定传染病1370例，报告及时率100%。医疗器械消毒灭菌合格率100%，院内感染率1.17%，漏报率6.29%，清洁伤口甲级愈合率98.1%。

医保工作。全年医保出院5488人次，总费用7479.99万元，次均费用13629.72元，平均住院日11.54天。门诊医保526392人次，次均费用308.82元。全院培训11次。上级部门检查5次，在联审互查中获三等奖。

医疗支援。与4家一级医院（管庄医院、平房医院、三间房医院、王四营医院）建立合作关系，接收密云县及周边受援医院进修13人，并为其提供医疗技术支持。派出6人赴青海省第五医院及内蒙古自治区土默特右旗医院出诊、讲课、会诊及开展健康教育等，手术9例，参加疑难病例抢救及讨论15次，开展新技术2项，专题讲座10次，教学查房30次，手术示教9次。接收内蒙古自治区土默特右旗医院进修9人。全年举办健康教育讲座82次，2304人次参加。

护理工作　修订《肠外营养液配制相关补充规定》和《节假日期间护理管理重点项目》等制度12项，修订护理常规和工作流程6项。护理人员“三基”培训2000人次；40岁以下的279名护士理论考核，合格率88.2%；新护士岗前培训565人次；操作考核800人次，合格率97.5%。一级护理合格率95.2%，护理文书书写合格率94.7%。护理质控检查60次；完成专业实习教学30人；护士首次注册33人，变更14人。各种院外进修培训37人次，接收外院进修16人次，专科护士取证培训4人次。编辑护理信息4期、特刊2期。发表护理论文8篇。有10篇文章参加朝阳区护理学术年会评比，获奖2篇：综合科护士穆娟的“音乐疗法对耳鼻咽喉头颈外科患者术前焦虑的影响调查”获一等奖，妇产科护士贾彩丽的“北京市城区助产士职业倦怠与离职意愿的相关性研究”获三等奖。

医学教育　完成2006级37名留学生、2007级27名留学生的带教，接收2008级留学生28人。医院自己培养的第2名硕士研究生毕业并留院工作。招收耳鼻咽喉科硕士研究生1人，在读研究生3人。评选北京大学医学部校级优秀教师5人、优秀管理教师2人，民航总医院优秀教师5人。推荐免试研究生8人。

全年组织学术讲座6次，1608人次参加；外出进修15人；参加院外学习班、学术会议103次，继续教育学分达标率100%。举办英语沙龙12次。住院医师通过北京大学医学部第一阶段考试6人、通过第二阶段考试5人。举办航空医师培训班3期，37人参加。

科研工作　对2009年的15项院级课题进行结题检查，2010年的14项课题进行中期检查。新立项的院外课题有：院长李松林申报的“基于脑电和事件相关电位的飞行疲劳生理心理研究”获国家自然科学基金，呼吸科主任钱效森申报的“飞行疲劳实时监控预警系统关键技术研究”获民航局立项，航研所陈振玲申报的“抗组胺药物对空中驾驶能力影响的分析化学基础研究”获北京市自然科学基金。在研的院外课题有：首都医学发展基金1项，北京大学教学课题1项，民航局课题7项，民航局专项任务13个、行业标准4个。全年发表学术论文141篇，其中国家级刊物38篇、地方级刊物51篇、民航医学杂志52篇，SCI收录2篇。

全年接收本科以上毕业生45人，其中博士生2人、硕士生22人、本科生21人；招聘合同制技术人员 73 人；参加毕业后再教育 18 人，其中博士学位 4 人、研究生学历 9 人、本科 3 人、大专 2 人。取得高级专业技术资格 7 人、中级 21 人、初级 19 人；聘任专业技术人员 141 人，其中高级职称 14 人、中级 37 人、初级 90 人；聘任高级技术等级工人 1 人。16 名医生申报北京市知名专家资格获得批准。

国际交流与合作 眼科主任胡庆军赴悉尼参加亚太眼科会议；泌尿外科崔亮赴美国迈阿密参加第 6 届世界机器人手术论坛；党委书记杨开源率团赴美考察 3 家航空医学机构：美国 FAA 总部、地区管理局及航空航天医学所（CAMI）；院长李松林率中国民用航空医学代表团赴美参加第 82 届美国航空航天医学会年会，率团赴罗马尼亚布加勒斯特参加第 59 届国际航空航天医学年会，并与 2 名专业人员参加国际民航组织（ICAO）在泰国曼谷举办的疲劳风险管理研讨会；副院长兼医学中心副主任王树明带队赴美国国家运输安全委员会（NTSB）参加航空器事故医学调查研讨会，率 4 人赴巴西协助深圳航空有限责任公司承担招聘外籍飞行员的体检鉴定工作。

信息化建设 完成 114 预约挂号平台的接入和病案首页系统的改造。改造药品管理系统，增加抗生素的维护和管理功能，将医生职称和抗生素使用级别挂钩；改造门急诊和住院系统，由系统控制医生开抗生素处方的权限，使抗生素管理落到实处。

后勤工作 一是进一步推进后勤社会化管理；二是加强后勤安全生产；三是做好重点设施设备的改造和维修；四是做好院容环境整治和 B 楼拆除前的拆迁工作；五是提高能源和资源的利用率，促进节能减排。

基本建设 完成临建工程 780 平方米、改造工程 3000 平方米、拆迁工程 9800 平方米、管线改造 900 余米，其中临建室外连廊工程 380 平方米、高低压氧仓改造加层 400 平方米、连廊大厅改造 520 平方米；门诊 A 楼四层检验科、病理科改造约 820 平方米，门诊 A 楼五层航空医学研究所改造 800 平方米；儿科改造 210 平方米；计算机中心、PCR 实验室改造 320 平方米，透析中心改造 280 平方米，前期上下水暖气外管线改造 780 余米，前期燃气管线改造 20 余米。总投资 670 余万元。

完成门诊 B 楼核医学科环保退役审批、临建医学影像中心环评验收申报工作。

（撰稿：茅砚云　审核：马秀丽）

领导名单

党委书记　王长益
院　　长　李松林
副 院 长　王树明　段凤英　彭定琼

航天中心医院

（海淀区玉泉路 15 号）
邮编：100049　电话：68386421
网址：www. asch. net. cn

基本情况 职工 1781 人，其中在编 895 人、合同制 886 人。卫生技术人员 1493 人，包括正高级职称 52 人、副高级职称 123 人、中级职称 283 人、初级职称 1035 人。

医疗设备总价值 19460. 76 万元。本年度购置设备总值 1722. 84 万元，其中 10 万元以上设备 41 台（件）。

全年为航天二院及相关单位试验基地提供医疗保障 30 批次 33 人次，受到航天二院、四院等部门领导的表彰。完成集团公司及二院指定的临时医疗保健任务 71 批次 143 人次，救护车 34 车次。

获奖情况。航天中心医院连续 8 年被评为首都文明单位、首都公共卫生文明单位，并进入在京中央企业首都文明单位（标兵）创建的国资委推荐名单。外三病房、神经内科二层病房在北京市优质护理服务专项督导检查中，被评为北京市优质护理服务示范病区。

机构设置 5 月 3 日，设置大外科 ICU 主诊医师组，承担大外科各专业危重症的救治任务。5 月 27 日，成立医院评审办公室，定编 3 人。9 月 7 日，调整营养科职能，将其所属的营养食堂和职工食堂整体转出，调整后的营养科负责对门诊和住院患者进行营养风险筛查、营养评价、营养诊断、营养治疗，是独立行政的医技科室。

改革与管理 以卫生部“三好一满意”活动为载体，深入开展“医疗质量万里行”活动，加强以患者满意为导向的全面医疗质量管理体系建设。以实施优质护理服务示范工程为抓手，开展“以病人为中心”的责任制整体护理为核心的优质护理服务活动。

深入推进分配制度改革，职工薪酬福利待遇稳步提高。完善基层科主任年薪制，实行院领导年薪制。制订《机关和职能业务科室绩效奖励办法》，对机关科室中层干部实行年薪制改革。制订风险管理制度和风险管控流程，保障风险管理工作有序进行。开展以资金管理为主的重大专项风险管理以及风险管理评价和监督，初步建立起医院风险预警指标和监督评价机制。坚持满意度问卷调查和月报制度，及时通报问题和情况，全年患者平均满意率98.75%，收到表扬信243封、锦旗98面。

医疗工作 门诊673178人次，急诊53792人次，急诊危重症抢救2233人次，抢救成功率87.19%。住院19735人次，出院19867人次，床位周转27.82次，床位使用率98.72%，平均住院日14.32天，七日确诊率98.63%，出入院诊断符合率99.91%，治愈好转率93.42%，死亡率2.90%。住院手术4573例。无孕产妇死亡，新生儿死亡率2.10‰，围产儿死亡率7.40‰。

病案管理。医疗病历初检15959份、复检7021份，初检甲级率99%；医疗护理病历初检15959份、复检9096份，初检甲级率98%；归档病历15959份，甲级率99.8%；甲级病历率100%。

医院感染管理。医院感染率1.35%。新增或修订医院感染管理流程（规范）13项，新开展院感监测项目3项，医护人员手卫生依从性显著提高。

医保工作。医保出院6669人次，总费用1.23亿元，次均费用1.84万元。通过建设和完善医保指标统计、病历审核和门诊处方监控等三大信息管理系统，提高医保管理工作效率，实时监控诊疗行为，探索临床路径实施和医保付费制度改革。建立医保激励机制，强化对临床科室的检查考核，有效降低诊疗费用。获北京市医疗保险管理三等奖。

医疗支援。支援内蒙古自治区巴林右旗医院，派出中级以上职称专业技术人员30人次，开展中型以上手术68例，疑难病例会诊及抢救162人次，开展新技术新业务14个，专题讲座32次，教学查房164次，手术示教58例次，门急诊1783人次，义诊500余人次，免费接收进修人员10人次。

护理工作 优化工作流程，细化岗位职责。落实基础护理，降低陪护率，规范病房管理。强化护理“三基三严”培训，提高护理基本技能。专科护理以加强重症监护室护理管理为切入点，以监护仪、呼吸机和深静脉置管为重点培训内容和准入要求。护理安全管理重点强调压疮、坠床、管路滑脱和医院感染控制。实施护理绩效考核，调动护理人员的积极性。护理文件书写合格率97.88%，护理病历书写合格率97.88%，基础护理合格率95.88%，特级、一级护理合格率95.51%，技术操作合格率88.63%，安全护理合格率100%，急救物品完好率100%。

组织护理科研培训班，内容涵盖理论文书、选题和申报、文献检索等。实行广泛培训与重点培养督导相结合，加强护理科研骨干的培养力度，注重科研与临床相结合。全年申报院级护理科研课题4项，立项2项。

接收实习生217人。组织实习生集中授课5次、反馈5次，汇总反馈问卷950余份。完善《航天中心医院带教组长手册》，规范实习生带教的具体内容及要求。完善实习生出科考试规范，制订实习生出科操作考核表。

组织院内危重症护理培训班2次、静脉输液培训班1次、护理教学培训班1次、护理科研培训班1次，培训400余人次。护士长操作考核56人次，教学组长操作考核38人次。强化新护士岗前培训，组织操作技能考试和理论考试120人次。参加首都护理学术大会、第27届航天医学年会暨第10届护理年会、北京市急诊护理管理培训班、北京市护理质量安全管理培训班等市级以上培训20人次。

科研工作 在研课题154项，包括卫生部卫生行业科研专项子课题1项、首都卫生发展科研专项基金2项、首都特色临床医学应用发展项目1项、航天科工集团公司科研课题14项、北京大学创新实验项目4项、航天二院青年创新基金项目3项。新立院级课题46项，资助经费135万元。发表论文131篇，其中SCI收录5篇（最高影响因子2.707）、核心期刊111篇。

“以患者满意为导向的医疗质量管理”获第17届全国企业管理现代化创新成果二等奖，“基于环节控制和内涵提升的全面医疗质量管理”获第8届北京医院协会学术年会优秀管理科研成果奖，“幽门螺杆菌感染与脑梗塞患者高同型半胱氨酸水平相关性研究”获航天二院第2届青年创新成果三等奖。申报发明专利2项。

完善药物临床试验质量保证体系，完成国际多中心项目2项，有10个结题项目的现场核查评估结论为良好，北京市新药审批中心对医院药物临床试验机构整体工作水平给予较高评价。

医学教育 北京大学医学部同等学力申报硕士在读10人、获学位3人。辽宁医学院研究生课程进修班考核通过率100%，其中6人进入第二阶段培养。启动首届检验技师规范化培训。

举办各类培训62次，培训6800人次，专业技术人员25学分达标率99%。举办国家级继续教育项目1项、省市级2项，1000余人次参加。完善《继续教育千分制考核标准》和《继续教育学分授予及审验办法》，推动继续教育管理工作的制度化和规范化。

完成北京大学医学部本科三届59名学生1514学时的教学任务，其中理论教学615学时、实践教学899学时，总评估成绩98.20分；生产实习教学28周，评估成绩98.40分。本科毕业生34人，完成53名研究生的课程学习、临床培训、科研训练等多阶段培养，组织各类考核评估81人次，研究生毕业14人，就业率100%。新增辽宁医学院导师3人，组织导师资格认定20人次、教师培训71人次。接收统招型研究生17人，其中北京大学医学部8人、辽宁医学院9人。

国际交流与合作 邀请美国外科感染协会主席、弗吉尼亚大学急性外科感染疾病中心主任、外科和公共卫生学教授Robert G. Sawyer M. D开展题目为《外科感染并发症的诊治》学术讲座。全年组织中美学术交流、多医院联合病例讨论、各专业学科医疗新进展讲座等20余次。

信息化建设 修订、完善信息管理制度和应急预案11个。采取矩阵式运维管理模式，保证信息系统安全平稳运行。新建病历首页结构化调整、临床路径系统、电子病历质控系统、检验危急值上报系统、感染监控上报系统、办公自动化系统等6个业务子系统。针对医保工作需求对HIS系统进行24项功能性修改、完善和程序开发。客服中心话务总量11.03万人次。完成门急诊综合楼弱电专业21项业务子系统的前期调研论证、技术方案论证和设备选型等工作。

后勤与基建 医院用水正式纳入北京市节水计划管理，水费比上年减少27万元。通过了环境和职业健康安全综合管理体系的第三方监督审核。技安管理人员全部获得国家注册安全工程师资格。开展安全生产文化建设和消防“四个能力”建设，查出58处隐患，整改率100%。

（撰稿：甄　静　审核：魏晓莹）

领导名单

党委书记 李晓宇
副 书 记 张向群
院　　长 杜继臣
副 院 长 张向群　王　斌　郭　君
总会计师 许绍青

华北电网有限公司北京电力医院

（丰台区太平桥西里甲1号）
邮编：100073　电话：63465865
网址：hospital. nc. sgcc. com. cn

基本情况 职工1022人，其中卫生技术人员775人（含合同制人员），包括高级职称142人、中级职称283人、初级职称165人。

医疗设备总价值1.6亿元。新购医疗设备总值737.47万元，其中10万元以上设备11台（件）、100万元以上设备2台（件），包括数字化医用诊断X射线系统、高档全身彩色多普勒超声波诊断仪等。

获奖情况。北京电力医院连续被评为首都精神文明单位，获北京市综合医院示范中医科称号，被评为卫生部“医疗质量万里行”骨质疏松诊疗技术协作基地、北京大学心血管外科学系临床培训基地和中医特色诊疗筛选评价中心。

改革与管理 加强对中层干部队伍的培训，包括主题培训、管理培训等。制订人力资源“十二五”发展规划，做好改扩建后新建医院的人才储备。聘请专业机构开展人力资源项目的咨询，围绕组织机构、管理流程、薪酬体系进行诊断、调研和梳理，为医院探索科学管理模式提供基础支持。

调整医院党风廉政建设责任制领导小组，组织全院签订党风廉政建设责任状和医德医风建设承诺书。开展廉政知识问答、廉政文章征集、廉政赠言，参观反腐倡廉教育基地，观看警示录等活动。

医疗工作 门诊396207人次，急诊49507人次，急诊危重症抢救214人次，抢救成功率92.52%。实有床位由上年的518张减少为370张，住院7289人次，出院7346人次，床位周转19.85次，床位使用率83.7%，平均住院日15.5天，治愈率53.14%，好转率41.89%，死亡率2.59%。住院手术1942例。无孕产妇和新生儿死亡。

新技术、新疗法。超声引导下乳腺活检穿刺、使用腹腔镜微创技术切除部分结肠、婴幼儿先心病、胸腔镜、胸腺瘤切除人工血管转流、人工膝关节置换手术等。

开展“医疗质量万里行”、“三好一满意”活动。梳理医疗规章、制度和流程，开展对全院科室的现场督导检查，责成科室对存在的问题限时整改。加强医师执业资格管理，办理医师注册和变更注册22人次，处方权登记审批35人次，填写知情承诺登记16人次。

病案管理。每月召开病历终末质控例会，对门诊病历和出院病历质量进行总汇，发现问题及时整改，同时将结果在院内信息网公示。制订对出院病历是否完成修改进行检查的督导方案和住院病历环节质控的第一步试行方案。

医院感染管理。制订和修订规章制度53项。组织全院职工开展相关知识培训9次。利用医院信息系统引进和完善前瞻性实时监测方法，最大限度降低风险隐患。落实《医院消毒供应中心规范》，加强重点科室的院内感染监控，加大手术室手术器械清洁的督查力度。院内感染率3.16%。

医保工作。持续改进医保内控系统，通过HIS系统控制，提高医保工作效率。全年医保出院3190人次，总费用5151.95万元，次均费用16150元。

医疗支援和医疗保障。继续开展对内蒙古自治区苏尼特左旗医院的对口支援，门诊治疗5000余人次，协助两癌普查3000余人次，接收受援医院进修3人。承担中国反兴奋剂中心的志愿者工作，全年派出志愿者186人次。完成各级各类医疗保障33次。

护理工作 开展优质护理服务示范工程，建立13个优质护理服务示范病房，覆盖率100%，在北京市优质护理服务检查中获得好评。不断优化导诊、门急诊就诊环境，规范护理服务行为，提高护理服务水平。修订护理各项规章制度、职责、预案、流程和工作标准，定时召开护理质量控制分析会，加强安全督导。做好护理单元的环节质控、终末质控。依照“三基三严”原则定期进行分层次护理理论知识考试和护理技能操作考核，组织培训15次，2309人次参加。加大消毒工作的监督、检查和考核力度。申报院级科研课题1项，发表论文9篇。

护理文件（病历）书写合格率95%，护理病历书写合格率95%，基础护理合格率90%，特级、一级护理合格率均为95%，技术操作合格率95%，急救物品完好率100%。

科研工作 全年发表论文92篇，其中国内外核心期刊81篇。新立省部级、区级基金项目3项，院级科研项目16项。

医学教育 全院医技人员继续教育学分达标率100%，护理人员继续教育合格率100%。完成首都医科大学本科生的临床实习，第2届106名本科生毕业，在读本科生32人、研究生4人。将人才培养列入医院“十二五”发展规划，送出12人到院外进修，举办培训和学习班，9715人次参加；参加院外学习班255人次。

信息化建设 启动医院智能化建设，成立智能化建设组织机构，跟进医院新建楼宇的医疗项目、信息网络等方案的设计；聘用专业团队协助完成信息化建设框架规划。

后勤与基建 12月3日，举行改扩建一期奠基仪式。12月底，完成主楼六层（设备层）施工和裙楼六层封顶。加强医院后勤管理对医院建设、运营和发展的保障力度，探索向专业化转变的后勤管理模式。

（撰稿：汪　洁　审核：朵皓英）

领导名单

党委书记　姜　梅
副 书 记　赵　鸿
院　　长　林方才
副 院 长　赵　鸿　李玉萍　温智勇

中国康复研究中心
北京博爱医院

（丰台区角门北路10号）
邮编：100068　电话：67563322
网址：www.crrc.com.cn

基本情况　职工1541人（含合同制），其中卫生技术人员1106人，包括正高级职称36人、副高级职称85人、中级职称256人、初级师425人、初级士304人；其他专业技术人员139人；行政管理人员97人；工勤人员199人。

医疗设备总价值18663.33万元。本年度购置医疗设备总值3001.30万元，其中10万元以上设备26件、100万元以上设备7件。

获奖情况。中国康复研究中心被评为全国五一巾帼标兵岗、中央国家机关五四红旗团委、市爱国卫生红旗单位、市防火先进单位、首都卫生系统文明单位，获北京青年健康使者火炬行动组织贡献奖。27人被评为中国残联“十一五”优秀人才。

机构设置　5月18日，新增诊疗科室3个：呼吸内科、消化内科、神经外科。12月19日，成立重症医学科。

改革与管理　建立医疗技术临床应用管理制度，对医疗技术进行全面梳理，第一类医疗技术目录3400余项，并分级管理。改进查房流程，完善查房内容，规范科室管理。定期检查科室交班、三级查房、分组查房工作。

创建人民满意医院。开展爱眼日、爱耳日、肾病日、结核病日、无烟日、脑卒中日等各类卫生宣传活动14次、大型义诊4次，累计发放宣传单3000余份，健康咨询2500余人次，免费检查400余人次。

医疗工作　门诊264287人次，急诊41480人次，急诊危重症抢救520人次，抢救成功率97.12%。手术5001例，其中手术室手术2885例、门诊手术2116例。床位1100张。入院7061人次，出院7136人次，床位周转7.07次，床位使用率122.52%，平均住院日65.07天，七日确诊率98.84%，出入院诊断符合率100%，治愈率15.59%，好转率79.54%，死亡率2.61%。康复治疗总有效率93.52%，康复评定率95.51%。

病案管理。全年抽查住院病历360例次、门急诊病历手册240份、处方1500份，发现问题及时提出整改要求，并将检查结果纳入月考核中，每月进行通报。甲级病历率96.00%。

医院感染管理。建立医院感染报告制度及控制医院感染暴发应急预案。制订医院感染消毒隔离措施，并指导临床科室传染病及特殊感染消毒隔离工作。加强重点科室医院感染管理及其规章制度的落实，每月对45个部门进行院感监督与检测。环境卫生学和消毒卫生学全年监测8064次，合格率98.59%；供应室、手术室、口腔科牙钻等灭菌物品合格率100%。检查出院病历5670份，医院感染率1.15%；手术科室一类切口甲级愈合率99.27%。检查病历1355份，抗生素使用率32.62%。

医保工作。建立医保管理约谈制度。加强费用指标控制力度，将次均费用及自费比例指标纳入月绩效考核。启动急诊留观结算窗口，并设立门诊特殊病结算窗口。全年医保出院3030人次，总费用10608.16万元，次均费用3.501万元，平均住院日30天。

医疗纠纷处理。全年发生医疗纠纷65件，其中经市医调委调解4件、在诉讼中9件、处理中15件、结案37件，赔付31.29万元。

护理工作　补充完善2项制度及3项规定：护理会诊制度、院外进修人员管理制度，进修护士管理规定、Barth指数评定表使用规定、护理不良事件处理办法及处罚规定。修订管理规范2项及流程1项：护理文件书写规范、表格使用规范，住院医嘱处理录入流程。护理文件书写合格率97.8%，基础护理合格率98.1%，特级护理合格率98.6%，一级护理合格率97.8%，技术操作合格率98%，安全护理合格率

100%，急救物品完好率100%。

局级课题立项1项："偏瘫患者适宜衣服之探讨"。在核心期刊上发表护理论文10篇。

全年召开护理带教老师会议2次。完成山西省汾阳、内蒙古自治区锡林、山东省聊城、山西省老区等5所护校54名学生10个月的临床护理实习。承担协和医科大学护理学院授课8次、首都医科大学燕京医学院授课7次。组织护理继续教育讲座26次，4128人次参加。对370名护士进行新信息系统操作培训及考核。完成四川省八一康复中心康复护理培训课4次。选派护士长及护理骨干参加外院培训48人次。

科研工作 全年新立课题86项，获批经费2821.5万元，其中国家级、省部级课题3项，经费141万元；"十二五"国家科技支撑项目3项，经费2498万元；局级课题80项，经费182.5万元。结题62项。在研课题199项。在国家级杂志上发表论文132篇，SCI收录6篇。论著4部。召开第6届北京国际康复论坛，并编辑论文集。

《中国康复理论与实践》全年收到来稿1424篇，刊发400篇。组织专题15个，刊发12个。

医学教育 在校博士研究生18人，其中新录取2人、毕业3人；硕士研究生40人，其中新录取11人、毕业13人；七年制学生6人，其中毕业2人；四年制康复治疗学专业本科生142人，其中毕业38人，就业率100%；四年制假肢矫形工程专业本科生57人。完成临床课和专业课授课2413学时和生产实习带教51周。获批首都医科大学校长基金2项。

全年举办国家级继续医学教育9项449学时，授予I类学分83学分，培训974人；市级2项12学时，授予I类学分4学分，培训529人；区级20项60学时，授予II类学分4学分，培训5764人；自管项目3项9学时，授予II类学分1.5学分，培训896人；举办康复学习班9期1341学时，培训290人；区级护理教育26项78学时，授予II类学分26学分，培训4128人。完成继续医学教育注册与学分审核289人，达标率99.65%。职工参加学历教育64人，其中博士4人、硕士6人、本科39人、大专15人。住院医师参加规范化培训42人，脱产培训业务骨干70人，其中到院外进修11人。

国际交流与合作 全年接待19个国家及中国香港和台湾地区的74个团组583人次的访问，其中接收日本国际医疗福祉大学、埼玉医科大学41名师生实习访问。派出12个团组28人次到国外学习和参加学术会议，其中出国学习12人次、考察与参加学术会议16人次。完成国际合作项目6项、与香港理工大学康复科学系合作项目1项。与日本米盛医院签署康复管理人才交流协议和骨科学术交流协议。

信息化建设 建立集成有线局域网络、无线局域网络和英特网络等全覆盖的综合网络系统，以及内外两套网络系统。网络建设区域达到院内区域全覆盖，共设1167个信息点。通过网络防病毒系统对院内网络的300个客户端和15台服务器进行统一病毒防护和管控。

建立基于小型机和ORACLE数据库为核心技术的新一代HIS系统，包括临床诊疗、药品管理、经济管理、综合管理与统计分析、康复医疗和外部接口六大部分39个模块。门诊系统上线硬件部署小型机、SAN交换机、磁盘阵列、磁带库等核心设备及桌面管理、合理用药、内网杀毒等服务器，并在前台部署医生工作站483台。软件部署门急诊医生站信息系统、门急诊挂号信息系统、门急诊划价收费信息系统、门急诊中/西药房信息系统、门诊分诊信息系统、急诊留观信息系统等六大门急诊系统模块以及住院医生工作站、护士工作站、住院药房、住院病人入出转管理系统、住院收费等五大住院病区管理系统，并开展LIS系统、电子病历系统以及相关接口的建设。完成基础数据维护，完成急诊、门诊、住院病区、康复、医疗、医技、收费挂号五大类医疗流程的再造。

通过康复人才远程教育平台为中西部学员直播远程课程172次510学时，会议及专家讲座12次，骨干人才培养课20学时，上传318课时。

开通新改版升级的网站系统，并更换网站服务器；修改网站主页及数据库信息和图片；新增院务公开栏目。网站全年发布信息198条。

（撰稿：杨秀丽　审核：密忠祥）

领导名单

党委书记兼主任 李建军

副书记 时海峰

副主任 时海峰　董　浩　张　通　孔德明

北京京煤集团总医院

（门头沟区黑山大街18号）
邮编：102300　电话：69842525

基本情况　职工1240人（在编1060人、合同制180人），其中卫生技术人员1005人，包括主任医师7人、副主任医师46人、主治医师134人、医师107人、医士39人、见习医士42人，主管护师259人、护师134人、护士93人、见习护士12人，主任药师1人、副主任药师1人、主管药师22人、药师24人、药士13人、见习药士4人，主管技师29人、技师17人、技士12人、见习技士9人；行政与工勤人员235人。

医疗设备总价值10586万元。本年度购置医疗设备总值1173.65万元，其中10万元以上设备23台。

获奖情况。北京京煤集团总医院被评为首都卫生系统文明单位、首都公共卫生文明单位、京煤集团先进基层党组织、北京市人口和计划生育工作先进集体、北京市死因登记报告先进单位、北京市医疗保险联审互查三等奖。社区高层站获北京市医疗保险联审互查一等奖，北京青年健康使者火炬行动优秀志愿服务集体、优秀志愿服务项目，保卫科获市级集体嘉奖。个人奖有第2届北京市职工职业技能大赛网络管理员比赛优秀奖，北京市人口和计划生育工作先进工作者，院长成立兵获安全保卫工作市级三等功。

机构设置　成立基础管理部、门诊管理部、住院管理部等3个综合管理部门。

改革与管理　基础管理部成立后，首先整改医院环境，配合职能部门规范提示牌和宣传牌的制作，完成吊牌、楼层索引、科室牌、房间牌及各种提示牌等PVC临时牌294块。制作门诊临时专家介绍栏2块及医院室外橱窗专家介绍栏。编印《“质量·服务行动”员工行为规范》《医院科室介绍手册》《安全应急手册》《消防安全指南》。加强电梯员和导医员的规范化服务语言和规范化动作的培训以及停车场的管理，制订环境卫生管理各岗位质量考核标准。为员工更新工作服。门诊管理部调整部分门诊布局、规范诊疗、建立临床专科门诊、开通114平台预约挂号。协调本市著名医院的外聘专家出诊，为患者提供更加高质量的服务。住院管理部优化住院和出院流程、简化手续、缩短出院结算时间，加强三级查房制度，规范诊疗行为，在提高医疗质量和改善服务方面取得实效。

北京京煤集团有限责任公司推进北京京煤集团总医院与北京凤凰联合医院管理股份有限公司的战略合作，于5月构建新的法人管理结构和理事会领导下的院长负责制。

明确各级岗位责任和管理制度。财务管理执行新的医院财务制度，规范医院费用报销管理办法和报销流程，并统一会诊酬金、讲课酬金、差旅费报销单、药品入出库审批单和医用耗材入出库单等会计原始凭证。聘请北京天健正信会计师事务所有限公司对医院进行专项审计，北京中天华资产评估有限责任公司对医院进行资产专项评估。实施科室资金月预算制度，保证资金的合理调配。

医疗工作　门诊459943人次，急诊54666人次，急诊危重症抢救4498人次，抢救成功率98.11%。床位607张。入院11365人次，出院11372人次，床位周转18.73次，床位使用率105.39%，平均住院日21.23天，七日确诊率98.08%，出入院诊断符合率99.64%，治愈率43.15%，好转率50.58%，死亡率3.25%。住院手术3084例，其中大手术414例。无孕产妇死亡，新生儿死亡率1‰，围产儿死亡率3‰。

医疗质量管理。继续加大三级查房检查力度，将综合内科门诊调整为各专业科室门诊，增加出诊专家和专业门诊次数，调整简易门诊人员，满足患者需求。制订抗菌药物专项整治工作方案，组织抗菌药物知识培训及考试。安排普外科、骨科、妇产科、呼吸内科、神经内科、消化内科、儿科10种疾病作为开展临床路径的病种。社区科为辖区慢性病患者进行电子病历规范管理；对辖区居民进行健康教育16场，受益1198人次；累计培养家庭保健员440人次。宣传家庭医生式服务，辖区覆盖率100%。多次组织京煤集团公司员工进行急救知识培训，工伤抢救演练2次，下矿工伤抢救1次，在院内组织工伤大抢救6次。完成京煤集团成立10周年庆典、北京市农民运动会、山地徒步大会等活动的医疗保障。

病案管理。全年普查住院病历3991份、抽查住院病历1000份，甲级病历率99.46%；门诊病历982份，合格率98.77%。检查门诊处方21083张，合格率98.21%。

医院感染管理。落实检查、反馈、整改、评价、培训五循环工作方法，强化流程管理和环节控制，并开展多项院感目标性监测，使院感、疾控工作持续改进和提高。建立健全医院感染三级网络。前瞻性监测院内感染率1.33%，感染例次率1.40%，漏报率0。加强传染病防控的管理，开展多项传染病主动监测报告和漏报巡查。在北京市和门头沟区卫生行政、监督等部门的26次相关检查中均达标。

医保工作。获北京市医疗保险联审互查三等奖，奖金13万元；社区科获北京市医疗保险联审互查一等奖，奖金2万元。全年医保出院4592人次，总费用7498.60万元，次均费用16329.70元。

医疗支援。全年派出7人（副主任医师3人、高年资主治医师4人）分别支援军庄和永定卫生院。免费接收受援卫生院进修医师4人，并为受援卫生院68名职工免费体检。

护理工作 优质护理服务示范工程的第2批试点病房为消化肿瘤科、神经科二病区、骨科，第3批试点病房为内分泌科、泌尿科、神经外科和爱婴病房，全院已有10个试点病房。每月召开护理质量持续改进工作会，找出管理工作中的薄弱环节，制订并落实改进措施。每月召开护理不良事件分析会，分析发生原因并制订改进措施，每季度分类汇总并上报至北京市护理质控中心，全年发生并上报护理不良事件54例。护理文件书写合格率98.71%，护理病历书写合格率97.51%，基础护理合格率98.84%，一级护理合格率99.09%，特级护理合格率100%，技术操作合格率99.23%，安全护理合格率100%，急救物品完好率100%。组织全院护士培训班，422人参加；派出护理管理人员参加全国及市内护理培训班31人次；派出6名护士分别进修导管、急诊业务；6名护士参加专科护士培训，并分别取得糖尿病、PICC、肿瘤、ICU及急诊专科护士证书。

科研工作 骨科申报的2012年度门头沟区科委科技创新项目“超声电导经皮渗透骨生长因子促进骨折愈合的实验研究”通过审批。全年申报课题22项，其中自管项目17项、京煤集团公司项目5项。在研课题7项，结题7项，申请延期3项，京煤集团公司项目5项处在结题阶段。在正式期刊发表论文39篇，其中中国科技论文统计源期刊12篇。

医学教育 全年开展各种专业培训45场次16073人次，派出参加全国或北京市等短期培训、学术会议等70余人次，工人岗位培训10人次，206人参加好医生网络继续教育的学习。有11名住院医师接受培训，接待和安排临床实习生45人次。

信息化建设 完成安全技术防范系统工程，在全院安装电视监控系统，监控探头150个，计划增加探头60个，全面更新中控室设备及系统。加强各分院、社区卫生服务站信息系统建设，使之符合医疗保险管理要求。聘请北京数字认证中心对整个网络及信息系统进行安全测评，完成现场调研和后期分析。完成医院网站建设，医院管理OA系统、体检中心管理软件的安装使用。

后勤与基建 继续完善后勤部门的安全标准化体系，全面覆盖安全管理网络体系。完成全院集中供暖改造工程，并对供电系统、避雷系统进行专业电气检测，大修电梯8部。配合施工单位，安装新增空调电源、新增热水器电源，并对全院的应急照明系统和备用发电机进行检修和保养。完成全院整体装修改造初步设计方案，预计总投资1.3亿元。

完成“十二五”发展规划的制订。被评为北京市义务献血优秀单位。全年组织安全检查76次、安全应急演练数次，参加各类安全生产培训360余人次。投入近200万元，更新部分消防设施。对医院内停车场进行重点整治。

（撰稿：张　娇　审核：吕　兵）

领导名单

党委书记　梁建业
副 书 记　李永泽
院　　长　成立兵
副 院 长　梁建业　韩书利　毛经民　李亚非　崔建军

北京燕化医院

（房山区燕山迎风街15号）
邮编：102500　电话：69342517

基本情况　职工1026人，其中卫生技术人员716人，包括主任医师（含相应职称）28人、副主任医师81人、主治医师248人、医师234人、护士125人；行政及工勤人员310人。

医疗设备总价值8641.73万元。新购置设备51件，总价值479万元。

获奖情况。北京燕化医院被评为2010年度北京市卫生统计工作先进单位、北京市基本医疗保险定点医疗机构二等奖、全国安全社区建设先进社会单位，在“健康北京人，健康北京城，合理使用抗感染药物”海报比赛中获二等奖。

机构设置　科教科由医务部分出，独立建制。

改革与管理　8月，通过专家评审，成为北京市外科住院医师培训基地。参加市民政局的社会组织评估，得到好评。

制订并完善《急诊绿色通道管理办法》。完成星城分院工伤保险定点医院的申报验收。门诊满意率99.34%，住院满意率99.71%。

对医院固定资产进行清查盘点并统一编码管理；对卫生材料进行分级管理，实现临床科室卫生材料的进、销、存计算机管理，力争账物数据准确一致。制订高值耗材统一管理办法，明确管理流程，对二级库进行定期检查。

每月坚持对医护质量、医保、院感、安全、服务15项检查并公示，尤其是加大对医保处方的考核力度，拒付金额明显下降。

增加对医院食堂的补贴力度，提高饭菜质量。

与燕山区政府、燕化公司共同进行燕山地区门诊及住院事故和意外伤害事故调查及分析，使群众能够得到更迅捷、更准确的医疗救治。在燕房地区各个小区开展健康教育。

医疗工作　门诊555662人次，急诊145858人次，急诊危重症抢救73人次，抢救成功57人次，成功率78.08%。门诊手术10960例，住院手术2660例。住院12520人次，出院12529人次，床位使用率83.38%，床位周转18.90次，平均住院日16.01天，七日确诊率99.50%，出入院诊断符合率99.98%，治愈好转率94.91%，死亡率2.65%。无孕产妇死亡、新生儿死亡，围产儿死亡率1.6‰。全年接种各种疫苗5734人次。

有15个科室开展17项临床路径病例。与医师协会联合组织心血管、消化道肿瘤、眼科白内障手术、骨质疏松等专题论坛。参加中国脑卒中大会、输血经验交流视频会、第5届中国医院质量大会、临床路径和医疗质量持续改进研讨会、DRG组理论培训、临床中毒患者的诊断与急救培训班等。

加强对临床医疗工作质量的监督，完善院级会诊体系，组织临床科室疑难危重病人全院多科会诊，甲级病历率99.27%。

新技术、新疗法。骨科开展高屈曲度人工膝关节置换术，眼科开展微创白内障超声乳化联合推注式非球面人工晶体植入术，检验科开展B型钠酸肽（BNP）、幽门螺杆菌抗体（HP）等12项。

医务部对部分科室周末门诊进行调整，大内科、口腔科由半天门诊改为全天门诊，并安排大外科周末门诊。呼吸科开设哮喘门诊和戒烟门诊。医院就诊班车、糖尿病健康教育项目连续2年入选市民政局组织的政府购买服务项目。

医院感染管理。医院感染率0.98%，抗菌药物使用率56.8%。制订《2011年北京燕化医院抗菌药物临床专项整治活动方案》，与全院临床科室主任签署《抗菌药物临床合理应用责任书》。

医保工作。北京燕化医院获2010年度北京市医保二等奖，奖金28万元。制订医保门诊拒付月考核规定，对出门诊医生进行规范处方书写和门诊收费的培训和考试。医院下属10个医保定点社区和门诊部全部通过医保门诊医生工作站的验收，并与计算机中心合作，对社区所有医务人员进行门诊医生工作站的相关政策和操作的培训。加强住院病人的健康教育，定期更换健康教育宣传内容。全年医保出院6493人次，总费用8938.13万元，次均费用13766元。平均住院日14天。每月检测医保总量控制指标，对门急诊和住院病房进行巡视检查，规范医保病人实名制就医。

医疗支援。派3名医师到内蒙古自治区兴安盟扎赉特旗人民医院进行对口支援，接收其进修4人。与琉璃河社区卫生服务中心签署本年度对口支援协议。

护理工作 护理部重新完善质量标准，实施二级目标管理，每月对科室目标完成情况进行监测和控制，做到存在的问题有分析、有整改措施和效果评价，实行持续改进的质量管理。组织2011版心肺复苏指南等理论培训22次1700人次，考试合格率92.7%；双人配合心肺复苏技术、支气管哮喘抢救等操作培训10次220人次，考试合格率96.2%。接收临床实习医生71人、护理实习生79人。

干保科、骨科、内分泌科等9个病房为优质护理服务病房。上报JCI总部国际质控指标5项。

科研与教育 申报首都医学发展专项科研课题3项。在研课题7项。完成2007年首都医学发展基金课题的结题。全年发表学术论文14篇。

急诊科、院前急救医务人员及其他专科骨干参加中法急诊急救培训。邀请中华医学会杂志社副社长袁桂清教授等专家开展讲座6次。年内，参加市卫生局实验室生物安全师资培训，北京市口腔医疗质量管理，护理管理，手术室专业护士资格认证培训，眼科、骨科、神经内科等临床专业年会，各专业新进展、疑难专病诊治、规范化治疗、临床路径、医保专项培训等学习班及研讨班。全年外出培训及参加学术会议131人次，进修5人次。院内继续教育讲座20次，近7500人次参加。36人参加辐射安全知识培训，并取得合格证书。

住院医师及中医医师参加规范化培训一阶段理论、二阶段技能、英语的报名27人次。

完成71人次的实习带教，对实习生进行纪律安全、防火防灾、仪表着装教育。组织实习生讲座10次，实习生劳动纪律检查8次，实习生宿舍检查4次。

信息化建设 成立PACS系统、电子病历项目小组，启动电子病历工程，完成HIS主服务器历史数据转储，提升系统整体运行效率。开展网络系统核心交换机更换调研及机房监控系统调研。设计更新医保接口，并完成控制医保实时结算违规处方的上传程序。完成10个医保定点社区门诊医生工作站的实施。

后勤与基建 申报健康管理中心改扩建项目。完成门诊楼前喷泉景观、分院楼顶防水、单身宿舍装修改造、住院部大楼空调改造等工程。燕山政府为星城三里社区卫生服务站安装无障碍通道。对10部电梯及供电、供氧系统、压力容器等各类设备设施进行检查维修。全年组织专项检查21次，安全教育4次，900余人次参加。

社区工作 星城分院和社区联动为星城小区居民举办多次健康教育讲座，社区慢病管理试点工作进入实施阶段，参加慢病管理患者560余人。社区医护人员参加义诊8次。为燕房地区社区居民举办健康知识讲座8次，发放健康宣传资料1500余份，免费测血压200余人次；建立电子家庭健康档案1658份、个人电子健康档案3721份；家庭医生式服务签约50余份。

参与燕化公司和燕山办事处共同创建平安社区系列活动，派4名医生参加燕山公安分局看守所医疗救护保障值班任务，配合完成燕山地区精神疾病患者调查、统计、输机工作。

（撰稿：申仕莲　审核：张远春）

领导名单

总 经 理　单宝杰
党委书记　李清华
副 书 记　时红霞
院　　长　张远春
副 院 长　赵克建　周昊嵬　鲍正社　李　华　杨金龙
财务总监　秦　红

医学科研与教育机构工作

中国医学科学院
北京协和医学院

（东城区东单三条9号）
邮编：100730　电话：65135844
网址：www. pumc. edu. cn

基本情况　有中国科学院和中国工程院院士27人，教育部“长江学者奖励计划”特聘教授14人，长江学者讲座教授2人，杰出青年基金获得者27人，国家级和部委级有突出贡献的中青年专家95人，享受政府特殊津贴专家611人，新世纪百千万国家级人选43人，教育部长江学者奖励计划创新团队8个，国家自然科学基金委创新团队2个，国务院学位委员会委员1人、学科评议组成员9人（其中3人为学科评议组组长），在岗博士生导师487人、硕士生导师717人。

北京协和医学院有一级学科博士授权专业点8个，一级学科硕士授权专业点3个。各类在校生4317人，其中研究生3454人，本科生629人，专科生234人。

拥有5个国家级重点实验室、30个省部级实验室、10个部门开放实验室、2个国家级工业试验基地、17个国家级中心、6个博士后科研流动站以及11个世界卫生组织合作中心。

获奖情况。药植所肖培根院士主编的《当代药用植物典》获第2届中国出版政府奖，“危重症冠心病外科评估体系与关键技术临床应用”获国家科技进步二等奖，药植所海南分所、医学生物学研究所、阜外心血管病医院、药物研究所、医学分子生物学国家重点实验室、国家人口健康科学数据共享平台等6个集体荣获“十一五”国家科技计划执行优秀团队奖，副院校长詹启敏和病原生物所所长金奇获“十一五”国家科技计划执行突出贡献奖，阜外心血管病医院乔友林教授获WHO/IARC颁发的荣誉奖章、高润霖院士获全球介入心脏病学“Ethica Award”终身成就奖，北京协和医学院护理学院副院长吴欣娟获南丁格尔奖章、郎景和教授获国家级教学名师称号，院校长曹雪涛院士、基础医学研究所张学教授分别获谈家桢生命科学成就奖和谈家桢生命科学创新奖。

机构设置　9月，成立中国医学科学院药物研究院、中国医学科学院糖尿病研究中心。

科研工作　申报省部级以上各类科研课题539项，到位科研经费52216.28万元，其中国家自然科学基金项目275项、重点项目及重大研究计划8项，获资助经费11163万元；国际科技合作项目7项，获资助2658万元。科技成果奖励25项，其中获国家科技进步二等奖2项。申报专利293项，其中国际专利103项；授权专利80项，其中国际专利6项。2010年度发表科技论文4508篇，其中SCI收录论文1222篇，比2009年度增长9.99%。

制订院校在国家新型医学科技创新体系中发挥核心作用的路线图和工作开展方案。筹建中国医学科学院协和转化医学中心。阜外心血管病医院的心血管疾病国家重点实验室和药物所申报的天然药物活性物质与功能国家重点实验室获批准筹建。

教学工作 制订北京协和医学院教学实体化建设的路线图和工作开展方案。为国家教育体制改革试点储备师资，启动骨干师资培训、储备学习资源、开展考核评价方法改革培训，推进学生职业素养工程建设。3月，开展优秀博士学位论文评选。11篇论文被评为校优秀博士论文，并推荐6篇参加北京市优秀博士论文评比，有1篇论文获奖。为鼓励博士生从事原创性学术、医疗及技术研究，评选创新基金项目72项。承办全国暑期学校——内分泌代谢学基础与临床进展学习班，承办皮肤病与性病学、血液学博士论坛。开设协和讲堂，提升研究生人文社会知识素养。通过清华大学建设高水平大学项目，选派本校6名研究生与国外相关院校联合培养博士生，2名硕士应届毕业生到国外直接攻读博士。经推荐和面试，2名博士生出席德国诺贝尔奖获得者大会。护理学由二级学科博士点调整为一级学科博士点，成为首批具有护理学一级学科博士学位授予权的医学院校。申报临床医学专业学位全科医学领域和临床病理学领域。

医疗工作 3月，召开以“深化改革，促进发展”为主题的院校医疗工作会。举办优质护理服务示范工程护理骨干培训班。配合卫生部合理使用抗生素专项治理活动，对京津5家医院病房主管医师进行合理使用抗生素的培训。举办协和、北医、首医系统医院管理经验交流会，院校医院管理处、北京大学医学部医管处、首都医科大学医管处及其各附属医院医务处处长30余人参加会议。

年内，院校医院共有10个专科获得资助。院校共有20项国家临床重点专科建设项目，其中协和医院14个、阜外心血管病医院4个、肿瘤医院1个、血液病医院1个。阜外心血管病医院和肿瘤医院分别制订国家心血管病中心和国家癌症中心建设方案（草案），推进国家心血管病中心和国家癌症中心的建设。

院校所属6家医院共有床位5140张，全年门急诊454.4万人次，入院176641人次，手术62428例，分别比上年增长10.63%、11.58%、5.44%。医院通过缩短出院患者平均住院日，增加床位使用率、周转率，中青年医师出门诊敞开挂号等提高工作绩效措施，在一定程度上缓解了大医院“看病难”问题。与西藏自治区人民医院合作设立高原医学硕士点，培养定向临床研究生，共同申请重大专项课题。同时，将每年给西藏自治区人民医院的专项资助资金由80万元提高到120万元。院校派出由协和医院、阜外心血管病医院、肿瘤医院医护人员组成的11人医疗队赴藏。

国际交流与合作 全年接待国（境）外来访28批105人次，短期出国（境）257人次，长期出国5人次。邀请270名外宾到下属所院访问。接待哈佛等学校交换学生6人，派出交换学生13人、交换教师2人。申请CMB项目4项，获批1项，待批3项。获外国专家局重点项目41项、普通项目7项，共计423万元。申请了“111”引智基地。授予名誉教授7人、客座教授1人。1人担任亚洲癌症中心联盟主席。组织大型国际知名专家学术报告会4次。组织和参与组织一系列大型国际学术会议，如第1届吴宪·吴瑞国际学术研讨会、中美转化医学国际论坛（CAMS－NIH）、第4届协和转化医学研究国际论坛、北京国际心血管病论坛、第3届国际美容整形外科高级研讨会暨第1届中欧整形美容外科会议、首届国际微血管医学论坛等。

基本建设 年内，启动编制院校创新园区（北区）建设工程项目建议书。该项目建设规模183946平方米，总投资153400万元。

（撰稿：贺　晶　审核：张　勤）

领导名单

党 委 书 记 李立明

副 书 记 林长胜　李国勤

院　　长 曹雪涛

校　　长 曾益新

副院(校)长 李立明　徐德成　詹启敏　赵玉沛

中国中医科学院

（东城区东直门内南小街16号）
邮编：100700　电话：64014356
网址：www.cacms.ac.cn

基本情况　职工5184人，其中正式职工3634人。专业技术人员3326人，其中正高级职称383人、副高级职称627人、中级职称1322人、初级职称858人、其他136人。管理人员575人，其中技术人员468人，包括正高级职称87人、副高级职称101人、中级职称156人、初级职称124人。有博士生导师176人、硕士生导师279人。

科研工作　召开学科带头人工作会、全国中医药科研院所科技创新工作座谈会以及科技工作大会，围绕“服务国家重大需求，引领中医科技发展”以及“打破院所及地域壁垒，探索科研院所运行的新体制、新机制，搭建开放的、流动的合作交流平台，实现学科和领域的整合重组，建立真正意义上的大科研院所”的理念，进行讨论，明确科技工作思路，为在“十二五”能够站在行业发展的高度组织策划大项目，争取大成果，营造大市场奠定基础。引领整合相关学科与机构，组织、策划、申报一系列“十二五”重大科技计划项目，包括传染病临床研究体系建设、慢病临床研究体系建设、国家临床研究基地临床科研信息共享系统建设、中医药标准化体系建设、重大新药创制、中药资源普查试点、针灸多中心临床评价、中医诊疗与康复设备、病证结合临床示范研究等国家计划项目。申报各级各类科研课题835项，中标255项，获资助8000万元（不含自主选题项目）。其中“重大新药创制”科技重大专项11项，国家重点基础研究发展计划（“973”计划）、“艾滋病和病毒性肝炎等重大传染病防治”科技重大专项各2项，国家高技术研究发展计划（“863”项目）1项。国家自然科学基金项目72项，其中重点项目2项。中国中医科学院第五批基本科研业务费自主选题立项95项。拥有各级在研课题860项，在研经费6.9亿元。

中国中医科学院中药研究所终身研究员屠呦呦因发现治疗疟疾的药物青蒿素获美国拉斯克－狄贝基临床医学研究奖；中国中医科学院授予屠呦呦杰出贡献奖，奖励屠呦呦青蒿素研究团队100万元。由黄璐琦、仝小林分别主持完成的“道地药材的道地性形成机理研究及应用”、“代谢综合征的中医认识及整体治疗”分别获国家科技进步二等奖，中国中医科学院作为第二完成单位获国家科技进步二等奖3项。获北京市2010年科学技术奖4项、中国中西医结合学会科学技术奖5项、中华中医药学会科学技术奖10项。评选中国中医科学院科学技术奖21项。姜廷良获中国中医科学院唐氏中药发展奖。申请专利66项，已获专利16项，新药证书1项。屠呦呦、张伯礼当选本年度中医药新闻人物，仝小林获何梁何利奖。

全院有252项科研课题结题。“十一五”期间承担的5项“艾滋病和病毒性肝炎等重大传染病防治”科技重大专项课题全部通过评估，并部分获得滚动资助，研究形成的中医药治疗方案使HAART后艾滋病患者免疫重建的有效率从21.4%提高到34.5%。中药研究所承担的中药安全评价平台于10月通过了国家药监局药物非临床研究质量管理规范（GLP）的认证。黄莪胶囊和急咳停颗粒分别获新药证书批件和新药注册受理。新药维脑康胶囊临床前研究、塞络通胶囊国际多中心2期临床研究为中药的国际注册奠定了基础。在国际标准化组织（ISO）正式立项的针灸针、人参种子种苗2项国际标准，其草案分别在ISO/TC249的WG1、WG3工作组会议上讨论通过。中国中医科学院与北京市政府共建的首都科技条件平台中国中医科学院研发实验服务基地形成院属各二级院所之间的联动机制，开放仪器设备累计669台/套，总价值约2.93亿元。完成共享服务合同271项，合同总额3917万元。中药质量控制技术国家工程实验室围绕中药产品质量和过程控制，建立国家和行业标准50个、中药质量控制关键技术20个，完成孵化基地和研发平台的建设。医学实验中心中医药防治重大疾病基础研究室、西苑医院中药药理室、中药研究所道地中药材功能基因组研究室入选北京市第3批重点实验室。西苑医院中药药效研究平台为国内外50多家企业提供技术服务，获得直接经济效益5000余万元。中医药临床科研信息一体化研究成果成为国家中医临床研究基地的重要技术支撑得到推广应用，并有117家医疗单位的临床科室30多位名老中医经验传承项目在应用。自主研发的临床研究中央随机和数据管理系统为110多项临床研究课题提供技术服务。

全年举办各种学术交流会议203次，与海内外相关部门或机构主办、承办北京中医药国家发展与合作交流会、第2届中韩传统医学基础理论学术研讨会、中美中医药肿瘤学术研讨会、中药质量与安全评价国际学术研讨会、GCP及相关平台建设和全国中医药博士生论坛等。发表学术论文2070篇，国内发表论文数居全国研究机构之首，SCI（含SCI-E）论文158篇，较之上年的84篇翻了近一番。全院主办、承办的18种科技期刊除文摘类、科普类等3种外，被SCI-E收录2种（《中国结合医学杂志》与《中医杂志》英文版），MEDLINE、CA收录各7种；中国科学引文数据库（CSCD）收录7种，科技论文统计源期刊10种。《中医杂志》获第2届中国出版政府奖期刊提名奖及新闻出版总署“走出去”先进单位称号。

医疗工作　4家三级甲等医院门急诊514万人次，出院44353人次。西苑医院门急诊服务总量提高12.65%。广安门医院门急诊总量242万人次，在北京地区中医医院中排名第一。中医门诊部接诊7.5万人次，医疗总收入2325万元，比上年增长15%。

西苑医院利用北京中医药文化节、膏方养生文化节打造以膏方为主的治未病预防保健平台初见成效。广安门医院坚持开展“冬病夏治”穴位敷贴，已形成品牌特色。眼科医院以青少年近视防治工作为重点，通过了北京市治未病诊疗中心的验收。

广安门医院心血管科、风湿免疫科，西苑医院脾胃科、心血管科，望京医院肾病科，眼科医院眼科等6个科室被卫生部与国家中医药管理局确定为国家临床重点专科。包括上年度获准建设的血液科、肿瘤科以及骨伤科，在建国家临床重点专科共9个。在建国家中医药管理局20个重点专科均完成建设要求。

年内，与大兴区政府合作，在大兴区中医医院基础上建立广安门医院南区，采取一院两址、统一管理、单独核算的管理方式，实现实质性合作与融合。运行半年来，广安门医院南区门急诊同比增长50.33%。

中医科学院及所属医疗机构对口援助的范围涉及内蒙古、新疆、西藏和湖北4个省（自治区）的3个省级医院和16个区县医院。支援西藏自治区藏医院的工作，免费培养医疗技术人员10人，派出技术专家5人赴藏医院举办讲座。针灸研究所派出技术专家6人赴新疆开展对口支援工作。西苑医院与陕西省府谷县中医医院对口支援，有20余名专家到当地参与和指导诊疗，并建立长效帮扶机制。

中医科学院牵头，联合北京中医药大学、天津中医药大学等，举办中医院现代职业化管理素质提升高级培训班，卫生部副部长王国强、科学院院长张伯礼参加开班仪式并为首届学员上课，授课8次48学时，院内学员30多人。举办首届中医护理人员研究生课程进修班，15名一线护理人员参加学习。

推进优质护理服务示范工程。西苑医院结合“春风工程”，制订优质护理规范化服务方案，以奖励政策和激励机制促进护理服务质量持续改进。广安门医院心血管病房被评为中国共青团青年文明号，ICU护理组获巾帼文明岗称号。望京医院开展评选10名“患者心中最美的护士”活动。眼科医院开展中医特色护理示范岗建设活动。

教学工作　毕业研究生147人，其中大陆139人、港澳台1人、外国留学生7人。吕爱平研究员指导、吕诚博士完成的博士学位论文《类风湿关节炎寒热证候分类的系统生物学基础》被评为北京市优秀博士学位论文，并推荐参评全国百篇优秀博士学位论文。研究生导师唐由之、余瀛鳌、孙树椿、于智敏、张启明获中国中医科学院岐黄中医药基金会传承发展奖。主办全国中医药博士生创新发展学术论坛，搭建研究生学术交流平台。国家中医药管理局委托举办的中医药信息管理班结业；北京市中医管理局委托举办的首届西学中高级研修班进入临床教学。援疆项目——中医学（民族医药）研究生课程进修班完成集中学习3期。陆广莘、唐由之、程莘农、路志正等15名专家全国名老中医药专家传承工作室的建设项目进展顺利。完成国家级中医药继续教育项目43项，申报2012年度国家级中医药继续教育项目72项。完成北京市“回归扎根工程”培训，第1批培训123人，第2批培训130人。完成

"薪火传承3+3工程"的结题验收。

人才队伍建设 落实人才强院、人才兴业战略，人才体系初步形成，以院士、国医大师、首席研究员、学科带头人、学科骨干组成的高层次、高水平的科技人才队伍进一步完善。制订首席研究员、学科带头人的管理办法，完成第1批63名学科带头人的遴选，并举办学科带头人工作会议。

调整博士后管理体制，加强博士后人员的管理和遴选。年内，进站博士后52人、出站42人，在站博士后223人。获中国博士后科学基金28项、博士后特别资助6项。新进职工130人，其中专业技术人员27人，应届硕士生、博士生86人。

国际交流与合作 全年赴国外学术交流50批次138人次。接待28个国家和地区987人次的访问，其中部长级以上5批次。接收国外学员培训392人次。

年内，选派在职博士、博士后20余人次赴奥地利进行合作研究；针灸研究所和中药研究所接收奥地利科研人员进修。派出新一批中医专家工作组赴坦桑尼亚执行与坦莫西比利国立医院"关于开展第八阶段中医药治疗艾滋病合作备忘录"的合作。继续推进与东京药科大学合作研究人才培养项目和香港医院管理局联合实施的访问学者计划等项目。与第一所中医孔子学院挂靠单位——伦敦南岸大学以及韩国韩医学研究院、英国保柏集团等7个国外机构签订、续签合作谅解备忘录，促进中医药多层次的实质性合作。有5个国际科技合作项目得到科技部批准。开展的国际科技合作项目24项，合作伙伴涉及10余个国家和地区，如中药研究所与南非合作的"中国南非珍稀濒危药用植物保护及可持续利用研究"、"中国南非药用芦荟不同功效及其物质基础的研究"，与捷克合作的"针对炎症免疫网络的中药新药发现方法及技术平台建立"，与奥地利合作的"黄连解毒汤治疗老年痴呆的活性组分新药研究"，与世界卫生组织合作的"中药材简便快速鉴定技术的整理、完善及其推广"等。西苑医院与美国新泽西医科和牙科大学合作发现一种肌特异蛋白，在心肌缺血的治疗中起关键性作用，该成果在《生物化学杂志》(JBC) 等期刊上发表。

主办或承办国际会议13次，涉及中医医疗、科研、针灸、中药、标准等诸多领域。承办的第6次世界卫生组织传统医学合作中心主任会议，其组织工作获得世界卫生组织总部和西太区办公室的赞扬。承办了中国－东盟中医药（传统医药）防治重大卫生事件研讨会等，搭建高层次中医药国际交流平台。中医药信息研究所牵头申报的中医古籍文献《黄帝内经》《本草纲目》成功入选联合国教科文组织《世界记忆名录》。

产业工作 与华润北药集团签署战略合作框架协议，与华润三九医药股份有限公司、东阿阿胶股份有限公司签署合作意向书。推进实验药厂、华神制药公司与华润三九医药股份有限公司合资建立新药研发基地。实验药厂获国家发明专利1项，申报急咳停颗粒新药证书和生产批件已被受理。获东城区新兴产业企业项目120万元的资助。调整科技合作中心领导班子。

基本完成中医古籍出版社包括所属北京上工印刷厂的转制。完成清产核资、事业法人注销、工商注册、国有资产产权登记以及人员身份转换。中医古籍出版社获第2届中国政府出版奖图书奖提名奖。中药复方新药研发国家工程研究中心扭转连年亏损，达到收支平衡，完成国家或企业各类研究课题62项，并通过国家发改委的年度评估。

基本建设 全院在建及规划项目建筑规模20余万平方米，总投资15.9亿元。中医药科学研究基地科研综合楼工程完成主体及二次结构工程、外幕墙工程部分亮相，被评为北京市结构长城杯金奖及北京市优质工程奖，完成投资1.48亿元。中医药信息研究所加层工程完成规划审批手续。广安门医院门诊楼工程进行市政电缆、天然气管道、污水池迁移、基础护坡桩工程施工，完成投资6800万元。西苑医院门诊医技楼完成主体及二次结构工程，并被评为北京市结构长城杯金奖，完成投资2.1亿元。完成眼科医院热力站工程并投入使用，完成投资480万元。完成大兴实验药厂办公及实验楼的验收。完成大白楼采暖更新改造项目的结算。

（撰稿：李爱军　审核：李宗友）

领导名单

党委书记 王志勇

副 书 记 仇芙林　张为佳

院　　长 张伯礼

副 院 长 刘保延　王志勇　黄璐琦　范吉平　杨友群

北京市中医研究所

（东城区美术馆后街 23 号）
邮编：100010　电话：52176951

基本情况　职工 29 人，其中正高级职称（研究员、主任药师、主任医师）5 人、副高级职称（副研究员、副主任技师）3 人、中级职称 11 人、初级职称 8 人。

机构设置　设有办公室、病理生理研究室、生物化学研究室、中药研究室、中医临床流行病学研究室、动物实验室。与北京中医医院联合成立了中医针灸病学、中医消化病学、中医肿瘤病学、中医心病学、中医皮肤病学 5 个国家中医药管理局重点学科基础实验室。

科研工作　全年申报课题 16 项，新立科研课题 6 项，其中市中医局重大专项 1 项、市中医局基金 3 项、市中医局青年课题 1 项，市教委基金 1 项，获资助 29 万元。同时，承担市科委重大项目子课题经费 48 万元、医院委托制剂质量提升项目经费 50 万元、医院委托研发制剂项目 18.5 万元。全年总经费 145.5 万元。

举办了第 5 届中国病理生理学会中医专业委员会名湖论坛。全年参加各种学术会议 22 人次，其中参加世界中医药大会 2 人。发表科技论文 16 篇，其中 SCI 收录 1 篇。会议论文 9 篇，其中 1 篇被评为优秀青年论文。

公益活动　由市科委资助的“基于冬病夏治理论的贴敷法防治小儿反复呼吸道感染的疗效评价”项目第 4 年，在朝阳区、平谷区进行第 3 年度的贴敷；对东城区 3 年的贴敷患儿作了数据统计总结工作。

与市教委合作开展中医药文化进校园活动，继续在史家小学为师生介绍中医药文化，并得到市教委的经费资助。

医学教育　在读硕士生 8 人、博士生 2 人，毕业博士生 1 人；市教委翱翔计划实验室基地培养学员 2 人。

国际交流与合作　受商业部委托，举办了援助非洲英语国家医院护理技术培训班、发展中国家传统医学保健技术培训班、发展中国家妇幼中医疾病治疗培训班、发展中国家传统医学管理研修班，来自 36 个国家的 118 人参加了学习和临床实践。

（撰稿：何　薇　审核：李　萍）

领导名单

所　长　王莒生
副所长　李　萍

北京市儿科研究所

（西城区南礼士路 56 号）
邮编：100045　电话：59718655

基本情况　职工 48 人，其中科研人员 45 人，包括正高级职称 6 人、副高级职称 8 人、中级职称 18 人、初级职称 13 人；其他 3 人（馆员 1 人、中级消毒工 2 人）。有博士生导师 3 人、硕士生导师 4 人。年内，引进硕士生 1 人，现有博士学位 9 人、硕士学位 13 人。

获奖情况。“肺炎链球菌与 B 型流感嗜血杆菌儿科疾病及相关研究”获中华预防医学会科学技术二等奖。

改革与管理 坚持以科研项目实施、出国培训、参加国内外学术交流等形式带动人才培养；定期举行学术讲座以加强员工继续教育和所－院科研交流；本年度建立了青年研究人员基本实验技能考核，包括实验操作过程的规范、实验过程中意外事件的处理、实验记录规范、结果分析等；并针对考核中发现的问题进行纠正、指导与训练。

科研工作 年内，申报各类科研课题28项，其中国家自然科学基金9项（获批2项）、北京市自然科学基金5项（获批重点项目1项）、北京市高层次卫生人才培养计划（学科骨干）2项（获批2项）、市科委1项（获批）、市科技新星计划1项（获批）、市卫生局“十百千”卫生人才——十层次人才项目1项（获批）、首都卫生发展专项7项、其他局级项目2项（获批）。全年承担在研课题26项，其中国家自然科学基金5项、市科委重大项目1项、市新星计划2项、市高层次卫生人才培养计划学科骨干4项，其中结题8项。

市科委重大专项“儿科常见感染性疾病监测与筛查体系的建立”结题，取得重要成果，并进行了推广应用。同时，“儿科呼吸道常见感染性疾病规范化诊治平台的建立”纳入市科委“双十计划”项目资助。

全年在国内外核心期刊发表科研论文40篇，以第一作者和通讯作者发表的SCI期刊论文12篇，其中收录期刊中最高影响因子4.8。

医学教育 年内，在研究所进行论文科研工作的医院各临床专业研究生17人、本所研究生23人，共40人。研究所培养毕业研究生7人，其中博士生3人、硕士生4人。

学术交流 全年参加大陆及港澳台地区学术会议和培训29人次，并进行大会发言或壁报交流；呼吸功能室副主任医师贺建新前往香港大学儿童及青少年科学系进行为期3个月的关于“原发性免疫缺陷病的诊断和治疗”的科研培训和学习；微生物室研究员杨永弘、申阿东、俞桑洁以及纤维支气管镜室主任医师焦安夏等参加全国和北京地区继续教育主讲项目，讲座内容为“抗生素合理运用和耐药”“儿童结核病实验室诊断新方法及其临床应用”“GAS疾病及相关研究”“肺炎链球菌疾病”以及“儿科支气管镜的临床应用”等。

11月，邀请俄罗斯圣彼得堡试验医学研究所Genrikh Sofronov院士、Alexanter Dmitriev副所长、Olga Kalinina研究员来本所指导肺炎链球菌感染方面的研究工作。1～12月，中心实验室助理研究员孙琳前往美国斯坦福大学进行儿童感染性疾病及肿瘤相关的表观遗传学等方面研究工作；3～6月，微生物室副研究员姚开虎前往丹麦奥胡斯大学医学微生物实验室进行博士后研究工作；9～10月，派遣微生物室博士研究生马香赴美国亚特兰大疾病预防控制中心进行学术交流和培训。

微生物室研究员杨永弘于4月前往美国参加美洲亚洲儿科研究会议，赴韩国参加亚洲耐药会议（ANSORP）；5月，前往美国参加美国呼吸年会（ATS 2011）；6月，前往印尼、俄罗斯参加亚洲疫苗会议（ASVAC）以及欧洲医学教育会议；10月，赴美国参加PACE成员会议；11月，前往澳大利亚参加2011儿科感染性疾病年会。6月，病毒室副研究员谢正德前往荷兰参加欧洲儿科感染疾病会议。10月，中心实验室研究员申阿东前往英国参加第52届欧洲儿科研究学会年会。11月，呼吸功能室副研究员向莉前往美国参加美国变态反应哮喘和免疫会议。

（撰稿：苗　青　审核：申阿东）

领导名单

所　长　李仲智
副所长　张　建

北京市耳鼻咽喉科研究所

（东城区崇文门内大街后沟胡同17号）
邮编：100005　电话：65288432

基本情况 职工58人，其中卫生科研人员36人，包括正高级职称8人、副高级职称4人、中级职称12人、初级职称12人；卫生技术人员19人；行政人员3人。

科研工作 8月，市科委、市财政局、市卫生局对市属公益院所改革与发展工作进行评价，本所再次被评为优秀一档。

12月30日，耳鼻咽喉头颈科学重点实验室通过专家验收，正式成为教育部重点实验室，并对外开放。经过评选，北京朝阳医院的“下丘抑制性调控机制参与优先效应产生的在体研究”和“发育早期上橄榄外侧核内GABA能突触极性转变的机制”课题成为实验室本年度开放课题。

北京市高危人群致聋基因筛查项目是本年度市政府为民办实事工程项目之一，该项目运用针对中国人群的遗传性耳聋基因芯片试剂盒，对本市听力残疾人开展免费致聋基因筛查。4~9月，全市20839名持证听力残疾人接受基因检测，占持证听力残疾人总数的96.27%。检出2970人携带耳聋基因，占受检总人数的14.25%，其中GJB2基因50.13%，SLC26A4基因34.85%，mtDNA基因14.88%，GJB3基因2.59%。耳研所完成血样检测8647人份，占总检测人数的41.5%；检测样本覆盖13个区县。承担20839份数据的整理、统计和分析，并提交了统计分析报告。

年内，本所承担北京市新生儿耳聋基因筛查试点项目。选择通州（妇幼保健院、骨伤医院）和顺义（妇幼保健院、区医院）两个区作为采血试点单位。完成1372份新生儿血样的检测，发现携带耳聋基因66人，总携带率4.81%；耳研所完成检测639人，占总检查量的46.6%。

全年申请各类科研基金51项，获得资助课题18项，其中国家级3项、省部级9项、局级6项，共获资助307万元。其中获得国家自然科学基金青年项目和北京市科技新星人才培养项目共4项。全年在研课题34项，结题10项。

全年发表论文91篇，其中SCI收录19篇，单篇最高影响因子4.41；核心期刊66篇。王成硕、张罗、韩德民等的论文《北京地区变应性鼻炎患者吸入变应原谱分析》入选中国百篇最具影响国内学术论文。出版专著《耳鼻咽喉头颈科学（第2版）》（普通高等教育“十一五”国家级规划教材）1部。

医学教育 在站博士后2人；毕业研究生22人，其中统招博士生7人、硕士生10人、七年制硕士生3人、在职硕士生2人；毕业生物医学工程学院听力学专业方向本科生10人。接收长期进修30人、短期进修99人。出国学历教育、访问学者学习、专题培训等4人。举办国家级继续教育学习班16项次，培训1200余人次。

国际交流与合作 世界卫生组织（WHO）防聋合作中心“听力障碍与慢病关系研究”项目启动。WHO防聋合作中心选择怀柔区桥梓镇社区卫生服务中心为合作伙伴。研究所负责研究方案的设计、质量控制、人员培训、提供必要的设备，桥梓镇社区卫生服务中心提供人员，实施研究方案、收集数据。双方数据共享。完成研究团队的建立、基层防聋工作人员的培训、研究方案的确立、研究基地的建立、工作流程的建立。

学术交流 9月24日，举办北京听力论坛，主题是听神经病，15个省、市、自治区的近160人参加。论坛就ANSD（Auditory Neuropathy Spectrum Disorders）的命名、诊断标准、听力学测试、干预方案、效果评估、筛查及家庭咨询等进行了讨论。

10月21~22日，举办第10届同仁鼻科学论坛暨过敏性鼻炎的药物和免疫治疗技术研讨会，邀请外国专家2名、国内专家25名做专题报告。来自全国各地耳鼻喉科医生及部分呼吸科、儿科、变态反应科医生共160余人参加论坛。

10月28~30日，召开OSAHS及焦点问题研讨会暨第14届睡眠呼吸障碍诊治高级研修班，主题为睡眠呼吸暂停低通气综合征诊断及治疗新技术培训，包括上气道CT监测技术、上气道测压技术、多导睡眠监测分析方法介绍等，国内外有关睡眠呼吸障碍相关前沿问题讨论及典型病例讨论。国内学员代表80余人参会。

科普宣传 3月3日，举办爱耳日宣传活动，主题为“康复从发现开始——大力推广新生儿听力筛查”。耳科首席专家龚树生教授就“新生儿听力筛查与人工听觉技术”进行讲座。

第10届世界睡眠日暨第2届鼾症病友会于3月19日举办，80余位鼾症病友参加活动。北京同仁医院专家针对睡眠呼吸障碍疾病常见内科相关疾病、发病机制及治疗、在接受持续正压通气治疗中的各种注意事项等进行了讲座。

（撰稿：李晓檬　审核：黄丽辉）

领导名单

党支部书记 刘　博
所　　　长 韩德民
副　所　长 张　罗

北京市眼科研究所

（东城区崇内大街后沟胡同17号）
邮编：100005　电话：65226496
网址：www. bjio. org

基本情况　职工48人，其中科研人员及医师系列26人，包括正高级职称6人、副高级职称12人、中级职称5人、初级职称3人；其他系列21人，包括技术员20人、行政人员1人。

科研工作　申报各级各类科研课题30项，中标16项，其中国家“十二五”科技支撑计划2项，经费资助459.41万元；国家自然科学基金5项，包括面上项目4项、主任基金1项，经费236万元；市自然科学基金2项，市科委科技新星2项，首都重大疾病科技成果推广项目1项，市中医局2项，教育部留学回国人员科研启动基金1项，眼科学重点学科开放课题1项，经费122.5万元。全年共获经费817.91万元，科研人员人均经费31.45万元。另外开展多项眼科及相关学科的横向课题。

所长徐亮主持的“基于远程医疗的农村基层防盲体系研究与建设”获北京市科学技术奖二等奖，该项目在全国5省推广；发表论文82篇，SCI收录59篇，总影响因子166，文章被引用1139次；日本、韩国、中国香港、中国台湾等国际会议受邀发言5次。

全年发表学术论文49篇，其中SCI 26篇，收录期刊中最高影响因子5.017，已连续5年发表SCI文章超过20篇，科研人员年人均论文1.88篇。出版学术专著3部，主编眼科著作1部。研究所出版《眼科》、《国际眼科纵览》杂志各6期。

医学教育　毕业博士生2人、硕士生4人，在读博士生7人、硕士生8人。举办市级继续教育学习班，培训200人次。开展爱眼日科普讲座9次，培训1200人次。

防盲与眼病筛查　完成本市城区老年人眼病筛查及慢病患者眼底检查60333人，比上年增加7702人。共筛查出青光眼848人，糖尿病视网膜病变239人，白内障7632人，白内障需手术者61人。

年内，防盲办公室参加以“光明行”为重点推进“视觉2020”行动在中国的实施，在新疆维吾尔自治区、西藏自治区、云南省、湖北省等老少边困地区实施免费白内障手术；在老挝、津巴布韦、赞比亚、莫桑比克、巴基斯坦等国家实施复明手术；配合落实国家防盲规划消灭致盲性沙眼，与中国疾控中心合作修订北京市中小学生沙眼筛查技术规范并进行了培训。同时，参与北京市社区预防保健医师、低视力骨干等培训项目并授课；翻译出版《社区眼健康》杂志2期各4000册，面向全国3000多个眼保健单位免费发放。承办第3届国际低视力康复论坛，推动低视力康复的发展，全年低视力门诊5000余例，获得中残联授牌——中国视觉障碍资源中心。围绕第16届全国爱眼日主题开展捐赠助视器、专家走进社区进行爱眼教育、眼病咨询等系列活动，向全国各省卫生厅及残联发放张贴画和宣传折页近5万张。协助卫生部完成“白内障复明手术信息报告系统”和“百万白内障项目”的督导，负责北京市“白内障复明手术信息报告系统”，继续通过中国防盲网加强民众对防盲治盲知识的认识。

本年度是“北京眼病研究”（Beijing Eye Study，BES）第10年，完成其随诊调查。10年随诊是全球第3个长期随诊的眼科流行病学研究，填补了国内类似研究的空白。该流行病队列研究以致盲性眼病为主要对象，动态分析其变化过程，研究其发生、发展、转归的危险因素。在方法学上，本研究采用了最先进的眼科检查手段，同时将心血管疾病、神经系统疾病、精神疾病也纳入研究范围，将眼病研究的内容扩展到更广的健康层面。

年内，对本市城乡14所小学的2817名小学生进行视力、屈光、眼底照相及眼的生物测量等检查，并对部分学生采取包括增加户外活动等预防近视发生和进展的干预措施。同时，随北京市青年宫、北京同仁验光配镜中心走进数所小学，为同学们讲解近视发生的原理及户外活动在预防近视中的作用。

学术交流与合作　与德国Ulrich Nielsch公司合作，研究多种制剂对RPE损伤的保护作用，5次邀请德国海德堡大学Jost B. Jonas教授来所讲学并进行科研指导。邀请美国ACT公司首席执行官加里·拉宾（Gary

Rabin)、高级主管卢士江和项目主管马休·文森（Matthew Vincent）来华商谈合作事宜。选派数十名科技人员参加国内外学术会议，参加国内中、短期培训，并组织多种形式的学术活动。

信息化建设 建立C/S版眼科PACS系统，并与门诊电子病历衔接，实现门诊医生实时查看检查图片的功能；门诊电子病历与检查资源结合，实现门诊直接为病人预约检查，减除患者预约排队等候时间。建立单机版PACS系统，实现流调数据的实时采集和查询，为流调及筛查患者建立个人眼科健康档案，患者可上网查看、下载个人影像资料。初步实现眼科医技系统与电子病历系统的融合。

（撰稿：马　奕　审核：崔彤彤）

领导名单

党支部副书记 崔彤彤
所　　　　长 徐　亮

北京市神经外科研究所

（东城区天坛西里6号）
邮编：100050　电话：67096713
网址：www.bjni.org.cn

基本情况 职工164人，其中高级职称54人、中级职称53人、初级职称41人、其他16人。

医疗仪器设备1274台，总价值5600万元。完成政府采购26笔、自行采购51笔，办理进口设备免税事宜13项。报废仪器设备135台，价值247.50万元。

获奖情况。在2011年市属公益院所改革与发展评比中再次被评为优秀一档。功能神经外科研究室主任张建国负责的“脑深部电刺激作用机制研究及其椎体外系疾病中的作用”获教育部高校科技进步二等奖，神经介入室主任李佑祥负责的“颅内动脉瘤的介入治疗”获全国高等学校科学研究二等奖。短片《让国产脑起搏器造福患者》获市卫生系统第20届“杏林杯”电视片汇映一等奖。11月18日，副所长张亚卓被恩德思医学科学技术奖评奖委员会评为恩德思医学科学技术奖、内镜微创名医奖。

机构设置 7月，神经介质室更名为神经药物研究室。

改革与管理 全年审计项目14项，审计金额973万元。其中已完成的工程审计29.7万元，审减金额4.25万元，审减率14%。接受市卫生局对法定代表人王忠诚2009～2010年任职期间经济责任审计，未发现重大责任问题。

医疗工作 神经影像中心全年检查13.22万人次。伽玛刀室诊疗993例，复诊3000余例。电生理室完成视频脑电监测976人次，各种手术监护2055人次，肌电图和各项诱发电位检测4662人次，脑电图和脑电地形图检查2738人次，24小时脑电监测695人次，床旁脑电监测27人次。

神经介入室收治住院1100余人次，手术938例，其中动脉瘤520例（绿色通道急诊手术108例）。胶质瘤治疗中心完成手术306例，化疗213人次。内镜手术480例。功能神经室手术344例。神经病理室发出诊断报告7990例，免疫组织化学染色20865片，冰冻快速诊断报告1500例，分子病理报告150余例，会诊疑难病例350余例。超微病理室完成电镜观察发出诊断报告1371例，制作半薄及超薄切片4100张，照相10000张。

科研工作 申报课题50余项，中标26项，其中国家自然科学基金课题7项、北京市自然科学基金课题5项、国家科技支撑计划（“十二五”）委托课题1项、首都重大疾病推广专项1项、市科委“双十”项目1项、市科技之星课题1项、中国科协课题1项、首都医科大学开发课题1项、首都医科大学教育部重点实验室开放课题1项、辽宁药联项目1项、高层次人才课题3项、市委组织部优秀人才课题3项。到位所外课题经费1092.55万元，所内匹配经费359万元。在研课题60项，其中国家级14项、国际合作2项、部市级32项、其他12项。结题11项。

年内，举办全国性学术研讨会7次，各类专业技术培训班7次，新知识、新设备专业技术讲座8次，神经内镜基地培训班4期，共11000人次参加。

全年发表论文64篇，其中在外文杂志发表31篇（包括国内杂志英文版）、SCI收录12篇（SCI影响因子15.79）。出版著作2部，参编著作5部。

神经流行病室获批国家"十二五"支撑计划项目，获资助2000万元；副所长张亚卓获北京市自然科学基金成立20年来本所第一个重点项目；神经干细胞室安沂华获批广东省战略性新兴产业核心技术攻关项目，资助1000万元；功能神经外科研究室孟凡刚获国家级专利2项：带刻度标尺的刻度脑压板、带刻度标尺的刻度吸引器头；神经影像中心主任高培毅获国家知识产权局发明专利1项。

细胞生物研究室由基础和临床组成，重点研究工作为垂体瘤的分子分类和靶向治疗，收集标准化肿瘤标本155例，培养细胞200瓶。神经干细胞室在干细胞修复脊髓损伤的研究中进行体外BMSC－水凝胶支架复合物共同移植至脊髓损伤区，成功制备出宜于神经干细胞粘附生长和促进损伤脊髓修复的组织工程学材料及动物模型。损伤修复室重点工作是协助海外引进人才刘松教授开展研究和探索面神经损伤的修复方法及技术，经过一系列基础研究，进入临床试验阶段，术后3个月面瘫情况有很大改善。病理生理研究室配合海外引进专家杨少华教授开展脑肿瘤方面的研究，应用已有肿瘤细胞系及临床肿瘤样本进行初步培养和试验。脑肿瘤研究室开展基因工程化溶瘤病毒对脑胶质瘤治疗作用的研究取得一定成绩。神经药物研究室开展脑缺血继发性损伤机制及其保护的研究，承担一项新药开发项目；完成局灶性脑缺血模型和闭合性脑损伤动物模型345只。颅脑创伤室成功建立大型动物（狗）硬膜外球囊压迫模型和大鼠液压打击损伤模型，用于研究顽固性颅高压及恶性脑膨出的病理生理机制和氢气对于脑外伤的抗氧化应激作用。功能神经室在脑深部电刺激治疗运动障碍疾病、精神心理疾病和癫痫外科方面进行了基础和临床研究，国产脑深部电刺激PINS系统临床实验完成39例帕金森病患者植入，效果良好；与清华大学合作开展双侧可充电式国产脑起搏器研发，基础实验结束。

脑血管病防治　中国农村癫痫防治管理项目办公室设在全国脑防办。国家癫痫项目办公室与卫生部疾控局共同组织督导组对青海、甘肃、贵州等省进行项目年度督导检查，本项目继续在18个省132个项目县进行，覆盖人口7600万人；18个项目省完成省、县级培训16000人次，筛查癫痫患者85000余人，治疗、管理患者近7万人。12月26～28日，在北京召开"中国农村癫痫防治管理项目"年终总结会，100余名国家指导组专家、各省项目负责人及卫生部有关领导参加。开展的重点工作主要有：全国脑防办与全国颅内血肿微创穿刺技术推广协作组合作，于5月和11月在北京举办全国颅内血肿微创清除技术临床应用培训班，学员来自30个省、4个直辖市的神经内科、神经外科或急诊科医生，共200余人参训；6月19～22日，在长春举办全国农村癫痫防治管理项目国家级培训班，来自18个项目省、自治区的癫痫项目办负责人、项目技术负责人及数据管理员180余人参加，培训内容包括癫痫病规范化诊疗、项目管理、数据管理等。

承办世界卒中日主题宣传教育日北京会场活动，并组织大型义诊活动，发放《打开脑卒中防治知识之门》科普手册1500册，将40000册以邮寄方式提供给全国30个省69家医院，作为全国各地当天现场活动的免费发放资料。

医学教育　有博士生导师10人、硕士生导师11人。招收研究生29人，其中博士生9人、硕士生14人、同等学历博士生6人。毕业研究生20人（其中1名为同等学历），其中博士生8人、硕士生12人。出站博士后1人。在读研究生60人，其中博士生24人、硕士生36人。在站博士后1人。获首都医科大学研究生临床技能大赛团体三等奖。

神经外科学院录取一年制学员35人、五年制学员20人；一年制毕业18人、五年制毕业6人；在读学员34人，其中五年制13人、一年制21人。

全年举办一类继续教育项目10项，其中国家级6项、市级4项，培训学员超过2500人次；举办二类继续教育讲座21次。本所有专业技术人员142人，继续医学教育达标率100%。

国际交流与合作　举办国际会议3次：6月，与北京天坛医院合作举办天坛国际脑血管病会议，国内外5000多名学者参加；10月21～23日，在重庆市举办神经外科微创诊疗技术推广应用研讨会，400余名医师出席；11月10～12日，在广州举办广州国际大脑微创神经外科与认知功能研讨会，500余名医师出席。

出国学术交流14人次。4月13～17日，李储忠医师参加在法国巴黎Ecole des Arts et Métiers举行的内镜培训班；5月1日～8月31日，桂松柏医师赴美国匹斯堡大学医学院医学中心神经外科颅底外科中心学习；6月3～10日，副主任医师艾林、医师陈绪珠参加美国神经影像学年会；8月27日～9月2日，王文志主任参加在罗马举办的第29届国际癫痫大会，并在大会发言；9月12～18日，副所长张亚卓赴巴西参加第14届世界神经外科协会临时会议和第15届巴西神经外科协会继续教育大会；10月8～15日，桂松柏医师、曹勇医师参加在意大利罗马召开的第14届欧洲神经外科会议，并在大会发言；12月1～4日，副所长张亚卓、医师赵澎赴中国台湾参加海峡两岸神经外科高峰论坛，并在大会发言。

邀请外宾讲课10人次，分别来自美国、德国、西班牙、荷兰。

信息化建设 颅脑创伤室设计制作基于核磁共振图像的脑脊液循环动力学的计算机模型，可用于分析脑积水的发病机制，建立颅脑创伤资料库，为神经外科医生提供免费的公共信息交流平台。科教办公室完成首都医科大学临床专科院系网页平面设计，承担首都医科大学神外学院神外所网页的维护。图书馆网上检索论文153623篇。

基本建设 研究所主楼运行29年，完成4、5、6三层实验室的内部装修。

其他工作 《中华神经外科杂志》创刊27年，全年出版12期，刊登文章400余篇，发行8万余册。根据中国科技论文引证报告，《中华神经外科杂志》近3年各项学术指标连续提高，在10余种神经外科专业杂志中排名第一，在百余种中华系列杂志中排名第12位，在全国1900余种科技期刊排名第110位。

（撰稿：韩鸿敏　审核：翟　晶）

领导名单

党支部书记　邵　军
副 书 记　翟　晶
所　　长　王忠诚
副 所 长　张亚卓　吴中学

北京热带医学研究所

（西城区永安路95号）
邮编：100050　电话：63138552

基本情况 职工33人，其中科研人员31人，包括正高级职称5人、副高级职称4人、中级职称11人、初级职称11人；行政人员1人；其他1人。

热带医学研究所是以寄生虫病、麻风病、病毒、机会性致病菌及肠道感染等方面研究为特色的科研与临床紧密结合的科研机构，获批热带病防治研究北京市重点实验室，获国家临床重点专科建设项目地方病专科项目。

科研工作 年内，承担国内外科研课题11项，其中国际合作1项，国家自然科学基金课题1项，市科委、市卫生局和基金会9项。获经费资助人民币424万元、美元6万元。主要研究方向：麻风病早期诊断研究，热带病诊断技术、专项药品、标本储备技术开发和临床应用，机会性感染致病菌检测和耐药监测体系的建立，囊虫、弓形虫等寄生虫病的发病机制和特异性诊断蛋白的分析研究，肺炎支原体及耐药支原体临床监测平台的建立。全年在核心期刊发表论文37篇，其中SCI收录论文2篇。

全年参加国内学术会议40余人次、短期培训5人次。隔周在所内举办学术交流和讲座。

医学教育 承担首都医科大学寄生虫学的讲课工作。4月，举办国家级继续教育项目——第三届北京热带医学与寄生虫学论坛，70余人参加。12月，举办市级继续教育项目——第4届麻风病防治及诊断技术培训班，80人参加。完成中铁建工医院、中建集团海外事业部、首都机场检验检疫局人员的热带病进修；沈阳市团委援非志愿者回国咨询、体检；援非集团热带病宣教、咨询；世界疟疾日科普宣教，网上热带病常识普及。组织麻风病患者及治愈者体检，春节发放慰问金、慰问品，与麻风康复者联欢。1月25日，在北京大学举办"消除对麻风病患者及康复者的歧视和偏见"全球倡议启动仪式，对参会者进行麻风知识宣传；9月16～18日，在奥林匹克公园参加全国科普日活动，与中国麻风防治协会开展麻风科普宣传；在《健康报》、《中国麻风防治通讯》报道《纹身也能传染麻风病》；与华医网合作，录制麻风病可防、可治、不可怕的卫生宣教片。

国际交流与合作 7月25～26日，与来访的美国霍普金斯大学微生物免疫系主任 Diane Griffin 和张颖教授讨论有关课题合作。全年参加国际学术会议15人次。

医疗工作 热带病专家门诊2610人次，收治患者87人次。上报的1例肝毛细线虫病获北京友谊医院上半年疑难病例奖。院内会诊113次，院外会诊35人次。完成寄生虫病原学检测1385例、寄生虫免疫学检测6992例、肺炎衣原体IgM抗体检测2424例、疟疾检测326例。开展新检测项目6项。麻风专科门诊及赴台探亲健康体检183人次，比上年97人次增加近1倍。肠道门诊诊治急性腹泻5030人次。

完成HIV抗体初筛检测27623件，初筛阳性待确定17人次，送市疾控中心确认17人次，其中HIV确认阳性10例、阴性3例、可疑阳性4例。妇科TORCH病毒IgM/IgG抗体定量检测各1338件。病毒9项IgM抗体检测各3447件。完成卡氏肺孢子菌检测638人次。

（撰稿：张素辉　温　艳　审核：谷俊朝）

领导名单

党支部书记　谷俊朝
所　　　长　刘　建

北京市卫生局临床药学研究所
北京市中药研究所

（西城区新街口水车胡同13号）
邮编：100035　电话：83229447

基本情况 职工33人，其中专业技术人员29人，包括高级职称11人、中级职称6人、初级职称12人；其他人员4人。

科研实验室新添仪器设备18台（套），价值135万元；制剂设备6台（套），价值38万元。固定资产2800万元。

机构设置 设立审计科，完成基建工程内部审计8项，审减金额43.67万元。

科研工作 开展纵向科研课题10项，年内申报课题2项，新立课题7项，结题3项。“金花清感颗粒”新药研发进入临床研究阶段，组织协调14家医疗机构进行科研临床观察，完成二期、三期临床研究；6月，接受市财政绩效审计；12月，完成“金花清感颗粒”新药注册、生产许可的全套资料整理和注册申报工作。

“十病十药”办公室正式启动，负责方案策划、项目受理、初步筛选，组织专家评审，进行后期跟踪等工作。制订、完善征集标准，设计项目申报书，完成第2批、第3批征集项目的专家评审。根据《北京市中药研发资金管理办法》，负责承担本市中药新药研发项目资金的管理工作。

年内，承接由市卫生局、市中医局共同主办，各区县卫生局协办的冬病夏治社区统一行动，要求统一制作、统一配发“三伏贴”。6月，完成试验制作；7月，正式生产和配发。为全市15个区县中医医疗机构，城区社区卫生服务中心、服务站，军队医院门诊部和部分三级医院配发“三伏贴”16万盒。

参与市中医局中医药发展战略策划，负责起草《北京中医药创新发展战略计划》策划书及相关附件。11月，“中药研发公共技术、技术转让及产业化平台建设”项目在市中医局立项，并获得经费支持。

年内，新签横向科研协作和技术服务合同32项，总收入223万元。在研课题52项。承接医院制剂再注册和质量标准提高的委托项目，签订21项，完成申报20项。承接“金花清感颗粒”“益髓生血”“甘露消渴”等中药新药、制剂的临床研究样品加工任务，实现科研项目部和制剂中试生产部连带创收。与北京中医医院合作市科委项目“中药辨证治疗银屑病的双盲对照试验研究”和“银屑病血热证中西医随机对照治疗规范化研究”，本所负责向9家临床医疗机构进行统一制备、统一分装、统一配送工作。接受国家药监局注册司委托“全国医疗机构制剂调研与信息库建立”项目，完成调查问卷与数据表设计及北京、天津两地试点问卷与调查统计工作。

全年发表论文10篇。

教育与培训 年内，2人入选北京市“十百千”卫生人才“百”层次人选。参加继续教育培训26人次。

基本建设 完成科研办公楼装修工程，增加安全消防通道标志和烟感报警装置，调整部分房屋布局，增添新的实验办公家具。完成实验动物中心改造项目，更换洁净区通风控制系统；更新高压灭菌消毒装备；解决动物中心线路老化问题。

完成中试基地一期建设。完成质检化验办公区、职工宿舍、综合制剂车间净化工程，通过了净化检测验收。完成管线铺设和消防中控建设，通过了新建厂区的消防验收。中试生产部通过制剂车间的GPP认证，取得食品生产许可资质和保健品生产许可资质。

（撰稿：姜雷鸣　审核：张健琨）

领导名单

党支部副书记兼所长　王大仟

北京大学医学部

（海淀区学院路38号）
邮编：100191　电话：82802203
网址：www.bjmu.edu.cn

基本情况　教职工10525人，其中医学部本部1678人、附属医院8847人。有专任教师3721人，其中本部686人、附属医院3035人。专任教师中，有教授839人（本部170人），副教授1126人（本部237人），讲师1336人（本部271人），助教366人（本部6人），未定职称54人（本部2人）。中国科学院、中国工程院院士11人，长江学者奖励计划特聘教授、讲座教授16人，第三世界科学院院士1人，海外高层次人才引进计划（千人计划）4人。

获奖情况。乔杰获何梁何利基金科学与技术进步奖，陈敏华、陶其敏当选第3届首都十大健康卫士，韩济生获吴阶平医学奖，张丽珠获中国生殖医学终生成就奖和宋庆龄樟树奖，王凡获国家杰出青年科学基金，王淼入选青年千人计划，王洁获第8届中国青年女科学家奖，栗占国、陈红、郭卫、朱继业获第12届吴阶平－保罗·杨森医学药学奖，韩鸿宾入选第12届青年科技奖。栗占国领衔的“风湿病的发病机制、免疫诊断与治疗”和张强领衔的“载体给药系统的分子药剂学研究”入选教育部创新团队，李立明、胡永华分别获英国皇家内科医学院公共卫生学院荣誉院士和院士称号。医学部5项成果获2010年度国家科学技术奖，柯杨、贺蓓、李学军、丁洁获第2届中国女医师协会五洲女子科技奖，杜军保、敖英芳、刘忠军当选2009～2010年度卫生部有突出贡献中青年专家，李玉莲被评为全国高校辅导员十大年度人物。医学部荣获中国控烟先进单位奖。

机构设置　4月19日，成立北京大学肝癌诊断治疗研究中心（虚体）；5月9日，成立北京大学医学部全科医学学系；6月27日，成立北京大学医学部风湿免疫学学系；9月20日，北京大学国际卫生研究中心（虚体）更名为北京大学全球卫生研究中心（虚体）。

教学改革　医学部本、专科教育教学围绕“教育教学一体化模式下学生工作精致化及教学改革”的主题，进一步推进基础医学阶段的“新途径”教学改革。经过1年的基础理论核心授课和初级案例培训阶段，2009级八年制临床、基础专业学生进入第2年案例讨论阶段。整个阶段将历时1年，完成20个案例的讨论学习，同时开设相关选修课、讲座、早期接触临床等课程，并尝试改革基础阶段的考核评价方式。结合基础教改的经验，多次组织临床专家就临床教改的目标、方案和框架进行讨论，提出临床教学改革的原则方案并实施。支持各临床医学院依据临床教学改革的原则方案，结合自身情况，开展教育教学改革。加强和完善课程建设，为使早期接触临床实践课程更加贴近实际、能够配合教改要求，该课程时间从1年调整为2年，在大学二年级、三年级开设；新增社区卫生服务中心见习、急救课程等相关课程，同时在大学三年级配合基础阶段案例讨论内容，开展分系统的医院见习；加强本科生全科医学理念的培养，修订全科医学课程的大纲、实习指导，筹划教师培训，并初步建设贯穿本科教学全学程的全科医学教学体系。

进一步调整医学部学位与研究生教育结构类型，探索学科建设与研究生教育发展的新思路。启动全科医学专业硕士教学，完成第6轮培养方案的修订，涉及12个一级学科、59个二级学科。梳理现行研究生培养方案，降低必修课学分，增加选课灵活度，加强对研究生的实践能力训练及创新性培养。在完成一期、二期课程改革的基础上，研究生课程体系有了较大变化。各教学单位对课程结构与设置进行调整，不仅在内容上更新，同时改进教学方式、考核评价等。组织各教学单位进行研究生课程教学大纲的修订，第4版教学大纲包含13个院/部开设的352门课程，总学时14431学时。

教学工作 医学部现有11个直属院（部）及17个临床学系。全日制在校生7970人，其中博士生2005人、硕士生2043人、本科生2894人、专科生592人，外国留学生436人。非全日制学生22059人，其中成人教育2689人、网络教育15445人、继续教育3925人次。

本专科教育教学。招收本、专科学生834人，其中本科生634人、专科生200人。八年制284人（毕业获博士学位）、本硕连读长学制202人（毕业获硕士学位）、五年制本科32人、四年制本科116人。本、专科毕业453人，其中本科毕业246人、专科毕业207人，毕业生就业率97.1%。临床医学、口腔医学八年制毕业生239人，其中临床医学200人、口腔医学39人，毕业生就业率98.7%。授予全日制本科学士学位668人（含长学制本科学位）、专科升本科学士学位318人。继续完善校内选修课、校际选修课建设及管理。鼓励临床教师在基础阶段开课，同时鼓励校内教师改进课程质量、增加课程特色、改变教学模式等。针对留学生选课困难问题，实行两条线选课政策。追踪教学质量和教学管理过程，多次深入课堂、医院听课，了解教学进展情况；组织教学管理工作交流会，邀请学生反馈教改、案例讨论的感受等；沟通学院和学生，了解早期接触临床等实践课程进行情况，并根据学生的意见建议进行有针对性的调研与督促。组织专家编写《临床基本技能操作指南（2011版）》，包含内、外、妇、儿、护理等基本技能操作规范，同时注意医学生人文关爱精神的培养。客观结构化临床考核（OSCE）成为医学部临床考核的基本手段，完善临床能力大赛，内容不断优化。加强教学基地、临床学系的运行管理，继续完善各类教学资源建设。在北京大学第三医院第二门诊部、航天中心医院永定路社区卫生服务中心建立医学部社区卫生教学基地，航天总医院、北京市红十字血液中心正式挂牌成为医学部教学基地。

研究生教育教学。硕士生报考2697人，录取476人，录取率17.6%；接收推荐免试硕士生177人；录取港澳台地区学生13人、留学生8人。硕士新生653人（不含港澳台地区学生和外国留学生），其中医学科学学位390人、临床/口腔医学专业学位263人，博士生报考1308人，录取172人，录取率13.1%。接收推荐免试直博生85人，校内研究生转博146人（硕博连读转博49人）。博士新生共计403人，其中医学科学学位321人、临床/口腔医学专业学位82人。毕业研究生840人，其中博士生365人、硕士生475人，总就业率97.4%。授予研究生学位746人，其中博士学位383人、硕士学位363人；191名在职人员授予学位，其中博士学位46人、硕士学位145人。另外，授予公共卫生七年制医学硕士学位52人、六年制药学理学硕士学位75人、八年制临床医学专业学位199人、八年制口腔医学专业学位39人、八年制基础医学科学学位20人。博士后进站37人，在站94人。继续举办全国优秀大学生暑期夏令营；在保证教学资源与培养质量的基础上，加大专业学位研究生招生比例，博士研究生教育以学术型为主，硕士研究生教育以培养多种类型的应用型人才为重点。开始招收药学、应用心理学、临床医学（中西医结合临床）专业学位研究生。35名研究生获国家留学基金管理委员会建设高水平大学公派研究生项目资助，其中17人攻读博士学位、18人为联合培养博士研究生；启动首批北京大学医学部研究生国家学术交流基金与博士研究生短期出国（境）研究项目资助，有8人获得资助。另外，8人获教育部博士研究生学术新人奖。

继续教育。年内，承办教育部委托培养的高等学校青年骨干教师国内访问学者培训项目、人力资源和社会保障部委托计划培养的少数民族科技骨干项目、新疆维吾尔自治区和西藏自治区“特殊培养”项目、中央组织部等委托培养的“西部之光”国内访问学者培训项目、北京大学对口支援新疆石河子大学人才培养项目等。全年举办各类继续医学教育培训班733项，培训886395人次。其中国家级继续医学教育项目703项，培训883611人次；市级继续医学教育项目25项，培训2451人次；校级培训班5项，培训333人次。

图书馆建设。电子阅览室降低读者上网费用，全年接待读者6935人次，累计使用机时10586.35小时；CALIS全国医学文献资源共建共知共享网（三共网）吸纳成员45家，建立一套基础医学二级学科竞争力评价指标体系，分别从人才队伍、科学研究和教学成果3个方面共涉及30项指标，对全国33家医学院校的基础医学二级学科2010年的数据进行评价，并建立了指标体系平台。医学图书馆一般图书藏书47.95万册，另有电子图书1203GB。

学生工作 年内，举办第2届“北医青年杯”辩论赛、“天使之星”评选等活动，引导学子文明生活、健康成才。拓展志愿服务领域，打造长效化、体系化志愿服务品牌。全年组织65支暑期社会实践团，700余名师生参与。开展第4届基层卫生实践活动。建立“大体老师纪念墙”，引发社会强烈关注。

完善学生管理部门的例会制度和交流培训计划，继续实施重点学生个性化辅导制度、信息发布会制度、学生突发事件处理预案制度和学生工作督导制度。学生对外短期交流、基层卫生实践和社会实践作为教育教学一体化的体现，逐步发挥作用。

进一步深化资助工作信息化建设，完善家庭经济困难学生的认定、奖助金评审、勤工助学等模块的功能。年内，绿色通道入学27人，临时借款（学费）16.2万元，特困补助住宿费3人2520元。经医学部认定的家庭经济困难学生658人，其中一般困难149人、困难272人、特殊困难237人。发放各种奖助学金、助学金及专项补贴等337万元，涉及6000余人次，助学金覆盖率达到137.8%；各种困难补助及送温暖活动8万余元，涉及学生近200人次。各学院（部）申请国家助学贷款学生共60人36万元；接受中国银行下发续放国家助学贷款406人243.6万元；为年内毕业的294名学生办理毕业确认手续，并与银行签订了还款协议。

科研工作 医学部获批各类纵向科研课题492项，批准经费（部分为预算额度）53192.5万元。其中国家自然科学基金273项，批准经费13164万元，包括国家杰出青年科学基金1项、面上项目140项、青年科学基金87项、重大研究计划5项、重点项目5项、主任基金24项、海外及港澳学者合作研究基金2项、重大国际合作项目1项、基金委与美国NIH生物医学合作试点项目4项、中加老年痴呆症及相关病症合作研究1项、国际（地区）合作与交流1项、专项项目1项、国家基础科学人才培养基金1项。获批科技部各类课题78项，总经费（部分为预算额）36525万元。其中国家科技重大专项40项，经费11588万元；国家“973”重大科学研究计划8项，前2年预算2787万元；2009年立项的10项课题通过科技部的中期评估，后3年预算4088万元；国家“863”计划课题4项，预算5670万元；国家科技支撑计划课题10项，预算7350万元；卫生行业科研专项2项，预算4222万元；基础性工作专项1项，经费200万元，重大仪器专项2项，总经费220万元；国际科技合作计划课题1项，批准经费400万元。管又飞、叶新山、林野被聘为国家“973”重大科学研究计划项目首席科学家，叶新山牵头的项目实现医学部在“973”计划重大科学前沿领域项目零的突破，林野成为医学部首位由临床专家牵头的纳米国家重大科学研究计划项目首席科学家。获批教育部项目84项，批准经费622.5万元；北京市项目55项，批准经费669万元；卫生部1项，批准经费2200万元；国家社科基金青年项目1项，批准经费12万元。

年内，获国家科学技术奖2项，中华医学科技奖8项，2010年度北京市科学技术奖8项，2011年度北京市科学技术奖7项，高等学校科学研究优秀成果奖10项，中华预防医学会科学技术奖2项，中国医院协会医院科技创新奖1项，中国医疗保健国际交流促进会华夏科技奖7项，中国青年科技奖1项，中国高校十大科技进展1项，茅以升北京青年科技奖6人，陈嘉庚青年科学奖1人。此外，完成科技成果登记29项、科技成果鉴定6项。申请专利85项（发明专利78项、实用新型7项）。签订技术合同431项，签约资金1.98亿元，合同到款4459万元。其中科技开发签约资金超过100万元的合同18项，总资金15482万元。

全年发表论文3875篇，其中以医学部为主要作者发表的SCI论文890篇。第六医院的《全基因组关联研究发现11P11.2染色体区域存在中国汉族人群精神分裂症易感位点》在《自然遗传》杂志发表，公共卫生学院的《关于中国住院分娩策略和新生儿死亡》在《柳叶刀》杂志发表，基础医学院的重要研究成果分别在《分子细胞生物学》《应用化学》《美国科学院院刊》以及《癌症研究》等杂志发表。

启动并推进“985”工程三期建设，启动国家千人计划配套项目1项，教育部长江学者特聘教授1项，新世纪人才经费匹配、教育部创新团队项目6项，引进人才计划2项、创新平台12项、重点学科8项、重点实验室2项、学科建设1项、教学条件建设12项、公共服务体系建设2项、大型仪器设备购置1项、信息化建设1项、基础设施改造4项、骨干教师出国研修1项、博士后津贴1项等。“211”工程三期建设取得阶段性成果，支持教育部创新团队1项、引进人才计划1项、创新平台3项、重点学科1项、重点实验室1项、公共服务体系建设2项、大型仪器设备购置5项、信息化建设1项、文献情报资源建设2项等。完成医学部－工学院生物医学交叉研究立项7项；筹备成立北京大学纳米医学高峰论坛暨PKU－GT－EMORY纳米医学联合研究院；组织北京大学生物医学交叉学科发展10年成果展；组织多场多学科交叉研讨会，其中北京大学前沿交叉学科研究院、生物医学跨学科研究中心学术交流讲座7次。

加强基地管理与建设。获批建设口腔数字化医疗技术和材料国家工程实验室，成为医学部第2个国家级实验室。慢性肾脏病防治教育部重点实验室、辅助生殖教育部重点实验室获批立项，并通过建设论证。皮肤病分子诊断、造血干细胞移植治疗血液病研究、丙型肝炎和肝病免疫治疗、脊柱疾病研究、生殖内分泌与辅助生殖技术、磁共振成像设备与技术、恶性肿瘤转化研究、食品安全毒理学研究与评价等8个单位获批北京市重点实验室。医学部聘请国内外客座教授3人。

学术交流与合作　全年接待美国、英国、德国等20多个国家和中国台湾、香港地区735人次。签署合作交流协议7项，合作院校包括加拿大哥伦比亚大学医学院、韩国延世大学医学院、荷兰Erasmus大学医学中心、沙特阿拉伯卡西姆大学、澳大利亚Griffith大学医学部等，以及中国台湾大学医学院、香港大学李嘉诚医学院。主办或承办会议、研讨会和活动17次，包括与芝加哥大学联合医学教育改革国际研讨会、全球医学卫生教育专家委员会《柳叶刀》报告首发式暨21世纪中国医学卫生教育改革理念创新项目启动大会、与庆应义塾大学医学部建交5周年纪念报告会、金砖国家全球卫生与发展论坛、与密歇根大学医学院转化医学与临床研究联合研究所成立1周年庆典暨学术研讨会等。举办或组织学术报告会、宣讲会和演讲会18次，其中包括诺贝尔奖获得者演讲2次。派往海外各院校进行短期交流44人。2010～2011学年，招收留学生126人。在校海外学生共552人，其中留学生436人、台港澳侨学生116人。

信息化建设　启动学院和直属单位英文网站建设，设计二级英文网站模板。利用信息技术平台，进一步推广医学部新生入学系统，规范流程，简化手续，提高了工作效率。出台一系列首页信息发布规章制度，加强对二级单位网站的管理和维护。邮件系统扩容，每个用户邮箱从100兆扩大到1000兆，并为每个用户配有1000兆的网络硬盘。教育网出口带宽扩大到450兆。开发网上学费支付系统，并在留学生中试运行成功。

后勤与基建　竣工和在建工程共70余项。综合服务楼投入使用，餐饮服务面积由原学生食堂的3000平方米增加到11000平方米，就餐座位由800个增加到1700个。完成东区雨水回收利用工程（家属区改造工程）。运动场看台改造工程竣工。重点规划项目进入新阶段：国家发改委对西北区（医药科技园区综合楼）项目可行性研究报告予以批复，启动西北区项目设计方案的征集。启动综合游泳馆建设项目，编制完成项目建议书并报送教育部。

（撰稿：张雪原　审核：肖　渊）

领导名单

党委书记　敖英芳
副 书 记　李文胜　顾　芸　孔凡红
主　　任　韩启德
常务副主任　柯　杨
副 主 任　李　鹰　闫　敏　方伟岗　姜保国
王　宪　段丽萍　宝海荣

北京中医药大学

（朝阳区和平街北口11号）
邮编：100029　电话：64213841
网址：www. bucm. edu. cn

基本情况　职工1276人，其中专任教师580人，包括教授146人、副教授200人、讲师193人、助教41人；科研人员21人；教辅218人；行政人员251人；工勤人员134人；校办企业职工7人；其他岗位

65 人。有北京市科技新星 22 人，比上年增加 6 人；新世纪优秀人才计划 27 人，比上年增加 11 人；享受政府特殊津贴专家 90 人，比上年减少 2 人。全年教育经费总投入 45883 万元，其中国家拨款 31471 万元、自筹经费 14412 万元。

获奖情况。国际学院被北京市公安局评为 2010 年外国留学生管理工作先进单位。《耳穴名称与定位》GB/13734－2008 获 2010 年中国标准创新贡献奖，完成单位和完成个人二等奖。基础医学院王琦教授的论文《9 种基本中医体质类型的分类及其诊断表述依据》入选 2009 年中国百篇最具影响国内学术论文。2 项研究获 2010 年国家科学技术进步二等奖。中医—生物双学士学位本科项目（新加坡）获第 4 届中医药国际贡献奖团体奖。7 名教授当选中华中医药学会科技之星。获首届全国大学生针灸技能大赛团体一等奖、优秀组织奖和个人全能一等奖。获第 2 届“外教社杯”全国大学英语教学大赛北京赛区综合组二等奖和听说组优胜奖。中药学院青年教师吴嘉瑞主讲的中药学课程“解表药总论”在第 7 届北京青年教师教学基本功比赛中获理工类 A 组（全国重点大学组）二等奖。王永炎名医传承工作站、吕仁和名医传承工作站获北京中医药薪火传承优秀奖，孔光一名医传承工作站、王子瑜名老中医工作室、王沛名医传承工作站、王琦名医传承工作站、周平安名医传承工作站、颜正华名老中医工作室获北京中医药薪火传承贡献奖。被评为全国中医药文化建设先进集体。获教育部对口支援西部高校工作典型经验集体荣誉，4 人被评为突出贡献个人。《北京中医药大学学报》入选中国科学技术信息研究所公布的第 2 届中国精品科技期刊，学报编辑部当选中国高校科技期刊优秀团队。研究生会获 2010 年度优秀志愿服务团体奖。获首届“天堰挑战杯”全国中医大学生创意设计大赛模型组一等奖、软件组二等奖，优秀奖 3 项和优秀指导教师奖 1 项。获 2010 年度教育事业统计工作优秀集体和优秀个人一等奖。获北京地区 2010 年度高等学校红十字会系统先进集体，红十字会先进个人 7 人。纪委获北京市纪检监察系统查办案件工作先进集体二等功，先进个人三等功 1 人。团委被评为北京市新经济组织、新社会组织（简称“两新”组织）团建百日竞赛活动优秀单位。

机构设置 东直门医院首家分院——涿州分院暨涿州市中医院正式开业。北京中医药大学怀柔中医医院、北京中医药大学世纪坛教学医院、北京中医药大学河北沧州中西医结合医院、中医药大学东直门医院东区（通州）分别挂牌。中医药大学被国务院学位办批准为全国临床医学（中医学）、中药学专业学位研究生教育指导委员会秘书处挂靠单位。东方医院接管北京二七机车厂医院。东方医院妇科、推拿科、肛肠科、耳鼻咽喉科 4 个科室被市中医局批准设立中医特色诊疗中心。东直门医院挂牌“WHO 中医适宜技术项目培训基地”。与北京太洋树康中药饮片厂合办的“大学生就业创业实践基地”揭牌。中医药博物馆列入首批“北京中医药文化旅游示范基地”。

教学改革 方正医药研究院博士后科研工作站揭牌，本院与方正医药研究院签约联合培养博士后。

“中医药优势学科创新平台”项目获得教育部、财政部批准立项建设。该平台获中央财政专项资金 5000 万元。学校围绕学科建设、创新人才培养、学术领军人物和创新团队、提高自主创新能力和改革措施等 5 项建设任务，编制《“优势学科创新平台”建设方案》和《“优势学科创新平台”建设资金计划表》。

护理学院首次获批国家自然科学基金项目，副教授刘红霞的“影响肾移植受者生活质量的因素研究”获资助 58 万元。教育部启动海外名师项目，该项目由针灸推拿学院主持承担，美国马里兰大学医学院结合医学中心主任劳力行教授为特聘专家。

年内，中医学专业首次开办岐黄国医实验班，在全国招收 30 人。实验班前五年按本科教学计划培养，第四年末对学生进行分流考核，合格学生可直接攻读临床专业博士，并结合中医住院医师规范化培训（全科加专科）计划培养。考核不合格者，继续按本科五年制教学计划培养，毕业时授予医学学士学位。该班从一年级开始配备一对一的导师，指导学生的国学学习、中医学习、临床见习，帮助指导学生规划自己的职业生涯。

首推中医学专业“卓越医学人才培养计划”，招收的专业方向包括理科基地班、中医临床班、中西医结合 A 班、中西医结合 B 班、中西医结合骨伤班和针灸推拿对外交流班。全国计划招收 220 人。该计划是在原有中医学专业七年制的基础上推出的中医学专业人才培养模式，学制七年，毕业时授予医学学士和临床医学硕士专业学位。该专业旨在培养能运用中医诊疗思维方法、技能和必要的西医学知识，从事中医医疗、预防、保健、康复等工作的高级中医临床人才。

教学工作 毕业 6474 人，其中全日制研究生 651 人（博士生 177 人、硕士生 474 人），普通本、专科生 1715 人（本科生 1195 人、专科生 520 人），成人教育本、专科生 838 人（本科生 368 人、专科生 470 人），远程教育本、专科生 3230 人（本科生 2275 人、专科生 955 人）；非计划招生高等教育学生中在职人员攻读博士、硕士学位 40 人（博士生 7 人、硕士生 33 人）。

招生8224人，其中全日制研究生832人（博士生198人、硕士生634人），普通本、专科生1249人（本科生1103人、专科生146人），成人教育本、专科生1158人（本科生601人、专科生557人），网络教育本、专科生4854人（本科生2319人、专科生2535人）；非计划招生高等教育学生中在职人员攻读博士、硕士学位131人（博士生13人、硕士生118人）。

在校生27293人，其中全日制研究生2964人（博士生596人、硕士生2368人），普通本、专科生5372人（本科生4923人、专科生449人），成人教育本、专科生3484人（本科生1657人、专科生1827人），网络教育本、专科生14812人（本科生8296人、专科生6516人），非计划招生高等教育学生中在职人员攻读博士、硕士学位661人（博士生36人、硕士生625人）。

留学生毕业265人，招生157人，在校生1003人。其中博士毕业11人，招生13人，在校生28人；硕士毕业41人，招生27人，在校生90人；本科毕业213人，招生117人，在校生885人。

本科毕业生就业率96.93%。

开设9个专业，覆盖8个学科；具有一级学科2个，一级学科博士点3个；有博士学位授权点21个、硕士学位授权点26个和专业学位授权点8个。博士后流动站3个，其中博士后出站78人，进站14人，在站35人。国家重点学科一级学科2个、二级学科15个，北京市重点学科6个，部级重点学科21个。

有科技部国际科技合作基地1个，教育部重点实验室3个、工程研究中心2个、"长江学者与创新团队发展计划"创新团队2个、高等学校学科创新引智计划2个，国家中医药管理局重点研究室10个、三级实验室14个，北京市重点实验室3个，市教委工程研究中心1个、北京中医药文化研究基地1个。

研究生教育。在学科建设方面确立中医藏象研究、中医证候研究、中医药防治脑病的研究、中药新药研究4个研究方向和4个创新团队。压缩24门公共课及专业课的学时（减少了1/3），淘汰40门陈旧课程，30门新开课程试开课，另有33门新课进入评审阶段。对4门实验技能类课程（包括实验动物学、医学基本实验、分子生物学实验和医药仪器分析）进行论证。10门中药专业学位教育教材被人民卫生出版社作为"十二五"规划教材立项，其中5门开始编写。对部分研究生课程试点实施"网络自学+课堂讲授+重点辅导+小组讨论"的新型课程学习方式。采取形成制的考核方式，包括平时测试、期中考试、期末考试综合评定（期末考试不超过50%）。考试方式灵活多样，包括论文、报告、开卷考试、闭卷考试等。启动著名中医药专家学术经验传承博士后项目，完成《北京中医药大学著名中医药专家学术经验传承博士后研究工作实施办法》及《北京中医药大学老中医药专家学术经验继承博士后导师遴选办法》。由专家及研究生代表组成的社会实践团赴青海省大通县建立首个研究生社会实践基地。在第2届全国博士生优秀论文颁奖大会上，有25篇论文获奖，其中2篇作大会交流。

本科生教育。汇编、印制《北京中医药大学2010级各专业培养方案》和《2008～2009级中医学专业（七年制）培养方案的调整》。启动临床教学管理体系建设，制订《中医学专业临床知识与技能基本要求及考核标准》。拟订新的《教师课堂教学质量学生评价表》，对指标进行细化，将以往评价教师"教"得怎样向评价学生"学"得怎样过渡，强调学生的学习效果及自主学习能力的培养。完成新题库建设，涉及157门课程，几乎涵盖所有的专业主干课程和通识教育课程。

继续教育。开办技能类培训班6个，其中针灸推拿3期、中医药基础与临床2期、中医和中药专业课程提高班1期，共培训600余人。承担市中医局社区中医全科医师的培训，安排2批322名全科学员参加500学时的全科岗位培训。增加入学考试中医综合专业课加试，为此开办2期中医综合串讲班，培训450余人。开办成人高考专科、专升本科文化课的考前辅导班，培训150余人。

图书馆建筑面积15811平方米，藏有纸质图书84.01万册，电子图书10033GB，中医古籍线装书3914种8179函39125册。

远程教育。定时发布111门课程的网上作业，聘请专业教师及时回答学生提出的问题，对学生选课较为集中及自学有一定困难的课程组织专业教师面授辅导。对部分课件进行升级改版，重新调整护理学专业课程。每学期按时发布网上课件辅导资料，同时由文字资料逐渐改为视频辅导资料。组织2次北京地区成人本科学士学位英语考试。为2792人办理毕业证书，为1127名毕业生授予成人高等教育本科学士学位，授予学士学位的比例占本科（专升本）毕业生的5.80%。完成24门课程及期末辅导课件的制作，累计录制有效时间近90学时，刻录DVD素材光盘1100余张。对发布的课件按照网络版和光盘版分别进行流媒体优化处理。

学生工作　毕业生就业率96.93%，其中升学355人，占15.56%；到医疗卫生单位就业毕业生738人，占32.37%。8名学生入伍。

继续建设和完善学生业余党校，开展学生党支部“红色1+1”、“送医送药送健康”志愿服务社区和乡村活动。开设“生活教育——成功人生的基础”公共选修课。

6月、11月，对全体在校生和2010级新生共4531人进行心理普查，并对测评结果显示异常的同学进行心理约谈239人次，完成2011级新生心理普查数据分析报告。开展5项学生对外交流合作项目，包括学生赴台湾义守大学、香港浸会大学、香港中文大学、香港大学的学习交流活动。5月、7月、11月，接待中国香港、中国台湾、澳大利亚皇家墨尔本大学等学生访问团，安排名师讲座、主题论坛、课程旁听、医院见习、药用植物园学习、中药趣味知识竞赛、同仁堂药厂参观等。

在中国青少年发展基金会激励行动“BC计划”申报中，本校有9项获立项资助，其中1名同学获赴香港交流。

科研工作 获各级科研课题418项，其中国家级课题75项、省部级课题57项、校级课题261项、横向课题25项。纵向课题中标经费16363万元，横向合作课题经费557万元，科研项目中标总经费16920万元，到位经费7529万元。获科技部“973”课题2项、科技部“十二五”一期项目13项、国家自然科学基金58项、国际科技合作2项、市教委共建项目12项。社科类项目14项，其中获国家社科基金项目1项，实现该类项目零的突破。获国家科技进步奖二等奖2项；申报教育部成果奖9项，获奖2项，其中一等奖1项、二等奖1项。专利管理135项，申报42项，授权2项。全年在核心期刊发表论文1152篇，其中SCI收录论文54篇。

国际交流与合作 召开第2届世界中医药教育大会、世界中医药学会联合会考试与测评委员会成立大会、世界中医药学会联合会教育指导委员会换届大会。7月，中医药大学分院——德国魁茨汀中医院建院20周年庆典在德国巴特－魁茨汀镇举行，各方代表共200人参加。

年内，与德国慕尼黑科技大学替代医院研究所、奥地利维也纳医科大学、荷兰医学针灸学会、伊朗德黑兰医科大学、波兰弗罗茨瓦夫医科大学、美国南加州医科大学、澳大利亚康平中西医结合医疗中心等签署合作协议，与新加坡中医学研究院、新加坡中药学院、中国台湾仁传医疗文教基金会续签合作协议。其中与伊朗德黑兰医科大学签署包括中国－伊朗医学科技园区建设，中医药硕士、博士研究生联合培养，中国－伊朗糖尿病教育及研究中心建设等的合作协议。至此，与中医药大学正规合作的大学和机构有25个国家和地区共83所。

邀请22个国家和地区的102名外籍专家、教师进行讲学、学术交流、合作研究及参加学术会议，其中专业类外专96人次、语言类外教6人次。基本完成16名外籍客座教授的聘任工作。申报2012年外专项目，包括聘请海外名师计划项目1个、学校特色项目1个、管理人员出国（境）培训项目2个、常规项目38个。

信息化建设 信息化经费投入490.5万元，拥有计算机2960台，多媒体教室座位6191个，信息化设备资产6098.94万元，网络信息点数5824个，校园网出口总带宽600Mbps，电子邮件系统用户数1400个，上网课程639门，数字资源量10053GB，管理信息系统数据总量10GB。完成校园一卡通项目建设，将原来的8种卡统一为1张卡。完成微软软件正版化运营平台的建设，并向全校进行推广和培训。完成下一代互联网IPv6建设项目工作、可信任互联网建设项目工作。计算机网络课程中开展“讲授、实验、科学训练与自主设计”四位一体的教学模式研究。

基建与后勤 9月，新建学生公寓项目开工。该项目建筑面积2万平方米，地上建筑12层，建设工期1年。10月，举行中医药大学良乡校区奠基典礼。11月，良乡校区总体规划设计方案正式确定。完成西校区配电室增容工程。

东方医院完成3.8万平方米临床教学楼建设工程。第三附属医院完成1.1万平方米门诊教学楼建设工程。东直门医院总体建设规划处于调控规划阶段。

其他工作 4月，研究生院举办中医药高层次人才培养院士论坛，主题是中医药高层次人才培养中院校教育的改革方向与思路，在中医药创新人才与应用型人才的培养中院校教育如何与毕业后教育相衔接。教授张其成个人捐赠100万元，成立北京市长江科技扶贫基金会张其成国学基金，基金会计划每年筹集资金约500万元，用于资助开展公益慈善项目和活动。

5月，中医药大学教授李良松和嵩山少林寺方丈释永信联袂主编的《中国佛教医药全书》在嵩山少林寺举行首发仪式。

7月，首届海峡两岸中医药学生交流营开营，台湾地区的长庚大学、义守大学、中国医药大学共同参与。参加交流营活动的台湾学生33人。

8月，中医药大学的25名专家被确定为北京市第4批老中医药专家学术经验继承工作指导老师。

10月，郭士魁名家研究室和郭维琴名医传承工作站揭牌。召开世界中医药学会联合会考试与测评委员会成立大会，31个国家和地区的境外代表与国内30个省市的100余人参会。召开第12次全国中医、中西医结合乳房病学术会议，通过了《早期（可手术）乳腺癌中医诊疗共识意见》《乳腺增生病中医诊疗方案专家共识意见》《乳痈诊治方案专家共识意见》《浆细胞性乳腺炎中医诊疗共识意见》《肉芽肿性炎乳腺炎中医诊疗共识意见》。庆祝建校55周年，召开“母校情，中医魂”校友大会。

11月，召开《中华医学百科全书》中药制剂学卷编委会会议，提出百科全书编纂工作原则、百科全书条目设置要求和百科全书释文撰写要求。举办中医药人才培养模式改革与创新高端论坛，来自教育部国家人才培养模式创新实验区全部13个中医药实验区代表和其他中医药兄弟院校代表参加。

12月，《北京中医药大学学报》入选中国科学技术信息研究所公布的第二届中国精品科技期刊。大学生就业创业实践基地揭牌，中医药大学与北京太洋树康中药饮片厂签署协议书。举办全国中医药研究生创新发展论坛，全国24所高校的中医药优秀研究生代表参加。举行刘渡舟铜像揭幕仪式暨刘渡舟教授学术思想研讨会，刘渡舟教授的弟子、学生、再传及三传弟子共200余人参加。

（撰稿：杨　苏　审核：乔延江）

领导名单

党委书记　吴建伟
副 书 记　常　江　谷晓红
校　　长　高思华
副 校 长　王庆国　徐　孝　靳　琦　乔延江

首都医科大学

（丰台区右安门外西头条10号）
邮编：100069　电话：63291983
网址：www.ccmu.edu.cn

基本情况　学校及附属医院共有教职员工和医务人员31363人，其中校本部1555人、附属医院29808人；院士5人、特聘顾问11人；正高级职称1654人（校本部98人、附属医院1556人），副高级职称3051人（校本部209人、附属医院2842人）；专任教师1916人，包括教授548人（校本部94人、附属医院454人），副教授994人（校本部167人、附属医院827人），讲师340人（校本部325人、附属医院15人），助教22人（均为校本部人员），无职称12人（均为校本部人员）；有博士研究生导师342人、硕士研究生导师723人；“长江学者奖励计划”特聘教授1人；国家有突出贡献专家2人、省部级有突出贡献专家20人、享受政府特殊津贴专家105人；外籍教师7人。

获奖情况。被评为全国学位与研究生教育信息工作先进单位、教育部“十一五”高校科技先进团队、教育部全国R&D资源清查工作先进集体、首都国家安全工作先进集体、2010年度北京地区学位授予信息报送工作先进集体、北京市外国留学生管理工作先进单位、2008～2010年度北京市内部审计先进集体、2010年决算工作编报先进单位、北京教育系统“五五”普法先进集体、北京市建设学习型党组织工作示范点、北京市教育工会模范职工之家优秀建设单位。《首都医科大学学报》获2010年度中国科技论文在线优秀期刊评选一等奖，学报网站在首届中国高校科技期刊优秀网站评比中获最佳网站内容奖。获国家安全先进个人1人、全国高校党校工作优秀个人1人、“十一五”国家自然科学基金委员会管理先进工作者1人、“十一五”高校科技管理先进个人1人、教育部全国R&D资源清查工作先进个人2人、北京市公安局安全工作先进个人1人。

机构设置　北京地坛医院成为首都医科大学第十二临床医学院，成立首都医科大学临床护理学院。

教学改革　依据课程的特点推进教学方法和考核方式的改革，批准立项校长基金教改项目161项。完成市级及以上教育教学改革11项的结题，完成中华医学会11项课题的中期检查。组织PBL教学（即以问题为中心的教学方法）观摩14次。获批国家临床重点专科16项。完成临床护理学院的建设及挂牌，至此，学校已组建临床专科院、系34个，完成临床学科建设和发展平台的搭建。

制订《临床教师教学职务评聘办法（试行）》和

《临床教师教学职务评聘办法的补充规定（试行）》，完成学校附属医院及教学医院的教学职务评聘工作。制订《非事业编制人员聘用管理规定（试行）》及《非事业编制聘用人员收入分配规定（试行）》，完成非事业编制人员岗位设置及人员成本有效运行机制的设计。

推进以成本核算、增强效益为核心的后勤改革，建立服务评价监督机制。继续推进以岗位聘任为基础的后勤人事改革，完善“十二五”期间后勤服务人力资源保障体系。加强财务管理预算执行的建设，建立财务运行预警机制，努力形成预算效益型后勤服务财务管理机制。

教学工作　开设本科专业16个、七年制专业2个，有8个一级学科博士学位授权点和11个一级学科硕士学位授权点，按照三级学科统计，有59个博士学位授权点和78个硕士学位授权点，其中1个升级为一级博士学位授权点、1个升级为一级硕士学位授权点。在校生13982人，其中学历教育学生中全日制研究生2975人（博士生688人、硕士生2287人），普通本、专科生6191人（本科生4135人、专科生2056人），成人教育本、专科生4473人（本科生1935人、专科生2538人）；留学生毕业11人，招生58人，在校生343人。年内，招生4389人，其中学历教育学生中全日制研究生902人（博士生229人、硕士生673人），普通本、专科生1663人（本科生901人、专科生762人），成人教育本、专科生1441人（本科生743人、专科生698人）；以同等学力申请博士、硕士学位383人（博士生162人、硕士生221人）。毕业生4364人，其中学历教育学生中全日制研究生858人（博士生198人、硕士生660人），普通本、专科生1618人（本科生767人、专科生851人），成人教育1659人（本科生613人、专科生1046人）；以同等学力申请博士、硕士学位229人（博士生59人、硕士生170人）。

完成新增生物医学工程、护理、药学和中药学硕士专业学位培养模式的论证，制订新增专业学位培养方案和实施办法。完善基础学科二级学科博士研究生培养点的评估指标体系，完成2011年研究生培养点评估。完成10个国家重点学科建设成效与学科水平的自评估，并制订未来2年学科建设规划。组织中央财政专项特色重点学科和医学创新平台项目建设工作研讨会，提高建设经费支出的合理性和科学性。完成研究生导师遴选。发挥重点学科的辐射作用，承办转化神经科学2011年全国研究生暑期学校。招收全国16个省市122名学员，其中博士研究生占85%、硕士研究生占10%，青年教师占5%，来自西部的学员占25%。召开临床专科院系工作会。完成各临床专科院系“十二五”建设发展规划的制订。启动临床专科院系管理规章体系的完善工作。完成中医研修学院和国医名师馆建设并开诊。

规范教学管理。从岗位规范、流程标准工作入手，再次梳理、修改相关管理制度和流程。完成2期139名教师多媒体教育技术培训，完成新教师教学技能系列部分培训。研讨教学实验室内涵建设，加强实验教学中心建设，对获批的5个市级实验教学中心进行建设情况的检查。继续进行教务管理系统和网络辅助教学平台的完善及使用的培训。完成学校、北京市、教育部3个平台学籍信息的维护。深入进行人才培养模式创新的探索，选派4名临床本科学生赴澳大利亚昆士兰大学进行为期1个月的访学。论证澳大利亚迪肯大学国际合作办学护理专业的人才培养方案并进入首届招生培养。召开全科医学学科建设与人才培养工作会。承办第2届全国高等医学院校大学生临床技能竞赛（华北赛区），以本、专科生为第一作者发表论文24篇。3名教师获“易创杯”全国医学形态学实验教学切片（玻片）评比大奖赛二等奖1项、优秀奖2项。27名本科生在美国大学生数学建模竞赛与美国大学生交叉学科数学建模竞赛、第6届“毕昇杯”全国电子创新设计竞赛中获奖。获第28届全国部分地区大学生物理竞赛团体奖1项、个人奖9项，其中一等奖1名、二等奖3名、三等奖5名。获全国虚拟仪器设计大赛优秀奖1项，北京市研究生英语演讲比赛决赛二等奖1项。

继续加强“质量工程”二期各项教学建设，获批市级教学名师2人，校级精品建设课程9门、校级双语教学示范建设课程7门。启动网络课程建设，推进教材建设，获批市级精品教材5部，推荐国家级“十二五”规划教材主编、副主编40部，承担专科教学主编9部，学校首套英文教材完成付印稿20部。

启动继续教育示范基地和继续教育数字化学习资源开放平台建设。制订技术人员和管理人员毕业后教育的标准与实施方案，推动岗位继续教育标准分层实施，形成年度继续教育学时审核统计的工作机制，全年校内培训2433人次，派出培训40人次。加强监管，提高继续教育培训项目实际效果，形成开班前审核、培训过程中检查、培训结束后满意度调查机制，组织管理教师教学技能培训46个班2751人次，管理人员培训4个班1781人次。

学校和附属医院图书馆建筑面积26324平方米，藏书122.7万册，其中学校图书馆藏书77万册。

学生工作　年内，推荐国家奖学金14人、国家励志奖学金204人，评出校级奖学金1539人、校级先进班集体24个，获农村卫生人才专项奖学金60人。为1249人发放困难补助124.9万元，为982人发放国家助学金355.44万元，为1175名困难生发放伙食补助30万元，饮用水、洗澡、电话费用专项补贴11.36万元。为山区、半山区临床医学专业定向毕业生办理学费代偿61人，代偿学费38.2万元，有56名新生通过“绿色通道”入学。继续开拓社会资助渠道，有146名学生接受社会资助47万元。

实施“敬畏生命，珍重健康”大型主题教育活动第3阶段方案，在学生中开展生命理论教育活动、关爱生命实践活动和教育成果展示活动，培养学生医学终极价值观。迎接心理素质教育评估，继续加强心理健康教育中心的软硬件建设，开展以“亲近生命、给力幸福”为主题的心理健康活动月系列活动。完善“宽乐鼓”团体辅导活动，提倡“宽容、乐观、鼓励”的积极心态。组织新任辅导员、班主任岗前培训，结业85人。继续开办学生典型个案工作坊4次。成立英才学校，并以提升政治素养、强化责任意识和奉献精神为重点对首批50名学员开展系统培训。与内蒙古医学院联合组织学生开展暑期赴内蒙古社会实践活动。继续开展红色“1+1”活动，7个学生党支部申报并开展对口共建交流活动，获北京高校红色“1+1”示范活动三等奖1项、鼓励奖2项。获第12届“挑战杯”全国大学生课外学术科技作品竞赛二等奖1项，第7届“挑战杯”首都大学生课外学术科技作品一等奖3项、三等奖2项。获批市教工委首都大学生思想政治教育研究中心重点课题1项。

加强国防生军人核心价值观培养和爱国爱校教育，组织各学院配合选培办开展2011级国防生骨干选举。2010级1588人在校内以连为单位进行军事理论课学习，2011级1567人在大兴区高校军训基地接受军事技能训练。

科研工作　获批省部级以上科研项目537项，总经费35911.2万元。国家科技部资助项目37项，其中“973”计划4项、“863”课题4项、国家科技支撑计划20项、科技重大专项5项、科技部国际合作项目4项，经费19743万元；国家自然科学基金215项（含研究院所），总经费8323万元；教育部、卫生部等部委科研课题45项，总经费1154.2万元；市科委计划项目97项，总经费4001万元；北京市自然科学基金99项（含研究院所），总经费1199万元；市教委科技发展与人文社会科学研究计划重点项目13项，总经费612万元；教育部社科司、北京市社科规划办资助的社科研究项目15项，资助经费110万元。获国外基金项目资助16项，总经费折合人民币769万元。首次获批国家工程技术研究中心1个，获批9个北京市重点实验室（含神外所）和3个北京市工程技术研究中心。首次获批高等学校学科创新引智计划1项。

科研成果获国家科技进步二等奖1项，教育部高等学校科学研究优秀成果奖科技进步奖一等奖2项、二等奖4项（含推广类1项），北京市科技进步一等奖1项、二等奖2项、三等奖4项，中华医学科技一等奖1项、二等奖2项、三等奖1项。申请专利61项，授权52项，其中发明专利40项、实用新型专利12项。23项设计获计算机软件著作权证书。

2010年被CSTPCD统计源期刊收录国内论文6163篇，在全国高等院校排名中列第2名；国内期刊论文被引用18920次，居全国高等院校第7位，引用数量比上年增长20.15%；SCIE源期刊收录论文753篇，在全国高等院校中名列第33位，收录论文比上年增长33.99%，其中医药类高校（不含综合院校的医学院）SCIE论文收录数量排名第2位；国际期刊发表的论文被引505篇1167次，引用论文数比上年增长150%，引用次数比上年增长99.83%。发表论文最高影响因子53.484。出版专著135部。

国际交流与合作　接待16个国家或地区外宾57批291人次，其中合作项目交流师生9批81人次、学术交流访问16批112人次、洽谈合作事宜32批98人次。与北京师范大学等国内外大学或有关单位签署交流合作协议9项。成立首都医科大学加拿大卡尔加里大学肝病研究所。获批与澳大利亚迪肯大学开展护理合作办学，并录取首批学生。执行国外校际合作协议8项，派出国（境）人才培养项目7个22人次。学校与英国卡迪夫大学在癌症研究领域的合作获《泰晤士报高等教育专刊》国际合作大奖。

信息化建设　完成学校公共网和校内公开网的分开，启用新的行政办公系统。研讨网络带宽资源使用效率，进行成本核算，探索网络使用的合理计费模式，启用新的计费网关，实现统一认证实名上网。继续推动学校数字校园建设。完成档案查询检索系统与学校行政办公管理系统的集成，完成一表通系统、离校管理系统和管理信息系统主机监控系统研发并进入试运行。完成学校网站全文检索系统和访问统计系统建设。北京平谷区医院、北京胸科医院、北京三博脑科医院通过VPN接入到校园网，至此，已经有22家附属医院及临床医学院、教学医院与学校网络实现互联，共享图书馆文献数据库和行政办公系统等学校信息资源。

基本建设　完成右安门北校园楼宇装修改造，办公楼、阶平楼、二教楼、形态楼、药学楼、博信楼和国际学院楼改建、搬迁及功能调整；基础科研大楼竣工并交付使用；开展万寿路校区土地房屋置换工作，完成国际学院大楼接收，进行装修改造；顺义校区教室楼、学生宿舍楼和餐饮楼建设基本完成；第一教学楼奠基，风雨操场、临床科研大楼、跨河桥建设项目基本完成立项前工作，河北庄园启用。

期刊工作 国内转化医学研究领域的首本专业性学术期刊《转化医学研究（电子版）》创刊，年内出版2期。全年出版《首都医科大学学报》6期、《首医报》13期。（撰稿：王于英 审核：方海侠）

领导名单

党委书记 李 明
副 书 记 马谊平 刘 芳
校 长 吕兆丰
副 校 长 王晓民 管仲军 线福华 王松灵 曹文军 齐 昉

北京卫生学校

（西城区南横西街94号）
邮编：100053 电话：63209001
网址：www. bjwsxx. com

基本情况 教职工295人，其中专任教师130人，包括高级讲师48人、讲师50人、助理讲师28人、无职称4人；行政人员72人；教辅人员20人；培训中心17人；工勤人员38人；校办企业18人。

获奖情况。被评为首都文明单位、教育系统关心下一代工作先进集体、北京市体育传统项目学校健美操第2名、北京市节水单位、教育事业统计工作质量评估优秀集体二等奖等。

机构设置 1月19日，与大兴区第二职业学校签订联合办学协议，命名为北京卫生学校大兴分校。7月5日，与北京城市学院签订联合办学协议，加挂“北京城市学院北京卫生学校教学区”标牌。

教学工作 全日制普通中专班89个3796人，其中药剂专业14个班616人，医学检验专业7个班329人，医学影像技术专业4个班174人，医药装备专业（医用电子仪器）4个班154人，卫生信息管理专业4个班151人，中药专业8个班321人，口腔修复技术专业4个班162人，医学生物技术专业3个班115人，护理专业24个班1009人，涉外护理专业17个班765人。与中国医科大学联办高职班2个72人，与首都医科大学联办高职班4个119人，与北京城市学院联办高职班2个70人，共计8个班261人。全年完成教学67536学时。

围绕教育教学改革创新工程，坚持“以制度管理为基础、以过程管理为重点、以评价管理为导向”的管理理念，强化教学管理。坚持以检查教学运行为主的日查、周查、月查制度和以全过程质量控制为主的期初、期中、期末阶段性教学检查制度，有效落实三级管理职责和保证日常教学的高质量运行。坚持开展精品课程建设评比、教学方案设计比赛、教师教学基本功活动月、教研组（实验组）工作水平评估、学生技能月等活动，提高教师课程开发和课程实施能力，促进学生实践技能的培养。

实施名师评选工程，加强骨干教师和青年教师的培养选拔。年内，药剂学科被评为北京市职业院校专业创新团队，武昕为学科带头人；护理专业梁萍、检验专业李晖被评为专业带头人；中药专业蒋爱品被评为职教名师；杨德武、吕国栋被评为优秀青年骨干教师；邓劲光被评为特聘专家。郝晶晶、马春获市委组织部优秀人才项目的资助。

在中国职教学会教学工作委员会举办的化学和医药卫生类专业全国“创新杯”说课大赛中，基础临床学科张晓丽获一等奖，护理专业王爽、药剂专业赵世芬获二等奖，药剂专业高东红、黄群荣获三等奖；在中国职教学会卫生教育专业委员会举办的全国说课大赛中，王萍获护理专业（中职组）二等奖，沈云帼获药学专业（中职组）二等奖；在教育部职业教育与成人教育司主办的“神州数码”杯全国中等职业学校信息化教学大赛中，医学检验专业李晖获二等奖；在全国涉外护理教育研究会主办的全国涉外护理专业英语夏令营活动中，普通一科王笠获教师教学比武一等奖。

5~10 月，接受市教委专家评估组对学校药剂、护理专业的评估，得到专家组好评。

6 月 23 日，与北京联袂义齿技术有限公司签订合作办学协议；9 月，招收口腔修复工艺专业联袂成人班学生 36 人。

8 月 31 日，马春被批准为北京市第 4 批名老中医药专家——金世元教授的学术继承人。

学生工作 加强校风、学风、班风建设。0888 班被评为北京市先进班集体；4 名学生被评为北京市三好学生，1 名学生被评为北京市优秀学生干部；学校获得全国中职学生第八届“文明风采”大赛优秀组织奖，124 名学生在职业生涯设计、征文和才艺展示比赛中分获一、二等奖。

4 个团支部分别被评为北京市和市卫生局优秀团支部，2 名团干部当选北京市优秀团干部，10 名团员被市卫生局评为“五四”红旗优秀团员。

4 月 23 日，承办北京市“华瑞医模杯”中等职业学校护理技能大赛。学生李卓、吴霄获一等奖，吴楠获二等奖。6 月，3 名学生代表北京市参加在南京举行的全国职业院校技能大赛（中职组）护理技能大赛，李卓、吴霄获三等奖，吴楠获优秀奖。

6 月 10 日，办理首批出国留学学生 10 人，其中 6 人赴澳大利亚学习、4 人赴英国学习。

着力打造学校青年志愿者服务队和红十字应急志愿者服务队品牌。坚持组织学雷锋、学生志愿服务活动进社区，寒暑假学生志愿服务进医院，献血日学生志愿服务进血站等活动，与西城区文明办联合开展“绿色出行，文明交通”志愿服务活动、红十字应急志愿者服务队“5.12”防灾减灾日应急演练活动等，提高学生的职业素养和博爱奉献精神。学校志愿者服务队被评为市卫生局优秀志愿服务集体、优秀志愿服务项目，3 名学生被评为市级优秀志愿者，1 名学生获全国红十字百优青少年称号。

加强对班主任工作的培训、考核和指导，坚持辅导员、班主任工作量化考核机制，坚持班主任岗前培训和班主任任职资格培训制度。年内，举办第三期班主任任职资格取证培训班和 2011 级新生辅导员班主任岗前培训班；统筹安排、合理调配班主任人选。姚雪梅获北京市“紫禁杯”中小学优秀班主任一等奖。

科研工作 年内，获批市、局级课题 8 项，教师获奖和发表论文 75 篇，学校获中国职教学会优秀组织奖。

信息化建设 完成信息化硬件建设四期工程。配合卫生系统网站评比，对学校网站进行栏目调整、内容更新、资源充实。

基本建设 完成第二教学楼的装修改造、校舍抗震检测、彩钢板房消防设施的安装、锅炉房消防报警系统的改造、门厅装饰改造、实验楼校园文化装饰改造、小东楼室内粉刷等工程，完成资产清查工作。

（撰稿：董艳丽　审核：兰文恒）

领导名单

党委书记 顾　平
副 书 记 兰文恒　马　英
校　　长 兰文恒
副 校 长 顾　平　江　红　郭积燕

北京护士学校

（通州区玉带河西街 24 号）
邮编：101149　电话：69548394
网址：www.bjns.cn

基本情况 教职工 159 人，其中专任教师 71 人，包括高级讲师 20 人、讲师 31 人、助理讲师 17 人、未定职称 3 人；教学辅助人员 28 人；行政和其他专业技术人员 27 人；工勤人员 33 人。

本校承担中专护理、助产专业，与首都医科大学和北京城市学院联合举办的护理专业高职班的教学任务。年内，招收中专生 512 人，其中护理专业 474 人、助产专业 38 人；毕业 549 人。与首都医科大学、北京城市学院联合举办护理专业高职班，录取新生 373 人。

教学工作 完成65个班26444学时的教学工作。加强教学常规管理，加强教学检查与反馈，细化课堂反馈意见表的内容，加强平时的教学秩序检查。根据不同课程的教学特点，改革学生考核和评价办法，进一步规范各科试卷的题型、题量。同时，调整补充护理教学内容，调整部分医学基础课授课次序。探讨高职班临床教学、实习工作，明确临床见习、实习内容、时间安排和具体要求，修改高职课教师任课资格的规定。做好高职教学各环节的衔接，增加高职教学实验课比例，并根据首都医科大学、北京城市学院高职学生的不同特点，改进教学方法，规范高职教学管理，提高高职教学质量。

加强临床教学管理。学校密切与合作办学医院的联系，深入探讨临床教学，邀请合作办学单位教师听公开课，交流教学经验及教学方法，进一步规范学生实习内容及时间，加强对临床实习的管理，确保学生临床实习效果。不断加强校内实训基地建设，充实临床护理设备，研究制订临床教学计划，培养专兼职临床教师队伍，完成首轮临床课教学任务，促进了临床教学质量的提高。

加强毕业生的就业指导，采用开设就业指导课、邀请医院护理部主任讲课等形式，帮助学生认清就业形势，转变就业观念。举办毕业生与各级各类医疗用人单位供需见面会，为毕业生提供就业机会。中专毕业生就业、升学率97%以上，高职毕业生就业率继续保持100%。

加强非学历教育培训，不断拓宽培训项目。年内，举办护资考试考前辅导班，高考文化课补习班，英语、数学提高班，英语口语强化班，高职英语应用能力备考班及护理员岗前培训班，受训2359人。护资考试通过率92.1%，北京市单招单考学生上线率98.3%。

教研工作 加强教研组建设。加强教研组对教师集体备课的组织，通过集体备课活动引导教师钻研教学内容和教学方式，取长补短，提高教师授课质量。组织跨学科集体备课，使普通文化课和专业课有效地衔接，提高了教师理解、驾驭教材的能力和教师课堂教学水平。

重视对青年教师培养。教学各科室制订《2011～2015年青年教师培养规划》，确定青年教师培养目标，以“师徒结对”的方式，通过听课、评课等形式，由教学经验丰富的老教师指导青年教师。举办校级公开课、教研课，开展网络教学研究，召开第22届学术年会，收集学术论文48篇，其中9篇获奖或公开发表。有7人次参与教材、教辅的编写，其中担任主编1人。

学生工作 进一步加强学生的教育管理，不断提高学生综合素质，打造优良学风。年内，组织优秀毕业生事迹报告会，在学生中开展职业道德教育活动；开展多种社会实践活动，坚持为北京儿童医院、北京朝阳医院、北京地坛医院、儿研所、血液中心等医疗机构提供以学生为主的志愿服务；继续完善并成立学生编辑部、民族舞舞蹈队、现代舞舞蹈队、模特队、礼仪队、合唱团、诗社及桥牌、摄影、吉他、珠艺等社团组织，丰富学生第二课堂活动。学生艺术团合唱队在北京市第14届学生艺术节舞蹈比赛中获二等奖。学生首次参加全国护理技能大赛，1人获北京赛区二等奖。学生参加北京市中等职业学校英语技能大赛、全国“春蕾杯”作文比赛、全国中等职业学校“文明风采”征文比赛，均取得优秀成绩。

加强班主任队伍建设。通过加强对班主任的选拔、培训、激励、考核管理，提升班主任的整体素质和管理能力。结合学校办学特色，组织班主任与各合作办学单位的代教老师进行相关的学习和交流，强化班主任对班集体的管理作用，同时加强对班主任的考核管理，创新激励机制，充分调动班主任的工作积极性。

行政工作 年内，组织以“党、祖国和我”为主题的诗歌朗诵会、演讲比赛、摄影比赛、征文和书画活动等。学校通过学生大会、广播、宣传橱窗等形式宣传“一训三风”，抓校风、教风、学风建设。举办首届校园文化艺术节，通过“校园拍客”摄影比赛、校徽征集活动、“工作着，快乐着”办公室美化设计大赛、“我的青春我做主”校园歌手大赛、“我心中的白衣天使”配乐朗诵比赛、“人文，志愿，自由，快乐”社会公益活动、“学会感恩”主题班会评比等营造团结奋进的校园氛围，体现和谐、向上的校园文化精神。

成立课题组，开展完善中层干部考核办法的课题调研，对中层干部队伍的现状、存在的问题进行调研，修订完善中层干部考核办法。新成立的学校考核工作领导小组及工作小组，重新制订管理岗位、教师岗位、后勤岗位和班主任考核办法，为深化事业单位改革、实施绩效工资奠定基础。

重视师德建设，加强教师队伍建设。落实骨干教师培养计划，鼓励教师参加在职培训和继续学历教育，5人通过学习取得学历证书，45名专业教师参加专业培训，6名专业课教师到医院进修。

后勤工作 完成行政楼抗震加固工程；将13间平房改造成学生宿舍，扩大高职学生住宿的规模；将自行车棚改造成学生活动中心，为学生第二课堂活动提供场所；将废弃煤棚改造成职工之家；改造楼房地下室，扩展退休职工的活动场所；维修操场；完成食堂天燃气改造、平房上下水改造等。

其他工作　做好网站建设，以评促建，完善功能；启用新版数字校园平台，推动应用建设；继续推进校园一卡通工作，方便师生工作、学习和生活；教室多媒体改造更新，为师生提供现代化的教学手段；建设电子阅览室，扩展了图书馆的服务功能；完成大宗物品采购和招投标等审计工作；完成公开招聘工作，招聘新职工7人，接收军转干部1人；通过了通州区统计执法大检查。

（撰稿：初冬岩　审核：黄惟清）

领导名单

党委书记　王　庆
校　　长　黄惟清
副 校 长　郝士军　王　梅

北京市中医学校

（通州区九棵树东路128号）
邮编：101101　电话：60527431
网址：bjzyxx. bjedu. gov. cn

基本情况　教职工125人，其中专任教师52人，包括高级讲师12人、讲师22人、助理讲师18人；教辅人员19人；行政人员43人；工勤人员11人。

获奖情况。被评为高招工作目标管理优秀集体，获教育事业统计工作质量评估优秀集体三等奖。保卫科荣立集体三等功。

教学工作　录取5个专业新生459人，其中统招生378人、成人招生81人；2007级11个班444名学生结束实习；完成2008级10个班411名学生的实习安排。完成教学27752学时。制订《试卷命题的补充规定》《学生成绩考核管理办法》《学生成绩考核评价办法》《课堂教学管理规定》《专任教师培养规划》等，并建立和完善教师业务档案。

加强业务培训。选派教学人员参加业务学习；组织各类教研活动；组织青年教师培训班；开展校内外评比、专题讲座；利用暑期组织教师进行专业实践，提高教师的业务素质和职业能力。开展年度优秀教案、优质课评选活动，举办专题讲座，组织教师参加校外学习、培训等。

合作办学。有大专、本科在校生540人。年内，与北京大学医学网络教育学院合作办学，招收学生212人，其中护理专科79人、护理本科99人、药学专科8人、药学本科23人、应用心理本科3人。学校被北京大学医学网络教育学院评为招生先进学区、学生支持先进学区。

培训工作。学校组织各级各类取证班、培训班，完成中药、药剂专业中药调剂员、药剂员399人的培训取证；举办高职考前辅导班，毕业学生中有近80%的学生取得各级种类资格证书。被评为全国计算机等级考试组考先进集体。

教学改革　学校教学改革的核心是：将职业素质教育贯穿于整个教育教学和管理过程之中。全体教师在教改过程中落实三观、三性，即在制订教学计划和课程标准过程中强化教学观、德育观和学生观，在课堂教学过程中按照能力体系和行为导向方式体现课程的知识性、德育性和职业性。召开护理、中药、药剂、中护、康保专业教学计划修订专题研讨会，完成2009级、2010级教学计划的修订和2011级各专业实施性教学计划的制订。

组织各专业教学计划修订研讨会，讨论研究《学生成绩考核评价办法》，完善《试卷命题补充管理规定》《课堂教学管理规定》，并组织专题讲座。全年校外发表论文26篇，获奖15篇，其中《运用团体心理辅导，促进中职校班级建设》获全国二届一次卫生职业教育教学研讨会征文优秀奖，“康复保健专业行动导向课程开发研究”、“中药专业行动导向课程开发研究”课题获批立项，《中药知识诵读》《经络腧穴知识诵读》2部校本教材投入使用。2名教师被评为市级青年骨干教师，4名教师参加国家局中医药专业技术资格考试命题及审核，9名教师完成《全国中医药专业技术资格考试大纲与细则（中药专业）》教材的编写，6名教师承担2家出版社教材的编写任务。

德育工作 进一步落实德育管理理念、德育教育大纲，继续加强德育队伍建设，细化德育工作内容。继续落实学校德育分层教育模式，坚持正面教育为主，教育与管理并重的原则，细化管理措施，加强监督检查。加强对学生干部的培养、对问题学生的排查，做好问题学生的转化工作。全面加强学生安全管理和宿舍管理工作。

年内，学校组织暑期班主任培训，提升班主任育人新理念，加强班主任工作交流。坚持班主任例会制度，对召开班会和主题班会提出明确要求，加强对班级工作的个别指导，加强班主任工作量化考核，提高班主任工作水平和班级管理质量。学校将德育知识外化为有形的、系统的教育教学活动，内化为学生素质提高，增强德育的针对性、实效性。参加全国护理大赛北京市遴选活动和北京市中等职业学校英语技能大赛；协助承办北京市医药卫生职业技能－中药鉴别比赛；参加安徽芜湖针灸技能大赛，获团体优秀奖和8个单项奖。在校内开展中医药知识竞赛、中药技能、护理礼仪及护理技能、演讲比赛和专业速记比赛；举办体育文化节系列活动、“创建文明校园、争做文明标兵”文明礼貌月活动、“5.12”护士节授帽仪式、“11.9”消防安全宣传教育系列活动、“感恩的心”手语表演比赛、文明用语接力赛、青年志愿者服务等活动；继续组织各类社团活动；利用校园网开展网络德育活动。

基建与后勤 完成第二教学楼装修改造、新建实训教室、修缮操场、建设广播室、教工餐厅改扩建、会议室改造装饰、第二教学楼电梯工程、校园综合信息发布工程、校园门禁系统工程等。生命科学馆建成并投入使用，建筑面积约200平方米。

7月，通州区卫生局批准学校成为通州区中医药文化宣传教育示范基地；12月，市中医局和市旅游局批准学校成为首批12家北京市中医药文化旅游示范基地之一；同月，通州区政府和通州区旅游局确定本校为向市民开放的2家社会单位旅游开放单位之一。

宣传工作 全年出版《北京市中医学校信息》15期，制作电视节目8期。向上级刊物和网站投稿，被采用94篇次。完成学校网站更新改版，创刊《北京市中医学校校报》并出版3期，完成学校电视宣传片和宣传画册的制作。

信息化建设 年内，完成数字校园管理平台的整体系统上线，即时通讯系统（大蚂蚁）在校内全面应用，进一步提高办公效率和现代化管理水平，使学校教育教学和管理工作更加规范。

（撰稿：李 江 审核：董维春）

领导名单

党委书记兼校长 董维春
副 书 记 尹福祥
副 校 长 郑春启

公共卫生及其他卫生机构工作

北京市卫生监督所

（朝阳区中纺街甲1号）
邮编：100020　电话：65003237
网址：www.bjhi.gov.cn

基本情况　职工147人，其中正处级2人、副处级13人、正科级54人、副科级49人、科员24人、工勤人员5人。

固定资产总价值5226万元。本年度购置资产总值3.7万元。

获奖情况。获中央保健委员会办公室、卫生部保健局颁发的十一届全国人大四次会议、全国政协十一届四次会议医疗卫生保障工作贡献奖，中国食品安全法治高峰论坛组委会颁发的首届全国食品安全创新事例征集优秀事例奖，中国网球公开赛组委会颁发的最佳保障奖，市献血办公室颁发的无偿献血突出贡献奖，被市卫生局评为财务日常报表先进单位。

改革与管理　年内，制订并实施《卫生监督执法工作制度》，明确并规范卫生监督执法工作程序、职责和任务。制订《论文管理办法》，对不同层级人员分别提出撰写论文的具体要求。制订《青年人才队伍建设暨岗位交流锻炼工作方案》，为青年人才提供接触卫生监督各层面工作的机会。

印发《关于深入开展卫生监督工作调研的通知》，明确由所级领导分工负责，成立4个课题调研组，指导相关课题的调研。同时，明确所级领导分片负责指导的区县。成立专家咨询委员会，组建北京市卫生监督专家库（44名专家）和咨询委员会（16名行业专家），咨询委员会专家涵盖卫生监督工作中的各个方面。

举办首届北京市卫生监督机构领导干部高层培训班，培训内容包括战略思维与领导能力、突发事件应急管理、信息公开与媒体应对、领导干部廉政风险预防以及北京市医改形势分析、健康北京建设规划等。

专项监督检查　年内，开展严厉打击餐饮服务环节食品非法添加和滥用食品添加剂专项整治，共出动监督员76560人次，检查各类餐饮单位72553户次，查出不合格单位5657户次。对19家餐饮服务提供者进行立案行政处罚，没收非食用物质和滥用食品添加剂案值12.05万元。完成元旦、春节、中秋节、国庆节期间卫生监督检查，“地沟油”专项治理，餐饮服务环节“瘦肉精”专项整治，酒类质量安全专项整治，学校食堂食品安全，餐饮服务环节违法经营河豚鱼专项检查等。同时，根据市民关注的热点问题，如味千拉面事件、肯德基纯豆浆事件、燕功夫包子事件等，在全市及重点区县进行部署和检查。起草《北京市食品安全管理员考试大纲》及考试要求，建立题库，组织全市1.2万名餐饮服务食品安全管理人员参加统一考试。

对北京经济技术开发区38家职业卫生技术服务机构进行职业病防治工作专项监督检查，对放射工作单位进行监督检查和相关资质的许可，完成年度全市放射工作人员的岗前培训。

开展全市游泳场馆卫生专项整治。8月10～19日，对长安街沿线的游泳场馆进行集中检查。监督检查游泳场馆556户，责令整改77户，停业整顿6户；行政处罚29户，其中罚款24户，金额79500元；对不合格单位进行了公示。

完成全国人大、政协会，市人大、政协会等74项重大活动保障任务，其中卫生部保健局及其他中央政府部门28项、市政府及其他政府部门46项。

开展全市生活饮用水卫生监测，完成相关建设项目的预防性卫生监督，启动饮用水在线监测网络建设。完成轨道交通空气质量检测验收。对全市公共场所管理骨干监督员进行培训和考试。开展发廊、足疗场所专项整治。

医疗机构系列专项整治。针对医疗服务监管市场中的重点问题，组织区县开展医疗美容专项整治、健康体检机构专项检查、人类精子库和人类辅助生殖技术专项监督检查、产前诊断机构专项监督检查、采供血机构专项监督检查、医师多地点执业专项检查和器官移植专项检查等，检查情况总体良好。

医疗广告监督检查。抽查市售主流报刊、杂志20余份17516个版面，发现284条涉嫌违规医疗广告，在北京卫生监督网公示抽查监测涉嫌违法发布医疗广告信息27期，公示卫生行政部门查处违法医疗广告情况9期，发布医疗广告卫生监督执法工作信息简报6期。实施行政处罚20户次，其中警告19户次，罚款3000元，累计不良执业行为积分76分。

在打击非法行医专项活动中，取缔无证行医1233户次，查处案件160件，罚款46.07万元，没收器械2114件，没收药品1704箱，没收违法所得8.67万元，移送案件27件，追究刑事责任2人。检查医疗机构、计生机构7379户次，查处违法案件167件，警告94户次，责令改正121户次，罚款35.34万元，没收违法所得1.84万元，吊销医疗机构执业许可证2户。受理投诉举报1237件，立案114件，结案86件。监督检查56家医疗卫生机构的医疗废物管理，开展实验室生物安全、肠道门诊、学校传染病防控和脊髓灰质炎防控专项检查。

卫生监督抽检　全市抽检食品21大类2115件，合格1982件，总合格率93.7%。抽检游泳场所606户，合格279户，合格率46%；抽检洗浴和理发美容场所160户，合格134户，合格率83.75%；抽检集中空调176户，合格160户，合格率90.91%；抽检商场超市的室内空气85户（样品1512件），合格68户，合格率80%；抽检影剧院的室内空气21户（样品297件），合格18户，合格率85.71%。

抽检市政水厂28家，合格率100%；抽检市政供水末梢水样品190件，合格142件，合格率74.74%；抽检二次供水单位177户，合格率100%；抽检80家学校自备水源水样品82件，合格53件，合格率64.63%；抽检供水管材样品销售单位5家，全部合格；抽检水质处理器生产单位7家、销售单位4家，抽检水质处理器样品5件，对2家无卫生许可批件的生产销售单位进行罚款的行政处罚，对1家产品标签不符合规定的生产企业责令整改。

抽检5类消毒产品，涉及82个品牌85种，共计720件，总合格率87.06%。

检查采供血机构5户次、街头流动采血车32辆、临床用血医疗机构186户次。对采供血机构随机采样600份，检测相关指标，结果全部合格。

卫生监督稽查　全市卫生监督机构对内部6497个部门进行稽查，提出稽查意见3684项，下发稽查文书1824份。开展卫生监督执法责任制稽查132次；对8711名卫生监督员进行着装风纪稽查，合格率98.5%。聘任卫生监督稽查员32人。

卫生行政许可　全年卫生局中环大厅咨询受理54332件，其中咨询26997件、受理27335件，许可及发证24150件。

突发公共卫生事件处理　全年接到疑似食物中毒报告66起，与上年相比，食物中毒发生起数上升18%，发病人数增加5.3%。接报生活饮用水污染事件7起，比上年多3起，影响人数增加1900余人，未造成人员发病。

投诉举报　全市接到投诉举报11930件，受理11618件，其中办结11374件，结案率97.9%；咨询服务1689件；接待来访42人次；处理来信76件次。

卫生监督宣传　在腾讯网开通“北京卫生监督”官方微博，拥有超过36万“粉丝”。微博定期刊登卫生监督工作动态，并为网友答疑，同时针对热点公共卫生、食品安全等问题开设话题与网友讨论。完成职业病防治、预防食物中毒、正确认识食品添加剂、打击非法行医等专题13期。

改版北京卫生监督网，增加在线播放视频、报纸、杂志电子版在线阅读等实用功能。全年发布新闻（含文章、图片和视频）2301篇，制作专题11个。

创刊《北京卫生监督报》，反映北京卫生监督工作动态和突出业绩，以及法律法规常识和科普知识等，共设4个版面：监督要闻和热点话题，工作动态和经验交流，人物报道和法律解读，科普知识和微博时空。主要分发给卫生部、监督中心、市委市政府各委办局及全国、北京市区县卫生监督机构等。

信息化建设　年内，研制食品添加剂电子化备案系统，将食品添加剂备案工作电子化。根据新颁布的《公共场所卫生管理条例实施细则》和《北京市集中空调通风系统卫生管理办法》，完成相应的法条拆分以及公共场所卫生监督检查表（量化分级评分表）的修订，法条拆分后有罚则的违法行为288条，逐步录入北京卫生监督工作平台。修订后的检查表分为11类公共场所卫生监督检查表和1类集中空调通风系统卫生监督检查表。探索建设餐饮、公共场所、生活饮用水等专业的在线动态监测系统，其中《北京市饮用水在线网建设方案》获市卫生局和市经信委的批准。

培训工作 举办卫生监督员资格培训班，15个区县卫生行政部门和卫生监督机构共93人参加，其中88人考试合格，取得卫生监督员证书。举办卫生监督机构公文信息写作及年鉴编写培训班、卫生监督快速检测培训班、传染病防治监督规范及标准骨干培训班、医政执法监督员骨干培训班、三级医院和连锁医疗机构监督协管员法律法规培训班、采供血监督管理培训班、消毒产品卫生监督员执法培训班、部分餐饮单位消毒产品法规培训班，相关专业卫生监督员参加培训。组织全市卫生监督机构食物中毒和生活饮用水污染事故应急演练。

（撰稿：郑宏杰　刘宗美　审核：王本进）

领导名单

党委书记　贺继民
副 书 记　李亚京　曲新丽
所　　长　李亚京
副 所 长　贺继民　李　扬　赵新生

北京结核病控制研究所

（西城区新街口东光胡同5号）
邮编：100035　电话：62276766（总机）
网址：www.bjjks.org

基本情况 职工90人，其中卫生技术人员59人，包括正高级职称1人、副高级职称11人、中级职称24人、初级职称23人；其他专业技术人员11人；行政、后勤人员20人。

固定资产总值2533.49万元。新购资产总值314.5万元。

获奖情况。被评为北京市卫生系统文明单位，并被推荐为北京市文明单位，北京市疾病预防控制先进集体；在中国防痨协会第12届优秀科普作品表彰会上，本所设计制作的“防治结核健康颂”FLASH动画宣传片获影像类二等奖，所长洪峰主编的《肺结核病人康复指导》获文字类二等奖，其余10余份防痨科普作品获优秀奖；在全国第5次结核病流行病学抽样调查（北京地区）中获优秀组织奖；在北京市第2届职工健身健康博览会上获优秀组织奖。

改革与管理 12月31日，完成绩效工资改革一级指标的上报和所级绩效工资分配方案的上报；3月，开展第二次中层干部竞聘上岗；开展新入职职工岗前培训。

结核病防治 落实结核病防治“十二五”规划，完成加强全市结防体系建设的调研报告；防控科、中心实验室、门诊部、财务科联合对全市16个区县级结防机构督导2次，重点强化财务和诊疗内容，巩固科学的长效工作机制和规范的工作模式；规范北京市结核病疫情监测工作月报；3～4月，对市监狱管理局所辖的8所监狱进行结核病防控专项督导；4月，对全球基金项目区县开展督导，推动全球基金流动人口结核病控制项目工作；举办世界防治结核病日北京市主题宣传活动，参与全市大型义诊咨询活动，开展健康教育工作；修订《北京市耐多药肺结核控制项目实施方案》；在全市开展TB/HIV双重感染防控工作。全年发布动态信息124期。

全年接诊12554人次；完善病例讨论制度；推进肺结核病人属地化管理健康宣教；加强门诊专报工作；规范药品采购及发放管理工作；进一步完善放射影像管理；新的肺结核疫情处置车投入使用；制订并实施卡介苗冷链配送相关制度；沟通各区县结防所，核对卡介苗工作信息；继续承担北京市监狱系统的会诊工作。

全年完成2382人次临检（比上年增加48.8%）和2590人次的生化、790人份的结核抗体检查；购置了微阵列芯片检测系统等先进设备；新增检验项目

——血液电解质分析等，中心实验室开展的实验项目达15项（类）。

教育与科研 全年组织继续教育26次、专家讲座24次、全市培训7次，发放一类学分20分、二类学分8分；全所医务人员传染病防治知识培训和考试7次，参加医学继续教育51人，一类、二类学分合格率均100%；参加各级各类业务培训班31人次。近20名业务骨干参加中国防痨协会学术会议。承担国家和北京市“十一五”重大专项各1项、首都医学发展基金联合攻关项目和自选科研课题7项。举办各类培训班、专题学术讲座34次，举办毒品预防教育、医疗机构生物安全管理的主要法律法规、新闻报道写作技巧、药品和医疗废物管理法律法规培训等专题讲座4次，组织全市培训及研讨15次，所内业务工作会议11次。

防控科张天豪、所长洪峰撰写的论文《涂阳肺结核患者家庭密切接触者筛查研究》获《中国防痨杂志》第六次优秀论文一等奖，门诊部副主任医师王静的论文《北京市一线抗结核药品不良反应发生情况及其对化疗工作的影响》获优秀论文二等奖、《223例复治涂阳肺结核患者治疗现状分析》获优秀论文三等奖。

学术交流 4月，北京市结核病防治代表团5人赴韩国结核病研究院、韩国济州防痨协会等地考察交流；7月，洪峰等4人赴香港参加国际防痨与肺病联合会亚太区第三届学术会议，与30多个国家和地区的结核病专家进行学术交流；7月，中心实验室杨新宇、王嫩寒赴香港防痨学会、香涅公共卫生检测中心结核病参比实验室进行为期2周的学习。

信息化建设 7月，开通短信平台系统；8月，门诊医生工作站通过市医保部门验收，实现医保患者门诊费用实时结算；9月，全市结核病防控信息化系统项目通过验收，进入运维阶段。

（撰稿：刘培虎　审核：洪　峰）

领导名单

党总支书记　洪　峰（代）
所　　长　洪　峰
副　所　长　武文清　贺晓新

北京市精神卫生保健所

（西城区德外大街安康胡同5号）
邮编：100088　电话：58303018

基本情况 职工11人，其中卫生技术人员5人，包括正高级职称2人、副高级职称1人、初级职称2人；其他专业技术人员5人；行政人员1人。

固定资产总价值156万元。年内购置信息化设备4万元。

历史沿革 1989年7月5日，在北京安定医院防治科基础上成立北京市精神卫生保健所，受市卫生局的领导，挂靠在北京安定医院。首任所长是北京安定医院院长李宝惠，现任所长是北京安定医院院长马辛。市精保所是新中国成立以来建立的第1个省级精神疾病预防控制机构，行使对区县精神卫生工作的组织管理及业务指导职能，下设社区科、宣教科、科研培训科和所办公室。

市精保所逐步建立健全本市三级精神病防治网，对社区重性精神疾病患者进行摸底调查、建档立卡、疾病监测和康复指导，1991年3月，制订《北京市社区精神卫生保健工作管理量化指标细则（试行）》。1991年开展的北京市大样本精神障碍流行病学调查和2003年抑郁障碍流行病学调查，为本市提供精神疾病的相关流行病学数据，为政府决策提供参考。2008和2009年，市精保所完成平安奥运和平安国庆的精神卫生安全保障工作。2009年7月1日，经市卫生局批准，正式启用“北京市社区精神卫生个人健康档案”。

2002年，建成北京市社区精神病人信息管理系统（单机版）；2007年4月，设计完成北京市精神卫生信息上报系统并投入使用；2009年和2010年，把北京市精神卫生信息上报系统与原北京市社区精神病人信息管理系统升级改造后，进行整合，于2010年7月，推出北京市精神卫生信息管理系统。

改革与管理 5月，制订《北京市精神卫生保健所绩效工资工作考核指标》，该指标由18个一级指标组成。

社区管理与督导 6月，协助市卫生局制订《2010年度北京市社区精神卫生工作考核标准》，并完成督导考核工作。11月，由市卫生局、市区精防机构管理人员组成督查组，对房山区、东城区、平谷区和延庆县等区县的督导考核工作落实情况进行抽查。

健康教育 9～10月，配合市卫生局在北京奥林匹克公园举办以“承担共同责任，促进精神健康”为主题的世界精神卫生日主会场及区县分会场宣传活动。

业务培训 2～3月，协助市卫生局完成对全市精神卫生工作人员的业务培训，包括社区精神卫生信息管理系统使用培训班、社区精防工作人员心理行为问题预防和心理危机干预培训班、三级综合医院门诊医护人员精神科继续教育培训班，共授课近280个学时，培训约3000人次。

科研工作 年内，由北京安定医院立项、市精保所承办，组织各区县精神卫生机构开展的“北京市精神疾病流行病学综合调查”进入数据统计分析、专家论证等阶段。在研市科委课题“精神疾病康复适宜技术在基层的示范推广应用研究”完成年度计划。

信息化建设 3月前，协助市卫生局修订《北京市重性精神疾病信息报告管理办法》，并指导各区县精神卫生机构将确诊的重性精神病患者信息通过北京市精神卫生信息管理系统进行网络直报；9～11月，配合市卫生局完成对全市各相关医疗机构进行信息上报自查和督导检查。8月，为全市社区卫生服务中心（站）精防工作人员发放367块CA数字证书，并进行使用及信息安全培训。

其他工作 3月，配合北京市健康促进委员会撰写《北京市2010年度卫生与人群健康状况报告》中精神卫生部分。6月，协助市卫生局起草《北京市卫生局关于做好〈北京卫生志〉精神卫生内容编纂工作的通知》。10月，配合市残联修订《精神残疾人职业康复训练档案》。与市残联联合对全市10家精神残疾人康复基地进行为期一周的督导及评估。12月，协助市卫生局修编《北京市社区精神卫生防治工作手册》。（撰稿：郭红利　审稿：马　辛）

领导名单

党支部书记　陈建辉
副　书　记　郭红利
所　　　长　马　辛
副　所　长　郭红利　陈建辉

北京市疾病预防控制中心

（东城区和平里中街16号）
邮编：100013　电话：64407018
网址：www.bjcdc.org

基本情况 职工633人，其中专业技术人员575人，包括正高级职称45人、副高级职称89人、中级职称244人、初级职称197人；行政管理和工勤人员58人。

中心下设14个专业科室、15个职能科室。

获奖情况。被评为第12届全国职工职业道德建设标兵单位、北京市职工技术协会先进集体、市卫生局先进党委。邓瑛被中华预防医学会授予公共卫生与预防医学发展贡献奖，马彦被中国卫生思想政治工作会疾病预防控制分会评为优秀思想政治工作者。

改革与管理 首次启动公共卫生一日体验活动，开放营养与食品卫生等3个专业7个体验岗位，39名市民、16名记者参与体验，42家媒体进行了报道。

加强干部人才管理。做好5名新疆干部挂职锻炼工作，1人被确定为第1批青年拔尖人才支持计划北京市推荐人选。完成第3批“人才京郊行”考核和第4批“人才京郊行”推荐。

传染病防治 年内，主要监测手足口病和流感样病例。在疫情高发期连续20周进行疫情分析。全年报告手足口病30843例，发病率157.26/10万，其中重症278例、死亡5例。发生聚集性病例617起，涉及病例2420例。全市检测手足口病标本3179

例，肠道病毒核酸阳性1508例，阳性检测出率47.44%。其中肠道病毒71型（EV71）608份，占40.32%；柯萨奇病毒A组16型（CA16）666份，占44.16%；混合感染11份，占0.73%；其他肠道病毒223份，占14.79%。

全市421家一级以上医院开展流感样病例监测，其中二级以上医院144家、一级医院277家。二级以上医院监测门急诊就诊30231269人次，其中流感样病例478483人，占1.58%；15岁以下年龄组占71.21%。国家级网络实验室检测流感样病例标本7575件，分离到流感病毒389株，阳性率5.14%。其中甲3亚型54株、甲型H1N1流感200株、乙型129株、未分型6株。

艾滋病防治　新发现感染者和病人1823例。市级艾滋病监测哨点监测41575人，发现阳性感染者243例，占0.58%。社区药物维持治疗门诊累计治疗3006人，在治1507人。全市清洁针具交换点13个（其中12个开展工作），月均覆盖吸毒人员733人，月均招募同伴志愿者136人。接待艾滋病自愿咨询检测22580人，检出感染者674人。免费抗病毒治疗定点医院治疗2063人，其中外地户籍1063人。

免疫规划　本市常住儿童建卡100%、建证率99.97%。五苗（卡介苗、乙肝、脊髓灰质炎、百白破和麻疹疫苗）基础免疫全程合格率99.33%，流脑基础免疫合格接种率99.43%，乙脑基础免疫接种率99.82%。四苗（卡介苗、脊髓灰质炎、百白破和麻疹疫苗）全程及时率90.46%，乙肝首针及时率97.33%。开展全市集中用工单位外来务工人员流脑、麻疹疫苗接种，接种麻疹疫苗14.29万人次、流脑疫苗14.19万人次。调查外来儿童44.2万人，补种脊髓灰质炎疫苗6420人次，麻疹、麻风腮、百白破、乙肝、乙脑、流脑等疫苗零剂次18921人次。确诊急性迟缓性麻痹（AFP）273例，无死亡病例，比上年下降5.54%；本市15岁以下AFP报告发病率1.07/10万。麻疹104例，比上年下降96%；风疹839例，比上年下降23.66%；流腮3467例，比上年上升18.13%；流脑1例，比上年下降90.91%，死亡1例；百日咳8例，较上年下降46.67%；新生儿破伤风2例；无乙脑、白喉病例；狂犬病5例，全市接种狂犬病疫苗180841人次，比上年下降5.30%。至年底，建成规范化门诊570家，其中AAA级门诊24家、AA级门诊109家、A级门诊294家、基本达标门诊143家。报告预防接种异常反应（AEFI）862例，启动市级、区县级调查诊断专家组对95例需要调查诊断的病例进行调查诊断。

地方病防治　碘盐监测。检测居民户食盐样品5232件，合格碘盐食用率93.47%。育龄妇女碘营养状况调查3877人，尿碘中位数为193.4微克/升；妊娠妇女调查3990人，尿碘中位数169.7微克/升；8～10岁学生调查3595人，尿碘中位数216.8微克/升；结果显示孕妇碘营养状况偏低。各区县疾控中心对辖区内5个宾馆饭店、10个饭馆及部分寄宿制小学校和幼儿园的食堂用盐情况进行现场半定量检测，并检查食盐包装类型，同时询问其进货来源。共检查盐样725件，其中碘盐712件，碘盐覆盖率98.21%。

地方性氟中毒监测。枯水期、丰水期共监测833井次，符合饮用水卫生标准的水井占99.08%；儿童氟斑牙调查1995人，患病135人，患病率6.8%。

鼠疫监测。在鼠疫人间病例监测中未发现鼠疫病例。野外鼠密度监测采用夹夜法，共捕获啮齿类动物332只，鼠密度5.02%；鼠疫耶尔森氏菌血清学监测采用笼捕法，全年捕获活鼠692只，成功采集血清标本404份，实验室间接血凝法检测均为阴性。

突发公共卫生事件及大型活动保障　全市报告突发公共卫生分级事件13起，报告发病183例，无死亡。与上年相比，报告事件减少1起（7.1%），发病人数增加7人（3.7%）。

完成卫生部突发传染病处置类和突发中毒事件处置类两支国家卫生应急救援队的组建。开展北京市地方标准的撰写，完成卫生应急装备配备标准草案（传染病类）及卫生应急培训技术规范草案。开展全市疾控系统卫生应急队伍卫生应急实战技能大比武，16个区县疾病控中心近200名专业人员参加。完成全国两会、北京电影季、国庆、十七届六中全会等保障应急值守共53天，期间完成全国人大机关和最高人民法院的3起可疑炭疽白色粉末疫情处置。

消毒、杀虫、灭鼠　完成全市医疗单位、托幼机构及学校消毒灭菌监测和检查，监测医疗机构1717家，监测样品31777件，合格率96.71%，比上年提高0.67%；监测托幼机构574家，监测样品10769件，合格率91.46%，比上年下降1.10%；监测学校71所，监测样品308件，合格率95.78%，比上年下降0.64%。开展医疗美容机构消毒隔离调查36个单位，监测样品144件。托幼机构手消毒卫生调查36个单位，监测样品288件，合格率97.92%。对61起传染病疫情进行现场消毒处理和消毒效果评价，现场采集样品1036件，消毒效果合格率100%。

在全市16个区县共设置病媒生物密度监测点500个，其中鼠类72个、蚊虫188个、蝇类116个、蟑螂124个。全年开展鼠密度监测12月次，捕鼠96只，平均阳性率0.57%，比上年下降18.57%，畜牧场平均阳性率最高。监测蚊密度18旬次，年平均蚊密度1.07只/灯·小时，比上年下降9.32%，其中公园绿地成蚊密度最高。监测蝇密度21旬次，年平均蝇密度7.85只/笼·天，比上年上升16.30%，其中公园绿地蝇密度最高。监测蟑螂密度12月次，平均密度0.08只/张·夜，比上年下降33.3%，其中居民家庭蟑螂密度最高。配合市爱卫办开展全市居民家庭蚂蚁侵害调查，通过12320、爱卫会网站及入户调查等方式，共发放问卷20000余份。承担中央首长工作区和生活区的病媒生物控制，完成《北戴河地区暑期病媒生物综合防制方案》和现场监测工作。

慢性病预防控制 在全市开展慢病及其危险因素监测，覆盖16个区县42个街道或乡镇，对20322名18~79岁的常住居民进行问卷调查、体格检查和血生化检测，完成市级督导66人次。规范化管理高血压及高危人群5991人；在16个区县的27个社区开展超重肥胖干预，管理1965人；糖尿病及高危人群管理5293人，其中糖尿病3727人、高危人群1566人。优化和完善北京市健康管理与慢病综合管理系统，15个区县30个社区共管理8262人，其中一般人群2131人（占25.8%），高危人群1987人（占24.0%），慢病患者4144人（占50.2%），完成慢病高危人群和患者膳食与身体活动指导，基本管理率100%。全市有高血压患者自我管理小组近30个，高血压患者近500人，覆盖13个区县的31个社区。在16个区县75个筛查点开展社区脑卒中筛查与防控项目，完成40866人的问卷调查、体格检查，对36291人进行颈动脉彩超检查，发现脑卒中高危人群32133人，颈动脉狭窄3423人。对2010年启动全民健康生活方式行动的6个区进行各类示范创建的验收，共验收47家，合格42家。在海淀区和大兴区完成“农民工健康关爱工程”，编写科普读物《农民工健康关爱工程——天贵的健康生活》，印制下发；为47601名农民工测量血压，举办健康讲座153次。对朝阳区创建市级慢病综合防控示范区验收，并指导其成功创建国家级慢病综合防控示范区。组织社区慢性病及其高危人群慢性病规范管理师资培训班，参训近500人。对1000余名社区居民与职业人群进行高血压患者依从性调查。完成城区6000户家庭成员吸烟状况调查和中国履行世界卫生组织《烟草控制框架公约》监测试点800名吸烟者、200名非吸烟者的调查，为5个区的50个人采集生物样本。参与国家疾控中心全国伤害监测项目，完成10017人次的医院伤害病例信息的收集。在东城区和通州区进行中国成人慢性病及危险因素监测，共完成1135人的随访调查。完成中国老年健康影响因素跟踪调查（CLHLS），调查231人，其中65岁及以上存活老人160人、死亡老人71人；失访70人，失访率23.3%。

营养与食品卫生 完成常规食品理化检验25768件项、食品微生物检验10424件项，出具《北京市食品、食品用产品卫生检测评价报告》716份。完成359件保健食品的功效成分、违禁药物和铅、砷、汞检验，完成餐饮服务食品安全抽检616件，完成307件保健食品的复核检验，完成保健食品申报卫生学、稳定性检测11个，完成卫生部卫生监督局食品中邻苯二甲酸酯类物质应急监测12类食品120件、市卫生局火锅底料中罗丹明B清查专项检测19件，完成14件可疑食源性疾患样品的检验。

承担国家食品安全风险监测。以市疾控中心和16个区县疾控中心为监测体系开展食源性致病菌监测，监测样品2314件，其中速冻熟制米面制品187件、即食非发酵豆制品181件、生食动物性水产品289件、熟肉制品259件、蛋制品182件、婴儿配方粉184件、糕点及饼干274件、餐饮单位米面制品（米粉、凉皮、米线）188件、盒饭77件、沙拉86件、中式凉拌菜225件、鲜榨果蔬汁182件，监测指标为8种食源性致病菌、大肠菌群、菌落总数、霉菌和6种致病菌定量监测。共检出各种致病菌77株，对31株金黄色葡萄球菌进行药敏试验，对18株副溶血性弧菌进行PFGE分子分型和溯源分析。市疾控中心与11个区县疾控中心为监测体系开展化学污染物及有害因素监测，包括蔬菜、粮食、乳及乳制品、蛋类、酒类、菌藻类、茶叶等初级农产品和加工食品13类269种4175件，监测指标为元素（铅、镉、汞、铝、无机砷、铬、稀土元素）、真菌毒素、农药残留、食品添加剂、食品生产过程中产生的有害物质（生物胺、丙烯酰胺、氨基甲酸乙酯、氯丙醇）、二氨基甲苯、蒸发残渣、邻苯二甲酸酯类、非法添加物（硫氰酸钠、L-羟脯氨酸、三聚氰胺、工业染料、富马酸二甲酯、兽药）等130项，获得46767个监测数据。在6个区县12家试点医院开展疑似食源性异常病例/异常健康事件监测，无异常病例/异常健康事件报告。在16个区县疾控中心开展食源性疾病（包括食物中毒）报告，报告食物中毒36起，发病500人，无死亡病例。

环境卫生 监测市政自来水厂13个39户次，

检测72件，出厂水合格率100%。健康相关产品中涉水产品行政许可检测113个产品，合格107个，合格率94.69%。其中水质处理器17个，合格率88.24%；电水壶和饮水机5个，合格率100%；输配水设备57个，合格率92.98%；饮用水消毒设备10个，合格率80%；化学水质处理剂18个，合格率100%。水箱维护单位水质卫生监测21户，合格率94%。

完成监督抽检，其中游泳场所、洗浴场所52户，监测游泳池水和浴池水共169件，合格117件，合格率69.23%；监测30户洗浴场所、理发美容场所公共用品用具的消毒效果样品300件，合格278件，合格率92.67%；监测237户公共场所集中空调通风系统积尘样品2133件、积尘中细菌和真菌各120件、军团菌168件；完成轨道交通工程“五条新城线”中地下站台（厅）22个车站空气质量监测，监测指标10项，监测数据813个；完成11户公共场所新建项目的卫生学评价。

放射卫生 3月11日，日本发生9级大地震，导致福岛核电站放射性物质泄漏。3月12日，将大气中放射性核素监测报告周期由24小时缩短为12小时；成立核泄漏防控小组，筹建放射性污染检测站，并在保留原有2套大气中放射性核素监测系统的基础上，新增一套检测手段，使报告的最短周期达到每2小时一次。开展大气、土壤、地表水、雨水、蔬菜、牛奶、海产品、生物样品的采样与监测，共检测各类样品1700余个，检测日本归国人员放射性表面沾染约100人、物品150余件。

其他日常工作。各类放射设备、设施、场所检测1300余台（个）次，样品检测217件；建设项目职业病危害放射防护评价报告202份；对4.7万人次的放射工作人员进行个人剂量监测，对300人次进行大剂量核查；配合卫生部监督局、市卫生局资质办，完成医疗质量万里行专项督查和乙级、丙级职业卫生（放射防护）技术服务机构年度监督检查；全球大气放射性核素监测台站、惰性气体监测台站正常运行，按合同向CTBTO提供检测数据；完成3项国家标准的研制，在全市16个区县开展放射性本底监测。

健康教育 完成首批251名健康科普专家的遴选及2次健康传播技术的培训；编印《北京人健康指引》；完成100台北京健康教育信息平台的建设；完成《健康大百科》一套10本科普丛书的编辑出版；围绕预防手足口病、麻疹强化免疫、流感疫苗接种、防控冬季呼吸道传染病、防控乙肝、外来打工子弟学生健康教育等，完成各类传播活动28项。与《北京晚报》、《法制晚报》、北京电视台、北京人民广播电台等合作近百次，开展各类现场咨询活动8000余场，覆盖人群超过89万人。《健康》与《健康少年画报》全年各出版12期；市疾控中心主任博客全年发表文章28篇，点击率突破118万。

完成卫生部无烟医疗卫生系统创建的交叉督导，北京市总分98.9分。全市新创健康促进示范村125个，完成健康大课堂讲座7679场363927人次，并开展第五届北京市健康大课堂优秀教师选评活动。全市新创健康促进学校275所，并通过对299所学校中的教师、学生、环境进行调查评价健康促进学校10年的工作效果。对69家医疗卫生单位的5568名医务人员的吸烟状况进行调查，建立了医疗卫生系统控烟监测体系。在全市39家机关及企事业单位中开展U能健康教育活动：制作U能健康教育课件10个；专家现场讲座37场，受众3500余人次；播放讲座259场次，受众约24500人次，并对传播效果进行了评估。对6个区县17家医院的感染科和104家医院的肠道门诊开展综合性医院中传染病相关信息健康传播方式现况调查。在15家集体食堂进行健康食堂创建的试点工作。

完成健康教育示范基地的评审；完成“科学抗衰老，长寿不是梦”高层学术论坛活动；完成4个市级继续教育培训班，培训900余人次。

学校卫生 年初，组织专家重新论证、修订“十二五”学校卫生防病规划。7月5日，市卫生局、市教委下发《北京市中小学校卫生防病工作规划（2011～2015年）》，并在8月组织宣传和培训。在全市开展学校卫生视导工作，涵盖学生常见病防治、教学环境卫生、食品卫生、传染病防控等，覆盖率100%。对全市110余万名中小学生进行免费体质健康监测，并使用北京市学生健康信息管理系统建立了健康档案；采取多种形式进行学生健康体检的质量控制，保证监测数据的准确性；编写出版《北京市学生健康状况与学校卫生工作年度报告（2009～2010学年度）》。对全市1166所中小学校的2035间教室开展教学环境卫生监测，编制《中小学校教室照明安装卫生技术规范》，确定2.6万间教室的标准化改造范围，为市教委改造教室照明提供技术支持。对全市160所学校20000名中小学生和3000余名中小学教师开展学校人群烟草监测。完成全国学生体质健康调研数据表格设计和调研报告初稿的撰写，参与单位撰写论文35篇。在8个区县16所学校3200名学生中开展“我的爱眼日记”试点活动评估；联合市防盲办、北京同仁医院，在海淀区和丰台区7所小学千余名学生中开展眼保健操效用评估；根据2009～2010、2010～2011学年度全市中小学生视力不良检出情况，制订视力不良警示工作方案和警示级别标准。在西城区、海淀区启动为期3年的市科委课题“儿童肥胖早期干预方案和应用研究”。修改“中小学校传染病早期预警监测系统”，准备启动推广工作。

职业卫生 有190家企业委托进行职业病危害因素监测与评价，其中140家为日常职业病危害因素检测与评价、50家为建设项目卫生评价。有615家企业委托进行职业健康检查与评价，共检查23426人次，其中做心电图27194人次，血、尿常规、生化等检查24746人次，肺功能检查10440人次，胸片15668人次，尿锰321人次，尿铅277人次，尿汞90人次，尿砷611人次，尿氟612人次，听力9941人次，B超15490人次。1200人次进行职业病门诊和复查，复查项目涉及血常规、尿常规、肝功、血压、听力等，其中33例进行职业病诊断。实验室通过了国家和市卫生局职业卫生资质办公室组织的四氢呋喃、甲基异丁基甲酮、血镉、粉尘中游离二氧化硅盲样考核。在全国常规化学检验室间质量评价、全国医院检验科、血站全血细胞计数检验室间质量评价、全国感染性疾病血清标志物系列A检验室间质量评价及全国尿液化学分析检验室间质量评价中成绩均合格。

年内，13个区县完成铅、汞、镉、铬、砷为重点的重金属污染监测。同时，完成在房山区等8个区县开展的以石棉尘、锰和有机溶剂（苯系物、正己烷、三氯乙烯等）中毒等为重点的职业病哨点监测。

全年举办4个市级Ⅰ类继续医学教育项目以及全市重金属污染监测与重点职业病哨点监测工作技术专题培训，800余人参加。接收北京大学公共卫生学院预防医学专业学生带教实习、杭州市疾控中心、首都医科大学预防医学专业40余名学生的现场实习，完成市卫生局组织的公共卫生医师规范化培训基地的评审等。

实验室管理 通过了国家认监委、国家食品药品监督管理局、国家安全生产监督管理总局等组织的食品检验机构资质认定和实验室认可暨国家级资质认定监督评审、职业卫生技术服务机构审核等，通过认证和认可的检测能力达49类1258项。全年出具检测报告1万余份。

科研与教学 新增各类科研课题29项，经费1287.28万元。利用市科委获批的“2011年公益院所改革与发展工作”专项经费100万元，首次设立“北京市预防医学研究中心改革与发展”中心级课题10项。由邵兵主持并整合多个业务科所资源的“食物中毒诊断溯源技术北京市重点实验室”申报并获批准。由邓瑛主持申报的“北京市食源性疾病溯源、预警及应急处置技术研究”获批经费50万元。

全年发表论文212篇，其中SCI收录11篇，影响因子共计59.6分。

免疫预防所吴疆主持的“应对流感大流行的疫苗评价与应用”及环境卫生所魏建荣主持的“北京农村饮水现状、安全风险、对策及可视化地理信息平台的研究”获北京市科学技术奖三等奖。吴疆主持的“应对流感大流行的疫苗评价与应用”、传染病与地方病控制所王全意主持的“北京市传染病预警技术的研究及应用”、魏建荣主持的“我国城市饮用水中氯化消毒副产物分布及其健康风险”、应急办曹若湘主持的“北京市儿童伤害流行病学调查和干预模式研究”申报中华预防医学会科学技术奖，获二等奖1项、三等奖3项。申报国家专利局实用新型专利，获专利2项。

全年完成各级继续教育项目60项，培训9888人次。其中国家级7项、市级35项，完成率100%。中心在岗专业技术人员继续教育学分达标率99.5%。

申报北京市公共卫生医师规范化培训基地，传染病预防控制、慢性病防治、营养与食品卫生、环境卫生、学校卫生、职业卫生与放射卫生、健康教育共7个专业培训基地均获批准。接收8人进入4个专业规范化基地进行培训。

完成首都医科大学公共卫生与家庭医学院教学，其中2006级9名本科生毕业设计实习带教和39名本科生毕业论文答辩，2007级、2008级本科生预防医学专业理论课教学和现场实习，以及18名在读研究生、6名硕士研究生的管理。

国际交流与合作 出访21批37人次。接待国外访问团5批70人次，包括接待黑山共和国卫生部部长一行10人的参观访问、泰国监测和快速反应队伍代表团一行33人的参观考察等。

基本建设 年内，拆除SARS库；对北院原有绿化方案进行调整，并完成前期绿化工程施工。

（撰稿：王　瑜　审核：邓　瑛）

领导名单

党委书记　马　彦
副 书 记　邓　瑛　姜东兰
主　　任　邓　瑛
副 主 任　马　彦　贺　雄　庞星火　曾晓芃

北京急救中心
北京紧急医疗救援中心

（西城区前门西大街 103 号）
邮编：100031　电话：66098114
网址：www.beijing120.com

基本情况　职工（含派遣制人员）738 人，其中卫生技术人员 397 人，包括正高级职称 6 人、副高级职称 14 人、中级职称 120 人、初级师 163 人、初级士及以下人员 94 人；其他人员 341 人。

医疗设备总价值 6340.95 万元。年内，购置医疗设备总值 3.3 万元。

获奖情况。年内，获北京铁人三项世界锦标赛突出贡献奖、首届环北京职业公路自行车赛突出贡献奖、北京青年健康使者火炬行动组织贡献奖，被评为北京市服务信访群众维护信访秩序先进集体、北京市卫生行业信息安全工作先进单位、人口和计划生育工作先进集体、市卫生局财务决算工作一等奖和日常报表工作先进单位。

改革与管理　年内，实施 120（北京急救中心）和 999（北京市红十字会紧急救援中心）指挥调度平台资源优化共享。以原有的北京市 120 指挥调度平台为依托，通过系统升级 7 次、程序刷新 30 余次和 5 种地图的底图填充，完成北京市 120/999 院前医疗急救联合指挥调度平台建设。同时，配套完成北京市突发公共事件应急指挥部建设工程，完善调度日常派车和突发事件紧急医疗救援指挥系统，增加地图现场地址定位时固定半径圆自动显示功能。与 110（北京市公安局勤务指挥部）、122（北京市公安交通管理局调度指挥中心）、119（北京市消防局调度指挥中心）协作建立 4 台资源共享与应急协调联动机制，通过信息共享、紧急联动、优先保障、联合演练等手段提升北京市医疗应急反应和处置能力。

开展“三好一满意”活动，提高医疗质量，保障医疗安全，120 急救呼叫电话 10 秒接听率 99.69%、2 分钟出车率 98.26%、日值班车数达标率 99%、绿色通道建立率 90.9%。加强急救车辆管理，完成 84 部奔驰威霆救护车医疗舱空调改造，完成 149 部急救车辆全面保养。全年组织专职急救车驾驶员理论考核和安全培训 161 人次。首次举办北京市 120 急救网络驾驶员技能大赛，选拔优秀选手组队参加第 2 届全国急救驾驶员岗位技能大赛，获最佳组织奖和团体三等奖。加强医药辅助性工作，推行固定资产计算机条码管理，完善医疗设备常规核查机制，全年检定医疗设备 1703 台次，设备检定率 100%，设备合格率 98%。

患者满意度调查。针对 120 电话受理和急救车出车速度、医疗救治、收费等进行患者满意度回访，全年拨打回访电话 22235 个，患者满意率 99.51%。

医疗工作　年内，新建直属急救站 2 个，直属急救站总数 31 个。120 电话呼入总量 1953041 个，较上年减少 6.36%；120 受理呼救电话 362179 个，较上年增长 6.54%；出车 300466 次，较上年增加 4.45%；日均出车 823 次。全年直属站急救车总行驶里程 2408779 千米，出车 108013 车次，占 120 系统急救车出车总量的 35.95%，共转运危重症患者 9033 人次，院前平均救治率 34.23%，较上年提高 7.35%。执行大型活动保障任务 241 次，动用 2151 人次、731 车次；执行长途转运任务 436 趟次，累计行驶 683215 千米。

灾害救援。开展重大事件救援案例处置点评，加强紧急医疗救援预警机制管理，强化紧急救援决策指挥能力和指挥联动机制。全年参与处置各类突发事件、重大公共事件 504 件次，救治和转运伤病员 2466 人次。

应急演练。主办京津冀三地特大交通事故联合紧急医疗救援大型拉动演练，参与市委“军事日”训练课目观摩活动、北京陆军预备役高射炮兵师预备役演习等应急演练 24 次，动用 423 人次、131 车次。

医疗保障。承担北京市铁人三项世锦赛、国际网球挑战赛、北京国际马拉松赛、首届环北京职业公路自行车赛等国际体育赛事医疗保障任务，出动急救车731车次，派出医疗保障人员2151人次，救治伤员1020人次。完成建党90周年系列庆祝活动、人民大会堂春节联欢晚会、国庆节升旗仪式等的医疗保障任务，全年备班急救车189车次、备勤人员522人次。全年医疗巡诊逾10万人次，救治100余人次。

病案管理。首次开展120网络院前急救病历书写评比，全年检查病历4250份，甲级率99.9%；检查急诊处方7671张，处方合格率99.3%；检查急诊专用处方287张，合格率100%；检查死亡医疗证明书3288张，其中项目完整率98.8%、项目合格率98.1%、诊断合格率99.5%；检查死亡证与病历的符合性600张，死亡证中致死疾病诊断与病历诊断符合性97.7%，致死疾病与病历记录符合性94.2%。

医院感染管理。完成急救站医务人员防护隔离检查60次，开展医院感染知识、传染病相关知识培训420人次。

医疗纠纷处理。年内，发生医疗纠纷案件6例，其中调解成功2例、法院审结案件1例、法院在审案件3例。一线人员全部参加医疗责任保险，其中调度员57人、护士78人、医生126人。

护理工作 完善各项护理规章制度，修订工作标准3项。修订电子版《护士长手册》。每月进行全院护理工作量统计、仪器使用统计，全年开展综合检查、分项检查及操作考核57次。开展争创中心巾帼文明岗、巾帼文明标兵活动，评选出护理巾帼文明标兵9名。

年内，护师及以上人员书写护理论文100篇，选送5篇参加西城区医学会护理组优秀论文评选，在正式期刊发表论文6篇。成功申报20学分的区级继续教育项目，完成区级项目的授课。接收进修护士7人次。加强无执业证书护理人员的管理，每月进行理论考试及操作考核，全年考核60人次。完成中心护理人员传染病培训证书的登记审核。全年组织护理管理、急诊高峰论坛、120急救网络岗前培训班、120急救网络骨干等专项培训120人次；组织护士长岗位工作能力的培训及考核，急救仪器操作考核48人次，“三基三严”理论考试99人。

科研工作 申报首都卫生发展科研专项基金8项。获批北京市卫生系统高层次人才培养计划项目1项，经费21万元。结题验收首都医学发展基金课题2项：张永利的“医疗救护员在北京市院前急救中的使用和配置研究”，李斗的“院外室颤性心脏骤停复苏中低能量与高能量双相波除颤的比较研究”。结题验收青年基金2项：张进军的“院前急救医疗质量的研究”，舒艳的“救护车消毒的研究”。自主研发便携式折叠担架。在统计源期刊发表学术论文18篇，其中SCI收录1篇、中华系列杂志发表1篇。

医学教育 完成北京市继续教育学会2010年度继续教育学分检查。全年参加继续教育199人，参与率100%，达标率100%。申报国家级继续教育项目1项、北京市继续教育项目5项。与北京大学医学部协作建设教学基地，并通过医学部专家组的评估，得到市卫生局《关于同意北京急救中心与北京大学医学部协作建设教学基地的批复》。

接收全科医师实习88人，为全科医师授课4次。3人接受专科基地培训、20人到院外进修学习。赴外地参加各类学术会议16人次，参加本市学术会和学习班140人次。

急救网络管理 统一120院前急救网络急救服务规范和执业标准，编印《北京市院前医疗急救工作相关标准及规范》《北京120/999院前医疗急救联合指挥调度平台调度人员执业服务手册》等。加强120急救网络例会制度，对急救网络运行情况进行点评，及时部署、总结突发任务。坚持下站走访和定期检查制度，有效处理网络运行中的问题。协助加强120院前急救网络成员单位的软硬件建设，为区县分中心调度受理平台进行系统升级和设备巡检，向丰台区、昌平区等分中心借调急救车辆4部。全市120急救网络运行急救站点达到132个，其中城区68个、郊区64个，全年网络急救站出车192453车次。

急救培训 急救导师师资培训。完善导师学习管理系统，完成急救导师梯队库建设和2010版《国际心肺复苏指南》的更新与注册。有急救导师50人，其中国际创伤生命支持技术（ITLS）课程主任导师4人、高级ITLS课程导师15人。参与《指南》的全球更新与推广，举办与督导6期全国培训，为中国医院协会急诊急救中心（站）培养国际资质急救导师450人。

专业急救培训。开展培训课程设置和授课方式的研究，制订急救课程32种，全年组织急救专业人员急救培训29期，参训1690人次。

社会公众普及。推行假日市民课堂、家庭护理公益活动、科普旅游季、科普工作者急救培训和双百活动联盟等社会培训项目，全年开展急救普及培训105期16124人次，发放急救科普宣传材料3万份。设立每月12日为北京急救开放日，对市民免费开放北京急救科技馆，全年免费接待参观体验者

1248人次，被市科委评为北京市急救科普培训基地和北京市急救科普教育基地。出版科普书籍《现场急救课程》和论文集《急救医苑》。

信息化建设 与北京协和医院、北京友谊医院配合，试点"绿色通道"信息化建设，利用网络告知系统将危重症患者基本信息传输到接收医院，全年为8948名危重患者建立"绿色通道"。

对内部计算机及应用软件使用情况进行统计，通过需求分析，完成急救局域网硬件网络工程方案设计和基础调研、商业智能（BI）和数据挖掘系统的基础调研与办公自动化（OA）系统前期调研。

2月25日，北京急救中心官方微博"我在120上班"在新浪网开通，内容涉及急救工作动态发布、急救人员工作心得、日常健康知识以及生活提示等。官方微博"粉丝"数量超过72万，全年向市卫生局、北京卫生信息网、中国急救网、急救中心网站、电视报纸等报送信息400余条。

对外交流 接待德国、奥地利、美国等来访15批次51人次。出访香港参加圣约翰救护机构与内地交流协作10周年回顾与前瞻研讨会和院前急救质量控制与管理问题研讨会、赴加拿大Ornge航空急救医学培训基地考察直升机空中救援项目、赴美国参加国际创伤联合会技术更新大会共4批次8人次。

（撰稿：王　鑫　审核：王　韧）

领导名单

党委书记 李　巍
副 书 记 王克英
副 主 任 朱亚斌　杨建国　范　达　刘红梅

北京市红十字会紧急救援中心

（朝阳区德外清河东路）
邮编：100192　电话：62939999
网址：www.beijing999.com.cn

基本情况 有急救站点119个，各类急救车203辆。有职工723人。

机构设置 6月，撤销计算机室；11月，成立结算中心。

改革与管理 人事管理实现对外公开招聘制度，竞聘上岗，全员实施聘用合同制管理。凡构成劳动关系即办理社会保险缴纳手续，职工缴纳社会保险率100%。

医疗工作 增设急救站9个。全年电话呼入352万次，出车25.5万次，抢救危重症患者26万人次。日均出车700余次，单日最高出车815次。与120建立北京市120/999院前医疗急救联合指挥调度平台，实现指挥调度上的"双网联动、信息互通"。回访率100%，有效回访率38%，回访满意率96.78%。

全年医疗保障任务2500余次。固定翼空中急救转运业务43次。参加大型急救救援演练6次，并启动北京市首次直升机低空联合医疗急救演练。7月28日，"海疆召唤2011"跨区海上医疗救护演练，中心通过海事卫星为演练提供远程会诊。

科研工作 完成上年度在市科委立项的第2代3G智能医疗急救手机研发及应用项目的第1阶段，即3G智能手机终端的设计和定制，客户端应用系统及相关软件的开发。2名医生参加全国神经创伤专题研讨会，撰写论文《重度颅脑损伤的院前急救与体会》《颅脑损伤的院前急救与转运护理》。

培训工作 开展急救理论知识讲座15次，包括医疗文献书写、急救四大技术、妇科急症处理、儿科急症处理、鼻出血处理、急性喉头水肿处理、基础心电图、医疗设备的使用等。18名医生参加北京市红十字会应急救护工作指导中心组织的美国AHA急救技术和管理模式的培训与考核。继续医学教育覆盖率100%，学分达标率100%。对指挥中心中层干部进行如何提高管理与风险应对课程的培训、调度员英语培训系列讲座、语言沟通与技巧知识讲座。

信息化建设 对指挥中心智能化数字指挥调度平台系统进行10余项功能升级，并设计、实施北京市120/999院前医疗急救联合指挥调度平台，于7月15日正式在本单位和北京急救中心的指挥调度系统上投入使用。完成物品耗材电子管理系统、药品监测电子管理系统和医护考试自动组卷系统的建设。

对外交流 派1人赴芬兰参加紧急救援队（ERU）培训，1人赴德国全德汽车俱乐部（ADAC）公司所属空中救援公司考察空中救援业务。接待外宾来访29次300余人，其中红十字国际团体访问6次。

后勤与基建 10月，完成急救专用直升机停机坪及配套救援通道的建设。11月，组织消防模拟演练。建立双泉社区警务工作站并投入使用。

社会公益工作 1月，本中心领导干部看望农民工子弟学校学生，并捐赠2万元帮助其维护校舍、购置教具。9月，在10个区县的几十所中小学校开展“防灾减灾从我做起——999校园安全行”活动，包括应急演练、急救知识教育和培训、安装应急装备。11月，在香山公园开展“999景区安全行”活动。

（撰稿：陈　波　王　颖　审核：张进存　李立兵）

领导名单

党支部书记　刘秀华
主　　任　张进存
副 主 任　郑援朝　陈　波
中心院长　李立兵
副 院 长　霍明立　田振彪　安　英　崔京美

北京市红十字血液中心

（海淀区北三环中路37号）
邮编：100088　电话：62019573
网址：www. brcbc. org

基本情况 职工585人（含派遣制职工105人、退休返聘13人），其中卫生技术人员349人，包括正高级职称16人、副高级职称22人、中级职称85人、初级及以下职称226人；其他专业技术人员74人；行政、工勤人员162人。

固定资产总值22362.89万元。本年度新购资产总值2905.05万元。

获奖情况。年内，中心被中华全国总工会授予五一劳动奖状，被市卫生局党委评为先进党委，中心纪委被北京市纪律检查委员会、北京市人力资源和社会保障局、北京市监察局评为先进纪检监察组织，被中国输血协会评为第五届理事会先进会员单位，与密云中心血站对口支援项目被评为北京市青年健康使者火炬行动优秀志愿服务项目，献血服务一科党支部被市卫生局党委评为先进党支部，血源管理科被中国企业文化研究会医药卫生委员会评为全国卫生系统最有特色医院科室文化建设奖，首都无偿献血志愿者队伍被授予北京市专业志愿者队伍称号。中心主任刘江当选中国输血协会第五届理事会先进协会工作者；献血服务一科岳红在市卫生系统“医者仁心，援爱无疆”演讲比赛中获一等奖，并参加市委“北京精神”百姓演讲团。

机构设置 增设运输科。

改革与管理 年内，制订《绩效工资分配方案》和配套制度，并完成绩效工资改革。制订了《奖励性绩效工资科室二次分配指导原则》《职工休假、公派学习、借调期间绩效工资发放办法》《血液价格管理办法》《财务报销流程》《内审工作流程》《固定资产管理制度》等多项制度。

全年召开血液质量例会10次。参加世界卫生组织西太区合作实验室、卫生部临床检验中心和美国临床病理学会的室间质评，成绩合格，各检测项目评价结果通过率100%。完成年度质量体系内审和管理评审，通过了市采供血质量控制和改进中心、市区两级卫生监督部门的督导检查。自愿无偿献血率、合格血液发放率、仪器设备完好率、采供血环节抽检合格率、采供血报废率、乳糜血率、职业暴露登记报告率等16项均达标。献血者满意率99.5%，献血者回访告知率100%。送血率85%，临床供血服务满意率93.4%。

实施血费返还首接负责制，发送献血服务短信352万条，接听献血咨询电话4万个，短信招募献血成功率3%。开展第三届温暖冬季、红色盛夏大型献血者关爱活动，关爱献血者8000余人。组织献血者赴国家大剧院欣赏周末音乐会，参与《脚斗士》《职来职往》《小崔说事》《身边》《墙来了》等热点综艺娱乐节目录制，参与关爱人数占活动期间全部献血者的5%。献血服务二科加强与献血者的互动与沟通，保护献血热情。充分发挥献血服务热线、首都献血网、远程视频监控指挥中心三大技术平台的服务作用，提高为献血者服务的质量和水平，尝试固定献血者队伍的建立。新建圆明园公园、军事博物馆、金源时代购物中心、天通苑龙德广场、天通苑华联商厦、昌平科技中心、新华百货7个采血点，恢复了石景山游乐园、昌平阳光商厦2个采血点。

年内，与119家临床供血医院签署《临床供血服务协议》，制订了《北京市医疗机构临床用血申请流程》。举办血液管理与无输血技术培训班，促进临床科学合理用血。召开供血沟通座谈会5次，研讨临床急救用血的保障方法和策略。成功保障临床单次用血1000毫升以上的急诊抢救患者1.3万人。为临床提供24小时洗涤红细胞血型化验和血小板配型服务，随时接受患者及临床医院的业务咨询和技术指导。

全年在中央电视台及北京电视台播出公益广告500余次，在首都各大媒体播发无偿献血报道280余篇，接待记者177人次。制作发放献血宣传折页2万余张。邀请市民体验采供血工作。首次与专业机构合作开展世界献血者日“感谢有你”主题系列活动。参加北京精神百姓宣讲团，提升首都市民无偿献血意识。11月15日起，在200辆公交车厢内开展为期3个月的无偿献血公益宣传。

年内，职工第6次向护士学校爱心超市捐助。职工1580人次参与无偿献血志愿服务6798小时，106名职工捐献全血114单位、机采血小板41单位。

采供血工作 年内采集全血436719单位，其中RH阴性血2381.65单位，比上年下降6.89%；机采血小板42014单位，比上年下降0.31%；浓缩血小板27824单位，比上年下降1.40%；机采血浆6872单位，比上年增长22.54%。全年供应临床红细胞434241单位，其中全血500单位，比上年增长61.29%；悬浮红细胞253447单位，比上年下降4.36%；洗涤红细胞11127单位，比上年下降13.33%；去白红细胞169167单位，比上年下降5.82%。血小板73265单位，其中机采血小板48851单位，比上年下降6.41%；浓缩血小板24414单位，比上年下降0.71%。白细胞404单位，比上年下降10.02%。血浆450119单位，比上年下降1.04%。辐照血42623单位，比上年增长4.79%。

HLA室全年提取骨髓造血干细胞供者DNA样品6941份，完成分型7456份，累计库存12万份，提供临床移植135例。

招募献血者 连续5年实现自愿无偿献血率100%。开展爱心接力——预约献血活动、成分献血好事成双等特色招募活动，确保血液来源。利用首都献血服务热线、首都献血服务网、官方微博加大招募力度，通过首都献血服务网发送献血招募短信375528条、献血预约短信2257条，稀有血型爱心之家通过首都献血服务热线招募新成员155人，登记注册成员1077人，比上年增长19.93%。举办爱心之家成立10周年庆典活动，新招募84人，成员平均流失率1.3%。

组织高校负责无偿献血招募工作的老师、学生开展无偿献血招募工作经验交流会2次；表彰高校无偿献血工作，表彰覆盖60余所高校。深入企事业单位、高校、社会团体宣讲20余次，累计受众3000余人次。

信息化建设 4月1日，首都献血服务远程视频指挥中心试运行，实现通过GPS定位对血液中心全部采、送血车的全程跟踪；通过摄像系统对全部献血车内外情况同步传送；通过资深医生对献血者健康征询及疾病鉴别的咨询指导以及对献血过程中的献血反应，特别是较严重的献血反应的远程医疗指导等核心功能。开通血液中心微博，拥有5131名“粉丝”，发布微博331条。制订《中心业务系统使用3G无线网络管理规定》和《首都献血服务网管理与运营管理规定》。建立桌面管理系统、密码管理、IP申请审批与分配管理、文件发布管理以及信息系统风险管理。

对外交流与合作 6月2日，与新加坡卫生科学局血液服务司、中国香港红十字会输血服务中心完成友好合作备忘录的签订，约定血液中心与新加坡、中国香港2家血站可互派业务骨干到对方机构学习、交流血站业务工作流程、相关制度和服务理念，促进双方血液安全和有效供给。全年因公出国（境）8批26人次，其中1人赴新加坡参加国家血液安全项目研讨会，1人赴瑞士出席世界卫生组织血液国家项目研讨会，派出6批24名业务骨干赴中国香港红十字会输血服务中心交流学习。

科教工作 全年组织全国及全市血液相关知识培训45场次282学时，4252人次参加。选派技术骨干178人次到全国各地学习，培训覆盖率和医学继续教育考核达标率均100%。在研课题26项。新申报科研项目17项，其中获批市自然科学基金项目1项、卫生部公益行业专项1项。在核心期刊发表论文21篇。接收进修21人。贾延军、刘长利获“十百千”卫生人才培养专项资助，孟雅娟承担的“RFID 技术在血液系统应用的研究”获市优秀人才项目资助。HLA 室“发现新等位基因”获北京市科学技术奖三等奖。与北京大学医学部共建教学基地，承担北京大学医学部、首都医科大学输血和检验课程的教学工作，主编《输血管理》和《输血检验技术》2 部教材。

（撰稿：濮亚平　审核：刘　江）

领导名单

党委书记　张建利
副 书 记　刘　江　田喜慧
主　　任　刘　江
副 主 任　张建利　高东英　高　岩　王鸿捷

北京市体检中心

（丰台区南三环西路 3 号）
邮编：100077　电话：87298452
网址：www. bjtjzx. com

基本情况　职工 211 人（在编 29 人、合同制 182 人），其中卫生技术人员 172 人，包括正高级职称 9 人、副高级职称 42 人、中级职称 67 人、初级师 22 人、初级士 32 人。

医疗设备总价值 3924 万元。本年度购置医疗设备总值 250 万元，其中 10 万元以上及 100 万元以上设备各 1 台。

机构设置　成立科研规划科。

改革与管理　结合“创先争优”，制订“三好一满意”活动实施方案，分别开展了服务礼仪培训、“微笑服务季”、“创新服务理念，打造服务品牌”有奖征文等系列活动。

年内，成立健康体检质控小组，B 超、放射等专业学组，出台《体检科室操作手册》，开展护士节竞技竞赛活动，并评选优秀护士。召开大客户联谊会 1 次，开展“金秋三重礼”等健康体检宣传促进活动，全面促进健康体检的服务水平。

专项体检　全年完成高招体检 74918 人、中招体检 96631 人、征兵体检 9099 人，承担本市社会感染非典后遗症人员体检、全市征集士官体检、冬季征集女兵体检，国家知识产权局、国资委等国家机关录用公务员体检，以及西城区部分学校高招体检等 1.5 万余人的专项体检工作。

健康体检　完成健康体检 81822 人次，经检出并随访确认的恶性肿瘤 89 例。

科研工作　申报市卫生局科研项目 3 项。

信息化建设　完成北京市体检信息平台的终验。利用信息化手段完善本市体检管理体系，将各类体检信息进行整合，并有效应用到体检事业管理中，应用到市民健康服务中。开展北京市体检信息平台二期的研讨。

体检质量控制和改进　中心再次连任北京市体检质量控制和改进中心。年内，成立体检质控专家委员会，出台《北京市卫生局关于统一北京市中等高等学校招生体检项目的通知》《北京市卫生局关于规范机动车驾驶员体检工作的通知》《北京市卫生局关于加强体检信息平台应用和管理工作的通知》《北京市卫生局关于做好 2011 年冬季征兵体检工作的通知》等体检类管理文件 11 份。制订了《北京市医疗机构健康体检质量管理与控制指标（试行）》。

受市中医局委托，对北京中医医院等 10 家申请承担驾驶员体检的医疗机构进行现场验收，其中验收合格（包括整改后合格）6 家，不合格 4 家。

受市卫生局委托，市体检质控中心与北京健康管理协会对 17 家申请开展健康体检的医疗机构进行现场审核，通过审核 12 家，不合格 5 家。

8 月 10～18 日，市体检质控中心派 10 名专家委员参加市卫生监督所的检验组，对 10 家医院开展的健康体检工作进行了检查。

编撰《北京市 2010 年度体检统计资料报告》，汇总全市体检统计报表 1012 张，涉及体检 389 万人次，其中收集健康体检报表 710 张、专项体检报表 302 张。着重对行业情况进行了展示，统计数据填补了北京市健康体检行业现状资料的空白。

其他工作　赴大兴区农民工子弟学校——蒲公英

中学捐学助教送健康，为500多名学生免费体检；赴西红门医院为当地农民免费体检，并开展健康讲座和咨询服务；组织业务骨干携带仪器设备为天安门国旗护卫队送医送药送健康。

（撰稿：丁　然　审核：孙力光）

领导名单

党支部书记兼主任　孙力光

副　　主　　任　王书林　钱文红

北京市公共卫生信息中心
北京市医院管理研究所

（西城区北纬路59号）
邮编：100050　电话：63020041
网址：www.phic.org.cn

基本情况　职工39人，其中专业技术人员27人，包括高级职称7人、中级职称9人、初级职称11人；管理人员8人；工勤人员4人。

信息化建设　制订《区域PACS远程影像会诊与培训系统技术规范》和《远程病理会诊技术规范》，在北京协和医院和平谷区医院开展远程病理会诊，在宣武医院与顺义区医院实现远程影像会诊系统技术调通和试用演示。

进一步完善电子病历等卫生信息化相关标准，成立北京市卫生系统信息化工作领导小组专家委员会。印发《北京地区电子病历试点工作技术方案》；对9家电子病历试点医院进行中期评估；拟订《推进首都地区电子病历工作意见》，并报市政府；完成电子病历总体技术方案。制订区域卫生信息化试点工作任务书，完成市级区域卫生信息平台一期的项目方案以及相关系统建设方案。

推广北京市新社区卫生服务综合管理信息系统，为基层卫生信息化及电子健康档案提供支持。截至年底，在14个区县的221个社区卫生服务中心及636个社区卫生服务站部署实施。

编制完成卫生信息化“十二五”专项规划。为区县卫生信息化建设提供指导意见，起草《北京市区县卫生信息化建设指导意见》，组织专家论证，并征求16个区县卫生局的意见。

推进重点领域信息化项目建设。重新梳理北京市卫生信息化项目管理规范相关文件，编写《北京市卫生信息化项目管理办法补充规定》《2012年北京市卫生信息化升级改造项目申报指南》等。启动妇幼二期项目、医政平台项目、青海支援项目的建设；完成市卫生局OA系统上线和项目终验；完成人力资源系统项目终验；推广医联码系统，48家医院上传医联码基本信息，22家医院上传门急诊就诊信息；完成北京市基本药物集中采购系统立项。

落实信息整合共享，借助信息资源目录青年基金课题，开展信息资源的规划和梳理。加强与市经信委的沟通合作，推进本市医疗卫生机构基础网络建设。联合市公安局做好卫生行业信息安全管理工作，落实信息系统等级保护要求。

强化全过程管理，创新服务举措，探索绩效评估和项目监管。研究制订财政性资金投资的信息化项目监管和绩效考核评估管理办法及管理机制。

截至年底，北京卫生信息网发布各类信息5738条，北京中医药信息网发布各类信息1124条。在健康e站的基础上，开发制作严厉打击非法食品添加剂、北京市健康指引、2011年北京市流感疫苗接种等专题。开展优秀护士、首都十大健康卫士等网上评议活动。

通过法规的宣传贯彻、联合检查、行业培训等，提高全市卫生行业信息安全防护水平。7月，对11家医疗卫生机构进行抽查，保障了重要时期卫生行业信息系统的安全。

卫生统计工作　全年对外提供数据155份，涉及数据2.4亿条。完成全市6603家卫生医疗机构和3114家村卫生室资源配置、服务利用、效率和质量情况的调查，全市近20万名卫生人员的人力基本信息的维护，医用设备资源信息的实时维护，150余万份出院病人首页信息的调查。元旦、春节期间，向市卫生局、烟花办、应急办等单位共报出报表97张、报告61份。节日期间，向有关领导实时发出短信报告619条。

9月，配合卫生部医管司分别在北京等6个城市举办应用疾病诊断分组（DRGs）加强医院日常监管与评价培训班，对各省卫生厅主管部门、三级甲等医院院长、医务部、信息中心以及编码统计部门负责人进行第1轮培训。

配合市统计局，检查卫生统计年报、月报、财务统计、病案填报及存档等情况，并将检查结果向全市所有医疗机构公示。调集26家三级医院的60名统计、病案编目、医疗保险等工作人员组成专家检查团，对全市二级及以上医疗机构进行为期2个月的《北京市出院病人调查表》的专项督导检查。

科研与教学工作 与首都医科大学合作承担市科委的"北京市脑卒中医疗资源调查"，完成对全市所有二级及以上医疗机构的问卷调查和数据录入，以及数据的初步分析；完成首都医学发展基金绿色通道项目的申报；参与编写《健康北京"十二五"发展建设规划》，6月1日，经市委常委会审议通过。

继续培养统招研究生，2010级首都医科大学公共卫生与医学信息管理学系研究生进入到科研及临床训练工作的教育阶段，制订培养计划，安排业务培训，充分发挥科研教学基地的优势和作用。完成3人的2011年导师遴选以及2011级5名研究生的复试面试工作，最终录取研究生2名。

培训工作 全年组织信息资源规划技术培训班、PRINCE 2项目管理培训班、网站考核评议指标体系培训班、网络与信息安全培训班，共有299人次参加培训。

编辑工作 组织编纂了2011卷《北京卫生年鉴》，全年完成12期《医院管理信息》（月刊，内部发行）的编辑、发行工作，按月收集、整理《北京市卫生局工作信息月报》。参编《北京年鉴》（医药卫生部分）及《中国卫生年鉴》（北京卫生工作部分）。5月，召开北京市卫生系统第2轮地方志编修工作启动大会，正式启动了第2部《北京卫生志》的编纂工作。（撰稿：刘润国 审稿：刘 伟）

领导名单

党支部书记 刘 伟
副书记兼主任 谷 水
副 主 任 刘 伟 谢学勤

北京市卫生会计核算服务中心

（西城区红莲南里30号红莲大厦B座502室）
邮编：100055 电话：63291296
网址：www. wsjhszx. org. cn

基本情况 职工14人，其中高级职称1人、中级职称3人、初级职称10人。

改革与管理 开展"三进两促"工作，不断提升服务能力。针对市属医院开展的项目成本核算在区属基层单位进行交流座谈。组织全体业务人员参加16个区县妇幼公共卫生专项的业务督导。严格执行财政部门预算，履行政府采购程序。

财务管理 加强卫生财务管理信息系统建设。完成医院绩效考核和奖金分配系统18家直属医院应用实施项目，各医院签署医院端的结项书。完成医院医疗项目成本核算系统9家直属医院推广实施项目和11家医院项目成本核算日常管理咨询服务项目，12月15日，通过了专家组最终验收。持续推进直属医院预算软件管理应用工作，1月，完成20家医院的预算执行控制系统的上线部署和系统升级。做好35家区县医院成本核算系统及局端系统运行维护。完成《2010年度直属医院成本分析报告》和《2010年度成本数据公示报告》的撰写，并下发直属各有关医院。完成《2010年度区县中医院成本分析报告》以及《2010年度区县综合试点医院成本分析报告》的撰写。完成《2011年上半年直属医院成本分析报告》。启动"6家公共卫生单位绩效考核和奖金分配系统"实施项目。

申报信息化项目建设。年内，申报信息化项目

10 项，其中经信委批复 5 项。发布各类信息 150 余条，其中通知公告 70 条、业务专题 50 余条、相关下载 30 余条。增设党风廉政建设、绩效管理专题栏目，加强反腐败工作的日常教育及提高绩效管理能力。

局系统决算汇审。包括局直属单位财政部决算、全市卫生部决算和局直属企业财政部、国资委决算。共召开相关培训会 4 场，集中汇审 3 次，收集各类报表 300 余份，相关补充资料千余份，形成《2010 年度卫生局财务决算分析报告》《2010 年度卫生局财务决算数据说明》等。其中直属单位财政部决算获全市部门决算工作一等奖，全市卫生部决算得到卫生部嘉奖和表彰。2012 年度局系统直属单位预算汇审，包括全系统 61 家单位的预算审核汇审。共收集预算报表项目书 400 余份、相关资料近 650 份，集中修改基层单位预算报表 6 次，涉及全系统 61 家单位 300 余项，完成《2012 年卫生局预算人大汇报稿》《2012 年度卫生局预算情况说明》等的编写。

在总结上年会计人员继续教育工作的基础上，继续开展系统平台维护升级、录制课件等工作。分批举办中级职称特色班培训，完成对直属系统 1660 余名会计从业人员的网络在线培训。

卫生总费用测算。收集 2003～2006 年以及 2010 年各系统数据，进行整理，完成 2010 年等部分年份的测算工作。完成医改资金监测系统的开发和单位调研、培训，3 月，完成 2009～2010 年医改资金数据第 1 轮上报；6 月下旬，完成第 2 次上报。从 7 月起，按月收取全市医改资金监测统计表。2009 年和 2010 年医改资金监测分析上报卫生部经济研究所，2011 年数据统计及监测分析工作得到卫生部的肯定和表扬，并在卫生部组织的各省市讨论会上进行交流。年内，参与市卫生局、市财政局、市发改委等部门的医改调价测算会及相关测算工作，形成近 20 稿测算方案。提供 11 家医院医疗项目成本核算数据。结合公立医院改革方案，对公立医院人员收入、社会保障缴费和编外人员补助等情况进行测算。派出财务科长等骨干力量到市财政局参加有关测算工作。

落实新医院财会制度，配合市卫生局财务处组织应用金算盘财务核算软件的 100 余家医院，以及应用金算盘报表汇总系统的市、区两级卫生行政主管部门及其所属 60 余家事业单位，进行相关制度及软件的应用培训。11 月 28 日～12 月 15 日，分 6 批对业务人员开展培训，1048 人参加。

完成市卫生局财务处交办的其他工作：社区收支两条线情况统计和调研；配合市卫生局财务处开展有关调研，整理、提供有关数据等；参与市卫生局“医疗机构成本核算理论方法研究及推广应用”项目申报 2010 年度北京市科学技术奖的前期准备以及有关工作。

日常核算 年底，召开代管户交流沟通会，就新政策、新文件等对代管户的主要领导和财务联系人普及业务知识，并听取被服务对象对中心业务人员服务态度、沟通能力、提供政策咨询服务能力、业务熟悉程度、提供财务分析能力、提供的工作帮助程度等 6 个方面的评价意见，总体满意度 100%。完成局直属医疗卫生事业单位财务报表、医院全成本报表、区县卫生局所属单位财务报表以及临时性报表的收集、汇总、分析。截至年底，收集各类报表 400 余份。

后勤管理 完成新址装修改造工程，涉及装修方案设计、概预算申报、项目评审、项目招标、装修改造工程、机房防雷、暖气改造、消防改造、监控系统、门禁呼叫系统、机房设备集成、整体验收等。

（撰稿：潘　萌　审核：王　成）

领导名单

副主任 许　涛　王　成

北京市社区卫生服务管理中心

（西城区广安门内大街 315 号信息大厦 A 座 305 室）
邮编：100053　电话：63691120

基本情况 职工 16 人，其中主任 1 人、副主任 1 人、办公室 2 人、质量管理科 5 人、经济运行管理科

4人、信息科3人。管理岗位11人，专业技术岗位5人。

固定资产总价值108.12万元。

截至年底，全市建立个人健康档案1579万份，其中居民个人健康档案1431万份，电子化率64%，提前完成医改任务。各区县基本完成家庭保健员的培训与基础信息收集，全市培养家庭保健员2.17万人，超额完成任务。市卫生局、人力社保局、财政局联合印发《关于全市社区卫生服务中心延长服务时间的通知》。5月19日，市社管中心召开全市16个区县专项工作会，对延长服务时间进行布置。截止到年底，社区卫生服务机构共投入人力77万人次，接诊102万人次。全市16个区县社区卫生服务机构自2月起陆续落实绩效工资。

家庭医生式服务 3月29日，召开北京市社区卫生家庭医生式服务工作现场会。市卫生局、人力社保局联合下发《北京市社区卫生家庭医生式服务工作方案》，就家庭医生式服务的具体服务内容、服务形式、工作任务进行部署，家庭医生式服务工作在16个区县全面开展。5月，邀请英国伯明翰大学3名全科医学专家针对家庭医生、慢性病管理、健康档案等与社区卫生服务人员进行为期2周的学术交流与培训。6月21日，市卫生局召开北京市家庭医生式服务推进月工作部署会。下发《北京市家庭医生式服务推进月工作方案》，在全市范围内开展家庭医生式服务推进月活动。市卫生局基层卫生处、市社管中心分别于6月、11月对16个区县开展家庭医生式服务工作现场督导。

社区卫生服务团队 截至年底，全市建立社区卫生服务团队3097个，累计张贴发放各类宣传材料606.7万份，组织各类主题宣传活动83次。为全市50个功能社区试点单位发送宣传短信97225条。制作家庭医生式服务公益广告片，并在北京电视台的5个频道滚动播放300余次。刻制并下发家庭医生式服务广告片和《身边》栏目光盘500张。截止到年底，全市累计签约72.6万户148.5万人，其中老年人、慢性病人、孕产妇、0~6岁儿童、残疾人、重性精神疾病患者等重点人群签约55.2万人，占签约人数的37%。为签约家庭提供健康评估94.3万人次、发放健教材料184.7万份、发送健康信息146万条，主动为居民提供健康指导服务55万人次，为空巢、行动不便的老年人提供上门健康指导服务36.4万人次。除生活社区外，在国家部委、政府机关、企事业单位、学校等282个功能社区也开展了家庭医生式服务宣传工作。

宣传工作 16个区县以进社区、进乡村、进机关、进学校、进企业为重点，将门诊宣传、深入生活社区宣传、进功能社区宣传3种途径有效整合，结合岗位练兵活动、居民体检、家庭保健员培养等专项工作，开展宣传活动，加强宣传力度和影响力。家庭医生式服务工作在各大媒体报道。朝阳区以“我身边的社区卫生服务”为主题开展宣传活动，延庆县在夏日广场举行“红色7月妫川飘出红色的歌”——延庆卫生系统专场演出活动。西城区德胜社区卫生服务中心树立健康管理服务理念，转变服务模式，调整并优化门诊诊疗流程，突出医、护、防团队配合。海淀区八里庄社区卫生服务中心在辖区成立家庭医生式服务工作站，社区卫生服务团队成员定期到服务站开展工作，免费为60岁以上低保、四级以上残疾军人、特殊老年人群提供体检及转诊预约服务。

工作成绩 方庄、展览路、体育馆路、高碑店、北太平庄、琉璃河、桥梓、回龙观等8个社区卫生服务中心被评为全国首批示范社区卫生服务中心。参加卫生部组织的“我身边的社区卫生服务”活动，本市在演讲、征文、摄影比赛中共获得1个二等奖、3个三等奖和6个优秀奖。10月27日，全国社区卫生慢性病防治知识技能大赛在北京举行，海淀区人民大学社区卫生服务中心代表队获冠军。

（撰稿：张　莉　审核：刘　钢）

领导名单

党支部书记兼主任　刘　钢
副　　主　　任　张向东

北京市新型农村合作医疗服务管理中心

（西城区槐柏树街2号3号楼323室）
邮编：100053　电话：88011220

基本情况　职工8人（含合同制人员）。

固定资产总价值58.23万元。

日常工作　年内，完成卫生部季度和年度新农合统计调查表，协助有关部门完成与新农合有关的数据统计分析工作。

新农合基金稽查　10月18～31日，市卫生局组成两个考核小组，采取听汇报、查资料及实地检查等方式，对13个区县2011年新农合制度建设、基金筹集、基金管理、定点医疗机构管理及2010年度新农合基金支出等情况进行检查。各区县的儿童两病等政策落实到位，新农合基金财务管理和会计核算工作比较规范，新农合基金足额到位，加强了对新农合定点医疗机构的监管。同时，各郊区县在新农合基金管理方面还存在一些问题，主要表现在：新农合基金会计核算及会计基础工作不规范；新农合基金筹集未及时纳入财政专户管理；新农合基金产生的利息收入归集不完整；个别区县新农合基金年度审计制度有待进一步落实；新农合基金运行风险显现；个别区县新农合统筹级次低，不利于加强新农合基金监管；“共保联办”的实施，突破了新农合基金管理的规定；新农合信息化滞后，报销周期长、手续繁琐；定点医疗机构医疗服务行为欠规范。在辖区内随机抽取一级定点医疗机构门诊处方50份、住院病历5份，均发现存在不同程度的问题：门诊处方存在超量用药、超说明书用药、无适应证用药等问题，住院病历存在报告单缺失、不符合物价规定打包收费、药品书写不规范、临时医嘱不规范等现象。在随机抽取的130份（每区县10份）三级定点医疗机构病历中存在如下问题：个别区县提供的患者住院医疗机构名称与实际住院医疗机构名称不符，个别区县提供的住院金额没有按要求剔除住院前七日门急诊的费用。

业务培训　年内，不定期采取集中培训与现场指导相结合的方式，对13个郊区县开展新农合基金监管、新农合财务会计制度等培训。共培训5场次，涉及区县、乡镇新农合经办机构人员和定点医疗机构人员400余人次。

咨询业务　中心常年接受电话咨询业务，包括单据审核业务咨询、政策咨询等。全年接受电话咨询业务1000余次。

信息化建设　协调市公共卫生信息中心、中软公司，完成顺义区、怀柔区和延庆县3个区县部分定点医疗机构无缝对接模式的即时结算试点工作，即实现医院、社区管理系统与新农合信息管理系统的无缝对接，规范管理，提高了效率。筹划北京市新农合信息系统升级改造项目，新版新农合信息系统升级改造方案通过了市经信委的审批。

科研工作　3月，市卫生局委托卫生部卫生发展研究中心，开展“北京市新农合市级统筹方案设计与相关政策研究”课题的调查研究。市卫生局领导带领课题组深入延庆县、平谷区、顺义区、朝阳区、房山区和门头沟区6个区县，以访谈、问卷等形式开展现场调查，并举办新农合地市级统筹研讨会，邀请内蒙古自治区包头市、陕西省榆林市、安徽省淮北市、云南省怒江州以及部分国家新农合专家组成员进行研讨。市财政局和市医改办两次听取课题汇报，并对课题研究提出了要求。12月28日，专家组经讨论通过了验收。

区县新举措　1月，平谷区政府与中国人民健康保险股份有限公司北京分公司签订《平谷区新型农村合作医疗共保联办合作协议》，引入商业保险机构参与新农合经办。

4月，顺义区启动医院社区管理系统与新农合信息管理系统的无缝对接试点工作。新农合与定点医院无缝对接报销模式的建立，实现了新农合医药费用的实时结算。

年内，密云县新农合对阑尾炎、腹股沟疝、股疝、子宫平滑肌瘤4种常见病、多发病实施单病种付费新模式，即参合农民患者在开展单病种付费的定点医疗机构住院时，在单病种限价范围内，先按出院直报标准预交住院押金，办理出院手续时，按单病种付费管理要求，支付个人负担部分。低于定额标准的，新农合基金和参合农民个人按定额标准支付；高于定额标准的，由医疗机构自行负担。每个病种平均个人负担将减少1000余元。

（撰稿：俞金枝　审核：纪京平）

领导名单

党支部书记兼主任　张　毅
副　　主　　任　纪京平

北京市卫生宣传中心

（西城区北纬路59号）
邮编：100050　电话：63184247

基本情况　职工8人，其中副高级职称1人、中级职称2人、初级职称2人，管理人员2人，工勤人员1人。

获奖情况。在中国电视艺术家协会行业电视委员会第十五届行业电视节目展评活动中获最佳组织奖。

新闻工作　全年召开各类新闻发布会24次，内容包括医疗资源布局、消除地方病、集中通风空调清洗、《北京人健康指引》征求意见、社区卫生改革与管理情况等。组织记者就家庭医生式服务、双休日门诊、预约挂号、公共卫生一日体验、迎峰度暑、盘点医改等主题采访6次。组织记者采访报道市卫生局各类工作、会议、活动近百次。受理中外媒体记者采访申请函件56人次。以电子邮件形式发布新闻通稿20余篇。邀请市卫生局局级领导参加直播节目10余次。4月起，将电视媒体纳入卫生舆情监测范围，卫生舆情监测覆盖报纸、电视、网站、论坛以及WEB2.0区域的博客、微博等。全年审核发布《每日卫生舆情》351期、舆情监测月度分析报告12期。11月29日起，编辑制作《每日卫生舆情重点提示》，于每天下午4时以手机短信形式发送给市卫生局领导、处室负责人以及区县卫生局局长，截至年底，共制作25期。举办北京卫生好新闻评选，共收到38家单位报送的作品240篇，其中新闻类作品86篇、科普类作品154篇，参赛作品比上年增长55%。

宣传工作　制作《京华卫生》12期。举办首届北京市卫生系统优秀院报展评活动。制作《健康播报》节目49期，在北京电视台播出。制作电视工作片6部，内容包括督导检查三级医院医疗管理的《寻找瑕疵，精细管理》，庆祝建党90周年反映市卫生系统党建工作的《践行宗旨，守护健康》，介绍北京市开展预约挂号成果的《开启就医直通车》，反映卫生系统援疆、援藏、援外等援助工作的《医行天下》，还有市卫生局安保处的《回头看，找亮点》、计划发展处的《医院废弃物管理》等。以“党在我心中”为主题，举办第20届“杏林杯”电视片汇映和摄影比赛，收到摄影作品944幅（组），比上年增长45%。开展宣传干部培训7次，约1200人次参加，培训内容涉及新闻危机处理、电视片制作、院报编辑制作、医改等。为市卫生局制作日常工作展板和专题展板24块。制作会议背景板15块。

其他工作　制作卫生工作多媒体10余部，录像成片30余部，为市文明办、北京电视台、市纪委、市卫生局机关处室、卫生画报社、首都医药卫生杂志社等单位提供图片390余张。

（撰稿：项春梅　审核：琚文胜）

领导名单

主　任　琚文胜
副主任　马彦明

北京市公共卫生热线（12320）服务中心

（朝阳区静安里26号楼通成达大厦7层）
邮编：100028　电话：64468526
网址：www. bj12320. org

基本情况　职工57人，其中在编10人（正处级1人、副处级2人、副科级2人、科员5人）、劳务派遣44人、聘用专家3人。

固定资产总值366.73万元。

获奖情况。年内，被市政府信访办公室、市人力社保局评为北京市信访排查调处工作先进集体，北京12320“金耳麦”工程被评为第2批市直机关“首都市民学习品牌”，获北京市医疗卫生行业网站考核评议优秀网站奖，获中国企业文化研究会医药卫生委员会颁发的具有特色医院科室文化建设奖，在北京市民讲外语优秀团体网络评选活动中获优秀团体奖。接话班陈伟获北京青年公务员“永远跟党走”主题演讲比赛二等奖，刘春花的《我是春风里的一朵小花》获北京市非紧急救助服务系统庆祝建党90周年征文比赛优秀奖。

改革与管理　在做好群众诉求的解释、协调、转办的同时，不断加大督办力度，促进卫生系统行风建设，推动整体医疗服务水平不断提高。一是建立网络单位联席会制度，及时通报百姓诉求情况，督导网络单位改进管理与服务。二是召开专题座谈会，现场播放群众对医院投诉的典型案例录音，引起医院管理层及领导的重视。三是协助医院管理，从日常接话中分别汇总医疗投诉的热点、难点问题提供给相关医院，使其有针对性地开展院内管理，促进医院提高服务水平。四是聘请社会监督员不定期拨打12320电话，并定期反馈监督意见，作为持续改进工作的依据。五是开展市民一日体验活动，共接待5批35人体验，达到增进理解、提出建议、推动服务质量和服务能力不断提高的效果。把每月20日作为一日体验的开放日，接受群众监督。

7月中旬~10月底，开展以“提素质、比技能、讲奉献、树形象”为主题的岗位练兵和技能比赛活动。11月30日，在北京电视台科学教育频道举行岗位练兵决赛——北京12320健康知识竞赛。市卫生局、市中医局、市疾控中心、市卫生监督所、市牙防办、北京同仁医院的专家为现场评委。获得一等奖的王艳红、吴新丽、石允被北京电视台《健康北京》栏目聘为专业顾问。

全市统一预约挂号平台、公共场所控烟、中医多地点执业、社区医疗机构推行家庭医生式服务、“三伏贴”贴敷等政策发布后，中心积极宣传政策，及时汇总群众关注的日本核辐射危机、蜱虫疫情、预约挂号、流感疫苗接种等热点问题及反映的特殊情况，以舆情专报形式报送市卫生局有关领导及处室，促进政策的落实和完善。

11月28日，启动呼叫中心能力成熟度模型（CC－CMM）应用级认证咨询项目。

建设学习型队伍。开展“金耳麦”学习培训工程，创新培训机制，丰富培训内容，编制培训教材4套。全员参加每日2小时培训，累计培训27000余小时。一是规范制度保证学习的连续性。专人负责培训，工作职责明确，有固定的学习时间和场所，执行严格的培训考核制度。二是用政治理论培训保证学习的严肃性，强化员工的“政府”意识和“新闻发言人”意识，追求解答的严谨和权威。三是灵活多样的培训提高综合素质和服务能力。坚持每日班会学习和专题培训制度，创立小教员授课制度，将外在的学习制度内化为每个人的学习习惯。

咨询工作　全年接到各类服务请求266221件次，比上年减少11.19%。其中人工受理咨询与投诉247430件次（人工接起率93.95%，比上年增加12%）、自动语音咨询15359件次、自动索取传真资料372件次、语音留言665件次、邮件咨询269件次、短信咨询1866件次、网站留言咨询260件次。12320呼叫平台满意度自动调查系统显示，全年有139366人次选择人工服务满意度调查，调查率59%。其中非常满意占90.29%、满意占8.72%，全年人工受理服务满意率99.01%。

加强接话质量管理。一是建立接话标准化，规范解答与处理口径。修订规范服务用语和忌语，并严格落实；勘定一批常用电话号码，并编写转出电话的政策依据及准出规范口径，保证对需转出电话的解释到位、引导准确；加强知识库管理，随时补充，及时更新，保证快速查找，权威解答；实施路径管理，规范常见问题的解答路径，并通过培训督促落实，提高服务效率；根据热点难点问题进行阶段自测，通过模拟演练克服紧张和畏难心理，推行并巩固标准化解答。二是加强接话质量控制，及时发现和纠正问题。班长和专家每天抽查监听通话或通话录音，发现问题及时纠正、提醒，并筛选出有代表意义或特殊性的典型电话录音；专家对所有群众评价为不满意的电话进行回访，了解不满意原因，并反馈至有关座席员；每周召开质控会，中心主任、专家、业务办人员及班长参会，会上播放筛选出的典型电话录音，参会人员讨论问题所在及纠正方案；每月进行综合质量控制评比，评比结果计入月考核；聘请5名资深社会监督员，通过电话监督日常服务工作并定期反馈监督意见。三是开展“当一周班长”岗位体验活动。参与者体验班长岗位的每日工作流程、岗位职责，感受班长工作的全过程，以增强坐席员的管理意识、责任意识和主人翁意识，由被动执行者转变为主动参与者。

对外宣传 加强宣传，提升社会影响力。一是积极报送政务信息，全年报送各类政务信息78期，被《北京卫生信息》采用55篇，多篇信息被市政府《便民电话网络工作简报》、全国12320《工作月报》采用。二是主动做活咨询事业，结合日常咨询工作的重点和热点问题，以群众最关心、最需要的医疗健康知识编辑《健康生活一拨通》系列图书。三是参加由市卫生局、市总工会、市体育局主办，市健康促进工作委员会办公室承办的北京市第二届职工健身博览会，向百姓发放《健康生活一拨通》系列丛书和宣传材料。完成就医咨询、卫生政策、健康知识等咨询298次，发放图书1500套（9000册）、宣传彩页4500份。开展“热线知晓度与需求”年度问卷调查，完成问卷895份。调查结果显示，群众对12320热线的知晓率为69.09%，比上年的48.39%上升20.7个百分点。四是承担市卫生局微博维护。11月18日开始，配合市卫生局开通政务微博，并承担具体运维工作。

信息化建设 一是完善网站建设，加强网站栏目的整改，使信息更加公开、服务更加人性化，并恢复网上在线咨询服务。二是完成信息安全等级保护改造项目，增加系统的安全性和稳定性。三是完成投诉转办办公自动化系统项目，为高标准服务和科学化管理奠定信息化基础。四是启用“12320”短信息服务代码，拓展服务方式和渠道。

领导名单

党支部书记兼主任 段　杰
副　　主　　任 刘　辉　胡　爽

北京市卫生人才交流服务中心

（西城区槐柏树街2号院3号楼419室）
邮编：100053　电话：63016389
网址：www.bjwsrc.org

基本情况 职工16人，其中副高级职称1人、中级职称4人。

固定资产总值989.53万元。本年度新购资产总值0.97万元。

改革与管理 加强建章立制与规划工作，新建基本规章制度4个：《职工守则》《“三重一大”实施办法》《考勤休假管理办法》《绩效奖考核管理办法》。同时，对中心“十二五”规划、设立常态化服务的国家医学临床类实践技能培训与考试基地、成立北京市卫生人才协会、创办《北京医学职称考评》杂志上报了方案。

人才服务 在本中心存档的单位54个，共存档案8200余份。全年接收人事档案600余份，整理档案300余份。接收、加工、归档档案材料15000余份。转出人事档案120份，借阅档案100份。网上查阅3000余人次。为80余人提供咨询、档案复印、开具各类证明等服务。

考试评审工作。参加全国卫生专业初、中级技术资格考试（含护士资格考试）29347人，比上年增加667人，增长2.33%；参加初、中级非统考考试86人，比上年减少23人，减少21.10%。参加医师资格实践技能考试的西医类考生7042人，比上年增加72人，增长1.03%；参加综合笔试5458人，比上年减少198人，减少3.50%。参加采供血人员上岗考核77人，比上年减少60人，减少43.80%。参加社区卫生岗位培训理论考试4422人，比上年增加45人，增长1.03%；技能考试3336人，比上年增加168人，增长5.30%。参加卫生系列高级职称答辩评审1700人，比上年增加83人，增长5.13%。

人才交流与开发。年内，协助市高校毕业生就业指导中心召开医药行业人才双选会。受理1家事业单位招聘工作。代理6个中心的人事工作。

高层次人才工作。协助市卫生局进行高层次卫生技术人才工作，完成2010年度领军人才及学科带头人会审答辩、学科骨干材料审核、高层次人才任务书审核、2009年度高层次人才任务评审等工作。

职业技能鉴定。完成职业技能鉴定486人。

信息化建设 本年度重点支持保障考试评审和人才交流与开发等中心业务工作。协调和监督软件开发商对升级改造后的重要业务信息系统继续查找问题，进行完善，重点保证卫生高评申报和评审答辩系统、卫生人事代理系统平稳运行，保障全国卫生专业技术资格考试人机对话考试工作；做好日常信息化运行维护；做好信息化建设规划、信息安全评估、预算编制、申报、采购等工作。

（撰稿：杨让利　审核：刘淑敏）

领导名单

党支部书记兼主任　吴永浩

副　　主　　任　刘淑敏　吴正刚

北京市医药集中采购服务中心

（西城区槐柏树街2号）

邮编：100053　电话：63016841

网址：www.bjmbc.org.cn

基本情况 职工18人，其中正处级1人、管理干部13人；专业技术干部4人，包括副高级职称1人、中级职称2人、初级职称1人。

药品集中采购工作 年内，制订《北京市基本药物集中采购工作方案》《药品集中采购变更事项工作流程》《调整药品集中采购价格信息工作流程》等制度。中心人员定期对要求变更的信息进行集中变更，全年共计变更300余家企业的近千个产品，并将医疗机构短缺的血液制品、毒性特殊药品等进行及时挂网采购。调整近千家企业的3000余个产品价格，确保更新价格的有序执行。收集、整理、汇总、分析出全市医疗机构药品备案采购申请的品种、原因等，为上级主管部门提供管理依据。设专人进行所有投标药品的最高零售限价整理，及时更新物价数据库和调整高于限价药品中标价格。通过对全国各级各类药品集中采购价格数据的收集、整理、比对，为北京市基本药物集中采购工作奠定数据基础。参加由市纠风办牵头、成员包括市药品和医疗器械集中采购领导小组办公室各成员单位的专项联合检查组，对全市4家三级医院和2家二级医院进行现场抽查。配合市卫生局组织专家对顺义区医院、电力医院等二、三级医院进行抗菌药物临床应用专项检查。

编印《北京市医药集中采购信息简报》（月刊），完成“定期公布医药用品集中采购的有关指标和信息”的职责。本年度全市各级各类医疗机构药品网上采购总金额近300亿元，其中二级及以上医疗机构占八成以上，基层社区卫生机构接近两成。

器械集中采购工作 9月，通过报纸和中心门户网站向社会发布医用耗材集中采购公告，宣布本年度北京市医疗机构心脏（冠状动脉）介入类医用耗材集中采购工作正式启动。全市49家具有心脏介入手术资格的医疗机构参加本次医用耗材集中采购。参与制订《北京市医疗机构植介入类医用耗材集中采购工作方案》及《心脏介入类医用耗材集中采购实施细则》；完成对84家申报企业667条产品信息、申报企业涉及规格型号2万余个的企业资格和产品资格文件、300余个配送企业资格以及3000余条产品与配送企业信息的匹配资格审核；完成申报产品3万余条价格信息的匹配工作；完成所有产品信息基准价的制订；针对采购过程中遇到的新情况、新问题，及时组织管理小组、专家小组专题研究，并对企业质疑进行逐一回复。

根据《医用耗材集中采购变更事项的原则》及《医用耗材集中采购变更事项工作流程》的要求，完成2次大规模医用耗材集中采购中标信息的调整。对北京市在用的高值、低值、诊断试剂的中标结果，以及2008年卫生部全国项目包含的心脏介入、周围血管介入、电生理、心脏起搏器等要求变更的信息进行审核，共涉及申报企业260余家，配送企业1500余家，核定申请变更信息2万余条。

信息化建设 北京市医药集中采购综合管理信息系统和北京市社区卫生服务药品采购信息平台通过了医药集中采购综合管理信息系统安全测评，基本实现药品采购的网上及时监管和问题药品流向的实时监控追溯。在正常运行维护门户网站的基础上，不断完善业务功能模块，增加药品调价功能及公告功能，开通了短信平台。同时，搭建完成北京市医用耗材集中采购平台，包括网上申报、网上资审、网上报价、网上评审、网上采购、网上监管、专家填报、抽取等业务功能，实现心脏（冠状动脉）介入类医用耗材实名登录。在该平台系统支持下，正式启动2011年北京市医疗机构心脏（冠状动脉）介入类医用耗材集中采购项目，并在关键环节、关键时间为监督小组导出数据，刻盘封存。

制订《计算机信息系统安全管理办法》《北京市医疗机构药品网上采购管理办法》等，从网络管理、设备管理、数据管理、操作管理、网站管理以及处罚措施等方面明确要求，对所有接触信息平台人员进行CA密钥实名登录，分权管理，避免出现数据、信息差错及流失，保证信息系统安全可靠。

廉政工作 设专职干部负责纪检监察工作，坚持用制度管权、靠制度管人、按制度办事，采取多种形式加强权力监督。修订《北京市医药集中采购中心廉政风险防控管理流程图》，完善人、财、物、事等一系列规章制度。落实“三重一大”要求，全面做好人、财、物的规范化、常态化、制度化管理。稳妥处理信访质疑，物理隔离后台。在中心办公室专门设置受理接待岗位，每周二、四下午为企业代表等接待日，规范业务受理、文件流转、信息公开等环节的制度要求，接待企业来访来函，及时转达至相关业务科室处理后统一回复。

年内，制订并完善《财务制度》《公开招聘工作人员暂行办法》等，强化档案管理、保密要求、信息安全、档案管理、保密要求、岗位监督，突出重点流程环节的监督和预防。凡涉及药品采购的问题均通过管理小组、专家小组讨论研究，领导小组会议审定后处理，并由监督小组全程监督项目实施。制订《药品集中采购监督小组工作办法》，对资格审查、报价、开标、评标、议价等重要环节的文件和数据资料实行签字、刻盘封存、现场签封备查。所有集中采购工作方案、实施细则等规范性文件均通过网络发布给所有投标企业，对资质审核、药品基准价等数据，在网站公示的同时，采用群发短信的方式通知所有投标企业，在投标报价后立即向所有投标企业公示投标数据，防止篡改数据问题发生。严格按照抽取专家工作流程和纪律，在全封闭环境下抽取专家，抽取结果由监督人员签字密封保管，监督小组组织人员按严格规范的语言通知专家及时参加评标会议，专家集合地点与评标现场地点隔离，安排专车接送评标专家，切断外界与评标专家的联络。在评标、议价开始前，由市纪委、市监察局纠风办组织工作动员和廉政风险防范教育，并组织专家签订《评审专家承诺书》。

对外交流 接待天津市纪委、天津市卫生局及天津市药品采购中心来京交流座谈，沈阳市卫生局来京交流学习，福建省药品招标领导小组各成员单位来京取经交流，全军药材集中采购管理中心全体人员到地方学习考察。派出人员赴深圳市卫生和人口计划生育委员会交流考察，赴香港卫生署、香港医管局及香港玛丽医院考察交流等。

（撰稿：王　健　审核：梁　丹）

领导名单

党支部书记兼主任　梁　丹

医学学术团体和群众团体工作

北京市卫生系统思想政治工作研究会

（西城区北纬路59号）
邮编：100050 电话：63188325
网址：bwzyh@ sina. com

基本情况 上半年，经过近3个月的准备和完善，在北京市社会组织评估委员会委托专业评估机构的评估中通过评审，研究会被评为北京市4A社会组织。

学术活动 一是结合卫生系统开展的基层党建创新、创先争优活动，进行专题研讨，9月7日的研讨会近100人参加。市卫生局党委有关领导、各区县卫生政研会、局直属各单位政研会、本会常务理事出席。北京市政研会会长周欣和网站主编陈列兢莅临指导。参加本届研讨会成果交流的有丰台区、怀柔区、西城区、密云县卫生局政研会和本年度被评为全国先进基层党组织的北京友谊医院党委等5家单位。丰台区卫生局党委《项目管理带动党建创新，服务为本深化创先争优内涵》介绍开展“一名党员一堂课”探讨出一条党员教育的新模式；怀柔区卫生局党委《创新党组织活动方式，进一步激发党组织和党员活动》，介绍“开展创先争优从我做起，我是党员我承诺”活动；西城区卫生工委《凝心聚力、扎实工作，不断开创党建工作新局面，在新的起点上推动西城卫生事业实现新发展》，介绍合并后的新西城如何以强基固本工程在推动发展中创先争优；密云县卫生局党委《围绕医改抓党建、抓好党建促医改》介绍关于坚持党建工作成效体现在医改，党建内容围绕医改，党建形式服务医改，使党建工作更加具有针对性和实效性的做法和体会；北京友谊医院党委《创先争优保持党的先进性》以6个结合为重点介绍坚持创先争优的经验和体会等。

二是与市卫生局老干部处共同组织本系统离退休干部纪念建党90周年座谈研讨会，会长齐敬宁就活动要求进行具体部署，近20人参加。

三是会长齐敬宁、副会长连金萍赴丰台区卫生局参加党课精品项目评选会，对18个围绕基层党建创新、党员创先争优的项目进行现场点评，并对项目负责人进行辅导、改稿，汇编出书。

课题研究 宣武医院“新形势下医务人员心理健康状况调研”、北京积水潭医院“积医文化用典型引路——韦加宁剧本策划”、大兴区卫生局“深化医改中基层卫生事业单位党建工作调研”等课题获准立项并得到资助。

年初，向市思政研推荐优秀论文22篇，参加北京市“丹柯杯”优秀研究成果奖的评选。北京佑安医院刘惠《浅谈医院文化对构建和谐医患关系的作用》、北京血液中心田喜惠《廉政风险防范管理与质量管理体系相融合的初步探索》、北京世纪坛医院刘长春《医院服务质量监测、沟通、整改、提高一体化管理模式的研究》获一等奖，宣武医院王香平《树立医师职业精神，构建和谐医患关系》、海淀区公共委苏雪飞《做建设和谐社会中的重要一环——浅谈如何发挥好医疗系统志愿者的作用》获三等奖。

培训工作 一是配合市卫生局举办党委书记和政

工干部培训班，齐敬宁和林培基分别作党的宣传工作和如何做好党委书记的辅导报告。二是协助市卫生局举办入党积极分子培训班，齐敬宁和林培基分别作党的历史和党的作风建设的辅导报告。三是组织政工干部参观考察，分两批组织党委书记和基层政工干部赴湖南、贵州及重庆爱国主义教育基地接受革命传统和爱国主义教育。四是对晋升政工职称的基层政工干部和论文征文的作者进行指导和培训。

编辑出版 开展政工论文征集活动。全年收到论文577篇，内容涉及基层党组织建设、思想政治工作、行业作风与职业道德建设、党风廉政建设、文化建设及工会、共青团工作等领域。共评选出优秀论文103篇，编辑出版《学习实践创先争优》论文集。

开展纪念建党90周年征文活动。全书分往事回眸、沧桑巨变、奋斗历程、不忘党恩、幸福生活5个部分，77篇文章，下发到各基层单位200余本。同时，政研会收到征文830余篇，评审出优秀征文101篇，编辑《我们的使命——纪念建党90周年征文集》，下发到全市卫生系统各会员单位1000余本。

其他工作 全年下基层开展工作、讲座、辅导20余人次。出版《卫生政工研究，卫生文化建设通讯》4期，刊登文章50余篇。2次邀请全国卫生政促会和市政研会领导来思政研指导工作。

（撰稿：阎　玮　审核：齐敬宁）

领导名单

会　长　齐敬宁
副会长　林培基　连金萍
秘书长　闫　玮

中华医学会北京分会

（东城区东单三条甲7号）
邮编：100005　电话：65134368

基本情况 发展新会员1000人，会员总数28127人，团体会员单位167个。成立生殖医学专业分会，现有专科分会83个。完成口腔、重症医学、公共卫生、高压氧、结核病学、泌尿外科、烧伤、微生物与免疫学、脑电图、心身医学、超声医学、心血管病学、检验学、放疗、精神病、疼痛、放射技术、器官移植学、血管外科、儿科、围产医学、病毒、急诊、整形外科、肾病、老年医学、妇产科、计划生育、生殖医学、肿瘤、神经病学等31个专科分会的换届。完成《北京医学会五年工作规划》的制订。制订《北京医学会专科分会管理规定》《北京医学会专科分会委员会换届改选程序》《中华医学会专科分会委员推荐办法》。起草《北京医学会学术会议管理办法》《北京医学会专科分会主任委员职责》《北京医学会专科分会主任委员任职责任书》《北京医学会常务理事会会议议事规则》《北京医学会理事会工作委员会组成原则及议事规则》。

继续教育 55个专科分会组织学术讲座137场，近14500余人次参加，其中血液、肾病、内分泌、糖尿病、神经内科、精神、核医学、高压氧、骨质疏松、肠内外营养、病理、心血管、呼吸、消化内镜、消化系病、心电图、风湿、结核病、胸外血管、烧伤、神经外科、泌尿外科、骨科、创伤、肿瘤、整形外科、麻醉、皮科、妇产、儿科、围产、耳鼻喉、眼科、口腔、放射、临床营养、病案管理、物理康复超声、放射肿瘤、放射技术、急诊、危重症、检验等专业委员会全年开展学术活动在5次以上。

学术年会 有40个专科分会举办学术年会，收到论文3000余篇，其中大会交流980篇。7月9～11日，眼科学分会举办眼科专业学术年会，并组织多场专题会，包括眼与全身病、胸外科重症肌无力与眼病关系、视乳头水肿与特发性颅内高压、眼眶病与全身病的影像诊断等。7月11日，麻醉学分会举办学术年会，增加区县麻醉科现场答疑专场，20个专场，几乎涵盖所有的麻醉亚专业。8月12日，骨科学分会举办第八届北京骨科年会，就临床医生在北京医药卫生体制改革中的作用和发展机遇、学科交叉，重在意识、骨科医师对话潘石屹，脊柱，关节，创伤，护理，综合等7个分会场的临床进展和治疗方法进行讨论。日本骨科学会会长岩本幸英到会并为大会作专题报告。9月3日，放射学分会举办学术年会，邀请知名专家举办专题学术讲座，涉及神经外科、腹部、泌尿、关节、创伤、儿科、心脏专业等14个分会场。耳鼻咽喉头颈外科学分会的学术年会以圆桌会议形式，分主题专题研讨，涉及听觉植入适应证选择、鼓室成形术的难点与对策、阻塞性睡眠呼吸暂停低通气综合征阻塞平面的定位诊断、科研新成果介绍等。

学术会议及培训 举办消化内镜国际会议、两重生命的互动——生命文化与医疗实践论坛、儿科呼吸高峰论坛、全国儿科细胞治疗新进展高峰论坛、儿科消化疾病治疗论坛、北京大学卒中论坛肿瘤病人营养支持研讨会、泌尿全国青年医师论坛、环渤海消化论坛、检验医学京沪论坛、华北地区妇产科等学术会议26个，参会11860余人次。举办第6届全国HP临床论坛学术会，参会700余人。除了传统的讲座、论文交流外，会议还组织辩论、论文竞赛、专家答疑、中青年论坛、英文会场、现场操作演示、手术转播等，受到与会代表的欢迎。

举办国家级认可项目放射肿瘤治疗指南培训班，老年疾病营养支持循证应用班，肠外肠内营养配液、置管、泵的使用学习班，超声新进展学习班，全国风湿病学新进展学习班，全国骨质疏松症新进展学习班，严重创伤救治规范的研究与推广天津培训班、肾脏病学分会专家西部行吕梁市培训班，全国临床检验新进展提高班，临床心电图新进展提高班10个，4680余人次参加。

科普咨询 在科普宣传活动中重点开展“北京人十大健康行动”系列活动。学会主办以“健康让人民更幸福”为主题的首都医学专家大型健康教育、医疗咨询公益活动，194名北京协和医院、人民医院、解放军总医院、北京天坛医院、北京同仁医院、学会32个专科分会的主任委员、副主任委员、常务委员、学科带头人等齐聚地坛公园，为首都市民免费义诊、答疑解惑、宣传健康理念，并就市民最为关心的高血压、糖尿病、心脑血管病、风湿病、多发病、慢性病的防治知识进行指导，受益群众近3000人。

联合海淀区、石景山区、平谷区、怀柔区、大兴区、延庆县卫生行政部门、医学会和相关医疗机构，从中日友好医院、空军总医院、宣武医院、北京佑安医院、北京中医医院等20余家医疗机构中选派专家深入到城镇郊区20余个社区医疗单位，开展以“健康北京人，健康北京城”为主题的专家义诊、医疗咨询和科普宣传活动513场次，为社区医疗机构举办继续医学教育13场次，建立科普示范基地10个，开展科普讲座40场次，免费发放医学科普读物13600余册。专家与社区医生结成一对一帮扶对子75对，短期带教式培养下级医师260余人次，专家562人次参加，工作人员参加236人次，受益市民6.5万人次。

以开设权威专家健康大讲堂和免费发放《健康指南系列手册》为主要形式，以通俗易读的语言，解读市民日常生活中常见的健康问题。全年开设权威专家健康大讲堂25场，举办医学专家面对面指导活动5场，免费发放《健康指南系列手册》8000册，并建立“健康北京人”网站，每周更新网站内容。

与北京电视台共同推出“关爱生命，抗击癌症”系列报道。节目把科学实验搬进演播室，通过做实验和标本展示让市民直观地认识肿瘤，并邀请医学专家介绍防治发病率高、危害大的胃、食管、肝、肺4部位肿瘤的知识。

组织专家赴西藏自治区阿里、日喀则、林芝、山南、拉萨地区，克服高原反应，开展脑血管病、糖尿病、妇产科手术、普外科手术等继续教育讲座42讲，得到西藏自治区卫生厅和西藏医生的赞扬。继续开展神经内科“西部行”暨重走红军路第3站活动，专家赴湖北省红安县将军之乡，为革命老区人民送医、送药，向红安县人民医院捐赠价值2万余元药品、医疗仪器等，并培训神经内科医生200余人。

编辑出版 学会主办、承办的3种期刊共出版36期，总印数236328册，发表论文1056篇。

《中华医院管理杂志》全年总印数131900册，收稿2310篇，退稿1805篇，刊出340篇。同时，与医疗单位、科研机构共同举办学术论坛。与清华大学经济管理学院合办以“医疗机构经营管理模式创新”为主题的高端学术会议，耶鲁大学专家和世界卫生组织的官员参加。

《中华泌尿外科》杂志刊出文章的整体质量及严谨性稳步提高。全年收稿800篇，刊登324篇，退稿307篇，刊出男科学研究等重点号7个，发表那彦群《内镜手术时代泌尿外科手术技能培训模式的转变》等述评或专论9篇，发表悼念新中国泌尿外科奠基人、著名医学科学家、医学教育家、泌尿外科专家和社会活动家吴阶平院士等特别报道6篇。杂志开发自身品牌优势，组织北京及西北、西南地区的10余名泌尿外科专家深入甘肃地区开展“专家西部行”活动。在中华医学会系列杂志综合质量评比中获中文摘要审读优秀奖和文字表达审读优秀奖，被中国科技信息研究所评为中国精品科技期刊。

《北京医学》全年收稿1005篇，刊出409篇。与北京佑安医院合作出版《北京医学（感染与传染研究）》专刊，收录有关传染病、感染、肝病等科技论文及临床研究文章；与北京市红十字血液中心合作，开辟临床输血专栏，报道国际、国内临床输血研究进展。

医疗事故技术鉴定 完成医疗事故技术鉴定52例、预防接种异常反应损害程度分级评定1例。组织专家分类、总结各类医疗事故案例，编写《典型医疗事故案例汇编》，制订《北京医学会医疗损害鉴定程序》。继续协助市卫生局完善《北京市预防接种异常反应补偿办法》。

政府委托的工作 承担国家技术监督局授权的特种设备作业人员上岗证考核工作，全年举办5期培训考核班，29个省市自治区253名医用氧舱维护作业人员参加。经考核全部合格，并取得国家质检总局颁发的特种设备作业人员上岗证书。完成卫生部委托的北京地区全国医用设备使用人员业务能力考评，培训考核1200余人。完成市卫生局委托的医疗机构技术准入评审项目390项和合理用药及器械培训2812人次。为政府决策咨询提供服务，全年完成卫生部征求意见175项、重点专科初评18个专业57个科次，完成《北京市医疗机构处方集——中、西药分册》的修订、北京市二类医疗技术规范20项的修订。承担医药企业委托的医学研究课题6项，其中结题3项。与上海里奇格伦公司联合编辑风湿免疫科、耳鼻喉科、眼科、心脑血管、糖尿病等《179e北京就医指南手册》。完成中华医学科技奖的推荐评选，对北京积水潭医院、北京肿瘤医院、北京天坛医院等8个单位递交的8个推荐项目书面材料进行初审上报，获中华医学科技奖二等奖2项、三等奖1项。

（撰稿：李　银　审核：项晓培）

领导名单

会　长　金大鹏

副会长　李清杰　梁万年　刘玉村　田　伟　项晓培　殷　菁　于小千　张兆光　赵玉沛　绕绍亮　高宜秦

秘书长　项晓培

中华护理学会北京分会

（东城区东单三条甲7号）
邮编：100005　电话：65256418
网址：www. bjhlxh. com

基本情况 有会员26920人，其中新发展会员3185人；会员单位165个，其中团体会员单位138个，团体会员26488人；非团体会员432人。

10月21日，召开学会第10届会员代表大会，完成理事会换届改选。第10届理事会理事109人、常务理事21人、副理事长6人，监事会监事3人，孙红当选理事长，李春燕当选秘书长，张黎明为监事长。第10届委员会换届改选正在进行中。

学术活动 各专业委员会共组织学术沙龙16次、专题研讨7次、参观考察5次、病例讨论4次，1160人次参加。

8月，举办第12届北京青年学术演讲比赛，交流论文18篇。经过初赛、复赛、决赛，有3篇论文获奖。

科普宣传 科技套餐配送工程。6月16日，学会康复专业委员会组织20余名医疗护理专家到大兴区礼贤镇残疾人活动中心，为100余名残疾人进行康复知识宣讲，肢体康复指导，测量血压、血糖等助残康复义诊。

科技周活动。5月20日，中西医结合专业委员会组织15名中医护理专家在地坛公园养生园举办中医护理宣传日活动。通过咨询、宣传板展示、播放视频及健康教育宣传单发放等形式，介绍十几种疾病在预防、饮食、运动、情志、康复等方面的中医护理方法，受益150余人。

10月16日，学会与北京医学会、北京中西医结合学会在地坛公园联合举办以“健康让人民更幸福”为主题的首都医学专家大型健康教育、医疗咨询公益活动，受益3000余人。

培训工作 25个专业委员会全年举办国家级、市级继续护理教育培训班10期，培训学员472人，免费发放学习资料20000余册。举办专科护士资格认证培训班7期（ICU 2期、急诊、糖尿病、肿瘤、手术室、静脉输液治疗），培训488人，其中487人取得资格证书。设继续护理教育主会场1个、分会场14

个，举办学术专题讲座84项162场次，听课40000余人次。

编辑出版 正式出版《ICU专科护士资格认证培训教程》第2版，印刷2000余册。编辑《实用伤口护理手册》《老年人护理常见风险因素控制》地方标准、《急诊专科护士培训教程》《口腔科护士必读》《静脉输液知识问答手册》。

国际交流与合作 8月10日，妇产科专业委员会召开国际泌乳学研究及临床干预学术研讨会。邀请美国Paula Meier教授就如何帮助母亲建立和维持泌乳、保障婴儿得到最佳的营养与健康的最新国际基础研究和临床实践进行专题演讲，全市各医院妇产科护士长100余人参会。

7月，肿瘤专业委员会与美国纽约大学护理专家进行乳腺癌术后淋巴水肿管理的交流与研讨，30人参加研讨会。

信息化建设 年初，北京护理学会门户网站正式启动运行（网址：www.bjhlxh.com）。现具备会员管理、信息发布、会议报名、在线咨询、资料下载等功能。网站正在进行二期功能建设。

其他工作 5月12～15日，学会与市卫生局在北京市规划展览馆联合举办"天使在身边"暨2011年国际护士节大型主题展览。展览分为成果展示、互动交流、科普讲堂和寄语4个区域，主要展示北京市优质护理服务工程和专科护士资格认证工作成果及百姓保健常识，1738人参观展览。

（撰稿：佟锦程　审核：李春燕）

领导名单

会　长　孙　红

副会长　呼　滨　吴欣娟　王建荣　应　岚　郑一宁　张洪君

秘书长　李春燕

北京中医药学会

（东城区东单三条甲7号）
邮编：100005　电话：65223477
网址：www.bjacm.org

基本情况 增加会员70人，会员总数5868人。5月20日，召开常务理事会，会长赵静作2011年总结，并布置2012年工作任务。12月27日，召开常务理事会，总结本年度工作，增补新的常务理事、副秘书长，讨论2012年工作计划。

学术活动 6月18～22日，学会主办全国中医药研究暨中医药科室管理学术研讨会，内容为中医药继承与创新；名老中医药专家学术经验继承；总结研究名老中医药专家的学术思想、临证经验和技术专长；安全、有效、适宜应用的技术、方法和方药；传统制药技术和老药工经验挖掘整理；中医药临床研究，以解决制约中医药特色发挥的关键性问题；中医药理论与实践创新；中药材、中药制剂、中药炮制、中药饮片质量控制和中药房、煎药室管理；医疗机构中药制剂和膏方发展；中药饮片调剂和处方应付；临床中药学等。收到论文59篇，参会84人。6月27～29日，与中国中医药研究促进会共同主办首届北京中医药文化博览会暨首届北京中医药文化产业论坛，国内外中医药科研、医疗和产业界精英3500余人参加。8月10日，与《首都医药》杂志社共同举办中药饮片鉴别暨传统中药饮片生产示范基地揭牌仪式。北京太洋树康中药饮片厂、北京卫仁中药饮片厂、北京市双桥燕京中药饮片厂、北京人卫中药饮片厂、北京三和药业有限公司被市药监局授予传统中药饮片生产示范基地。

2月13日，络病专业委员会与中华中医药学会络病分会召开脉络学说构建及其指导血管病变防治研究高层论坛暨《脉络病》首发式，到会专家1100人。6月12～14日，由络病专业委员会协办召开第七届国际络病大会，参会1000余人。

4月10日、9月24日，肛肠专业委员会分别举办肛肠疑难病诊治论坛，就肛肠病痔漏、便秘及其他相关学术难题展开讨论，到会专家190人次。

4月15～17日，中药制剂专业委员会召开专题学术会，到会20人。会后参观济川药业集团的企业园区及制剂车间。12月21日，举办中药贴膏剂研究与创新技术研讨会，40余名委员参加。

5月16日，糖尿病专业委员会举办糖尿病学术论坛，到会80人。

6月18日，中医心身医学专业委员会举办心身医学论坛，针对焦虑症展开研讨，到会专家150人。

7月，综合医院中医工作委员会举办焦虑抑郁的识别与个体化治疗学术沙龙，20余名委员参加。8月16日，举办临床中成药使用的有关问题学术沙龙，80余人参加。

8月20日，中药调剂、中药资源及鉴定专业委员会组织各医院中药房职工380人赴延庆县玉都山开展认药、采药活动。

9月16～18日，学会中药制剂专业委员会、世纪坛医院联合主办全国第4届医院制剂论坛，参会220人。

10月14～16日，承办全国肛肠学术交流大会，全国近2000名中医肛肠界代表出席。收到论文558篇，收录512篇，分为10个专题22个专类，大会交流学术报告59篇。

11月2～3日，中药鉴别专业委员会35名委员赴山东聊城开展阿胶炮制工艺参观与真假鉴别活动。

11月3日，男科专业委员会举办全国首届岐黄男科论坛。邀请全国各地中西医男科专家数十名，就男性不育症、男性性功能障碍、前列腺疾病、男性更年期综合征、男性亚健康预防与治疗以及雄激素、PDE－5抑制剂、抗抑郁药物的使用等专题进行交流。北京、天津、上海、广州等全国400余名中医、西医泌尿男科、生殖医学科专家参加。

11月9日，针刀专业委员会举办腰椎间盘突出症及相关疾病的专题讨论，30多名专家及一部分外地学员参加。

11月16日，风湿病专业委员会召开风湿病学术年会。冯兴华、王玉明等作主题发言，就学习经典古籍、风湿性关节炎、强直性脊柱炎的防治展开研讨。到会委员和专家150人。

11月24日，中医检验专业委员会组织15名北京地区中医医院检验科主任专家召开《中医医院评审细则》（征求意见稿）——检验与输血部分修改研讨会。12月17日，召开北京地区中医医院医学检验会议，70人参会。

12月3日，肾病专业委员会召开中医肾病学年会，到会专家100人。

12月10日，心血管专业委员会主办心血管专业委员会年会，收到论文218篇，到会代表400余人。

12月16日，临床药学专业委员会与宣武医院联合举办中药临床药学新技术新进展学术论坛，80名各医院药剂科主任参加。

12月23日，急症专业委员会举办急症高研班暨中医急症学术年会，到会专家50人。

科普宣传　开展义诊等6次，如六一儿童节，在北京东苑中医院10名专家参加义诊和健康科普大讲堂，接诊患儿100人次，发放中医药科普宣传资料600余份。国际肾病日、肿瘤日，分别组织肾病、肿瘤专业委员会专家开展义诊和宣教讲堂系列活动，如肾病日，在北京东方医院和解放军空军总医院门诊大厅开展义诊、科普活动，受到患者欢迎。

3月17日，学会召集部分理事、委员开会，纪念第82届国医节。3月18日，科普专业委员会召开中医药科普学术沙龙，对中医科普书籍的编写及媒体科普宣传做了布置。

继续教育　完成继续教育和学术讲座51次。在大兴区中医院、宣武医学会等处举办学术讲座11场，听课700余人次。通过“北京中医药学会网上远程继续教育课题”形式开展继续教育35个，专业包括中医临床技能、中医经典、中医基础课程，网上学习1894人。中医基础录像播放35场。15个专业委员会全年举办大型学术讲座30余次，7000余人次参加。

10月15～16日，肛肠专业委员会举办全国中医肛肠病进修班（国家级继续教育项目），35名学员参加。

11月18～20日，举办全国生殖内分泌中西医研究进展学习班（国家级中医药继续教育项目），国内84名中医妇科医生参加。

11月20～27日，主办第19期全国中药材及饮片真伪鉴别学习班，学员108人。学习班期间组织上山采药、考察安国药材市场、参观药用植物所及中药标本馆。

11月21～26日，糖尿病专业委员会与北京世纪坛医院举办第2届全国中医糖尿病临床路径研修班，70人参加。

举办第2期膏方制备方法学习班。以实际操作为主，边讲边学，每期每班6人。

12月21日，外科专业委员会主办的中医适宜技术推广学习班（市级继续教育认可项目），50人参加。

编辑出版　《北京中医药》杂志全年收稿1126

篇，刊登360篇，刊用率31.97%，其中课题稿件118篇，占32.78%；国家级课题56篇，占47.46篇。刊登3个专栏，分别是中医痹证、中医络病以及中医急症。全年发行33000册。2011年清华同方和中国信息研究所的统计数据显示，与上年比较，本刊影响因子的综合排名有所提高。杂志利用封底和封三等版面为东方医院、北京中医医院、北京市中西医结合医院、东直门医院等优秀团体会员单位进行免费宣传和报道。5月，经主管单位批准，与北京市中药研究所协商，经国家新闻出版总署批准，北京市中药研究所为《北京中医药》杂志的主办单位。对采编系统升级和网站改版，新改版的网站将为专家、作者和读者提供更大的信息量。

承担市中医局委托的《首都中医药信息》的编辑发行工作。全年编辑12期，每期发行200余册。

肛肠专业委员会出版第四期《北京肛肠通讯》《北京肛肠通讯特刊》（内部期刊），缅怀肛肠大师史兆岐逝世10周年。外科专业委员会出版第5期《北京外科通讯》（内部期刊）。编辑出版各种学术会议汇编18种4000余册。中医检验专业委员会组织专家编写《中医医院检验科规范化管理》，内容包括与中医检验相关的11个文件，共计10万字。

（撰稿：韩玉洋　审核：邓　娟）

领导名单

名誉会长　张炳厚

会　　长　赵　静

副 会 长　边宝生　许树强　齐　昉　李俊德　杨明会　陈　誩　周德安　姜在旸　高思华　曹洪欣　梅　群　谢阳谷

秘 书 长　高丹枫

北京中西医结合学会

（东城区东单三条甲7号）

邮编：100005　电话：65250460

网址：www. bjatw. com

基本情况　会员5550人，团体会员单位77个。有专业委员会38个（其中新成立3个），工作委员会4个。眼科、肛肠、神经内科、皮科、肾病委员会完成换届改选工作。

学术活动　举办皮科学术年会、眼科年会、检验年会、变态反应年会、耳鼻喉年会、儿科年会、泌尿专业学术交流会等各类学术活动24场次，交流论文720篇，参加学术活动5000余人次。

科普宣传　5月28日，北京市百万市民观光果园采摘游暨第6届通州樱桃节在通州区大运河公园举行。通州区科协、北京中西医结合学会制作中医药文化宣传展板，从中医汉字文化、中医夏季养生、中医自我保健等角度对科普知识进行宣传，6000余人次参加活动。

科技咨询　5月15日，由市中医局、东城区政府主办，北京中西医结合学会承办的第4届北京中医药文化宣传周暨第3届地坛中医药健康文化节在地坛公园举办，设置名医大讲堂、针灸非遗展区、健康社区、适宜技术、图书展区、中药展区、针灸义诊、专家义诊，在各区域分专题进行展板、多媒体、实物展示，设计展板200余块，印制并发放宣传册8万余册，本市27家医疗机构的200余名中医、中西医结合专家为市民提供义诊咨询9000余人次。9位著名中医药养生专家进行健康科普讲座，5000余人次听讲，7000余人次进行针灸及社区适宜中医技术体验，39家单位及企业进行中医药相关产品的展示展卖，500余种北京中医药“薪火传承3+3工程”83个名老中医工作室站出版的专著和科普图书，以及从行业出版社遴选的中医药精品科普图书供群众开架阅读。参与养生园猜谜、找穴位、中药辨识等活动的群众3600余人次，共8万余人次参与活动。

培训工作　全年设置继续教育讲座听课会场10个，举办继续教育讲座62场次，听课6000余人次。举办传染病、肝病、药学、肿瘤、急诊等培训班7

期，培训700余人，其中国家级培训班4个、市级培训班3个。

其他工作 学会建立党建工作小组，成员由会长、副会长组成，设立组长1人、副组长1人、组员7人。

配合并参加中国中西医结合学会组织的全国中西医结合发展战略研讨会暨中国中西医结合成立30周年纪念会，推荐的14名会员获第2届中西医结合贡献奖、18名会员获首届中西医结合优秀青年贡献奖。

（撰稿：董彦菊　审核：刘　刚）

领导名单

会　长　王莒生

副会长　王　阶　王　辰　王笑民　王晓民　吴红金　张澍田　李　林　杨明会　杨晋翔　赵　静　唐旭东　史载祥　赵锡银

秘书长　赵锡银

北京预防医学会

（东城区和平里中街16号）
邮编：100013　电话：64407288

组织管理　3月24日，召开五届四次常务理事会，重点通报学会将参加北京市社会团体评估的相关工作。会议审议通过学会2010年度工作总结和2011年工作计划，增补北京地坛医院张永利、市卫生监督所李亚京、北京妇产医院赵娟为常务理事。

10月8日，原市疾控中心健康教育所刘枫调入学会，担任副秘书长并主持日常工作。

12月23日，召开五届五次常务理事会，常务副秘书长刘枫做2011年学会工作总结和2012年工作计划报告。常务理事对2011年工作总结和2012年工作计划进行讨论，提出加强高层论坛、学术研讨会等；开展优秀论文评选活动；利用《健康城市》平台，参与相关项目；到部队、检疫局等部门开展一天工作体验活动以及建议成立军事医学专业委员会等。

培训工作　3月，完成第3期北京市社区预防保健医师骨干培训班的结题考核，本市有33名防保医师报名参加为期半年的培训，31人获得结业证。7月14～15日，邀请部分区县卫生局、社管中心、社区卫生服务中心负责人参加防保医师骨干培训座谈会，就北京市防保医师骨干培训方案、2010年防保医师骨干培训情况以及前3届培训情况进行总结和座谈。

4月21～28日，举办防保医师岗位培训班，全市社区卫生服务中心237名预防保健医师参加为期8天的培训，233人合格，合格率98.31%。5月12～19日，举办防保人员岗位培训班，各社区卫生服务中心224名预防保健人员参加为期7天的培训，217人合格，合格率96.88%。

受市卫生人才考评中心委托，本会承担防保医师、防保人员岗位培训理论考试命题及技能操作命题工作。7月，完成理论考试命题、审题工作；10月，完成技能操作考试工作。9月26～27日，分别举办防保医师和防保人员岗位技能操作培训班，7名专家就流行病学调查分析、死因统计、咽拭子采样、免疫规划、消毒技术、妇女保健、儿童保健相关技能操作进行培训，358人参加。10月15～16日，分别组织防保医师岗位技能操作考试和防保人员岗位技能操作考试，197名防保医师参加技能操作考试，8人未通过；152名防保人员参加技能操作考试，9人未通过。

受市卫生局、市社区卫生协会的委托，承担传染病实用控制知识与技术，免疫规划，社区妇幼卫生现代实用知识Ⅰ、Ⅱ，健康教育等5个模块的必修课程培训工作。3月、6月、9月，举办3期预防保健医师必修课程培训班，18讲90学时，2500人参加。

6月13～15日，与儿童少年专业委员联合举办学生常见疾病预防控制系列讲座，全市大、中、小学，托幼机构及区县疾控中心具有中级专业职称的医务人员500人参加为期3天18学时的培训。

完成各项委托项目　从2010年起承担了“健康北京人——母婴健康行动”项目的子项目“健康北京

人——预防保健培训”。该项目分为两个阶段：第1阶段（2010年），在城八区疾控中心或区预防医学会开展，举办11个培训班，培训1595人次。第2阶段（2011年），在远郊区县全面铺开。7月，学会组织专家完成培训教材的编写、审稿并印刷成册；8月，完成项目培训工作布置会及师资培训；11月底，完成整个项目的培训，共举办培训班10场次，培训1670人。

9月，受市卫生人才考评中心委托，完成预防医学晋升高级职称考试题库的命题及审题工作。题库完成2500道试题，涉及11个亚专业。

学术交流 6月1～7日，响应世界卫生日“抵御耐药性——今天不采取行动，明天就无药可用”主题号召，医院感染控制专业委员会牵头举办抗菌药物合理使用宣传周活动。采取专题讲座、讲座后考核、现场发放宣传折页、展板展示等形式，进行合理使用药物的宣传与倡议。6月10～11日，举办北京抗感染治疗高峰论坛，多名感染控制专家、感染治疗专家及药学专家做学术报告。

由儿少卫生专业委员会牵头，协助市卫生局、市教委，组织专家编制《北京市中小学校卫生防病工作规范》。环境卫生专业委员会针对环境污染突发事件，特别是化学物质泄漏所致大气污染突发事件，撰写《化学物质意外泄漏所致大气污染突发事件健康影响调查》。

3月11日，劳动卫生职业病专业委员会牵头召开发展职业健康、促进基层职业卫生管理学术会，魏云芳委员做《发展职业健康，造福劳动者，为建设中国特色世界城市试验区而奋斗》的专题报告。5月27日，劳动卫生职业病专业委员会牵头召开高新技术企业职业健康发展研讨会，赵容委员做《适应形势，迎接挑战，扎实推进——北京市建设项目职业病危害评价工作》专题报告，海淀区卫生监督所副所长马琳做题为《海淀区职业卫生监督研究报告》。

6月12～18日，劳动卫生职业病专业委员会主任高星与北京大学公共卫生学院物理因素教授赴加拿大渥太华参加第12届国际手臂振动学术会议，并做大会交流报告和申请第13届国际手臂振动学术会议陈述报告。大会决定2015年第13届国际手臂振动病会议在北京召开。

7月、10月，流行病专业委员会分别举办了优秀论文评选和科研设计与论文撰写专题讲座活动。12月7～11日，中华预防医学会儿少卫生专业委员会召开第9届学术年会。北京市投稿80余篇，组织70余名大、中、小学校卫生人员参加学术交流会，其中20余人在会上做了论文交流，43人获得优秀论文奖（其中一等奖10人）。

科普宣传 12月5～9日，劳动卫生职业病专业委员会举办8次职业病防治公益科普大讲堂活动，为4个区县的8个企业近500名一线员工发放职业健康教育处方，讲授工作场所职业病危害因素、接触人群健康损害及个人防护。此外，利用《北京日报》《法制晚报》等，每月编辑出版一期职业病防治栏目，发送至16个区县疾病控制系统，再由区县疾控机构发送至企业，形成传播职业病防治知识的网络。

4～11月，健康教育专业委员会组织社区医生深入社区开展健康大课堂7679场，受众363927人次。内容包括合理膳食、预防高血压、家庭自测血压、家庭急救、正确刷牙、两癌筛查等30余项。

年内，妇女保健专业委员会通过电视、电台、公益广告、健康讲座、入户发放宣传资料，在社区、乡村张贴海报，普及健康知识，提高妇女防癌意识，印发两癌宣教手册28万份，宫颈癌、乳腺癌、生殖道感染折页12万份。

（撰稿：刘　枫　向世进　审核：孙贤理）

领导名单

会　长 孙贤理
副会长 毛　羽　王　义　王　嵬　邓　瑛
伍冀湘　刘泽军　李　峰　郑志伟
姜国栋　禹　震　贺　雄　赵　涛
唐耀武　彭智会　**秘书长** 裴绍民

北京中医协会

（朝阳区小关北里218号）
邮编：100029　电话：64007339
网址：www. bjtcm. gov. cn/bjtcma

基本情况　有单位会员88个。3月30日，召开第一届第五次理事扩大会，发展北京振国中西医结合肿瘤医院、北京万和颈椎病医院、北京金皆源中医文化有限公司等会员单位3个，增补门头沟区中医医院郑秀霞、顺义区中医医院王飞、怀柔区中医医院刘宝珍、北京振国中西医结合肿瘤医院王振国、北京万和颈椎病医院都本厚、北京金皆源中医文化有限公司钱明为理事，增补北京中医药大学东直门医院王耀献、北京中医药大学东方医院张允岭、中国中医科学院范吉平、北京中医药大学靳奇为常务理事。

学术活动　9月，组织北京地区中医医院院长、医政管理干部35人赴安徽省培训，并进行经验交流和考察。

中医执业医师考试及管理　对市中医局备案的204名传统医学师承人员进行继承学习过程的管理。各区县卫生局审核通过的报考确有专长人员95人，实际考试82人，合格56人，通过率68%。中医执业医师考生较上年增加5%，网报2625人，考点审核通过2256人，考区审核通过2004人，其中港澳台及韩国考生155人；实际参加考试1850人，缺考154人，考试及格1248人，通过率67.46%。

医疗质量监测　全年完成中医医院病案数据114556条、人力资源数据11585条的收集统计和分析。完成东城区、海淀区、怀柔区每区3个社区卫生服务中心、9个社区卫生服务站和大兴区、平谷区、通州区每区3个乡镇卫生院、9个村卫生室72个监测点的社区、农村中医药服务的监测，并将监测数据上报国家中医医疗质量监测中心。5月、7月，召开北京地区中医医疗质量监测研讨培训会，培训中医医疗质量监测及布置数据上报工作。8月，召开北京地区中医医院医疗质量监测工作会，二、三级中医医院各监测网点负责人200余人参加，全国中医医疗质量监测中心专家就新开发的月报监测软件进行培训。

网上查询　至年底，中医信息网收录北京地区各级卫生行政部门、中医行政管理部门审核批准注册的中央、市属、区县属非营利性、营利性中医医疗机构736个，注册执业医师数据库项目10512条。年内，新增中医医疗机构14个，维护468次；新增医师2549人，维护4440次；对中医医疗机构信息修改137次、医师信息修改2650次。

医院管理年检查和绩效考核　5～6月，受市中医局委托完成对北京市9家三级及19家二级综合中医医院、专科中医医院、中西医结合医院的医院管理年和市、区县中医医院绩效考核检查评估，并对市、区县中医医院的绩效考核结果网上公示。

制订国家标准　协助国家中医管理局修订《全国基层（农村）中医药工作先进单位标准及手册》《全国基层（社区）中医药工作先进单位标准及手册》《地市级以上全国基层中医药工作先进单位验收细则》《全国中医医院医院管理年检查标准及手册》《三级中医医院评审标准及细则》，并参与部分现场验收工作。

中医医师注册　全年中医、中西医结合、民族医医师执业注册581人，其中首次执业注册169人、执业助理医师升执业医师注册8人、换执业类别注册3人、市中医局区内变更74人、市中医局内至市中医局外变更71人、市中医局外至市中医局内变更235人、注册备案5人、取消备案2人、注销注册1人、重新注册1人、医师执业证书作废重发3人、修改医师资格证书4人、军队换发地方资格证书5人。

（撰稿：程治馨　审核：朱桂荣）

领导名单

会　长　谢阳谷
副会长　曹洪欣　郑守曾　李俊德　杨明会
　　　　许树强　陈　誩
秘书长　朱桂荣

北京防痨协会

（西城区新街口东光胡同5号）
邮编：100035　电话：62252649
网址：www. bast. net. cn/bjkx/xstt/ykl/bjflxh

基本情况　2月16日，召开理事会全体会议，理事长洪峰主持会议并通报中国防痨协会第十次全国代表大会情况；秘书长安燕生作工作总结和本年度工作思路的报告。

学术活动　完成系列专题学术讲座7次，包括肺结核胸片和CT的诊断与鉴别诊断，结核病预防性治疗最新进展，结核病实验室诊断技术研究进展，菌阴肺结核诊断与鉴别诊断，肺部疾病的临床诊断，抗结核药物肝损害的机制、诊断及处理，400余人次参加。

10月13～15日，中国防痨协会全国学术会议在广西桂林市举办，各省、市、自治区及港澳地区近700人参加，北京防痨协会17人参加。北京防痨协会有6篇论文获奖，其中北京结核病控制研究所张天豪“涂阳肺结核患者家庭密切接触者筛查研究”获一等奖，王静“北京市一线抗结核药品不良反应发生情况及其对化疗工作的影响”、“223例复治涂阳肺结核患者治疗现状分析”分别获二等奖和三等奖，获优秀奖3篇。协会选送防痨科普作品17部，其中北京结核病控制研究所“防治结核健康颂”FLASH动画片获影像类二等奖，洪峰主编“肺结核病人康复指导”获文字类二等奖，朝阳区疾控中心张爱洁设计“按时服药，全程治疗——七天提醒药盒”获三等奖，其余作品获优秀奖。

科普宣传　3月24日，第16个世界防治结核病日，主题是“遏制结核，共享健康”。3月23日，市卫生局与北京结核病控制研究所、北京防痨协会举办世界防治结核病日北京市主题宣传活动，200余人参加。表彰结核病防治健康促进先进单位，并进行北京市首届结核病防治公益作品征集活动颁奖典礼。

10月13～16日，由市卫生局、市总工会、市体育局主办的第2届北京市职工健身健康博览会在地坛公园举办。协会开展多种形式的宣传活动：“遏制结核，共享健康”大型条幅万人签名活动；免费X线胸片检查；健康咨询、义诊——专家现场为群众解答疑问，包括结核病的症状、治疗药品、预防措施以及防治政策等；宣传短片循环播放——协会与北京结核病控制研究所设计制作的《双十字光芒》《防治结核健康颂》把结核病防治核心知识带给大家；发放结核病防治知识宣传单页7000张、折页4000份、手册800本、海报200张、宣传笔400支、环保纸袋400个，结核病防治知识知晓率问卷调查500份。

培训工作　8月15～18日，举办国家级继续医学教育项目——全国学校肺结核疫情监测与处置培训班，103人参加。9月26～27日，举办以本市学员为主的第二期培训班，近200人参加。

继续教育　完成继续医学教育项目23项，其中市、区级项目10项，授予Ⅰ类学分21分；区县及自管项目13项，授予Ⅱ类学分16.50分。2260人次参加。

国际交流与合作　4月26日～5月1日，12人参加赴韩国结核病防治工作考察团，对韩国结核病研究院、韩国济州防痨协会等地考察学习。7月8～11日，由香港防痨心脏及胸病协会主办的国际防痨与肺病联合会亚太区第3届学术会议在香港召开，主题是“结核病与胸肺疾病的新挑战”。部分区县结防所业务骨干12人参会。北京结核病控制研究所研究员王甦民在大会上做题为《结核病实验室诊断技术研究进展》的学术报告，洪峰等参加由法国生物梅里埃公司主办的结核病实验室检验新技术研讨会。7月8～22日，选派2名青年检验人员赴香港培训学习2周，分别到香港卫生署湾仔胸肺诊疗所、香港防痨心脏及胸病协会、香港葛量洪医院以及香港公共卫生检测中心结核参比实验室学习与交流。

其他工作 完成2012年科协专项经费预算，申报3项：举办现代结核病控制国际学术高层研讨会、派2名实验室专业技术人员赴香港进行结核病实验室研究新技术培训、第10届理事会的换届。秘书长安燕生被评为市科协系统先进个人。

（撰稿：倪新兰 审核：安燕生）

领导名单

理 事 长 洪 峰

副理事长 安燕生 张广宇 李 琦

秘 书 长 安燕生

北京性病艾滋病防治协会

（东城区和平里中街16号）

邮编：100013 电话：84241190

基本情况 2月，召开五届三次常务理事会，总结上年度工作并介绍本年度工作要点。

宣传教育 协会作为主办单位，参加由210多名艾滋病防治领域的社区工作者、基金会、政府和相关机构代表及感染者代表开展的感染者反歧视——烛光纪念活动。艾滋病宣传大使蒋雯丽出席。

世界艾滋病日期间，支持草根组织及大学生开展相关的宣传活动。北京大学医学部公共卫生学院学生会举办的艾滋病宣传周之关爱小学行活动在北京大学医学部附属小学和北京科技大学附属小学开展；11月23日，举办爱心红丝带——小学生字画评选及知识竞赛；11月26日，“共同关艾，共享生命”户外宣传活动在北京西站北广场举行。12月2日，艾滋病宣传周在逸夫楼报告厅举行闭幕仪式。12月1日，由北京大学红十字会和北京性病艾滋病防治协会主办、杰士邦公司协办的世界艾滋病日高校公益讲座在北京大学理教楼举办，110多名学生参加。副会长唐耀武以“共同携手，抗击艾滋”为主题介绍艾滋病全球流行状况和对健康、家庭、社会经济的危害，我国政府的政策和近年流行特点的变化等。12月1日，与中国性病艾滋病防治协会共同支持杜蕾斯公司在搜狐网络上设置艾滋病日宣传活动专题页面，专题活动点击率48万次。支持健康同行感染者小组举办活动，110余名HIV感染者参加，中国性病艾滋病防治协会秘书长罗玫、北京性病艾滋病防治协会会长郑志伟、世界卫生组织官员何景琳、比尔和梅琳达·盖茨基金会项目官员戴闵、贝利·马丁基金会董事张忠誉、北京地坛医院党委书记滕秀琴、北京地坛医院感染科及北京红丝带之家负责人等参加活动。

全年人工热线咨询3208人次（男3071人、女137人），语音咨询31565人次。

国际合作 继续履行北京地区民间组织中盖艾滋病项目管理职责，实施北京地区中盖艾滋病项目。鉴于国家项目办对项目策略的调整，本年度只开展对MSM人群进行动员检测及对感染者和病人进行关怀2个项目。申报项目申请书19份，经过专家评审，6项通过，12项修改后通过，其中动员MSM干预检测12项13290人，经费823980元；对感染者/病人关怀6项2700人，经费810000元，总计1633980元。完善“三位一体”模式，分别召开中盖艾滋病项目NGO实施机构讨论会、工作协调会、工作会、实施机构负责人会、项目管理研讨会、经验交流会等。全年完成MSM人群干预25753人。动员MSM检测13188人，其中阳性668人，阳性检出率5.1%。计划关怀2700人，完成3578人，完成率132.5%，实施机构全部使用关怀软件进行管理，并按协会要求每半年进行一次CD4检测。中盖艾滋病项目执行4年以来，协会推出2个优秀案例、9篇优秀经验交流文章；参加全国中盖艾滋病经验交流会，北京地区获3个一等奖、2个二等奖、1个三等奖，其中北京性病艾滋病防治协会获得一等奖1个。

学术交流 4月，派人前往海口参加总结经验、分析解决问题、落实项目中期计划的中盖艾滋病全国年会，提出本年度北京项目工作计划及需关注的问题。5月，与中国艾协共同举办艾滋病热线咨询员培训，邀请国家艾滋病参比实验室专家进行专业技术知识讲座。6月，参加中盖艾滋病项目协会城市管理培训班。7月，派人参加国家中盖艾滋病项目办公室举办的中盖项目信息收集工具软件开发与应用培训班。8月，参加第5届全国性病艾滋病防治协会联盟工作会议。10月，参加中国性病艾滋病防治协会第1期中盖艾滋病项目省市级项目人员团队熔炼活动。11月，参加中国性病艾滋病防治协会的全国性病艾滋病数字化防控平台启动仪式。12月，参加由新探健康发展研究中心在召开的降低毒品危害预防艾滋病研讨会。12月，协会派人参加香港举办艾滋病预防与控制同工活动，参观、考察香港地区部分艾滋病性病防治机构，研讨、交流艾滋病性病预防与控制的策略和措施，学习香港治疗、关怀以及反歧视等方面的经验。

其他工作 国家艾滋病防治社会动员项目是中央财政经费支持的项目。成功申请艾滋病热线咨询项目，并于3月全面启动项目工作。开展咨询员能力培训，就艾滋病防治政策、法规、诊断、治疗、关怀支持、咨询工作医学心理学技能等进行培训。艾滋病热线咨询项目经过10个月的运作，基本达到预期目的：给所有想要得到性病艾滋病预防知识、并需要解除心理障碍者以尽可能的帮助，同时吸引重点人群，引导正确就医，解除求询者的心理障碍，指导求询者的安全性行为，使求询者得到具体的、有针对性的帮助。

完成市民政局组织的社会民生服务行动项目的工作。申请本年度北京地区服务民生行动扶贫救助“对艾滋病感染者服务培训活动”项目，主要通过培训帮助艾滋病病毒感染者/病人（HIV/AIDS）缓解精神压力，增强其社会责任感；树立HIV自立自强的信心和人生观；增进HIV群体内的互助行为，减少个人压力；增进HIV的彼此了解，保持社会稳定，有效控制性病二次传播，维系感染者家庭关系，促进整体和谐，缓解他们的心理压力和痛苦，最大限度地降低HIV/AIDS给社会带来的危害。市民政局经过论证和评估，并委托第三方对项目进行绩效评估，确定“对艾滋病感染者服务培训活动”项目运作规范，成果明显，社会效益良好，作为政府购买社会组织公益服务项目获得一定的奖励。项目对艾滋病感染志愿者骨干培训200人，病人关怀1000人次，辐射受益100个家庭，5000名流动人口直接受益。

（撰稿：周　莉　审核：郑志伟）

领导名单

名誉会长　吕德仁

会　　长　郑志伟

副 会 长　马纯钢　邓　瑛　车志军　甘北林　刘　娜　刘　江　刘宝成　孙贤理　孙　正　师　伟　关宝英　李　宁　连　石　武玉华　赵　涛　赵文忠　钱　进　袁　林　唐耀武　郭建丽　潘京海

秘 书 长　唐耀武

北京医院协会

（西城区长椿街45号）

邮编：100054　电话：63158655

基本情况 有名誉会长2人、顾问1人、会长1人、常务副会长1人、理事144人，监事会监事长1人、监事2人，秘书长1人、副秘书长4人。团体会员单位174个。有8个专业委员会（分会）。参加北京市第2批行业协会评估，完成评估申报及承诺书、自评报告、评估自评表、相关法律文书副本、2009年和2010年协会年度工作计划、总结等材料的报送，向监事、理事、会员发放内部评价问卷调查表40多份。6月7日，市社团办对北京医院协会进行现场评估，被评为3A级社会组织。

学术活动 11月11日，召开第8届学术年会。卫生部医管司司长张宗久、中国医院协会副会长兼秘书长李洪山、市卫生局副局长王松灵到会并讲话，协会领导和北京地区各大医院管理者200余人参会。大会表彰35名优秀医院管理干部，表彰并颁发12个优秀医院管理科研成果奖、10篇优秀论文以及4个单位优秀组织奖。大会发言交流论文10篇，全文登载论文48篇、摘要登载论文38篇。

9月7～10日，协会常务副会长朱士俊率领33人代表团赴沪参加上海市医院协会承办的第10届京津沪渝医院管理高级论坛。论坛以市为单位，围绕“公立医院改革与发展”主题演讲。北京医院协会副会长、北大人民医院院长王杉《现代技术助力医院质量持续改进》，副会长、北大第三医院院长陈仲强《实施全面预算推动医院科学化精细化管理》，常务理事、北京朝阳医院院长封国生《加强医院绩效管理，促进医院全面发展》的演讲得到好评。北京医院协会会长、宣武医院院长张建《综合医院学科建设十年持续创新与实践研究》，北京协和医院徐园主任《优质护理服务工作开展前后住院病人对护理服务满意度比较》，北京北亚骨科医院院长肖正权《住院患者满意度整体管理模式创建与实践》，复兴医院严春泽主任《复兴医院社区卫生服务工作的实践》，北京口腔医院院长助理李建英《我院落实非在编护士岗位聘用待遇实践与体会》等5篇论文进行会议书面交流。

3月26日，北京医院协会和中国医院协会医院感染管理专业委员会举办中国医院感染管理－院长高峰论坛，主题为医院感染与病人安全。各医院主管医院感染工作的院长、感染科主任等400余人参会。

专题研讨　4月23日，农村医院委员会组织郊区县二级医院院长、书记召开研讨交流会，围绕三级医院评审标准的主旨讨论。10月29日，在大兴区人民医院就电子病历书写进行研讨交流。大兴区人民医院和顺义区医院作为市卫生局电子病历书写的试点单位分别介绍工作进展情况，常务副会长朱士俊就电子病历问题进行讲解，介绍301医院的经验。

4月27日，门急诊管理分会就如何落实3～5年内预约挂号率达80%的医改要求进行交流探讨。10月26～30日，与中国医院协会门急诊管理专业委员会召开学术年会，宣武医院书记王香平《预约诊疗与层级就诊》、北京儿童医院副院长申昆玲《多途径预约挂号模式》在会上进行交流。

7月，城市医院委员会举办院长沙龙。北京市第六医院院长杨永强做《贯彻落实卫生部“三好一满意”活动，全面加强质量控制，促进医院内涵建设》的报告，并开展交流和讨论。东城区卫生局局长李亚兰及城六区卫生局的部分医政科科长、区属医院院长和医务部主任40余人参加。

8月5～6日，药事管理委员会召开第2届城六区医院药事管理持续改进与抗菌药物合理应用学术研讨会。中国医院协会药事管理委员会主任委员颜青讲解卫生部药事管理与抗菌药物相关的政策，垂杨柳医院院长何兴图介绍该院的药事管理工作，垂杨柳医院药剂科主任夏文斌和回民医院药剂科主任赵建来分别做“安全用药与持续改进”和“香港参观学习及抗菌药物管理交流”的汇报。11月22日，组织城六区医院举办抗菌药物临床使用整治方案落实的经验交流圆桌会议，复兴医院药剂科主任姜红做《抗菌药物合理应用》的专题报告。

9月，民营医院委员会与城市委员会举办公立医院和民营医院发展研讨、观摩、交流活动。参观北京三博脑科医院、北京三环肿瘤医院、北京北亚骨科医院，就医院管理，多途径解决看病难、看病贵问题，公立医院同民营医院如何资源共享、优势互补等进行研讨。城六区二级医院院长、副院长、医政科长等30余人参加。

在第八届北京医院协会学术年会分会场专题研讨会上，友谊医院办公室主任李凤茹做《探索公立医院改革新思路，促进医院全面发展》的报告，宣武医院院办主任吴宇彤介绍医院行政管理委员会组团赴澳大利亚、新西兰考察学习的情况，儿童医院副院长、挂职西藏拉萨市卫生局常务副局长的谢向辉介绍西藏自治区卫生事业发展的情况。

调研工作　5月，受市卫生局基层卫生处委托，农村医院委员会组织10余名工作人员分组调研乡村医生队伍的基本情况，撰写《关于规范乡村医生队伍管理，不断提高医疗卫生服务质量的意见》，并于6月初完成调研报告。

科技咨询　6月4～5日，民营医院委员会协助市委宣传部、首都精神文明办、市卫生局、北京报业集团在地坛公园举办第5届北京市全民健康公益活动，24家民营医院参加义诊活动。活动期间，医疗服务咨询约5000人次，发放健康教育宣传材料10000余份，义务检查诊治800余人。

7月，农村医院委员组织35名专家参加由统战部、宋庆龄基金会、北京市红十字会、步长集团等单位组织的“同心·共铸中国心西藏行”大型健康公益行动，为西藏贫困地区人民送医送药、义诊及培训当地医务人员，确立帮扶关系及做好先心病患儿、白内障病人后续治疗准备等工作，580人参加活动，其中北京有300多名专家。赴西藏4个地区10几个区县20个乡8个寺庙，跋涉近2万公里义诊、巡诊，每天每人诊治约百名病人。

9月17日，行政管理专业委员会副主任委员张华等10人赴西藏开展考察慰问活动。带去协会慰问金1万元，并赠送当地必需的常用药品等。

培训工作 5月21日，常务副会长朱士俊应农村医院委员会邀请对三级医院评审标准进行解读，60余名郊区医院、区医疗中心的领导参加培训。

6月22日，举办《新财务会计法》专题讲座，邀请武警医学院张晓玉教授主讲。中央、部队、市、区县各级医院、企业以及民营医院主管院长、财务处（科）负责人及有关干部160余人参加。

12月9～11日，药事管理专业委员会与解放军总医院医学保障部举办医院感染目标性监测项目培训班，特邀香港医院管理局感染控制组专家程隶妍教授授课。20家医院的59名临床药师和院感专职人员参加培训。培训内容包括手卫生依从性调查、切口感染控制目标性监测、抗生素分级临床管理方案实施、医院感染现患率调查方法和临床实际操作指导等。

对外交流 4月21～22日，药事管理专业委员会组织二级医院专家考察团赴香港玛丽医院，就临床药师在抗生素使用管理中的作用、抗生素管理等问题与香港同行进行交流和探讨。

5月中旬，民营医院委员会一行8人赴贵州进行为期5天的民营医院发展考察，并与贵州省民营医院协会签订《关于在北京建立北京—贵州民营医院互助培训基地的意向书》。该基地将发挥北京优秀民营医院的特长，为贵州省民营医院在医院管理人才培养、临床技术人员培养等方面提供援助。北京三博脑科医院分别与贵州凉都红桥医院、六盘水安居医院签订对口支援协议。北京北亚骨科医院分别与贵阳白志祥骨科医院、清镇骨伤专科医院签订对口支援协议。

6月初，城市医院委员会组织城六区医院的49名医院管理干部赴新加坡、马来西亚进行为期8天的短期培训；组织16名院长参加北京－杭州医疗体制改革研讨交流活动。

9月2～11日，行政管理专业委员会组织部分医院院办主任一行6人赴澳大利亚、新西兰考察交流。参观澳洲医疗卫生创新研究所，了解医疗管理与服务体制。

其他工作 向中国医院协会推荐47名医院科技创新奖评审专家人选，其中会长、副会长单位30人，常务理事单位17人；推荐2011年医院科技创新奖推荐项目7项。北京朝阳医院申报“以成本核算为基础的医院经济经营管理模式研究”，北京口腔医院申报“牙科手机灭菌技术的研究与推广应用”，宣武医院申报“综合医院学科建设十年持续创新与实践”等3个项目获医院科技创新奖。

年内，推荐相当于三级民营医院的三博脑外科医院和北亚骨科医院2家理事单位的神经外科专科和中医骨伤科（骨蚀证/骨坏死疾病）2个项目，并获中国医院协会批准。向中国医院协会推荐第2届候选理事15人、常务理事10人、副会长1人，以及不占北京市名额的常务理事23人。由北京医院协会推荐的张建、赵玉沛、王杉当选第2届中国医院协会副会长，朱士俊等人当选常务理事，封国生等人当选理事。向中国医院协会推荐病案、图书情报、口腔专业委员会表彰先进人选，推荐门急诊、妇幼保健院管理、护理分会换届人选。向中国医院协会医院情报图书管理专业委员会推荐先进工作者及突出贡献奖人选，解放军总医院张桂云、北京儿童医院王金芳、宣武医院李燕琼、北京友谊医院吴晓梅、北京天坛医院赵玲秀、北京电力医院赵京湘、北京朝阳医院李荣等7人获奖。

药事专业委员会完成中国医院协会第2届全国医院药事管理优秀奖评选活动北京地区的评选推荐工作。北京世纪坛医院、北京大学人民医院、北京积水潭医院、北京天坛医院、北京医院、北京市隆福医院获全国医院药事管理优秀奖。

（撰稿：孙　辉　审核：罗玉英）

领导名单

名誉会长 刘俊田　金大鹏

会　　长 张　建

常务副会长 朱士俊

副 会 长 王　杉　王　炜　王　晨　王云亭　王建国　刘　建　刘玉村　林嘉滨　李清杰　英立平　陈晓红　陈仲强　赵玉沛　郑静晨　周保利　张兆光　高宜秦

秘 书 长 罗玉英

北京医师协会

（东城区安定门东大街28号雍和大厦A座510室）
邮编：100007　电话：64097256

基本情况　第三届理事会设会长1人、常务副会长1人、副会长17人、秘书长1人、副秘书长1人，推选监事长1人、监事2人。本年度有集体会员85家。

培训工作　受市卫生局委托，承担重新申请医师执业注册的培训工作。全年举办培训3期，150余人通过培训取得医师执业证书，重新走上工作岗位。

继续教育　1月7日，召开北京市神经外科年会，400人参加。4月22日，举办北京市感染科医师继续教育肝病进展学习班，262人参加。5月23日、6月21日、7月7日，分别举办常见皮肤病诊断与治疗学习班，平均每次41人参加。6月2日，召开普外科疾病规范化诊治探讨会，50人参加。8月5日，召开动脉粥样硬化防治研究进展研讨会，300人参加。8月28日，内分泌专业委员会召开年会，400人参加。10月22日，在北京大学第一医院进行肺癌新分期和新建术式的讲解，50人参加。12月2日，举办消化系统早期肿瘤诊治进展培训班，50人参加。肾病专业专家委员会每季度组织病例研讨会，共计4次，每次约200人参加。

编辑出版　修编2002年版《北京市临床诊疗护理》，协会组织36个二级、三级学科专家委员会的专家对本专业专科的临床诊疗护理常规进行研讨、规范，提出新的修编思路与方法。与中国医药科技出版社合作，出版新版《北京市临床护理诊疗常规》。

慰问受伤害医师　1月4日，清华大学玉泉医院医师赵建宁被患者打伤，送慰问金1000元。3月17日，北京大学第六医院医师黄剑被患者打伤，送慰问金500元。5月9日，门头沟区医院医师被酒后患者打伤，送慰问金1000元。同日，房山区良乡医院医师王宜锁被病人打伤，送慰问金500元；医师王延庆被患者打伤，送慰问金1000元；医师臧建民被患者打伤，送慰问金500元；医师陈大贵被患者打伤，送慰问金1000元。5月9日，北京安定医院医师李斌被精神病患者打伤，送慰问金500元。9月19日，北京大学人民医院呼吸科医师穆新林被患者打伤，致小腿骨折、颈椎错位，送去慰问金2000元。同日，北京同仁医院许文教授被患者砍伤，送去慰问金5000元。12月5日，清华大学玉泉医院医师马彦彦被患者打伤，送慰问金2000元。同日，门头沟区医院医师郑博被患者打伤，送慰问金2000元。

对外交流　2月26日，协会与韩国首尔特别市医师会签署医疗保健领域合作协定，以增进双方之间的友谊和医疗保健领域的合作为目的，双方开展学术和人际交流。

其他工作　经卫生部批准，本市开展医师多点执业的试点工作，协会负责医师多点执业的推荐、信息录入与评估。根据试点工作以来医师参加多点执业的情况进行分析、研究，并进一步推动此项工作的顺利开展。

协会研究欧美、日本、香港、台湾等国家与地区专科医师准入制度与实行情况，提出在协会各专家委员会的基础上成立各专科医师分会，由专科医师分会常务理事会提出专科医师准入标准、摸清全市二级以上医疗机构从事专科医师人员的数量、理顺现存专科医师培训与准入的关系、专科医师准入的考核程序等。年内，成立9个专科医师分会。

（撰稿：许　朔　审核：吕　鹏）

领导名单

会　　长　邓开叔

常务副会长　吕　鹏

副 会 长　支修益　毛　羽　王　杉　邓　瑛　刘　建　许树强　张兆光　李书章　邱大龙　陈　誩　林永宁　赵玉沛　赵艳华　项晓培　席修明　蔡忠军　颜晓文　许　朔

秘 书 长　许　朔

北京医学教育协会

（西城区北纬路59号）
邮编：100050　电话：63170028
网址：www. bame. org. cn

基本情况　职能部门7个，工作人员22人。继续推行ISO质量管理体系建设，规范各项工作流程，规范档案资料管理，对5个部门10项工作进行抽查。继续完善人事管理，与各类人员签订合同，实行全员绩效考核。

继续坚持每周学习制度，全年31次组织学习政府工作报告、教育改革发展纲要、建立全科医师制度的指导意见、《关于进一步加强乡村医生队伍建设的指导意见》的解读、压力管理、郭明义模范事迹、高品质沟通、Excel表格制作、家庭教育与社会竞争力、易经中的管理等21个内容。

召开四届二次常务理事会、年终总结会、通讯员会和吴阶平追思会。协助市政府举办“北京奥运发展城市健康”分论坛。与北京东方生命文化研究所、北京医学会共同承办“两重生命的互动——生命文化与医疗实践（2011）”高峰论坛会。

协助市卫生局完成卫生部专家组对本市全科医学人才培养工作的评估检查。

编辑出版　《北京医学教育信息》改版后出版12期3800余本，增加向外省市卫生厅（局）的发行，增加“医学教育思想”专栏，共刊登信息241篇、照片224幅，其中刊登反映协会工作的信息29篇、照片142幅。

网站管理　完成网站日常维护，及时更新内容。网上发布协会信息68条，点击浏览25072次，比上年增加12234次。

培训工作　独立或与其他单位合作举办培训班75个，培训10335人次，比上年增加培训班5个，多培训4738人次。申报继续医学教育项目18个。组织理事单位科教干部赴甘肃省和加拿大考察。培训学校经西城区民办教育协会验收、评选，西城区教委审核、批准，命名为西城区诚信自律办学一星学校，并颁发证书。

政府委托的工作　住院医师、专科医师培训。修订《专科医师培训考试考核实施办法》《考场规则》《监考和巡考人员守则》《考场应急预案和违纪处理暂行办法》等。参加住院医师培训考试考核的单位近100家，涉及23个普通专科、36个亚专科，16家考点医院承办第一、第二阶段的技能考核。参加考试考核4612人次，其中专业理论考试1406人、专业英语830人、技能考核2376人，比上年增加346人次；取得培训合格证书1846人。完成对20家医院11个专业30个培训基地的复核。启动公共卫生医师培训基地评审，组织专家139人次对13家疾控中心25个申报基地进行实地评审，认定合格基地16个。组织专家200余人次对31个全科医师培训基地进行巡查指导，编制社区基地培训计划和社区培训登记手册，安排第一期（2008年进入基地）学员进入社区基地培训至少3个月；3次组织在培全科住院医师281人次参加为期5天的集中培训；制订住院医师规范化培训指导教师带教基本功培训，组织6项352人次参加培训、192人次参加考核评比。受卫生部科教司委托，制订全国住院医师规范化培训考核方案；协助市卫生局制订住院医师规范化培训5个系列文件，修订《北京市医院临床药师规范化培训细则》。接待江苏省人民医院专家和福建省卫生厅专家代表团进行阶段考试考核交流与观摩住院医师第一阶段技能考核，并协助福建省卫生厅科教处举办培训班。

社区卫生专业人员培训。全市康复、超声诊断、口腔、放射、检验、药学和心电图7个专业骨干培训招生85人，在13家承办单位进行培训。采取面授和远程教育的形式，完成社区护士继续教育必修课培训5874人次。完成全科医师等11个专业3662人次的岗位培训。

农村卫生人员培训。组织乡村医生需求调研，召开5次区县、乡镇级师资及管理人员研讨会，发放调查问卷185份。举办村卫生室10项急救技术技能竞赛，各区县选出130人参赛，经过心肺复苏、外伤急救技术操作、急救理论知识竞答的初赛、复赛、决赛，6人分获一、二、三等奖，丰台区、顺义区和延庆县卫生局分别获团体项目第一、第二、第三名。组织专家对房山、大兴、门头沟、顺义、怀柔区及密云县605名乡镇卫生院人员进行心肺复苏和创伤四大技术的理论和技能培训。举办2期700余人次参加的2010年新版心肺复苏指南解读和心血管疾病防治基本知识与技能骨干培训班。组织10个区县的管理人员赴杭州、义乌考察农村卫生人员教育培训工作。

继续医学教育管理。完成全国"十一五"继续医学教育评估检查，得到好评。完成《市级继续医学教育项目申报指南》31个专业的编制，启动公共卫生与预防医学、全科医学和医学教育、卫生管理3个专业项目申报指南的编制。公布第一、二批继续医学教育项目1751项，其中国家级1124项、市级627项；组织专家对2012年1362项（国家级586项、市级776项）继续医学教育项目进行评审，上报1242项；审核并公布I类学分备案项目491项，异地启动项目31项，临时项目16项。继续医学教育学分审验126家医疗卫生机构，抽审5961人，其中医师3439人、医技282人、护理2240人，合格率96.73%。审核2904名社区卫生服务人员2010年继续医学教育学分。完成继续医学教育项目督查125项，占批准项目的10.54%，其中国家级91项、市级34项，督察学科覆盖率100%，涉及53家单位，督查单位覆盖率55.8%，网上监控155家单位I类学分和区级项目。举办管理干部培训班2期，478人参加。改进继续医学教育管理申报系统。发表继续教育管理论文2篇。

科研项目评审与管理。协助市卫生局科教处完成首都医学科研发展基金绿色通道项目的申报、评审、立项、任务书修改、签订及批准项目通知书下达。完成对2007年首都医学科研发展基金力度在20万元以上的104项和20万元以下的230项的结题验收。对首发基金支持的234家医疗机构、承担1549个研究项目的负责人分别进行问卷调查。正式启动首次由市政府财政科技经费支持、北京市卫生行业主管部门运行的首都卫生发展科研专项，并举办专项申报培训班，截至年底，收到167家单位申报项目1284个，其中重点攻关项目166项、自主创新589项、普及应用176项、青年项目353项。完成13家市属单位33个项目申报北京市科研成果的网上审核。协助市卫生局完成2010年度北京地区医疗机构科技工作情况调查，收到88个单位的上报材料，并完成调查表的系统分析。LPT外语考试，68家单位298人（英语289人、日语9人）参加。

完成政府项目的题库建设，组织专家设计编写并列入卫生部系列的7个医学专业1万道题和高级职称人员评审内科、外科、全科、护理4个专业命题的1万道题。

协助市卫生局完成区县医院专业骨干培养，安排本市16个区县和河北省石家庄市144人到部属、市属、北医系统24个单位的不同专业进行培训。

（撰稿：闻胜芝　审核：贾明艳）

领导名单

会　　长　金大鹏
常务副会长　贾明艳
副 会 长　刘德培　柯　杨　线福华　李云波
陈晓红　赵同刚　周东海　陈　嫌
贾建国　刘华平　黄惟清
秘 书 长　贾明艳

北京健康教育协会

（东城区和平里中街16号）
邮编：100013　电话：64407387
网址：www.bjhealth.org

基本情况　7月15日，第2届理事会第4次会议审议决定增选北京首都旅游集团有限责任公司段强为协会名誉会长、公关部总经理闫军红为常务理事，市委保健办原主任袁来仁为副会长。

学术活动　8月29日，抗衰老专业委员会举办"衰老与长寿"高层论坛，主题是"科学抗衰老，长寿不是梦”。会长金大鹏，常务副会长邓瑛、支修益，副会长刘泽军、关春芳等出席。抗衰老专业委员会主任委员李小鹰、家庭消毒与有害生物防制专业委员会主任委员曾晓芃、健康管理专业委员会主任委员韩萍等以及全市各级医疗卫生机构主管健康教育的200人参加论坛。论坛特别邀请解放军总医院教授曾强、瓮长水，宣武医院教授陈彪、卫生部北京老年研究所教授杨泽、北京友谊医院教授刘占东、空军航空医学研究所研究员武留信、杨昌林等国内抗衰老领域的8名专家就衰老的机制、相关影响因素以及抗衰老的基本策略和有效方法进行研讨。

3月22日，与市疾控中心召开《健康让生活更美好系列指导手册》研讨会。

6月16日，与北京首都旅游集团有限责任公司召开共建“北京健康城市”项目研讨会。

培训工作 8月20~25日，与市疾控中心健康教育所举办健康城市建设与实践培训班。全市各区县爱卫会、疾控中心、医院等40人参加培训。

4月19~22日，组织30余人参加第15届全国控制吸烟学术研讨会。

科研工作 开展并完成市卫生局“北京市健康食堂项目”的创建项目。

科普宣传 10月30日，与市疾控中心联合举办“烟草危害图形说——图形警示上烟包”倡导活动，参会300余人。

编辑出版 编辑、制作《上班族健康营养手册》1000本，制作健康食堂展板10套、异形食堂桌签10种400套、健康食堂餐桌布320套。

交流与合作 6月16日，与北京首都旅游集团有限责任公司达成建设健康城市合作协议。

8月12日，与中国疾控中心合作申请全国2011年国家艾滋病防治社会动员项目2个：“绝对性安全创意项目”“生命历程——异地初发感染者支持”。

9月16日，与合富（中国）医疗科技贸易有限公司共同开展建设健康城市——北京健康教育与健康促进项目。

9月26日，与白求恩基金管理委员会共同开展“白求恩爱心书苑”项目。

其他工作 8月10~12日，受市爱卫会委托，开展全市医疗卫生系统控烟监测。

（撰稿：宋明学　审核：邓　瑛）

领导名单

名誉会长 段　强

会　　长 金大鹏　胡大一　邓　瑛　支修益

副 会 长 赵达生　洪昭光　向红丁　袁来仁　纪　涛　张勤奕　刘泽军　关春芳　刘红晖　杜建军　王星火

秘 书 长 邓　瑛

卫生工作纪事

2011年大事记

1月

4日

清华大学公共管理学院和美国哈佛大学肯尼迪政府学院专家和学者共8人到市卫生局对北京市甲流防控工作进行联合调研。

5日

市卫生局与市公安局召开座谈会，对本市阿片类物质成瘾者社区药物维持治疗工作进行研讨。市卫生局疾控处处长谢辉、市公安局禁毒总队总队长赵文忠、市疾控中心副主任贺雄出席。

召开北京青年健康使者火炬行动志愿服务结对支援工作会，16个区县团委和卫生局团委负责人、30家市属医疗卫生机构和23家非市属三级医院、部分区属二级医院团组织负责人、团建百强街乡（镇）创建单位团委负责人等200余人参加。市卫生局党组副书记张秀芳、团市委副书记姜泽廷、市志愿服务指导中心主任郭新保出席会议。会后，87家二级以上医疗卫生机构院团组织负责人与16个区县、106家团建百强街乡（镇）团委负责人召开分组对接会，并签署对接协议。

7日

市卫生局召开医疗责任保险专家评议会，医疗责任保险相关专业法律、保险、医疗等8名专家和2家保险公司下设的医疗纠纷调解中心工作人员参加，市卫生局副局长邓小虹、市保监局副局长刘跃林出席会议。会议就开展医师多点执业、医疗纠纷人民调解机制建立对医师购买责任险、医疗纠纷人民调解与保险理赔的衔接的实施问题进行讨论。

9日

中国中医科学院广安门医院召开国医大师路志正从医70周年学术思想研讨会，全国人大原副委员长许嘉璐，卫生部党组书记张茅，卫生部副部长、国家中医药管理局局长王国强，中国中医科学院党委书记王志勇、院长张伯礼，市中医局局长赵静，广安门医院院长王阶及部分国医大师、两院院士、各级领导及路老弟子共300余人参加。

12日

由市委组织部干部监督处、市委第一巡视组联合组成检查组，对市卫生局贯彻执行《干部任用条例》情况进行检查指导，重点检查2007年以来干部选拔任用情况。

13日

卫生部、市卫生局联合召开功能社区卫生服务工作会，就试点功能社区开展社区卫生服务工作进行再动员、再部署。会议由市卫生局副局长郭积勇主持，卫生部妇社司副司长秦怀金出席会议并讲话。

美国哈佛大学公共卫生专家刘远立教授率哈佛大学公共卫生学院18名研究生到北京大学第三医院就有关医疗体制改革、医院管理、公共财政、医疗保险、社区服务、绩效考核和医疗质量与安全等进行交流。

13～14日

召开首都中医药“十病十药”第2批项目专家审评会，审评项目28项。

17～29日

市卫生局举办精神卫生防治工作人员培训班，16个区县650余名社区专兼职精防人员参加。卫生部疾控局作国家精神卫生工作概况报告；市精神卫生专家针对《重性精神疾病管理治疗工作规范》指导意见、精神症状的识别、重性精神疾病管理治疗（686）项目及相关内容，以及北京市重性精神疾病信息管理系统的应用等进行培训。

18 日

市卫生局、药监局、中医局联合召开北京市呼吸道传染病防控工作会。参加会议的有市教委、市建委、市交通委与民航华北地区管理局、北京检验检疫局、北京铁路局有关处室领导，各区县卫生局局长、社管中心主任和二级以上医院院长，以及市卫生局、药监局、中医局有关处室领导共210 人。

召开2011 年北京中法急救医学培训中心管理委员会会议。市卫生局局长方来英、法国驻华使馆临时代办丁合复、法国道达尔集团驻华总代表戴杰出席会议。会议听取了 2008 ~ 2010 年中心 3 年的工作评估报告，中法双方就公共卫生领域及在大学设立急救专业学位等进行洽谈。

18 ~ 19 日

市卫生局召开医疗专业质控中心 2010 年度工作评估会，对本市 18 个医疗质量控制和改进中心的工作进行评估。

20 日

市卫生局组织召开北京市妇幼健康教育工作会，市及区县妇幼保健机构主管院（所）长、健康教育负责人 70 余人参加。会议对 2010 年妇幼健康教育工作进行总结和经验交流，部署 2011 年工作，并就如何做好妇幼健康教育工作进行研讨。

21 日

召开第 6 届北京健康管理研讨会暨北京健康管理协会第 3 届年会，公布首批准予开展健康体检医疗机构名单。

22 日

市卫生局召开妇幼卫生专家座谈会，北京妇产医院（北京妇幼保健院）、北京儿童医院、解放军总医院、中日友好医院等 18 家单位的 30 余名妇幼卫生相关专家参加。与会专家就落实医改公共卫生项目、贯彻“一法两纲”、降低孕产妇死亡率、提高婚检率、加强爱婴医院管理、完善产前筛查和产前诊断工作、重视儿童早期综合发展、加强妇幼信息化建设、严格妇幼保健机构管理、加强宣传和人员培训、建立质控网络、提高收费标准等工作建言献策。

23 日

市卫生局举办心理援助热线培训班，邀请专家为 16 个区县 18 个精保所（院）从事和即将从事心理援助热线工作的 35 名专业人员进行培训。内容包括：心理援助热线接听程序、心理援助热线自杀来电危险评估、自杀来电的处理原则与技巧、高危来电随访注意事项。

27 日

中国医药卫生事业发展基金会、北京市健康促进工作委员会、市委宣传部、市卫生局主办“健康歌曲大家唱”健康北京人主题歌曲歌咏大赛颁奖典礼。市政协副主席赵文芝、中国医药卫生事业发展基金会理事长王彦峰、中华预防医学会会长王陇德、中国疾病预防控制中心主任王宇、市卫生局局长方来英等出席典礼，并为歌咏大赛获奖代表颁发奖杯。

28 日

市卫生局召开卫生改革发展专家座谈会，邀请国务院发展研究中心、中国社会科学院、北京大学、中国医学科学院等科研教学机构的管理与政策专家就首都医药卫生改革发展进行座谈。

30 日

市卫生局组织阜外心血管病医院、北京安贞医院、北京儿童医院、北京积水潭医院、北京大学口腔医院、北京口腔医院的医务人员到北京市儿童福利院，为 24 名患有先天性心脏病、唇腭裂、肢体畸形等孤残儿童体检，并择期手术。首都卫生系统 2011 年度“送温暖、送健康”活动正式启动。

国内首个以援助苯丙酮尿症（PKU）孩子为宗旨的中国扶贫基金会母婴平安 120 行动项目“希望花开基金”PKU 救助北京站举行发放仪式。中国扶贫基金会副秘书长杨青海、卫生部妇社司儿童处处长曹彬、市卫生局副局长邓小虹参加仪式。作为首发站，本市 23 个家庭各获 5000 元资助。

1 月

启动北京市妇幼卫生项目管理办公室工作。办公室由市卫生局妇幼与精神卫生处、北京优生优育协会、北京妇幼保健院、海淀区妇幼保健院以及有关妇幼卫生项目实施单位组成。

北京同仁医院眼科中心申报的“国家眼科诊断与治疗设备工程技术研究中心”通过科技部专家组评审，正式立项，成为国内唯一眼科诊疗设备相关的国家级工程技术中心组建项目，也是第一家以医院为依托申报成功的国家级工程技术中心。

北京地坛医院承办的《Infection International（Electronic Edition）》期刊创刊，该刊为国内第 1 本感染病学英文电子期刊。

2 月

1 日

北京航天总医院成为北京大学医学部教学基地。

2 日

市委书记刘淇，市委副书记、市长郭金龙，市政协主席王安顺等领导到东直门交通枢纽，慰问坚守一线的血液工作者、志愿者。

副市长丁向阳、副秘书长马林在市卫生局局长方来英、副局长郭积勇、副巡视员赵涛陪同下，到市紧急医疗救援中心（120）和市红十字紧急救援中心（999），视察春节期间医疗急救保障准备工作情况，并慰问在一线的院前急救人员。

9日

北京口腔医院被国家药监局批准成为国家级药物临床试验机构（有效期3年）。

12日

召开公共卫生医师规范化培训试点工作启动会。各区县卫生局、市及区县疾控中心的主管领导和主管工作负责人近百人参会，卫生部科教司副司长金生国出席会议。自2011年开始，本市各疾控中心新招收的公共卫生专业本科毕业生将进入认可的培训基地接受规范化培训。

13日

北京市首批援川精神卫生专业医疗队10人赴四川成都、雅安的大邑县、石棉县、芦山县、宝兴县等4个灾区县开展为期6个月的支援工作。

14日

市卫生局召开产前诊断专家组会议，近40人参会。会议通报了2010年本市产前筛查、产前诊断及出生缺陷监测情况，并对本市产前筛查及产前诊断转会诊制度、卫生部新颁布的相关行业标准和本市产前筛查管理模式进行研讨。

在北京口腔医院举行北京口腔医学会与中国台北市牙医师公会缔结友好会签字仪式。

15日

市卫生局召开加强医疗废物监督检查工作会，区县卫生局、海淀区公共委主管局长（主任）、医政科长（主管科室负责人）、卫生监督所所长，三级医院、市卫生局直属单位主管领导、部门负责人196人参加。会议印发了《2010年医疗废物管理工作总结及2011年管理工作要点》和《北京市医疗卫生机构医疗废物管理监督检查方案》，决定上半年对全市各级各类医疗卫生机构的医疗废物管理工作进行全面监督检查。

16日

卫生部卫生应急办公室主任梁万年等10余人到朝阳区调研卫生应急工作和卫生应急示范区建设情况，并考察北京朝阳医院国家化学中毒救治基地及发热门诊运行情况。市卫生局副巡视员赵涛、卫生应急办公室主任黄春陪同。

市卫生局召开《三级综合医院医疗质量管理与控制指标（2011年版）》研讨会，院感、护理、血透等6个质控中心主任，北京协和医院、北京医院、中日友好医院、北京大学第一医院等12家三级综合医院医务处负责人，市公共卫生信息中心主管领导出席。

中国关心下一代工作委员会教育发展中心“早产儿互助工程”和民政部中国社会福利教育基金会“早产儿救助基金”联合举行挂牌仪式，授予北京妇产医院“早产儿互助工程绿色通道”和“早产儿救助基金救助基地”铜牌。北京妇产医院成为“早产儿互助工程”在北京正式挂牌的第一家医院。

西城区区长梁昌新召开专题会议，听取区卫生局及复兴医院关于申请托管慧兰医院的情况汇报，并原则同意托管慧兰医院。

18日

卫生部疾控局局长陈贤义一行赴怀柔区对北京疾控系统工作进行研讨座谈。

18～19日

举办北京市卫生系统高层次领军人才评审会，市属13家医院29名候选人参加答辩。市卫生局邀请9名专家组成常设专家组，对候选人进行答辩评审，邀请42名同行专家对候选人进行专业方面的评价。

19日

举办首届京沪国家中医药发展综合改革试验区合作论坛。成立北京市东城区与上海市浦东新区国家中医药发展综合改革试验区合作工作委员会、京沪试验区建设专家指导委员会，签署北京市东城区、上海市浦东新区政府“京沪试验区战略合作协议书”。

20日

世界中医药学会联合会举行第4届中医药国际贡献颁奖大会，全国政协副主席张梅颖，卫生部副部长、国家中医药管理局局长王国强，中国中医科学院党委书记王志勇、院长张伯礼、常务副院长刘保延等出席。张伯礼院士获中医药国际贡献奖。

22日

市卫生局就委托第三方评估社区卫生服务的认知、使用、满意度和农村基本医疗卫生服务效果召开研讨会。受委托的第三方报告评估工作进展情况，市卫生局副局长郭积勇和相关单位负责人听取报告。

香港医院管理局董事局主席胡定旭先生、行政总裁梁柏贤先生等一行8人到北京协和医院参观。

22～24日

卫生部专家组到本市开展取消北京市大骨节病病区和燃煤污染型地方性氟中毒病区的国家级复核验收。验收组听取了门头沟区、怀柔区、房山区的工作汇报，并分赴3个区县病区村农户和学校进行实地复核。

23日

市卫生局副局长邓小虹主持召开《北京市重性精

神疾病信息报告管理办法》培训会。16个区县卫生局主管局长、主管科长，区县精保所主管所长，51家三级医疗机构主管院长、门诊部主任、医务科科长、信息中心主任等约300人参加培训。

23~25日

由市卫生局疾控处和市疾控中心领导带队，组成6个考核组对16个区县2010年度疾控工作进行现场督导考核。

24日

市卫生局团委召开工作会，总结2010年工作，研究部署2011年重点任务。市卫生局党组副书记张秀芳出席会议，市属医疗卫生机构50余名团组织负责人、团干部参加会议。

25日

应卫生部邀请，韩国保健福祉部所属国民健康保健公司理事长郑亨根一行到北京友谊医院参观访问。双方就医改、医疗保险制度和公立医院运行等内容进行交流。

26日

集医疗、教学、科研、预防保健、国内外学术交流于一体的泌尿外科医学中心——吴阶平泌尿外科医学中心在北京大学首钢医院正式启用。

本市启动社区卫生服务成本测算研究工作。将在西城、海淀、房山3个区的5家社区卫生服务机构开展包括服务范围和内容、人力服务成本、财力服务成本等3个方面的测算研究。

28日

卫生部党组书记张茅带队到大兴区调研北京大学第一医院南院筹建情况。国家发改委副秘书长胡祖才，卫生部规财司司长李斌、办公厅副主任杨建立、医政司副司长赵明钢，市政府副秘书长马林，市卫生局局长方来英，市发改委副主任卢映川等陪同调研。

市卫生局组织专家对北京市血液透析、体检、病案等14个医疗质量控制和改进中心2010年度工作进行考核评价。

2月

市中医局科教处分别到延庆县中医医院、北京中医医院、东直门医院、东方医院等开展医院科研能力、人才培养情况及“3+3”工程室站建设情况的调研。

16个区县社区卫生服务机构陆续落实绩效工资。全市社区卫生服务机构绩效工资平均6.83万元/人·年。

3月

1日

新西兰保健公司国际副总裁马克·莱一行与北京市卫生局就居家卫生保健和远程医疗等举行会谈。

市卫生局、科委、药监局、中医局、“重大新药创制”科技重大专项实施管理办公室召开“重大新药创制”科技重大专项“十二五”计划北京报告会，会议由中国药促会承办。全国人大常委会副委员长、“重大新药创制”科技重大专项技术总师桑国卫院士，“重大新药创制”科技重大专项实施管理办公室主任、卫生部科教司司长何维，“重大新药创制”科技重大专项实施管理办公室、市科委、市中医局、市药监局等部门有关领导，在京科技、医药界代表等近600人参加会议。

市卫生局召开春季传染病专家会，中国疾控中心、北京预防医学会、首都儿科研究所、市疾控中心、北京朝阳医院、北京地坛医院、北京儿童医院的10名专家参加。

本市召开家庭医生式服务模式试点区工作总结会，东城区、西城区、丰台区3个试点区介绍经验。

2日

应市政府邀请的罗马尼亚布加勒斯特市长索林·奥普雷斯库先生一行到北京朝阳医院参观。

市卫生宣传中心举行医疗资源布局调整新闻发布会。市卫生局副局长、新闻发言人毛羽介绍了北京市“十一五”期间医疗资源布局调整的基本情况和“十二五”期间的布局调整方针。

市卫生局召开春季传染病防控工作视频会。各区县卫生局主管局长、防保科长、疾控中心主任在各区县卫生局参加会议；局疾控处、应急办、医政处、基层卫生处、科教处、法监处，市疾控中心、市卫生监督所、宣传中心，北京地坛医院、北京佑安医院领导与有关人员在市卫生局参加会议，副局长赵春惠出席并讲话。

市卫生局与《北京青年报》联合主办的“急诊室的故事”有奖征文活动正式开始。此次征文由北京医药卫生文化协会协办。

清华大学和北京市神经外科研究所举行“清华大学临床神经科学研究院”揭牌仪式。

3日

市卫生局举办社区脑卒中高危人群规范化管理培训班，16个区县卫生局防保科、区县疾控中心慢病所、区县社管中心及54家筛查点的社区医生共160余人参加。

市直机关工委老干部处处长魏建合一行3人到市卫生局检查指导离退休干部工作。

4日

市卫生局召开全科医师规范化培训基地“手拉手”帮带活动2010年总结交流会，各区县卫生局和

31 个全科医师规范化培训基地的领导、主管部门负责人和带教师资代表 160 人参加。

5 日

举行首都医科大学附属北京地坛医院挂牌仪式暨建院 65 周年庆典。地坛医院成为首都医科大学第十二临床医学院。

6 日

北京中医药大学东直门医院首家分院——涿州分院暨涿州市中医院正式开业。

7 日

市卫生局召开北京市医师多点执业实施工作会，部署医师多点执业正式实施后的具体工作流程、效果评估、信息系统的建立维护等，印发《北京市关于做好医师多点执业实施工作的通知》。

市卫生局和市肿瘤防治办公室召开北京市肿瘤患者社区随访工作培训会，城六区疾控中心及社管中心负责人共 30 余人参加。本市定于上半年对 2002 ~ 2005 年登记的本市户籍肿瘤患者开展社区随访工作。

7 ~ 15 日

国家中医药管理局对北京中医药知识宣传普及项目进行检查，并给予高度评价，推选北京为华北片区最佳实施省份。

7 ~ 22 日

举办北京协和医学院第六期乡村医生培训班（“同心·红十字天使计划”少数民族乡村医生培训班），云南省乡村医生 99 人参加培训。

9 日

召开新型农村合作医疗工作会。市卫生局基层卫生处，市新农合服务管理中心，涉农区县卫生局新农合主管局长、主管科长、新农合管理中心主任近 40 人参加。

市卫生局和市疾控中心召开北京市传染病高发地区防控策略研讨会，局疾控处，市疾控中心与朝阳区、海淀区、丰台区、大兴区、通州区、昌平区疾控中心领导及有关科所负责人共 27 人参加。6 个区县疾控中心分别对辖区 2010 年和 2011 年 1 ~ 2 月传染病总体情况与麻疹、手足口、痢疾、猩红热等重点关注疾病进行分析和讨论。

9 ~ 10 日

市中医局委托昌平区卫生局举办 2011 年第 1 期中医药适宜技术培训推广班，培训内容为穴位贴敷、灸法、拔罐、刮痧、耳穴压豆 5 项中医适宜技术。各社区卫生服务中心的中医业务骨干及部分乡村医生共 50 人参加培训。

10 日

市卫生局举办食源性疾病监测工作技术培训班，各区县卫生局、市区县疾控中心、试点医疗单位负责人和专业人员 120 余人参加了培训。

召开北京市结核菌/艾滋病病毒（TB/HIV）双重感染防治工作启动暨培训会。各区县卫生局、结核病防治所、疾控中心以及北京佑安医院、北京地坛医院、北京协和医院、解放军三〇二医院等本市艾滋病治疗定点医院负责人 120 余人参会。

11 日

卫生部副部长陈啸宏一行在北京市副市长丁向阳的陪同下到海淀区就疾病控制、基层卫生及妇幼保健等工作进行专项调研。

卫生部疾病预防控制局副局长王斌带领精神卫生处处长等一行 4 人在市卫生局妇幼与精神卫生处的陪同下，到海淀区八里庄社区卫生服务中心和昌平区回龙观社区卫生服务中心对社区精神卫生工作进行调研。

新疆喀什地区叶城县发生特大道路交通事故，造成 16 人死亡，24 人受伤，其中 8 人伤势严重。市卫生局派出 4 人医疗专家组赶赴新疆喀什，指导当地医护人员开展救治工作。其中 3 人来自朝阳医院胸外科、呼吸 ICU 和感染内科，1 人来自天坛医院神经外科。

日本宫城县北部发生 9 级地震并引发海啸和放射性污染物泄漏事件。国务院应急办要求卫生部做好随时向日本派遣医疗救援队伍的各项准备。受卫生部委托，北京市卫生局依托北京积水潭医院、北京朝阳医院和中国疾控中心等单位迅速组建一支 30 人的国家级医疗卫生救援队伍待命。

市卫生局副局长于鲁明会见以法国卫生部国际合作司海外项目主管施曼笙先生为团长的法国公立医院集团管理局代表团。双方就进一步加强双方医院间合作，拓宽合作领域达成共识。

卫生部疾控局副局长雷正龙带领传防处、艾防处、结防处、免疫处等部门领导及中国疾控中心有关人员到北京市调研农民工疾病预防控制工作情况。

市卫生局召开白内障项目总结表彰会，各区县卫生局主管领导、残联副理事长、项目负责人及定点医院眼科主任等 130 余人参加。市卫生局对 2010 年贫困白内障患者复明工程项目的完成情况进行总结，对平谷区、房山区、密云县、朝阳区、丰台区、门头沟区、昌平区、通州区等 8 个先进区县进行表彰。

14 日

市中医局委托中国中医科学院研究生院举办的北京首届西学中高级研究班开班，学员 35 名。

14 ~ 15 日

市卫生局和北京结核病控制研究所联合举办结核

病突发疫情处置培训及演练。16个区县卫生局、结防机构及京煤集团总医院的科（所）长、实验室专业技术人员参加培训，并进行血清结核分枝杆菌抗体和现场模拟标本泄漏事故处置的演练。

市卫生局疾控处召开北京市鼠疫自然疫源性调查（2009～2011年）项目中期总结暨培训会，市疾控中心和延庆县、怀柔区、密云区、门头沟区、顺义区5个区县的鼠疫防控人员参加。

15～16日

市卫生局召开全市结防机构TB/HIV双重感染防治工作培训会，市卫生局疾控处、北京结核病控制研究所负责人以及各区县结核病防治所业务骨干参加。

16日

召开东城区中医药特色健康管理社区建设专家论证会，市中医局、中国中医科学院、东直门医院、北京中医医院，东城区卫生局、健康教育所、社管中心以及部分社区卫生服务中心的领导及专家参加。

市社管中心召开“卫生保健进万家”暨2011～2015年北京市慢性病防治“家庭保健员计划”工作启动会。

17日

副市长丁向阳到北京大学首钢医院，就推进公立医院改革、探索企业医院发展新方式进行调研。

副市长丁向阳到北京燕化医院参观考察。

17日、31日

市卫生局、市人力社保局先后召开4个职称改革工作座谈会，研讨本市卫生系列专业技术职务申报条件、评价要素、评价方法及评价机制，尤其对侧重临床能力的考核问题征求改进意见和建议。

18日

市卫生局召开全市护理质量工作会，传达卫生部有关文件及会议精神，总结2010年护理工作，部署2011年护理工作要点。卫生部医政司副司长郭燕红、卫生部医院管理研究中心主任幺莉出席会议并讲话。

18～19日

由卫生部办公厅主办，市卫生局、清华大学公共关系与战略传播研究所承办的“和谐医患关系与战略传播”高级研讨班召开。市卫生局各处室、北京地区三级医院、各区县卫生局和直属有关单位的负责人、新闻发言人共150多人参加。

21～26日

泰国卫生部精神卫生司代表团一行6人来京交流研讨。就双方精神卫生工作现状、改革进展以及人员培训等进行交流。

22日

市卫生局系统召开落实党建工作责任制集中评审会。评选出2010年落实党建工作责任制10个优秀单位：北京友谊医院党委、首都儿科研究所党委、北京天坛医院党委、北京同仁医院党委、北京积水潭医院党委、北京安贞医院党委、北京地坛医院党委、北京朝阳医院党委、北京佑安医院党委和北京妇产医院党委。

市卫生局召开2010年度北京地区医疗卫生机构科技工作培训会暨科研管理干部工作例会。各区县卫生局、三级医院、市属科研院所及市疾控中心、血液中心、结控所科研管理干部90余人参加。

3月22日～5月15日

本市开展外来务工人员流脑和麻疹疫苗免费接种工作。

23日

市卫生局就《北京市“十二五”时期卫生发展改革规划（征求意见稿）》召开专家研讨会。

24日

天津市卫生局社区卫生处副处长刘青带领8名城区社区卫生管理人员到本市考察家庭医生式服务工作，考察了东城区天坛社区卫生服务中心及天坛东里社区卫生服务站。

第16个世界防治结核病日。市卫生局将18～25日定为宣传活动周，在全市开展以“遏制结核，共享健康”为主题的系列宣传活动。

北京友谊医院举行北京临床医学研究所淋巴瘤诊断研究中心成立揭牌仪式、北京国际淋巴瘤学术会议暨第3届全国淋巴组织良恶性病变鉴别诊断学习班。美国、英国、日本、丹麦和我国病理与临床专家200余人参加。

25日

朝阳区部分幼儿园试点安装自动洗手分配器。

市卫生局委托北京老年医院召开北京市预防老年跌倒健康宣传项目启动大会。

市卫生局和北京医学教育协会举办2006～2010年北京市乡村医生岗位培训表彰会，对在培训中表现突出、成绩优异的137名乡村医生、30名优秀师资和15名优秀教学管理人员以及29个先进教学点、8个先进培训机构进行表彰。

3月25日～4月1日

市卫生局对本市批准开展人类辅助生殖技术和设置人类精子库的机构进行校验、转正评审和专项检查。

26日

市中医局举办第4批全国老中医药专家学术经验继承工作培训与经验交流会，第4批全国继承工作继承人、各带教单位主管领导和管理人员90多人参加。

27 日

市委书记刘淇到北京中医医院就“创新社会管理服务，推进首都社会建设”专题进行调研。

29 日

大兴区政府与中国中医科学院广安门医院签订委托管理大兴区中医医院协议，中国中医科学院广安门医院（南区）正式挂牌。卫生部副部长、国家中医药管理局局长王国强，中国中医科学院党组书记王志勇，副市长丁向阳，大兴区委书记、开发区工委书记林克庆为其揭牌。8 月 29 日，广安门医院（南区）作为大兴区唯一一家三级甲等医院正式开诊。

市卫生局召开社区卫生家庭医生式服务工作推进会。

29～30 日

市卫生局举办“中央补助地方重性精神疾病管理治疗项目”（“686”项目）规范化治疗及个案管理市级培训班，邀请回龙观医院院长杨甫德等专家为 16 个区县社区卫生服务中心的 700 余名专兼职精防医务人员培训。

30 日

市卫生局副局长于鲁明会见香港医院管理局联网服务总监张伟麟先生一行，双方就公立医院改革、医师资格认证等进行交流。

经北京市卫生局推荐，英国贝利马丁基金会主席马丁·哥顿先生获北京市外国专家长城友谊奖。

31 日

北京市卫生局、法国梅里埃研究院举办中法抗菌素耐药和医院感染防控论坛。中法专家 150 人参加会议。

市卫生局召开艾滋病抗病毒治疗及实验室检测工作会。市卫生局疾控处副处长杜红，市疾控中心副主任贺雄，北京地坛医院、北京佑安医院、北京协和医院、解放军三〇二医院的感染科主任、艾滋病抗病毒治疗门诊和实验室领导及相关工作人员参加会议。

3 月

市卫生局完成第 2 批高层次人才的遴选评审，136 名专家被列入培养计划，其中领军人才 7 人、学科带头人 29 人、学科骨干 100 人。

市卫生局启动覆盖城六区约 700 万户籍人口的肿瘤患者社区随访，这是本市第一次大规模针对肿瘤患者生存状况开展社区随访。

3～5 月

市疾控中心及各区县疾控中心对全市居民食用盐碘含量进行监测。结果显示，本市居民合格碘盐食用率高于 90% 的碘缺乏病控制目标。

4 月

1 日

正式实施《北京市集中空调通风系统卫生管理办法》。

市卫生局医政处在延庆县召开第 1 次医政工作例会。

市公安局、市卫生局联合下发《关于落实吸毒成瘾认定办法相关工作的通知》，提出由市公安局、市卫生局联合对符合条件的执法民警开展吸毒成瘾认定培训，指定北京安定医院、房山区精神卫生保健院、大兴区精神病院、市监狱管理局中心医院为承担吸毒成瘾认定工作的医疗机构。

2 日

市卫生局召开援助青海玉树医生座谈会。

北京协和医学院申报的“心血管转化医学国家重点实验室”和“天然活性物质与功能国家重点实验室”获得批准筹建。

3 日

本市将通过 16 个区县的 364 个社区卫生服务中心向市民免费发放由市卫生局编印的《北京市三级医院电话预约挂号服务指南》近 40 万份。

5 日

北京协和医院国际医疗部开通服务咨询电话 65296699。咨询台具有中英文双语提示和自动分转功能。

7 日

市卫生局与拉萨市卫生局召开卫生对口支援工作座谈会，研究“十二五”期间北京市卫生局对拉萨市卫生系统援助项目。

北京市糖尿病防治协会教育基地授牌仪式在北京佑安医院举行。

7～13 日

市卫生局疾控处组织专家对各区开展全民健康生活方式行动情况进行督导检查，并对示范创建单位进行集中验收。

8 日

市卫生局召开北京市妇幼卫生工作会。

“同仁先心万里行”绿色通道救治站在北京市儿童福利院成立。

8～10 日

北京华信医院同中国医师协会心血管外科医师分会共同主办中国医师协会心血管外科医师分会第 7 届年会暨第 4 届清华大学心血管病进展国际研讨会。

9～28 日

市卫生局组织市属医院高级行政管理人员培训团一行 17 人赴澳大利亚学习、交流、考察。

12 日

召开北京中医药工作会。国家中医药管理局副局长马建中、市政府副秘书长马林、市卫生局局长方来英等出席会议。首都中医药机构、学术团体、行业协会和中医药高校、科研院所负责人近 400 人参加会议。

市卫生局召开《北京市“十二五”时期卫生发展改革规划（征求意见稿）》专家研讨会。

市政协社法委、民宗委组成的社会建设调研组围绕“北京市养老机构医疗服务体系建设”的主题对北京市卫生系统开展调研。调研组考察丰台康泰医院护理院试点情况，调研新华街社区卫生服务站为社区内敬老院提供医疗服务的情况。

12～17 日

市中医局组织人员前往广东省深圳市等地开展修订《北京市发展中医条例》调研。

14 日

卫生部党组书记张茅率国务院医改督导调研第四组对北京市第一季度深化医改工作情况进行督导调研。副市长丁向阳、市卫生局局长方来英、市医改办主任韩晓芳及有关部门领导及部分医疗机构负责人参加。

市卫生局应急办公室组织卫生系统及相关领域专家对北京急救中心（120）和北京市红十字会紧急救援中心（999）的院前急救指挥调度系统进行评估。

15 日

市卫生局举办《结直肠癌诊疗规范（2010 年版）》培训班，58 家二、三级医院内科、外科、病理科、放疗科 259 名医务人员参加培训。

澳大利亚卫生部部长妮可拉·若可森一行 5 人参观访问北京积水潭医院和西城区德胜社区卫生服务中心。

市卫生局、北京医药卫生文化协会举办首都卫生系统庆祝建党 90 周年文艺汇演。

17 日

全国博士后管委会办公室等 7 个单位联合举办北京 2011 博士后人才引荐会。市卫生局直属北京世纪坛医院、北京友谊医院、北京同仁医院、北京朝阳医院、北京积水潭医院、北京胸科医院、北京地坛医院、北京结核病控制研究所等 8 个单位参会。

18 日

卫生部签发《有关北京市消除大骨节病和燃煤污染型地方性氟中毒危害的批复函》。从 2011 年起，怀柔区大骨节病病区和门头沟区、房山区燃煤污染型地方性氟中毒病区不再作为病区对待。

市卫生局召开北京市疾病预防控制工作会。各区县卫生局，市、区疾控中心，市、区结控所，市卫生监督所和 50 家三级医院的领导，以及有关单位负责人参加。

印发《首都医药卫生协调委员会工作规则（试行）》。明确首医委作为市政府议事协调机构，办公室设在市卫生局。首医委的主要职责是统筹首都医药卫生事业发展战略，组织研究首都医药卫生事业中长期发展规划，协调推动首都医药卫生资源整合，研究落实首都医改相关政策等。该规则于 5 月 1 日起实施。

19～21 日

由市卫生局、市教委、市水务局、市疾控中心等单位组成市级考核组，对朝阳区、大兴区、昌平区、顺义区、延庆县的饮水型地方性氟中毒防治项目进行考核。调查结果显示：5 个区县均如期实现《全国重点地方病防治规划（2004－2010）》目标。

20 日

北京市社区药物维持治疗工作组召开研讨会，市卫生局、市公安局、市药监局、市疾控中心有关领导和相关工作人员参加。会议对《北京市滥用阿片类物质成瘾者社区药物维持治疗工作管理办法（试行）》提出修订意见。

21～23 日

北京协和医院检验科通过由国家合格评定认可委员会（CNAS）组织专家进行的 ISO15189 复评审。

22 日

市委宣传部、市卫生局、北京大学医学部共同举办第 3 届首都十大健康卫士颁奖暨陈敏华事迹报告会。第 3 届首都十大健康卫士是：北京肿瘤医院主任医师陈敏华、北京胸科医院主任医师马玙、北京世纪坛医院副主任医师赵爱民、北京朝阳医院副主任医师梅雪、北京妇产医院主任医师黄醒华、北京大学人民医院主任医师陶其敏、北京积水潭医院主任医师蒋协远、房山区张坊村卫生室乡村医生王金海、北京地坛医院主任医师李兴旺、丰台区卢沟桥社区卫生服务中心“片医”杨若濒。

22 日、25 日

市卫生局组织专家对中国疾控中心传染病所等 5 家重点单位进行实验室生物安全管理工作专项督查。

23 日

北京协和医院临床药理研究中心承办首届药物研发与转化医学国际论坛。

24 日

北京安定医院蔡焯基教授获中国医师协会第 4 届杰出精神科医师奖。

25 日

国务院副总理李克强到北京友谊医院视察和调研

医疗卫生改革工作情况。

第25个全国儿童预防接种宣传日。中共中央政治局常委、国务院副总理李克强莅临丰台区方庄社区卫生服务中心视察预防接种和社区卫生服务工作。

26～27日

市卫生局召开医改工作研讨会暨创先争优活动推进大会。市卫生局、市中医局领导、市属三级医院及部分直属单位党政主要负责人及市卫生局机关处室负责人等100余人参加会议。

27日

市卫生宣传中心邀请资深媒体关系专家张妩丹教授为本市卫生系统宣传干部举办危机处理与媒体应对培训班。局直属单位、区县卫生局、全市三级医院以及局机关部分处室的宣传干部近150人参加培训。

27～28日

由市卫生局副局长于鲁明带队，人事处、财务处、科教处，市人力社保局、大兴区卫生局、北京大学医学部、首都医科大学、北京协和医院、宣武医院、北京医学教育协会等单位领导和专家组成的考察团赴上海交流学习住院医师规范化培训制度建设工作经验。

27～29日

市卫生局举办社区精防工作人员心理行为问题预防和心理危机干预培训班，邀请北京回龙观医院院长杨甫德、德国慕尼黑大学高璇博士等7名心理专家为16个区县社区卫生服务中心近700名专兼职精防医生进行培训。

29日

市卫生局和市保监局联合召开北京医疗责任保险工作会，部署2011年医疗责任保险工作。

市卫生局召开医政工作会，同时部署“三好一满意”活动。

由市卫生局主办、海淀区卫生局承办、北京北冶功能材料有限公司协办《职业病防治法》宣传周暨北京市农民工健康关爱工程启动会召开。市卫生局和海淀区卫生局、安监局、人力社保局、工会等部门和单位的领导出席，职业卫生和慢性病预防控制专家为到场的200余名农民工上健康教育课，现场提供职业病防治咨询和免费测血压、口腔和视力检查等服务。

4月

启动回归扎根工程2011年度全科医师岗位培训工作，分2期进行，由中国中医科学院、北京中医药大学、首都医科大学3个基地牵头，采取理论培训、临床实践、社区实训相结合的方式，将完成700人的培训任务。

经科技部批准，阜外心血管病医院成立我国第1个心血管国家重点实验室和3个国家临床重点专科建设项目：心血管转化医学国家重点实验室、心血管内科、心脏大血管外科、临床护理专业。

北京市同仁人工听觉工程技术研究中心通过了市科委领导及专家的现场考察。6月27日，获正式认定。

5月

1日

对本市学生儿童白血病、先天性心脏病部分病种开始实施按病种付费政策。

3日

东城区新中街社区卫生服务站夏芸医师作为青年代表参加温家宝总理同首都各界青年代表座谈会，温总理对夏芸提出的加强社区卫生建设方面的建议给予肯定。

举办市卫生系统“党在我心中”演讲决赛。市卫生局党组书记、局长方来英，市委宣传部副巡视员韦小玉，市委讲师团团长、北京市百姓宣讲工作领导小组常务副组长崔耀中，市卫生局党组副书记张秀芳、巡视员邓小虹、副局长郭积勇、赵春惠、纪检组组长何群等担任评委。评出一等奖2人、二等奖9人、三等奖11人。

4日

市中医局召开北京中医医政工作会。国家中医药管理局、总后卫生部医疗管理局、市药监局、中国医学科学院、中国中医科学院、北京大学医学部、北京中医药大学、首都医科大学的领导以及市卫生局相关处室负责人出席，各区县卫生局和二、三级中医医疗机构以及综合医院示范中医单位300余人参加。

成立北京协和医院国际合作智库（PICT），并举办第1次培训，首批国际合作智库成员30人。

5日

市卫生局召开北京市卫生系统人事工作会，市卫生局党组书记、局长方来英，副局长于鲁明出席并讲话。各区县卫生局、海淀区公共委、市卫生局直属单位主管领导、人事部门负责人，中央所属三级医院、驻京部队、武警医院人事部门负责人共150余人参加。

市卫生局副局长赵春惠主持召开发热伴血小板减少综合征防控工作会。局疾控处、市疾控中心以及传染病地方病所、健康教育所相关负责人参加。

举行全球医学卫生教育专家委员会《柳叶刀》报告首发式暨21世纪中国医学卫生教育改革理念创新项目启动大会。教育部部长助理林蕙青，美国中华医学基金会（CMB）主席陈致和（Lincoln Chen），卫生部医政司司长王羽、科教司副司长金生国等出席。

北京京煤集团总医院与北京凤凰联合医院管理股份有限公司全面合作，构建新的法人管理结构和理事会领导下的院长负责制，并引入投资1.5亿元。

5～20日

全市1063名学员通过“首都中医药实训网”住院医师管理系统进行培训和考核科目的报名。经审核，培训和考核共计1721人，其中第1阶段临床考核523人、第2阶段临床考核354人。6月25日，在北京中医药大学完成医古文、中医内科、英语、统计学、博士笔试的集中理论考试，共计448人632人次参加。

7日

市中医局组织专家对北京中医药薪火传承“3+3”工程“两室一站”第1批58个立项建设项目进行验收。58个室站全部通过了验收。

8～18日

由国家中医药管理局和文化部主办，中国中医科学院、中国针灸学会等单位承办的“相约北京——中医针灸展”在东城区图书馆影剧院举办。

9日

市卫生局副局长于鲁明会见以新加坡爱信教育集团主席、新加坡国际管理学院院长杨威荣教授为团长的医疗考察团，就引导和鼓励社会资本举办医疗机构以及本市新医改政策等进行交流。

9～10日

北京大学医学部与芝加哥大学联合举办医学教育改革国际研讨会。

北京中医药大学东方医院主办中德代谢综合征中西医结合干预策略双边研讨会。会议讨论中、德两国代谢综合征发病与治疗，传统医药干预代谢综合征的优势领域、方法、特色，现代医学体系防治代谢综合征的优势和局限性，传统中医药在德国的应用领域、现状、发展方向，预防心血管-代谢综合征领域中药材选择与品质认证的研究现状等。

10日

卫生部召开全国完善医疗纠纷人民调解、维护正常诊疗秩序电视电话会议，市卫生局作为主会场协办单位，邀请市司法局、公安局及各区县司法局、公安分局领导参会。参加会议的还有各区县卫生局局长、医政科科长，三级医院院长、医务处处长、门诊部主任、医患办主任，二级医院院长、医务科科长以及北京市医疗纠纷人民调解委员会负责人等405人。

市卫生局、市社区卫生服务管理中心、西城区社区卫生服务管理中心与陶然亭社区卫生服务中心共同开展以“推进家庭医生式服务进功能社区”为主题的宣传活动。

市卫生局妇幼与精神卫生处会同市民政局社会救助处、社区处领导到延庆县实地解决千家店镇贫困重性精神疾病患者的吃药难问题。

北京积水潭医院刘波和韩巍被授予英国爱丁堡皇家外科学院和香港骨科医学院院士，是我国内地第1批获此称号的骨科医生。

11日

世界卫生组织国际癌症研究署（WHO/IARC）授予阜外心血管病医院乔友林教授IARC荣誉奖章，表彰他在世界子宫颈癌筛查和预防研究方面取得的成绩。

市卫生局局长方来英率考察组赴浙江大学医学院附属邵逸夫医院考察学习开展主诊医师负责制工作的经验和做法。

市卫生局召开北京市结核病防治工作会。各区县卫生局主管局长、疾控（防保）科长、疾控中心主管主任、结防所所长以及北京结核病控制研究所、北京市结核病胸部肿瘤研究所、北京老年医院、解放军三〇九医院主管领导和业务骨干120余人参加。

北京博爱医院举行开设中日骨科联合门诊合作备忘签字仪式。

举行中国中医科学院西苑医院与陕西省府谷县中医医院对口支援签约仪式。

5月11日～6月1日

市中医局开展2010年中医医院管理年检查评估，全市28家（二、三级）中医医院、中西医结合医院、民族医医院接受检查评估。

12日

市卫生局主办的“天使在身边”暨纪念“5·12”国际护士节主题展在北京规划展览馆开幕。副市长丁向阳出席开幕式并讲话。

举行北京大学医学部、北京市红十字血液中心共建教学基地揭牌仪式。

韩济生院士捐献“国华奖”奖金50万元，成立北京济生疼痛医学基金会。全国人大常委会副委员长、北京大学医学部主任韩启德院士为基金会揭牌。

13日

市卫生局召开北京市医疗机构抗菌药物临床应用专项整治工作动员会，16个区县卫生局及50余家三级医疗机构主要领导参加。市卫生局副局长毛羽、副巡视员郭晋和出席会议并讲话。会议下发《2011年北京市抗菌药物临床应用专项整治活动方案》和卫生部全国抗菌药物临床应用管理培训光盘。市卫生局与各区县卫生局、三级医院签订《北京市抗菌药物临床应用专项整治活动责任书》。

市卫生系统举办首届医院院报展评会。收到参赛作品22件，最终评出十佳院报，分别是：北京友谊医院、北京朝阳医院、北京安定医院、北京同仁医院、首都儿科研究所、北京儿童医院、北京血液中心、北京中医医院、北京安贞医院和北京佑安医院。

13～15日

举办第四届北京中医药文化宣传周暨第3届地坛中医药健康文化节，以“健康、文化、创新”为主题，开展中医药非物质文化遗产宣传、适宜技术体验、专家义诊咨询、中医药社区特色展示、科普大讲堂等系列活动。

14～16日

复兴医院与国家卫生部内镜专业技术妇科培训基地、北京国际宫腔镜培训中心、中国医师协会内镜医师分会联合主办第19届北京·国际宫腹腔镜学术研讨会。

15日

本市启动为全口无牙低保老人免费镶牙项目。

我国第18个防治碘缺乏病日。市卫生局和市商委在朝阳区安贞华联广场举行北京市防治碘缺乏病宣传活动，主题是“坚持科学补碘，预防碘缺乏病”。

16日

英国伯明翰大学社区全科医学专家郑家强、黄国汉、阿伦·新格一行3人抵京，针对家庭医生服务等与北京市社区卫生工作人员进行为期2周的学术交流与培训。

17日

《健康报》和市卫生局共同主办北京地区国家基本药物临床应用培训启动会。卫生部办公厅主任侯岩、药物政策与基本药物制度司司长郑宏，《健康报》社长王硕，市卫生局基层卫生处处长许峻峰，16个区县社管中心和海淀区医管中心分管主任、社区医生代表200余人出席。

市编办副主任左铭飞一行到市卫生局调研本市院前急救体系建设以及市属三级医院人员编制情况。

18日

市卫生局与延庆县政府及相关部门就延庆县推动以县域医疗服务体系建设为核心的公立医院改革试点工作召开座谈会。

市卫生局副局长郭积勇主持召开社区卫生信息化座谈会，朝阳区、海淀区、顺义区、延庆县等8个区县卫生局及市卫生局基层卫生处、市社管中心、市公共卫生信息中心有关人员参加。

5月18日～6月3日

由文化部、国家中医药管理局主办，国家图书馆（国家古籍保护中心）、中国中医科学院（全国中医行业古籍保护中心）承办的“中华珍贵医药典籍展”在国家图书馆展出。共展出90余种中医药善本古籍、60余件药具实物及多种药物标本。

19～20日

北京协和医院举办第4届转化医学研究国际论坛。中美两国8名科学家分别针对癌症的基础与临床研究、基因治疗、转化医学在癌症防治中的应用与前景作专题报告。

20日

在欧洲经皮心血管介入治疗大会（Euro PCR 2011）上，阜外心血管病医院高润霖院士获“Ethica Award”奖杯，成为全球第13位获奖者，也是首位获此殊荣的中国专家。

召开北京天坛医院迁建工程项目规划及建筑设计方案评标会，11名评委对5家设计方案进行评审。最后推荐北京市建筑设计研究院与德国贝格·盖斯博莱希特·林克建筑设计有限公司联合体为中标候选人。

市卫生局召开会议，全面启动全市重金属污染监测工作。14个区县卫生局防保科科长、卫生监督所和疾控中心的主管领导以及区县疾控中心相关专业负责人和技术骨干共110余人参加会议。

市卫生局召开北京卫生系统第二轮编修地方志工作启动大会。

22日

首个999社区综合服务站（“红立方”）在大兴彩虹新城揭幕。该服务站可为附近居民提供医疗急救、应急培训、心理援助、赈济救助、献血动员、志愿服务等九大服务。

23～25日

卫生部医疗美容服务专项督查组一行5人在天津市卫生局医管处处长葛乐带领下，对北京市医疗美容服务机构进行专项督导检查。

24日

市卫生局、市人力社保局联合召开护理员培训工作会，将试点工作拓展至全市范围，计划全年培训3000人。

25日

香港医院管理局联网服务总监张伟麟、高级药剂师颜文珊、中国事务处主管黄巧云一行3人来京，与北京市卫生局就药品采购管理进行专题交流。

北京市卫生局决定在北京市三级医院间实行医学影像检查互认，并下发《北京市医学影像X线检查及造影图像资料共享指南（2011年版）》。

市公安局治安管理总队与市卫生局召开专题研讨会，落实在北京市做好重性精神疾病患者信息交换工作。

市经信委领导俞慈声、副主任童腾飞等在市卫生局巡视员邓小虹的陪同下到顺义区李遂社区卫生服务中心、区医院等地考察卫生信息化工作。

市卫生局召开北京市机动车驾驶员体检工作会，并下发《北京市卫生局关于规范机动车驾驶员体检工作的通知》。北京市机动车驾驶员年审体检将全面取消纸质体检表，实现机动车驾驶员身体条件证明的网上提交。

5月25日~6月15日

市卫生局组织医疗废物监督检查组，对本市三级医院和市卫生局直属单位医疗废物管理情况进行监督检查。

26日

卫生部医政司召开卫生部四级妇科内镜手术培训基地工作会暨基地授牌仪式。北京协和医院、北京大学第一医院、北京大学人民医院、北京大学第三医院、北京朝阳医院、北京妇产医院、复兴医院成为第1批卫生部四级妇科内镜手术培训基地。

副市长丁向阳到航天中心医院下设永定路社区卫生服务中心，对三级医院办社区卫生服务模式进行调研。

26~29日

华信医院吴清玉教授率队参加第19届亚洲心血管和胸外科医师学会年会。吴清玉教授被该学会授予荣誉会员称号。

27日

首批西藏先心病患儿抵达煤炭总医院接受治疗，揭开“同心——共铸中国心西藏行”活动的序幕。共有18名西藏先心病儿童在该院接受治疗。

28日

中国医学科学院 北京协和医学院与井冈山大学签署友好支援框架协议。

北京积水潭医院承办第8届亚太地区计算机辅助骨科学术会，中国、美国、日本、韩国、泰国和中国香港等国家和地区代表参会。

30日

召开北京市医疗纠纷人民调解工作启动大会，副市长刘敬民、司法部副部长郝赤勇和卫生部副部长马晓伟等出席会议并讲话。

市爱卫会举办2010年度北京铁路局系统爱国卫生红旗单位和红旗列车授牌仪式。同时，在北京西站动车专列和站台上开展世界无烟日宣传活动。

31日

市卫生局、市爱卫会举行首都无烟医疗卫生机构督导检查工作布置会和培训会。市卫生局与区县卫生局代表分别签署《北京市无烟卫生机构目标责任书》。

市卫生局召开全球基金艾滋病、结核病防治项目管理工作会，通报5月26日卫生部关于进一步加强全球基金项目管理全国电视电话会议精神，并就下一步本市全球基金艾滋病、结核病项目管理及督导工作进行部署。

市慈善协会、市卫生局联合举行“为生命续航——PKU儿童援助项目”启动仪式，全国人大常委会原副委员长何鲁丽、市慈善协会会长王长连、市卫生局副局长毛羽等出席。市慈善协会出资60万元，为100名北京地区0~18岁PKU患儿提供特制食品补贴，救助标准为每人每月500元。

5月

开始实施《北京市卫生局关于建立重大事项社会稳定风险评估机制的实施细则》。

卫生部将北京市确定为开展功能社区卫生服务试点单位，为健全社区卫生服务体系积累经验。

市卫生局监察处对严厉打击餐饮服务环节非法添加和滥用食品添加剂专项工作开展立项效能监察。

卫生部正式批准北京地坛医院为国家级感染性疾病医疗质量控制中心。

6月

1日

市属医院试行预约挂号和实名制就医制度。

市卫生局委托北京健康教育协会在中粮集团有限公司和东城区政府员工餐厅开展“北京市健康食堂项目”。

市卫生局召开直属单位军转干部安置工作会。

2日

国家中医药管理局和中国中医科学院召开全国中医药科研院所科技创新工作座谈会。卫生部副部长、国家中医药管理局局长王国强，中国中医科学院名誉院长王永炎、院长张伯礼、首席研究员陈可冀等领导出席。

举行市红十字血液中心与新加坡卫生科学局血液服务司、中国香港红十字输血服务中心合作协议签署仪式。

3日

市卫生局举办“爱眼日”主题宣传活动，主题是“关爱低视力患者，提高康复质量”。

4~5日

在地坛公园，中国医药卫生事业发展基金会、首都精神文明建设委员会办公室、市委宣传部、市卫生局和北京日报报业集团共同主办第5届全民健康促进大型公益游园会，以“健康北京，健康生活”为主题。

6~8日

北京大学医学部召开北京大学国际医学信息学研

讨会，美国、英国、澳大利亚等国的多所大学、医院和研发机构的医学信息学专家参会。

6～9日

市卫生局党组书记、局长方来英一行4人赴香港参加香港医院管理局研讨大会。同时，代表团与香港卫生署和香港医管局就京港两地在中医及药物管理方面的交流与合作进行洽谈。

8日

市人力社保局流动调配处杨利远副调研员到市卫生局就人才引进和解决夫妻分居工作进行现场办公，并对调配工作进行现场指导。

8～15日

市侨联、市卫生局“健康光明博乐行”医疗队赴新疆博尔塔拉蒙古族自治州博乐市，为贫困白内障患者实施手术。共实施白内障复明手术109例。

9日

中纪委驻卫生部纪检组组长李熙率驻部监察局、卫生部规财司有关领导到本市就药品和医用耗材集中采购进行调研。

10日

市卫生局团委、市红十字血液中心召开卫生系统无偿献血志愿服务表彰暨世界献血者日志愿服务工作会，主题是“捐献更多血液，挽救更多生命”。

北京卫生学校办理首批出国留学生10人，其中6名学生赴澳大利亚学习、4名学生赴英国学习。

11～12日

中国医师协会消化医师分会、北京友谊医院、北京协和医院、首都医科大学消化病学系、北京市消化疾病中心共同主办第八届北京国际消化疾病论坛。美国、英国、德国、日本、韩国、新加坡、菲律宾和中国的1200余名消化疾病专家和学者参会。

13日

市卫生局启动职业病防治管理信息系统试点，选择北京市、海淀区、朝阳区、大兴区疾控中心做为试点单位进行系统测试工作。

14～16日

市卫生局组织市疾控中心、卫生监督所对各区县34家肠道门诊开诊和肠道传染病防控情况进行抽查。

15日

召开防治艾滋病工作委员会全体会议，33个成员单位主管局长（主任），16个区县主管区县长，以及市疾控中心、市性病艾滋病防治协会、4家艾滋病定点医院、市禁毒办等单位领导参加。市防治艾滋病工作委员会主任、副市长丁向阳，国务院防治艾滋病工作委员会办公室主任、卫生部疾控局副局长郝阳出席会议并讲话。

16日

常务副市长吉林、副市长丁向阳到北京朝阳医院视察本市医改工作，市政府副秘书长马林，市卫生局局长方来英、副局长郭积勇、毛羽等陪同视察。

市中医局对批准薪火传承“3+3”工程2011年度立项的5个建设项目正式下发立项通知并下拨建设经费。

市卫生局主办的以加强医德医风建设、展示各医院特色和医务人员风采、提供医患交流平台为目的的“医德昭”栏目在市政府门户网站“首都之窗”正式开通。

市卫生局召开庆祝中国共产党成立90周年暨表彰大会，表彰60个先进党组织、300名优秀共产党员和50名优秀党务工作者。

17～22日

新疆和田地区人民医院党委书记、院长路秋海一行19人来京学习考察。

6月17日、9月23日

全国政协常委、教科文卫体委员会副主任张文康，全国人大教科文卫委员会主任委员白克明、副主任委员唐天标分别率考察组到北京安定医院，就北京市精神卫生工作、医院发展建设及精神卫生立法工作等进行调研和讨论。

18日

北京积水潭医院、北京安贞医院、北京朝阳医院、北京天坛医院、北京佑安医院、北京小汤山医院、首都儿科研究所等7家市属三甲医院的党员专家医疗队在西宁市新宁广场参加“情系青海西部行”活动启动仪式。

19～23日

国家中医药管理局对本市25家中医医院、民族医院以及综合医院的国家中医药管理局“十一五”重点专科（专病）建设项目进行评审验收。

20日

召开北京卫生规划与工程学会第1届会员大会。大会选举杨炳生为首届学会会长，杨海宇、杨燕军、吴明为副会长，李蕴辉为秘书长，宋鹰为监事长。该学会是由市卫生局作为主要发起单位成立的。

21日

常务副市长吉林到北京燕化医院考察。

市卫生局召开家庭医生式服务推进月活动工作布置会。

22日

副市长丁向阳在市卫生局、市发改委、市财政局、市人力社保局、市人口计生委、市医改办以及顺义区委区政府领导的陪同下到顺义区李遂社区卫生服务中心和顺义区医院视察卫生信息化工作。

23 日

东城区卫生局与内蒙古乌兰察布市集宁区卫生局签署医疗卫生合作协议。

6 月 24 日 ~7 月 1 日

市中医局组织部分区县卫生局主管中医工作的领导以及二、三级中医医院院长等首都中医药界代表44人前往台湾，参加由中华中医药学会和海峡两岸中医药合作发展交流协会、商工统一促进会联合举办的第三届海峡两岸中医药合作发展论坛。

28 日

首都医药卫生协调委员会副主任委员兼秘书长、副市长丁向阳主持召开专题会议。卫生部副部长马晓伟、部分首医委成员单位及首都地区二、三级医院负责人近 200 人参加会议。

市卫生局召开全市二级及以上医院工作部署会，就全市统一预约挂号平台的实施工作进行部署。

新疆和田地区医疗卫生业务骨干北京培训班开班。和田地区来京培训 34 人，培训 3 个月。

首都医科大学－卡尔加里大学联合肝病研究所在佑安医院正式揭牌，标志着中加联合肝病合作项目进入正式实施阶段。

30 日

市健康促进工作委员会、市卫生局联合举办北京健康科普专家传播技术培训班，清华大学国际传播研究中心研究室孙静惟研究员讲授健康传播及媒体沟通技巧。

6 月

市委、市政府颁布《健康北京“十二五”发展建设规划》。

北京安贞医院新门诊综合楼启用。总面积 58100 平方米。

北京安贞医院召开第 6 届北京五洲心血管病研讨会。

市科委授予北京口腔医院全牙再生与口腔组织功能重建实验室为北京市重点实验室，有效期 3 年。

经市科委认定，北京市耳鼻咽喉科研究所北京市人工听觉工程技术研究中心（Beijing Engineering Research Center of Artificial Hearing Instruments）正式成立。该中心是具有工程技术开发能力的科研开发实体。

7 月

1 日

市卫生局召开脑卒中筛查与防控项目启动会，部署 2011 年工作，并进行项目实施方案的培训。

2 日

市卫生局、市政协教科文卫体委办公室联合召开座谈会，就本市医疗纠纷现状、市医疗纠纷人民调解委员会运行状况及建议案办理情况进行座谈。

2 ~ 3 日

举办医师资格考试实践技能考试。本市有 7042 名考生报名，实际参加考试 6722 人，合格 5457 人。

6 日

市卫生局召开“医疗质量万里行”活动暨临床路径管理工作启动部署会。各区县卫生局主管局长、医政科长，二、三级医院主管院长及医务处（科）长 360 人参加会议。

市卫生局、市公安局、市交通委、市社会建设工作办公室和城市管理综合行政执法局共同制订《北京市 2011 – 2015 年采血点设置指导意见》。2011 ~ 2015 年，本市采血点设置总量为 50 ~ 69 个。

7 日

北京市副市长丁向阳召开北京市公共场所禁止吸烟工作专题研讨会。市人大代表，市人大常委会教科文卫体办公室、法制办公室，市政府办公厅、市教委、市公安局、市财政局、市运输管理局、市商务委、市旅游委、市文化局、市卫生局、市体育局、市政府法制办等有关部门主管领导出席会议。

市卫生局举办区县医改进展监测工作培训班。16 个区县卫生局医改办、信息中心负责人和相关工作人员，局相关处室和市公共卫生信息中心相关人员参加培训。

首届海峡两岸中医药学生交流营在北京中医药大学开营。7 月 12 日，交流营代表参加两岸青年交流主题联欢活动，受到胡锦涛总书记的接见。

7 日、8 日、15 日

全国人大法工委主任信春鹰率 12 人调研组到北京就《精神卫生法（草案）》开展专项调研。

8 日

市人大代表一行 20 余人对市中医局办理的第 Y213 号关于“建议整合北京中医药文化资源，启动北京中医药文化保护工程”的议案办理情况进行调研。市人大常委会副主任吴世雄、市政府副秘书长侯玉兰参加调研。

8 ~ 12 日

北京协和医学院主办、中国协和医科大学出版社承办第 8 届医学专业双语教学骨干教师高级研修班。全国 23 所医学高等学校及临床教学医院的骨干教师、教学管理人员 154 人参加培训。

11 日

举办第 2 期北京健康科普专家传播技术培训班。88 名遴选出的专家以及市健康促进工作委员会办公室、市疾控中心健康教育所的工作人员参加培训。

11～12日

卫生部无烟医疗卫生系统创建工作督导组到北京市进行督导检查。

12日

金砖国家全球卫生与发展论坛在北京大学医学部举行。巴西、俄罗斯、南非及我国卫生部门代表及相关专家围绕金砖国家政府推进全球卫生与发展进程中的主要挑战，及在推进全球卫生与发展进程中全球卫生研究机构应当承担的责任等问题展开交流。

市卫生局召开全民健康生活方式行动工作会，市卫生局疾控处和市疾控中心主管领导、行动办公室工作人员、参与项目工作的各区县卫生局、疾控中心的负责人以及示范创建机构代表共80人出席。为通过2010年全民健康生活方式行动示范创建的21家机构授牌。2011年，新增丰台区、怀柔区为全面健康生活方式行动项目区。

国家中医药管理局确定东城区为“基本公共卫生服务中医药服务项目”试点地区。

12～13日

市卫生局对海淀区、丰台区、石景山区、通州区、大兴区、怀柔区6个区的国家基本公共卫生服务项目开展情况和实际效果进行考核。

14日

市卫生局正式批准宣武医院、北京同仁医院、北京友谊医院、北京口腔医院、北京朝阳医院、北京安贞医院、北京胸科医院等7家市属三级医院开展北京市主诊医师负责制试点工作。

14～15日

市卫生局对朝阳区、丰台区、房山区、昌平区、大兴区、顺义区、通州区、怀柔区8个区县的重点职业病哨点监测工作进行专项督导检查。

14～17日

由北京地坛医院主办、欧洲临床微生物及感染病学会（ESCMID）和全球华人临床微生物暨感染学会（GCACMID）协办的第5届地坛国际感染病学术会议——感染病的抗药性时代召开。30个国家和地区的近千名感染病和肝病专家、学者参会。

15日

市卫生局疾控处和市牙防办召开北京市牙病防治工作会，各区县牙病防治所负责人参加。会议通报本市口腔公共卫生服务项目（包括窝沟封闭预防龋齿项目、为全口无牙低保老人免费镶牙项目等）进展情况，研究下一步工作。

北京120/999院前医疗急救联合指挥调度平台正式启用。该平台实现了120、999指挥调度的信息互通、数据共享、分号受理、协调调度和双网联动、统一指挥的功能。

市卫生局印发《北京市卫生局关于进一步鼓励和引导社会资本举办医疗机构规范和加强审批工作的通知》。

18日

市卫生局副局长郭积勇会见美国美可公司海外市场高级总监唐斯顿·阿梅达先生一行，就医疗卫生领域开展合作事项进行交流，并就电子病历、社区医疗服务及老年医学等内容进行研讨。

19日

市中医局和总后卫生部医疗管理局共同召开首都军地中医药携手发展座谈会，对首都军地中医药工作携手发展方案框架（草案）进行讨论。

19～20日

卫生部医师定期考核工作督导组到北京市督导调研。

20日

应全国政协教科文卫体委员会邀请，东帝汶国民议会卫生、教育和文化委员会主席维尔吉利奥·迪亚士·马萨尔一行10人考察北京市艾滋病防治工作，访问本市美沙酮维持治疗第八门诊部。

21日

卫生部妇社司司长秦怀金、副司长秦耕，及功能社区领导一行9人到北京调研社区卫生工作。

召开首都“十病十药”第2批项目推介会。市中医局局长赵静、副局长屠志涛，东城区区长助理罗增刚、区卫生局局长李亚兰出席会议，共签署协议36项。

22日

北京市－内蒙古自治区蒙中医药对口支援工作会在内蒙古自治区锡林浩特市召开。市中医局局长赵静、副局长边宝生率领北京地区15家支援医院的院长、医务处处长参加会议。

市卫生局召开北京市夏季传染病专家分析会，邀请中国疾控中心、军事医学科学院、北京大学第一医院、北京地坛医院的专家及市疾控中心负责人参加会议。

24日

中国率先启动全球首个“国际自我保健日”活动。中国医药卫生事业发展基金会理事长王彦峰，中国药学会副理事长袁天锡，中国非处方药物协会会长白慧良，北京市健康促进工作委员会副主任、市卫生局局长方来英，世界自我药疗产业协会（WSMI）主席郭振宇出席启动仪式并致辞。

25日

市卫生局召开各区县卫生局主管局长、防保科长、疾控中心主任参加的夏季传染病防控工作视频会。

市卫生局召开局系统学习型党组织工作示范点和品牌活动申报评选会。经过投票，被推荐的学习型党组织建设工作的示范点是：北京积水潭医院党委、北京同仁医院党委、北京地坛医院党委。

市卫生局副局长郭积勇、市计生委副主任耿玉田率队到东直门医院、东城区海运仓社区卫生服务站开展联合调研，实地查看东直门医院和海运仓社区卫生服务站计生用品、药具发放等情况。

25～26 日

第2届京津沪渝粤蒙六省市中医药工作会在重庆召开，六省市卫生局（厅）、中医药管理局的主管局（厅）长、副局（厅）长、中医处长参加。

26 日

市卫生局召开北京市民健康教育信息平台启动暨新闻发布会。第1批100台“健康北京人”双屏机器人将于半年内在东城区、西城区、朝阳区、海淀区和顺义区5个区的社区服务中心（站）完成安装并投入使用。

27 日

市卫生局举办结直肠癌病例信息登记工作培训会，全市80家医院90余人参加培训。

28 日

举行北京市医院管理局成立揭牌仪式。卫生部党组书记张茅、市长郭金龙、国务院医改办主任孙志刚、市委组织部部长吕锡文共同揭牌。

市卫生局和北京联通共同举行北京市预约挂号统一平台启动仪式，副市长丁向阳、卫生部副部长马晓伟、中国联通集团副总经理佟吉禄等出席。市卫生局和首批上线的30家三级医院代表分别与北京联通签订预约挂号统一平台服务合作协议书，丁向阳开启预约挂号统一平台。

“海疆召唤2011”跨区海上医疗救护演练在大连举行。北京市红十字会紧急救援中心通过海事卫星为该演练提供远程会诊服务。

29 日

市卫生局召开由各区县卫生局主管局长，市、区疾控中心主管主任及有关人员参加的扩大国家免疫规划和疫苗管理工作现场检查部署会。

7月31日～8月3日

卫生部指派辽宁省卫生厅厅长助理王天宇、北京生物制品研究所赵铠院士一行作为检查组，对北京市国家扩大免疫规划和疫苗管理工作进行督导检查。抽取通州区、延庆县作为本市被查单位。

7 月

按照国家中医药管理局《关于第三批重点中西医结合医院建设单位申报工作的通知》，市中医局组织符合条件的北京市中西医结合医院进行申报。

北京市免费为农村地区定向培养的71名首届医学毕业生陆续赴密云县、平谷区、怀柔区等农村地区的社区卫生服务中心（站）为山区农民服务。

北京中医药大学分院德国魁茨汀中医院建院20周年庆典在德国巴特—魁茨汀小镇举行。

8 月

1 日

市卫生局承办由卫生部妇社司、联合国儿童基金会和世界卫生组织举办的“世界母乳喂养周”北京宣传活动，主题是“母乳喂养——倾听、诉说、分享”。

全球首款可接受磁共振检查的心脏起搏器在阜外心血管病医院被成功植入患者体内，打破了心脏起搏器病人无法安全接受磁共振检查的禁区。

2 日

市卫生局举办“医疗质量万里行”暨“三好一满意”活动督导检查专家培训会，宣传、法监、监察、门诊、急诊、医务、重症医学、血液净化、医疗美容、实验室、医学影像、病理、临床输血、护理、院感、药事、安全生产、总务等18个专业的190余名专家参加。

3 日

市财政局、市民政局、市人保局、市卫生局、市残联联合组成调研组到海淀区、西城区就建立北京市重性精神疾病患者门诊免费服药工作制度及规范化操作流程进行实地调研。

3～4 日

中国中医科学院主办全国中医药博士生创新发展学术论坛。

4 日

由卫生部门提供的确诊的危险性评估为三级以上的6类重性精神病人信息数据传到公安局前置机。8月8日，公安部门提供的滋事、肇事肇祸精神病人信息数据传到卫生局前置机。完成信息共享。

4～5 日

市卫生局召开《北京市二级以上医院疾病预防控制工作考核标准（试行）》培训会。

4～12 日

市卫生局组织专家对北京大学第三医院等6家按病种分组付费（DRGs）试点医院的病案数据信息上报流程、上报质量及医疗收费信息质量进行现场检查。

6 日

北京中医药大学东直门医院与通州区中医院签订合并协议，通州区中医院正式挂牌成为东直门医院东区。两院将实行一个名称、一个法人、一套行政班子、总院长负责制的同一家医疗机构的实质性整合。

7日

市卫生局第六批援藏干部第2期专业技术干部13人离京，赴西藏自治区拉萨市、当雄县、尼木县、堆龙德庆县，开展为期一年的技术援藏工作。

8日

市卫生局举行"北京市民公共卫生工作一日体验活动"启动仪式。此次体验活动，在市疾控中心、市卫生监督所、市血液中心、北京急救中心、12320公共卫生热线服务中心等公共卫生服务机构开放20多个岗位，供市民参加体验活动。

9日

市卫生局召开北京市创建示范社区卫生服务中心工作会。

10日

国务院秘书三局副巡视员马春笋到北京朝阳医院调研公立医院改革试点工作进展情况。

市卫生局局长方来英做客北京城市服务管理广播"城市零距离"，介绍北京医改工作。

10～14日

市卫生局巡视员邓小虹、内蒙古自治区卫生厅副厅长欧阳晓晖带队，率督导调研工作组赴内蒙古自治区锡林郭勒盟和赤峰市的5家受援单位就对口支援项目开展情况进行实地督导和调研。

8月10日～9月7日

市编办和市卫生局有关部门先后到朝阳区高碑店社区卫生服务中心、西城区德胜社区卫生服务中心和延庆县井庄镇社区卫生服务中心，对城乡地区典型社区卫生服务机构编制配备标准进行现场调研。

11日

第6批援藏干部第1期专业技术干部完成任务返京。

自8月11日起，市卫生局在全市范围内开展结核病防治服务体系调查。

市卫生局党委副书记张秀芳、团市委副书记姜泽廷、市农工委委员郝霞等到昌平区东小口镇兰各庄村，就依托社区青年汇平台，如何做好社区流动青年健康服务工作进行调研。

12日

副市长丁向阳主持召开北京市医改工作专家座谈会，邀请市医改领导小组专家委员会成员为医改工作建言献策。

15日

多哥、加蓬、摩洛哥、卢旺达、马里、科摩罗等国家卫生部官员一行13人到复兴医院月坛社区卫生服务中心进行交流访问。

15～24日

市卫生局举办市属三级医院门诊医务人员精神科专业知识再教育培训班3期。邀请精神科专家授课。

17日

市卫生局召开北京市体检信息平台应用和管理工作会，各区县卫生局医政科长、开展健康体检的177个医疗机构负责人、体检统计工作人员370人参会。

市卫生局召开北京市创建示范社区卫生服务中心复核评估工作研讨会，市社管中心、市社区卫生协会等相关人员参加会议。

市社管中心召开本市功能社区卫生服务试点工作专项督导会，听取东城区、西城区、海淀区3个试点区在8个试点功能社区工作推进情况。

市卫生局召开京津冀餐饮服务食品安全事故卫生应急处置协查联动机制联席会，通过了《京津冀餐饮服务食品安全事故卫生应急处置合作联动机制》。

以市编办副主任刘国玲为组长、市人力社保局和市财政局有关人员为成员的市分类推进事业单位改革调研组一行3人调研卫生系统事业单位改革工作。

北京警务飞行总队直升机在密云县进行山区搜救演练时坠机，造成4死1伤。北京安定医院组织相关专业人员为烈士家属、战友、全体飞行员及工作人员进行为期9天的心理干预。

大兴区疾控中心理化检验科开发的"测定配方营养食品中蛋白质、钠、钾、钙、镁的方法"成功申请国家知识产权局新型发明专利，获得国家发明专利证书。

18日

卫生部儿童两病督导专家组3人到北京儿童医院、首都儿科研究所附属儿童医院进行督导。

市防治艾滋病工作委员会办公室召开北京市社区药物维持治疗工作组扩大会，通报上半年本市社区药物维持治疗门诊的工作情况，针对门诊在治人数低的问题进行分析探讨，并就本市探索建立社区药物维持治疗服药点开展讨论。

市卫生局召开儿童乳牙口腔保健与健康促进项目启动会。

市防治艾滋病工作委员会办公室召开北京市防治艾滋病工作委员会联络员会议。

18日、19日、9月16日

市中医局组织专家分别对通州区和昌平区基层中医药工作先进单位创建工作进行现场复核。经过专家评议、网站公示等程序，通州区和昌平区分别被命名为北京市社区中医药工作先进单位和北京市农村中医药工作先进单位。

19 日

市卫生局局长方来英会见法国劳动、就业和卫生部部长贝特朗先生一行，双方就医疗保障制度、医院员工薪酬与医院筹资、电子病历等进行交流。

20 日

新疆维吾尔自治区和田地区皮山县桑株乡发生一起食物中毒事件，中毒 150 余人，其中 11 人死亡。市卫生局紧急调派北京朝阳医院一名中毒专业专家赴和田指导医疗救治工作。

20 ~ 22 日

召开中国针灸学会第 5 次全国会员代表大会暨中国针灸学会年会，卫生部副部长、国家中医药管理局局长王国强出席。大会选举产生中国针灸学会第 5 届理事会，王国强、胡熙明、李维衡为名誉会长，刘保延当选理事会会长，杨金生当选秘书长。

24 日

市卫生局举办放射科技师长培训班，委托市医学影像质量控制和改进中心对二级以上医院放射科技师长进行培训，培训情况作为医学影像互认的一项基本条件。

25 日

卫生部通报新疆维吾尔自治区和田地区发生一起由 I 型脊灰野病毒引起的 4 例疑似境外输入性脊髓灰质炎疫情。市卫生局接到通报后，迅速采取一系列防控措施，并组织由 11 名专家组成的防控工作队赴新疆支援脊灰疫情防控工作。

26 日

第 43 届南丁格尔奖章颁奖大会在北京人民大会堂举行。中共中央总书记、国家主席、中央军委主席、中国红十字会名誉会长胡锦涛出席，并为北京协和医学院护理学院副院长、北京协和医院护理部主任吴欣娟，武警总医院副院长、护理部主任张利岩等 8 名中国获奖者颁发奖章。

28 日

市卫生局紧急抽调由北京佑安医院感染科徐莲芝教授、北京儿童医院神经内科郑华教授、首都儿科研究所附属儿童医院大内科李尔珍教授组成的 3 人专家组赴新疆和田地区，指导当地脊髓灰质炎野毒株疑似输入性疫情患病儿童的医疗救治和疫情防控工作。

8 月 28 日 ~9 月 1 日

市卫生局副局长郭积勇率第 3 批首都医疗专家到新疆和田开展“情系和田行”活动。北京口腔医院、宣武医院的 14 名专家在和田地区开展疑难病例查房会诊、技术培训和义诊等活动。

29 日

市卫生局举办北京市卫生系统纪检监察干部培训班，集中解决行政问责、预防职务犯罪等政策法规和理论热点问题。

30 日

新华网访谈互动栏目“对话首都”邀请市卫生局副局长、新闻发言人毛羽做客直播间，围绕北京市医改话题（预约挂号、社区医疗、家庭医生）与网友进行交流。

召开北京地区电子病历试点工作中期评估总结会，包括电子病历试点医院在内的各三级医院及远郊中心医院主管领导和相关工作人员参加会议。市卫生局巡视员邓小虹、副局长雷海潮等出席会议。

31 日

卫生部党组书记张茅等在市卫生局局长方来英等的陪同下，到北京青年报社参加《急诊室的故事》栏目座谈会。

市卫生局组织西城区、海淀区、丰台区、大兴区 4 个防艾示范区召开北京市艾滋病综合防治示范区工作会暨现场交流会。

8 月

市卫生局组织有关专家对全市使用医用高压氧舱的医疗机构进行安全使用专项检查。

在墨西哥城举行的第 47 届国际精神分析大会上，北京安定医院林涛博士成为我国首位由国际精神分析协会（IPA）认证的精神分析师，并成为国际精神分析协会直接会员。

北京急救中心被国际创伤生命支持技术（ITLS）联合会授权成为中国区分部，全面代理 ITLS 课程在中国急救系统的认证与拓展，向全国急救医护人员提供国际创伤生命支持高级培训课程。

北京协和医学院通过国家审批，获得护理学一级学科博士点。

9 月

1 日

第 5 个全民健康生活方式日。市卫生局在朝阳公园南门外广场举行“减盐控制高血压”的全民健康生活方式日主题宣传和义诊咨询活动。

市卫生局召开北京市脊髓灰质炎防控工作暨培训会，通报新疆发生输入性脊灰野病毒疫情的最新情况，并就如何进一步加强 AFP 监测、临床诊断与鉴别诊断等对业务骨干进行培训。

2 日

市中医局科教处举办北京市中医药科研能力提高第 1 期培训班（区县中医医院临床科研能力提高培训班），培训内容侧重中药科研能力提高和院内制剂研发能力提高。区县中医院分管副院长、中药临床科研骨干等100人参加培训。

3日

由中国中医科学院牵头，与北京中医药大学、天津中医药大学、北京市中医管理局、北京卫生人才培训中心联合举办的中医医院现代职业化管理素质提升高级研修班在京开班。北京和天津的43名中医医院管理者将在一年内接受不少于160学时的集中专业培训，学习如何从专家型院长转变为具有现代职业化管理知识的院长。

6日

由市卫生局主办，北京回龙观医院、北京心理危机研究与干预中心承办的第九个世界预防自杀日宣传活动“生命！预防自杀是全社会的责任”，在市监狱管理局清河分局柳林监狱举行。北京心理危机研究与干预中心与清河分局签署心理健康与精神卫生服务共建合作协议，双方为建立的全市首个监狱警察心理健康促进基地和服刑人员心理健康重塑基地揭牌。

8日

北京协和医学院郎景和教授当选国家级教学名师，成为该校首位国家级教学名师获得者。

8～9日

市卫生局举办卫生应急风险沟通培训班，对全市卫生应急相关管理人员、专业人员以及从事健康教育相关人员进行培训。

9日

以“为生命赢取每一秒”为主题的中法北京市中学生急救培训项目2011年揭幕仪式在北京市第二中学举行，并向全市中学捐赠3000本《中学生参与式急救技能培训指南》。

10～12日

卫生部医政司付文豪带领督导专家组一行6人对北京市医疗机构抗菌药物临床应用专项整治活动情况进行督导检查。北京医院、北京友谊医院、北京同仁医院、北京积水潭医院、北京儿童医院、大兴区人民医院等6家医院接受督导检查。

11日

北京协和医院、美国约翰霍普金斯大学医学院和中华医学会老年医学分会联合主办首届协和－霍普金斯老年医学论坛。会议讲授现代老年医学的理念、运作模式、技能和最新的临床知识进展，同时对借鉴美国老年医学的经验开展中国老年医学进行探讨。

11日、12日

北京市6706名考生报名参加了全国医师资格考试综合笔试。

12日

464人报名参加市中医局举办的第2期中医类别全科医师岗位培训班，开始进行理论培训、临床实践和社区实训3个阶段共计3个月的脱产培训。

13～27日

举办北京协和医学院第7期乡村医生培训班（“同心·红十字天使计划”新疆少数民族乡村医生培训班）。新疆维吾尔自治区72人参加培训。

13～29日

市卫生局组织妇幼卫生及财务管理专家对区县妇幼卫生工作进行绩效考核，同时联合市财政局、妇联、人口计生委、妇儿工委等部门对重大公共卫生项目进行督导。

14日

市卫生局召开领导干部大会，宣布市委市政府决定：撤销市卫生局党组，成立任命制党委和纪委。方来英任党委书记，张秀芳任党委副书记、巡视员，何群任党委委员、纪委书记，郭积勇、赵春惠、毛羽、雷海潮、丛骆骆、赵静任党委委员。市医管局成立党委和纪委，方来英任党委书记（兼），毛羽任党委副书记（兼）。王松灵任市卫生局副局长（挂职锻炼至2012年12月），郑晋普任市卫生局副巡视员。

14～16日

市卫生局、市公安局、市药监局以及市疾控中心联合对本市6个区的美沙酮社区药物维持治疗工作进行督导考核。

14～20日

市卫生局举办内蒙古赤峰市和乌兰察布市医院院长培训班，赤峰市和乌兰察布市49家医疗单位的54人参加培训。

15日

市卫生局启动生命全周期口腔卫生保健健康促进行动，率先在全国提出建立覆盖居民生命全周期的口腔健康教育、健康促进活动和口腔卫生服务体系。

北京同仁医院发生医患矛盾，博士生导师、喉科主任徐文主任医师被一患者砍伤。

16日

北京协和医院举行庆祝建院90周年座谈会，卫生部部长陈竺、党组书记张茅，副部长陈啸宏、刘谦、尹力和香港医管局胡定旭主席等出席会议。会上，北京协和医院和香港医院管理局举行战略合作意向书签字仪式。同日，新院史馆正式开馆，陈竺、张茅共同为新院史馆揭幕。

北京积水潭医院和延庆县医院共同主办、延庆县医院承办第2届京郊骨科论坛，分设骨科、护理和义诊3个会场同时进行。郊区各区县医院的骨科医生近200人参加论坛活动。

16～17 日

北京老年医院主办全国老年医院联盟成立大会。

17 日

市社管中心和市社区卫生协会联合举办“我身边的社区卫生服务”主题宣传活动市级演讲比赛决赛，16 名选手参加。最终评选出一等奖 2 人、二等奖 3 人、三等奖 4 人和优秀奖 7 人。优秀选手将代表北京参加全国决赛。

19 日

市卫生局召开北京市传染病疫情风险管理体系建设专家论证会，市疾控中心主任庞星火、传染病地方病所所长王全意等 7 名专家参会。

举行慈善家李春平关爱首都急救事业暨北京市红十字会 999 急救中心成立 10 周年纪念仪式。本年度李春平先生向 999 捐赠 10 辆急救车，价值 150 万元。

20 日

市卫生局和市教委召开北京市脊髓灰质炎防控工作会，市流动人口和出租房屋管理委员会办公室应邀派员参会，各区县卫生局主管局长、教委主管主任、疾控中心主任，各三级综合医院主管院长，高等学校、中等专业学校主管领导，局应急办、医政处、科教处，以及市疾控中心领导和有关人员共 220 人参加会议。

市卫生局妇幼与精神卫生处陪同卫生部妇幼保健与社区卫生司、世界卫生组织项目官员及国家级儿童心理卫生相关专家，就北京地区开展儿童心理保健工作进行调研。

北京市卫生局举办突发公共事件紧急医疗救援拉动演练考核。

21 日

经国家临床重点专科建设项目管理委员会审定，北京安定医院精神病科获批国家临床重点专科建设项目。

22 日

市卫生局召开北京市“十百千”卫生人才培养专项经费资助评审工作会。确定孙立忠等 10 人为“十”层次人选、刘春红等 50 人为“百”层次人选。

23 日

80 岁的中国中医科学院终身研究员屠呦呦获国际生物医学大奖——拉斯克奖，以表彰其在青蒿素研究中的贡献。这是中国科学家首次获拉斯克奖。

全国人大教科文卫委员会主任委员白克明率调研组来京，就精神卫生立法工作进行调研，并召开精神卫生立法工作座谈会。

市中医局局长赵静、副局长屠志涛前往北京同仁堂集团总部调研，商谈北京市中医药“十病十药”首批项目的品种生产筹备事宜。确定年底将止渴养阴胶囊、参丹活血胶囊 2 个项目进入生产线投产。

23 日、26 日

市卫生局 2 次召开主诊医师负责制试点医院院长联席会，研究讨论主诊医师试点工作。

24～25 日

北京市举办第 2 届盲人医疗按摩人员考试，考试分为综合笔试和实践技能 2 个部分。86 名盲人考生参加考试。

由市卫生局、团市委主办，首都高校青春红丝带社团工作领导小组办公室、北京市青少年法律与心理咨询服务中心承办的首都高校青春红丝带社团负责人培训班开班。全市各高校 104 名社团负责人及社团骨干参加培训。

24～29 日

国家中医药管理局组织专家对通州、怀柔、密云、平谷、昌平等 6 个区县开展下半年全国基层中医药工作先进单位候选地区实地检查评估。经过专家组检查评估，6 个区县达到创建工作要求，通过了评估验收。

25 日

市卫生局举办中国公立医院改革发展论坛。卫生部医管司医院运行监管处处长钟东波，市卫生局局长方来英、副局长毛羽、雷海潮，中国人民大学公共管理学院院长董克用，北京大学光华管理学院执行院长刘国恩，中国社科院经济研究所公共卫生政策研究中心主任朱恒鹏等医改专家和全国三级医院院长共 300 多人参加论坛。

27 日

市卫生局推荐 24 家医院参加卫生部第 1 批癌痛规范化治疗示范病房的申报。

28 日

召开中法精神卫生研讨会。市卫生局副局长毛羽、法国驻华使馆社会事务参赞罗妮卡出席会议，以法国全国精神病院联合会主席伊万·哈拉米为团长的 6 名法方专家作专题报告。海淀区、昌平区、门头沟区、房山区、平谷区、延庆县等 6 个区县精保所（院）的所长及辖区精神卫生工作人员等约 70 人参加会议。

总后卫生部医疗管理局与市中医局签订首都中医药工作军民融合发展战略合作框架协议。首批 21 家军民中医药战略合作单位分别签署 11 个项目的合作协议，首先在共建科技创新平台、人才培养融合发展及优势专科等方面进行合作。

28～30 日

全市卫生监督机构食物中毒和生活饮用水污染事

故应急演练在门头沟区举行。

29 日

中国政府“友谊奖”颁奖大会在人民大会堂举行。经市卫生局推荐的英国贝利马丁基金会主席马丁·哥顿先生获奖。

首都精神文明建设委员会在北京电视台举行第3届首都道德模范颁奖典礼。北京儿童医院影像中心副主任贾立群获第三届首都道德模范提名奖。

30 日

北京积水潭医院门诊楼扩建工程开工。

9 月

北京国医网正式启用。该网是市中医局为促进北京中医药薪火传承“3+3”工程各室站的交流和学习构建的集交流、展示、服务、管理于一体的网络信息平台。

北京市新生儿疾病筛查短信平台投入使用，新生儿家长可以通过短信及时获得孩子的筛查结果，并提示结果异常的儿童家长及时带孩子就诊。

阜外心血管病医院携手中华慈善总会联合开展“心莲心”少数民族贫困地区先心病儿童医疗救助行动。设立爱心病区，为新疆和内蒙古的23名少数民族先心病患儿免费进行手术治疗。

北京中医药大学首次在全国范围内招收中医学专业长学制教育“岐黄国医实验班”，招收30人。学生毕业时可获得医学学士学位和临床医学博士学位。

10 月

1 日

北京市为本市户籍及常住孕产妇和0~6岁儿童免费建立《北京市母子健康档案》。

10 月 8 日~11 月 30 日

市卫生局组织市、区两级卫生监督机构对全市采供血机构的采供血安全和医疗机构临床用血安全进行专项监督检查。检查结果显示，本市采供血和临床用血安全总体情况良好。

10 日

市纪委副书记王海平、市监察局副局长刘东波一行到市卫生局调研行政审批权下放后续监管工作情况。

世界精神卫生日。卫生部和市政府在奥林匹克公园联合主办，市卫生局和朝阳区政府承办主题为“承担共同责任，促进精神健康”宣传活动。本次活动在北京回龙观医院设置分会场，开展北京市第2届精神康复者职业技能大赛。

11 日

举行北京市红十字会999急救中心-北京首航直升机通用航空服务有限公司地空联合医疗急救演练。这次演练是本市在直升机低空医疗急救领域的首次尝试，演练的同时建立了首个可飞抵北京市内的固定直升机航路。

12~14 日

北京友谊医院党委书记魏玫带领消化内科专家团队赴新疆开展“‘友谊’消化直通车万里行”第四批首都医疗专家“情系和田行”活动。

13 日

市卫生宣传中心召开2010年度卫生好新闻评选终评会。对初筛入围的121篇新闻和科普作品进行终评，最终评选出一、二、三等奖和优秀奖共80篇。

13~14 日

市卫生局在河北省张北县举行京津冀三省市特大交通事故紧急医疗救援联合拉动演习及直升机救援演练。本次演习是首次跨省市卫生行政部门和急救机构共同参加的联合卫生应急演习。

13~16 日

市总工会、市卫生局、市体育局主办的第2届北京市职工健身健康博览会在地坛公园举办。

14 日

市卫生局委托市病案质控中心举办DRGs理论培训班，全市各三级医院医务处主管人员、临床科室病案质控医生及病案科管理人员等310人参加。

召开中国心理卫生协会第6次全国会员代表大会，进行理事会换届改选，北京安定医院院长马辛当选理事长。

中国中医科学院研究生院召开方药中学术思想研讨会，纪念方药中先生90诞辰，并宣布方药中名家研究室落成。

14~15 日

北京中医药大学东直门医院心血管内科承办第22届长城国际心脏病学会议（GW-ICC）中医心血管病诊疗专场，即第2届长城国际中西医结合论坛。

15 日

市卫生局在鹫峰森林公园举行卫生系统职工登山比赛。市卫生局直属单位、区县卫生局和部分中央在京医疗机构的46个单位610名运动员参加比赛。

10 月 15 日~11 月 29 日

市牙防所启动口腔健康哨点监测项目。完成全市100个抽样点的调查，包括5岁组2581人、12岁组3666人。

10 月 15 日~11 月 30 日

为本市户籍60周岁以上老年人和在校中小学生、中等专业学校学生继续免费接种流感疫苗。

17 日

拉萨市卫生系统人员北京培训班开班。共30人，在京集中培训21天。

18日

市卫生局与市委教育工委共同开展大学生心理危机预防与干预活动，举办以“挑战与发展”为主题的北京高校“大学生心理危机预防与干预”医校合作专题论坛。北京心理危机研究与干预中心、北京回龙观医院与市教委签订“北京高校大学生心理危机预防与干预”医校合作协议，成立首家北京高校大学生心理危机预防与干预指导中心。

副市长丁向阳率市政府办公厅、市委组织部、市委宣传部、市编委、首都文明办、市总工会、团市委、市教委、市公安局、市财政局、市人力社保局、市社会办、市国资委、市卫生局、市社会办、市城管执法局、市工商联等有关部门领导，到北京市红十字血液中心调研首都采供血工作，并召开座谈会。

大兴区卫生局与北京京港地铁有限公司联合组织地铁群众踩踏事件应急模拟演练。

18～19日

市卫生局作为北方九省（市、自治区）鼠疫联防办日常办公机构，召开北方九省（市、自治区）鼠疫联防工作会议暨专家咨询组成员会议。

18～31日

市卫生局对全市所有涉农区县进行新农合基金稽查和相关管理工作检查。

19日

“情系内蒙北京医疗专家赤峰行”在赤峰市人民医院正式启动。北京朝阳医院、北京安贞医院、北京儿童医院和北京妇产医院的10名专家先后在赤峰市医院和喀喇沁旗医院开展义诊，免费示范心脏手术2例，举办4个专题学术讲座和技术指导。

举行《急诊室的故事》首发式暨颁奖大会。

国家中医药管理局确定东城区为基本公共卫生服务中医药服务项目试点地区协作组组长单位、中医健康教育试点地区协作组副组长单位。

20～21日

召开第15届北京·香港经济合作研讨洽谈会卫生合作专场活动。

21～23日

中国康复研究中心主办第6届北京国际康复论坛。

22日

市中医局在地坛公园方泽坛举办第2届北京中医药膏方节，以“普及秋冬保健知识、宣传传统膏方文化”为主题。

卫生部组织的全国示范社区卫生服务中心复核评估小组对西城区展览路社区卫生服务中心、海淀区北太平庄社区卫生服务中心、丰台区方庄社区卫生服务中心等3个抽选的全国候选示范社区卫生服务中心进行复核评估。

国际微血管医学研究中心在中国医学科学院微循环研究所成立。

24日

北京口腔医院与荷兰拉德布德大学内梅亨医学中心牙科学院（Radboud University Nijmegen）签订师生交流合作协议。

24～28日

市卫生局和市侨办联合举办“侨爱工程——送温暖医疗队”活动，到平谷区金海湖镇医院开展定点义诊活动。

25日

卫生部“我身边的社区卫生服务”主题演讲比赛决赛，全国14个省市的15名选手参加。本市西城区陶然亭社区卫生服务中心刘薇和平谷区东高社区卫生服务中心张文伶分别获二等奖和三等奖。

黑山共和国卫生部长奥德拉格·拉杜诺维奇（Miograg Radunovic）一行10人到北京市疾病预防控制中心参观访问。

市卫生局疾病控制处召开专家咨询会，研究本市食用盐碘含量标准调整工作。

26日

卫生部办公厅副主任杨建立率专项督查小组到北京市医疗纠纷人民调解委员会，督查北京市医疗纠纷人民调解工作。

10月26日～11月9日

举办北京协和医学院第8期乡村医生培训班（红十字老区行乡村医生培训班山东班），96名乡村医生参加培训。

27日

全国社区卫生慢性病防治知识技能大赛，广州、杭州、南京、上海、北京的社区卫生服务中心代表参加决赛。海淀区人民大学社区卫生服务中心代表队获冠军。

28日

市卫生局副局长郭积勇会见以越南社保委主任黎白鸿副部长为团长的越南党政干部考察团，就北京市卫生改革与发展总体情况进行交流。

在第18届全国泌尿外科学术会议暨中华医学会泌尿外科学分会（CUA）成立30周年庆典仪式上，北京同仁医院泌尿外科主任陈山教授获吴阶平泌尿外科医学奖。

首都医科大学临床护理学院正式成立。

29日

世界卒中日，主题是“每6秒钟就有1人死于卒中，不论年龄、性别”。市卫生局、市脑血管病防治办公室和北京天坛医院在天坛公园举行大型主题宣传和义诊活动。

30日

市政府、国家中医药管理局、中国医药卫生事业发展基金会共同主办北京中医药国际发展与合作交流会。卫生部部长陈竺，卫生部副部长、国家中医药管理局局长王国强，副市长丁向阳，中国医药卫生事业发展基金会理事长王彦峰，世界卫生组织驻华代表处首席代表蓝睿明等，以及英国、美国、法国、新加坡、马来西亚、新西兰、奥地利、日本、俄罗斯、瑞士、澳大利亚、比利时、匈牙利、阿联酋、中国香港等19个国家和地区的40余名政府卫生官员和专家出席会议。会上，市中医局、英国保柏公司与中国中医科学院广安门医院三方签署合作谅解备忘录，中国中医科学院与英国伦敦南岸大学签署谅解备忘录。

10月31日～11月4日

市中医局会同总后卫生部医疗管理局联合组织北京地区和驻京部队中医药专家，分别对海军总医院、空军载人离心机医学训练基地（四六六医院）、解放军第三〇五医院、二炮总医院、解放军第二六一医院、解放军第三〇九医院、北京军区总医院、解放军第三〇六医院等8家首都军地共建综合医院中医工作示范建设单位进行实地检查。

10月

第4届谈家桢生命科学奖揭晓，中国医学科学院北京协和医学院副院长曹雪涛院士、基础医学研究所张学教授分别获谈家桢生命科学成就奖和谈家桢生命科学创新奖。

北京中医药大学为庆祝建校55周年，举办第2届世界中医药教育大会、良乡校区奠基典礼和以“母校情，中医魂”为主题的校友大会等系列活动。

10～11月

为了解2008新版眼保健操实施状况，评估其视力保护效果，市卫生局组织市疾控中心、市防盲办在海淀区和丰台区的7所学校开展眼保健操效用评估基线调查。调查发现，学生寻找穴位点的正确率和力度掌握有待进一步提高。

11月

1日

市中医局举办北京市中医药科研能力第2期提高培训班（区县、社区针灸、推拿临床科研能力提高培训班），区县医院和社区服务中心共120人参加培训。

3日

卫生部部长陈竺带领卫生部主要司、局长一行10人到阜外心血管病医院调研指导工作。

以卫生部疾控局副局长孔灵芝为组长的国家级慢病综合防控示范区验收专家组到本市进行现场考核验收。朝阳区被评为国家级慢病综合防控示范区。

市卫生局、市公安局、市药监局联合召开北京市社区药物维持治疗工作总结会，6个社区药物维持治疗工作组、秘书处以及10个药物维持治疗门诊的有关人员参加。

成立北京口腔医院－顺义区医院口腔疾病诊疗合作中心，北京口腔医院党委书记张振庭和顺义区副区长燕瑛为其揭牌。

3～16日

市社管中心对16个区县社区卫生重点工作进行现场督导，并针对各区县社区卫生服务机构在运行过程中存在的主要问题和困难进行调研。

4日

“999景区安全行”在香山公园启动。

7日

市卫生局局长方来英会见以日本医疗法人德洲会事务总长能宗克行为团长的代表团，就医药卫生体制改革与医院管理等进行交流。

8日

召开何梁何利基金2011年度颁奖大会，全国人大常委会副委员长桑国卫、全国政协副主席万钢等出席会议并为获奖者颁奖。北京大学第三医院乔杰教授、广安门中医医院仝小林教授、解放军第三〇九医院石炳毅教授等6名医学、药学领域专家获何梁何利基金科学与技术进步奖。

8～30日

北京市卫生系列高级专业技术职务任职资格答辩、评审，1700人申报卫生系列高级专业技术职务任职资格。

10日

市中医局召开北京市中医药重点学科年度考核工作会，分2个组对22个北京市中医药重点学科进行监督考核。

11日

市中医局召开北京市中医药青年项目立项评审工作会。共申报50项，通过专家评审，资助15项。

北京大学口腔医院口腔数字化医疗技术和材料国家工程实验室揭牌，这是我国口腔医学领域的第一个国家工程实验室。

12日

召开北京大学医学部风湿免疫学学系成立大会暨风湿免疫学专科医师培训研讨会。

12～17日

卫生部北京地区医疗质量万里行暨抗菌药物临床应用专项整治督导组分3个检查组对北京地区14家三级医院的“医疗质量万里行”、抗菌药物临床应用专项整治活动、放射诊疗防护情况等进行督导检查。

12～25日

市卫生局组织药学、外科、感染科及病案信息等专家组成督导检查组，对全市所有三级医疗机构开展抗菌药物临床应用情况进行专项检查。

14日

召开中国医学科学院糖尿病研究中心成立大会暨诺和诺德-协和糖尿病研究英才基金项目发布会。

市人大常委会组织部分全国人大代表和市人大代表到北京中医医院和展览路社区卫生服务中心对北京市中医发展状况进行调研。

14～15日

由农业部副部长陈晓华带队，农业部、卫生部、工商总局、质检总局、国家食品药品监管局、国务院食品安全办联合组成督查组对北京市食品安全工作进行督查，并对17家农业、生产、流通、餐饮环节的食品生产经营单位进行实地检查。

14～18日、21～25日

市卫生局举办2期压力容器（消毒锅）操作员培训班，各三级医院、市卫生局直属单位共154人参加培训。

15日

召开中国中医科学院科技工作大会，以“服务国家重大需求，引领中医科技发展”为主题，总结“十一五”科技工作，部署“十二五”发展任务。

17日

市中医局召开北京市中医药科技能力提升专项项目评审工作会。

市卫生局官方微博在新浪网上线。本市首批上线的局委办官方微博还有20家。

达芬奇手术机器人在北京地坛医院“上岗”，外科进行胆囊切除手术2例。11月30日，妇产科进行卵巢囊肿切除术1例。

17～18日

由市卫生局疾控处带队，北京胸科医院陈效友、北京老年医院陈雪林、顺义区结核病防治中心王伟组成北京市代表队，在全国结核病临床诊疗技能竞赛中以77.5分的总成绩获得团体三等奖。陈效友以总分149分的成绩名列全国第一，获个人一等奖；陈雪林获个人三等奖。

18日

北京大学神经科学研究所韩济生院士获吴阶平医学奖。

市中医局召开北京市传统外用医疗机构制剂研发与重现研究项目评审工作会。

市卫生局召开直属卫生事业单位编外人员管理工作会。

20日

中华医学会小儿外科分会小儿内镜外科学组成立，首都儿科研究所外科李龙教授任组长。

22日

市卫生局、首都卫生系统精神文明建设协调委员会举办“医者仁心，援爱无疆”主题宣讲活动决赛。市红十字血液中心岳红、北京积水潭医院李笠获一等奖，宣武医院钱瑜等7名选手获二等奖，北京同仁医院朴颖实等9名选手获三等奖。

23日

由国家中医药管理局主办，朝阳区卫生局、世中联（北京）远程教育科技发展中心承办，北京外交人员服务局、麦子店街道办事处协办国家中医药管理局中医药文化科普巡讲使团专场活动。美国、法国、日本、韩国、丹麦、哥伦比亚、塞内加尔、冰岛等35个驻华使领馆的20位大使、参赞，同使领馆工作人员共计150人及卫生部、外交部、商务部、文化部等相关部门领导出席活动。

23～25日

市卫生局、首都卫生系统精神文明建设协调委员会开展首都卫生系统文明单位评选活动。北京大学人民医院、北京地坛医院、市疾控中心、丰台区卫生局等78个单位被评为首都卫生系统文明单位。

24日

市中医局召开北京市中医药“十病十药”项目第3批项目与院内制剂对接会。

第1届全国肢体重建与延长高级培训班在北京积水潭医院骨科培训中心举办，特邀肢体重建与延长领域专家——俄罗斯骨科专家L. N. Solomon、英国骨科专家S. Nayagam及其团队讲授该领域的最新进展及理念。

28日

启动首都卫生发展科研专项，通过采取联合攻关、自主创新和普及应用等研究方式，以解决北京地区重大疾病防治方面的关键、瓶颈技术为重点，对实现科技支撑民生改善具有重要意义。

国家中医药管理局组织专家对门头沟区开展全国基层中医药工作先进单位进行检查评估。门头沟区通过了评估验收。至此，本市16个区县均达到创建工作要求，成为全国基层中医药工作先进单位。

11月29日～12月1日

召开中国-东盟中医药（传统医药）防治重大卫

生事件学术研讨会。国家中医药管理局医政司副司长杨龙会、中国中医科学院常务副院长刘保延，文莱、马来西亚、柬埔寨、菲律宾、缅甸、老挝、泰国、越南和印度尼西亚等国卫生部传统医学部门的官员和专家代表80人出席会议。

中华医学会医学教育分会主办、北京协和医学院承办全国首届医学院校青年教师教学基本功大赛，57所院校参赛。

11月

市中医局在全市医疗机构开展示范中药房评选工作。

12月

1日

中国福利会主办第15届宋庆龄樟树奖颁奖典礼，“神州试管婴儿之母”、北京大学第三医院生殖医学中心终身名誉主任张丽珠教授等6人获奖。

第24个世界艾滋病日，北京市开展以“防艾路上我和你”为主题的宣传活动。

首都卫生系统精神文明协调委员会和市卫生局召开首都卫生系统“践行北京精神，为了人民健康”主题实践活动动员大会暨“医者仁心，援爱无疆”宣讲团首场报告会。

3~4日

召开第3届全国科学技术名词审定委员会中医药学名词审定委员会成立大会及名词审定会议。

6日

世界卫生组织主办、中国中医科学院承办的第6届世界卫生组织传统医学合作中心主任会议在北京召开。

7日

世界卫生组织城市卫生发展合作中心（北京东城）举行中医适宜技术项目培训基地授牌仪式。世界卫生组织西太区驻京办项目官员黄宝斌和东城区卫生局局长张明为东直门医院授牌。

9日

市人力社保局副局长宋丰景到北京口腔医院调研人事工作，就医院改革中涉及的岗位设置、职称晋升等有关问题进行了解和沟通。

市中医局会同市中医护理质量控制中心召开中医特色护理示范岗建设工作会，部署10个中医特色护理示范岗建设年度检查工作。

11日

卫生部部长陈竺到北京市红十字血液中心调研无偿献血工作并参加无偿献血，此次是陈竺第4次到血液中心献血。

12日

由中华医学会妇产科分会绝经学组与中国医院协会共同发起的“绝经期门诊”项目在北京妇产医院挂牌，该院成为全国首家成立绝经期门诊项目中心的公立医院。

12~14日

中国康复研究中心与日本国际医疗福祉大学签署共同开展远程病理、影像诊断项目，并在中国康复研究中心进行远程病理、影像诊断系统测试。

14日

召开卫生部、国家中医药管理局、北京市对口帮扶青海省医疗卫生工作座谈会，卫生部部长陈竺、党组书记张茅、副部长王国强、马晓伟，北京市副市长丁向阳，青海省省委书记强卫、省长骆惠宁等，以及支援、受援医院的领导等近百人参加会议。中国中医科学院与青海省藏医药研究院签订了对口帮扶协议。

15日

北京急救中心（120）与市公安局勤务指挥部（110）、市公安局公安交通管理局指挥调度中心（122）和市公安局消防局调度指挥中心（119）共同签署资源共享与应急联动协作机制合作协议。

第6届宋庆龄儿科医学奖颁奖仪式在人民大会堂举行。首都儿科研究所“中国7岁以下儿童体格发育调查研究及生长参照标准建立”，北京儿童医院“三聚氰胺致婴幼儿泌尿结石的临床诊治研究”及北京安贞医院等单位完成的“建立北京市先天性心脏病筛查、治疗和监测网络研究”获宋庆龄儿科医学奖，北京市卫生局获优秀组织奖。

15~16日

举行第4批全国老中医药专家学术经验继承工作申请学位的继承人结业和学位论文答辩，49人全部通过了论文答辩。

16日

召开首都十大危险疾病北京中医药“十病十药”项目首批新药“止渴养阴胶囊”生产启动仪式暨新闻发布会。

市卫生局举办第23批援几内亚医疗队法语培训班。该医疗队由北京安贞医院主派，共18人。

北京市中西医结合研究所揭牌仪式在北京友谊医院举行。

17日

市卫生局、市委教育工委、市教委、团市委、市红十字会联合召开首都高校“青春红丝带”社团工作会。

成立中国医学科学院药物研究院，全国人大常委会副委员长桑国卫院士、卫生部部长陈竺院士参加大会。

21 日

召开全市儿童早期综合发展专题工作会，正式启动儿童早期综合发展工程（IECD）。

22 日

市卫生局和北京联通公司联合举行北京 66 家三级医院全部接入预约挂号统一平台仪式，卫生部党组书记张茅、副市长丁向阳等出席仪式。

北京医药卫生文化协会召开首届年会。

召开日本国际协力事业团（JICA）中国中西部地区康复人才培养项目联合协调委员会会议。中日双方总结自项目中期评估以来的实施情况，并对今后项目计划交换意见。中国残疾人联合会副理事长孙先德和 JICA 中国事务所副所长仓科和子签署备忘录。

23 日

市中医局召开北京市中医药“十病十药”项目第 3 批项目评审工作会。经过专家评审，12 项进入“十病十药”项目第 3 批候选项目。

市中医局组织北京市中医药治疗艾滋病定点医院的中医药人员召开中医药治疗艾滋病工作会。北京地坛医院、北京佑安医院、广安门医院汇报 2011 年中医药治疗艾滋病试点项目工作情况，并讨论 2012 年中医药治疗艾滋病相关工作。

24 日

市卫生局党委书记、局长方来英出席在呼和浩特市召开的京蒙区域合作及对口帮扶工作座谈会。会前，与内蒙古自治区卫生厅签署卫生帮扶框架协议。北京肿瘤医院院长季加孚与内蒙古自治区卫生厅副厅长兼国际蒙医医院院长乌兰也签署合作协议。按照协议，北京市卫生局 15 家直属医院中医科等科室对口帮扶内蒙古自治区 15 家蒙医中医医院。

27 日

市卫生局召开卫生政策专家咨询委员会成立暨北京卫生工作座谈会。市卫生局聘任 31 名专家为局卫生政策专家咨询委员会委员。

市卫生局、市财政局联合出台关于提高新农合政策范围内住院费用报销比例的政策。对新农合患 9 类重大疾病人员，住院费用政策范围内的报销比例将不低于 70%。

29 日

北京市创建全国基层中医药工作先进单位（地市级以上地区）工作通过了国家中医药管理局检查验收。

31 日

由北京市健康促进工作委员会、北京市委宣传部、中国医药卫生发展基金会、北京市卫生局联合主办的第 2 届“北京健康之星”颁奖晚会在中国农业电影电视中心举办。

12 月

阜外心血管病医院成功为一例体重 5 千克以下的重症复杂先心病患儿完成国内首例复杂先心病“无血”心脏直视手术，整个治疗过程没有输血，患儿康复出院。

北京大学第三医院新门急诊楼和运动医学楼竣工启用。新门急诊楼建筑面积 44278 平方米。

市中医局印发《关于下达 2011 年度北京市中医药科技发展基金项目立项课题的通知》，共立项 56 项，资助资金 198 万元。印发《关于下达 2011 年度北京市中医药青年项目立项课题的通知》，立项 15 项，资助资金 45 万元。该项目仅限于市卫生局系统的青年人员申报。印发《关于下达 2011 年度北京市中医药科技提升项目立项课题的通知》，立项 18 项，资助资金 180 万元。印发《关于下达 2011 年度北京市中医药院内制剂项目立项课题的通知》，立项 10 项，资助资金 68 万元。

北京协和医院郎景和、中国疾病预防控制中心传染病预防控制所徐建国、中国医学科学院肿瘤研究所詹启敏等当选中国工程院院士，军事医学科学院张学敏、北京协和医院赵玉沛等当选中国科学院院士。

中华医学会第 13 届全国骨科学术会议暨第 6 届 COA 国际学术大会上，中华医学会副会长刘雁飞为北京创伤骨科研究所所长冯传汉教授、北京积水潭医院名誉院长王澍寰教授、北京大学第三医院脊柱外科研究所所长党耕町教授和北京协和医院外科学系主任邱贵兴教授颁发终身成就奖。

在国际眼科界召开的亚太眼科年会（APAO）、世界青光眼大会（WGC）上，北京同仁医院副院长、眼科首席专家王宁利教授获得 Arthur Lim 奖和 2011 世界青光眼联合会杰出高级临床科学家研究贡献奖。

北京市耳鼻咽喉科研究所耳鼻咽喉头颈科学教育部省部共建重点实验室经过 3 年建设，通过教育部专家组验收，正式成为教育部重点实验室。

（北京市公共卫生信息中心整理）

卫 生 统 计

全市卫生机构、床位、人员数

总计

机构分类	机构数（个）	编制床位（张）	实有床位（张）	人员数（人）														
				合计	卫生技术人员									乡村医生	卫生员	其他技术人员	管理人员	工勤技能人员
					小计	执业（助理）医师	执业医师	注册护士	药师（士）	技师（士）	检验师（士）	卫生监督员	其他					
总　计	**9699**	**99246**	**94735**	**235708**	**181938**	**69749**	**65441**	**72812**	**10871**	**10123**	**6914**	**1525**	**16858**	**3648**	**98**	**12534**	**14993**	**22497**
一、医院	569	89420	87596	163503	128644	45293	43952	58392	7218	7117	4570		10624			8114	10494	16251
综合医院	323	58591	56312	112714	89722	31708	30776	41502	4595	5100	3222		6817			4746	6968	11278
中医医院	106	9969	10608	18751	14947	6089	5904	5333	1559	780	517		1186			851	1299	1654
中西医结合医院	8	983	1099	1562	1279	539	513	521	79	64	43		76			59	102	122
民族医院	3	177	117	266	216	96	93	79	18	15	9		8			18	16	16
专科医院	126	19680	19440	30194	22468	6857	6664	10951	966	1157	778		2537			2440	2106	3180
口腔医院	11	290	263	3176	2486	954	943	982	27	63	16		460			147	87	456
眼科医院	10	340	471	605	379	114	106	187	18	18	15		42			54	97	75
肿瘤医院	6	2654	2420	3569	2601	931	924	1114	130	161	91		265			467	288	213
心血管病医院	2	958	1027	2588	2081	560	557	1120	42	53	37		306			245	91	171
胸科医院	1	900	533	801	613	151	151	355	28	51	22		28			78	13	97
血液病医院	1	150	121	340	243	39	39	132	6	36	36		30			11	51	35
妇产（科）医院	6	926	650	2206	1654	553	544	814	60	102	87		125			210	147	195
儿童医院	5	1520	1519	3608	2859	821	818	1323	184	199	139		332			183	212	354
精神病医院	23	6848	7567	5114	3698	883	826	2088	161	125	97		441			351	419	646
传染病医院	3	1430	1346	2621	2112	668	667	1074	98	130	99		142			215	95	199
皮肤病医院	1	100	100	273	136	42	37	73	10	7	5		4				52	85
骨科医院	8	560	566	624	456	127	119	234	24	28	15		43			74	51	43
康复医院	5	205	231	334	233	70	60	86	12	9	5		56			42	24	35
整形外科医院	1	328	328	563	414	121	121	219	8	12	6		54			47	39	63
美容医院	11	190	190	698	326	110	95	168	16	18	13		14			107	88	177
其他专科医院	32	2281	2108	3074	2177	713	657	982	142	145	95		195			209	352	336
护理院	3	20	20	16	12	4	2	6	1	1	1						3	1
二、基层卫生机构	8901	6302	4423	54524	41449	20745	17972	11816	3344	1882	1338		3662	3648	98	2202	2528	4599
社区卫生服务中心（站）	1744	6302	4423	27507	22601	9956	8140	6231	2294	1107	785		3013			1474	1181	2251
社区卫生服务中心	312	6302	4423	25119	20677	9080	7413	5696	2092	1035	729		2774			1343	1021	2078
社区卫生服务站	1432			2388	1924	876	727	535	202	72	56		239			131	160	173
村卫生室	2986			4031	285	255	144	30						3648	98			
门诊部	836			12551	9491	4789	4434	3167	630	617	442		288			728	1347	985
综合门诊部	316			6473	4919	2344	2210	1645	331	421	291		178			336	617	601

机构分类	机构数（个）	编制床位（张）	实有床位（张）	人员数(人)														
				合计	卫生技术人员									乡村医生	卫生员	其他技术人员	管理人员	工勤技能人员
					小计	执业（助理）医师	执业医师	注册护士	药师（士）	技师（士）	检验师（士）	卫生监督员	其他					
中医门诊部	171			2489	1858	1089	1029	344	251	101	88		73			158	289	184
中西医结合门诊部	2			26	23	9	8	8	3	3	2						2	1
专科门诊部	347			3563	2691	1347	1187	1170	45	92	61		37			234	439	199
诊所、卫生所、医务室、护理站	3335			10435	9072	5745	5254	2388	420	158	111		361					1363
诊所	1740			6817	5768	3582	3270	1535	282	111	71		258					1049
卫生所、医务室	1595			3618	3304	2163	1984	853	138	47	40		103					314
三、专业公共卫生机构	120	2596	2239	12690	9851	3296	3112	2254	262	1034	927	1525	1480			723	994	1122
疾病预防控制中心	32			3869	2994	1226	1150	124	11	613	597	38	982			272	345	258
中央属	2			639	514	514			12	78	35							
省（直辖市）属	1			435	329	132	125	10	1	131	131		55			56	11	39
区属	19			2157	1686	963	914	108	9	428	412		178			167	150	154
县属	2			144	114	68	65	4	1	35	35		6			2	14	14
其他	8			494	351	63	46	2		19	19	38	229			35	92	16
专科疾病防治院（所、站）	28	378	568	722	500	192	183	162	31	64	44		51			92	63	67
专科疾病防治院	2	142	346	225	132	39	39	59	9	13	8		12			40	24	29
职业病防治院	1	66	66	162	75	26	26	28	6	11	7		4			40	22	25
其他	1	76	280	63	57	13	13	31	3	2	1		8				2	4
专科疾病防治所（站、中心）	26	236	222	497	368	153	144	103	22	51	36		39			52	39	38
口腔病防治所（站、中心）	1			36	29	20	20	6					3			2	3	2
精神病防治所（站、中心）	5	70	116	74	59	18	16	25	2				14			4	5	6
皮肤病与性病防治所（中心）	2																	
结核病防治所（站、中心）	16	166	106	342	253	98	92	72	19	44	30		20			31	28	30
职业病防治所（站、中心）	1			39	22	15	14			5	4		2			15	2	
其他	1			6	5	2	2		1	2	2						1	
健康教育所（站、中心）	1																	
妇幼保健院（站、所）	19	2218	1671	4797	3888	1586	1521	1545	207	251	187		299			200	301	408
区属	16	2078	1531	4362	3530	1415	1360	1418	185	227	163		285			179	286	367
县属	2	140	140	435	358	171	161	127	22	24	24		14			21	15	41
其他	1																	
妇幼保健院	18	2218	1671	4797	3888	1586	1521	1545	207	251	187		299			200	301	408
妇幼保健所	1																	
急救中心（站）	13			707	452	243	215	155	5	11	4		38			45	47	163
采供血机构	7			821	509	49	43	268	8	95	95		89			90	57	165
卫生监督所（中心）	20			1774	1508							1487	21			24	181	61
省（直辖市）属	1			149	144							144						5
区属	16			1498	1256							1241	15			24	172	46
县属	2			127	108							102	6				9	10
其他	1																	
四、其他机构	109	928	477	4991	1994	415	405	350	47	90	79		1092			1495	977	525
疗养院	2	928	477	457	311	91	89	138	15	13	8		54			19	39	88
卫生监督检验（检测）机构	2			44					40	4								
医学科学研究机构	28			3243	1222	157	155	94	9	13	9		949			1168	544	309
医学在职培训机构	9			226	39	3	2	11					25			54	79	54
临床检验中心（所、站）	5			116	87	6	6	5		37	37		39			11	13	5
其他	63			905	335	158	153	102	23	27	25		25			203	298	69

注：按政府办、社会办、私人办、企业办、卫生部门、直属单位分卫生机构房屋建筑面积不含村卫生室。

全市卫生机构、床位、人员数

国有

机构分类	机构数(个)	编制床位(张)	实有床位(张)	人员数(人)														
				合计	卫生技术人员									乡村医生	卫生员	其他技术人员	管理人员	工勤技能人员
					小计	执业(助理)医师	执业医师	注册护士	药师(士)	技师(士)	检验师(士)	卫生监督员	其他					
总　计	**3296**	**79975**	**75394**	**177810**	**140651**	**51183**	**48983**	**58244**	**8140**	**7995**	**5492**	**1525**	**13564**	**140**	**1**	**9806**	**10687**	**16525**
一、医院	227	71288	69237	133075	106530	36854	36232	49368	5793	5769	3697		8746			6392	7630	12523
综合医院	153	48598	46433	95651	77128	26815	26331	36384	3879	4330	2722		5720			3926	5451	9146
中医医院	28	6968	6980	14016	11327	4389	4339	4217	1190	574	402		957			621	848	1220
中西医结合医院	3	686	626	1208	998	411	398	417	57	42	30		71			46	61	103
民族医院	1	77	77	190	170	82	80	62	12	12	8		2			7	4	9
专科医院	39	14939	15101	21994	16895	5153	5082	8282	654	810	534		1996			1792	1263	2044
口腔医院	3	215	188	2896	2246	838	834	879	24	61	16		444			141	67	442
肿瘤医院	2	1988	2014	2887	2051	764	764	835	89	128	70		235			441	253	142
心血管病医院	1	898	967	2551	2054	550	548	1112	39	49	35		304			239	88	170
胸科医院	1	900	533	801	613	151	151	355	28	51	22		28			78	13	97
妇产(科)医院	1	660	522	1341	1072	360	358	523	42	72	64		75			117	69	83
儿童医院	2	1370	1384	2982	2452	725	725	1127	152	171	120		277			142	191	197
精神病医院	20	6698	7367	4978	3606	853	801	2046	156	124	96		427			351	409	612
传染病医院	3	1430	1346	2621	2112	668	667	1074	98	130	99		142			215	95	199
骨科医院	1																	
整形外科医院	1	328	328	563	414	121	121	219	8	12	6		54			47	39	63
其他专科医院	4	452	452	374	275	123	113	112	18	12	6		10			21	39	39
护理院	3	20	20	16	12	4	2	6	1	1	1						3	1
二、基层卫生机构	2846	5163	3441	27106	22311	10624	9240	6277	2038	1119	806		2253	140	1	1204	1093	2357
社区卫生服务中心(站)	1281	5163	3441	20878	17302	7685	6498	4960	1738	872	614		2047			1084	816	1676
社区卫生服务中心	233	5163	3441	19740	16324	7212	6058	4633	1638	836	585		2005			1030	768	1618
社区卫生服务站	1048			1138	978	473	440	327	100	36	29		42			54	48	58
村卫生室	99			157	16	14	5	2						140	1			
门诊部	144			2613	1906	890	858	588	161	169	129		98			120	277	310
综合门诊部	112			2145	1535	716	691	508	120	144	111		47			102	239	269
中医门诊部	9			336	253	126	123	29	37	14	10		47			17	27	39
专科门诊部	23			132	118	48	44	51	4	11	8		4			1	11	2
诊所、卫生所、医务室、护理站	1322			3458	3087	2035	1879	727	139	78	63		108					371
诊所	50			475	393	267	246	51	19	34	26		22					82
卫生所、医务室	1272			2983	2694	1768	1633	676	120	44	37		86					289
三、专业公共卫生机构	119	2596	2239	12690	9851	3296	3112	2254	262	1034	927	1525	1480			723	994	1122
疾病预防控制中心	32			3869	2994	1226	1150	124	11	613	597	38	982			272	345	258
中央属	2			639	514	514			12	78	35							
省(直辖市)属	1			435	329	132	125	10	1	131	131		55			56	11	39
区属	19			2157	1686	963	914	108	9	428	412		178			167	150	154
县属	2			144	114	68	65	4	1	35	35		6			2	14	14
其他	8			494	351	63	46	2		19	19	38	229			35	92	16
专科疾病防治院(所、站)	27	378	568	722	500	192	183	162	31	64	44		51			92	63	67
专科疾病防治院	2	142	346	225	132	39	39	59	9	13	8		12			40	24	29
职业病防治院	1	66	66	162	75	26	26	28	6	11	7		4			40	22	25

续表

机构分类	机构数（个）	编制床位（张）	实有床位（张）	人员数(人)														
				合计	卫生技术人员									乡村医生	卫生员	其他技术人员	管理人员	工勤技能人员
					小计	执业（助理）医师	执业医师	注册护士	药师（士）	技师（士）	检验师（士）	卫生监督员	其他					
其他	1	76	280	63	57	13	13	31	3	2	1		8				2	4
专科疾病防治所(站、中心)	25	236	222	497	368	153	144	103	22	51	36		39			52	39	38
口腔病防治所(站、中心)	1			36	29	20	20	6					3			2	3	2
精神病防治所(站、中心)	5	70	116	74	59	18	16	25	2				14			4	5	6
皮肤病与性病防治所(中心)	1																	
结核病防治所(站、中心)	16	166	106	342	253	98	92	72	19	44	30		20			31	28	30
职业病防治所(站、中心)	1			39	22	15	14			5	4		2			15	2	
其他	1			6	5	2	2		1	2	2						1	
健康教育所(站、中心)	1																	
妇幼保健院(站、所)	19	2218	1671	4797	3888	1586	1521	1545	207	251	187		299			200	301	408
区属	16	2078	1531	4362	3530	1415	1360	1418	185	227	163		285			179	286	367
县属	2	140	140	435	358	171	161	127	22	24	24		14			21	15	41
其他	1																	
妇幼保健院	18	2218	1671	4797	3888	1586	1521	1545	207	251	187		299			200	301	408
妇幼保健所	1																	
急救中心(站)	13			707	452	243	215	155	5	11	4		38			45	47	163
采供血机构	7			821	509	49	43	268	8	95	95		89			90	57	165
卫生监督所(中心)	20			1774	1508						1487	21			24	181	61	
省(直辖市)属	1			149	144						144						5	
区属	16			1498	1256						1241	15			24	172	46	
县属	2			127	108						102	6				9	10	
其他	1																	
四、其他机构	104	928	477	4939	1959	409	399	345	47	73	62		1085			1487	970	523
疗养院	2	928	477	457	311	91	89	138	15	13	8		54			19	39	88
卫生监督检验(检测)机构	2			44					40	4								
医学科学研究机构	28			3243	1222	157	155	94	9	13	9		949			1168	544	309
医学在职培训机构	9			226	39	3	2	11					25			54	79	54
临床检验中心(所、站)	1			64	52					20	20		32			3	6	3
其他	62			905	335	158	153	102	23	27	25		25			203	298	69

全市卫生机构、床位、人员数

集体

机构分类	机构数（个）	编制床位（张）	实有床位（张）	人员数(人)														
				合计	卫生技术人员									乡村医生	卫生员	其他技术人员	管理人员	工勤技能人员
					小计	执业（助理）医师	执业医师	注册护士	药师（士）	技师（士）	检验师（士）	卫生监督员	其他					
总　计	**3152**	**6381**	**6937**	**17738**	**11295**	**4739**	**3763**	**3473**	**862**	**513**	**350**		**1708**	**3058**	**91**	**796**	**882**	**1616**
一、医院	49	5242	5955	7229	5370	2019	1781	2057	288	266	172		740			395	475	989
综合医院	28	3652	3735	4999	3626	1260	1059	1469	153	161	111		583			282	288	803
中医医院	14	923	1606	1412	1081	516	490	343	85	72	39		65			74	126	131
中西医结合医院	1	77	107	101	74	36	33	27	6	5	3						23	4
专科医院	6	590	507	717	589	207	199	218	44	28	19		92			39	38	51

续表

机构分类	机构数（个）	编制床位（张）	实有床位（张）	人员数（人）														
				合计	卫生技术人员									乡村医生	卫生员	其他技术人员	管理人员	工勤技能人员
					小计	执业（助理）医师	执业医师	注册护士	药师（士）	技师（士）	检验师（士）	卫生监督员	其他					
口腔医院	1			86	70	35	33	18	1	1			15			4	6	6
精神病医院	1	90	70	30	22	9	9	10	3	2	6							
康复医院	1	110	110	144	112	24	22	49	3	3	1		33			16	13	3
其他专科医院	3	390	327	457	385	139	135	141	37	24	18		44			19	17	36
二、基层卫生机构	3101	1139	982	10509	5925	2720	1982	1416	574	247	178		968	3058	91	401	407	627
社区卫生服务中心（站）	434	1139	982	6317	5041	2138	1529	1207	521	222	161		953			381	336	559
社区卫生服务中心	77	1139	982	5379	4353	1868	1355	1063	454	199	144		769			313	253	460
社区卫生服务站	357			938	688	270	174	144	67	23	17		184			68	83	99
村卫生室	2480			3353	204	179	106	25						3058	91			
门诊部	39			511	388	208	178	112	41	25	17		2			20	71	32
综合门诊部	20			300	217	117	97	60	21	17	11		2			17	41	25
中医门诊部	8			128	103	59	55	19	19	6	5					2	18	5
专科门诊部	11			83	68	32	26	33	1	2	1					1	12	2
诊所、卫生所、医务室、护理站	148			328	292	195	169	72	12				13					36
诊所	20			101	74	47	42	16	8				3					27
卫生所、医务室	128			227	218	148	127	56	4				10					9
三、专业公共卫生机构	1																	
专科疾病防治院（所、站）	1																	
专科疾病防治所（站、中心）	1																	
皮肤病与性病防治所（中心）	1																	
四、其他机构	1																	
其他	1																	

全市卫生机构、床位、人员数

联营

机构分类	机构数（个）	编制床位（张）	实有床位（张）	人员数（人）														
				合计	卫生技术人员									乡村医生	卫生员	其他技术人员	管理人员	工勤技能人员
					小计	执业（助理）医师	执业医师	注册护士	药师（士）	技师（士）	检验师（士）	卫生监督员	其他					
总　计	**18**	**826**	**741**	**1229**	**1019**	**396**	**369**	**462**	**49**	**61**	**32**		**51**	**7**		**39**	**51**	**113**
一、医院	8	826	741	1192	992	376	349	456	48	61	32		51			39	48	113
综合医院	6	651	566	1014	853	322	297	403	37	54	29		37			22	38	101
中医医院	2	175	175	178	139	54	52	53	11	7	3		14			17	10	12
二、基层卫生机构	10			37	27	20	20	6	1					7			3	
村卫生室	3			15	8	7	7	1						7				
门诊部	1			9	6	5	5	1		3								
中医门诊部	1			9	6	5	5	1		3								
诊所、卫生所、医务室、护理站	6			13	13	8	8	4	1									
诊所	3			9	9	6	6	3										
卫生所、医务室	3			4	4	2	2	1	1									

全市卫生机构、床位、人员数

私营

机构分类	机构数(个)	编制床位(张)	实有床位(张)	人员数(人)														
				合计	卫生技术人员									乡村医生	卫生员	其他技术人员	管理人员	工勤技能人员
					小计	执业(助理)医师	执业医师	注册护士	药师(士)	技师(士)	检验师(士)	卫生监督员	其他					
总　计	**2002**	**3056**	**3118**	**11302**	**8795**	**4668**	**4135**	**2649**	**590**	**433**	**258**		**455**	**427**	**6**	**440**	**691**	**943**
一、医院	90	3056	3118	4425	3356	1396	1231	1195	271	258	142		236			290	410	369
综合医院	53	1650	1654	2751	2094	888	772	780	150	166	91		110			177	247	233
中医医院	16	553	524	847	696	325	301	180	74	49	26		68			23	73	55
中西医结合医院	3	120	266	123	97	40	36	41	8	6	5		2			8	8	10
民族医院	2	100	40	76	46	14	13	17	6	3	1		6			11	12	7
专科医院	16	633	634	628	423	129	109	177	33	34	19		50			71	70	64
口腔医院	1																	
眼科医院	2	40	35	27	19	7	7	9	2				1				5	3
肿瘤医院	1	50	50	23	16	6	6	4	4	2	1					2	1	4
心血管病医院	1	60	60	37	27	10	9	8	3	4	2		2			6	3	1
骨科医院	3	220	226	240	174	40	36	93	9	16	7		16			20	32	14
康复医院	1	20	20	18	13	7	5	4	1	1	1					2	2	1
美容医院	1	20	20	113	45	19	15	23	2	1	1					38	10	20
其他专科医院	6	223	223	170	129	40	31	36	12	10	7		31			3	17	21
二、基层卫生机构	1910			6843	5414	3270	2902	1452	319	161	102		212	427	6	147	277	572
社区卫生服务中心(站)	19			245	201	109	93	44	26	10	8		12			9	24	11
社区卫生服务中心	1																	
社区卫生服务站	18			245	201	109	93	44	26	10	8		12			9	24	11
村卫生室	389			486	53	51	26	2						427	6			
门诊部	197			2494	1938	993	859	620	140	123	80		62			138	253	165
综合门诊部	80			1394	1106	526	488	355	81	92	57		52			57	120	111
中医门诊部	43			507	365	218	190	74	51	20	18		2			61	56	25
中西医结合门诊部	1			17	15	6	5	5	2	2	1						1	1
专科门诊部	73			576	452	243	176	186	6	9	4		8			20	76	28
诊所、卫生所、医务室、护理站	1305			3618	3222	2117	1924	786	153	28	14		138					396
诊所	1272			3535	3141	2063	1874	763	150	28	14		137					394
卫生所、医务室	33			83	81	54	50	23	3				1					2
四、其他机构	2			34	25	2	2	2		14	14		7			3	4	2
临床检验中心(所、站)	2			34	25	2	2	2		14	14		7			3	4	2

全市卫生机构、床位、人员数

其他

机构分类	机构数(个)	编制床位(张)	实有床位(张)	人员数(人)														
				合计	卫生技术人员									乡村医生	卫生员	其他技术人员	管理人员	工勤技能人员
					小计	执业(助理)医师	执业医师	注册护士	药师(士)	技师(士)	检验师(士)	卫生监督员	其他					
总　计	**1231**	**9008**	**8545**	**27629**	**20178**	**8763**	**8191**	**7984**	**1230**	**1121**	**782**		**1080**	**16**		**1453**	**2682**	**3300**
一、医院	195	9008	8545	17582	12396	4648	4359	5316	818	763	527		851			998	1931	2257
综合医院	83	4040	3924	8299	6021	2423	2317	2466	376	389	269		367			339	944	995
中医医院	46	1350	1323	2298	1704	805	722	540	199	78	47		82			116	242	236
中西医结合医院	1	100	100	130	110	52	46	36	8	11	5		3			5	10	5
专科医院	65	3518	3198	6855	4561	1368	1274	2274	235	285	206		399			538	735	1021

续表

机构分类	机构数（个）	编制床位（张）	实有床位（张）	人员数(人)														
				合计	卫生技术人员									乡村医生	卫生员	其他技术人员	管理人员	工勤技能人员
					小计	执业（助理）医师	执业医师	注册护士	药师（士）	技师（士）	检验师（士）	卫生监督员	其他					
口腔医院	6	75	75	194	170	81	76	85	2	1			1			2	14	8
眼科医院	8	300	436	578	360	107	99	178	16	18	15		41			54	92	72
肿瘤医院	3	616	356	659	534	161	154	275	37	31	20		30			24	34	67
血液病医院	1	150	121	340	243	39	39	132	6	36	36		30			11	51	35
妇产(科)医院	5	266	128	865	582	193	186	291	18	30	23		50			93	78	112
儿童医院	3	150	135	626	407	96	93	196	32	28	19		55			41	21	157
精神病医院	2	60	130	106	70	21	16	32	2	1	1		14				8	28
皮肤病医院	1	100	100	273	136	42	37	73	10	7	5		4				52	85
骨科医院	4	340	340	384	282	87	83	141	15	12	8		27			54	19	29
康复医院	3	75	101	172	108	39	33	33	8	5	3		23			24	9	31
美容医院	10	170	170	585	281	91	80	145	14	17	12		14			69	78	157
其他专科医院	19	1216	1106	2073	1388	411	378	693	75	99	64		110			166	279	240
二、基层卫生机构	1034			10029	7772	4111	3828	2665	412	355	252		229	16		450	748	1043
社区卫生服务中心(站)	10			67	57	24	20	20	9	3	2		1				5	5
社区卫生服务中心	1																	
社区卫生服务站	9			67	57	24	20	20	9	3	2		1				5	5
村卫生室	15			20	4	4	16											
门诊部	455			6924	5253	2693	2534	1846	288	300	216		126			450	743	478
综合门诊部	104			2634	2061	985	934	722	109	168	112		77			160	217	196
中医门诊部	110			1509	1131	681	656	221	144	61	55		24			78	185	115
中西医结合门诊部	1			9	8	3	3	3	1	1	1						1	
专科门诊部	240			2772	2053	1024	941	900	34	70	48		25			212	340	167
诊所、卫生所、医务室、护理站	554			3018	2458	1390	1274	799	115	52	34		102					560
诊所	395			2697	2151	1199	1102	702	105	49	31		96					546
卫生所、医务室	159			321	307	191	172	97	10	3	3		6					14
四、其他机构	2			18	10	4	4	3		3	3					5	3	
临床检验中心(所、站)	2			18	10	4	4	3		3	3					5	3	

全市卫生机构、床位、人员数

政府办

机构分类	机构数（个）	编制床位（张）	实有床位（张）	人员数(人)														
				合计	卫生技术人员									乡村医生	卫生员	其他技术人员	管理人员	工勤技能人员
					小计	执业（助理）医师	执业医师	注册护士	药师（士）	技师（士）	检验师（士）	卫生监督员	其他					
总　计	**1968**	**71188**	**68828**	**158732**	**126278**	**45260**	**42898**	**52096**	**7439**	**7198**	**4953**	**1487**	**12798**			**8782**	**9026**	**14646**
一、医院	159	63367	62737	119652	95816	33046	32529	44312	5185	5142	3297		8131			6049	6548	11239
综合医院	89	41013	39856	82903	67028	23199	22825	31709	3317	3727	2346		5076			3613	4413	7849
中医医院	28	7050	7640	13878	11164	4437	4365	4036	1163	572	389		956			615	846	1253
中西医结合医院	1	350	291	586	479	169	167	210	30	17	14		53			17	27	63
专科医院	39	14954	14950	22285	17145	5241	5172	8357	675	826	548		2046			1804	1262	2074
口腔医院	4	215	188	2982	2316	873	867	897	25	62	16		459			145	73	448
肿瘤医院	2	1988	2014	2887	2051	764	764	835	89	128	70		235			441	253	142

机构分类	机构数（个）	编制床位（张）	实有床位（张）	人员数(人)														
				合计	卫生技术人员									乡村医生	卫生员	其他技术人员	管理人员	工勤技能人员
					小计	执业（助理）医师	执业医师	注册护士	药师（士）	技师（士）	检验师（士）	卫生监督员	其他					
心血管病医院	1	898	967	2551	2054	550	548	1112	39	49	35		304			239	88	170
胸科医院	1	900	533	801	613	151	151	355	28	51	22		28			78	13	97
妇产(科)医院	1	660	522	1341	1072	360	358	523	42	72	64		75			117	69	83
儿童医院	2	1370	1384	2982	2452	725	725	1127	152	171	120		277			142	191	197
精神病医院	19	6418	6984	4879	3528	836	788	1992	150	124	96		426			345	399	607
传染病医院	3	1430	1346	2621	2112	668	667	1074	98	130	99		142			215	95	199
骨科医院	1																	
整形外科医院	1	328	328	563	414	121	121	219	8	12	6		54			47	39	63
其他专科医院	4	747	684	678	533	193	183	223	44	27	20		46			35	42	68
护理院	2																	
二、基层卫生机构	1631	5211	3838	24086	19851	8796	7125	5388	1968	1012	720		2687			1248	983	2004
社区卫生服务中心(站)	1518	5211	3838	23413	19290	8435	6788	5286	1951	953	669		2665			1231	952	1940
社区卫生服务中心	273	5211	3838	22815	18731	8179	6565	5072	1901	946	664		2633			1217	937	1930
社区卫生服务站	1245			598	559	256	223	214	50	7	5		32			14	15	10
门诊部	13			308	238	118	116	48	9	46	41		17			17	31	22
综合门诊部	10			294	226	115	113	41	9	44	40		17			17	29	22
专科门诊部	3			14	12	3	3	7		2	1						2	
诊所、卫生所、医务室、护理站	100			365	323	243	221	54	8	13	10		5					42
诊所	5			89	77	55	46	8	1	11	8		2					12
卫生所、医务室	95			276	246	188	175	46	7	2	2		3					30
三、专业公共卫生机构	100	2530	2173	11922	9366	3178	3012	2195	255	1004	902	1487	1247			631	875	1050
疾病预防控制中心	25			3401	2663	1172	1113	124	11	601	585		755			239	255	244
中央属	2			639	514	514			12	78	35							
省(直辖市)属	1			435	329	132	125	10	1	131	131		55			56	11	39
区属	19			2157	1686	963	914	108	9	428	412		178			167	150	154
县属	2			144	114	68	65	4	1	35	35		6			2	14	14
其他	1			26	20	9	9	2		7	7		2			2	2	2
专科疾病防治院(所、站)	21	312	502	515	398	149	141	134	24	46	31		45			37	38	42
专科疾病防治院	1	76	280	63	57	13	13	31	3	2	1		8				2	4
其他	1	76	280	63	57	13	13	31	3	2	1		8				2	4
专科疾病防治所(站、中心)	20	236	222	452	341	136	128	103	21	44	30		37			37	36	38
口腔病防治所(站、中心)	1			36	29	20	20	6					3			2	3	2
精神病防治所(站、中心)	3	70	116	74	59	18	16	25	2				14			4	5	6
皮肤病与性病防治所(中心)	1																	
结核病防治所(站、中心)	15	166	106	342	253	98	92	72	19	44	30		20			31	28	30
妇幼保健院(站、所)	18	2218	1671	4797	3888	1586	1521	1545	207	251	187		299			200	301	408
区属	16	2078	1531	4362	3530	1415	1360	1418	185	227	163		285			179	286	367
县属	2	140	140	435	358	171	161	127	22	24	24		14			21	15	41
妇幼保健院	17	2218	1671	4797	3888	1586	1521	1545	207	251	187		299			200	301	408
妇幼保健所	1																	
急救中心(站)	9			614	400	222	194	124	5	11	4		38			41	43	130
采供血机构	7			821	509	49	43	268	8	95	95		89			90	57	165

续表

机构分类	机构数(个)	编制床位(张)	实有床位(张)	人员数(人)														
				合计	卫生技术人员									乡村医生	卫生员	其他技术人员	管理人员	工勤技能人员
					小计	执业(助理)医师	执业医师	注册护士	药师(士)	技师(士)	检验师(士)	卫生监督员	其他					
卫生监督所(中心)	20			1774	1508							1487	21			24	181	61
省(直辖市)属	1			149	144							144						5
区属	16			1498	1256							1241	15			24	172	46
县属	2			127	108							102	6				9	10
其他	1																	
四、其他机构	78	80	80	3072	1245	240	232	201	31	40	34		733			854	620	353
疗养院	1	80	80	21	8	2	2	4	1	1	1					3	2	8
卫生监督检验(检测)机构	2			44					40	4								
医学科学研究机构	15			2000	903	86	84	94	9	13	9		701			592	269	236
医学在职培训机构	6			178	23	3	2	11					9			44	64	47
其他	54			829	311	149	144	92	21	26	24		23			175	281	62

全市卫生机构、床位、人员数

社会办

机构分类	机构数(个)	编制床位(张)	实有床位(张)	人员数(人)														
				合计	卫生技术人员									乡村医生	卫生员	其他技术人员	管理人员	工勤技能人员
					小计	执业(助理)医师	执业医师	注册护士	药师(士)	技师(士)	检验师(士)	卫生监督员	其他					
总　计	**1690**	**12261**	**10987**	**28929**	**21661**	**9100**	**8491**	**8161**	**1311**	**1107**	**763**		**1982**			**1720**	**2399**	**3149**
一、医院	121	10739	10464	17787	13554	4987	4687	5977	787	772	521		1031			748	1472	2013
综合医院	70	7556	7204	12738	9634	3489	3267	4345	502	533	351		765			451	1042	1611
中医医院	24	1266	1371	2232	1790	720	693	708	161	103	68		98			104	184	154
中西医结合医院	3	413	442	723	593	278	264	234	33	30	19		18			29	57	44
民族医院	1	77	77	190	170	82	80	62	12	12	8		2			7	4	9
专科医院	22	1407	1350	1888	1355	414	381	622	78	93	74		148			157	182	194
口腔医院	1	15	15	27	21	10	9	10					1				6	
眼科医院	2	35	146	81	58	16	14	24	1	5	3		12			2	11	10
肿瘤医院	1	150	90	123	104	26	24	52	10	8	4		8			8	8	3
血液病医院	1	150	121	340	243	39	39	132	6	36	36		30			11	51	35
妇产(科)医院	2	116	67	471	321	105	103	163	9	14	12		30			75	36	39
儿童医院	1	26	26	240	170	42	39	64	18	11	9		35			24	9	37
精神病医院	2	370	453	129	100	26	22	64	9				1			6	12	11
骨科医院	1																	
康复医院	2	40	40	47	31	14	9	9	4	2	2		2			7	6	3
其他专科医院	9	505	392	430	307	136	122	104	21	17	8		29			24	43	56
护理院	1	20	20	16	12	4	2	6	1	1	1						3	1
二、基层卫生机构	1527	674	126	8890	7145	3897	3595	2009	507	320	232		412			312	507	926
社区卫生服务中心(站)	113	674	126	2000	1586	717	631	423	169	73	51		204			148	118	148
社区卫生服务中心	20	674	126	1134	968	478	472	308	109	48	30		25			73	36	57
社区卫生服务站	93			866	618	239	159	115	60	25	21		179			75	82	91
门诊部	216			3690	2743	1367	1291	856	233	188	134		99			164	389	394
综合门诊部	124			2397	1728	800	752	614	136	142	97		36			119	269	281

续表

机构分类	机构数（个）	编制床位（张）	实有床位（张）	人员数（人）														
				合计	卫生技术人员									乡村医生	卫生员	其他技术人员	管理人员	工勤技能人员
					小计	执业（助理）医师	执业医师	注册护士	药师（士）	技师（士）	检验师（士）	卫生监督员	其他					
中医门诊部	34			788	603	364	355	67	87	33	27		52			36	69	80
专科门诊部	58			505	412	203	184	175	10	13	10		11			9	51	33
诊所、卫生所、医务室、护理站	1198			3200	2816	1813	1673	730	105	59	47		109					384
诊所	124			1014	814	519	491	195	36	36	28		28					200
卫生所、医务室	1074			2186	2002	1294	1182	535	69	23	19		81					184
三、专业公共卫生机构	16			449	300	47	42	31	1	2	2		219			30	76	43
疾病预防控制中心	5			350	243	24	19						219			26	71	10
其他	5			350	243	24	19						219			26	71	10
专科疾病防治院（所、站）	5			6	5	2	2		1	2	2						1	
专科疾病防治所（站、中心）	5			6	5	2	2		1	2	2						1	
精神病防治所（站、中心）	2																	
皮肤病与性病防治所（中心）	1																	
结核病防治所（站、中心）	1																	
其他	1			6	5	2	2		1	2	2						1	
健康教育所（站、中心）	1																	
妇幼保健院（站、所）	1																	
其他	1																	
妇幼保健院	1																	
急救中心（站）	4			93	52	21	21	31	4	4	33							
四、其他机构	26	848	397	1803	662	169	167	144	16	13	8		320			630	344	167
疗养院	1	848	397	436	303	89	87	134	14	12	7		54			16	37	80
医学科学研究机构	13			1243	319	71	71						248			576	275	73
医学在职培训机构	3			48	16	16			10	15	7							
其他	9			76	24	9	9	10	2	1	1		2			28	17	7

全市卫生机构、床位、人员数

私人办

机构分类	机构数（个）	编制床位（张）	实有床位（张）	人员数（人）														
				合计	卫生技术人员									乡村医生	卫生员	其他技术人员	管理人员	工勤技能人员
					小计	执业（助理）医师	执业医师	注册护士	药师（士）	技师（士）	检验师（士）	卫生监督员	其他					
总　计	**2074**	**6510**	**6337**	**21948**	**16852**	**8243**	**7476**	**5811**	**1099**	**892**	**583**		**807**			**1190**	**1816**	**2090**
一、医院	184	6510	6337	11312	8243	3376	3075	3205	581	544	343		537			779	1101	1189
综合医院	89	3077	2715	5607	4229	1869	1702	1551	289	314	192		206			379	490	509
中医医院	42	1344	1308	1886	1437	658	602	457	135	80	44		107			62	198	189
中西医结合医院	4	220	366	253	207	92	82	77	16	17	10		5			13	18	15
民族医院	2	100	40	76	46	14	13	17	6	3	1		6			11	12	7
专科医院	47	1769	1908	3490	2324	743	676	1103	135	130	96		213			314	383	469
口腔医院	6	60	60	167	149	71	67	75	2	1						2	8	8
眼科医院	6	245	270	429	264	79	74	135	14	11	10		25			34	82	49
肿瘤医院	2	210	210	231	195	73	72	88	16	15	11		3			3	10	23
心血管病医院	1	60	60	37	27	10	9	8	3	4	2		2			6	3	1

续表

机构分类	机构数（个）	编制床位（张）	实有床位（张）	人员数（人）														
				合计	卫生技术人员									乡村医生	卫生员	其他技术人员	管理人员	工勤技能人员
					小计	执业（助理）医师	执业医师	注册护士	药师（士）	技师（士）	检验师（士）	卫生监督员	其他					
妇产（科）医院	2	100	50	303	197	65	60	97	7	9	8		19			16	36	54
儿童医院	1	20	20	50	37	15	15	10	4	2	2		6			1	6	6
精神病医院	2	60	130	106	70	21	16	32	2	1	1		14				8	28
皮肤病医院	1	100	100	273	136	42	37	73	10	7	5		4				52	85
骨科医院	4	90	158	130	87	30	25	34	8	7	4		8			15	13	15
康复医院	2	135	161	233	172	46	41	68	6	4	2		48			31	16	14
美容医院	6	110	110	419	189	68	61	96	9	9	7		7			84	52	94
其他专科医院	14	579	579	1112	801	223	199	387	54	60	44		77			122	97	92
二、基层卫生机构	1888			10602	8584	4865	4399	2604	518	334	226		263			408	711	899
社区卫生服务中心（站）	21			284	238	132	113	59	33	8	6		6			6	27	13
社区卫生服务站	21			284	238	132	113	59	33	8	6		6			6	27	13
门诊部	458			6187	4706	2406	2184	1613	305	286	198		96			402	684	395
综合门诊部	126			2398	1882	918	856	616	132	161	102		55			140	206	170
中医门诊部	118			1459	1102	623	579	251	144	64	57		20			68	198	91
中西医结合门诊部	2			26	23	9	8	8	3	3	2						2	1
专科门诊部	212			2304	1699	856	741	738	26	58	37		21			194	278	133
诊所、卫生所、医务室、护理站	1409			4131	3640	2327	2102	932	180	40	22		161					491
诊所	1385			4081	3590	2295	2073	918	177	40	22		160					491
卫生所、医务室	24			50	50	32	29	14	3				1					
四、其他机构	2			34	25	2	2	2		14	14		7			3	4	2
临床检验中心（所、站）	2			34	25	2	2	2		14	14		7			3	4	2

全市卫生机构、床位、人员数

企业办

机构分类	机构数（个）	编制床位（张）	实有床位（张）	人员数（人）														
				合计	卫生技术人员									乡村医生	卫生员	其他技术人员	管理人员	工勤技能人员
					小计	执业（助理）医师	执业医师	注册护士	药师（士）	技师（士）	检验师（士）	卫生监督员	其他					
总　计	**981**	**9287**	**8583**	**22068**	**16862**	**6891**	**6432**	**6714**	**1022**	**926**	**615**	**38**	**1271**			**842**	**1752**	**2612**
一、医院	105	8804	8058	14752	11031	3884	3661	4898	665	659	409		925			538	1373	1810
综合医院	75	6945	6537	11466	8831	3151	2982	3897	487	526	333		770			303	1023	1309
中医医院	12	309	289	755	556	274	244	132	100	25	16		25			70	71	58
专科医院	18	1550	1232	2531	1644	459	435	869	78	108	60		130			165	279	443
眼科医院	2	60	55	95	57	19	18	28	3	2	2		5			18	4	16
肿瘤医院	1	306	106	328	251	68	64	139	15	10	6		19			15	17	45
妇产（科）医院	1	50	11	91	64	23	23	31	2	7	3		1			2	6	19
儿童医院	1	104	89	336	200	39	39	122	10	15	8		14			16	6	114
骨科医院	2	470	408	494	369	97	94	200	16	21	11		35			59	38	28
康复医院	1	30	30	54	30	10	10	9	2	3	1		6			4	2	18
美容医院	5	80	80	279	137	42	34	72	7	9	6		7			23	36	83
其他专科医院	5	450	453	854	536	161	153	268	23	41	23		43			28	170	120
二、基层卫生机构	869	417	459	6915	5584	2932	2709	1785	351	216	160		300			234	327	770
社区卫生服务中心（站）	92	417	459	1810	1487	672	608	463	141	73	59		138			89	84	150

续表

机构分类	机构数（个）	编制床位（张）	实有床位（张）	人员数（人）														
				合计	卫生技术人员									乡村医生	卫生员	其他技术人员	管理人员	工勤技能人员
					小计	执业（助理）医师	执业医师	注册护士	药师（士）	技师（士）	检验师（士）	卫生监督员	其他					
社区卫生服务中心	19	417	459	1170	978	423	376	316	82	41	35		116			53	48	91
社区卫生服务站	73			640	509	249	232	147	59	32	24		22			36	36	59
门诊部	149			2366	1804	898	843	650	83	97	69		76			145	243	174
综合门诊部	56			1384	1083	511	489	374	54	74	52		70			60	113	128
中医门诊部	19			242	153	102	95	26	20	4	4		1			54	22	13
专科门诊部	74			740	568	285	259	250	9	19	13		5			31	108	33
诊所、卫生所、医务室、护理站	628			2739	2293	1362	1258	672	127	46	32		86					446
诊所	226			1633	1287	713	660	414	68	24	13		68					346
卫生所、医务室	402			1106	1006	649	598	258	59	22	19		18					100
三、专业公共卫生机构	4	66	66	319	185	71	58	28	6	28	23	38	14			62	43	29
疾病预防控制中心	2			118	88	30	18			12	12	38	8			7	19	4
其他	2			118	88	30	18			12	12	38	8			7	19	4
专科疾病防治院（所、站）	2	66	66	201	97	41	40	28	6	16	11		6			55	24	25
专科疾病防治院	1	66	66	162	75	26	26	28	6	11	7		4			40	22	25
职业病防治院	1	66	66	162	75	26	26	28	6	11	7		4			40	22	25
专科疾病防治所（站、中心）	1			39	22	15	14			5	4		2			15	2	
职业病防治所（站、中心）	1			39	22	15	14			5	4		2			15	2	
四、其他机构	3			82	62	4	4	3		23	23		32			8	9	3
临床检验中心（所、站）	3			82	62	4	4	3		23	23		32			8	9	3

全市卫生机构、床位、人员数

卫生部门

机构分类	机构数（个）	编制床位（张）	实有床位（张）	人员数（人）														
				合计	卫生技术人员									乡村医生	卫生员	其他技术人员	管理人员	工勤技能人员
					小计	执业（助理）医师	执业医师	注册护士	药师（士）	技师（士）	检验师（士）	卫生监督员	其他					
总　计	**1791**	**63703**	**61435**	**145866**	**116414**	**41506**	**39278**	**48235**	**6637**	**6644**	**4602**	**1487**	**11905**			**8197**	**7952**	**13303**
一、医院	129	56132	55511	108184	87010	29747	29303	40780	4448	4649	2991		7386			5517	5530	10127
综合医院	70	38247	37024	77690	63021	21676	21359	30039	3106	3473	2189		4727			3426	3945	7298
中医医院	22	4382	5000	8418	6928	2801	2735	2550	659	353	252		565			297	451	742
中西医结合医院	1	350	291	586	479	169	167	210	30	17	14		53			17	27	63
专科医院	34	13153	13196	21490	16582	5101	5042	7981	653	806	536		2041			1777	1107	2024
口腔医院	4	215	188	2982	2316	873	867	897	25	62	16		459			145	73	448
肿瘤医院	2	1988	2014	2887	2051	764	764	835	89	128	70		235			441	253	142
心血管病医院	1	898	967	2551	2054	550	548	1112	39	49	35		304			239	88	170
胸科医院	1	900	533	801	613	151	151	355	28	51	22		28			78	13	97
妇产（科）医院	1	660	522	1341	1072	360	358	523	42	72	64		75			117	69	83
儿童医院	2	1370	1384	2982	2452	725	725	1127	152	171	120		277			142	191	197
精神病医院	15	4649	5262	4149	3016	727	681	1632	132	104	84		421			328	246	559
传染病医院	3	1430	1346	2621	2112	668	667	1074	98	130	99		142			215	95	199
骨科医院	1																	
整形外科医院	1	328	328	563	414	121	121	219	8	12	6		54			47	39	63
其他专科医院	3	715	652	613	482	162	160	207	40	27	20		46			25	40	66

机构分类	机构数（个）	编制床位（张）	实有床位（张）	人员数（人）														
				合计	卫生技术人员									乡村医生	卫生员	其他技术人员	管理人员	工勤技能人员
					小计	执业（助理）医师	执业医师	注册护士	药师（士）	技师（士）	检验师（士）	卫生监督员	其他					
护理院	2																	
二、基层卫生机构	1488	4961	3671	22950	18986	8396	6784	5148	1912	972	692		2558			1198	954	1812
社区卫生服务中心（站）	1479	4961	3671	22760	18836	8309	6698	5132	1910	938	659		2547			1186	936	1802
社区卫生服务中心	272	4961	3671	22187	18301	8063	6485	4928	1864	931	654		2515			1172	921	1793
社区卫生服务站	1207			573	535	246	213	204	46	7	5		32			14	15	9
门诊部	7			188	148	85	84	16	2	34	33		11			12	18	10
综合门诊部	6			188	148	85	84	16	2	34	33		11			12	18	10
专科门诊部	1																	
诊所、卫生所、医务室、护理站	2			2	2	2	2											
卫生所、医务室	2			2	2	2	2											
三、专业公共卫生机构	98	2530	2173	11896	9346	3169	3003	2193	255	997	895	1487	1245			629	873	1048
疾病预防控制中心	23			3375	2643	1163	1104	122	11	594	578		753			237	253	242
中央属	2			639	514	514			12	78	35							
省（直辖市）属	1			435	329	132	125	10	1	131	131		55			56	11	39
区属	18			2157	1686	963	914	108	9	428	412		178			167	150	154
县属	2			144	114	68	65	4	1	35	35		6			2	14	14
专科疾病防治院（所、站）	21	312	502	515	398	149	141	134	24	46	31		45			37	38	42
专科疾病防治院	1	76	280	63	57	13	13	31	3	2	1		8				2	4
其他	1	76	280	63	57	13	13	31	3	2	1		8				2	4
专科疾病防治所（站、中心）	20	236	222	452	341	136	128	103	21	44	30		37			37	36	38
口腔病防治所（站、中心）	1			36	29	20	20	6					3			2	3	2
精神病防治所（站、中心）	3	70	116	74	59	18	16	25	2				14			4	5	6
皮肤病与性病防治所（中心）	1																	
结核病防治所（站、中心）	15	166	106	342	253	98	92	72	19	44	30		20			31	28	30
妇幼保健院（站、所）	18	2218	1671	4797	3888	1586	1521	1545	207	251	187		299			200	301	408
区属	16	2078	1531	4362	3530	1415	1360	1418	185	227	163		285			179	286	367
县属	2	140	140	435	358	171	161	127	22	24	24		14			21	15	41
妇幼保健院	17	2218	1671	4797	3888	1586	1521	1545	207	251	187		299			200	301	408
妇幼保健所	1																	
急救中心（站）	9			614	400	222	194	124	5	11	4		38			41	43	130
采供血机构	7			821	509	49	43	268	8	95	95		89			90	57	165
卫生监督所（中心）	20			1774	1508							1487	21			24	181	61
省（直辖市）属	1			149	144							144						5
区属	16			1498	1256							1241	15			24	172	46
县属	2			127	108							102	6				9	10
其他	1																	
四、其他机构	76	80	80	2836	1072	194	188	114	22	26	24		716			853	595	316
疗养院	1	80	80	21	8	2	2	4	1	1	1					3	2	8
卫生监督检验（检测）机构	2			44					40	4								
医学科学研究机构	14			1770	734	42	42	8					684			591	245	200
医学在职培训机构	6			178	23	3	2	11					9			44	64	47
其他	53			823	307	147	142	91	21	25	23		23			175	280	61

全市卫生机构、床位、人员数

直属单位

机构分类	机构数（个）	编制床位（张）	实有床位（张）	人员数(人)														
				合计	卫生技术人员									乡村医生	卫生员	其他技术人员	管理人员	工勤技能人员
					小计	执业（助理）医师	执业医师	注册护士	药师（士）	技师（士）	检验师（士）	卫生监督员	其他					
总　计	**44**	**18570**	**17994**	**39641**	**31602**	**10442**	**10394**	**14766**	**1498**	**1841**	**1163**	**144**	**2911**			**2714**	**1882**	**3443**
一、医院	22	18570	17994	37343	30040	9964	9951	14376	1482	1613	948		2605			2458	1707	3138
综合医院	10	10616	10780	24170	19580	6704	6694	9405	910	991	531		1570			1517	1044	2029
中医医院	1	565	612	1294	1134	362	362	432	145	78	38		117			16	55	89
专科医院	11	7389	6602	11879	9326	2898	2895	4539	427	544	379		918			925	608	1020
口腔医院	1	100	68	1051	834	360	360	335	8	26	4		105			33	39	145
肿瘤医院	1	790	684	1006	728	314	314	273	42	54	33		45			157	73	48
胸科医院	1	900	533	801	613	151	151	355	28	51	22		28			78	13	97
妇产（科）医院	1	660	522	1341	1072	360	358	523	42	72	64		75			117	69	83
儿童医院	2	1370	1384	2982	2452	725	725	1127	152	171	120		277			142	191	197
精神病医院	2	2169	2095	2107	1535	325	324	860	61	43	39		246			188	131	253
传染病医院	2	1400	1316	2591	2092	663	663	1066	94	127	97		142			210	92	197
骨科医院	1																	
三、专业公共卫生机构	5			1787	1229	366	332	322	15	206	195	144	176			177	90	291
疾病预防控制中心	1			435	329	132	125	10	1	131	131		55			56	11	39
省（直辖市）属	1			435	329	132	125	10	1	131	131		55			56	11	39
专科疾病防治院（所、站）	1			90	58	21	21	16	4	14	10		3			10	12	10
专科疾病防治所（站、中心）	1			90	58	21	21	16	4	14	10		3			10	12	10
结核病防治所（站、中心）	1			90	58	21	21	16	4	14	10		3			10	12	10
急救中心（站）	1			528	349	190	164	106	4	11	4		38			37	33	109
采供血机构	1			585	349	23	22	190	6	50	50		80			74	34	128
卫生监督所（中心）	1			149	144144						5							
省（直辖市）属	1			149	144144						5							
四、其他机构	17			511	333	112	111	68	1	22	20		130			79	85	14
医学科学研究机构	8			201	167	34	34	6					127			13	16	5
其他	9			310	166	78	77	62	1	22	20		3			66	69	9

全市卫生机构、床位、人员数

市

机构分类	机构数（个）	编制床位（张）	实有床位（张）	人员数(人)														
				合计	卫生技术人员									乡村医生	卫生员	其他技术人员	管理人员	工勤技能人员
					小计	执业（助理）医师	执业医师	注册护士	药师（士）	技师（士）	检验师（士）	卫生监督员	其他					
总　计	**8704**	**96381**	**92247**	**228802**	**176721**	**67502**	**63471**	**71162**	**10436**	**9810**	**6678**	**1423**	**16388**	**2922**	**92**	**12282**	**14778**	**22007**
一、医院	552	87144	85667	160273	125804	44121	42842	57273	6992	6947	4458		10471			8023	10412	16034
综合医院	313	56832	54979	110389	87659	30884	30002	40637	4457	4976	3144		6705			4694	6916	11120
中医医院	103	9657	10233	17949	14252	5770	5595	5111	1479	741	487		1151			820	1277	1600
中西医结合医院	8	983	1099	1562	1279	539	513	521	79	64	43		76			59	102	122
民族医院	3	177	117	266	216	96	93	79	18	15	9		8			18	16	16
专科医院	122	19475	19219	30091	22386	6828	6637	10919	958	1150	774		2531			2432	2098	3175

续表

机构分类	机构数（个）	编制床位（张）	实有床位（张）	人员数（人）														
				合计	卫生技术人员									乡村医生	卫生员	其他技术人员	管理人员	工勤技能人员
					小计	执业（助理）医师	执业医师	注册护士	药师（士）	技师（士）	检验师（士）	卫生监督员	其他					
口腔医院	10	275	248	3158	2472	944	934	978	27	63	16		460			147	83	456
眼科医院	10	340	471	605	379	114	106	187	18	18	15		42			54	97	75
肿瘤医院	5	2604	2370	3546	2585	925	918	1110	126	159	90		265			465	287	209
心血管病医院	1	898	967	2551	2054	550	548	1112	39	49	35		304			239	88	170
胸科医院	1	900	533	801	613	151	151	355	28	51	22		28			78	13	97
血液病医院	1	150	121	340	243	39	39	132	6	36	36		30			11	51	35
妇产（科）医院	6	926	650	2206	1654	553	544	814	60	102	87		125			210	147	195
儿童医院	5	1520	1519	3608	2859	821	818	1323	184	199	139		332			183	212	354
精神病医院	22	6768	7471	5089	3673	880	823	2072	160	124	96		437			351	419	646
传染病医院	3	1430	1346	2621	2112	668	667	1074	98	130	99		142			215	95	199
皮肤病医院	1	100	100	273	136	42	37	73	10	7	5		4				52	85
骨科医院	8	560	566	624	456	127	119	234	24	28	15		43			74	51	43
康复医院	5	205	231	334	233	70	60	86	12	9	5		56			42	24	35
整形外科医院	1	328	328	563	414	121	121	219	8	12	6		54			47	39	63
美容医院	11	190	190	698	326	110	95	168	16	18	13		14			107	88	177
其他专科医院	32	2281	2108	3074	2177	713	657	982	142	145	95		195			209	352	336
护理院	3	20	20	16	12	4	2	6	1	1	1						3	1
二、基层卫生机构	7941	5943	4120	51737	39765	19941	17368	11460	3165	1810	1284		3389	2922	92	2098	2453	4407
社区卫生服务中心（站）	1626	5943	4120	25815	21277	9444	7762	5896	2115	1039	733		2783			1370	1107	2061
社区卫生服务中心	280	5943	4120	23464	19383	8580	7045	5367	1913	967	677		2556			1243	949	1889
社区卫生服务站	1346			2351	1894	864	717	529	202	72	56		227			127	158	172
村卫生室	2330			3269	255	226	128	29						2922	92			
门诊部	834			12548	9489	4787	4432	3167	630	617	442		288			728	1346	985
综合门诊部	315			6472	4918	2343	2209	1645	331	421	291		178			336	617	601
中医门诊部	170			2487	1857	1088	1028	344	251	101	88		73			158	288	184
中西医结合门诊部	2			26	23	9	8	8	3	3	2						2	1
专科门诊部	347			3563	2691	1347	1187	1170	45	92	61		37			234	439	199
诊所、卫生所、医务室、护理站	3151			10105	8744	5484	5046	2368	420	154	109		318					1361
诊所	1605			6547	5500	3360	3083	1520	282	107	69		231					1047
卫生所、医务室	1546			3558	3244	2124	1963	848	138	47	40		87					314
三、专业公共卫生机构	109	2366	1983	11857	9181	3034	2865	2086	235	964	858	1423	1439			684	947	1045
疾病预防控制中心	30			3725	2880	1158	1085	120	10	578	562	38	976			270	331	244
中央属	2			639	514	514			12	78	35							
省（直辖市）属	1			435	329	132	125	10	1	131	131		55			56	11	39
区属	19			2157	1686	963	914	108	9	428	412		178			167	150	154
其他	8			494	351	63	46	2		19	19	38	229			35	92	16
专科疾病防治院（所、站）	25	288	452	636	437	175	168	137	27	62	43		36			84	58	57
专科疾病防治院	2	142	346	225	132	39	39	59	9	13	8		12			40	24	29
职业病防治院	1	66	66	162	75	26	26	28	6	11	7		4			40	22	25
其他	1	76	280	63	57	13	13	31	3	2	1		8				2	4
专科疾病防治所（站、中心）	23	146	106	411	305	136	129	78	18	49	35		24			44	34	28
口腔病防治所（站、中心）	1			36	29	20	20	6					3			2	3	2

续表

机构分类	机构数（个）	编制床位（张）	实有床位（张）	人员数（人）														
				合计	卫生技术人员									乡村医生	卫生员	其他技术人员	管理人员	工勤技能人员
					小计	执业（助理）医师	执业医师	注册护士	药师（士）	技师（士）	检验师（士）	卫生监督员	其他					
精神病防治所（站、中心）	4			19	16	11	10	5		2	1							
皮肤病与性病防治所（中心）	2																	
结核病防治所（站、中心）	14	146	106	311	233	88	83	67	17	42	29		19			27	26	25
职业病防治所（站、中心）	1			39	22	15	14			5	4		2			15	2	
其他	1			6	5	2	2		1	2	2						1	
健康教育所（站、中心）	1																	
妇幼保健院（站、所）	17	2078	1531	4362	3530	1415	1360	1418	185	227	163		285			179	286	367
区属	16	2078	1531	4362	3530	1415	1360	1418	185	227	163		285			179	286	367
其他	1																	
妇幼保健院	16	2078	1531	4362	3530	1415	1360	1418	185	227	163		285			179	286	367
妇幼保健所	1																	
急救中心（站）	13			707	452	243	215	155	5	11	4		38			45	47	163
采供血机构	5			780	482	43	37	256	8	86	86		89			82	53	163
卫生监督所（中心）	18			1647	1400							1385	15			24	172	51
省（直辖市）属	1			149	144							144						5
区属	16			1498	1256							1241	15			24	172	46
其他	1																	
四、其他机构	102	928	477	4935	1971	406	396	343	44	89	78		1089			1477	966	521
疗养院	2	928	477	457	311	91	89	138	15	13	8		54			19	39	88
卫生监督检验（检测）机构	2			44					40	4								
医学科学研究机构	28			3243	1222	157	155	94	9	13	9		949			1168	544	309
医学在职培训机构	9			226	39	3	2	11					25			54	79	54
临床检验中心（所、站）	5			116	87	6	6	5		37	37		39			11	13	5
其他	56			849	312	149	144	95	20	26	24		22			185	287	65

全市卫生机构、床位、人员数

县

机构分类	机构数（个）	编制床位（张）	实有床位（张）	人员数（人）														
				合计	卫生技术人员									乡村医生	卫生员	其他技术人员	管理人员	工勤技能人员
					小计	执业（助理）医师	执业医师	注册护士	药师（士）	技师（士）	检验师（士）	卫生监督员	其他					
总　计	**995**	**2865**	**2488**	**6906**	**5217**	**2247**	**1970**	**1650**	**435**	**313**	**236**	**102**	**470**	**726**	**6**	**252**	**215**	**490**
一、医院	17	2276	1929	3230	2840	1172	1110	1119	226	170	112		153			91	82	217
综合医院	10	1759	1333	2325	2063	824	774	865	138	124	78		112			52	52	158
中医医院	3	312	375	802	695	319	309	222	80	39	30		35			31	22	54
专科医院	4	205	221	103	82	29	27	32	8	7	4		6			8	8	5
口腔医院	1	15	15	18	14	10	9	4		4								
肿瘤医院	1	50	50	23	16	6	6	4	4	2	1					2	1	4
心血管病医院	1	60	60	37	27	10	9	8	3	4	2		2			6	3	1
精神病医院	1	80	96	25	25	3	3	16	1	1	1		4					
二、基层卫生机构	960	359	303	2787	1684	804	604	356	179	72	54		273	726	6	104	75	192
社区卫生服务中心（站）	118	359	303	1692	1324	512	378	335	179	68	52		230			104	74	190

机构分类	机构数（个）	编制床位（张）	实有床位（张）	人员数(人)														
				合计	卫生技术人员									乡村医生	卫生员	其他技术人员	管理人员	工勤技能人员
					小计	执业（助理）医师	执业医师	注册护士	药师（士）	技师（士）	检验师（士）	卫生监督员	其他					
社区卫生服务中心	32	359	303	1655	1294	500	368	329	179	68	52		218			100	72	189
社区卫生服务站	86			37	30	12	10	6					12			4	2	1
村卫生室	656			762	30	29	16	1						726	6			
门诊部	2			3	2	2	2			1								
综合门诊部	1			1	1	1	1											
中医门诊部	1			2	1	1	1			1								
诊所、卫生所、医务室、护理站	184			330	328	261	208	20		4	2		43					2
诊所	135			270	268	222	187	15		4	2		27					2
卫生所、医务室	49			60	60	39	21	5					16					
三、专业公共卫生机构	11	230	256	833	670	262	247	168	27	70	69	102	41			39	47	77
疾病预防控制中心	2			144	114	68	65	4	1	35	35		6			2	14	14
县属	2			144	114	68	65	4	1	35	35		6			2	14	14
专科疾病防治院（所、站）	3	90	116	86	63	17	15	25	4	2	1		15			8	5	10
专科疾病防治所（站、中心）	3	90	116	86	63	17	15	25	4	2	1		15			8	5	10
精神病防治所（站、中心）	1	70	116	55	43	7	6	20	2				14			4	3	5
结核病防治所（站、中心）	2	20		31	20	10	9	5	2	2	1		1			4	2	5
妇幼保健院（站、所）	2	140	140	435	358	171	161	127	22	24	24		14			21	15	41
县属	2	140	140	435	358	171	161	127	22	24	24		14			21	15	41
妇幼保健院	2	140	140	435	358	171	161	127	22	24	24		14			21	15	41
采供血机构	2			41	27	6	6	12		9	9					8	4	2
卫生监督所（中心）	2			127	108102	6				9	10							
县属	2			127	108102	6				9	10							
四、其他机构	7			56	23	9	9	7	3	1	1		3			18	11	4
其他	7			56	23	9	9	7	3	1	1		3			18	11	4

全市部分三级医疗机构运营情况(1)

分组名称	机构数（个）	诊疗人次数					观察室（人次）		健康检查人数（人次）	门急诊诊次占总诊次的（%）	急诊死亡率（%）	观察室死亡率（%）
		总计	其中：门、急诊人次数				收容人数	其中：死亡				
			合计	门诊人次	急诊人次							
					小计	内：死亡人数						
总　计	**51**	**55541461**	**55503337**	**51567891**	**3935446**	**5213**	**479925**	**1274**	**804450**	**99.93**	**0.13**	**0.27**
综合医院	26	35314461	35287448	32196407	3091041	4747	356578	994	685984	99.92	0.15	0.28
中医医院	8	10050411	10041650	9729460	312190	197	15190	228	87247	99.91	0.06	1.50
专科医院	16	9821515	9820005	9306321	513684	264	108157	52	19271	99.98	0.05	0.05

注：统计范围不包括急救中心

全市部分三级医疗机构运营情况(2)

分组名称	入院人数(人次)	出院人数						住院病人手术人次数(人次)	住院危重病人抢救人次数(人次)	抢救成功人次	治愈率(%)	好转率(%)	病死率(%)	住院危重病人抢救成功率(%)	每百门急诊的入院人数(人次)
		总计	治愈	好转	未愈	死亡	其它								
总　计	**1133612**	**1131412**	**414826**	**436889**	**27819**	**14920**	**236958**	**557780**	**29489**	**23126**	**57.61**	**38.61**	**1.32**	**78.42**	**2.0**
综合医院	774235	772582	314456	281981	18272	10559	147314	413774	15271	10960	59.77	36.50	1.37	71.77	2.2
中医医院	86962	86933	19037	53738	1479	2199	10480	29595	2781	1695	33.95	61.82	2.53	60.95	0.9
专科医院	267848	267331	79780	99057	7993	1830	78671	112750	10933	10231	59.27	37.05	0.68	93.58	2.7

注:统计范围不包括急救中心

全市部分三级医疗机构运营情况(3)

分组名称	编制床位(张)	实有床位(张)	实际开放总床日数(床日)	平均开放病床数(张)	实际占用总床日数(床日)	出院者占用总床日数(床日)	病床周转次数(次)	病床工作日(日)	病床使用率(%)	出院者平均住院日(日)	每床与每日门急诊诊次之比
总计＊	**41146**	**40262**	**14648162**	**40132**	**13900009**	**14416560**	**28.2**	**346.4**	**94.39**	**11.5**	**5.39**
综合医院	25644	25833	9394066	25737.2	8769305	8824485	30.0	340.7	93.35	11.4	5.31
中医医院	4059	4054	1495752	4098	1411610	1412056	21.2	344.5	94.37	16.2	9.67
专科医院＊	11128	10060	3644289	9984.4	3619948	4080361	26.8	362.6	99.33	10.1	3.85

注:统计范围不包括急救中心

由于医保政策调整,近年来精神专科医院出院者平均住院日波动较大,本表出院者平均住院日各合计项(＊)中均不包含精神专科医院。

全市部分二级医疗机构运营情况(1)

分组名称	机构数(个)	诊疗人次数					观察室(人次)		健康检查人数(人次)	门急诊诊次占总诊次的(%)	急诊死亡率(%)	观察室死亡率(%)
		总计	其中:门、急诊人次数				收容人数	其中:死亡				
			合计	门诊人次	急诊人次							
					小计	内:死亡人数						
总　计	**116**	**41707623**	**41395926**	**37320542**	**4075384**	**2155**	**312634**	**298**	**2119571**	**99.25**	**0.05**	**0.10**
综合医院	57	28063277	27765674	24683212	3082462	2031	204241	277	1361355	98.94	0.07	0.14
中医医院	20	8532036	8525244	8057493	467751	118	70668	17	187596	99.92	0.03	0.02
中西医结合医院	1	414837	414837	396132	18705	5	955	4	18088	100	0.03	0.42
民族医院	1	41725	41725	41725		100						
专科医院	16	505493	504923	493730	11193	1	6		2707	99.89	0.01	
疗养院	1	65766	65766	61224	4542					10757	100	
妇幼保健院	17	4047161	4040429	3549698	490731		36764		516980	99.83		
专科疾病防治院	2	37328	37328	37328	22088	100						

全市部分二级医疗机构运营情况(2)

分组名称	入院人数(人次)	出院人数						住院病人手术人次数(人次)	住院危重病人抢救人次数(人次)	抢救成功人次	治愈率(%)	好转率(%)	病死率(%)	住院危重病人抢救成功率(%)	每百门急诊的入院人数(人次)
		总计	治愈	好转	未愈	死亡	其它								
总　计	**685963**	**687389**	**265564**	**297217**	**17475**	**11990**	**95143**	**262700**	**17606**	**13075**	**52.47**	**43.24**	**1.74**	**74.26**	**1.7**
综合医院	491618	492323	184448	220729	12578	10220	64348	188957	14312	10709	50.54	44.83	2.08	74.83	1.8
中医医院	86658	86969	18825	59066	2965	1190	4923	22054	2215	1532	27.31	67.92	1.37	69.16	1.0
中西医结合医院	5283	5314	1553	2735	160	139	727	1337	106	51	42.91	51.47	2.62	48.11	1.3
民族医院	591	551	16	490	12	19	14	8	19		5.44	88.93	3.45		1.4
专科医院	13743	13711	5777	4512	588	340	2494	7284	471	325	60.32	32.91	2.48	69.00	2.7
疗养院	1915	1919	92	1486	32	39	270	73	16	1	18.86	77.44	2.03	6.25	2.9
妇幼保健院	85787	85960	54843	7574	1136	40	22367	42987	467	457	89.82	8.81	0.05	97.86	2.1
专科疾病防治院	368	642	10	625	4	3					1.56	97.35	0.47		1.0

全市部分二级医疗机构运营情况(3)

分组名称	编制床位(张)	实有床位(张)	实际开放总床日数(床日)	平均开放病床数(张)	实际占用总床日数(床日)	出院者占用总床日数(床日)	病床周转次数(次)	病床工作日(日)	病床使用率(%)	出院者平均住院日(日)	每床与每日门急诊诊次之比
总计＊	**33222**	**31966**	**11549666**	**31642.9**	**9705142**	**11197847**	**21.7**	**306.7**	**84.03**	**14.8**	**5.05**
综合医院	22564	21189	7692028	21074	6305399	7866566	23.4	299.2	81.97	16.0	5.07
中医医院	3719	4439	1563615	4283.9	1247679	1246547	20.3	291.2	79.79	14.3	7.79
中西医结合医院	350	291	107088	293.4	83610	84630	18.1	285.0	78.08	15.9	5.55
民族医院	77	77	27745	76	17498	16768	7.2	230.2	63.07	30.4	2.19
专科医院＊	3304	3556	1281873	3512	1316947	1321227	3.9	375.0	102.74	25.6	0.57
疗养院	848	397	144905	397	120032	114352	4.8	302.3	82.83	59.6	0.65
妇幼保健院	2218	1671	606122	1660.6	499685	484887	51.8	300.9	82.44	5.6	9.33
专科疾病防治院	142	346	126290	346	114292	62870	1.9	330.3	90.50	97.9	0.43

注:由于医保政策调整,近年来精神专科医院出院者平均住院日波动较大,本表出院者平均住院日各合计项(＊)中均不包含精神专科医院。

全市部分一级医疗机构运营情况(1)

分组名称	机构数(个)	诊疗人次数					观察室(人次)		健康检查人数(人次)	门急诊诊次占总诊次的(%)	急诊死亡率(%)	观察室死亡率(%)
		总计	其中:门、急诊人次数				收容人数	其中:死亡				
			合计	门诊人次	急诊人次							
					小计	内:死亡人数						
总　计	**367**	**10084636**	**9959465**	**9512890**	**446575**	**80**	**165351**	**20**	**444264**	**98.76**	**0.02**	**0.01**
综合医院	211	6514978	6396957	6023661	373296	80	143176	20	368854	98.19	0.02	0.01
中医医院	65	1809384	1808655	1802304	6351		9361		637	99.96		
中西医结合医院	5	305753	305753	261664	44089		12053		10221	100		
民族医院	2	14924	14924	14924		100						
专科医院	74	1357112	1357112	1334323	22789		741		10677	100		
疗养院	1	6589	168	168		2.55						
专科疾病防治院	8	75896	75896	75846	50		20		53875	100		

全市部分一级医疗机构运营情况(2)

分组名称	入院人数（人次）	出院人数						住院病人手术人次数（人次）	住院危重病人抢救人次数（人次）		治愈率（%）	好转率（%）	病死率（%）	住院危重病人抢救成功率（%）	每百门急诊的入院人数（人次）
		总计	治愈	好转	未愈	死亡	其它			抢救成功人次					
总　计	**128747**	**132897**	**60680**	**60264**	**3995**	**1711**	**6247**	**44329**	**2321**	**1587**	**50. 36**	**45. 35**	**1. 29**	**68. 38**	**1. 3**
综合医院	69663	68341	32083	29893	1781	1009	3575	23012	2009	1410	52. 18	43. 74	1. 48	70. 18	1. 1
中医医院	8914	8711	2844	5668	130	26	43	2295	9	8	33. 14	65. 07	0. 30	88. 89	0. 5
中西医结合医院	3374	3320	647	993	1604	54	22		50	35	20. 15	29. 91	1. 63	70. 00	1. 1
民族医院	289	282		211	71									74. 82	1. 9
专科医院	46000	45406	25044	16938	283	600	2541	19022	253	134	60. 75	37. 30	1. 32	52. 96	3. 4
疗养院		6325		6325								100			
专科疾病防治院	507	512	62	236	126	22	66				25. 00	46. 09	4. 30		0. 7

全市部分一级医疗机构运营情况(3)

分组名称	编制床位（张）	实有床位（张）	实际开放总床日数（床日）	平均开放病床数（张）	实际占用总床日数（床日）	出院者占用总床日数（床日）	病床周转次数（次）	病床工作日（日）	病床使用率（%）	出院者平均住院日（日）	每床与每日门急诊诊次之比
总计＊	**15745**	**15807**	**5206234**	**14263. 7**	**3119007**	**2124704**	**9. 3**	**218. 7**	**59. 91**	**14. 6**	**2. 74**
综合医院	8972	8392	2684379	7354. 5	1508352	1192074	9. 3	205. 1	56. 19	17. 4	3. 40
中医医院	1812	1735	534863	1465. 4	190509	109704	5. 9	130. 0	35. 62	12. 6	4. 91
中西医结合医院	298	473	172280	472	89290	82679	7. 0	189. 2	51. 83	24. 9	2. 46
民族医院	100	40	13400	36. 7	3951	3940	7. 7	107. 6	29. 49	14. 0	1. 62
专科医院＊	4247	4865	1697840	4651. 6	1264330	681114	9. 8	271. 8	74. 47	10. 7	1. 16
疗养院	80	80	28800	78. 9	18596	17602	80. 2	235. 7	64. 57	2. 8	0. 01
专科疾病防治院	236	222	74672	204. 6	43979	37591	2. 5	215. 0	58. 90	73. 4	1. 48

注：由于医保政策调整，近年来精神专科医院出院者平均住院日波动较大，本表出院者平均住院日各合计项（＊）中均不包含精神专科医院。

全市卫生资源状况

项　目	2011
卫生人员总数（人）	235708
卫生技人员总数（人）	181938
卫生技术人员占总人数比重（%）	77. 19
执业（助理）医师占卫生技术人员比重（%）	38. 34
注册护士占卫生技术人员比重（%）	40. 02
＊每千常住人口编制床位数（张）	4. 92
其中：户籍人口	7. 77
＊每千常住人口实有床位数（张）	4. 69
其中：户籍人口	7. 41
＊每千常住人口卫生人员数（人）	11. 68
其中：户籍人口	18. 44
＊每千常住人口卫技人员数（人）	9. 01
其中：户籍人口	14. 24
＊每千常住人口执业（助理）医师数（人）	3. 46
其中：户籍人口	5. 46
＊每千常住人口注册护士数（人）	3. 61
其中：户籍人口	5. 70

注：人口数为2012年北京市统计局发布的2011年北京市常住人口数。

全市产科工作情况

区县	分娩总数	出生性比（男:女）	剖宫产率（%）	新筛率（%）	产妇并发症（%）							围产儿死亡率（‰）	新生儿出生窒息发生率（%）
					妊娠高血压疾病患病率（%）	先兆子痫患病率（%）	院内子痫患病率（%）	院外子痫患病率（%）	产后出血发生率（%）	中重度贫血患病率（%）	肝炎患病率（%）		
合　计	**191448**	**110.7**	**48.37**	**98.67**	**5.64**	**3.23**	**0.01**	**0.02**	**5.39**	**3.01**	**0.63**	**5.09**	**1.09**
东城区	10455	109.3	54.65	98.64	3.35	3.07	0.01	0.04	4.05	2.10	0.13	6.67	1.58
西城区	17570	109.7	53.23	97.92	5.07	3.30	0.01	0.03	5.10	3.26	0.32	6.74	1.14
朝阳区	42125	109.9	47.22	98.24	10.07	4.30	0.02	0.03	6.79	2.67	0.81	5.65	1.18
丰台区	12043	115.7	49.15	99.30	3.58	2.83	0.01		3.24	2.42	2.08	3.23	1.48
石景山区	5021	107.9	49.11	99.84	4.34	3.74	0.02		5.26	5.70	0.14	3.38	0.78
海淀区	38610	111.3	40.17	99.09	6.27	3.05	0.01	0.02	5.59	3.20	0.65	6.06	0.80
门头沟区	2404	106.5	51.27	98.25	5.00	2.71			3.46	5.29	0.42	3.32	1.33
房山区	7055	110.2	68.04	95.78	3.04	2.74	0.01	0.01	2.90	3.48	0.28	3.53	0.81
通州区	13002	110.0	47.04	99.15	3.14	3.04	0.02	0.03	7.33	3.88	0.15	2.99	0.64
顺义区	8290	110.1	50.70	99.70	5.83	3.86	0.01	0.01	4.01	5.22	0.24	3.01	0.92
昌平区	7066	107.6	53.31	99.25	2.64	2.42	0.01		6.73	3.11	0.09	3.11	1.66
大兴区	15801	116.4	48.82	98.81	2.08	1.89	0.01	0.03	3.96	0.71	1.00	5.04	1.40
怀柔区	3142	103.5	57.33	98.35	3.26	3.26			2.62	2.82	0.03	2.54	1.30
平谷区	3359	111.3	52.46	98.90	3.80	2.39		0.03	5.75	1.53	1.32	6.82	0.42
密云县	3343	107.8	45.47	99.58	5.98	2.65			3.73	6.89	0.03	7.43	0.99
延庆县	2162	104.6	38.99	98.38	3.77	2.23	0.05		11.77	0.79	0.14	2.31	1.02

全市妇女病查治情况

区县	实查人数	查出妇科病数	阴道炎	宫颈炎	尖锐湿疣	宫颈癌	乳腺癌	卵巢癌
			例数	例数	例数	例数	例数	例数
合　计	**757129**	**337473**	**63955**	**83865**	**116**	**15**	**100**	**4**
东城区	65840	40144	6054	15091	74	5	26	1
西城区	105764	53171	6043	8982			11	1
朝阳区	27050	11353	1441	3181			1	
丰台区	173	74	22	71				
石景山区	11358	4958	445	1455				
海淀区	95897	47242	6064	5753	7	1	22	2
门头沟区	18071	6847	801	2818			1	
房山区	49562	18337	2245	11870	3	3	1	
通州区	68431	26311	7692	12254	3		8	
顺义区	57073	19120	10266	718	6	1	12	
昌平区	61080	25668	3027	8507		2	1	
大兴区	47780	27120	6976	1036	14	1	9	
怀柔区	37472	22376	7271	4769	6	1	7	
平谷区	44950	11965	2180	5420	1	1	1	
密云县	57766	20812	2789	1364				
延庆县	8862	1975	639	576	2			

全市0~6岁儿童系统管理情况

区县	0-6岁儿童				0-2岁		3-6岁
	总计	系统管理人数	体检人数	系统管理率(%)	佝偻病患病率(%)	贫血患病率(%)	贫血患病率(%)
合　计	**767598**	**705087**	**747768**	**91.86**	**0.04**	**5.98**	**1.06**
东城区	28208	27152	28068	96.26		4.49	0.41
西城区	40314	37959	40141	94.16	0.02	5.24	0.42
朝阳区	166438	155358	161982	93.34	0.01	3.49	0.78
丰台区	78606	71062	75740	90.40	0.02	6.04	0.75
石景山区	23240	22437	23166	96.54	0.01	4.60	0.77
海淀区	131340	121326	128820	92.38	0.04	9.31	0.78
门头沟区	11880	11482	11777	96.65	0.25	6.05	0.38
房山区	47581	41072	46125	86.32	0.15	9.86	2.70
通州区	39524	37709	39122	95.41	0.05	6.44	1.34
顺义区	28347	25528	27095	90.06		6.61	1.01
昌平区	64525	50647	59731	78.49	0.02	6.85	2.14
大兴区	39041	37931	38694	97.16	0.02	2.18	0.49
怀柔区	15713	14636	15183	93.15		6.97	1.19
平谷区	18370	17693	18141	96.31	0.01	4.54	2.42
密云县	21059	20015	20657	95.04	0.7	9.79	1.19
延庆县	13412	13080	13326	97.52		6.08	0.78

全市婚前医学检查情况(1)

区县	对影响婚育疾病的医学指导意见															婚检率(%)	疾病检出率(%)
	合计			暂缓结婚			建议采取医学措施，尊重受检者意愿			不宜生育			采取结扎人数				
	男	女	合计	男	女	合计	男	女	合计	男	女	合计	男	女	合计		
合　计	**368**	**152**	**520**	**43**	**19**	**62**	**322**	**122**	**444**	**3**	**11**	**14**				**7.25**	**13.61**
东城区	120	33	153	5	2	7	115	30	145		1	1				6.47	8.68
西城区	30	5	35	6		6	24	5	29							7.05	17.19
朝阳区																5.69	3.89
丰台区	70	12	82	1		1	68	9	77	1	3	4				10.23	10.08
石景山区	7	2	95		5	2	2	4								11.55	5.24
海淀区	40	40	80	12	6	18	28	33	61		1	1				8.29	16.11
门头沟区	8	5	13	1		1	7	5	12							4.10	5.05
房山区	53	18	71	8	3	11	45	14	59		1	1				3.36	15.11
通州区	7	11	18	3	1	4	4	10	14							4.27	23.44
顺义区																15.89	20.08
昌平区	10	14	24	1	2	3	9	12	21							8.81	6.59
大兴区																3.93	15.55
怀柔区	18	8	26	1	3	4	17	3	20		2	2				14.66	26.05
平谷区	5	2	7	5	2	7										8.25	22.46
密云县																3.13	19.59
延庆县		2	2	1	1		1	1								5.54	2.45

全市婚前医学检查情况(2)

区域	婚登人数			实检人数			疾病检出人数			指定传染病			性病人数			严重遗传病			有关精神病			生殖系统疾病			内科系统病		
	男	女	合计	男	女	合计	男	女	合计	男	女	合计	男	女	合计	男	女	合计	男	女	合计	男	女	合计	男	女	合计
合　计	**165318**	**165318**	**330636**	**12189**	**11785**	**23974**	**1567**	**1697**	**3264**	**50**	**34**	**84**	**8**	**8**	**16**	**209**	**195**	**404**	**5**	**17**	**22**	**746**	**1069**	**1815**	**452**	**252**	**704**
东城区	13722	13722	27444	882	893	1775	66	88	154	8	11	19	1		1	2	2	4	1	3	4	28	49	77	14	17	31
西城区	19808	19808	39616	1405	1387	2792	260	220	480	6	1	7				78	74	152	1	1	2	18	42	60	133	53	186
朝阳区	23073	23073	46146	1310	1314	2624	31	71	102	2	3	5		2	2	19	5	24		1	1	1	51	52	5	8	13
丰台区	12849	12849	25698	1353	1276	2629	142	123	265	1		1				12	10	22	1	7	8	69	45	114	50	37	87
石景山区	4543	4543	9086	543	506	1049	28	27	55								2	2	1	2	3	6	15	21	17	2	19
海淀区	30780	30780	61560	2575	2527	5102	499	323	822	13	6	1	9	3		3	21	23	44			404	218	622	39	65	104
门头沟区	3380	3380	6760	150	127	277	2	12	14	1	1	2										1	9	10		1	1
房山区	10033	10033	20066	365	310	675	68	34	102	9	4	13	2	2	4	3	7	10	1	1	2	27	13	40	26	9	35
通州区	8840	8840	17680	392	363	755	83	94	177	2		2	2		2	1	4	5				73	86	159	4		4
顺义区	5800	5800	11600	908	935	1843	120	250	370							54	45	99		1	1	1	180	181	48	16	64
昌平区	7068	7068	14136	714	531	1245	40	42	82		2	2		1	1	9		9				10	31	41	21	4	25
大兴区	9500	9500	19000	388	358	746	16	100	116							7	12	19				5	82	87	2	5	7
怀柔区	3589	3589	7178	513	539	1052	119	155	274	3	2	5		1	1		1	1		1	1	101	145	246	12	6	18
平谷区	5021	5021	10042	386	442	828	87	99	186	5	3	8		1	1	3	4	7					61	61	79	24	103
密云县	4732	4732	9464	132	164	296	3	55	58		1	1		1	1		6	6				2	42	44		2	2
延庆县	2580	2580	5160	173	113	286	3	4	7																2	3	5

全市甲、乙类传染病发病与死亡情况

疾病病种	本年					上年					与上年同期比较		
	发病数（人）	死亡数（人）	发病率（1/10万）	死亡率（1/10万）	病死率（%）	发病数（人）	死亡数（人）	发病率（1/10万）	死亡率（1/10万）	病死率（%）	发病率增减（%）	死亡率增减（%）	病死率增减（%）
合　计	**44474**	**235**	**226.76**	**1.20**	**0.53**	**47208**	**237**	**268.99**	**1.35**	**0.50**	**-15.70**	**-11.27**	**5.26**
霍乱	7	-	0.04	-	-	5	-	0.03	-	-	25.26	*	*
艾滋病	231	22	1.18	0.11	9.52	176	25	1.00	0.14	14.20	17.45	-21.26	-32.95
HIV *	1216	7	6.20	0.04	0.58	950	15	5.41	0.09	1.58	14.54	-58.25	-63.54
肝炎	5056	166	25.78	0.85	3.28	5376	149	30.63	0.85	2.77	-15.84	-0.31	18.46
甲肝	115	-	0.59	-	-	127	-	0.72	-	-	-18.96	*	*
乙肝	3116	123	15.89	0.63	3.95	3172	119	18.07	0.68	3.75	-12.10	-7.52	5.22
丙肝	1278	27	6.52	0.14	2.11	1514	23	8.63	0.13	1.52	-24.47	5.03	39.07
戊肝	463	12	2.36	0.06	2.59	437	4	2.49	0.02	0.92	-5.19	168.42	183.16
肝炎(未分型)	84	4	0.43	0.02	4.76	126	3	0.72	0.02	2.38	-40.34	19.30	100.00
甲型 H1N1 流感	259	8	1.32	0.04	3.09	288	12	1.64	0.07	4.17	-19.52	-40.35	-25.87
麻疹	96	-	0.49	-	-	2480	5	14.13	0.03	0.20	-96.54	-100	-100
出血热	21	-	0.11	-	-	15	-	0.09	-	-	25.26	*	*
狂犬病	5	5	0.03	0.03	100	9	9	0.05	0.05	100	-50.29	-50.29	
登革热	4	-	0.02	-	-	10	-	0.06	-	-	-64.21	*	*
痢疾	18525	2	94.45	0.01	0.01	23231	1	132.37	0.01	0.00	-28.64	78.95	151.16
细菌性痢疾	18504	2	94.35	0.01	0.01	23198	1	132.18	0.01	0.00	-28.62	78.95	151.16
阿米巴性痢疾	21	-	0.11	-	-	33	-	0.19	-	-	-43.03	*	*
肺结核	8099	31	41.29	0.16	0.38	8021	34	45.70	0.19	0.42	-9.65	-18.38	-9.70
伤寒+副伤寒	20	-	0.10	-	-	21	-	0.12	-	-	-14.79	*	*
流脑	1	1	0.01	0.01	100	11	2	0.06	0.01	18.18	-91.87	-55.26	450.00
百日咳	8	-	0.04	-	-	14	-	0.08	-	-	-48.87	*	*
新生儿破伤风	2	-	0.02	-	-	-	-	-	-	*	*	*	*
猩红热	6152	-	31.37	-	-	1553	-	8.85	-	-	254.48	*	*
布病	40	-	0.20	-	-	29	-	0.17	-	-	23.49	*	*
淋病	1238	-	6.31	-	-	1550	-	8.83	-	-	-28.53	*	*
梅毒	4671	-	23.82	-	-	4382	-	24.97	-	-	-4.62	*	*
血吸虫病	2	-	0.01	-	-	1	-	0.01	-	-	78.95	*	*
疟疾	37	-	0.19	-	-	36	-	0.21	-	-	-8.00	*	*

注:1. 本年是指 2011 年,上年是指 2010 年。

2. HIV * 不计入合计。

全市丙类传染病发病与死亡情况

疾病病种	本年					上年					与上年同期比较		
	发病数（人）	死亡数（人）	发病率（1/10万）	死亡率（1/10万）	病死率（%）	发病数（人）	死亡数（人）	发病率（1/10万）	死亡率（1/10万）	病死率（%）	发病率增减（%）	死亡率增减（%）	病死率增减（%）
合　计	**85349**	**7**	**435. 18**	**0. 04**	**0. 01**	**98185**	**19**	**559. 46**	**0. 11**	**0. 02**	**-22. 22**	**-67. 04**	**-57. 73**
流行性感冒	391	1	1. 99	0. 01	0. 26	830	-	4. 73	-	-	-57. 85	*	*
流行性腮腺炎	3467	-	17. 68	-	-	2906	-	16. 56	-	-	6. 76	*	*
风疹	839	-	4. 28	-	-	1089	-	6. 21	-	-	-31. 06	*	*
急性出血性结膜炎	186	-	0. 95	-	-	288	-	1. 64	-	-	-42. 21	*	*
麻风病	1	-	0. 01	-	-	-	-	-	-	*	*	*	*
斑疹伤寒	1	-	0. 01	-	-	-	-	-	-	*	*	*	*
黑热病	-	-	-	-	*	-	-	-	-	*	*	*	*
包虫病	2	-	0. 01	-	-	2	-	0. 01	-	-	-10. 53	*	*
丝虫病	-	-	-	-	*	-	-	-	-	*	*	*	*
其它感染性腹泻病	49619	1	253. 00	0. 01	0. 00	47661	1	271. 57	0. 01	0. 00	-6. 84	-10. 53	-4. 76
手足口病	30843	5	157. 26	0. 03	0. 02	45409	18	258. 74	0. 10	0. 04	-39. 22	-75. 15	-59. 09

注：本年是指2011年，上年是指2010年。

全市各区县户籍肺结核患者新登记率

区县	活动性肺结核		涂阳肺结核		新涂阳肺结核	
	患者数（人）	新登记率（1/10万）	患者数（人）	新登记率（1/10万）	患者数（人）	新登记率（1/10万）
合　计	**2468**	**19. 31**	**816**	**6. 39**	**699**	**5. 47**
东城区	87	9. 05	34	3. 54	27	2. 81
西城区	281	20. 60	92	6. 74	80	5. 86
朝阳区	154	7. 97	69	3. 57	58	3. 00
丰台区	133	12. 31	51	4. 72	47	4. 35
石景山区	38	10. 38	20	5. 46	12	3. 28
海淀区	423	18. 76	55	2. 44	50	2. 22
门头沟区	132	53. 35	73	29. 50	63	25. 46
房山区	206	26. 63	75	9. 70	61	7. 89
通州区	112	16. 64	52	7. 73	46	6. 84
顺义区	168	28. 59	66	11. 23	58	9. 87
昌平区	223	40. 67	23	4. 19	17	3. 10
大兴区	130	21. 31	44	7. 21	41	6. 72
怀柔区	77	27. 77	30	10. 82	24	8. 66
平谷区	99	24. 98	59	14. 89	50	12. 62
密云县	152	35. 45	52	12. 13	46	10. 73
延庆县	53	18. 99	21	7. 53	19	6. 81

全市院前急救分月工作量

	合计	1月	2月	3月	4月	5月	6月	7月	8月	9月	10月	11月	12月
接听电话	5510511	453626	352929	487257	478726	480799	414969	503363	465265	447258	461693	480555	484071
受理电话	652340	53699	44512	51989	55890	51288	55965	58458	53676	52285	54402	54897	65279
出车次数	567413	46493	40126	46061	49093	45185	49931	52263	47940	45828	47044	48382	49067
其中:抢救车	404148	34528	29157	33042	34131	33306	33637	35551	33846	32721	33637	34845	35747
就诊人次	533243	42493	37317	42208	46106	41546	47468	49300	46122	43598	44838	45797	46450
其中:危重病人	85448	7305	6339	6803	7210	6497	7489	7395	6992	6783	7329	7693	7613
行驶公里	10591253	866673	756947	842110	854542	970319	886689	894514	937781	899900	887007	894683	900088

注:本表统计范围包括北京市120网络、北京市红十字会急诊抢救中心。

全市院前急救病人疾病分类及构成

序号	疾病名称	构成	顺位
1	循环系统疾病	29.17%	2
	其中:缺铁性心脏病	4.46%	
	内:急性心肌梗死	3.19%	
	脑血管病	11.28%	
	高血压病	5.23%	
2	呼吸系统疾病	10.85%	4
3	消化系统疾病	5.07%	6
4	神经系统疾病	6.43%	5
5	泌尿生殖系统疾病	1.63%	10
6	妊娠、分娩及产褥期疾病	2.01%	8
7	内分泌、营养和代谢	1.75%	9
8	肿瘤	2.54%	7
	其中:恶性肿瘤	0.98%	
	良性肿瘤	0.05%	
9	损伤和中毒	29.33%	1
	其中:骨折	2.37%	
	车祸	4.45%	
	各种外伤	17.96%	
	中毒	4.04%	
10	其他	11.23%	3
	合计	100.00%	

注:本表统计范围包括北京市120网络、北京市红十字会急诊抢救中心。

全市院前急救病人情况

月份	就诊人次(次)	普通病人		危重病人	
		计(人)	救治人次(次)	计(人)	其中:死亡(人)
合 计	**533243**	**447795**	**285556**	**85448**	**3459**
1	42493	35188	21341	7305	324
2	37317	30978	18966	6339	271
3	42208	35405	22416	6803	277

续表

月份	就诊人次（次）	普通病人		危重病人	
		计(人)	救治人次(次)	计(人)	其中:死亡(人)
4	46106	38896	25290	7210	271
5	41546	35049	21579	6497	221
6	47468	39979	27130	7489	234
7	49300	41905	27943	7395	368
8	46122	39130	24957	6992	280
9	43598	36815	23744	6783	242
10	44838	37509	23568	7329	273
11	45797	38104	24276	7693	328
12	46450	38837	24346	7613	370

注:本表统计范围包括北京市 120 网络、北京市红十字会急诊抢救中心。

全市各区县急救站接诊病人情况

地区	出车次数(次)	接诊病人数(人次)		行驶公里(万)
		计	其中:危重病人	
合　计	**567413**	**533243**	**85448**	**1059.13**
东城区	23411	22875	3119	23.33
西城区	26499	27921	4061	21.73
朝阳区	86028	82757	11089	104.75
丰台区	40875	37990	8770	47.55
石景山区	17864	18182	2390	24.22
海淀区	56504	52809	9218	67.98
门头沟区	8844	9148	1086	21.93
房山区	23639	22373	6662	69.92
通州区	33492	32158	7132	69.63
顺义区	27308	25937	2647	63.8
昌平区	34869	32607	4805	57.3
大兴区	31379	30395	7806	66.1
怀柔区	8388	7216	1892	40.44
平谷区	23033	22104	1880	61.03
密云县	9610	9003	1903	42.57
延庆县	7657	7504	1955	35.98
北京急救中心	108013	92264	9033	240.88

注:本表统计范围包括北京急救中心、北京市红十字会急诊抢救中心。

农村改水情况

单位	农村总人口（万人）	农村改水类型（受益人口单位：万人）																		当年用于农村改水投资（万元）				
		合计			自来水				手压机井				雨水收集				其他			金额合计	资金来源			
		累计受益	%	当年受益	厂站个数	累计受益	%	当年受益	台（万）	累计受益	%	当年受益	水窖（个）	累计受益	%	当年受益	累计受益	%	当年受益		国家	集体	个人	其他
朝阳区	14.3	14.3	100	-1.2	154	14.3	100	-1.2																
丰台区	12.0	12.0	100	-1.2	37	12.0	100	-1.2																
海淀区	9.0	9.0	100	-2.1	84	9.0	100	-2.1																
门头沟区	5.9	5.9	100	-0.8	177	5.9	100	-0.8												2141.11	700.00	1444.11		
房山区	35.7	35.7	100		375	35.7	100													6200.15	1150.00	1150.00		3900.15
通州区	33.3	33.3	100	-2.7	441	33.3	100	-2.7												998.38	251.23	747.15		
顺义区	28.6	28.6	100	-6.6	337	28.6	100	-6.6												1371.00	742.00	629.00		
昌平区	20.7	20.7	100	-1.8	240	20.7	100	-1.8												459.00	459.00			
大兴区	30.8	30.8	100		240	30.8	100													3480.42	520.00	2960.42		
怀柔区	15.6	15.6	100	-1	351	15.6	100	-0.74				-0.26								1450.70	745.00	705.70		
平谷区	20.3	20.3	100		273	20.3	100													1783.28	300.00	1483.28		
密云县	25.8	25.8	100	-1.6	275	24.6	95.23	-1.7	0.02	0.06	0.23	-0.96					1.17	4.53	1.07	2408.32	400.00	200.00		1808.32
延庆县	16.3	16.3	100	-1.6	320	16.3	100	-1.6												375.00	375.00			
合计	268.3	268.3	100	-21	3304	267.1	99.54	-20.4	0.02	0.06	0.02	-1.22					1.17	0.44	1.07	20670.37	5642.23	9319.66		5708.47

全市各区县无偿献血情况

项目	献血人次	献血量(袋)
合　计	**374966**	**646330**
东城区	73001	132551
西城区	79967	141434
朝阳区	43541	72660
丰台区	24409	41660
石景山区	5821	9211
海淀区	86035	148894
门头沟区	711	928
房山区	2536	3882
通州区	23589	38981
顺义区	6524	11796
昌平区	6145	7363
大兴区	12502	21808
怀柔区	1260	1540
平谷区	1346	1779
密云县	5518	9056
延庆县	2061	2787

注:每袋=200毫升

全市153家医院出院病人前十位疾病顺位及构成

顺位	城市		顺位	农村	
	疾病名称	构成(%)		疾病名称	构成(%)
1	循环系统疾病	17.36	1	循环系统疾病	20.34
2	妊娠、分娩和产褥期	14.20	2	妊娠、分娩和产褥期	19.60
3	呼吸系统疾病	8.30	3	呼吸系统疾病	14.31
4	消化系统疾病	7.14	4	损伤、中毒和外因的某些其他后果	9.67
5	恶性肿瘤	5.84	5	消化系统疾病	9.10
6	泌尿生殖系统病	5.28	6	泌尿生殖系统病	5.18
7	损伤、中毒和外因的某些其他后果	4.96	7	神经系统疾病	3.62
8	肌肉骨骼系统和结缔组织疾病	3.95	8	内分泌、营养和代谢疾病	2.09
9	神经系统疾病	3.63	9	恶性肿瘤	2.01
10	内分泌、营养和代谢疾病	3.06	10	眼和附器疾病	1.86
	十种疾病合计	73.72		十种疾病合计	87.77

全市居民出生、死亡及自然增长情况

地区	出生数(人)	出生率(‰)	死亡数(人)	死亡率(‰)	自然增长数(人)	自然增长率(‰)
全市	110033	8.68	75125	5.93	34908	2.75

注:本表统计口径为全市户籍人口。

全市婴儿、新生儿、孕产妇死亡情况

地区	婴儿死亡率(‰)	新生儿死亡率(‰)	孕产妇死亡率(1/10万)	
			计	其中:产后出血
全市	2.84	1.88	9.09	1.82
城市	2.62	1.77	9.99	1.25
远县	3.43	2.17	6.67	3.33

注:本表统计口径为全市户籍人口。

全市人口平均期望寿命

单位：岁

项　目	全　市
合　计	81.12
男	79.16
女	83.17

注：本表统计口径为全市户籍人口。

全市居民前十位死因顺位、死亡率及百分比构成

顺位	全　市			男　性			女　性		
	死因名称	死亡率（1/10万）	构成（%）	死因名称	死亡率（1/10万）	构成（%）	死因名称	死亡率（1/10万）	构成（%）
1	恶性肿瘤	158.05	26.67	恶性肿瘤	189.56	28.50	心脏病	136.69	26.33
2	心脏病	146.00	24.64	心脏病	155.21	23.33	恶性肿瘤	126.18	24.31
3	脑血管病	128.59	21.70	脑血管病	144.47	21.72	脑血管病	112.52	21.68
4	呼吸系统疾病	62.14	10.49	呼吸系统疾病	69.03	10.38	呼吸系统疾病	55.18	10.63
5	损伤和中毒	22.76	3.84	损伤和中毒	29.41	4.42	内、营、代、免*	18.28	3.52
6	内、营、代、免*	16.65	2.81	消化系统疾病	17.58	2.64	损伤和中毒	16.04	3.09
7	消化系统疾病	15.38	2.60	内、营、代、免*	15.04	2.26	消化系统疾病	13.15	2.53
8	神经系统疾病	6.16	1.04	传染病	7.12	1.07	神经系统疾病	5.33	1.03
9	传染病	5.16	0.87	神经系统疾病	6.98	1.05	泌尿、生殖系统疾病	5.12	0.99
10	泌尿、生殖系统疾病	4.95	0.83	泌尿、生殖系统疾病	4.77	0.72	传染病	3.17	0.61
	十种死因合计	565.84	95.50	十种死因合计	639.16	96.09	十种死因合计	491.67	94.72

注：1. 居民指北京市户籍居民。
　　2. 内、营、代、免为内分泌、营养和代谢及免疫疾病。

全市婴儿主要死因顺位、死亡率及百分比构成

顺位	全　市			城　郊			县		
	死因名称	死亡率（1/10万）	构成（%）	死因名称	死亡率（1/10万）	构成（%）	死因名称	死亡率（1/10万）	构成（%）
1	早产、低体重	40.90	14.38	出生窒息	32.48	12.38	早产、低体重	66.69	19.42
2	先天性心脏病	38.17	13.42	先天性心脏病	32.48	12.38	先天性心脏病	53.35	15.53
3	出生窒息	32.72	11.50	早产、低体重	31.23	11.90	肺炎	36.68	10.68
4	肺炎	29.08	10.22	肺炎	26.24	10.00	出生窒息	33.35	9.71
5	败血症	7.27	2.56	败血症	9.99	3.81	意外窒息	6.67	1.94
	主要死因合计		52.08	主要死因合计		50.47	主要死因合计		57.28

全市新生儿主要死因顺位、死亡率及百分比构成

顺位	全　市			城　郊			县		
	死因名称	死亡率（1/10万）	构成（%）	死因名称	死亡率（1/10万）	构成（%）	死因名称	死亡率（1/10万）	构成（%）
1	早产、低体重	39.08	20.77	出生窒息	31.23	17.61	早产、低体重	63.36	29.23
2	出生窒息	31.81	16.91	早产、低体重	29.98	16.90	出生窒息	33.35	15.38
3	先天性心脏病	21.81	11.59	先天性心脏病	21.24	11.97	先天性心脏病	23.34	10.77
4	肺炎	12.72	6.76	肺炎	13.74	7.75	肺炎	10.00	4.62
5	败血症	6.36	3.38	败血症	8.75	4.93	颅内出血、先天愚型、内分泌营养代谢	3.33	1.54
	主要死因合计		59.41	主要死因合计		59.16	主要死因合计		61.54

全市鼠密度监测情况

地区	调查内容	一季度	二季度	三季度	四季度	全年
城区	捕鼠夹数(把)	720	720	720	720	2880
	捕鼠数(只)	6	1	8	9	24
	捕获率(%)	0.83	0.14	1.11	1.25	0.83
近郊区	捕鼠夹数(把)	1020	1020	1020	1020	4080
	捕鼠数(只)	1	8	14	4	27
	捕获率(%)	0.09	0.78	1.37	0.39	0.66
远郊区(县)	布鼠夹数(把)	2460	2460	2460	2460	9840
	捕鼠数(只)	8	20	10	7	45
	捕获率(%)	0.32	0.81	0.41	0.28	0.45
全市	捕鼠夹数(把)	4200	4200	4200	4200	16800
	捕鼠数(只)	15	29	32	20	96
	捕获率(%)	0.35	0.69	0.76	0.47	0.57

全市蚊蝇指数季节消长情况

月份	蚊			蝇		
	上旬	中旬	下旬	上旬	中旬	下旬
4月				0.46	2.04	3.15
5月	0.07	0.08	0.18	5.25	7.55	8.85
6月	0.58	0.97	1.45	9.09	12.72	12.30
7月	2.19	2.68	2.51	12.19	14.76	14.99
8月	2.11	1.78	1.75	13.11	11.89	8.67
9月	1.27	0.72	0.51	7.54	5.62	4.59
10月	0.25	0.14	0.03	2.61	2.08	0.87
年平均指数	1.07			7.85		

附　　录

北京卫生系统挂靠研究、学术管理机构

机构名称	负责人	职务	挂靠单位	成立时间
卫生部口腔医学计算机应用工程技术研究中心	吕培军	主任	北京大学口腔医院	1995.12
中华口腔医学会	王　兴	会长	北京大学口腔医院	1996.11
口腔数字化医疗技术和材料国家工程实验室	徐　韬	主任	北京大学口腔医院	2011.9

北京卫生系统聘任外籍名誉与客座教授

国籍	姓名	性别	国外工作单位与职务	聘任职务	聘任单位	授予年份
美国	徐韬	男	无	院长	北京大学口腔医学院	2009
日本	铃木孝彦	男	日本丰桥心脏病中心院长	客座教授	卫生部中日友好医院	2011
美国	约翰·韦恩(John Wain)	男	美国哈佛大学麻省总医院肺移植手术组组长	客座副教授	卫生部中日友好医院	2011
日本	小田诚	男	日本金泽大学医学院胸外科教授	客座教授	卫生部中日友好医院	2011
法国	Michelle Bercovy	男	法国亨利蒙多医院骨科教授	客座教授	卫生部中日友好医院	2011
法国	Philippe Hernigou	男	法国亨利蒙多医院骨科主任、教授	名誉教授	卫生部中日友好医院	2011

2011年北京市二级及以上医疗机构名录（不含军队医疗机构）

机构名称	等级	地址	邮编	编制床位（张）	年门急诊人次（人次）	职工总数（人）
卫生部北京医院	三级	东城区东单大华路1号	100730	907	1608776	2676
中国医学科学院北京协和医院	三级	东城区帅府园1号	100730	1800	2483333	4079
北京中医药大学东直门医院	三级	东城区海运仓5号	100700	574	1457116	1196
首都医科大学附属北京同仁医院	三级	东城区东交民巷1号	100730	1759	2444929	3305
首都医科大学附属北京天坛医院	三级	东城区天坛西里6号	100050	950	1210893	2096
首都医科大学附属北京口腔医院	三级	东城区天坛西里4号	100050	100	653249	1051
首都医科大学附属北京中医医院	三级	东城区美术馆后街23号	100010	565	1684887	1294
中国医学科学院阜外心血管病医院	三级	西城区北礼士路167号	100037	898	495427	2551
中国中医科学院广安门医院	三级	西城区北线阁5号	100053	609	2438656	1347
北京大学第一医院	三级	西城区西什库大街8号	100034	1368	1984468	3056
北京大学人民医院	三级	西城区西直门南大街11号	100044	1448	2193593	2961
首都医科大学宣武医院	三级	西城区长椿街45号	100053	981	2229748	2645
首都医科大学附属北京友谊医院	三级	西城区永安路95号	100050	956	2118044	3091
首都医科大学附属北京安定医院	三级	西城区德胜门外安康胡同5号	100088	800	282602	872
首都医科大学附属北京儿童医院	三级	西城区南礼士路56号	100045	970	2277331	2152
首都医科大学附属复兴医院	三级	西城区复兴门外大街甲20号	100038	816	958765	1709
北京积水潭医院	三级	西城区新街口东街31号	100035	1003	1180975	2615
北京急救中心	三级	西城区前门西大街103号	100031			528
北京市宣武中医医院	三级	西城区万明路甲8号	100050	282	316325	394
卫生部中日友好医院	三级	朝阳区和平里樱花园东街2号	100029	1300	2059226	3278
中国医学科学院肿瘤医院	三级	朝阳区潘家园南里17号	100021	1198	610814	1881
中国中医科学院望京医院	三级	朝阳区望京中环南路6号	100102	700	1083603	1049
北京中医药大学第三附属医院	三级	朝阳区安定门外小关街51号	100029	315	354234	536
首都医科大学附属北京朝阳医院	三级	朝阳区工体南路8号	100020	1880	3235183	3864
首都医科大学附属北京安贞医院	三级	朝阳区安贞路2号	100029	1062	1302562	3301
首都医科大学附属北京妇产医院	三级	朝阳区姚家园路251号	100026	660	1021025	1341
首都医科大学附属北京地坛医院	三级	朝阳区京顺路东街8号	100015	600	304110	1026
首都儿科研究所附属儿童医院	三级	朝阳区雅宝路2号	100020	400	1890306	830
北京华信医院	三级	朝阳区酒仙桥一街坊6号	100016	500	844657	1260
煤炭总医院	三级	朝阳区西坝河南里29号	100028	515	608318	647
民航总医院	三级	朝阳区朝外高井甲1号	100123	500	979012	1052
中国中医科学院西苑医院	三级	海淀区西苑操场1号	100091	525	1495456	1339
北京大学第三医院	三级	海淀区花园北路49号	100191	1300	2978601	3428
北京大学第六医院	三级	海淀区花园北路51号	100191	200	184773	376
北京大学口腔医院	三级	海淀区中关村南大街22号	100081	115	1079549	1835
北京大学肿瘤医院	三级	海淀区阜成路52号	100142	790	332322	1006
首都医科大学附属北京世纪坛医院	三级	海淀区羊坊店铁医路10号	100038	848	1213961	2185
北京老年医院	三级	海淀区温泉路118号	100095	600	233613	727
航天中心医院	三级	海淀区玉泉路15号	100049	713	726970	1766
北京中医药大学东方医院	三级	丰台区方庄小区芳星园一区6号	100078	600	1389987	1197

续表

机构名称	等级	地址	邮编	编制床位（张）	年门急诊人次（人次）	职工总数（人）
首都医科大学附属北京佑安医院	三级	丰台区右安门外西头条8号	100069	800	358004	1565
中国康复研究中心（北京博爱医院）	三级	丰台区角门北路10号	100068	1100	305767	1028
北京电力医院	三级	丰台区太平桥西里甲1号	100073	518	445714	971
中国医学科学院整形外科医院	三级	石景山区八大处路33号	100144	328	84867	563
中国中医科学院眼科医院	三级	石景山区鲁谷路33号	100040	204	175620	291
北京大学首钢医院	三级	石景山区西黄村	100144	1006	693117	1552
北京京煤集团总医院	三级	门头沟区黑山大街18号	102300	736	514602	1094
北京燕化医院	三级	房山区迎风街15号	102500	501	701520	1019
首都医科大学附属北京胸科医院	三级	通州区马厂97号	101149	900	159547	801
北京回龙观医院	三级	昌平区回龙观镇	100096	1369	86079	1235
北京小汤山医院	三级	昌平区小汤山镇	102211	577	31101	341
北京市公安局强制治疗管理处（北京市安康医院）	三级	顺义区南彩镇滨河路俸伯段4号	101300	1000		419
北京市隆福医院（北京市东城区老年病医院）	二级	东城区美术馆东街18号/东城区沙滩后街14号/东城区三眼井胡同乙68号	100010	251	295738	589
北京市第六医院	二级	东城区交道口北二条36号/东城区东直门内大街184号	100007	623	449283	922
北京市和平里医院	二级	东城区和平里北街18号/东城区小黄庄路9号院15号楼一层102号/东城区和平里西街19号楼一层12307号	100013	302	434813	662
北京市鼓楼中医医院	二级	东城区豆腐池胡同13号/东城区和平里中街14－2号	100009	201	272293	323
北京市东城区妇幼保健院	二级	东城区交道口南大街136号	100007	88		198
北京市东城区精神卫生保健院	二级	东城区东直门外察慈小区7号	100027	129	26921	110
北京市东城区第一人民医院	二级	东城区永外大街130号	100075	150	257517	315
北京市普仁医院	二级	东城区崇外大街100号	100062	400	432646	842
北京市崇文区中医医院	二级	东城区西兴隆街1号/东城区西园子三巷24号	100061			
北京市崇文区妇幼保健院	二级	东城区法华南里25号楼东侧	100061	60	83188	119
北京市崇文区精神病防治院	二级	东城区驹章胡同43号	100062			
北京同仁堂中医医院	二级	东城区西打磨厂街46号	100051	100	374028	146
北京中医药大学附属护国寺医院	二级	西城区棉花胡同83号	100035	390	745070	594
北京市第二医院	二级	西城区宣内大街油坊胡同36号	100031	286	158273	414
北京市西城区平安医院	二级	西城区赵登禹路169号	100035	150	145907	252
北京市肛肠医院	二级	西城区下岗胡同1号	100032	355	180794	407
北京市丰盛中医骨伤专科医院	二级	西城区阜内大街306号	100034	100	504619	221
北京市西城区展览路医院	二级	西城区西外大街桃柳园西巷16号	100044	185	216634	267
北京按摩医院	二级	西城区宝产胡同7号	100035	56	654746	238
北京市回民医院	二级	西城区右安门内大街11号	100054	300	178385	455

续表

机构名称	等级	地址	邮编	编制床位（张）	年门急诊人次（人次）	职工总数（人）
北京市西城区广外医院	二级	西城区广外三义里甲2号	100055	180	218757	229
北京市宣武区妇幼保健院	二级	西城区平原里19号	100054	40	95913	91
北京市宣武区精神病医院	二级	西城区樱桃园新安北里二巷20号	100054	140	12609	39
北京市健宫医院	二级	西城区儒福里6号	100054	457	462027	666
北京市监狱管理局中心医院	二级	西城区右安门东街9号	100054	200	93720	641
北京市垂杨柳医院	二级	朝阳区垂杨柳南街2号	100022	401	807020	1102
北京市朝阳区第二医院	二级	朝阳区金台路13号内2号	100026	200	446457	590
北京市朝阳区第三医院	二级	朝阳区双桥南路甲8号/朝阳区延静西里12号楼/朝阳区金盏乡金盏大街2号	100121	360	20789	208
北京市朝阳区中医医院	二级	朝阳区工体南路6号	100020	177	264005	297
北京市朝阳区妇儿医院	二级	朝阳区潘家园华威里25号	100021	100	246791	345
北京市老年病医院	二级	朝阳区华严北里甲2号	100029	360	23667	206
航空总医院	二级	朝阳区安外北苑3号院	100012	600	696018	1174
中国藏学研究中心北京藏医院	二级	朝阳区小关北里218号	100029	77	41725	190
北京首都机场医院	二级	朝阳区首都机场南路东里17号楼	100621	182	390819	445
北京市红十字会急诊抢救中心	二级	朝阳区德外清河南镇	100192	311	18560	1439
北京市海淀医院	二级	海淀区中关村大街29号	100080	900	1189899	1488
北京市中西医结合医院	二级	海淀区永定路东街3号	100039	350	414837	586
北京市中关村医院	二级	海淀区中关村南路12号	100190	228	459974	734
北京市海淀区妇幼保健院（北京市海淀区海淀社区卫生服务中心）	二级	海淀区海淀南路33号	100080	460	725598	762
北京市海淀区精神卫生防治院	二级	海淀区苏家坨镇	100194	76	19354	63
北京市羊坊店医院	二级	海淀区羊坊店双贝子坟路1号	100038	110	134138	184
北京市上地医院	二级	海淀区农大南路树村西街甲6号	100084	158	232944	366
北京大学医院	二级	海淀区颐和园路5号	100871	104	363608	289
清华大学医院	二级	海淀区清华大学内	100084	130	442224	195
北京水利医院	二级	海淀区玉渊潭南路19号	100036	280	181661	306
北京市化工职业病防治院	二级	海淀区香山一棵松50号	100093	66	17974	162
北京市社会福利医院	二级	海淀区清河三街52号	100085	53	111540	128
北京市道培医院	二级	海淀区玉泉路15号	100049	150	25834	340
北京丰台医院	二级	丰台区丰台南路99号/西安街1号	100070	1100	982927	1689
北京市丰台区妇幼保健院	二级	丰台区马家堡嘉园二里14号/丰台区丰台镇东幸福街2号	100067	240	257417	117
北京市丰台区长辛店医院	二级	丰台区长辛店东山坡三里甲60号	100072	300	297056	515
北京市丰台区南苑医院	二级	丰台区南苑东路5号院西门	100076	195	257938	487
北京市丰台区铁营医院	二级	丰台区永外横七条1号	100079	180	301847	389
北京航天总医院	二级	丰台区万源北路7号	100076	500	819522	1214
中国航天科工集团七三一医院	二级	丰台区云岗镇岗南里3号院	100074	400	480036	885
北京国济中医医院	二级	丰台区莲花池东路132号	100055	128	23999	149

续表

机构名称	等级	地址	邮编	编制床位（张）	年门急诊人次（人次）	职工总数（人）
北京市石景山医院	二级	石景山区石景山路24号	100043	600	1090233	1356
北京市石景山区中医医院	二级	石景山区八角北路	100043	120	166818	114
北京市石景山区妇幼保健院	二级	石景山区依翠园5号	100040	30	24931	46
清华大学玉泉医院	二级	石景山区石景山路5号	100049	500	209352	698
北京工人疗养院	二级	石景山区八大处西下庄	100144	848	65766	436
北京市门头沟区医院	二级	门头沟区河滩桥东街10号	102300	300	374795	800
北京市门头沟区中医医院	二级	门头沟区新桥南大街3号	102300	123	320020	197
北京市门头沟区妇幼保健院	二级	门头沟区新桥南大街9号	102300	30	97256	161
北京市门头沟区龙泉医院	二级	门头沟区门头沟路42号	102300	180	13178	149
北京市门头沟区斋堂医院	二级	门头沟区斋堂镇东斋堂村33号	102309	100	42293	102
北京市房山区第一医院	二级	房山区南沿里1号	102400	800	970176	1557
北京市房山区中医医院	二级	房山区城关南大街151号	102400	400	911722	547
北京市房山区妇幼保健院	二级	房山区良乡镇苏庄东街5号	102488	130	144348	302
北京市房山区良乡医院	二级	房山区良乡拱辰大街45号	102401	800	1724892	1681
中国核工业北京四〇一医院	二级	房山区新镇	102413	164	163012	307
北京市大兴区人民医院	二级	大兴区黄村西大街26号/大兴区黄村镇孙村通黄路南	102600	918	1365570	1736
北京市大兴区中医医院	二级	大兴区黄村镇兴丰北大街（二段）138号	102618	300	700257	601
北京市大兴区妇幼保健院	二级	大兴区黄村镇兴丰大街（三段）56号/大兴区亦庄镇成寿寺路2号	102600	90	258215	377
北京市大兴区精神病医院	二级	大兴区黄村镇黄良路东口北侧	102600	560	32318	484
北京市大兴区红星医院	二级	大兴区瀛海镇忠兴南路3号	100076	300	188040	393
北京市仁和医院	二级	大兴区兴丰大街1号	102600	406	799379	1074
北京市大兴区普祥中医肿瘤医院	二级	大兴区亦庄镇成寿寺路2号	100176	150	6553	123
北京大兴兴业口腔医院	二级	大兴区枣园北里10号	102600			
北京市通州区潞河医院	二级	通州区新华南路82号/通州区翠屏西路43－45号	101149	731	1497615	2022
北京市通州区中医医院	二级	通州区翠屏西路116号	101100	225	541213	445
北京市通州区妇幼保健院	二级	通州区玉桥中路124号	101100	200	548233	456
北京市通州区老年病医院	二级	通州区永顺东街152号	101100			
北京市通州区新华医院	二级	通州区新华大街47号	101100		435351	460
北京市通州区中西医结合骨伤医院	二级	通州区车站路89号	101100	100	241145	261
北京市昌平区医院	二级	昌平区鼓楼北街9号	102200	503	879177	1179
北京市昌平区中医医院	二级	昌平区东环路南段	102200	282	709089	620
北京市昌平区妇幼保健院	二级	昌平区北环路1号	102200	120	409793	416
北京市昌平区精神卫生保健院	二级	昌平区沙河镇豆各庄1号	102206	200	2334	108
北京市昌平区华一医院	二级	昌平区东小口镇霍营村	102208	2130	934576	1041
北京民康医院	二级	昌平区沙河镇	102206	500	4809	204
北京市昌平区南口医院	二级	昌平区南口镇南辛路2号	102202	120	102595	154

续表

机构名称	等级	地址	邮编	编制床位（张）	年门急诊人次（人次）	职工总数（人）
北京市昌平区南口铁路医院	二级	昌平区南口镇新兴路8号	102202	120	57133	158
北京市昌平区沙河医院	二级	昌平区巩华镇扶京街22号	102206	150	115899	266
北京市顺义区医院	二级	顺义区光明南街3号	101300	800	1375224	1691
北京市顺义区中医医院	二级	顺义区站前东街5号	101300	260	561589	485
北京市顺义区妇幼保健院	二级	顺义区顺康路1号	101300	300	659305	508
北京市顺义区空港医院	二级	顺义区后沙峪地区双裕街49号	101318	100	201877	280
北京市潮白河骨伤科医院	二级	顺义县李遂镇	101313			
北京市平谷区医院	二级	平谷区新平北路59号	101200	960	816381	1550
北京市平谷区中医医院	二级	平谷区平翔东路6号	101200	240	511294	595
北京市平谷区妇幼保健院	二级	平谷区南岔子街49号	101200	110	96461	234
北京市平谷区精神病医院	二级	平谷区韩庄镇滑子村南	101201	70	9210	22
北京市怀柔区第一医院	二级	怀柔区青春路1号	101400	592	801513	971
北京市怀柔区第二医院	二级	怀柔区汤河口镇汤河口村5号	101411	100	20827	58
北京市怀柔区中医医院	二级	怀柔区后横街1号	101400	220	334798	486
北京市怀柔区妇幼保健院	二级	怀柔区迎宾北路38号	101400	80	159953	230
北京市密云县医院	二级	密云县鼓楼北大街3号	101500	940	855048	962
北京市密云县中医医院	二级	密云县新中街39号	101500	197	430281	477
北京市密云县妇幼保健院	二级	密云县新南路56号	101500	100	165224	309
北京市密云县太师屯镇社区卫生服务中心	二级	密云县太师屯镇永安街76号	101500	20	91176	166
北京市延庆县医院	二级	延庆县东顺城街28号	102100	540	630871	807
北京市延庆县中医医院	二级	延庆县新城街11号	102100	100	258258	323
北京市延庆县妇幼保健院	二级	延庆县延庆镇庆园街8号	102100	40	67803	126
北京市延庆县永宁镇社区卫生服务中心	二级	延庆县永宁镇永宁东街	102104	99	119612	146
北京市监狱管理局清河分局医院	二级	京山线茶淀站清河农场五科西街	300481	105	91076	222

2010年度北京市科学技术奖获奖项目一览表（医药卫生）

等级	获奖编号	项目名称	完成单位	主要完成人
一等奖	2010医－1－001	重度感音神经性耳聋致病机制及出生缺陷干预研究	中国人民解放军总医院	戴　朴　袁永一　袁慧军　韩　冰　朱玉华　王国建　于　飞　韩东一　刘学忠　吴柏林　刘　军　康东洋　黄莎莎
	2010医－1－002	甲型H1N1流感的临床和应用基础研究	首都医科大学附属北京地坛医院 中国疾病预防控制中心病毒病预防控制所 首都医科大学附属北京朝阳医院（北京市呼吸疾病研究所） 中国科学院微生物研究所 北京中医药大学东直门医院 首都医科大学	王　辰　舒跃龙　李兴旺　高　福　毛　羽　曹　彬　王　岳　刘清泉　曹志新　齐建勋　谷　丽　蒋荣猛　周剑芳　王玉光　翟晓辉

等级	获奖编号	项目名称	完成单位	主要完成人
	2010医-1-003	女性盆底功能障碍性疾病的基础与临床研究	中国医学科学院北京协和医院 中国医学科学院基础医学研究所	郎景和 朱 兰 陈 杰 边旭玥 韩少梅 陈 娟 李汉忠 肖 河 王 巍 蒋 芳 戴毓欣 仝佳丽 李 琳 俞 梅 冯瑞娥
	2010中-1-001	补肾化痰法治疗阿尔茨海默病及其应用技术	北京中医药大学	田金洲 时 晶 毕 齐 马 辛 苗迎春 盛树力 张雷玥 张新卿 李 林 陈玉静 程 龙 徐 意 李小黎 王蓬文
	2010药-1-001	大流行流感疫苗、诊断试剂评价关键技术平台体系的建立和应用	中国药品生物制品检定所 国家食品药品监督管理局药品审评中心 北京科兴生物制品有限公司 北京天坛生物制品股份有限公司	王军志 李长贵 方捍华 李凤祥 范行良 邵 铭 袁力勇 刘书珍 白东亭 高恩玥 沈 琦 李 红 杨 焕 胡忠玉 李 娟
二等奖	2010医-2-001	听神经病的诊断与分子遗传学机制研究	中国人民解放军总医院 中国医学科学院北京协和医院 南京医科大学第一附属医院（江苏省人民医院）	王秋菊 顾 瑞 倪道凤 邢光前 李兴启 翟所强 于黎玥 王大勇 刘 穹 兰 兰
	2010医-2-002	急性重症肠系膜静脉-门静脉血栓的介入治疗研究	中国人民解放军总医院	王茂强 刘凤永 王志军 宋 鹏 段 峰 郭丽萍 林汉英
	2010医-2-003	多囊卵巢综合征病因学及治疗方法的研究	北京大学第三医院	乔 杰 杨 艳 李 蓉 黄 竑 陈 媛 王丽娜 王 颖 刘 平 马彩虹 闫丽盈
	2010医-2-004	遗传性肾脏疾病临床及致病基因研究	北京大学第一医院	丁 洁 王 芳 张宏文 管 娜 范青锋 王云峰 余自华 李建国 黄建萍 肖慧捷
	2010医-2-005	骨盆环肿瘤的切除及功能重建	北京大学人民医院	郭 卫 杨荣利 汤小东 杨 毅 姬 涛 燕太强 唐 顺 曲华毅 李大森 董 森
	2010医-2-006	嗜酸性粒细胞增多性脑膜脑炎的临床与基础研究	首都医科大学附属北京友谊医院 温州医学院 南方医科大学 广州医学院 浙江省医学科学院	阴赪宏 潘长旺 陈晓光 沈浩贤 齐海宇 干小仙 谭 峰 刁宗礼 王 婧 李小丽
	2010医-2-007	基于远程医疗的农村基层防盲体系研究与建设	首都医科大学附属北京同仁医院 北京市眼科研究所 浙江大学医学院附属第二医院	徐 亮 姚 克 魏文斌 崔彤彤 李建军 梁庆丰 游启生 杨 桦 杨晓慧 王亚星
	2010医-2-008	行为学仪器研制和前沿性神经药理学实验方法的建立及其应用、推广	中国医学科学院药物研究所 济南益延科技发展有限公司	张均田 杜冠华 徐炳忠 李晓峰 陈乃宏 屈志炜 胡金凤 张天泰 李锡明 高 梅

续表

等级	获奖编号	项目名称	完成单位	主要完成人
	2010 医－2－009	易感基因和环境因素导致高血压脑中风的机制研究及其防治	中国医学科学院阜外心血管病医院	惠汝太 张伟丽 汪一波 樊晓寒 于 晖 宋卫华 陈敬洲 孙 凯 刘峻豪 白永怿
	2010 中－2－001	治疗缺血性脑损伤及神经退行性病变中药药效学评价的方法学研究	中国中医科学院西苑医院	刘建勋 徐 立 丛伟红 郑咏秋 张 鹏 张 颖 宋文婷 任钧国 付建华 王 忠
	2010 中－2－002	血瘀证的基础研究	北京中医药大学 北京师范大学 中国中医科学院中医基础理论研究所	王 伟 郭淑贞 赵慧辉 张文生 宋剑南 陈建新 赵和平 王硕仁 赵明镜 刘 蕾
	2010 药－2－001	功能分子结构及药物复杂体系多组分的质谱分析新方法	中国医学科学院药物研究所	再帕尔阿不力孜 贺玖明 张瑞萍 石建功 乔晋萍 阿布拉江克依木 项 赟 庾石山 耿 平 李 斌
	2010 药－2－002	SEEREAL 32R－1 型正电子发射断层扫描仪	北京大基康明医疗设备有限公司	孙启银 刘小平 曾海宁 熊凤彬 曾 骏 张跃明 邹 捷 张 婧
三等奖	2010 医－3－001	LRP16 基因功能活性及对多种肿瘤预后判定的应用研究	中国人民解放军总医院	母义明 韩为东 孟元光 赵亚力 伍志强 吕朝晖
	2010 医－3－002	应激与脂代谢紊乱所致机体损伤评价技术及健康保障产品研发	中国人民解放军总医院 山东丁马生物科技有限公司	田亚平 康景轩 姜 辉 魏保岭 董 矜 白 晶
	2010 医－3－003	恶性脑胶质瘤的治疗新技术研究与临床应用	中国人民解放军总医院第一附属医院 天津大学 首都医科大学附属北京天坛医院	李安民 常 津 傅相平 林 松 张志文 易林华
	2010 医－3－004	血细胞分析质量控制体系的建立与应用	卫生部北京医院	彭明婷 申子瑜 谷小林 李臣宾 陈文祥 陆 红
	2010 医－3－005	老年肺部感染临床特点及其难治病原菌耐药机制的系统研究	卫生部北京医院	孙铁英 郭岩斐 李燕明 胡云建 王丹丹 王 艳
	2010 医－3－006	临床生化检验重要常规项目参考方法体系的初步建立与应用	卫生部北京医院 北京大学第三医院 首都医科大学附属北京朝阳医院 北京航天总医院 中国医学科学院北京协和医院	陈文祥 申子瑜 张传宝 王 抒 张天娇 张 捷
	2010 医－3－007	心力衰竭的分子机制研究	中国科学院动物研究所	李培峰 王建勋 王 昆 谭薇琦 蔺志强 焦建琴
	2010 医－3－008	拇甲皮瓣移植再造拇指造成足功能损害的关键问题及手术方法改良	北京积水潭医院	潘勇卫 田光磊 田 文 赵俊会 李 淳 张友乐
	2010 医－3－009	P53 基因治疗的基础和临床研究	北京大学肿瘤医院	张珊文 肖绍文 吕有勇 蔡 勇 苏 星 徐 刚
	2010 医－3－010	肺癌化疗和靶向治疗疗效和预后相关的分子标志物研究	北京大学肿瘤医院	王 洁 白 桦 赵 军 安同彤 吴梅娜 王 鑫

续表

等级	获奖编号	项目名称	完成单位	主要完成人
	2010 医 －3 －011	妊娠期高血压疾病血流动力学基础与临床研究及推广应用	首都医科大学附属北京妇产医院 北京工业大学 北京易思医疗器械有限责任公司	张为远　张　松　王　琪 杨　琳　翟桂荣　杨益民
	2010 医 －3 －012	北京农村饮水现状、安全风险、对策及可视化地理信息平台的研究	北京市疾病预防控制中心 中国科学院地理科学与资源研究所 北京市爱国卫生运动委员会办公室 北京市农村改水领导小组办公室 北京大学 北京市昌平区疾病预防控制中心	邓　瑛　魏建荣　叶必雄 王五一　马　彦　刘泽军
	2010 医 －3 －013	应对流感大流行的疫苗评价与应用	北京市疾病预防控制中心 北京科兴生物制品有限公司 卫生部中日友好医院 中国疾病预防控制中心	吴　疆　林江涛　吕　敏 高　强　陈江婷　邓　瑛
	2010 医 －3 －014	烟曲霉感染的发病与耐药机制研究	北京大学第一医院	李若瑜　刘　伟　乔建军 马　彦　陈　剑　李厚敏
	2010 医 －3 －015	他汀类药物抗动脉粥样硬化的临床与基础研究	北京大学人民医院	陈　红　任景怡　乔正国 邢　燕　李帮清　武　蓓
	2010 医 －3 －016	子宫颈癌及癌前病变防治策略的完善和推广	北京大学人民医院	魏丽惠　王建六　赵　超 赵丽君　江　静　李小平
	2010 医 －3 －017	腹外疝个体化治疗的临床研究	首都医科大学附属北京朝阳医院	陈　杰　申英末　王明刚 刘素君　杨　硕　朱熠林
	2010 医 －3 －018	传染病动物模型实验研究技术平台的建立	中国医学科学院医学实验动物研究所	秦　川　魏　强　高　虹 朱　华　蒋　虹　丛　喆
	2010 医 －3 －019	胸廓内动静脉近远心端行难治性胸壁缺损修复及乳房再造的研究	中国医学科学院整形外科医院	穆兰花　李森恺　徐　军 马晓冰　李养群　刘元波
	2010 医 －3 －020	我国心脏性猝死的流行病调查及综合防治研究	中国医学科学院阜外心血管病医院	张　澍　华　伟　姚　焰 陈柯萍　张林峰　浦介麟
	2010 医 －3 －021	北京地区血友病防治体系的建立和相关研究	中国医学科学院北京协和医院 首都医科大学附属北京儿童医院 首都医科大学附属北京朝阳医院 北京大学人民医院	赵永强　吴润晖　梁　燕 郭　杨　华宝来　陈丽霞
	2010 中 －3 －001	经方剂量折算标准及对当今方剂组方规律影响的研究	中国中医科学院 北京中医药大学东方医院	范吉平　程先宽　韩振蕴 陈志刚　曹克刚　章正祥
	2010 中 －3 －002	活血解毒法治疗慢性前列腺炎的应用基础研究	中国中医科学院广安门医院	张亚强　刘猷枋　卢建新 高筱松　宋竖旗　庞　然
	2010 中 －3 －003	通降理论治疗胃食管反流病的临床研究及应用	中国中医科学院西苑医院	唐旭东　李保双　李振华 王凤云　王　萍　吴丹明
	2010 中 －3 －004	补肾强督法治疗强直性脊柱炎的临床应用及作用机理研究	卫生部中日友好医院	阎小萍　王　昊　孔维萍 王建明　张英泽　徐　愿
	2010 中 －3 －005	运脾止泻方治疗小儿腹泻病的临床与抗腹泻机制研究	首都医科大学附属北京儿童医院 北京中医药大学	闫慧敏　杨　燕　郭　健 王　静　盛　燕　李　歆

续表

等级	获奖编号	项目名称	完成单位	主要完成人
	2010 中－3－006	中药粉针剂现代技术适宜性与设备工程化研究	北京中医药大学 哈药集团中药二厂 首都医科大学	倪　健　王英新　蔡程科 李朝霞　马志强　韩立炜
	2010 中－3－007	证候的客观性及存在规律	北京中医药大学	王庆国　王天芳　赵　燕 高　颖　张连文　申春娣
	2010 药－3－001	CTS 专用探头治疗肝肾疾病与肠道灌注透析技术标准的研究	北京智立医学技术股份有限公司	王洪利　李　靖　李　筠 李　响　吉　勤　杨洪涛
	2010 药－3－002	医用磁共振成像技术研究与开发	北京大学 北京万东医疗装备股份有限公司	王为民　李　培　肖　亮 黄开文　唐　昕　徐　雷
	2010 药－3－003	用改性透明质酸水凝胶修复中枢神经系统损伤的实验研究	首都医科大学 清华大学	徐群渊　崔福斋　侯少平 田维明　任永娟　王　颖
	2010 药－3－004	免疫亲和层析规模纯化纤溶酶及其药学性质、药物制剂的开发研究	中国农业大学 北京赛生药业有限公司	罗云波　马　骉　黄昆仑 许文涛　胡亦猛　姜桂荣
	2010 药－3－005	无细胞百白破 b 型流感嗜血杆菌联合疫苗的研制	北京民海生物科技有限公司 中国药品生物制品检定所 江苏省疾病预防控制中心	郑海发　张庶民　朱凤才 李贵凡　叶　强　汪　华

2011 年度北京市获国家科学技术奖一览表（医药卫生）

奖种	等级	项目名称	主要完成单位	主要完成人
国家自然科学奖	二等	新发传染病的分子病理学和免疫学发病机制研究	北京大学	顾　江　丁明孝　王月丹 高子芬　宫恩聪
国家科技进步奖	一等	新发传染病综合防控技术体系的建立与应用	中国人民解放军军事医学科学院	曹务春　李　松　周育森 赵彤言　鹿建春　祝庆余 田　丰　温博海　刘　玮 钟　武　张贺秋　张习坦 张启恩　田　辛　方立群
	二等	大流行流感疫苗、诊断试剂评价关键技术的创新和应用	中国食品药品检定研究院 国家食品药品监督管理局药品审评中心 北京科兴生物制品有限公司	王军志　李长贵　方捍华 李凤祥　范行良　邵　铭 袁力勇　刘书珍　白东亭 高恩明
		肝脾肾同治法辨证治疗 2 型糖尿病临床研究	北京中医药大学 中国中医科学院研究生院 中国中医科学院广安门医院 北京中医药大学东直门医院 北京中医药大学东方医院 首都医科大学附属北京世纪坛医院	高思华　龚燕冰　倪　青 罗增刚　赵进喜　杨晓晖 冯兴中　刘铜华　马晓北 胡春宇
		面向临床的中药药性与品质评价模式和方法	中国人民解放军第三〇二医院 武汉大学	肖小河　赵艳玲　王伽伯 鄢　丹　金　城　张　萍 刘　义　李丰衣　袁海龙 山丽梅

续表

奖种	等级	项目名称	主要完成单位	主要完成人
国家科技进步奖	二等	眼耳鼻咽喉疾病 CT 和 MR 技术创新与应用	首都医科大学附属北京同仁医院 中国医学科学院肿瘤医院 上海交通大学医学院附属第九人民医院	王振常 鲜军舫 罗德红 余 强 杨本涛 刘中林 满凤媛 王平仲 周纯武 燕 飞
		不孕症病因及治疗方法的研究与临床应用	北京大学 浙江大学医学院附属妇产科医院 郑州大学第一附属医院	乔 杰 黄荷凤 孙莹璞 闫丽盈 曲 凡 刘 平 马彩虹 徐 键 李 蓉 黄 锦
		我国抗感染药物临床前药效评价平台关键技术的建立及应用	中国医学科学院医药生物技术研究所	蒋建东 游雪甫 陈鸿珊 陈慧贞 陶佩珍 余兰香 李玉环 郭慧元 彭宗根 宋丹青
		冠心病外科微创系列技术的建立及应用推广	中国医学科学院阜外心血管病医院	胡盛寿 孙寒松 宋云虎 郑 哲 李立环 王 巍 许建屏 熊 辉 高润霖 徐 波
		人体免疫应答影响乙型肝炎临床转归及抗病毒疗效	中国人民解放军第三〇二医院 中国科学技术大学	王福生 田志刚 张 政 施 明 福军亮 徐东平 张纪元 孙 汭 金 磊 邹正升
		道地药材形成机理研究及应用	中国中医科学院中药研究所 中国医学科学院药用植物研究所 山东省分析测试中心 天津大学	黄璐琦 胡世林 肖培根 郭兰萍 王 晓 高文远 邵爱娟 袁庆军 陈美兰 崔光红
		严重烧、创伤脓毒症免疫功能障碍机制及临床诊断、防治新策略	中国人民解放军总医院第一附属医院 浙江大学医学院附属第一医院 中国人民解放军第三军医大学野战外科研究所	姚咏明 方向明 梁华平 盛志勇 林洪远 舒 强 陆家齐 董 宁 徐 祥 程宝莉
		代谢综合征的中医认识及整体治疗	中国中医科学院广安门医院 天津天士力集团有限公司	仝小林 连凤梅 朱永宏 常 柏 焦拥政 甄 仲 赵 敏 段 娟 姬航宇 李 敏

2011 年度北京市科学技术奖获奖项目一览表（医药卫生）

等级	获奖编号	项目名称	完成单位	主要完成人
一等奖	2011 医－1－001	慢性心力衰竭防治的基础与临床研究	中国人民解放军总医院 中国人民解放军军事医学科学院	何昆仑 赵玉生 杨庭树 曹雅旻 冷文修 王莉莉 钟 武 刘宏斌 李 松 王 捷 范 利 盖鲁粤 薛 桥 胡国梁 李蕊君
	2011 医－1－002	细胞移植治疗缺血性心肌病的转化医学研究	中国医学科学院阜外心血管病医院	胡盛寿 张 浩 郑 哲 侯剑峰 刘 盛 李立环 石 丽 赵世华 苏文君 张士举

续表

等级	获奖编号	项目名称	完成单位	主要完成人
	2011 中 - 1 - 001	痰湿体质的系列研究	北京中医药大学	王　琦　朱燕波　董　静 倪　诚　王　济　李英帅 张惠敏　肖春杰　钱彦方 高京宏　骆　斌　刘艳骄 苏庆民　云玉芬　李玲孺
二等奖	2011 医 - 2 - 001	提升微波消融新平台——水冷微波消融系统的研发及其临床应用	中国人民解放军总医院 南京康友微波能应用研究所	梁　萍　于晓玲　程志刚 韩治宇　于　杰　刘方义 鲁　通　穆梦娟　董宝玮 姜蓉鑫
	2011 医 - 2 - 002	腹腔镜肝切除技术的系统研究	中国人民解放军总医院 中国人民解放军总医院第一附属医院 航天中心医院	刘　荣　胡明根　贾宝庆 安力春　赵国栋　王　刚 王雪飞　许　勇　许大彬 高丽杰
	2011 医 - 2 - 003	乙醇致畸机理和干预的基础研究	北京大学	李　勇　许雅君　王琳琳 张召锋　李　丽　陈祥贵 唐云安
	2011 医 - 2 - 004	风湿免疫病的病因及免疫干预研究	北京大学人民医院	栗占国　穆　荣　何　菁 李　茹　刘燕鹰　赵金霞 孙晓云　龙　丽　姚中强 史晋霞
	2011 医 - 2 - 005	一些免疫及炎性基因遗传变异对基因功能和肿瘤易感性的作用	中国医学科学院肿瘤研究所	林东昕　孙　瞳　谭　文 曾长青　于典科　赵　丹 杨　明　周翊峰　石远凯 沈洪兵
	2011 医 - 2 - 006	适合于发展中国家的宫颈癌快速筛查技术研究	中国医学科学院肿瘤研究所	乔友林　赵方辉　鲍彦平 陈　凤　陈　汶　章文华 潘秦镜　李　凌　张　询 胡尚英
	2011 医 - 2 - 007	子宫内膜异位症发病新学说的临床实践和评价	中国医学科学院北京协和医院	朗景和　冷金花　戴　毅 刘珠凤　孙大为　朱　兰 樊庆泊　沙桂华　刘海元 谭先杰
	2011 医 - 2 - 008	调强放疗技术的优化设计及简化应用	中国医学科学院肿瘤医院	戴建荣　胡逸民　李晔雄 王绿化　张永谦　崔伟杰 高　黎　徐英杰　马　攀 杨瑞杰
	2011 中 - 2 - 001	枯痔钉微创架构下的 ECTCI 技术治疗痔的临床推广应用及机制研究	中国中医科学院西苑医院 北京大学第一医院 北京市二龙路医院 首都医科大学附属北京同仁医院	李东冰　常宝志　安少雄 谭嗣伟　谢振年　李　权 蔡　亭　王芳丽　周海祥 庄　岩
	2011 中 - 2 - 002	骨折复位固定器疗法治疗体系及临床应用研究	中国中医科学院望京医院 泉州市正骨医院 北京大兴兴和骨伤医院 甘肃省中医院 海城市正骨医院 磐石市骨伤医院	孟　和　张兴平　刘联群 周　宁　李盛华　苏继承 钟红刚　李铭雄　苏学中 陈长贤

续表

等级	获奖编号	项目名称	完成单位	主要完成人
	2011 中 -2 -003	IgA 肾病中医证候特点及益气滋肾治法研究	中国中医科学院西苑医院	聂莉芳 余仁欢 徐建龙 于大君 孙红颖 韩东彦 林秀彬 王洪霞
	2011 中 -2 -004	肺病慢性咳喘中医辨治规律及其机制研究	卫生部中日友好医院 北京中医药大学 中国人民武装警察部队总医院	李友林 王 伟 倪 健 江芳超 阎 玥 罗社文 郭亚红 孙瑞华 宋 芊 杨 璐
	2011 药 -2 -001	用于止血的蛇毒血凝酶制剂	康辰医药股份有限公司	王锡娟 赵 璐 韦军民 王 涓 朱明炜 庞建新 吕慧敏 王 睿 修典荣
三等奖	2011 医 -3 -001	艾滋病防治关键产品评价综合性技术平台	中国人民解放军军事医学科学院微生物流行病研究所	李敬云 庄道民 刘思扬 鲍作义 刘永健 李韩平
	2011 医 -3 -002	镰刀菌毒素丁烯酸内酯的毒理学作用机制研究	中国人民解放军疾病预防控制所 中国人民解放军军事医学科学院毒物药物研究所 西安交通大学	彭双清 王以美 阳海鹰 郭 雄 曹峻岭 刘洪英
	2011 医 -3 -003	生活方式干预预防糖尿病及其大小血管并发症的 20 年随访研究	卫生部中日友好医院 大庆油田总医院	李光伟 王金平 杨文英 胡英华 潘孝仁 姜亚云
	2011 医 -3 -004	乙型肝炎肝衰竭的临床及相关基础研究	中国人民解放军第三〇二医院	王慧芬 胡瑾华 何卫平 王福生 徐东平 段学章
	2011 医 -3 -005	北京市传染病预警技术的研究及应用	北京市疾病预防控制中心 中国科学院自动化研究所	王全意 曾大军 庞星火 邓 瑛 杨 鹏 黎新宇
	2011 医 -3 -006	腔镜外科治疗先天性畸形的应用研究	首都儿科研究所 河北医科大学第二医院 华中科技大学同济医学院附属协和医院 中国人民解放军北京军区总医院附属八一儿童医院 首都医科大学附属北京儿童医院 北京大学第一医院	李 龙 李索林 汤绍涛 黄柳明 刁 美 张金山
	2011 医 -3 -007	磁共振功能成像在恶性肿瘤诊断及疗效评价的应用研究	北京大学肿瘤医院	张晓鹏 孙应实 唐 磊 崔 湧 齐丽萍 曹 崑
	2011 医 -3 -008	磁共振新技术在脑重大疾病的创新性应用	首都医科大学宣武医院 中国科学院自动化研究所 北京师范大学	李坤成 于春水 蒋田仔 朱朝喆 王 亮 于爱红
	2011 医 -3 -009	牙齿发育异常的病因机制研究	北京大学口腔医学院 北京大学	冯海兰 王 莹 赵红珊 宋书娟 张晓霞 韩 冬
	2011 医 -3 -010	人胚胎干细胞系的建立及定向分化的研究	北京大学第三医院	陈贵安 彭红梅 毛跟红 宋天然 柏海燕 王艳霞
	2011 医 -3 -011	IgA 肾病发病机制及预后评估和诊疗策略	北京大学第一医院	张 宏 赵明辉 吕继成 朱 厉 刘立军 师素芳
	2011 医 -3 -012	甲型流感病毒感染动物模型的建立及应用	中国医学科学院医学实验动物研究所 中国疾病预防控制中心病毒病预防控制所	秦 川 鲍琳琳 许黎黎 李 梓 邓 巍 占玲俊

等级	获奖编号	项目名称	完成单位	主要完成人
	2011 医-3-013	肥厚型心肌病基础与临床系列研究	中国医学科学院阜外心血管病医院	乔树宾 惠汝太 宋云虎 袁建松 王 虎 尤士杰
	2011 医-3-014	恶性肿瘤靶向治疗药物载体技术平台的建立	中国医学科学院肿瘤研究所 北京文卓医药生物制品技术开发有限公司	马 洁 赵 平 赫 捷 曹利人 袁 伟 赵 晨
	2011 中-3-001	西洋参茎叶总皂苷改善胰岛素抵抗的作用机理研究	中国中医科学院西苑医院	殷惠军 史大卓 郭春雨 张 颖 张 璐 王景尚
	2011 中-3-002	中西医结合方案治疗老年单纯收缩期高血压的推广应用研究	中国中医科学院西苑医院 延庆县中医医院	李 浩 刘剑刚 刘龙涛 韩永祥 刘美霞 赵文明
	2011 中-3-003	金龙胶囊	北京建生药业有限公司	李建生 黄 卉 李玉珍 杜俊岭 杨振刚 李玉琴
	2011 中-3-004	京产中药质量标准的提高与应用	北京市药品检验所	李 琰 李 铮 于密密 辛敏通 郭洪祝 傅欣彤
	2011 中-3-005	慢性心衰中西医结合生存质量评价量表的研究	北京中医药大学东方医院	林 谦 农一兵 吴 旸 万 洁 逯金金 宋麦芬

北京市第4批全国老中医药专家学术经验继承工作指导老师名单

序号	姓名	性别	出生年月	工作单位	专 长	备 注
1	魏执真	女	1937 年 4 月 26 日	首都医科大学附属北京中医医院	内科心血管病	
2	张炳厚	男	1937 年 5 月 26 日	首都医科大学附属北京中医医院	内科	
3	王应麟	男	1939 年 1 月 24 日	首都医科大学附属北京中医医院	儿科	
4	温振英	女	1928 年 3 月 3 日	首都医科大学附属北京中医医院	儿科	
5	郁仁存	男	1934 年 8 月 1 日	首都医科大学附属北京中医医院	中西医结合肿瘤	
6	周乃玉	女	1939 年 7 月 4 日	首都医科大学附属北京中医医院	内科	
7	许彭龄	男	1934 年 7 月 13 日	北京中医药大学附属护国寺中医医院	内科	
8	周德安	男	1939 年 11 月 2 日	首都医科大学附属北京中医医院	针灸	
9	谷世喆	男	1944 年 3 月 25 日	北京中医药大学针灸学院	针灸	
10	刘燕池	男	1937 年 10 月 24 日	北京中医药大学	内科、妇科等	
11	王 琦	男	1943 年 2 月 12 日	北京中医药大学	内科	
12	张淑文	女	1940 年 11 月 6 日	首都医科大学附属北京友谊医院	中西医结合、急救医学	
13	李 贵	男	1932 年 8 月 13 日	首都医科大学附属北京友谊医院	儿科	
14	王 沛	男	1934 年 7 月 27 日	北京中医药大学东方医院	内科	
15	周平安	男	1939 年 4 月 18 日	北京中医药大学东方医院	内科	
16	陈淑长	女	1940 年 7 月 12 日	北京中医药大学东方医院	外科周围血管病	
17	孔光一	男	1931 年 2 月 9 日	北京中医药大学	内科、妇科等	
18	聂惠民	女	1935 年 2 月 28 日	北京中医药大学	内科	
19	田德禄	男	1938 年 4 月 11 日	北京中医药大学东直门医院	内科	

续表

序号	姓名	性别	出生年月	工作单位	专　长	备　注
20	武维屏	女	1940 年 11 月 10 日	北京中医药大学东直门医院	内科	
21	郭维琴	女	1940 年 11 月 24 日	北京中医药大学东直门医院	内科血管科	
22	肖承悰	女	1940 年 11 月 16 日	北京中医药大学东直门医院	妇科	
23	陈昭定	男	1938 年 7 月 1 日	首都医科大学附属北京儿童医院	儿科	
24	王焕禄	男	1936 年 12 月 31 日	西城区展览路医院	内科	
25	高忠英	男	1938 年 6 月 23 日	首都医科大学中医药学院	内科	
26	钱 英	男	1937 年 6 月 21 日	首都医科大学中医药学院	内科	
27	周耀庭	男	1930 年 1 月 18 日	首都医科大学中医药学院	中西医结合、内科、儿科	
28	许心如	女	1926 年 12 月 13 日	首都医科大学附属北京中医医院	内科	
29	王莒生	女	1948 年 8 月 15 日	首都医科大学附属北京中医医院	皮科	
30	危北海	男	1931 年 6 月 15 日	首都医科大学附属北京中医医院	内科	
31	柯薇君	女	1933 年 5 月 12 日	首都医科大学附属北京中医医院	血液病	
32	李乾构	男	1937 年 12 月 1 日	首都医科大学附属北京中医医院	消化内科	
33	陈彤云	女	1921 年 12 月 25 日	首都医科大学附属北京中医医院	皮科	
34	黄丽娟	女	1940 年 8 月 20 日	首都医科大学附属北京中医医院	中西医结合内科	
35	姚乃礼	男	1944 年 10 月 30 日	中国中医科学院	内科	
36	王嘉麟	男	1924 年 3 月 5 日	首都医科大学附属北京中医医院	肛肠外科	
37	陈文伯	男	1936 年 12 月 12 日	北京市鼓楼中医医院	内科、男科	
38	张士杰	男	1931 年 5 月 26 日	北京市鼓楼中医医院	针灸	
39	柴嵩岩	女	1929 年 10 月 15 日	首都医科大学附属北京中医医院	妇科	
40	阎玉凝	女	1943 年 6 月 24 日	北京中医药大学	中药学	退出
41	方和谦	男	1923 年 12 月 3 日	首都医科大学附属北京朝阳医院	内科	去世

索　　引

索　引

G

H

J

K

L

M

N

P

Q

R

S

T

W

X

Y

Z